U0920736

岳阳年鉴

2011

岳阳市人民政府主办
中共岳阳市委史志办编

方志出版社

图书在版编目（CIP）数据

岳阳年鉴. 2011 / 中共岳阳市委史志办编.--北京：方志出版社，2011.9

ISBN 978-7-5144-0245-2

Ⅰ.①岳… Ⅱ.①中… Ⅲ.①岳阳市—2011—年鉴
Ⅳ.①Z526.43

中国版本图书馆CIP数据核字（2011）第197085号

岳阳年鉴（2011）

编　　者： 中共岳阳市委史志办
责任编辑： 冯　松

出 版 者： 方志出版社
（北京市建国门内大街5号中国社会科学院科研大楼12层）
邮编　100732
网址　http://www.fzph.org
发　　行： 方志出版社发行部
（010）85195814　85196281
经　　销： 各地新华书店
法律顾问： 北京市大禹律师事务所
印　　刷： 岳阳鑫容印刷有限公司

开　　本： 889×1194　1/16
印　　张： 35
字　　数： 1380千
版　　次： 2011年9月第1版　2011年9月第1次印刷
印　　数： 0001～2500册

ISBN 978-7-5144-0245-2 / K · 201　定价：200.00元

编辑说明

一、《岳阳年鉴》是岳阳市人民政府主办、中共岳阳市委史志办承编，岳阳地区各有关部门（包括国家部委、湖南省、解放军驻岳有关单位）共同参与编纂，全面反映岳阳市情的大型综合性年刊，每年出版一册。《岳阳年鉴·2011》卷为总第14卷，主要记载2010年岳阳市自然、政治、经济、文化和社会发展的基本情况，为社会各界和海外人士了解研究岳阳提供基本资料。

二、本年鉴采用分类编辑法，以篇目、分目、条目组成框架结构的主体部分。在少数分目中，增加子分目的层次。全书条目标题统一用黑体加【】表示。为方便读者检索，全书前有目录，后设索引。

三、本年鉴中所示的“上年”即为“2009年”，所列的市是指岳阳市，辖区内县级市均用全称。所载领导人名录以2010年12月31日在职为准。

四、本年鉴所载稿件内容和数据均由各部门、各单位提供，并经撰稿单位领导审核。主要数据由市统计局提供。

五、本年鉴的编辑出版，得到各级领导大力支持和相关单位的通力协作，在此深表谢意。鉴于我们编辑水平有限，难免出现疏漏，不妥之处，恳请读者批评指正。

岳阳年鉴编辑委员会

刘美树　岳阳市财政局局长

罗陆平　岳阳市审计局局长

王星耀　岳阳市工商行政管理局局长

焦铎辉　岳阳市统计局局长

文延风　岳阳市国家税务局局长

方志平　岳阳市地方税务局局长

殷清华　岳阳市物价局局长

胡知荣　岳阳经济技术开发区管理委员会主任

李美云　岳阳南湖风景区管委会主任

秧　励　岳阳楼区人民政府区长

田文静　云溪区人民政府区长

杨　昆　君山区人民政府区长

王洪斌　平江县人民政府县长

黎四清　岳阳县人民政府县长

汪　涛　华容县人民政府县长

黎作凤　湘阴县人民政府县长

龚卫国　临湘市人民政府市长

周金龙　汨罗市人民政府市长

许平亚　屈原管理区管理委员会主任

岳阳年鉴理事会

岳阳年鉴编辑部

《岳阳年鉴·2011》组稿人

（按姓氏笔画排列）

于雷	文晓强	亓磊	王冬梅	王友华	王瑜
王斌	王兴华	方克君	方芙蓉	方少文	方正时
方吉良	文正辉	邓治军	邓旭红	龙伟	白石华
付冬蕾	付红伟	艾传刚	艾定洵	朱秘	朱华
任映宇	任海冰	兰岚	向良权	向子荣	刘革新
刘跃红	刘燕林	刘少红	刘利民	刘跃新	刘演林
刘青山	刘晓强	刘端	刘玉龙	刘志武	刘志强
刘伟	刘创	刘斌	刘乾辉	刘国平	刘慧
许义中	许万景	苏红琳	杨亚中	杨亮亮	杨波
杨雄辉	杨岳斌	杨新宇	杨柳	杨辉	杨胜辉
李伟	李跃金	李少华	李貌	李湘驹	李元平
李尧尧	李奇明	李军威	李渡江	李正波	李性刚
李霄	李季平	李爱龙	李永江	李健	李舜
李雄伟	李岳新	李双龙	汪四新	吴雄文	吴新权
吴岳丽	吴有祥	吴腾彪	吴拥军	何玉平	何小勇
何灿红	何大伟	何人类	何琼	何雄	闵孚君
张军	张驰宇	张萍	张莹	张碧华	张鸿
张哲平	张子光	张朝东	张兴中	张志勇	陈飞明
陈绍祥	陈定宝	陈朝辉	陈敬林	陈志宇	陈华
陈仁和	陈文	陈建明	陈慧	邵丽旻	范艳
欧诗衡	欧阳娟	欧阳德儒	易万	易哲夫	易秀峰
罗奇	罗正根	罗春芳	周治中	周小东	周拓辉
周国斌	周奇华	周善育	周铁林	郭显斌	徐麟
徐力强	徐宁	胡惜辉	胡爱君	胡先红	胡佑爱
赫纯	钟肯	钟韬	姜彬	贺伟奇	胥正旺
袁五一	袁建华	袁光辉	袁服务	聂吉	凌晓明
柴新君	涂放明	梅新文	龚娅娟	彭公穆	彭姿娜
彭长城	童为华	曾文奇	葛取兵	高瀛	湛应根
谢模满	谢文辉	蔡光伟	蔡亦民	谭建军	谭岳海
熊晖	熊灏	熊小尽	熊厚辉	黎伟	黎明
黎雄斌	黎运筹	黎艳平	唐宇平	黄勋	黄碧丽
曾泽民	瞿伟华	戴武会	戴桂勋	臧石田	

目　录
CONTENTS

图片专辑
PICTURE COLLECTION

特　载
SPECLAL EDITION

岳阳论坛
FORUM OF YueYang

大 事 记
THE CHRONICLE OF EVENTS

综 述
GENERAL INTRODUCTION

政 治
POLITICS

社会群众团体
SOCIAL AND MASS ORGANIZATIONS

政 法
LEGAL SYSTEM

国防建设
National Defense

经济监督与管理
ECONOMIC SUPERVISION AND ADMINISTRATION

金　融
FINANCE

工 业
INDUSTRY

信息产业
INFORMATION INDUSTRY

农　业
AGRICULTURE

交 通
TRANSPORTATION

商务·口岸
PORT & COMMERCIAL COUNSELLOR

开发区·新区
DEVELOPMENT ZONE · NEW ZONE

环境保护
ENVIRONMENTAL PROTECTION

旅 游
TOURISM

科学技术
SCIENCE AND TECHNOLOGY

教 育
EDUCATION

文化·新闻
CULTURE·NEWS

社会生活
SOCIAL LIFE

县市区概况
SURVEY OF DISTRICT, COUNTY AND CITY

人 物
FIGURES

榜上有名
QUALIFIES

统计资料
STATISTICAL DATA

文献法规
DOCUMENTS, LAWS AND REGULATIONS

索 引
INDEX

彩色插页
COLOR INSERTS

岳阳市地图

监利县
（属湖南省）
洪湖市
（属湖南省）
湖
北
省
石首市
华容县
南县
沅江市
益阳市
君山区
岳阳楼区
岳阳市
云溪区
临湘市
岳阳县
汨罗市
屈原管理区
湘阴县
平江县
赤壁市
崇阳县
通城县
洞庭湖自然保护区
岳阳楼
城陵矶临港产业新区
岳阳经济技术开发区
东洞庭湖
大云山
幕阜山
福寿山
汨罗江
汨罗东站
京港澳高速
G4
G107
G106
益
阳
市
长
沙
市
江
西
省
幕阜山
连云山
湖北省
常德市
万子湖
比例尺 1∶1000000
地市级行政中心
县级行政中心
乡镇
景点
省界
地市界
县区界
铁路
武广高速铁路
高速
在建高速
国道
省道
县乡道

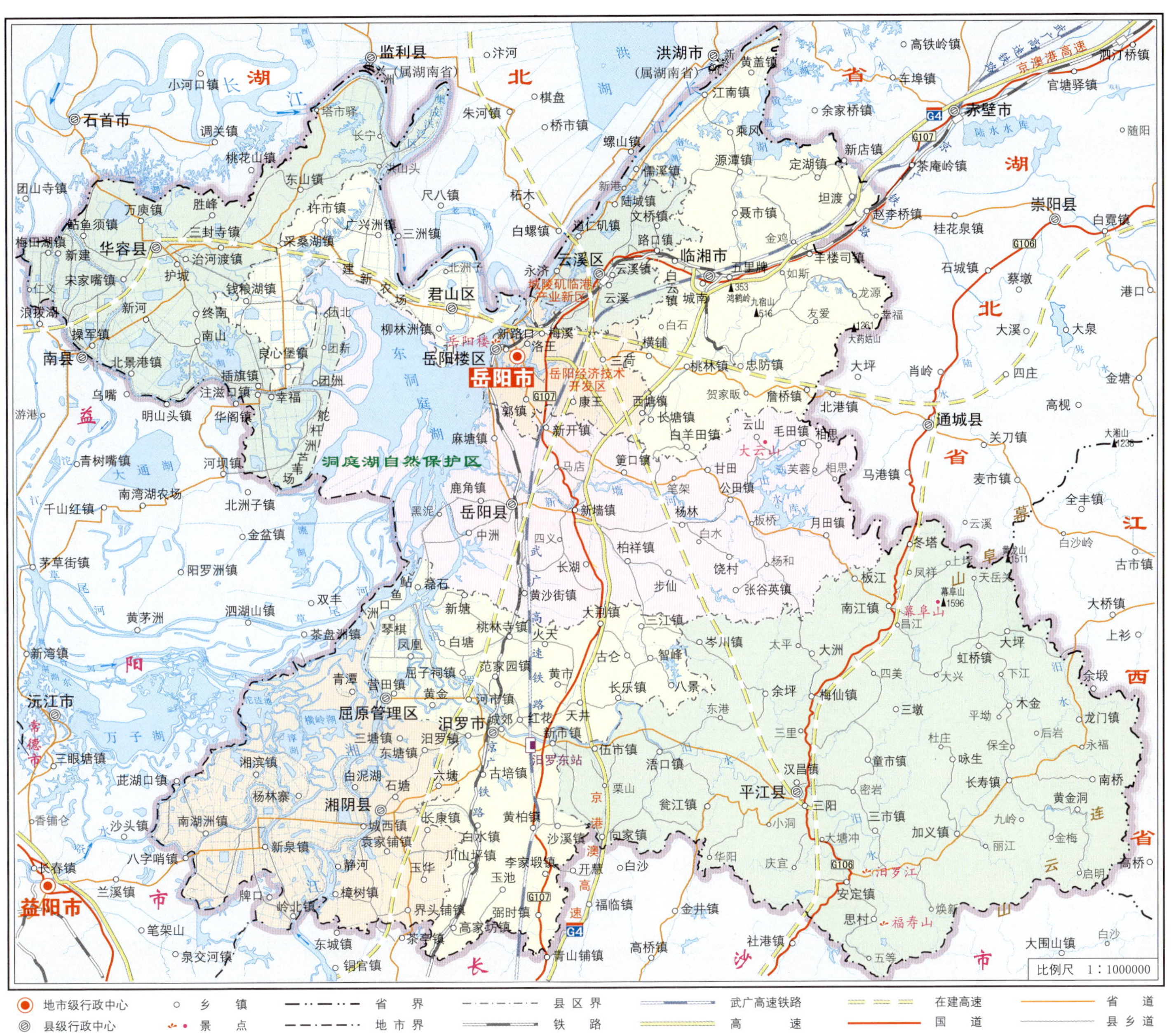

岳阳市中心城区图
洞庭湖大桥
洞庭湖
东风湖
南湖
南津港
千亩湖
大桥湖
麦子港
岳阳楼
民木广场
天主教堂
鲁肃墓
岳阳文庙
巴陵广场
基督教堂
乾明寺
慈氏塔
岳阳货运站
岳阳火车站
火车站立交桥
商业步行街
东风广场
金鹗公园
南湖广场
岳阳乐园
市委
市政府
岳阳楼区人民政府
岳阳汽车站
岳阳汽车西站
汴河街
巴陵西路
巴陵中路
青年中路
青年西路
金鹗中路
枫桥湖路
洞庭大道
南湖大道
得胜南路
求索东路
求索西路
站前路
东茅岭路
五里牌
金鹗山隧道
市一中
市二中
市三中
市六中
市八中
市十中
市十二中
市十四中
鹰山中学
五里中学
市中医院
市一医院
市三医院
广济医院
湖南理工学院
市图书馆
岳阳体育馆
市博物馆
南湖宾馆
阿波罗御庭酒店
汽渡码头
同连药业
北门
九华山
洞庭
汴河
东风湖
捕捞
七家畈
市边防检查站
洞庭春苑
洞庭大桥管理局
市长江修防处
广福陶瓷精品批发大市场
中国银行
中国石化
工行
岳阳轻机厂
圣华织带厂
蛋禽批发市场
火车站商贸城
兴盛农贸市场
市邮政局
地下商城
车站派出所
光宏广场
九龙商厦
通程电器
小龙城服装城
新势力商城
九州大厦
东茅岭
苏宁电器
百盛
根都宾馆
汉森宾馆
岳前街
泰和商业城
沃尔玛购物广场
开发区工商局
口腔医院
人寿大厦
汇金国际城上城
湖南钢球厂
华泰证券
三辉大厦
楼区房产局
楼区交通局
古井集贸市场
四化建家属区
梅溪桥农贸市场
云梦宾馆
区国税局
市粮食局
市劳动局
劳动力市场
市审计局
晓朝宾馆
市总工会
市商务执法支队
金华楼
市救助管理站
和顺时代
东风广场
太子庙
岳荣
雅典新城
万家坡
市城市绿化管理中心
工商银行市分行
市广播电视台
市疾控中心
市国土局
金鹗宾馆
市园林局
区国土局
岳阳晚报
市科技局
市地税局
市旅游局
市检察院
市中心血站
五星小区
区水务局
市路桥公司
南景花园
盛世一品
茂源小区
南湖寓园小区
南津港
市污水处理管理处
湖锦花园
市房屋经营管理中心
三辉家园
金鄂山派出所
力力鱼馆
南湖
市体育局
华融湘江银行
天下楼美食街
求索
湘天国际花园
爱尔眼科医院
市中级人民法院
金鹗山
湖畔新村
楼区民政局
楼区新闻出版局
楼区文化体育局
楼区审计局
巴陵石化
渔光
南湖花园
蓝湖水岸
市财政局
规划勘测设计院
市交警支队
南湖风景区管委会
市海事局
市信访局
市啤酒厂
市氮肥厂
市林业局
检市楼验特区检种卫测设监所备所
富丽居
恒信家园
市城管局
市药检所
市老干局
区地税局
市住房公积金管理中心
市血防所
四化建医院
市妇幼保健院
新路口小学
新站
兴湘花园

数字岳阳 2010

全市总面积	1.5万平方公里
全市总人口	564.88万人
全市生产总值	1539.36亿元
第一产业增加值	215.53亿元
第二产业增加值	834.23亿元
第三产业增加值	489.6亿元
财政总收入	139.6亿元
财政总支出	163.9亿元
县域经济GDP	903.21亿元
全市工业增加值	751.53亿元
工业园区规模工业增加值	325.27亿元
规模工业企业家数	1332家
非公有制规模工业实现增加值	483.01亿元
建筑业增加值	81.8亿元
房地产业投资	70.37亿元
房屋竣工面积	192.61万平方米
商品房销售面积	241.57万平方米
房屋销售额	62.90亿元
高新技术产业增加值	191.77亿元
交通运输邮电仓储增加值	66.39亿元

高速公路里程	134公里
货物运输量	15119.1万吨
进出口总额	10.24亿美元
接待旅游人数	1452万人次
旅游总收入	102.9亿元
旅游创汇数	4052万美元
社会固定资产投资	782.2亿元
城镇固定资产投资	689.1亿元
境内省外招商引资	168.36亿元
各类医疗卫生机构	4677个
医疗床位数	1.47万张
城镇居民人均可支配收入	17312元
农民人均纯收入	5988元
城镇居民人均消费性支出	12177元
城镇居民人均住房使用面积	40.7平方米
城镇社会保险新增参保人数	24.5万人
农村最低生活保障人数	15.5万人次
城镇最低生活保障人数	11.7万人
新增城镇就业人员	5.51万人

中国共产党岳阳市第六次代表大会

2011年9月20日，中国共产党岳阳市第六次代表大会在岳阳市文化艺术会展中心胜利召开。会议全面总结了市第五次党代会以来所取得的成就，选举产生了新一届市委和市纪委领导班子，动员全市人民强力推进“四化两型”，加快建设“五市一极”，续写民本岳阳和谐崛起的新篇章，携手共创岳阳更加富强、文明、秀美、幸福的明天！　撰文：刘兴汉　摄影：范向辉

中共岳阳市委常委

市委书记　易炼红

市委副书记、市长　黄兰香

市委副书记　盛荣华

市委常委、常务副市长　陈奇达

市委常委、纪委书记　康代四

市委常委、政法委书记　韩建国

市委常委、组织部长、统战部长　严　华

市委常委、宣传部长　徐新启

市委常委、市委秘书长　樊进军

市委常委、军分区司令员　陈吉辉

市委常委、副市长　陈四海

市委六届一次全会会场

中国共产党岳阳市第六届市委委员、候补委员

一排左起：陈四海、樊进军、严　华、康代四、赖社光、盛荣华、易炼红、黄兰香、李湘岳、陈奇达、韩建国、徐新启、陈吉辉

二排左起：朱葆芝、蒋　锋、胡知荣、方志平、丁阳云、彭时代、喻岳兰、倪慧君、宋爱华、陈志莲、侯　勇、刘孝纯、向伟雄、王小中

三排左起：朱必达、谭志兰、华克敏、殷道春、王伊亮、黄俊钧、黎四清、白维国、黄军建、刘美树、刘铁健、毛知兵、罗光辉、杨大平、赵岳平、谢春生、文春方

四排左起：汪　涛、罗陆平、田自力、谈正红、李可波、孔福建、陈光荣、黎作凤、许伟奇、田文静、彭先政、龚柏松、黄伟雄、龚卫国、秩　励、汪　灿

中共岳阳市第六届纪委第一次全会

中国共产党岳阳市纪律检查委员会常委

左起：余风祥、黄定军、汪四新、任茂辉、康代四、陈光荣、贺名良、曹克强、陈　平

庆祝中国共产党成立90周年

岳阳市庆祝中国共产党成立90周年大会在会展中心召开

2011年，穿越血与火的历史烟云，经历建设与改革的风雨洗礼，中国共产党迎来90华诞。回顾中国共产党在岳阳的奋斗历程同样精彩，同样辉煌。从1922年成立地方党组织，英雄的巴陵儿女，追随党的旗帜，积极投身革命建设、改革和发展的时代洪流，谱写了一曲曲感天动地的优美诗篇，创造了一个个可圈可点的人间奇迹。岳阳经济社会发生翻天覆地的历史巨变。全市GDP从1965年的7.34亿元增加到2010年的1539.4亿元，财政总收入从1964年的4911万元增加到2010年的139.6亿元，跃居全省第二。

市领导给50年党龄的老党员颁发荣誉纪念章

撰文：刘兴汉

摄影：王　艳　杨一九　范向辉

缅怀革命先烈

岳阳市文联举办美术、摄影展览，纪念建党90周年

新党员宣誓

岳阳市纪念中国共产党成立90周年《颂歌献给党》合唱比赛

岳阳市开展“五创”提质活动

2010年4月28日，岳阳市委、市政府号召全市以创建全国文明城市为龙头，带动国家交通管理模范城市、国家社会治安模范城市、全国绿化模范城市、全国环保模范城市的创建工作，加快城市扩容提质。全市开展对市容市貌、交通秩序、社会治安、各大市场和各类污染等的专项整治工作。开展“万名机关干部上街进行文明劝导”，十万市民签名承诺“告别陋习，做文明市民”等系列活动。集中对城区五条主干道临街门面和墙体立面进行改造提质。市民素质得到提高，城市形象得到提升。岳阳市在全国公共文明指数测评中比2009年晋位18个名次。

撰文：王　艳

摄影：谢湘波　吴明治　陈建勇　张忠伟　郑训良

市领导易炼红、赖社光、徐新启、戴新果在城区指导“五创”工作

市长黄兰香慰问环卫工人

市总工会举行全市广大职工争做“五创”提质主力军动员大会

志愿者冒雨参加“告别陋习，做文明市民”签名承诺启动仪式

南湖管网截污工程

维护交通秩序

控建拆违

志愿者助人为乐

辉煌“十一五”

经济总量稳居全省第二位：全市GDP由2005年的634.9亿元增加到1539.6亿元，财政总收入由2005年的38亿元增加到139.6亿元。

经济增长超全省平均水平：2010年，岳阳GDP增长14.8%超过全省平均水平约0.3个百分点，规模工业增加值增长23%，高出全省平均水平1.3个百分点，固定资产投资增长34%，超全省平均水平约4.5个百分点。

经济结构全面调优：三次产业比重由20:46.4:33.6调整为14:54.2:31.8。

居民生活显著改善：2010年全市城镇居民人均可支配收入由2005年的10832元增加到17312元，农村居民人均纯收入由2005年的3561增加到5988元。

可持续发展能力持续增强：2010年全市万元能耗1.25吨标煤，下降2.8%，“十一五”时期累计下降21%。

撰文：王 艳

摄影：杨一九 曾晓剑 熊式湘 闵州武 胡清明 李国武 罗卫亚 石述威 刘清海 王绮平 范向辉 方继纯 曲景奇 陈建勇

岳阳楼新景区是目前国内仿古建筑面积最大的传统风貌商业街。2008年5月洞庭湖风光带三期全面启动，总投资约7.8亿元

“十一五”期间，岳阳市中心城区新建房屋建筑面积12万平方公里

2008年10月，岳阳市文化艺术会展中心落成

2010年3月，岳阳经济技术开发区晋升为国家级经济技术开发区。“十一五”末，岳阳市有国际、省、市级工业园11个，入园的规模工业507家，实现增加值325亿元

亮化工程使城区变得流光溢彩

城陵矶临港产业新区集装箱码头于2009年6月开港运营

“十一五”末年，岳阳市电力行业完成规模工业增加值11.4亿元。图为华能岳阳发电厂全貌

“十一五”末年，岳阳市造纸行业完成增加值38.2亿元

中科新工业园奠基

食品工业

2010年12月建成通车的荆岳长江大桥。“十一五”期间建成的主要还有汨江大桥、临资口湘江大桥、柳林江大桥等

2009年12月建成通车的武广高铁，加强了岳阳市与“两区、两圈”的对接

“十一五”期间，岳阳市新建通乡公路11844.7公里，项目总投资29.22亿元

2010年8月，君山荷花公园景区一期工程竣工，完成投资6000万元

2010年11月，1000万吨炼化一体化工程建成投产

全市投资50万元以上的休闲农庄有800家，从业人员达2.1万人，2010年，实现营业收入7.6亿元

金凤水库

农村沼气池

南津港污水处理厂

东洞庭湖湿地，成为候鸟的天堂

五湖牵手五岳，打造黄金旅游线路

社区医疗服务

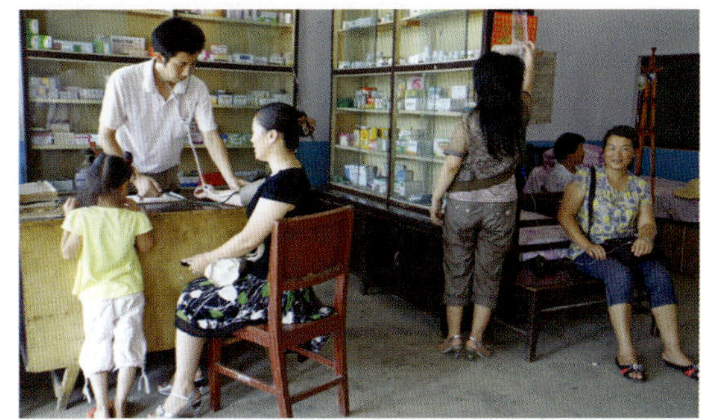

农村医务室

沃尔玛超市岳阳店

广场文化活动丰富了市民生活

2008年6月奥运火炬传递经岳阳，城区万人空巷

国家级非物质文化遗产——岳阳巴陵戏

《天官赐福》

2006年，岳阳巴陵戏因其独特的声腔体系、独特的表演风格及蕴藏巨大的历史、文化、艺术价值被国务院列为国家级首批非物质文化遗产。巴陵戏有传统剧目423个，多取材于历史演义和话本，以反映历代政治，军事斗争题材为主。同时，也有编演贴近时代，反映现实生活剧目的传统。多次荣获奖励并为党和国家领导作专场汇报演出，新编历史故事剧《今上岳阳楼》在全省文化艺术节戏剧会演中获得“田汉新剧目奖”。

撰文：王　艳

摄影：杨一九

参加岳阳市春节联欢晚会演出

《九子鞭》

巴陵剧团在民本广场演出

《三岔口》

演出之前

折子戏——《打花鼓》

新编历史故事剧《今上岳阳楼》

岳阳市党史工作会议

2010年12月10日，市委召开全市党史工作会议，市委书记易炼红接见与会代表并发表重要讲话。市委常委、市委统战部部长李劲夫主持会议，市委常委、市委秘书长赖社光代表市委作主题报告，市党史联络组组长黄甲喜作党史联络工作报告，市委史志办主任杨志军作史志工作报告，并表彰全市党史工作先进单位和先进个人。“十一五”期间，全市党史地方志系统编辑出版各类书籍128本3800多万字。2010年，岳阳市委史志办被评为全国方志系统先进集体。

撰文、摄影：王 艳 杨一九

“十一五”期间岳阳史志工作成果

市领导为史志工作先进个人颁奖

市领导和与会人员合影

特　载

SPECLAL EDITION

强力推进“四化两型”加快建设“五市一极”
续写民本岳阳和谐崛起新篇章

政府工作报告

强力推进“四化两型”加快建设“五市一极”续写民本岳阳和谐崛起新篇章

——在中国共产党岳阳市第六次代表大会上的报告

中共岳阳市委书记　易炼红

（2011年9月20日）

市委书记　易炼红

各位代表、同志们：

现在，我代表中国共产党岳阳市第五届委员会向大会报告工作，请予审议。

一、科学发展，富民强市，在民本岳阳和谐崛起的道路上取得了人民满意、无愧时代的业绩

市第五次党代会以来，我们深入贯彻落实科学发展观，在省委、省政府的坚强领导下，强力推进“一化三基”和“四化两型”战略，认真践行民本岳阳的执政和发展理念，团结一致，求真务实，圆满完成了市第五次党代会确定的各项目标任务。这五年，是岳阳发展速度最快、发展质量最好的时期之一，是城乡面貌变化最大、人民群众受惠最多、社会最为和谐稳定的时期之一，是党委领导核心作用发挥充分、民主集中制坚持得好、几套班子最团结、全市上下谋事干事氛围最浓的时期之一。岳阳经济、政治、文化、生态、社会和党的建设全面发展，民本岳阳和谐崛起的时代强音在巴陵大地激情奏响！

1. 全力推进“产业兴旺”，进一步稳固了全省第二的重要地位。现代工业加速推进，建成1000万吨炼化一体化、华能岳阳电厂三期、岳纸40万吨高级压光纸等重大项目，全市规模工业企业达1331家，净增627家，连续四年被评为全省推进新型工业化先进市；现代农业稳步发展，农业加工企业达到2620家，其中市级以上龙头企业160家，农产品加工业增加值居全省第二，屈原管理区进入全国现代农业示范区；现代航运物流业来势迅猛，武汉至城陵矶海轮航道开通，岳阳长江岸线对接海岸线，全市港口吞吐量居全省第一，城陵矶临港产业新区正朝着“现代新港、产业新区、滨江新城”的目标强势迈进；现代旅游业持续升温，岳阳楼君山岛景区晋升为5A级景区，平江获评全国红色旅游先进县，旅游业加速由观光型向观光生态休闲度假结合型转变，由过境游向目的地游转变。县域经济快速崛起，县市区生产总值占全市生产总值比重由2005年的73.3%上升到2010年的85.3%，汨罗、华容、岳阳县进入全省县域经济二十强，湘阴、临湘、君山进入全省县域经济发展先进行列。全民自主创业活力涌流，民营经济比重由42.6%上升到57.5%。全市生产总值由634.9亿元增加到1539.4亿元；财政总收入由38亿元增加到139.6亿元，财政总收入占生产总值比重由6%提高到9.4%；三次产业比重由20:46.4:33.6调整为14:54.2:31.8。今年上半年，完成生产总值834.9亿元，增长14%；完成财政总收入99.3亿元，增长32.4%，两项指标总量继续稳居全省第二。

2. 全力推进“城乡秀美”，进一步提升了生态宜居的城市形象。城市建设加快推进，累计完成城市基础设施投资165亿元。新建续建了岳阳楼新景区、文化艺术会展中心、环南湖旅游走廊等一批标志性工程，市体育中心建设全面铺开，东茅岭和商业步行街地下人防工程为

建国以来全省最大的单建式人防工程，拉通枫桥湖路、冷水铺路、青年中路等路段，提质改造城市主干道15条、小街巷325条和农贸市场17个，城市品位不断提升。“五创”提质深入开展，主要街道临街建筑立面改造效果良好，城市面貌大为改观；狠抓植树造林，实施“森林进城”工程，全市森林覆盖率达45.3%；加快城区水系治理，环南湖截污管网工程即将竣工，将实现不让生活污水直排南湖；城镇污水处理设施建设三年行动计划圆满完成，全市新建10个污水处理厂，城镇生活污水集中处理率达86%；中心城区企业“退二进三”工作扎实推进，提前完成国家“十一五”节能减排计划任务。交通建设全面推进，武广高铁及岳阳东站和荆岳长江大桥建成运营，随岳等6条高速公路进展顺利，新建改建干线公路400公里，京珠高速岳阳连接线昆山至收费站段提质改造工程又好又快，岳阳机场和荆岳、岳常、岳九铁路前期工作加速推进。在强力推进城市建设的同时，高度重视城乡统筹协调发展，中心镇提质改造升级，全市城镇化率达48.1%；新农村建设扎实推进，农村面貌进一步改善，涌现了一大批“富裕之村、秀美之村、文明之村、和谐之村”。岳阳入选新中国成立60周年60个城市发展代表，荣获“最值得驻华大使馆向世界推荐的中国生态城市”称号，城市综合竞争力进入全国百强，在中部非省会城市中位居第四。

3. 全力推进“文化繁荣”，进一步焕发了文化名城的时代新姿。牢牢把握先进文化的前进方向，推动文化大发展大繁荣。文化惠民深入推进，举办岳阳首届文化艺术节、“岳州大舞台”、“巴陵大戏台”、“市民大课堂”、“文化下乡”等群众文化活动，建成一批乡镇综合文化站，农家书屋、广播电视村村通基本覆盖；文化品牌更具影响，忧乐文化、求索文化、龙舟文化、爱情文化和红色文化等享誉中外，岳阳巴陵戏、汨罗江畔端午习俗、平江九龙舞、岳阳花鼓戏等列入国家级非物质文化遗产保护项目；文化体制改革稳步推进，公益性文化事业单位改革不断深化，经营性文化单位转企改制取得突破性进展，在全省率先完成市级文化宏观管理体制改革；文化产业蓬勃发展，屈子文化园列入全省“十二五”重大文化产业项目；文艺创作精品迭出，在全省率先设立“岳阳文学艺术奖励基金”，文艺“岳家军”人才辈出，在全省、全国获奖400多次，其中40多部文艺作品获中宣部“五个一工程”奖、优秀剧目奖等全国性大奖。岳阳荣获“中国楹联文化城市”、“中华诗词之市”和“全国文化体制改革工作先进地区”等称号。

4. 全力推进“民生殷实”，进一步构筑了以人为本的幸福家园。五年来，全市财政累计投入民生支出268.6亿元，占财政支出比重达61.3%。建立义务教育经费保障新机制，农村义务教育“两免一补”政策全面落实，素质教育、职业教育、民办教育在全省、全国产生广泛影响；在全国率先推行城镇零就业家庭动态清零；在全省率先推行医患纠纷第三方调解机制，新型农村合作医疗参合率达99.4%，位居全省第一；人口自然增长率稳定在6‰以下，人口计生工作连续12年位居全省先进；率先实现“乡乡有敬老院”目标；实施农村大面积危房改造，新建、改建和筹建廉租房、经济适用房165万平方米，洞庭湖区1140户“天吊户”渔民全部上岸定居；创立社区“爱心超市”，建立特困家庭大病医疗慈善救助基金，筹资规模达5000万元。城乡居民人均收入分别由2005年的10980元和3613元增加到2010年的17312元和5988元。人民群众的幸福感和满意度不断提升，岳阳荣获“中国最具幸福感城市”金奖。

5. 全力推进“社会和谐”，进一步展现了政通人和的巴陵胜状。创新社会管理，加强新时期群众工作，深入开展“与群众交朋友，为基层搞服务”活动，工会、共青团、妇联等群团组织作用有效发挥。落实“两个维护”（维护社会公平正义、维护社会公共秩序），开展“三官四员”（警官、法官、检察官，人民调解员、行政调解员、司法调解员、民政调解员）进社区、市县乡三级联合大接访、矛盾纠纷大排查大整改等活动，岳阳楼区被评为全国和谐社区建设示范城区。依法维护劳动者合法权益，劳动关系进一步和谐。深入推进依法治市，加强法制宣传教育，维护司法公正。加强民主政治建设，多党合作事业不断巩固，市委与各民主党派、无党派人士联系不断密切，民族宗教、外事侨务和对台工作切实加强。坚持党管武装，国防后备力量、人民防空建设等稳步推进。老干部工作卓有成效，获全国老干部工作先进集体称号。加强社会治安综合治理，平安创建全面推进，网络管理科学有序，“打黑除恶”、打击“两抢一盗”和黄赌毒等专项行动成效显著。岳阳连续四年被评为全省安全生产先进单位，社会治安综合治理连续四年保持全省先进，2010年位居第一。

6. 全力推进“走势强劲”，进一步奠定了更好更快的坚实基础。发展空间不断拓宽，对外开放水平加速提升，岳阳被定为全国加工贸易梯度转移重点承接地；以临港产业新区、汨罗、湘阴、屈原四大片区为重点的875平方公里范围纳入长株潭“两型社会”滨湖示范区试点；岳阳经济技术开发区晋升为国家级，汨罗循环经济产业园被列为全国首批“城市矿山”示范基地，云溪工业园纳入国家新型工业化产业示范基地。发展机制不断创新，市属国企改制基本完成，市县政府机构改革等扎实推进。发展基础不断夯实，全社会固定资产投资累计达2400亿元，是“十五”期间的3.5倍。“十二五”期间，全市产业发展、基础设施、生态环保、民生改善等领域计划投资将达6500亿元。发展要素不断集聚，引进项目1452个，其中国内外500强企业20家，全市内联工业引资到位资金连续三年位居全省第一，一大批占地少、效益高、无污染的工业项目正在建设之中；科技和人才的作用更加突出，高新技术产业增加值占GDP的比重上升到12.5%；加大融资平台建设，岳阳被评为“中国金融生态城市”，10家上市公司累计融资90.5亿元，上市后备企业达37家。经济发展环境得到进一步治理，等等。这些都为今后岳阳跨越式发展奠定了坚实基础，岳阳的影响力、吸引力、竞争力和发展后劲显著增强。

7. 全力推进党的建设，进一步强化了富民强市的领导核心。坚持党要管党、从严治党。深入持久开展“两个忠诚”、“三更”等主题教育，党员干部的忠诚意识、宗旨意识、先进意识明显增强；扎实推进学习型党组织建设，全市各级党委（党组）学习中心组示范引领作用充分发挥，广大党员干部学习的自觉性不断提高；积极稳妥推进干部人事制度改革，推行“差额推荐、差额竞职、差额考察、差额决定”等竞争性选任办法，圆满完成中组部在我市开展的规范干部选拔任用提名和推行差额选拔干部试点工作任务；县、乡党委换届风清气正、圆满顺利；实施有错与无为问责、“不换状态就换人”、庸懒表现“挂号销号”等制度；深入开展创先争优活动，选优配强基层党组织负责人，加强党建带工建、带团建、带妇建，选聘“大学生村官”到村任职，基层基础不断夯实。岳阳党建和组织工作得到中组部和省委的高度评价。以完善惩治和预防腐败体系为重点加强反腐倡廉建设，严格执行党风廉政建设责任制，加大查办案件力度，注重制度治本功能，加强权力运行监控，推进源头治腐工作，腐败现象得到有效遏制，岳阳连续四年被评为全省反腐倡廉建设先进单位。

成绩来之不易，奋斗饱含艰辛。这些成绩的取得，得益于省委、省政府的坚强领导，得益于历届市委、市政府打下的坚实基础，得益于离退休老同志的大力支持，得益于市几大家领导班子的精诚团结；离不开全市各级党组织、广大党员干部群众和中央、省驻岳单位的共同努力，离不开各民主党派、工商联、无党派人士的和衷共济，离不开寓外乡友和其他各界朋友的鼎力相助。在此，我谨代表中共岳阳市第五届委员会，向所有参与、支持、关心岳阳建设和发展的同志们、朋友们表示衷心的感谢，并致以崇高的敬意！

二、上下求索，奋发进取，在民本岳阳和谐崛起的道路上永不懈怠、永不停滞

富民强市的实践波澜壮阔，探索积累的经验弥足珍贵，值得认真总结和不懈坚持。

1. 始终坚持以民本理念引领行为。我们提出民本岳阳的执政和发展理念，坚持发展为了人民、发展依靠人民、发展成果由人民共享，尊重民意、集中民智、激活民力、改善民生、促进民富，努力实现民本岳阳和谐崛起。既一以贯之，毫不动摇；又与时俱进，不断完善。民本岳阳的执政和发展理念，体现科学发展精髓，切合岳阳市情特征，顺应人民群众期待，得到群众真心拥护，起到了统一思想、凝聚力量、鼓舞士气、促进发展的巨大作用，探索了一条科学发展观地方化、具体化的有效途径。实践使我们深切感到，只有坚定不移、坚持不懈践行民本理念，才能不断开辟科学发展新境界，开创富民强市新局面。

2. 始终坚持以科学思路谋划全局。我们确立民本岳阳富民强市六大目标，设计并推进民本岳阳九项工程和为民办实事主题行动，涵盖了经济、政治、文化、生态、社会和党的建设，实施“一化带四业”、建设“五市一极”等发展战略，既落实了省委、省政府“一化三基”和“四化两型”的决策部署，又贴近岳阳实际，找准了经济社会发展的科学路径。同时，在决策中充分发扬民主，广泛征求意见，组织科学论证，顺应民心民意，凝聚民智民力，做到依法、科学、民主决策。实践使我们深切感到，只有坚持从实际出发、科学谋划，各项工作才能体现时代性、把握规律性、富于创造性。

3. 始终坚持以发挥优势抢占先机。我们充分发挥岳阳重化工业优势，大力发展现代工业，实现优势企业优先做大，优势产业率先兴旺；充分发挥“鱼米之乡”优势，大力推动传统农业向现代农业转变，农业大市向农业强市转变；充分发挥滨湖临江优势，大力发展现代航运物流业，推动沿江优势区域优先发展；充分发挥旅游资源丰富优势，大力发展现代旅游业，推动旅游业持续升温；充分发挥生态良好优势，大力建设现代生态宜居城市，有效提升城市综合竞争力。实践使我们深切感到，只有准确把握优势、充分发挥优势，才能实现优势优先，推动科学跨越。

4. 始终坚持以求真务实创造业绩。我们对确定的目标、认准的事情，锲而不舍，一抓到底，办成了岳阳楼新景区、文化艺术会展中心、临港产业新区和石化产业扩能升级等一批群众盼望、关系长远的大事；对承诺的民生实事件件抓落实、项项求实效，开展了“五创”提质、新农村建设志愿者行动、联手帮扶企业和产业发展升级等系列活动；科学应对百年一遇的国际金融危机冲击，先后战胜五十年一遇的低温雨雪冰冻灾害、建国以来最为严重的春夏连旱和局部地区三百年一遇的特大山洪泥石流等自然灾害，有效化解了前进中的突出矛盾和问题。实践使我们深切感到，只有大兴求真务实之风，才能推动实实在在、又好又快的发展，创造经得起历史、实践和群众检验的业绩。

5. 始终坚持以改革创新激发活力。我们创新推动经济发展方式，持续开展“招商引资项目建设年”活动，每年举行招商引资项目建设流动现场会，推动全市争先恐后抓项目建设，倡导和鼓励全民自主创业，使创业创新的活力充分涌流；创新惠民举措，加快构建“学有所教、劳有所得、病有所医、老有所养、住有所居、困有所济”的长效机制；创新社会管理，积极探索新时期群众工作方式方法，广泛推行“两个维护”，促进社会和谐稳定；创新考评体系和选人用人机制，实施民本岳阳综合考评、干部实绩考核等，一批德才兼备、实绩突出、群众公认的干部被选拔任用到各级领导岗位，激发了广大干部谋事、干事、成事的活力和潜能。实践使我们深切感到，只有鼓励创新、支持改革，才能激发创造活力，促进和谐崛起。

6. 始终坚持以党的建设增强凝聚力、战斗力和创造力。我们注重时时抓队伍，每年根据形势要求确定党建主题，探索长效机制，进一步发挥各级党委的领导核心作用、党组织的战斗堡垒作用和党员干部的先锋模范作用。在全体党员干部中开展“毫无保留地忠诚于党和人民、忠诚于事业”主题教育；提出“更高标准、更严管理、更具公信力”要求；推行“四差额”等竞争性选任办法和有错与无为问责制度、“不换状态就换人”办法等，探索干部能上能下的机制。坚持强基层、打基础，工作重心向基层下移，工作责任向基层下压，工作手段和保障措施向基层下放，激励广大党员干部扎根基层、创业基层、建功基层。实践使我们深切感到，只有不断加强党的建设，提高党的建设科学化水平，才能永葆党的先进性，为推动科学发展、促进社会和谐提供坚强有

力的保障。

经验启示未来，奋斗永无止境。展望未来五年，岳阳面临的机遇前所未有：世界经济在曲折中复苏的总体走向不会改变，国内持续发展和中部崛起的基本趋向不会改变，岳阳正处在和谐崛起的重要战略机遇期；岳阳加快融入“两带”(长三角和珠三角经济带)、“两区”(长株潭城市群和武汉城市圈“两型社会”综合配套改革试验区)，正处在区域经济发展要素的高度融合期；岳阳通过多年实干和辛勤积累，呈现良好发展态势，正以豪迈的步伐跨入“五市一极”建设的加速推进期，岳阳的美好明天更加令人向往、令人期待！

审视未来五年，岳阳面临的挑战也前所未有：既面临区域竞争日趋激烈的严峻形势，又面临结构调整、转型升级的迫切任务；既面临宏观调控日趋审慎的政策走向，又面临提速发展、科学跨越的热切期待；既面临节能减排、低碳环保的硬性要求，又面临重化工业集中、环境容量有限的客观矛盾；既面临推动科学发展、促进社会和谐的重要职责，又面临少数党员干部精神状态、工作作风、能力水平、自我修养难以适应的现实差距，等等。我们务必增强忧患意识和危机意识，永远保持谦虚谨慎、不骄不躁的作风，永远保持求真务实、真抓实干的作风，不为任何风险所惧，不被任何干扰所惑，永不懈怠，永不停滞，坚定不移地沿着民本岳阳和谐崛起的道路阔步前行！

今后五年的指导思想是：高举中国特色社会主义伟大旗帜，坚持以邓小平理论、“三个代表”重要思想为指导，深入贯彻落实科学发展观，在省委、省政府的坚强领导下，认真践行民本岳阳的执政和发展理念，以“科学发展、富民强市”为主题，以“转型升级、更大更强”为主线，强力推进“四化两型”，加快建设“五市一极”，全面加强经济、政治、文化、社会和生态建设，以改革创新精神全面推进党的建设新的伟大工程，不断提高党的建设科学化水平，续写民本岳阳和谐崛起新篇章。

今后五年的奋斗目标是：全市经济总量达到3330亿元，财政总收入达到355亿元，城乡居民人均收入分别达到39835元和13779元，确保全省第二的地位更加稳固、更加强势，努力实现产业更加兴旺、城乡更加秀美、文化更加繁荣、民生更加殷实、社会更加和谐、走势更加强劲，在巴陵大地描绘出政通人和、物阜民康、幸福涌流、活力迸发的壮丽画卷！

三、朝着“五市一极”的宏伟目标强势进发，争当湖南推进“四化两型”、科学发展的排头兵

今后五年，全市要紧扣科学发展第一要务，加快建设“五市一极”，把岳阳打造成为现代工业大市、现代农业强市、现代航运物流旺市、现代旅游热市、现代生态宜居城市和湖南经济新增长极，实现岳阳经济转型升级更大更强，争当湖南推进“四化两型”、科学发展的排头兵。

——形成更加开放的格局。改革开放是新时期最显著的特点。岳阳必须坚定不移地以开放促调整、促转型、促改革、促发展。强化开放理念，用更加开阔的视野、开放的心态、开明的气度在更大范围、更宽领域、更高层次上融入国际国内竞争合作。扩大开放优势，全面打开水路、公路、铁路、航空等对外开放通道，打造一流的投资兴业、开放合作、创新创业平台。拓展开放空间，坚持谋长远、谋全局，把岳阳放到全省、中部、全国乃至全球背景中科学定位、科学谋划，加快构建“大市场、大流通、大开放”的格局。

——营造更加优良的环境。要营造更加优良的政务环境，注重引导不“越位”、善于管理不“错位”、优化服务不“缺位”，建立健全行为规范、运转协调、公正公平、廉洁高效的政务服务体系；营造更加优良的法制环境，坚持依法行政，公平公正司法，做到有权必有责、用权受监督、侵权要赔偿；营造更加优良的人文环境，大力倡导合作、共赢、诚信、包容的岳阳工商文化，保护改革者、宽容失败者、鼓励创新者，开放包容亲客商、诚实守信安客商、互利共赢富客商，吸引和鼓励更多的人来岳阳投资创业；营造更加优良的生活环境，充分发挥岳阳有山有水、山水相融的生态优势，进一步完善城市基础设施，提升城市服务功能，让岳阳的山更青、水更秀，城市更加生态宜居，环境更加舒适宜人。

——培育更加强劲的活力。尊重劳动，尊重知识，尊重人才，尊重创造，使一切有利于经济发展和社会进步的创造愿望得到尊重、创造才能得到发挥、创造成果得到肯定，形成鼓励干事、支持成事的浓厚氛围；坚持把人才作为第一资源，大力培育“科技岳家军”、“企业岳家军”、“教育岳家军”和各行各业优秀的领军人物，让各类人才拥有广阔的创业舞台和发展空间，鼓励优秀青年人才干事创业，让建设民本岳阳的队伍中始终活跃着怀抱崇高理想、充满奋斗激情的青年人才群体；推行创业领域“非禁即入”，创业环境“有障即清”，创业服务“有需即帮”，创业成果“有功即奖”，掀起新一轮全民创业热潮；充分激活各类经济主体，形成树大成林、枝繁叶茂的产业生态；推进体制机制创新，使一切劳动、知识、技术、管理、资本的活力竞相迸发，一切创造社会财富的源泉充分涌流，把岳阳建设成为湖南沿长江新型工业化的桥头堡、长江中游区域性航运物流中心、国际知名旅游目的地和独具魅力的洞庭明珠。

今后五年的工作，要突出以下重点：

1. 强化项目支撑，以大产业推动大提速。大力推进新型工业化“千百十”工程，形成石油化工、食品加工两个产值过千亿元产业，10个产值过百亿元园区，70个以上主营业务过10亿元企业。围绕龙头链接项目。全力支持、重点服务长岭炼化、巴陵石化、华能岳阳电厂、岳阳纸业等央企发展壮大；全力推动炼化一体化、中石化催化剂新基地等重大项目建设，力争岳阳炼油能力达到2000万吨；围绕龙头企业拉长产业链，新上深加工、精加工项目，配套发展附属产品加工项目。依托园区聚集项目。深入推进集群式项目满园扩园和园区产业升级行动，吸引更多项目入园集聚，促进企业提档升级，打造行业旗舰企业。放手发展县域经济，加快推进岳阳经济技术开发区、城陵矶临港产业新区和汨罗循环经济产业园、云溪精细化工产业园、岳阳县生态工业园、湘

阴轻工业园、华容生态纺织工业园、平江福坤汽车工业园、临湘化工农药工业园、君山印刷科技园、屈原现代农业园等特色产业园区提质升级。对接政策争取项目。主动对接国家和省“十二五”规划、主体功能区规划、战略性新兴产业发展规划等，争取更多项目布局岳阳。继续强力推进小墨山核电、华能岳阳二厂、福寿山抽水蓄能电站、君山风电等项目。争取建设国家石油储备基地和湖南电煤储备基地。

2. 强化对外开放，以大引进推动大发展。发展现代港口经济。推进城陵矶新港二期工程，加快公路口岸、保税港区、电子口岸建设，发展水陆联运、空港联运、江海联运，把城陵矶临港产业新区打造成长江中游的重要国际港口、物流中心和国家级保税港区，并建设和发展一条属于岳阳、属于湖南的沿长江经济带；科学规划、有效利用岸线资源，建设一批规模适度、功能互补的卫星港。推进区域合作。争取将环洞庭湖生态经济区上升为国家发展战略。借助“中部崛起”、“长江经济带”、环长株潭城市群等发展战略平台，加快基础设施、产业结构、体制机制对接，形成分工合作、互动发展的战略新联盟。扩大对外交流，引进境外企业，使岳阳成为湖南扩大对外开放的重要“一翼”。扩大招商引资。深入推进“招商引资和项目建设年”活动，主动对接中央企业、国内外500强和行业100强企业，着力引进大公司、大集团设立生产基地、研发中心和区域总部，力争再引进国内外500强企业30家；规划建设湖南三一重工产业园、中联重科产业园和北斗导航民用产业园等；大力拓展对外贸易，扩大进出口份额。

3. 强化“两型”引领，以大转型推动大升级。以“两型”引领产业结构转型升级。推动优势工业高新化，支持石油化工、食品加工、机械制造、造纸印刷等产业加快技术改造；推动新兴产业规模化，培育壮大新材料、再生资源、生物医药、先进装备制造、电子信息与光伏等战略性新兴产业；推动传统农业高效化，巩固和加强农业基础地位，实行最严格的耕地保护制度，稳定粮食种植面积，提高粮食生产水平，促进农业标准化生产、工厂化加工、品牌化经营；推动现代服务业高端化，突出发展文化旅游业，整合旅游资源，建设精品景区，加大城市整体形象策划推介。以“两型”引领增长方式转型升级。建好一批重点实验室和工程技术研究中心，突破一批关键共性技术瓶颈，形成一批拥有自主知识产权的核心技术和高新技术产品。以汨罗“城市矿山”等循环经济试点为重点，建成一批全省、全国循环经济和绿色经济示范区；坚决淘汰落后产能，抓好节能减排重点工程，继续推进城区企业“退二进三”，全面完成节能减排目标任务。以“两型”引领生活模式转型升级。推广以低碳、环保、节约为主要特征的生活模式，大力实施“两型”消费建设样板工程、“两型”技术产品推广工程，营造文明节约、绿色低碳生活新风尚。

4. 强化城乡统筹，以大创建推动大提质。统筹城乡布局，提升完善经济社会发展规划、市域城镇体系规划、城市总体规划和土地利用规划，构建产业布局合理、功能分区明显、公共设施完善、居住环境优美的新型城乡空间发展体系。统筹城乡建设，继续狠抓“五创”提质，全力争创全国文明城市、全国绿化模范城市、国家环保模范城市、国家交通管理模范城市、国家社会治安模范城市，巩固国家卫生城市创建成果。全力推动城市重点工程建设，加强基础设施配套，加快旧城改造步伐，加快构建覆盖城乡的道路网络和公交、供电、通信、供气、给排水网络。加快推进新农村建设，抓好农村扶贫开发。统筹城乡生态，大力保护城乡生态环境，深入开展“清洁家园”行动，全面加强农村环境污染整治。加快推进洞庭湖生态功能区保护与综合利用，推进湘江流域重金属污染综合整治。科学规划城区水系景观和城市拦污林带建设，建好管好城市公园。全力保护好南湖和铁山水库。继续广泛开展植树造林，提高城乡森林覆盖率。统筹城乡管理，全面提升城乡综合管理水平，推进城乡管理网格化、信息化和一体化，加快规划、建设、环保、卫生等公共管理服务向农村覆盖。继续坚持铁腕控建、铁腕拆违、铁腕查处，依法严厉打击城乡违法建设。

5. 强化重点建设，以大投入推动基础设施大改善。加快交通建设。重点疏浚整治长江海轮航道和湘江航道岳阳段，建设高速公路、干线公路和滨湖示范区之间的交通连接线，完成荆岳铁路建设，加快推进岳长城际轨道和岳九、岳常等铁路规划建设，推进岳阳机场立项建设，构建区域性立体式综合交通枢纽。加快水利建设。重点推进城陵矶洞庭湖综合枢纽、三峡影响后续处理工程、城区防洪排涝系统工程立项和规划建设。抓好全国小农水重点县建设，加大对农田水利设施的投入力度。加强山洪地质灾害防治体系建设，抓好内湖内河综合治理和病险水利工程除险加固。加快信息化建设。积极推进信息化与新型工业化、新型城镇化、农业现代化深度融合，加快信息化示范企业建设，加强传统产业信息化改造。继续推进电子政务工程建设，构建统一高效的政务信息服务平台，提高信息化管理水平。

四、创新社会管理，加强社会建设，进一步提升岳阳人民的安全感、舒适感、公正感、自豪感和幸福感

1. 全面增进民众福祉，让全市人民共建共享发展成果。加快构建广覆盖、保基本、多层次、可持续的民生保障体系，着力在“一倍增、三扩大、四个全覆盖”上见实效。“一倍增”即城乡居民收入倍增。“三扩大”即扩大就业，最大限度满足社会就业需求；扩大社会保障覆盖面，城乡三项医疗保险参保率稳定在95%以上，新型农村社会养老保险覆盖率达到100%，健全完善社会救助和保障标准与物价上涨挂钩的联动机制；扩大住房保障，大力新建筹建廉租房、公共租赁房。“四个全覆盖”即实现养老保险全覆盖、社会救助全覆盖、基本药物和社区（村）卫生服务全覆盖、公共图书馆博物馆纪念馆等基层文化体育设施免费开放全覆盖。

2. 全面维护社会稳定，让全市人民共建共享和谐安定。坚持各方参与、共同治理，着力构建“党委领导、政府主导、各方参与、全员共建共享”的社会管理格局，形成社会管理合力。坚持关口前移、源头治理，全面推行社会稳定风险评估，建立社会矛盾预警机制；重

视群众自治组织和社会组织建设，加强政法基层机构和队伍建设，加强社区警务和基层便民服务中心建设；加强群众来信来访工作；加强和创新社区管理，推行社区“网格化”管理模式，以基层为主体促进和谐。坚持综合施策、统筹治理，加强社会管理综合治理，依法严厉打击各类违法犯罪活动和黑恶团伙；加强公共安全和应急管理体系建设，突出抓好群众反映强烈的生产安全、交通安全、校园安全、消防安全、食品药品安全等问题；抓好党管武装工作，加强国防动员、人民防空工作，充分发挥驻岳人民解放军、武警部队和民兵预备役人员服务科学发展、维护和谐稳定的重要作用。

3. 全面加强民主法治，让全市人民共建共享公平正义。认真贯彻《法治湖南建设纲要》，建设法治岳阳。发展民主政治，进一步加强和改进党委对人大、政协工作的领导，把坚持党的领导、依法治国与人民当家作主有机结合。全力支持人大依法履职，全力支持人民政协依照章程开展工作。进一步推进新时期统一战线工作，加强与各民主党派、工商联和无党派人士合作；认真贯彻党的民族、侨务、宗教政策，做好新社会阶层人士工作；建立完善市科学决策思想库；支持工会、共青团、妇联等群团组织更好地履行职责。扩大基层民主，完善村民和社区居民自治机制，扩大公民有序的政治参与，保障人民依法行使民主权利。促进司法公正，加强司法规范化建设，维护司法权威，支持人民法院、人民检察院依法独立行使审判权、检察权；切实加强法律援助工作。加强法制教育，深入开展普法宣传，增强全民法治意识，树立法治权威，在全社会形成依法办事、依法维权的良好氛围。

4. 全面发展社会事业，让全市人民共建共享公共服务。优先发展教育事业，加大教育投入，进一步提高基础教育、高等教育和职业教育质量。优化教育资源配置，缓解城区入学难，促进城乡教育均衡发展，在城市化推进过程中，更加重视教育用地的优先规划和进城务工人员子女就读。大力发展文化事业，加强文化基础设施建设，着力构建覆盖城乡的公共文化服务体系；加大国家级非物质文化遗产、历史文化名村名镇的传承保护；繁荣文艺创作，不断壮大文艺“岳家军”；实施重大文化产业项目，培育新兴文化业态，把屈子文化园建设成为“全球华人的精神文化家园”。加快发展卫生事业，加强城乡医疗卫生基础设施建设，新增医疗卫生资源更多地向农村和社区倾斜；提高新型农村合作医疗补助标准；加强社区全科医生等医卫队伍建设，提高社区卫生服务水平，切实解决群众“看病难、看病贵”的问题，实现人人享有基本医疗卫生服务。协调发展人口事业，继续狠抓人口与计生工作，提高人口素质，改善人口结构，稳定低生育水平；积极应对人口老龄化，做好老年人工作。同时，积极推进广播电视、新闻出版、群众体育、党史方志、档案管理、气象防灾等各项事业发展。

5. 全面建设精神文化，让全市人民共建共享现代文明。以核心价值塑造人，继续深入开展社会主义荣辱观教育和公民道德教育，净化社会文化环境和网络环境，加强未成年人思想道德教育，更加关心和爱护未成年人身心健康，不断提升全民思想道德水平。以岳阳精神激励人，充分发掘岳阳历史文化底蕴，大力弘扬以人为本、民生为先的忧乐精神，与时俱进、开拓创新的求索精神，负重奋进、无私奉献的骆驼精神，团结拼搏、奋勇争先的龙舟精神。以文明创建引导人，广泛开展群众性精神文明创建活动，深入实施《科学素质行动纲要》，持续开展全民读书活动和“市民文明素质提升”行动，使文明转化为人民群众的公德意识和行为习惯。

五、以改革创新精神全面推进党的建设新的伟大工程，为续写民本岳阳和谐崛起新篇章提供坚强有力的政治保障

1. 把永葆忠诚作为第一操守，不断加强思想建设。强化政治意识，坚定中国特色社会主义理想信念，永远听党的话，永远跟党走。提升党性修养，继续深入开展“两个忠诚”主题教育，落实“三更”要求，教育引导党员干部加强党性修养，保持强烈的事业心和责任感。坚守共产党人的精神家园，用坚定的理想信念、高尚的道德情操、积极的人生态度、饱满的工作激情投身到新的更加辉煌的事业中去。

2. 把服务群众作为第一宗旨，不断加强作风建设。把干部作风建设和做好新时期群众工作结合起来，密切与人民群众的血肉联系，全心全意为人民服务。坚持“三进”贴近群众，进社区、进企业、进农家，真诚倾听群众呼声，真实反映群众愿望，真情关心群众疾苦。坚持“三问”依靠群众，问政于民、问需于民、问计于民，想问题、作决策、办事情从群众中来、到群众中去。坚持“三心”造福群众，真心解民忧，热心帮民困，全心促民富，继续深入开展“与群众交朋友，为基层搞服务”活动，巩固完善联系服务群众的长效机制，真正做到权为民所用、情为民所系、利为民所谋。

3. 把公正用人作为第一导向，不断加强班子队伍建设。坚持正确导向用干部，突出以德为先，形成以德修身、以德服众、以德领才、以德润才、德才兼备的用人导向；突出实绩为本，形成“靠实绩竞争、凭实干进步”的用人导向；突出基层为重，形成“干部下基层，基层出干部”的用人导向。坚持整体优化配班子，好中选优、优中配强，把最优秀的干部选配到重要领导岗位；注重党政班子的合理搭配，形成知识能力相长、阅历经验相补、性格气质相容的配备结构；注重培养、大胆使用后备干部和优秀年轻干部。坚持深化改革强队伍，深化干部人事制度改革，规范干部选拔任用提名制度，完善党委干部任免票决制，加大“四差额”等竞争性选任干部的力度；进一步健全民本岳阳综合考评体系；继续深入推行有错与无为问责、“不换状态就换人”、庸懒表现“挂号销号”制度，形成“能者上、平者让、庸者下”的动态用人机制。

4. 把发扬民主作为第一活力，不断加强制度建设。完善党的代表大会制度，探索党的代表大会闭会期间发挥代表作用的途径，发挥全委会对重大问题的决策作用。坚持民主集中制度，完善常委会、全委会议事规则和决策程序，促进依法决策、科学决策、民主决策。严格民主生活会制度，积极开展批评与自我批评。健全党

务公开制度，完善党内情况通报、情况反馈和重大决策征求意见制度，健全完善党委新闻发言人制度，加大基层组织党务公开力度，保障党员对党内事务的知情权、建议权、参与权和评判权，进一步增强党内活力。

5. 把廉洁从政作为第一准则，不断加强党风廉政建设。以完善惩治和预防腐败体系为重点，整体推进反腐倡廉建设。充分发挥教育的基础作用，扎实开展党风廉政教育，不断夯实党员干部廉洁从政的思想道德基础，教育和引导广大干部秉公用权、廉洁从政，艰苦奋斗、勤俭节约，生活正派、情趣健康，自觉抵制消极腐败，筑牢拒腐防变的思想道德防线。充分发挥制度的规范作用，以制约和监督权力运行为核心，以提高制度执行力为抓手，加大制度建设和创新力度，着力构建内容科学、程序严密、配套完备、有效管用的制度体系。充分发挥监督的约束作用，健全权力运行监控机制，建立健全决策权、执行权、监督权既相互制约又相互协调的权力结构和运行机制；发挥各类监督主体作用，加强党政正职和重点领域、重点岗位、重点环节监管，加大领导干部经济责任审计力度；落实《农村基层干部廉洁履行职责若干规定》，促进农村基层干部廉洁履职。充分发挥惩治的震慑作用，坚决查办各类违纪违法案件，切实解决反腐倡廉建设中人民群众反映强烈的突出问题，坚决纠正损害群众利益的不正之风，始终保持惩治腐败的高压态势，以反腐倡廉的实际成效取信于民。

6. 把推动发展作为第一职责，不断加强能力建设。深入开展争创学习型党组织和学习型党员活动，大规模开展干部培训，大幅度提升干部素质，以过硬的能力推动科学发展。提高学习调研科学谋划的能力，坚持把学习调研作为立身从政之本、谋事成事之基，增强谋发展、抓发展的系统性、前瞻性和创造性。提高统筹兼顾协调各方的能力，统筹协调局部利益与全局利益、现实利益与长远利益，统筹协调城乡发展、区域发展、经济社会发展、人与自然和谐发展，形成相互协调、相互支持的工作格局和强大的工作合力。提高应对复杂局面和突发事件的能力，及时消除化解不稳定因素，妥善处理新形势下的人民内部矛盾，全力维护安定团结的政治局面和稳定健康的经济秩序。提高引领社会舆论的能力，坚持正确导向、科学开放、有效管理，善待媒体、善用媒体、善管媒体，牢牢把握舆论引导主动权。

7. 把创先争优作为第一载体，不断加强基层组织建设。深入开展创先争优活动，不断丰富内容，突出实践特色，推动基层党组织创先进，引导广大党员争优秀。加强发展党员工作，注重在优秀青年、优秀企业家和工人农民中发展党员，不断为党的基层组织注入新鲜血液。扩大基层党组织覆盖，全面推进各领域党的基层组织建设，实现党组织和党的工作全社会覆盖。按照党章要求，认真开展“三会一课”等组织活动。对基层党组织和基层党员干部严格教育、严格要求、严格管理，引导基层党组织和党员干部在推动发展、服务群众、凝聚人心、促进和谐中创先争优。真正重视、真情关怀、真心爱护基层党员干部，落实党员教育培训规划，建立党员经常性教育管理制度，全面轮训基层党组织主要负责人，确保学习培训有课堂；配优配强基层党组织主要负责人，对优秀乡镇（街道）党（工）委书记重视重用，加大从农村和社区优秀基层干部中考录公务员力度，确保进步发展有台阶；逐步提高基层党务工作者基本报酬，切实解决社保、医保等问题，确保奉献基层有保障；健全党内关怀机制，实施为满五十年党龄的老党员颁发纪念奖章制度，加大对老党员、生活困难党员的关怀帮扶，确保组织关爱有温暖。

同志们，站在新的历史起点，回首过去，我们倍感欣慰、感慨万千；展望未来，我们豪情满怀、信心百倍。让我们更加紧密地团结在以胡锦涛同志为总书记的党中央周围，高举中国特色社会主义伟大旗帜，以邓小平理论、“三个代表”重要思想为指导，深入贯彻落实科学发展观，在省委、省政府的坚强领导下，认真践行民本岳阳的执政和发展理念，万众一心，锐意进取，强力推进“四化两型”，加快建设“五市一极”，携手共创岳阳更加富强、文明、秀美、幸福的明天！

政府工作报告

—— 在岳阳市第六届人民代表大会第四次会议上

岳阳市人民政府市长 黄兰香

（2011年1月11日）

市长 黄兰香

各位代表：

我代表市人民政府，向大会作政府工作报告，请各位代表连同《岳阳市国民经济和社会发展第十二个五年规划纲要》（草案）一并审议，并请各位政协委员和其他列席人员提出意见。

一、“十一五”国民经济和社会发展回顾

在中共岳阳市委的坚强领导下，全市人民深入贯彻落实科学发展观，认真执行省委、省政府工作部署，努力践行民本岳阳执政和发展理念，团结奋斗，开拓创新，各个方面取得重大成就，超额完成“十一五”发展目标任务。

经济实力实现历史性跨越。全市GDP跨上千亿台阶，达到1539.4亿元，年均增长14.1%。财政总收入跨上百亿台阶，达到139.6亿元，年均增长27.5%。社会消费品零售总额达到507亿元，年均增长18.7%。累计完成全社会固定资产投资2352亿元，年均增长32.4%。规模工业增加值达到751.53亿元，年均增长19.4%。农业生产连年丰收，粮食总产稳定在320万吨左右，水产品总产量保持全省第一。县域经济快速发展，占全市GDP比重提高到61%。金融机构存贷款余额分别达到785亿元和437.2亿元。我市被国家统计局评为新中国成立60年60个城市发展代表。

结构调整取得实质性进展。2010年与2005年相比，二产业对经济增长贡献率提高10.2个百分点，达到69.1%。财政总收入占GDP比重提高2.6个百分点，达到9.1%。税收占财政总收入比重提高9.6个百分点，达到84.2%。地方工业增加值占全部工业增加值比重提高15个百分点，达到76.6%。园区工业增加值占全市规模工业增加值比重提高31.6个百分点，达到43.9%。非公经济占GDP比重提高15.3个百分点，达到57.5%。城镇化率提高8.1个百分点，达到48.1%。全市万元GDP能耗累计下降21%，主要污染物总量累计减排6%。三次产业结构由20:46.4:33.6调整为13.3:53.6:33.1。

基础设施得到全方位改善。城镇建成区面积新增267平方公里，达到410.2平方公里。中心城区新建改建15条主干道路，亮化美化200多条小街巷，建成文化艺术会展中心等一批标志性工程。续建洞庭湖风光带、环南湖旅游走廊。体育中心开工建设。建成19个新农村示范片、292个示范村。完成各类水利工程25.6万处，加固堤防310公里，整治大小水库530座。新建改建农村公路11213公里，所有乡镇和88.6%的行政村通水泥路。武广客运专线岳阳段及岳阳东站建成运营，荆岳长江大桥、汨罗江大桥和柳林江大桥竣工通车，随岳、岳长、岳常、通平、石华、临岳6条高速公路相继开工。建成投产500千伏变电站1座、220千伏变电站3座。通讯、燃气等基础设施大为改善。

改革开放迈出坚实性步伐。市属国有企业改制基本完成，5年累计完成94家。成品油税费改革全面完成。城

区财税体制进一步理顺。市县政府机构改革、省管县财政体制改革、文化体制改革、集体林权制度改革和医药卫生体制改革扎实推进。新引进国内外500强企业20家；城陵矶口岸开通海轮航道和“五定”班轮航线，城陵矶港成为海港，对台直航达成协议；成功举办奥运火炬传递、第二届湘商大会、湖南旅游节开幕式、“五湖牵手五岳”旅游同盟大会、君山十大爱情故事评选颁奖晚会；加强与6个国际友好城市交往，岳阳开放形象进一步提升。

社会建设实现整体性推进。城镇居民人均可支配收入、农民人均纯收入分别达到17312元和5988元，年均分别增长9.8%和10.9%。“两基”人口覆盖率100%，高中阶段教育进入普及期，职业教育跃居全省第一，高等教育发展步伐加快。组建工程技术研究中心、产学研战略联盟等创新平台42个，实施自主创新引导和产学研专项166个，《石脑油催化重整成套技术开发与应用》荣获国家科技进步一等奖。新型农村合作医疗参合率98.4%，5年补偿7.4亿元。改扩建175家乡镇卫生院，新建村卫生室133个、社区卫生服务中心28家、社区卫生服务站56个。21.3万农村老人开始领取养老金。1.5万五保户集中供养。帮助1.1万户农村困难群众新建改建住房。58万人参加志愿服务行动，慈善募捐8900万元，建立爱心超市11家。投入4300万元，改善123个社区办公服务用房。精神文明建设不断加强，公共文化服务体系建设加快，群众性文化活动蓬勃发展，《今天有客来》和《春雨》荣获“群星奖”金奖，汨罗江畔端午习俗进入世界级非物质文化遗产名录。全民体育健身运动深入开展，全省第十一届运动会岳阳总分排名比上届前进6个名次。人口计生工作保持全省先进，计划生育手术并发症患者扶助制度在全国率先试点。国防动员和民兵预备役工作得到加强。统计、民族、宗教、对台、史志、档案、保密、气象、人防、烟草、邮电、盐业、老龄、残联等各项工作取得新成绩。

过去5年，我市为全面建成小康社会又迈出坚实一步，必将激励我们在科学发展与民本岳阳和谐崛起的道路上继续奋勇前进。

回顾5年来的工作，我们特别突出了以下几个重点：

（一）突出科学谋划。按照市委确定的民本岳阳“六大目标”和“九项工程”，从大处着手谋划岳阳大局发展。一是在国家战略中谋划岳阳发展平台。抓住国家批准长株潭“两型社会”综合改革试验区的机遇，成功争取678.5平方公里纳入核心区规划，建立湖南城陵矶临港产业新区；岳阳经济技术开发区晋升国家级；汨罗循环经济工业园被列为全国首批“城市矿产”示范基地；云溪工业园成为国家新型工业化产业示范基地；屈原管理区进入全国现代农业示范区；国家级台湾农民创业园落户岳阳县。我市被国家定为加工贸易梯度转移重点承接地、商标战略实施示范城市、知识产权试点城市、磁力设备质量监督检验中心。争取到这些牌子，就争取了国家一系列的政策支持。二是在发挥岳阳优势上谋划大项目大发展。发挥中央省属骨干企业优势，争取了炼化一体化、华能三期、岳纸40万吨等重大项目建设；发挥民营企业机制活的优势，积极支持与资本市场对接，5年新增上市企业6家，3家企业在天津股权交易所挂牌交易；发挥通江达海优势，引进战略投资者建成城陵矶新港，启动长江航道疏浚，形成大通关网络；发挥文化优势，建成岳阳楼新景区，争取了国家和省里支持建设屈子文化园。三是在科学规划、优化布局上谋划长远发展。在完成城市规划及土地利用总体规划修编的基础上，推进产业规划、城市规划与土地利用规划“三规合一”。完成中心城区155平方公里控详规划编制，实现了城市控详规划全覆盖。中心城区按照“东拓、西连、南延、北靠、中提”，调整产业布局，岳阳楼景区周边工业逐步实施“退二进三”，南湖风景区逐步退出工业、调整为以休闲旅游为主，发展北边沿江工业走廊。坚持“一核三圈”城镇梯级发展，初步形成了以中心城区为核心、县城和中心镇为节点、各乡镇协调发展的新型城镇体系。

（二）突出项目建设。认真落实市委“月月上项目、年年创大业”的要求，把项目建设作为经济增长的第一推动力。一是大力开展招商引资。5年引进内资项目1452个，到位资金615.7亿元；利用外资4.7亿美元。二是全力争取国家投资。5年争取国家和省里资金356.9亿元。荆岳铁路即将开工建设，小墨山核电项目列入国家核电中长期调整规划。三是努力激活民间投资。拓宽领域，非禁即入，鼓励全民创业。5年民间投资1440亿元，年均增长44.6%。四是着力优化项目服务。连续开展“项目建设与项目服务年”和“机关效能建设年”活动，深入开展联手帮扶企业和产业发展升级行动，认真落实项目建设“五个工作环节”和“六个一”服务，努力营造规范、高效、透明的发展环境。五是用项目建设检验工作成效。每年召开项目建设流动现场会，看典型、比成效、找差距；重奖招商引资先进单位和个人，激励各级各部门争投资、上项目。5年实施投资过5000万元的重大项目1161个，多年为之努力的一批重大项目得到落实，不仅实现了当前保增长，而且增强了发展后劲。

（三）突出生态建设。着力打造更具竞争力的生态环境，促进可持续发展。一是按照“两型社会”建设的要求，保护自然生态环境。发挥在岳的全国和省人大代表、政协委员作用，大力呼吁洞庭湖综合治理，争取项目489个、投资48.1亿元。加强环境污染治理，全面完成洞庭湖周边102家造纸企业整治任务和57个湘江流域综合整治项目，建成10个污水处理厂，淘汰落后产能企业34家，关停“十五小”污染企业97家，启动环南湖截污管网建设，全面完成“十一五”节能减排任务。大力开展植树造林，增加森林碳汇，全市森林覆盖率达到45.3%。综合整治农村土地1.6万公顷。君山区被授予“中国野生荷花之乡”。二是按照市场经济发展的要求，优化金融生态环境。2007年启动金融生态区建设，打击恶意逃废债务和非法集资行为，积极开展金融诉讼案件集中执行活动，我市被评为“中国金融生态城市”。深化银企合作，建立完善7大投融资平台，创办平江汇丰、华容鸿基村镇银行等5家新型金融机构。全市保险公司发展到32家。三是按照和谐社会建设的要求，提升人文生态环境。大张旗鼓开展以创建全国文明城市为龙头的“五创”提质行动，城区更加整洁、有序、秀美。大力加强社会治安综合治理，深入开展“打黑除恶”、禁毒禁赌、扫黄打非和打击传销等专项行动，治安民调年年进位，2010年综治考评全省排名第一。开展大接访，有效解决了一批热点难点和历史遗留问题。建立健全应急预防体系，切实抓好安全生产，社会大局保持和谐稳定。

（四）突出改善民生。注重解决群众最现实、最关心、最直接的利益问题。一是认真落实各项惠民政策。克服困难，抓好配套，支农补贴及时发放；企业军转干部生活补助进一步提标；企业退休人员养老金连续5年提高待遇，人均月增加570元；城区低保标准由2005年的每月180元提高到260元，建立农村低保制度，月标准达到110元。二是坚持不懈为民办实事。全面完成省、市实事任务。新增城镇就业25.4万人。解决100.5万农村人口饮水安全问题。新建改建和筹建廉租房、经济适用房165万平方米。洞庭湖区捕捞渔民全部上岸定居。移民后期扶持23万人，5年投入9亿多元。新建4319个广播电视村村通工程，每年免费送戏下乡900多场、电影下乡3.5万多场。三是创造条件让发展成果更多惠及民生。在全国率先实现零就业家庭动态清零，率先推行社区卫生“服务零距离、药品零利润、医患零纠纷”，在全省率先建立大病医疗救助基金，率先建立医患纠纷第三方调处机制，率先实现乡乡有敬老院目标，率先在农村实施大面积危房改造。这5年，全市财政民生支出268.6亿元，占财政总支出的61.3%，惠及全民的民生保障体系初步形成，人民群众得到更多实惠。

（五）突出管理创新。按照依法行政、转变政府职能的要求，努力做到管理精细化，更好地服务人民群众、服务发展。一是按照“规范有序”的原则，建立健全各项制度，规范权力运行。自觉接受人大和政协监督，认真办理人大议案、代表建议和政协建议案、委员提案。认真落实《湖南省行政程序规定》，出台市政府重大行政决策规定，推进科学民主决策。健全完善市政府投资项目管理、财政性资金管理、土地管理、规划管理等系列意见，加强招标投标监督，全面启动规范权力运行制度建设。减少行政审批项目622项。市直232个社团基本实现“五脱钩”。加强和改进政府绩效评估，认真执行“有错无为问责”，不换状态就换人，5年行政处分1192人，其中开除公职173人。实行重大项目审计、监察全程跟踪等制度，深入推进廉政建设和反腐败工作，认真开展政风行风民主评议，公务员队伍建设取得新成效。二是按照“便民利民”原则，创新服务平台，提高办事效率。建立完善政务服务中心，搭建信息公开、便民服务、市场交易、电子政务“四大”平台。在全省率先建立部门行政许可职能集中行使和建设工程项目联合审批、联合验收制度，全面推行投资项目审批委托代办和一票制收费，所有行政审批项目办理时限压缩30%。三是按照“竞争择优”原则，设立内部模拟市场，公共事务逐步实现从养人到养事转变。加强公共财政体系建设，在预算编制中对有定额可依的环卫、绿化、路灯、市政等单位，根据实际工作量，定额编制预算，不再另行安排人员支出；岳阳楼新景区管理、城区新建改建道路等，实行项目管理，购买公共服务，发挥财政资金的最大效益。

各位代表，“十一五”时期，我市经济和社会发展的重大成就，是克服重重困难取得的，来之不易。我们有效抵御国际金融危机的冲击，战胜低温雨雪冰冻灾害和黄盖湖、汨罗江、湘阴湘江特大洪涝灾害，积极应对错综复杂的社会矛盾和问题。这些成就的取得，是中共岳阳市委坚强领导、全市上下团结奋斗的结果。在此，我代表市人民政府，向全市广大工人、农民、干部和知识分子，向各民主党派、工商联、无党派人士、各人民团体和社会各界人士，向驻岳人民解放军、武警、消防部队指战员和政法干警，向所有关心、支持和参与岳阳改革建设的人们，表示崇高敬意和衷心感谢！

在充分肯定成绩的同时，我们也清醒地认识到，我市经济社会发展还存在不少问题。主要是：产业结构性矛盾仍然比较突出，三产业比重偏低，新兴产业比重偏小；农业基础设施比较薄弱，农村公共事业亟待加强；节能减排、安全生产压力加大；保障和改善民生任务繁重，群众在上学、就医、住房、养老等方面还有许多实际困难；政府职能转变与科学发展的要求相比还有差距，行政效能建设、机关作风建设和廉政建设还需进一步加强。对此，我们一定高度重视，进一步采取措施，切实加以解决。

二、“十二五”面临的机遇、挑战与对策

“十二五”时期，是全面建设小康社会的关键时期，是加快转变经济发展方式的攻坚时期，也是岳阳在新的起点上进一步开创科学发展、富民强市新局面的重要机遇期：一是中央明确提出加强改革顶层设计，着眼于解决体制机制根本性问题，有利于我们突破重点领域改革。二是国家加快转变经济发展方式，更加注重生态环保，有利于我们争取核电等新兴能源项目，加快航运物流业、旅游业和循环经济发展。三是国家加强农田水利建设，加大粮食主产区投入和利益补偿，有利于我们争取更多项目、更多投入提高农业综合生产能力，加快传统农业向现代农业转变。四是国家着力改善民生、扩大内需，有利于我们发展第三产业，扩大城乡就业。五是国家促进中部崛起力度加大，有利于我们争取更多的政策支持。六是湖南全面推进“四化两型”战略，有利于我们发挥比较优势，加快承接沿海产业转移、对接长株潭。七是岳阳发展后劲大为增强，特别是全市上下有加快发展的强烈愿望和坚定信心，有利于转化为发展的强大动力。

与此同时，我们也面临严峻挑战：一是国内外经济发展环境存在不可预见的因素，必须审时度势，增强工作的前瞻性，积极应对。二是改革发展的压力越来越大，改善民生的要求越来越高，必须不断解放思想，用发展的办法解决前进中的问题。三是转方式、调结构任重道远，必须在新的起点上谋划新一轮发展。四是土地、资金、能源等要素趋紧，必须突破瓶颈，吸纳有效资源配置到最需要的地方。五是国家对节能减排、保护环境的要求越来越严，必须发展绿色经济，倡导低碳消费。六是岳阳地处长株潭城市群和武汉城市圈中间，不在发展中崛起，就会成为发展的“过水之丘”，必须主动对接，抢占发展先机。七是社会组织管理和维护稳定的

任务艰巨，必须创新社会管理，促进经济社会协调发展。

面对机遇和挑战，我们既要增强机遇意识，又要强化忧患意识，始终扭住经济建设这个中心，不放松、不动摇、不折腾。坚持以科学发展、富民强市为主题，以加快转变经济发展方式为主线，按照省委、省政府的战略部署，大力推进“四化两型”和“五市一极”建设，努力实现岳阳经济转型升级、更大更强，把岳阳建设成为现代工业大市、现代农业强市、现代航运物流旺市、现代旅游热市、现代生态宜居城市和湖南经济新增长极，为全面建成小康社会打下具有决定性意义的基础，让全市人民生活得更加幸福、更加美好！

三、“十二五”的主要目标与任务

主要奋斗目标是：

经济实力更强。力争实现三个翻番：经济总量翻番，达到3000亿元；财政收入翻番，达到300亿元；城乡居民人均收入翻番，分别达到34000元和12000元。

发展方式更优。力争实现三个提高：提高二三产业占GDP的比重，一二三产业结构调整为9:55:36；提高高新技术产业增加值占GDP的比重，超过25%；提高财政收入占GDP的比重，超过10%。

生态环境更美。努力做到三个减少: 万元GDP能耗累计减少15.4%；主要污染物排放累计减少1.6%；万元GDP二氧化碳排放量累计减少10%，空气质量优良率达到90%以上。

文明程度更高。政治更民主、政务更透明、队伍更纯洁、制度更科学、风气更清新、社会更和谐，力争成功创建全国文明城市。

人民生活更好。城乡居民收入水平不断提高、享受到的公共服务不断增加、生活环境不断改善，增强全市人民的幸福感和自豪感。

主要任务是：

（一）建设现代工业大市

以项目建设、技术改造、管理创新为抓手，加快推进新型工业化。力争到2015年全市工业主营业务收入突破6000亿元，规模工业增加值1500亿元，工业对GDP贡献率50%以上。大力推进“千百十”工程，形成石油化工、食品加工两个产值过千亿元产业，10个产值超百亿元园区，70个以上主营业务过10亿元企业。

加快提升传统产业。积极发展符合国家产业政策、符合国家节能减排要求，有市场、有规模、有效益的传统产业。支持企业加大技术改造、加快管理创新、加强产业联合；鼓励企业提高品牌化、“两型化”、信息化水平，增强传统产业的竞争力和对区域经济的支撑力。把石化产业作为岳阳最重要的产业，围绕炼化一体化，加速发展特色化工产业链。到2015年，原油加工能力达到1500万吨、争取2000万吨，石化总产值1800亿元、争取2000亿元。大力发展食品加工业，到2015年，总产值1200亿元以上。同时，着力提高机械制造、造纸印刷、纺织服饰、建筑材料的加工深度和附加值，推动产业升级。

大力发展新兴产业。紧紧抓住国家“十二五”支持战略性新兴产业发展的大好机遇，加大对新兴产业的招商力度和财政支持力度，积极实施商标战略、专利战略和科技创新工程。大力发展新能源、新材料和文化创意产业。力争到2015年再生资源总产值480亿元以上、电子信息产业总产值380亿元以上、生物医药产业总产值200亿元以上、先进装备制造业总产值150亿元以上，成为全市的优势产业。

鼓励发展中小企业。在加快龙头企业发展的同时，促进专、精、特、新中小企业快速发展，支持企业提档升级。促进中小企业与大型企业协作配套、共同发展，努力形成“树大成林、干强叶茂”的工业生态。以此促进产业集群发展，推动全民创业，扩大社会就业。

聚集发展园区工业。进一步明确各地园区产业定位，推进项目入园、产业集聚，做长产业链。支持上市公司、优势企业、特色产业创办工业园。发挥国家级品牌优势，大力推进岳阳经济技术开发区、汨罗循环经济工业园、云溪精细化工园发展。发挥城陵矶临港产业新区通江达海、先行先试优势，建设现代新港、产业新区、滨江新城。形成华容、临湘等10个过百亿的工业园区。

（二）建设现代农业强市

以农民增收为核心，以统筹城乡发展为主线，加强现代农业和新农村建设。确保粮食安全，抓好“菜篮子”工程，提高产业化水平。到2015年，农业增加值270亿元，年销售收入过10亿元的龙头企业20家以上，形成食品加工、棉花加工、竹木加工、作物种子和农机加工等产业链。涉农上市公司达到8家以上。打响君山银针等岳阳地域品牌。

大力推进现代农业建设。积极推进标准型、规模型、加工型、品牌型、安全型和休闲型农业，促进农业发展方式转变。提高机械化作业、专业化服务水平。培育壮大龙头企业。抓好农超对接，让岳阳农产品更多地进入超市。推进农村土地有序流转。实施新增粮食产能工程、环洞庭湖基本农田建设重大工程等项目。推进屈原国家级现代农业示范区、湘阴全国农业标准化示范县、君山全国农产品加工示范基地、岳阳县台湾农民创业园建设。

大力推进新农村建设。强化乡村规划，推进乡村居民点集中布局，逐步形成有特色的地域建筑风格。加强农村公路、水利、沼气、电网、互联网、广播电视等基础设施建设和管理，改造农村危房。大力改善农村卫生环境，推进农村“四清”、“四改”。加快发展农村文化、教育和卫生事业，抓好农民技能培训，提高农民素质。

大力推进城乡统筹发展。加大财政对“三农”的投入，整合涉农资金，确保安全有效使用。深入推进农村贫困人口“两项制度”衔接工作。深化农村信用社改革，积极发展村镇银行和资金互助社，健全农业保险制度。深入开展“万企联村、共同发展”活动。探索农村社区建设，逐步推进农村居住社区化。促进城乡规划、产业发展、基础设施、环境保护、公共服务有效对接，推动城市资本、技术优势和农村资源优势相结合，形成城乡互动互补与一体化发展格局。

大力推进县域经济发展。进一步落实促进县域经济发展的各项措施，发展特色经济、非公有制经济、开放型经济和劳务经济。支持办好县域工业园，坚持“工业入园、园区兴县”。推进县城和中心镇扩容提质，建设一批经济强镇和特色小镇，争取更多县（市）区进入全省10强、20强。

（三）建设现代航运物流旺市

充分发挥区位优势和水运优势，把岳阳建成长江中游区域性航运物流中心。力争到2015年全市集装箱达到40万标箱，货物吞吐量1.5亿吨；现代物流业增加值突破300亿元，占GDP比重10%以上；全社会物流成本占GDP比重比“十一五”末下降2个百分点。

建设大口岸。推进沿江、沿湖港口群建设，新建城陵矶新港二期工程，改扩建城陵矶老港区。完成洞庭湖水上应急救援指挥中心二三期工程。加快国家级出口加工区报批与建设，开辟口岸新航线，推进对台直航常态化。加快建设公路口岸。规划建设航空口岸。

培育大市场。认真实施商业网点规划，完善市场体系。建设和提质一批专业市场，繁荣特色商贸街区，改造集贸市场。支持临湘、华容、平江建设省际边贸物流园和专业市场。依托大市场建设，集散物流、繁荣物流。

形成大流通。打通进出通道，完善物流交通体系。培育引进物流大企业，吸引国内外优势物流企业建立基地和营运中心，带动中小物流企业发展。建设一批集仓储、配送、电子商务、商品加工为一体的现代物流基地。积极发展第三方物流。建立物流电子交易平台，加大与境内外的商务合作。推进物流业与制造业联动，延伸物流产业链。

（四）建设现代旅游热市

立足旅游资源和品牌优势，优化产品结构，完善服务体系，加大营销力度，加快项目建设，大力发展休闲旅游，促进岳阳旅游由过境游向目的地游转变，努力把旅游业培育成支柱产业。力争5年旅游产业项目投资160亿元，到2015年旅游总收入300亿元以上，占GDP比重10%以上。

开发旅游产品。提升环湖旅游，以“楼岛湖”为主体，联合申报洞庭湖国家级旅游度假区，形成主打旅游品牌。拓展沿江旅游，开发屈子文化园、顺天洋沙湖度假村、盘石洲度假区、左宗棠故居、青山岛等旅游资源，建设对接长沙的休闲旅游带。开发名山民俗旅游，整合五尖山、大云山、幕阜山、福寿山等国家级、省级森林公园生态旅游资源，挖掘巴陵戏、长乐故事会、九龙舞等地方特色文化，促进旅游与文化融合。推进城市与产业旅游，把城市作为大旅游产品来打造，开发工业旅游、特色种养基地、花卉苗木、地标建筑、桥梁景观等旅游产品。

提升旅游服务。完善旅游交通，加快高速公路、主要交通干线与重点旅游景区对接。做特湖鲜美食，建设五星级宾馆，鼓励发展家庭旅馆和汽车旅馆，规范发展影视、歌厅、酒吧、茶艺、咖啡馆等休闲娱乐业，打造高水平、有特色的地方综艺节目和商业服务中心。开发特色旅游商品，拉动旅游购物消费。

创新旅游营销。重视旅游营销策划，把景区变产品、产品变产业，把促销旅游产品与宣传城市紧密结合，扩大岳阳知名度。用市场手段办好汨罗江国际龙舟节、君山爱情岛旅游文化节等一批有地方特色的旅游节会。引进国内外知名旅游企业，开发旅游精品线路，对接热点旅游市场，在更大范围参与合作和竞争。

（五）建设现代生态宜居城市

按照集约高效、功能完善、环境友好的原则，大力推进新型城镇化，构建新型城镇体系，提高城镇建设和管理水平，把岳阳建设成为现代生态宜居城市。到2015年，全市城镇人口达到315万，城镇化率55%。

促进生态良好。抓好城区水系保护和治理，推进流域环境综合整治，加强洞庭湖湿地保护，建设“水美型”城市。新建一批城市公园，大力开展植树造林，积极实施沿湖、沿江、沿河“绿化生态”工程。加快开发君山生态资源，推进“跨湖”发展。严格实施节能减排，减少大气污染，让老百姓呼吸新鲜空气；加强城镇污水、生活垃圾、固体废弃物处理设施建设和运行管理，建立环境卫生保洁长效机制。

力求生活方便。抓好高速公路连接线和环城道路建设，拉通德胜北路等30多条主次干道，加快交通拥堵地段立交桥和地下停车场建设。完善城市管道、水电、通讯、环卫等基础设施，扩大城镇承载产业发展、吸纳就业的容量。加快旧城和小街小巷提质改造。配套完善医院、学校、商场、广场、人防、游园、文化、体育等公益设施，让市民生活更方便、更舒适。

构建社会和谐。加强安全生产，完善社会治安防控体系，增强市民安全感。创新城市管理，规范城市交通秩序和市场秩序。提升城市品位，培育特色城市文化，塑造城市个性与形象，增强市民现代文明意识。让岳阳更文明、更和谐、更秀美。

（六）扩大投资与消费

扩大有效投资，引导消费升级，集中抓一批影响全局、支撑长远发展的大项目，力争5年完成固定资产投资6500亿元；到2015年，社会消费品零售总额突破1000亿元。

扩大基础设施投入。交通：5年投资380亿元以上，加快构建“三纵三横”铁路网、“四纵两横”高速公路网、“八纵七横”干线公路网和便捷通达的农村公路网。建成石华、临岳等6条高速公路，争取开工建设平益高速。加强国省干线公路、农村公路建设和养护，完成芙蓉大道北拓至湘阴工程。建设荆岳铁路、城陵矶至松阳湖铁路专线，启动岳长、长平汨城际轨道和岳吉铁路建设，做好岳九、岳常铁路前期工作。加强长江和湘江航道岳阳段整治，提高通航等级。加快岳阳机场规划建设。水利：5年投资200亿元以上，加强防洪薄弱环节建设，抓好黄盖湖防洪抗灾工程。基本完成重点中小河流重要河段治理，全面完成中小型病险水库和规划内大中型病险水闸除险加固。实施大中型灌排泵站更新改造。搞好农村河道疏浚和小型水库清淤。切实加大铁山水库等城乡饮用水源保护力度，继续推进农村饮水安全工程建设。加快推进小型农田水利重点县建设。加强洞庭湖综合治理，推进城陵矶洞庭湖综合枢纽前期工作。能源：积极推进小墨山核电、华能岳阳二厂、福寿山和玉池抽水蓄能电站等前期工作，争取国家批准建设。力争启动一批太阳能、风力、沼气、生物质能发电项目。争取建设国家石油储备基地和湖南电煤储备基地。推进电网和成品油管道、输气管线建设。信息：积极支持“三网融合”，大力发展物联网。加快信息化示范企业建设，促进信息化与工业化融合。提高交通、电网、环境监测等领域信息技术应用水平，大力推进社会管理、政务管理信息化，努力建设“数字岳阳”。

促进消费增长。提升消费能力，实施居民收入倍增计划，努力实现居民收入增长与经济发展同步、劳动效率与劳动报酬同步。优化消费环境，加强市场监管，依法打击和惩处制假售假、恶意炒作、哄抬物价等不法行为，切实保护消费者权益。发展新兴消费业态，培育文化、信息等消费热点，扩大汽车和住房消费。继续推进“家电下乡”和家电“以旧换新”，培育和扩大农村消费市场，努力把岳阳中心城区和湘阴县城建成一主一次的“两大”消费中心。

加强金融服务。强化社会信用体系建设，促进银企合作，扩大信贷规模，优化信贷结构，帮助银行做大做强。创新金融产品，扩大企业债券、中期票据、私募股权融资规模。坚决打击非法集资行为。加快引进银行和信托机构，大力培育地方中小金融机构。积极培育企业上市后备资源，利用资本市场直接融资，5年融资100亿元以上。加强保险创新，搞好保险理赔。

（七）加快社会建设和民生改善

顺应人民群众新期待、新要求，加快形成广覆盖、保基本、多层次、可持续的基本公共服务体系。

推进社会事业发展。一是发挥企业自主创新的主体作用，科技工作者重大专项研究和创新的主角作用，科技部门在服务、开放与合作中的主要作用，大力推进科技创新。二是加大教育投入，优化教育布局，加强师资队伍建设；重视发展学前教育，努力实现义务教育均衡发展，加快普及高中阶段教育，增强职业教育服务经济社会发展的能力，提升高等教育质量，关注特殊教育，加强社区教育，促进各类教育协调发展。三是深入实施人才强市工程，培养人才、吸引人才和留住人才，努力建设奋发进取的企业家团队、廉洁实干的公务员团队、积极作为的基层工作者团队，开创人才辈出新局面。四是加快构建覆盖城乡的公共文化服务体系，促进文化艺术产品创作和生产，建设市广电中心、图书馆、档案馆和青少年活动中心，加强互联网建设和管理，实现乡乡有综合文化站、村村有农家书屋。深化文化体制改革。五是积极开展全民健身运动，提高竞技体育水平，办好省第八届少数民族运动会，建好市体育中心。六是抓好人口计生工作，进入全省人口和计划生育“模范市州”。七是大力发展老龄事业和养老产业，建设养老服务中心，构建居家养老与机构养老相结合的养老体系，推进居家养老社会化、市场化。切实做好民族、宗教和外事、侨务工作。支持工会、共青团和妇联工作。

积极创新社会管理。一是健全基层民主政治制度，完善村民自治，加强社区建设，积极培育发展各类社会组织，支持社会组织参与公共服务和社会管理，加强和改善对新经济组织、新社会组织和虚拟社会管理。二是健全自然灾害、事故灾难、公共卫生事件、食品安全事件、社会安全事件的预防预警和应急处置体系。三是切实做好安全稳定和信访工作，完善人民调解、行政调解、司法调解联动的工作体系。四是加强社会治安综合治理，严密防范、依法打击各类违法犯罪行为，增强公共安全保障能力。五是加强精神文明建设，大力弘扬“先忧后乐、团结求索”的岳阳精神，坚定民本岳阳和谐崛起的价值追求，努力创建全国文明城市、国家环保模范城市、国家交通管理模范城市、国家绿化模范城市和国家社会治安综合治理先进市州。加强普法、国家安全和青少年思想道德教育。抓好国防动员和民兵预备役工作。

切实保障改善民生。一是扩大社会就业。坚持以项目扩大就业、创业带动就业、培训促进就业、政策扶持就业、服务保障就业。重点做好高校毕业生、城镇就业困难人员、退役军人就业工作。切实保障劳动者权益。二是完善社会保障体系。扩大各类保险覆盖面，突出解决农民工、被征地农民、城镇失业人员、城镇无业居民和残疾人等特殊人群的社会保障问题。建立健全城乡居民低保标准正常调整机制。全面普及新型农村社会养老保险。加强社会救济救助，积极发展以济困、助残、救孤为重点的社会福利事业。三是加强住房保障。加大保障性安居工程建设力度，加快棚户区和农村危房改造，大力发展公共租赁住房，缓解弱势群体的住房困难。四是做好卫生医疗工作。扎实推进医药卫生体制五项重点改革，优化配置卫生资源，建立健全城乡公共卫生服务、基本医疗服务、基本医疗保障和药品供应保障体系，普及社区卫生服务，积极防治血吸虫病，抓好重大传染病的防控，为群众提供满意的基本医疗卫生服务。让建设和发展的成果更多惠及民生。

（八）深化改革扩大开放

进一步解放思想、转变观念，努力实现改革开放新突破。

以更大决心深化改革。一是企业改革。全面完成市属国有企业改制任务。引进战略投资者参与公益性国有企业的改革重组，健全国有资产管理体制。引导民营企业加快股份制改造。二是投资体制改革。推行特许经营制、项目代建制、后评估制和责任追究制，增强政府投资的导向作用。三是财税体制改革。强化财政公共服务职能，实行全口径预算管理，建立财政偿债预算制度，调整和完善市对县特别是中心城区的体制。四是农村综合配套体制改革。继续推进乡镇机构、乡村财务管理、集体林权和国有林区林权制度改革。加快征地制度改革，保障失地农民合法权益。切实抓好乡村公益性债务化解。五是机关事业单位改革。进一步理顺职能、整合机构，着力构建权责一致、运转协调的大部门体制。积极推进事业单位分类改革。

在更大范围扩大开放。全面推进招商引资，主动对接国内外战略投资者，组织小分队招商、上门招商、以商招商、以亲招商，让更多的好项目、大项目落户岳阳。全面加强区域协作，鼓励有条件的企业到境外投资办厂、承包工程和劳务合作，努力提高经济外向度。全面打通进出口通道，畅通人流、物流、资金流和信息流，为扩大开放创造基础条件，增强各类生产要素集聚能力。全面培育开放素质，发展理念、制度设计、行为规范进一步与国际接轨，在更高层次扩大开放。

（九）加强政府自身建设

全面完成“十二五”各项目标任务，必须“忠诚于党和人民、忠诚于事业”，努力建设人民满意政府。

建设服务政府。加快转变政府职能，把主要精力放在经济调节、市场监管、社会管理和公共服务上。进一步精简和规范行政审批，认真解决审批职能交叉、权责脱节和多头审批等问题。深化政务公开，推进财政预算、公共资源交易、重大建设项目批准与实施、社会公益事业建设等领域的信息公开。建立完善电子政务系统，逐步实现网上办公、网上服务和网上监督。强化首问负责制、服务承诺制、限时办结制和全程代办制。增强为纳税人服务的意识。加强和改进社会管理，发挥群众组织和社会组织作用，促进社会和谐有序。

建设法治政府。坚持依法行政，加强规范权力运行制度建设，建立健全重大决策跟踪反馈和评估制度，严格按照法定程序、法定权限、法定职责行使权力。严格执行行政执法责任制和执法过错追究制，全面提高执法人员素质。凡事关民生、事关长远和事关全局的政府重大决策，及时向市人大报告、向市政协通报、向全社会公示，切实维护人大代表、政协委员、民主党派、工商联、无党派人士、人民团体和人民群众的知情权、监督权。

建设责任政府。按照“更高标准、更严管理、更具公信力”的要求，做到推动工作毫不放松，促进发展决不懈怠。建立科学合理的政府绩效评估指标体系和评估机制，推动机关效能建设科学化、制度化、长效化。严格落实责任追究制，激励政府工作人员恪尽职守、勤政为民，让政府各项工作经得起实践检验、人民检验和历史检验。

建设廉洁政府。加强对公务员的教育和管理，切实转变工作作风。严格执行党风廉政建设责任制，加强行政监察，坚决纠正损害群众利益的不正之风。继续深化工程建设领域突出问题和“小金库”、商业贿赂、公务用车、公务接待、公款出国境专项治理。强化对财政资金使用、国有资产运营、土地使用权出让、行政审批权运用等方面的监督和审计。降低行政成本，严格控制出国考察、培训，严格控制庆典、论坛、节会等方面的公共支出，以清廉形象取信于民。

四、扎实做好2011年工作，确保“十二五”良好开局

2011年，要为“十二五”开好局、起好步，形成岳阳经济转型升级、更大更强的强劲发展势头。全市经济社会发展预期目标是：地方生产总值增长11.5%，固定资产投资增长20%，社会消费品零售总额增长18%，财政总收入增长15%，城乡居民收入增长11.5%，人口自然增长率控制在6.5‰以内，各项社会事业同步发展，“五市一极”建设迈出实质性步伐。

在全面实施“十二五”规划的基础上，突出四个方面：

（一）会战“五区”。城区建设加力。城区是经济要素的重要承接地，推进城乡一体化首先是要增强城市的带动功能，加快中心城区及县城发展。一是拉骨架，拓展发展空间。城陵矶片：抓好港城连接道路两侧规划建设，推进港城融合。赶山片：启动“四纵五横”路网建设，推动城市南延。金凤桥片：新建金凤桥路等主干道，加快烟草物流园及配套路网建设。二是抓配套，完善城市功能。建成青年路跨王家河大桥，规划建设皇姑塘等立交桥。完成洞庭大道君山段提质改造。凡新建改建道路，综合配套交通标识、绿化亮化和地下管网，综合配套道路片区的学校、医院、商场等公益设施。三是改旧城，建设安居环境。启动洞庭风光带三期和洞庭新城建设，实施一批旧城改造项目。四是促转型，推进“退二进三”。抓好际华3517、市氮肥厂、市水泥厂、同联药业、新泰化肥、中南科伦等企业“退二进三”，优化产业布局。五是优环境，加强水系保护和治理。完成环南湖截污管网工程，抓紧做好内湖、内河综合配套治理前期工作。园区建设升温。大力推进项目满园扩园行动，吸引更多同类企业、上下游企业、关联企业和服务性企业入园集聚。大力推进园区产业升级行动，支持园区企业技术改造、做大做强，引进一批战略投资者落户。大力推进园区服务配套体系建设，不断优化发展环境。大力推进园区好项目竞赛活动，主要考核投资强度、项目收益、科技含量、节能环保，提高园区产业竞争力，着力打造千亿基地、百亿园区。港区建设加速。一是抓物流，形成车水马龙新气象。拓展城陵矶港经济腹地，组织更多货源进出，力争集装箱达到18万标箱以上。二是建平台，创造方便快捷新优势。完成“三纵三横”主干道路建设，推进公路、铁路向港区延伸，抓好水系治理；完善电子信息平台建设，开辟绿色通关通道。三是引产业，打造以港兴业新特色。围绕现代装备制造业、高新技术产业、综合物流业和配套服务业，招大引强，力争5大规划区都有重大项目布局，确保签约项目30个以上，入园项目20个以上。景区建设升级。推动各类景区提档升级，创建更多A级景区，确保“楼岛湖”进入5A级景区。加快屈子文化园、洞庭湖国际公馆、顺天洋沙湖度假村、盘石洲度假区、君山野生荷花世界二期工程等景区建设，完成洞庭山庄升级改造，提升张谷英景区品位。加快宾馆、市游客信息咨询服务中心等配套设施建设。农业区建设见效。加快屈原国家级现代农业示范区、湘阴全国农业标准化示范县、君山全国农产品加工示范基地、岳阳县台湾农民创业园、汨罗和华容两个省级农业标准化示范县建设，壮大平江油茶、临湘楠竹等特色产业，引领现代农业发展，促进农民增收。加大以平江为重点的扶贫开发力度。发展农业主导产业，整治村容村貌，推进新农村建设。

（二）力解“五题”。项目支撑：重点推进206个重大项目建设。一是推进炼化一体化、华能岳阳电厂三期、福坤汽车、远大科技、凯达科旺、富邦瑞博等76个重大产业项目建设。二是推进82个重大基础设施项目建设。加快6条高速公路、临湘至湖滨公路、芙蓉大道北拓至湘阴工程、炼化一体化公路、鲇鱼须大桥建设；S202二期、S306华容段、荣鹿公路等建成通车；力争开工建设S306南江桥至岳阳公路、S207平江段、许墨核电专用公路；完成农村公路建设600公里；启动漕溪港码头二期、鸭栏码头、登旺汽车站等建设。完成38座病险小（一）型水库除险加固；推进钱粮湖等蓄洪安全工程建设；实施许家台、中洲等大型灌排泵站更新改造；加快11条中小河流治理。三是推进临湘城镇污水处理、松阳湖治污、湘江流域重金属污染治理等23个生态项目建

设。四是解决30万农村人口饮水安全问题，推进农村沼气工程、城乡电网改造工程等25个重大民生保障项目建设。资源要素：加快项目建设，关键是要确保生产要素供给。一是强化资金保障。发挥金融主渠道作用，改善金融生态，抓好招商引行，新增1家股份制商业银行、1家农村商业银行；深化银企合作，新增贷款100亿元以上；完善投融资平台，以项目公司运作模式加大融资力度，防范风险；支持优势企业上市融资、上市企业再融资，新增1家企业上市，2至3家企业在天津股权交易所挂牌；发展村镇银行和投资担保公司，激活民间投资；加大向上争取项目和资金的力度，确保我市争资份额占全省总额的十分之一以上。二是强化用地保障。在保护好耕地的基础上千方百计化解用地难题，大力推进土地的节约集约利用；加大清收闲置用地力度；推行建设用地增减挂钩；积极向上争取用地指标，最大限度满足项目用地需求。三是保护和利用好矿产资源。发展临湘等地矿产加工业。规范矿产资源开发秩序，加大矿山地质环境保护和恢复治理力度。发展环境：一是积极推进电子政务建设，规范收费项目，推广一票制收费，健全土地网上招拍挂。二是所有乡镇建立便民服务中心，半数以上的村建立代办服务点。三是严格依法行政，切实规范行政裁量权。四是认真开展政风行风评议，健全优化经济环境测评制度，以行政监察促进行政效能提速。五是强化行政问责，严肃查处扰乱经济发展环境的人和事。以优良的发展环境，扩大招商引资，力争全年到位内资160亿元、外资1.65亿美元。继续开展联手帮扶企业和产业发展升级行动。节能减排：我市产业结构决定了节能减排压力巨大，必须下决心抓实抓好。一是抓年耗能1万吨标准煤以上企业节能工作，加快淘汰落后产能，新上一批节能技术改造项目。二是抓农业面源污染治理，提高水环境质量。三是巩固提高湘江流域和环洞庭湖小企业污染整治成果。四是建成黄梅港等污水处理厂。五是抓产业转型升级，努力实现“两型”发展。安全稳定：坚决防范遏制重特大安全事故，严厉打击黑恶势力和刑事暴力犯罪，着力化解信访热点难点问题，抓好流动人口和特殊人群管理。积极稳妥推进各项改革，加快市属国有企业改制扫尾。

（三）深化“五创”。城乡、机关和企业联动，在全市范围整体推进“五创”提质。突出“十大重点”：一是实施“市民文明素质提升”行动，开展争做“文明岳阳人”活动，宣传普及“市民文明公约”。二是大力实施节能减排、流域治理和城乡环境卫生整治行动，加快推进垃圾处理“三年行动”计划。三是整治交通秩序，治理交通拥堵，缓解停车难。四是实施部分主次道路“白改黑”和重要节点部位亮化、美化、绿化；实现主次街道24小时、小街小巷16小时保洁。五是抓好殡葬改革和城区“禁炮”。六是大规模改造农贸市场，大力整治“五小”门店，强化食品药品安全监管。迎接国家卫生城市复查。七是坚决制止乱搭乱建乱挂，整治违法建筑。八是加强社会治安综合治理，打黑除恶。九是改造中心城区小街小巷，建设一批市民小游园和过街设施。十是推行标准化、数字化、网格化城管，提升城市管理水平。

（四）实现“五有”。就业有增长。实施更加积极的就业政策，切实抓好就业与再就业，新增城镇就业4.2万人、农村劳动力转移就业7万人、失业人员再就业2.7万人，零就业家庭动态清零。收入有提高。努力提高城乡居民收入，最低工资标准提高25%，城市低保月标准提高到300元，农村低保月标准提高到135元。新型农村社会养老保险覆盖面50%以上。大力推行工资协商制。落实教师绩效工资。住房有改善。不断完善住房保障，推进房地产业健康发展；新建筹建廉租住房2000套、公共租赁住房1000套；新增经济适用房货币补贴1000万元以上；建成经济适用房12万平方米、中心城区集体土地拆迁安置房20万平方米；完成棚改1000户。教育有发展。坚持优先发展教育的方针不动摇，切实抓好国家教育规划纲要、湖南省建设教育强省规划纲要的落实，努力提高教育质量。完成校舍安全工程建设60万平方米，优化教育布局，努力化解教育负债。建设市青少年体育活动中心和市十五中。启动金凤桥片区综合性学校的前期工作。医疗有保障。继续抓好特困家庭大病医疗慈善救助工作。国家基本药物制度覆盖面达到66%，新型农村合作医疗参合率巩固在95%以上，完成3所县级综合医院建设。与此同时，坚持为民办实事，关注困难群体，切实做到发展为了人民、发展依靠人民、发展成果由人民共享。

各位代表，未来5年的蓝图已经绘就，新一年的工作已经铺开。我们坚信，任何困难都改变不了岳阳人民创造幸福美好生活的强烈愿望，任何挑战都阻挡不了我们建设“五市一极”的前进步伐！让我们在中共岳阳市委的坚强领导下，凝聚全市人民的智慧和力量，再接再厉，锐意进取，为实现岳阳经济转型升级、更大更强，为全面建成小康社会而努力奋斗！

责任编校　刘兴汉

岳阳论坛

FORUM OF YUEYANG

奋发图强　推动公安工作和队伍建设跨越发展
发挥第一推动力作用　推进“五市一极”建设
忠诚履行审计职责　努力当好经济卫士
倾力建设康庄大道　服务岳阳社会发展
创新城市管理模式　提升城市管理水平
在新的历史起点上　努力实现科学新跨越

奋发图强　推动公安工作和队伍建设跨越发展

丁阳云

在市委、市政府和省公安厅坚强领导下，全市公安机关紧紧围绕“两个坚持、三项推进”，以综合考评为主线，扎实推进“三基一化”工程建设，公安工作和队伍建设取得跨越式发展，2010年，社会综治考评公安部分、公众测、全省公安机关综合考评，岳阳在全省分别排名第一、第二和第三，岳阳市公安局被评为全省优秀公安局、全省公安机关综合考评优秀单位，为岳阳公安在全省争得了地位、赢得了荣誉。

一、“三基一化”工程取得阶段性成果

按照公安部和省厅“三基一化”工程建设要求，全市公安机关坚持硬件建设、软件建设同时抓，投入资金4.8亿元，公安基层基础得到全面改善。一是做实“三所三队”。“三所三队”建设投入资金2.2亿元；汨罗市局看守所、拘留所建设投入3000万元，其看守所成为全省乃至全国监管系统的“亮点”，连续多年被评为一级看守所；全市72个无房派出所全部改造完成，166个派出所全部完成外观统一标识改造；合理布局、高标准兴建社区和驻村警务室511个，配齐配强社区民警679名，将公安工作触角延伸到战线最前端。全市有一级派出所14个，二级派出所36个，三级派出所68个，四级派出所38个，消除了不达标派出所；建成一级刑事技术室1个，二级刑事技术室5个，三级刑事技术室3个。二是做优县级指挥中心这一枢纽。岳阳楼分局、湘阴县局、白石岭分局、云溪分局争取党政支持并自我加压，建成高标准的指挥中心大楼，并高标准完成配套设备建设，全市各县市区均建立了高标准的指挥中心。同时，针对市、县级公安机关公安网带宽不足等问题，积极筹措200万元，2009年11月全面完成公安三、四级网升级改造；投入200余万元完成市局主机房的搬迁和升级改造。近5年全市先后投入1200万元添置高性能微机3000台，确保人均计算机拥有率达到100%。三是做强市局指挥信息系统。市局指挥中心大楼建设投入9500万元，仅指挥中心及公安情报信息综合应用平台建设就投入2000万元。同时，认真编制《岳阳市城市治安电子防控系统建设工程技术方案》，争取市政府投资4000多万元，在全市建成监控中心（室）24个，安装摄像探头1043个。特别是交警部门，采取“租赁形式”投资1200万元，建成监控点100个，电子警察抓捕系统50套。

二、深化警务督察体制改革

为解决影响和制约警务督察效能的体制性、机制性“瓶颈”问题，2009年3月，岳阳市公安局大胆推行警务督察分局派驻制，变分散督察为集中督察、变被动督察为主动督察、变自身督察为派驻督察，有效破解了同级督察难的问题，真正实现了无障碍督察。岳阳公安运用警务督察这一抓手，狠抓队伍建设，推动各项工作发展，取得了历史性突破。公安部警务督察局原局长郑百岗、副局长冯曰铭、副巡视员翟明中先后到岳阳调研警务督察体制改革。公安部在长沙“五条禁令”警示座谈会、第四届全国公安督察联系点衡阳座谈会、公安警务督察派驻制度福州座谈会上，岳阳分别作典型经验介绍，省公安厅在岳阳召开警务督察工作现场推进会，把岳阳警务督察树为全省“标杆”单位，将岳阳的经验做法向全国、全省公安机关予以推广。《光明日报》、《人民公安报》也在头版头条深刻报道岳阳警务督察体制改革。山西省公安厅、湖北省公安厅、甘肃省公安厅的警务督察部门，黑龙江省大庆市公安局、湖南省14个市州公安机关相继就警务督察派驻制到岳阳考察交流。2011年省公安厅在全省推行岳阳经验做法，公安部在《关于在省级以下公安机关实行派驻督察制度的工作意见》中，在全国推行警务督察派驻制。

三、坚持从严治警不动摇

一是端正执法指导思想。2009年底，省公安厅工作组进驻岳阳，在全市公安机关组织开展为期三个月的“讲正气、守警规、树形象”教育整顿，取得明显成效。民警的思想有了很大的触动，精神风貌有了很大的改善，各级领导班子和骨干的战斗力和凝聚力有了很大的提高。2010年3月起，在全市公安机关部署开展以“三更、两维护”（更高标准、更严管理、更具公信力，维护社会公平正义、维护社会公共秩序）为主题的“大实践”活动，作为“讲正气、守警规、树形象”教育整顿活动的延续。结合《内务条令》的学习，全市公安机关党组织召开民主生活会500场次，从灵魂深处解决从警的目的意义和执法指导思想问题。二是坚决“打黑除恶”，纯洁公安队伍。黑恶势力横行，一害治安，二害队伍。在各级党委政府的坚强领导下，全市公安机关狠下决心，从打黑除恶入手，纯洁公安队伍。2009年以来，全市立案侦查涉嫌黑恶犯罪团伙63个。其中，公安部挂牌督办案件3个，省公安厅督办案件1个，打掉涉黑涉恶团伙27个，在侦16个，抓获涉黑涉恶团伙成员280人，判决203人，4名充当黑恶势力“保护伞”的公安民警被移交司法部门依法处理，纯洁岳阳公安队伍。三是铁腕治警不放松。山西太原“五条禁令”警示教育座谈会以及被省公安厅挂牌整治之后，市公安局党委痛下决心，采取铁的手腕、铁的措施、铁的纪律、铁的要求，彻底整治民警的违禁行为。先后出台“五个一律”、“四个一律”等刚性措施，狠刹违禁之风。2009年以来，立案查处违法违纪案件107起171人，其中追究刑事责任10人，辞退临雇司机29人，清理收回外借车辆48台。通过从严治警，队伍逐渐步入良性发展“快车道”，队伍风清气正，民警斗志昂扬，人民群众满意度提高。省公安厅常务副厅长唐中元2010年到岳阳市公安局检查指导工作时指出：岳阳公安现在的班子是将勇而志一，现在的队伍是兵精而力齐，全市公安队伍呈现出精神抖擞、斗志昂扬、奋勇争先、生机勃勃的警队精神。

四、把巡逻防控作为民安工程来抓

在不间断开展专项打击同时，将巡逻防控工作纳入社会综治范畴，做到预防在先，最大限度压缩违法犯罪空间，减少现实危害。通过积极协调，全市各县市区均组建了领导夜巡督查队伍、专职巡逻队伍、公安巡逻队伍、社区巡逻队伍、志愿者巡逻队伍，实现了巡逻防控常态化。专业巡逻队伍由公安机关统一管理，并组织开展全天候的巡逻。同时，在主城区实行公安、武警联合巡逻，提高街面见警率，对违法犯罪分子产生强大的震慑。2010年岳阳中心城区各类案件下降42.1%。

五、坚持民意引导公安工作

始终坚持民意引导公安工作，把人民群众的利益看得高于一切，把人民群众的呼声作为第一要求，把人民群众满意作为工作的出发点和落脚点。扎实有效的工作，赢得了人民群众广泛称赞，人民群众对岳阳公安工作满意度明显提升，2010年，岳阳市民调历史性进入全省第二，屈原管理区、君山区、岳阳县等县市区民调进入全省129个县市区前10名。2011年上半年，民众对公安评价排名全省第三。

通过近几年的工作，有以下体会：一是始终围绕服务岳阳经济社会发展这个中心不动摇。这既是工作目标，也是公安机关应有政治理念，大局理念，什么时候偏离了这个方向，公安机关就会走入死胡同。如临港产业新区建设、南湖治污工程，公安机关全力配合，为工程顺利建设提供了优良环境。二是坚持党委政府对公安机关的绝对领导这个原则不动摇。公安机关的每一点点的成绩取得，都是市委、市政府和各级党委政府坚强领导、高度重视、特别支持下取得的。如“进六争三”的目标提出，为岳阳公安发展指明了工作方向。全市公安机关在这一目标指引下，戮力同心，取得了可喜成绩。特别是岳阳县公安局、湘阴县公安局领跑前进，有了质的飞跃。三是对法律负责，对老百姓充满感情，对违法犯罪人员决不手软，追求公平公正。四是严管队伍，铁腕治警。只要党委一班人率先垂范，去掉私心杂念，敢抓敢管，就能把这支队伍带好。五是向科技要警力，全面加强公安信息化建设。情报信息，视频监控，网上执法，这些都是公安工作发展的方向，掌握了这个方向，就掌握了工作主动权，就赢得了发展先机，公安工作就大有可为。

（作者系市政府副厅级干部、市公安局局长）

转型发展　做大做强

——奋力创建国家级旅游度假新区

王伊亮

2011年1月，经省人民政府办公厅批复，岳阳南湖旅游度假区正式更名为湖南岳阳洞庭湖旅游度假区。这是将洞庭湖生态旅游资源保护提上更加重要日程上来的举措。自此，南湖风景区将进一步加强旅游基础设施建设，完善休闲度假产品体系，积极推进岳阳楼、君山岛、南湖、东洞庭湖湿地等旅游资源的整合，奋力创建国家级旅游度假区。

五年提质大跨越

“十一五”期间，南湖风景区在市委、市政府的正确领导下，带领广大干部群众，迎难而上，奋力拼搏，全区综合经济实力明显增强，社会事业全面发展，人民生活水平显著提高，各项事业呈现出蓬勃发展的喜人局面。

五年来，南湖经济社会得到大发展。全区经济快速增长，GDP由2005年的6亿元增加至2010年的17.29亿元，年均增长13.6%。经济效益明显提升，地方财政收入由2005年的4300万元增加至2010年的1.18亿元，年均增长36%。累计完成全社会固定资产投资46.1亿元，社会消费品零售总额达到9.07亿元，年均增长20.9%。经济结构不断优化，三次产业比重由2005年的6.7：30.9：62.4调整为2.7：24.4：72.9，非公有制经济占GDP比重达到72.5%。

五年来，南湖重点项目得到大推进。全区合同引资103.6亿元，投资额在5000万元以上的项目7个，实际到位内资19.65亿元，外资到位0.38亿美元。阿波罗御庭大酒店竣工营业，欣登明珠、山水华庭、圣安广场完成预期投资目标。洞庭湖国际公馆、晋兴岳州帝苑、岸芷汀兰、园艺路建设等项目顺利推进，云梦新城项目已正式启动建设。一大批建设项目列入省、市重点工程，为南湖的发展壮大奠定了良好的基础。

五年来，南湖水环境得到大改善。全区先后投入3000多万元对南湖水环境进行综合治理。通过加大南湖治理力度，实施强化生物技术治理、加强南湖生态养殖、增强南湖水体自净能力、加大截污力度、取缔天灯社区生猪养殖等措施，南湖水环境得到显著改善。

五年来，南湖文化品牌得到大繁荣。全区通过举办元宵烟花节、端午龙舟节、金秋美食节等重要节会活动，有力促进了南湖经济的发展。得胜南路美食街成功创建了岳阳市首块“国字号”美食品牌，被中国烹饪协会授予“中华湖鲜美食名街”称号。同时，以节会为媒，与武汉东湖、宁波东钱湖建立友好联系，提升了南湖的对外影响力。

五年来，南湖居民生活水平得到大提高。城镇居民人均可支配收入达到18125元，年均增长9.6%。零就业家庭援助达100%，计划生育家庭特别扶助金发放到位率达100%，城镇职工基本养老、医疗、失业、工伤、生育保险全面建立，居民低保金由2005年的40万元增加到2010年的446万元。

五年来，南湖党建工作得到大推进。全区通过深入开展学习实践科学发展观、创先争优、“两个维护”大讨论，千名书记讲党课，“三更”要求等一系列知识性活动，党员干部队伍素质得到明显提升。

南湖的发展建设令人鼓舞，催人奋进，南湖人将以此为契机，抢抓机遇，奋力拼搏，实现南湖经济加快发展、跨越发展。

未来任重而道远

“十二五”期间，南湖风景区经济社会发展面临的机遇将更多更大，面临的挑战将更多更大，面临的困难也将更多更大。我们要科学研判，积极应对新的形势和挑战，进一步解放思想、转变观念、克服困难、扎实工作。

牢固树立不进则退、慢进也是退的发展意识，充分认识创建国家级旅游度假区的重要性。创建国家级旅游度假区，有利于岳阳环洞庭湖资源的开发和利用，有利于南湖旅游品牌的打造和旅游业的发展，也是南湖人多年来所追求的目标。2011年，随着省政府对南湖风景度假区更名的正式批复，申报工作已迈出了坚实的一步。南湖风景度假区将在此基础上，迅速启动整合资源的各项实质性工作，包括区域规划红线图调整，中长期规划修编及产业发展规划编制，媒体宣传等各项工作，力争在重新启动审批国家级旅游度假区中搭上首班车。

牢固树立居安思危的忧患意识，充分认识城市南延、发展区域特色经济产业的重要性。市委、市政府今后几年在城市南延发展上将有大的动作，南湖风景度假区必须抓住城市南延的机遇，建设岳阳城市最秀美、最适宜人居、最具魅力的湖滨休闲度假新区，进一步将南湖做强做大。

南湖风景度假区的经济总量还很小，财政实力还很薄，只有抓住南延机遇，才能做大做强。南湖风景度假区必须紧抓城市南延机遇，不断拓展发展空间，才能提高经济总量，提升经济实力。要结合开发建设，引导新建楼宇向核心区域和南延区域聚集，以旧城改造和三产提质为契机，扶持现有楼宇做强做大，在土地和资产置换中重点引进高档商务楼宇项目，重点推进岳州帝苑、天灯嘴城中村改造、湘岳二期、龙腾华府、刘山庙综合大楼、南湖大厦改扩建、冠都花园、山水华庭、欣登明珠、求索西路渔光段旧城改造、阿波罗后续工程等项目建设。

南湖风景度假区的发展速度较快，但产业结构还不优，支柱产业还不强，发展后劲还不足。南湖要站在岳阳城市整体发展的高度，要搞好产业结构调整。逐步退出一二产业，发展现代观光休闲旅游产业，吸引人流，兴旺人气。有序发展现代都市服务业，加快现有的美食、酒店、娱乐等现代服务业的发展，与现代旅游业同步跟进。着重发展环保研发型、总部楼宇经济产业，南湖风光秀美，资源不可复制，是岳阳高档楼宇聚集区。做到保护与开发相结合、楼宇与园林相结合、居家与商贸相结合、观光与休闲相结合，打造环南湖现代都市生态旅游休闲文化圈，实现南湖又好又快全面发展。

面对机遇只争朝夕

机遇摆在面前，时不待人，要抢抓机遇，以只争朝夕的精神去争取、去拼搏。要通过不断加快基础设施、旅游平台的建设，加大绿色科技园引进力度，加大民生实事保障力度，抓好干部队伍建设等措施，为创建国家级旅游度假区打好坚实基础。

抢抓城市南延机遇，全力推进基础设施建设。要按照岳阳城市南延的总体规划，集中人力、物力、财力，高质量配套完善城市建设发展的路网管线等基础设施，加快园艺路建设，完成圣安广场建设，建好南津新渡广场，搞好南津港大道改造配套工程。

着力旅游平台建设，打造国家级旅游度假区。要按照新的国家级旅游度假区标准，高层次整合旅游资源，以国际和国内先进水平为标杆，全面推进旅游资源的多元化开发和旅游项目建设。高品位打造旅游文化，继续办好三大节庆活动，努力打造旅游休闲文化品牌，将民俗文化资源转化为经济资源，将民俗文化节赛转化为旅游文化产业，促进南湖旅游文化的发展。

加大绿色科技项目的引进力度，提升科技园区核心竞争力。要坚持高起点规划、高标准建设的原则，加快湖滨高科技绿色工业园区发展，逐步将科技园做大做强，通过推动科技园的发展加速南湖经济的飞跃。

加大民生实事保障力度，提升居民幸福生活指数。要按照以人为本、统筹协调的总体要求，落实民生实事工程，抓好民生改善工作，把保障和改善民生摆到更加突出的位置，不断提升居民幸福生活指数，促进社会和谐，维护社会稳定。

加强领导班子和干部队伍建设，从严管理干部。从严治党首先要从严管理干部，各级党委要自觉担负起从严管理干部的政治责任，深化忠诚主题教育活动，把严格要求、严格教育、严格管理、严格监督贯穿到干部培养、管理、使用的全过程，防止因失之于宽、失之于软而影响干部成长、损害党的形象。同时，要大力弘扬深入基层、联系群众的作风。把联系群众、服务群众、问计群众作为从政之道、执政之基，从群众的呼声、意愿中把握推动工作的着力点，多兴为民之举，多办利民之事。

新一轮发展的春天已经来临，南湖向前发展的目标已经明确。南湖人将大力发扬同心同德，敢想敢拼，励精图治，奋发图强的精神，以事业凝聚人心，以忠诚鼓舞斗志，以实干推进发展，鼓足干劲，力争上游，奋力创建国家级旅游度假新区，为建设文明、秀美、和谐、富强的新南湖而努力奋斗。

（作者系南湖风景度假区工委书记）

发挥第一推动力作用　推进“五市一极”建设

文春方

实施“十一五”规划以来，岳阳市经信委认真贯彻落实省委、省政府“一化三基”和“四化两型”战略，按照民本岳阳理念和建设“五市一极”的要求，加速推进新型工业化，取得重大进展和明显成效。全市规模工业企业达到1332家，五年净增628家，完成规模工业总产值2730亿元，是2005年的3.5倍，规模工业增加值达到750亿元，年均增长19.4%。二产业对经济增长贡献率提高10.2个百分点，达到69.1%。2010年全市工业企业实缴税金79.23亿元，是2005年的3倍，占全市税收的68%。

一、做好“加法”，扩大经济总量推进新型工业化

以大项目做强大产业。把项目建设作为经济增长的第一推动力，连续几年开展“招商引资项目建设年”活动，五年引进国内外500强企业20家，引进内资项目1452个，到位资金615.7亿元；利用外资4.7亿美元。炼化一体化、华能三期、岳纸40万吨、催化剂新基地、桑乐太阳能、海螺水泥等一批重大产业项目顺利推进。五年全市从工业立项向国家和省申报专项资金项目551个，到位资金2.8亿元。2010年石化、食品产业分别完成工业总产值758.4亿元、587.4亿元；造纸、机械、建材、纺织、有色及循环等产业产值均过百亿元。以大园区发展大集群。加快工业园区建设，开展集群式的项目扩园满园行动。岳阳经济技术开发区晋升为国家级开发区；临港产业新区等区域纳入长株潭“两型社会”建设滨湖示范区；汨罗循环经济工业园批准为全国首批7个“城市矿产”示范基地之一；云溪工业园成为第二批国家新型工业化产业示范基地，进入全省重点打造的“千亿园区”之列；湘阴轻工产业园、平江福坤汽车科技园等一批新兴产业园区快速崛起。2010年全市园区完成工业总产值1200亿元，近五年年均增长23%，高于全市平均水平5个百分点。园区工业增加值占全市规模工业增加值比重比2005年提高31.6个百分点，达到43.9%。以大港区形成大支撑。高标准规划建设城陵矶临港产业新区，大力发展港口、物流、保税、工业“四位一体”的新型港口经济，开通海轮直航，万吨海轮直接进入港口，2010年港口完成货物进出港量1080万吨，增长15.7%，集装箱吞吐量达12.4万标箱，增长31%。截至2010年年底，港区签约项目36个，签约资金达100亿元，恒阳化工等8个项目开工建设。

二、做好“减法”，加快结构调整推进新型工业化

改善产业结构。坚持“两型化”发展，改造提升传统产业，降低高耗能产业比重，石化、电力、建材等6大高能耗产业增加值占规模工业比重逐年下降；高新技术产业增加值占生产总值比重达到12.1%。大力发展循环经济，汨罗再生资源产业园、泰格林纸和云溪精细化工园等国家、省循环经济示范试点工作取得明显成效。推进节能减排。每年组织实施一批节能减排重点工程，新上一批节能减排重点项目。突出抓好15家进入全国、全省“千、百家节能减排行动”企业的节能减排工作。完成洞庭湖周边102家造纸企业整治任务，建成10个污水处理厂，淘汰落后产能企业34家，关停“十五小”污染企业97家，启动环南湖截污管网建设，岳阳市全面完成“十一五”节能减排任务。实施“退二进三”。为优化空间布局，实现产业调整、城市发展、环境再造，建立企业退出机制和搬迁补偿机制，加快实施中心城区新泰化肥、天润化工、际华三五一七、同联药业、韶峰建材、中南科伦等排污企业“退二进三”，搬迁入园发展，实现企业技术和产能升级。

三、做好“乘法”，依靠技术创新推进新型工业化

走科技强企之路。加快创新平台建设，引导企业增强自主创新能力，全市组建工程技术研究中心、企业技术研究中心、产学研战略联盟等创新平台42个，实施自主创新引导和产学研专项166个，《石脑油催化重整成套技术开发与应用》荣获国家科技进步一等奖，国家磁力设备质量监督检测中心落户岳阳，岳阳市成为国家知识产权试点城市。支持企业加大技术改造，五年全市完成技改投资1077.6亿元，是“十五”时期的3.87倍。走信息融合之路。促进信息化与工业化深度融合，全市科技型企业CAD普及率达80%，高新技术企业CAD应用率达100%。电子信息产业增加值占全市规模工业增加值的比重逐年上升，初步形成以电子元器件、太阳能光伏、电子通信产品、电子信息机电产品和软件等行业为主骨架的产业体系。走品牌发展之路。大力实施品牌兴工战略，提升自主品牌的竞争力和影响力，全市拥有中国驰名商标10件、省著名商标95件、中国名牌产品3个、省名牌产品64个，岳阳市被评为“国家商标战略实施示范城市”。

四、做好“除法”，改革体制机制推进新型工业化

改革企业制度。全力推进国有企业改革，加快企业制度创新和经营机制转换。工业经委系统 25家国有大中型工业企业全部实施改制，引进艾欧史密斯、中南科伦等10多家战略投资者，使原汨纺、特种电机、制药二厂等一批国有工业企业脱胎为民营企业，重新发展壮大。2010年全市非公经济占GDP比重达到57.5%，比2005年提高15.3个百分点。积极引导企业建立现代企业制度，支持企业上市，五年新增上市企业6家，总数达到11家，另

有30多家企业进入上市后备企业库。创新工作机制。建立健全新型工业化工作机制，坚持一月一调度、一季一讲评，年底考核评比，营造“谋工业、抓工业”的浓厚氛围。金融危机爆发后，市经信委在全市组织开展联手帮扶企业和产业发展升级行动，39名市级领导、84个部门单位、300多名干部对口帮扶310家规模企业，形成党政主导、领导挂帅、部门联动、社会联手的工作格局。坚持“挂号销号”制度，帮助企业解决困难和问题1940个。《人民日报》、中央电视台《新闻联播》推介了岳阳市帮扶经验。治理发展环境。市委、市政府领导和相关部门经常深入企业现场办公，优化和整治企业周边环境。启动金融生态区建设，深化银企合作，组建9家中小企业担保公司，累计为企业担保融资24亿元，岳阳市被评为“中国金融生态城市”。开展政风行风民主评议，优化政务环境，减少行政审批项目622项，所有行政审批项目办理时限压缩30%。

（作者系岳阳市经济和信息化委员会主任）

教育奠基未来

——“十一五”岳阳教育发展回眸

王志明

五年风雨兼程，五年春华秋实。

“十一五”规划以来的五年是不平凡的五年。面对教育改革发展中逐渐浮现的深层次难题，岳阳以知难而进、百折不挠的精神，始终坚持改革创新，积极探索内涵发展之路，战胜各种困难，开创了岳阳教育事业的新局面。

“十一五”规划以来的五年是收获的五年，是岳阳市各级各类教育改革取得重大进展的五年，是岳阳市教育追求公平卓越和人民群众得到更多实惠的五年，是岳阳市教育事业科学发展和教育水平大幅提升的五年。

五年来，“许市中学经验”、中小学勤工俭学工作经验、教育均衡发展经验、县级“职教中心”经验、未成年人思想道德建设工作经验、农村学校“片联校走教模式”经验 、教师培训工作经验享誉全国。连续五年，教育实事工作、中小学社会治安综合治理工作、职教工作和民办教育工作排名全省第一。五年中三年评为“民本岳阳”建设先进单位。

五年来，中央政治局常委李长春，中央政治局委员、中央书记处书记、中宣部部长刘云山，全国人大常委会副委员长陈至立以及省委书记周强等许多国家、省领导先后到岳阳视察教育，对岳阳教育给予高度评价。

教育强市建设全面推进。2007年8月31日，市委书记易炼红主持召开市委常委议教会，部署推进教育强市工作。2008年，在市六届人大一次会上，市长黄兰香在政府工作报告中明确提出建设教育强市。同年9月，市委、市政府召开建设教育强市动员会，出台《关于建设教育强市的决定》，提出2015年实现“教育强市”目标。2009年，市委、市政府再次召开推进教育强市工作大会。近两年，市委、市政府还先后出台《关于大力发展职业教育的意见》、《关于促进民办教育发展的意见》和《关于进一步加强中小学教师继续教育工作的意见》。教育投入力度进一步加大。

表1 2005～2009年岳阳市教育投入情况

年　份	预算内教育拨款（亿元）	比上年增长率	其中义务教育拨款（亿元）
2005年	8.88	20.8%	5.24
2006年	10.92	22.95%	6.77
2007年	16.23	21.43%	9.74
2008年	20.12	23.97%	12.07
2009年	25.79	28.18%	15.47

2008年 “岳阳市教育资产管理中心” 成立。2010年“岳阳市教育资产投资公司”成立，中心和公司运转以来，已融资1亿元。2009年，义务教育阶段教师绩效工资制度全面实施，城区按人平1.8万元、县（市）按1.2万元的标准进行兑现。2010年，岳阳楼区通过省教育强区工作视导，认定为优秀。

教育公平明显实现。近五年，全市新建或有新建项目学校478所，其中小学210所，初中231所，高中13所，职校2所，幼儿园22所，建设面积564694平方米。维修改造学校1085所，其中小学671所，初中286所，高中32所，职校13所，幼儿园83所。维修改造面积108.0955万平方米，绿化美化校园面积88.1182万平方米；新建教育局机关大院，素质教育研究中心大楼如期竣工。建设配套仪器室验室1445间，化解农村“普九”债务52527万元。

表2 岳阳市基础设施建设情况

项　目	数　量	投入资金数（万元）
校安工程	190个	26332
寄宿制学校	85所	5836

续表2

项　目	数　量	投入资金数（万元）
校舍维修项目	1513个	17323
合格学校	206所	4556
新农村卫生新学校	19所	762.6
特殊教育学校建设项目	3个	590
逸夫工程	7个	358
明德工程	24个	1175
社会捐建工程	22个	1859
改造D级危房	60万平方米	48000
农村初中校舍改造工程	108162平方米	9620
市素质教育研究中心	11000平方米	3850
合　计		120261.6

岳阳市中心城区新建了市九中、市一职专、东城小学等中小学8所，长炼中学和岳化一中进城，分别更名为市十四中和市十五中，整体迁建了东方红小学；对市十中等14所中心城区学校进行了扩建改造，扩展校园面积32公顷；初高中分离办学6所，剥离企业和部门办学校40所，中心城区新增学位2.1万个。

表3　**岳阳市中心城区学校建设情况**

项　目	学　校　名　称
新　建	市一职业中专、市九中、弘毅中学、东城小学、洞庭湖小学、九华山小学、东升小学、金鹗小学
整体迁建	市十四中、市十五中、东方红小学
扩建改造	岳阳中学、市二中、市三中、市五中、市六中、市十中、市十二中、市十三中、长炼中学、巴陵中学、梅溪中学、洞氮小学、岳化二小、花板桥学校

全市建设远程教育站点1848个，2006年6月26日，中央电视台《新闻联播》以《湖南岳阳远程教育为农民架起增收桥梁》为题，对岳阳市利用网络远程教育手段，开展农民专业技能培训的做法作了推介。

基础教育全面发展。未成年人思想道德建设成效显著，涌现了“90后孝子”陶星等优秀学生，2009年12月，中央政治局常委李长春，中央政治局委员、中央书记处书记、中宣部部长刘云山一行专程到岳阳考察调研学校思想道德建设。“十一五”期间，在全省率先成立“岳阳市中小学救助受援捐赠办公室”，全市义务教育经费保障机制惠民资金达到88857万元，其中免课本费20245万元，免杂费63196万元，贫困寄宿生生活补助5416万元。免费入学受教育，巩固了“普九”成果，小学入学率为100%，初中入学率为99.9%，市政府被评为全省“两基”迎国检先进单位。积极推进普通高中新课程改革，努力打造高效课堂，在君山区许市中学和平江县七中成功开展课堂教学改革试点，教育质量明显提升。2006年以来，全市文理科平均分一直稳居全省三甲以内，2008年文理科双双排名全省第二。2009年文科语数外和文综、理科语数外和理综八个科目排名全省第二。2010年打破近30年的沉寂，全省文科状元花开岳阳。“十一五”期间，全市录取专科以上学生159851人，录取清华北大101人。有3名学生参加全国青少年科技创新大赛获得金奖，其中汨罗市第一中学的龙超泽获得中国科协主席奖和英特尔英才奖2项大奖。参加全国类体育大赛，获得金牌14枚，银牌16枚，铜牌17枚。参加全国“音乐伙伴”展示竞赛，岳阳市《小陶星》荣获全国优秀节目奖、全国优秀节目创作奖和全国优秀节目编导奖，实现了岳阳市中小学文艺节目进京汇报表演零的突破。

表4　**2005～2010年高考录取情况**

年份	录取情况（人）						清华北大（人）	全省排名	
	本科提前批	本一	本二	本三	高专	职高对口		文科	理科
2005	10121				13947	1256	14	3	3
2006	10689				10435	948	14	3	3
2007	12318				11588	1018	12	1	3
2008	1807	2137	6838	2880	12465	1240	17	2	2
2009	2092	2226	7661	3147	13590	1034	23	2	2
2010	1985	2328	8547	3361	13167	1026	21	3	3
合计	78137				75192	6522	101		

职业教育品质提升。2010年，全市有国家级重点职业学校9所、全国示范改革校2所（全省仅9所），省级示范学校7所、省级示范职教中心6个。进入国家“职业教育二期基础能力建设项目”学校1所。有7所中职学校、6个县级职教中心、18所乡镇农校、9个专业、13门课程，53位教师,18个乡镇农校被列为省级重点建设项目。市一职专成功晋级高级技工学校。连续三年保持普职比1:1。2009年，在全省率先实施应届高中毕业生免费读职校。“十一五”期间，全市投入2.1亿元，新建实训楼4万平方米，添置实验实训设备1000多台（套）。全市中职学校校园面积达240万平方米，校舍建筑面积超过80万平方米。专任教师中有研究生学历的32人，国家级骨干教师75人，省、市级专业带头人122人。2位校长评为“全国杰出中职学校校长”，2位教师评为“首届中国职业院校教学名师”。“十一五”期间为社会输送合格劳动者近10万人，毕业生就业率达到98 %以上，79%的学生毕业时取得了相应职业资格证书。2008年以来，参加全省技能大赛，获得一等奖18个，二等奖41个，2次获得团体总分二等奖。对口升学年均录取率达到75%以上，2010年达到90以上，《湖南日报》头版头条以“岳阳做大做优中职教育”报道了岳阳市大力发展职业教育的成功经验。国际教育交流取得重要突破，在全省首次下发《关于促进教育对外开放，做好教育国际交流合作的意见》，“十一五”期间，组织出国研修和互访110余人次。

民办教育持续发展。岳阳市政府出台《关于促进民办教育发展的意见》，每年安排民办教育专项奖励经费100万元。2010年，全市有民办教育机构855所，专职教师8065人，在校生17万人，固定资产10多亿元，校舍总面积180万平方米。湘北女子职业学校评为国家级重点职业学校。湘北女子职业学校、湘阴县知源中学、华洋舞蹈培训学校、蓓蕾教育机构、箭杜鹃艺术幼儿园评为全国民办教育先进集体。平江县职业技术学校认定为国家职业教育数控技术实训基地校。岳阳市长城职业技术学校认定为湖南省青少年教育研究基地。岳阳市湘北女子职业学校的实训基地、岳阳市长城职业技术学校的数控模具连续三年被认定为全省民办教育奖励建设项目。

教师队伍素质增强。切实加强师德师风建设，创新教师培训机制，在全市建立教师培训基地20个，认定培训者团队成员122名，在全省率先建立"选拔优秀初、高中毕业生到高校定向委培学习，毕业后回乡村任教"的农村教师补充长效机制。全面实行教师"末位待岗"和干部教师双向选择聘任制。2008年，市教育局9名科长、7名副科长全部通过竞聘上岗，赢得广泛赞誉。至2010年，全市有500人参加北京师范大学和首都师范大学研究生课程班的学习，近5万名教师参加岗位培训，4.52万名教师获得省级高级信息技术等级证书，4.2万名教师获得普通话水平等级证书，分别占到教师总数的98.6%和97.6%，均超过全省水平。全市小学、初中、高中专任教师的学历合格率分别达到100%、98%、89%。全市小学、初中、高中教师拥有高级教师职称的比例分别达到0.21%、2.5%、17.5%，中级职务的比例分别达到49%、43%、42%。全市有特级教师102人，国家级骨干教师16人，省级骨干教师170人，市级骨干教师1300人，骨干教师梯队基本形成。"十一五"期间，还涌现一大批先进典型。有全国先进教育集体1个，全国模范教师1人，全国优秀教育工作者1人，全国优秀教师6人，入选"全国百名重视学校体育工作校长"1人、"全国百名优秀体育教师"1人。有湖南省优秀教师17人、湖南省优秀教育工作者3人、第六届"徐特立教育奖"1人。

"十二五"岳阳站在了承前启后、继往开来的新的历史起点上。收获的五年让岳阳有勇气、有动力继续开拓进取、披荆斩棘，书写教育改革发展的新篇章。

（作者系岳阳市教育局党组书记、局长）

忠诚履行审计职责　努力当好经济卫士

罗陆平

"十一五"期间，岳阳市审计局努力践行"民本岳阳"的执政和发展理念，忠诚履职，成效显著，审计机关威慑力、影响力、公信力、战斗力进一步提升。对369个单位进行审计，查出违规金额7.6亿元，管理不规范金额17.8亿元；向纪检监察和司法机关移送经济案件线索26件，有15人受到党纪政纪处分，7人被追究刑事责任。通过审计，为财政增收节支2.3亿元，提交的审计综合报告、要情、信息被批示、采用176篇次，促进被审计单位建立健全规章制度82项。2010年，省审计厅向全省推介岳阳财政审计工作经验，被省人力资源和社会保障厅、省审计厅授予全省审计工作先进集体称号。同时还获得全省经济责任审计先进单位、全省审计法制工作先进单位、全省审计信息工作先进单位、全省园林绿化先进单位、省级文明卫生先进单位、全市党风廉政建设先进单位、全市促进经济发展先进集体、全市综合治理工作先进单位、岳阳市文明标兵单位等荣誉30多项。

一、优化免疫功能，提升审计威慑力

"十一五"期间，市审计局按照温家宝总理"财政资金运用到哪里，审计就跟进到哪里"的指示精神，主动审计跟进，有效发挥了审计免疫系统功能作用。一是跟进"热点"。进一步完善本级财政预算执行审计，首次开展部门决算审签，促进完善财政管理制度32个，为政府加强预算管理，人大加强预算监督，发挥了积极有效的作用。各县市区政府高度重视财政审计查出的问题，责成有关单位整改到位，进一步规范财政预算管理。切实加大县市区财政决算审计力度，关注财政政策的落实和财政体制的运行情况，突出财政支出结构的合理性和财政资金的安全性、效益性，发现和纠正县级财政收支中存在的违纪违规问题，较好地发挥了审计监督职能。对83名主职领导干部实施任期经济责任审计，查出违规金额1.3亿元，管理不规范金额2.1亿元，为规范领导干部施政行为起到了约束和警示作用。针对领导干部经济责任审计发现的问题，市审计局2010年向市委、市政府上报了一期审计要情，引起市领导的高度关注。市委办、市政府办下发《岳阳市规范领导干部任期经济责任审计工作"五项制度"的通知》。重点对市质量技术协会等5家年收入在100万元以上的协会进行审计，发现一些不容忽视的问题。市长黄兰香在审计综合报告上作出批示，要求市监察局督促涉及审计事项的主管部门尽快整改到位，以促进社团组织管理走向规范。二是跟进"民生"。开展社会保障资金、教育专项资金、水利专项资金、退耕还林资金、农业综合开发资金等专项资金的审计和审计调查，揭示和反映一些落实政策不到位、政策目标未实现以及影响群众利益的问题，在促进完善相关制度、落实惠民政策方面发挥了积极作用。岳阳县、湘阴县、君山区政府积极采纳审计建议，出台加强专项资金管理的意见。根据省厅的安排，对常德市桃源县和鼎城区退耕还林专项资金进行审计，查处了侵害退耕还林农户利益，套取国家补贴及私设“小金库”等违纪问题，审计工作得到省审计厅通报表彰。三是跟进“投资”。根据市长黄兰香的指示，市审计局代市政府起草《关于加强政府投资项目管理的意见》。对268个建设项目进行竣工决算、结算审计，核减不合理工程款10269万元。与有关部门加强了政府投资重大工程变更的管理，逐步完善政府投资工程的决算、结算制度。组织开展县乡公路改造工程行业审计，查处违规转包工程、置换项目建设资金等问题，并向市政府提交审计综合报告。制定《政府投资项目跟踪审计操作规程》，对市体育中心、环南湖截污管网工程实行跟踪审计，进一步规范政府投资行为。四是跟进“绩效”。岳阳市确定2010年为“绩效审计推进年”，力求将绩效审计理念贯穿审计工作全过程，向制度、向管理、向决策型审计延伸。在某县审计时，查出该县2007年中央财政安排的县护城大港污染综合治理专项资金1200万元，被挤占挪作该县污水处理厂工程建设的问题。通过绩效评价，使审计报告对经济社会发展以及干部监管的参考价值更高。五是跟进“整改”。市政府对审计查出问题的整改工作高度重视，主要领导多次听取审计汇报并作出批示，责成政府相关部门按审计意见认真整改。为确保审计决定执行到位，市审计局加强了对问题整改情况的跟踪督办。从审计跟踪检查情况来看，各县市和相关部门对审计查出的问题能及时制定整改方案，加强整改工作。

二、优化执法环境，提升审计影响力

“十一五”期间，市审计局从优化执法环境入手，通过真抓实干，热心服务、加强宣传等途径，赢得了党政领导信赖、被审单位信服和社会舆论支持，审计影响力进一步提升。一是在实干中赢得党政领导信赖。完成党委、政府临时交办的审计事项139件，及时提交审计报告，为党政领导正确决策，化解矛盾，提供可靠依据。2010年市中心城区“五创”提质改造工程概算审计，审减概算投资1255万元，得到市领导的多次表扬，并在“五创”提质工作考核中获奖励分8分。文庙景区项目审计，直接核减了某公司高估虚列拆迁成本5112万元，澄清了10个与有关部门长期理不清的问题。商大购物中心审计，多次化解可能被激发的群体上访矛盾，顺利完成审计查证任务，得到市领导的充分肯定。二是在服务中赢得被审单位信服。将寓服务于监督之中的思路渗透到每个审计项目，传递到每一个被审计单位，达到纠问题、促管理、增效益的目的。2010年开发区审计工作引起“两区”领导的高度重视。“同级审”时，“两区”行政一把手亲自参加审计交换意见，虚心接受审计意见，进一步规范财政管理行为；常规审计中，“两区”领导审阅审计分局上报的《审计专报》，并作出批示，以促进开发区经济健康有序运行。三是在宣传中赢得社会舆论支持。市审计局一方面通过加大审计力度，查处违纪问题来树立审计权威；另一方面通过审计宣传，展示审计成果来扩大审计影响。在《岳阳晚报》等报刊上发表稿件182篇，编发审计简报和要情53期。特别是2010年3月18日开通市审计局网站后，点击数突破3.2万人次，为宣传审计、扩大影响提供了一个好平台。现在，群众向审计机关反映违纪问题的多了，领导干部主动要求审计界定责任的多了，阻挠、拒绝审计的行为基本消除。

三、优化质量管理，提升审计公信力

“十一五”期间，市审计局严格执行《审计法》、《审计法实施条例》、《审计准则》，切实规范权力运行，加强审理把关，改进审计手段，推动审计质量和审计公信力的整体提升。一是规范权力运行，靠严格执法提升公信力。新修订的《审计法实施条例》、《国家审计准则》、《湖南省规范行政裁量权办法》相继出台后，市审计局认真做好三个法规的学习宣传贯彻工作，对法规进行详细解读，使审计人员做到心中有数，自觉执行；加强规范权力运行制度建设，出台《规范审计行政处罚自由裁量权实施办法》等三项制度；组织开展全市审计项目质量大检查，督促整改存在问题，达到规避审计风险、提升审计质量的效果。二是加强审理把关，靠严谨细致提升公信力。把审计质量纳入目标管理考核的重要内容，以“审计质量检查、审计复核、审计项目评优”为载体，切实加强对审计项目质量的全过程控制，有效保障了审计质量，受到省审计厅的通报表彰。市本级财政同级审项目被评为全省审计项目优秀奖、气象行业审计被评为一等奖。三是改进审计手段，靠科技强审提升公信力。为破解计算机辅助审计难题，2010年8月16日在汨罗市召开全市计算机辅助审计现场经验交流会，现场观摩了3个AO审计案例演示，让大家感到了压力，学到了经验，增添了信心。12月23日又组织开展全市计算机辅助审计案例演示竞赛，有11个AO审计实例参赛，提高了审计人员对AO软件的操作能力。有两个AO应用实例在全省评比中分别获得一等奖、二等奖。

四、优化队伍建设，提升审计战斗力

“十一五”期间，市审计局以建一流队伍、创一流业绩为目标，积极打造学习型、效能型、文明型机关，努力培养一支能够适应新形势新要求的专业化审计队伍。一是打造学习型机关，强力提升素质。出台学历教育、专业职称等奖励制度，举办审计信息培训、审计业务培训、内审人员后续教育等培训班22期，大力培养一批审计业务骨干、审计岗位能手。通过学习培训，有96人获得审计署AO认证考试合格证书，有15人获得审计署、审计厅计算机审计中级水平证书。二是打造效能型机关，强力提升绩效。加强机关效能建设和绩效管理，制订完善了机关各项工作制度；从县区局、市局各科室到每位干部职工都制订了目标管理考核办法，为转变干部作风打下坚实的基础。同时，加大对制度执行的督查和考核力度，形成严格执行制度、自觉维护制度的良好氛围。三是打造文明型机关，强力提升形象。扎实开展“两个维护”、“五创提质”、“创先争优”、“廉政准则学习”、“述职述廉”等活动，增强了审计干部依法从审、文明从审、廉洁从审的意识。积极推行政务公开、党务公开、财务公开，每月公布招待费、电话费、汽车油料及维修等机关经费开支情况，机关招待费同比下降15.3%。2011年2月22日，市审计局作为市直单位唯一代表，在市第五届纪委第十一次全会暨全市反腐败工作会议上，作了题为“打造廉洁审计，提升免疫功能”的典型发言。

（作者系岳阳市审计局党组书记、局长）

和谐物价惠民生

殷清华

“十一五”时期，市物价局在市委、市政府的坚强领导下，突出民生价格监管，切实加强市场价格监测，稳妥推进价格改革，着力优化经济环境，不断提升服务水平，为岳阳的改革、发展和稳定作出积极贡献。

一、以调控稳物价，在稳定物价总水平上有新作为

物价是人民群众最关注的问题，也是影响社会稳定的重大问题。“十一五”期间，市物价局始终把“稳定市场物价总水平，保障群众基本生活”作为工作的第一目标，实现了市政府确定的价格调控目标。

一是突出价格监测预警预报。通过不断扩大和优化价格监测网点，增加和完善监测品种，加大监测频率，广大价格监测工作人员深入一线，准确掌握了21大类480种主要商品价格的第一手资料，通过深入分析，发现价格异常情况，及时进行价格预警预报，特别是在2008年高致病性禽流感和2009年特大冰雪灾害等特殊时期，准确、及时、全面的价格信息为市委、市政府科学决策提供了基础支撑。

二是强化价格应急机制建设。建立健全覆盖粮、油、肉、化肥等重要商品的储备制度。制订了保障市场供应和稳定价格的应急预案，实施了临时价格干预措施，在冰冻灾害、猪粮比价达到盈亏平衡点、天然气供应紧张等时期，市物价局及时启动价格调控预案，综合运用经济、行政、法律和舆论等多种方式调控市场价格，保持了市场价格的基本平稳。

三是发挥价格杠杆调控作用。一方面，在价格上涨较为严峻的时期，通过严格成本监审，从严控制政府定价政策的出台，取消、暂停部分收费项目，降低部分收费标准，减缓了物价上涨对经济社会发展的压力。“十一五”期间，市物价局完成物业管理、经济适用住房、自来水、天然气等行业部门成本监审项目292个，审核企业上报成本总额3.1亿元，核减各类不合理成本1.89亿元，对影响群众生活的自来水、天然气、殡葬收费等公用事业价格，科学把握调价的时机、节奏、力度，切实减轻了人民群众的价费支出。另一方面，在国际金融危机时期，市物价局及时采取取消各种抑制消费的价格措施，制定并落实鼓励消费的各项价格政策，加大对消费领域价格违法行为的查处力度，改善和加强服务价格管理，逐步逐级清理和颁布服务价格目录，放开了一批已经形成市场竞争的服务项目价格，规范垄断性、公用性、公益性服务价格行为，有力地促进岳阳市经济企稳回升。

四是做大做强价格调节基金。“十一五”时期是岳阳市价格调节基金发展最快的时期，岳阳市价格调节基金的规模由原来全市仅有400多万元增长到现在的3000多万元，全市累计依法征收价格调节基金8800多万元，其中市本级3680万元。随着基金规模不断充实做强，基金的征收、管理、使用逐年规范，基金的调控作用日益明显，“十一五”期间全市投放价格调节基金重点支持了君山广兴洲镇、西城办事处蔬菜基地和岳阳楼旗鼓山生猪养殖场建设，增强了岳阳市蔬菜的自供能力。在特大冰灾、洪灾及重大疫病等突发灾害时期，价格调节基金为平抑市场价格、稳定群众生活、促进地方经济发展和维护社会稳定发挥了积极作用。

二、以改革促发展，在推进科学发展上有新业绩

价格是合理配置资源最有效的杠杆，在促进经济社会发展上有不可替代的作用。岳阳市认真贯彻国家、省文件精神，深化价格改革，为促进全市经济社会又好又快发展做出了积极的努力。一是服务新农村建设。认真落实粮食价格政策，连续五年提高粮食最低收购价，为农民增收27亿多元；改革化肥价格形成机制，落实化肥生产、运输过程的价格优惠政策，年减轻农民种粮负担2000多万元；整顿规范涉农收费秩序，全面推行农村义务教育“一费制”，切实降低农民在婚姻登记、住房建设、子女入学等方面的收费，加大农村畜禽养殖、加工、销售等环节的价格扶持力度，强化涉农收费公示和涉农收费检查力度，促进了农民减负增收。二是服务“两型”社会建设。对新能源、节能环保等新兴产业实行价格扶持，对“两高”产业实行差别电价进行限制并淘汰；适时适当提高小水电上网价格，争取了风力、生物发电价格的优惠政策；制定出台城市生活垃圾、污水处理和医疗废物处理收费政策，加大对华能电厂脱硫加价的监管，推动了岳阳市经济结构调整和产业升级。三是服务经济可持续发展。初步统计，“十一五”期间，全市通过价格手段征收电力、公路等建设资金以及库区移民资金、农村电网改造还贷资金、污水和垃圾处理费、景点建设资金等累计25亿多元，促进了全市电力、交通、通讯等基础设施的快速发展，缓解了制约经济发展的“瓶颈”，增强了发展后劲。

三、以监管优环境，在规范价费行为上有新突破

“十一五”期间，市物价局紧紧围绕党政关注、群众关心、社会反映强烈的热点问题履行职能，积极作为，为优化经济环境，维护市场价格秩序做了大量工作，得到了社会充分认可。

认真组织开展涉农、涉企、教育、医疗卫生、交通等行业专项检查。累计查处价格违法案件17248件，查处

违价金额6.1亿元，实施经济制裁4.21亿元，其中清退多收价款3.06亿元。2009年，市物价局全面整顿规范了境内铁路货运收费行为，取消和规范一批收费项目，为全市中央、省属和部分大型民营企业节省运输成本3500万元以上。2009年开始，市物价局积极探索价格监督管理方式的转变，率先研发“涉企价费网络监审系统”，将全市规模以上企业包括278家优化环境测评点的行政事业性、服务性收费进行网上审查和监控，发现问题，及时“报警”，从而减少执收单位对企业的违规收费行为，走出了一条价格监管服务的新路子。新华社专供信息、新华网对岳阳市的经验做法进行了推荐。

大力整治规范市场价格秩序。一方面加大市场价格诚信机制建设。建立服务行业价格诚信档案，评选了一批有代表性的价格诚信单位，充分发挥价格诚信示范单位的榜样作用，从根本上减少价格违法行为的发生。2006年省物价局在岳阳市举办了全省“市场价格监管年”活动启动仪式。另一方面加强对居民生活必需品价格的市场巡查，强化对农资、药品、物业收费等民生价格的监管，出重拳依法打击哄抬物价、串通涨价、价格欺诈等违法行为，如2006年对罗门婚纱摄影店虚构原价等6起价格欺诈案件、2009年冰灾期间对新一佳超市哄抬物价案进行查处，分别在中央电视台、湖南卫视等媒体公开曝光，在社会上产生了较大影响。

精心打造“12358”品牌。“12358”价格举报电话是物价部门联系群众的桥梁，也是物价部门对外的形象窗口。“十一五”期间，市物价局通过多渠道、多方式，全面宣传、公示“12358”，使其走进千家万户，实现家喻户晓、人人皆知。同时，市物价局切实加强价格举报快速反应机制建设，成立价格举报快速反应小分队，为基层物价机构配置了12辆价格举报处置专用车，实现辖区范围内的价格举报赶赴处置现场的时间城区不超过30分钟，农村不超过1小时。特别是近两年岳阳市加快价格举报管理信息系统建设，进一步畅通价格投诉举报平台。“十一”期间，岳阳市受理价格举报（咨询）4.78万件，查处举报案件5866件，清退多收价款6749.1万元，收缴财政2765.4万元，查处率、回复率、满意率均达100%，“12358”价格举报电话被人民群众亲切誉为“价格110”。

四、以公平促公正，在维护社会稳定上有新举措

改变物价部门调价定费“一槌定音”的做法，建立健全价格决策听证制度，在对关系群众切身利益，且属于政府指导价和政府定价的公用事业价格、公益性服务价格、自然垄断经营的商品价格调整时，严格按照程序举行价格听证会。“十一五”期间，市物价局主持召开自来水、天然气、景区门票价格调整听证会32次。通过执行价格听证制度，提高了价格决策的科学性和透明度，促进了价格决策的民主化和规范化，维护了群众的价格知情权和参与权，使价格工作更加贴近人民群众，人民群众更加关心、关注价格工作。

积极履行价格鉴定、价格认证“服务社会、服务司法、服务政府、服务系统”的工作职能，积极拓展价格认证领域，价格鉴定质量稳步提升，价格认证工作不断加强。“十一五”期间，全市价格认证机构出具价格认证报告5500件；受理涉案物价格鉴定案件3390件，鉴定金额35亿元；受理行政案件2100多件，鉴定金额4500万元；受理价格鉴证复核案件36件，鉴定金额1.9亿元。所有价格鉴定均做到了客观、公正、合理、合法，出具的价格鉴定结论得到了当事人的认同，受到了社会各界的好评，为司法机关公正裁决提供了价格依据，为维护公平正义、维护社会和谐稳定作出了积极贡献。

五、以政策惠民生，在落实价费优惠上有新成效

“十一五”期间，市物价局努力践行民本岳阳执政和发展理念，围绕医药、教育、住房、交通等民生价格问题，制定出台了一系列价费优惠政策，让广大群众充分享受改革开放的成果。教育方面，认真贯彻落实国家、省关于减免义务教育学杂费、住宿费等政策，及时调整规范高中和大中专院校收费标准。加强对义务教育阶段学校服务性收费、代收费的监管，防止“一边免费、一边乱收费”现象的发生。现在，全市农村义务教育除自愿在校就餐的学生缴纳伙食费外，不再缴纳其他任何费用。医药方面，全面推行住院收费一日清单制度，严格执行医疗服务、药品和医用材料价格的网上公示。分批降低了3800多个品规药品价格，平均降幅达30%，让利患者1.3亿元。按照省局统一部署，适当调低了130多项大众化医疗收费标准，仅此一项，年减轻病患者负担900多万元。扎实推进基本药物价格改革，岳阳县、云溪区、岳阳楼区、岳阳经济技术开发区、南湖风景区个试点县区48个基层卫生单位在2010年1月全部实行307种基本药物零差率销售，试点县区普通门诊人均费用从81元降到48元，降幅40.7%；住院人均费用从956元降到635元，降幅33.5%，使人民群众实实在在感受到了药价降低带来的实惠。住房方面，加强了经济适用房、廉租房价格管理，先后采取一系列收费减免措施降低经济适用房建设成本，经济适用房价格保持在每平方米930～1250元，远低于商品房价格。廉租房租金从2008年的每平方米1.7元下降到每平方米1.2元。取消了住房租赁手续费和农民建房除“两证”工本费以外的所有行政事业性收费。以农民建房为例，每户农民建房费用负担由"十一五"前的1000～4000元下降到现在的500元以下。交通方面，取消公路养路费等6项收费，撤销了全市11个政府还贷二级公路收费站，年减轻车主负担8000多万元；调整公路客运价格，取消了节假日和春运上浮政策，全市868条线路、2721台客运车辆票价平均降幅达15%，年减轻群众出行费用5000多万元。帮扶弱势群体方面，全面落实未成年人、老年人、残疾人、低保户、劳模、下岗再就业等群体在出行、出游、就医、就学、就业、居住、生活等方面的价费优惠政策，逐年加大扶持力度，累计减轻弱势群体负担43亿元，充分体现了党和政府对弱势群体的人文关怀和社会主义制度的优越性。

“十一五”的五年，是岳阳物价工作服务发展、关爱民生、促进和谐的五年，也是岳阳物价部门履职尽责、依法治价、开拓奋进的五年。这五年是岳阳物价一个新的里程碑，更是岳阳物价一条新的起跑线。展望未来，市物价局将以科学发展观为指导，开拓进取、创先争优，为经济发展、社会稳定作出新的更大贡献。

（作者系岳阳市物价局党组书记、局长）

沃野涌热潮

——“十一五”期间岳阳市现代农业发展概况

谌亚忠

岳阳从来就是一方沃土、厚土,素有“鱼米之乡”之称。全市各级农业部门努力践行科学发展观，全面落实国家强农惠农政策，积极推进以“活力岳阳”为主题的现代农业建设工程，大力发展规模化、标准化的种养业，大力发展工厂化、园区化的加工业，大力发展专业化、社会化的农业服务业，大力发展生态化、多样化的涉农新产业，古老的巴陵大地处处激荡着一股现代热流，传统农业正加速向现代农业转变。“十一五”期间，全市农业总产值以年均超过7.3%的增幅增长，2010年全市农业总产值达到132.9亿元。

一、强产业、兴特色，优质农产品产业带建设初具规模

突出粮食生产，加快农业结构调整步伐，逐步形成了岳阳市“一带两线多块”的农业优势产业基地，即：国家长江流域粮棉油茶优势产业带，沿107国道、306省道时鲜瓜果与蔬菜产业线、多个地方特色种植板块。2005～2009年，全市粮食播种面积和总产均保持以年平3%以上的速率增长，2010年粮食播种面积达到54.17万公顷，总产315.8万吨，连续7年增产，先后有湘阴、岳阳、汨罗3个县（市）被评为全国粮食生产先进县。君山、华容5万公顷双低油菜和2.87万公顷棉花分别列入全国优质油菜生产基地和长江流域优质杂交棉生产基地。无公害茶园1.53万公顷，年产1.72万吨，占全省的20%，其中临湘、湘阴、平江列入全国品牌茶生产基地。全市蔬菜种植333.33公顷以上的板块15个，成为全国夏秋蔬菜南菜北运的重要基地，华容列入全国特色蔬菜标准化生产示范县，湘阴成为全国出口藠头主要生产基地。临湘是省优质苎麻生产基地县。套袋提子、礼品西瓜、大棚草莓等高效农业列为全省重要的设施农业示范项目。全市水稻、棉花、蔬菜等主要农产品种植面积及总产近年均稳居全省第二。

二、扶龙头、创品牌，农业产业化经营进程加快

依托岳阳市农业资源优势，大力实施农业产业化“362”计划，通过开展“联手帮扶企业和产业发展升级”行动，有力地推动了全市农业产业化经营的区域化布局、规模化生产。全市初步形成饲料、油脂、棉麻、畜禽水产、蔬菜、竹木林纸加工等一批主导产业，其中饲料加工业年生产能力及年产值均居全省第一位，棉麻加工业出口创汇额占据全市的半壁江山。2010年，全市农产品加工企业发展到2617家，完成增加值118.6亿元，总量居全省第二位，“十一五”期间年均增幅达24%，其中规模食品工业企业总产值居全省食品工业（不含烟草）第一位。市级以上（含市级）农业产业化龙头企业从2005年的70家发展到现在的221家，上市和挂牌企业达6家，占全市总数的46%，拥有“正虹”、“岳泰”、“福湘”3个中国名牌产品，“义丰祥”、“道道全”等10件中国驰名商标，分别占全市总数的100%和72%，拥有的省级以上农产品品牌数量居全省首位。龙头企业联结基地面积18.53万公顷，带动农户73.5万户。全市星级休闲农庄达到39家，总数居全省第三位，2010年休闲农业营业收入达到7.6亿元。

三、重服务、促推广，农业科技支撑能力稳步提高

积极培育多元化的服务主体，大力培养新型农民，普及推广以绿色、低碳、环保为要求的实用技术，全市农业科技进步贡献率总体水平达到50%左右。基层农技推广服务机构改革稳步推进，全市167个农村乡镇均恢复重建了乡镇农技站，年内有望全面完成改革任务，在全市范围内注册经营的农业科技企业38家，农作物病虫害统防统治公司和组织34个，年防治面积在8万公顷以上，农作物病虫害损失率已由前些年的8%以上下降到5%以下,全市发展种植大户18850个，培养科技示范户4000户，农民专业合作社113个，入社农户49203户，通过改制成立的“洞庭高科种业股份有限公司”和“博达隆科技股份有限公司”两家农科企业，累计推广优良新品种种植面积过亿亩。加强农业技术推广普及，一大批农业新品种、新技术、新设施得到广泛应用，全市棉花、油菜、西瓜等主要农作物的良种覆盖率达90%以上，频振式杀虫灯、昆虫性诱剂、生物农药等“绿色”防控技术的覆盖率达85.8%，测土配方施肥技术在全市范围内普及，设施农业面积占到了时鲜瓜果的38.8%，精细蔬菜的65.2%。2010年，全市优质稻和超级稻种植面积分别为36.29万公顷和8.89万公顷。实施跨世纪新型农民培训工程、科技入户工程、阳光工程、蓝色证书工程，近三年来，“阳光工程”完成了3.84万人的培训任务，同时结合开办农民田间课堂、开通“农信通”短信平台等方式，每年有30万人（次）农民接受新的培训教育，农民的整体科技素质得到了大幅度提升。

四、抓监管、健体系，农产品质量安全水平切实提升

坚持一手抓专项整治，一手抓农业标准化生产，在全国率先提出《岳阳市农业发展质量提升计划》，建立健全了以市农产品质量检验检测中心为龙头、县级质量速检站为骨干、生产基地和超市自检为基础的质量安全检验检测网络，逐步实现了从田间到餐桌的全过程控制。加强源头治理，全市设立耕地肥力监测点53个，

环洞庭湖面源污染监测点9个，点源污染监测点3个，发展绿肥种植面积8.47万公顷，推广秸秆还田38.67万公顷次。严厉打击制售和使用甲胺磷等禁用农药的违法行为，逐步规范氧化乐果等限用农药的经营使用，全市无公害农产品基地认定面积达到21.33万公顷，占耕地面积的66%。推进农业标准化，粮、棉、油、菜、茶等主要农产品生产的各个环节及产品质量均有了明确的标准，全市标准化生产示范面积突破9.33万公顷，“三品”认证总数达到449个，居全省第三位。严格产地准出和市场准入，初步建立了基地准出、市场准入和农产品追溯制度。以非法添加和滥用食品添加剂行为作为打击重点，开展专项整治行动，全市设立农产品质量安全定点例行监测点150个，蔬菜、水果农残超标率由2002年的52%下降到现在的2%以内，远低于省定5%的目标控制线，农产品质量安全水平率先跃居全省先进行列。2010年在全省两次例行监测中，岳阳市大米、水果、茶叶抽样合格率均为100%，名列全省前茅。全市主要农产品质量安全水平从存有严重安全隐患进入到整体安全、基本放心的阶段。

五、争项目、强基础，农业发展后劲不断增强

把项目建设作为强化农业基础、提高农业综合生产能力的重要抓手，加大项目争取和实施力度。“十一五”以来，全市争取农业基本建设项目资金1.32亿元(市本级0.13亿元)，实施建设项目22个（市本级3个），投资规模比“十五”期间增长246.5%，农业专项项目资金规模从“十一五”初的年不足8000万元到“十一五”末的年近2个亿。每年有一大批基础建设项目顺利实施，测土配方施肥技术实现全市覆盖，农业有害生物预警与控制区域站建设、标准粮田、新增粮食产能建设田间工程在全市六个县（市）全面实施。从2005年起，农村清洁工程在全市43个村实施，通过绿化美化庭院，推广清洁生产技术，有效改善了农村生产生活条件，推动了农村生态文明建设进程。农业部“岳阳市水稻良种繁育基地”国债项目总投资1000万元，其中国债无偿投资700万元，为历年来市本级争取到的最大单笔国债无偿投资项目，项目建成后，为岳阳乃至长江中下游地区的水稻优质高产发挥了积极作用。

（作者系岳阳市农业局党组书记、局长）

倾力建设康庄大道　服务岳阳社会发展

罗黑皮　冯嘉皇

“十一五”期间，岳阳市公路局坚持以科学发展观引领，紧紧围绕建设民本岳阳，大力推进公路建设，科学实施养护管理，着力优化行业服务效能，实现公路事业的又好又快发展。五年来，市公路局投入建安资金14.35亿元，新建、改建二级及以上公路302公里；完成干支线大中修391公里；改造危桥148座；实施安保工程234.56公里，完成地质灾害防治工程77.1公里；全市国省干线骨架网进一步完善，路况水平大幅度提升，行业文明创建成果丰硕。在日前进行的全国干线公路养护管理大检查中，岳阳市国道干线公路接受交通部检查组的路况外业检查，国道 106线、省道301线、306线和308线作为受检路段，以其“畅、安、舒、美”的通行状况，赢得了检查专家组的一致肯定，省交通运输厅、省公路局在检查后特别指出：“岳阳市的国省干线公路不负众望，成为全省的闪光点。”

群力建路，编织对接城乡的无缝路网

“要致富，先修路”，在巴陵大地上，这不只是一句俗语，而早已潜移默化为岳阳人的实际行动……

领导关怀添动力。公路作为一种最重要的公共基础设施，一直倍受各级党委、政府的高度关注。岳阳公路事业的发展，无不倾注了各级领导的关怀。市委书记易炼红每年都要多次听取公路部门的专题汇报，并作出重要指示。为了京港澳高速岳阳联络线的提质改造，市委副书记、市长黄兰香多次亲自带队到省相关厅、局进行衔接协调。岳阳人的团结求索、真抓实干，得到了省行业主管部门的认可，省交通运输厅原厅长吴亚中和现任厅长贺仁雨均多次就岳阳公路建设项目进行现场调研，提供尽可能的支持。省公路局领导对岳阳公路工作更是不遗余力给予全力支持。

干群协作涌活力。负重前行，团结进取，这是岳阳公路人的秉性。为了争取更多的公路建设项目，加快推进前期工作，市公路局领导班子成员带领工作团队，以把铁鞋踏破、嘴皮磨穿的韧劲与毅力，争取国家和省市领导的重视和相关部门的支持。“十一五”期间，岳阳市国省干线争取到规划外项目96公里，超过原规划35%。为了克服资金运转困难，加快在建工程进度，在公路部门负债运行的情况下，全局干部职工积极自筹资金垫付工程款，原局长刘均平更是以个人房产作抵押向银行贷款。为了让各项目部聚精会神搞建设，市公路局组建专门的工作机构，实行变更统一报批，资金统一调度，矛盾统一协调，以扎实的服务推进工程建设，为岳阳公路赢得了发展先机。“十一五”期间，岳阳市国省干线公路建设任务超额完成，其中设计工期同为2年的省道308平江段和湘阴段两个项目均提前半年交工，实现经济效益和社会效益的双丰收。在全省对各市州干线公路建设实行“以奖代补”的政策后，岳阳市将优先享受政策的实惠，后续建设又将快人一拍。

社会支持增合力。公路拓改建工作，往往会牵涉到

房屋拆迁与土地征收问题，矛盾在所难免，但当“为公路搬家，让发展惠及大家”成为群众共识后，矛盾往往迎刃而解。不少热心的群众，在为公路建设献言献策的同时，自愿担任公路工程社会监督员，见证每一条精品路、每一座民心桥的诞生。这些支持，被公路人当作一种无声的鞭策，看在眼里，记在心上，把路修得更坚固，把附属工程建得更完善，让群众走得更舒心，成了岳阳公路人的不懈追求。

用心护路，保障交通动脉的畅通无阻

公路“三分在建设，七分在管养”。为了确保交通大动脉的畅通无阻，公路部门在用功修路，更在用心护路。

科学——一切工作的指南。岳阳公路人特别突出科学养护，大力推行“五化”管理。一是模式标准化。形成了养护队伍建设、行业技术与质量、绩效考核等方面的标准化管理模式。二是程序规范化。细化了养护生产的规范化操作程序，强化目标、质量和资金监管，确保了养护工程计划完成率100%，质量合格率100%，优良率在90%以上。三是作业机械化。通过加大设备投入，大力推进日常养护机械化，小修机械化作业率达到100%，县级养护单位综合养护车拥有率达到80%。四是施工科学化。通过新技术和新工艺的推广应用，提高了养护工程的科技含量。在养护中实行的级配工艺和稀浆封层等施工办法，为省公路局所认可并推介。五是工程精细化。注重打造养护精品工程，实行精细化设计和施工，有效杜绝了质量和安全隐患。五年来，全市干支线公路的道路优良率年均提高3个百分点，其中国省干线公路优良率达到87.15%，稳居全省先进行列。

公正——从未偏离的准绳。公路路政执法队伍以“管好公路、维护畅通”为使命，始终恪守“公正”这一准绳。市公路局配备整齐的执法装备和车辆，实行统一管理、协调行动；严格把好执法人员准入关，全面实行竞聘上岗，择优录用；加强业务学习，组织经常性的法制教育和职业道德教育，抓纪律作风，严格遵守“五不准”、“十条禁令”。大力推行阳光执法，在市政务中心设立路政窗口，行政许可实行一站式服务，办结率100%，满意率100%；将执法依据、行政处罚裁量标准等在治超站点进行公示；到社会上聘请行风监督员，设立举报电话，将明查暗访、自查自纠与社会监督结合起来；在办理路政案件时，建立《当事人回访意见表》，对办案人员的态度、过程、执法情况进行回访，实行首问负责制，严格执法过错责任追究。加大路政法规上门入户的宣传力度，与公路沿线企业、群众共同护路，构建了齐抓共管、群防群治的护路格局。

服务——精益求精的追求。岳阳公路人特别追求精益求精的服务。在武广高铁、杭瑞高速等重点项目建设过程中，积极配合做好线路勘查、着重抓好保畅工作，对造成的道路损毁进行合理合规地处置，得到了业主和施工单位的一致好评。为合理的超限运输提供细致周到的服务，在长炼千万吨大炼油项目超大型设备通过国道时，组织人员对道路、桥梁进行检测，安排人员和车辆进行全程护送。对恶意超限行为进行严厉打击，对非公路标志牌、违法建筑、乱占公路的摊点进行清理拆除和整治。五年间，累计清除路障上万起，取缔马路市场100多个，全市干线公路管好率达到97%，营造了良好的道路通行秩序，有力地维护了车主和群众的生命财产安全，树立了岳阳公路为车主、为企业、为地方发展服务的品牌。

矢志强路，建设惠及长远的康庄大道

成绩属于过去，发展的步伐始终向前。岳阳公路人积极面向未来，高擎发展的旗帜，专注于为岳阳人民建设幸福的康庄大道。

大力度推进重大项目建设。着眼发展目标，岳阳公路人已经大踏步向前进：正在着力推进省道306岳阳至平江段、国道703横铺至城陵矶、珠跑线、岳阳县白若至新墙、省道212汨罗县城至岳阳县十步等项目的前期工作，力争2011年底或2012年上半年开工建设；同时，通海公路、王家河大桥、京港澳高速公路岳阳联络线提质改造等项目也在如火如荼地进行；市公路局还在抓紧省道202线、国道107线的文明样板路工程的建设工作。

大手笔绘就“十二五”宏图。“十二五”的大幕已经开启，新一轮的建设热潮即将来临，岳阳公路人已经用大手笔绘就发展宏图：“十二五”期间，全市规划建设项目25个745公里，为“十一五”的2.7倍，其中新增国道两条175公里，另调增省道1806公里，届时全市将形成“八纵六横”的干线公路网络；与此同时，市公路局将实施公路大中修300公里以上，完成危桥改造94座/ 3097延米，全面消除五类危桥；完成安保工程43条/ 1481公里，进一步提供科学养护水平；确保干线公路管好率在95%以上，支线公路管好率在90%以上，全面提升服务效能。

大气魄迎接市场挑战。社会主义市场经济的浪潮席卷而来，公路部门惟有迎头而上，勇当弄潮手。在养护主业方面，市公路局正在积极推广“管养分离、定额管理、计量支付”的市场化运行机制，将小修与日常保养分开，细化养护项目，制定科学合理的养护定额，推行招投标制，引入社会监理，实行目标管理；组建小修专业队和路面养护施工专业队，筹建专业化的养护公司，积极探索市场化运作模式，着力增强养护队伍走向市场、加快发展的能力。在路桥企业方面，“岳阳路桥”成为享誉全国的金字招牌，我们将在现有经营业务基础上，积极探索多元化发展思路，使全局企业由单一的路桥施工企业转变为涵盖路桥施工、交通工程监理、物业管理服务、船舶出租经营、沥青加工销售等门类的多元化发展之路。

（作者分别系岳阳市公路局局长、党委书记）

服务经济发展 坚持环保先行

李国保

"十一五"时期，岳阳市环境保护局紧紧围绕服务发展、保障民生两大主题，以创建国家环保模范城市为抓手，以改善生态环境质量为核心，以污染减排为主线，以从严执法为手段，创新思路、克难攻坚、顽强拼搏，全面完成"十一五"目标任务，全市环保工作取得积极进展，探索出一条"科学发展、和谐发展、率先发展"之路。

一、污染减排赢取阶段胜利

"十一五"时期，全市环保系统将污染减排作为首要任务，始终坚持"工程建设、工作督查、目标考核"三个不放松，不断强化结构、工程、管理三大减排措施。一是严格把住项目审批关口。进一步规范审批制度、审批程序，清查全市1038个建设项目，否决130多个投资在5000万元以上的违规项目，给"两高一资"、低水平重复建设和产能过剩项目设置了不可逾越的"防火墙"。在污染减排、环保设施建设、上市信贷等方面，综合运用"区域限批、行业限批"等法制手段、"市长致信、诫免谈话"等行政办法和"绿色信贷"、"融资核查"等经济措施，有效地施加了压力、促进了工作。二是大力实施减排工程。五年实施减排工程200多个，督促11座污水处理厂建成投运，削减二氧化硫2万吨、化学需氧量2万吨；三是启动全市80家企业清洁生产审核。引导企业从末端治理向全过程控制转变，实现"节能、降耗、减污、增效"。在"十一五"全市经济增速、城镇化率和能源消费总量均超过规划预期的情况下，化学需氧量、二氧化硫减排目标在全省率先提前完成。

二、环保创模取得重大进展

"十一五"时期，岳阳市环保系统从强组织、硬措施、造氛围、推工程等方面奋力推进环保创建工作。一是坚持实施蓝天碧水工程。完成97台锅炉清洁能源改造。先后督促完成王家河、求索路等5处截污工程，启动洛王屠宰场搬迁工程，全面加强南湖周边污水处理设施和排污口监管，生物治理成为全国开放性湖泊治理的成功典范。二是着力开展整治行动。开展洞庭湖沿线排污企业、城区"三废两小"企业、环南湖无治污设施餐馆等专项整治行动，全市102家造纸企业关闭61家，停产整治41家，开展限期整治餐馆44家，责令整治企业135家。57个湘江流域整治项目全部完成。三是大力淘汰落后产能。先后关停小化工、小炼油、小炼矿等"十五小"污染企业97家，开展督促市水泥厂、氮肥厂、同联药业、际华三五一七等5家企业加快推进"退二进三"，部分企业已完成改制、重新选址和设备拆除等工作。2010年环保创模通过省级核查程序，取得重大进展，同年，市环保局被市委、市政府评为"五创提质"先进单位。

三、执法监管展现强劲来势

坚持把环境安全作为重中之重，不断加强执法监管。一是大力开展执法行动。不断创新实行环境安全责任制和乡镇环保协管制，着力重点企业在线监防、重点时段重点盯防、重点区域群众联防。坚持一年一批重点，联合八部门开展"打击违法排污企业、保障群众健康"等专项行动，5年排查整治污染隐患500多处，查处违法企业800多家，其中关停200多家，妥善解决500多个突出环境问题。二是起步核与辐射监管。每年都要对全市放射源进行摸底登记，监管做到心中有数，仅2010年就送贮遗留废弃源46枚。三是加强环境应急预警和信访处置。保障"12369"环保举报电话24小时畅通，处理各类环境信访1000件，办结率100%，5年来，全市未发生一起较大以上环境污染事故和环保群体性越级上访事件。

四、生态保护实现统筹推进

坚持工业治污和生态保护并重。一是大力开展矿业整治行动。实施临湘桃林铅锌矿生态修复工程和平江黄金采选、汨罗麻石开采加工等整治行动，先后关停采矿点20余个、整治麻石开采加工企业300多个；启动湘江流域重金属和华容等地湖泊禁止精养整治行动，排查整治涉重企业75家，调查珍珠养殖水面0.4万公顷。二是积极推进生态示范区建设。先后建成平江等国家级生态示范区（县）4个，总面积达93.3万公顷。着力推进以"四清"、"五改"为主要内容的农村环境综合整治，组织实施全市畜禽养殖污染整治，完成368家规模以上畜禽养殖场污染整治，有效减轻了农村污染负荷。三是积极创建生态乡镇、生态村。引导岳阳县张谷英镇、华容县塌西湖村等22个村民富、村庄美、村风好的乡镇、村，成功创建省级生态乡镇和生态村。

五、基础工作迈上新的台阶

坚持把苦练基本能力、规范基础工作、掌握基本规律作为环境保护起步阶段的重要工作。市环保局分期分批举行环境监察、法制宣传和项目申报等培训活动，成功举办全市第一届监测技术比武和环保业务考试，有效地提升了队伍素质和业务水平。进一步规范专项资金申报、使用管理，建立污染治理项目库，年均争取国家和省专项治理资金近亿元。多家企业正式投保，多家企业完成上市或再融资环境保护核查。每年组织开展"6·5"世界环境日宣传系列活动，通过举办广场环保文艺演出、生态摄影比赛、环保创模展览、环境教育教材编写、演讲比赛、生态绘画比赛、拍摄环保电视专题片等活动，引导广大市民群众了解环保、支持环保、参与环保，积极投身生态文明实践。

（作者系岳阳市环境保护局党组书记、局长）

创新城市管理模式　提升城市管理水平

陈阁辉

岳阳市城管局坚持“民本岳阳”执政发展理念，积极践行科学发展观，以“生态岳阳”为主题，以城乡秀美为目标，以服务市民为宗旨，全面推行人本管理、标准管理、阳光管理、绩效管理和示范管理，城市面貌发生很大变化，城市服务功能日趋完善，人居环境明显改善，为岳阳市获得国家历史文化名城、国家优秀旅游城市、国家卫生城市、国家园林城市、2010年中国城市印象大赛“最具幸福感城市”等桂冠作出了积极贡献。推出的“步行看城管·管城管”工作法、以《创新城市管理模式，提升城市管理水平》等经验，先后被中国建设报、省住房和城乡建设厅、市委办在全国、全省、全市推介；2010年在岳阳市创建全国文明城市五创提质牵头责任单位年终累积考核中排名第一，被评为全省城市建设管理工作先进单位，荣获建设民本岳阳“五创”提质工作专项奖等多个荣誉奖项。

一、转变工作作风，推行人本管理

市城管局全面落实以人为本的科学发展观要求，始终把群众利益放在谋划全局、推动工作、破解难题的首位，杜绝那种一味采取堵、禁、查、罚的城市管理办法，全面推行人本管理。从2009年下半年开始，在城管系统全面实施“步行看城管·管城管”的“步行工作法”，改变过去“开车巡查”、“办公室调度”的工作方法，组织广大城管干部走出机关，采取步行的方式，深入大街小巷，带着“挑刺”的眼光，现场发现问题、现场研究问题、现场解决问题、现场捡拾垃圾、现场宣传劝导。建立了每天由1名局领导带班步行巡查、每15天组织局属单位负责人集中步行巡查、每月进行1次集中巡查整改情况通报、每季度组织1次综合情况讲评等制度，及时掌握、主动发现日常管理中容易忽视的问题、工作没有到位的问题。上班期间，除少数人员留守机关值班和处理事务外，其余人员全部下到大街小巷，捡拾垃圾、开展卫生劝导活动，把工作舞台真正搬到了街道。全面实施“亲民式、前置式、服务式”执法和首次违章免罚制度、聘请执法监督员等一系列举措，不断创新执法方式，拓宽服务领域，使城管执法更加贴近市民。在公共管理服务中，切实从解决市民群众生产生活需求出发，仅2010年，改造人行道4.6万平方米、配套盲道3.9万米，安装路灯3311基4375盏，新建和改造提质公厕垃圾站14座，新建天然气加气站2座，在临街门店投放果皮桶7148个，对公厕全部安装和更新了残疾人扶手、无障碍设施及标牌标识；在城区植树20余万株，新建公共绿地3万平方米，补植行道树2100棵，使岳阳城区公共服务更趋贴心、宜居宜游环境更趋满意。

二、提升工作质量，推行标准管理

针对过去缺乏统一标准造成城管工作头痛医头、脚痛医脚、管理粗放现象，岳阳市城管局把推进精细化、标准化、制度化管理作为头等大事来抓，制订出台《岳阳市中心城区城市标准化管理实施方案》。该方案坚持“以精细化促进无缝隙管理”为目标，涉及环境卫生、城管执法、园林绿化、市政设施、路灯照明、土石方调拨、道路破占、户外广告、燃气管理等城市管理行业，清晰划分各个行业的管理职责和权限，细化量化各个行业、各个岗位、各个工种的质量标准、作业流程、行为规范和工作考评。督促环卫、市政、绿化、广告、城管执法、道路破占等单位认真抓好标准化管理工作。通过推行标准管理，在环境卫生方面，改“一扫两保”为“两扫三保”，实行19小时延时作业，坚持街道清洗、垃圾上门收集等制度，环境卫生逐步实现无缝隙对接管理；在市容秩序管理方面，渣土密闭运输、“两车一废”门店（指临街影响市容卫生、不具备经营条件的洗车、修车门店和废品收购店）、违章棚亭拆除、车上人行道和户外广告整治取得了突破性进展，先后密闭改装运输车辆200余台，取缔规范废品和洗车修车门店90家、夜市175家，拆除占道违章棚亭660余处，划定停车位3650多个、设置隔离桩2000多个，拆除人行道和绿化带内违规设置的广告标牌3650余块、墙面和楼顶广告标牌1000余块4.5万平方米，市容秩序管理水平整体提升。

三、强化督查考评，推行绩效管理

市城管局把督查考核作为确保城市管理工作长抓不懈、取得实效，坚持工作做到哪里，督查考核就跟进到哪里。出台《岳阳市中心城区城市管理综合考评办法》和《岳阳市城管局城市管理标准化考评办法》，建立市对区、局对局属单位、局属单位内部的三级联动督查考核制度。成立由人大代表、政协委员和城市管理专业人员组成的考评专家库，每次考评都从专家库中随机抽取考评人员，确保考评工作不流于形式。坚持定期考核，做到每周2次日常检查、每月2次定时考核、每月1次以上交叉考核和每周1次以上暗访。坚持讲评通报，每月召开1次讲评通报会，对督查中发现的问题和交办问题的整改落实情况进行讲评通报。坚持跟踪问效，对检查中发现的问题，实行“挂销号”管理办法，对每个挂了号的疑难重大问题都确定责任领导、责任人和完成时限，切实做到整改一个、销号一个。坚持奖惩兑现，对每月考评排名倒数第一的单位予以黄牌警告，并问责主要领导和分管领导；对排名第一的给予奖励，并作为单位年度评先评优和干部提拔任用的重要依据。2010年，组织督查考评325次，下发整改通知475份、整改问题2875个，兑现奖罚资金101.5万元，有力推进了市、区联动，确保了管理全天候、全覆盖。

四、坚持带头引领，推行示范管理

在城市管理中，岳阳市城管局领导班子把找准自身定位、明确自身职能作为抓班子、强队伍的头等大事来抓，引导全局广大干部职工牢固树立“局兴我荣、局衰我耻”的团队意识、“是什么身份，就得干什么事”的身份意识和“作为城管人，工作岗位就应该在大街上、在太阳下、在风雨中”的责任意识。如每天都有1名局党组成员带领科室负责人，对中心城区所有主次干道的城市管理情况进行步行巡查；每名局党组成员都包干负责管理一条路段，组织和带领干部搞好路段管理。在2010年岳阳市开展的“五创”提质活动中，广大城管干部职工在局领导的带领下，奋力争先，承担的37项城市管理阶段性提质任务全面或超额完成。

（作者系岳阳市城市管理局党组书记、局长）

洞庭波涛连天涌　招商气象逐日高

——“十一五”期间招商引资工作回眸

王德华

“十一五”期间，市招商局紧紧围绕“大招商、招大商、大引资、引大资”的战略部署，不断地招大引强、求优创新，2008年来，连续三年获得市政府绩效考核先进单位，2008、2010年获得民本岳阳考核先进单位，连续三年荣获全省内联引资工作先进单位、经协基础管理工作先进单位、贸促基础工作先进单位。工业引资到位资金近三年居全省第一。

领导重视高位推动

2005年12月，市委、市政府组建岳阳市招商局，负责全市招商工作的归口管理和指导协调。2006年2月9日，市委书记易炼红向全市人民发出了“大招商、招大商、大引资、引大资”战略动员令，坚持召开一年一度的加速推进新型工业化暨招商引资项目建设流动现场会。市委副书记、市长黄兰香提出“三个督导”，开展“项目建设和项目服务年”活动，不断强化项目建设，优化投资环境。市委常委、市招商引资工作领导小组组长樊进军，副市长宋爱华常年坚守在招商第一线，战斗在招商前沿阵地，跑项目、会客商、督现场。全市招商系统坚持科学招商、理性招商、务实招商，坚持招大引强不放松，坚持产业集聚集群不放松，积极承接产业转移，不断做优做强产业链，不断培育战略性新兴产业，掀起一轮又一轮项目建设高潮。

招强选优浪潮涌动

“十一五”期间，全市引进项目1452个，到位资金639.9亿元，利用外资4.7亿美元。先后引入中交集团、江苏雨润集团、北控水务集团、中国建材集团、中国物流集团等国际、国内500强企业20家。成功引进颐通管业、雪花啤酒、建华管桩、海螺水泥等73个投资过亿元的重点项目。

产业转型提质升级

传统产业焕发新生活力，产业链条不断扩张。围绕精细化工产业，引进了催化剂新基地、东方雨虹、顺酐丁二酸联产等一批项目，形成了工业催化新材料、高分子材料加工、生物医药化工、环保溶剂、中间体产业、炼厂气体加工等六大产业链。纺织产业呈现朝阳气象，随着丰盛纺织、华诚纺织、华昌织布等一批引进项目的规模扩张，纺织产业规模由5.8万锭发展到50万锭；行业年产值由1.5亿元发展到39亿元；产品技术由支平纱向竹节纱、气流纺、缝纫线升级，实现由纺纱、织布到成衣的产业升级三级跳。新兴产业从无到有，快速崛起。围绕光伏电子产业，引进了桑乐太阳能、润华新能源、驿通电子、华忆电子，实现了光伏电子产业“零”的突破和“量”的扩增。生物医药发展壮大，引进了科伦药业、海剂药业、同联药业等一批企业入驻。新能源、新材料利用来势喜人，引进了德尔乐施电热水器、湖南航天康达新材料、高新科技项目孵化中心，呈现蓬勃引进和发展的态势。

园区建设集聚集群

岳阳经济技术开发区晋升“国家级”开发区，城陵矶临港产业新区成功纳入长株潭“两型社会”试验区滨湖示范区范畴，汨罗循环经济工业园跻身全国首批“城市矿产”示范基地，云溪工业园入选“国家新型工业化产业示范基地”，上述“四高平台”正成为战略投资和高新产业项目的聚集地。中国（湖南）轻工产业园、福坤汽车科技园、台湾农民创业园、电子信息产业园、纺织工业园、印刷科技园等一批特色园区加速成型，竞相发展。

节会活动精彩经典

2008年“沪洽周”期间，岳阳市首次亮相上海，引进两家500强企业独占鳌头，打响了节会招商第一品牌；2008年由岳阳市承办的第二届湘商大会隆重热烈，精彩经典，湘商赞不绝口。2009年“港洽周”期间，三期凤凰卫视专题报道，四大名流政要登台推介，五大商会协会倾力协办支持，创下境外招商最好纪录。2010年6月16日在世博园举行的岳阳端午文化日，演绎端午文化，展示魅力岳阳，中央电视台、中新社、上海卫视等多家媒体联合报道，创下宣传推介新高。2010年7月22日“沪洽周”期间，岳阳市在上海国际大舞台进行了一次大展示、大演绎，全面展现了岳阳市的“二三四”优势，演绎了岳阳的空间、人文和自然之美，吸引了一大批项目抢滩登陆。2008～2010年，岳阳市以节会为媒，引进项目293个，合同引资总额670亿元，取得了参会实效。

招商方式创新求优

一是创新督导方式。面上，不断完善全市招商引资工作目标考核办法，突出对招大引强、产业集群的考核，制定市直部门招商引资工作实施意见，激发部门招商热情。线上，坚持“三个督导”，创办《招商月报》，做到月月有重点，期期有亮点，强力推进项目开工建设。二是夯实库表基础。本着实用、管用、好用的原则，推出完善新的客商库、项目库，编印全国商协会名录册、全国行业协会名录册、岳阳市目标企业名录册两库三册。精心打造“风帆起洞庭”招商宣传片，从全新的视角对岳阳市优势进行解读，全面提升岳阳市对外形象和宣传档次。三是推出新的客商服务模式，与岳阳市农业银行签订协议，实行银局合作，破解企业融资难题。四是试行新的社会化招商方式，聘请国内外名企老总、港澳台知名人士及国际友人为经济合作顾问，调动社会各界招商的积极性；融入湘商群体，与浙江、广东、江苏、福建、云南、宁夏、烟台等地湖南商会建立战略合作关系；出台招商引资中介人奖励办法，并集中部分财力重奖招商引资中介人，全面提升了全民招商热情。

队伍建设创先求为

始终强调实绩是立局之本，创新是强局之基，和谐是兴局之源；始终坚持以公平正义为基础，以规矩规范为准绳，以谋事干事为核心。招商团队做到“三精”：精明断事，项目分优劣、投资分好坏、行动分快慢；精干办事，质量高、成效佳；精神为事，激情高，干劲足。全局上下倡导形成努力工作、主动工作、创新工作、高效工作、愉快工作的氛围；着力形成招商人的风格和气派：激情足、心襟宽、为人善，水平高、办事精、效果好。

综合效益不断显现

“十一五”期间，岳阳市非公经济占GDP比重提高15.3个百分点，达到57.5%。园区工业增加值占全市规模工业增加值比重提高31.6个百分点，达到43.9%。近两年来，岳阳市投产项目339个，新增税收近8亿元，新增就业6万余人。

（作者系岳阳市招商局党组书记、局长）

在新的历史起点上 努力实现科学新跨越

向伟雄 汪 涛

“十一五”已圆满收官，“十二五”的大幕正在拉开。在为县域发展进步感到无比自豪的同时，也为华容的美好明天而充满期冀，决心在新的起点上，大力推进华容经济转型升级、更大更强，努力实现华容社会事业全面进步、跨越发展。

一、“十一五”时期主要成绩

“十一五”的五年，是华容经济社会发展进程中极不平凡的五年，也是华容应对重大挑战、经受重大考验、抢抓重大机遇、取得重大成就的五年。五年来，全县上下同心同德、振奋精神、锐意进取、扎实工作，优质圆满地完成了各项目标任务，谱写了富民强县、和谐崛起新篇章。

五年来，华容县委、县政府以科学发展观为指导，深入践行民本岳阳的执政和发展理念，确立了一条符合华容实际的工作思路。在充分汲取历届县委、县政府工作经验和广泛征求各界意见的基础上，形成了“主攻新型工业、做强优势农业、建设秀美城乡、构建和谐华容”的工作思路，得到了全县广大干部群众的真心呼应。

五年来，坚持以“两型”为引领，大力推进转方式、调结构，步入了一条转型升级加快、综合实力提升的科学发展之路。地区生产总值年均增长14.58%，比“十五”期间的年均增速高出3.52个百分点，是华容改革开放以来经济增速最快、最平稳的时期之一。地方财政收入快速增加，2005年为1.66亿元，2010年年末达4.20亿元，年均递增20.34%。产业结构不断优化，二产业在一产业不断做优做强的同时，继2006年首次超过一产业后，在短短4年内比一产业高出20.05个百分点。县域综合实力进入全省经济强县行列。

五年来，聚精会神搞建设、一心一意谋发展，大力推进项目的争取、运作、实施，打下了一个强势崛起的物质基础。“十一五”期间，是华容县项目开工最多、投资最大、完成实物量最多的时期。全县累计完成全社会固定资产投资269.87亿元，是“十五”期间的5.21倍。相继启动和完成了两条省道（202、306）、一个港口（塔市驿港区）、一条铁路（荆岳铁路华容段）、两条高速（岳常、岳宜高速华容段）、两座大桥（鲇鱼须大桥、华容一大桥改造）、城市防洪、华容河堤加固、洞庭湖二期治理、钱粮湖大圈围堤加固和沿河北路旧城改造、华容大道西延等一批打基础利长远的重大交通、水利、城建项目。现在，全县城镇建成区26.5平方公里（含乡镇），其中县城建成区面积达到15平方公里，比“十五”末扩大了将近一倍。同时，小墨山核电厂址保护和前期工作顺利推进。

五年来，始终重视民本民生，坚持统筹兼顾、公平公正，形成了一个基本的公共财政框架。“十一五”期间，县财政累计投入各类民生资金23.28亿元，占财政总支出的47.28%。通过实施教育优质均衡发展战略和素质教育战略，中小学生享受优质资源的比例逐年提高；加快医疗卫生体制改革，逐步缓解了群众“看病难、看病贵”的问题。大力推进“五创”提质，正在为老百姓营造一个安全、优美、舒适的生产生活环境；进一步完善社会保障体系，加大对困难群众的救助力度；全面加快农村爱民安居房、廉租房、经济适用房建设，困难群众的住房条件不断改善。同时，随着多予、少取、放活等一系列促进增收政策的累积效应集中释放，城乡居民收入有了大幅提高，城镇居民人均可支配收入和农村居民人均现金收入年均增长分别达18.0%、12.7%。

五年来，狠抓和谐社会建设，加强社会管理创新，构建了一个民主和谐的政治生态。始终坚持依法治县、依法行政，深入推进党务公开、政务公开、村务公开，初步建立了科学发展机制、利益共享机制、矛盾化解机制、社会公平机制，尽可能地减少不稳定、不和谐因素，在科学发展中切实维护民主和谐的政治生态，在民主和谐的氛围中促进了科学发展。

五年来，坚持“党要管党、从严治党”的方针，着力提升领导干部科学谋事干事水平，建立了一支奋发有为的领导班子和干部队伍。全县已形成上下同心同德、人人创先争优的良好局面。近年累计获得全国社会治安综合治理先进集体、计生优质服务县等国家级荣誉30余项（次）和全省平安县、安全生产先进县等省级荣誉50余项（次）。

二、“十一五”时期基本经验

透过五年的发展历程和所取得的工作业绩，深深体会到：

第一，坚持科学发展是取得明显业绩的第一要务。五年来，始终坚持以经济建设为中心不动摇，推动了县域经济社会协调发展。实践表明，只有坚持科学发展，才能取得今日成就。

第二，坚持创新争先是取得明显业绩的不竭动力。“十一五”期间，正是由于准确把握时代发展大势，不断解放思想、与时俱进，探索建立和不断完善了一系列促进发展的制度、机制和体制，源源不断地为县域经济社会发展注入了新的生机和活力。

第三，坚持基层基础优先是取得明显业绩的基本前提。华容“十一五”期间取得的成就，得益于突出了基层基础工作在全局工作中的战略地位，并将其与促进经济发展、维护社会稳定，为人民群众排忧解难紧密结合，真正做到了强基层打基础，抓发展促和谐。

第四，坚持惠民优先是取得明显业绩的价值取向。由于坚持把利民惠民作为一切工作的出发点和落脚点，得到了最广大人民群众的充分理解和大力支持。

第五，坚持狠抓项目建设不放松是取得明显业绩的强力支撑。始终牢固树立项目意识，上大项目，上好项目，上一切有利于发展的项目，促进了经济扩张，增强了发展后劲。

第六，加强党的建设是取得明显业绩的坚强保障。以提高执政能力和保持先进性为重点，全面加强党的自身建设，充分发挥党的核心作用，为促进改革发展稳定提供了坚强政治保证。

在充分肯定成绩的同时，也要十分清醒地认识到，华容县的发展与人民的期望、形势的要求还有不少差距，还面临着不少困难和问题：一是产业结构转型升级任务艰巨，主导产业培育的进度还不够快；二是群众诉求日益复杂，协调各方利益关系难度不断增加；三是少数农村基层组织凝聚力不强，解决农民增收问题的途径还不够多；四是体制机制、机关作风和干部总体素质还不能完全适应新形势发展的要求，党的自身建设需要进一步加强。对此，必须高度重视，认真研究并切实加以解决。

三、“十二五”时期美好展望

“十二五”时期，是华容在新形势下大力调整经济结构，加快转变发展方式的攻坚时期；在新起点上推动科学发展，促进富民强县的关键时期；也是在新条件下落实“四化两型”战略、推进“五市一极”建设，实现县域经济转型升级、更大更强的重要战略机遇期。把握得好，就可乘势而上，大有作为；否则，就会延误发展，陷入被动。因此，科学谋划“十二五”时期的工作，意义重大、影响深远。

县委、县政府确立了大力建设“四县一中心”发展目标，即：大力建设全省新型工业先导县、现代农业示范县、生态环境宜居县、社会建设先进县和湘鄂边区域物流消费中心。具体来讲：

——经济增长。力争地区生产总值年均增长12.5%左右，2015年达到300亿元，人均达到38000元，全社会固定资产投资年均增长20.5%，五年累计达到780亿元；社会消费品零售总额年均增长18.5%,达到120亿元；财政总收入年均增长16%，达到8亿元。

——结构升级。到2015年，三次产业结构比例调整为17.73：52.85：29.42，高新技术产业增加值在工业中的比重达到45%，城镇化率达到48%。万元GDP能耗累计下降25%。非公有制经济成分在地区生产总值中的比重明显扩大。

——设施优化。城乡基础设施全面改善。重点建设由荆岳铁路，岳常高速、岳宜高速、石汨高速、省道306、省道202华容段，塔市驿港、华容河港和藕池河港组成的现代公共交通网络，形成以县城为中心的“半小时交通圈”；配套建设好城镇给排水管网系统、管道燃气系统、光缆电力网络系统、污水处理系统、垃圾处理系统、公共文化体育活动场所以及其他公共设施。新农村建设取得显著成效。

——生态良好。要维护和重视山清水秀、蓝天白云的美好景观，让城乡到处郁郁葱葱、生机勃勃，让广大群众都呼吸上清新的空气，喝上放心的水，努力实现人与自然和谐相处。

——民生殷实。要让每个公民都充分享受到现代物质文明、精神文明、政治文明、生态文明和改革发展成果，收入增长、身体健康、衣食无忧、生活充实、人际和谐、幸福快乐，对未来充满美好的期冀。

——公共服务优良。要幼有所教、老有所养、困有所助、病有所医、住有所居，科技进步，社会安定，广大公职人员为民、务实、清廉。

为实现以上目标，将坚持不懈地做到以下几点：

——建设生态文明，大力推进绿色发展。即大力弘扬生态文明理念，基本形成资源节约和环境友好的产业结构、增长方式、消费模式，切实加大污染防治力度，严格控制污染排放，全面推进全国可持续发展实验区建设。

——加快转型升级，大力推进优化发展。以招商引资为抓手，全面提升纺织产业；以商贸物流为龙头，建设专业市场和物流区域中心，促进服务业繁荣；以基地建设为中心，创新农业生产组织模式，推进农业现代化；以工业园区为载体，推动产业集群式发展。

——实行包容增长，大力推进人本发展。更加注重社会事业发展，大力完善和加强社会保障体系，多方促进城乡居民收入持续较快增长，让发展成果惠及全县人民。

——强化创新推动，大力推进创新发展。更加重视科教文体事业，加大政府投入，加速科技文化创新；大力发展高新技术产业，吸引返乡创业，促进全民创业，扶持民营经济发展；大力加速信息化进程，全面优化创业环境，提升华容区域竞争力。

——坚持基础优先，大力推进城乡统筹发展。进一步强化城镇建设管理理念，优化城镇空间布局，切实提升城镇基础设施和产业支撑能力；继续加大新农村建设投入，大力推进城乡建设一体化、基本公共服务均等化，书写全面小康社会建设、和谐崛起新篇章。

（作者分别系岳阳市副厅级干部、中共华容县委书记，华容县人民政府县长）

转变发展方式　致力跨越赶超

王洪斌

平江县位于湖南省东北部，湘鄂赣三省交界处，全县总面积4125平方公里，总人口106万，其中农业人口68.51万，城镇化率34.8%，是一个典型的边界县、山区县、农业县、人口大县，也是国家重点扶持县。2009年，全县人均GDP9295元，为全国平均水平的三分之一、全省的一半，人均财政收入465元，为全国平均水平的十分之一、全省的五分之一；三次产业结构为25.7：39.9：34.4，二、三产业比重偏小；投资对GDP的贡献率高达63%，但工业和三产业投资滞后；城镇居民可支配收入9292元，农民人均纯收入2455元，只有国家和全省水平的一半，县域经济仍处于工业化初期。但是，平江拥有丰富的旅游、矿产和人文资源，特别是随着过境高速和国、省道修建改造，平江融入长株潭和岳阳一小时经济圈、武汉城市群和珠三角三小时经济圈，区位优势逐步凸显，平江如何发挥优势，抢抓机遇，在转变发展方式中取得主动，重点要从四个方面着力：

一、以招商引资为抓手，推进经济结构调整。围绕食品加工、机电轻工、矿产建材和生态旅游四大主导产业，重点对接长株潭产业配套特别是汽车产业配套开展招商，全力打造食品产业大县和汽车零配件生产基地。把平江工业园作为承接招商的统一平台，以一流的园区条件吸引项目落地。按照新园区、新城区的理念，全力加快平江工业园“三区”的路网、污水处理设施和学校、医院、银行等配套建设；健全工业用地储备制度，园区常年储备用地133.33公顷以上；探索工业园区市场化运作、企业化管理、社会化服务的路子。通过招商引进一批项目，带动四大主导产业扩张升级。力争到2015年，二、三产业的比重达到85%以上。

二、以规划建设为抓手，推进城乡统筹。把推进城乡统筹作为扩大内需的主抓手，一是加快城乡规划覆盖。全面加快城乡建设、土地管理、基础设施建设和产业发展等规划的修订完善，通过3～5年时间，把建设发展规划覆盖到全县4125平方公里的每一个角落，覆盖到经济社会的每一个领域。二是加强土地管理和整理。推进政府垄断土地一级市场，规范利用，提高效益；要集中连片推进土地平整，合理安排农村各类用地，探索建设多村联建的新型农村社区，腾出更多的发展用地，切实解决好城市建设缺地、新农村建设缺钱、统筹城乡缺抓手的问题。三是做大做精县城。在巩固省级文明卫生县城创建成果的基础上，围绕3～5年争创省级园林县城和国家文明卫生县城的目标，加快县城规模拓展和设施配套，提升城市管理水平，按照30平方公里、30万人口的新一轮县城规划，力争10年内全县城镇化率达到60%，每年引进农民进城镇15万人。

三、以环境保护为抓手，推进可持续发展。平江县森林覆盖率达到61%，比全国平均水平的18.21%的3倍还要高；人均森林面积0.27公顷，为全国的2倍，最大优势和潜力在生态，经济发展与环境破坏的最大矛盾也在生态，必须全力以赴保护好生态。一是严格落实节能减排要求。坚持环保第一审批权制度，注重园区、城区的排污设施建设，确保企业达标排放，逐步推行矿区生产零排放。二是加强矿产资源保护。切实加强黄金、长石、云母等矿产管理，严厉打击乱采滥挖，推进矿点整合和矿产精深加工；扎实开展矿业权管理改革试点，理顺矿业两权管理体制。三是加强汨罗江保护治理。全面整治河道采砂、淘金行为，坚持禁渔护鱼制度，推行沿岸垃圾“户集、村运”，取缔沿江规模养殖场，动员全民保护母亲河。四是严格保护森林资源。实行森林采伐指标限额、递减和公示，逐步建立县级生态公益林，推行一村一座公墓山集中安葬，引导山林流转，大力植树造林。确保全县3年内封山育林面积达到13.33万公顷，每年造林0.67万公顷，森林覆盖率每年提高0.5个百分点，活立木蓄量每年提高5%，增加森林碳汇总量，将平江打造成长株潭的天然氧吧。同时，大力发展生态旅游和观光农业，力争到2015年，旅游产业对GDP贡献率达到13%以上，实现生态效益与经济效益的共赢互促。

四、以政务公开为抓手，促进行政方式转变。转变政府职能，转变行政方式，就是为经济方式的转变提供组织保障，实现由管理型政府向服务型政府的转变。一是强力推进政务公开。全面推进政府各个领域的信息公开，办好政务服务中心和政府门户网站，拓宽公开渠道；办好网上县长信箱，推进政民互动。二是强力推进村务公开。抓好惠农资金发放等12大项村务公开，定期公开村级财务；加快推进村民自治，推行“村账民理乡监管”，健全村干部民主选举和罢免机制。三是要强力推进决策公开。坚持民主决策、公开决策、规范决策，进一步健全重大决策、重大事项、社会听证、全程公示机制，推进公共资源集中公开交易，使决策的过程更加开放、更加透明。

（作者系平江县人民政府县长）

提升“三力”　实现“两维”

周金龙

“维护社会公平正义，维护社会公共秩序”，是民本岳阳执政和发展理念的内在要求，是构建和谐社会、促进协调发展的重大举措。实现“两维”，必须以科学发展观为指导，扎实践行民本岳阳执政和发展理念，把让群众生活得更加幸福、更有尊严作为工作的出发点，将创建和谐汨罗作为全市“一号工程”强力推进，使“两维”成为广大干部群众的自觉行动，促进良好社会秩序与强劲经济发展良性互动，促进经济社会又好又快发展。

一、提升经济竞争力，以共同富裕实现“两维”

“仓禀实而知礼节，衣食足而知荣辱”。维护公平正义和公共秩序，要有雄厚的经济实力。要始终牢记发展这个“第一要务”，聚精会神搞建设，一心一意谋发展，千方百计培育富民强市的产业，不断夯实“两维”的物质基础。

一是大力培育现代工业。无工不富。要着力打响循环经济品牌，以新型工业化引领市域经济发展。完善《汨罗市加快经济发展奖励暂行办法》，创建经济发展环境最优县（市），创新市域经济发展机制。要按照“一园两带”的总体布局，从规划、土地、融资等方面入手，提升园区承载力和吸附力，加速工业集群发展。在循环经济工业园，突出完善产业规划，夯实基础设施，促进主导产业集群发展、共生共荣。在乡镇场，沿107国道和201省道，规划建设碳素、家具、农产品加工等工业相对集中区。逐步淘汰落后产能，重拳整治麻石开采加工等资源行业。借智借力，整合专项，支持工业技改升级，努力实现再生资源等产业集群化、高新化、“两型”化发展。

二是大力发展现代农业。要围绕农业产业化，突出发展高效农业，促进农民增收。要加快土地流转，发展大户经济，鼓励规模经营，突出发展规模农业。要大力支持品牌建设，提升农业竞争力，突出发展品牌农业。要结合农产品加工企业需要发展农业，根据市场需求发展农业，引导农业对接企业，帮助农民融入市场，突出发展订单农业。要大力发展农业体验园、有机生态园和休闲农庄，突出发展观光休闲农业。同时，要大力发展农民专业合作社，种养加行业协会，提升农民和农业的组织化程度。完善农技推广体系，提高服务层次，强化农业的技术支撑。

三是大力兴旺现代服务业。现代服务业既是新的经济增长点，又是新的富民源泉。要紧密结合城乡居民消费需求的变化，加速改造传统服务业，积极发展新兴服务业。充分利用政策激励，大力发展连锁店、代理商，引进大型超市，培育“万村千乡”农家店，繁荣商贸业。加速建设物流园，引进大型物流公司，引导分散物流资源整合，壮大物流业。持续打响龙舟文化品牌，加速文化产业与旅游业结合，提升宾馆酒店业。同时，大力发展金融业、房地产业，鼓励多种服务业竞相发展。

二、提升社会亲和力，以事业进步实现“两维”

坚持把为民办实事与促进各项事业协调发展紧密结合起来，把群众满意作为检验工作的“第一标准”，着力解决人民群众最关心、最直接、最现实的利益问题，引导人民群众共建和谐汨罗，共享发展成果。

1. 要着力繁荣公共事业。必须加大提供公共产品力度，保障人民群众共享改革发展成果。要把构建发展公共服务体系、提供更多公共产品作为政府转变职能的主攻方向，着力发展各项社会事业。坚持优先发展教育，推进科技创新，完善公共卫生和医疗服务体系，发展文化体育事业，稳定低生育水平，促进各项社会事业全面进步。

2. 要着力完善公共保障。社会公共保障是社会财富的二次分配，是促进社会公平、维护社会公共秩序的有效手段。要在持续扩大社会保险覆盖面、不断提高社会大众保障能力的同时，突出关注弱势群体。一是要落实弱势群体的就业政策。建立市乡村三级就业服务体系，开展“春风送岗位行动”，举办大规模招聘会，开发公益性岗位，优先解决困难群众就业。二是要保障低收入人群的居住需求。特别是增加公租房供给，落实廉租房政策，适量建设经济适用房，确保居者有其屋。三是要加大特困对象的救助力度。增加财政救助资金，支持民办慈善机构，大力发展社会慈善事业，形成多层面、多途径的社会救助体系。

3. 要着力确保公共安全。牢固树立“发展是第一要务、稳定是第一责任”的理念，全力打造平安汨罗。开展“安全生产年”活动，挂牌整治重大安全生产和消防隐患，有效维护群众生命财产安全。大力推进打黑除恶，突出打击严重危害公共秩序的暴力犯罪。持续执行更严格的环保审批，开展更彻底的专项整治，消除环保隐患，严防发生公共环境事件。畅通信访渠道，及时办理市长热线、市长邮箱群众来电来信，积极解决人民群众的合理诉求，维护社会大局安宁安定。

三、提升政府执行力，以忠诚履职实现“两维”

实现“两维”，既是实践党的宗旨所需，也是政府的职责所在。按照“更高标准、更严管理、更具公信力”的要求，规范行政行为，提高行政效率，以履职的忠诚度保障群众的满意度和社会的和谐度。

1. 提高科学执政的水平。坚持权为民所用、情为民所系、利为民所谋，推进科学决策、民主决策。一是坚持集体决策的原则。对重大问题和关键政策，坚持常委会议讨论决策或市人大审议议决。对重大项目和重点工程，加强专家把关、资金评审、效果检查。二是畅通民意表达的渠道。凡是征地补偿、拆迁安置、实事项目等涉及群众切身利益的重大事项，要通过公开听证等途径，问政于民，问需于民，问计于民，维护民利，保障民权。三是健全纠偏追责的机制。建立健全决策失误纠错改正机制和责任追究制度，对重点工作、重大事项、重要决策，实行半年度和年度检查评估，发现问题，立即整改。强化督导督办机构职能，充分发挥纪检、监察、审计、统计部门职能，科学开展行政绩效考核。落实有错无为问责制，实行“不换状态就换人”，强化行政问责制度刚性。

2. 规范依法行政的程序。依法行政是政府施政的基本准则，是实现“两维”的重要前提。要结合落实《湖南省行政程序规定》，努力建设务实、法制、高效的责任政府。一是简化行政审批。巩固集中行使行政审批职能改革成果，以政务公开中心为平台，落实“高度整合、全进中心”的要求，行政审批必须实现“两集中、两到位”，做到“进一张门办成、交一次费办结、盖一个章办好”。二是量化执法标准。清理行政执法依据，防止法规政策人为“延期服役”。严格规范自由裁量权，建立自由裁量基准审核制，编制职权目录，绘制权力运行流程图，细化量化行政审批、行政处罚的时限、程序，让每一项行政执法有“路线图”，让每一项自由裁量有“比对表”。三是深化政务公开。落实“三公开”制度，全面公开职能部门权力行使依据、运行流程和经办人员。采矿权出让、土地招拍挂、工程招投标等关注度高的事项，信息发布公开，组织实施公开，监督措施公开，最终结果公开。

3. 筑牢廉洁从政的防线。促进“两维”，广大党员干部是生力军，更应是示范者。要坚持将廉政教育、机制约束、廉政监督有机结合，把反腐倡廉建设融入经济社会发展的全过程。注重宣传教育，帮助党员干部树立正确的权力观，培养和提高拒腐防变的能力；注重机制约束，用制度管人、管事、管权，确保权力在阳光下运行；注重廉政监督，坚持党内与党外结合、专门机关与社会力量结合、法律与舆论结合，最大限度挤压贪腐现象存在的空间；注重惩前毖后的手段，做到纪律和法律面前人人平等，让思想上出现偏差的党员干部及早回头、悬崖勒马，建设多层次、立体化的反腐倡廉网。

（作者系汨罗市人民政府市长）

汨罗市长乐镇万人空巷闹元宵　（杨一九　摄）

建设生态君山 打造生态明珠

——岳阳市君山区“十一五”发展回眸

赵岳平

淡扫明湖开玉镜，丹青画出是君山。

君山区是1996年3月经国务院批准成立的县级行政区，是岳阳市中心城区“一主三副”组成区之一，是一个体制新区、生态之区、希望之区。全区国土面积718平方公里，人口24万，辖6镇1办2场和属地单位君山岛景区、岳阳监狱、湖南东洞庭湖自然保护区管理局。君山区区位交通优越，北依长江，东、南濒洞庭湖，省道306、杭瑞高速、荆岳铁路横穿东西，省道202纵贯南北，通过洞庭湖大桥东连京广铁路、武广高铁、京珠高速。君山区资源物产丰富，有耕地面积2.67万公顷、养殖水面4000公顷，洞庭银鱼、君山银针闻名全国，是江南鱼米之乡；境内有芙蓉国里·君山野生荷花世界、省级天井山森林公园、东方伊甸园君山爱情岛、东洞庭湖国际重要湿地等中外闻名的生态旅游景点，被誉为“胜境名区”、“洞庭明珠”和中国野生荷花之乡。

“十一五”期间，君山区坚持贯彻落实科学发展观、省委省政府“一化三基”战略和市委、市政府“民本岳阳”的执政与发展理念，大力推进跨湖发展，建设“新兴产业聚集区、现代农业示范区、生态休闲旅游区、秀美和谐新城区”，致力打造洞庭湖畔璀璨的生态明珠，赢得了产业日益兴旺、城乡繁荣秀美、人民生活改善、社会和谐稳定、党建明显加强的良好局面。君山区被确定为全国农产品加工业示范基地、中国野生荷花之乡、全国小农水建设重点县和湖南省印刷示范基地、湖南省沟渠疏浚试点县，先后荣获全国五保供养工作先进和全省平安县市区、全省计划生育工作先进、全省实事办理工作先进、全省捕捞渔民解困工作先进、全省农业产业化经营先进以及全市建设“民本岳阳”综合考评先进、全市党风廉政建设与反腐败工作先进等荣誉称号。温家宝、贺国强、回良玉等国家领导人和省、市主要领导多次到君山区调研指导工作，对君山给予充分肯定，极大地提升了君山区的知名度和美誉度。

兴旺主导产业 壮大经济实力

君山区坚持以经济建设为中心，集中优势资源推进主导产业加速发展，不断壮大经济实力。2010年，全区完成生产总值63亿元，年均增长14.6%；完成财政总收入1.2亿元，年均增长22.9%；完成全社会固定资产投资31.3亿元，年均增长46.1%；实现消费品零售总额8.2亿元，年均增长19.7%；实现城镇居民人均可支配收入15761元、农民人均纯收入7284元，年均分别增长15.8%、13.2%，主要经济指标赶超了全市、全省平均增幅。三次产业结构由2005年的40∶29∶31调整为25∶43∶32，步入良性发展轨道。一是新兴产业转型升级。培育了金联星冶金、永金永磁铁、大地印务、国泰食品、华君物流园等新兴产业企业90家，发展了金联星、永盛油脂两家省级高新技术企业，金联星获省级特种铝合金材料工程技术研究中心，印刷工业小区被评为湖南省印刷示范基地，规模工业企业达到60家，实现规模工业增加值达23.3亿元，年均增长25.5%，初步形成了新材料、新能源、现代制造业、现代服务业、现代物流业和都市型产业等新兴产业体系。二是现代农业提质增效。发展规模以上农产品加工企业39家、省市级涉农龙头企业16家、农民专业合作社43家，企业共联基地2万公顷、农户4.3万户，创建了22个无公害农产品、绿色食品，全区无公害农产品率达到80%以上，成为全省唯一的蔬菜标准化生产示范区和全省农业产业化经营先进县（市）区。三是生态休闲旅游业提速发展。争取了全国唯一的“中国野生荷花之乡”称号，依托“中国野生荷花之乡、东方伊甸园、国际重要湿地”三个平台，举办和协办“中国（岳阳）野生荷花旅游节、中国爱情文化节、国际观鸟节”三大节会，打造“春季踏青、夏季赏荷、秋季看苇、冬季观鸟”四大品牌。投资近2亿元建设了芙蓉国里·君山野生荷花世界、虹宇生态园等景区，发展了虹宇生态园等5家湖南省工农业旅游示范点和五星级、四星级生态休闲农庄，成功举办了2010中国（岳阳）野生荷花旅游节和君山区首届野生湖藕文化节，邀请宋祖英录制了《团湖恋》旅游主题歌，君山区“夏季赏荷、冬季观鸟”成为了全省的旅游品牌。同时，切实抓好招商引资和项目建设，五年来引进招商项目140个，合同引进内资79.5亿元、外资1324.8万美元，争取和调度层山安全区等各类项目335个，争取到国家政策性投资10.54亿元，有力地拉动了区域经济发展。

坚持跨湖融城 打造生态新城

争取市委、市政府实施跨湖发展战略，把握洞庭湖大桥取消收费的机遇，致力打造宜居、宜业、宜学的生态新城。一是抓好城镇发展规划。坚持“三规合一”，完成了君山区城乡一体化规划、君山垸分区规划、挂口片控详规划、九公里片控详规划、林角佬片控详规划和重点乡镇规划。二是抓好城镇基础建设。投资5.79亿元启动和完成了洞庭大道提质改造以及16条城镇主干道建设，开通了城市公交车，建设了市儿童福利院、区人民医院、长江饮水工程、污水处理厂等市政工程，完善了电网、通信网络、互联网络、数字电视网络建设。三是抓好城镇经营管理。开发了中盛御景园、阳光逸城等一批中高档房地产业，建成面积40万平方米，引导农村和周边居民进城安居创业，全区城镇化率达到49.38%。积极开展“五创”提质活动，加强城市管理和绿线管理，顺利通过国家和省卫生城市检查。四是抓好生态保护建设。推进全区污染物总量减排和结构减排，加强植树造林和森林保护，2010年森林总蓄积量达30.2万立方米，年均增长28.8%，全区大气、水、噪声环境质量经市监测都在良好标准以上，保持了空气清新、青山绿水等优良生态环境。

统筹城乡发展 推进农村建设

着眼于改变农村落后面貌，统筹城乡发展，扎实推进新农村建设。一是加强湖区安全建设。投入12亿元加强长江、洞庭湖重点堤防加固整险工程、血防综合治理环改灭螺工程，特别是抓紧建设了国家洞庭湖综合治理试点工程——层山安全区项目。二是加强农村基础建设。大兴农田水利建设，建成通乡通村公路398公里，解决农村安全饮水5.4万人，兴建沼气池1.2万口，改厕1.13万个。三是加强新农村示范点建设。紧紧把握钱粮湖镇作为全省唯一的新农村建设试点镇和市委书记易炼红联系钱粮湖镇新农村建设工作的契机，充分发挥政府主导和农民主体作用，整合各类资金1.2亿元，实施农村清洁家园、安全饮水等65个项目建设，以点带面推动了全区新农村建设。2010年，君山区新农村建设进入全市一类。

坚持以人为本 促进社会和谐

坚持以人为本，致力解决群众最关心、最直接、最现实的利益问题，确保社会和谐稳定。一是发展事业惠民生。坚持发展以改善民生为重点的社会事业，办好省、市、区三级实事项目，认真及时办理人大代表、政协委员的议案、提案，抓好扶贫帮困、“送温暖”等活动，社会保险扩面4.8万人，城镇“零就业”家庭实现动态清零；卫生事业发展迅速，血防工作卓有成效，新型农村合作医疗普惠群众；五保供养、计划生育、捕捞渔民解困、水库移民后扶等工作进入全国或全省先进，义务教育质量位居全市前列，开放式课堂教学改革成为全省样板。二是宣传教育启民智。积极宣传社会主义核心价值观，组织广大干群提炼了“尚德务实、开拓创新”的君山精神，评选了银杏、荷花为区树、区花，坚持组织党员干部开展政策宣传、法制宣讲和身边先进人物事迹宣传活动，发展农村道德协会等群众组织，深化“五好家庭”、“文明小区”等文明创建活动，激发了广大干群的团体自尊和进取精神。三是综合治理保民安。扎实开展“两个维护”工作，严格落实维稳责任制和责任追究制，大力推行“每年奖惩、每季调度、每月督办、每周会商、每天接访、每时信息”的“六每”信访维稳工作机制和“一线工作法”、“联点服务法”、“依法依规法”、“春风化雨法”，新建成区政府政务服务中心和6个乡镇便民服务中心，在农村、社区聘任100多名“老党员”、“老教师”、“老基层干部”担任和谐促进员，及时排查调处各类社会矛盾纠纷，严厉打击违法犯罪和“法轮功”等邪教组织，加强综治民调和安全生产工作，促进了社会安定和谐。2007以来连续四年获得全省综治民调工作先进，2009年以来连续两年被评为全省平安县市区。省委办公厅、市委办公室和省、市联席会议办公室多次专刊推介君山典型作法。

加强党的建设 提供发展保障

坚持围绕发展抓党建、抓好党建促发展的思路，以改革创新精神推进党的建设。一是创建学习型党组织。开展学习实践科学发展观、创先争优和忠诚主题教育活动，健全党委学习中心组制度，开办党政干部假日读书班、百名书记讲党课取得显著成效，各级党委总揽全局、统筹各方的能力有新的提高，其作法被人民日报头版头条、中央电视台新闻联播和湖南日报、湖南红网等推介。二是创新选人用人机制。采取区委全委会票决制、“四差额”等方式公开选拔科级干部，干部队伍整体素质明显提升。三是加强基层党组织建设。在全市率先探索“企业老总任村第一支书”的党建模式，各级党组织的凝聚力、战斗力、创造力明显增强。四是推进党风廉政建设。区委常委会带头坚持会前学习党纪法规，定期组织开展“家庭助廉”活动，创造性地实行“一把手”公开承诺制、纪检组长派驻制等，进行有错无为问责、“不换状态就换人”，依法从严查处违纪腐败案件，促进了党风清明、政风清廉、民风清淳。

（作者系中共岳阳市君山区委书记）

责任编校 刘兴汉

大事记

THE CHRONICLE OF EVENTS

2010年岳阳十大新闻

1. 2010年，全市财政总收入实现历史性跨越，达到139.6亿元,居全省第二位。近年来，从2005年的38亿元增加到2010年的139.6亿元，年均增长27.5%，高于全省平均增幅。GDP从2005年的628亿元增加到2010年的1491亿元，年均增长14.1%。全市努力践行民本岳阳执政和发展理念，超额完成“十一五”期间发展目标任务，经济结构进一步优化，全面完成“十一五”期间节能减排任务。围绕建设“五市一极”战略目标，市委、市政府科学制定“十二五”规划，促进岳阳经济转型升级、更大更强。

2. 开展“五创”提质专项活动，城市形象得到显著提升。2010年4月28日，在创建全国文明城市“五创”提质动员大会上，市委、市政府号召全市上下以创建全国文明城市为龙头，带动国家交通管理模范城市、国家社会治安模范城市、全国绿化模范城市、全国环保模范城市的创建工作，加快城市扩容提质。全市开展了对市容市貌、交通秩序、社会治安、各大市场和各类污染等的专项整治工作。“万名机关干部上街进行文明劝导”，十万市民签名承诺“告别陋习，做文明市民”等一系列活动开展得有声有色。同时，集中对城区五条主干道临街门面和墙体立面进行改造提质。市民素质得到大力提高，城市形象得到显著提升。岳阳市在全国公共文明指数测评中比上年晋位18个名次，受到中央文明委通报表彰。5月，文化部、全国妇联等5部委授予岳阳市“全国创建学习型家庭示范城市”荣誉称号。

3. 炼化一体化等重点项目加速推进。作为岳阳市推进新型工业化龙头项目的炼化一体化建设进展顺利，至2010年11月长炼大项目累计完成投资35.30亿元，占总投资的58.73%。800万吨/年常减压、280万吨/年催化裂化等南区7套主体装置于10月8日全部实现中交。10月18日，作为中石化岳阳地区炼化一体化项目巴陵石化“五改七建一配套”特色化工建设的重要子项，中石化巴陵石化总投资4.97亿元的年产20万吨己内酰胺装置挖潜改造项目开工建设，改扩建工程将于2011年底投料试车。工程建成开工后，巴陵石化己内酰胺年产能将达60万吨以上，占据国内己内酰胺市场半壁江山，为岳阳市千亿元石化基地建设打下坚实基础。

4. 万吨级货轮停靠城陵矶，城陵矶成为湖南唯一的“海港”。2010年7月15日，长江干线武汉至城陵矶河段海轮航道正式开通，万吨海轮可直达城陵矶。11月22日，载重量9900吨巴西粉矿的万吨货轮——“柏顺698”靠泊在城陵矶港13号散装码头，这是迄今为止城陵矶港靠泊吨位最大的轮船。同时，城陵矶成功建立与长沙、上海、宁波、武汉“四关联动”的快速通关模式。首次开通城陵矶至上海、城陵矶至宁波两条内支“五定始发班轮”航线。8月6日，省政府就全方位支持临港产业新区加快发展，出台《关于支持湖南省城陵矶临港产业新区加快发展的意见》。2010年，临港产业新区基础建设、招商引资、融资实现重大突破，正朝着建设现代新港、产业新区、滨江新城迈进。

5. 黄盖湖超历史最高水位，军民英勇奋战夺取了科学防汛抗灾的胜利。2010年6月入汛后，全市各县市区遭受不同程度的洪涝灾害。由于暴雨连日陡降，临湘黄盖湖内垸水位超过30.13米的历史最高水位，达到30.14米。7月15日21时，临湘市防汛抗旱指挥部根据《中华人民共和国防洪法》，启动防汛救灾工作预案，迅速采取向7处低洼地段爆破排水，安全转移受灾群众，撤除黄盖湖内阻水设施，恢复黄盖湖调蓄能力等一系列措施，夺取了科学防汛抗灾的胜利。在40多天的抗洪抢险战斗中，全市上下与前来驰援的解放军及武警官兵、民兵预备役人员奋力拼搏，实现了不垮一堤一垸、没有人员死亡的工作目标。

6. 综治年度考评全省排名第一。岳阳市从“两个维护”入手，抓住影响社会和谐稳定的源头性、根本性、基础性问题，深入推进社会矛盾化解、社会管理创新和公正廉洁执法。打掉黑恶势力犯罪团伙33个，缴获涉黑资产1亿多元，“打黑除恶”专项斗争工作位居全省第一。创新社会矛盾调处化解机制，各县、市区全部建立起社会矛盾调处中心。建立健全治安防控体系，形成市、县、乡街、村四级巡逻网络，全市“两抢”发案同比下降35%，群众安全感和满意度进一步提升，治安民调大幅进位。在全省14个市州中，岳阳综治年度考评排名第一。

7. 岳阳经济技术开发区晋升为国家级经济技术开发区。2010年3月24日，经国务院批准，岳阳经济开发区成功晋升为国家级经济技术开发区。该区建成3大工业园区，引进中外资企业600余家，形成了先进制造、光伏电子、生物医药、健康食品、现代物流5大主导产业，呈现出产业兴旺、加速发展的良好态势。

8. 荆岳长江大桥通车，随岳、岳长等6条高速公路进展顺利。2010年12月9日，荆岳长江公路大桥正式通车，该桥是首座连接湘鄂两省的长江大桥，位于洞庭湖与长江交汇处的下游13公里处，建设总里程5.419公里。大桥的建成有效改善了长江中游的过江交通条件，极大提升洞庭湖区域防洪、抢险、救灾的交通运输能力，对促进中部崛起与“两型社会”建设具有重要意义。随岳、岳长等6条高速公路进展顺利。重点交通项目的实施，更加凸显了岳阳区位优势特色，增强了岳阳经济承载力和发展后劲。

9. 岳阳市获最具幸福感城市金奖，民生进一步改善。全市农民人均纯收入同比增长11%、净增613元，城市低保对象人均月补助136元、农村低保对象人均月补助52元，均高于省定指标；援助零就业家庭就业765户，继续保持 100%动态清零；新农合参合率达98.4%，名列全省第一；全市新建改建廉租房8103套、竣工经济适用住房1809套、完成农村危房改造2000户，建设安置房998套，以保障困难群众住有所居。全市财政民生支出114.3

亿元，占一般预算支出的70%，惠及全民的民生保障体系初步形成。12月20日，在香港举行的“2010全球商报经济论坛暨亚太工商界领袖峰会”上，岳阳喜获“最具幸福感城市”金奖。

10. 岳阳获全国“见义勇为好城市”殊荣。2010年1月，在全国见义勇为表彰大会上，岳阳市获得“全国见义勇为好城市”殊荣。自2004年该奖项设立以来，岳阳是湖南唯一获得此荣誉的城市。

2010年大事记

1月

7日　市长黄兰香、交通运输部长江航务管理局局长唐冠军在交通运输部长江航务管理局与岳阳市政府战略合作协议上签字。年内，万吨海轮可直达城陵矶港。

8～9日　中央非公经济组织学习实践活动第三巡回指导检查组组长郑牧民一行到岳阳，就“两新”组织（新经济组织、新社会组织）学习实践活动和党建工作开展检查指导。省“两新”组织学习实践活动领导小组组长崔永平、市长黄兰香等陪同。

11日　市委书记易炼红主持召开市委常委会议，专题讨论《政府工作报告（征求意见稿）》。市领导黄兰香、盛荣华、彭国甫、李湘君、白尊贤、赖社光、陈奇达、康代四、韩建国、徐新启、李劲夫、王维、樊进军参加会议。

12日　省委副书记、省长周强深入湘阴县，考察新农村建设和县域经济发展情况。周强要求，充分发挥资源、区位优势，壮大县域经济规模，发展富民产业，培育发展村级经济，促进农民持续增收。省、市领导武吉海、易炼红、黄兰香、盛荣华、赖社光等陪同。

14日　长沙芙蓉大道北拓湘阴段工程开工奠基。省人大常委会副主任陈叔红宣布工程开工，省政协副主席阳宝华出席，市委书记易炼红致辞。

△　市委书记易炼红会见到岳阳考察的中盐株化集团党委书记刘湘民一行。

△　由省体育局副局长熊倪为团长的省第十二届运动会申办考察团莅临岳阳，对岳阳市申办工作进行考察评估。

15日　《岳阳晚报》报道：经农业部、国务院台湾事务办公室批复同意，台湾农民创业园正式落户岳阳县。创业园的核心区设在岳阳县黄沙街镇，初步规划申报基础设施计划投入2.4亿元，引进台资企业90家以上，争取实际投资160亿元以上。

16日　市委、市政府在北京举行乡友联谊会。市委书记易炼红致辞，市委副书记、市长黄兰香主持联谊会。

17日　《岳阳晚报》报道：在北京举行全国“扫黄打非”表彰大会上，岳阳市获得全国“扫黄打非”工作先进集体。

18日　政协岳阳市第六届委员会第三次会议在岳阳文化艺术会展中心召开。市政协主席白尊贤作常委会工作报告，副主席戴新果作提案工作报告，副主席柴小平主持会议。

20日　岳阳市第六届人民代表大会第三次会议在岳阳文化艺术会展中心召开。会议由市人大常委会主任李湘岳主持，会议听取和审查人大常委会、市人民政府、市中级人民法院和市人民检察院工作报告。

21日　省教育基金会“爱烛行动”救助特困教师大会在市第一中学举行。华容县新河中学聂梦麟、平江县安定镇中心学校黄忠等25名贫困教师获得50万元的救助金。

26日　早7时20分左右，临湘市长春花炮厂发生火灾事故。桃林镇政府和临湘市消防大队接到报警，立即赶赴现场救火。在扑火过程中，因大火引发爆炸，3名消防战士以身殉职。事故发生后，副省长刘力伟亲临现场指挥救援。市委副书记、市长黄兰香从省人大、省政协两会会场赶赴现场，看望慰问受伤的消防战士，研究处理善后事宜。

27日　四川省南充市委常委、副市长谢华国率团到岳阳考察。

29日　市委、市政府在长沙举行2010新年工作汇报会。市委书记易炼红致辞，市委副书记、市长黄兰香主持汇报会。

是月　在北京召开的全国见义勇为表彰大会上，岳阳市获得“全国见义勇为好城市”殊荣。

2月

3日　市委、市政府举行中央和省属驻岳单位主要负责人迎新茶话会。市领导与中央、省属驻岳单位主要负责人欢聚一堂，畅叙友情，共商富民强市发展大计。

△　交通运输部副部长冯正霖深入岳阳市客运站点检查工作。

△　岳阳城市湖泊水环境综合治理指导交流会召开，中国环境科学院、中国科学院水生生物研究所等单位的专家教授齐聚岳阳，专题考察调研岳阳市湖泊水环境综合治理情况并指导后段治理工作，市委常委、副市长韩建国会见专家团并与他们座谈。

4日　市委召开经济工作会议，易炼红作主题为“在民本岳阳和谐崛起的道路上实现新的更大突破”的讲话，黄兰香主持会议。

△　市委召开议军会，总结2009年度军事工作，部署2010年军事工作任务。

△　全市人口和计划生育工作会议提出保先进位，创优创新。

△　全市社会治安综合治理工作会议提出，为发展提供强有力的法治保障。

△　省政协原主席、省慈善总会会长王克英赴汨罗市、平江县，看望慰问当地敬老院的孤寡老人，并为老

人们送去慰问金及物资。

5日　市委召开常委扩大会议，分别研究岳阳机场拟选场址和主题文化生态公园规划设计方案。

△　副省长甘霖到岳阳，走访困难企业，慰问困难群众，并考察农村节日市场。省总工会、省民政厅、省人力资源和社会保障厅等相关部门负责人陪同。

8日　市委、市政府举行市级老同志迎春茶话会。市委书记易炼红主持，市委副书记、市长黄兰香通报2009年全市经济社会发展情况，市领导与老红军及市级老同志等140余人欢聚一堂，畅谈发展。

△　"春满巴陵"2010岳阳市春节文艺晚会在岳阳文化艺术会展中心大剧院举行。市领导易炼红、黄兰香、盛荣华、彭国甫、李湘岳、白尊贤等与劳动模范、解放军、农民、特困居民、上岸渔民、下岗工人以及残疾人等特邀群体代表共同观看。

10日　市委、市政府举行2010年春节团拜会，市委书记易炼红主持，市委副书记、市长黄兰香致辞。

18日　全国人大财经委副主任委员储波、国家发改委副主任徐宪平到岳阳考察。省建设厅厅长高克勤、市领导等陪同。

20日　市委书记易炼红到市委组织部调研，就领导班子和干部队伍建设进行座谈和部署。

21日　市委、市政府组织有关区、市直部门负责人到城陵矶临港产业新区现场办公。市委书记易炼红要求，岳阳楼区、云溪区以及市直有关部门要全力支持，多办实事；临港产业新区要强力推进，早见成效。

22日　湖南华菱钢铁集团有限责任公司董事长李效伟、总经理李建国一行到岳阳临港产业新区和南湖风景区等地，就投资合作进行实地考察。

22～23日　省委副书记梅克保到岳阳，实地调研岳阳市新型工业化、城市建设、旅游和文化产业发展等情况。省、市相关部门负责人陪同并参加汇报会。

23～24日　重庆市合川区区委书记王作安、区人大常委会主任张均凤率团到岳，考察城市建设管理、新型工业化及经济社会发展等工作。岳阳市与合川区缔结友好城市关系。

24日　卫生部副部长尹力一行到岳阳君山区等地，就全市血防工作情况进行实地调研。副省长郭开朗、省卫生厅厅长张健、市领导等陪同调研。

△　省委原顾问委员会委员、原岳阳地委副书记、行政公署专员、离休干部陈茂艺在岳因病逝世，享年93岁。

25日　召开"联手帮扶企业"行动总结表彰暨"联手帮扶产业发展升级"行动动员电视电话会议。市委书记易炼红作重要讲话，市委副书记、市长黄兰香主持并讲话，市委副书记盛荣华作动员报告。

26日　全市城市建设管理暨社区建设工作会议召开。会议要求加快推进城市化进程，努力提高城市品位和档次。

27日　中国工程院院长，全国政协原副主席徐匡迪到岳阳参观考察。省政协副主席、农工党湖南省委主委龚建明、市领导等陪同。

28日　由市委、市政府主办的元宵焰火晚会在南湖之滨上演。在家的市级领导与数十万市民一同品赏这一道"焰火盛宴"，共度元宵佳节。

3月

1日　省委、省政府召开电视电话会议，总结2009年全省作风建设工作，部署2010年作风建设任务和"破解难题促转变，服务民生促和谐"主题月活动。市委书记易炼红在会上作典型发言。

2日　市委党务工作会议召开。会议主要任务是总结2009年党务工作，安排部署2010年党风廉政建设和反腐败工作、组织人事编制工作、宣传思想工作、统战工作、党委办公室工作。市委书记易炼红作重要讲话，市委副书记、市长黄兰香主持会议。

△　泰国正大集团农牧食品企业中国区副董事长周永顺，北京总部董事长办公室资深副总裁王金文一行到岳，就100万头生猪产业链建设项目事宜进行洽谈。市领导易炼红、黄兰香、盛荣华、陈四海等会见客人并参与洽谈。

3日　全市纪检监察工作会议提出突出重点，创新方法，全面推进反腐倡廉建设。

6日　全国政协人口资源环境保护委员会副主任、省慈善总会会长、省原政协主席王克英一行到岳阳参观考察。

8日　市委、市政府在长炼召开服务长炼油品质量升级改扩建项目工作联席会，会议要求深化认识，强化责任，打好项目建设攻坚战。

9日　市委副书记、市长黄兰香利用参加十一届全国人大三次会议间隙，带领市水务局及市长江修防处有关负责人，专程拜会水利部副部长矫勇和相关司局负责人，汇报岳阳市水利基础设施建设情况，请求水利部给予多方面支持。

10日　全市招商引资金融证券口岸工作会议召开。会议主要是通过总结工作，表彰先进，明确目标，落实责任，进一步推动全市招商引资、金融证券、口岸工作实现新的突破，全面、较好地完成市委、市政府提出的工作任务。

△　全市文化工作会议提出抓住机遇，促进文化大发展大繁荣。

11日　市总工会召开五届三次全委（扩大）会议提出科学谋事干事，维护职工合法权益。

11～12日　副省长徐明华到华容县藕池河、钱粮湖围堤加固工程和胜峰闸等处，就水利设施建设和汛前准备工作进行实地检查调研。

16日　副省长韩永文率队专程到岳阳调研荆岳铁路、杭瑞高速临岳段洞庭湖两项目建设方案。

△　省政府与泰国正大集团战略合作框架协议签约仪式举行，岳阳市与该集团签订100万头生猪产业化项目。全国人大常委会副委员长周铁农，全国政协副主席

郑万通，湖南省委副书记、省长周强，副省长徐明华，泰国正大集团董事长谢国民和市委副书记、市长黄兰香，市委副书记彭国甫，副市长陈四海等出席签约仪式。

△ 举行“联手帮扶产业发展升级”行动启动仪式。

17日 省委常委、省军区政委杨忠民率调研组到岳阳，就部队如何“提高党的建设科学化水平”进行调研。

21日 中组部老干部局局长陶治国到岳阳调研指导老干部工作。省委组织部副部长、省委老干部局局长常世雄等陪同。

22日 全市召开深入学习实践科学发展观活动总结大会，全面总结学习实践活动的主要成效和基本经验，对进一步巩固扩大学习实践活动成果作出安排部署。

23～24日 省政协主席、党组书记胡彪在省政协秘书长欧阳斌的陪同下到岳阳，就岳阳市如何深入贯彻落实科学发展观、加快转变经济发展方式进行考察调研。

24日 经国务院批准，岳阳经济开发区成功晋升为国家级经济技术开发区。

25日 省市主要媒体开展“转变发展方式，谋划科学跨越——市州委书记访谈录”集中采访报道活动。市委书记易炼红在巴陵广场接受了《湖南日报》、湖南人民广播电台、湖南卫视等14家媒体的采访。

26日 国家人口计生委主任李斌率队到岳阳考察。省市领导甘霖、黄兰香、盛荣华、宋爱华等先后陪同调研。

27日 市政府与市总工会联席会议召开。会议指出共同凝聚广大职工积极性，全力促进经济社会协调发展。

29日 岳阳市第九届银企洽谈会隆重召开。来自全市各县市区的中小企业与各金融机构签订贷款协议428个，总额达82.3亿元。

30日 城陵矶临港产业新区项目签约仪式举行，5个项目正式签约入驻，总投资达26.3亿元。

31日 市委书记易炼红主持市委学习中心组进行2010年第一次集中学习。中国社科院学部委员刘树成受邀，就“转变经济发展方式与调整经济结构”作专题辅导报告。

4月

2日 中国(湖南)轻工产业园在湘阴县正式奠基。

△ 全市社科联工作会议提出整合资源，服务大局，推动岳阳市社会科学繁荣发展。

4日 全国人大常委会环境与资源保护委员会副主任委员曹伯纯到岳阳考察。

5～8日 以水利部副部长矫勇为组长的中央检查组到岳阳市检查前段实施扩大内需中央水利投资项目建设情况。

△ 由中央统战部组织的第四期新疆少数民族代表人士考察团到岳阳参观考察。此期考察团由新疆维吾尔自治区少数民族人大代表、政协委员组成，新疆维吾尔自治区党委统战部副部长万里·吐拉克率队。省委统战部常务副部长彭军良等随同考察。

△ 洞庭湖气候中心成立暨岳阳市自然灾害预警预报系统启用仪式举行。

6日 全党深入学习实践科学发展观活动总结电视电话会议召开。会议全面总结了学习实践活动的主要成效和基本经验，对全党上下进一步巩固扩大学习实践活动成果作出安排部署。市领导及市委学习实践活动领导小组成员和市直各战线牵头单位主要负责人在岳阳分会场听取会议精神。

6～11日 市委副书记、市长黄兰香，市委常委、岳阳经济技术开发区工委第一书记樊进军，市人大常委会副主任李开龙，市政协副主席万岳斌，率市人大城环委、发改委、工业经委、建设、商务、规划、旅游、招商、市政府研究室、财政以及平江县政府、岳阳经济技术开发区、城陵矶临港产业新区负责人，赴鄂、赣、皖3省6市，围绕落实“提速、升级、增效、惠民”的工作要求，就沿江部分城市的城市建设、开发区建设、旅游产业发展等方面工作进行考察。

7日 省委常委、省纪委书记许云昭一行到岳阳就“转变发展方式、调整经济结构”进行专题调研。

8日 全省纪检监察信访举报工作会议在岳阳召开。省委常委、省纪委书记许云昭，中央纪委信访室副局级纪检员、监察专员袁书银等出席会议。市委书记易炼红致欢迎辞，市委常委、市纪委书记康代四参加会议。

8～9日 市政协主席白尊贤率领政协考察团一行8人前往江西省九江市，考察鄱阳湖湖泊湿地生态保护、水利枢纽工程项目论证、管理体制和鄱阳湖生态经济区建设等方面情况。

9日 召开2010年度全市消防工作会议，通报2009年度全市火灾情况和全市各级政府挂牌督办重大火灾隐患情况，各县市区政府、市消防安全委员会成员单位递交了2010年消防工作责任状。

11日 国家预防腐败局副局长崔海容到岳阳，就预防腐败工作、政务公开和规范行政处罚自由裁量权工作等情况进行调研。

△ 市委书记易炼红率市党政代表团赴唐山市考察。

12日 全省城市社区卫生服务现场经验交流会在岳阳召开。省卫生厅党组书记肖策群、厅长张健出席会议，市长黄兰香到会致辞，副市长隋国庆参加会议。

12～13日 全国政协提案委副主任王国卿率全国政协重点提案专题调研组到岳阳，就《关于加大对洞庭湖生态保护和环境治理的提案》开展专题调研。省政协副主席石玉珍等随同调研。

13日 省政协副主席石玉珍率省委政协工作督查组到岳阳，就岳阳市贯彻落实中央和省委加强人民政协工作有关文件和会议精神的情况进行专题督查。

14日 原中央政治局委员、中央军委副主席、国务委员兼国防部长迟浩田一行到岳阳，参观考察了岳阳楼公园和任弼时纪念馆。省军区司令员张中湘等陪同考察。

15日 省委常委、省军区政委杨忠民到岳阳，检查预备役三团硬件建设和开展创建学习型党组织活动等工作。

△ 岳阳市党政考察团奔赴山东省海阳市，专程考察海阳核电项目建设情况。

△ 由省人力资源和社会保障厅副厅长易仲民率领的省政府绩效评估组一行6人到岳阳，对岳阳市2009年度市政府绩效工作进行为期三天的考核评估。

△ 中石化股份有限公司长岭分公司生产的2.1万余吨国Ⅲ标准环保汽油，由长炼至株洲成品油管道发往湖南省各石油公司，标志着该公司从此日起出厂的90号、93号和97号汽油全部为国Ⅲ标准的环保汽油。

16日 副省长刘力伟到岳阳调研国家磁力设备质量监督监测中心筹建工作。

17日 岳阳市温州商会正式挂牌成立。

20日 岳阳经济技术开发区机械材料工业园湖南桑乐太阳能百万台数字化热水器首期项目竣工投产仪式举行。山东省科学院党委书记李海舰，中国资源综合利用协会可再生能源专业委员会主任朱俊生，市领导黄兰香、郭振斌、樊进军等出席庆典。

△ 市长黄兰香赴深圳，与深圳创富时代企业管理顾问有限公司董事长吴固林、总经理袁金国洽谈岳阳文化主题公园项目建设事宜。

23日 省委常委、常务副省长于来山到岳阳考察城陵矶临港产业新区建设情况。

△ 岳阳市全国劳动模范进京受奖欢送会在南湖宾馆举行。市领导易炼红、黄兰香、赖社光、樊进军等参加欢送会。

△ 省委组织部常务副部长武吉海，副巡视员丁兰安率调研组到岳阳，就全省“关于贯彻落实《2010～2020年深化干部人事制度改革规划纲要》的实施意见”进行调研座谈。

△ 全市防汛抗旱工作会议召开，岳阳防汛抗旱进入临战状态。

28日 召开全市创建全国文明城市“五创”提质动员大会。市委书记易炼红发表讲话，市委副书记、市长黄兰香就创建全国文明城市“五创”提质工作作出部署，市委副书记盛荣华主持会议。

△ 市政府与中国电信湖南公司推进“岳阳市十大信息化工程”战略合作签约仪式举行。市长黄兰香、中国电信湖南公司总经理廖仁斌出席签约仪式。市委常委、常务副市长郭振斌与中国电信湖南公司副总经理张振波签署战略合作协议，市政府秘书长王小中主持签约仪式。

29日 省委书记、省长周强专程到岳阳，看望慰问一线工人，考察省重点工程建设情况和城陵矶临港产业新区。省政府秘书长盛茂林，省政府党组成员、省发改委主任蒋作斌等陪同考察。

5月

8～9日 全国人大常委会委员、农委副主任委员张中伟、索丽生率队到岳阳，在岳阳县新墙镇清水村等地，入农户，听意见，调研如何拓宽农民增收渠道、积极推进农业产业化等相关情况，为“十二五”期间农业与农村工作规划作前期准备。省人大常委会农业与农村委员会主任胡正扬，市领导盛荣华、彭国甫、李湘岳、包忠清、陈四海等陪同调研并参加座谈。

9日 副省长甘霖率发改、交通、旅游、财政等部门负责人前往省重点旅游建设项目平江县盘石生态公园和盘石寨专题调研。

10日 全市政府机构改革和文化体制改革动员会召开。报经省委、省政府批准的《岳阳市人民政府机构改革方案》正式公布。调整后，设置市政府工作部门32个，部门管理机构2个，机构总数减少3个，精简7.9%。

12日 全国、全省防汛抗旱电视电话会议召开。市领导易炼红、黄兰香、盛荣华、王维、陈四海、肖建华，市政府秘书长王小中在岳阳分会场参加会议。随后，召开全市防汛抗旱电视电话会议，对全市防汛抗旱工作进行再动员、再部署。

△ 全市少数民族联谊会第二次代表大会召开，会议选举产生了新一届班子成员。陈志刚当选市少数民族联谊会第二届理事会会长。

18日 市长黄兰香率岳阳机场办有关人员赴广州专程拜访广州军区空军司令员高守维中将和民航中南管理局局长刘亚军，衔接汇报岳阳机场建设相关工作。

19日 在山东济南，岳阳经济技术开发区与桑乐太阳能再度携手，投资5亿元的湖南数字化桑乐太阳能有限公司重大配套项目真空管厂正式签约落户该区。市委副书记、市长黄兰香出席签字仪式，市委常委、岳阳经济技术开发区工委第一书记樊进军和山东桑乐太阳能有限公司总裁高靖平代表合作双方签字。

△ 中国文联党组书记、副主席、书记处书记胡振民一行到岳阳参观调研。

19～20日 中国物流公司总经理梁伟华一行来到城陵矶临港产业新区，就投资合作进行实地考察。

20～21日 省商务厅党组书记、厅长刘捷一行到岳阳调研商务工作和外向型经济情况。

20～22日 市长黄兰香应邀参加2010北京全球妇女峰会并发表主题演讲。

24日 第九届中国艺术节“群星奖”颁奖晚会在广州中山纪念堂举行。岳阳市选送的两台花鼓小戏《今天有客来》和《春雨》获得“群星奖”，夏明庚获首届全国“群文之星”荣誉称号。

26日 中国华能集团公司总经理曹培玺一行在华能岳阳电厂现场调研。

△ 市委书记、市文明委主任易炼红赴北京向中央文明办专题汇报岳阳市创建全国文明城市的工作情况。

27日 全省首个民主党派、无党派人士社会服务基地落户平江。省委常委、省委统战部长李微微为基地授牌。省政协副主席、民革省委主委刘晓，省政协副主席、民建省委主委龙国键，省政协副主席、农工党省委主委龚建明，各民主党派省委负责人、无党派人士代表和省委统战部副部长彭军良、唐建，市领导黄兰香、白尊贤、李劲夫、万岳斌等出席。

28日　由省旅游局、岳阳市人民政府、中国旅游报社共同举办的“首届中国洞庭湖旅游高峰论坛”开幕，20多位国内旅游界著名专家和学者齐聚岳阳，为如何打造洞庭湖旅游区、助推岳阳经济腾飞献计献策。市委副书记、市长黄兰香，市委常委、宣传部长徐新启，国家旅游局、省旅游局、中国旅游报社的相关负责人出席，副市长蒋锋主持论坛开幕式。

30～31日　省人大常委会副主任陈叔红率视察组到岳阳，就城陵矶临港产业新区建设发展进行调研。省建设厅厅长高克勤、省交通运输厅厅长吴亚中、省政协港澳台侨和外事委主任孙青乃，省发改委、财政厅、公安厅、国土资源厅相关负责人，部分省政协委员随同调研。

31日　省交通厅厅长吴亚中到平江县106国道平江段改建工程和通平高速公路建设工地，就两路建设情况进行现场督战。

是月　文化部公示了第三批国家级非物质文化遗产名录推荐名单，岳阳市申报的临湘花鼓戏、汨罗市抬阁故事会成功入选。

6月

3日　市长黄兰香专程赴省交通运输厅和省教育厅，就通海公路提质改造工程、临湖公路改扩建工程等交通建设项目和湖南民族职业学院改办为湖南民族高等师范学校工作，与交通运输厅厅长吴亚中、教育厅厅长张放平进行对接。

4日　召开2010年度“双联”和困难职工帮扶工作会议。会议强调，深化认识，突出重点，加强领导，全面提升水平。市委常委、市总工会主席樊进军作工作报告，副市长蒋锋主持会议。

△　由市委书记易炼红率领的岳阳文化教育友好代表团，应邀抵达岳阳市国际友好城市——保加利亚共和国旧扎果腊市进行社会、经济、文化发展方面的考察。

9日　芜湖市政府考察团到岳阳考察。

10日　卫生部部长陈竺赴岳阳，调研岳阳市血吸虫病防治工作。省委常委、组织部长黄建国，市领导易炼红、黄兰香、严华、隋国庆等陪同。

11日　全省节能减排工作电视电话会议召开。在岳阳分会场，市长黄兰香出席会议并就全市节能减排工作作出具体部署。副市长蒋锋和市直各有关部门负责人参加会议。

13日　2010年岳阳端午旅游文化节暨首届“颐通管业”杯湘鄂名楼名湖龙舟争霸赛拉开帷幕。省政协原主席王克英，国际龙舟联合会名誉主席张发强，广州军区政治部原第一副主任邓正明，省政协副主席刘晓，原省委常委、政法委书记李贻衡，国家社体中心党委书记栾开封，在家市级领导、部分老领导以及全国部分名湖代表，与广大市民、游客共同欣赏开幕式盛况。

15日　2010年中国汨罗江国际龙舟节举行。陈叔红、袁隆平、张发强、栾开封、易炼红、黄兰香等出席开幕式。

△　中华海外联谊会台胞代表人士庚寅年端午湖湘文化之旅参访团到汨罗江畔，观看2010年中国汨罗江国际龙舟节开幕式。中央统战部三局副局长、中华海外联谊会副秘书长杨毅周，湖南省委统战部副部长、省海外联谊会副会长孙剑霖等陪同。

17日　全省首家实行招商改制的地市级道路运输企业——湖南龙骧神驰运输集团有限公司正式挂牌运行。

18日　水利部总工程师汪洪率全国政协重点提案调研组到岳阳，就《关于加大对洞庭湖生态保护和环境治理的提案》开展专题调研。省政协副主席龚建明等陪同。

△　岳阳市体育中心正式开工奠基。

19日　岳阳经济技术开发区升级揭牌仪式暨发展动员大会在文化艺术会展中心举行。全国政协原副主席毛致用和商务部副部长傅自应为“国家级岳阳经济技术开发区”揭牌，省委常委、常务副省长于来山，国家、省有关部门领导和市领导出席。

△　商务部副部长傅自应率队到岳阳调研商务工作，省商务厅厅长刘捷陪同。

△　岳阳市大部分地区普降暴雨、大暴雨，甚至特大暴雨，导致山丘区水库塘坝水位暴涨，汨罗江发生新中国成立以来第三大洪峰，平江、汨罗、湘阴、岳阳县等地遭受严重洪涝灾害。20日，市防汛指挥部紧急召开防汛会，分析灾情、安排救灾工作，研究部署当前防汛工作。

22日　省委常委、省委宣传部部长路建平，省军区副政委万建华、省水利厅副厅长刘佩亚、省民政厅副厅长唐白玉等深入平江县实地查看灾情、汛情，看望慰问受灾群众和奋战在防汛救灾一线的干部群众。

△　湖南城陵矶临港产业新区项目签约仪式举行。

23日　空军政委邓昌友一行到岳阳考察。

24日　召开全市防汛抗灾电视电话会，贯彻落实全国、全省防汛抗灾电视电话会议精神。结合岳阳当前的防汛形势，市长黄兰香，市委常委、军分区司令员王维，副市长陈四海在会上就迎战新一轮暴雨、洪峰，确保安全度汛，进行再部署、再动员。

25日　省委副书记梅克保，省委常委、省委宣传部长路建平率省防汛办、省水利厅等省直部门负责人驻守湘阴防洪大堤督战防汛抗灾。

26～27日　副省长郭开朗在岳阳检查防汛工作。

28日　省委书记周强率省直有关部门负责人到平江县向家镇、伍市镇部分因强降雨倒房受灾的群众身边，察看灾情，慰问群众。省委常委、省委秘书长杨泰波，省政府党组成员、省发改委主任蒋作斌和市领导黄兰香、盛荣华、赖社光等陪同慰问。

7月

2日　全省市州人大财经委、预算工委第四次联席会议在岳阳召开。

△ 市委、市政府召开特困家庭大病医疗慈善救助总结表彰暨现场捐赠大会。截至2010年6月，基金会累计救助特困大病患者近百人次，发放救助资金106万元；救助生活水平略高于低保线的边缘患者276人，发放救助金88.3万元，人均救助3200元。

4~5日 民盟湖南省委第十二届委员会第九次常委（扩大）会议在岳阳举行。全国政协常委、民盟省委主委杨维刚，省委统战部副部长唐建，民盟省委副主委汤浊、李利君、陈洪、何寄华，市领导黄兰香、白尊贤、李劲夫、万岳斌等出席。

5日 市委书记易炼红，市委副书记、市长黄兰香率市委宣传部和汨罗市委负责人向省委书记周强，省委常委、省委宣传部部长路建平专题汇报屈子文化园的建设情况。

8日 宣布岳阳军分区司令员调整命令大会召开。省委常委、省军区政委杨忠民宣布中央军委命令和省军区党内任职通知，批准岳阳军分区司令员王维退休，吉首军分区司令员陈吉辉调任岳阳军分区司令员。

8~9日 省委常委、省军区政委杨忠民在岳阳检查指导创先争优活动开展情况。

9日 根据中组部开展规范干部选拔任用提名制度和推行差额选拔干部制度试点工作的要求和市委试点工作实施方案（试行），市委召开民主推荐大会，对3个正处职岗位人选进行集中推荐。

12日 市委书记易炼红主持召开市防指第十一次防汛会商会，要求充分做好防大汛抗大灾准备，全面落实防汛抗灾的各项措施，做好受灾群众的转移救助工作。

13日 全省贯彻落实干部人事制度改革《规划纲要》工作会议在岳阳举行。省委常委、省委组织部长黄建国，中组部研究室副局级巡视员李京峄，省委组织部副部长武吉海、李宗文、郭树人、袁新华，岳阳市委书记易炼红，市委常委、组织部长严华，及其他市、州委组织部长，省直相关单位和部分高校、企业负责人等出席会议。

14日 省、市领导于来山、杨忠民、刘新、易炼红、黄兰香、赖社光、郭振斌、陈吉辉等，冒雨巡查黄盖湖防洪大堤，现场指挥抗洪抢险。

15日 长江干线武汉至城陵矶河段海轮航道正式开通，万吨海轮可直达城陵矶。

16日 由于暴雨连日陡降，临湘黄盖湖内垸水位超过30.13米的历史最高水位，达到30.14米。

△ 广州军区副司令员吕丁文中将、副参谋长韩林枝少将赶赴黄盖湖慰问坚守抗洪一线的部队官兵。

22日 湖南“沪洽周”岳阳投资推介会暨项目签约仪式在上海花园饭店举行。现场签约项目18个，总投资近100亿元，且单个项目投资经额均在亿元以上。

23日 全省预防和处置医疗纠纷工作经验交流会议在岳召开。

26日 副省长兼省防指指挥长徐明华在临湘黄盖湖现场督战抗洪抢险工作。

△ 召开中心城区主干道临街建筑立面改造提质动员大会，通报相关工作准备情况，明确目标任务、工作要求，动员各方面迅速落实市委、市政府交给的任务。

8月

1~8日 市委副书记、岳阳分团团长盛荣华率“2010年台湾湖南周”暨第六届湘台经贸交流合作论坛岳阳分团赴台湾进行为期7天的经贸合作、文化交流、资源推介活动。

3日 省委副书记、代省长徐守盛到岳阳调研。他强调，找准特色，创造条件，发挥比较优势，率先发展开放型经济，率先转方式、调结构，实现又好又快发展，加快把岳阳打造成全省重要经济增长极。

8日 2010中国（岳阳）野生荷花旅游节开幕。

10日 省政协主席胡彪到君山野生荷花世界实地考察。

11日 全省市州政协主席座谈会在岳阳召开。省政协主席胡彪，省政协副主席石玉珍、阳宝华、王汀明、刘晓、龙国键、魏文彬、谭仲池、何报翔、龚建明，省政协秘书长欧阳斌，民盟湖南省委主委杨维刚、九三学社主委张大方以及各市州政协主席汇聚南湖之畔，交流经验，共话发展。市委书记易炼红致欢迎辞，市领导白尊贤、赖社光、李劲夫等出席会议。

12日 副省长徐明华率“三湘农产品质量安全行”检查组到湘阴县，指导检查岳阳市林产品质量安全情况。

13日 第十一届全国人大常委会委员、湖南省委原书记杨正午，省人大常委会党组副书记、省政府顾问谢康生，省人大常委会原副主任罗桂求一行到岳阳，对岳阳楼景区、文化艺术会展中心、岳阳火车东站、临港产业新区等地进行实地考察。

15日 举国哀悼舟曲泥石流遇难同胞。岳阳市各战线、各单位及广大市民均以各种形式悼念遇难同胞。

△ 平江工业园从第六届工业园区招商引资高层论坛会上捧回由中国工业园区促进会和城市建设促进会等单位颁发的“中国最具发展潜力工业园区”和“中国最佳投资环境工业园区”奖牌。

15~16日 民进湖南省委六届十一次常委（扩大）会议在岳阳举行，各民进市委负责人出席并交流经验。

18日 省政府参事工作会议在岳阳召开。

20日 省委常委、宣传部长路建平在长沙主持召开省委常委专题办公会议，专门研究屈子文化园的建设。副省长郭开朗和省委办公厅、省委宣传部、省文明办、省发改委、省财政厅、省文化厅、省交通运输厅、省住房和城乡建设厅、省国土资源厅、省水利厅、省林业厅、省环保厅、省旅游局、省农办、省教育厅、省卫生厅、省文物局有关负责人，市委书记易炼红，市委常委、宣传部部长徐新启及汨罗市主要负责人参加会议。

22日 全国政协原副主席罗豪才到岳阳视察岳阳楼景区，并前往岳阳县筻口镇看望全国政协原副主席毛致用。省政协副主席龙国键，省高级人民法院原院长詹顺初和市领导等陪同。

24日 召开全国文明城市创建迎测评动员大会。会议通报了第三次城区公共文明指数测评情况，并部署后段工作。

△ 全省市州作风办主任工作会议在岳阳举行，各市州作风办负责人交流了开展作风建设主题活动的经验。

△ 日本高化学株式会社社长高潮先生专程到中国石化股份有限公司巴陵分公司走访，就进一步将巴陵石化的优质产品推向国际市场进行洽谈。

25日 湖南城陵矶临港产业新区专家委员会成立，32名专家学者受聘，为临港产业新区发展谋划出智。

26～27日 中部地区财政预算管理工作座谈会在岳阳举行。

△ 省物价局党组书记、局长龚秀松深入华容县、岳阳县调研农产品价格和基本药物价格改革等情况。

28日 市委副书记、市长黄兰香与到岳阳考察的省粮食局党组书记、局长夏文星一行在南湖宾馆召开座谈会，听取基层粮食系统干部职工的意见和建议，共商岳阳粮食产业化和物流大计。

△ 岳阳市粮食物流交易中心开工奠基。

30日 岳阳恒阳石化码头及液体罐区工程举行开工典礼。

9月

1日 市委、市政府就中心城区重点建设项目拆迁情况进行现场调度。易炼红、黄兰香、赖社光、韩建国、樊进军等市领导，市直有关部门及岳阳楼区、经济技术开发区、云溪区、南湖风景区和临港产业新区负责人参加。

3日 举行全市消防装备建设成果展暨灭火救援汇报表演，市长黄兰香参加并讲话。

6日 市长黄兰香主持召开市政府专题会议，听取政府绩效评估工作、城区土地市场管理、中南科伦申请纳入城区“退二进三”计划等情况汇报，进行工作研究部署。

△ 岳阳市举行推动产业发展升级科技项目签约授牌和颁奖仪式。城市污泥处理等5个科技招商引资项目、电磁搅拌DSP控制系统等5个产学研招标项目签约。会议为湖南理工学院智能信息处理技术及应用重点实验室、岳阳职业技术学院生物医药产业产学研战略联盟等9个科技创新平台和湖南巴陵油脂等10个第四批科技创新试点企业授牌，为邓海波、陶碧华等2009年度全市科技进步奖获得者授奖。

7日 全市维稳工作座谈会召开。市委书记易炼红要求，保平安，保稳定，让老百姓安居乐业，使社会长治久安。

7～8日 国家能源局综合司副司长王思强率国务院节能减排督查组到岳阳考察。

9日 市委书记易炼红，市委副书记、市长黄兰香等相关人员一行到北京，拜会中国电力投资集团公司，与中电投集团领导就华容小墨山核电项目进行衔接、磋商。

△ 城陵矶临港产业新区凯达科旺重卡驱动桥壳项目开工建设奠基仪式举行。

10日 湖南岳阳(北京)对接中央企业投资推介会暨项目签约仪式在北京世纪华天大酒店举行，有16个项目签约，总投资达66亿元。

11日 市长黄兰香专程赴成都，与四川科伦药业股份有限公司董事长刘革新等高层管理人员会谈，就其岳阳子公司——湖南中南科伦药业有限公司整体搬迁升级改造项目达成一致协议。

11～14日 市委副书记盛荣华率团赴香港，进行为期4天的经贸交流、招商考察和项目推介活动。

13日 市委副书记、市长黄兰香，副市长隋国庆一行前往湘潭市步步高华隆购物广场考察，并与步步高集团总裁王填就步步高原岳阳农校商业开发项目进行洽谈。

15日 市委书记易炼红会见广东恒润华创实业有限公司董事长赖淦锋，双方就天润化工重组事宜进行友好交谈。

17日 全市社会主义新农村建设经验交流暨系列宣传活动总结表彰大会在湘阴县召开。

18日 国家旅游局党组成员、规划财务司司长吴文学到岳阳考察指导旅游产业发展及岳阳楼——君山岛景区创建国家5A级旅游景区工作。省旅游局党组成员、纪检组长高扬先等陪同考察。

20日 2010湖南省农机机电产品展示交易会在汨罗市举行。

21日 全市农村秋冬工作会议在南湖宾馆召开。会议主要任务是贯彻落实中央、省关于农村秋冬工作会议精神，研究部署相关工作，确保年度“三农”工作任务圆满完成或超额完成。

25日 在武汉市举行的2010年长江流域湿地保护网络年会上，东洞庭湖国家级自然保护区被世界自然基金会（WWF）评为湿地保护先进集体。

27日 华能岳阳电厂举行脱硫设施旁路铅封仪式。

27～28日 省政协副主席、省工商联主席何报翔，省工商联副主席陈宏忠，省金融证券办副主任张立东等一行到岳阳市，对岳阳市拟上市民营企业进行调研。

29日 《岳阳晚报》报道：在常德市举行的2010年湖南省经济合作洽谈会暨第四届湘商大会上岳阳市签约项目49个，总投资125.5亿元。

△ 湖南天欣科技股份有限公司和湖南金泰粮油股份有限公司2家岳阳民营企业在天津股权交易所挂牌交易。

31日 湖南中南科伦药业有限公司新址、湖南中科电气股份有限公司新工业园开工奠基。

是月 由湖南大学领衔、湖南中科电气股份有限公司等单位参与的“大型企业综合电气节能关键技术及应用”项目获2010年度国家科技进步二等奖。

10月

9日 第五届中国湘菜美食文化节暨“力力杯”第三

届岳阳湖鲜美食旅游文化节开幕。

12日　由中国华融资产管理公司和湖南省政府发起组建的华融湘江银行股份有限公司（简称华融湘江银行）在长沙市正式挂牌成立，原岳阳市商业银行正式更名为华融湘江银行岳阳分行。岳阳市市长黄兰香出席成立大会。副市长宋爱华在会上与华融湘江银行行长雷志卫签订全面战略合作框架协议。

△　中国·平江·长寿之乡寿文化节在平江县长寿镇开幕。

13日　朝鲜平壤艺术团《怒放的金达莱》访岳演出在岳阳文化艺术会展中心举行。

13～14日　以省人口计生委副主任詹鸣为组长的省人口计生检查组，对岳阳市人口计生工作进行检查。

14日　全国政府绩效评估高层论坛在岳阳县举行。中国行政管理学会执行副会长兼秘书长、全国政府绩效管理研究会会长、研究员高小平等10多位来自国内的知名专家学者参加。市委副书记兼岳阳县委书记彭国甫出席。

15日　市委、市政府举行庆祝老人节暨市级老同志经济形势通报会。

17～20日　澳大利亚科克本市代表团到岳阳进行友好访问。市长黄兰香会见并宴请科克本市市长罗根·豪利特、副市长凯文·亚伦一行。

18日　中石化巴陵石化总投资4.97亿元的年产20万吨己内酰胺装置挖潜改造项目开工建设。

18～19日　省政府党组成员、省长助理、省财政厅长李友志到君山区、临湘市、临港产业新区等地调研。

19日　宣布岳阳军分区政治委员调整命令大会召开。省委常委、省军区政委杨忠民宣布中央军委命令和省军区党内任职通知，批准岳阳军分区政治委员李进国退休，张家界军分区政治委员常建国调任岳阳军分区政治委员。

△　“十三村杯”2010湖南岳阳农博会在市东风广场开幕。

△　以“加强基层工会组织建设”为主题的第三届全国20城市工会工作论坛在岳阳举行，中华全国总工会基层组织建设部部长郭稳才，省总工会党组书记、副主席肖刚强，市委副书记盛荣华，市委常委、市总工会主席樊进军等出席。

20日　湖南—东盟产业合作对接会在广西壮族自治区南宁市举行。会上，泰格林纸集团与越南翠山公司签订全面合作协议。

21日　市委副书记盛荣华，副市长宋爱华与巴陵石化公司总经理朱建民到城陵矶临港产业新区，就项目对接事宜进行考察座谈。

22日　由市政府主办，市房地产管理局、岳阳晚报社承办的2010年岳阳市商品房交易展示会，在金虹·中环一号开幕。

25日　长岭炼化公司与湖南凯美特气体股份有限公司就长岭炼化制氢装置尾气提纯回收可燃气、氢气项目对接事宜进行座谈协商。

26～27日　第六次全国人民防空会议在北京召开。会上，岳阳市人防办受到人力资源和社会保障部、总参谋部的表彰，并被授予全国人民防空先进集体荣誉称号。市人防办主任曲安江被国家人民防空办公室评为全国人民防空先进个人。

27日　省委第二巡视组组长朱俊杰、副组长李永军率队，专程到岳阳进行落实反馈意见整改情况的年度回访。

28日　岳阳烟草物流园正式启动建设。

△　首届全国戏剧文化奖在京揭晓，岳阳市青年剧作家傅雷鸣剧本《抓阄》获得小戏剧本优秀奖。

30日　岳阳市首届优秀企业家培训班在清华大学深圳研究生院举行开班仪式。从各行业、各县市区选拔的40名优秀企业家代表参加培训。

△　向恺然故里—平江县迎来50多位来自全国各地和韩国、日本、美国的众多研究平江不肖生的知名专家、学者和有关部门人士，对这位全国公认的武术理论家和武侠小说家的学术思想及其对中国武文化发展所作出的历史性贡献进行探讨。

31日　岳阳市第六次全国人口普查入户登记正式启动，登记标准时点为11月1日零时。

11月

1日　广州军区副政委刘良凯中将在省军区副政委万建华少将的陪同下，率工作组到岳阳视察军分区部队抓建基层三年规划工作开展情况。

2日　岳阳市农村基层干部培训基地在江苏省华西村正式挂牌，这也是岳阳市首个外地农村基层干部培训基地。

4日　市长黄兰香率华能湖南分公司等相关部门负责人，赴京与铁道部对接关于送出线路跨越武广高铁施工事宜。

5日　经过中国民航总局有关专家的现场勘查和认真评审，三荷场址为岳阳机场首选场址。

△　中国（湖南）轻工产业园首批入园项目之一百信重型钢构在湘阴县奠基。

7～8日　天津市政协副主席、市委统战部部长刘长喜一行到岳阳开展工作交流。

8日　“五湖牵手五岳”牵手礼暨山水画廊启动仪式在岳阳楼前举行。

△　“天下洞庭”国际音乐焰火文艺晚会在君山岛举行。

9日　岳阳市第二届“全民读书月”活动正式启动。

11日　省委常委、省委统战部长李微微一行到汨罗市，就宗教界服务社会发展情况进行实地考察调研。

10～11日　应美国萨丽娜斯市市长丹尼斯·多诺霍的邀请，市长黄兰香率领岳阳市人民政府代表团访问该市。

10～12日　全市社会主义新农村建设流动现场会召开。

12日　《岳阳港总体规划》通过专家评审。

14～15日　省人大常委会副主任、省总工会主席刘莲玉到岳阳调研工会工作。

14日　中华儿童文化艺术促进会会长、中国范仲淹研究会副会长范崇嬿一行到岳阳，专程考察岳阳楼、君山岛和洞庭湖。

16日　国家开发银行业务发展局局长刘勇及国家开发银行湖南省分行行长王学东一行到岳阳调研，重点考察城市建设及县域经济发展情况。

18日　香港新界区原区事顾问协会考察团一行到岳阳考察。

△　岳阳市大部制改革中新组建的市人力资源和社会保障局、市公务员局举行挂牌仪式。

22～23日　中央综治办协调室副主任田大忠、中央综治委特邀巡视员杨其洪率中央综治委检查组一行，在省委政法委副书记、省综治办主任林勇等陪同下，到岳阳检查督导社会治安综合治理工作。

22日　载重量9900吨巴西粉矿的万吨货轮——“柏顺698”靠泊在城陵矶港13号散装码头，这是迄今为止城陵矶港靠泊吨位最大的船舶。

24日　2010中国中部（湖南）国际农博会举行闭幕颁奖大会，岳阳市8件参展农产品获金奖，市农业局获最佳组织奖。获金奖产品的有君山茶业君山牌“君山黄金饼、君山黄袍”，岳阳隆平米业的“胚芽米”，湘阴大湖生态鹤龙湖“湘鹤大闸蟹”，铭泰米业的“湘鱼”牌大米，誉湘农科的“红薯水晶粉丝”，临湘憨佬乡“无铅松花皮蛋、红黄咸蛋”，胜景山河的“古越楼台黄酒”和福香米业的“福运生态香米”。

25～26日　由中国残联党组成员、副理事长孙先德率领的国务院残工委检查组到岳阳，就残疾人事业“十一五”期间发展纲要执行情况进行专项检查。

28日　随岳高速公路荆岳长江大桥运营通车。

28～29日　珠三角产业联盟考察团到岳阳，就汉威天翼厢式半挂运输车整车生产项目与城陵矶临港产业新区进行对接。

29日　湖南省洞庭湖区域经济社会发展研究会第一次“洞庭湖发展论坛”在岳阳举行。

30日　潇湘新乐章——唱响“四个湖南”红网市州行大型网络直播活动“首唱”岳阳在岳阳文化艺术会展中心大厅举行，市委书记易炼红接受主持人采访，并坦诚、愉快地与网友面对面交谈。

△　国家人口计生委科技司司长张世琨、调研员张明华率国家人口发展“十一五”规划终期督评组一行到汨罗市督查指导工作。省人口计生委党组副书记、副主任詹鸣，副主任易露茜等陪同。

是月　由美国渔和野生动物局草原山脉区域副主任诺琳带领的美国湿地保护管理考察团抵岳，考察东洞庭湖湿地保护。

是月　中国诚通控股集团旗下中国纸业投资总公司与湖南省国资委等7家股东共同重组泰格林纸集团合作协议正式签订，标志着泰格林纸集团正式成为央企一员。

12月

1日　国务院副秘书长、中央联席会议办公室主任、国家信访局局长王学军率中央信访工作督导组到岳阳，督导检查岳阳市贯彻落实中央关于信访工作决策部署的情况，听取如何做好新时期信访工作的建议，看望所到地的信访干部，并向全市信访干部表示慰问。省委常委、省委政法委书记、省联席会议第一召集人李江等陪同。

△　年产3万台新型箱式半挂车项目在临港产业新区正式签约。

2日　全市加速推进新型工业化三季度工作讲评会召开。

△　创建国家环境保护模范城市省级核查组到岳阳，正式对岳阳市创建环境保护模范城市进行考核。3日，通过省级评估。

2～4日　省委常委、省纪委书记许云昭率省委考核组到岳，就落实党风廉政建设责任制、推进惩治和预防腐败体系建设工作进行检查指导。

6日　岳阳市39位省劳动模范和先进工作者从长沙载誉而归。市委、市政府专门召开欢迎会。

7日　省人大常委会党组书记戚和平，省人大常委会秘书长孙在田一行到岳阳，看望部分驻岳省十一届人大代表，听取大家对《2009年度省人大常委会委员履职报告汇编》及常委会委员履职报告制度、省人大常委会机关工作的意见和建议。市委书记易炼红参加座谈，市人大常委会主任李湘岳主持。

8日　总投资4.93亿元、中国石化巴陵石化公司年产6万吨特种锂系聚合物项目开工建设。

9日　荆岳长江公路大桥建成通车。

10日　全市党史工作会议召开，市委书记易炼红接见与会代表并提出，充分挖掘岳阳市宝贵的党史资源，运用党史资源资政育人、推动发展。市委常委、市委秘书长赖社光参加会议并讲话，市委常委、统战部长李劲夫主持会议，市党史联络组组长黄甲喜作工作报告。

△　市政府召开专题会议，研究讨论城区水系总体规划编制工作。

11日　澳门新闻考察团到岳阳考察。

12日　市政府召开专题会议，研究环洞庭湖基本农田建设重大工程、“数字岳阳”地理空间框架建设、城区闲置土地清理等工作。

14日　市政府召开专题会议，研究2011年“五创”提质工作思路和中心城区城建项目计划。

△　由省农业厅牵头组织省茶业协会、湖南农业大学、省工商、质检等20多个部门专家参与评审的“湖南十大茶品牌”评选活动落下帷幕，岳阳市洞庭山茶叶有限公司“巴陵春”首次入选十大茶品牌。

16日　市委召开常委扩大会议，专题研究讨论全市国民经济和社会发展第十二个五年规划纲要草案。在家市级领导和市直相关部门负责人参加会议。

△　岳阳市党史市志办公室获得全国地方志工作先进单位，华容县史志办公室主任张凭栏（女）获全国地方志系统先进工作者。

17日　岳阳市召开2010年度军转干部和退役士兵安置工作会。

△　中石化长岭分公司与湖南凯美特公司就尾气回收项目举行签约仪式。

18日　岳阳巴陵石化化工化纤有限公司年产6万吨尼龙-6聚合改扩建工程竣工，公司生产规模跃升至全国第二位。省公安厅常务副厅长唐中元，市委副书记盛荣华，省石油化工工业协会会长刘益民，省人民政府参事张德明，巴陵石化总经理朱建明等出席竣工仪式。

19日　中国水利水电设备制造岳阳基地项目举行开工仪式。

20日　“2010全球商报经济论坛暨亚太工商界领袖峰会”在香港会展中心举行，“2010年中国城市印象大赛”各奖项揭晓，岳阳市喜获“最具幸福感城市”金奖。

22日　中共岳阳市委召开五届八次全体（扩大）会议。市委书记易炼红受市委常委会委托向全会报告工作，并就深入贯彻中共十七届五中全会和省委九届十次全会精神、科学谋划岳阳“十二五”期间发展蓝图、加快实现岳阳经济转型升级更大更强进行全面部署。市委副书记、市长黄兰香主持会议，并就贯彻落实会议精神和做好当前工作发表讲话。

△　省政府绩效评估和为民办实事评估验收组到岳阳市开展年度检查工作。市长黄兰香主持汇报会，市委常委、常务副市长郭振斌汇报工作。市级领导李为、易癸巳，市政府秘书长王小中以及承担绩效考核和为民办实事任务的市直单位负责人出席。

24日　杭瑞高速湖南省临湘至岳阳段、南岳高速东延线开工。

是月　环洞庭湖基本农田建设重大工程第一期（2010~2015）获国家正式批准实施。涉及岳阳市区域范围的建设总规模达6.37万公顷，估算总投资21.49亿元。其中2010年实施的项目建设规模1.48万公顷，总投资4.6亿元。

是月　2010年全市财政总收入达到139.6亿元，居全省第二位。

责任编校　罗　岚

综　述

GENERAL INTRODUCTION

概　况

【地理位置】　岳阳市位于湖南东北部，素称“湘北门户”。地处北纬28°25′33″～29°51′00″，东经112°18′31″～114°09′06″之间。东邻江西省铜鼓、修水县和湖北省通城县；南抵湖南省浏阳市、长沙县、望城县；西接湖南省南县、安乡县、沅江县；北界湖北省赤壁市、洪湖市、监利县、石首县。市东西横跨177.84公里，南北纵长157.87公里。土地总面积1.5万平方公里，占全省总面积的7.05%。城市规划区面积845平方公里，其中市区建成区面积83.73平方公里。　（严　柯）

【历史沿革】　岳阳历史悠久。早在20万年前，就已出现人类活动。距今9000年前，先民们就在这里繁衍生息，用石制器具，拓现远古文明。夏、商时为“三苗”之地。春秋属楚，为麋、罗等附庸国地。战国时，为楚之黔中郡地。秦时，东属长沙郡罗县，西属南郡、黔中郡。汉高祖元年（公元前206），东属长沙国下隽县、罗县，西属南郡华容县、武陵郡孱陵县。建安十五年（210），孙权分长沙郡北的下隽、罗县建汉昌郡，郡治设今平江金铺观。晋武帝太康元年（280），分下隽县本部建巴陵县。南朝宋元嘉十六年（439）置巴陵郡。随开皇九年（589）废巴陵郡为巴州，十一年（591）改为岳州。元为岳州路。明为岳州府。民国2年废府，后设湖南第一行政督察区，并改巴陵县为岳阳县。1949年7月5～25日，境内各县相继解放，现辖区东部属长沙专区，后改属湘潭专区；西部华容县属常德专区。1960年1月以岳阳县城关镇建立岳阳市。1962年10月撤销复为城关镇。1964年9月设岳阳专区，辖岳阳、临湘、华容、平江、湘阴5县。1966年2月析湘阴县为湘阴、汨罗县。1975年12月恢复岳阳市，实行县、市分治；1981年10月撤销岳阳县，行政区划并入岳阳市。1983年7月，岳阳市升为省辖市，实行地、市分设。1986年1月撤销岳阳地区，所辖县并入岳阳市，实行市管县体制。1992年，岳阳被列为长江沿岸对外开放城市，1994年，列为国家历史文化名城。1996年4月，撤销岳阳市南区、郊区，设立岳阳楼区、君山区；北区更名为云溪区。2000年，撤黄盖湖农场建镇，归临湘市管辖，撤君山农场、钱粮湖农场建镇，归君山区管辖；同年12月，撤屈原农场，建屈原管理区。　（严　柯）

【行政区划】　2010年，岳阳市辖2个市、4个县、3个区和屈原管理区、岳阳经济技术开发区、南湖风景区，共有60个乡、96个镇和22个街道办事处。　（吴　伟）

表5　　2010年岳阳市行政（管理）区划

单　位	街道办事处	镇	乡
华容县		城关、三封寺、治河渡、插旗、注滋口、北景港、宋家嘴、梅田湖、鲇鱼须、万庾、操军、东山	护城、终南、南山、幸福、团洲、新河、新建、胜峰
平江县		城关、向家、伍市、浯口、瓮江、虹桥、南江、梅仙、安定、三市、加义、长寿、龙门、童市、岑川、福寿山	三阳、咏生、南桥、木金、大坪、冬塔、板江、三墩、大洲、余坪、黄金洞
湘阴县		文星、樟树、东塘、城西、新泉、岭北、湘滨、长康、三塘、界头铺、袁家铺、南湖洲	静河、玉华、石塘、六塘、青潭、白泥湖、杨林寨
岳阳县		荣家湾、黄沙街、新墙、麻塘、鹿角、筻口、公田、毛田、柏祥、新开、月田、张谷英	饶村、长湖、中洲、杨林、步仙、相思、甘田、云山
临湘市	长安、桃矿	桃林、忠防、长塘、白羊田、詹桥、聂市、源潭、江南、儒溪、白云、定湖、黄盖、羊楼司	横铺、坦渡、乘风、城南、五里牌
汨罗市		城关、汨罗、新市、古培、白水、弼时、黄柏、大荆、长乐、三江、沙溪、高家坊、李家塅、屈子祠、范家园、川山坪、桃林寺	智峰、火天、八景、新塘、白塘、磊石、城郊、红花、玉池、黄市、天井、古仑

续表5

单 位	街道办事处	镇	乡
岳阳楼区	岳阳楼、三眼桥、吕仙亭、金鹗山、五里牌、望岳路、枫桥湖、城陵矶、洛王、东茅岭、洞庭、奇家岭、站前路、王家河		梅溪、郭镇
君山区	西城	柳林洲、钱粮湖、良心堡、采桑湖、广兴洲、许市	
云溪区	长岭	云溪、文桥、路口、陆城、道仁矶	云溪、永济
屈原管理区	天问	营田、河市	黄金、凤凰、琴棋
岳阳经济开发区		西塘	康王、三荷
岳阳南湖风景区	南湖、湖滨、求索		

【自然资源】 地质、地貌：岳阳市位于新华厦系巨型第二沉降带，地貌组合复杂，拥有山地、丘陵、岗地、平原、水面五种地貌，丘陵与平原是构成地貌的主体。地势东高西低，呈阶梯状向洞庭湖盆倾斜。东部是连绵起伏的山岳地带，中部以岗地丘陵为主，西部是河湖冲积的平原。最高海拔1600.3米（平江县境内连云山主峰），最低海拔23米。平原面积38.78万公顷，占全市国土总面积的26%；丘陵35.78万公顷，占24%;岗地26.8万公顷，占18%；山地23.8万公顷，占16%；水面23.8万公顷（其中东洞庭湖面积7.6万公顷、横岭湖面积4.3万公顷），占16%。

气候：岳阳市属于东亚热带季风性（湿润）气候，具有光热资源丰富，雨量充沛，山区略多湖区，生产季节光热水基本协调，四季分明，春秋多变等特点。年平均气温16.4℃～17℃，极端最高气温40.4℃（1966年8月11日临湘市），极端最低气温-18.1℃（1969年1月31日临湘市），系湖南省极端最低气温之最。年无霜期257天～279天，年日照总时数1662.1小时～1764.1小时，年降水量1211.3毫米～1463.9毫米。

土壤：岳阳市土壤种类繁多，有8个土类、21个亚类、76个土属，222个土种，357个变种，其中，红壤土地面积占总面积的52.1%；其余为水稻土占25.2%，潮土占15.7%，其他有紫色土、山地黄壤、菜园土、黄棕壤、山地草甸土共占7%。

植被：岳阳市属中亚热带阔叶林带区，同时具备中亚热带向北亚热带过度的明显特征，植被种类繁多，区系成分复杂。特别是幕阜山及连云山区天然针阔叶林植被群落和君山岛繁杂的刚竹属植被类群，成为全省重要的天然物种基因库之一。由于地理条件悬殊和水热条件不同，植被分布也存在着明显的地区性差异，东部中山区从山麓到山顶，由常绿阔叶林向落叶阔叶林过度的地带性明显，中部丘陵及环湖丘岗区以常绿阔叶林为主，洞庭湖平原区以落叶阔叶林为主。有野生植物、栽培植物90多科300多属1118种，属国家保护的古树古木有19种。其中，属国家一级保护的植物有银杏、水杉、红豆杉等3种，属国家二级保护植物的有樟树、金钱松、闽楠等3种。

野生动物资源：岳阳市野生动物资源比较丰富，有以洞庭湖为核心的湿地生态类型（水禽为主），以幕阜山、药菇山为核心的森林生态类型（兽类为主），有各类动物23目84科近600种，其中属国家一类保护的有云豹、黄腹角雉、金雕、白鹤、白头鹤、东方白鹳、黑鹳、大鸨、中华秋沙鸭、白尾海雕、草号10种，属国家二类保护的有穿山甲、灰鹤、白枕鹤、虎纹蛙、猛禽类等36种。鸟类资源极其丰富，仅东洞庭湖自然保护区内观测记录的鸟类有325种，其中属国家一类保护的有7种、属国家二类保护的有37种。鱼类资源有11目22科124种，其中国家一类保护的有中华鲟、白鲟等。

水资源：岳阳市水系发达，河湖密布，雨量充沛，过境水量大，水资源丰富，湘江和资水、汨罗江和新墙河、华容河和藕池河分别从南、东、北三面汇入洞庭湖，经城陵矶注入长江。境内长江堤岸线180公里，环洞庭湖堤岸线250公里。境内50公里以上河流6条，5公里以上的河流265条，大小湖泊165个，内湖面积达3.2亿平方米，大小水库3659座，其中大型水库1座，中型水库19座。据测算分析，在正常年景，地表水年径流总量95.21亿立方米，地下补给水量年均20.06亿立方米，为地表水资源的21%；长江干流、洞庭湖水系年过境水量6477亿立方米，其中客水6381.79亿立方米；洞庭湖出口年平均径流总量为3035亿立方米，其中客水2939.74亿立方米。水能资源多年平均理论蕴藏量为41.5万千瓦。

矿藏：岳阳市矿产资源比较丰富，发现矿产32种，矿点近200处，其中金属矿产9种、非金属矿产16种、稀有及轻稀土金属矿产7种。矿泉水达到饮料标准的26处，达到命名标准的9处，其中温泉命名的有2处。 （严 柯）

【岳阳市第六次全国人口普查情况】 根据国务院的决定，中国以

2010年11月1日零时为标准时点进行第六次全国人口普查。岳阳市人口普查工作通过近3万普查工作人员的艰苦努力，圆满完成现场登记和复查任务。

一、全市常住人口

全市常住人口为5477911人，同第五次全国人口普查2000年11月1日零时的5011416人相比，10年共增加466495人，增长9.3%。年平均增长率为0.79%。

全市户籍人口为5648867人。

二、家庭户人口

全市常住人口中共有家庭户1506069户，家庭户人口为5072993人，平均每个家庭户的人口为3.37人，比2000年第五次全国人口普查的3.46人减少0.09人。

三、性别构成

全市常住人口中：男性人口为2834311人，占51.74%；女性人口为2643600人，占48.26%。总人口性别比（以女性为100，男性对女性的比例）由2000年第五次全国人口普查的109.44下降为107.21。

四、年龄构成

全市常住人口中，0~14岁人口为877632人，占16.02%；15~64岁人口为4100164人，占74.85%；65岁及以上人口为500115人，占9.13%。同2000年第五次全国人口普查相比，0~14岁人口的比重下降6.7个百分点，15~64岁人口的比重上升4.29个百分点，65岁及以上人口的比重上升2.41个百分点。

五、各种受教育程度人口

全市常住人口中：具有大学（指大专以上）程度的人口为375157人；具有高中（含中专）程度的人口为1258383人；具有初中程度的人口为2098898人；具有小学程度的人口为1278488人（以上各种受教育程度的人包括各类学校的毕业生、肄业生和在校生）。

同2000年第五次全国人口普查相比，每10万人中具有大学程度的由2556人上升为6849人；具有高中程度的由11088人上升为22972人；具有初中程度的由37918人上升为38316人；具有小学程度的由37947人下降为23339人。

全市常住人口中，文盲人口（15岁及以上不识字的人）为96629人，同2000年第五次全国人口普查相比，文盲人口减少74008人，文盲率由4.41%下降为1.76%，下降2.65个百分点。

六、人口地区分布

表6 岳阳市常住人口的地区分布

地　区	人口数（人）	比重（%）		人口密度（人/平方公里）
		2010年	2000年	
全市合计	5477911	100	100	368
岳阳楼区	814593	14.87	10.83	1999
云溪区	176872	3.23	3.26	468
君山区	240668	4.39	4.13	386
岳阳县	717032	13.09	14.16	255
华容县	709098	12.95	14.04	445
湘阴县	681075	12.43	12.89	442
平江县	947774	17.30	18.60	230
汨罗市	692280	12.64	13.15	418
临湘市	498519	9.10	8.95	290

【民族宗教】 岳阳市是一个多民族散杂而居的城市。有已识别少数民族成分51个，人口12928人，约占全市总人口的2.36%。遍布全市6县3区。超过1000人以上的少数民族有土家族、苗族等。

岳阳有佛教、道教、基督教、天主教、伊斯兰教。三国时吴赤乌十年（247），吴国在罗县隐居山（今汨罗市铜盆乡）建宏济寺，佛教逐渐传入岳阳。佛教寺庵有岳阳的乾明寺、圣安禅寺，汨罗资圣寺，湘阴双林寺、至源寺，平江东山古寺。道教历史稍晚于佛教，晋太康年间（280~289）开始在岳阳建观传道。著名的宫观有吕仙道观、大云山祖师殿、真君殿，特别是大云山祖师殿始建于唐，迄今约1300年历史。伊斯兰教于南宋德祐元年（1275）、天主教于清康熙四十三年（1704）、基督教于19世纪60年代末有人宣传教义。1980年传入岳阳。全市有宗教活动场所100余处。（严　柯）

【语言文化】 岳阳话，俗称“巴陵话”或“巴陵腔”，属汉语北方话语系。境域洞庭湖以西，长江以北，与西南官语区相接，幕阜山、连云山以东，是赣方言地域，南部与湘语的典型——长沙话连成一片。这种地理特点，造成境内方言的差异。历史上政区隶属关系的演变、人口的迁徙、以及交通条件的发展，使岳阳话经历一个由与北趋同变为与南趋同的过程。

岳阳是楚湘文化的重要发源地，以“先忧后乐”、“团结求索”为精髓的岳阳文化，底蕴丰富。地方戏、曲艺中，巴陵戏经国务院批准列入首批国家级非物质文化遗产名录，华容夹叶点子、洞庭渔歌、龙舞（九龙舞）、岳阳花鼓戏、平江花灯戏、扎故事汨罗长乐故事会、临湘嗡琴戏列入湖南省非物质文化遗产代表作名录。

【风景名胜】 岳阳市是一座历史文化名城，又是中国优秀旅游城市。全市有各类文物点1800多处，其中国家重点文物保护单位6处，省级重点文物保护单位30处，市级重点文物保护单位23处，国家历史文化名镇名村1处，国家重点风景名胜区2处，国家森林公园2处，国家级自然保护区1处。东洞庭湖湿地入选国际重要湿地，岳阳楼旅游区、君山岛旅游区、任弼时旅游区入选国家AAAA级旅游区。著名的历史文化古迹有古楼(岳阳楼)、古庙（岳州文庙）、古塔（慈氏塔）、古祠（湘妃祠、屈子祠）、古屋（张谷英古建筑群）、古桥（三眼桥）、古亭（朗吟亭、三醉亭、独醒亭）等。

（严 柯）

【市 标】 1985年，岳阳市开展市树、市花评选工作，评选出杜英树为市树，栀子花为市花。杜英树干形高大，树冠广阔，枝繁叶茂。树叶红绿相间，大方美观，喜温暖湿润环境，是理想的庭院风景林树种。栀子花属茜草科，四季长青，品种较多，喜光稍耐荫，喜肥耐瘠薄干旱，分布面广，尤具本地特色。花洁白无瑕，芳香馥郁，备受岳阳人喜爱。 （严 柯）

【2010年气候概况】 2010年，岳阳市年平均气温保持偏高走势，冬季无严寒，出现准暖冬，初春晚秋气温偏高盛夏热；年降水量多，改变2003年来雨水持续偏少的格局；隆冬雨雪少，盛夏暴雨多，总雨量特多，发生近年来少见的严重洪涝；年日照时数正常略少，出现严重的倒春寒、暴雨洪涝、寒露风等重要天气气候事件。

气温。全市年平均气温为17.7℃，比常年偏高0.3℃～1.0℃，年景评定介于正常至异常高温年之间。其中华容、湘阴为异常高温年，汨罗、临湘属显著偏高年，市区属偏高年，平江县属于正常年。但各地较前几年有所降低。

降水。全年降水量1614毫米～2146毫米，较常年偏多13%～38%，为2003年以来最多的一年，其中临湘市在历史上排序为第2位偏多年，华容县、市区为第4～5位多值年，北三县（临湘市、华容县、岳阳县）年降水量距平率25%～38%，均属雨水偏多年份。4～9月间总降水量1100毫米～1551毫米，比常年同期多20%～43%，全市大部分地方发生洪涝，北三县7月上中旬暴雨多，洪涝严重，临湘市达重度洪涝标准。

日照。全年日照接近常年，年时数1576～1841小时，距平率在-1%～12%之间，属正常略偏少年份。 （杨金莲）

【重要天气情况及影响】 2010年，岳阳市极端天气气候事件较突出，主要有冬季冬酣、冬末气温奇变，春季倒春寒和春寒、5月低温，盛夏暴雨洪涝、秋季寒露风，汛期暴雨洪涝等造成较大的经济损失。

冬酣与冬末气温奇变。冬季雨日与常年同期比偏多4.2天～14.6天，各地雨日数历史排序为第1～8位；全市出现轻至中度冬酣天气。2月下旬（冬季末）平均气温为14.8～15.7℃，高出历史同期7.1℃～8.9℃。2月20～28日气温高为同期有记录以来所仅见，2月24日各地最高气温在27.4℃～30.1℃，除市区受洞庭湖水体调节未创历史最高外，其他县市区均打破当地历史最高纪录。3月1日后气温陡降至5℃左右。

高温热害与暴雨洪涝。高温热害较突出。6月底～9月中旬全市高温热浪一波接一波，其中平江出现5波，其他地方3～4波，市区受湖泊影响仅1波；初秋的9月21日日平均气温仍高达27.9℃～29.4℃，呈盛夏景象的态势。

2003～2009年一直处于持续少雨期，江湖水位连连创历史新低，2010年全市出现轻至重度洪涝，由于雨水较集中，暴雨强度大，发生严重洪涝的地域与长江、洞庭湖高水位抗洪的主战场紧紧相连，出现抗洪抢险的紧张局面，并造成经济损失。

秋季低温雨寒露风。9月中旬气温异常高之后，下旬出现低温阴雨、严重的寒露风，市境各地日平均气温≤20℃且持续7～9天，期间日平均气温在18.3℃（临湘市）～18.7℃（汨罗市），持续8～9天无日照，雨日7～8天，总雨量66.6毫米～73.4毫米，其中中至大雨日19天（站次），严重影响晚稻抽穗扬花，棉花等作物生长。

雷电灾害。雷暴初日来得早，2月3日现初雷，比常年提早8～16天；3月～8月为雷暴多发时期，占全年雷暴总数的83.9%，且以7月发生雷暴最多。由于雷暴的早现，雷击事故、雷击灾害始发时间较常年提前；雷灾的另一特点是雷电波和感应雷居多，遭受损失以家用电器和工业电器设备为主。

（杨金莲）

图1 1953～2010年岳阳市年平均气温历史演变曲线

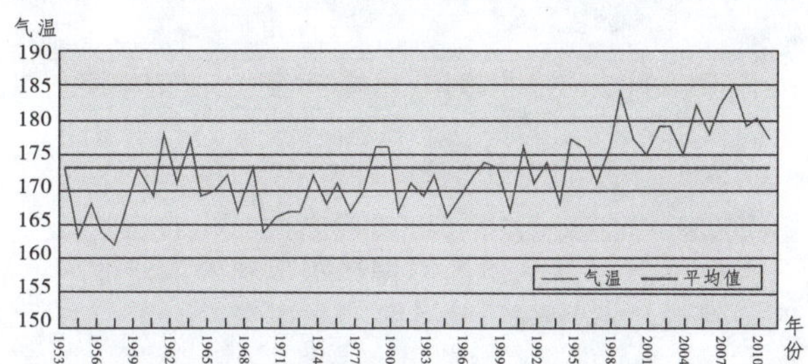

图2 1953～2010年岳阳市年降水量历史演变曲线

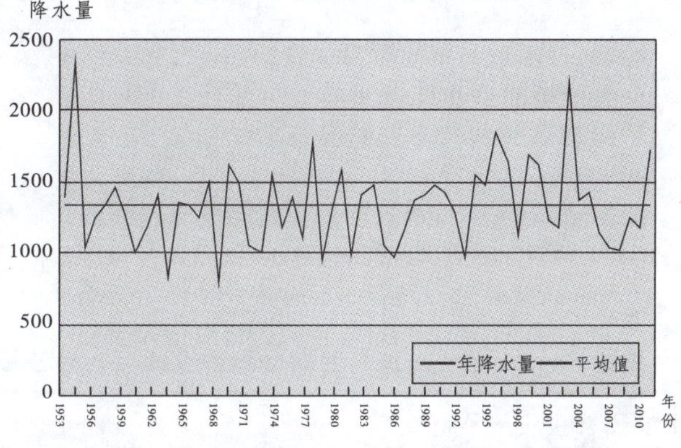

辉煌“十一五”

【经济总量稳居全省第二位】 “十一五”时期，岳阳市委、市政府坚持科学发展观和“一化三基”战略，践行民本岳阳执政和发展现念，带领全市人民积极应对金融危机、自然灾害等各种重大挑战，扎实推进九项工程、新型工业化、为民办实事、项目投资、企业联手帮扶、“五创”提质等中心工作，促使全市经济社会呈现提质、升级、增效、惠民的又好又快发展态势，进入全面提速、加快发展的新阶段。

全市GDP2008年首次突破千亿元，2010年达到1539.4亿元，稳居全省第二位。规模工业企业由2005年的743家增加到2010年的1332家，增加值2010年达到751.5亿元，稳居全省第二位；新型工业化考核2009

图3 “十一五”时期岳阳市GDP总量（亿元）

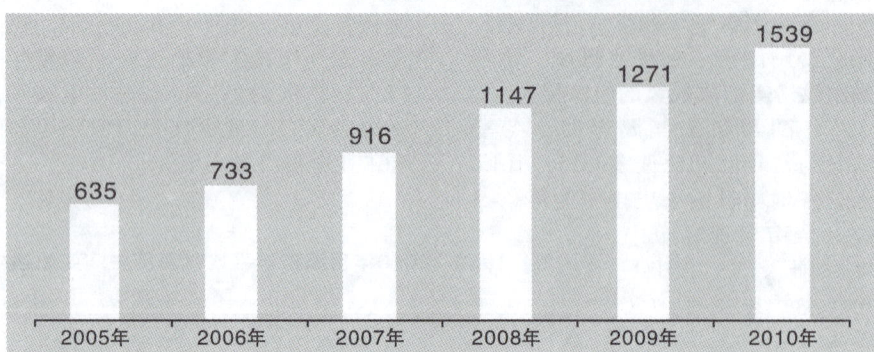

图4 “十一五”时期岳阳市规模工业增加值总量（亿元）

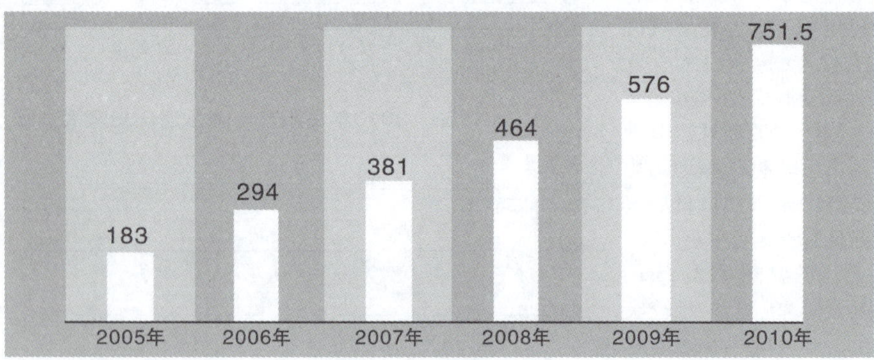

图5 “十一五”时期岳阳市投资与消费总量（亿元）

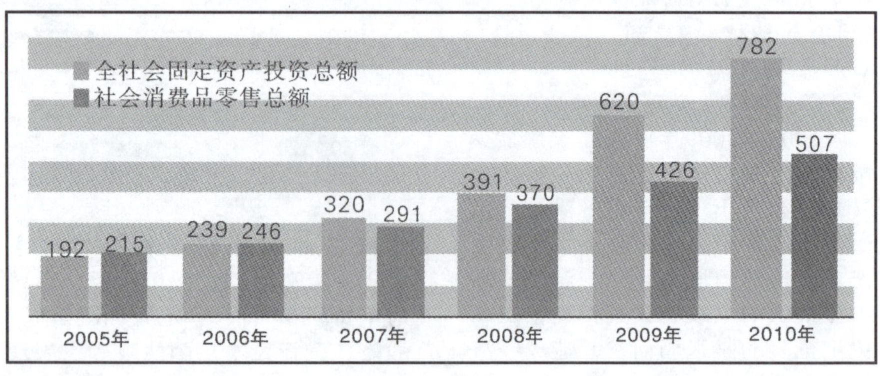

图6 “十一五”时期岳阳市GDP增速与全省对比（%）

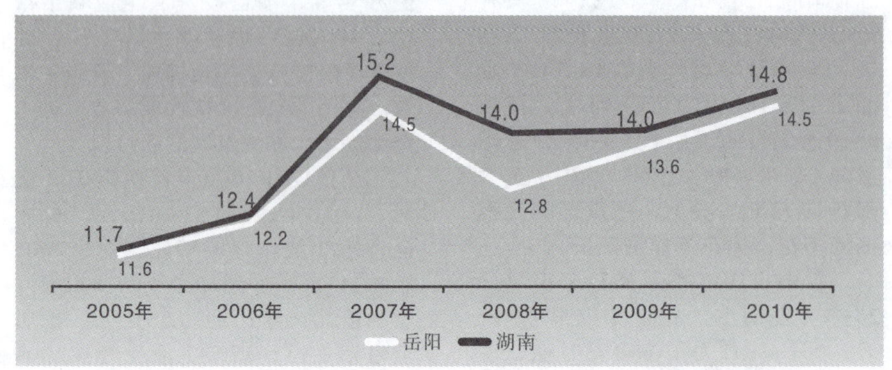

年首次进入红旗单位。“十一五”时期全市社会固定资产投资累计完成2400亿元，2010年完成782.2亿元，稳居全省第二位；2009年在全省投资项目考核中名列第一，获得1000万元项目奖励资金。社会消费品零售总额2010年达到507.2亿元，居全省第二位。（图3～图5）

【经济增速超全省平均水平】2010年，岳阳GDP增长14.8%，超过全省平均水平均0.3个百分点；“十一五”期间年均增长14.1%，高出全省平均水平约0.1个百分点。规模工业增加值2010年增长23%，“十一五”年均增长19.4%，高出全省平均水平约1.3个百分点。固定资产投资2010年增长34%，超全省平均水平约4.5个百分点；“十一五”年均增长34.1%，超过全省平均水平约2.5个百分点。社会消费品零售总额2010年增长19%，超全省平均水平约0.1个百分点；“十一五”年均增长19%，超过全省平均水平约0.3个百分点。（图6～图9）

【经济结构全面优化】产业结构：2010年，三次产业结构为14：54.2：31.8，与2005年的20.0：46.4：33.6的产业结构比较，第一产业下降6个百分点，第二产业上升7.8个百分点，第二产业对经济增长的贡献由2005年的58.9%提高到69.1%，呈现出典型的工业化中期产业结构特征。经济效益结构：财政总收入占GDP比重2010年达到9.1%，比2005年提高2.6个百分点。第三产业税收收入占全部税收收入的比重由2005年的23.9%提高到2009年的28.7%。产业技术结构：2010年，全市高新技术产业增加值180亿元，占GDP比重12.5%，比2005年提高6.4个百分点。经济成分结构：2010年，非公经济占GDP比重57.5%，比2005年提高15.3个百分点。经济级次结构：2010年，地方工业增加值与中省工业增加值之比达到76.6：23.4，地方工业增加值占比比2005年提高27.7个百分点。城乡结构：2010年，全市城镇化率46.0%，比2005年提高6个百分点。（图10～图15）

图7 “十一五”时期岳阳市规模工业增加值增速与全省对比（%）

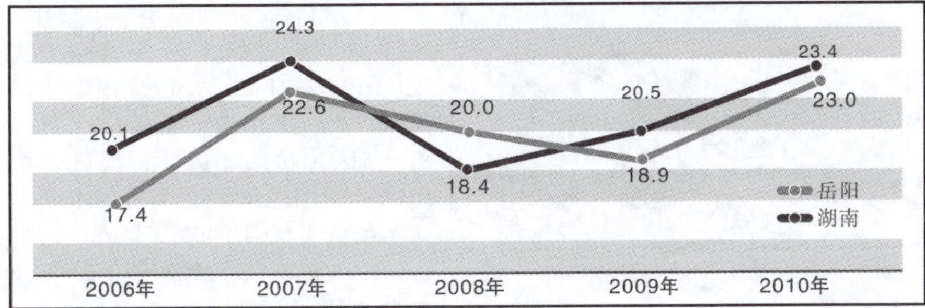

图8 “十一五”时期岳阳市全社会固定资产投资增速与全省对比（%）

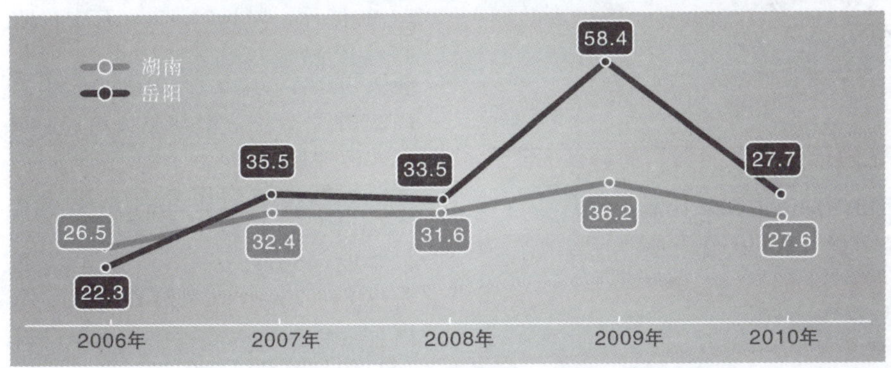

图9 “十一五”时期岳阳市社会消费品零售总额增速与全省对比（%）

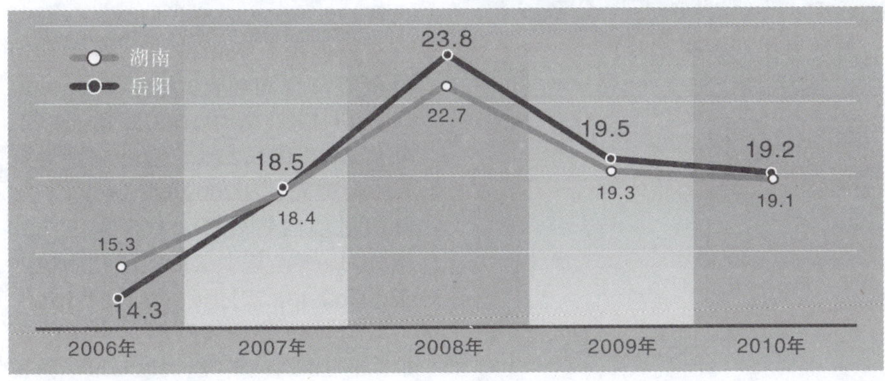

图10 “十一五”时期岳阳市三次产业结构变化（%）

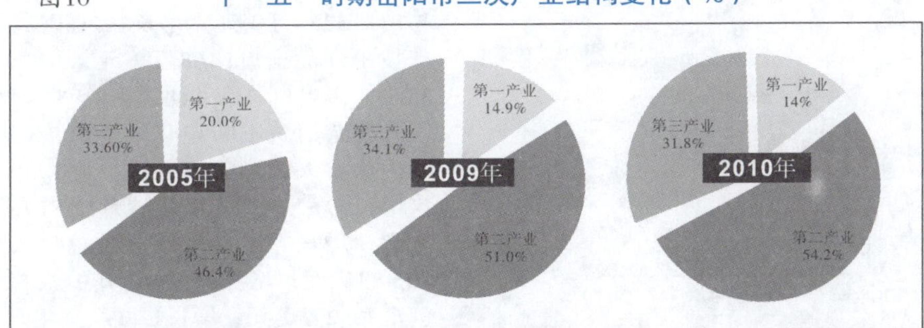

【经济质量快速提升】 财政收入迈上新台阶：2010年，财政总收入达到139.6亿元，跃居全省第二。企业效益大幅提高：2010年，全市规模工业利税总额达到179.4亿元，是2005年的3.9倍。（图16～图17）

【居民生活显著改善】 2010年，全市城镇居民人均可支配收入由2005年的10832元增加到17312元，年均增长9.8%；农村居民人均纯收入由2005年的3561元增加到5988元，年均增长10.7%，收入总量增速均超过“十一五”规划目标。全市城乡居民储蓄存款金额由2005年的249.6亿元增加到524.6亿元。（图18）

【可持续发展能力持续增强】 2010年，全市万元GDP能耗1.26吨标煤，下降2.8%，“十一五”时期累计下降21.0%，圆满完成“十一五”规划目标任务。（图19）

国民经济和社会发展

【岳阳市经济总量稳居全省第二】 2010年，岳阳市经济总量增长较快，地区生产总值1539.36亿元，增长14.8%，增速比2009年提高0.8个百分点，分别高出全国、全省平均水平4.5和0.3个百分点。其中第一产业增加值215.53亿元，增长4.2%；第二产业增加值834.23亿元，增长20.6%；第三产业增加值489.59亿元，增长10.7%。

经济结构持续调优。第二产业贡献率进一步提高，全市产业结构调整为14.0∶54.2∶31.8，第一、三产业占GDP比重分别比上年下降0.9和2.3个百分点，第二产业占GDP比重比上年提高3.2个百分点，对经济增长的贡献率达到70.4%。其中工业增加值对经济增长贡献率提升到65.7%。高新技术产业占比继续扩大。全市新增高新技术及其产品工业企业14家，总数达到165家，实现总产值679.62亿元，增长58.3%，完成增加值191.77亿元，增长30.8%，占GDP比重12.5%，同比提高1个百分点。所有制结构持续改善。非公有制经济实现增加值884.47亿元，增长18.6%，占全市GDP的57.5%，

图11 "十一五"时期财政总收入占GDP比重变化（%）

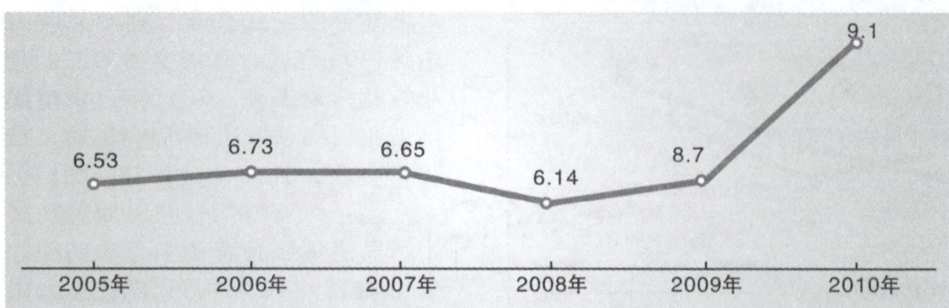

图12 "十一五"时期岳阳市高新技术产业增加值占GDP比重变化（%）

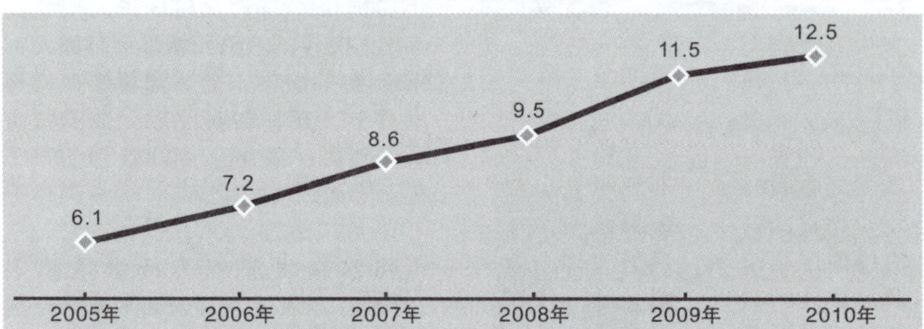

图13 "十一五"时期岳阳市非公有制经济增加值占GDP比重（%）

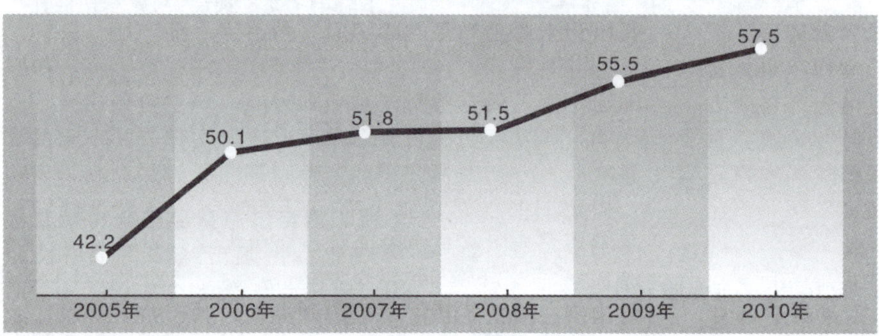

图14 "十一五"时期岳阳市中省工业与地方工业占比（%）

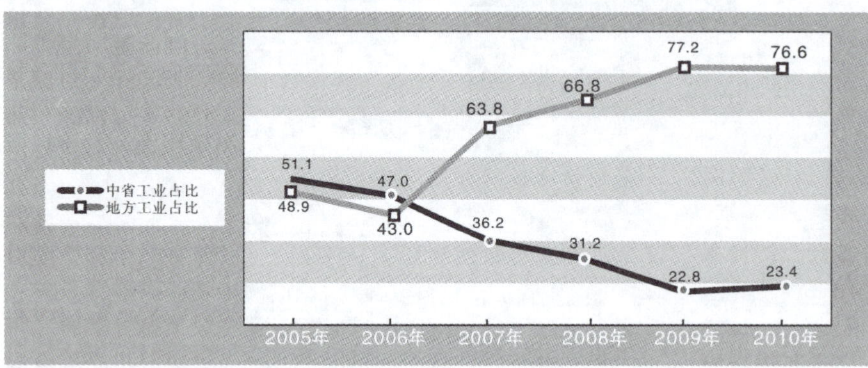

图15 "十一五"时期岳阳市城镇化率变化（%）

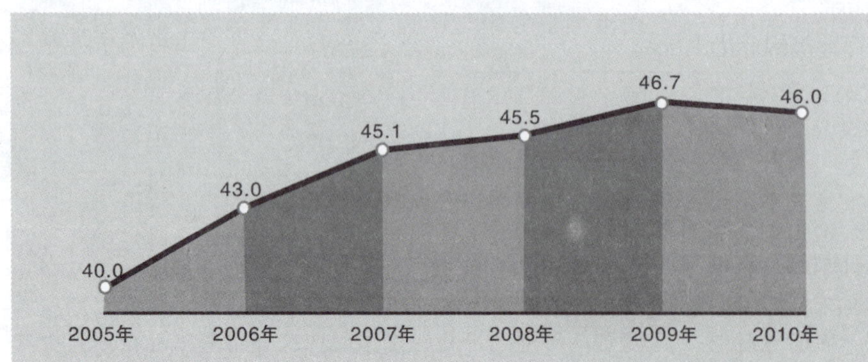

比2009年提高2个百分点。

区域经济协调发展。6县市1区（屈原管理区）的县域经济实现GDP903.21亿元，占全市GDP比重58.7%，比2009年提高0.4个百分点，5区（岳阳楼区、云溪区、君山区、南湖风景区、经济技术开发区）经济实现GDP409.26亿元，占全市GDP比重26.6%，比2009年提高1.6个百分点。

财税收入大幅提高。全市完成财政总收入139.61亿元，比2009年增长25.9%，其中税收收入117.60亿元，增长25.0%。一般预算收入51.90亿元，增长24.4%，其中税收收入29.88亿元，增长20.4%。财政收入占GDP比重9.1%，比2009年提高2.6个百分点。财政总支出163.88亿元，增长24.2%。

景气指数稳中有升。企业生产经营景气指数一季度146.67，二季度145.64，三季度135.43，四季度153.7；企业家信心指数一季度149.05，二季度143.60，三季度143.60，四季度148.0。

消费品市场繁荣活跃。全市实现社会消费品零售总额507.23亿元，比2009年增长19.2%。其中限额以上批发零售贸易企业实现商品零售额132.73亿元，增长51.7%。

招商引资成效明显。全年利用外资签订合同项目30个，比2009年增长11.1%，其中1000万美元以上项目5个，增长25%。实际利用外资1.57亿美元，比2009增长24.1%。实际引进境内省外资金168.36亿元，增长21.6%，其中工业实际利用境内省外资金138.72亿元，增长24.3%。

对外贸易持续升温。全市进出口总额10.24亿美元，比2009年增长10%。其中进口总额5.83亿美元，增长14.4%，出口4.40亿美元，增长4.9%。从贸易方式看，一般贸易出口31212万美元，增长6.4%；加工贸易出口5263万美元，增长122%。高新技术产品出口1468万美元，增长3.0%，占出口总额的比重为2.5%。

旅游消费不断趋旺。全市接待国内旅游人数1452万人次，比2009年增长5%；接待入境旅游者12.81万人次，增长7.9%。实现旅游总收入102.87亿元，增长25.8%，其中旅游创汇4052万美元，增长17.3%。

图16 “十一五”时期岳阳市财政收入及一般预算收入（亿元）

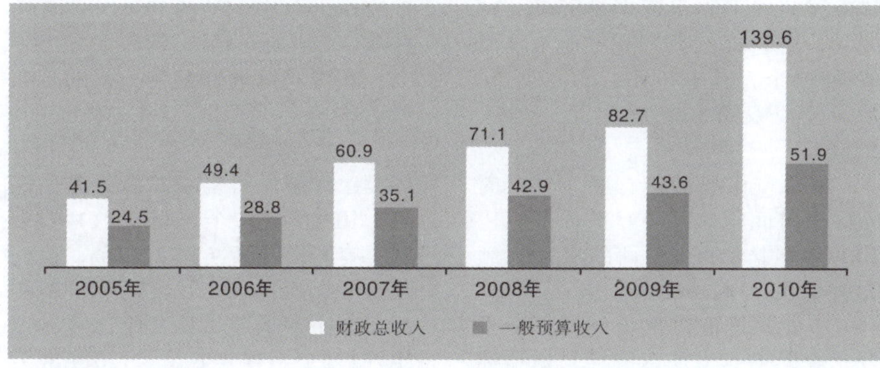

图17 “十一五”时期岳阳市规模工业实现利税总额（亿元）

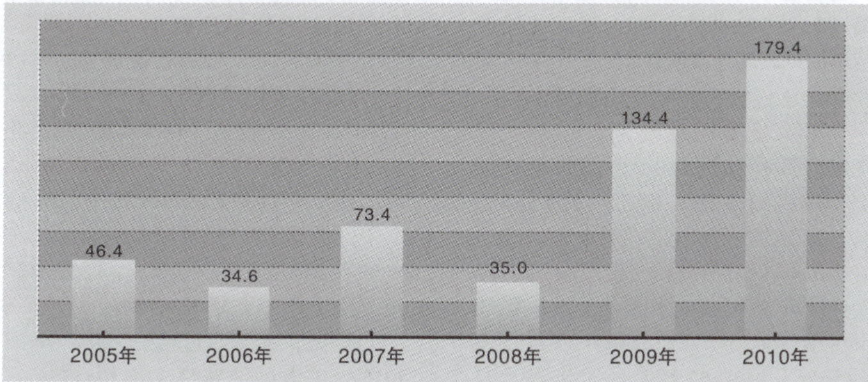

图18 “十一五”时期岳阳市城乡居民收入总量（元）

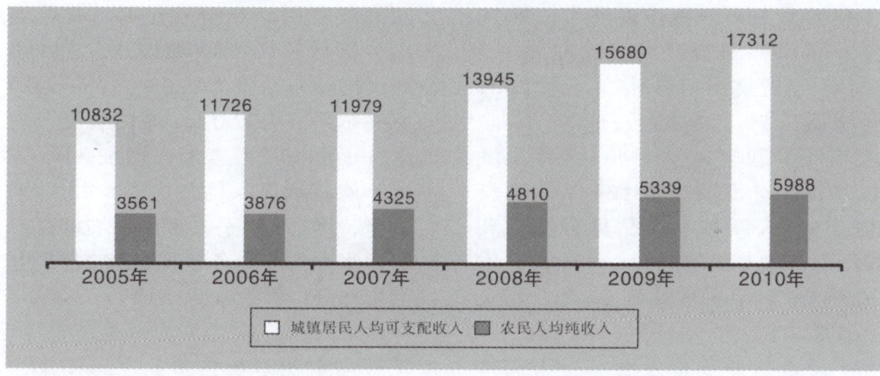

图19 “十一五”时期岳阳市万元GDP能耗总量（吨标煤）

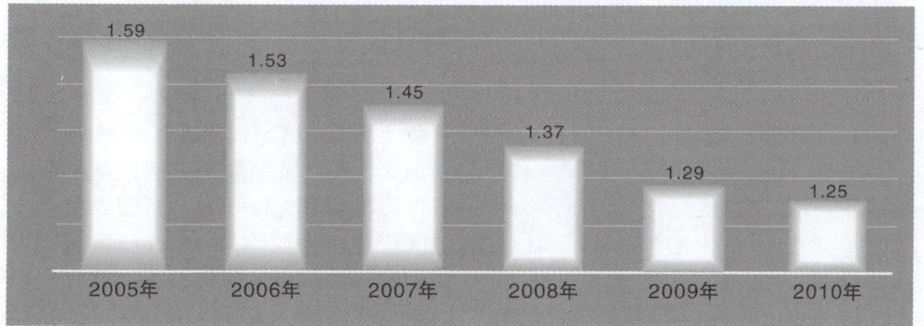

（市统计局 供稿）

【农林牧渔协调发展】 2010年，岳阳市粮食播种面积54.16万公顷，增长0.4%，总产量315.8万吨，比2009年增长0.1%；肉类总产量57.6万吨，增长3.9%；水产品总产量37.87万吨，增长4.8%。农、林、牧、渔业实现总产值326.42亿元，同比增长4.1%。其中：农业产值150.1亿元，增长3.6%；林业总产值9.54亿元，增长4.6%；牧业总产值109.99亿元，增长4.2%；渔业总产值52.6亿元，增长5.0%。结构比为46.6：3.0：34.1：16.3。

农业基础不断改善。全年财政农林水事务支出17.40亿元，增长17.0%。完成各类水利工程5.1万处，投入资金9.8亿元，移动土石方5200万立方米。年末实有耕地面积327.51千公顷，增长1.6%。农村用电量6.54亿千瓦时。年末农业机械总动力468.39万千瓦，增长6.6%。

农业产业化加快推进。全市农产品加工企业2617家，增长1.0%。其中，25家国家级、省级农业产业化龙头企业销售收入183.9亿元，增长29.4%；实现利润5.7亿元，增长24.2%。农民专业合作社382个，增长2.4%；合作社成员5.6万户，辐射带动农户21.6万户。

【工业生产规模继续扩大】 2010年，岳阳市全部工业增加值比2009年增长21.3%，拉动GDP增长9.7个百分点。其中1332家规模以上工业企业实现增加值751.53亿元，增长23%，同比加快4.1个百分点。一是县市区工业发展较快。二是产业聚集程度不断提高。全市12大工业园区实现规模工业增加值325.27亿元，增长24.7%。其中6大省级及以上园区实现规模工业增加值240.12亿元，增长26.5%。三是非公工业强势增长。全市非公有制规模工业企业实现增加值483.01亿元，增长27.8%，超过规模工业增加值增速4.8个百分点，占全部规模工业增加值比重同比为64.3%。四是优势产业较快增长。五是企业经营效益大幅提升。全市规模以上工业企业经济效益综合指数为395，比2009年提高55.3个点。34个主要行业中有30个行业实现盈利。全市规模工业实现利税总额179.38亿元，增长

31.2%，其中利润总额46.99亿元，增长88.1%。工业主要产品产量较快增长。全市15种主要工业产品中，保持增长的有10种，下降的有4种，保持稳定的有1种。

建筑业稳定增长。全市建筑业实现增加值81.8亿元，比2009年增长13.8%，占地区生产总值的比重为5.3%。房地产完成投资70.37亿元，增长37.1%；房屋施工面积801.61万平方米，增长22.9%，房屋竣工面积192.61万平方米，增长19.8%。

【交通运输业加快发展】 2010年，岳阳市交通运输邮电仓储业实现增加值66.39亿元，增长19.5%，增速比2009年提高13.5个百分点。全年货物运输量15119.1万吨，增长40.4%，周转量228.6亿吨公里，增长28.3%；旅客运输量9881万人，增长16.4%，周转量65.28亿人公里，增长6.1%。民用汽车保有量持续增加。年末全市民用汽车保有量42.15万辆，增长11.8%，其中2010年新注册汽车8.45万辆，增长18.2%。邮电通信业较快发展。全年邮电业务总量81.21亿元，增长21.3%，其中邮政业务总量2.54亿元，增长24.1%；电信业务总量78.67亿元，增长21.2%。年末固定电话用户达到79.82万户，下降10.4%，移动电话用户262.15万户，增长9.0%；年末拥有国际互联网用户25.37万户，增长29.8%。

【金融保险发展稳中有升】 2010年，全市年末金融系统（可比口径本外币）各项存款余额784.97亿元，比年初新增102.13亿元，比2009年增长15.0%；各项贷款余额437.18亿元，比年初新增74.45亿元，比2009年增长20.5%，其中中长期贷款221.22亿元，同比增长44.5%。

保险业发展步伐加快。全年实现保费收入31.12亿元，比2009年年增长18.7%，其中财产保险收入6.91亿元，增长27.5%，人寿保险收入24.21亿元，增长16.4%。各项赔款和给付支出5.94亿元，增长12.7%。

【城乡建设日新月异】 2010年，全市完成全社会固定资产投资782.16亿元，比2009年增长27.7%，其中城镇以上固定资产投资689.14亿元，增长26.9%。5000万元以上项目536个，其中新开工项目数354个，完成投资377.76亿元，增长46.5%。

房地产市场健康有序。全市商品房销售面积241.57万平方米，比2009年增长35.5%；商品房销售额62.90亿元，增长90.7%。

节能减排取得重要进展。全市万元规模工业增加值能耗1.55吨标煤/万元，比2009年下降12.9%，其中列入全省“百家节能企业”的5家企业的综合能源消费量25.97万吨标煤，下降17.2%；全年二氧化硫排放总量6.57万吨，下降1.4%；化学需氧量排放总量8.95万吨，下降0.3%。

城乡环境得到改善。年末城镇建成区面积达到410.2平方公里；新建乡镇到村水泥（沥青）路1544公里，新建农村客运站场10个；改造市中心城区小街巷35条，城市道路累计通车总里程达到592公里；新建农村沼气池2.18万口，解决农村饮水不安全人数30.53万人；城市污水日处理能力达到18万吨，增长80.0%；全市森林覆盖率达到45.3%。

【科教文卫事业稳步发展】 2010年，全市科学研究与实验发展（R＆D）经费支出17.42亿元，比2009年增长27.5%，占生产总值的1.1%。全年计专利申请受理数389件，增长37.5%；发明专利136件，增长33.3%。高新技术产品品种数达到602个，增长7.9%，其中具有自主知识产权的品种数达到388个，增长10.5%。

教育事业稳步发展。全市高考文理科平均分均排名全省第三。年末全市各类学校在校人数84.98万人，其中普通高校4所，普通高等教育本专科在校学生4.36万人；各类中等职业教育在校生7.26万人;普通中学在校生26.12万人；小学在校生35.65万人；幼儿园在园幼儿11.43万人。

文体事业持续推进。新建农家书屋556家，按“三室两中心”的要求，改扩建市中心城区49个社区服务中心。全市有艺术表演团体11个，文化馆10个，博物馆、纪念馆9个，公共图书馆7个，报业3种；电视人口覆盖率96.3%。有体育场地52个，其中运动场28个，体育馆10座，游泳池14个；各种训练房45个；新建农民体育健身工程的行政村达180个。

卫生设施显着改善。全市有各类医疗卫生机构4677个，其中医院、卫生院217个，床位数1.47万张。专科防治所（站）17个，疾病预防控制机构10个，妇幼保健机构10个，卫生监督机构10个，乡镇卫生院175个。有卫生技术人员1.86万人。其中执业医师及执业助理医师8050人，注册护士5637人。

【人民生活稳步提高】 2010年，全市城镇居民人均可支配收入17312元，比2009年增长10.4%，其中，人均工资性收入11589元，增长10.2%。农村居民人均纯收入5988元，比上年增长12.2%，其中，人均工资性收入2462元，增长16.1%。年末城乡居民储蓄存款余额524.59亿元，比上年年末增长13.8%。

居民消费结构持续升级。全市城镇居民人均消费性支出12177元，增长6.8%。其中，人均旅游支出增长42.9%。农村居民人均消费支出4989.6元，增长16.7%。其中，人均家庭设备用品及服务支出、衣着支出分别增长100.3%和12.5%。城镇居民恩格尔系数为35.8%，农村居民恩格尔系数为37.0%。城镇居民人均居住面积40.7平方米，增加1.1平方米；农村居民人均住房面积42.14平方米，增加1.24平方米。平均每百户农户家庭拥有彩色电视机88.2台，电话机56台，移动电话128.3台。

【社会事业不断完善】 2010年，全市新增城镇就业人员5.51万人，比2009年多增1.05万人；下岗失业人员再就业3.36万人；城镇零就业家庭就业援助继续保持动态清零。至年末，城镇登记失业率为4%。

社会保障不断加强。全市城镇职工五大社会保险共新增参保人数24.5万人，城镇职工、居民基本医疗保险参保167.32万人，新型农村合作医疗住院补偿率62.9%；城镇居民得到政府最低生活保障140.16万人次，年均月保障人数为11.68万人，农村居民得到政府最低生活保障186.36

万人次，年均月保障人数为15.53万人；城区低保标准达到每月260元，农村低保标准达到每月110元。

福利事业加快发展。全市新建、扩改建乡镇敬老院8所。改造新建2所县级综合医院，7所乡镇中心卫生院和6所社区卫生服务中心。新建（筹集）城镇廉租房44.2万平方米，建成经济适用房1934套，完成831户洞庭湖湖区捕捞渔民危房改造，帮助2028户农村困难群众重建、改造和维修住房。

安全生产形势总体稳定。全年发生生产事故855起，死亡156人，事故死亡人数比上年下降3.0%。其中工矿商贸10万从业人员事故死亡率为0.498人，下降12.7%；亿元生产安全事故死亡率为0.105人，下降23.8%；全年道路交通事故688起，死亡134人，道路交通万车死亡率3.38人，下降15.7%。

社会秩序管理不断增强。年末全市共有律师事务所33个，律师人员324人；公证处11个；人民调解委员会4235个，调解纠纷3.09万起。

（本栏撰稿　谢　元）

精神文明建设

【创建全国文明城市的五创提质活动全面展开】 2010年，岳阳市开展以创建全国文明城市为龙头，创建国家交通管理模范城市、国家环保模范城市、国家社会治安综合治理模范城市、全国绿化模范城市的五创活动（简称五创活动）。4月28日，市委、市政府在市文化艺术会展中心召开创建全国文明城市五创提质动员大会，全体市级领导出席，市直各部门领导班子全体成员，中心城区各街道办事处工委书记、主任，中央和省驻岳单位负责人，各窗口单位负责人共1100多人参加。会上，市委书记、市文明委主任易炼红作重要讲话，市委副书记、市长黄兰香作动员报告。年内，易炼红率先带头，先后8次上街头、进学校、入社区、访公交等，对五创工作进行督查，并要求每个市级领导每月都要对五创工作进行一次督查。黄兰香多次率市直有关部门负责人就城市绿化、南湖水质保护、洞庭湖采砂船乱停乱靠问题进行专题调研，督促解决五创工作中的重点和难点问题。9月15～17日，市文明办举办全市文明创建工作研讨班，156个单位和社区负责人参加研讨培训。省文明办副主任李晓平，市委宣传部副部长、市文明办主任许卫国等以《文明创建的理性思考》、《坚持科学发展，推进文明创建》和《提升创建工作的科学化水平》为题进行专题讲座，君山区人民法院、岳阳楼区地税局办税服务厅、平江县城关镇西街社区介绍创建经验。市文明办还组织网友现场考察和参与文明创建活动，召开网友座谈会，广泛听取意见和建议。动员大会后，各区、市直部门、街道办事处、社区进行层层宣传发动，在城区主要街道、交通路口、固定围墙等醒目位置设立一批大型公益广告。市级媒体对创建活动进行全方位、高密度、多视角的报道，创建全国文明城市的活动情况每天都会通过报纸、电视、广播、网络走进寻常百姓家。岳阳晚报和岳阳电视台每天都把创建活动宣传作为主要内容。在浓厚的氛围感染下，广大市民的创建热情高涨，其中很多人以志愿者的身份自觉加入创建队伍，参与创建活动。

【在全国城市公共文明指数测评中取得好成绩】 2010年8月24日，市委、市政府在市文化艺术会展中心召开迎接全国城市公共文明指数测评动员大会。市委副书记、市长黄兰香，市委常委、副市长韩建国，市委常委、宣传部长徐新启等出席会议。全市各相关部门、单位负责人400余人参加会议。会上，黄兰香从提升城市工作理念的高度对迎接全国城市公共文明指数测评工作提出要求，强调要借这次全国测评机会，把基础工作做扎实，把常态管理抓到位；要统一思想，加强“一把手”领导；各级各部门要以高度的责任心，以先进的城市工作理念开展创建工作。徐新启从提高思想认识、着力解决问题、使用非常机制、从细节入手、严格责任追究等方面对创建工作提出要求。市文明办还委托国家统计局岳阳调查队从5月开始每月一次进行公共文明指数测评，对中心城区和33个窗口行业主管单位测评得分排名在媒体公布，并先后组织召开3次公共文明指数测评讲评会。在中央文明办组织的2010年度公共文明指数测评中，岳阳市取得较好的成绩。中央文明办的评价是：“今年部分城市公共文明指数测评，在各城市创建力度普遍加大的情况下，岳阳市取得地级城市组第28名的好成绩，进步明显，这是岳阳市委、市政府高度重视，市委宣传部、市文明办等有关部门扎实工作的结果。”

【教育引导提升市民文明素质】 2010年5月20日，市委书记易炼红、市长黄兰香通过媒体发表致全体市民的公开信《我们都是岳阳的主人》，号召广大市民从自己做起，从小事做起，养成文明习惯，支持全国文明城市创建。市文明办重点抓三个方面的工作。一是万名干部上街劝导。5月4日开始，组织市直和中心城区“三区”机关干部分街道包干负责开展文明劝导活动。劝导员佩戴统一的红袖章，深入大街小巷，向过往市民、临街门店经营业主宣传市政府通告精神，劝导市民不乱吐乱扔、乱倒垃圾、乱穿马路、乱停放车辆，引导市民遵守公共秩序，共建美好家园。二是10万市民签名承诺。5月13日，举行“告别陋习，做文明市民”10万市民签名承诺启动仪式，4000多名市民冒雨涌入南湖广场参加签名，承诺不随地吐痰，不乱扔果皮、纸屑、烟头，不乱扔垃圾，不乱停放车辆，不乱穿马路等。签名活动同时在中心城区各社区、学校举行，全市10万市民和大中小学生参加。三是百万市民素质大提升行动。主要依托大中小学、市民学校和新闻媒体，对全体市民、学生和进城务工人员进行全覆盖的文明创建知识和文明礼仪常识的教育培训。市文明办组织编印《创建全国文明城市市民读本》，免费发放给广大市民学习，从全市选聘300名市民素质教育宣讲员，委托市委讲师团进行培训，以志愿者的身份深入机关、企业、社区、学校进行宣讲。市文明办还组建130所社区市民学校（中心城区每个社区1所），每所学校做到有牌子、有教室、有教师、有教学计划、有管理制度，作为提升市民素质的一项长效机制落实。《长江信息报》等媒体开辟专栏，向市民宣传《创建全国文明城市市民读本》中的礼仪知识。

【通报表彰年度文明单位】 2010年，市委、市政府下发《关于表彰年度文明单位的决定》。全市广泛深入地开展创建文明单位活动，涌现出一大批文明创建工作先进集体。经市文明委研究同意，授予市审计局等17家单位为市级文明标兵单位，市物价局等40家单位为市级文明单位，平江起义纪念馆等17家单位为市级文明社区（小区）。

【深入开展学习宣传道德模范活动】 2010年，市文明办以社会主义核心价值体系建设为根本，深入开展学习宣传道德模范活动，重点抓三个方面的工作。一是组织开展道德模范基层巡讲活动。为切实提升全市市民道德建设水平，努力营造崇尚道德模范、学习道德模范、争当道德模范的浓厚氛围，市文明办认真制订活动方案，精心挑选市第一届和第二届道德模范中比较有典型意义的代表组成报告团。6月9日，市文明办组织"全市道德模范基层巡讲"活动启动仪式暨主场报告会，市委常委、宣传部长徐新启出席并发表重要讲话，与会听众达1000多人。随后，巡讲团成员奔赴全市各县市区场巡讲，每到一处，各县市区场都安排电视台工作人员进行全场录制，并于当晚在当地电视台进行实况播出，活动规模空前。岳阳县在这次道德模范巡讲活动中，还特别邀请全国道德模范文花枝、杨怀保前来作报告，市委副书记兼岳阳县委书记彭国甫出席报告会并作重要讲话。从6月初开始，市本级举办12场道德模范基层巡讲活动，县市区累计举办56场，直接听众5万多人，收到较为满意的效果。道德模范基层巡讲在各基层好评如潮，为岳阳市深入推进公民道德建设提供一个良好的平台和载体。二是承办"德行潇湘"道德模范岳阳巡讲活动。8月21日，由省文明办和市文明委共同主办，市文明办与湖南人民广播电台新闻频道承办的"德行潇湘"湖南省道德模范三湘巡讲岳阳站活动在市广电演播厅举行，200多位市民听取杨玉琴、邓红梅2位道德模范的优秀事迹，感受道德的力量与心灵的震撼。当主持人透露身患脑瘤的杨玉琴目前急需一笔手术费用时，当场有名观众呼吁大家为这位母亲进行募捐，短短几分钟时间就募得几千元的捐款送到杨玉琴的女儿黄婉手中。三是做好"身边好人"的评选工作。市文明办继续深入开展"我推荐、我评议身边好人"活动，向省文明办报送"身边好人"30余人。

【未成年人思想道德建设工作深入发展】 2010年，市文明办以健全机制、创新载体为重点，推动未成年人思想道德建设工作深入发展，主要抓三个方面的工作。一是建立健全岳阳市未成年人思想道德建设联席会议制度。向各县市区委，市文明委各成员单位两次发文，确定联席会议单位及人员组成，包括研究部署工作、督促落实职责、调查分析情况、交流经验信息在内的四项主要职责，以及以例会制度、专题会议制度、述职制度为主的会议制度，为更好地调查研究未成年人思想道德建设的情况、总结推广经验、研究分析问题、提出对策建议，提供强有力的"硬件"。二是成立岳阳市未成年人心理健康辅导站。8月12日，经市文明办牵头组织，以扈立珊教授的"生命线"心理咨询室为依托，全省首家市级未成年人心理辅导站——岳阳市未成年人心理健康辅导站，在市南湖大道盘龙写字楼正式挂牌成立。市领导徐新启、隋国庆、柴小平，市关工委主任方贵吾出席揭牌仪式。辅导站是面向全市未成年人实施心理健康教育和开展心理咨询服务的纯公益性机构，免费为未成年人提供心理援助，对中小学班主任进行心理辅导和培训。开设未成年人心理热线室、心理咨询室和生命线心理咨询网，以及心理咨询热线"8612355"。未成年人心理健康辅导站在一个月内建立起来，受到省文明办领导的肯定，认为投入少、模式好。此外，辅导站还不断完善内部制度建设，制定热线接待员准则、热线接待记录、咨询接待记录等制度，创办辅导站的专刊《心视野》。辅导站的影响不断扩大，功能不断凸显，成立以来，省、市级媒体10多次专题报道其运作情况。三是授牌成立首个岳阳市未成年人思想道德建设实践基地。8月12日，市文明办将全市首块"岳阳市未成年人思想道德建设实践基地"牌匾授予岳阳晚报社·长江信息报社岳阳小记者团。

【岳阳乡村少年宫建设走在全省前列】 2010年8月，市文明办在岳阳楼区、南湖风景区和岳阳经济技术开发区试点筹建的乡村少年宫顺利完工，郭镇、梅溪、湖滨和三荷等4所乡镇学校为首批试点少年宫。少年宫利用暑假闲置的乡村中小学、体育场地，义务为农村孩子培训各种艺术课程。按照"有场地、有牌子、有师资、有制度、有计划、有活动"的要求，湖滨学校斥资20万元购置全新多媒体、电子琴、书法器材等文体用品，为孩子们塑造一个设施齐全、环境优良的少年宫；郭镇中学乡村少年宫特地配套50台计算机，利用学校现有资源开设舞蹈、书法、器乐等12个兴趣班。放暑假前，4所乡村少年宫给学生家长发公开信，诚邀每一位有梦想的孩子到乡村少年宫报到。省文明办负责人参观郭镇中学乡村少年宫后赞叹："'一室两用'，岳阳乡村少年宫走在全省前列。"

（本栏撰稿 杨亮亮）

组织机构及负责人

中国共产党岳阳市委员会

书　记　易炼红

副书记　黄兰香　盛荣华　彭国甫

常　委　赖社光　陈奇达　康代四
　　　　郭振斌　韩建国　严　华
　　　　徐新启　李劲夫　樊进军
　　　　陈吉辉

秘书长　赖社光

副秘书长　倪慧君　江巨涛
　　　　　任小娟　王文选
　　　　　喻　文　李白才

曹合群　吴敌文
余良勇（援藏）

岳阳市人民代表大会常务委员会

主　任　李湘岳
副主任　刘衍华　陈国荣　余炳锐
李开龙　周　哲　包忠清
易丽珍
党组成员　罗美安
秘书长　谢卫东
副秘书长　李新洲　黄国华

岳阳市人民政府

市　长　黄兰香
常务副市长　郭振斌
副市长　韩建国　隋国庆　陈四海
宋爱华　蒋　锋
副巡视员　苏耀辉
副厅级干部　丁阳云　易癸巳
秘书长　王小中
市长助理　邱国庆　王益民
副秘书长　何林福　汪书籍
林霞辉　范安辉
丁源源　王湘涛
兰建中　禹　辉
费荣新　陈正文
陈　峰

中国人民政治协商会议岳阳市委员会

主　席　白尊贤
副主席　戴新果　柴小平　周传博
张振彬　肖建华
秦吉兵　万岳斌　李　为
刘晓英
副厅级干部　吴钢良
秘书长　李永丰
副秘书长　苑　欣　周和平
周建国

中国共产党岳阳市纪律检查委员会（监察局）

书　记　康代四
副厅级干部　易癸巳
副书记　陈光荣　万光宇　任茂辉
常　委　杨福鉴　汪四新　贺名良
曹克强
监察局局长　陈光荣
副局长　贺名良　李　为　曹克强

市优化经济环境办公室

主　任　陈　平

岳阳军分区

司　令　员　陈吉辉
政治委员　常建国
副政治委员　郭玉锁
参　谋　长　袁建华
政治部主任　雷体全
后勤部部长　胡小合

临港新区、经开区、南湖风景区

湖南城陵矶临港产业新区
工委书记　盛荣华
管委会主任　宋爱华
副书记、副主任　李运帷
副书记、纪工委书记　王文华
综合管理部部长　彭公穆
国土规划建设部部长　高大良
财政金融部部长　范星飞
招商联络部部长　徐福保
投资开发有限公司总经理　游志坚
岳阳经济技术开发区
工委第一书记　樊进军
工委书记　欧江平
主任、工委副书记　王雨田
工委副书记　刘光明
副主任、工委副书记　罗同乐
纪工委书记　姜献平
副主任　胥棉桃　林敏伯　赵　平
严若鹏　邹岳湘　黄小年
谭国良　涂克成
工委委员　段德彬　郑德明
李兴吾
岳阳南湖风景区
工委书记　王伊亮
主任、工委副书记　罗　纯
副主任、工委副书记　蔡远志
副主任　李军辉　邓有根　夏金城
李精明　余格尧
纪工委书记　李征兵
总经济师　姜　华
工委委员　刘雪清

岳阳市中级人民法院

院长、书记　杨太平
副院长、副书记　李建平　廖迪文
副院长　龙建新　李杜芳　袁小文
纪检组长　刘亚洲
政治部主任　陈松林
党组成员　姜跃军　周玉和

岳阳市人民检察院

检察长、书记　朱必达
副检察长、副书记　邱建国　刘恩怡
副检察长　黄志强　沈月光　白尊三
工会主席　杨旭光
纪检组长　许　太
政治部主任　仇新华
党组成员　周　湘

市委机构

市委办公室
主　　任　赖社光（兼）
纪检组长　许　杨
副 主 任　钟剑毅　胡　玮
市委政策研究室
主　任　黄伟雄
副主任　徐　煜　杜　宇
市委党史市志办公室
主任、书记　杨志军
副主任、副书记　戴长明
副主任　周友珍　吴青萍　易　林
纪检组长　张秀娥
任弼时纪念馆
党组书记　曹合群
馆　长　李茛主
付 馆 长　周益祥　符国凡
市国家保密局
局　长　唐解发
市委机要局（市国家密码管理局）
局　长　邹青松
市委组织部
部　长　严　华
副厅级干部　殷石爱
常务副部长　许伟奇
副部长　刘传汉　周立社　谢　胜
张　赟　殷道春
党员干部现代远程教育管理中心
主　任　任栩栩
市直机关工作委员会
书　记　胡　伟

副书记　徐重林　毛永明　李力之
副书记、纪工委书记　翁桂萍
委　员　李志峰　方克君

市委机构编制委员会办公室
主　任　罗忠勇
副主任　荣般芝　李耀华
副处级纪检员　袁益志

市事业单位登记管理局
局　长　杨九年

市委党校、市行政学院、市社会主义学院
第一校（院）长　严　华
校（院）长　朱葆芝
副校（院）长　刘宇赤　廖社华
　　　　　　　刘建新　曾君华
教育长　霍益辉
纪检组长　李革凤

市委老干部局
局长、书记　张　赟
副局长、副书记　许铁军
副局长　周　兰　余长庚　胡向荣
纪检组长　尹少勇

市委宣传部
部　长　徐新启
常务副部长　罗光辉
副部长　李　红　许卫国　李鹏飞
　　　　彭东明
纪检组长　林治学

市精神文明建设指导委员会办公室
主　任　许卫国

岳阳晚报社
社长、书记　张思杨
总编辑　李鹏飞
纪检组长　皮露基
副总编辑　魏　星　刘朝晖
副社长　罗永明

市委讲师团
主　任　李桂华
副主任　蔡吉跃　李卫兵

市委统战部
部　长　李劲夫
市委市政府督办专员　雷桂云
副部长　刘自远　沈六生　李建群
纪检组长　方亚华

市委台湾工作办公室
主　任　汪玉松
副主任　刘中力　张志勇

市委政法委员会
书　记　陈奇达
常务副书记　刘孝纯
副书记　彭纲要　李健安　蒋仁凯
　　　　贯建湘
纪检组长　李湘滨
政治部主任　胡平华
委　员　彭兴国　许继英

市综治办
主　任　李湘滨

市委维护社会稳定领导小组办公室
主　任　杨首建

市人大常委会机构

内务司法委员会
主任委员　黄衍苗
副主任委员　刘孟虎　周　升

财政经济委员会
主任委员　丁金华
副主任委员　李卫平　杨旅华

教育科学文化卫生委员会
主任委员　徐登源
副主任委员　方平波　李学松

城乡建设与环境资源保护委员会
主任委员　郭明奇
副主任委员　许晓早　鲁　勇

农业与农村工作委员会
主任委员　贾罗生
副主任委员　万方平

选举任免联络工作委员会
主　任　王双凡
副主任　刘米英　戴　斌

预算工作委员会
主　任　李卫平
副主任　万旦明　余子鹏

办公室
主　任　谢卫东
副主任　李新洲　汤文彬　刘志强
　　　　戴　丽
纪检员　李首元

研究室
主　任　杨岳斌
副主任　李正钧

信访办
主　任　吴德仁

市政府机构

市政府办公室
主　任　王小中
纪检组长　葛福英
副主任　刘衡岳　李国伟　张　翎
　　　　廖星辉

市政府研究室
主　任　廖长生
副主任　宋可权　雷　欣

市政府法制办公室
主　任　何季如
副主任　向元宗　杨子建　赵　瑾

市信访局
局　长　丁源源
副局长　何四军　向阳春　李　霖

市委市政府接待处
处长、书记　喻　文
副处长　钱丹青　胡　蝶
纪检组长　刘炳生

市发展和改革委员会
主任、书记　刘铁健
副主任、副书记　余国祥
副主任　张　鑫　易　灿　唐检保
　　　　欧阳思平　陆小成
总经济师　蒋仕林
纪检组长　夏安民

市金融工作办公室
主任、书记　李建雄
副主任　陈深彻　彭怡明　张　炯
纪检组长　何　雄

市经济和信息化委员会
主任、副书记　文春方
书记、副主任　李鲜利
副主任　李岳星　曾曙光　陈岳红
　　　　程　均
纪检书记　李　煌
工会主任　刘建武
总经济师　陈　丰
总工程师　徐舒翔

市科学技术局
局长、书记　谢春生
副局长、副书记　柳　怀
副局长　黄跃文　李立平　彭波涛
　　　　何厚德　张　忠
党组成员　李载智　袁　武
纪检组长　戴本柱
总工程师　罗明亮

市知识产权局
局　长　李正国

市教育局
局长、书记　王志明
副局长、副书记　喻玲玲
副局长　宋杰林　刘志高　徐载满
　　　　朱新和
纪检书记　李晓雄
党组成员　张诗文　童卓君
副主任督学　康仲德　葛天普
　　　　　　夏世蟒　徐跃进

市招生考试委员会办公室
主　任　刘益良

市大中专学校毕业生就业管理办公室
主　任　万志勇

市公安局
局长、书记　丁阳云
副书记　罗小康

常务副局长、副书记 唐文发
副局长、副书记 仇岳刚
副局长 喻伟民 苗晓光 曾新韬
王景亮
纪委书记、督察长 毛贻忠
市刑事侦查支队
支队长 邹坤光
政 委 阳文益
市治安支队
支队长 张 伟
政 委 李克山
市巡特警支队
支队长 张政协
政 委 刘永红
市交通警察支队
支队长 周曦放
政 委 余 昕
市监所管理支队
支队长 易 昊
政 委 万艳秋
市警官培训中心
主 任 张伟明
政 委 丁建兵
市边防检查站
站 长 潘蜀湘
书 记 王年开
市民政局
局长、书记 刘树平
副书记、副局长 黄 鸣
副局长 黄森林 曹远鹏 李建军
杨树生
纪检书记 李 晔
党组成员 张其瑞 周伟祥
市社会救助工作局
局 长 彭 浩
市司法局
局长、书记 张群望
副局长 熊赞国 何灿文 梁松林
刘铭竹 赵碧喜
纪检组长 胡进良
市劳动教养管理所
所 长 陈超群
政 委 黎鹏飞
市普法办公室
主 任 张 韬
市财政局
局长、书记 刘美树
副局长、副书记 方新群 邹三友
副局长 洪建军 熊建伍 谢建华
谭 辉
总会计师 周继祥
总经济师 何 斌
纪检组长 彭 坚
党组成员 李向阳
市非税收入征收管理局
局 长 陈 辉
市财政国库集中支付局
局 长 隋 蕾
市行政事业单位资产管理处
主 任 陈定宝
市农业综合开发办公室
主 任 钟 肯
市城市建设投资管理中心
总 经 理 方新群
副总经理 易 轩 李 铮
贺正哲
市人力资源和社会保障局
局长、书记 殷道春
副局长、副书记 卢进星
副局长 何卫宏 朱六斌 刘庆明
陈 彬 晏桃宝 何文忠
陆敏刚
党组成员 李鹏杰 邹望春
姜继辉 文飞宇
纪检组长 李有星
工会主席 卢景辉
市人才服务中心
主 任 邹望春
市劳动就业服务局
局 长 姜继辉
市社会保险事业管理处
处 长 李鹏杰
市医疗生育保险基金管理服务处
主 任 易惠军
市工伤保险基金管理服务处
处 长 李胜军
市劳动保障争议仲裁院
院 长 刘跃裕
市劳动保障监察支队
支队长 谈 抒
市住房和城乡建设局
局长、书记 谈正红
副局长、副书记 李绘宇
副局长 李永忠 程志忠 刘继和
罗万象 罗文彬
总经济师 谢 卿
纪检组长 艾更之
工会主任 沈道义
市建筑设计院
院 长 刘正力
书 记 殷克然
市规划勘测设计院
院长、书记 伍 丽
市交通局
局长、书记 龚柏松
副局长、副书记 徐浩明 刘勇强
副局长 方全民 李炎云 张建辉
刘泽江
工会主任 刘强国
总工程师 吴鹏扬
党组成员 彭旅京
广州铁路（集团）公司岳阳火车站
站 长 聂国生
书 记 黄志雄
市地方公路管理处
主 任 谢 钢
市道路运输管理局
局长、书记 李 晖
市公共交通总公司
总经理 卢 平
书 记 胡春山
市城市公交管理局
局 长 周赞先
书 记 许 淞
市交通质量和安全监督管理局
局 长 孙晓红
市107国道管理处
书 记 缪小新
主 任 范 律
市农村工作办公室、市委农村工作部
部长、主任 华克敏
副部长、副主任 蔡绍忠 施永国
彭略武 李新生
朱诚放 郑剑山
纪检组长 李秀瑛
市水务局
局 长 骆岳梨
书 记 段方金
副局长、副书记 皮梅芳
副局长 李超军 曾革军 许 杰
刘固华
纪检组长 吴建平
工会主席 丁文奇
总工程师 方 潭
市农业局
局长、书记 谌亚忠
副局长、副书记 胡一心
副局长 刘利文 黄玉祥 陈 刚
左仕庚
纪检组长 刘长华
总农艺师 高家枚
党组成员 黄泽根
市林业局
局长、书记 徐石坚
副局长、副书记 邱少雄 方归农
副局长 曹道伍 李永胜 孟正兴
杨大成
总工程师 李洪泽
纪检组长 邓金洲

湖南东洞庭湖国家级自然保护区管理局
局　长　赵启鸿
市森林公安局
局　长　徐海湘
市农村经营管理局
局　长　晏春华
市农业科学研究所
书　记　彭高文
所　长　李　平
市政府扶贫开发领导小组办公室
主　任　李赐军
市防汛抗旱指挥部办公室
主　任　冯楚生
市水政水资源管理处
主　任　毛再斌
市能源生态局
局　长　凌晓明
市畜牧水产局
局长、书记　陈克祥
副局长　余世忠　何广庭　李学勇　高四新　蒋文胜　曾新保
总工程师　李亚白
纪检组长　赵志坚
总畜牧师　徐　勇
市铁山供水工程管理局
局长、书记　刘海波
副局长、副书记　尹　山
副局长　李新武　任伟明　骆新保
纪委书记　付路明
总经济师　余东球
党委委员　许石兵
市农业机械管理局
局　长　万五龙
书　记　蔡绍忠
副局长　涂亚明　刘　勇
纪检组长　范　瑛
总工程师　彭小星
市长江修防处
处长、书记　湛锡光
副处长、副书记　蔡东华
副处长　杨军建　叶建国　胡世忠　谢月秋
纪检组长　余　渊
工会主席　游兴盛
市招商局
局长、书记　王德华
副局长、副书记　邹慕贤
副局长　周剑农　张志超　刘友才
纪检组长　唐立德
市商务局
局长、书记　熊道生
纪检组长　李新武
副局长、副书记　熊树林
副局长　丁道剑　宋岳军　陈文斌　冯庆新　周良凤
工会主席　汤美孚
机关党委书记　韩湘龙
市市场建设管理处
主　任　周月殿
市文化广电新闻出版局
局长、书记　龚卫国
副局长、副书记　苏文峰
副局长　黄建忠　刘光辉　柳亚非　何立夫　范泽容
纪检组长　甘学红
市广播电视台
台长、书记　江玉祖
总编辑、副书记　杨衡之
副台长、副书记　谢青山
副台长　陶沙岸　张立军
纪检组长　陈　勇
副总编　周泽柱　周钟声　罗　岚
总工程师　肖艳娟
工会主席　夏建华
市电视转播台
台　长　章宏平
市中波台
台　长　李核生
市新华书店
总经理　仇晓云
市文化市场综合执法局
书　记　龚卫国
局长、副书记　孙山青
常务副局长、副书记　冯　毅
副局长　陈胜根　凌慧民
纪检组长　李玉新
市卫生局
局长、书记　黄军建
副局长、副书记　吴晓青
副局长　臧作明　胡小军　徐伟科　刘志敏
工会主任　李湘华
纪检组长　董艳萍
党组成员　罗志红
市血吸虫病防治领导小组办公室
主　任　罗志红
市人口和计划生育委员会
主任、书记　谢晓玲
副主任　秦吉兵　龚卫平　赵曙光　孙　奕
潘宏军（援藏）　夏荣才
纪检组长　邵爱军
市审计局
局长、书记　罗陆平
副局长　邓春初　杨如松　李星吾　陈　超　丁湘平
总审计师　干忠叶
纪检组长　曾建国
市环境保护局
局长、书记　李国保
副局长、副书记　余岳良
副局长　李石六　卿　漪　蒋　卉　万四良　傅　平
总工程师　程育芝
纪检组长　周兴
市环境监察支队
支队长　龚石罗
省洞庭湖环境监测中心
主　任　汪　铁
总支书记　石慧华
市环境监测中心
主　任　钟亚军
市统计局
局长、书记　焦铎辉
副局长　邹　俭　徐光明　许勇球　吴龙标
总统计师　胡燕飞
纪检组长　胡列宇
市粮食局
局长、书记　邹国良
副局长、副书记　何友良
副局长　许再新　蔡宇志　黄时正　司马孟军
纪检组长　吴新平
工会主席　廖敬东
市物价局
局长、书记　殷清华
副局长　马建社　陈步清　韩保新　胡　颖　伏沛根
纪检组长　彭　晟
市价格监督检查局
局　长　周孝元
书　记　冯先义
市政府外事侨务办公室
主任、书记　邱　虹
副主任　涂爱军　王诗宽　罗爱慧
侨联专职副主席　毛伟华
纪检组长　陈文亮
工会主席　唐中华
市规划局
局长、书记　曹学军
副局长　陈　江　杨建军　杨劲松　张世愚
纪检组长　易湘清
党组成员　李建军　刘雪梅
市人民防空办公室
主任、书记　曲安江
副主任　孟庆杰　许其良　徐光华　李佳军

纪检组长 贾建中
总工程师 何厚应

市体育运动局

局长、书记 徐远杰
副局长、副书记 雷长福
副局长 陈跃进 王建龙 吕敬国
李永波
纪检组长 周 赞

市档案局

局 长 戴文慧
副局长、书记 任欣欣
副局长 李文伟 陈祯祥
纪检组长 黄淑平

市旅游局

局长、书记 刘腊干
副局长、副书记 任焱辉
副局长 黄二良 杨川勇 吴 波
党组成员 李方爱
纪检组长 巢岳农

岳阳楼君山景区管理委员会

主 任 黄二良

市旅游发展有限公司

总经理 李方爱

市安全生产监督管理局

局长、书记 黄柏良
副局长、副书记 龙卓煌
副局长 李春光 姜新春 赵珍彩
童俏冰 方延子
纪检组长 李荣华

市国有资产监督管理委员会

主任、书记 黄俊钧
副主任、副书记 陈琪钢
副主任 林军华 曹冠军
纪委书记 余良成
总经济师 贾双彬
工会主席 戴武会

市食品药品监督管理局

局长、书记 卢大平
副局长、副书记 易世杰
副局长 王亚明 周志宏 邓艺文
纪检组长 欧阳藏修

市药品检验所

所长、书记 毛谊平

市供销合作联社

理事会主任、书记 罗 荣
监事会主任、副书记 何 晖
理事会副主任 胡 建 方国华
陈毗军
监事会副主任 李 静
纪检组长 陈 城
总经济师 刘立蒙
工会主席 李贻华

市口岸管理办公室

主任、书记 何移兵
副主任、副书记 宋振权
副主任 彭受宗 刘师迅 肖德根
纪检组长 李季平

市公路管理局

局 长 罗黑皮
书 记 冯嘉皇
副局长 吴加春 李茂文 刘美良
付瑞祥
高建勋 吴岳新
纪委书记 李梅秋
工会主席 邓永胜
党委委员 陈友斌
总工程师 徐 军

市洞庭湖大桥管理局

局长、书记 彭旅京
副局长 钟鉴波 李华云
总工程师 伏晓宁
纪检组长 胡利华

市地方海事局

局长、书记 刘岳华
副书记、纪委书记 赖富成
副局长 杨德华 秦乐辉 邓跃飞
钟爱国 付维民
总经济师 黄 河

市城市管理局

局长、书记 陈阁辉
副局长、副书记 柳泗明
副局长 鲍京平 许心豪 刘辉洪
陈定乾 胡荣华
总会计师 袁本德
纪检组长 周 峰

市风景园林局

局 长 程文艺

市市容环境卫生管理局

局 长 方欲林

市城市管理行政执法支队

局 长 樊 卫

市房地产管理局

局长、书记 李大元
常务副局长、副书记 易红卫
副局长、副书记 赵海波
副局长 张胡根 付 荣 葛文斌
刘高聃

市政府驻北京联络处

主 任 郑绍华
副主任 袁 波 杨啸非 祖庆衡

市政府驻上海联络处

主 任 甘 勇
副主任 徐 鸿 蔡志芳

市移民开发局

局 长 何晓明

市无线电管理处

主 任 李湘驹

市政府民族宗教事务局

局 长 查 宜

市人民政府政务服务中心

主 任 张 翎

市住房制度改革领导小组

主 任 许阳春

市住房公积金管理中心

主 任 刘跃红
书 记 夏卫军

市政协机构

办公室

主 任 李永丰
副主任 马本木 黄建平
纪检员 王东培

提案委员会

主 任 柳海平
副主任 傅小松

经济科技委员会

主 任 潘刚强
副主任 陈北海

文化教育卫生体育委员会

主 任 段 春
副主任 郭介川 任浩波

法制群团人口资源环境委员会

主 任 方建中
副主任 罗 湘

文史和学习委员会

主 任 刘祖保
副主任 王志龙 王馥兰

港澳台侨民族宗教外事委员会

主 任 杨 玲
副主任 杨驰军

国防建设

湖南陆军预备役步兵师第三团

团 长 李志勋
政治委员 王向东
副团长 朱启卫
参谋长 刘少红
政治处主任 阳哲民
后勤和装备处处长 周宗文

武警岳阳市支队

支队长 邓海兵
第一政治委员 丁阳云
政治委员 彭勇辉
副支队长 欧建军 罗华雄
副政治委员 郑乾禄 常建清
参谋长 戴国兵
政治处主任 杨彦华

后勤处处长　元宇新

市消防支队

支队长　苏永亮

政治委员　邓晓峰

副支队长　彭亮节　王科林

副政治委员　李志明

参谋长　杨胜利

政治处主任　王明科

后勤处处长　戴敏章

防火监督处处长　李俊杰

省主管机构、银行、保险

国家统计局岳阳调查队

队长、党组书记　吴当时

副队长　刘爱玲　李黄金

纪检组长　李　俞

市国土资源局

局长、书记　杨　克

副局长、副书记　胡　辉

副局长　万岳斌　王学汉　易拓新

纪检组长　刘险峰

党组成员　黄　琪　艾鲜枝

　　严　菲

市国土资源执法监察支队

支队长　黄　琪

市国家税务局

局　长　文延凤

副局长　李小亚　陈回院　曹克俭

　　李石道　肖　军

总经济师　余稳成

总会计师　李森岩

市地方税务局

局长、书记　方志平

副局长、副书记　张　军

副局长　徐　奎　黎　毅

总经济师　罗平原

总会计师　唐益民

纪检组长　龙伟华

市工商行政管理局

局长、书记　王星耀

副局长、副书记　宋继军

副局长　林新湘　吕新民　罗岳锋

　　颜石湘

纪检组长　周忠平

市质量技术监督局

副巡视员、书记　王石生

局　长　蒋跃进

副局长　赵奇志　胡力平

　　单　俊　周　喆

党组成员　刘荣保

中华人民共和国岳阳海关

关长、书记　何　洪

副关长　毛同坤　秦长林

党组成员　朱建平

中华人民共和国岳阳海关缉私分局

局　长　毛同坤

中华人民共和国岳阳海事局

局　长　龙营华

书　记　汪阳生

副书记、纪检组长　朱远志

副局长　杜国平　夏乐群

岳阳出入境检验检疫局

局长、书记　葛军凯

副局长　林建军

纪检组长　谢忻然

岳阳出入境检验检疫局城陵矶办事处

主　任　成亦吾

岳阳电业局

局　长　李伏才

书　记　杨立付

副局长　杨立古　杨五一　姚维平

工会主席　赵润琪

纪委书记　李泽龙

总工程师　唐丽红

总会计师　郭宜刚

市邮政局

局长、书记　李少锋

副局长　陈海山　狄　洪

副总经济师　范湘彤

中国电信股份有限公司岳阳分公司

总 经 理　唐述福

副总经理　刘爱军　万建湘

　　戴东文

湖南移动通信有限责任公司岳阳分公司

总经理、书记　陈越南

副总经理　李爱平

总经理助理　吴　铸　肖必胜

中国联合网络通信有限公司岳阳市分公司

总 经 理　陈松林

副总经理　张光耀　刘文剑

　　杨錡顺

市烟草专卖局（公司）

局长、经理、书记　黄国联

副经理　吴胜波　毛岳胜

副局长　刘湘江

纪检组长　陈　览

岳阳盐务管理局

局　长　吴新明

书　记　李克才

副局长　晏　勇　陈　楚　张森林

市气象局

书　记　吕　明

局长、副书记　吴铁桥

副局长　陈万林　李东阳

纪检组长　张　中

岳阳监狱

监狱长、书记　龚　跃

政委、副书记　袁冰可

副书记、纪委书记　张运良

副书记　陈志刚

副监狱长　高常陆　林福生

　　刘　伟　程志文

工会主席　艾祥卫

政治处主任　李　剑

湖南省白泥湖劳教所

所长、书记　高利国

政委、副书记　伍贤坤

中国石油化工股份有限公司湖南岳阳石油分公司

经　理　元立峰

书　记　罗　立

副经理　王军辉　谷秋林

湖南省血吸虫病防治研究所

所　长　易　平

书　记　谢木生

副书记　郭继雄

副所长　任光辉　贺宏斌　彭先平

　　王璋华　邓维成　肖翠兰

工会主席　肖　群

纪委书记　刘兆春

中国人民银行岳阳市中心支行

行长、书记　李　明

副行长　王晓毛　任　辉　袁曙光

纪委书记　贺学群

工会主任　李利华

中国银行业监督管理委员会岳阳监管分局

局　长　罗治光

副局长　金爱钦　黄志杰

纪委书记　李雁新

中国农业银行岳阳市分行

行长、书记　陈干清

副行长、副书记　王建平

副行长、纪委书记　杨　辉

副行长　朱跃光　彭　勇

中国银行股份有限公司岳阳分行

行　长　滕小明

副行长　肖群力　赵　勇

中国农业发展银行岳阳市分行

行长、书记　甘克勤

副行长、副书记　旷军良

副行长、纪委书记　朱萸荣

副行长　傅　圆

交通银行股份有限公司岳阳分行

行长、书记　周良成

副行长　李克拉　周利民

党委委员　彭政红

中国工商银行股份有限公司岳阳分行

副书记、纪委书记　凌金建

副行长 喻康桥 杨 林 陈飞宝 罗 健
工委主任 袁校刚

建设银行股份有限公司岳阳分行
行长、书记 彭 辉
纪委书记 曹王飞
副行长 李果华 梁运胜 李 强

华融湘江银行岳阳分行
行长、书记 殷六荣
副行长、副书记 郑 武
工会主席 严三益
人力资源总监 熊志广

湖南省农村信用社联合社岳阳办事处
主任、书记 文风清
副主任 王小洪 马克银

中国人民财产保险股份有限公司岳阳市分公司
总经理、书记 谭 赣
纪委书记 刘忠祥
党委委员 任 燕 杨晓明
总经理助理 袁爱吾

中国人寿保险股份有限公司岳阳分公司
总经理、书记 潘 颖
副总经理 童 江 朱干清 李孝森
党委成员 熊灵芝

中国太平洋财产保险股份有限公司岳阳中心支公司
总经理 刘敬军
总经理助理 颜伟琦 何 华 毛伟波

中国太平洋人寿保险股份有限公司岳阳中心支公司
总经理 卢顺芝
副总经理 易海洋
总经理助理 肖 钢

中国平安财产保险股份有限公司岳阳中心支公司
总经理 马立新
副总经理 付小义 袁建平

中国平安人寿保险股份有限公司岳阳中心支公司
总经理 吕 峰
后援负责人 张安安

新华人寿保险股份有限公司岳阳中心支公司
总经理 熊 鹰
总经理助理 李晚雄 石 磊

学校（院）、医院

湖南理工学院
书 记 彭时代
院长、副书记 韦成龙
副书记 余三定
副院长 文艺文 易健民 邱绍雄 卢先明 李 文 张松德
纪委书记 刘亦工

岳阳职业技术学院
书 记 肖自力
院长、副书记 段 华
副书记 潘岳生
常务副院长 张 建
副院长 李应龙 吴丽文 李晓林
纪委书记 胡振东
工会主席 陈卫东

湖南民族职业学院
书 记 袁建华
院长、副书记 吴顺发
副院长 戴南海 王立丁 文小华 李葵模
纪委书记 杨火保
工会主席 戴金波

湖南石油化工职业技术学院
董事长 雷放华
书 记 李结果
院 长 徐 方
纪委书记 周耀华
副院长 孙 雷 刘 滔
工会主席 郭丽荣

岳阳广播电视大学
书 记 陈美中
副校长、副书记 黄湖滨
副校长 袁 征 江家立 封 屹
纪委书记 乐艳华

岳阳工业技术学院（中南工业学校）
书 记 赵跃先
院 长 张文兵
副院长 唐世林 方柏年 章传美 张旭辉
副书记、纪委书记 杨力强

岳阳中学
校长、书记 林 立
副校长 郑社求 孙 瑾 王哲生 李仲芬
纪委书记 李阳春

市第一中学
校 长 廖炳晔
书 记 李赞辉

市第十四中学
校 长 符新培
书 记 杨 锋

市第十五中学
校 长 宋卓辉

市第一职业中等专业学校
校 长 孙光友
书 记 潘志扬

市一人民医院
院 长 唐 敏
书 记 曾 强
副院长 李自华 夏伟瑜 余飞跃 许文杰
纪委书记 王学明
工会主席 陆海湖
党委委员 张建安

市二人民医院
院 长 吴晓球
书 记 李 岳
副书记 王松柏
副院长 应民政 方兴旺 刘 芳 杨福炎
纪委书记 刘文龙
工会主席 方志明

市三人民医院
院 长 葛华阶

市中医院
院 长 向明波
书 记 邓寅风
副院长 张正元 邹智国 余绍清 司马雄翼
纪委书记 何长贵
工会主席 钟利民

市爱国卫生运动委员会办公室
主 任 黎 明

市疾病预防控制中心
主 任 黄岳四
书 记 姚建云

市卫生监督中心
主 任 王如松

市中心血站
站 长 方奎明

市妇幼保健院
院 长 袁劲进
书 记 顾国平

市康复医院
院 长 曾建国

市红十字会
常务副会长 李一锋

民主党派·工商联

中国国民党革命委员会岳阳市委员会
主 委 秦吉兵
副主委 任浩波 李晚林

中国民主同盟岳阳市委员会
主 委 万岳斌
副主委 吴秀华 阎建辉 李石夫

中国民主建国会岳阳市委员会
主 委 周传博

副主委　梁志军　方争奇

中国民主促进会岳阳市委员会

主　委　隋国庆

副主委　朱向旬　黄国华　朱学东
　　　　张世愚

中国农工民主党岳阳市委员会

主　委　李　为

副主委　周　波　钟志南（兼）
　　　　司马雄翼（兼）

中国致公党岳阳市委员会

主　委　余炳锐

副主委　张练芝　黄玉祥　丁湘平

九三学社岳阳市委员会

主　委　李　平

专职副主委　郭跃平

副主委　郭跃佳（兼）

市工商业联合会

主　席　刘晓英

书　记　沈六生

副主席　赵小龙　王亚丹

党组成员　张　超

纪检组长　肖华斌

社会群众团体

市总工会

主　席　樊进军

书记、副主席　谭志兰

副书记、副主席　彭慕侬

副主席　卢　谦　刘其元　冯胜建

纪检组长　彭城华

经费审查委员会主任　李文新

市妇女联合委员会

主席、书记　喻岳兰

副主席　陈慧君　杨　勤　胡晓明

纪检组长　曾　琴

共青团岳阳市委员会

书　记　汪　灿

副书记　姜佳莉　白再兴
　　　　万　东　刘曙光

市社会科学界联合会

书　记　李　红

主席、副书记　胡中习

副主席　李平辉　刘光明

市文学艺术界联合会

主席、书记　蔡世平

副书记　刘子华

副主席　聂尚武　周　迅

市科学技术协会

书　记　吴罗生

主　席　何祚云

副主席　张长庚　单宇利

纪检组长　傅道德

市残疾人联合会

理事长、书记　侯定旺

副理事长　沈　楠　向科军

部·省·市属企事业单位

中国石油化工股份有限公司巴陵分公司
中国石化集团资产经营管理有限公司巴陵石化分公司

总经理、副书记　朱建民

书记、副总经理　李大为

副书记、纪委书记、工会主席　宾湘华

副总经理　李德武　唐新华
　　　　　谭怀山　张韶熙
　　　　　刘小秦　李德刚
　　　　　许世政

总会计师　郑联福

中国石油化工股份有限公司长岭分公司
中国石化集团资产经营管理有限公司长岭分公司

董事长、书记、总经理　侯　勇

总经理　李　华

副总经理　文志成　邵国刚
　　　　　刘建平　谢型样

总会计师　谯培武

华能湖南岳阳发电有限责任公司

总经理（厂长）　许杰非

书记（副厂长）　唐烂芳

副总经理（副厂长）
　　　　李亚强　宋文贵
　　　　尹开颜　郝明波

副书记、纪委书记、工会主席　周立华

岳阳纸业股份有限公司

董事长　吴佳林

副董事长　潘桂华　贾瑞华

监事会主席　邹小弟

总经理　毛国新

副总经理　刘曙光　邵启超
　　　　　许仕清　郭勇为
　　　　　王锐华

董事会秘书　施湘燕

财务负责人　陈绍红

湖南华升洞庭麻业有限公司

董事长　黄云晴

总经理　宋学军

书　记　蒋贤明

副总经理　荣金莲　曾建云
　　　　　陈继无　胡世如
　　　　　李绍如

际华3517橡胶制品有限公司

董事长　张　进

书　记　傅　胜

总经理　容三友

中国化学工程第四建设公司

董事长、书记　刘德辉

总经理　胡流芳

副书记、纪委书记　邢金湘

副总经理　钱家林　陈荣仓
　　　　　何玉文　周　鸿
　　　　　周　釆　周水柏

总会计师　李石付

总经济师　胡绍明

总工程师　孙　韵

岳阳神驰运输集团

董事长、书记　袁　俊

总经理、副书记　胡太勋

副书记、纪委书记　汪景林

副总经理　李载良　戴文力
　　　　　许　峰　张怀国

工会主席、监事会主席　李宏伟

党委委员　晏岳华

湖南省核工业地质局311大队

大队长　肖国强

党委书记　皇甫悦心

副大队长　熊建华

副书记、纪委书记　汪巧红

副大队长、总工程师　谭黎明

长江动力机械厂

厂长、书记　周　华

副厂长、副书记　向　前

副厂长、总工程师　童俊威

总会计师　胡国明

副厂长　丁立辉　周　耿

中国华粮物流集团城陵矶港口库

主任、书记　王　峰

副主任　李　波　杨其华　刘奇才
　　　　徐总发（兼纪检组长）
　　　　向应中（兼工会主席）
　　　　董洪波

岳阳城陵矶新港有限公司

总 经 理　徐忠诚

副总经理　陈述林　邓隆标

责任编校　王　艳　龚英明

政　治

POLITICS

中共岳阳市委员会

岳阳市人民代表大会

岳阳市人民政府

政协岳阳市委员会

民主党派和工商联

中共岳阳市委员会

【市委经济工作会议】 2010年2月4日，市委经济工作会议在会展中心召开。会议的主要任务：学习贯彻落实中央、省委经济工作会议和省人大、政协“两会”精神，总结2009年工作，部署2010年工作。市委书记易炼红作主题为《在民本岳阳和谐崛起的道路上实现新的更大突破》的重要讲话。市委副书记、市长黄兰香主持会议并讲话。市委副书记盛荣华就人口和计划生育工作讲话，市委常委、政法委书记陈奇达就社会治安综合治理工作讲话，副市长陈四海就农业农村工作讲话。

会议提出，2010年全市经济工作总体思路是：全面贯彻党的十七大和十七届三中、四中全会以及中央经济工作会议精神，按照省委、省政府“转方式、调结构、抓改革、强基础、惠民生”的总体要求，大力推进“一化三基”战略，进一步落实民本岳阳的执政和发展理念，进一步提升科学谋事干事水平，围绕“提速、升级、增效、惠民”，推动发展方式转变和经济结构调整，推进改革开放和自主创新，提高经济增长质量和效益，实现企业增效、财政增长、城乡居民增收，大力改善民生，促进社会和谐，全面完成“十一五”规划任务。2010年全市经济工作的预期目标是：生产总值增长11%以上，规模工业增加值增长15%以上，社会固定资产投资增长30%以上，财政总收入增长13%以上，城镇居民人均可支配收入和农民人均纯收入分别增长10%和9%，城镇登记失业率控制在4.5%以内，单位GDP能耗下降4.2%。

会议对2009年度建设民本岳阳、行政绩效考核、市实事承办、人口和计划生育、信访、推进新型工业化、发展非公有制经济、社会治安综合治理、促进经济发展、招商引资、新农村建设帮扶和新农村建设授牌示范村等先进集体和突出贡献单位进行了颁奖表彰。

（黄　满）

【市委党务工作会议】 2010年3月2日，市委党务工作会议在会展中心召开。会议的主要任务是：总结2009年党务工作，安排部署2010年党风廉政建设和反腐败工作、组织人事编制工作、宣传思想工作、统战工作、党委办公室工作。市委书记易炼红作重要讲话，市委副书记、市长黄兰香主持会议。会议表彰了党风廉政建设和反腐败工作先进集体、文明创建工作先进集体和机关作风建设先进集体。市纪委（监察局）通报了2009年查处的典型案件。

（黄　满）

【创建全国文明城市“五创”提质动员大会】 2010年4月28日，岳阳市创建全国文明城市“五创”提质动员大会在会展中心召开。会议对创建工作进行部署，号召全市上下坚定信心，鼓足干劲，乘势而上，以创建全国文明城市为龙头，带动国家交通管理模范城市、国家社会治安模范城市、全国绿化模范城市、全国环保模范城市的创建工作（简称“五创”），加快城市扩容提质。市委书记易炼红发表讲话，市委副书记、市长黄兰香就创建全国文明城市“五创”提质工作作出部署，市委副书记盛荣华主持会议。

易炼红要求，把全国文明城市作为一张岳阳的城市名片来打造，坚定创建的信心和决心。要按照“更高标准、更严管理、更具公信力”的要求，迅速行动起来，开展创建活动。把创建全国文明城市作为一项系统工程来推进，全面落实创建的各项任务。把创建全国文明城市作为一项共同的责任来承担，创新创建的方式方法，确保创建活动顺利开展、圆满成功。

黄兰香要求，以“五创”提质为核心，突出抓好公益服务拓展工程、市民素质提升工程、城市形象塑造工程、文化卫生管理工程、城市社区建设工程“五大工程”建设；要推进“退二进三”，搞好节能减排，实施蓝天工程，整治内湖水质，改善环保设施；要加快推进城乡绿化一体化，部署“森林进城”、“身边增绿”行动；要着力整治各种违反交通法规的行为，加快改善交通道路运输环境，努力提升交通管理水平；要努力维护社会公平正义、维护社会公共秩序，为人民群众提供安居乐业的环境；要加快城区大街小巷及人行道提质改造，完成56个农贸市场提质改造、新建140个社区菜店等八项城市提质工作。

会上，市委常委、副市长韩建国宣读《岳阳市人民政府关于进一步加强城市市容和环境卫生管理的通告》，市委常委、宣传部长徐新启宣读《岳阳市创建全国文明城市实施方案》，相关责任单位向市委、市政府递交了责任状。

（黄　满）

【市委常委扩大会议】 2010年8月23日下午，市委常委扩大会议在市委常委会议室召开。会议主要学习传达贯彻8月17日省委工作会议精神。市委书记易炼红主持会议并

市委机关新年升旗仪式　　（范向晖　摄）

讲话，易炼红指出，要迅速传达贯彻省委工作会议精神，围绕省委、省政府确定的目标任务，结合岳阳市情和发展特征，进一步明确岳阳加快经济发展方式转变、推动“两型社会”建设重点，做好“七个突出”，即突出发展一批绿色低碳、符合“两型”要求的新型产业；突出建设一批优势优先、协调发展的重点区域；突出抓好一批扩大投资、支撑发展的重大项目；突出建好一批以城带乡、统筹城乡的重点基础设施；突出办好一批人本发展、利民惠民的民生实事；突出推进一系列重点领域、关键环节的改革创新；突出打造一支竭尽忠诚履职、科学谋事干事的干部队伍。

易炼红强调，对照全年工作目标和“十一五”规划任务，全力做好下半年的八项重点工作：抓好工业运行调控、优化重点项目服务、强力扩大消费需求、确保农业稳定发展、办好民生实事、抓好节能减排、切实维护社会稳定和科学编制“十二五”规划。全市各级各部门要敢于担当，善于抓实，做到责任到人、任务到岗、时间到天、工作到位，全面和超额完成全年目标任务。

市委副书记、市长黄兰香指出，要认真学习贯彻落实省委、省政府制定的《关于加快经济发展方式转变、推进“两型社会”建设的决定》，市政府及相关部门要做好形势分析、工作调研和编制“十二五”规划这三项工作，重点突出十项工程，即重大产业建设工程、重大基础设施建设工程、园区建设工程、城区建设工程、景区建设工程、城乡清洁工程、城乡绿化工程、节能减排工程、改革创新工程和民生实事工程建设。

2010年11月28日下午，市委常委扩大会议在市委常委会议室召开。会议主要传达贯彻省委九届十次全会精神，以全会精神科学谋划岳阳“十二五”工作。市委书记易炼红主持会议并讲话。

易炼红要求，全市各级各部门要把学习贯彻省委九届十次全会精神作为当前的重大政治任务，全力以赴抓好贯彻落实。并指出，“十二五”时期，是岳阳在新的形势下大力调整经济结构、加快转变发展方式的攻坚时期，是在新的起点上推动科学发展、促进富民强市的关键时期，是在新的条件下落实“四化两型”战略、推进“五市一极”建设的重要战略机遇期，要根据中央十七届五中全会和省委九届十次全会精神，紧密结合岳阳实际，科学谋划发展蓝图，提升产业层次，走优化发展之路；布局重大项目，走提速跨越发展之路；做强工业园区，走集约发展之路；推动包容增长，走人本发展之路；激活内驱动力，走创新发展之路；强化节能减排，走绿色环保发展之路；创新社会管理，走和谐发展之路。要切实加强班子和队伍建设，为“十二五”规划提供组织和人才保障。

易炼红强调，谋划和建设“十二五”规划，要立足现在、大干当前。要紧紧围绕全年工作目标和“十一五”规划任务，按照责任到人、任务到岗、时间到天、工作到位的要求，全面提速项目建设，趁势而上抓好“五创”提质，有效稳控市场物价，认真办好民生实事，全力维护社会稳定，确保“十一五”期间各项任务全面完成和超额完成，为跨入“十二五”规划打下坚实基础。

市委副书记、市长黄兰香要求，一是全面盘点工作，要对照年初经济任务指标，按质按量地完成省市实事、重点项目建设和各项工作目标任务。二是认真做好“十二五”规划，要围绕“五市一极”目标，科学具体制定规划；要根据中央、省委要求做好对接，重点是在功能定位和重大项目上做好对接。三是尽快明确2011年工作重点，为“十二五”规划起好步、开好头。四是抓好安全和信访工作，确保稳定和谐，争取工作主动，把各种安全生产隐患和矛盾纠纷妥善处理在萌芽状态。五是关注民生，要切实加强市场监管，保障市场供应，稳定市场价格，特别是关心困难群众，确保他们基本生活不受大的影响；要安排好受灾群众基本生活；要关注特殊群体，认真组织好献爱心、送温暖和扶贫帮困活动。六是抓好“五创”提质工作，要认真研究探索创新，推行“网格化、数字化、长效化”的城市管理模式，“五创”提质一天也不能松懈。　（黄　满）

【市委五届八次全会】　2010年12月22日，市委五届八次全会在南湖宾馆召开。市委书记易炼红受市委常委会委托向全会报告工作，并就深入贯彻中央十七届五中全会和省委九届十次全会精神、科学谋划岳阳“十二五”规划发展蓝图、加快实现岳阳经济转型升级更大更强进行全面部署。市委副书记、市长黄兰香主持会议，就贯彻落实会议精神和做好当前工作发表讲话。

会议充分肯定市委常委会自市委五届七次全会召开以来的工作。一致认为，面对严峻复杂的经济环境和频繁暴雨洪涝灾害影响，市委常委会坚持以科学发展观为统领，按照省委、省政府“转方式、调结构、抓改革、强基础、惠民生”的总体要求和“四化两型”的战略部署、突出“提速、升级、增效、惠民”，奋发求为，真抓实干，全市经济社会继续保持健康快速发展的良好态势，各项事业取得新的成就。一是突出项目建设，扩大投资促增长。二是突出转变发展方式，提质升级促转型。三是突出开展“五创”提质，统筹城乡促协调。四是突出办好民生实事，维护稳定促和谐。

在回顾“十一五”期间发展成就时易炼红指出，“十一五”期间的五年，是民本岳阳和谐崛起进程中极不平凡的五年，也是应对重大挑战、经受重大考验、抢抓重大机遇、取得重大成就的五年。五年来，岳阳经济实力实现历史性跨越，转变发展方式取得突破性进展；基础设施实现全方位提升；社会建设实现整体性推进；改革开放取得实质性成效。五年来，岳阳既取得了卓有成效的发展成就，也积累了弥足珍贵的发展经验。一是始终坚持以科学的理念引领发展。二是始终坚持以超前的思路谋划发展。三是始终以创新的方法推动发展。四是始终坚持以能力的提升优化发展。五是始终坚持以民生的改善共享发展。六是始终坚持以良好的形象保障发展。这些发展经验将成为指导岳阳“十二五”规划科学跨越的宝贵精神财富。

会议在深入调研和广泛听取各方面意见建议的基础上，提出岳阳“十二五”期间发展的指导思想、主要目标和实现路径。指导思想是：高举中国特色社会主义伟大旗帜，坚持以科学发展观为统领，深入贯彻中央十七届五中全会和省委九届十次全会精神，努力践行民本岳阳的执政和发展理念，以科学发展、富民强市为主题，以实现岳阳经济“转型升级、更大更强”为主线，突出“两型”引领，坚持“四化”带动，着力转变发展方式，优化经济结构，深化改革开放，保障改善民生，促进社会和谐，实现跨越发展，努力把岳阳打造成为现代工业大市、现代农业强市、现代航运物流旺市、现代旅游热市、现代生态宜居城市和湖南经济新增长极，为全面建成小康社会打下坚实基础。主要目标是：到“十二五”期末，全市GDP总量达到2500亿元，年均增长11%；财政总收入达到300亿元，年均增长18%以上。固定资产投资五年累计完成6500亿元，年均增长18%以上。高新技术产业增加值和非公有制经济占GDP的比重分别由12.1%、57.5%提高到23%、62%。三次产业结构由“十一五”期末的13.3∶53.6∶33.1，调整到9∶55∶36。城镇居民人均可支配收入和农民人均纯收入年均增长11%以上。全市经济结构取得明显进展，区域竞争能力明显增强，人民物质文化生活明显改善，建设全面小康的步伐明显加快。围绕上述目标，重点抓好以下工作：提升产业层次，走优化发展之路，布局重大项目，走提速发展之路；做强产业园区，走集约发展之路；重点建设国家级岳阳经济技术开发区、城陵矶临港产业新区、长株潭“两型社会”，推动包容增长，走人本发展之路；激活内驱动力，走创新发展之路；强化节能减排，走绿色发展之路；创新社会管理，走和谐发展之路。

与会人员对报告和“十二五”规划纲要（草案）进行认真讨论，一致认为，岳阳“十一五”期间的发展成就令人鼓舞，“十二五”规划的发展前景催人奋进。

黄兰香要求，会后各地各部门要迅速组织学习传达，贯彻落实好会议精神。要把思想认识统一到建设“五市一极”，实现岳阳经济转型升级更大更强的发展战略上来，这一发展战略与中央提出的科学发展观、省委提出的“四化两型”一脉相承，是推动岳阳更好更快发展的基本要求；要把思想认识统一到为“十二五”期间开好头、起好步，扎实做好2011年工作上来，紧紧扭住项目建设不放松，紧紧扭住优化发展环境不放松，紧紧扭住转型升级主线不放松，全心全意谋发展；要把思想认识统一到干好工作上来，确保各项工作圆满收尾，特别关心民生和困难群体，搞好安全生产和社会稳定，深化“五创”提质活动，让全市人民过好“两节”，以饱满的热情迎接市“两会”胜利召开。（黄　满）

【深入开展“五创”提质活动】2010年4月，市委、市政府召开动员大会，号召全市上下开展以创建全国文明城市为龙头，带动国家交通管理模范城市、国家社会治安模范城市、全国绿化模范城市、全国环保模范城市创建工作。为确保成功创建五个新的城市品牌，切实增强城市功能，全面提升城市品位，市委、市政府提出中心城区实施“东扩、北靠、南延、西联、中提”战略，重点东扩武广铁路客运岳阳站新片区，南延湖滨休闲旅游区，北拓城陵矶临港产业新区，西连君山生态区，中心城区建成区面积达到93平方公里。至年底，全市实施市政建设项目31个，完成投资8.76亿元，启动旧城改造项目31个，完成投资10.5亿元。岳阳楼新景区、洞庭风光带、岳阳文化艺术会展中心等一批城市标志性工程建成投入使用。洞庭湖国际公馆、南湖旅游度假村、环南湖旅游走廊续建工程等一批大型休闲旅游项目快速推进。洞庭湖综合治理、环南湖截污管网工程、王家河治理等一批环境整治项目加快推进。新建改建15条主干道路、亮化美化200多条小街巷，望岳路、求索路改造提质、巴陵中路过街设施、芭蕉湖铁路涵洞等城市交通设施全面建成。中心城区五条主干道临街立面建筑改造提质工程取得明显效果，中心城区“城内街道纵横成网、外围干道配套成环、进出通道壮观成景”的格局初步构建。一批集贸市场、农贸市场得到有效整治，城中村改造提质有序推进，城市绿化覆盖率达到39.8%。组织万名机关干部上街进行文明劝导，开展10万市民“告别陋习，做文明市民”签名承诺活动。不少来岳阳考察的领导和观光旅游的客人纷纷赞叹，岳阳城市更加大气、更加文明、更加秀美。

（黄　满）

市委书记易炼红，市委常委、常务副市长郭振斌深入出租车公司了解“五创”提质活动开展情况（陈建勇　摄）

【举办“五湖牵手五岳”旅游同盟大会暨“天下洞庭”国际音乐焰火晚会】 2010年11月7～9日，“五湖牵手五岳”旅游同盟大会暨“天下洞庭”国际音乐焰火晚会在岳阳市举办。这次活动为首届中国国际文化旅游节分会场，整个活动分为六大内容：“五湖牵手五岳”旅游同盟大会暨“天下洞庭”国际音乐焰火文艺晚会专题新闻发布会，“五湖牵手五岳”牵手礼暨山水画廊启动仪式，岳阳旅游推介会暨旅游项目签约仪式；“五湖牵手五岳相约天下洞庭”中共岳阳市委、岳阳市人民政府招待宴会，“天下洞庭”国际音乐焰火文艺晚会，“相约天下洞庭，畅游古城巴陵”参观考察活动。8日11时18分在岳阳楼景区主楼前举行的“五湖牵手五岳”牵手礼暨山水画廊启动仪式，由市长黄兰香主持，市委书记易炼红致辞，省旅游局局长杨光荣、中国旅游报社总编辑李志庄讲话，周令钊夫人陈若菊作山水画廊构想讲话，国家旅游局综合司司长林山讲话。会上，洞庭湖、鄱阳湖、洪泽湖、巢湖、太湖等“五湖”及恒山、华山、嵩山、泰山、衡山等“五岳”代表联合发布中华山水蓝皮书《洞庭湖宣言》，承诺保护环境、传承文化、丰富内涵、共同发展，约定共建合作机制，联手宣传促销，制定优惠政策，共享旅游资源，加强合作交流。8日下午举行的岳阳旅游推介会暨旅游项目签约仪式上，现场成功签约旅游项目29个，签约资金达31亿元。8日20时在君山岛景区举行“天下洞庭”国际音乐焰火文艺晚会，焰火由美国、澳大利亚、意大利和中国4个国家队燃放，市委书记易炼红致辞。9日8时30分，在岳阳楼—君山岛景区举行“相约天下洞庭，畅游古城巴陵”参观考察活动，邀请相关领导、客商参加。本次活动邀请中央电视台、凤凰卫视等国内外50多家媒体全程报道，全方位展示岳阳旅游，凸显了岳阳改革开放以来政治经济文化的大发展，进一步整合了楼岛湖资源，“洞庭天下水、岳阳天下楼、君山天下岛”的旅游品牌进一步打响，楼岛湖景区在创建5A级景区通过国家旅游局旅游景观和价值评审。 （黄 满）

城市“五创”提质后的南湖夜景 （范向晖 摄）

【开展“新农村建设志愿者行动”和“百村示范工程”】 2010年，岳阳市新农村建设工作突出抓好产业发展和基础设施建设，努力建设“富裕之村、文明之村、秀美之村、和谐之村”。全市整合投入新农村建设资金26.9亿元，硬化农村公路3300公里，完成水利工程5.1万处，新建农村沼气池21790口，新解决30.52万农村人口饮水安全问题，农村户户通电并实现同网同价，农村广播电视电话村村通工程、“乡乡能上网”信息化工程取得新成效。进一步推行市级领导联点、部门单位帮村、工作队员驻村帮扶的工作机制，新农村建设亮点迭出，岳阳市工作经验在全省新农村建设流动现场会上向全省推介。公益事业和公共服务加快向农村延伸，农村医疗卫生、科技、文化、教育、社会保障等公共服务体系不断完善。统筹城乡建设，积极推进“一核三圈”城镇梯级优先发展战略，加快实现规划同编、设施同建、交通同网、资源同享、环境同保、产业同兴，城镇化率提高8.1个百分点，达到48.1%。 （黄 满）

【举办首届“洞庭湖发展论坛”】 2010年11月29日，湖南省洞庭湖区域经济社会发展研究会首届“洞庭湖发展论坛”在南湖宾馆举行。省委副书记、研究会名誉会长梅克保，省人大常委会原副主任、研究会会长颜永盛，省直部门负责人和专家教授，常德、益阳、岳阳有关单位负责人，研究会成员，以及易炼红、黄兰香、彭国甫、徐新启、李劲夫、陈四海、肖建华、艾湘涛、向伟雄等岳阳市领导出席论坛。易炼红致欢迎辞。论坛上，经济学家刘茂松、柳思维分别作题为“洞庭湖现代农业示范区设想”、“环湖旅游产业带发展思路”的专题发言，研究会副会长、岳阳市、益阳市和常德市三市的市长黄兰香、胡衡华、陈文浩分别作主旨发言，华容县、安乡县和沅江市政府负责人作基层代表发言。在科学分析洞庭湖区域经济社会发展面临的新形势后，梅克保要求，一是整合力量，提高研究水平。要尽可能地吸收、整合国内外相关研究力量，密切关注国内外区域经济发展理论和实践的新动向，在增强研究的前瞻性、系统性和创新性上下功夫，力求形成全方位多层次系统研究洞庭湖区域改革发展的良好格局。二是搭建平台，推动交流合作。要开展丰富多彩的对内对外交流活动，各地有关部门要加强交流合作。三是健全机制，促进转化应用。研究会要确立应用研究为主的导向，在课题立项、研究方式、成果转化等方面，建立健全相应的激励约束机制，有关职能部门和洞庭湖区域各级党委、政府要积极参与和支持研究会开展的活动。颜永盛指出，研究洞庭湖的发展，要面向实际，深入调研。找出规律性的东西和解决问题的有效途径；要着眼全局，博采众长，把洞庭湖放在长株潭“两型社会”建设和富民强省战略的大背景中进行研究，放在中部崛起、长江经济带的大背景中进行研究，与鄱阳湖、太湖等大江大湖进行比较研究；要立足长远，科学谋划。要着力研究发展战略、统筹规划和区域联动，努力争取中央和省有关部门的大力支持。29日下午，梅克保、颜永盛还前往君山岛，就景区建设、旅游发展形势和洞庭湖生态环境保护等进行实地考察。（黄　满）

【督查工作】　2010年，市委督查室以“精细化管理”理念为指南，紧扣发展大局，围绕中央和省、市委重大决策和重要工作部署，积极开展督促检查，有效地推进中央和各级党委重大决策和重要工作部署的落实，较好地完成各项工作任务。组织督查活动26次，其中大型督查活动19次。办理省委、市委领导重要批示件23件。办理人大代表建议、政协委员提案55件。撰写各类材料58个，其中向省委汇报的专报材料10个，向市委主要领导报告23个。2篇材料被省委督查室采用，向省委主要领导汇报，1篇材料被《湖南督查》刊载，3篇督查经验文章在《岳阳晚报》刊登。

一、决策督查有新突破。围绕“更高标准、更严管理、更具公信力”学习实践活动、“五创”提质、“两个维护”学习实践活动、临港产业新区建设、联手帮扶产业发展升级行动、民本岳阳九项工程、常委会议纪要落实等事关发展全局和稳定的大事、要事，开展大型督查活动19次，每次都严查细督，一抓到底，得到主要领导的肯定。主动围绕市委重要决策部署督查，前后暗访相关基层单位500多个次，座谈一线干部、群众2400人，召开协调会议170次，查阅台账资料4600册，形成23篇高质量的督查工作报告，有22篇得到市委、市政府领导的肯定批示，其中工作汇报2次被直接呈送省委书记周强批阅，4次作为会议文件下发，7次作为督查通报下发基层单位。

二、专项查办有新成绩。在抓好决策督查的同时，抓好重大专项查办，做到交必查，查必果。5件市委主要领导交办的专项查办件，都及时督办到位。转交督办市委书记易炼红批示件23件，到12月19日，全部按期回复。一批老大难信访问题得以依法依规处理到位，办理工作得到市委书记易炼红和市委常委、市委秘书长赖社光的充分肯定。市人大、政协转交党委系统建议、提案55件，市委书记易炼红亲自领衔督办一件，到9月上旬，所有提案全部办结答复，办结回复率100%。

三、考评考核有新举措。3月，市委督查室根据中央、省、市经济工作会议精神，就民本岳阳综合考评工作组织开展广泛的征求意见活动，发放征求意见函110份，收集意见87条，采纳意见24条，并按照科学发展观和正确政绩观的新要求，对考评方案具体指标、分值设计进行修改完善，经市委常委会研究讨论后，形成正式考核文件下发到各地区各单位。同时，牵头组织市直相关部门，研究设定2010年建设民本岳阳九项工程的各项指标，形成科学合理的考核方案。又制订详细的考评工作方案，进一步完善考评要求，编制考评计划，并着手制订2011年考评指标体系，确保考核考评更具权威性、科学性和指导性。

（李适时）

岳阳市学习宣传保密法动员大会　（王　艳　摄）

【保密工作】　2010年，市国家保密局贯彻中央领导关于保密工作的重要讲话和全省保密工作会议精神，全面落实“精、准、细、严”的工作要求，组织保密专题讲座12场，播放保密教育片21场，开展保密承诺书签订人员知识竞赛1次，1.2万余人次接受教育。向省国家保密局报送各类综合材料和信息30多篇，其中被《湖南保密》采用6篇，被省国家保密局网站采用1篇。开展5次大的保密检查，检查范围覆盖全市12个县市区，139家市直、中央、省驻岳单位和14家党、政、军机关周边文印社。市国家保密局被评为全省保密工作先进单位。3～4月，开展全市保密行政执法大检查,此次检查为《中华人民共和国保密法》（以下简称《保密法》）颁布21年来，全市保密方面组织规模最大、投入力量最多、花费时间最长、察看范围最广的一次检查，全面掌握了全市保密工作现状，为有针对性加强保密工作打下良好基础。4月、10月，2次进行保密复查，督促各地各单位开展经常性自查，排查隐患，堵塞漏洞。7月,为加强对保密重点单位的监管，专门制订实施方案，建立5项长效机制，并开展重点单位专项保密检查。9月，对相关文印社开展地毯式检查，进一步规范重点单位文件资料的印制工作。做好高考等国家统一考试保密管理和市、县政府门户网站信息常规监控，杜绝发生泄密事故。通过大范围、多层次的执法检查，及时发现安全隐患，有效化解泄密风险，取得显著成效。5月，开展保密先进单位创建活动，筛选出基础较好、领导较为重视、创建积极性较高、代表性较强的7家单位作为首批创建单位。在为期8个月的创建过程中，各创建单位按照市委保密委员会的统一部署和要求，进一步加强领导，强化措施，精细管理，保密防范能力明显增强，保密制度和保密组织健全，保密力量配备到位，保密要害部位设施基本齐备，涉密载体、计算机管理规范有序，通过检查评估并被授牌。8月17日，成功举办“湖南省学习《保密法》宣讲团岳阳报告会暨岳阳市学习宣传《保密法》动员会”。全市各级各单位开展大规模的宣传教育活动，共印发学习宣传资料2万多本（份），向领导干部和涉密人员发送宣传短信5000多条，利用横幅和电子显示屏宣传标语1000多条，举办宣传栏和展示牌700多期（块），在有关报刊、电视、网站发表文章、刊登宣传新《保密法》和广播稿件100多篇（次）。市委常委、秘书长、保密委主任赖社光在《岳阳晚报》上发表《在深入学习贯彻〈保密法〉中着力提升保密工作水平》的文章，在全社会营造了良好的学习宣传氛围。积极组织参加全省新《保密法》知识抢答赛，在31个参赛队伍中取得三等奖的好成绩。　（柳　成）

组织工作

【深入开展学习实践科学发展观活动】　2010年，市委组织部做好学习实践科学发展观活动总结工作，巩固和转化活动成果。组织全市党员干部开展“三访三为民”活动，广泛听取群众意见，帮助基层单位和群众排忧解难。对各参学单位整改落实情况开展督查，排查出13个方面问题3275个，整改落实2985个。开展学习实践活动群众满意度测评工作，对群众满意度低的基层单位，认真查摆原因，并进行整改。抓建章立制，着力形成长效机制，制定《体现科学发展观要求的农村党建考核评价办法》。1月，市委书记易炼红在中央深入学习实践科学发展观活动总结工作座谈会上作专题发言。3月22日，召开全市深入学习实践科学发展观活动总结大会，全面总结活动主要成效和基本经验，对进一步巩固扩大活动成果作出安排部署，并对60名学习实践活动先进个人进行通报表彰。

【广泛开展“创先争优”活动】
2010年，按照中央和省委的部署，在基层党组织和党员中部署开展“创先争优”活动。以“构筑坚强堡垒、发挥先锋作用、推动科学发展”为主线，以“争创一流业绩、建设民本岳阳、共促和谐崛起”为主题，根据农村、社区、机关、企业、学校等行业领域党组织和党员特点，分类确定7个方面的主题。市委组织部重点围绕“五创”提质中心任务，创设“五区联动促五创”和“营建共产党员示范林”等活动载体，充分发挥广大基层党组织和党员的先进模范作用，助推“五创”工作。抓好各级党组织和党员的公开承诺工作，做到承诺内容项目化、程序规范化、考核具体化。《中央深入开展创先争优活动简报》对岳阳市推行流动党员创先争优和实施“明灯计划”助推下岗失业党员的做法予以推介。

【开展忠诚主题教育活动】　2010年，全市开展忠诚主题教育活动，组织落实更高标准、更严管理、更具公信力（简称“三更”）要求学习实践活动，教育引导各级领导班子和领导干部忠诚履职尽责、科学谋事干事，领导科学发展、促进社会和谐。4月20日，组织召开全市落实“三更”要求，推进领导班子和干部队伍建设座谈会，市领导康代四、严华、徐新启参加会议并讲话。《湘组信息》2010年第8期以《易炼红提出做好组织工作要更高标准、更严管理、更具公信力》为题向全省做推介。

【开展大规模培训干部活动】
2010年，市委组织部结合贯彻《干部教育培训工作条例（试行）》，开展新一轮大规模培训干部工作，制定下发《关于在干部教育培训中进一步加强学风建设的若干规定》，建立学员训前提醒教育、训中监督约束、训后跟踪管理的“立体管理”格局。选派49名领导干部到中央党校、中国浦东干部学院、省委党校学习，及时完成上级干部调训任务。市委党校举办各类班次17个，探索干部自主选学新模式，举办新型工业化苏州研讨班、企业家赴清华大学深圳研究生院培训班、农村党支部书记赴江苏华西村学习等异地培训班。加强学习型党组织建设，制订下发了《关于推进全市学习型党组织建设的实施方

南湖风景区工委举办的创先争优活动成果展吸引了众多观众（彭宏伟　摄）

案》，同市委宣传部组织开展“千名书记讲党课”活动，全市有1200多名党组织书记参赛，参加听课学习的党员干部和入党积极分子达36万人次，形成“讲党课、比学习、促发展”的热潮。

【探索推行差额竞职制度】 2010年，市委组织部采用“四差额”办法选拔5个县处级职位人选，并在全市推广差额竞争选拔干部工作，各县市区和市直单位共选拔科级领导干部241名。7月，市委书记易炼红在全省干部人事制度改革《规划纲要》会议上作经验介绍。岳阳市被选为全国开展规范干部选拔任用提名和推行差额选拔干部试点单位，在中组部和省委组织部的指导下，选拔13个县处级职位人选，经中组部试点指导组组织测评，岳阳市两项改革制度的干部选拔任用满意度达97.7%。得到中组部和省委组织部的高度肯定和评价。8月，市委常委、组织部部长严华在全国市级党委组织部长培训班上作试点工作专题实践报告。中组部《组工通讯》以《岳阳市全面推行差额竞争选拔领导干部》为题进行推介。岳阳市申报的《积极推行“四差额”公开竞职选任办法》创新项目获得湖南省“组织工作重大创新奖”。

【健全干部宏观管理制度】 2010年，市委组织部进一步规范干部任免呈报、审批和干部档案、信息管理、学历学位认证工作。按照省委要求，启动规范政府工作部门党外正职与中共党组（党委）关系试点工作。市委按照省委组织部、省委统战部有关重点部门单位配备党外干部的要求，对33个市直部门单位配备42名党外干部。选调生工作、干部援藏以及干部统计、信息化建设取得新的成效。重视援藏干部队伍建设，选派5名优秀中青年干部援藏，并妥善安置第五批援藏干部。推行“基层选拔制”，从农村主职干部中招录14名乡镇公务员，从高校应届本科毕业生、大学生“村官”等人中招考30名选调生。贯彻执行中央《2010～2020年深化干部人事制度改革规划纲要》，加大后备干部培养力度，运用“四差额”等竞争性办法择优选拔30名“80后”县处级后备干部人选，研究出台《“80后”县处级后备干部人选培养锻炼的方案》，并在市委党校秋季主体班开设“80后”县处级后备干部人选专题培训班，对选拔的“80后”年轻干部进行跟踪关注、重点培养。

【干部监督管理】 2010年，市委组织部以市委、市政府名义出台《岳阳市领导干部和机关工作人员有错与无为问责办法》，制定《2010年有错与无为问责工作百分制考核细则》，推行“不换状态就换人”工作。问责处理干部420人，其中处级干部17人、科级干部182人、其他221人。为及早发现和解决干部庸懒的苗头性、倾向性问题，制定下发《岳阳市领导干部和机关工作人员庸懒表现挂号销号制度（试行）》，明确对领导干部和机关工作人员的庸懒表现实行挂号，限期整改，整改到位的按时销号，逾期没有整改或整改不彻底的，进行“不换状态就换人”或“有错无为问责”。这项措施得到中组部干部监督局的高度评价，并在全省干部监督工作座谈会上作经验介绍。坚持严格要求与关心爱护干部相结合，在各级干部中开展“交心暖心促和谐、严管厚爱铸忠诚”谈心谈话活动。全市各级组织部门同2.3万名选定对象进行谈心谈话，进一步激发各级干部忠诚履职、奋发有为。健全完善事前要报告、事后要评议、离任要检查、违规失责要追究的干部选拔任用监督体系。加强对县委书记选人用人的监督，在汨罗市继续开展科学规范和有效监督县（市）委书记用人行为试点。落实党员领导干部个人有关事项报告制度，全市共有1858名县处级党员领导干部向组织报告个人有关事项。做好领导干部经济责任审计工作，全年进点9个项目，审结6个。

【推进城乡党建一体化】 2010年，市委组织部落实保障村级组织运转经费，上级转移支付资金中用于村级组织的已全部拨付到位，全市村均运转经费基本达到4万元。申报确定并推进实施2010年新增的470个村级活动场所新建、改建项目。落实社区“四有一化”要求，制定下发《关于进一步加强城市社区建设的意见》，市、区财政共投入1500万元，帮助中心城区49个没有办公服务用房的社区新建、改建办公服务中心，并将社区工作经费提高到10万元。评选表彰14个“示范社区”和37个“和谐社区”，南湖风景区刘山庙社区被评为全国和谐社区。对全市非公有制经济组织和新社会组织党组织组建情况全面摸底统计，建立15类党建工作台账。符合组建条件的7家律师事务所、3家会计师事务所，均已建立党组织。开展“万企联村、共同发展”活动，推进构建城乡基层党组织互帮互助机制，6月23～24日在湘阴县召开全市“万企联村、共同发展”活动工作现场交流会。全市有155个企业党组织参与结对帮扶村党组织236个，建立联合支部31个，企业支持村党组织经费达120余万元；突出抓好建设扶贫工作，全市 82个建设扶贫后盾单位，共55个扶贫工作队累计帮扶贫困村资金194万元，协调项目资金500余万元，启动建设项目128个，有效改善了扶贫村的生产生活条件；根据省委组织部计划和要求，选聘160名大学生“村官”。

【推进远程教育实效化】 市委组织部将2010年确定为远程教育学用提升年，以“争创星级站点、争做操作能手、争当学用标兵”主题活动为载体，强化管理，注重学用，推进全市农村党员干部现代远程教育工作。利用远程教育平台，服务深入学习实践科学发展观活动和创先争优活动。强化乡镇党委抓远程教育工作的责任,加强队伍建设,分层次对全市县、乡远教专干和村级站点操作管理员进行培训。发挥大学生“村官”、科技特派员、农村中小学老师的作用，积极开展远程教育志愿者行动。实施“一村一名大学生计划”,全年招生2081名，完成“一村一大”招生任务。开展“农村党员科学素质行动”，12月，《湖南领导参考》以《为农村党员插上隐形的翅膀》为题进行推介。

【实施人才强市战略】 2010年，

岳阳市实施“人才强市”战略，进一步完善人才培养、吸引、使用、评价、激励办法，精心编制《岳阳市人才发展第十二个五年规划》、《中长期人才发展规划纲要（2011～2020）》和《“十百千万”人才工程实施意见》。确定每年设立1000万元人才发展专项资金，用于重点人才工程实施和人才的引进、开发和激励。坚持多渠道选拔和引进人才，加大对高层次人才的引进力度。云溪工业园已引进1名海外高层次人才，全市的7个博士后科研工作站，先后引进驻站博士后20多人。

【做好挂职干部管理与服务工作】 2010年，市委组织部选派2名县处级干部到省直部门挂职，选派11名优秀年轻干部到县市区乡镇或是有关职能部门挂职。接受中央、省下派岳阳市挂职干部2人，接受西藏山南地区到岳阳市挂职锻炼干部10人。与中央、省驻岳企业、高校互派3名优秀年轻干部进行交流任职。选派2名县处级干部到省直部门挂职，选派11名优秀年轻干部到基层挂职，接受中央、省下派挂职干部2人，接受西藏山南地区挂职锻炼干部10人。加强与中央、省驻岳企业、高校的人才合作和交流，正式启动地方与中央、省驻岳企业、高校互派干部挂职工作，互派3名优秀年轻干部交流任职。

【科技特派员工作】 2010年，市委组织部召开全市科技特派员工作会议，部署科技特派员农村科技创业行动，确定科技特派员创业行动的“五个一”目标任务。在湘阴县开展科技特派员“破解难题促转变，服务民生促和谐”主题活动启动仪式。200多名市县科技特派员和科技、医卫人员在启动仪式现场发放农技、健康资料3.8万份，咨询4000多人次，免费义诊、体检2000多人次，发放药品、救助慰问金5万余元，全年培训农民17万多人次，发放农业科普资料25万余份，推广新技术158个，引进新品种140个，安置劳动力就业14.7万多人。医卫特派员帮助乡镇卫生院培训技术人员，带动乡镇卫生院专科建设37个，投入资金517万元，举办骨干培训126次。为群众提供优质医疗服务，接诊43600人次，为病人减负525万元，为乡镇卫生院增收1169万余元。 （本栏撰稿 王柳青）

机构编制工作

【市县政府机构改革】 2010年5月10日，市委、市政府召开市、县政府机构改革工作动员大会。会后市委机构编制委员会办公室（简称市委编办）集中全力抓好市本级方案实施和县市区方案报批工作。至年底，市直43家涉改单位中，39家完成“三定”工作，县市区政府机构改革方案均已批复。改革进一步优化了机构职能配置。市直涉改单位共调整职能185项，其中理顺交叉职能21项，弱化和取消职能23项，增加和强化职能80项，调整转移职能61项。进一步精简了组织机构。改革后，市政府行政机构减少3个，精简7.9%；县市区政府行政机构减少25个，精简10.2%。在不增加内设机构总数的前提下，在23个行政审批职能较强的单位设置行政审批科；将文化体制改革纳入到市县政府机构改革统筹安排、一并部署，按照管理、监督和公益服务职能相对分离的原则，调优市本级文化机构设置。

【人员编制资源科学配置】 2010年，市委编办切实加强控编审批，严格把住进人关。全年除政策性安置外，收到市直单位用编进人报告245份，涉及人员954名，经严格控制，仅同意用编进人466名。加强总量管理，消化超编人员。全市消化党政机关超编人员697名，行政事业单位在编人员总量净减623名，连续6年“负增长”。加强科级领导职数管理，严格控制超职数、超规格配备领导干部。消化超配科级领导干部111名。加强结构管理，调优人员结构。报请编委会批准核拨180名编制支持卫生系统引进“双高”专业技术人才，配合教育部门跨校调整教师40名。加强监督管理，从严查处违纪违规行为。全市清理清退借调、临雇人员4560名，规范“三性”人员用工管理12580名，清理“吃空饷”人员258名。

【登记管理形式不断创新】 2010年，市委编办切实加强事业单位法人监管，提升社会公共服务质量。一是深入推进事业单位法人履职评估。采取自评自纠、民主测评、座谈走访等方法，对市直具有行政执法职能的23家事业单位执行“十定”规定、开展业务活动情况进行评估。20家单位被评为合格，3家单位被评为基本合格。评估中查明违规收费、履职越位或缺位等问题12个，服务质量不优的问题6个，督促整改到位5个。中央编办、国家事业单位登记管理局和省编办推介了岳阳市的做法。二是创新事业单位法定代表人离任审计工作。确立“组织主导、编办主抓、审计主审”的运行模式，规定凡事业单位法定代表人离任未接受审计的，机构编制部门不予办理列编手续，登记管理机关不予办理变更登记手续。对市农业机械研究所等13家单位的法定代表人进行审计，查出各类经济问题30个，均依法作出了妥善处理。同时，给县市区下达离任审计任务。三是从严实施年度检验，对全市3234家事业单位法人进行年检，其中年检合格单位3175家，不合格59家，年检合格率达到98%。市直应参加年检的事业单位法人365家，实际参加年检的353家，年检率为97%，年检合格率为100%。督促106家单位办理设立、变更和注销登记手续，整改各类问题30个。加强教育培训，组织开展县市区登记管理工作创新交流会，促进登记管理工作；以系统为单位，举办事业单位法定代表人培训班，组织全市卫生系统79名法定代表人参加培训。建立岳阳登记管理网站，通过网络发布事业单位管理信息和相关政策法规50条。

【开展机构编制规范管理年活动】 2010年，全市机构编制系统开展机构编制规范管理年活动，对行政审批、工作督办、廉政建设等15个方面的工作制度进行修订，对机构设立、进人用编、车编管理等12个方面的工作程序进行规范，编印《机构编制规范化管理工作手册》，组织工作人员认真学习该手册，明确专人加强制度执行情况的监督检查，实施奖惩激励，为市县编办依法依规审批、快捷高效办事提供了依据。

【逐步规范公务用车编制管理】 2010年，市委编办进一步加强公务用车的审批控制。市直全年收到要求解决公务用车的报告112份，涉及车辆354台，经严格控制后仅审批同意280台，节省车辆购置费1200万元。市直单位公车总量较2009年度净减32台。协同有关部门下发《关于进一步规范全市行政事业单位公务用车配备、管理和使用的通知》，配合有关部门开展历时近2个月的全市公务用车专项整顿行动，收缴和处理一批违规购置车辆。

（本栏撰稿 李 谦）

老干部工作

【概 况】 2010年，市委老干部局围绕“让市委放心、让老干部满意”的工作目标，科学谋事，忠诚履职，创先争优，推动了老干部工作的新发展。市委老干部局被评为全省老干部工作红旗单位，市关工委连续第3次被评为全国关心下一代工作先进集体。

一、围绕主线，打造创先争优的老干部工作。以开展离退休党组织和党员创先争优活动为主线，全市1600多个离退休干部党组织，3万余名离退休干部党员在创建学习型党组织、“五创”提质、关心教育下一代等方面开展创先争优活动。认真落实老干部政治待遇，召开市级老同志经济形势通报会，组织老同志赴华容考察工农业生产，“坐高铁、看武汉、庆七一”参观考察活动，组织老同志听取南湖水污染治理和城市规划建设、“十二五”规划工作汇报等。成立岳阳市老干部志愿者协会，7000余名老同志积极参与“五创提质、展现夕阳风采”主题活动。进一步加强离退休干部党支部建设，基层离退休干部党组织大都做到“有班子、有阵地、有制度、有经费、有活动、有成效”，积极开展创建“五好”离退休干部党组织，有5位老同志被评为全省“三好”老干部。

二、健全机制，打造和谐发展的老干部工作。一是巩固完善“三个机制”。突出重点抓离休干部医药费保障机制及财政支持机制的有效运行，加强县市区“三个机制”运行情况督查，全市老干部生活待遇得到很好保障，离休费按时、足额发放，医药费按规定报销，财政支持力度不断加大，医药费保障机制不断完善。加强与财政、人事、劳动和社会保障等部门协调，做好破产改制、特困企业以及自收自支事业单位离休干部生活待遇的落实工作，做好市直企事业单位离休干部津贴补贴上报、发放工作。二是不断健全服务管理机制。为市级老领导办理市内景区游览优待证，逢年过节向老干部寄送贺卡、发送慰问短信。成立岳阳市老年保健协会，与市保健协会联合启动了医疗专家组与“四大家”老领导的保健结对活动，为每个离休干部建立健康档案。三是建立困难帮扶机制。出台《岳阳市特殊困难离退休干部帮扶实施办法》，建立帮扶基金，为特殊困难离退休干部解决了一些实际困难。

三、凸现亮点，打造充满活力的老干部工作。围绕“老有所学、老有所乐、老有所为”打造亮点和特色，使老干部工作充满活力。以老干部活动中心、老年大学为平台，一手抓硬件设施改善，一手抓文体活动开展，不断丰富老同志精神文化生活。市老年大学开办了64个班，30个专业，学员人数达到2600余人。与岳阳广播电视大学合作，成立岳阳社区大学老年学院，建立老年大学网站，有力提升了老年教育工作水平。以老干部活动中心和老年大学为阵地，组织市、县“四大家”机关老干部门球赛、市直机关老干部钓鱼比赛、岳阳老年大学15周年校庆，市老年书画协会编辑出版《名言警句书画集》等等。老干部精神文化生活丰富多彩。围绕大局，让老干部积极发挥作用，实现“老有所为”。以“五老”队伍为主体，引导老同志在关心下一代中发挥传承作用。各级关

2010年10月29日，市老年大学建校15周年庆祝大会在岳阳文化艺术会展中心举行。（李高翔 摄）

工委组织，充分发挥广大“五老”作用，在关心教育下一代上取得可喜成绩。在岳阳县召开全市农村关心下一代工作现场会议、在岳阳楼区召开全市城市社区关心下一代工作会议。在全市开展“关爱明天、普法先行”活动，深入街道、社区和中小学校开展青少年普法宣讲。以老科协为平台，引导老同志在经济建设中发挥参谋作用。突出服务“三农”，全市新增各类科技示范基地72个，兴办农民学堂325所，科技致富、培养农村实用人才取得明显成效。以老年文艺社团为龙头，引导老同志在精神文明建设中发挥促进作用。市老年书画协会举办各种书画展览和竞赛活动，市金秋艺术团和县市区老年文艺团体常年深入县市区和街道、社区演出，市县两级老年文学协会、诗词协会、楹联学会积极开展创作活动，为丰富群众文化生活、加强精神文明建设起到了良好的助推作用。

【市老年大学举行建校15周年庆典】 2010年10月29日下午，市老年大学建校15周年庆祝大会在岳阳文化艺术会展中心举行，省人大常委会原副主任、省老年教育联席会顾问罗海藩，省委老干局副局长乐奕、张媛媛，市领导盛荣华、郭振斌、徐新启、隋国庆，老同志陈秉芝、梅楚波、黄甲喜、罗传根、刘泗元、高碧云、陈志刚、赵协成、方贵吾、邓协清等出席。市老年大学自1995年创办以来，学校规模不断扩大，教学设施日趋改善，办学水平逐步提高，吸引力、影响力不断增强，开设74个班，学员达到2600名。累计培训学员近3万名，先后获得湖南省先进老年大学、湖南省示范性老年大学等荣誉。罗海藩对岳阳老年大学创办以来所取得的成绩给予高度评价，希望学校以15周年校庆为新的起点和动力，以人为本，开拓创新，为老年教育事业的发展作出更大贡献。市委副书记盛荣华指出，市老年大学要坚持正确的办学方向，加大基础设施投入，提升内部管理水平，创新教学手段，丰富教学内容，不断提升老年大学的办学水平和教学质量，努力把老年大学办得更有特色、更具活力，办成全省一流、规范化、示范性的优秀老年大学。庆祝大会上，由市老年大学的老年朋友们自编自演的《巴陵红枫》文艺汇演将现场气氛引向高潮。市老年大学还举办学员书画作品展，精湛的技艺博得了参观者的好评。

（本栏撰稿　杨亚中）

市委机关篮球友谊赛　（王　艳　摄）

市直机关党建工作

【概　况】 2010年，市直机关各级党组织努力践行科学发展观，紧贴中心服务大局，全面加强机关党的建设。

一、机关党建科学化水平明显提升。一是开展“创先争优”活动。市直机关工委成立市直机关创先争优活动领导小组，明确工作责任，坚持办点示范，指导流动党员较多的部门制定下发创先争优活动实施方案》，出台《关于加强对市直机关常驻市政务服务中心有关单位服务窗口党员管理的意见》，明确了市政府办系统政务中心党组织设置及党员组织管理，党支部及党员创先争优活动开展情况纳入原单位党组织所属系统年终党建工作目标管理考核的内容。为落实市委书记易炼红关于创先争优活动要“全覆盖、高标准、重实效”的要求，在市直机关基层党组织中开展“优作风、强素质、增效能、促和谐、办实事”创先争优主题竞赛活动，推进方式上采取“一汇报二点评三评议四公示”的方式。10月22日，在市政务服务中心召开市直机关创先争优活动推进会，对创先争优主题竞赛活动进行了专题部署。按照省、市委创先争优活动领导小组《关于在深入开展创先争优活动中实行公开承诺的指导意见》的要求，市直机关加强分类指导，每半年对基层党组织履行承诺情况进行一次考评，由上级党组织组织党员和群众代表按好、一般、差三个档次进行评议。对党员履诺情况，由基层党支部组织党员互评和群众代表评议，并将评议结果向群众公开。在岳阳晚报、岳阳机关党建网等媒体开设“创先争优大家谈”、“群众身边的优秀共产党员”等栏目，动态报道市直机关创先争优活动的进展情况，为广大市民参与讨论搭建平台。二是开展“基层党建示范单位创建”活动。对市公交总公司等16个“创建基层党建示范单位”进行验收，对财税金融系统开发区国税局等43个申报创建基层党组织进行考核。通过强化“核心”、凝聚“民心”、推动“中心”，走出了一条党建工作与经济工作紧密结合，同步加强、同步发展的新路子。7月1日，9个“市直机关基层党建示范单位”受到市委表彰。三是做好党建基础工作。通过指导机关党委换届选举、作风建设调研等方式，加强工委与部门党组（党委）的联系，督促部门党组（党委）书记认真履行第一责任人的职责，领导班子成员自觉落实

"一岗双责"要求，更好地履行责任。上半年，举办为期5天的党务干部培训班，调训党务干部155名。举办一期入党积极分子培训班，429名入党积极分子参加培训。指导市政府办系统环境保护局机关党委等10个机关党委换届，指导市物价局、岳阳晚报社党总支升格成立机关党委，调整市纪委等14个机关党委书记、副书记人选，建立"岳阳市机关党建网"，及时发布中央、省、市委文件精神，工委的文件、通知及市直单位党建信息，进一步扩大了机关党建工作的覆盖面，提高了工作效率。全年发展新党员530名。10月，分6个检查组对市直各单位进行一次党费专项检查，下发整改通知书30份，规范了收缴基数。

二、干部队伍建设有新成效。一是作风建设评价体系进一步完善。重新修订完善机关作风考核办法，把民本岳阳考核的84个市直正处级行政事业单位和中央省驻岳单位全部纳入考评对象，把贯彻落实市委、市政府重大工作部署和忠诚履职、高效办事、优质服务等10个方面的内容作为机关作风建设考评的重点，实行千分制考评。考评办法采取群众评议制、日常考评与年终一次性评议相结合。根据得分高低排出一、二、三类，一类为先进单位，由市委、市政府授予年度机关作风建设先进单位荣誉称号，对排名靠后的单位年终实行黄牌警告，其主要负责人须向市委、市政府写出书面检查，并制定整改措施。对群众投诉意见经调查核实后，在一定的层面、范围曝光，并责令整改，整改不到位的根据相关纪律和规定进行问责处理或立案调查。二是群众投诉渠道进一步畅通。安排专人全天候接待受理群众投诉意见；在市中心城区设立了群众意见投诉举报箱，每3天收集一次；设立举报投诉电子信箱和电话，每季度在《岳阳晚报》、岳阳市广播电视台进行3次公告，扩大影响力，以方便群众举报投诉。对群众投诉件做到1个工作日受理，7个工作日内核实，15个工作日内上报，20个工作日反馈。并在岳阳晚报《作风晒台》专栏上通报有关投诉件办理情况，曝光一些违纪违规的人和事。全年接待群众投诉560批次，涉及具体问题168个，调查核实处理整改161个。挽回经济损失1000余万余元。并为群众争取社会救助10万余元、政府补助82万余元，得到了社会各界的好评。三是作风建设主题活动成效更加显著。全市自2009年以来共组成1660个工作组，派出了11821名工作队员下基层、进企业、入农户。41名市级领导带头下到基层，带领1828名处级干部就企业发展、项目建设、民生改善、维护稳定等方面的问题调研走访，保持了全市经济社会平稳较快发展。8月，省作风办在岳阳市召开现场会，通过民主测评，岳阳市2009、2010年作风建设及主题活动在全省排名第一。

三、机关党的工作水平有新发挥。积极开展帮扶工作，先后到帮扶企业现场调研，指导召开企业基层党员会议，收集党员在帮助企业解决开拓市场、出口商检、银行服务、优化环境和员工就业等方面建议，并据此为企业解决问题。通过帮扶，2010年，富凯公司逐步摆脱了全球金融危机的阴影，走出困境。在行政经费极其紧张的情况下，挤出5.5万元，对市直机关87名贫困党员、59名困难职工进行走访慰问。并向"特困家庭大病医疗慈善救助基金"捐款1万元。2010年，市直机关工委"双联"工作和困难职工帮扶工作被评为全省先进单位。为搞好"五创"提质工作，工委组织198名督查人员，分6个大组、18个小组，对166个市直机关及其二级机构和148个单位进98个社区"五创"工作开展情况进行深入细致督查。市直机关各系统机关党委书记、相关单位机关党委负责人积极配合，全程参与，重点督查机关院内卫生、单位所属五小门店和"五创"劝导员上街劝导情况，做到不遗漏一家单位、一个所属门店、一个社区，全面掌握被督查单位"五创"工作开展情况。督查中发现问题，当即向责任单位指出并督促整改到位。同时，将督查情况及时以《市委通报》向市委、市政府领导进行汇报，推介典型，督促后进，为领导提供决策参考，并将工作落实情况记入单位作风建设台账。

【组织庆"七一"系列活动】 2010年6月30，市直机关工委和市委组织部联合召开"庆祝中国共产党成立89周年"暨"基层党建示范单位"负责人座谈会，市领导易炼红、盛荣华、赖社光、严华、徐新启出席座谈会。会上，岳阳楼区地税局党总支等9个市直机关基层党组织被市委授予基层党建示范单位，市公安局特警大队党支部等5个基层党建示范单位作典型发言。在市直机关开展岳阳市直机关纪念中国共产党成立89周年"庆祝党的生日，深入创先争优"机关党建成果展。制作展板36块，展示了基层组织和优秀共产党员的风采。

【组织参与"千名书记讲党课"比赛】 2010年，配合市委开展好"学习型党组织建设"活动，市直机关工委精心组织参与"千名书记讲党课"比赛活动。组织市直机关17个系统近2000人参加初赛，评选出10名党组（委）书记和23名党支部书记参加全市的复赛、决赛，其中有20名党组（委）书记、机关支部书记，分别获特等和一、二、三等奖。（本栏撰稿　方克君）

宣传思想工作

【概　况】 2010年，岳阳市宣传思想工作者围绕建设学习型党组织和创先争优活动两大主题，扎实推进各项工作，为全市经济社会又好又快发展提供了有力的思想保证、精神动力、舆论支持和文化条件。

一、理论武装高扬创新。按照"学习好、宣传够、研究透、转化快"的要求，以建设学习型党组织为主线，认真抓好理论武装。开展"千名书记讲党课"比赛活动，全市有1200多名各级党组织书记积极参与，参加听课学习的党员和干部群众达36万人次，形成了"讲党课、比学习、强素质"的热潮，其经验被中宣部、中央学习办向全国推介。组织理论宣讲团和形势政策报告团，开展"建设学习型党组织暨加快经济发展方式转变"、"学习贯彻党的十七届五中全会精神”、“四化两型”等重大专题宣讲，形成了良好的理论学习氛围。特别是邀请刘树成、魏文彬等专家学者到岳阳授课，实行课堂互动、学习交流，创新市委中心组学习形式与内容，提升了中心组学习档次与质量。梁衡、郑功成等名家作“市民大课堂·学习与人生”系列讲座，梁衡所作的《畅谈“岳阳楼记留给我们的文化思考和政治财富”》，被市民誉为是近年来特别吸引人的文化讲座。企业和高校把思想政治工作与建设学习型党组织有机结合，推出了一批丰硕成果。

二、舆论引导不断增强。以“提速、升级、增效、惠民”为主题，先后开展“盘点2009·谋划2010”、“联手帮扶产业发展升级”、“优化经济环境，实现科学跨越”、“提升党的建设科学化水平”、“五创”提质等大型宣传战役。先后在中央级主流媒体发稿342篇，在《人民日报》上刊稿件6篇、新华社“国内动态清样”3篇、中央电视台“新闻联播”单条7条，其中《湖南岳阳创新选人用人机制，竞争性选拔干部常态化》、《湖南岳阳依托新港建设，带动临港产业发展》、《湖南岳阳广辟诉求渠道，促进社会和谐》等报道在全国产生较大反响。评选了2009年岳阳市十大新闻事件、十大新闻人物和新农村建设十大新闻人物。围绕市委、市政府提出的“通江达海的现代港口城市、文化厚重的现代旅游城市、产业兴旺的现代新型工业城市、山水相融的现代生态宜居城市”新形象，创新外宣手段，实现了报纸、电视、网络、手机短信、外宣专刊、现场观摩等一体化。组织境内外媒体对上海世博会湖南“沪洽周”岳阳投资推介会、2010年湖南岳阳（北京）对接央企招商会进行深度报道，利用世博特刊《秀美岳阳》、《风帆起洞庭》，展示民本岳阳的新形象。“潇湘新乐章——唱响四个湖南红网市州行”大型网络直播活动，岳阳作为首站，市委书记易炼红和相关部门负责人接受了专访，产生了重大影响。有效引导黄盖湖水灾、临湘花炮爆炸等一批突发事件的舆论。进一步完善新闻发言人制度，举办新闻发布会80多场，在全省率先建立市县网络舆情监管平台，实现了部门网络舆情监控互动，形成了资源共享、分级监控、联手处置的工作机制。处置“王家河居民生活水污染”等网络舆情事件600起，防止了网络炒作，解答了“民意诉求”，促进了社会和谐稳定。

三、文化建设富有成效。以市委、市政府名义下发《关于进一步加强文联作协工作，促进文艺繁荣的意见》，推动了文艺繁荣，其中花鼓小戏《今天有客来》、《春雨》获中国第九届艺术节“群星奖”金奖；漆林生的根雕作品获中国民间文艺山花奖，他本人获全国德艺双馨民间艺术家称号；话剧剧本《背后的箫声》获全国戏剧文学奖；散文《二姐》获冰心文学散文奖；摄影作品《虹》、《微居印象》均获全国摄影艺术展铜奖；夏明庚获中国第九届艺术节“群星之星”称号；平江花灯戏《金凤凰》获全省县级剧团优秀剧目展演奖金奖。继续推进文化惠民、“五下乡”等活动，为广大群众宣讲理论、法律政策1200余场，发放科技、卫生、图书资料59200余册，送戏下乡300余场，放映城市广场电影和农村公益电影36340场。市电影公司在服务基层、服务群众方面做了大量富有成效的工作，被中宣部、文化部、国家广电总局、国家新闻出版总署授予“全国服务农民、服务基层”文化建设先进集体。建成广播电视“村村通”1072个，乡镇综合文化站93家，农家书屋556家。左宗棠故居、周逸群烈士纪念地被列入全省爱国主义教育基地。成功举办端午旅游文化节、汨罗江国际龙舟节，精心组织“岳州大舞台”、巴陵大戏台、周末广场电影等广场文化活动320多场，还举办了全市性大型广场舞比赛、《春风满洞庭》新春联欢晚会等大型文化活动，开展以“倡导全民阅读、共建文明岳阳”为主题的全民读书月活动和《做一个有道德的人》读书演讲征文比赛。市级文化宏观管理体制改革全部到位，市文化广电新闻出版局、市广播电视台、市文化市场综合执法局正式挂牌运行。加快文化产业发展，岳阳印刷科技工业园第一期占地21.67公顷，总投资2.1亿元，首批8家企业签约入园，竣工投产企业3家，在建企业1家。成功引进深圳中航集团投资1.3亿元发展汇泽文化产业。汨罗屈子文化园得到了中央领导和中宣部及省委、省政府的高度重视，被列为全省“十二五”期间重大文化建设项目，计划总投资4.5亿元，省财政已下拨前期规划设计经费1300万元，将其打造为“全球华人的精神家园”。市广电中心和广电创意文化产业园也在抓紧建设。

四、文明创建强力推进。在全市开展以创建全国文明城市为龙头的“五创”提质活动，掀起了新一轮精神文明创建的热潮。市委书记、市长发表《致全体市民的公开信》，编印《创建全国文明城市市民读本》3万册，制定《市民文明公约》，在中心城区建立120所市民学校，选聘300名市民素质教育宣讲员进机关、企业、社区、学校宣讲。组织万名干部上街劝导、十万市民“告别陋习，做文明市民”签名承诺、百万市民素质大提升等行动。制订了公共文明指数测评体系，按照测评体系每月委托国家调查队对5个区、32个相关部门和窗口单位进行自测自评，每月召开一次公开讲评会，当场兑现奖惩，推进了创建工作。8月，中央文明委对114个城市进行全国文明城市和先进城市公共文明指数测评，岳阳名列地级市第28名，比上年前进18位，增幅最大，受到中央文明委的表彰。各县市区和不少市直单位也纷纷掀起创建文明县城、文明单位的热潮。平江县、华容县、岳阳县着力创建文明县城，平江县在全省文明县城公共文明指数测评中，位列第3名。开展“道德模范基层巡讲”活动，市本级12场、县市区56场，观看电视实况的受众达300万人。编写《做一个有道德的人》一书，收录全市近几年受表彰的道德模范典型事例。在全省率先成立市级未成年人心理辅导站——岳阳市未成年人心理健康辅导站。推动了市博物馆、图书馆、科技馆、体育馆、游泳馆及岳阳楼公园“五馆一园”假期对未成年人免费开放。建立乡村少年宫4所。开展“关爱明天、普法先行”青少年普法活动，净化社会文化环境，为促进未成年人健康成长创造了良好环境。

【开展“千名书记讲党课”比赛活动】 为了扎实推进学习型党组织建设，充分调动各级领导班子学理论、用理论的主动性与积极性，发挥各级党组织“班长”在建设学习型党组织活动中的示范作用，2010年5月以来，市委宣传部在全市开展“千名书记讲党课”比赛活动，有1200多名各级党组织书记参加比赛，参加听课学习的党员和干部群众达36万人次，形成了“讲党课、比学习、强素质”的热潮。通过层层初赛、复赛，有53名县市区委、市直单位党组、乡镇党委书记、村（居委会）党支部书记入围全市总决赛，11月19日，全市总决赛圆满落幕。“千名书记讲党课”通过以讲促学，以评促讲，把干部逼向书本，逼向基层，不但提升了基层党组织的战斗力，并且提高了全市党员的素质，教育了广大群众。12月，中宣部《舆情摘报》推介了岳阳市开展“千名书记讲党课”比赛活动的经验。

【舆情信息工作全国领先】 2010年，市委宣传部多方面开展宣传调研信息和社会舆情信息报关工作。向中宣部报关舆情信息2856条，其中141条被中宣部综合采用，7篇得到中央领导及中宣部领导批示，完成中宣部舆情局交办任务20次。《湖南岳阳以“千名书记讲党课”活动力推学习型党组织建设》被中宣部采用，《“新闻线人”造假引关注》、《近期值得注意的几种社会情绪》被评为中宣部“好信息”。特约舆情信息员刘生康全年推荐59篇，被中宣部评为舆情信息先进个人。在中宣部对全国108个直报点年度考核排名中，被列为先进行列。

【推出“五馆一园”免费开放】 为争创全国文明城市，按照市委、市政府的要求，2010年7月，市委宣传部推出市博物馆、图书馆、科技馆、体育馆、游泳馆及岳阳楼公园等“五馆一园”假期对未成年人免费开放。“五馆一园”免费开放在全省尚属首次，影响较大。为抓好这一惠民实事，市委宣传部及时召开相关的工作协调会，组织新闻媒体进行集中采访报道，开展3次督查，有效地促进了“五馆一园”免费开放。免费开放期间，市游泳馆、市图书馆、市体育馆分别接纳未成年人1.2万余人次、5000余人次、3000余人次，市博物馆、科技馆、岳阳楼公园参观总人数比免费开放前增加58%，安全、讲解、培训、教育等辅助工作有序进行，取得了良好的社会效果。

【建立乡村少年宫】 2010年8月，按照中央文明委的要求，市委宣传部在岳阳楼区郭镇乡、梅溪乡，南湖风景区湖滨园艺场和岳阳经济技术开发区三荷乡试点建立了4所乡村少年宫。乡村少年宫利用假期闲置的4所乡镇中小学，按照“有场地、有牌子、有师资、有制度、有计划、有活动”的要求，完善设施设备，义务为农村孩子进行各种艺术课程培训教育。“乡村少年宫”的建立，有效填补了农村孩子课外管理教育的“真空”，丰富了农村孩子假期生活，为加强和改进全市未成年人思想道德建设进行了新探索，作出了新贡献。省文明办负责人在参观岳阳市乡村少年宫后给予高度肯定。

【建立岳阳市未成年人心理健康辅导站】 2010年8月12日，以扈立珊教授的“生命线”心理咨询室为依托，市文明办组织挂牌成立全省首家市级未成年人心理辅导站——岳阳市未成年人心理健康辅导站。市领导徐新启、隋国庆、柴小平，市关工委主任方贵吾出席揭牌仪式。辅导站是面向全市未成年人实施心理健康教育和开展心理咨询服务的纯公益性机构，免费为未成年人提供心理援助，对中小学班主任进行心理辅导和培训。辅导站开设未成年人心理热线室、心理咨询室和生命线心理咨询网，以及心理咨询热线“8612355”。此外，辅导站还不断完善辅导站的内部制度建设，制定热线接待员准则、热线接待记录、咨询接待记录等制度，创办心理健康辅导专刊《心视野》，影响不断扩大，功能不断凸显。至年底，接待未成年人心理健康咨询近1300多例。其中，热线咨询600例、接待面对面咨询的未成年人300例、网络咨询近100例、接待未成年人家长近300例。岳阳市未成年人心理健康辅导站促进未成年人健康成长，培育青少年健全的人格和良好的心理素质，得到了省文明办领导的充分肯定，省市媒体也多次予以宣传推介。

【开展“百城万店无假货”活动】 2010年，市委宣传部将“百城万店无假货”活动与创建全国文明城市相结合，作为“五创”提质的重要工作来抓。3月15日，牵头在东茅岭步行街广场隆重举行“庆祝2010年3·15国际消费者权益保护日”暨“百城万店无假货”活动启动式，现场接受咨询服务3000人次，接受大的消费纠纷投诉18起，发放宣传资料2万余份，发布年度十大维权典型案例，有关部门签订维权责任倡议书，表彰了一批保护消费者合法权益先进单位和个人。10月，组织销毁标值近1500万元的假冒伪劣商品，其中销毁了标值400万元的假烟，有效地加强了社会诚信教育。

（本栏撰稿 邹 镇）

讲师团工作

【概 况】 2010年，市委讲师团围绕中心，服务大局，集中精力做好市委中心组理论学习服务工作，搞好干部理论教育、理论研究和其他工作，圆满完成全年工作目标和任务，连续第10年被评为全省讲师团系统先进单位。

一、突出中心，学习服务质量不断提升。一是积极创新市委中心组理论学习的内容、形式和手段。制定《关于创新市委中心组理论学习服务工作，提高服务质量和水平的实施意见》。提出在学习内容上，紧紧围绕中央、省委省政府的重大决策部署，开展集中学习，坚持市委领导定期务虚制度，在学习中研究问题、统一思想、科学决策。在学习形式上，力求集中辅导与讨论交流相结合，注重学习研讨，突出中心发言，形成教学互动。在学习手段上，尽可能采用多媒体教学，增强吸引力，提高实效性。还拟定下发《市委学习中心组成员2010年推荐用书问卷调查表》，并按各位中心组成员自己选定的书目，委托市新华书店组织书源，配齐送到各位领导手中。中心组成员人均配书15本，共计投入3万多元。二是严格按“六个环节”要求组织市委中心组集中学习。制订专题计划、编选学习资料、提供学习提示、安排专家讲课、组织中心发言、撰写学习综述“六个环节”，组织市委中心组集中学习7次13天。学习专题有：转变经济发展方式与调整经济结构，用转方式谱写富民强省的新篇章，党员领导干部廉洁从政，关于干部选任四项监督制度，党的十七届五中全会精神学习辅导，关于发展文化产业的几点思考，民生问题与社会保障等。三是切实加强对全市副处级以上单位党委（党组）中心组秘书的培训和管理。市委讲师团同市委宣传部联合举办2期培训班，上半年举办“全市副处级以上单位党委（党组）中心组学习秘书和理论骨干培训班”，下半年举办“学习十七届五中全会精神培训班”。组织理论骨干参加了上级组织的培训。全市各级党委中心组普遍成立了以党委（党组）主要负责人为组长，分管领导为副组长，政工科室负责人为秘书的中心组学习机构，形成党委主要领导亲自抓、分管领导具体抓、职能部门协助抓的工作机制。

二、服务大局，理论宣讲力度不断加大。市委讲师团紧跟党的创新理论和中央、省委、市委重大决策部署，为全市各级党委中心组和广大党员干部群众提供学习辅导。精心策划加快经济发展方式转变、建设学习型党组织、《廉政准则》、核心价值体系、创先争优、十七届四中、五中全会精神、当前国际国内形势、“五创”提质、“三更”要求、“两个维护”等十多个重点专题。为市直各单位、县市区、厂矿企业、部队、学校、乡（镇）讲课255堂（次），听众达2.6万人（次）。为扩大理论的覆盖面，增强宣讲的影响力，进行集体备课，编写学习辅导资料。编写《岳阳市党员干部2010年理论学习专题讲座》，并在《专题讲座》后附录理论宣讲菜单，在讲师团网站发布新课动态，最新讲稿，方便了广大党员干部的理论学习。

协同市纪委组织3次大型专题宣讲活动。在全市12个县市区开展《廉政准则》巡回宣讲活动，取得良好的社会反响。李卫兵所作的《学习贯彻〈准则〉，坚持廉洁从政》的宣讲报告被制作成光碟，上报省委宣传部，并被推选到中宣部举办的十七届五中全会精神培训班交流；起草下发《关于在全市开展“建设学习型党组织暨加快经济发展方式转变”专题宣讲活动的通知》。讲师团正副主任在全市各单位对这两个专题进行广泛深入的宣讲。协同市文明办举办“创建全国文明城市市民素质教育”宣讲员培训班。

围绕群众关心的社会热点、难点问题，开展内容充实、形式活泼的“送理论下基层”活动，先后到设在汨罗市达摩岭的市电视转播台、设在汨罗市大荆镇的全市农村支部书记培训基地和岳阳县委党校开展“送理论下基层”活动，李桂华、蔡吉跃、邹震江分别就“文化体制改革与创新”、“创先争优活动重在行动，新农村建设贵在创新”、“我在授课中的几点体会”等专题进行讲授。

三、深入调研，科研工作水平不断提高。进一步完善了教学、科研成果和突出贡献奖励制度，全团获奖专著1部，完成省市社科课题3个，调研报告5个，获奖和发表理论文章47篇（其中国家级1篇、省级8篇、市级38篇），提交中宣部舆情信息、新闻阅评65篇，网络撰稿54篇。由刘生康担任组长的省委智力办立项课题——《长株潭城市群通江达海战略研究》通过评审，获得结项证书。蔡吉跃负责的省团立项课题——《湖南省加快县城特色经济发展对策研究》和市级立项软课题——《岳阳市发展再生资源产业对策研究》也先后结项。这些课题为党委、政府决策提供了理论支撑和决策参考，得到了省市领导的高度肯定。

完成个人理论专著，积极撰写理论文章。刘生康撰写的《党的理论宣讲队伍亟待保持常态稳定》在《人民日报》内参上刊发，他撰写的经验材料《以中心组学习为龙头引领学习型党组织建设》在江苏常州召开的全国讲师团年会上宣读，并被编入全国讲师团年会论文集。蔡吉跃撰写的《提速新农村建设的关键：提高基层党组织的创新能力》参加全省讲师团系统多媒体教学竞赛二等奖，《循环经济与再生资源产业发展研究》（30万字）获市社科成果二等奖。

【着力建设理论学习服务网络平台】 2010年，市委讲师团网站突出为全市各级党委中心组学习提供服务，专设“中心组学习”栏目，公布全年理论学习计划，供各级党委中心组参考；公布教研人员的教学菜单、专题提纲、联系方式，方便各级党委中心组点菜学习；发布各级中心组学习情况；组织中心组学习经验交流；宣传各级党委中心组学习成果的运用。市委讲师团还加强与“湖南省委中心组学习服务网络平台”、北京“宣讲家”等全国理论网站的交流与联系，充分发挥了网络在中心组学习和理论普及中的作用。创办四年来，已成为“中心组学习平台、宣讲家联系纽带、讲师团交流窗口”。 （本栏撰稿 李卫兵）

统一战线工作

【概 况】 2010年，岳阳市统一战线紧扣改革发展大局，大力促进社会和谐，各项工作取得明显成效。

一、服务经济建设。一是助推民本岳阳科学发展。围绕“转方式、调结构、惠民生”,开展联合调研，积极参政议政。一系列参政议政调研成果，得到市委、市政府主要领导的高度评价。召开全市征求党外人士“十二五”规划意见座谈会,完成“十二五”规划有关“城乡清洁工程”的专题调研任务；开展全市非公经济“两个健康”专题调研，明查暗访社会治安综合治理工作，开展农村计划生育社会调查；召开党外人士反腐倡廉情况通报会并征求意见。各民主党派、工商联、知联会分别完成年度专题调研任务，调研成果得到市委、市政府肯定、重视和采纳。继续开展党外知识分子“科技创新、贡献湖南”活动，召开企业统战工作现场经验交流会，党外知识分子完成专业课题和技改项目135项，并基本实现成果转化。二是开展联手帮扶。积极开展“联手帮扶产业升级行动”，帮助企业“转方式、调结构、促发展”。统战部长担任“民营岳阳工程”领导小组组长，牵头帮扶生物医药产业。建立部领导与重点非公企业对口帮扶制度。全市统战系统对口帮扶非公企业35家，派出120名统战干部和党外专家担任企业顾问，帮助企业融资12亿多元，争取国家和省项目资金1.5亿元，新上技改项目30个，申报各项专利300项。帮助湖南天欣集团、胜景山河公司成功上市；为企业代理维权140次，挽回经济损失6000万元。召开全市实施“民营岳阳”工程、发展非公经济工作会议。继续开展“万企联村、共同发展”活动，工作经验在全省“郴洲会议”上作典型发言；召开全市“万企联村、共同发展”活动暨构建城乡基层党组织互帮互助机制工作现场经验交流会。全市新增联村企业81家，新增结对村105个，新对接项目33个，投入基础设施建设31个，扶贫帮困9000万元；村企党支部结对815对，开展互帮互助活动900次；有157个村企党支部、365名党员在各级各部门创先争优活动中受到表彰。抓好非公企业党建工作，工作经验在全国非公企业党建网站和《湖南日报》头版头条被宣传推介，两次在全省大会上作典型发言，受到中组部领导的高度评价。三是着力招商引资。召开市直统战系统招商引资动员会、调度会。充分发挥各民主党派、工商联、台办、知联会、海联会联系广泛的优势，面向海内外广泛招商。全年市直统战系统引进项目11个，总投资7.47亿元；已投产项目4个，总投资4.7亿元，其中市委统战部引资9000万元。四是关注改善民生。积极引导统一战线各界人士参与社会公益事业，关注改善民生。着眼社区统战工作，开展“党派联社区、共建促和谐”活动，各民主党派联系社区21个，为市民义诊8000多人次，开展法律讲座11场，提供法律援助400多人次；联手企业开展社区招工扶贫7次，提供就业岗位7000多个；为社区建设提出建议160多条，协助社区制订管理制度30多个。积极组织各民主党派开展扶贫帮困、送药下乡、科技支农、农村支教等社会服务活动30多次。积极参与新农村建设，办好丁山村新农村建设示范点,举办丁山村新农村建设成果展览活动,3次召开现场办公会、协调会。投入资金300多万元，帮助该村新建支部活动中心,维修学校，新修水渠4000多米,完成土地平整53.4公顷，帮助村民新装太阳能80台,改水改厕120多户。积极配合省委统战部、各民主党派省委和在平江县盘石洲村建立社会服务基地，并在该村开展扶贫义诊活动。

省委统战部部长李微微（左二）在汨罗市调研工作（市委统战部　供稿）

二、构建和谐社会。一是促进政党关系和谐。召开全市民主党派工作座谈会和民主党派组织工作务虚会，开展部领导与民主党派负责人暑期谈心活动。全面启动民主党派市级组织换届工作，成立民主党派换届工作协调领导小组，制订换届工作实施方案，对各民主党派市委进行届中调整，推荐任命兼职副主委4名，拟任专职副主委2名，交流2名专职副主委，解决1名专职副主委正处待遇。努力推动多党合作事业向前发展，召开加强党同党外人士合作共事工作座谈会。市委3次研究党外干部工作，任命党外正处实职1名，提拔副处级党外干部6人，交流4人。坚持市委常委与党外人士交朋友活动，14名常委与45名党外人士结对交友。二是促进民族关系和谐。邀请省民委王德靖主任举行民族理论政策报告会，强化党政干部民族工作意识；召开全市少数民族联谊会换届大会，完成回民墓地后续建设工程；做好藏族干部到市委统战部挂职安排工作，成功接待新疆少数民族代表人士考察团；及时妥善处置新疆回民岳阳违法经营事件和四川阿坝州藏民岳阳购物纠纷，增强民族团结，维护社会稳定。三是促进宗教关系和谐。升格市民宗局为正处级单位，举办全市民宗局长培训班。开展创建“和谐寺观教堂”活动，推荐评选一批先进宗教活动场所和代表人士。妥善解决市道教协会房产遗留问题，维护宗教界合法权益。引导宗教界人士开展社会服务，全市宗教界人士为公益事业捐资500多万元，岳阳崇善寺养老院成为全省宗教界服务社会先进典型。举办宗教教职人员培训班，对市道教协会进行换届，召开基督教三自爱国会四届二次会议和市佛教四届六次会议，协助省天主教做好换届工作。成功接待中央统战部第二期藏传佛教“拓然巴”培训班在岳阳参观考察。有效抵御境外宗教渗透，及时发现、果断处置韩国基督教徒企图到临湘市非法传教苗头。四是促进阶层关系和谐。召开市工商联六届四次执委会，对市工商联领导班子进行届中调整。组织收看全国加强和改进工商联工作电视电话会，认真学习贯彻中央统战部引导非公人士回报社会感恩行动电视电话会精神，组织开展非公人士进“三区”、访“三老”、促发展、建和谐活动，26个民营企业结对帮扶“三老”地区26个，结对帮扶300多人，帮扶资金28万多元。开展“十大优秀民营企业家”评选表彰活动，积极参与湖南省优秀中国特色社会主义建设者评选表彰活动。召开市光彩事业促进会换届大会，吸纳会员76名，表彰一批“光彩项目”和“光彩人物”。引导非公人士捐资300多万元，建造“光彩林”和一批市民学校。组织40名优秀民营企业家，在清华大学深圳研究生院举行“岳阳市优秀民营企业家培训班”。五是促进海内外同胞关系和谐。召开市海联会四届二次会议，吸纳一批海外理事；参加全国部分中等城市海联会网络年会，与广东清远市海联会开展联谊交友活动，结识一批海外朋友；邀请中华海外联谊会台胞代表人士考察团到岳阳开展庚寅端午湖湘文化之旅活动，成功接待香港新界区原区事顾问协会考察团。全年有13批次280名海外朋友到岳阳考察交流。海外朋友捐资助学、扶贫救灾2500多万元。市直统战系统联系海联项目26个，引进资金14.2亿元。积极参与湖南“海联三湘行”活动，投资1.2亿元的宏大石材海联项目在签约仪式上成功签约。做好对台工作，市委常委会及其主要领导4次听取对台工作情况汇报，召开对台工作汇报会和“在台岳籍后裔岳阳行”筹备工作会议，牵头组织“海峡两岸经贸交流台湾行”活动；邀请“湘籍台胞后裔湖南行”4批次、300多人到岳阳考察交流。先后3次组团到台湾参观访问。

三、展示统战新形象。一是做好统战信息工作。召开统战宣传信息工作会、讲评会。全年向中央和省委统战部上报信息5200多条，采用2600条，位居全省前列。开展统战宣传工作，参加在大连举行的全国统一战线宣传报道工作研讨会，被评为全国统一战线宣传工作先进单位并在会上作典型发言。建立岳阳统一战线宣传网站。部领导坚持在市社院主体班讲授统战理论课。上报各类典型经验材料和统战新闻稿件500多条，被三湘统战网采用413条，中央统战部网站采用26条，被中央、省委统战部各类刊物刊登16条。深入开展统战理论研究和调查研究，举行统一战线理论和实践报告会，召开统一战线树立和践行社会主义核心价值体系交流研讨会，召开城市统战、企业统战、学校统战工作研讨会等一系列统战理论和实践研讨活动。加强统战理论研究队伍建设，对市统战理论研究会进行换届。在中央统战部《调研参考》、《中国统一战线》、中央社院和湖南社院学报等发表统战理论研究论文7篇，向省委统战部研究室报送统战理论研究论文10篇。二是加强队伍建设。开展党外代表人士队伍建设大调研活动，召开党外代表人士队伍建设大调研工作会议，形成“6+1”7个调研报告，首次建立党外代表人士信息库，探索完善各类党外代表人士综合评价体系。开展统一战线树立和践行社会主义核心价值体系学习教育活动，组织统战人士举行学习报告会，交流研讨会，开展优秀征文评选表彰活动。三是抓好勤政廉政作风建设。对各县市区和市直统战系统各单位实现统战工作目标管理考核。开展统一战线“作风建设年”活动。开展重阳节期间走访慰问老主委、老会长、老统战（干部）活动，送慰问金8万多元，解决实际问题30多个。制定统战信访工作制度，实行部长信访接待日制度。

（本栏撰稿　瞿伟华）

副省长甘霖（右二）在平江县盘石村调研工作　（市委统战部　供稿）

对台工作

【对台招商引资】　2010年，市台办充分发挥对台联络优势，开展一系列对台招商引资活动。一是主动联系各地台商到岳阳考察，接待台商4批，61名到岳阳实地考察招商项目。台湾德鑫集团执行长杨仁德率领台中农工商产业交流参访团一行18人专程到岳阳对城陵矶临港产业新区进行为期4天的参观考察，还参观了岳阳楼景区，岳阳商业步行街等商业区；港澳台胞考察团一行30多人到城陵矶临港产业新区考察；海峡两岸发展协会理事长彭王信、监事黄淑满一行6人到岳阳考察；海峡两岸科技开发交流促进会长李延生、台邑股份有限公司董事长张国裕、台邑电子有限公司总经理张国鹏一行5人考察岳阳县台湾农民创业园，并签订有关技术开发项目协议。二是引进台企到岳阳落户创业。台湾独资企业安佑科技（苏州）有限公司在岳阳注册成立岳阳佳鼎房地产开发公司，进行房地产开发，计划投资1.5亿元，到位资金3300万元，项目在正常运转中；台商王义中，在沿湖风光带东风湖片进行房地产开发项目，到位900万元资金。鼓励台企岳阳太阳城餐饮娱乐有限公司再发展。10月，该公司在市中心城区五里牌开设第三家太阳城餐饮娱乐城。至4月，经市台办引进的台资到位2000万元。三是筹划“走进台湾湖南周”活动。8月，省委、省政府在台湾举行“走进台湾湖南周”活动。活动开展以前，市台办先后到上海、台湾与台湾政界、商界重要人士协调前期工作。8月1～8日，市委副书记盛荣华，市委常委、副市长韩建国率领“2010年台湾湖南周”暨第六届湘台经贸交流合作论坛岳阳分团赴台湾，进行为期7天的经贸合作、文化交流、资源推介活动。分别在台北、台中和高雄三地举行3场“秀美洞庭、和谐岳阳”市情推介会，得到相关部门、在岳台商的大力支持和台湾客商、岳籍乡友的热情接待。200多名台湾政界、商界和60多名岳籍乡友参加岳阳分会活动。新党主席郁慕明在台北的推介会上致辞。活动期间签订一批经贸文化交流合作协议。市经济技术开发区与台湾中华两岸商务促进会签订“关于积极开展双方经贸合作的框架协议”，城陵矶临港产业新区与台湾新竹工业园签订“关于积极开展双方经济合作的框架协议”，市经济技术开发区与台商郑香奕签订“入园协议”，湖南理工学院与台湾大叶大学缔结姊妹学校并签订学术交流、互派学生等活动的协议。四是筹办“湖南（岳阳）海峡两岸春节年博会”。由市政府主办，由市台办和市广播电视台、市台商投资协会、市食品加工行业商会共同承办，11月2日，在中达大酒店举行新闻发布会。本次年博会以促进两岸经贸与文化交流、展示台湾特色的年货文化为主题，为台湾年货商品走向岳阳架起桥梁。

【对台宣传工作】 2010年初，市台办召开涉台宣传教育联席会。明确涉台宣传教育归口市委台办统一指导，统一管理。明确在涉台宣传教育中的原则与要求，做好对台宣传工作。一是建立健全对台宣传机制，制定宣传稿件奖励办法。建立一支相对稳定的对台宣传工作队伍。除确定各县市区台办一名工作人员为对台宣传在职联络人外，市直有关部门、新闻媒体均确定一名工作人员为对台宣传联络员；制定《对台宣传稿件奖励办法》。开展“走进台湾湖南周”的宣传活动。在活动前期，配合省台办接待28家台湾新闻媒体到岳阳采访。市委副书记盛荣华作市情推介，副市长宋爱华就市政建设、精品旅游景点及岳阳发展前景接受台湾媒体的采访。市卫生局局长黄军建撰写的《岳阳赋》，宣传部撰写的《岳阳楼下岳阳城》文章，分别在台湾《仙境》、《中国时报》副刊和《湖南同乡会刊》等报刊登载。活动期间，市委副书记盛荣华在台北、台中和高雄三地对岳阳市市情作推介，提升了岳阳在台湾的知名度。二是借助台湾媒体到岳阳采访，做实岳阳当地特色宣传。台湾多家新闻媒体对岳阳市市政建设、投资环境、引资项目、旅游景点、民风民俗等进行了专题报道，同时，对岳阳特色饮食文化进行了宣传。先后制作洞庭全鱼席、黄古鱼、龙虾、龟蛇酒以及君山金龟、洞庭珍珠等岳阳特色的专题片在台湾专题节目中播放。三是做好“台商在湘20年”活动宣传，组织人员撰写稿件。11月，全省对台宣传工作暨“台商在湘20年”图书及电视专题片评奖表彰会在岳阳市召开，岳阳被采用的7篇稿件全部获奖。

【开展岳台两地交流交往活动】 2010年年初，邀请在岳台商在华天大酒店欢聚一堂，举行迎新春团聚会。参加会议的有在岳台商，各县市区台办主任40多人。台商代表蔡祖柱对岳阳市委、市政府及市台办对在岳台商投资兴业的支持表示衷心的感谢。4月，台湾东森电视台和湖南、湖北两地民间社团举办“鬼斧神工两湖传奇”台胞两湖行活动，先后有两批台胞60多人到岳阳观光。中秋之夜，市台办举办“同赏一轮月，岳阳亦故乡”岳阳台商代表聚餐会，省台办主任冯波，岳阳市委副书记盛荣华、市政协主席白尊贤、市委常委、市政府副市长韩建国、市委常委、统战部部长李劲夫、市人大副主任陈国荣、副市长宋爱华等领导出席会议。6月，湖南旅台同乡会返乡交流参访团一行60多人到岳阳市参观访问，组织“在台湘籍后裔湖南行”活动。11月15日，召开由各县市区统战部和台办负责人参加的“在台岳籍后裔岳阳行”活动筹备工作会。邀请在台岳籍后裔14人来访，同时有省台办邀请的4个团、300余人来访。

（本栏撰稿　权　怿）

政策研究工作

【概　况】 2010年，市委政策研究室围绕市委工作大局，深入开展创先争优活动，牢牢把握政务服务这个工作重点，实施精细化管理，坚决杜绝“三误”，各项工作再上新台阶。

一、服务理念在适应形势中实现新优化。提出并践行“一、二、三、四、五、六”的服务理念，即：围绕一个中心，认真践行民本岳阳的执政和发展理念；践行“两个忠诚”，毫无保留地忠诚于党和人民、忠诚于事业；坚持“三更”要求，以更高标准、更严管理、更具公信力提升科学谋事干事水平；强化四种意识，在强化责任、参谋、宏观和团队意识上下功夫；永葆“五平之心”，保持平等、平衡、平稳、平和、平实的心态；打造六块品牌，做到时时学习、学风好，字字推敲、文章好，事事求真、参谋好，处处规范、管理好，人人友爱、团结好，天天向上、形象好。不断拓展服务领域，延伸服务范围，努力为市委主要领导提供“十个一”的优质服务，即：精心起草好每一份文稿；集中讨论分析点评书记对每一份重要文稿的修改意见；认真把关好书记每一次活动报道，从配发图片到文字到镜头做到万无一失；对书记每一次讲话当天立即整理不过夜，及时分类归档，定期整理成册；书记每一次调研活动后立即整理形成影像资料电子文档，每月一组图片集、一组录像集，年终整册归档；每三天搜集编辑一期《网络信息摘要》专供书记参考；每月就市委中心重点工作针对一个具体问题进行一次深度调研，形成《调研内参》专供书记参考；每季度组织财政、地税、发改等部门会商分析全市经济形势，编辑《岳阳经济社会动态》供书记参考；每年在中央、省级主流媒体上发表书记署名文章10篇以上；完成好书记交办的每一项工作任务。

二、文稿起草在用心专心中得到新提升。坚持把文稿起草作为政策研究工作的第一要务，牢固树立“精彩的文稿靠精心、精心的态度出精品”的理念，坚持做到“字字推敲、语句严密、结构严谨”，精益求精起草好每一篇文稿。全年全室干部平均加班近130个晚上，人平累计加班工作时间90多个工作日，三分之二以上的节假日都在办公室工作，起草各类文稿460篇260多万字，其中领导讲话材料287篇，汇报材料110篇、署名文章60篇、重要文件3个。

三、调查研究在求真求实中取得新突破。坚持把调查研究作为起草文稿、参政议谋的重要手段，紧贴市委中心工作，充分发挥“智囊团”和“参谋部”的作用，按照“精选课题、整合力量、创新方法、转化成果”的调研思路，深入基层、深入一线开展调查研究。开展集中调查研究50余次，召开座谈会24次，形成调研报告、调研文章50多篇，为领导科学决策提供了真实依据和参考。有8篇调研成果被国家级主要刊物采用、13篇调研成果被省级重要刊物采用、一批对策建议被市委采纳。

四、党刊编辑在改革创新中打造新精品。11月,对《民本岳阳》进行全面改版升级，确立“决策参考、工作交流、风采展示、学习园地、友谊桥梁”的办刊方向，增设“他山之石、金鹗书声、八面来风、市委工作大事记”等栏目，创设图文结合的编辑模式，扩大了刊物赠阅交流范围，得到广大读者的认可和好评。刊发《市委通报》27期，编发《领导参阅》7期、《信息参考》14期、《调研内参》4期。

【党刊《民本岳阳》成功改版升级】　《民本岳阳》是由市委主办、市委政策研究室承办的市委机关刊物。为进一步增强刊物的可读性，扩大党刊影响力，2010年11月，市委政策研究室围绕打造“全省一流、全国先进”知名党刊目标，对《民本岳阳》进行改版升级，进一步明确“决策参考、工作交流、风采展示、学习园地、友谊桥梁”的办刊方向，实行稿件“四审定稿”工作流程和责任编辑制度，丰富栏目内容，创设图文结合的编辑模式，实行刊物设计和印刷分离，扩大了刊物赠阅交流范围，对内免费赠阅每个市级领导、离退休老同志、全市正科级以上所有行政事业单位；对外赠阅中央相关部委、省内相关厅局和岳阳籍在外工作人员，并与全国100多个兄弟市州交流，每期印数近5000份，改版后的《民本岳阳》形式更加活泼，内容更加丰富，印刷更加精美，真正成为推介岳阳的平台、增进友谊的桥梁和沟通交流的纽带，受到广泛好评。

【开展“调结构转方式”系列课题调研】　2010年，根据市委“提速、升级、增效、惠民”的年度目标要求，科学确定“转变发展方式、调整经济结构、促进产业升级”系列课题调研，由市委政策研究室负责总课题的调查研究，组织12个县市区和市发改委、市农办、市财政局等8个市直单位，分别围绕总课题开展子课题的调查研究，形成调研成果22篇。

（本栏撰稿　吴雄文）

党史地方志工作

【概　况】　2010年，岳阳市委党史市志办公室（简称市委史志办）继续贯彻《地方志工作条例》，全面落实《岳阳市2006～2010年党史地方志工作规划》，围绕中心、服务大局，开展史志工作，被评为全国地方志工作先进单位，全省党史征集研究工作先进单位。学习贯彻全国全省党史工作会议精神，启动党史正本第三卷的征编，根据岳阳市1978年至2009年所发生的重大事件，拟写出14章51节161目的第三卷篇目，并进行相关资料征集。开展4个党史专题的研究，拓展党史学术交流，参加“首届湘鄂赣苏区论坛”研讨会、“南方三年游击战争”研讨会，组织撰写论文8篇，被采用7篇、获奖2篇。完成上级交办的《党委工作纪事》组稿工作，《湖南公路发展纪实》、《湖南冶金工业建设》等8部书籍岳阳部分的组稿，共60余万字。对党史联络组进行调整。发挥联络组成员“活党史”的作用，对党史正本第三卷的编目进行审核，开展改革开放时期党史专题资料的征集和研究。继续征编回忆录，编辑《回首当年》第七辑，围绕岳阳重点工程建设编辑“重点工程卷”，全书收录回忆文章74篇25万字。组织联络组正、副组长开展调研活动和学习考察活动5次，在考察君山区采桑湖因渍受灾情况后提出建议和解决办法，得到市区两级高度认可。审定《临湘市志》、《汨罗市志》篇目，细化到目及子目。召开《华容县志》评审会，通过省方志委验收即将出版。评审《岳阳市城区房地产管理志》，审核《柳林洲镇志》、《平江县国土志》。指导《岳阳市教育志》编纂、《岳阳市国土志》编纂，开展乡镇修志业务辅导。此外，立足丰富的史志档案信息资源开展史志宣传教育，在媒体、行业刊物上发稿27篇。完善“岳阳市情网”建设，新录入资料230多万字，完成2次资料数据备份，网站累计浏览96万多人次，分布120多个国家和地区。建好市委史志办资料室，收集史志资料100余册，接待资料档案查阅外地和本地史志资料利用人员80多人次。

【加强和改进新形势下党史工作】　2010年，市委史志办学习贯彻新中国成立以来以中共中央名义下发的第一个专门的党史工作文件，学习对中央、省委有关党史工作的新精神。市委书记易炼红先后几次听取党史工作情况汇报，11月8日又主持召开市委常委会议，发表重要讲话。市委秘书长赖社光，市委副书记盛荣华，市委副书记、市长黄兰香等先后发表重要意见。常委会议要求各级党委站在历史和全局的高度，进一步加强和改进对党史工作的领导，就贯彻中央省委有关精神、适当增加史志工作经费、加强史志工作队伍建设等5个问题形成意见，并下发市委常委会议纪要。12月10日，市委召开全市党史工作会议，易炼红接见与会代表并发表重要讲话。市委常委、市委统战部部长李劲夫主持会议，市委常委、市委秘书长赖社光代表市委作主题报告，市党史联络组组长黄甲喜作党史联络工作报告，市委史志办主任杨志军作史志工作报告，并表彰全市党史工作先进单位和先进个人。

【调整充实市县两级党史联络组】 2010年，市党史联络组、市委史志办贯彻落实省委文件精神，做好市县两级党史联络组成员的调整充实工作。市党史联络组将原3名年事已高的联络组成员改为特邀顾问、顾问，补充2名退休的原市级领导为副组长。联络组调整为12人，队伍更加精干。到年底各县市区党史联络组成员的调整充实工作全部完成。

【岳阳地方志工作评为全国先进】 2010年12月，市委史志办被评为五年一度的全国方志系统先进集体，华容县史志办主任张凭栏被评为全国方志工作先进个人。近年来，市委、市政府高度重视地方志工作，强化组织保障，确保有人干事；强化经费保障，确保有钱办事；强化制度保障，确保依规行事。市县两级史志部门扎实工作，开拓创新，变志办修志为政府修志，变关门修志为开门修志，变众手成志为专家修志，全市方志工作迈上新的台阶。79卷13册600多万字的《岳阳市志》出版，获岳阳市社会科学成果特别奖。县市区二轮修志进入收获期，部门志乡镇志编修蓬勃发展，先后出版150多部。市、县两级年鉴编纂出版工作全面推进，5次在全国性评比中获奖。全市史志部门充分利用地情、市情资源，紧紧贴近党委、政府的中心工作，积极主动为经济建设服务，为弘扬优秀传统文化服务,为领导科学决策服务，做了大量扎实有效的工作，走在全省前列。

【开展革命遗址普查】 2010年，根据全国、全省关于开展革命遗址普查工作有关文件精神的通知，市委史志办从4月开始广泛征集，开展全市革命遗址普查工作。市委史志办抽出专人从事这一工作，负责对全市各地普查工作的指导。4、5月，市县两级成立革命遗址普查领导小组，组建普查队伍。普查工作中，县市区普查队员积极配合，深入广大城乡寻访先烈们的遗迹，进行实地调查和拍照，填写《普查登记表》。到年底，对全市征集的171处革命遗址登记表及300多张图片进行分类整理，制作光盘和分类目录，填写统计表，撰写出《全市革命遗址情况报告》，上报省党研室。

【《岳阳年鉴·2010》创新提质】《岳阳年鉴·2010》由方志出版社出版发行，在以下几个方面进行创新：一是框架结构经过精雕细琢，显得更科学，篇目更合理，由过去36篇精减到30篇。二是采用双色印刷，版式统一、规范，主题突出，层次分明，便于检索和阅读。三是首次刊载岳阳市地图、岳阳市中心城区图，既活跃版面，也增加实用性。四是彩色公共版面集中打造“数字岳阳·2009”、“情系岳阳”、“岳阳非物质文化遗产”、“岳阳风貌”等专题专版，使年鉴更具厚重感。五是增强条目的新颖性。全卷2316个条目，以“大事不漏，小事不收”为原则，做到为大事、新事、热点事件、经验教训立目，突出年度特色，地域特色，使年鉴更具史料价值、资政价值。六是强化年鉴编纂随文图片的刊载力度，使随文图片成为年鉴文字内容的延伸和完善编纂格调的重要手段。全卷随文图片168幅，占篇幅的20%。

（本栏撰稿　黄玉祥）

任弼时纪念馆

【任弼时纪念馆收编管理】 2009年10月23日召开市委常委扩大会议，决定理顺任弼时纪念馆管理体制，由岳阳市委办公室直接管理。2010年，完成纪念馆整体正式上收工作。任弼时纪念馆为隶属岳阳市委办公室管理的正处级事业单位，下设三部二室一中心，分别为办公室、研究室、宣传教育部、保卫部、对外联络部和游客服务中心。馆内建立一整套优质、务实、廉洁的管理机制，各项开放接待工作科学、严谨、有效运转。

【任弼时纪念馆景区功能】 任弼时纪念馆坐落在汨罗市境内、107国道旁的弼时镇附近。占地12公顷，总建筑面积11360平米，纪念馆由纪念区、展览区、休闲区和服务区四个部分组成，是一座融民族风格与现代韵律于一体的现代化多功能爱国主义教育场馆。自1978年对外开放以来，接待江泽民、胡锦涛、尉健行、周永康等中央领导及各地参观游客750多万人次。2008年纪念馆实行免费开放以后，年均接待人数超过60余万人次，取得良好的社会效益，先后被授予“全国爱国主义教育示范基地”、“全国红色旅游经典景区”、“国家AAAA级旅游景区”和“湖南省全民国防教育基地”等称号。

（本栏撰稿　许红阳）

接待工作

【概　况】 2010年，市委、市政府接待处接待来宾2085批31180人次，其中，接待党和国家领导人5人次，省部级领导111批、164人次，重要客商46批、267人次。成功接待了全国人大常委会原副委员长司马义·艾买提，全国政协原副主席毛致用、徐匡迪、罗豪才，原中共中央政治局委员、中央军委副主席、国务委员兼国防部长迟浩田等党和国家原领导人。市接待处被评为全市招商引资接待工作先进单位、党风廉政建设工作和机关作风建设先进单位、计划生育工作先进单位、扶贫工作先进单位、工会工作先进单位。

市接待处开展接待模拟讲解大比武 （市接待处 供稿）

【提升接待服务质量】 2010年，市委、市政府接待处注重抓接待服务质量，一是以学习促进领导班子科学谋事干事水平。为提升服务质量，市接待处做到每月集中学习2～3次，5月、6月，处系统集中学习易炼红“三更”讲话精神和《领导干部要以“五平”之心加强自身修养》的理论文章。春节后上班伊始，举行为期半个月的综合素质培训，培训内容为景点知识、礼仪礼节知识和普通话等，并把讲解员带到临港新区、文化艺术中心、岳阳楼景区进行现场讲解点评，将全市经济建设发展成就与景点知识结合起来，人人争当推荐岳阳、宣传岳阳的行家里手。二是以创新追求更好的服务理念。将接待安排单、宴会单、席位卡等接待资料重新进行设计，增加城陵矶临港产业新区等城市建设新亮点，修改各项经济社会发展新数据，所有文字内容都增加中英文对照。创作接待之歌《你来到这里》，并结合市委、市政府的执政理念和接待工作特点，将《南泥湾》等经典歌曲进行歌词改编，贴近客人的职务、年龄，贴近接待工作实际，既增加了接待工作的文化含量、地方特色，又体现了接待工作的热情周到，深受来宾好评。三是围绕全市经济建设发展大局服务，积极发挥网络优势，着力当好岳阳形象展示员、经济发展宣传员和资源产品推销员，为领导外出学习考察、招商引资和开展经贸活动做好联络、协调及生活服务。全年接待重要客商240人次；为市党政代表团前往湖北武汉、江西九江、景德镇等地开展访问活动提供了周到的接待服务；还配合接待了全国计划生育工作流动现场会、全省贯彻落实干部人事制度改革《规划纲要》工作会、“五湖牵手五岳”、洞庭湖首届发展论坛活动、长沙新年工作汇报会等30多次大型会议。

【加强宾馆经营管理】 2010年，市委、市政府接待处党组对所属的南湖宾馆、晓朝宾馆实行目标管理。将宾馆的经营收入、经营利润、菜品创新、安全生产工作进行分解量化，明确奖惩措施，与宾馆签订责任状，使工作有目标、努力有方向。每半年召开一次宾馆工作讲评会议，处党组成员坚持深入宾馆调研，为宾馆排忧解难，促进宾馆经营水平整体提升。南湖宾馆和晓朝宾馆营业总收入比2009年增长7.2%，实现利润比增加20%。

（本栏撰稿 黎 雯）

党校工作

【干部教育培训】 2010年，市委党校按照《党校工作条例》和《2010～2020年干部教育培训改革纲要》的要求，坚持以培训为中心，以教学为重点，不断拓宽培训渠道，提高办学层次，干部培训任务圆满完成。全年举办主体班16个，培训857人，其中，上半年7个班395人，下半年9个班462人，另外还举办全市大学生“村官”培训班1个，培训200人。广开渠道开展社会培训，举办计划外班32个，培训各类社会人员5096人次。继续开展函授学历教育，为省委党校代招函授研究生80人，居全省第一。教学中，坚持不断创新，改进教学内容与方法。一是班次设置突出针对性。在继续办好常规班次的基础上，加大专题培训力度，开设维护社会稳定、新农村建设、新型工业化等专题培训班。对学制进行调整，除处干班、中青班继续维持2个月的学制外，其他班次均控制在1个月以内。每个班明确相应的教学重点，实行分班模块教学，受到学员好评。二是教学内容突出实效性。按照全面提高党政干部的综合素质，加强执政能力建设的培训目标，构建教学内容体系。重点将马克思主义的世界观与方法论、科学发展观、中共十七届四中、五中全会精神等作为教学的中心内容。围绕“民本岳阳”建设，开设了新农村建设、“两型”社会建设、新型工业化、旅游发展等专题课程，引导学员开展社会调查，研究实际问题。三是教学方法突出互动性。根据培训内容和学员特点，加大研讨式、体验式、模拟式等教学的力度。开展“两个维护”为主题的演讲比赛和征文活动、公开选拔县处级领导干部模拟竞聘演讲答辩赛等。开设领导讲坛和党校论坛，请省市领导、专家学者等作报告、讲座，增强了党校课堂的吸引力。四是学风管理突出规范性。严格执行市委组织部下发的《关于在干部教育培训中进一步加强学风建设的若干规定》，加强学员管理。坚持组织部门每周抽查、党校教务部门每天巡查、班主任跟班检查、班委会自查的学风管理督促检查制度。重新编印《学员手册》，定期编发《考勤通报》，严明纪律，对违反

市委常委、组织部部长严华在全市干部教育培训工作会议上作报告

（市委党校　供稿）

学风建设管理规定的3名学员进行了退学处理，学员学风有明显好转。继续实行学员百分制考核办法，学员到课率进一步提高。

【科研咨政】　2010年，市委党校出版理论专著1部、文集1部，在省级以上报刊发表学术论文45篇，其中在国家级刊物上发表19篇。结项省哲学社会科学基金一般课题1个，立项省哲学社会科学基金重点课题1个，立项省"两型办"重点课题1个。注重发挥党校在党委、政府决策中的思想库作用，为市委、市政府决策咨询提供重要依据。完成市软科学课题1个、市委组织部、市纪委等部门和单位委托课题5个，参与市委政研室、市政府经研室、发改委等组织的课题研究5个。特别是完成市委主要领导委托课题《坚持科学领导，促进和谐崛起——从领导科学视角看岳阳市领导理念和方式的创新》，其阶段性成果《创新领导工作理念，促进科学跨越发展》，在《人民日报·内部参阅》2010年第16期发表。完成市政府主要领导委托课题《城市发展引领女性变革》，课题成果用于参加2010北京全球妇女峰会并作主题演讲。编辑出版党校重点课题成果集《咨政报告》；承办全省科学社会主义学会年会。参与全国性学会年会或理论研讨会，并有多篇论文获奖。

【承办湖南省科学社会主义学会年会】　2010年12月22~24日，湖南省科学社会主义学会2010年度理论研讨会在岳阳市举行，会议由市委党校承办。省委党校常务副校长、学会会长徐晨光，省社科联党组书记、学会副会长周发源，省科社学会名誉会长肖浩辉、周永生，市委常委、组织部部长、市委党校第一校长严华，市委党校校长朱葆芝和全省科社学会届的专家学者出席会议。此次理论研讨会坚持把保障和改善民生作为加快转变经济发展方式的根本出发点和落脚点，以"转变经济发展方式与改善民生"为主题，以着力推进"四化两型"建设为中心，开展了分组讨论和大会交流发言，为推动全省经济社会又好又快发展提出意见和建议。

（本栏撰稿　彭亚林）

市委重要文件选目

▲岳发〔2010〕1号　市委市政府关于进一步支持湖南城陵矶临港产业新区加快发展的意见（试行）（2010年2月3日）

▲岳发〔2010〕2号　市委关于印发《中共岳阳市委2010年工作要点》的通知（2010年2月12日）

▲岳发〔2010〕3号　市委市政府关于2010年建设民本岳阳综合考评的意见（2010年3月17日）

▲岳发〔2010〕4号　市委市政府关于印发《岳阳市人民政府机构改革方案的实施意见》的通知（2010年4月22日）

▲岳发〔2010〕5号　市委市政府关于县市区政府机构改革的意见（2010年4月26日）

▲岳发〔2010〕6号　市委市政府关于印发《岳阳市领导干部和机关工作人员有错与无为问责办法》的通知（2010年5月5日）

▲岳发〔2010〕7号　市委市政府关于印发《岳阳市医药卫生体制改革近期重点实施方案（2010-2011年）的通知（2010年7月7日）

▲岳发〔2010〕8号　市委关于印发《岳阳市开展规范干部选拔任用提名和推行差额选拔干部制度试点工作实施方案》的通知（2010年7月7日）

▲岳发〔2010〕9号　市委市政府关于促进产学研结合增强自主创新能力的实施意见（2010年8月2日）

▲岳发〔2010〕10号　市委市政府关于促进残疾人事业发展的意见（2010年10月12日）

▲岳发〔2010〕11号　市委市政府关于进一步加强安全生产工作的决定（2010年11月9日）

▲岳发〔2010〕13号　市委关于印发《岳阳市贯彻落实〈2010~2020年深化干部人事制度改革规划纲要〉的实施办法》的通知（2010年12月7日）

▲岳委〔2010〕1号　市委市政府关于印发《关于支持湖南城陵矶临港产业新区加快发展的若干政策规定》的请示（2010年1月6日）

▲岳委〔2010〕2号　市委市政府关于成立岳阳市湖南城陵矶临港产业新区建设领导小组的通知（2010年1月10日）

▲岳委〔2010〕4号　市委市政府关于市人民政府机构设置的通知（2010年4月22日）

▲岳办发〔2010〕2号　市委办、市政府办关于进一步加强中小学教师继续教育工作的意见（2010年1月19日）

▲岳办发〔2010〕3号　市委办、市政府办关于进一步加强城市

社区建设的意见（2010年2月23日）

▲岳办发〔2010〕1号 市委办、市政府办关于维护社会公平正义和社会公共秩序的若干意见（2010年3月1日）

▲岳办发〔2010〕4号 市委办、市政府办关于进一步加强新形势下离退休干部工作的实施意见（2010年3月21日）

▲岳办发〔2010〕5号 市委办、市政府办关于印发《民本岳阳九项工程2010年度重点工作目标任务分解》的通知（2010年4月8日）

▲岳办发〔2010〕6号 市委办关于在党的基层组织和党员中深入开展创先争优活动的实施意见（2010年4月29日）

▲岳办发〔2010〕7号 市委办、市政府办关于进一步发展志愿服务事业的意见（2010年4月29日）

▲岳办发〔2010〕8号 市委办、市政府办关于印发《岳阳市打黑除恶工作责任制实施办法》的通知（2010年5月4日）

▲岳办发〔2010〕9号 市委办、市政府办关于加快推进文化体制改革工作的若干意见（2010年5月7日）

▲岳办发〔2010〕10号 市委办、市政府办印发《关于进一步加强和改进未成年人思想道德建设的意见》和《岳阳市未成年人思想道德建设工作联席会议制度》的通知（2010年8月24日）

▲岳办发〔2010〕22号 市委办、市政府办关于印发《岳阳市较大生产安全事故责任追究暂行规定》的通知（2010年10月12日）

▲岳办发〔2010〕23号 市委办关于印发《中共岳阳市委常委会讨论任免干部实行票决制的办法》的通知（2010年10月25日）

▲岳办〔2010〕4号 市委办、市政府办 关于印发《岳阳市集中开展接访约访和下访月活动实施方案》的通知（2010年2月22日）

▲岳办〔2010〕7号 市委办、市政府办 关于印发《岳阳市“联手帮扶产业发展升级”行动实施方案》的通知（2010年2月24日）

▲岳办〔2010〕18号 市委办、市政府办关于印发《岳阳市创建全国文明城市实施方案》的通知（2010年4月27日）

▲岳办〔2010〕19号 市委办、市政府办关于印发《岳阳市2010年招商引资工作目标考核办法》的通知（2010年4月28日）

▲岳办〔2010〕21号 市委办印发《关于推进全市学习型党组织建设的实施方案》的通知（2010年5月6日）

▲岳办〔2010〕25号 市委办、市政府办关于印发《全市开展“机关效能建设年”活动实施方案》的通知（2010年5月20日）

▲岳办〔2010〕26号 市委办、市政府办关于印发《全市开展严禁国家公职人员打算赌博专项整治行动的实施方案》的通知（2010年5月20日）

▲岳办〔2010〕35号 市委办、市政府办关于印发《2010年县市区落实党风廉政建设责任制推进惩治和预防腐败体系建设目标管理考核办法》的通知（2010年6月30日）

▲岳办〔2010〕36号 市委办、市政府办关于印发《2010年市直单位落实党风廉政建设责任制推进惩治和预防腐败体系建设目标管理考核办法》的通知（2010年6月30日）

▲岳办〔2010〕42号 市委办、市政府办关于印发《岳阳市规范权力运行制度建设工作方案》的通知（2010年8月31日）

▲岳办〔2010〕45号 市委办、市政府办关于印发《推行预防腐败“一查五网”模式工作方案》的通知（2010年10月20日）

▲岳办〔2010〕46号 市委办、市政府办关于印发《市城市规划区控违拆违工作责任追究规定》的通知（2010年11月9日）

（黄 满）

责任编校 秦小燕

岳阳市人民代表大会

【概 况】 2010年，市人大常委会认真学习实践科学发展观，围绕大局，突出重点，勇于创新，注重实效，依法行使职权，积极开展工作，努力促进全市经济平稳健康发展，推进民主法治建设，维护社会和谐稳定。全年举行常委会会议6次，主任会议16次。听取和审议“一府两院”专项工作报告16项，人大常委会专项工作报告1项，执法检查报告2项。作出决议、决定8个。开展专题视察5次。

一、坚持科学发展理念，促进经济社会协调发展。

参与、支持编制“十二五”规划。围绕科学编制“十二五”规划工作，组织有关专门委员会到市发改委、规划局等牵头单位座谈，并与县市区人大常委会联动调研，广泛征求意见。主任会议成员带领调研组分别围绕工业园区建设、民生热点、建设数字岳阳、加快发展生物医药产业、创建国家环保模范城市、推进节能减排、增加农民收入、医疗卫生体制改革、提高竞技体育水平等课题进行专题调研，形成一批调研成果，为科学编制“十二五”规划建言献策。听取和初审市政府关于岳阳市国民经济和社会发展“十二五”规划纲要编制情况的报告。建议市政府在规划纲要中更加注重发展质量与特色，统筹城乡发展，持续改善民生，增强科技创新能力，继续壮大支柱产业，发展港口经济，打造特色园区，整合文化旅游资源，使规划纲要科学准确，符合市情，切实可行。

关注宏观经济运行质量。对“十一五”规划、年度国民经济和社会发展计划及财政预算执行情况进行调查了解与跟踪监督。听取和审议市政府关于2010年上半年国民经济和社会发展计划及财政预算执行情况的报告，针对投资增幅回落，产业结构欠优，农民增收困难等问题，建议市政府积极主动应对经济社会发展中的矛盾和困难，着力推进发展方式转变，注重结构优化升级，突出民生改善，努力完成全年经济社会发展目标任务。组织开展全市农业产业化工作情况专项调查，听取和审议市政府关于全市农业产业化工作情况的报告，督促市政府开展创建农产品加工十大示范企业和五个示范单位活动，重点建设饲料、生猪、油脂等产业链，打造全国知名农产品名牌。常委会驻会组成人员专题视察临港产业新区建设、集体林权制度改革工作情况，推动工作的开展。听取第二次全国（岳阳）经济普查情况的报告，建议政府高度重视普查成果的后续开发与利用。听取市本级政府债务、融资资金使用情况的汇报，督促政府规范使用融资资金，建立债务管理长效机制，提高债务风险防范能力。

加强预算审查监督。听取和审议2010年市本级财政预算编制、2009年财政决算及审计工作报告。要求政府及有关部门积极应对完善财政体制、推行“省直管县”改革，积极培植财源，强化收入征管，改进预算编制，严格预算约束，保障法定支出。督促编制国有土地使用权出让金和社保基金等单项预算，完善部门预算编制与管理。审议批准发行政府债券2.5亿元，调整部分市级预算。支持发挥审计作用，督促整改审计报告指出的有关问题，专题听取整改情况报告。

推动社会事业发展。对全市教育、卫生基础设施建设情况进行专项调查，听取和审议市政府关于“十一五”期间全市教育及卫生基础设施建设情况的报告。针对教育投入难以满足发展需要，部分学校负债较重，教育基础设施薄弱，学生入学难等不同程度存在的问题，要求全市各级政府切实保障并加大教育投入，科学规划调整学校布局，继续推进合格学校建设。针对医疗基础设施项目配套资金到位困难，公共卫生项目建设任务繁重等问题，督促进一步优化配置医疗卫生资源，完善三级卫生服务网络建设。常委会驻会组成人员专题视察残疾人服务中心，要求政府积极落实残疾人权益保障的有关法律法规和政策，加强残疾人职业技能和实用技术培训，增加就业岗位。专题视察铁山水资源保护工作，督促政府保护好库区生态环境，解决好库区民生问题。听取“扫黄打非”工作情况汇报，督促有关部门加大工作力度。常委会审议决定兴建岳阳体育中心，重建烈士陵园，整体迁建市公安局监所管理中心等重大事项，积极推动社会事业发展。

促进民生持续改善。组织开展全市大中型水库移民后扶政策落实情况专项调查，针对存在的问题，督促政府强化管理，实行移民资金县级报账制，推行移民直补资金发放“一卡通”，确保及时足额准确发放到位，维护移民的合法权益，保障库区和移民安置区的发展与稳定。听取物价工作情况汇报，督促政府及物价部门加大执法和监督力度，维护民生物价的基本稳定。以创建国家环保模范城市和低碳减排为主题，深入开展岳阳环保世纪行，督促各县市区按照三年行动计划推进污水处理厂和垃圾无害化处理场等城镇环境基础设施建设。继续开展农产品质量安全行，组织农产品质量安全督查，对人造板甲醛释放量超标进行专项检查。扎实推进三湘农民健康行，始终关注基层医疗服务体系建设，开展农民健康教育。启动民族团结进步行动，关注全市散居少数民族生产生活环境，促进各民族团结和谐。

依法进行人事任免。坚持党管干部原则，实行党管干部与依法任免的有机统一，充分发扬民主，严格依法办事，依法行使任免权。继续实行任前法律考试、供职发言制度，以增强被任命干部的法律意识和公仆意识。全年任免国家机关工作人员32人次，补选省人大代表2人，接受省人大代表辞职1人。

加强和改进信访工作，认真热情接待来访群众，努力解决人民群众的合理合法诉求。进行信访信息综合分析，组织信访工作联席会议。全年共受理群众来信来访640件，1224人次，交办重要信访事项43件。

二、切实履行监督职能，督促“一府两院”依法执政。

拓宽监督形式，开展专题询问。依法启动询问监督，对城区37.33公顷湖面萎缩问题开展专题询问。7月1日，向市政府发出《关于对560亩湖湖面萎缩问题进行询问的函》，并成立专题调查组，到市规划局、国土局等有关部门单位调查座谈，实地察看现状，调阅档案资料，走访当地居民。8月17日，召开560亩湖湖面萎缩问题专题询问会，听取市政府的专题汇报，建议市政府统筹建立部门联动机制，形成监管合力，严肃处理违法推山填水行为，科学编制岳阳山水保护控制性详规。市政府根据询问会的建议和要求，迅速开展一系列保护岳阳青山绿水的行动，配套制度相继出台，多项措施正在落实。

加强执法监督，推进依法行政。组织开展矿产资源法、老年人权益保障法等8部法律法规执法检查与调研，跟踪督促落实人口与计划生育法、农村土地承包法、城市房地产管理法执法检查审议意见。针对矿产资源法贯彻实施中存在的无序无证开采、地质环境整治不力、资源利用效益低等问题，督促市政府严厉打击各类违法开采行为，规范矿产资源管理，加强矿山地质环境治理。市政府组织开展湘江、洞庭湖砂石开采专项整治行动，有关县市区也开展滥挖盗采专项整治，全市矿产资源管理明显加强。针对老年人权益保障法贯彻实施中存在的养老保障体系发展不平衡、社会养老服务体系建设相对滞后等问题，督促市政府进一步搞好基本养老和基本医疗保障，落实各项优惠政策，完善养老服务基础设施。市政府依照有关政策将老年人免费乘坐市内公交车的年龄降低到65岁，新增受惠老年人7.3万人。加强法律监督，做好规范性文件备案审查工作，审查规范性文件75件。

注重工作监督，进行工作评议。对市经济和信息化委员会推进新型工业化工作，市人力资源和社会保障局社会保障工作及市民政局社区工作进行评议。周密制订评议方案，全面深入开展调查，广泛听取各方意见，召开会议进行评议。在肯定被评单位工作成绩的同时，严肃指出工作中存在的问题，提出整改意见，并要求在规定时间内报告整改情况。被评单位根据评议意见，结合实际制订工作措施，切实加以整改。听取了2009年度市环保局、市科技局和市商务局3个被评单位的整改工作情况报告。

强化司法监督，促进公平正义。组织开展市中级人民法院清理民商案件执行积案工作情况专项调查，听取和审议市中级人民法院关于全市法院民商案件执行情况的报告。针对执行工作整体不平衡、实际执结率偏低、联动和威慑机制运行乏力等问题，督促市中级人民法院细化执行标准，量化执行工作考评，提升全市法院案件执结率和标的到位率。听取市人民检察院抗诉工作情况汇报，跟踪督促市人民检察院完善内部监督机制，提升公正执法水平。专题调查市公安局打黑除恶工作，督促全市公安机关继续保持严打高压态势，维护社会稳定。

三、不断创新代表工作，充分发挥代表主体作用。

强化履职保障。努力为代表履行职责提供有效服务，继续为市人大代表征订《中国人大》、《人民之友》等杂志，寄送《人大导刊》、《常委会公报》等资料文件。督促“一府两院”及时向代表通报经济社会发展和重点工作情况，畅通代表信息渠道，确保代表知情知政。组织部分省人大代表进行代表业务专题培训，提升代表履职能力。及时拨付市人大代表活动经费，督促代表所在单位严格按照法律规定，给予代表履行代表职责的时间及工资等各项保障。坚持联系走访代表制度，增进常委会组成人员与代表的交流与沟通，听取代表反映有关问题和建议。

组织代表活动。委托各县市区人大常委会组织省、市人大代表开展集中视察活动，充分了解全市经济社会发展情况，倾听群众呼声。组织编组在岳阳的全国人大代表开展专题调研活动。落实代表列席常委会会议制度，全年推荐6名全国、省人大代表列席省人大常委会会议，邀请42名省、市人大代表列席市人大常委会会议。推荐100多名省、市人大代表参加市直机关作风建设大家评，优化经济发展环境测评，领导干部差额推荐等活动。推荐30多名市人大代表担任有关部门行风监督员。邀请代表参加执法检查、视察调研、旁听庭审、评议调查等活动。组织12名省人大代表书面述职。

督办议案建议。创新议案建议办理督办方式。准确确定承办单位，筛选涉及发展稳定大局、事关民生民情的10件建议进行重点督办。所有建议件按照市人大各专门委员会对口联系关系，落实分工督办任务。坚持重点督办与面上督办、专题督办与平时工作督办相结合，邀请部分建议代表参与督办，提高建议办理工作实效。法定期限内，198件建议全部办理完毕，并逐件答复代表，其中57件建议所提问题已经解决或基本解决。同时，继续跟踪督促市六届人大一、二次会议通过的议案办理工作，作出《关于加强岳阳市域内洞庭湖综合治理的决议》，专题视察洞庭湖防洪保安基础设施建设及养护情况，督促市政府切实搞好洞庭湖综合治理，加强湖区防洪保安基础设施建设，科学合理开发利用洞庭湖资源，造福湖区人民。

市人大常委会主任李湘岳在市第六届人民代表大会上作报告　（市人大　供稿）

【重要会议】　岳阳市第六届人民代表大会第三次会议于2010年1月20～22日在岳阳文化艺术会展中心举行。会议应到代表445人，实到432人。会议听取和审查市人大常委会、市人民政府、市中级人民法院和市人民检察院工作报告。听取和审查岳阳市2009年国民经济和社会发展计划执行情况与2010年国民经济和社会发展计划草案的报告，批准岳阳市2010年国民经济和社会发展计划，听取和审查岳阳市2009年市级财政预算执行情况与2010年市级预算草案的报告，批准岳阳市2010年市级预算。

市六届人大常委会第十四次会议于3月30日举行。会议传达学习十一届全国人大三次会议精神。听取和审议市政府关于2010年财政预算编制和市本级部门预算编制情况的报告。听取市人大常委会办公室关于规范性文件备案审查工作情况的报告。听取市政府关于岳阳市第二次全国经济普查情况的报告。听取和审议市政府关于《中华人民共和国农村土地承包法》、《中华人民共和国人口与计划生育法》、《中华人民共和国城市房地产管理法》执法检查审议意见落实情况的报告。审议批准建设岳阳市体育中心。会议还进行了人事任免。

市六届人大常委会第十五次会议于5月27日举行。会议学习修订后的《全国人民代表大会和地方各级人民代表大会选举法》。听取和审议市政府关于全市农业产业化工作情况的报告。听取和审议市环保局、市商务局、市科技局等部门评议整改情况的报告。听取和审议了市检察院关于完善监督机制，促进公正执法工作的审议意见落实情况的报告。会议还进行了人事任免。

市六届人大常委会第十六次会议于7月29～30日举行。会议听取和审议市政府关于2009年财政决算情况的报告。听取和审议市政府关于2009年财政预算执行和其他财政收支情况的审计报告。听取和审议市政府关于2010年上半年国民经济运行及财政预算执行情况的报告。听取和审议市人大常委会执法检查组关于检查《中华人民共和国老年人权益保障法》、《中华人民共和国矿产资源法》实施情况的报告。审议批准重建岳阳市烈士陵园。审议通过市人大常委会《关于加强岳阳市域内洞庭湖综合治理的决议》。听取市六届人大代表异动情况的报告并进行法律辅导。

市六届人大常委会第十七次会议于9月29～30日举行。会议听取和审议市政府关于全市教育卫生基础设施建设情况的报告。听取和审议市中级人民法院关于民商案件执行积案清理工作情况的报告。对市经济和信息化委推进新型工业化工作、市民政局社区工作及市人力资源和社会保障局社会保障工作进行评议。还进行了人事任免。

市六届人大常委会第十八次会议于11月29日举行。会议听取和审议市政府关于"十二五"国民经济和社会发展规划编制情况的报告。听取和审议市人大常委会、市政府关于市六届人大三次会议代表建议、批评和意见办理情况的报告。听取和审议市政府关于2009年市级财政预算执行和其他财政收入审计查出问题整改情况的报告。审议批准整体迁建市公安局监所管理中心。部分编组在岳阳的省十一届人大代表书面述职。进行人事任免。听取市人大常委会代表资格审查委员会、联工委关于代表资格审查、代表异动情况的报告。审议通过关于召开市六届人大四次会议的决定。

市六届人大常委会第十九次会议于12月24日举行。会议初审岳阳市国民经济和社会发展第十二个五年规划纲要（草案）。初审市六届人大四次会议议程和日程（草案）。初审市人大常委会工作报告（草案）。初审市六届人大四次会议有关名单（草案）。初审市六届人大四次会议代表议案和建议批评意见提出的有关规定和截止时间（草案）。审议批准设立岳阳市荆剑地区人民检察院。

市六届人大常委会2010年召开主任会议16次。会议讨论通过市人大常委会2010年工作要点，确定2010年度被评议的政府工作部门和重点督办建议件。听取2010年城建项目建设资金收支计划编制情况、政府债务债券、贷款使用情况、政府机构改革方案情况、年终财政关账情况、水库移民后扶政策落实情况、物价工作情况、国有企业改制情况、南湖旅游走廊工程实施市投区建情况、铁山水库外引水源工程项目建设情况及加强铁山库区水资源保护与经济发展情况的汇报，市公安局打黑除恶工作情况、市新闻出版局打黄扫非工作情况和原市广播电视局有线电视服务工作情况的汇报，以及环保世纪行、农产品质量安全行、农民健康行、民族团结进步行动活动情况的汇报。另外，对"一府两院"提请的有关事项进行专题审议。

【决议决定】 2010年3月30日，市第六届人大常委会第十四次会议作出《关于批准建设岳阳市体育中心的决定》。决定指出，市体育中心规划确定一场两馆，即2万个座席的中心体育场，8000个座席的体育馆，1000个座席的游泳馆和配套设施。决定要求，体育中心于2010年7月1日前启动建设，2012年10月1日前工程竣工。7月30日，市第六届人大常委会第十六次会议作出《关于批准重建岳阳市烈士陵园的决定》。决定指出，岳阳市烈士陵园始建于1963年，属湖南省革命烈士纪念建筑物重点保护单位。因故拆迁后尚未重建。决定要求，重建烈士陵园既要突出历史纪念意义，又要具有时代鲜明特色。既要符合陵园建设要求，又要展现岳阳人文风貌，努力把岳阳市烈士陵园建设成为岳阳人民缅怀先烈、教育后人的红色基地。7月30日，市六届人大常委会第十六次会议作出《关于加强岳阳市城内洞庭湖综合治理的决议》。决议要求，强化综合治理的意识和责任，统筹整合部门职能，按照"严格保护、统一管理、合理开发、永续利用"的基本原则，对洞庭湖实行统一有效的综合治理。要科学制定综合治理规划，全面加大生态保护工作，切实加强防洪保安基础设施建设。决议强调，切实解决洞庭湖区有关民生问题，进一步加强血吸虫病防治工作，继续做好渔民定居解困工作。11月29日，市第六届人大常委会第十八次会议作出《关于批准迁建市公安局监所管理中心的决定》。决定指出，要充分考虑城市发展和警务工作发展的需要，依法依规办理迁建审批手续，科学规划，合理设计，安全施工，妥善处理征地拆迁关系，确保高标准高质量建好市公安局监所管理中心。

【专项视察】 2010年3月26日，市人大常委会驻会组成人员视察铁山水库资源保护工作。视察组实地察看铁山水库枢纽所、金凤水库以及水库周边岳阳县月田镇、毛田镇集镇排污管网维护管理、污水处理站、生活垃圾处理场、生态环境保护建设点等。听取市铁山局、市环保局、市水务局等单位铁山水资源保护工作情况汇报。视察人员针对水库库容下降、污染源点多面广等问题进行分析讨论，提出在库区周边禁采、禁挖、禁养，严格控制水库周边居民生活污水和企业生产污水直排，生活垃圾直入等建议。视察人员要求，要确保铁山饮用水源安全，让人民群众喝上清洁水、放心水，要合理利用资源，从库区保护、民生保护和水源保护三个方面推进项目建设，加强依法治理，完善管理机制，保护铁山库区青山绿地、蓝天碧水。5月25日，市人大常委会驻会组成人员视察残疾人服务中心。视察人员参观爱弥自闭症儿童康复训练中心，博康假肢矫形中心等服务项目，对市残联为残障人士提供康复、培训、就业、维权、文化、体育等全方位、个性化和人性化服务给予高度评价。视察组要求，确保残疾人事业法律法规政策落实到位，切实改善残疾人事业发展环境。7月21日，市人大常委会驻会组成人员视察集体林权制度改革工作进程情况。视察组先后察看平江县林权输机打证中心、林业产权交易服务中心和该县城关镇北城村林改工作，听取了市政府和平江县关于集体林权制度改革工作情况的汇报。视察组要求，各级政府要进一步明确林改工作指导思想，完整把握生态建设与林农增收的主要目标，进一步夯实林改工作基础，全面深入推进集体林权制度改革，促进社会主义新农村建设。10月26日，市六届人大常委会驻会组成人员和市人大农业与农村委员会组成人员视察洞庭湖防洪保安、防汛预警和指挥系统建设情况。先后视察君山区建新三津渠泵站更新改造工程、层山安全区试点工程围堤加固工程和市防汛抗旱指挥信息系统，听取市水务部门负责人关于洞庭湖防洪保安工作情况汇报。视察人员要求市政府及有关部门切实加大湖堤防洪防涝设施建设力度，严禁乱挖沙石和填湖行为，确保防洪安全。11月12日，市人大常委会驻会组成人员视察临港产业新区建设情况。先后察看城陵矶新港口、云港路、连城路、永济大道、廉租房项目、科德纸业、康大期货、科恒激光、凯达科旺车轿项目以及标准化厂房建设工程。视察组要求后段在保持良好势头的基础上，加速完善规划，严格执行规划，加快港区发展，提升产业水平。

【议案建议办理】 2010年，市人大常委会跟踪督促市六届人大一、二次会议通过的议案的办理工作，作出《关于加强岳阳市域内洞庭湖综合治理的决议》。常委会驻会组成人员专题视察洞庭湖防洪保安基础设施建设及养护情况，督促市政府搞好洞庭湖综合治理，加强湖区防洪保安基础设施建设，科学合理开发利用洞庭湖资源。1月，市六届人大三次会议期间，市六届人大代表和有关专门委员会共提出建议198件。主任会议研究确定10件重点督办建议。对所有建议件按照涉及内容科学确定承办单位，并分别由市人大各专门委员会按照工作对口联系，分工具体督办。常委会工作机构和各专门委员会以上门督办为主，结合会议督办、现场督办、电话督办、文件督办等多种方式，对代表建议，特别是10件重点督办建议件的办理工作跟踪督办，并邀请部分领衔代表参与督办，征求代表意见，推动建议的办理落实。198件代表建议全部办理完毕，并逐件答复代表，代表满意率达90.4%。建议所提问题已经解决或基本解决的57件，占办理数的28.8%，已在解决或列入规划逐步解决的131件，占办理数的66.2%。（本栏撰稿 湛国华）

责任编校 肖 卫

岳阳市人民政府

重要会议

【市政府第三十三次至四十七次常务会议】 2010年1月8日，市长黄兰香主持召开市政府第三十三次常务会议。会议审议《关于进一步支持湖南城陵矶临港产业新区建设发展的意见（试行）》，要求有关部门认真修改完善后报市委常委会审议决定；审议通过《岳阳市中心城区建设工程项目报建非税收入缓减免审批办法》、《岳阳市中心城区集体土地上房屋拆迁安置房（居民区）集中统一建设管理办法》、《岳阳市经济适用住房货币补贴实施方案》和《岳阳市2010年经济适用住房货币补贴实施意见》等4个文件，听取2010年春节前慰问方案、评选2009年度全市社会治安综合治理和信访工作先进集体与个人的情况汇报；传达中央农村工作会议精神，部署工作。

2月20日，市长黄兰香主持召开市政府第三十四次常务会议。会议审议《关于鼓励投资和规范收费的

市政府机关举行新年升旗仪式 （范向晖 摄）

意见》；审议通过《关于加强政府投资项目管理的意见》、《关于进一步加强城市社区建设的意见》。会议决定：从2010年起，市政府原则上每月召开政府专题（市长碰头会）、市政府常务会；对市政府系统各部门单位工作考核实行一事一表彰、季度点评、年度行政绩效考核。

3月1日，市长黄兰香主持召开市政府第三十五次常务会议。会议审议通过《岳阳市市直行政事业单位国有资产处置管理办法》、《岳阳市电子政务建设规划（2010～2012）》，决定由有关部门对《岳阳市中心城区工业企业“退二进三”实施方案》进行修改、细化；会议传达全省价格会议精神，听取关于审计工作、市发改委等七部门请求评选表彰先进集体与个人的情况汇报。

3月23日，市长黄兰香主持召开市政府第三十六次常务会议。会议审议并原则同意《关于进一步加强和规范投融资平台建设和管理的意见》、《2010年中心城区城市管理提质方案》，要求修改完善后尽快出台；原则同意出台《岳阳市中心城区投资项目基本建设收费优惠的意见》，经修改完善后于4月1日起正式实施；审议通过《岳阳市专项工作“一事一奖”办法（试行）》、《岳阳市政府系统部门工作季度点评办法》。

4月1日，市长黄兰香主持召开市政府第三十七次常务会议。会议传达贯彻国务院省政府第三次廉政工作电视电话会议精神，要求各级各部门单位认真抓落实；审议并原则同意《岳阳市中心城区重点排污企业“退二进三”实施方案》，作进一步修改完善后尽快予以实施；会议要求对《君山景区详细规划及洞庭山庄升级改造方案》作进一步优化；审议通过《岳阳市人民政府重大行政决策规定》，自2010年5月1日起施行；审议通过《2010年政府绩效评估实施方案》，修改完善后由市领导签发；听取有关部门关于启动岳阳市电子政务外网平台建设、购建市公共卫生应急救援指挥中心、评选表彰2009年度县级政府教育工作先进单位和县级党政主要领导教育工作先进个人的情况汇报。

4月27日，市长黄兰香主持召开市政府第三十八次常务会议。审议通过《市中心城区三产业升级发展三年行动方案》，由有关部门作进一步修改完善；审议通过《岳阳市“十二五”规划编制工作方案》，正式启动“十二五”规划编制工作；听取防汛抗旱工作情况汇报，要求全市上下要高度重视防汛抗灾工作。

6月1日，市长黄兰香主持召开市政府第三十九次常务会议。与会人员听取全市重大项目建设服务工作、岳阳职业技术学院创建国家级示范性高职院校、市城乡规划委员会审查事项、启动市直学校现代教育技术装备建设等工作汇报，传达全省禁毒工作暨社区戒毒（康复）工作会议、全省构筑社会消防安全“防火墙”工程会议精神，审议通过《湖南城陵矶临港产业新区被征地农民基本养老保险实施方案》。会议要求继续深入开展“五创”提质行动，确保“五创”提质取得显著效果；要进一步落实防汛工作责任制，确保安全度汛。

6月23日，受市长黄兰香委托，常务副市长郭振斌主持召开市政府第四十次常务会议。会议审议通过《岳阳市医药卫生体制改革近期重点实施方案（2009～2011）》。审议通过《关于进一步加强政府投资项目招标投标监督管理的通知》，会议同意《关于表彰2010年度岳阳市特困家庭大病医疗慈善救助工作先进方案》；传达全省规范权力运行制度建设现场会议精神，同意于7月中旬召开全市规范权力运行制度建设工作会议。

7月28日，市长黄兰香主持召开市政府第四十一次常务会议。听取城区控违拆违及集中整治违法建设、市人防疏散基地项目建设、市中心城区重点排污企业“退二进三”工作、评选表彰岳阳市洞庭湖区专业捕捞渔民上岸定居和解困工作先进集体先进个人、当前救灾工作情况汇报；审议通过《关于促进房地产业提质升级的实施意见》、《岳阳市城区和国有工矿棚户区改造实施办法》。审议通过《南湖旅游走廊天灯咀——六龟山地段修建性详细规划方案》，审议研究《岳阳市机械产业发展升级三年行动方案》、《岳阳市旅游产业发展升级三年行动方案》，要求把行动方案在网上公布征求修改意见；集中学习《关于加强地方政府融资平台公司管理有关问题的通知》以及《关于领导干部报告个人有关事项的规定》、《关于对配偶子女均已移居国（境）外的国家工作人员加强管理的暂行规定》两项法规制度精神。

8月27日，市长黄兰香主持召开市政府第四十二次常务会议。会议听取1～7月份全市经济运行情况、《湖南省主体功能区规划》有关岳阳情况、《县级驻京办撤消后驻京维稳劝返工作方案》、评选表彰全市妇联系统先进个人的情况汇报；审议并原则同意《岳阳市资源节约型和环境友好型社会建设综合配套改革试验实施方案》，审议通过《岳阳市科学技术奖励办法》、《岳阳市人民政府法律顾问工作规则》；审议《关于我市行政审批项目和年检项目清理情况汇报》，同意出台《关于公布继续实施的行政许可项目目录的决定》和《关于公布保留的年检项目目录的决定》等4个文件。

9月26日，市长黄兰香主持召开市政府第四十三次常务会议，听取全市贯彻落实《中华人民共和国老年人权益保障法》和省委省政府有关规定、市区容积率调整和用地性质变更管理、关于举办岳阳市庆祝湖南省第15届环卫工人节表彰活动的情况汇报；审议通过《市本级国有土地出让（转让）程序规定》、《市本级国有土地出让（转让）起始价确定规定》，10月1日起正式实施；审议《关于岳阳市中心城区生活垃圾处理费并水征收实施方案》，同意启动该项工作。会议决定，从10月1日起全市城区65岁以上老年人免费乘坐城市公共汽车。

10月11日，市长黄兰香主持召开市政府第四十四次常务会议。听取2010年城建工程情况汇报，要求各级各有关部门确保城建工程目标全面完成；审议通过《岳阳市中心城区户外广告管理办法》、《岳阳市国有建设用地使用权矿业权网上拍卖挂牌出让管理办法（试行）》、《岳阳市城区国有建设用地改变用途征收土地价款规定》；审议《岳阳市企业上市扶持资金管理办法》。

10月25日，市长黄兰香主持召开市政府第四十五次常务会议。听取关于市人大常委会对37.33公顷湖面萎缩问题进行询问、全市城镇生活垃圾处理设施建设、城陵矶对台直航、市信访大厅建设、市自来水公司和市公交总公司改制等情况汇报。会议强调，科学编制“十二五”规划，确保“十二五”规划更有针对性、前瞻性，确保“十二五”规划开好局、起好步。会议要求，尽快编制出台《岳阳市中心城区水系保护规划》等城市山水专项规划，依法依规推进城市建设。会议决定市公交总公司改制由常务副市长郭振斌负责，垃圾无害化处理场建设由副市长韩建国负责，市自来水公司改制由副市长陈四海负责，城陵矶对台直航工作由市口岸办牵头；同意按市信访局提出的第三套方案建设市信访大厅。

11月30日，市长黄兰香主持召开市政府第四十六次常务会议。听取《岳阳市“十二五”规划纲要》起草汇报，并研究部署当前工作。会议要求，各级各部门要在现有基础上对《规划纲要》再认真进行修改完善，动员社会力量、凝聚社会智慧、形成社会共识，谋划好全市未来五年发展的各项工作。会议指出，各级各部门单位要全面盘点2010年各项工作，确保全面完成和超额完成全年目标任务；要进一步抓好安全信访稳定工作，“五创”提质要进一步升温，要抓好增收节支和廉政建设，严格控制检查评比活动。

12月26日，市长黄兰香主持召开市政府第四十七次常务会议，听取关于调整经济适用住房户控面积的情况汇报，审议通过《岳阳市2010～2012年城乡环境卫生整洁行动实施方案》、《参加省运会、省残运会、省民运会和综治工作、城镇污水处理三年行动、五创提质工作表彰方案》；审议《市本级2010年财政决算方案》，讨论修改《政府工作报告》。

【市政府办理2010年度10件实事】 2010年2月，市政府下发《关于认真办理市政府2010年度10件实事的通知》。市实事办据此将任务分解到18个责任单位，列出34个项目。各级各部门各负其责，全力以赴，密切配合，确保实事任务圆满完成。至年底，市统计局确认，2010年岳阳市十件实事34项任务有32项全部完成，另有两项改造新建5所县级综合医院及改造新建12所社区卫生服务中心调整目标后也全部完成。

【政务服务工作】 2010年，市政府政务服务中心（以下简称市政务中心）以完善体系、服务群众为目标，以推进政务公开、阳光施政为重点，规范审批行为、创新审批方式、提高办事效率，着力打造优质高效的政务服务环境，各项工作取得较好成效。共办理各类审批（办证）服务事项10.9万件，期内办结率100%，提前办结率52.2%；收税费2.18亿元，比2009年增长1.04亿元；公共资源交易大厅完成各类交易512场次，交易额46.2亿元。收到表扬锦旗60面、电话20余个，办事群众满意率达到98%以上。11月，省长助理袁建尧、省政府政务公开检查组都肯定岳阳市政府政务中心为全省榜样；12月31日，人民网以“岳阳市政务服务中心四比四看创先争优”为题宣传推介。

一、推进窗口建设。突出窗口规范化建设，强化窗口服务功能，完善各项监督约束机制。3月，重新修订和完善窗口管理的10多个制度并整编成册，人手印发一份，做到监督管理上的全覆盖。6月，与市优化办联合下发《关于对市政府政务服务中心行政审批首席代表开展专项效能监察工作的通知》，开展定期监督、不定期暗访和专项督查，每半年通报一次，监察情况计入单位民本岳阳考核和市政府绩效考核内容。聘请6名具有代表性的社会人士担任政风行风监督员，对窗口的工作纪律、服务态度、规范办件等进行监督；与各窗口首席代表签订作风建设责任状，强化首席代表应履行的窗口监管职责，并启动责任追究机制予以监督落实；实行管理人员分层负责制，每层都安排一人巡查考核，以纠正违规行为、引导规范服务，每月不定期配合市优化办进行明查暗访，在月讲评会上通过播放录像自我“曝光”。

二、推动审批改革。按照市政府办《关于加强建设工程项目联合审批(验收)工作的实施意见》的要求，6月制订联审联办的《实施细则》，对涉建项目一律实行联合审批制，年内为59个建设工程项目实施了联审联办，项目审批提速40%以上。探索企业设立登记的前置审批证、工商营业执照、税务登记证、组织机构代码证“四证”联办模式。继续实施重大投资项目审批委托代办服务制，为鲁粮新元年产20万吨饲料蛋白迁建等工业项目和经济适用房、廉租房等民生实事项目共计17个项目实施全程“保姆式”代办。巩固“两集中”改革成果，多次会同市编办、市优化办督促纳入改革范畴的20个市直部门单位完成单位内部审批职能归并和整体进入中心工作，建立和完善“一个窗口受理、一个科室办理、一个流程审批、一个公章办结”的运行管理机制，各服务窗口集中办理事项达到公布目录的90%以上，窗口直接签批办结的部门达到28个。

三、推行一票制收费。市政府决定，从2010年元月4日起，市中心城区建设项目实行一票制收费。为推进一票制收费的规范运行，市政务中心每月召开一次调度会，适时出台《一票制收费操作办法》，设置非税收费专窗，优化三个阶段的收费流程，突出全程网络办理，确保竣工验收结算，明确费用及时分类转存。与过去相比，“一票制”收费在方式上改分散收为集中收，变多次收为一次收，变多头收为一头收；在标准上变有弹性为无弹性，在操作上变手工计算为电脑生成，在时限上变不确定为1个工作日。各执收单位均依法依规收费，确保财政增收。全年，“一票制”收费窗口办理185笔收费业务，收取各项规费8786.5万元，与未实行“一票制”收费的2009年相比增长了62.6%，净增加额高达3383万元。

四、加强效能建设。各窗口及窗口工作人员按照效能提速、服务提质的要求，认真对接办事群众的意愿和呼声，把解决审批中影响和制约效能的突出问题列为头等

表7

2010年市政府10件实事考核指标完成情况

考　核　项　目	单位	全市目标	评估认定完成情况
（1）全年新增城镇就业3.9万人	万人	3.9	合格
（2）下岗失业人员再就业2.7万人	万人	2.7	合格
（3）零就业家庭动态就业援助达到100%	%	100%	合格
（4）新增转移农村富余劳动力7万人以上	万人	7	合格
（5）抓好“五大保险”征缴扩面，新增参保17.7万人	万人	17.7	合格
（6）完成通乡公路100公里	公里	100	合格
（7）完成畅通工程1000公里	公里	1000	合格
（8）启动临湘客运中心站和华容汽车站改扩建，启动汨罗新汽车站和10个农村客运站场建设	个	10	合格
（9）新增廉租住房8万平方米	万平方米	8	合格
（10）新增经济适用住房15万平方米(1876套)	万平方米	1876	合格
（11）市中心城区提质改造35条小街小巷	条	35	合格
（12）新建市第十五中学	所	1	合格
（13）改造160所校安工程学校和35所农村初中	所	160	合格
	所	35	合格
（14）建设86所义务教育合格学校	所	86	合格
（15）抓好180个行政村的农民健身工程	个	180	合格
（16）改造新建5所县级综合医院	所	5	目标调整后认定合格
（17）改造新建6所乡镇中心卫生院	所	6	合格
（18）改造新建12所社区卫生服务中心	所	12	目标调整后认定合格
（19）完成农村改厕项目12300个	个	12300	合格
（20）启动2所县级中心敬老院建设	所	2	合格
（21）创建10所示范敬老院	所	10	合格
（22）改造农村危房2000户	户	2000	合格
（23）完成831户洞庭湖湖区捕捞渔民危房改造	户	831	合格
（24）按“三室两中心”的要求，改扩建市中心城区49个社区服务中心	个	49	合格
（25）加快平江县、岳阳县等县、市农网改造，建成7个农村主电网和11个配电网(106村)	个	139	合格
（26）新建农家书屋556家	家	556	合格
（27）全面完成“十一五”期间广播电视村村通工程	个村	1039	合格
（28）完成农村20万人饮水安全工程建设	万人	20	合格
（29）完成70座病险水库除险加固	座	70	合格
（30）完成造林1.33万公顷	万公顷	1.33	合格
（31）新建农村沼气池2万口	万口	2	合格
（32）建成岳阳经济开发区、云溪区、岳阳县和平江工业园4座污水处理厂	座	4	合格
（33）重点整治全市10处重点污染源	处	10	合格
（34）重点整治全市10处安全隐患	处	10	合格

（岳阳市统计局）

大事，创新举措予以解决。一是优化办事流程。运管窗口创新审批方式，使原来需要7个工作日办结的承诺件变为即办件，避免企业沿途奔波之苦；发改窗口对审批、核准、备案项目承诺7天办结出窗，压缩审批时限三分之二；规划窗口主动探索两审合一模式，提高了用地规划和工程规划的审批速度；房产、国土窗口进一步优化审批环节，重新更换审批系统，避免申请人来回跑；工商窗口加强前期指导，帮重大投资项目一次性准备申报资料，岳阳格兰云天大酒店有限公司等企业在申报设立登记时，仅45分钟就出证。规划、建设、发改3个窗口作为联合审批的主办单位，认真履职，高效办事，每一个联审项目均做到了提前办结。二是提供上门服务。规划窗口首席代表刘雪梅、工商窗口首席代表颜联东等上门办证，得到三和置业有限公司、中石化岳阳分公司等多家单位的好评；房产办证窗口多次派人为孤寡老人、行动不便的群体以及特困企业等上门办证，将公共服务的阳光惠泽到弱势群体。三是加班加点办件。房产、发改、运管、建设、卫生等窗口工作人员为让申请人少奔波，坚持加班加点工作，赢得办事群众的称赞。公证、环保窗口提供预约服务，有时双休日也为申请人加班办件。地税窗口在财政契税征管职能移交过来后，工作人员放弃休息，加强内外衔接，没有影响为群众办事。 （童为华）

【建议提案办理】 2010年，市政府及各部门承办省市人大代表建议、政协委员提案624件。其中：市人大代表建议191件，市政协建议案1件，市政协委员提案432件。各级各部门按照省、市要求，坚持高规格交办、高质量承办、高要求督办、高标准验收。在承办工作中，实行量化目标管理考核，邀请人大代表、政协委员以及群众代表，到承办单位当面协商和现场办理，印发《承办代表建议、委员提案征求意见表》，征求代表、委员对承办工作的意见，对人大代表、政协委员不满意的承办件，采取重新办理、重新答复、重新征求意见等做法，见面率、落实率、满意率进一步提高。承办人大代表建议收回征求意见表226件，其中很满意88件，满意的116件，基本满意的22件；承办政协委员提案432件，收回征求意见表428件（其余4件提案因特殊情况，征求意见表无法收回），其中很满意的167件、满意的238件、基本满意的27件。整个承办工作，在年底前，市、县（市）区政府都向同级人大常委会和政协常委会分别报告和通报详细情况。在全省年度量化目标管理考评中，岳阳市被评为承办工作先进单位，市人大、市政协和人大代表、委员以及群众对建议提案办理工作充分肯定。 （钟炎秋）

人事和社会保障工作

【概 况】 2010年，岳阳市人力资源和社会保障局（简称市人社局）围绕“提速、升级、增效、惠民”，按照“三更”要求，促进“两个维护”，争创一流工作，争创一流业绩，推进人力资源和社会保障事业实现科学发展新跨越。市委、市政府下达的各项目标管理任务、绩效评估指标全部提前超额完成。该局被市委、市政府评为2010年度建设民本岳阳先进单位、市政府绩效评估先进集体、为民办实事先进集体、人口和计划生育工作先进集体、信访工作先进集体、社会治安综合治理工作先进集体、安全生产工作先进集体、新农村建设帮扶工作先进集体和建设扶贫先进单位，党风廉政建设、机关作风建设、建议提案办理、老干等工作被评为全市先进单位，法制宣传教育工作被评为2006～2010年全国法制宣传教育先进单位，市医保处被评为全国人力资源和社会保障系统优质服务窗口。涌现出省劳动模范李雪焕、“全省十佳书香家庭”李晖平等大批先进人物。该局领导班子在市委组织的民主考核测评中满意率和基本满意率达到100%。

【强力推进人才强市战略】 2010年，市人社局编制《岳阳市中长期人才发展规划（2011～2020）》。引进高层次人才56名，引进外国专家130余人次。执行国家、省级引智项目23个，年度产生的直接和间接经济效益达3000多万元。申报2011年度国家级引智项目21个，获批13个；申报省级项目26个，获批10个。申报获批中科电气、汨罗市循环经济工业园两家博士后科研工作站，全市博士后工作站达到7个。面向社会在省市县三级322个职位公开考录公务员308名，有4596名报考，报考人数和参加面试人数均创历史纪录。选拔12名高校毕业生到农村基层工作，定向招录48名基层政法干警。举办50种类型的人事考试，组考170多场，参考1.78万人，创历史最高。10月29日～11月5日，在清华大学深圳研究生院组织举办岳阳市首届优秀企业家培训班，聘请11位清华大学知名专家教授为40名企

市人力资源和社会保障局、市公务员局隆重举行挂牌仪式 （何炼五 摄）

业家学员授课，受到市领导和企业家的高度评价。

【完善人事管理制度】 2010年，市人社局组织编印《事业单位人事管理政策文件汇编》，拟订《机关事业单位人员计划管理办法》、《岳阳市事业单位公开招聘人员实施办法（暂行）》、《关于贯彻落实〈岳阳市行政奖励工作规定〉有关事项的通知》等规范性文件。所有人员进出实行台账管理，办理人员计划手续947人次，除去人才引进、政策安置、内部调整人员，实现人员计划的负增长；组织事业单位公开招聘活动8次。全市4052家事业单位的9.9万名工作人员中，推行聘用制度的单位3500多家，占86.4%，签订聘用合同人员8.4万人，占84%。办理46家单位185人的岗位职数审核和115人的管理人员、专业技术人员聘用手续，办理辞职辞退和停薪留职手续5人。第二批有332家实行参照公务员法管理，其中市直68家、县市区264家。规范行政考核奖励，申报奖励51批次，承办1500多人的嘉奖申报审批工作；规范和完善义务教育学校绩效工资实施，启动公共卫生和基层医疗卫生事业单位绩效工资改革工作。采用面试、评审相结合的方式，评审特殊人才高级职称1人、中级职称268人。

【机构改革平稳推进】 2010年，根据省委、省政府《关于岳阳市人民政府机构改革方案的通知》精神，市委、市政府研究决定，原市人事局、市劳动和社会保障局合并，组建市人力资源和社会保障局。5月6日，市委明确成立中共岳阳市人力资源和社会保障局党组，朱葆芝任党组书记。5月27日，市第六届人大会常委会第十五次会议决定任命殷道春为岳阳市人力资源和社会保障局局长。10月25日，市委同意殷道春任市委组织部副部长（兼），市人力资源和社会保障局党组书记。11月18日，市人力资源和社会保障局、市公务员局举行挂牌仪式。

【拓宽城乡就业门路】 2010年，市人社局为833名自主创业人员提供小额贷款1902万元，贴息444万元，带动4791人就业。兴办社区就业实体178家，安置就业9769人。开展“春风送岗位”、“残疾人就业援助月”、“民营企业招聘周”、“第五届高校毕业生活动月”等活动。创立高校毕业生创业基地——汴河街创业孵化基地，31名大学生入场经营，进入基地的创业人员实训期满后自主创业率达到50%以上，全市扶持高校毕业生386人进入创业基地进行创业培训和轮训。全市培训各类人员14.27万人，组织职业技能鉴定2.74万人次，获证人数2.52万。全市城镇新增就业5.5万人，安排失业人员再就业3.36万人，其中困难就业人员再就业1.21万人，新增农村劳动力转移就业11.25万人，零就业家庭就业援助继续100%保持动态清零，全市截止年底累计援助8381人；城镇登记失业率控制在4.5%以内。

【推进社会保障业务】 2010年，全市企业基本养老、职工基本医疗、失业、工伤、生育保险分别新增参保5.52万人、5.01万人、2.49万人、7.37万人和4.3万人，合计24.69万人，城镇居民医保登记参保人数达102.82万；五大险种征缴基金27.78亿元，创历史新高。社保基金规范运行率和安全完整率均达到100%。养老保险对全市15.97万名企业退休职工实施“调待”，人均增加养老金126元，人平达到1033元。全年为17.04万名企业离退休人员发放养老金20.62亿元，按时足额发放率和规范的社会化发放率均达100%。平江新农保试点稳步实施，岳阳县新农保试点快速推进，全市有77.2万农民参保，20.9万农民按月领取养老金。城镇居民医保住院报销率提高到50%以上。市本级累计为2.57万名灵活就业人员发放养老、医疗保险“两金”补贴5714万元。失业保险金发放标准从2009年的487元提高到609元。工伤保险为3120名工伤职工支付待遇4269万元，市本级和部分县市区先后铺开因工患血吸虫病工伤待遇落实工作。市直生育保险住院费用人均统筹支付提高400元，统筹项目内计划生育分娩费全额支付人群由原来的6.7%提高到27%。

【理顺企业劳动关系】 2010年，市人社局办理劳动合同备案1151家、2.8万人，签订率达90%左右。签订工资集体协议880份，覆盖企业220家，涉及职工44.6万人，占规模企业总数的90%。全市受理劳动争议案件1546起，结案率95%，其中进入“绿色通道”程序处理的案件近300起。开展劳动保障监察专项执法检查32批次，对辖区内规模以上用人单位监察覆盖面达95%，累计接待举报投诉1356起。接访5800多人次,办理省市交转办信访事项82起，按时办结率100%。认真做好自主择业军转干部服务管理工作，全年接待、走访企业军转干部700人次，对225名家庭特别困难人员给予特困

规模宏大的公共就业服务人才招聘会 （刘贡献 摄）

救助。配合相关部门做好企业改制工作，做到破产改制一家、社保费清算一家、职工分流安置一家。

【试行规范行政权力运行制度建设】 2010年9月，市人社局召开规范权力运行制度建设动员大会，各科长和经办机关班子成员向局长递交《规范权力运行制度建设工作责任书》。全局初步清查各类行政权力和经办授权287项，比未清查前公布的权力增加40%；经市政府法制办审核，该局最后确定的职权数为125项。绘制出直观、简明的业务流程图，排查出风险点200多处；每一处风险都列明权力运行风险表现，提出预警控制要点，注明风险级别，制定预警防范措施。

【信息网络建设】 2010年4月，全市启动县区养老保险新系统上线工作，关闭老系统，全部采用新系统办公。全市医疗保险参保职工与居民全部实现漫游住院，实时进行医保结算，探索并解决异地结算的难题。“医保免费服务热线”正式启动，“岳阳医保网”全新改版，“医保通短信平台”全面启用。开通“952116”职介通短信服务平台，投入300万元建设的公共就业服务信息系统实现市、县、街道、社区四级联网，求职者在社区即可实现网上登记求职。劳动保障监察“两网化”（网络化、网格化）建设试点工作大力推进，软件开发完成，市支队和岳阳楼区大队网格化监控指挥中心规划设计基本成形。

（本栏撰稿　贺伟奇）

民政工作

【概　况】 2010年，市民政局忠实践行“以民为本、为民解困、为民服务”的民政宗旨，民政工作科学化、规范化、社会化水平不断提高，有力推动民政事业健康快速发展。筹集民政资金7.8亿元，比2009年增加1.4亿元，增长21%。社会救助、社会福利、优抚安置、社会组织管理、社会事务管理等工作取得明显进步。干部队伍建设，注重增强风险意识、转变工作作风、提高理论水平；廉政建设得到加强，加大民政资金监管力度，组织开展自查和整改工作，做到每一笔民政资金的分配、使用，都由集体研究，确定实施方案，并报省民政厅监察室备案。办理人大代表建议、政协委员提案29件，做到事事有回复、件件有落实，代表、委员满意率为100%。市民政局被省民政厅评为全省民政工作先进集体，被市委、市政府评为民本岳阳建设先进集体、绩效评估先进集体、为民办实事先进集体、反腐倡廉建设先进单位、机关作风建设先进单位。

【社会救助】 2010年，岳阳市社会救助工作硕果累累。开展社会救助“阳光”行动，强化动态管理，城市低保动态率达到17.6%，农村低保达到24.3%。加大低保资金争取力度，抓好城乡低保扩面提标，救助人数分别达到139万和186万人次；市城区城市低保标准提高40元，达到每月260元；农村低保标准提高420元，达到每年1320元。发放临时性物价补贴4000万元；发放医疗救助资金4946万元，累积救助70万人次。全年供养五保对象5.2万人，其中集中供养1.2万人，供养标准达每人3120元，较2009年增加720元，增幅30%；分散供养4万人，分散供养标准每人1240元，较2009年增加200元，增幅19.2%。加大乡镇敬老院改扩建和中心敬老院建设力度，完成临湘市江南镇敬老等8所敬老院的改扩建工程和云溪区、君山区两所中心敬老院建设，支持以岳阳县新墙镇敬老院为代表的10所示范敬老院脱颖而出，君山区民政被评为全国农村五保供养工作先进单位。重点推出农村低保“1+5”工作模式，该做法在2010年全省社会救助年中工作分析会上，得到与会省、市领导和各市州同仁的一致肯定；城市低保推出“民主听证会”的审批模式，审批工作透明化、公开化，得到省民政厅厅长余长明的肯定。科学应对“6·19”、“7·8”特大洪灾，争取和发放救灾资金7000多万元，紧急转移安置灾民5万多人，确保灾民的正常生活。全市完成4570户农村危房改造和倒房重建工程，积极培育“综合减灾示范社区”，创建了27个“综合减灾示范社区”，其中临湘市源潭镇黄盖村被推荐为全国综合减灾示范社区候选单位，华容县治河渡镇黄蓬村、湘阴县文星镇乌龙社区、岳阳楼区奇家岭办事处奇家社区被推荐为全省综合减灾示范社区候选单位。

【优抚、安置、军休工作】 2010年，岳阳市优抚、安置、军休工作稳步推进。完善国家、社会、群众“三结合”的优抚制度，按时足额发放优抚资金，评残、带病回乡、参战审批工作依规进行。完善新型优抚医疗保障制度，将各类重点优抚对象分别纳入城镇职工基本医疗保险、城镇居民基本医疗保险和新型农村合作医疗保险。开展扶持优抚对象奔小康、救助解困、维修改造重点优抚对象住房、走访慰问、送医送药等帮扶活动，1万多人次在活动中受益。双拥工作取得新的成绩，岳阳市被省委、省政府、省军区命名为省级双拥模范城，华容县被命名为双拥模范县，岳阳楼区被授予爱国拥军模范单位。落实2009年退役士兵安置任务，为2009年底退出现役的1330名退役士兵办理报到手续，为1275名城镇退役士兵办理户口登记手续，为117名转业士官办理档案移交手续。鼓励退役士兵自谋职业，妥善解决安置历史遗留问题，维稳工作成效显著。军休工作得到充分肯定，服务管理水平进一步提升，军休干部“两个待遇”得到有效落实。军供工作深受好评，接待过往部队35批18240人次，收到部队感谢信24封，官兵表扬留言39条。

【基层民主建设】 2010年，岳阳市基层民主政治建设不断深化。2月，市委办、市政府办先后下发《关于进一步加强城市社区建设的意见》和《市级领导及市直单位联点扶建中心城区社区活动实施方案》，将社区建设、管理和服务工作列入建设民本岳阳综合考评和政府行政绩效考核内容。市财政对市中心城区各社区每年补助由3万元提高到5万元，完成49个中心城区社区办公服务用房的新建、扩改建工程。建立联点帮扶社区制度，从资金、物资、班子建设等方面加强对社区的帮助和指导，为社区建设排忧解难。举办首届市城区社区工作者培训班，开展形式多样的教学活动，提高社区工作者的能力和素质。顺利完成“难点村”治理，有力地推进全市村务公开和民主管理工作。

【社会组织管理】 2010年，岳阳市社会组织管理工作有序开展。市民政局严格执行各项法律、法规，依法进行社会组织的登记、管理和监督工作，促进社会组织的规范化、社会化、合理化发展。全市社会组织达到1207个，新登记注册社会团体12家，民办非企业单位8家。首次履行行政处罚职能，依法撤销6家社会团体。规范社会组织登记管理工作，撰写5万多字的《岳阳市社会组织管理工作指南》一书。对全市191家社会组织有关情况进行年检。其中，实际参加年检的187家，合格的180家，基本合格的7家，参检率达到98%，合格率达到94%。按照公示程序将年检结果在岳阳晚报上进行公示。积极参与由市财政局牵头的社会团体“小金库”治理工作，在社会团体进行自查自纠的同时，市治理办对市直62家社会团体财务状况进行重点检查。对126家市直社会团体办理“五脱钩”手续，占总数的93.3%。

（本栏撰稿 吴 伟）

信访工作

【概 况】 2010年，岳阳市信访局贯彻落实《转发中央处理信访突出问题及群体性事件联席会议<关于领导干部定期接待群众来访的意见>等三个文件的通知》和《关于建立健全信访工作长效机制的意见》文件精神，以学习实践“两个维护”为主线，充分发挥信访部门的职能作用，努力将矛盾纠纷化解在萌芽状态，将信访问题解决在基层，将上访群众稳控在当地，确保全市社会大局和谐稳定。市县两级信访部门共接待处理群众来信来访43565人（件）次，其中市本级19714人（件）次，办结中央、省交办信访事项28起，到期办结率达到100%。进京赴省非正常上访总量在全省最少，综合评分全省最高；全年未发生影响大的群体性事件、涉农恶性案件、重大安全责任事故；元旦、春节、“五一”、国庆、世博会期间、广州亚运会特护期以及全国、省、市三级“两会”等重要政治敏感期、重点节假日时段、重要活动期间，全市保持和谐稳定。10月13日，中央电视台《新闻联播》栏目以《岳阳市广辟诉求渠道，促进社会和谐》为题，报道岳阳信访工作。12月1日，国务院副秘书长、中央联席办主任、国家信访局局长王学军率中央信访工作督导组到岳阳考察，对信访工作给予高度评价。市信访局被评为全省信访工作先进单位，被市委、市政府评为民本岳阳先进集体、市政府绩效评估先进集体，全市综治工作平安单位、全市机关作风建设先进单位、全市“五创”提质先进单位、全市信访工作先进集体。

【开展领导三访月活动】 2010年，市委经济工作会议就集中开展领导“接访、约访和下访月活动”进行专题部署。市信访局据此拟定集中接访、约访和下访活动专门方案，规定“三访”活动的目标任务、工作形式及相关要求，并以市委、市政府文件下发。收集各县市区和市直单位领导接访的安排，配合市委督查室、市政府督查室对各单位“三访”活动开展的情况进行定期不定期的督查，配合市委宣传部和市级新闻媒体对“三访”活动进行全方位、全覆盖、多视角的宣传报道。3月，23名市级领导在市信访局接待上访群众45批168人次（涉及人数10多万人），每一批次上访都得到妥善解决，没有一起再重复上访。

【开展“两个维护”学习实践活动】 2010年1月4日，市委书记易炼红在信访局调研座谈时，提出各级各部门要切实维护社会公平正义，维护社会公共秩序。市信访局配合市委政法委草拟《关于维护社会公平正义和社会公共秩序的若干意见》，按程序以市委、市政府名义下发。《意见》中明确6种群众表达利益诉求的正当方式、5种表达利益诉求的不正当方式、14种表达利益诉求的违法行为。《意见》下发后，市信访局参与制订全市“两个维护”学习实践的有关方案，加强对全市学习实践“两个维护”的考核督查，推进全市“两个维护”活动深入开展。以实践“两个维护”为契机，全面畅通信访渠道，切实推进“事要解决”，努力创新长效机制。5月7日，在岳阳县召开全市信访系统落实“两个维护”专题工作会议，学习实践“两个维护”，推进群众诉求的处理，规范信访秩序。全市打击处理违法上访人员305人，其中教育训诫113人，治安处罚136人，刑事拘留51人，劳动教养5人，判处刑罚3人。发生堵门、堵路等违法上访案件58起，比2009年减少了73%。

【做好重大活动接访劝返工作】 2010年重大活动频繁，市信访局成立专门接访劝返工作班子，做好接访劝返、信息反馈和在家稳控等工作，确保特护期的和谐稳定。全国“两会”期间，接访劝返进京上访人员20批37次,其中非正常上访9人，途中劝返28人，失控倒流1人。全省“两会”期间，接待上访群众27批99人次,其中集访4批54人次。全市“两会”期间，接待上访群众70批384人次，其中集访25批284人次。上海世博会期间接访劝返非正常上访3人次，外围排查化解重点信访隐患10多起；广州亚运会接访劝返1批2人次，在家稳控欲赴广州亚运会上访14批200多人次。全年，市信访局派驻63人次驻会做接访劝返工作，仅上海世博会和广州亚运会期间，就派驻14名干部驻沪、驻穗254天，确保世博会和亚运会举行期间全市未发生到主办场所的闹访行为。

【化解疑难信访积案】 2010年，市信访局开展“信访积案化解年”活动，一大批信访积案得到妥善处理。一是集中排查，澄清积案底子。市县两级排查梳理积案794个，其中市统一梳理分3批确定197个需要重点治理的信访积案和25个上访老户。二是集中交办，落实积案化解责任。在市委、市政府召开的大会上，向全市交办信访积案197个。所有积案明确责任单位、责任领导和责任人员，实行限期化解。建立专门台账，件件登记建档、汇集案卷，实行动态管理。三是集中化解，掀起积案化解高潮。实行一般问题由基层领导包案首办，较大问题由部门领导包案合办，专项问题由领导小组成员单位包案主办，特大问题由市级领导包案查办。

【基层信访信息员网络建设】2010年，市信访局坚持每周定期开展信访突出问题排查，着重抓好村级信访信息员队伍建设，构建横向到边、纵向到底的信访信息员网络，全市4000多个村、居委会全部重新配备信访信息员，统一印制全市信访信息员名册，发到每一个乡镇、村。组织各县市区采取多种形式对信访信息员进行学习培训，发挥其宣传政策、掌握情况、反馈信息、排查矛盾、调处纠纷、代理信访的作用。

【加强信访信息研判】 2010年，市信访部门巩固基层信访信息渠道，与维稳、公安、人事、民政等部门实行信息互享，确保信访信息来源的广泛性。坚持每天研判信访信息并向市委、市政府报送《民情动态》，每周报送《访情周报》，每月报送《访情分析》。年内，市信访局向市委、市政府报送两个综合性汇报材料和5个专题汇报材料，报送《呈阅件》26份，为市委、市政府决策提供科学的依据。市委办、市政府办采纳信访信息36条，省信访局采纳岳阳市信访信息23条。

（本栏撰稿 许义中 张 敏）

法制工作

【规范行政决策行为】 2010年，岳阳市各级政府法制机构 大力规范行政决策行为。一是完善重大行政决策程序制度。4月，市政府制定出台《岳阳市人民政府重大行政决策规定》，对行政决策行为进行全面、系统的规范，进一步完善重大行政决策机制，确保行政决策的合法性、科学性与民主性。二是落实行政决策专家论证和听证制度。市本级已设立综合评标、建设工程招标评标、政府采购等多个专家库。市政府实行法律顾问工作制度，出台《岳阳市人民政府法律顾问工作规则》，聘请9名法学专家、教授和知名律师担任法律顾问，为市政府依法决策、依法行政提供法律服务。市政府在决策方案草案出台后，采取举行听证会、座谈会、协商会和开放式听取意见等方式，广泛听取公众意见和建议，扩大行政决策的公众参与度。年内，市政府召开行政决策专家咨询论证会9次、听证会5次，市直部门举行重大行政执法事项专家论证会32次、听证会39次。市政府法制办对听证会案例进行了收集、整理和汇编，发布典型案例3个。

【规范行政执法行为】 2010年，岳阳市各级政府法制机构规范行政执法行为。一是全面推行行政执法责任制。建立推行行政执法责任制领导小组，层层签订行政执法责任状。行政执法队伍管理严格执行“先培训、后发证”和“持证上岗、亮证执法”等制度，聘用临时人员执法、无证执法、执法违法等现象得到遏制。健全行政执法评议考核、督查督办、案卷评查、执法公示、过错追究等一系列配套制度，开展执法考评和案卷评查等活动，严格兑现奖罚措施，有力促进行政执法责任制在基层的落实。二是深化行政审批制度改革。按照省政府要求，加大对行政审批项目的清理力度，市本级行政审批项目由上一轮的419项减少到287项，减幅达32%。加强年检项目的清理，市本级年检项目由原来的92项减少到45项。行政审批和年检项目清理结果均由市政府行文向社会公布。建立《岳阳市新增行政许可项目备案登记制度》，加强对新增、取消或调整行政许可项目的动态目录管理。部门上报市政府的行政审批事项，由市法制办先进行审核把关，对于已取消的行政审批事项实行重点监控，积极受理投诉、检举；对于保留的行政审批项目，市政府组织各单位对其实施程序进行统一规范，建立监督制度和责任追究制度。三是推进行政执法体制改革。完成市本级城市管理相对集中行政处罚权改革后，将此项工作向各县市区全面铺开，并在平江县进行试点。平江县政府制定的城市管理相对集中行政处罚权工作方案已获省政府批准。

【规范性文件监督管理】 2010年，岳阳市各级政府法制机构加强规范性文件监督管理，各项制度得到落实。一是合法性审查制度。市政府制定的规范性文件，在进入集体决定程序前，由市法制办进行合法性审查，不合法的不予通过，或及时提出修改意见予以纠正，确保文件内容合法、适当。全年市政府制定规范性文件61件，因审查严格，做到无一问题文件。市政府还将会议纪要等非规范性文件也纳入合法性审查范围，审查会议纪要130件、其他非规范性文件286件。二是“三统一”制度。年内，全市有382件规范性文件进行“三统一”，其中市本级123件、县市区259件，凡规范性文件全部做到统一登记、统一编号、统一公布。三是备案审查制度。市政府及时向省政府报备规范性文件61件，审查县市区政府报备的规范性文件73件，做到“有件必备、有备必审、有错必究”。四是审查申请制度。接受规范性文件审查申请13件，其中市本级3件。经审查发现问题文件5件，全部予以纠正或废止。四是定期清理制度。按照省政府的统一部署，开展新一轮清理工作，全面完成清理任务。市、县、乡三级政府及市、县部门清理规范性文件1891件，继续有效1206件，重新公布282件，宣布失效264件，废止97件，修改42件。其中市本级清理规范性文件402件，继续有效249件，重新公布107件，宣布失效34件，废止9件，修改3件。

【贯彻实施《湖南省规范行政裁量权办法》】 2010年4月，市政府办下发《关于贯彻实施湖南省规范行政裁量权办法的通知》，召开全市政府法制办主任和市直单位法规科长会议进行发动。随后市法制办下发《关于认真做好湖南省规范行政裁量权办法培训工作的通知》，统一编写讲授提纲，该办工作人员分成3组，分赴各单位授课。全市各级行政机关工作人员的集中培训于6月底前按时完成，做到“教材人手一册、培训不漏一人”。根据《湖南省行政执法案例指导办法》，市政府办下发《关于做好行政执法案例报送工作的通知》，各行政执法部门向市法制办报送不少于5个典型案例，经审查后由市政府统一汇编，并行文向社会进行公布。各行政执法部门对已制定的行政处罚裁量基准进行修改和完善，并启动行政审批、行政确认、行政强制、行政检查、行政征收、行政给付、行政奖励等其他各类行政行为的裁量权基准制定工作。

【行政复议工作】 2010年，全市行政复议机关坚持“以人为本，复议为民”，畅通复议渠道，创新办案方式，化解行政争议。行政复议应诉案件数量明显增加，办案方式不断创新，办案质量稳步提高。市、县两级政府共办理行政复议案件68件，其中市本级33件，一批行政争议在行政机关内部得到直接化解，促进依法行政。

【政府法律服务】 2010年，市法制办积极参与政府行政事务和法律事务，较好地履行参谋助手和法律顾问的职责。代理市政府行政应诉案件5件、行政复议答复案件2件。参与市委、市政府涉法事务协调会议196次，办理领导批示件30件，出具法律意见书19份，审查招商引资、资产转让、政府采购等行政合同41份；办理国家和省立法草案征求意见稿25件，配合、接待上级到岳阳立法调研19次。

（本栏撰稿　罗　奇）

经济研究工作

【文稿质量显著提升】 2010年，市政府经济研究室注重紧扣国家政策、紧贴市情实际、紧连群众意愿、紧跟领导意图，尽职尽责写好综合材料，努力提高文稿质量。起草大会报告、工作汇报、宣传推介、调研报告等各类综合材料371个，最多的一个月完成42个综合材料。一是大会报告采纳率高。起草会议报告95个，全部被市政府领导采纳。特别是市长黄兰香在市六届人大三次会议上的《政府工作报告》、《在市委经济工作会议上的讲话》及半年度《在市政府全体（扩大）会议上的讲话》等，得到高度肯定。二是工作汇报针对性强。起草向国家部委、省委省政府和省直部门汇报材料88个，每一次都针对特定对象，就特定工作系统归纳汇报，争取各级各部门领导对岳阳工作的支持。如在向十一届全国人大代表岳阳小组的《工作情况汇报》中，请求全国人大岳阳小组向省、中央呼吁支持岳阳发展，提出加强洞庭湖综合治理，加快城陵矶临港新区和长株潭滨湖示范区建设等建议，争取省委省政府出台《关于支持湖南城陵矶临港产业新区加快发展的意见》，授予临港产业新区23条市级综合经济管理权限，为岳阳发展争取较好外部条件。三是宣传材料推介面广。起草各类访谈材料、典型发言等94个，其中市长黄兰香在全球妇女峰会发言材料《城市发展与女性进步》、在国际健康城市市长论坛发言材料《以社区“三零”卫生服务推进健康城市建设》等都产生较好反响。

【调查研究硕果累累】 2010年，市经研室坚持通过调查研究，全面把握第一手资料，为市委、市政府领导决策提供科学依据，起草调研报告21个。9月6～11日，根据市委书记易炼红批示，就洞庭湖捕捞渔民上岸定居和解困工作进行调研，并形成调查报告，易炼红批示：“《报告》所提建议很好，请市农办、畜牧水产局牵头协调并督促相关县、区和部门落实。”在整理市政府领导在市直部门、县市区和企业调研讲话材料的同时，注重围绕市委、市政府工作重点领域和关键环节，牵头或参与重大调研活动。如中心城区道路管理的调研报告，市长黄兰香作出批示，对报告给予充分肯定。为市政府起草向市人大询问函回复的《关于560亩湖湖面萎缩问题调查报告》，应对省直管县改革形势起草《解读省以下财政体制调整和财政“省直管县”改革》调查报告，赴湘阴调研起草《对接长沙，奋力赶超》的调查报告，起草市政府《赴鄂、赣、皖6市学习考察报告》、《关于构建城乡综合交通体系的调研与思考》，参与培育壮大千亿石化产业的课题调研等，提出许多合理化建议，调研成果被市委、市政府采纳。为撰写好《关于岳阳市国民经济和社会发展第十二个五年规划纲要的报告》，11月11～18日，组成3个调研组，分别到全市6县（市）7区作全面、系统、深入的调研，各调研组拿出有参考价值的、有可操作性的参考意见，得到市政府领导的肯定。

【信息报送优质高效】 2010年，市经研室注重把握发展走势，围绕政府的亮点、热点和难点工作广泛收集，及时、优质、高效报送信息。向国务院、省政府报送信息1400多条，工作日平均每天报送6条以上，其中21条被国务院办公厅采用，153条被省政府办公厅采用。对基层和群众反映的难点问题，采用《岳阳快讯》的形式报送市政府领导，累计报送59期，都得到及时批复，解决一批实际问题，受到基层单位的好评。从各级各部门收集典型性经验材料，编印《每日讯息》62期、编撰《经济动态》63期、编发《政府通报》28期，为市政府领导了解情况、把握全局提供参考。岳阳市信息工作被评为全省政务信息工作先进，2人被评为全省政务信息工作先进个人。

（本栏撰稿　陆亚超）

外事侨务工作

【从严审批出国事项】 2010年，市政府外事侨务办公室（简称市外侨办）全面落实出国（境）管理的各项规定，调整年初制定的因公出国（境）计划，对出访团组进行精简，严格实施因公出国（境）成果反馈机制、国家工作人员出国（境）管理联席会议制度、信息共享制度、纪委备案登记制度、经费审批制度、护照（通行证）收缴等制度，对因公出国（境）人员加强政策控制、程序控制、经费控制和证照控制，从严把好出国任务审批关。经市外侨办归口办理的因公出国（境）团组65批212人次，赴美国、加拿大、英国、法国、意大利、瑞士、芬兰、挪威、俄罗斯、匈牙利、保加利亚、澳大利亚、新西兰、南非、肯尼亚、阿联酋、日本、韩国和港澳地区进行友好交流。其中赴港澳出访87人次、厅级领导11人次。审批双跨团组出访人员25批28人次，其中厅级领导3人次。全市因公出国（境）人数较2009年有所下降，达到省外侨办对人数控制的要求。

【市领导出访欧美】 2010年，市外侨办按照省外侨办提出的“六个一”工作要求，积极推动市级主要领导出访，引领全市对外开放，取得较好成效。5月，市委书记易炼红率文化交流代表团访问俄罗斯、匈牙利和保加利亚。出访期间，与当地官员及新闻媒体交流，看望在外湘籍知名人士及企业家，拜会驻在国大使，广泛宣传推介岳阳。在国际友城保加利亚旧扎果腊市，易炼红与该市市长斯威特林·塔契夫进行会谈，签署“会谈纪要”，明确两市在商贸、旅游等经济领域方面加强交流合作，开展新闻传媒交流，促成湖南理工学院与色雷斯大学结成友好学校，实现师生间的互动交流。10月，市人大常委会主任李湘岳率市人大常委会代表团访问瑞士和北欧，开展市人大常委会与国外议会的交流，考察北欧国家的社会福利制度。11月，市长黄兰香率政府代表团访问美国和加拿大，与加州萨丽娜斯市市长丹尼斯就建立国际友好城市关系进行交流，达成在教育、卫生等领域进行深入合作的意向。并在该市召开150多人规模的市情推介与招商会，宣传推介岳阳市的交通区位优势和产业结构特点，对接两市农业优势互补项目，寻求合作商机。代表团还参观中国驻美国大使馆和联合国总部，拜会旧金山地区和纽约地区华人领袖，扩大岳阳的对外影响。市委常委、副市长韩建国，市人大常委会副主任易丽珍、副市长宋爱华等市领导都曾率团出访。

【服务企业“走出去”】 2010年，市外侨办及时调整思路，顺应企业对外交往需要，推动企业“走出去”。提供绿色通道，简化相关手续，缩短办理时间。办理的出访团组中，企业、经贸团组占比33%、人员占比36%。及时为企业发出对外邀请26份，为企业对外交往提供最大便利。实行企业走因公渠道出国（境）办理公务，并享有因公出国（境）的同等保障和方便。组织专门的企业代表团出国（境）访问，打造外事侨务出访品牌。如8月组织的市房地产企业负责人一行6人，赴澳大利亚和新西兰访问，拜会澳、新的重要政府机构，与澳大利亚工商联合会、规划学会等进行座谈，取得很好的效果。

【做好国际友城工作】 2010年，市外侨办加强与已有友城交往的同时，积极开展新结友城的工作。5月，市纪委书记康代四随省纪委代表团赴肯尼亚访问期间，与2009年曾来访岳阳的肯尼亚副总理穆达瓦迪进行会晤，并代表岳阳与肯尼亚基苏木市签订国际友好城市意向书。9月，岳沼友好交流团一行11人，对日本沼津市进行友好访问，参加岳阳沼津两市结好25周年庆典活动。沼津市议会、政府和民间友好团体对此非常重视，各项庆典活动十分隆重，访问取得圆满成功。市外侨办还选派2名教育研修生赴沼津进行为期3个月的研修。10月，科克本市市长豪利特一行7人到岳阳访问，11月，副市长宋爱华率政府代表团赴澳大利亚科市访问。双方的互访取得了实质性的成果，湖南职业技术学院和市外国语学校将与科克本市相关学校开展教育合作，互派学生进行短期留学，市中医院也将与科克本市开展护师的交流。11月，市长黄兰香访问美国萨丽娜斯市，两市市长就尽快结好进行深入讨论，签订友好城市意向书，同意在完成报批程序后，正式缔结国际友好城市关系。

【开展涉外宣传】 2010年，市外侨办充分利用外事接待和团组出访机会，召开境内外专题投资说明（洽谈）会6次，向海外人士发放宣传光碟700多张，画册1100多本，发出招商引资重点项目资料电子文本100余份，为各类企事业单位寻求合作伙伴搭建平台。完善岳阳外事侨务信息网站，充实中英文资料。重点面向岳阳籍海外华人华侨，宣传岳阳市的投资环境和重点招商引资项目，以侨为桥，扩大岳阳的对外影响，吸引他们到岳阳投资兴业。

【推进侨务工作】 2010年，市外侨办积极开展各项维侨护侨活动，不断凝聚侨心，整合侨力，推进侨务工作。年初，副市长宋爱华带队慰问6县3区困难归侨侨眷35户，发放慰问金2万余元。受理信访事件近70余件，全部得到妥善处理，维护归侨侨眷的合法权益。联手帮扶的侨资企业尤特尔公司发展势头很好，业绩大幅攀升。对15名侨眷进行身份认定，办理侨眷证或港澳眷证，及时向省外事侨务办上报符合高考加分条件的学生材料。在《中华人民共和国归侨侨眷权益保护法》颁布实施20周年之际，全市开展侨法宣传月活动。侨务工作的推进，激发华人华侨投身岳阳经济建设的热情。年内引进侨资捐赠资金184万元，其中留美华侨刘勇捐赠100万元用于岳阳县城关镇敬老院公益事业（刘勇已累计资助家乡公益事业400万元），香港应善良基金会捐赠华容县三封寺镇卫生院34.56万元。引进侨资项目投资近1亿元，其中湖南博爱置业有限公司总经理，省、市侨联委员，省侨商会副会长吴文雷预计总投资5.8亿元用于华容县旧城改造，年内已投入资金5335万元。临湘市外侨办协助引进外资企业北控水务（中国）投资有限公司落户临湘，投资总额为1420万美元，到位资金710万美元。

（本栏撰稿 刘革新）

招商引资工作

【概 况】 2010年，岳阳市各级招商部门按照市委、市政府“加快项目建设，做大经济总量”的总体要求，强力推进招商引资工作，取得较好成效。全市批准利用外资项目30个，到位外资15673万美元，同比增长24.1%；实施内联引资项目543个，到位资金168.36亿元，比2009年增长21.6%。其中，实施工业引资项目462个，到位资金138.45亿元，增长24.1%。招商引资工作取得三个全省第一：内联引资中的工业引资总量第一；经协基础管理工作排名第一；新型工业化工业引资综合考核排名第一。招商引资工作特色鲜明：突出招大引强，引进6家500强；加快产业集聚集群，涌现出一批主题产业园和特色产业园；注重联络服务，融入湘商群体，推出银企对话模式；强化队伍建设，招商团队做到精明断事、精干办事、精神为事。

【引进实力企业投资岳阳】 2010年，岳阳市招商引资工作突出招大引强，引进世界500强企业1家，引进中国500强企业5家。由泰国正大集团总投资35.7亿元的100万头生猪产业化项目的实施，将对岳阳市加快产业结构调整，推动产业升级起到积极作用。引进（含新开工）国内500强企业5家，分别是北控水务集团投资2.5亿元的儒溪化工园基础设施建设项目，北汽福田与湖南坤宇集团联合投资8亿元的福坤汽车零配件园，中国物流公司（500强企业诚通集团全资子公司）投资的综合物流园项目，中国水电八局投资的机电设备制造基地项目，新开工建设的500强企业南方水泥项目。

【创新创优招商平台】 2010年，岳阳市招商部门立足增活力、强平台，大胆创新优化招商工作的方式方法。一是创新对接平台。联手全国异地湖南商会等商协会机构，加强与浙江、福建、河南、烟台、宁夏等地湖南商会联络，建立战略合作关系。发挥和挖掘岳阳市经济顾问、招商联络员等中介机构资源作用，邀请一批有影响力的客商和引进一批重大项目。由招商联络员牵线搭桥引进“珠三角”产业联盟成员企业投资12亿元的厢式半挂车生产项目，乡友企业家返乡创业的富士康配套项目已正式签约落户临港产业新区。二是整合基础平台。本着实用、管用、好用的原则，完善客商库、项目库，编印全国商协会名录册、全国行业协会名录册、岳阳市目标企业名录册两库三册。精心打造“风帆起洞庭”招商宣传片，从全新的视角对岳阳市优势进行解读，提升岳阳市对外形象和宣传档次。三是优化服务平台。坚持招商引资与招行引资相结合，成功引进香港汇丰银行开设村镇银行，成为香港汇丰银行在省内开设的第一家村镇银行。各地加快推进标准化厂房建设，为承接项目顺利入园创造条件。四是完善推进平台。出台新的考核办法，突出对招大引强、产业园区、链条扩张、产业升级等方面的考核；坚持“三个督导”，实行一月一调度、一月一通报，一季一小结、半年一点评，强力推进项目开工建设，加快项目建成投产。

【开展小分队招商】 2010年，市招商局积极开展小分队招商活动，多次派出工作人员赴“长三角”、“珠三角”等地开展招商对接工作，取得较好成效。3月17日，市招商局长王德华组织招商小分队前往上海开展小分队招商，拜访徐汇区、上海市贸促会、上海湖南商会负责人，就“长三角”地区项目开展前期对接。4月20日，王德华带队赴东莞进行小分队招商活动，拜访启光集团等，就钢结构生产项目进行对接洽谈。5月3日，市领导樊进军、宋爱华率市招商局等有关单位赴东莞进行小分队招商活动，围绕“珠三角”地区拜访黄河集团、美的集团等，就项目建设事宜进行洽谈。6月24日，副市长宋爱华率市招商局、南湖风景区负责人赴福建进行小分队招商，拜访晋兴集团、雅客集团、兄弟集团、冠海集团等近10家企业，就沿湖三期等项目对接，深化现有项目合作。8月1～8日，市委副书记盛荣华率“2010年台湾湖南周”暨第六届湘台经贸交流合作论坛岳阳分团赴台湾，开展为期7天的经贸合作、文化交流、资源推介活动，举办3场“秀美洞庭、和谐岳阳”市情推介会，结识一批新台商，成立台湾岳阳乡友联谊会，市招商局为重要成员单位，开辟对台招商新平台。市招商局大力开拓招商新平台，积极对接、主动融入商会组织，先后与浙江、福建、河南、烟台、宁夏、包头等地湖南商会达成战略合作。

【市招商局引资2.1亿元】 2010年，市招商局坚持“上联、外扩、内促”的工作思路，对上加强与国家、省级部门联络，争取政策和资源支持；对外广开门路，嫁接商协会、中介机构等各方资源；对内加压力、激活力，下指标、领任务，做到人人有任务在手，个个有项目跟进。明确三个重心：城区是主要引进阵地，工业项目是主要引进产业，大项目是主攻目标。加强对在手信息的筛选分析，从中找到切入点，开辟出一条自我引进新通道。年引进项目到位资金2.1亿元（亚泰陶瓷项目1.3亿元，海特化工0.5亿元，神冈电磁铁0.3亿元），超额完成全年目标任务。其中，由市招商局牵头引进的500强中国物流公司投资的物流基地项目，高新产业富士康配套项目、与招商联络员共同引进的新型厢式半挂车项目签约落户临港新区；新能源产业依鲁LED光电项目落户湘阴县。

【参加“粤洽周”活动】 2010年5月4～7日，湖南承接产业转移珠三角招商活动周（简称“粤洽周”）在广东省东莞市举行。5月5日，由岳阳市承办的2010湖南岳阳（东莞）承接产业转移投资推介会在东莞市举行。湖南省政协副主席龚建明、省政府副秘书长王光明、省商务厅厅长刘捷等出席推介会，近200余名来自珠三角地区的客商参加会议。“粤洽周”期间，岳阳市发布项目 52个；签约项目34个，总投资55亿元。项目集中在生态绿色低碳、科技含量高、投资规模大的一批大项目和好项目，如由广东东莞富士电梯有限公司投资4.5亿元新建的江南奥力斯电梯制造项目、由广东比德生化科技有限公司投资3亿元新建的比德生化科技项目、由广东科达热能有限公司投资2.8亿元新建的科达热能项目等。投资推介会重点推介岳阳经济技术开发区、湖南城陵矶临港产业新区，全面解读武广高铁带动效应，争取香港中华商会等五大商会倾情参与，吸引一批省内外媒体竞相报道。

【岳阳端午文化日】　2010年6月16日，岳阳市在世博会湖南馆开展岳阳端午文化日活动，上海世博会中国馆及省市相关领导和美国、加拿大、德国、日本等30多个国家、地区参展馆代表出席活动启动仪式。该活动以世博会大舞台为平台，以“民本岳阳、美好家园”为主题，以端午文化为契机，向数万海内外宾客全面推介展示岳阳。参观展览的游客规模空前，活动当天接待海内外游客达2万多人次，创下湖南馆开馆来入馆人数新高。活动现场举行包粽子、赠香包、挂艾叶、赏岳州扇等极具民俗特色的互动活动，中外游客置身其中体验和感受端午。市情宣传和端午文化精制纪念册现场限量发放，成为世博园的珍藏之品，在“魔比斯环”上投影流动的岳阳元素全景影像，全面展示岳阳的人文、城市、自然之美。中央、省、市三级媒体联动，全方位、高层次、宽领域宣传推介岳阳端午文化。

【参加“沪洽周”活动】　2010年7月22日，岳阳市在上海花园饭店举行岳阳投资推介会暨项目签约仪式。全国人大常委、原上海市人大常委会主任龚学平出席签约仪式，上海市贸促会会长岑富荣、岳阳市长黄兰香分别致辞，岳阳市委常委、岳阳经开区工委第一书记樊进军主持推介会，副市长宋爱华作市情推介，多国驻沪总领事馆官员、国际商协会、组织机构人士、全球500强企业代表近300人欢聚一堂。活动现场推介岳阳的“二三四”即“二平台”（经开区、临港产业新区）、“三临”（临江、临湖、临港经济）、“四新”（新基础、新产业、新平台、新作为），给中外客商留下深刻印象。参会客商260名，上海及长三角地区客商占80%以上。活动期间，岳阳市引进项目80个，总投资200亿元，且单个项目投资强度均在亿元以上。

【参加第四届湘商大会】　2010年9月28日晚，岳阳市在常德共和国际大酒店举行第四届湘商大会商协会长（岳阳）恳谈会暨“岳阳之夜”招待晚宴，全国各地湖南商会会长及湘商名流近60人欢聚一堂。会上，岳阳市首度向湘商推出“银企对话”模式，为拟入驻岳阳的企业在信贷投放等方面建立绿色通道，展示优良投资环境，支持企业放手发展。市农行、建行等银行负责人登台演讲，现场向嘉宾推出各自服务产品和服务理念，博得一致赞许。通过“风帆起洞庭”宣传片的解说和“二三四”的市情推介，乡友们获得更多的发展信息和信心。烟台湖南商会会长何红当场表态要在岳阳投资兴业，将岳阳之夜活动推向高潮。活动期间，有49个项目收入囊中，总投资125.5亿元，其中11个重点项目参加省级签约。

（本栏撰稿　贾　伟）

档案工作

【概　况】　2010年，岳阳市档案工作者紧紧围绕全市中心工作，积极开展创先争优活动，夯实基础，服务民生，推进发展，不断完善档案资源体系、利用体系和安全体系建设，圆满地完成年初制定的各项目标任务。征集档案资料2579卷（件），新增涉民专门档案26种，编制《岳阳市档案馆渔民档案专题目录》，整理档案资料562卷（册、盒）；完成市馆资料目录数据库建设，岳阳档案网站新增各类信息18万多字，信息总量达200余万字，访问量达9.8万余人次。接待查阅档案资料、现行文件1600多人次，帮助解决各类实际问题1300多个。市档案馆晋升国家二级档案馆，市档案局被评为省级文明标兵单位、全省档案工作先进单位、全省档案系统“五五”普法先进单位，全市纪检监察工作先进单位、市政府办系统机关党建先进单位。

【基层档案业务指导】　2010年，市档案局加强档案工作规范化管理，对全市各机关、团体、企事业单位开展档案业务指导工作，指导市直140多家单位完成2009年度文件材料的归档工作，并指导市气象局、市技术监督局等4家单位晋升档案工作规范化管理省特级，市总工会、岳阳职业技术学院2家单位晋升省一级，市民政局、市残联创建省二级。加强重大活动建档工作，56家“民本岳阳”九项工程责任单位收集相关文件材料共2万多份，市政府实事承办单位收集文件材料1.2万多份。加大农村、社区建档力度，重点抓好全市123个新农村建设示范

岳阳市档案局创建省级文明标兵单位工作测评验收　（市档案局　供稿）

村和211个社区的档案工作，建档率100%；加大国有企业改制档案处置，推动民营企业档案规范化管理工作。

【档案执法检查】 2010年，市档案局开展形式多样的档案法制宣传活动，推进扎实有效的档案执法检查。7月，与市人大科教文卫委员会、市发改委联合对县、市重点工程建档工作开展执法检查。10～12月份，会同各战线牵头单位对全市160个市直单位及12个县市区，进行一次全面的执法检查。查处1家丢失档案案件，解决部分单位档案工作中多年没有解决的问题，推动全市依法治档工作。

【市档案馆晋升国家二级档案馆】 2010年，市档案局根据《全国文明城市测评体系》中对国家综合档案馆建设的考核要求，举全局之力，上下齐心，争取上级领导和有关部门的大力支持，采取强有力措施，加大投入，落实分工，扎扎实实开展迎接国家二级档案馆测评的各项工作。12月14日，受国家档案局的委托，省档案局局长黄美春率专家组对市档案馆进行国家二级档案馆测评验收。专家组一行对创建工作给予肯定，最终市档案馆以总分87.8分高分通过验收。

【纪念岳阳人民抗日战争胜利65周年网展】 2010年9月3日，市档案局利用馆藏档案资料举办纪念岳阳人民抗日战争胜利65周年网上展览。展览图文并茂，分日寇暴行、英勇抗争、辉煌胜利、抗日英烈4部分，用大量的档案史料和70余张珍贵图片，展示岳阳人民8年抗战的艰苦历程，以激励市民不忘国耻，发扬革命传统。《岳阳晚报》、岳阳电视台、市政府门户网站等媒体均作专题报道，社会反响良好。

（本栏撰稿　刘跃新）

移民工作

【加快移民产业开发】 2010年，岳阳市移民部门以移民产业开发为新的突破口，转变发展方式，创新经营模式，完善开发机制，实现移民经济持续稳定发展，移民增产增收。全市新开发油茶基地133.33公顷，茶叶基地33.33公顷，水果基地26.67公顷，特种水产养殖网箱1.6万口，水产养殖基地133.33公顷，蔬菜基地133.33公顷，食用菌大棚300个，楠竹基地1333.33公顷。扶持1300多户移民种养殖大户，重点发展肉牛3000头，生猪1万头，家禽40万羽。支持从事种养业、农产品加工业为主的移民建立各类专业合作经济组织145个，注册资金8000多万元，发展社（会）员2万余人。移民产业开发与西岭果业、山润茶油、芭蕉扇业、羊楼司竹业、李记食品、国泰食品等28家农业龙头品牌企业建立联系，联结移民1.5万余人。移民人均纯收入比2009年增长11%。

【推进移民项目建设】 2010年，市移民局组织编制《岳阳市“十二五”移民经济发展规划》、《岳阳市“十二五”移民后扶规划》以及2010年库区和移民安置区《经济发展规划项目计划》、《后期扶持基金项目计划》。全市安排年度计划项目1048个，项目资金9187.7万元。一是基础设施项目建设823个，资金7080.9万元。移民避险解困搬迁安置39户114人。农田水利建设，修建排灌站35座1405千瓦，维修水库山塘65座、修渠道、堤坝178条335千米。地方交通建设项目，修村级公路309条545千米，解决10个纯移民村通村公路。机耕道45条92公里，公路桥27座。饮水项目，打水井86口，管网142公里，解决9000多名移民的安全饮水问题。建设沼气池1129口，改造低压线路30公里。二是经济发展生产开发项目133个，资金1321.6万元。改造开发茶叶基地136.67公顷，茶油基地364.13公顷，水果基地102.33公顷，水产基地226.13公顷，网箱养殖1120公顷，优质稻基地446.67公顷，楠竹基地256.67公顷，蔬菜及食用菌基地210公顷。三是移民社会事业项目53个，资金449.9万元，新建和改造学校、医院5900平方米，组织农业实用技术培训5534人次，就业技能培训1334人次。四是其他项目39个，资金335.3万元。

【智力移民工程】 2010年，岳阳市移民部门把移民培训作为促进移民增收的大事来抓，采取多种形式培训移民，积极推进智力移民工程，圆满完成省委、省政府重点督办的实事项目和市政府下达的目标任务。组织移民培训6868人次，其中农业实用技术培训5534人次、就业技能培训1334人次。岳阳县岳坊

2010年12月下旬，省水库移民开发管理局局长颜向阳（右一）在市委副书记、岳阳县委书记彭国甫（左一）的陪同下到岳阳县毛田镇指导移民避险搬迁安置工作

（市移民局　供稿）

水库移民李正良等6人通过培训，组建特种水产养殖股份制责任公司，第一期投资800万元，养殖中华鲟，年产值1500万元。临湘市以源潭镇黄盖村为基地，连续举办3期特种水产养殖培训班，有100多名移民参加，发展养鳝网箱1.6万口，特种水产成为临湘市搞活经济的主导产业之一。通过培训，培养一大批“有文化、懂技术、善经营、会管理”的新型农村移民，向第二、三产业转移劳动力1000余人，并涌现出康小元、陈日升、兰芳华、邱段玉等一批创业致富典型，年收入均达10万元以上。

【移民避险解困】 2010年，全市移民部门坚持政府扶持与移民自愿、资源节约与生态平衡、搬迁与安置相结合的原则，筹集资金358万元，建房4095平方米，对平江县岑川镇、浯口镇114名生活在滑坡体上等恶劣环境中的水库移民进行避险解困搬迁安置，完成任务的200%，入住率100%，基本解决平江县移民群众最迫切的生存环境。对集福、英江、五里等5个安置村，投入资金150余万元，新建水泥路2.8公里，更新50千伏变压器1台，改造线路14千米，饮水管网5千米，逐步完善了公路、电网、渠道等基础设施，较好改善部分特困移民的长远发展环境。

【移民项目资金监管】 2010年，全市严格执行“计划跟着规划走，项目跟着计划走，资金跟着项目走”管理原则，认真实施县级报账制，对移民项目资金实行专账管理，分类核算，坚持资金安排到项目，支出核算到项目。对后扶项目管理实行项目法人制、工程监理制、竣工验收制和社会监督制，做到项目前期工作、审查审批、组织实施和后续管理工作程序化、规范化。9月中、下旬，市移民局组织2个检查组，对2009年后扶项目和2010年省移民局目标考核项目实施情况进行检查，下发整改通报，及时纠正存在的问题，有效地维护广大移民群众的切身利益。年内，汨罗市兰干灌区南干渠改造、华容县南山乡快北公路硬化等工程项目，通过省移民局的验收。平江县、君山区移民局接受省移民局的资金财务内部审计。市移民局联合市监察局、市财政局下发《关于开展对2009年度移民资金使用情况进行监督检查的通知》，对临湘市、云溪区、开发区的移民资金使用情况进行全面审计。

（本栏撰稿 余美忠）

民族宗教工作

【概 况】 2010年，岳阳市民族宗教工作围绕“共同团结奋斗、共同繁荣发展”的主题，落实党的民族宗教政策，搞好服务协调工作，加强自身建设，各项工作取得较好成绩。市民宗局先后迎接、协助省宗教局局长汤新华，全国人大常委、中国宗教学会会长卓新平，省委常委、统战部长李微微等到岳考察调研。指导帮助市道教协会、市少数民族联谊会换届，组团参加湖南省第七届少数民族体育运动会。开展和谐寺观教堂创建活动，妥善处理4起少数民族突发事件和矛盾纠纷。举办2次宗教研讨会，弘扬宗教文化。协助完成回民坟山搬迁配套工程，帮助做好清真“三食”供应工作，争取市财政每年4万元牛羊肉补贴。办理50名少数民族考生的民族成分审核、55名民族成分更改，无一例出现差错。岳阳市获得全省民族工作先进单位、全省宗教工作先进单位、全省第七届少数民族传统体育运动会先进集体。平江县东山古寺、神甫李文华等11个集体和个人被国家宗教局、省宗教局评为首批创建和谐寺观教堂先进集体和先进个人。

【流动少数民族服务管理】 2010年8月，市民宗局组织到武汉市学习取经，探讨加强流动少数民族服务管理工作。9月，市政府组织召开加强流动少数民族人员服务管理工作会议和创建“民族团结模范经营户”座谈会，民宗、工商、卫生、税务、城管、食品药品监督等部门和在岳经营的新疆、甘肃等少数民族经营户业主50余人参加。相关职能部门介绍有关办证程序和收费标准，下发城市管理有关规定和办证表格，最大限度地降低办证费用和体检费用，得到少数民族经营户的理解。少数民族代表在会上宣读倡议书，大家积极响应，踊跃签名。会后，在全市范围内广泛开展创建“民族团结模范经营户”活动，逐步引导规范合法经营，有效防止矛盾纠纷发生，切实维护他们的合法权益。12月，市委办、市政府办发文成立岳阳市加强流动少数民族人员服务管理工作领导小组和协调工作小组，明确各相关部门职能；市民宗教局制订出台《涉及民族宗教方面突发事件应急预案》，建立完善矛盾纠纷排查化解、服务管理、

市政府副市长隋国庆深入宗教活动场所现场办公 （何灿红 摄）

信息报送、舆论引导机制，促进流动少数民族的服务管理。

【举办宗教研讨会】 2010年2月，由市政府民族宗教事务局和市作家协会联合主办的“民族宗教与现代社会第二次研讨会”在圣安寺召开。市政协主席白尊贤、老同志张治雄，市文联、市作协负责人，21名作家及湖南民族职业学院、岳阳晚报、洞庭之声、长江信息报、湖南日报岳阳记者站等单位和新闻媒体负责人出席会议。会议总结2009年挖掘、弘扬、宣传宗教文化工作，就如何继续弘扬宗教文化工作进行充分讨论。21位作家积极建言献策，并表示在新的一年要多出作品，多出精品，用积极健康向上的作品来引导信教群众，弘扬净化心灵、促进和谐。

11月，范子盛的《道德经的光亮》研讨会在汨罗市普德大庙隆重举行。省宗教局副局长傅雷、一处处长柏桓，市政协主席白尊贤，副市长隋国庆，原市委副书记、市长黄甲喜，国家行政学院朱岚教授，武汉大学出版社主编党宁，市委统战部、市民宗局有关领导，汨罗市领导，以及国家、省、市作家协会学者，市道教协会常务理事等60余人进行研讨。

【参加湖南省第七届少数民族传统体育运动会】 2010年11月，全省第七届少数民族传统体育运动会在郴州举行。岳阳代表团30人参加，表演项目获得金奖，蹴球和板鞋竞速获得银牌和铜牌各2枚，毽球获2个第4名，高脚获第5名，总分位居全省第8名，实现历史性突破。市民宗局获得体育道德风尚奖、全省民族体育工作先进集体，吕敬国、何灿红被评为全省民族体育工作先进个人。闭幕式上，副市长隋国庆从省长助理袁建尧手上顺利接过会旗，由岳阳市承办2014年全省第八届少数民族传统体育运动会。

【市道教协会第二次代表大会】 2010年1月15日在晓朝宾馆召开，市领导李劲夫、易丽珍、隋国庆、周传博，省委统战部、省宗教事务局和省道教协会相关负责人出席。会议选举产生新一届道教协会领导班子，刘圆诚当选为会长。市委常委、统战部长李劲夫在会上寄望道教界爱国爱教，服务民本岳阳和谐崛起。

【市少数民族联谊会第二次代表大会】 于2010年5月12日在南湖宾馆召开，省民委主任王德靖、省委统战部副部长邓焕生，市领导盛荣华、白尊贤、李劲夫、易丽珍、隋国庆、柴小平、万岳斌、刘晓英、袁建华等出席。会议选举产生新一届班子成员，陈志刚当选市少数民族联谊会第二届理事会会长。会后，市委书记易炼红、市长黄兰香设宴款待与会代表，对新一届联谊会寄予厚望。

（本栏撰稿 何灿红）

市政府重要文件选目

▲岳政发〔2010〕1号 关于做好城市民兵训练经费保障工作的通知（2010年1月4日）

▲岳政发〔2010〕2号 关于认真办理市政府2010年度10件实事的通知（2010年2月5日）

▲岳政发〔2010〕3号 关于下达2010年重大项目建设计划的通知（2010年3月5日）

▲岳政发〔2010〕4号 关于市中心城区投资项目基本建设收费的意见（2010年3月30日）

▲岳政发〔2010〕5号 关于进一步加强和规范投融资平台建设管理的意见（2010年4月1日）

▲岳政发〔2010〕6号 关于加强政府投资项目管理的意见（2010年4月12日）

▲岳政发〔2010〕7号 关于优化口岸环境提高通关效率促进岳阳开放型经济发展的意见（2010年4月12日）

▲岳政发〔2010〕8号 关于印发岳阳市人民政府重大行政决策规定的通知（2010年4月13日）

▲岳政发〔2010〕9号 关于印发2010年岳阳市政府绩效评估实施方案的通知（2010年4月25日）

▲岳政发〔2010〕10号 关于实施质量兴市战略的意见（2010年5月25日）

▲岳政发〔2010〕11号 关于公布岳阳市征地补偿标准的通知（2010年7月27日）

▲岳政发〔2010〕12号 关于印发岳阳市城区水系保护管理办法的通知（2010年7月27日）

▲岳政发〔2010〕13号 关于印发岳阳市流动人口服务和管理暂行办法的通知（2010年7月27日）

▲岳政发〔2010〕14号 关于印发岳阳市部门统计工作管理规定的通知（2010年8月5日）

▲岳政发〔2010〕15号 关于促进房地产业提质升级的意见（2010年8月22日）

▲岳政发〔2010〕16号 关于公布继续实施的行政许可项目目录的决定（2010年9月7日）

▲岳政发〔2010〕17号 关于公布保留的市本级年检项目目录的决定（2010年9月7日）

▲岳政发〔2010〕18号 关于印发岳阳市科学技术奖励办法的通知（2010年9月15日）

▲岳政发〔2010〕19号 关于印发岳阳市中心城区户外广告管理办法的通知（2010年10月19日）

▲岳政发〔2010〕20号 关于印发岳阳市经营性建设用地容积率管理办法的通知（2010年10月26日）

▲岳政发〔2010〕21号 关于印发岳阳市国有建设用地使用权矿业权网上拍卖挂牌出让管理办法（试行）的通知（2010年10月26日）

▲岳政发〔2010〕23号 关于公布规范性文件清理结果的决定（2010年11月15日）

▲岳政发〔2010〕25号 关于印发岳阳市征地补偿补充标准的通知（2010年12月17日）

▲岳政发〔2010〕26号 关于印发岳阳市实施排污许可证暂行办法的通知（2010年12月22日）

▲岳政发〔2010〕27号 关于印发岳阳市市属企业国有股权管理办法的通知（2010年12月23日）

▲岳政告〔2010〕1号 关于加强市中心城区烟花爆竹安全管理的通告（2010年2月2日）

▲岳政告〔2010〕2号 关于加

强洞庭湖大桥管理的通告（2010年2月9日）

▲岳政告〔2010〕3号　关于加强森林防火工作的通告（2010年4月2日）

▲岳政告〔2010〕4号　关于在市中心城区开展低压电力用户集中自动抄表系统建设的通告（2010年4月13日）

▲岳政告〔2010〕5号　关于进一步加强城市市容和环境卫生管理的通告（2010年4月27日）

▲岳政告〔2010〕6号　关于进一步加强东洞庭湖湿地管理的通告（2010年5月5日）

▲岳政告〔2010〕7号　关于加强市中心城区机动车辆停放管理的通告（2010年5月24日）

▲岳政告〔2010〕8号　关于加强岳阳火车客运站站区管理的通告（2010年7月27日）

▲岳政告〔2010〕9号　关于整治市中心城区沿湖砂石散货客运码头的通告（2010年8月3日）

▲岳政告〔2010〕10号　关于严禁将房屋出租给传销人员的通告（2010年9月12日）

▲岳政办发〔2010〕1号　关于印发岳阳市市直行政事业单位国有资产处置管理办法的通知（2010年3月21日）

▲岳政办发〔2010〕2号　关于印发岳阳市中心城区集体土地上房屋拆迁安置房（居民区）集中统一建设管理办法的通知（2010年1月22日）

▲岳政办发〔2010〕3号　关于印发岳阳市中心城区经济适用住房货币补贴实施方案的通知（2010年1月23日）

▲岳政办发〔2010〕4号　关于印发岳阳市中心城区建设工程项目报建非税收入缓减免审批办法的通知（2010年1月22日）

▲岳政办发〔2010〕5号　关于印发岳阳市政府系统部门工作季度点评办法的通知（2010年4月13日）

▲岳政办发〔2010〕6号　关于加强小额贷款公司监督管理的通知（2010年4月13日）

▲岳政办发〔2010〕7号　关于进一步明确市属企业国有资产管理有关问题的通知（2010年4月19日）

▲岳政办发〔2010〕8号　关于印发岳阳市中心城区重点排污企业退二进三工作方案的通知（2010年4月27日）

▲岳政办发〔2010〕9号　关于岳阳市食品药品安全专项整治方案的通知（2010年5月3日）

▲岳政办发〔2010〕10号　关于实施标准化战略的意见（2010年5月25日）

▲岳政办发〔2010〕11号　关于印发岳阳市政府信息公开实施细则的通知（2010年6月12日）

▲岳政办发〔2010〕12号　关于加强市中心城区经营性建设用地超容积率项目土地价款追缴的通知（2010年6月17日）

▲岳政办发〔2010〕13号　关于进一步加强政府投资项目招标投标监督管理的通知（2010年7月21日）

▲岳政办发〔2010〕14号　关于加强乡镇便民服务中心建设工作的通知（2010年8月5日）

▲岳政办发〔2010〕15号　关于建立建设用地开工验线竣工验收制度的通知（2010年8月26日）

▲岳政办发〔2010〕16号　关于印发岳阳市城市和国有工矿棚户区改造实施办法的通知（2010年8月27日）

▲岳政办发〔2010〕18号　关于保留部分非行政许可项目的通知（2010年9月7日）

▲岳政办发〔2010〕20号　关于印发岳阳市人民政府法律顾问工作规则的通知（2010年9月16日）

▲岳政办发〔2010〕21号　关于印发岳阳市自然灾害预警信息发布办法的通知（2010年9月19日）

▲岳政办发〔2010〕22号　关于印发岳阳市价格调节基金征收管理办法的通知（2010年10月19日）

▲岳政办发〔2010〕23号　关于印发岳阳市城区国有经营性建设用地出让程序规定的通知（2010年10月26日）

▲岳政办发〔2010〕24号　关于印发岳阳市城区国有经营性建设用地出让起始价确定规定的通知（2010年10月26日）

▲岳政办发〔2010〕25号　关于印发岳阳市城市建设用地使用性质变更管理规定的通知（2010年10月26日）

▲岳政办发〔2010〕26号　关于印发岳阳市城区国有建设用地改变用途征收土地价款规定的通知（2010年10月26日）

▲岳政办发〔2010〕27号　关于印发岳阳市烟草制品零售点合理布局管理办法的通知（2010年10月29日）

▲岳政办发〔2010〕28号　关于印发岳阳市安全生产监督管理职责暂行规定的通知（2010年11月8日）

▲岳政办发〔2010〕29号　关于印发岳阳市防御雷电灾害管理办法的通知（2010年11月14日）

▲岳政办发〔2010〕30号　关于印发《岳阳市水环境功能区管理规定》和《岳阳市水环境功能区划分》的通知（2010年11月8日）

▲岳政办发〔2010〕31号　关于印发岳阳市打击侵犯知识产权和制售假冒伪劣商品专项行动方案的通知（2010年12月21日）

▲岳政办发〔2010〕32号　关于进一步加强人工影响天气工作的通知（2010年12月22日）

▲岳政办发〔2010〕33号　关于印发岳阳市2010—2012年城乡环境卫生整洁行动方案的通知（2010年12月21日）

▲岳政办发〔2010〕34号　转发市人力资源和社会保障局等单位关于岳阳市深入推进职工工资集体协商工作三年行动计划的通知（2010年12月28日）　（邵丽旻）

责任编校　曹春友

政协岳阳市委员会

【概　况】　2010年，政协岳阳市第六界委员会贯彻落实科学发展观，践行民本岳阳的执政和发展理念，按照“维护核心、服务中心、凝聚人心、加强自身建设”的工作思路，科学履行政协职能，积极推动“提速、升级、增效、惠民”，较好地完成六届三次会议提出的各项任务。

一、围绕第一要务，积极协

商议政。一是为洞庭湖综合治理鼓与呼。年初，市政协根据“三峡”工程建成后洞庭湖出现的新情况，在深入调研的基础上提出《关于积极应对洞庭湖低水位危机的建议》，呼吁建立洞庭湖低枯水位预警应急机制，并在省政协十届三次会议开幕会上作口头发言，提交提案，引起各级领导的高度重视和省内外新闻媒体的普遍关注。全国政协十一届三次会议期间，由省政协主席胡彪领衔，在湘27名全国政协委员联名向全国政协提交《关于加大对洞庭湖生态保护和环境治理的提案》。该提案被全国政协列为全年两个重点调研督办提案之一。全国政协提案委、国务院三峡办、国家水利部有关领导两次专程到岳阳调研。全国政协提案委副主任王国卿在岳阳调研后撰写《先忧后乐系民生——岳阳行有感》一文在《中国政协》等媒体上发表。11月25日，《人民政协报》在头版位置，以《深入开展调查研究，三级委员“接力”建言洞庭湖治理》为题进行详细报道，此后人民网、网易、中国政协新闻网、红网等国内知名网站都进行转载。二是着力推动文化大发展大繁荣。年初，市政协邀请市委、市政府有关领导和相关单位负责人，专题协商湖南省首批非物质文化遗产重点保护项目“长乐故事会”和长乐古镇保护工作事宜，并协助做好“长乐故事会”申报国家级非物质文化遗产重点保护项目工作。6月，“汨罗市抬阁故事会”入选国家级非物质文化遗产名录。三是参与“十二五”规划编制。下半年，市政协领导承担“十二五”规划编制11个重大课题的调研。在调研基础上，撰写较高质量的调研报告，为全市“十二五”规划的科学编制提供参考。市政协六届第十三次常委会议邀请市发改委作全市国民经济和社会发展“十二五”规划编制情况通报。在市委专题研究会议和纲要草案意见征求等会议上，市政协领导和部分委员踊跃建言，提出许多建设性的意见和建议。

二、围绕社会热点，开展民主监督。组织政协委员利用民主监督小组、提案、委员视察、民主评议、行风监督员等方式，开展民主监督工作。6个民主监督小组对16家重点民主监督单位开展监督活动40多次，调查有关经济发展环境的个案13起，反馈督办问题10个；对食品药品安全监管、民政、海事、城管、旅游、规划等工作进行视察，共开展视察活动15次；同时，通过推荐委员担任一些职能部门、窗口行业单位的特约监督员、监察员、评议员，开展民主监督，加强社情民意反映和信息工作。

全省市州政协主席座谈会在岳阳举行　（田　军　摄）

三、广泛联络联谊，促进社会和谐稳定。一是注重发挥各民主党派、工商联和人民团体的重要作用。市各民主党派、工商联、人民团体参与政协组织的重大活动20多次，提出集体提案93件，反映有关经济社会发展和其他人民群众关注的社情民意信息50多条，许多建议和意见得到市委、市政府的重视和采纳。二是努力做好“两个维护”（维护社会公平正义、维护社会公共秩序）。组织政协委员和政协工作者认真开展“两个维护”的学习讨论，积极宣传党的路线方针政策，认真做好来信来访接待工作，加强与社会各界的经常性联系，及时倾听和反映社情民意，协助党委、政府做好协调关系、化解矛盾、理顺情绪的工作；加强法制宣传教育，支持政法部门依法打击各种犯罪；贯彻落实国家民族宗教政策，关注少数民族群众的生产生活，帮助宗教界解决实际问题，促进民族团结和宗教和睦。三是广泛开展联络联谊活动。落实“主席会议成员联系专委会、专委会联系委员、委员联系群众”的“三联系”制度，努力为委员排忧解难。加强与港澳台侨人士及其亲属的联系与交流。接待香港新界区原区事顾问协会湖南考察交流团等一批境外客人；承办全省市州政协主席座谈会，召开全市县市区政协主席会、秘书长联席会和各专门委员会工作会议，应邀加入全国部分历史文化名城政协联系会并参加第20次会议，接待到岳阳参观考察的全国各地政协客人100多批、1200多人次。四是重视发挥特聘委员独特优势。采取多种方式，加强与特聘委员的联系沟通，组织引导特聘委员积极参政议政，支持岳阳经济社会发展。年内，特聘委员在岳投资项目27个，投资额达52亿元。

【重要会议】　2010年1月17～21日召开政协岳阳市第六届委员会第三次会议。370名市政协委员与会，其中特聘委员45名。市党政军、在岳高等院校主要负责人、中央、省属驻岳单位主要负责人及部分离退休老同志应邀出席会议。市直各部办委局和省、市属有关单位主要负责人，市各民主党派部分成员及各县市区政协秘书长列席会议。市政协主席白尊贤受政协岳阳市第六届委员会常务委员会委托作工作报告。市政协副主席戴新果代表政协岳阳市第六届委员会常务委员会向大会作关于六届二次会议以来提案工作情况的报告。24位委员发言。市委书记易炼红在开幕式上作重要讲话。会议审议通过政协岳阳市第六届委员会第三次会议关于常委会工作报告的决议、关于市政协六届二次会议以来提案工作情况报告的决议和政协岳阳市第六届委员会第三次会议政治决议；审议通过关于政协岳阳市第六届委员会第三次会议提案审查情况的报告；会议还表彰优秀提案和提案办理先进单位；决定接受吴钢良因工作变动辞去政协岳阳市第六届委员会秘书长职务的请求，选举李永丰为政协岳阳市第六届委员会秘书长，决定免去黎日晖、戴丽第六届委员会常务委员职务，补选毛伟华、查宜为政协岳阳市第六届委员会常务委员。

1月19日，召开市政协六届常委会第十次会议。会议听取岳阳市委领导作有关人事安排的说明，酝酿候选人名单，协商“表决和选举办法（草案）”，协商选举工作人员建议名单；通过市政协六届三次会议关于市政协六届二次会议以来提案工作情况报告的决议（草案）、关于常委会工作报告的决议（草案）和政治决议（草案）等。市委常委、组织部长严华，市委常委、统战部长李劲夫应邀出席会议。

1月20日，召开市政协六届常委会第十一次会议。会议听取各组协商讨论市政协常委会工作报告和提案工作情况的报告、市政府工作报告、法检“两院”工作报告及计划、财政工作报告，酝酿候选人名单、选举工作人员建议名单及协商讨论表决和选举办法（草案）、“三个决议（草案）”情况的综合汇报。市委常委、常务副市长郭振斌，市委常委、统战部长李劲夫，市中级人民法院院长杨太平、市人民检察院检察长朱必达、市政府秘书长王小中和市发改委、市财政局主要负责人到会听取意见。

6月30日，召开市政协六届常委会第十二次会议。会议协商讨论《关于做大做强市区经济的调查报告》和《民主监督实施细则》。副市长蒋锋在会上讲话。

9月30日，召开市政协六届常委会第十三次会议。会议听取市发改委主任刘铁键通报岳阳市国民经济和社会发展第十二个五年规划编制情况，协商讨论《关于我市有线电视建设情况的调研报告》，听取市委办、市政府办关于2010年度提案办理情况的通报。市委常委、副市长韩建国，市委常委、宣传部长徐新启出席会议并讲话。

12月24日，召开市政协六届常委会十四次会议。会议审议通过《关于召开市政协六届四次会议的决定》，审议通过市政协六届四次会议议程、日程（草案），协商通过市政协六届四次会议各次大会执行主席、大会秘书处正副秘书长及各组负责人名单、会议分组办法及安排，审议通过市政协常委会工作报告（草案）和提案工作报告（草案），审议通过市政协各专门委员会2010年工作情况及2011年工作设想的报告。因工作变动等原因，会议同意兰定国、李峰（女）、武琳、钟志南辞去政协岳阳市第六届委员会委员职务；戴晓明因逝世，其政协岳阳市第六届委员会委员职务自然消失；增补王年开、司马雄翼、何静（女）、李运帷、李德友、林辉、徐长庚、郝纯、姜佳莉（女）、杨骅罡、释登本为政协岳阳市第六届委员会委员；增补王成兰、白洪光、任岳雄、李雪兰（女）、杨静为政协岳阳市第六届委员会特聘委员。

【调研视察】 2010年3～6月，市政协主席白尊贤带队，组成以经济界政协委员为主体的调研组，就如何积极应对“省直管县”财政体制改革，做大做强市区经济，深入岳阳楼区、云溪区、君山区、岳阳经济技术开发区、南湖风景区、临港产业新区等地调研，并赴江西、长沙等地学习考察，形成《关于做大做强市区经济的调查报告》，经市政协六届十二次常委会议协商讨论后，向市委、市政府提交建议案。

4～7月，市政协主席白尊贤带队，组织以文化、教育等界别的政协委员为主体的调研组，专题调研全市有线电视建设情况。深入岳阳楼区、云溪区、君山区、岳阳县等地调研，并与有关部门负责人、居民代表座谈，形成《关于我市有线电视建设情况的调查报告》，在市政协六届十三次常委会议上协商后，向市委、市政府提交建议案。

6月3日，市政协法制群团人资环委组织部分市政协委员，视察南湖风景区“560亩”湖综合治理情况，座谈讨论后形成综合视察意见，并就南湖的科学规划、生态保护，环境美化等向市政府提交建议案。

10月29日，市政协主席白尊贤率部分驻岳省政协委员视察巴陵石化公司。白尊贤希望巴陵石化充分发挥石化产品、技术、人才、信息等优势，使石化产品能够向下游产业链延伸，带动地方经济发展。同时要求政协委员积极通过多种形式开展调研，为加快重点项目建设和促进全市经济社会更好更快发展建言献策。

11月，市政协组织部分政协委员视察全市食品药品监管工作，并就市场整顿、稽查打假、药品生产监管、食品综合监管、产业帮扶、队伍建设等方面向市委、市政府提出建议。

【提案工作】 市政协六届三次会议以来，征集提案496件，经审查立案464件。其中党派团体提案93件、委员提案371件。至2010年9月，所有提案均答复完毕。所提问题已解决或基本解决的246件，占提案的53%；正在解决或列入计划准备解决的167件，占提案的36%；因客观条件限制暂不能解决的37件，占提案的8%;留作参考的14件，占提案的3%。市委组织部、市委督查室、市政府办等19个单位被评为2010年度提案办理先进单位。

提案主要内容：一是聚焦经济建设，有关提案112件，主要围绕产业园区建设、人才资源、投资环境、房地产业发展、中小企业帮扶、新农村建设等工作建言献策。二是关注城市建设与城市管理，有关提案127件。民进市委的《关于加强城市管理，改善城管执法环境的建议》被市政府列为重点提案，由市长黄兰香领办。根据提案建议，市政府出台有关加强城市管理的具体规定，并解决市城管支队编制上存在的困难。三是重视科教文卫事业，有关提案80件。内容涉及食品药品安全、医疗纠纷、学前教育管理、提高市民素质等方面。四是围绕民主政治建设方面提出建议，有关提案137件。主要涉及财政预算、治安防控、公车管理、失地农民养老保障等方面，对全市民主政治建设起到重要推动作用。如民建市委的《关于推广落实基层派出所干警向辖区居民述职述廉试点工作的建议》，市委、市政府高度重视，市委书记易炼红亲自领衔督办。

【优秀提案】 市政协六届三次会议以来，全市政协委员和各民主党派、工商联、有关人民团体、政协各专委会提出许多富有科学性、针对性和可操作性的好提案。经民主推荐，市政协主席会议研究，委员陈曼霞等《关于加快临港产业新区建设，推动我市新型工业化建设的建议》，市工商联、委员周久良等《关于做大做强岳阳食品加工业的建议》，民盟市委、委员周森龙等《关于进一步实行阳光财政的建议》，朱甸甸委员等《关于加快城区道路设施建设的建议》；委员方奎明等《小城镇及城郊结合部居民住宅建设规划指导工作不能忽视》，市科协、委员潘刚强等《关于洞庭湖区环境保护和生态休复的建议》，民进市委等《关于解决我市城市管理存在的问题、提升城管水平的建议》，委员刘志敏等《关于建立医疗纠纷处理中心的建议》，致公党市委、委员李信华等《关于进一步加强食品安全工作的建议》，委员李静美等《关于规范我市乡镇（街道）政协联络机构设置的建议》，农工党市委、委员黄玉祥等《关于完善我市数字电视服务的建议》，民建市委等《关于推进派出所干警向辖区居民述职述廉工作的建议》，民革市委、委员陆忠惠等《关于解决长途汽车站和泰和商城一带交通堵塞的建议》，委员余和平等《关于加强临港新区失地农民保障的建议》，九三学社市委等《关于加快发展养老服务业的建议》等21件提案被评为2010年度优秀提案，在市政协六届四次会议上予以表彰。

【文史工作】 2010年，市政协文史和学习委员会组织编撰《刘璈评传》一书。刘璈是临湘市人，清朝同治年间曾任浙江台州知府，光绪初年，署甘肃兰州道员，次年授福建台湾兵备道兼提督学政。光绪十年（1884年），法国入侵台湾，刘璈积极备战，坚守阵地。基隆沦陷后，全台震动，他言词急切为当权者所忌，终被罗织罪名，弹劾入狱。中法议和后被遣戍黑龙江。光绪十二年（1886年）7月抵达戍所，12月即病死边地。该书24万余字，市政协主席白尊贤为该书作序。

10月28日，市人民政协理论研究会成立大会暨第一次理论研讨会召开。会议听取市人民政协理论研究会筹备工作报告；审议通过《岳阳市人民政协理论研究会章程》；选举市人民政协理论研究会理事会组成人员，市政协党组成员、副厅级干部吴钢良当选为会长，李永丰、刘宇赤、周和平、吴建国、王志龙、刘光明当选为副会长。会议邀请市政协主席、党组书记白尊贤，市委常委、统战部长李劲夫为理论研究会顾问。市政协副主席戴新果、柴小平为为研究会名誉会长。市委副书记盛荣华、市政协主席白尊贤出席会议并讲话。会议还表彰了2010年度人民政协理论征文活动优秀论文及作者和优秀组织单位。

11月11日，市政协文史和学习委组织召开“纪念岳阳沦陷72周年暨湖湘文化研讨会”。会上，与会人员既回顾八年抗战的血泪历史，同时以铁证如山的史实肯定从古到今钓鱼岛是中国不可分割的领土，中国人民对钓鱼岛拥有无可争辩的主权。 （本栏撰稿 李 伟）

责任编校 肖 卫

表8

2010年岳阳市政协重点提案

提案号	案由	提案人
368号	关于推广落实基层派出所干警向辖区居民述职述廉试点工作的建议	民建市委等
166、167号	关于解决我市城市管理存在的问题、提升城管水平的建议	民进市委等
19号	关于加快临港产业新区建设，推动我市新型工业化建设的建议	陈曼霞等
30、31号	关于做大做强岳阳食品加工业的建议	市工商联 周久良等
68、463号	关于进一步实行阳光财政的建议	民盟市委 周森龙等
145、151号	关于保护农村环境、加强农村生活垃圾处理的建议	市科协 李为等
289、462号	关于进一步加强食品安全工作的建议	致公党市委 李信华等
321、464号	关于尽快出台人民政协政治协商规范性文件的建议	九三学社市委 王志龙等
348、350、351号	关于完善我市数字电视服务的建议	农工党市委 殷俊等
10、387、388号	关于解决长途汽车站和泰和商城一带交通堵塞的建议	民革市委 陆忠惠等

纪检监察

【概 况】 2010年，岳阳市纪检监察机关贯彻落实中央纪委第五次全会精神和党风廉政建设责任制要求，全面落实反腐倡廉各项工作任务，推进党风廉政建设和反腐败工作，取得明显成效。

一、围绕重大决策部署开展监督检查。按照全省“5+x”反腐倡廉制度执行情况专项检查的部署，集中开展扩大内需促进经济增长政策落实情况等11项专项检查，下发督办函114个，督促整改问题171个。开展“优化高速公路建设环境服务月”活动，为4个高速公路建设项目解决问题30个。组织开展优化经济环境测评活动，对排名靠后的2个单位主要负责人进行诫勉谈话。加大行政问责力度，受理投诉230件次，查处各类不作为、乱作为、乱收费、乱罚款案件60起，处分违纪党员干部40人。

二、抓好《廉政准则》的学习贯彻。市纪委、市委宣传部联合开展以“七个一”为主要内容的廉洁从政宣传教育月活动，省委常委、省纪委书记许云昭为全市党政领导干部作《廉政准则》专题辅导，市委书记易炼红、市长黄兰香等领导带头上廉政党课。全市开展巡回宣讲13场次，组织《廉政准则》知识测试 123 场次，组织观看一批廉政影视作品和警示教育片。着力推进廉政文化建设,建立和完善14个基层廉政文化示范点。组织5个县处级单位主要负责人在市纪委全会上公开述廉，各县市区和部分市直单位开展乡科级干部述廉工作。全市进行任前廉政谈话1278人次、诫勉谈话79人次，市纪委正副书记对12名县处级单位主要负责人进行了廉政谈话。对15名副处以上领导干部进行了函询。切实加强对干部选拔任用工作的监督，市本级190名领导干部任前的廉政情况征求了市纪委意见，其中1名干部被暂缓提拔。

三、查办违纪违法案件。各级纪检监察机关受理群众来信、来访和电话举报1734件次，网络举报202件次，立案688件，结案630件，给予党纪政纪处分682人，移送司法机关47人，其中查处县处级干部20人，乡科级干部166人。市纪委、市监察局立案37件，重点查处了傅金华、李华国、张贤德、彭德才等一批大案要案。严肃查办一批失职渎职、严重损害群众利益、为黑恶势力充当“保护伞”的案件。

四、加大专项治理力度。开展领导干部违规收受现金、有价证券、支付凭证等问题的清理，各级领导干部上缴红包礼金289.67万元。制定副处以上领导干部操办婚丧喜庆事宜报告制度，查处借机敛财的党员干部3人。继续开展“小金库”专项治理，清理“小金库”35个、涉及金额962.86万元。深入开展工程建设领域突出问题治理，查处各类案件39件，处理47人，整改一批突出问题。部署开展国土资源领域腐败问题专项治理，排查项目47个，处理15人。全面开展公务用车专项清理，收缴严重违规车辆40台，进一步完善和落实公务用车配备使用管理的相关规定。开展严禁国家公职人员打牌赌博专项整治行动，处分党员干部29人。加强公务出国（境）管理，对因公出国（境）实施“双管三制”模式，出国（境）团组数、人次数和经费数比前三年平均数分别下降19%、40%和26%。围绕加强干部作风建设，开展“治懒、治散、治庸”专项治理，通报发现问题的53家单位81人，问责处理干部13人。

五、纠正损害群众利益的不正之风。开展强农惠农政策落实情况监督检查，对2007～2009年443个项目20.12亿元惠农资金进行全面清理，纠正一批突出问题，处分党员干部7 人。加强中小学教育乱收费治理，出台《中小学教辅资料管理暂行办法》、《关于进一步规范普通中小学服务性收费和代收费行为的意见》，查处一批学校乱收费案件，处分27人。扎实开展政风行风评议活动，对13个单位进行民主评议，收集意见767条，整改突出问题122个。升级改版“巴陵行风聚焦”、“行风热线”栏目，受理群众咨询投诉678件次，答复率100%，办结率96%。积极回应社会关切，加大对反腐倡廉网络舆情的收集、研判、处置和引导力度。加强农村党风廉政建设，规范村级财务管理，80%的乡镇建成便民服务中心，启动了村级便民服务点建设。

六、切实规范权力运行。落实中央惩防体系建设五年工作规划，探索推行预防腐败“一查五网”工作模式。按照“机关效能建设年”活动的部署，全面推进规范权力运行制度建设，纳入政府绩效考核的69个市直单位各环节工作顺利推进，并取得初步成效。深入推进行政审批制度改革，行政审批项目由419项减少到287项。对市中心城区建设项目实行一票制收费，涉及金额8786.5万元。加强重点领域和关键环节制度建设，出台《政府投资项目管理意见》、《城区国有经营性建设用地出让程序规定》、《国有建设用地使用权矿业权网上拍卖挂牌出让管理办法（试行）》、《城市建设用地使用性质变更管理规定》等一系列制度，为加强工程建设监管提供了制度保障。

【规范司法领域自由裁量权】 2010年，围绕解决法官涉企案件中“同案不同判”的突出问题，岳阳市出台《关于规范法官自由裁量权行使的实施意见》，从法官自由裁量权行使的适用、量刑标准、报告审批、责任追究等方面，对法官自由裁量权的行使作出规范。社会对法院系统投诉较前期明显减少，经济环境测评结果统计表明，法院系统的满意率提升2.9个百分点，满意率排名提升7个名次。这是继2008年以来针对行政处罚中滥用职权、自由裁量权过大等影响经济环境的突出问题而出台《规范行政处罚自裁量权实施方案》后的又一规范性文件，使规范自由裁量权从行政执法领域拓展到了司法领域。

【治理工程建设领域突出问题】 根据中央治理工程建设领域突出问题的部署，岳阳市相继探索推行“经评审最低投标价法”、“合理定价抽取法”的招投标评标定标办法，出台2010年《工程规范变更备案管理办法》、《工程建设项目结算管理办法》。结合查办的案件，重点围绕加强对违规变更规划、调整容积率问题进行治理，推行《经营性建设用地容积率管理办法》，明确容积率管理的原则、范围、调整条件、调整程序、部门责任及处罚办法，规范了容积率管理权的运行。市本级据此开展清理，清理项目173个，督促补交相关土地出让金5200万元。

【加强公务车辆管理】 2010年，市纪委把加强公务车辆管理作为抓紧解决反腐倡廉建设中群众反映强烈的突出问题的重点内容，改变过去单纯抓清理而清理的片面做法，全面规范、科学管理、严格监督，打出一套规范公务用车管理的组合拳。在公务车辆管理上，实施严格控编、严格控标、严格控购、严格控费的“四严控”举措，实现公车配备管理从编制到标准，从购买到使用的一体化控制。在公务车辆审批上，积极探索流程规范、互相制衡的公务车辆审批定编权、控购权、审核权、注册权“四权分离”的新模式。由市政府办牵头，市财政局、市委编办、市廉洁自律办、市公安交警支队等组成市公务用车管理联席会议，每季度对符合条件的各单位申报的购置公务车辆实行一次集中审批。在公务车辆使用的监督上，采取建立报告制度、明确监管责任、组建督查队伍、严肃惩治力度的“四保障”措施，巩固整顿规范的成果，狠刹公务车辆使用上的不正之风。全年查处公车私驾等违纪违规案件9件，收缴拍卖公务车辆109台，市直单位核减公车编制数289台，全市公车运行费用比2009年下降37%。

（本栏撰稿 杜克文）

责任编校 秦小燕

民主党派和工商联

中国国民党革命委员会岳阳市委

【概 况】 2010年，中国国民党革命委员会岳阳市委员会（简称民革市委）围绕发展主线，紧扣和谐主题，努力提高自身素质，认真履行参政党职能，为民本岳阳的和谐崛起和全面建设小康社会作出积极贡献。

一、履行参政议政、民主监督职能，助推岳阳科学发展。民革市委始终坚持把促进科学发展作为参政议政、民主监督的第一要务，围绕岳阳实际，结合社会热点和老百姓关心的问题，深入开展调查研究，积极建言献策。一是政治协商上新台阶。民革市委主要领导认真开展政治协商，多次列席中共市委常委会，出席市委、市政府、市政协召开的协商会、情况通报会、座谈会等，就加快推进新型工业化、“转结构、调方式”、制定全市“十二五”规划、市政府工作报告征求意见稿的修改，代表民革市委提出建设性的建议和意见。由市委统战部、各民主党派、市农办联合调研，陈立新执笔的《关于我市实施城乡清洁工程的调查报告》，受到市委书记易炼红、市委副书记盛荣华肯定，并批示要求市发改委研究、采纳进入“十二五”规划。民革市委主委秦吉兵牵头完成的《贯彻落实科学发展观，全面推行诚信计生》的调研报告，亦为制定“十二五”规划提出了建议。二是“两会”议政创新成绩。全市民革党员中的市级人大代表、政协委员共提交提案、议案46件，其中市委会集体提案22件，市人大代表、市政协委员个人议案提案24件。大多数建议得到有关领导的重视和有关部门的采纳实施。民革市委会集体提案《关于把“宜居岳阳”建设作为岳阳发展战略的建议》，被市发改委纳入《岳阳市国民经济和社会发展第十二五规划纲要》，并以“加快建设现代生态宜居城市”的章节予以专门论述。“五市一极”（现代工业大市、农业强市、物流旺市、旅游热市、生态宜居城市、湖南经济增长极）成为全市发展战略目标；集体提案《关于在泰和商城和长途汽运站之间建设人行天桥的建议》，被列为全市11件重点提案；市规划局、建设局予以采纳，年内天桥已经建成，该路段交通拥塞的问题得到缓解。该提案被评为2010年度全市优秀提案；集体提案《关于拨付维修岳阳楼经费的建议》，得到省、市两级财政的高度重视，拨付100多万元，使岳阳楼大修得以顺利进行。集体提案另有《加强公共卫生公德教育》、《尽快规范市区交通标识的建议》等，为全市开展“五创”提质提出很好的建议；《重视农村垃圾污染问题》、《关于加强劳动仲裁工作的建议》、《改善奇家岭两个村民组的交通和饮水问题》等有关民生问题的集体提案，提出的利民措施均被有关部门采纳。三是课题调研有新突破。2010年民革市委会承担“城建投融资体制改革”的调研课题。调研小组走访市直、县区有关部门，并赴长株潭、上海、浙江等地学习考察。完成《改革我市城建投融资体制的建议》的调研报告；市委统战部、民革市委与其他民主党派市委共同开展的“非公经济两个健康调研”，得到市委副书记、市长黄兰香的高度重视和批示，并专门率相关部门负责人赴党派机关听取汇报。按照中央、省委统战部的统一部署，市委统战部组织各民主党派市委开展“岳阳市民主党派代表人士队伍建设大调研”，由陈立新任总执笔，完成《共同开创多党合作新局面》的调研报告，省委统战部副部长唐建专门赴岳阳听取汇报，并吸收有关情况与建议报至中央统战部供参阅。四是民主监督有新进展。民革市委会认真履行参政党民主监督的职能，人大代表、政协委员、特约监督员依法对群众反映上来的系列个案开展民主监督，取得明显成效。原专职副主委、市人大常委任浩波参加市人大执法检查组视察全市矿产资源保护、劳动和社会保障情况，对交警支队进行行风评议；副主委李晚林、市政协委员陈立新参加市政协组织的“民主监督工作月”活动，对全市规划、建设、农业等部门开展监督；特约监督员裴军华、许小波分别参加由市纪委、市公安局组织的民主监督活动。市委常委、市委统战部部长李劲夫直接参与，由陈立新执笔的《创新民主党派民主监督运行机制的思考》在学报上刊发，受到学术界好评，并被省委统战部推荐至中央统战部供参阅。

二、抓好党员队伍与组织机构建设，提高民革科学谋事干事能力。一是开展学习践行社会主义核心价值体系活动。制订学习践行社会主义核心价值体系的方案。采取召开民革市委主委会议、市委会、市委扩大会等多种形式，学习《社会主义核心价值体系读本》等经典文献，撰写的学习心得被民革省委网站登载6篇。4月，邀请省政协副主席、民革省委主委刘晓向全体民革党员传达全国“两会”精神。2次组织机关干部参加中央统战部举行的学习践行核心价值体系的电视电话会议。二是做好党员发展工作。全年发展新党员9名，其中高中级职称 6 人，公务员 1人，副科以上干部 1人，县区政协委员1 人。发展审批比往年更加严格，把“注重数的增长，兼顾质的提高”调整为“注重质的提高，兼顾数的增长”。三是加强基层组织建设。各基层支部挂牌办公、工作规范、活动经常。岳阳楼区总支、云溪区支部、岳阳县支部办公室办公设施齐全、资料完整、各项规定与党员简历上墙，工作走上制度化、规范化、程序化轨道。岳阳县支部、直属支部、湖南理工学院、岳阳职业技术学院、湖南民族职业学院都争取到财政或单位经费的支持；多数支部全年活动保持在4次以上，基层组织呈现出活跃态势。岳阳楼区总支获2010年民革全国先进基层组织称号，云溪区支部、第四支部（岳阳县支部）获民革湖南省先进基层组织称号。四是加强领导班子和干部队伍建设。民革市委会班子成员按照“宽松、和谐、团结、务实”的八字要求，坚持民主集中制和领导分工负责制，做到民主、团结、高效。为提高全体市委委员的政治把握能力、参政议政能力、组织领导能力和合作共事能力，民革市委会举办“提高领导科学发展能力”的学习讨论，组织骨干党员参加省社会主义学院、市委党校主办的培训班，培训30余人次，一批年富力强的科处级干部及高教、文化、经济、社会与法制届代表人士进入后备干部队伍。2人获民革湖南省委先进党务工作者称号，9人获民革湖南省委优秀党员称号。

三、抓好祖统联谊与服务社会工作，构建社会主义和谐社会。一是对台工作有新起色。促进祖国和平统一进程是民革作为参政党的重点职能。全市民革党员中的台属通过探亲、走访、电话与书信往来做了大量促进两岸文化和经贸往来的工作；民革市委会祖统委邀请有关台胞一起讨论两岸关系；机关刷新了重点祖统工作资源（台港澳、海外人士）情况简表；重视开展“一国两制”方针的宣传与促进祖国和平统一理论的探讨工作，其中岳阳职院的民革党员李开明撰写的数篇关于祖统工作的文章被民革省委采用。二是社会服务有新业绩。岳阳民革的各级组织和全体党员围绕市委、市政府的中心工作和人民群众关心的热点问题，立足本职，勤奋工作，服务社会。民革市委会主办的岳阳中山职业技术学校的改制工作正稳步推进；民革党员所办的蓓蕾幼儿园、市商贸职业技术学校、市七彩艺校为发展岳阳市民办教育事业作出贡献；民革市委会主办的岳阳市三胞实业公司，经济效益与社会信誉良好；引进广东商人黄宏、陈锡群到平江县伍市镇投资1000万元开办石材厂；积极参加市统战系统新农村建设联系点云溪区道仁矶镇丁山村的义诊活动；五支部党员左钢作为市科技特派员，连续4年驻临湘市传授水产养殖户技术，被科技部授予“‘三农’科技服务金桥奖”。 （本栏撰稿 李元平）

中国民主同盟岳阳市委

【概 况】 2010年，中国民主同盟岳阳市委员会（简称民盟市委），在服务发展、参政议政、自身建设等方面积极作为，获得民盟省委和中共岳阳市委的充分肯定，被评为全市统战系统红旗单位。

一、致力建言献策，谋求参政议政新作为。一是多角度开展专题调研。民盟市委确定“关于推广低碳生活的调查与思考”等5个调研课题。13个支部、50多名盟员深入基层走访调查，组织研讨会审，形成一批有价值的调研报告，其中，《引导低碳生活推进文明城市创建》和《理顺城市管理体制提升城市管理水平》2篇调研报告，市委书记易炼红向有关部门批示要求采纳。《关于推广低碳生活的调查与思考》，提交民盟省委主委杨维刚在全国政协常委会上发言。二是多渠道参与政治协商。民盟市委在中共市委常委扩大会议、全市经济工作会、市政府常务会议、“十二五”规划编制工作等会议上和平时工作中，向市委、市政府提出意见和建议60余条，为市委、市政府科学决策献计献策。在市六届人大、政协三次全会上，民盟市委作《依托大厂扩张园区推进石化产业升级》的发言，并提交《失地农民问题应引起高度关注》的书面发言和16件集体提案，50余件个人提案。其中3件提案被评为优秀提案。三是多领域掌握社情民意。民盟市委全年向上级组织报送社情民意信息40多条。其中主委万岳斌的《解决城镇生活垃圾无害化处理设施建设用地难的几点建议》等多条建议被省委统战部采纳。各基层支部全年向区委、区政府、所在单位提交合理化建议100余条。

二、致力民生发展，开创社会服务新局面。一是为经济建设服务。民盟市委主要负责人率领有关部门深入临港产业新区、省轻工产业园、屈子文化园等项目实地调研，帮助省轻工业园、临港产业新区、汨罗再生资源项目及随岳、岳长、岳常高速公路等项目解决用地等难题；组织君山区、岳阳楼区、云溪区支部召开“我为区域经济发展作贡献建言献策大讨论”，为区域经济出谋划策；3月19日，联合北大人力资本研究所举办“低碳经济背景下房地产行业科学发展——岳阳房地产业发展高峰论坛”；民盟市委主要负责人多次赴湖南省民主党派社会服务基地平江县瓮江镇盘石洲村现场办公，帮助该村解决新村基础建设资金100余万元。1名盟员挂职瓮江镇副镇长，坐镇盘石洲建设。积极支援统战系统新农村建设示范点云溪区道仁矶镇丁山村的建设，民盟市委主要负责人多次到丁山村调研，参加现场办公，活动中心揭牌，开展义诊活动和送文艺下乡活动，在2009年80万元的基础上，为丁山村引进土地整理项目资金45万元。二是为招商引资出力。民盟市委主要负责人多次陪同市委、市政府主要领导对接招商引资。湖南中南科伦药业有限公司整体搬迁升级改造项目，总投资近8亿元，副主委李石夫为该项目引荐人，民盟市委委员、岳阳经济技术开发区高新局局长罗国利所在单位承担该项目招商任务。主委万岳斌陪同市长黄兰香专程赴成都与四川科伦公司签约。陪同市委副书记盛荣华先后赴湖北、江西、广西等地对接招商引资项目，成功引进一批项目。三是为促进和谐尽力。青海玉树地震发生后，民盟市委第一时间组织盟员奉献爱心，共募集善款10.4万元交由民盟中央专款用于灾区重建。民盟市委动员全体盟员参与爱心助学活动，全年共捐款捐物达100余万元，其中盟员周新民为扶贫助学和修路捐款捐物达10多万元，蒋伟良捐款12万元资助12名贫困大学生。政府机关一支部到君山区许市镇黄金村慰问特困群众，为26户特困户送去慰问金5200元及价值2000元的慰问品。6月，医卫支部、君山区支部联合市三医院在君山区开展义诊活动，为农民送医送药送健康，共接诊群众600多人次，发放健康宣传手册350份，开展健康讲座5场次，发放药品价值3万多元。巴陵剧团支部为福利院儿童送关爱，为福利院老人送戏送温暖，积极参加市委、市政府组织的送文化到社区惠民活动，开展送文化下乡活动100多场次。为推动全市全民健身运动，主委万岳斌倡导成立岳阳市羽毛球协会，组织2010年岳阳市机关羽毛球团体赛。9～10月，政二支部主委、市裕达置业有限公司总经理刘佳琪赞助“滨水新境界杯”首届广场舞大赛。12月18日，盟员参与“2010绅士名媛慈善拍卖晚会”，盟员画家王炳炎捐出现代人物工笔画，盟员徐斌不仅热情组织这场拍卖晚会，还捐出油画筹得善款4.5万元。

三、致力发展兴盟，增添队伍建设新活力。民盟市委将2010年确定为“活力支部建设年”，加强基层支部建设，激发基层支部的生机和活力。一是推进活力支部创建。制定《民盟岳阳市委活力支部十条要求》。11个支部获评全省“活力支部”。指导全市29个支部完成支部换届改选工作，调整3个专门工作委员会，新成立民盟市委青年委员会。二是推进自身建设发展。注重入盟人员的质量，主动延揽新社会阶层和优秀人士入盟，增强组织活力。全年发展新盟员24人，净增率6.08%。其中市政协委员2人、区政协委员1人、区人大代表1人、高教2人、硕士研究生6人、教授级高工1人。新盟员发展呈现出年轻化、高水平的特点。加大后备干部培养，先后选送10位盟员参加省、市社院和市委党校的学习，40多位新盟员参加新盟员培训活动。机关调入干部1人。三是推进思想宣传教育。5月，民盟市委组织部分骨干，赴屈子祠、左宗棠故居等，开展为期2天的社会主义核心价值体系学习教育活动。11月，举办“民盟岳阳市委青年委员会树立和践行社会主义核心价值体系学教活动”。

民盟市委青委会社会主义核心价值体系学教活动 （黎雄兵 摄）

【民盟市委举办房地产发展高峰论坛】 2010年3月19日下午，由民盟市委与汉硕管理学院、北大人力资本研究所、岳阳晚报社、岳阳电视台共同主办，岳阳市裕达置业有限公司、兴瑞房地产开发有限公司共同承办的“低碳经济背景下房地产行业科学发展——岳阳房地产业发展高峰论坛”在南湖宾馆举行。市政协主席白尊贤，市委常委、统战部长李劲夫，副市长蒋峰，市政协副主席、民盟市委主委万岳斌以及市国土局、房产局等部门的主管领导出席论坛。民盟市委委员、业界精英140余人参加。新浪网、潇湘晨报、长沙晚报、长沙政法频道、长沙好房子网、红网等全国著名媒体对此次论坛进行报道。

【承办民盟省委第十二届委员会第九次常委（扩大）会议】 民盟省委第十二届委员会第九次常委（扩大）会议于2010年7月4～6日在岳阳举行，由民盟市委承办。全国政协常委、民盟省委主委杨维刚，省委统战部副部长唐建，民盟省委副主委李利君、陈洪、何寄华，岳阳市市长黄兰香，市政协主席白尊贤，市委常委、统战部部长李劲夫，市政协副主席、民盟市委主委万岳斌出席开幕式。开幕式由民盟省委副主委汤浊主持。民盟市委精心筹办会务，倾心奉献由盟员表演的文艺晚会，全力展示岳阳民盟形象，获得与会领导以及兄弟地州市的高度评价。 （本栏撰稿 李 湘）

中国民主建国会岳阳市委

【概 况】 2010年，中国民主建国会岳阳市委员会（简称民建市委）带领全市会员紧扣岳阳改革发展大局，履行参政议政职能，积极服务社会，各项工作都取得新的成绩。

一、提案建议呈现新亮点。在

市政协六届三次全会上提交提案36件，其中团体提案17件，《落实民本岳阳理念，推进新型农村合作医疗事业》被评为优秀提案。在省政协十届三次会议上提交委员提案5件。团体提案《关于推进基层派出所干警向辖区居民述职述廉试点工作的建议》被列为重点提案，市委书记易炼红亲自督办，最终做到有关各方满意。

二、专题调研拓展新领域。10月，民建市委经过深入调研，完成题为《实施垃圾分类导向，促进五创提质》的调研课题，调研成果被作为省政协大会发言材料，引起广泛关注。基层支部积极开展自主调研，教工支部就“岳阳市职业教育存在的问题及对策”课题深入职业教育一线开展调查研究，提出一系列建议。岳阳楼区支部开展“党派联社区，共建促和谐”活动，先后深入市内3个社区，走访400余名居民和商户，发放和收集700余份调查问卷，分批召集100多位居民代表座谈，收集社情民意。民建市委还参与了全市统一战线联合开展的“党外代表人士队伍建设”、“岳阳非公经济和非公人士‘两个健康’”、“社会治安综合治理工作”、“五创提质专项调研”等四个调研课题。

三、社情民意工作再上新台阶。民建市委重点把握组织发动、常规培训和新人培养等3个着力点，提高会员对反映社情民意工作的参与率。4～5月在各支部开展“社情民意工作知识普及测试”。全年向民建上级组织报送的社情民意稿件中，被民建省委采用40篇，民建中央采用5篇，民建市委荣获民建全省反映社情民意工作一等奖。统战信息工作位列全市各民主党派第一名。9月，民建省委在岳阳举办“反映社情民意半年一讲”现场会，推介民建岳阳市委的工作经验。

四、发挥优势推进社会服务工作。发挥民建密切联系经济界的优势，通过骨干会员带头示范，带动会员开展社会服务工作。一是开展招商引资工作。全年引进项目3个，总投资2.2亿元，到位资金6000余万元。联系云南民建企业家代表团到岳阳考察投资项目，推介岳阳市

7月30日，民建市委支部在道仁矶镇丁山村慰问受灾农户（郝 纯 摄）

招商引资环境。二是大力为会员服务。4月，组织会员听取民建中央企业委员会举办的专题讲座；9月，组织会员参加民建中央主办的“非公有制经济发展论坛”；11月，选派2名民营企业家在清华大学深圳研究生院参加全市组织的“岳阳市优秀民营企业家培训班”学习，使经济界会员增长了知识、开拓了视野。三是做好“双联”工作。全年利用2个“思源工程”勤工俭学基地，在鸿升、天欣两家企业安排贫困学子勤工俭学100多人。四是发挥会员优势办实事。副主委梁志军发挥专家优势，在全市“十大产业规划”制订工作中，负责制订的《机械行业规划》获得市政府主要领导的肯定。会员邓群政、蔡莉等发挥所在岗位资源优势，积极关注民生，开展社会服务，其所在单位全年举办招聘会25场，提供岗位13750个，进场应聘人数达3.5万人。五是开展扶贫帮困活动。落实中央统战部“感恩行动”电视电话会议精神，开展非公经济界会员回报社会感恩行动。会员为岳阳市光彩事业捐资15万元。7月，云溪区支部、岳化支部筹集价值2000元的大米、食用油等生活用品，到云溪区道仁矶镇丁山村慰问困难村民，到云溪区光荣院看望老人和孤儿。法律咨询专委会为农村妇女开展维权活动3次，对农村妇女因婚嫁导致权益受损的相关课题开展调查和服务。多位律师会员开展“法律志愿者进社区”活动，无偿提供法律援助30多件。六是助推新农村建设。全年在丁山村示范点参加现场办公会和协调会3次，联合开展义诊活动1次。配合省委统战部、各民主党派省委在平江县盘石洲建立社会服务基地。会员全年为农村基础设施建设捐资30余万元，会员企业为新农村培训富余劳动力100余人。

五、强化素质，加强党派自身建设。坚持“德才兼备，为会所用”的自身建设理念。一是加强思想建设。选送会员参加省社院培训2人次、市社院培训7人次，4名会员被评为优秀学员或优秀班干部。2010年是民建成立65周年暨在湘建立组织60周年，民建市委以此为契机，积极参与民建省委组织的活动并自办一系列活动，掀起思想建设新高潮。在“树立和践行社会主义核心价值体系”征文比赛中，报送征文15篇，其中副主委方争奇撰写的《用社会主义核心价值体系引领民建工作》被评为全市统战系统征文一等奖。重阳节期间，配合市委统战部开展“走访老主委”活动，加强政治交接学习教育活动。专门下发5个文件，号召全体会员学习追思孙起孟老前辈、学习践行社会主义核心价值体系、学习中共十七届五中全会精神等。9月中旬，组织近百名会员参加民建省委“爱岗敬业，乐于奉献”优秀会员事迹报告

会。在《湖南民建》杂志、民建中央网站、民建省委网站、三湘统战网等媒体发表宣传稿件100多篇，编印会刊《岳阳民建》2期，对岳阳民建网站进行全面改版。二是稳步推进组织建设。全年发展新会员11人，平均年龄33岁。全市设基层支部13个，有会员167人，其中各级人大代表7人、政协委员29人。建立民建市委委员和机关干部与基层支部的对口联系制度，涌现出一批充满活力的先进基层组织和作出突出贡献的会员。岳阳楼区支部被评为民建全国先进支部；教工支部、云溪区支部被评为民建全省先进支部；17人次受到民建省委表彰；邓峰、吴用平等会员被市政协评为优秀政协委员。民建市委年内全面启动市委换届工作，成立换届领导小组，制订通过换届工作方案。三是努力抓实队伍建设。建立人才库，分类建立人才台账和电子档案；做好人才培养，选送会员参加社院学习，通过会员单位党委（组）加强对会员的培养；积极对外推荐人才，年内推荐1名会员到市政府部门担任副处级领导职务，1名会员担任市文联副主席，1名会员担任侨联副主席，副处级以上在职干部达16人。

【岳阳楼区支部被评为民建全国先进基层组织】　2010年，民建市委岳阳楼区支部开展“党派联社区，共建促和谐”系列活动，深入社区收集社情民意，积极参政议政，取得显著成效。12月，在中国民主建国会成立65周年之际，岳阳楼区支部被民建中央授予全国先进基层组织荣誉称号。

（本栏撰稿　郝　纯）

中国民主促进会岳阳市委

【概　况】　2010年，中国民主促进会岳阳市委员会（简称民进市委）结合全市工作大局，加强自身建设，在参政议政、民主监督和社会服务等方面取得较大成绩。

一、思想建设。民进市委组织会员参加全市统一战线树立和践行社会主义核心价值体系征文活动，有5篇征文获奖，其中2篇获得二等奖。组织征文获奖者参加“全市统战系统树立和践行社会主义核心价值体系”交流研讨会。参加社会主义核心价值体系学与行电视电话报告会，学习民进中央主席严隽琪的讲话精神。参加民进湖南省委六届第十一次常委会议，与省内兄弟民进市委会交流学与行活动进展情况。主委隋国庆撰写的署名文章《乐在其中》参加民进省委《楚帆（特刊）》“学习型参政党建设”讨论；在岳阳民进网站上推出“会员风采”栏目，宣传李国武、谢翠云等优秀会员的先进事迹；发起向教师霍懋征学习专题活动。组织会内教育界支部召开座谈会，集中学习霍懋征的先进事迹。全体会员争当社会主义核心价值体系的践行者。岳阳广播电视中心艺术总监、会员王密根荣获“德艺双馨精彩人物”称号。其导演的现代小戏《春雨》在第九届中国艺术节获“群星奖”。李国武、陈建春被评为岳阳市“十大优秀民营企业家”，李国武作为岳阳市唯一应邀赴外地巡讲的省级道德模范，参加由湖南省文明办主办、湖南电台新闻频道承办的《德行潇湘》“湖南省道德模范三湘巡讲”。会员汪栋获得由团中央、文化部、教育部、国家广电总局颁发的第七届“星星火炬”中国青少年艺术英才推选活动全国总决赛“全国优秀指导老师奖”。市九中教师谢翠云获“全国百名中学班主任之星”称号。

民进湖南省委六届11次常委（扩大）会议　（严　柯　摄）

二、组织建设。民进市委将“创建全国先进地方组织、先进基层组织”和基层组织建设年活动作为全年组织工作的主体内容。继续实施“百名优才入会工程”。全年发展新会员8名，10月28日，成立民进岳阳市君山区支部，向省市社院推荐12名会员参加培训学习，湖南理工学院支部副主任隋幸华到教育部基础教育司挂职半年；2010年是中国民主促进会成立65周年，10月，民进省委组织开展“庆祝中国民主促进会成立六十五周年美术、书法、摄影作品展”征集活动，岳阳会员向会省委提交的10件征集作品全部入选参评；年初民进市委开通岳阳民进网站，开设10个栏目，经过精心打理，网站运行良好，成为宣传岳阳民进的便捷窗口，共建岳阳的献策平台和会员交流沟通的绿色通道；组织建设迎来新的发展，涌现出一批先进典型。在年初的“践行两个忠诚，实现科学跨越总结表彰大会”上，有15个先进支部和76名优秀会员受到表彰。7月，医卫支部参加民进中央组织的“民进全国先进地方组织、先进基层组织和优秀会员”评选活动，被评为民进全国先进基层组织。

三、服务发展。一是专题调研有成果。配合民进省委进行义务教育阶段教师绩效工资实施情况调研；参加全市统战系统党外代表人士队伍建设情况调研；组织湘阴、汨罗等地非公经济“两个健康”和社会治安综合治理情况调研；完成《屈原管理区黄金乡大湾村计生工作调研报告》和《屈原管理区营田镇玉湖村计生调研报告》；完成《岳阳楼区五创工作调研报告》；组织全市小城镇建设调研，完成《关于加快我市小城镇建设，推进城乡统筹发展》调研报告。二是提案议案有回音。在年初召开的市政协六届三次会议上，民进市委提交集体提案13件，政协委员共撰写个人提案36件。其中《我市城市管理存在问题及对策》和《关于解决我市城市管理存在的问题，提升城管水平的建议》被列为重点提案，市委副书记、市长黄兰香亲自督办。民进市委及会内人大代表、政协委员多次与提案承办单位当面沟通办理情况，提案回复率达到100%。三是社情民意信息工作有质量。结合“党外代表人士队伍建设”、“非公经济两个健康”、“我市小城镇建设情况调研”等多个专题调研撰写信息；关注会内领导和优秀会员的活动和建议，从中捕捉信息；结合走访活动撰写信息。全年向市委统战部和民进省委上报社情民意109条，采用50条，其中《农村寄宿制中小学饮食安全状况应引起重视》被民进中央采用。

四、民主监督。3名会员被市监察局聘为特邀监察员、政风行风监督员和优化经济发展环境信息监督员，分别对有关部门主要负责人落实党风廉政建设责任制和个人廉洁自律情况进行评议，并提出建议；3名会员分别被聘为市国土局特约监督员、政风行风监督员、政风行风监督员、市公安局特约监督员。11月19日，民进市委秘书长李尧瑶在全市特邀“四员”工作会议上，代表特邀监察员作“努力当好特邀监察员”交流发言。

五、社会服务。一是参与城市“五创”活动。号召全体会员积极参与。配合市委、市政府做好宣传工作。精心组织编排一台“五创”提质文艺演出节目，于9月21日晚上8时在岳阳市工人文化宫宣传演出。机关全体干部积极参与“五创”督查行动。岳阳楼区教育局机关支部和医卫支部联合向五里牌街道办事处古井社区出资7000余元，购买设备维护街道卫生。岳阳楼区站前小学支部组织会员对在铁山水库种植的6.67公顷生态源林进行精心培育。5月30日，为迎接第23个世界无烟日，会员李国武发起万人签名禁烟行动，引起媒体的广泛关注。二是支持新农村建设。在经费紧张的情况下，出资支持新农村建设点丁山村的建设。组织会内医卫专家进村开展义诊活动。为该村争取村卫生室项目，落实经费4万元。三是帮助会员所办企业开展招商引资。华瑞丹枫大酒店引进日本料理铁板烧，投资达2000万元。四是积极回报社会。7月19日，会员李国武率十三村公司员工慰问黄盖湖太阳湖垸受灾儿童，送去书籍、体育用品及食品价值1.2万元；8月6日，李国武资助10位临湘受灾大学生，人均资助500元；11月5日，从《洞庭之声》报得知一个被遗弃的女婴现急需医疗费后，李国武立即向报社核实弃婴情况，并捐款2万元。

【民进湖南省六届第十一次常委（扩大）会在岳阳举行】 2010年8月16日，民进湖南省六届第十一次常委（扩大）会议在岳阳举行。省人大常委会副主任、民进省委主委谢勇、副主委汤泽培、周秋光、潘碧灵、汤素兰和全体常委出席大会，民进各市、州委员会和民进省委各机关处室负责人列席大会。市领导李湘岳、白尊贤、盛荣华、韩建国、李劲夫、隋国庆等出席会议并讲话。

【民进君山区支部成立】 2010年10月28日上午，民进君山区支部召开成立大会。市委统战部副部长刘自远、君山区委领导等出席会议。民进岳阳市委各支部和君山区各民主党派支部主任应邀参加会议；君山支部现有成员5人。

【党派联社区共建促发展】 2010年，民进市委继续组织开展“党派联社区、共建促发展”系列活动。3月25日，民进岳阳医卫支部、岳阳楼区教育局机关支部组织会员中的医疗卫生、教育专家在地处古井社区的五里小学率先启动2010年“健康知识进校园、健康体检为学生”主题活动。到古井社区开展送医、送药、送健康、促发展的“三送一促”主题活动。为社区办健康宣传窗8期，体检460余人次，募集资金2.65万元。“党派联社区、共建促和谐”活动开展2年来，已成为民进市委服务社会的一个亮点工作，受到中央和省、市、区统战部的重视。民进岳阳医卫支部被评为全国先进基层组织、岳阳楼区教育局机关支部被评为全省先进基层支部。

（本栏撰稿　李尧瑶）

中国农工民主党岳阳市委

【概　况】 2010年，中国农工民主党岳阳市委员会（简称农工党市委）以中国农工民主党成立80周年为契机，集党员之智、建有用之言、献务实之策、走创新之路，切实履行职能，取得较大成绩。农工党市委被评为“全国2007～2009年度社会服务先进市级组织”、农工党湖南省先进地方组织和省参政议政先进单位、岳阳市统战工作红旗单位。省血防所支委、一医院支委、岳阳楼区支委、机关支委等4个支部被农工党省委授予先进基层组织。10名党员被评为农工党全省优秀党务工作者，3名党员被农工党省委评为参政议政先进工作者。

一、履行参政议政职能。一是参政议政上水平。“两会”期间，农工党市委提交省政协提案2件、市政协提案45件、市人大建议案8件，其中《治理手机不良信息的建议》被采用为全国“两会”建议；《关于保护农村环境，加强农村生活垃圾处理的建议》、《关于完善我市数字电视服务的建议》2份提案被市政协列为重点提案；《改善我市数字电视机顶盒收费制度和服务质量的建议》、《规范我市就业信息发布渠道的建议》被定为市人大的8个建议案之一。副主委周波代表农工党市委在市政协大会上作《关于建造岳阳环城水系的调查和思考》发言，赢得一致好评。二是专题调研有成果。积极参与农工党省委专题调研公开招标。承接《洞庭湖区血吸虫病防治现状的调查与建议》专题调研任务。调研报告形成后，市委副书记、市长黄兰香和副市长隋国庆都给予充分肯定，并对报告作了批示。在农工党省委的专题调研报告研讨会上，被评为优秀调研报告。农工党市委还承担《岳阳市中医药事业的现状调查与思考》市级课题的专题调研任务，调研报告被定为市政协六届三次会议大会发言材料。农工党市委积极牵头组织其他党派开展非公经济两个健康发展、“五创”提质现状、综治工作、计划生育工作的明察暗访和专题调研，调研成果得到市委、市政府及相关部门的肯定。10月，市长黄兰香针对非公有制经济两个健康发展的调研工作，亲自到民主党派机关进行专题座谈，听取各党派的意见和建议，对调研报告给予高度评价。三是协商监督有作为。农工党市委负责人积极参加市委、市政府召开的民主协商会、情况通报会及相关视察活动等15次，就全市大政方针、重要人事安排、经济工作等，代表本党派坦诚发表意见，提出建议；有11名党员担任市行风、纪检、监察、物价、环保、公安、税务、工商等方面的特邀监督员，以多种形式监督并提出建议，督促各项政策落实，均得到相关部门的充分肯定。四是社情民意信息工作有成绩。全年向农工党省委、市委统战部报送社情民意信息280条，提交社情民意73件，其他信息30条，其中58条被农工党中央、中央统战部、省政协、省委统战部采用。社情民意信息工作积分在农工党省委名列第二。被评为岳阳市统战信息工作先进单位。

二、推进社会服务工作。一是发挥党派优势，积极开展医疗义诊服务活动。10月，组织老年病专科、风湿科、小儿科等专家医生10多名，在岳阳县张谷英镇天龙村开展义诊活动，发放宣传资料300份，接诊病人100多名。11月11日，农工党市委牵头，联合各民主党派市委，组织市各大医院的名、老专家到市委统战部新农村建设点云溪区道仁矶镇，举行以“弘扬绿色、低碳、健康、和谐”为主题的第二十二届“国际科学与和平周”活动，为群众开展宣传、义诊活动。接受义诊和咨询的群众300余人次，开出处方200多张，发放医疗宣传资料800余份。二是服务新农村，积极开展智力、科技、资金支持。专门抽调副调研员杨丽在市委统战系统新农村建设点云溪区道仁矶镇丁山村办点，为丁山村争取项目资金近100万元。

三、提高组织建设水平。一是加强政治学习，提高队伍素质。以创建学习型组织为载体，结合纪念农工党成立80周年活动，通过报告会、研讨会、座谈会等形式组织学习。组织开展中国特色社会主义理论体系、社会主义核心价值体系、党章党史和形势任务的学习教育活动。二是注重质量，积极稳妥地发展新党员。全年发展新党员12名，其中医务界6名，教育界4名，其他界别2名，平均年龄35.87岁，均为大专以上学历，中高级以上职称。三是注重党员的发展，培养后备干部。利用各种有利条件，推荐优秀党员担任人大代表、政协委员以及走上更高职务的工作岗位。农工党员中有36人担任各级人大代表、政协委员，其中省政协委员1人、市政协副主席1人、市人大常委1人、市政协常委3人。农工党市委委员兰定国调省农业厅担任副厅长，殷俊任岳阳楼区副区长，司马雄翼通过副处级的组织考核，并当选为市委兼职副主委。四是强化思想宣传工作。全年在各类媒体登载稿件、信息共80篇次。医务、教育界党员在国家级、省级刊物上发表论文32篇，28人次获得各级表彰。

（本栏撰稿　赵　军）

农工党岳阳市委隆重举行纪念建党80周年大会　（许锐武　摄）

中国致公党岳阳市委

【概　况】 2010年，中国致公党岳阳市委员会（简称致公党岳阳市委）切实加强自身建设，积极履行参政党职能，较好地完成各项工作任务。全年发展党员13名、转出1名。至年底，有支部10个、小组1个，党员总数183人。各级人大代表、政协委员38人，占党员总数的21%，包括省政协委员1人、市人大副主任1人、市人大常委1人、岳阳楼区人大常委1人、君山区人大代表1人、市政协常委5人、市政协委员15人、岳阳楼区政协副主席1人、岳阳楼区政协委员8人、云溪区政协委员3人、君山区政协常委1人。

一、履行参政议政、民主监督职能，促进科学发展。坚持把促进科学发展作为参政议政、民主监督的第一要务，围绕岳阳实际，结合社会热点和老百姓关心的问题，深

致公党岳阳市委召开纪念建党八十五周年老党员座谈会 （严 宏 摄）

入开展调查研究，积极建言献策。一是认真搞好政治协商。致公党市委主要领导年内多次出席市委、市政府召开的协商会、情况通报会、座谈会等，就加快推进新型工业化、接轨“两型社会”、建设宜居城市、市政府工作报告征求意见稿的修改等，提出建设性的意见和建议。二是积极开展“两会”议政。“两会”期间，向省政协提交提案2个，主委余炳锐在省政协会议上作“关于全省洞庭湖区渔民上岸安置建议”的书面发言，在联组讨论时作“实行省管县财政体制后值得注意的几个问题”的发言，受到省长周强的肯定。向市政协六届三次会议提交提案34件，其中团体提案11件，个人提案23件。《关于饮食安全的建议》被市政协列为重点提案。在市政协六届三次会议上，副主委黄玉祥代表市委作《关于我市洞庭湖区捕捞渔民上岸安置和解困工作的调查》发言，赢得一致好评。三是努力搞好课题调研。围绕水资源环保方面开展专题调研，组织专门班子，先后到华容县、君山区、岳阳县和市直有关部门调研，撰写专题报告，送达市委、市政府有关部门和领导；副主委丁湘平的调研报告《关于对社区建设工作调查与思考》在市政协引起较大反响。主委、市人大副主任余炳锐对全市医药产业相关企业进行调查、走访，撰写出《把握大趋势 抢占制高点——推进全市生物医药产业跨越发展的调研报告》，就政府加强对医药产业的正确引导，推动生物医药产业健康、快速发展提出意见和建议。四是依法开展民主监督。致公党市委出席和参加市委、政府、政协等组织的座谈会、协商会以及视察活动6次，就全市大政方针、重要人事安排、经济工作等，发表意见，提出建议。担任各单位特约监督员、监督小组成员的党员，积极参加各级部门组织的调查、视察、检查等活动。

二、抓好党员队伍与组织机构建设，提高参政党素质。一是宣传思想工作有新突破。开展社会主义核心价值体系学习和征文活动。5月8日，致公党市委委员、顾问、机关工作人员、支部主委及有关骨干在机关会议室参加由市委常委、统战部部长李劲夫主讲的“树立和践行社会主义核心价值体系报告会”。组织党员参与市委统战部组织的“树立和践行社会主义核心价值体系”征文比赛，征文13篇，其中1篇获特等奖、2篇获三等奖。加大宣传工作力度，建成岳阳致公网站，正筹备成立岳阳致公书画院。二是改善结构，组织建设有新活力。在基层组织目标管理考核制度的推动下，致公党各基层支部开展形式多样的组织活动，参政议政、宣传、社会服务等党务工作有条不紊开展。5月29日，省血防所支部、君山区支部联合在君山区许市镇联合开展“送爱心下乡”义诊活动，组织外科、内科、口腔科和妇科等专家为农民坐诊，展出展板50块，宣传健康知识，发放血防资料150册。岳阳经济技术开发区支部组织党员赴平江县革命老区学习考察。直属支部组织党员冬季到洞庭湖去观鸟，增强党员关爱环境、热心环保的意识；做好2011年致公党市委换届准备工作。经主委办公会、市委扩大会详细讨论通过，制订《致公党岳阳市委2011年换届工作方案》。各支部开展第四次代表大会代表及海选市委委员的选举工作，召开专职副主委竞职演讲暨民主推荐会，进行基层支部换届工作。综合支部、岳阳楼区支部、湖南理工学院支部、省血防所支部已顺利完成换届工作，省血防所支部换届后成立总支，下辖2个支部。加强领导班子建设和后备干部队伍建设。领导班子成员讲学习、讲政治，表率作用不断加强；机关干部按照机关目标管理考核制度做好服务工作，完成年初确定的工作目标。不少年富力强、党务工作经验丰富的后备干部被吸纳到新成立参政议政委员会及妇委会队伍中来。

三、抓好祖统联谊与服务社会工作，构建社会主义和谐社会。在社会服务工作方面不断创新思路，开拓新举措。一是召开社会服务委员会筹备工作会议。4月29日，召开社会服务委员会筹备会议，讨论社会服务委员会的成立方案、工作规则、社会服务专项基金的筹集、使用和监督等，初步确定委员20名；二是开展义诊、助教等社会服务活动。4月，致公党市委与爱尔眼科医院联合在岳阳县云山乡开展“洞庭慈善光明行”活动，为白内障患者义诊，爱尔眼科副院长、党员孙楚雄看诊白内障患者数百名，免费为重症患者施行手术。5月28日，联合农工党市委到市统战系统扶贫点云溪区道仁矶镇丁山村开展爱心助教活动，邀请爱尔眼科专家、口腔科专家为学生、老师免费体检。5月29日，省血防所支部、君山区支部在许市镇卫生院联合开展义诊活动。9月10日教师节当天，综合支部到建中小学开展扶贫助教活动，为该小学捐款1万元，发放卫生宣传资料等。三是开展党派联社区活动。岳阳楼区支部在畔湖社区设立统战工作室，制定工作规划，与社区领导建立定期联系制度开展扶贫帮困工作。该社区低保户从50户提高到59户，享受低保人数从84人增加到100多人，享受低保金额从8000多元上升到9968元；综合支部深入社区，对“城区第三线以外的小街巷亮化提质情况”调研摸底，并筹集资金7万多元，与路灯管理处通力合作，在鲤鱼嘴巷、渔池巷、还建巷3条小街巷安装路灯17盏。四是开展招商引资活动。党员罗华元引进求索东路地下管网项目，总投资2000多万元。（本栏撰稿 严 宏）

九三学社岳阳市委

【概 况】 2010年，九三学社岳阳市委员会（简称九三学社市委）围绕中心工作，切实履行参政议政、民主监督的职能，加强自身建设，较好地完成年初确定的各项工作任务。

一、参政议政取得新成绩。一是在“两会”上积极参政议政，踊跃建言献策。向市政协六届三次全会提交提案48件，向省政协全会提交提案5件。主委李平在市政协六届三次会议开幕会上作的《关于应对洞庭湖低水位危机的建议》发言，引起各级领导、新闻媒体的高度重视和关注。随后此提案由市政协主席白尊贤在省政协十届三次会议上发言，并由省政协主席胡彪领衔，与在湘27名全国政协委员联名向全国政协提交提案，被列为全国政协重点调研督办提案。11月25日，《人民政协报》在头版以《深入开展调查研究、三级委员“接力”建言洞庭湖治理》为题详细报道，人民网、网易、中国政协新闻网、红网等知名网站进行转载。在市政协六届三次全会上，九三学社市委的提案《推进林权改革，加快林业发展》作为大会书面发言。社员陈曼霞的《关于加快临港产业新区建设，推动我市新型工业化建设》、九三学社市委的《关于尽快出台人民政协政治协商规范性文件》等2件提案，入选市委、市政府2010年十大重点督办提案。所有提案质量普遍较高，具有前瞻性和实效性，得到有关部门重视，部分被市委、市政府及其职能部门采纳，转化为决策内容和工作措施。二是参与协商监督，为发展献智出力。积极参加市委、市人大常委会、市政府、市政协、市委统战部召开的民主协商会、情况通报会以及视察活动，参与全市“十二五”规划等重大决策和重要人事安排协商，参加协商会15次，及时提出意见和建议。有12名社员担任省、市、区政府的行风、纪检、监察、物价、教育、环保等方面的特邀监督员。三是坚持沟通互动，认真办理提案答复。2010年，市委宣传部、市编办、市民政局等16个单位相关负责人，上门答复《关于将农产品市场农残检测经费列入财政预算的建议》等18件提案。九三学社市委坚持与承办单位沟通互动，力争做到双方满意，使提案办理不走过场，确保提案办理效果。四是围绕社会热点开展调研。6月，九三学社市委和农工党市委联合组成调研组，深入华容县、君山区，以走访座谈、发放问卷等形式，对非公有制企业和非公经济代表人士进行专项调研，撰写出《关于华容县、君山区非公有制经济“两个健康”的调查报告》。8月下旬，九三学社市委和其他民主兄弟党派深入岳阳楼区对市区“五创”提质效果进行调研，就其存在的问题提出建议，九三学社市委特别就碳汇经济问题开展专题调研。认为碳汇经济是未来经济新的增长极，了解全市碳汇现状，撰写出题为《重视固碳增汇，发展碳汇经济》的调研报告。市委副书记、市长黄兰香，市委副书记盛荣华阅后批示要求有关部门宣传、借鉴。五是扎实推进社情民意工作。全年向九三学社省委、市委统战部报送统战信息近150条，被九三学社中央和中共湖南省委、市委统战部录用信息60余条，信息工作在九三学社省委排名第一。

九三学社岳阳市委主委李平进行水稻、棉花技术服务指导（杨 波 摄）

二、自身建设水平跃上新台阶。一是深入开展树立和践行社会主义核心价值体系的学习教育活动。从年初起，九三学社市委带领社员深入开展树立和践行社会主义核心价值体系的学习教育活动。4月，邀请九三学社创始人许德衔之嫡孙许进到岳阳，就九三学社如何践行社会主义核心价值体系作专题报告。二是加强宣传，增进思想建设实效。召开传达全国“两会”、十七届五中全会精神专题报告会，组织班子成员及骨干社员认真学习。注重抓好社员的理论学习培训，先后组织10多名骨干社员到省、市社会主义学院和市委党校学习培训，提高社员的政治理论素养，夯实政治思想基础；及时准确报道社市委的工作和社员开展活动的情况。向社中央、社省委和市政协、市委统战部、新闻媒体报送稿件50多篇。三是加强组织建设。认真执行班子成员学习制度、调研制度、民主生活会等制度，班子形成抓大事、议大事的工作局面。加强与九三学社湖南省委、市委统战部、组织部的汇报沟通，干部队伍建设呈现出良好的发展态势。主委李平被评为省级优秀政协委员，14人担任处以上领导干部，社员付萍任楼区科协主席，孟志军通过公务员考试，被临港产业新区财政局录取，一批优秀的年轻社员成为政府部门、科研院所、企业学校的骨干力量。11月，九三学社市委召开工作会议，制订《九三学社岳阳市委2011年换届工作方案》，启动九三学社市委换届工作。按照“人才兴社”的战略，把发展重点放在政治素质好、知识层次高、代表性强的中青年知识分子上。坚持巩固界别特色，开辟新领域，拓宽组织发展的空间与层面。全年发展新社员8名，至年底，全市社员有322人，平均年龄50岁。各支社、专委会开展形式多样的活动。城建支社为南湖龙山敬老院捐赠空调2台，现金2000元；机关支社组织社员学习全市“两会”精神，感受城市新变化，为建设秀美岳阳畅所欲言；农科所支社继续第七年开展助学活动；医卫支社组织社员积极参加医疗义诊；职院支社组织社员为“阳光工程”农民培训讲课4次，培训400人，为残疾人培训讲课3次，培训250多人。

三、社会服务形成新亮点。一是关心、服务社员形成制度。在春节前夕，九三学社市委负责人带领机关干部，逐一慰问70岁以上的老社员，对特困和患病的社员及时探望，尽力为他们解决困难，送去组织的关怀和温暖。九三学社市委与市委统战部领导，慰问一批社老领导、老社员，感谢他们做出的贡献。二是情系灾区。青海省玉树县发生强烈地震后，九三学社市委通过“九三学社岳阳市委QQ群”以倡议书等形式，号召广大社员抗震救灾，全市社员积极响应，踊跃捐款。三是服务农民，推进新农村建设。主委李平的抗虫棉新品种“海杂棉一号”科研项目获市科技进步一等奖。九三学社市委组织农业、畜牧、水产等部门10多名专家，赴市委统战系统扶贫点云溪区道仁矶镇丁山村，开展现场咨询、送资料、送技术、送服务等。邀请西瓜专家周泉去该村讲授西瓜–棉花套种技术，150多户农民参加听课，发放技术资料800份，免费提供棉花、西瓜良种20公斤，并建立党外农科专家对口服务种植大户的制度。10月，又组织2名专家参与7个党派赴该村的联合医疗义诊活动，受到当地村民的好评。

【招商引资取得新突破】 2010年，九三学社市委主委李平响应市委、市政府应对经济危机，对接央企的要求，成功引进中国种子集团进驻岳阳，投资控股洞庭高科种业股份有限公司，引进资金7754.58万元，创税1200多万元，促进了全市种业做强做大，确保种业安全，粮食安全，农业安全。

（本栏撰稿 杨 波）

岳阳市工商业联合会（总商会）

【概 况】 2010年，岳阳市工商业联合会（简称市工商联）围绕“提速、升级、增效、惠民”的目标，坚持“团结、服务、教育、引导”的方针，尽心尽力为非公企业服务，联手帮扶助推产业发展升级，促进非公有制经济健康发展。“五创”提质、新农村建设、社会综合治理等单项工作被评为全市先进单位。联手帮扶工作被评为全省先进单位。

一、围绕中心抓调研。深入到120多家企业进行走访调研，针对民企融资、依法维权等课题进行调查研究，形成1万多字的《岳阳非公经济发展调研报告》。调研报告《加快构筑人才高地，促进民本岳阳和谐崛起》在市政协六届三次全会上发言后，市委书记易炼红作出批示，要求市委组织部、市人社局研究采纳。提案《优先优势发展食品加工业》被列为市政协2010年十大重点提案之一，被评为全市优秀提案。

二、创新服务促发展。在融资服务上，先后与华融湘江银行、中国工商银行岳阳分行签订全面合作协议，开通“绿色通道”，优化融资服务，签约贷款金额达4.9亿元。组织会员企业融资8000万元，组建岳阳兴盛帮联担保投资公司，增强融资能力。充分发挥商会作用，以三户联保方式贷款1000多万元。积极助推民营企业上市，有11家企业上市。加强维权服务，与市纪委、优化办联合确定100个优化经济发展环境测评点，为会员企业代理维权30多次，挽回经济损失1000余万元。

三、内引外联搭平台。与无锡市工商联缔结友好商会，与青岛、重庆、武汉等工商联进行友好

岳阳市2010年“民营企业招聘周”活动现场 （市工商联 供稿）

市工商联主席刘晓英、市人大常委会原主任陈志刚在企业调研（市工商联　供稿）

交流，组织部分企业家到南京、上海、西宁、拉萨、台湾等城市考察学习，寻求合作商机。组织民营企业参加“2010中国·南京第七届城市友好商会会长会暨海峡两岸企业家紫金山峰会”、第十四届中国东西部合作与投资贸易洽谈会（简称西洽会）、第六界泛珠三角合作与发展论坛暨经贸洽谈会（简称珠洽会）等，洽谈引资项目5个，合同签约6.3亿元。投资5000万元的湖南省哲天投资有限公司在湘阴落户；投资8000万元的湖南国泰食品有限公司正式投产。

四、强化管理求发展。积极发展行业商会，成立岳阳市太阳桥建材大市场商会、岳阳市饮用水行业商会、岳阳市陶瓷行业商会。加强行业商会的内部管理，引导行业商会发挥行业自律和服务会员、服务社会、服务政府的作用。市电磁制造行业商会争取国家磁力设备质量监督检验中心和全国磁力设备标准化技术委员会在岳阳落户。太阳桥大市场商会成功举办第二届家装建材文化艺术节，市食品加工行业商会成功举办岳阳市首届年货交易博览会。

五、回报社会树形象。5月举行市光彩事业促进会换届工作，成立光彩基金会，引导民营企业向光彩基金捐资300多万元。会上授予岳阳天翔商贸有限公司等30家民营企业“岳阳光彩事业贡献奖”。市工商联光彩基金会向市特困家庭大病医疗慈善救助基金会捐资100万元。

六、加强引导重实效。举办多种形式座谈会、报告会、专家论坛等，组织100多位民营企业家参加社会主义核心价值体系理论学习和国家中小企业银河培训工程学习，开展军事教育日活动。精选40名优秀民营企业家赴清华大学深圳研究院学习，聘请10多位国内著名经济学家授课，提高民营企业家素质。建立岳阳总商会网站，编发《岳阳商会天地》8期，在《中华工商时报》、《湖南日报》和全国统一战线网、全国工商联网等登载新闻信息100多篇。

七、创先争优显活力。在全市非公有制经济党组织和党员中开展“让党旗飘扬，让党徽闪光”的主题活动，迅速掀起“创先争优”活动热潮，引导党员在“建一言、献一策、解一难、带一岗、交一友、创一业”活动中当模范，作表率，发挥企业党组织的战斗堡垒作用和党员的先锋模范作用，推动全市非公党建工作，促进非公有制经济的健康发展。8月30日，《湖南日报》以《创先争优使岳阳非公经济受益》为题，头条刊发岳阳市创先争优的做法。

【搭建融资平台】　2010年5月28日，市工商联与华融湘江银行签订全面合作协议，开通“绿色通道”，设立VIP客户，简化贷款程序，降低贷款门槛，缩短贷款时间，优化融资服务。12月23日，市工商联又与中国工商银行岳阳分行联合举办银企融资签约会，18家民营企业与中国工商银行岳阳分行成功对接，现场签约贷款金额达4.9亿元。

【组织开展民企招聘工作】　2010年5月18～22日，市工商联与市人力资源和社会保障局等单位联合举办以“发展民营经济，增加就业机会，落实就业政策”为主题的“岳阳市2010年民营企业招聘周”活动，分别在步行街、岳阳职业技术学院、市劳动力市场、市太阳桥建材大市场、岳阳楼区劳动力市场等地举办高校毕业生、失业人员、进城务工人员等5场大型专场招聘会。有340家用工单位提供60多个工种1.1万余个岗位，当场签约用工6000多人。

【开展非公人士感恩社会光彩大行动】　2010年，市工商联开展非公人士“进‘三区’（老区、山区、少数民族地区）、扶‘三老’（老革命、老党员、老模范）、促发展、建和谐”感恩社会光彩大行动，采取一帮一、多帮一、一帮多等形式，帮助他们发展生产、增加收入、改善生活。全市694家民企积极投身社会主义新农村建设，与524个村对接，实施项目512个，投入资金10.5亿元，为农村公益事业捐款捐物2700多万元，提供就业岗位3.4万余个。

【被评为2010年度“五创”提质工作先进单位】　市工商联向全市非公企业发出“诚实守信、文明经商；爱岗敬业、自立自强；和谐共建、守法遵章；回馈社会、爱我岳阳”的倡议。以创建全国文明城市为契机，动员市工商联兼职副主席（副会长）多人共捐资200多万元，在洞庭大道植树造林160株，营建“民营企业光彩林”。积极组织市直属商会主动与社区对接，投资50多万元，帮助楼区杨树塘、枫桥湖等社区兴建15所示范市民学校，举办讲座100余期，参加培训的市民达1万多人次。8月5日，市委副书记、市长黄兰香参观民营企业光彩林和北门社区市民学校，对市工商联积极支持“五创”提质工作，广大非公经济人士在“五创”提质活动中所发挥的作用给予高度评价。

（本栏撰稿　葛取兵）

责任编校　肖　卫

社会群众团体

SOCIAL AND MASS ORGANIZATIONS

发展和谐劳动关系有新突破

加强青少年思想道德建设

维护妇女儿童合法权益

残疾人就业服务工作

扎实做好备灾救灾

岳阳市总工会

【概　况】 2010年，岳阳市总工会（简称市总工会）围绕“提速、升级、增效、惠民”战略，团结动员广大职工在加快转变经济发展方式、促进经济结构调整、推动岳阳经济社会又好又快发展的事业中，充分展示工会组织的新作为。市总工会工作分别获两项综合大奖；市委、市政府建设“民本岳阳”先进单位和全省工会工作一等奖。厂务公开、“五五”普法、财务管理、“安康杯”劳动竞赛等单项工作获全国先进，“双联”帮扶、工资集体协商、组织建设、内部审计等工作获全省先进，党风廉政建设、机关作风建设、安全生产、计划生育等工作获全市先进单位。

【服务民本岳阳建设取得新成果】 2010年，市总工会在全市职工队伍中广泛开展“推进富民强市、争当五一先锋”劳动竞赛活动，引导职工为转方式、促发展建功立业。以大企业大工程为龙头，组织全市2230个单位、60万职工投身劳动竞赛。以开展经济技术创新活动为载体，引导全市职工开展技术攻关、革新活动1597次，创造经济效益5504万元，取得技术创新成果132项次。以创建“节约环保型企业”为示范，征集职工节能减排合理化建议7200条，采纳4500条，创效3300余万元。以“十万职工大比武，万人技能大提升”职业技能竞赛活动为平台，打造高技能、知识型职工队伍，有效实施1000对“名师带高徒”签约、百名首席技师命名和创建“工人先锋号”活动。有41个集体获全国、全省、全市“工人先锋号”。开展学习劳模、争当劳模的活动，在市内主要新闻媒体开设劳模风采专栏，对8名全国劳模、39名省劳模事迹进行集中报道。在“五一”活动期间组织举行劳模事迹巡回报告会和劳模典型事迹巡回展览。以重点工程建设为平台，开展“弘扬劳模精神、追寻劳模足迹”、“劳模带高徒”活动。各级工会在发挥劳模积极投身经济建设

岳阳市关爱农民工志愿服务活动暨百万职工“当好主力军，建功十二五”劳动竞赛启动仪式现场 （彭宏伟　摄）

的同时，注重发挥劳模在文明创建中的示范引领作用。市总工会发出开展“五创”提质活动倡议后，全市劳模和职工群众积极响应，在文明城市创建中发挥主力军作用。开展职工教育培训工作，不断创新职工学习载体，搭建职工学习平台，全面启动第六轮“芙蓉杯”女职工提素质立新功竞赛活动；广大女职工立足岗位创先争优，获得技能等级证书6689人，获得芙蓉标兵岗称号的岗位达101个。以“双联”帮扶为平台，以下岗职工为重点，建立岳阳工业技术学院、帮你家政服务公司、伍市镇农校等16个职工、农民工培训点，培训下岗职工和农民工2万多人次；以职工读书活动为契机，开展送文化进企业活动，建立“职工书屋”120个，组织职工体面劳动安全生产知识电视抢答赛、“五五”普法知识竞赛、女职工演讲赛等系列活动，营造爱读书、多读书、读好书的浓厚学习氛围，激发广大职工的劳动热情。

【发展和谐劳动关系】 2010年，市总工会报请市政府下发《岳阳市深入推进工资集体协商工作三年行动计划》的文件，指导督促基层工会广泛开展“百日要约行动”，生产经营正常的国有、集体及其控股企业和企业化管理的事业单位建制率100%，建工会组织、职工人数在100人以上的非公有企业和民办非企业单位建制率分别达到60%和70%。已建工会组织的企事业单位签订集体合同2313家，其中1112家推行工资集体协商。建立女职工专项集体合同签订动态的电子台账，新签订独立性专项集体合同单位139家，与集体合同同步覆盖率达90%。与安监部门联手开展安全生产大宣传大检查，联合劳动部门对劳动工资集体协商签订情况进行检查，加强劳动保护，促进职工实现体面劳动，维护和谐稳定。各级政府与工会都建立联席会议制度，召开联席会议，研究解决事关职工切身利益和工会自身建设的一系列问题。把企事业单位改革发展稳定的重大问题、群众最关心和与职工切身利益联系最紧密的事项纳入公开范围，开展督查调研，国有、集体及其控股企业、事业单位厂务公开和职代会制度建设实现全覆盖，规模以上非公企业建制率达75%，进一步推行职工的知情权、参与权和监督权，广大职工的主人责任感明显增强。全市已建立企业劳动争议调解委员会230个，全年调处劳动争议案件300余件。市工会系统共接待职工来信来访1800件，协调处理维权电话233件，农民工来信来访和“12351”维权电话1850件，涉及职工2760人次，信访自办、会办率达到85%，结案率达到95%。做好工会法律援助工作，为困难职工累计提供法律援助280人次，配合劳动

执法部门调处、化解劳动纠纷50多起。接待来信来访人员没有出现一例越级上访。

【社会化帮扶体系建设】 2010年，市总工会加强对县市区困难职工帮扶中心检查考评，规范帮扶资金和送温暖资金使用。争取中央、省财政资金550万元，市县两级配套资金557.21万元。其中，市本级配套130万元。加大对市本级帮扶中心规范化建设投入，市总工会功能齐全的帮扶大厅已经投入使用，各县市区全部建立帮扶中心，全市共建有帮扶网点925个，帮扶联络员1100多名，所有被联企业、全市各系统、产业工会均建立帮扶站点。实现“双联”帮扶成员单位资源与信息共享、责任共担、资金共筹、活动共办，进行“双联”帮扶项目化运作，把分散在各部门涵盖困难职工的优惠政策和行政职能，汇集到困难职工帮扶中心这一平台，为困难企业和困难职工提供“一站式”服务，各帮扶项目得到落实，联合有关部门在全市开展“金秋助学”、“爱心助学”活动，帮助5000名困难职工和困难农民工子女顺利就学。对困难职工实行大病救助，帮助1200名困难职工进入“低保”程序；对困难职工和农民工进行技能培训，举行大型招聘会2次，劳务输出职工3000名。

【打造基层工会基础建设】 2010年，市总工会将创先争优与工会组织建设结合起来，争取党委组织部门的重视，在“两新”组织“党建带工建，共建促发展”取得经验的基础上，把工业园区作为新的突破，进行再部署、再动员、再投入、再检查。以园区为载体，以建立工会联合会或行业联合会为模式，实施“党工共建”、上下联动，加大工会组织的“二次覆盖”。全市“两新”组织和非公企业工会组织中，98%以上工会达到或基本达到规范化标准，外商投资企业工会组建率达到90%以上，私营企业工会组建率达到75%以上，在岳阳市辖区内世界500强企业全部组建工会并规范运作。全市共新建工会组织430家（涵盖独立法人1310个），发展工会会员81805名，新建女职工组织430家，均超额完成任务。主动争取党委组织部门的重视支持，将工业园区、非公企业和“两新”组织工会主席列入各级党校干部教育大培训计划，市、县两级党校共培训工业园区和非公企业工会主席1400人次。选送100名工会干部到中国劳动关系学院、省总干校参加培训，工会干部的综合素质和履职能力得到提升。稳步推进乡镇（街道）工会规范化试点和非公企业工会主席职业化试点工作，选聘职业化、社会化工会工作者80人。开展“走访万名职工，调研千家企业，解决职工百难”大走访大调研大排难活动，调研企业1800家，走访职工群众3万人，帮助基层解决各类问题800个，提出合理化建议1500条，进一步转变工会干部作风，密切与职工群众联系，得到广大职工群众的好评。注重做好新时期工人阶层新闻宣传，整合工会新闻宣传资源，构建上下联动的工作机制，工会“大宣传”格局初步形成。新闻媒体对全市工会工作的宣传报道达310篇次，对“五一”系列活动、“双联”和困难职工帮扶、“五创”活动等重大活动的宣传报道，彰显工会组织作用，增强工会影响力，受到全总、省总的充分肯定。 （本栏撰稿 谢专一）

共青团岳阳市委员会

【加强青少年思想道德建设】 2010年，共青团岳阳市委员会（简称团市委）以“3·5”学雷锋、纪念五四运动91 周年、“六一”儿童节等重大纪念日为契机，集中开展志愿服务月、“迈入青春门，走好成人路”18岁成人宣誓、“歌唱祖国庆六一”主题队日等活动，引导广大青少年了解历史、珍惜生活、热爱祖国、坚定信念。举办全市大型交响音乐会、联合红网岳阳论坛开展为玉树祈福赈灾主题晚会、策划2期《快乐客厅》电视节目、组织慈善拍卖晚会等方式，促使广大青少年在参与活动、观赏节目、品味艺术中树立正确的世界观、人生观和价值观。邀请张立勇等励志专家到岳阳举办第二届青少年励志大讲堂，开展“首届校园道德之星”和十大杰出志愿者评选活动，倡导广大青少年奉献爱心，弘扬正气，培育健康人格，争做时代先锋。开通“8612355”心理咨询热线，建立未成年人心理健康辅导站，为维护广大未成年人合法权益创造条件。在岳阳楼区、南湖风景区建成一批“乡村少年宫”，丰富农村孩子课外生活。

【志愿服务事业推进】 2010年，团市委在全省率先召开全市志愿服务工作会议，以市委、市政府办名义下发《关于进一步发展志愿服务事业的意见》，明确发展志愿服务事业的专职人员、专用场地、专项经费等“三专”问题。完善规章制度、健全组织网络、加强队伍建设、推行项目化运作、开展志愿服务活动，打造“五创”提质、爱心助学、扶贫帮困、敬老助残、生态环境保护等一系列志愿服务品牌。围绕以创建全国文明城市为龙头的“五创”提质行动，组建市容市貌劝导队、环境卫生清扫队、文明出行劝导队等120支志愿者队伍，开展“迎亚运、讲文明、树新风——志愿者在行动”、“争当志愿者，创建文明城市”志愿服务团队风采展示、“告别陋习，做文明市民”十万市民签名承诺、“弘扬志愿精神，助推五创提质”文明劝导、“爱我岳阳、美我家园”清洁行动、4000平方米文明墙绘制作、“节能减排、倡导低碳”宣传、百万家庭学礼仪等系列活动60次，发放、张贴“政府通告”等宣传资料12万份。组织市青年摄影家协会开展“五创”提质摄影大赛。开展“做文明使者，创文明城市，建和谐家园”志愿服务集中行动，清除死角垃圾200余处、清理“牛皮癣”500处、有效劝导不文明行为800余次。团市委被团中央、中国青年志愿者协会授予“中国青年志愿者优秀组织奖”荣誉称号。

【深化希望工程爱心助学行动】 2010年，团市委积极推行“四化”建设（助学模式个性化、助学信息公开化、助学载体网络化、助学

“青岛啤酒·QSL快乐篮球”支教行动 （团市委 供稿）

帮扶长效化），不断创新募资机制，提高社会动员能力，扩大救助扶持范围，开展“和钧投资助学基金”、“青岛啤酒·QSL快乐篮球支教行动”、“2010爱心助学·大爱无疆”慈善拍卖晚会等一系列活动，累计向上级争取和接收社会捐款超过600万元。在《岳阳晚报》等主要媒体开辟爱心助学专栏，签署爱心助学诚信合同193份，资助贫寒学子280人，资助额90万元。在君山区许市镇等地建立“爱心屋”3座，有效解决在助学过程中极端贫困儿童的住房保障难题。成功引进价值38万元“卡夫希望厨房”设备和物资，改善贫困地区的办学条件和生活环境，实现爱心助学重大突破。

【助推大学生村官成长成才】 2010年，团市委加强协调，整合资源，健全服务和管理大学生村官工作部门联席会议制度，为大学生村官成长成才提供良好的环境。完善岳阳大学生村官网、《青春建功新农村》刊物等主阵地建设，加强大学生村官团工委班子建设，提升大学生村官自我管理、自我服务能力。举行大学生村官创业培训班，通过建立创业导师团、争取创业项目资金等措施帮助大学生“村官”建功立业、成长成才。举办各类培训班29期，进行创业辅导4次，培训大学生“村官”584人次。有香菇种植、农副产品销售等14个大学生“村官”自主创业、联合创业项目，总投资1000万元，项目创收200万元，带动近500名农村青年实现就业创业，全市服务大学生村官创业经验在全省多次得到推介。涌现出一批明星村官，方淼被评为全省创业富民之星，童勋海、张力、汤美、黎扬被评为全省优秀大学生村官，赵婷、罗成英等人的事迹被人民网、《中国青年报》等全国多家媒体报道。8位大学生村官经推荐或选举担任党支部书记或村委会主任，43位大学生村官担任党支部副书记，30余位大学生村官考上公务员或事业单位。

【创新基层团组织建设模式】 2010年，团市委实施创新选人用人机制，积极推动君山区、岳阳县等团组织采取公推直选方式产生团的负责人。创新基层组织格局，在岳阳楼区金鹗山街道办事处、君山区西城街道办事处、岳阳县新墙镇等地开展基层团组织格局创新试点，吸引15名优秀青年进入基层团组织领导队伍。创新组织运作模式，平江团县委、黄金洞矿业公司团委联合推行双向联建的“五联”模式，即采取组织联网、工作联合、阵地联建、活动联谊、团务联办，形成团建整体化推进格局；创新流动团员管理模式，成立岳阳市驻粤团工委，推动310家非公有制企业成立团组织；创新农村团建模式，依托产业建团、协会（基地）建团，君山区、临湘市等地团组织在28家种养植协会（基地）探索建立“种养殖协会（基地）+营销网络+公司”的团建新模式；创新项目运行机制，建立一套包括项目论证、过程调控、跟踪管理及绩效评估等流程的团建项目化运行机制。

【加强团干部队伍建设】 2010年，团市委在全市各级团组织和广大团干部中深入开展“争创学习型团组织、争当学习型团干部”活动，要求全市团干部特别是专职团干部必须坚持做到：“一天一学习”、“一周一心得”、“一月一讲座”、“一季一调研”、“一年一讲评”。开办团干培训班，对来自乡镇、学校、企业、“两新”组织的80名基层团干进行为期一个月团的业务和综合知识学习，开班时间长、规模大、规格高，汨罗市、临湘市、君山区、南湖风景区、市财政局、市六中等团委举办团干培训班，巴陵石化公司、长岭炼化公司举行“图书漂流”活动。利用各级党校、团校阵地举办各类培训班38次，对全市3537名基层团干部进行教育培训。争取组织重视，疏通团干部队伍“进出”通道，新招考1名团市委副书记，推荐1名部室长到西藏山南地区桑日县任副县长并兼任团市委副书记，1名部室负责人提拔为市希望工程基金管理中心主任，推荐3名县处级后备干部；有8名县级团干部转岗。争取市纪委支持设置团市委纪检组。

（本栏撰稿 李 貌 苏 鹤）

岳阳市妇女联合会

【引领妇女建设新农村】 2010年，岳阳市妇女联合会（简称市妇联）把提高妇女素质，培养新型女农民和致富带头人，作为提高妇女参与新农村建设能力的重要任务来抓。一是开展实用技能培训。以远程教育网为依托，加大对农村妇女科技知识的培训力度，把女性健康知识、编织技术、适宜女性的种养技术纳入培训内容，使农村妇女可以通过远程教育网络学技术、学文化。依托远教站点培训农村妇女13万人次。各县市区还依托各类培训学校举办培训班，大批农村妇女受到培训，如平江县、君山区妇联依托家政家教培训学校培训农村妇女2000人次。二是培养致富带头人。加大农村致富带头人的培养力度，并从技术、资金、项目上予以大力扶持，全市涌现一大批“双学双比”（学文化、学科技、比成绩、比竞技）女能手和妇字号龙头企业。如湘阴县杨林寨乡合湖村妇女康小元成功创办全县第一家无公害蔬菜合作社，在县城新建“放心菜”直销超市，实现蔬菜产、供、销一条龙，年纯收入达30多万元，带动当地60多户农户增收。三是推进“巾帼示范村”建设并取得实效。有4个村被评为“省级巾帼示范村”。帮助扶贫点华容县蓼兰村推进新农村建设，在该村开展“五下乡”活动，捐赠4000元药品并为村民免费体检。通过多方筹措，为该村争取各项资金达8.5万元，帮助该村硬化1200米村级公路，维修2座水利机埠，新建了村级活动中心。

市委书记易炼红到“巾帼文明岗”现场调研　（市妇联　供稿）

【推动妇女岗位建功】　2010年，市妇联以创建巾帼文明岗为平台，推动妇女岗位建功，岗位成才。一是抓培训，提升创建能力。通过组织培训和以会代训形式来提高岗位素质和能力水平，选送15名优秀巾帼文明岗负责人参加省妇联培训，市一医院心血管内科护士长在培训班上作典型发言。二是抓典型，激发创建活力。市妇联十分注重培养推介典型，切实加强对文明岗管理。8～11月，授予市公安局人口与出入境接待大厅等30个单位“岳阳市巾帼文明岗”荣誉称号，并进行表彰，鼓舞和激发各单位的争创热情，为职业女性立足岗位创业提供广阔的舞台。推荐屈原工商分局大厅等4个单位为全国巾帼文明岗，湖南中科电气总经理余新为全国巾帼建功标兵，临湘市社会养老保险所业务大厅等12个单位为省巾帼文明岗。三是抓复查，巩固创建生命力。切实规范岗位管理，加强评审考核和检查监督工作，对授牌的岗位进行跟踪复查，确保巾帼文明岗的美誉度和生命力，采取自查、抽查相结合的办法，对全国级、省级、市级文明岗进行复查验收。

【引导妇女创业就业】　2010年，市妇联发挥自身优势，调动各方资源，围绕促进妇女创业就业做工作，取得显著成效，得到省妇联和市委、市政府领导的充分肯定和妇女界的广泛赞誉，被全国妇联评为全国城乡建功先进集体。一是开展创业就业培训。依托市妇女创业就业培训中心，举办妇女手工实用技术培训班15期，培训创业女性3000人次。5月，临湘市妇联联合临湘市劳动局举办创业女性培训班；华容县妇联与劳动部门联合举办适合女性从事的护理、美容、家政等就业培训，使1328名下岗女工学会一技之长。积极推动妇女小额担保贷款财政贴息政策的落实，为创业妇女提供资金支持。向130位创业女性发放贷款800多万元，引导50多名女性成功创办企业公司，鼓励130多位创业女性扩大规模，这些企业吸纳3000名女性再就业。二是举办就业招聘活动。联手市人力资源和社会保障局、财政局等部门举办女性创业论坛、女大学生创业导师报告会，开展“春风送岗位”、民营企业招聘周等活动，帮助3700名失业妇女、女大学生、返乡女农民工实现就业。各县市区举办多场就业招聘活动，君山区妇联联合有关部门举办“春风行动”招聘会，2200多名女性参与现场招聘，其中1800名女性与用人单位达成初步用工意向，占求职女性的70%以上。三是助推女大学生创业就业；主动为政府分忧，不断深化巾帼创业导师行动，助推女大学生创业就业。举办SYB女大学生创业培训班，建立女大学生创业实践基地，其中向省推荐女大学生创业实践基地4个、创业导师4人。主动协调相关企业为有创业意向的女大学生提供支持和帮助。成功帮助3000名女大学生实现就业，仅湘北女校就推荐安置1100名女生到广东、上海、北京等国内大中型企业和新加坡、阿联酋等国就业。发挥女大学生“村官”的引领作用，通过结对帮带、组织培训等形式，助推女大学生“村官”创业干事、成长成才，涌现出一批优秀女大学生典型。四是引导女企业家做大做强。为她们成才铺路搭桥，切实为她们排忧解难，协助她们解决发展过程中的征地、报建、融资、生产管理、营销等具体困难。

【维护妇女儿童合法权益】　2010年，市妇联不断拓宽维权工作思路，创新维权工作方法，为维护妇女儿童合法权益创造良好环境。一是妇女社会地位调查有序推进。配合全国妇联在全市启动第三期妇女社会地位调查，全市3个样本县区有225户居（村）民接受调查，调查结果将为岳阳市“十二五”规划提供重要的参考依据。二是普法宣传有声有色。各级妇联组织举办110堂法律知识讲座和培训班，发放宣传资料15万份，出动宣传车170台，在各类报刊、中国妇女网、潇湘女性网等媒体发表维权经验和信息近百条，普法宣传工作上了新台阶。6月，市妇联配合市禁毒委在火车站等地开展多种形式的禁毒宣传。各县市区妇联也开展形式多样的普法宣传活动，岳阳楼区妇联联合区法院举办维权知识培训班，60名女干部参加培训；君山区妇联组织100名妇女参加全国妇联举办的普法知识竞赛活动。三是“平安家庭”创建取得新进展。把“平安家庭”创建活动作为化解矛盾、建设和谐社会的重要手段来推进，在“三八”妇女节期间表彰100户“平安家庭”，10个“流动妇女平安之家”先进集体。各县市区结合本地实际开展“平安家庭”创建工作，促进社会和谐稳定。市公安局禁毒支队支队长姜伟南等3人被评为全国维护妇女儿童权益先进个人，市中级人民法院民一庭等2个单位被评为全国维护妇女儿童权益先进单位。四是信访维权工作成效显著。争取有关部门支持，开通“12338”妇女维权热线，妇女信访维权渠道进一步畅通。妇联干部参加陪审的案件多达20余起，90%的案件采纳妇联陪审员意见。全市妇联系统接待上访1798起，其中重大疑难案件50余起，与外地发函配合查处的案件3起，市主要领导转办的案件10起，省妇联转办信件5起，市妇联做到件件有着落，事事有回声，办结率达98%以上。

【创建文明家庭】　2010年，市妇联以城市“五创”提质活动为契机，推进各类特色文明家庭创建工作。围绕创建全国文明城市，“三八”妇女节期间，与市委宣传部、市文明办等联合举办庆“三八”节100周年暨“五好文明家庭”事迹报告会。平安家庭、书香家庭、环保家庭等6位代表在大会上作典型发言，在社会产生良好反响。开展“百万家庭学文明礼仪”，注册成立巾帼文明志愿者协会，会员达1300名。在文明创建活动中，涌现出一大批全国、全省先进典型，岳阳市被全国妇联、民政部、文化部、环保部、国家广电总局五部委评为全国创建学习型家庭示范城市。开展书香家庭创建系列活动。积极推荐家庭参加全省书香家庭的评比活动，李晖平家庭获得全省十大书香家庭荣誉称号，邹震江家庭获得书香家庭荣誉称号，市妇联获得全省“全民阅读进家庭”活动优秀组织奖。结合“两型”社会建设，开展节能环保家庭创建，获得社会广泛好评。6月，与市环保志愿者协会等联合在民本广场举办百万家庭节能减排行动启动仪式，组织环保志愿者发放节能减排宣传资料5万多份。推荐朱再保等3户家庭参加“全国低碳环保家庭”评选，获得全国节能减排家庭荣誉称号。湘阴县、岳阳县、岳阳楼区开展“清洁家园、绿化乡村”爱国卫生行动；南湖风景区开展“节能环保家庭社区知识竞赛”；云溪区向全区广大家庭发出“致力节能减排、共建美好云溪”的倡议。

团市委希望工程办与岳阳县团委联合组织“爱心送乡村”活动，这是他们在黄沙街镇坪桥小学辅导留守儿童的学习　（彭宏伟　摄）

【关爱未成年人】　2010年，市妇联组织以未成年人思想道德建设为核心，指导和推进“双合格”家庭教育，优化未成年人健康发展环境。一是开展示范家长学校评选。加强家长学校科学化教学和规范化管理，发挥家长学校在构建和谐社会中的积极作用，全面普及家庭教育知识，着力提高家长素质，推动家长学校工作深入开展。全市各级妇联与教育部门联合开展“示范家长学校”评选活动，评选表彰100所“示范家长学校”。华容县被评为全国家庭教育示范县，是湖南省唯一获此殊荣的单位。二是开展读书月活动。在第二届“全民读书月”活动中，市妇联与市教育局联合组织10场读书报告会，在各中小学校巡回讲课，教育学生“爱读书、读好书、善读书”，取得良好效果。三是关心未成年人健康成长。在全省率先成立青少年心理健康咨询室，为广大青少年解决成长中的烦恼。华容县为留守儿童请代理家长，岳阳楼区妇联联合奇家岭街道办事处、蔡家小学积极向有关部门募资，共筹资2万余元，接受社会各界捐赠书籍2000余册，建立一间50平米的留守儿童活动室，让孩子们拥有一个完全属于自己的活动场所。

【关爱城乡妇女身心健康】　2010年，市妇联把城乡妇女健康作为服务妇女的重要职责来抓实。一是开展妇科疾病免费检查。与卫生部门密切合作，扎实开展妇科病普查工作，先后为全市21万名城乡妇女进行妇科病免费普查。各县市区强力推进这项工作，湘阴县创新工作思路，采取财政补贴和农村合作医疗分担的办法，筹资400万元，用于农村妇女妇科病普查普治。平江县、岳阳楼区两个项目县的农村妇女宫颈癌检查项目和乳腺癌检查项目工作有序开展。二是做好“幸福家庭保险”工作。配合人寿保险部门为全市10300户城乡家庭购买了“幸福家庭”保险、为200位乳腺癌、宫颈癌患者争取保险理赔金37万元，帮助妇女群众缓解因病致困、因病致穷的问题。三是组织开展义诊活动。各级妇联组织免费为农村单亲贫困母亲诊疗31434人次，其中市妇联组织专家在华容县终南乡蓼兰村开展义诊，免费为2000名农村妇女进行诊疗；市卫生局妇委会组织市二医院、妇幼保健院等8家医疗单位的十大名医送健康入村，分别到华容、岳阳县、君山区等地开展爱心义诊，接诊病人3000余人，B超等仪器检查2000人次，发放价值1万余元药品和9000份健康宣传资料。

【帮扶特困妇女儿童】 2010年，市妇联在全市开展关爱贫困妇女儿童和特困家庭的主题帮扶活动，组织巾帼志愿者为贫困母亲、特困家庭送温暖。先后救助1000名贫困母亲，帮助2000名贫困妇女发展致富项目。“三八”妇女节前夕，组织女企业家、巾帼志愿者，慰问汨罗市万福村仇勇辉等5位残疾妇女，送去慰问金9500元。端午节期间，慰问双联点市立新服装厂困难职工20人。各县市区积极开展帮扶活动。黄盖湖内垸遭受特大洪水袭击后，临湘市妇联迅速赶到定湖镇新建村等集中安置点，为受灾群众送去价值7000元的蚊帐、被子等救灾物品。向全国妇联和省妇联争取3万元的资金支持。把关爱农村留守儿童作为一项重要工作来抓。君山区开展关爱农村留守儿童，“大手牵小手、情系留守儿童”一帮一结对爱心接力活动，组织52名区级领导、部门负责人与52名留守儿童结对帮扶。华容县妇联组织“伴你成长——关爱农民工子女志愿服务行动”，发动志愿者、大学生村官深入乡镇、农村、学校、社区开展结对帮扶活动，为农村留守儿童送去关爱。各级妇联组织争取全国妇联、中国石化集团公司、香港烛光基金会等部门积极筹措资金近100万元，资助3000名贫困女孩重返校园，给2000名特困学生赠送学习用具、图书等。 （本栏撰稿 黎 伟）

岳阳市文学艺术界联合会

【三名楼文学笔会采风】 2010年6月12日，湘鄂赣三省作家协会在岳阳市云梦宾馆联合举办“三名楼文学笔会”分会场。50余位知名作家采风团汇集到岳阳，参加“情系名楼，心忧天下”文学交流会。会议围绕湖湘文化，结合湖南省文学艺术事业发展，以及新人新作展开讨论。岳阳市文学艺术联合会（简称市文联）主席蔡世平作为湖南作家代表出席笔会，以“情系名楼，心忧天下”为题作主题发言。参加文学交流会的除三省作家采风团代表外，还有市文艺界人士。增进岳阳文艺界与外地作家的交流与友谊，扩大岳阳的影响。1999年，举办第一届三名楼文学笔会活动。会议以黄鹤楼、滕王阁、岳阳楼“江南三大名楼”为历史文化背景，依次在武汉、南昌、岳阳三地开展采风和文学座谈。

【开展“一书一展”活动】 2010年7月1日，市文联发出《关于在全市文艺界举办“一书一展”活动的通知》，要求收集整理全市从新中国成立以来，特别是改革开放以来，公开出版、发表、展出和展演的优秀文艺作品，展示岳阳文学艺术创作成果。“一书”，即《岳阳文学艺术作品精选》。该书为10卷本“丛书”。列入丛书的有平江卷、湘阴卷、华容卷、岳阳楼卷、君山卷、云溪卷、屈原卷和诗词卷、政法卷、影视卷。各卷分别以县市区和协会、行业为单位，组织征稿、编辑。入编者自荐一门类一篇（幅）有代表性作品。县市区和行业分卷内容为小说、散文、诗歌、报告文学、戏剧、电影电视、诗词、楹联、美术、音乐、舞蹈、书法、摄影和民间艺术（长篇小说、中篇小说及剧本节选）。由湖南文艺出版社陆续出版。精装大32开本。“一展”，即岳阳文学艺术作品展。各县市区及市文联布置展厅，集中展示岳阳文学艺术创作成果。

【举办第三届岳阳民间艺术展】 2010年6月14日，由市文联举办、市民间文艺协会承办的第三届民间艺术作品展在汴河街开展。市民间文艺家协会从3月23日开始，向全市征集作品，经2个月的筹备，在汴河街布置一个300平方米的展厅，展出根雕、木雕、竹雕、微雕、泥塑、岳州扇、剪纸、陶艺、烙画、葫芦、编织等10多个门类，324件民间艺术作品。8月14日展览闭幕。展出期间，前来参观的市民及游客络绎不绝。展览结束后，市民协组织专家对参展作品进行了评奖。

湘鄂赣三省作家聚汇岳阳交流采风 （杨一九 摄）

【文艺创作成果累累】　2010年，岳阳市出版文学专著23部，在省以上大型文学期刊中发表短篇小说30余篇，散文、诗歌300余篇（首），展出、展演、参赛，以及获省以上奖项作品140余件。其主要作品有吴牧铃的《野狼谷传奇》、《奔龙滩》、《牧羊三部曲》等9部动物、儿童长篇小说，120万字，发行16万册；彭东明的长篇报告文学《孝行天下》获省"五个一工程"奖；周迅的散文《洞庭笔记》获2010年度中国当代散文奖；蔡世平的诗《深山诗思》获全国第三届"华夏诗词奖"优秀奖；阮梅的散文《大姐》获冰心散文奖；花鼓小戏《今天有客来》（付雷鸣编剧）、《春雨》（王密根编剧）均获全国"群星奖"金奖；刘慧龙的工笔画《家山秋冥》入选首届全国工笔画大展；聂尚武的音乐作品《中华我的家》获"2010中国群众创作歌曲"大赛金奖。郑冷横的少儿歌曲《千岛渔歌》、《宝贝米多》，获全国第九届少儿卡拉OK大赛创作金奖；刘卫平的《虹》和冯建国的《微居印象》（组照）两幅摄影作品均获第23届全国摄影艺术展览铜奖。

【第23届全国摄影艺术展览岳阳获奖作品研讨会】　2010年9月5日、由市文联主办，市摄影家协会承办的第23届全国摄影艺术展览岳阳获奖作品研讨会在市民主党派机关会议室举行。全市160多摄影家和摄影爱好者参加会议，此次国展，市摄影家协会会员在纪录、艺术、商业和青年四大类别中均有作品入选，其中刘卫平的作品《虹》、冯建国的作品《徽居印象（组照）》获得艺术类铜奖；鲁力的作品《求救》获评委推荐作品奖；还有刘卫平、徐照明、章正国、李湘驹、郭跃佳、杨汉斌、杨一九、张　奎、鲁婉婷的11幅作品获得优秀奖。获奖作品数量名列全省市州第一，在全国同等城市中名列第一，超过湖北、上海等10多个省市。研讨会上，作者畅谈摄影心得，向同行"揭秘"作品拍摄过程。市摄影家协会主席杨一九回顾岳阳市在历届国展中的获奖历程，浅析本届国展获奖的作品。市文联主席蔡世平出席会议，在表示祝贺的同时，鼓励摄影家多学习、多思考，多出好作品。

近10年来，市摄影家协会围绕"出作品、出人才"目标，开展培训、展赛、创作等活动，形成良好的学习、创作氛围，成为在全省有一定声誉、在全国有一定影响的市级摄影家协会。据统计，2001～2009年，举办各类摄影展赛46次，收到作品3万余幅，评选出入选、获奖作品4500余幅。2010年为备战第23届国展，组织6次专题摄影讲座和10余次大型采风创作活动，会员受益匪浅。

（本栏撰稿　冷述冬）

岳阳市科学技术协会

【实施科普惠农兴村计划】　2010年，岳阳市科学技术协会（简称市科协）在全市农村大力培育发展农村专业技术协会、科普示范基地和科普带头人，实施科普惠农兴村计划。湘阴县福湘木材协会、君山区蔬菜产销协会、华容县肉鸽养殖协会、汨罗市及时春金银花科普示范基地、湘阴县华康食品加工基地、岳阳市金凤苗木花卉科普示范基地和岳阳县城关镇巴陵居委会科技示范户童普选获得中国科协、财政部表彰的全国科普惠农兴村先进单位和先进个人。云溪区陆城镇蔬菜瓜果流通协会、平江县茶叶专业技术协会、岳阳县鹿角镇渔民药材种植示范基地和屈原管理区河市镇复兴村孟彪获得湖南省科普惠农兴村先进单位和先进个人，获得奖补资金180万元，此外争取到上级财政支持70.7万元，总计获得上级财政资金250.7万元。

【举办2010岳阳科技论坛】　2010年，市科协举办"发展低碳经济，建设低碳岳阳，促进岳阳平稳较快发展"岳阳科技论坛活动，征集论文178篇，评选出一等奖论文16篇、二等奖论文29篇、三等奖论文55篇、录用论文66篇。编印《发展低碳经济，建设低碳岳阳——2010年岳阳科技论坛论文选编》，免费发放到各级领导和科技工作者。

【开展"讲、比"竞赛和"四技"活动】　2010年，市科协组织企业科技工作者开展"讲创新、比贡献"竞赛和"技术开发、技术转让、技术咨询、技术服务"活动，为企业技术创新、提高竞争力服务。中石化长炼、巴陵石化有限责任公司、泰格林纸集团等企业科协组织广大科技人员围绕企业科技进步和技术创新开展科技攻关活动。通过优化生产工艺和装备、推广应用新技术、新设备等，为实现全年生产经营目标，发挥重要技术支撑作用。中石化长炼公司科技人员"讲、比"竞赛科技创新项目——"RSDS—Ⅱ汽油加氢选择性加氢"和"RSH液相循环加氢"，在国内首次成功实现工业化应用，填补国内空白，打破外国公司的技术垄

岳阳市2010年全国科普日主场活动在市二人民医院举行　（兰　岚　摄）

断，为全国汽、柴油质量升级提供有力的技术支撑。原中石化总经理、全国人大副委员长盛华仁称赞：“这是一项伟大的突破”。全年参赛的科技人员达5000人次，完成技术创新或技术攻关项目100项，累计为企业新增经济效益1亿元。中国石化长岭分公司获得2009～2010年度全国“讲、比”活动先进集体。

【启动岳阳市科技思想库建设】 2010年，市科协组织30多位知名专家参与《岳阳市加速推进新型工业化“千百十”工程实施方案》和造纸、纺织等十大产业发展升级的3年行动方案的修改工作，并牵头《岳阳市石化产业发展升级行动方案（2010～2012）》的修改工作。以“洞庭湖生态保护和环境治理”专题研讨会为主题，组织专家围绕洞庭湖生态保护和环境治理开展研究分析，制订更加科学、全面的综合治理方案，为切实解决洞庭湖综合治理工作提供决策依据，收集专家建议文章8篇。

【开展石化产业联手帮扶行动】 2010年，市科协贯彻落实市委“联手帮扶产业发展升级行动”工作的部署和安排，由主席何祚云带队，多次深入对口帮扶企业——湖南长炼兴长集团有限责任公司调研、对接及协调，推进顺酐项目启动，项目总投资11239万元，每年生产粗苯全馏分加氢5万吨。做好岳阳市培育壮大千亿石化产业调研工作，提交的《岳阳市培育壮大千亿石化产业调研报告》得到有关专家的高度评价，市经信委正在按照报告提出的举措稳步推进石化产业发展。

【实施《全民科学素质纲要》服务文明城市创建】 2010年，市科协围绕“坚持科学发展，走进低碳生活”主题，组织各县市区科协和所属团体开展低碳知识科普展览、科普图书赠阅和健康用药科普知识讲座等一系列活动，面向市民宣传普及低碳生活基本知识和方法，引导广大市民建立健康、文明、向上、可持续的生产生活方式，增强市民节约能源、科学合理利用能源的意识。9月19日，岳阳市2010年全国科普日主场活动在市二人民医院举行。在全国科普日主场活动中，华硕集团向君山区三分店渔民新村、岳阳楼区洞庭湖上岸渔民科普活动站、岳阳县鹿角镇渔民药材种植科普示范基地赠送华硕科普图书，每个图书室由华硕集团独家赞助配备华硕笔记本电脑1台、打印机1台和科技图书3000册。市科协还从中国科普出版社、上海科普出版社购买《低碳99》、《远离灾害》、《纵横天下》等一批科普图书，免费赠送企事业单位、社区和市民。市二医院药剂室主任、副主任医师冯墨为参加活动的200名机关干部、社区居民作“药物的合理应用”科普知识讲座。市环保学会、市气象学会和市健康促进会等科技社团向市民展出低碳生活和健康生活科普知识展板200块。长炼科协针对企业科技人员开展书法、集邮、养生讲座及科普图书赠阅等系列活动，赠书2000册。市健康促进会还在市文化会展中心举办“中医让你远离亚健康、亚疾病”的健康大讲堂科普报告会。各县级科协及其所属学会也开展义诊、咨询和健康宣传资料发放，展出青少年科技成果展板、保护和利用水资源科普展板，举办科普讲座等丰富多彩、形式多样的科普活动。

第23届青少年科技创新大赛展出200余幅作品，吸引广大观众踊跃观看（彭宏伟　摄）

2010年3月29日，由中国科协组织的2010年“大手拉小手——科普报告希望行”湖南行启动式在岳阳市十四中学隆重举行，孙万儒、吴瑞华等8位中国科学院老科学家作科普报告。老科学家们分别在市十四中学、湖南理工学院等8个会场，面向中小学、大专院校的师生、党政领导干部和公务员等作科普报告，报告主题涉及大学生心理健康漫谈、公共安全与自我保护、低碳经济与节能减排等与人们生活工作息息相关的科学知识。科学家们的精彩报告受到广大市民、青少年的热烈欢迎，全市有2500余名师生和300余名公务员聆听报告。

科技馆常设科普展览免费向公众开放，全年接待观众2万人次。在全市“五创”提质工作中，市科技馆作为市区暑假免费向未成年人开放的“五馆一园”之一，按照创建全国文明城市测评工作要求和市委对“五馆一园”的统一部署，对展品和残疾人设施进行维护维修、增添和改造。市委常委、宣传部长徐新启专程到市科技馆调研视察工作。中央文明办暗访组暗访市科技馆，并对科技馆在开展全民科学素质教育，创建全国文明城市工作中所发挥的作用给予充分肯定。

【开展青少年科技教育活动】 2010年3月，市科协联合市教育局举办第31届岳阳市青少年科技创新大赛，各县市区、市直单位参赛的中小学生达3000余人，申报参赛的项目有362项，评选出4个项目的一等奖37个。4月中旬，组队参加第31届湖南省青少年科技创新大赛，获得一等奖3个、二等奖6个，优秀实践活动一等奖2个，优秀少儿科幻绘画一等奖3个。岳阳楼区东升小学校长喻叶东被评为优秀科技教师。平江安定中学学生姚力发明的“睿思家长助手”和汨罗一中学生陈婧玉、杨钱铭、吴赟发明的“转位导水辊式道路排水装置研究与设计”在全国青少年科技创新大赛中获得二等奖。年内，市科协联合市教育局启动岳阳市“求索奖”评审，对最近3年来在市青少年创新大赛和“三航两模”竞赛中表现突出的科技辅导员和学生进行表彰，促进青少年科技创新活动。5月举办岳阳市第11届青少年航空航天航海模型竞赛，共有500多名青少年参加18个项目的竞赛。在“飞向北京”全国青少年航空航天模型竞赛中，全市获得一等奖1个、二等奖2个。5月中旬，承办尚德电力杯第四届中国青少年创意大赛岳阳赛区竞赛，来自全市中小学的23支队伍230名运动员参加竞赛活动，北港中学、花板桥学校获得全国竞赛三等奖。11月，举办建模、车模、悠悠球竞赛，有240名中小学生参赛。竞赛活动已经延伸至六县三区， 4万名青少年参加基层活动，极大地丰富青少年素质教育内容。自3月起，市科技馆面向全市青少年免费开设《周六课堂》，立足讲授科学原理，提高动手能力，激发创新思维，一周一主题，免费发放试验器材，教师带动学生动手试验的方法，全年授课33堂，听课学生达3000人次。

【开展第三届岳阳市青年科技奖评选】 2010年底，市科协联合市委组织部、市人力资源和社会保障局、市科技局和团市委等单位开展第三届岳阳市青年科技奖评选表彰活动。通过层层举荐，全市推荐参评对象37名，通过初审、面试复评，刘郁东、刘崇梅、朱宏伟、李剑波、周巍、郑淑琴、侯朝辉、胡志雄、康铮、雷震等10名青年科技人员获得第三届岳阳市青年科技奖，并在全市组织编制工作会议上对获奖者进行授奖，电视、报刊等媒体进行全方位宣传报导。

【学术交流活动】 2010年，市科协指导和协助所属团体通过承办国家级、省级学术会议，召开学术年会、举办学术培训班、组织会员外出参加学术会议等方式，开展广泛的学术交流活动。省石油学会联合长炼科协成功组织举办湖南省低碳绿色石油化工科技论坛，邀请中国工程院院士、清华大学教授金涌做题为“低碳经济与科技创新”的报告，还邀请湖大、湘大、湖师大和中南大学等省内近十所高校专家教授就新开发的高新技术与岳阳工程技术人员进行深入探讨。市医学会承办“全国妇科肿瘤规范整治”国家级学术会1次、“湖南省医学会心血管病学专业委员会2010年学术会议”等省级学术会议3次，市医学会骨科专业委员会还邀请美国“人类健康协会”的沙米米博士等外籍教授到岳阳举行4天的讲座和手术示范。全年各级科协及所属团体共邀请100多位国内外著名专家教授到岳阳讲学，召开学术会议500余场次，与会人数近10万人次。11月，由市医学会等6个专业委员会联合攻关的“国家临床药品实验基地”项目已申报成功，这是岳阳市医疗卫生届首个国家级科研基地，对推动全市医学科技创新将起到很好的示范作用。岳阳市环境科学学会受到民政部表彰，获全国先进社会组织称号。　（本栏撰稿　兰　岚）

岳阳市社会科学联合会

【社科普及宣传活动】 2010年5月26日，岳阳市社会科学联合会（简称市社科联）普及宣传主题报告会在湖南理工学院召开，由市社科联、团市委、湖南理工学院联合主办。按照省社科联统一部署，报告会以“转变经济发展方式，促进青年创业就业”为主题，会上，湖南安普瑞商务餐饮管理有限公司董事长邹少峰、大学生优秀村官方淼分别作题为《寸草当报三春晖》、《到广阔的农村去建功立业》的典型报告。现场回答学生关于大学生在读期间兼职的看法、大学生村官将来的发展方向是什么等问题 。市党建学会、市金融学会、市检察学会、市林业经济学会、市统计学会、市计生协会等采取的多种形式普及社科知识活动，深受干部群众欢迎。

【《社科天地》杂志改版升级】 2010年，市社科联重新改版升级《社科天地》杂志。该杂志全年出刊10期，刊发社科文章300篇，围绕服务中心、服务大局，先后开辟《三农论谈》、《市情与对策》、《“五创”论坛》、《经济观察》、《学习型党组织建设》、《转变经济发展方式》、《民生民意》、《廉洁从政》、《党性修养》、《领导科学》等专题栏目，成为社科普及宣传的一方阵地，联系社科界和学会工作的一座桥梁，为社科理论大众化、社科普及常规化发挥重要作用。

【《岳阳市民文明公约》】 2010年5月，为进一步规范市民行为，提升市民素质，形成干部群众一致认同的道德规范和文明约定，为岳阳市创建全国文明城市“五创”提质活动营造良好的社会氛围，市社科联和市文明办经过充分酝酿，组织部分专家和市民代表进行座谈，制订《岳阳市民文明公约》（征求意见稿），邀请广大市民建言献策，于8月16日由市政府向全社会发布。《公约》成为顺应时代发展要求、体现城市精神风貌、凝聚社会各界共识的文明约定和道德遵循。

【湖南洞庭湖发展论坛】 2010年11月29日，首届湖南洞庭湖发展论坛在岳阳市南湖宾馆举行，由湖南洞庭湖区域经济发展研究会主办、岳阳市委、市政府承办。省委副书记梅克保出席会议并作题为《实现重点突破、加速洞庭湖区域的崛起》的重要讲话，针对洞庭湖区域经济社会发展面临的新形势，提出今后要做好三个方面的工作：一是整合力量，提高研究水平；二是搭建平台，推动交流合作；三是健全机制，促进转化应用。原省人大常委会副主任、湖南洞庭湖区域经济发展研究会会长颜永胜出席会议。

岳阳市社科理论届"提高文明城市创建工作科学化水平"座谈会（唐镇洲 摄）

会上，市委书记易炼红致辞、市长黄兰香作题为《携手同行、和谐发展、合力建设环洞庭湖生态经济核心功能区》的主旨发言。岳阳、常德、益阳三市市长，省直厅局有关负责人，全国洞庭湖区域经济发展研究的有关专家学者近200人出席会议。会议表彰获奖论文63篇。

（本栏撰稿 张 萍）

岳阳市归国华侨联合会

【美籍华人殴楚华女士一行访岳】 2010年，是世界反法西斯战争和中国人民抗日战争胜利六十五周年，4月21日，原国民党抗日将领殴震将军的女儿殴楚华偕同其丈夫等一行从美国到岳阳访问。殴震（1899～1969），字雨辰，广东曲江人。早年为叶挺独立团的一名营长，后成为国民革命军第二十七集团军副总司令兼第四军军长。抗日战争期间曾在湖南参加"长沙会战"、"长衡会战"、"常德会战"等多次战役。1949年去台湾。1969年2月3日病逝于台北，被追赠为陆军上将。上午，岳阳天气风雨交加，殴楚华夫妇不顾年事已高，同湖南经视抗战系列专题节目拍摄小组一道深入岳阳县寻找和踏勘其父辈们在湖湘抗战的足迹、缅怀先烈。下午，殴楚华夫妇一行冒雨参观岳阳楼。

【李劲夫会见回乡美籍华人李新良博士一行】 2010年8月9日，市委常委、统战部部长李劲夫会见回乡美籍华人李新良博士一行。市外事侨务办、市侨联负责人参加会见。李新良博士是岳阳步仙乡人，80年代大学毕业赴美留学，在美创办酶制剂"新世纪"公司。2000年代带回蛋白酶制造技术，选择在云溪区精细化工工业园区开办"湖南尤特尔生化有限公司"。他以岳阳为基地，准备在上海创办"上海尤特尔生化有限公司"。准备把"尤特尔"像"湖南三一重工"那样，办成一家全球性知名企业。并向全球招募6名相关技术和管理人员。李劲夫对李新良博士一行的到来表示热烈欢迎，希望李博士能常回家看看。希望市侨联多加强与海内外侨界的联系。加强为侨服务和为经济建设服务，不断促进岳阳开放、合作与发展。

【举行华侨华人捐资助学仪式】 2010年8月23日上午，岳阳市举行华侨华人捐资助学捐赠仪式，有7名贫困大学生获得华人华侨资助。副市长宋爱华出席捐赠仪式。经市侨联和市外事侨务办与海内外侨界爱心人士牵线搭桥，华人华侨捐资助学活动在岳阳市开展多年。此次由香港居民雷小云、西班牙华侨孙思鹏、意大利华侨胡小秋捐资的7名贫困生分别来自岳阳县、平江县和临湘市等地，其中有5名学生已是多年获得资助。市外事侨务办领导、市侨联委员、县市区侨务工作负责人及接受资助学生与家长等近50人出席会议。

【三封寺镇卫生院综合大楼侨捐项目竣工】 2010年11月 17日上午，华容县三封寺镇新建的卫生院综合大楼落成剪彩仪式举行。该捐建项目是市外事侨务部门牵线搭桥，通过省外事侨务部门推荐，获得香港应善良福利基金会捐助34.56万元。于2009年3月立项，2010年2月动工兴建，总投资为117万元，总面积约960平方米。为一栋集门诊、住院、医疗服务于一体3层综合大楼。设病房18间，病床30张。验收工作，经香港应善良福利基金会代表催维柏、丁明公的仔细考察、核实，对各项指标检验全部合格满意。出席竣工验收剪彩仪式的有省外事侨务办、市外事侨务办、市侨联领导和华容县政府领导等。当地人们为感谢基金会的爱心捐助，将该大楼命名为"德恩楼"，由华容县政府立碑纪念。

【省侨商会第四次常务理事会在华容县召开】 2010年12月14日，湖南省侨商会第四次常务理事会在华容县华容宾馆召开，全国政协常委、省政协副主席、省侨联主席曹亚，省侨联党组成员、副主席朱建山出席会议并讲话，市委常委、统战部部长李劲夫致辞。来自海内外30多位侨商代表出席会议。会议安排参观华容护城港配套建设工程、田家湖生态新城开发情况，举行华容县优势产业招商推介会。曹亚在讲话中充分肯定华容县在"十一五"期间所取得的显著成就，并希望华容县进一步把涉侨涉外企业做大做强，推动城乡经济社会全面发展。省侨商会会长、中国金玉堂集团有限公司董事长李静受省侨商会会长会议的委托在会议上作《湖南省侨商会2010年工作总结2011年工作计划》的报告，部署2011年省侨商会基本工作思路和参与协办湖南湘商大会、参与湖南第二届"侨商侨智聚三湘"、走出省门国门积极参加"世界华商大会"开展交流联谊等9项活动任务。市外事侨务办、市侨联、华容县县委、县人大、县政府主要负责人，和来自全省的部分市州侨联主席等一并出席会议。

（本栏撰稿 杨 颖）

岳阳市残疾人联合会

【概　况】　2010年，岳阳市残疾人联合会（简称市残联）坚持以创建服务型残联为抓手，忠实履行“代表、服务、管理”职能，紧紧围绕“让残疾人少，使残疾人好”目标，强力推进“两个体系”（即残疾人社会保障体系和服务体系）建设，努力夯实发展残疾人事业“三个基础”（即基层组织、基础设施、基础管理），切实解决残疾人“三最”（最关心、最直接、最现实）利益问题，各项工作更加广泛、深入、扎实开展，全市残疾人事业跃居全省前列，呈现出科学发展的良好势头。市残联争取市委、市政府第一次出台《关于促进残疾人事业发展的实施意见》，在残疾人医疗康复、重度残疾人独立施保等8个方面有新的突破。全市残联系统争取民政部门将靠父母或兄弟姐妹供养的成年重度残疾人单独施保。残疾人保障覆盖面不断扩大，保障标准明显提高，基本实现“应保尽保”。创办岳阳市康馨益智院，开展智力、精神和重度肢体残疾人的集中托养和培训试点工作。“爱弥尔自闭症儿童康复训练中心”和残疾人庇护工场运营良好。开展流动办证服务工作，核发第二代残疾人证49063本。通过实施彩票公益金助学项目和“扶残助学长江行动”，资助贫困残疾学生327名。实施“阳光家园”计划项目，启动居家安养补贴，资助800名残疾人居家安养。“安居工程”帮助农村特困残疾人实施危房改造290户。华容县坚持标准实施危房改造项目，任务实，效果好。云溪区定期召开残疾人代表座谈会，重点解决困难残疾人生活保障问题。平江县、岳阳县参加新农保试点，全面落实对残疾人的特惠规定，达到省定标准。市残联在全省残联系统目标管理考核中荣获二等奖，被评为实施省政府为民办实事工作先进单位。平江县、岳阳楼区被评为承办省政府为民办实事县级残联先进单位。

【国务院残工委领导检查残疾人工作】　2010年11月25～26日，以中国残联副理事长孙先德为组长，卫生部和中国残联领导为成员的国务院残工委检查组到岳阳市检查残疾人事业“十一五”发展纲要执行情况。检查组一行先后深入岳阳残疾人服务中心、云溪区残疾人托养康复中心、岳阳市肢体智力残疾儿童康复技术指导中心、岳阳楼区三眼桥社区残疾人康复服务站4个现场点察看，在听取市委、市政府关于残疾人工作的情况汇报时，检查组对岳阳市“十一五”期间残疾人事业发展情况给予充分肯定，同时对谋划和实施岳阳“十二五”残疾人事业发展纲要提出更高要求。

市图书馆为残疾人送书、为残联建立爱心图书室　　（管莉萌　摄）

【残疾人康复服务工作】　2010年，市残联注重加强市本级与各县市区康复管理服务机构、康复人才队伍培养和社区康复工作。依托市康复医院、市肢体智力残疾儿童康复训练指导中心和市博康假肢矫形中心等专业机构开展残疾人康复服务。培训康复协调员500人次，完成白内障复明3478例，低视力患者配发助视器572名，聋儿语训118名，盲人定向行走训练70名，国家抢救性康复项目（脑瘫、肢残）45名，贫困下肢残疾人免费装配普及型假肢201例，装配矫形器50例，为各类残疾人提供辅助器具3916件，发放代步轮椅684辆，医疗救助贫困精神病患者2324人，超额完成全年目标任务。湘阴县创建“全国残疾人社区康复示范县”通过达标验收。湖南省残疾人福利基金会救助贫困聋儿公益项目在汨罗市启动，首批救助贫困聋儿24名。市县两级残联投入资金210.6万元，实施省为民办实事“1850名0～6岁贫困残疾儿童抢救性康复”项目，使137名残疾儿童身体功能得到不同程度恢复。因项目实施效果好，高票通过省政府实事项目检查组验收。

【残疾人文体宣传工作】　2010年5月4日，市长黄兰香亲临残疾人歌手游舰创办的“蓝莲花”残疾人文艺沙龙，并和残疾青年齐唱《明天会更好》。市残联组建“湖南省聋人足球队”代表全省参加在吉林省延边自治州举办的“全国聋人足球锦标赛”，获“体育道德风尚奖”。组团参加全省第八届残疾人运动会，获金牌12枚、银牌11枚和铜牌11枚，团体总分排名第7，金牌总数排名第9，分别比上届提升5个名次和3个名次。副省长徐明华为岳阳市代表团颁发“体育道德风尚奖”锦旗。残疾人书法家胡扬帆，作为全省6名残疾人技艺能手之一，参加上海世博会“生命阳光馆”残疾人才艺展示活动，得到省委书记周强的高度评价。残疾人作家姚平创作出版的《总有一种爱能让你感动》和《心灵笔记》，被共青团中央、全国妇联、文化部、教育部和新闻出版署等32家单位联合推荐为“中华青少年新时代素质教育丛书之一”。姚平作词、残疾人歌手游舰作曲的《征服自己》和《让梦想飞翔起来》成为搜狐、百度等多家门户网站“音乐空间”、“时尚音乐”栏目的“热门推荐点歌”，并成为湖南卫视都市频道专题节目的插曲。姚平作词、盲人钢琴师王国强作曲的《岳阳楼下我的家》得到岳阳市委书记易炼红的充分肯定，成为全市“五创”提质活动的音乐主旋律。5月25日，市人大常委会驻会委员专题视察岳阳残疾人服务中心，把“大力推进残疾人社会保障和服务体系建设、加大执法监督和宣传力度、加大公共财政投入”三条写入《关于残疾人工作情况的视察意见》。全年在《湖南日报》、《岳阳晚报》、《长江信息报》、中残联网站、省残联网站，以及省、市电视台等各类报刊、网站、电视刊播残疾人事业新闻稿件287篇（条）。

【残疾人就业服务工作】 2010年，全市残联系统为完成省残联下达的1100名残疾人实用技术和职业技能培训任务，举办各类培训班29期，培训残疾人1206人，其中市本级培训110人，县市区培训1096人，超任务9.6%。5月9日，市残联联合市人力资源和社会保障局开展“2010年岳阳市残疾人就业援助月活动”，成功举办“岳阳市中心城区残疾人专场招聘会”。省残联、省残疾人劳动就业服务中心和市人大相关领导出席仪式。市中心城区42家爱心企事业单位和500多名残疾人朋友参加活动，227名残疾人通过初试，47名残疾人找到理想的就业岗位。市残联积极倡导并秉承的“体面就业，尊严生活”理念得到社会各界的普遍认同。全市继续稳步实施残疾人就业保障金财政代扣、地税代征工作，征收入库残疾人就业保障金1600万元，其中市本级入库456万元。

【残疾人信访维权工作】 2010年，市残联设立维权科和信访维权服务窗口，安排专门工作人员负责处访，县市区残联设立维权机构，配备专职人员开展工作。协调处理残疾人群体性事件6起，调研、回复领导批示信访件4件，接待和处理残疾人来信来访2737人次。县市两级残联与法院、公安、司法等部门联合，成立残疾人法律救助工作领导小组，建立残疾人法律援助中心10个，建立市级残疾人法律救助工作站1个、县级3个，累计为残疾人提供法律服务和法律援助26件次。另一方面，维护残疾人大局稳定。市县两级残联和信访部门建立健全信访工作组织体系，设立残疾人信息员，加强日常不稳定因素的排查，及时掌握残疾人思想动态，把问题解决在基层，解决在萌芽状态。确保全年无重大侵害残疾人权益案件和省运会、省残运会等重大特护期的稳定。岳阳经济技术开发区、南湖风景区大力帮助残疾人转岗就业和政策帮扶，妥善解决残疾人机动车营运问题。湘阴县残联为落实部分盲人基本口粮问题，县残联和县盲协还成立专门工作组。由于市县两级残联积极主动做残疾人信访维权工作，第四次全省残疾人信访（维权）工作会议在岳阳召开，市残联被省信访局和省残联评为全省残疾人信访（维权）工作先进集体，在大会作典型发言，工作经验在全省推介。

（本栏撰稿　戴述广）

岳阳市红十字会

【扎实做好备灾救灾】 2010年4月14日，青海玉树发生7.1级地震，4月15日，岳阳市红十字会（简称市红十字会）组织召开红十字会工作人员及红十字志愿者骨干紧急会议，全面部署全市抗震救灾募捐工作。通过市内各大新闻媒体台向社会发布岳阳市红十字会抗震救灾紧急救助呼吁书。组织志愿者开展募捐活动。在岳阳金鹗公园接收岳阳市部分企业军转干部的募捐；联合市委对外宣传办公室、团市委举办“烛光悼念玉树大地震遇难同胞暨募捐活动”；组织红十字学校新青年职业学校分别开展爱心捐款和“爱心献血，寄托玉树地震灾难哀思”活动。共募集善款951454.4元。所有的善款，通过媒体向社会公示，自觉接受社会监督，为支持灾区重建作出应有的贡献。6～8月，全市普降大到暴雨，造成部分地区山洪、泥石流、山体滑坡等自然灾害，使人民群众的生命财产遭受到严重的损失。市红十字会紧急开展救灾工作，向上级红十字会争取到救灾物资近20万元，同时向社会发出募捐倡议书，募集救灾药品近70万元，所有救灾物资及时的发

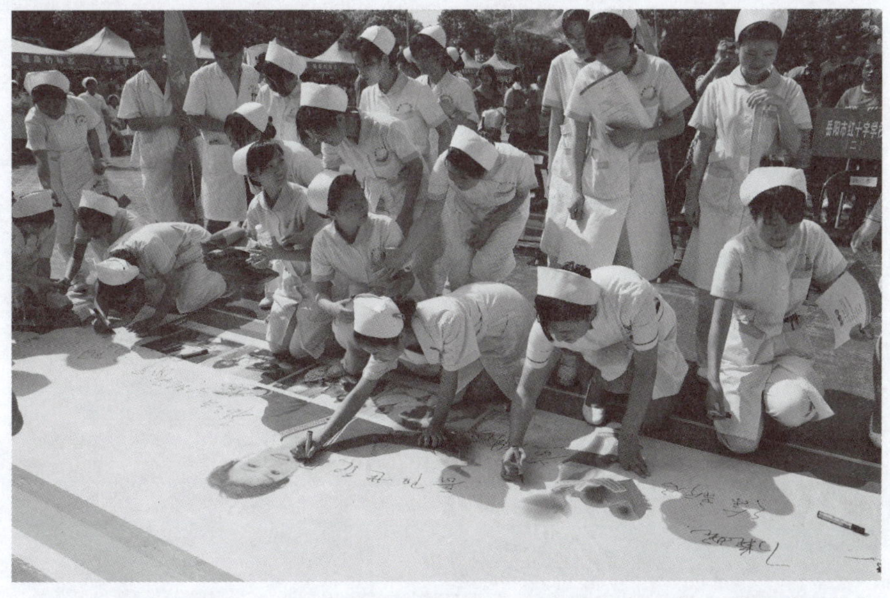

市红十字会开展“红十字会日活动”广大护士争当志愿者（彭宏伟　摄）

放到受灾群众手中。7月中旬，省红十字会副会长彭力夫率救灾考察组，到临湘重灾区考察灾情，表示进一步支援岳阳救灾工作。

【筹措款物做好“博爱送万家”慰问活动】 2010年春节期间，市红十字会组织开展人道救助、大病救助、关爱弱势群体、扶贫助困、红十字志愿服务等工作。活动得到省红十字会援助的总价值9.76万元慰问物资的基础上，自筹9.27万元的慰问物资、5万元救助款。副市长、市红十字会会长隋国庆率工作人员分别看望慰问因病致贫的困难家庭和孤寡老人，活动受到社会各界的好评，真正做到为困难群众排忧解难，充分体现红十字会在构建和谐社会中发挥积极作用。

【开展“关注民生，防灾减灾”宣传活动】 2010年5月9日，由市红十字会牵头，组织市委宣传部、市政府应急办、市地震办、市卫生局、市城管局、市教育局、市消防支队、市安监局、岳阳楼区红十字会、红十字学校在巴陵广场举办一场丰富多彩的“关注民生，防灾减灾”宣传活动。红十字会志愿者、红十字学校会员、消防官兵、市民600人参加启动仪式。整个活动展示应急、火灾逃生、地震逃生、自救互救展板20块，发放防灾减灾、救护知识、健康宣教资料近6000份。红十字卫生救护志愿者、消防官兵现场为广大群众演练、解说心肺复苏技术和消防器械、火灾的逃生，提高群众的自救互救能力。5月10日，市红十字会通过步行街大屏幕播放红十字自救互救知识，向公众普及急救知识。

【做好“爱心工程”】 2010年6月8日，市红十字会召开岳阳市“爱心助学”工作会议。市红十字会在全市开展爱心助学工程，为社会各界爱心力量搭建一个奉献爱心的平台，以选定108名贫困生作为市红十字会资助对象。为14位白血病患者争取中国红十字基金会救助金42万元，受到社会各界广泛好评。

【坚持做好献血献髓工作】 2010年是《2009～2010年血液目标管理》的最后一年，为确保目标的落实，市红十字会进一步加大宣传工作力度，制订无偿献血活动计划。6月13日，由市红十字会、市政府献血办公室、市中心血站主办、岳阳职业技术学院协办的岳阳市“6·14”世界献血者日宣传暨“爱心捐血、乐游全球”全员招募活动启动仪式在商业步行街中心广场举行。7月16日，组织红十字学校新青年职业学校开展无偿献血活动。9月28日，组织安利岳阳分公司开展无偿献血活动。9月26～31日，在岳阳市各大高校启动“让生命在爱中延续”造血干细胞宣传及志愿者招募活动周。11月4～11日，启动市直卫生系统无偿献血活动周。全年各级红十字会组织近7000人参加无偿献血，累计献血量达245万毫升。完成造血干细胞志愿者2000人份入库，成功捐献造血干细胞2例。实现52例成功捐献，造血干细胞捐献工作仍位居全国同等城市第一。

（本栏撰稿　隋秉华）

责任编校　龚英明

岳阳军分区

军分区党委常委在讨论营院建设。左起：雷体全、郭玉锁、常建国、陈吉辉、袁建华、胡小合

司令员陈吉辉在临湘市黄盖湖镇指挥抢险救灾

政委常建国慰问退伍和伤残军人

欢送新兵入伍现场

现役干部集训总结大会现场

岳阳市民兵应急分队拉动演练

民兵舟桥营演练

民兵森林扑火分队演练

2011年6月23日，全国总工会党组书记、副主席、书记处第一书记王玉普，省委副书记梅克保，省委常委、省委组织部部长黄建国到市困难职工帮扶中心检查指导工作

2011年1月12日，全国总工会副主席马培华（右一）到岳阳调研并慰问长江动力机械厂困难职工

岳阳市总工会

2011年3月4日，市委书记易炼红到市总工会调研群众工作

2011年3月25日，市委常委、市委组织部部长严华在全市“春季要约行动”启动会上作重要讲话

2011年6月23日，全省党建带工建、和谐促发展现场经验交流会在岳阳召开

岳阳市工业园区“抓组建、促发展”工作会议现场

中共岳阳市委党校

2010年秋季主体班开学典礼，市委常委、组织部部长、市委党校第一校长严华作主题报告

中共岳阳市委党校、岳阳市行政学院、岳阳市社会主义学院实行三校合一体制，2006年9月升格为大专体制、副厅级单位。现有在职教职员工90人，其中专兼职教师41人，高职16人，下设15个处室。校园占地面积14.27公顷，总建筑面积2.87万平方米，有综合楼、教学楼、图书馆各1栋，藏书4万册，多媒体教室12个，学员宿舍楼5栋，床位589个，形成了功能齐全的教学生活服务体系。市委党校始终按照中央精神和省、市委要求，坚持正确的办学方向，不断深化教育培训改革，扎实推进理论研究，积极参与决策咨询，为提升全市干部队伍整体素质、实现岳阳经济社会又好又快发展发挥了十分重要的作用。3年来，举办各类主体班52期，培训学员3060人次，与部门联合办班培训各类人员13917人次，招收函授在职研究生200人，全面完成市委大规模培训轮训干部的阶段性任务；完成省、市级调研课题28个，出版著作、编著22部，发表论文185篇，部分课题成果被省、市有关部门采纳。

校长朱葆芝到屈原管理区委党校调研指导工作

组织主体班学员到人防教育基地进行体验教学

全市干部教育培训工作会议在市委党校召开

举办主体班模拟竞聘演讲答辩比赛

湖南省科学社会主义学会2010年年会在岳阳召开

市委组织部副部长、市委老干部局局长张赟陪同市级老领导罗传根、高碧云等到工地考察

2011年8月，市委老干部局、市老年大学举行办公楼装修落成揭牌仪式。市委原副书记、市老年大学校长罗传根，局长张赟和全体工作人员合影

摄影：杨亚中、刘湘平、宋仲斌、艾君民

中共岳阳市委老干部局

庆祝中国共产党成立90周年，在岳阳文化艺术会展中心举行“老少牵手颂党恩”才艺大赛

建党90周年前夕，局长张赟代表市委市政府慰问企业离休老干部，送上《中共中央组织部慰问信》和慰问金

全市老干部工作、关心下一代工作暨“双先”表彰会在南湖宾馆召开，市委书记易炼红出席并作重要讲话

岳阳市公安局

2010年12月8日，全省执法勤务建设现场会在市公安局召开，市政府副厅级干部、公安局局长丁阳云，常务副局长唐文发陪同检查

2010年6月10日，局长丁阳云率警令部、后勤装备部、督查支队负责人到岳阳楼分局检查城市“五创”提质工作

2010年5月18日，警务督察支队民警现场查处违驾警车

禁毒支队民警向市民宣讲禁毒知识

2010年11月26日，召开全市公安机关创先争优活动推进会

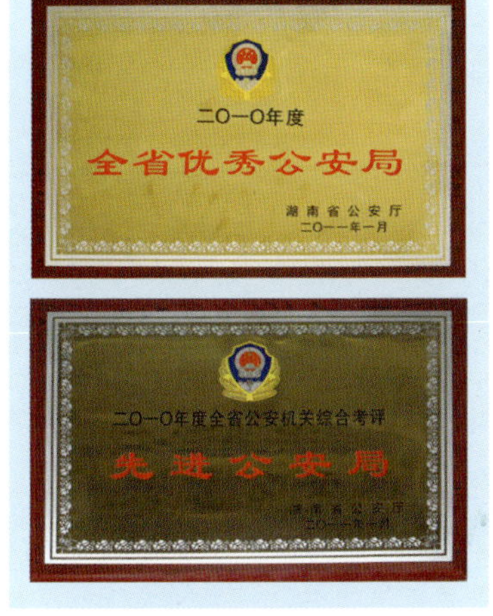

摄影：吴明治

2010年9月2日，市公安局在会展中心举行反恐怖演练

岳阳市人民检察院

澳门特别行政区检察长何超明（右三）率澳门检察代表团到岳阳参观访问

市检察院办案用房和专业技术用房建设开工奠基仪式

举行公开宣誓活动，湖南卫视新闻进行了专门报道

应邀参加“检察开放日”活动的各界代表实地参观市检察院办案工作区，听取对办案工作区全程录音录像系统的介绍

庆祝中国共产党建党90周年暨表彰大会

湖南省检察理论研究年会在岳阳召开，市检察院检察长朱必达撰写的《涉检上访的成因与对策》获一等奖

岳阳市人民防空办公室

市委书记易炼红，市委常委、副市长韩建国在商业步行街广场与东茅岭路地下人防工程现场调研

市长黄兰香在商业步行街广场与东茅岭路地下人防工程现场调研

军分区司令员陈吉辉在商业步行街广场与东茅岭路地下人防工程现场调研

市人大主任李湘岳在商业步行街广场与东茅岭路地下人防工程现场调研

主任曲安江到平江县黄金洞乡抛石村扶贫点捐赠扶贫资金

执法人员深入基建工地核查建筑工地报建手续

团结务实的领导班子。左起：副主任李佳军、纪检组长贾建中、副主任孟庆杰、主任曲安江、副主任许其良、徐光华、总工程师何厚应

岳阳市物价局

市长黄兰香在局长殷清华陪同下调研市场蔬菜价格

开展服务新农村建设价格维权进农村活动

全市民生价格监管年活动启动仪式现场

庆祝建党90周年开展党史知识竞赛活动

开展赈灾募捐活动

开展纪念"12358"价格举报电话成立10周年活动

全市125家价格诚信创建单位承诺签名

举办第一届机关羽毛球赛

中共岳阳市委

中共中央政治局常委、国务院总理温家宝，中共中央政治局委员、国务院副总理回良玉到岳阳视察

2009年12月1日，中共中央政治局常委李长春到岳阳视察

2010年4月14日，原中共中央政治局委员、中央军委副主席、国务委员兼国防部长迟浩田一行到岳阳视察

2009年10月31日，十一届全国政协副主席阿不来提·阿不都热西提到岳阳视察

“十一五”期间，市委市政府接待处在市委、市政府的正确领导下，以科学发展观为指导，深入贯彻落实党的十七大精神，认真践行民本岳阳的执政和发展理念，全面加强自身思想、作风、组织、廉政和执政能力建设，着力形成大接待、大服务的工作新格局。市接待处通过总结多年接待工作经验制定的《重宾与重大活动接待工作流程》、集体创作的接待之歌《您来到这里》，以及为重宾赠送的集重宾在岳阳考察观光时的留影、画册、集邮于一体的《岳阳印象》成为全国接待部门首创。先后多次被评为全省优质服务竞赛先进单位， 2006年获中国十大爱情故事评选活动接待工作先进单位，2007年获得湖南旅游节开幕式重要贡献奖、奥运火炬传递活动暨维稳工作突出贡献奖，2008年获得湖南经洽会暨第二届湘商大会承办工作先进单位、全市招商引资工作先进单位、城市语言文字工作先进单位，2009～2010年获得全市党风廉政建设工作和机关作风建设先进单位、社会综合治理工作先进单位、计划生育工作先进单位等多项荣誉称号。成功接待了李长春、刘云山、司马义·艾买提、毛致用、黄孟复、成思危、盛华仁、徐匡迪、罗豪才、迟浩田等党和国家领导人以及中国国民党主席吴伯雄、亲民党主席宋楚瑜，成功接待了中国十大爱情故事颁奖晚会、湖南旅游节开幕式、奥运火炬传递、第二届湘商大会等大型活动。接待工作着力突出个性化、人性化服务，努力提升文化品位，做到领导满意、来宾满意，受到上级领导、来岳宾客和社会各界的好评。

市政府接待处

2009年7月12日，中国国民党主席吴伯雄到岳阳视察

2009年11月11日，台湾亲民党主席宋楚瑜到岳阳视察

市委副秘书长、接待处处长喻文在接待处反腐倡廉教育动员会上，讲党风廉政课

组织党员代表参观革命圣地井冈山，重温入党誓词

贯彻落实市委书记易炼红“三更”讲话精神，加强宾馆管理工作座谈会

组织政务接待模拟讲解大比武

岳阳市人力资源和劳动社会保障局

省委常委、常务副省长于来山在市长黄兰香、市委副书记盛荣华等领导陪同下，视察人力资源社会保障工作服务窗口

省人力资源和社会保障厅党组书记赵湘平在市委常委、常务副市长郭振斌陪同下考察零就业家庭就业援助工作

市委书记易炼红，市委常委、市委秘书长赖社光，市委常委、市纪委书记康代四，市委常委、市委组织部部长严华等领导考察人力资源社会保障工作

市委副书记盛荣华到市人力资源和社会保障部门调研机构人事编制工作

“十一五”期间，岳阳市推进高层次、高技能人才工作，组织实施新世纪121人才工程、高技能人才振兴工程、科技领军人才培养重要计划、百名海外高层次人才引进计划等一系列人才培养引进工程。图为北京地区8名博士到岳阳考察见面会现场

社会保险经办机构面向企业和群众开展“三优”（优良作风、优美环境、优质服务）受到社会各界赞誉

2010年11月18日，新组建的市人力资源和社会保障局、市公务员局举行挂牌仪式,市委副书记盛荣华，市委常委、常务副市长郭振斌，市委常委、组织部部长严华，市人大常委会副主任余炳锐，市政协副主席柴小平，市委党校校长朱葆芝等共同揭牌

经常举办人才招聘和劳务交流会等活动，促进优化人力资源配置，帮助企业解决用工需求，引起社会各界和广大求职者的热烈反响

设施先进、功能齐全、服务优质的湘北人才市场

湖南陆军预备役步兵师第三团

广州军区副政委刘良凯中将到岳阳视察

军民鱼水一家亲

向玉树地震灾区捐款

2010年，湖南陆军预备役步兵师第三团在上级党委、岳阳市委市政府、岳阳军分区的正确领导下，围绕“狠抓根本、突出重心、提升质量、确保安全”的工作思路，扎实抓好各项工作落实，圆满完成上级赋予的各项任务，团队建设取得新的发展。被国务院、中央军委授予全国防汛抗旱先进集体称号；政治处宣保股被广州军区评为政法工作先进机关；团被师评为全面建设先进单位；3人参加广州军区和湖南省军区优质课评审，3个课目取得全部优秀的好成绩，2人被广州军区评为优质课评比第二名；学习型党组织建设活动中，通信连长何磊被广州军区评为学习成才先进个人。

官兵在临湘黄盖湖抗洪抢险

组织预任军官集训

组织整顿暨党支部学习整顿动员部署大会现场

中国人民武装警察部队岳阳市支队

支队长邓海兵在一线指挥部队执勤

政委彭勇辉看望一线执勤官兵

2010年，武警岳阳市支队坚持以科学发展观为指导，团结奋进，锐意进取，圆满完成了以执勤处突为中心的各项任务。支队被国家防汛抗旱总指挥部、人力资源和社会保障部、解放军总政治部评为全国防汛抗旱先进集体，被武警总部评为连续5年以上三无单位，荣立集体三等功。一是思想政治建设扎实有效。确立“七个关注”的工作指导思想，坚持党委中心组带机关基层学习制度，注重考察帮建，举办基层党委（支部）书记培训班，增强班子活力。开展“培育当代革命军人核心价值观，永远做党和人民忠诚卫士”主题教育，官兵思想稳定。制定人才队伍建设规划，通过送学、自考、函授等方式提高官兵学历层次，90%以上干部达到本科学历。新闻宣传工作成绩显著，总队排名第一。全年有1人荣立二等功、41人荣立三等功、215人评为优秀士兵。二是中心任务完成圆满。坚持党委议中心制度，开展正规化执勤等级评定和“三共”、“三个一遍”等活动，完成和上勤监门哨10处，排查和消除执勤隐患22处，成功处置2起犯罪嫌疑人（犯人）企图脱逃事件。严密组织重大临时勤务，全年出动兵力4856人次，车（船）350台（艘）次，完成春运执勤、“两会”安全保卫、城市武装巡逻以及中央领导到岳视察警卫、武装押解等临时勤务193起。三是基层建设稳步推进。全年累计投入180余万元，维修营房1万余平方米，添置维修营具2000余件。成功召开市委武警工作会议，下发会议纪要和《关于进一步加强市武警部队建设的意见》，帮助解决支队建设难题。直属大队党委、平江县中队党支部被总队评为先进党委（支部），华容县中队被总队记集体三等功，直属大队和三中队、四中队、华容县中队、平江县中队、湘阴县中队均被总队评为先进大（中）队。

2010年度工作表彰大会现场

武警官兵在临湘市黄盖湖镇抗洪抢险

支队官兵在野生荷花节开幕式现场执勤

组织紧急拉动演练，提高部队战斗力

岳阳市公安消防支队

消防官兵在300年一遇洪涝泥石流灾害事故现场搜救被埋压群众

消防官兵解救被洪水围困群众

消防官兵为市民送水解忧

消防官兵在交通事故现场紧急施救

举行大规模的水上综合应急救援联动演习

消防官兵在市区至高速公路连接线上扑救失火车辆

岳阳市卫生局

卫生部部长陈竺到岳阳视察卫生工作

卫生部副部长尹力在君山调研血防工作

副省长郭开朗在医疗纠纷调解中心调研

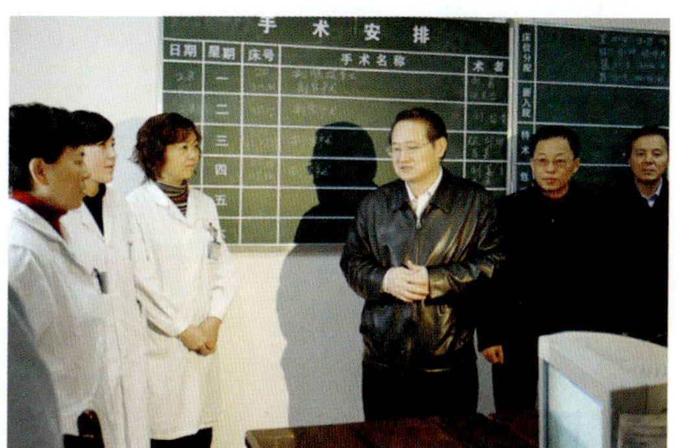

市委书记易炼红，市委常委、市委秘书长赖社光慰问市二医院医务工作者

全省预防和处置医疗纠纷工作经验交流会在岳阳召开

全省城市社区卫生服务现场经验交流会在岳阳召开

全市卫生工作总结表彰大会

岳阳市卫生系统干部上挂下派交叉任职启动仪式

市委书记易炼红在局长罗黑皮陪同下到施工现场调研

高等级公路路面施工现场

岳阳市公路局

美观的相思山旅游公路——县道X033云钓线

市公路桥梁基建总公司承建的岳阳大道

市公路桥梁基建总公司承建的沿湖风光带公路

国道106平江县姜源岭段桥隧相连，昔日的“鬼见愁”成通衢大道

一桥连三岸，天堑变通途——市公路局承建的湘阴临资口大桥

岳阳市民政局

市委书记易炼红到市社会福利院调研指导工作

省民政厅厅长余长明到华容县万庾镇黄山村考察社会救助基层基础建设

2010年，岳阳市民政系统干部职工坚持民本岳阳的执政和发展理念，忠实践行“以民为本、为民解困、为民服务”的民政宗旨，不断推进民政工作科学化、规范化、社会化，有力推动民政事业健康快速发展。先后被评为全省民政工作先进集体、民本岳阳建设先进集体、绩效评估先进集体、为民办实事先进集体。一是民生保障工程有新突破。市城区城市低保标准提高40元，每月260元；农村低保标准提高420元，每年1320元。开展社会救助阳光行动，进一步提高社会救助的透明度、满意度和公信力。科学应对“6・19”、“7・8”特大洪灾，争取和发放救灾资金7000多万元，紧急转移安置灾民5万多人，确保灾民的正常生活。全市4570户农村危房改造和倒房恢复重建工程基本完成。岳阳市特困家庭大病医疗慈善救助基金规模突破3200万元。二是公共服务工程有新亮点。社会福利机构养老服务床位利用率达95%以上。投资2600万元的市儿童福利院，年底竣工投入使用。申报39个社会福利事务类建设项目。在中心城区新建、改扩建49个社区办公服务用房。建立市级领导及市直单位联点扶建中心城区社区制度。深入开展双拥模范城创建活动，岳阳市被评为省级双拥模范城。全市婚姻登记机构全部达到全国婚姻登记规范化标准。对中心城区主干道和小街小巷路牌进行升级更新。三是队伍建设工程有新进展。组织民政系统干部职工开展“进千家门、认千家人、知千家情、解千家难”的“四千”活动，民政队伍知民意、察民情、解民难的能力和水平进一步提升。

全市民政残联工作会议

举办全市基层民政干部、敬老院院长培训班

华容县新河乡敬老院老人们其乐融融的生活

局长　黄伯良

局长黄伯良到富河科技考察安全生产工作

岳阳市安全生产监督管理局

团结务实的领导班子

开展全市安全生产咨询日活动

全市危险化学品应急救援演练

省国土资源厅厅长方先知一行到岳阳调研

市长黄兰香到国土资源局调研

岳阳市国土资源局

局长杨克参加岳阳人民广播电台行风热线节目

市国土资源局新办公楼奠基仪式现场

市国土资源系统开展法律法规知识竞赛活动

岳阳市首宗国有建设用地使用权网上拍卖成功

中华人民共和国岳阳海事局

党委中心组学习

纪念建党90周年暨表彰大会

岳阳海事局自2003年成立以来，各届领导班子不断加强自身建设，引领科学发展的能力有效提升。在发展的进程中，海事监管能力不断提高，队伍整体素质明显提升，海事文化建设稳步推进，党风廉政和党建工作取得显著成效。一、思想政治建设成效卓著。以党委中心组学习为基点，抓实职工队伍理论教育，组织干部理论培训、党员轮训、主管培训班近10余期，参学率95%以上。以各种主题活动为载体，抓好党员干部党性修养，开展"三个代表"学习和"四项教育"活动、"保持共产党员先进性"教育活动、"学习实践科学发展观"活动及"创先争优"主题实践活动，组织党员干部撰写学习笔记、心得千余篇。二、干部队伍建设稳步推进。实施干部人事制度改革，形成完整的干部管理制度体系，在严格干部选拔任用制度的同时实行竞聘上岗制，科以上干部竞聘上岗率近100%；实施人才强局战略，开展队伍"两化"建设，建立专业学习小组10个，确立10名学科带头人，建立"115"人才库，开展后备人才的动态管理和选拔培养。三、基层党组织建设不断夯实。完善基层党组织建设；严格工作程序，做好发展工作，不断改善党员队伍结构；先后有多个基层党组织获得部海事局，长航局、长江海事局优秀基层党组织称号，有多人次获得优秀党务工作者及优秀党员称号。四、党风廉政建设扎实深入。率先实施纪检组派驻制，形成纪检工作113机制；聘请行风监督员，建立行风内外网络，开通免费投诉电话及网上举报，畅通监督渠道；开展廉政风险源排查，明确监督重点；组织开展廉政教育月、社会行风监督员座谈会、月度行风暗访、作风整顿等廉政活动10余次，查处违纪违法案件一起；实现连续4年行风政风建设"两个为零"。五、精神文明建设亮点纷呈。几年来，在行业主流媒体发表新闻1300余篇，展现良好的海事形象。海事文化建设推陈出新打造行业文明。传承忧乐精神，形成岳阳海事文化体系，树立起"潇湘三江，人水和谐"的文化品牌，并以此凝聚人心，让岳阳海事文明形象深入人心：全局5个海事处均被评为长江海事局标准化海事处，岳阳海事局先后获市文明标兵单位、省文明单位、长江海事局文明单位、交通部海事系统文明达标单位等荣誉称号百余项。

通过全局干部职工的不懈努力，岳阳海事局完善机制、创新载体、规范管理、狠抓落实，党组织的凝聚力和战斗力切实加强，领导班子和干部队伍推动科学发展的能力和水平得到新提高，党风廉政建设取得新成效，海事影响力和社会满意度得到新提升。

庆祝建党90周年新党员入党宣誓

庆祝建党90周年红色之旅进行革命传统教育

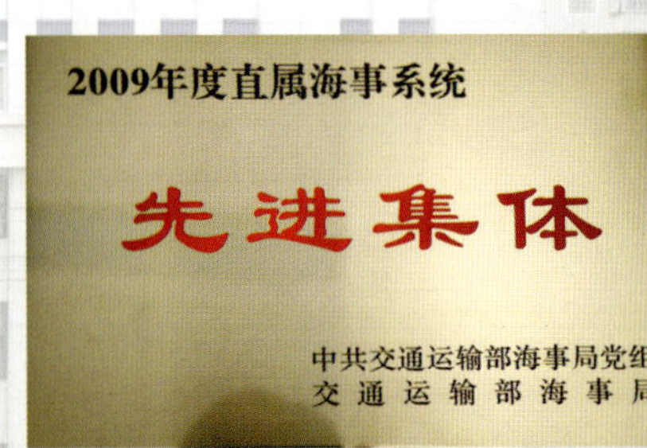

2009年度直属海事系统

先进集体

中共交通运输部海事局党组
交通运输部海事局

庆祝建党90周年，新党员在井冈山革命圣地宣誓、老党员重温入党誓词

“十一五”期间，全市港口货物吞吐量增长3倍，稳居“湖南第一港”位置，在全国内河主要港口中排名从14位跃居第7位；本港运力增长240%，外港来岳参运船舶增长4倍，运输船舶平均吨位达970总吨增长203%；新建成或新开工千吨级泊位达17处、千吨级以上航道工程建设2处，港航建设总投资超过10亿元，超过改革开放以来前五个五年计划的总和，全市港口通过能力增加2000万吨，全面实现港口作业机械化；港口航运经济对GDP贡献增加3个百分点，水路交通规费对各级财政贡献增长近4倍，拉动就业增加2万人。

岳阳市地方海事局

救援指挥中心巡航艇

洞庭湖水上应急救援指挥中心一期土建工程全景

岳阳洞庭湖水上应急救援指挥中心是省地方海事局、市政府、市地方海事局共同投资建设的一项水上公益工程、民心工程。项目预算投资8000万元，分三期建设。一期为土建工程，投资4000万元。一期工程于2010年12月26日竣工。2011年启动二、三期项目建设。二期为水上监控网络工程，投资2000万元。主要包括覆盖全市水域和港口的视频监控系统、AIS船舶自动识别系统、GPS卫星定位系统，对船舶航行和港口生产提供水文、气象、风力、航道等适航信息服务和全天候监控。三期为水上立体救援工程，投资2000万元。主要包括配置功能齐全的各类水上救援船艇和搜救、打捞设备设施，配置救援直升飞机，提高救援效率和救援能力，形成快速高效、水空一体的现代化安全监控、应急救援体系。

水上消防演习

市委书记易炼红考察地税工作

党组书记、局长　方志平

岳阳市地方税务局

团结务实的领导班子

局长方志平参加岳阳市财政收入过百亿元新闻发布会

地税青年志愿者上街扫雪

地税干部走上街头服务“五创”

全市地方税收工作会议现场

岳阳市审计局

省审计厅副厅长胡吉祥（右六）指导岳阳地方性政府债务审计工作

局长　罗陆平

九江市审计局局长胡伟华（左二）一行到岳阳考察

举办审计干部书法展

庆祝中国共产党成立90周年举办审计系统篮球赛

计算机辅助审计案例演示汇报会现场

岳阳市环境保护局

市委常委、副市长韩建国，局长李国保做客岳阳电视台宣传环保工作

局长李国保深入企业检查环境安全隐患

举办首届环境监测技能比武暨选拔赛

开展环保宣传活动

岳阳市城区蓝天工程动员大会现场

岳阳市住房和城乡建设局

青年中路

市委书记易炼红督查青年东路王家河桥建设

党组书记、局长谈正红带队上街开展城市“五创”文明劝导工作

市长黄兰香、副市长韩建国考察黄梅港污水厂工程建设

建设中的青年路王家河桥

市住房和城乡建设局以“五加二、白加黑、8+X”的工作状态强力推进城建重点工程

市长黄兰香陪同省长徐守盛在城陵矶临港产业新区考察

市委书记易炼红到云溪区污水处理厂调研

岳阳市招商局

“十一五”期间，在市委市政府的正确领导下，市招商局围绕“大招商、招大商、大引资、引大资”的战略部署，不断地招大引强、求优创新。全市共引进项目1452个，到位资金639.9亿元，利用外资4.7亿美元。先后引入中交集团、江苏雨润集团、北控水务集团、中国建材集团、中国物流集团等国际、国内500强企业20家。成功引进颐通管业、雪花啤酒、建华管桩、海螺水泥等73个投资过亿元的重点项目。

2008年来，连续3年获得市政府绩效考核先进单位，2008年、2010年获得民本岳阳考核先进单位；连续3年获全省内联引资工作先进单位、经协基础管理工作先进单位、贸促基础工作先进单位。工业引资到位资金连续3年居全省第一。

2010年上海世博会“岳阳端午文化日”活动现场

2010年岳阳上海投资推介会签约仪式现场

岳阳市素质教育中心

岳阳市教育局

2010年，全市教育系统深入学习贯彻党的十七届五中全会精神，加快推进教育强市，教育事业进一步发展。岳阳市“两基”覆盖率100%，学前三年教育入园率达68.1%，小学、初中适龄儿童入学率均达100%，年辍学率均控制为0，三类残少儿童义务教育入学率达 87%，汨罗市被评为全省推进义务教育均衡发展先进市。普职分流保持大体相当，高考排名全省第三，全市录取二本以上考生12528人，21人录取清华、北大。市一中胡佳胤夺得全省文科“状元”，理科考生刘杰获全省第二。职业教育全省第一，毕业生就业率98%，其中对口就业率达71%，建设县级职教中心的经验在全省产生重大影响，做强做优职业教育的经验上《湖南日报》头版头条。素质教育有创新发展，未成年人思想道德教育闻名全国，君山区许市镇中学“开放式课堂教学”改革引起省内外专家学者的广泛关注。民办教育发展势头良好，综合排名全省先进。教育投入稳步增长，全市教育经费达31.5亿元，比2009年增长24.1%。

市委书记易炼红陪同省政协主席胡彪考察岳阳教育工作

党组书记、局长　王志明

市领导易炼红、黄兰香、赖社光为烟草物流园奠基

市长黄兰香到烟草局调研

岳阳市烟草专卖局

省烟草局（公司）副总经理程晓邵走访烟草市场

岳阳烟草物流配送线路优化暨节能降耗座谈会现场

组织干部职工向灾区捐款

2010年全省烟草系统男子篮球赛岳阳代表队获得冠军

召开全市烟草市场综合治理六无示范街商家动员大会

组织卷烟分拣技能比武考试

岳阳市邮政局

党委书记、局长李少锋在临湘市聂市邮政所指导抗洪救灾

召开政风行风民主公开评议会，接受市民和媒体的监督与评议

举办“营销强局、文化强局”春节颁奖晚会，领导班子与演员们合影

2010年，岳阳市邮政局继续深化改革、加快发展、强化管理、提升服务，各方面工作取得了新的成绩。全市邮政业务收入实现2.51亿元，比2009年增长0.2亿元。

全年投资1200多万元，对全市39个营业网点实施标准化改造。启动全市56个空白乡镇邮政局（所）的补建工作，在市委市政府的统一部署下，将于2012年全面完工投入使用。在社区服务站开通报刊收订，代收移动、电信、联通话费、电费，福彩投注等业务的基础上，叠加特快收寄、代售机票等系列便民服务。推进服务“三农”工作，投入1000余万元，建立“三农” 服务站1030个，年分销农资5000多万元，配送化肥2000多吨，配送家电下乡2000余台，代发涉农资金16多亿元，发放小额信贷3.2亿元。积极参与“五创”提质工作，以政风行风建设为契机，接受社会监督、评议，高标准完成政风行风建设达标任务，提升服务意识，客户满意率达95.3%。以创建平安企业为载体，全面参与社会治安综合治理管理工作，被市委授予2010年度社会治安综合治理工作先进单位称号。

岳阳县月田乡花苗段乡邮员徐永辉服务大山百姓8年如一日，被省委省政府授予2010年全省劳动模范荣誉称号

为给市民提供更优质的服务，对全市39家网点进行改、扩建工程。图为云溪路口邮政旗舰店开业场景

市委书记易炼红在社科联调研

社科联主席　胡中习

岳阳市社会科学界联合会

召开市情对策课题研讨结题会

召开岳阳市社科理论界"提高文明城市创建工作科学化水平"座谈会

岳阳社科网

岳阳市旅游局

举办2010“五湖牵手五岳”暨“天下洞庭”国际音乐焰火晚会

国家旅游局党组成员吴文学检查岳阳创建国家AAAAA级景区工作

市长黄兰香在“五湖牵手五岳”活动上致辞

副市长蒋锋调研岳阳旅游工作

组织党员干部学习

摄影：杨一九　张耀华　汤志坚

岳阳市发展和改革委员会

市长黄兰香、副市长蒋锋、市发改委主任刘铁健陪同省发改委主任胡衡华调研临港产业新区港口经济发展

市发改委主任刘铁健陪同省发改委副主任黄河深入企业调研

全市"十二五"规划纲要草案征求意见暨项目对接

半年形势分析暨科室工作讲评会

团结务实的领导班子。左起：纪检组长夏安民，副主任陈辉，副主任唐检保，副主任张鑫，党组书记、主任刘铁健，党组副书记、副主任余国祥，副主任易灿，副主任欧阳思平，总经济师蒋仕林

国家工业和信息化部副部长刘利华到岳阳调研指导工作

市委书记易炼红到市经信委调研指导工作

岳阳市工业经济信息化委员会

主任文春方到湖南桑乐太阳能有限公司调研

岳阳市实施民营岳阳工程发展非公经济工作会议

湖南中南科伦药业有限公司生产车间

岳阳东方雨虹防水技术有限责任公司生产车间

巴陵分公司己内酰胺生产装置

摄影：梁 伟

国务院总理温家宝，副总理回良玉到岳阳视察，市委农村工作部部长、市政府农办主任华克敏向温家宝总理汇报工作

国家农业部部长孙政才在湘阴县考察沼气池建设

中共岳阳市委农村工作部
岳阳市人民政府农村工作办公室

“十一五”期间，市委农村工作部、市政府农办深入贯彻落实科学发展观，努力践行民本岳阳执政和发展理念，大力发展现代农业，全面加快新农村建设步伐，全市农业农村经济社会保持平稳较好的发展态势，主宗农产品稳定发展。粮食播种面积巩固增加到53.34万公顷，总产量保持在300万吨以上；肉类总产量每年以4%的速度增加；水产品总产量保持在36万吨以上，稳居全省第一。农业综合效益稳步提升。2010年，全市实现农林牧渔业总产值326.4亿元，比2005年增加121.8亿元，年均增长9.8%；实现农业增加值215.5亿元，比2005年增加88.7亿元，年均增长11.2%。农民人均纯收入持续增长。由2005年的3613元增长到2010年的5988元，年均增长10.6%。农产品加工企业由2005年的1165家发展到2010年的2617家，其中规模农产品加工企业由264家发展到368家；农民专业合作社由2005年88个增长到2010年的382个。农村基础设施不断改善，各级各部门累计整合新农村建设资金物资82.9亿元，硬化乡村公路1.3万公里，改水改厕55万农户,精心打造19个示范片（102个村）和400多个示范村，初步形成支柱产业不断壮大，基础设施逐步完善、村容整治成效显著，生态环境有效改善，社会事业整体推进的良好局面，农村生产生活条件发生了翻天覆地的变化。

市长黄兰香在湖南岳阳农博会茶叶展区现场指导

2010年10月19～28日，湖南岳阳农博会在市区东风广场举行，省委农村工作部副部长、省政府农村工作办公室副主任戴美湘，市委副书记盛荣华，市委常委、市委统战部部长李劲夫，市人大常委会副主任包忠清等领导出席开幕式

汨罗市万头生猪养殖场

临湘市源潭镇网箱养鳝基地

君山区广兴洲镇蔬菜生产基地

岳阳市水务局

局长　骆岳梨

岳阳市水务局主要负责市域内的水资源开发、利用、管理及供水用水行业管理；负责全市防洪、治涝、灌溉等水利水电工程建设与管理；负责全市各类水利工程设施、水域及其岸线的管理与保护；负责重大涉水违法事件的查处；指导水政监察和水行政执法工作等。“十一五”时期，全市投入水利建设资金36亿元，兴建水利工程25.6万处，完成土石方3.1亿立方米，培修加固堤防441公里，完成131座病险水库的除险加固。完成中型以上灌区配套5处157公里。完成12处骨干排涝泵站的更新改造。解决农村饮水不安全人口100.49万人。治理水土流失面积133平方公里。水利基础设施的支撑保障能力得到全面提升。水政水资源管理有序推进。出台《岳阳市取水许可和水资源费征收管理办法》、《岳阳市城市供水用水管理规定》等一系列执行水法规的配套文件，查处水事违法案件800多起，调处水事纠纷520多起，查处非法采砂淘金船 580多条。五年来，岳阳市水行政执法连年评为全省先进，2005年该局被评为全国水资源管理工作先进单位，2007年获得全省水利建设竞赛“芙蓉杯”；山洪灾害防御和抗旱救灾、水土保持、宣传教育、河道管理、水利科技、质量监督等工作先后被评为全省先进；2008年获岳阳市建设民本岳阳先进集体，计划生育、招商引资、新农村建设帮扶、政务公开、安全生产、建议提案办理、行政执法、实事承办等工作先后被评为岳阳市先进。

长江干堤加固工程

水库除险加固工程

小型农田水利建设

农村饮水安全工程

岳阳市铁山供水工程管理局

局长刘海波陪同市委书记易炼红，市长黄兰香，市委常委、副市长韩建国考察供水管道建设

铁山供水工程是湘北最大的水利工程，由水库、枢纽、灌区、城镇供水工程四大部分组成，具有城镇供水、灌溉、防洪、拦砂、发电、养鱼、旅游等综合效益。铁山水库工程于1977年动工兴建，1982年竣工关闸蓄水，总库容6.9亿立方米，正常蓄水位92.2米，水面4133.33公顷。铁山灌区以新墙河为界分南北两大灌区，设计灌溉岳阳县、汨罗市、临湘市、岳阳楼区、经济技术开发区农田6.36万公顷。市区供水工程由金凤调节水库，一水厂、二水厂和岳化供水管道组成，日供水能力40万吨。该局加强工程管理的同时，实现综合开发，水库年产鲜鱼75万公斤，注册的“相思湖牌”鱼产品，被中绿华夏有机食品认证中心确认为有机食品。2009年，实现总产值1.86亿元，被市政府授予市直单位绩效考核先进单位。2003年获得湖南省文明建设先进单位和全国水利管理先进集体。

召开纪念中国共产党成立90周年庆祝大会

市自来水公司参加岳阳楼区党员奉献日活动

为确保市民正常用水，自来水公司把有计划的抢修安排在晚上10点钟后。图为自来水公司深夜抢修现场

供水管道建设施工现场

岳阳市工商行政管理局

市委书记易炼红，市委常委、市委秘书长赖社光到工商局调研

取缔无照经营食品店

市工商局君山分局捣毁地沟油生产窝点，现场查扣地沟油2450公斤

庆祝“3·15”国际消费者权益日大会现场

市工商局信息化应用大比武

岳阳市第二届个体私营企业银企融资洽谈会现场

全市工商系统红盾护农启动仪式

岳阳市人口和计划生育委员会

国家人口计生委主任李斌在原副省长甘霖、省人口计生委主任李万郴、市委副书记盛荣华的陪同下到岳阳考察人口计生工作

省长徐守盛到岳阳考察人口计生工作

全国计划生育手术并发症人员扶助制度试点工作会议在岳阳召开

举办计划生育技术服务人员比武竞赛活动

春节期间在君山区举行“计生下乡”宣传咨询服务活动

计划生育宣传车巡回宣传

中央综治办主任陈冀平（右二）到岳阳医患调解中心调研

岳阳市司法局

党组书记、局长　张群望

岳阳市司法局坚持以科学发展观为指导，围绕市委市政府的工作大局，充分发挥法制宣传、法律服务和法律保障等职能作用，开展“司法行政大动员，化解矛盾促和谐”专项维稳、“应对金融风险，促进富民强市”专项法律服务、“实现‘两个维护’，化解矛盾纠纷”专项攻坚等三大主题活动，为促进岳阳社会经济实现科学跨越式发展，确保社会大局稳定作出了积极贡献。该局先后被市委市政府评为社会治安综合治理先进单位、平安单位、党风廉政建设和反腐败工作先进单位、信访工作先进单位；被省司法厅授予“司法行政大动员，化解矛盾促和谐”先进单位和“应对金融风险，促进富民强市”专项法律服务活动组织工作一等奖；市公证处被省委政法委、省人事厅评为全省优秀政法单位，记集体一等功；市法律援助中心被评为全国法律援助工作先进单位；市劳教所先后被省司法厅评为省级现代化文明劳教所，被司法部评为部级劳动教养学校，被市委市政府记集体二等功，被省人事厅和省综治委授予2003～2006年度平安单位称号。

省司法厅厅长夏国佳在岳阳基层司法所调研

省司法厅副厅长王亲生在市劳教所调研

省“五五”普法检查组一行到岳阳检查验收

全市司法行政系统“实现‘两个维护’，化解矛盾纠纷”动员大会，市委政法委副书记李建安出席会议

岳阳市城市管理局

市委书记易炼红慰问城管执法队员

市长黄兰香慰问环卫工人

副市长韩建国主持召开中心城区户外广告集中整治大会，市纪委书记康代四作动员讲话。2010年先后拆除各类地面违规设置广告标牌3650余块，墙面和楼顶广告标牌1000余块

开展迎新春清洁家园活动

局长陈阁辉带领相关负责人集中步行巡查，现场挑刺

市政工人对桥梁设施进行养护维修

督促施工单位建立洗车平台，规定运输时间与路线、密闭改装运输车辆等措施，渣土扬尘污染治理取得历史性突破

市城管局系统转变作风管理提质动员大会

岳阳市体育局

市领导为岳阳市体育中心建设工程奠基

局领导班子成员在东风广场健身路径处现场办公。右起：纪检组长周赞，副局长陈跃进，吕敬国，党组书记、局长徐远杰，副局长李永波，王建农

岳阳体育工作坚持以邓小平理论、“三个代表”重要思想和科学发展观为指导，深入开展创先争优活动，各项体育工作取得较好的成绩。

局长徐远杰、副局长王建龙在建整扶贫点临湘市长塘镇古洞村调研

群众体育坚持“贴近中心、贴近基层、贴近群众”的工作思路，坚持以满足市民日益增长的体育需求为导向，努力提高人民群众健身意识。通过抓活动、抓组织、抓设施，基本建立起具有岳阳特色的群众体育工作和全民健身体系框架。全市每年举办的各类大项活动近300场，基本做到月月有活动，季季有赛事。群众体育网络建设快速发展，现有体育俱乐部43个、协会9个、社会体育指导员近千人。体育公益健身设施逐步健全，投资6.8亿元的市体育中心正在兴建当中。在全市机关、厂矿、社区先后铺设50多条健身路径，在6县市420个行政村铺设农民体育健身工程，总投入近1800万元。为推动全民健身运动深入开展，市体育馆和游泳馆暑假期间免费向未年人开放，全年提供免费健身场次200多场，接待健身人群近100万人次。

竞技体育工作以市体校、市游泳学校为龙头，省、市人才基地为重点。全市有省级体育传统项目学校8所，市级体育传统项目学校10所，省级体育后备人才培养基地3个，市级体育后备人才培养基地10个，市级训练网点学校10所。至2010年年底，全市向省以上输送体育专业人才近300名，从巴陵大地走向世界冠军领奖台的先后有赵璧龙、林军、李燕、王新强、文艳芳、余涛、杨唤等。岳阳籍运动员在国家级以上赛事中获得金牌128枚。2010年在省第十一届运动会上，岳阳代表团获得总分1241.5分，金牌32.5枚，3名运动员打破省青少年比赛记录，圆满地完成市委市政府下达的目标任务。

体育产业坚持以体为本，以体育彩票销售为支柱，以现有体育场馆设施为载体，以社会力量兴办体育为链条，积极营造体育市场。体育彩票销售增长形势喜人，全市有体彩销售网点180个，竞彩店11个，即开型彩票和竞彩排在全省前列。2010年全市体育彩票销售1.029亿元。

全民健身训练中心求索跆拳道馆的学生在表演

市体校射击队在训练

游泳馆暑假期间向未成年人免费开放

体育馆暑假期间向未成年人免费开放

岳阳市规划局

2008～2030年城市总体规划修编市域城镇体系规划方案评审会

党组书记、局长　曹学军

局领导班子。左起：副局长杨建军、纪检组长易湘清、局长曹学军、副局长陈江、党委书记李建军、副局长杨劲松、党组成员刘雪梅

拆除违法建设

市长黄兰香在住房公积金管理中心调研指导工作

副市长韩建国出席住房公积金联名卡发行仪式

岳阳市住房公积金管理中心

岳阳市住房公积金管理中心围绕“抓发展，保安全，强内控，增效益，惠民生，优服务”的总体目标，一直致力于住房公积金制度的建立和发展：一是总量规模迅速扩大。全市累计归集住房公积金57.84亿元，归集余额达40.13亿元，居全省第二位。二是民生效益十分明显。累计为28858户职工发放个人住房贷款23.49亿元，办理政策性提取17.70亿元，帮助15万多户无房职工和中低收入职工解决住房问题，直接受益人达45万多人。上缴财政增值收益资金2.88亿元。三是管理水平日臻完善。高标准完成住房公积金监管和信息系统的集成建设，开通公积金网站，发行住房公积金联名卡，建成省一级综合档案室，实现高效的信息一体化管理。四是社会形象不断提升。先后被评为全国“三八”红旗集体、省级文明单位、省级文明窗口单位、省级巾帼文明岗、省级青年文明号和全省住房公积金管理工作先进单位，在2010年市直单位政风行风民主评议民主测评和满意度调查中两项得分均排名第一。

团结奋进的领导班子

被中华全国妇女联合会授予全国“三八”红旗集体荣誉称号

市委书记易炼红到交通运输局调研创先争优工作

市长黄兰香与交通运输部长江航务管理局局长唐冠军在武汉签署《加快岳阳长江水运发展的战略合作协议》

岳阳市交通运输局

车辆停靠井然有序

“诚信经营、优质服务”主题签名活动现场

2010年12月28日，51路公交车正式运行（君山区柳林洲镇至岳阳火车站）

岳阳市洞庭湖大桥管理局

市委副书记盛荣华、市委副秘书长任小娟、市交通运输局局长龚柏松检查洞庭湖大桥抗冰救灾工作

局党组成员 左起：纪检组长胡利华、副局长钟鉴波、局长彭旅京、总工程师伏晓宁、副局长李华云

岳阳市洞庭湖大桥管理局于1996年成立，属正处级事业单位。洞庭湖大桥是湖南“九五”期间交通建设重点项目，路桥全长18.87公里，是国内最长的内河公路桥。该桥是湖南省桥梁界的一大科研项目，先后获得国家科学技术进步二等奖和交通部设计金奖，被全国土木工程学会评为首届中国十佳桥梁，获得国家土木工程领域最高奖项詹天佑奖。大桥通车十年来，局党组始终坚持以“收费、养护、安保”工作为中心，内抓管理，外树形象，各项工作良性均衡发展。先后获部级文明示范窗口、省级文明窗口、全国“安康杯”劳动竞赛先进、省级芙蓉标兵岗及市级文明标兵单位等荣誉称号。

局领导到桥梁美化亮化工程现场督导施工

局领导检查大桥结构安全设施

路政大队

朝鲜平壤艺术团《怒放的金达莱》访岳演出剧照

花鼓小戏《春雨》参加第九届中国艺术节文艺演出剧照

岳阳市文化广电新闻出版局

岳阳市文化广电新闻出版局是在原岳阳市文化局的基础上，经过2010年5月全市文化体制改革，整合原岳阳市广播电视局、岳阳市新闻出版局的行政管理职能成立的新局，加挂岳阳市版权局的牌子。

2010年，岳阳市文化广电新闻出版局以文化体制改革为动力，各项工作都取得较好的成绩。文化基础设施建设进一步加强，高标准完成了国家、省、市下达的广播电视村村通、农家书屋和乡镇综合文化站的建设任务。狠抓文艺精品生产，《今天有客来》、《春雨》、《背后的箫声》等优秀文艺作品在专业赛场都取得很好成绩。《今天有客来》和《春雨》在人民大会堂演出，获得中央领导李长春、刘云山的好评，双双荣获全国第九届艺术节“群星奖”金奖。完成“演艺惠民”送戏下乡980场、农村公益电影放映34187场、城市电影广场放映544场，精心打造岳州大舞台、巴陵大戏台、外来务工者之歌、社区万家乐、南湖广场文化活动等五大群众文化活动品牌，活跃群众文化活动。与市委宣传部联合组织6场“五创”广场文化系列活动，成为2010年广场文化活动的一大亮点。举办一系列专业文艺演出活动，取得良好的社会效益和经济效益。规范文化市场管理，推进文化市场向品牌化、连锁化、规模化发展。强化文化遗产保护，重点组织第七批国保和第九批省保申报工作。临湘花鼓戏、汨罗市抬阁故事会入选第三批国家级非物质文化遗产保护名录。加强广电传媒管理，规范传媒宣传管理，确保媒体宣传导向正确，保障电视节目源的安全接收。理顺印刷业管理，积极调整印刷产业结构，促进包装装潢业发展。在强力推进汇泽公司破产改制的基础上，着力提质现有产业，加强项目招商，君山印刷工业科技园成功申报为湖南省印刷示范基地。经过扎实的前期准备，云梦剧院和文化艺术剧院的破产改制工作已进入程序。组织第二届全民读书月活动，营造良好读书氛围。

在南湖广场举行“我们都是岳阳的主人”广场文化活动

“全民读书月”读书系列报告会

岳阳市工商业联合会

全国政协副主席、全国工商联主席黄孟复到岳阳考察，对岳阳市工商联工作给予充分肯定

市委常委、市委统战部部长李劲夫，市政协副主席、工商联主席刘晓英与民营企业家一道参加植树活动

岳阳市工商联与无锡市工商联缔结友好商会

广济医院为农民免费义诊

岳阳市工商联牢固树立科学发展观，践行“两个忠诚”，以富民强市为目标，围绕市委市政府中心工作，全力服务非公经济发展，在参政议政、内引外联、银企合作、教育培训、助推上市、依法维权等方面做了大量工作。2010年，全市非公有制经济完成增加值884亿元，占全市GDP比重57.5%，缴税38.4亿元，占全市税收收入的40%，全市非公企业安排就业138.5万人，占全市新增就业总人数的80%。招商引资、新农村建设、社会治安综合治理、服务非公经济等工作连续几年被评为全市先进单位。参政议政工作连续5年在市政协全会开幕式上作参政发言，非公党建工作位于全省先进行列。联手帮扶工作被评为全省服务非公经济先进单位和全国工商联十大亮点工作。

政　法

LEGAL SYSTEM

构建快速畅通的公共诉求渠道

审判管理

岳阳荆剑地区人民检察院成立

社会治安整治

紧扣安全稳定创先争优

综　述

【概　况】 2010年，岳阳市政法部门以贯彻落实“三项重点工作”为核心，倡导维护社会公平正义、维护社会公共秩序的“两个维护”学习实践活动，部署开展创建国家治安模范城市和创建国家交通管理模范城市等“五创”提质中心工作，成为贯穿全市政法、综治、维稳工作的主线，各级党委政府高度重视，主要领导亲力亲为，取得较好的效果。群众安全感和满意度进一步提高，党政干部和政法干警整体形象继续攀升，社会治安综合治理考评取得排名全省第一的历史最好成绩，被评为2010年度全省社会治安综合治理先进市州，连续4年进入全省先进市州行列。民调上半年排名全省第2，全年排名第3，10个参评县市区有3个进入全省前10名，得到省委的高度评价和充分肯定。中央综治委发简报专刊推介岳阳市重点地区整治工作经验，中央电视台新闻联播报道岳阳市实践“两个维护”，拓宽群众诉求渠道，维护社会和谐稳定的做法。

省司法厅副厅长王亲生在市委常委、政法委书记陈奇达陪同下调研医患调解中心 （胡　波　摄）

【构建快速畅通的公众诉求渠道】 2010年，岳阳市十分注重引导群众正确表达利益诉求，构建便捷快速畅通的绿色通道，加强矛盾纠纷调处中心等平台建设，定期开展矛盾隐患排查的工作，加快涉法涉诉等各类案件的办理，建立起党委政府统一领导、有关部门协调配合、多种调解力量、多种调解方式衔接的社会矛盾大调解工作机制。一是以“两个维护”为推手，创新社会矛盾调处化解新机制。政法系统开展宣传发动、学习讨论等实践活动，印发宣传资料60多万份，取得较好的效果。各级坚持党政一把手接访、联合接访和信访案件挂销号制度，信访工作呈现出“三降两升”态势，即信访总量下降、缠访闹访下降、越级群访下降，信访息诉率上升、群众满意度上升。群众到市一级来信来访比2009年下降20%，息诉率上升16%。二是建立起社会矛盾调处中心，按照“一站式办公、一体化调处、一揽子解决”的“三个一”的原则，着力在解决问题上下功夫，在当场调处上谋突破。各县市区共投入900多万元，“三调联动”组织体系完善，县级人民法院、公安派出所建立人民调解室达到100%，县级流动调解庭达到100%，并在岳阳楼区、君山区开展道路交通事故民事损害赔偿人民调解工作试点。岳阳市自2009年9月推行医疗纠纷“第三方调解”方式以来，市级及各县市区都成立医疗纠纷人民调解委员会，下设调解中心。医疗纠纷调解工作走在全省前列。市医疗纠纷人民调解中心接待调解咨询2300人次，受理医疗纠纷129起，调结121起，达成协议支付赔偿、补偿金350万元，劝阻上访事件30起。三是以情报信息为重点，及时排查和化解各类矛盾纠纷。市县两级开展5次大排查行动，乡镇街道均逐月进行社会矛盾纠纷排查，特别就“两会两节”、上海世博会、广州亚运会等重要时期以及对肇事肇祸精神病人开展多次专项排查工作。据不完全统计，全市排查出矛盾纠纷13900起，成功调处13490起，调处成功率达97.1%。

【开展“打黑除恶”专项斗争】 2010年，市委提出“形成高压态势、构建长效机制，有黑打黑、有恶除恶，打黑要打尽、除恶要除光”的工作方针，各级作为“一把手”工程和民心工程强力推动。全市“打黑除恶”工作由市委书记负总责，各级成立以党委一把手任组长，纪委书记、政法委书记为副组长的专项斗争领导小组。市委采取一系列强有力的工作督导措施，推动“打黑除恶”专项斗争深入平衡开展。公安部、省公安厅挂牌督办和案情复杂的黑恶势力犯罪案件，由领导小组直接指挥，组织专案组，采取异地关押、异地抽调警力、异地办案的办法，专案专办。至11月底，全市打掉黑恶势力犯罪团伙33个，其中黑社会团伙5个。抓获涉黑涉恶犯罪嫌疑人304名，判处死刑2人，16名充当黑恶势力“保护伞”的国家干部被移交司法部门依法处理，缴获涉黑资产1亿多元。岳阳市“打黑除恶”专项斗争考核位居全省第一。

【组织开展治安混乱地区排查整治】 2010年，省综治委确定汨罗市为“三电”问题重点地区，省、市综治委对汨罗市实行挂牌整治；对岳阳楼区、四化建公司等5个地方和单位实行预警挂牌；全市确定12个重点地区，各县市区确定40多个重点部位和治安问题，明确责任单位、责任人和时限展开集中整治。如在汨罗市开展打击“三电”犯罪和废旧收购市场的专项整治工作中，由市综治委指导制订整治方案，市、县、乡抽调200余人组成40多个工作组，开展日常清查，集中整治，有效遏制该市及周边“三电”犯罪多发势头，被省综治委摘牌。针对步行街、汽车站等公共复杂场所扒窃和吸毒人员“碰碰糊”违法犯罪问题，进行专题调研，专门部署，由公安机关组织成立专业队伍，实施专项打击，对中心城区艾滋病重症吸毒违法犯罪人员进行集中收治，各级各部门共同努力，改扩建收治场所，落实收治所需经费，落实专门工作人员，使这一群众反映突出的治安问题得到较好的解决。围绕学校安全，开展校园及周边安全整治，实行“一校一警”工作机制，特别是将学校、幼儿园纳入城市治安电子防控系统建设，在已安排中心城区45所学校安装监控摄像机的基础上，重新规划调整布点，新增28所中心城区学校安装监控摄像机，确保全市无一起学校安全事故。通过省、市综治委多次明查暗访，所确定重点地区治安面貌均得到明显改善。中央综治委和省综治委对岳阳市一周一暗访、一月一讲评抓重点地区整治的做法进行推介。（本栏撰稿 周 勇）

审判工作

【概 况】 2010年，岳阳市中级人民法院(简称市中级法院)坚持“更高标准、更严管理、更具公信力”的要求，充分发挥审判职能作用，维护公平正义，维护公共秩序，圆满完成各项工作任务。先后在全国法院执行工作、全省政法工作及全省法院队伍建设、文化建设、涉诉信访等会议上作经验介绍，被评为全国法院文化建设示范单位和全省优秀法院。在全省十四个市州中级法院中，岳阳市中级法院是唯一的全国文明单位，唯一的全国法院文化建设示范单位，唯一的全省优秀法院。全市法院受理刑事、民事、行政、执行等各类案件28202件，办结26414件，结案率93.66%，其中中院受理3563件，办结3485件，结案率97.81%。

【刑事审判】 2010年，全市法院审结各类刑事案件2046件，判处5年以上有期徒刑直至死刑301人，其中中院审结259件。严厉打击严重刑事犯罪。审结杀人、抢劫、故意伤害、贩毒、盗窃等案件902件，故意杀人犯危文兵、抢劫杀人犯王之松、贩毒犯李晓冬、苏斌等一审被判处死刑；突出惩治岳阳县、汨罗市及临湘市等地黑社会性质组织犯罪团伙，首犯张哲峰、王岳林、徐见阳、喻鹏峰均被判处15年以上有期徒刑。严厉打击职务犯罪和破坏市场经济秩序犯罪。审结贪污、受贿、挪用公款等职务犯罪案件74件85人，其中县处级以上干部7人，如岳阳县原副县长李石东、市国资委原副主任李华国都被判处5年以上有期徒刑。审结生产销售伪劣商品、非法经营、合同诈骗等破坏市场经济秩序犯罪案件131件177人。贯彻宽严相济的刑事政策。出台《关于贯彻宽严相济刑事政策的实施意见》，对446名未成年及情节轻微的被告人依法适用缓刑，在全省率先出台《未成年人犯罪记录消灭制度》，为青少年犯改造后就读、就业提供便利，教育挽救一批青少年；对认罪服法、积极改造的1582名罪犯依法裁定减刑或假释，促进罪犯改造，维护监管秩序。同时，通过公开审判、以案说法、寓教于审等方式，加强法制宣传教育，参与社会治安综合治理，推进“平安岳阳”建设。

【民商审判】 2010年，全市法院审结各类民商事案件15552件，其中中院审结957件。全力保障民生民利。审结医疗损害赔偿、劳动争议、人身损害赔偿、婚姻家庭等案件7477件，审结涉及农村土地承包经营、农业生产资料供应、农产品加工销售等“三农”案件374件。如岳阳天舒山庄24户居民与涟钢集团房屋纠纷案，矛盾十分尖锐，市中级法院通过30余次调解后结案，既保护居民的正常生活秩序，又维护企业利益。积极服务企业改制。审结国企破产案件29件。如汇泽房地产公司破产案，在市政府的支持下，妥善解决百盛公司的易地经营问题，为777名债权人和120名商场铺面购买者兑付1.6亿元，化解大量矛盾纠纷。切实推进重点建设。突出审理好实施项目带动、发展区域经济过程中发生的案件，审结涉及市重点工程建设、重点企业的案件299件。如绿洲环保公司诉市环卫局合同纠纷案的妥善处理，解决市垃圾综合处理场的历史遗留问题。努力推进企业自主创新。审结商标

市中级法院民三庭落实“司法便民27条”，开展“千名法官下基层”活动，便民立案、便民诉讼和便民执行。（黎 昕 摄）

权、著作权和技术合同纠纷案件14件。如双泰水泥公司与天欣陶瓷公司商标权案的成功调解，促成“岳阳楼”商标的有偿转让，实现国企和民企的双赢。

【行政审判】 2010年，全市法院审结各类行政案件423件，办结非诉执行案件1599件，其中中院审结行政案件116件。强化行政审判服务大局的理念。出台《关于对集体土地征收、国有土地强拆行政案件的指导意见》和《关于审查和执行停建类行政行为的暂行规定》，积极妥善处理全市“提速、升级、增效、惠民”过程中的重大项目可能引发的征地、拆迁群体性行政争议。如杭瑞高速公路强制腾地案、华容县沿河北路旧城改造拆迁案等，均及时有效支持重点项目的引进。强化行政审判诉权保护意识。积极推行“促和与纠错并举”的多元协调机制，通过交叉管辖、异地审理和庭前提出司法建议，以和谐的方式有效解决一批行政争议，维护公民的合法权益。

【执行工作】 2010年，全市法院受理执行案件7876件，执结6745件，其中市中级法院受理518件、执结509件。规范执行行为，杜绝暗箱操作。将所有执行案件信息都进行网上公示，方便当事人查询；对评估拍卖采取公开摇珠、现场见证，并加强对执行异议的审查，开展执行案件评查，防止执行腐败。加大执行力度，维护司法权威。采取财产调查及限制出境、高消费、投资融资和报纸、电视曝光等措施严惩“老赖”66人，对有履行能力而拒不履行的司法拘留61人、判刑2人。注重执行效果，推进岳阳诚信建设。如德赛广场系列案，153位业主多次到省、市群访，通过市中级法院大量艰苦细致的工作，邀请人大代表听证11次，兑现2335万元，使案件圆满执结，业主们敲锣打鼓送来锦旗。歌山建设集团申请执行的锦城家园商业广场案，通过强制拍卖，实现权利人的合法权益，兑现700名民工工资2300万元，解决468名购房户的办证费用500万元。光宏、中华时代等10个商业广场系列案件，涉及千家万户，市中级法院都积极协调，妥善处理，维护社会稳定。

【审判管理】 2010年，全市法院认真落实“司法便民27条”，切实维护群众最关心、最直接、最现实的利益，不断满足群众了解司法、参与司法和监督司法的新要求。推进“案结事了”的立审执联动机制。坚持“社会效果不好的案件就不是好案件”的检验标准，要求办案的每一环节都注重调解和兑现，切实解决群众反映强烈的“空调白判”问题。在立案环节，防止“一告就审”，加强诉前调解和诉讼引导。全市法院逐步将立案大厅改造成便民诉讼中心。市中级法院改建立案大厅，公示“诉讼收费标准”、“司法救助须知”等诉讼指南；安排导诉员，负责接访导诉；添置电子显示屏、触摸屏，供当事人查询审判信息。对疑难复杂、矛盾尖锐的案件，邀请县以上1821名人大代表、政协委员和执法监督员参与听庭听证和调解；大力推行人民陪审员参审，259名人民陪审员全年参审2988案，参审率同比上升46个百分点；刑事审判还推行“审赔结合，先赔后判”制度，督促被告人积极赔偿，并实行量刑公开，制定《量刑规范化指导意见》，对15种犯罪和13种常见量刑情节统一标准，增设量刑辩论程序，规范法官自由裁量权。在执行环节，防止“审执分离”，切实解决湖区、山区当事人执行难的问题。要求基层人民法庭强化自主执行，不得要求当事人到基层法院另行申请执行，也不得要求当事人再缴纳执行费用，做到“一站式”兑现权益。实施“法官下基层”的便民利民机制。坚持开展“千名法官下基层”活动，便民立案、便民诉讼和便民执行。推行下基层办案。市中级法院各庭局到基层社区或村组开庭54场次；基层法院积极开展巡回审判，设立巡回办案点127个，巡回办案3432场次。全市法院还积极争取财政、民政等部门支持，对无法得到赔偿的刑事案件被害人或其家属进行救助和抚慰，对生活困难的当事人给予必要救济。全年市中级法院共为当事人减、免、缓诉讼费54.8万元，提供司法救助47万元。

【信访立案】 2010年，市中级法院完善“岳阳事岳阳了”的接访处访机制。实行阳光接访、预约接访和便民接访。设立12个法官接待室，法官会见当事人一律在接待室进行，全程视频监控。法官拒绝接访和接访失约的，凭当事人预约接访三联单，对责任法官除按“双百分”考核扣分、罚款外，由其承担当事人当次来访车船费用。并明确规定：干警与来访者发生争吵，首先追究干警责任。对重点案件变上访为下访，院、庭领导带队深入基层公开听证223场次，协调信访案件112件。岳阳市到省进京涉诉上访仍然保持全省最低的良好态势。

【加强基层指导】 2010年，市中级法院落实联系点制度，强化对基层法院班子的协管力度。针对审判工作中遇到的普遍性问题，出台15个规范性文件，统一全市法院司法尺度。对全市法院工作按“双百分考核”办法实行每月通报、每季讲评和年度排位，促进全市法院均衡发展。加强审级监督。通过审理二审案件，及时纠正错误的裁判。在第四次案件质量讲评中，全市有4个基层法院无差错案件，其中君山区法院实现18个月无差错。加强“两庭”建设。通过争取各方支持，全市新建法庭5个，有4个基层法院的审判楼纳入建设规划，市中级法院完成科技法庭建设。通过加强基层基础建设，队伍的整体素质有明显提高，在省政法委组织的2010年干部队伍形象民调中，市中级法院排名全市第一，有8个基层法院在县市区排第一。 （本栏撰稿 黎 昕）

检察工作

【概 况】 2010年，岳阳市检察机关以开展“阳光执法年”活动为主线，依法履行检察职能，全力服务全市经济社会发展，深入推进三项重点工作，各项工作取得新进展。依法批准逮捕各类犯罪嫌疑人2639人，向法院提起公诉2639人，依法立案侦查贪污贿赂、渎职侵权等职务犯罪案件133件154人，执法质量与效果居全省前列。全市检察机关新增省级文明单位2个，岳阳楼区人民检察院被授予全国模范检察院荣誉称号。

市检察院检察长朱必达在扶贫点调研建设扶贫工作 （白忠生 摄）

【依法履行审查批捕、起诉职责】 2010年，全市检察机关围绕人民群众最为关切的社会治安问题，充分发挥批捕、起诉等职能作用，努力维护社会和谐稳定，依法批准逮捕各类犯罪嫌疑人2639人，向法院提起公诉2639人。依法严惩严重刑事犯罪。始终保持对严重刑事犯罪的高压态势，突出打击重点，依法严厉打击危害国家安全犯罪、严重暴力犯罪和“两抢一盗”等多发性侵财犯罪，批准逮捕犯罪嫌疑人1492人，提起公诉1453人，比2009年上升25.4%和17.8%。积极配合有关部门开展“打黑除恶”、“禁毒”、“禁赌”等专项行动，维护社会治安秩序稳定。对岳阳县张哲峰、王岳林，临湘市喻鹏峰，汨罗市徐见阳等4个黑社会性质犯罪组织和31个恶势力犯罪团伙，提前介入侦查，引导收集证据，加快办案进度，深挖余罪漏犯，对118名涉黑、涉恶犯罪嫌疑人从快批捕起诉，严查细审追捕8人、追诉3人，有力打击和震慑犯罪分子的嚣张气焰。切实保障无罪人员合法权益。坚持打击犯罪与保障人权并重，严格审查、严格把关，依法对不构成犯罪的案件不批捕89人，不起诉7人。在受理侦查机关提请逮捕的君山区许市镇18名农民非法私藏枪支一案后，君山区人民检察院派员深入案发地，在了解到当地农户有农闲时持枪打猎的风俗习惯，犯罪嫌疑人都是家中主要劳动力，犯罪情节显著轻微，检察机关依法作出不批准逮捕的决定。事后，18位当事人给检察机关送来锦旗，并联名号召当地村民登记上缴枪支，化解矛盾，维护稳定。该案被评为全省优秀案件。贯彻宽严相济刑事政策。按照“两扩大、两减少”的要求，对轻微刑事犯罪落实宽缓刑事政策，依法对涉嫌犯罪但无逮捕必要的85人决定不批准逮捕，对犯罪情节轻微、依法不需要判处刑罚或者免除刑罚的70人决定不起诉；深化探索刑事和解与人民调解、侦查、审判、社区矫正及被害人救助等工作的衔接联动机制，适用刑事和解办理轻微刑事案件217件252人。云溪区人民检察院办理的郭瑞民故意毁坏长炼油港处财物一案，考虑到郭犯罪事出有因，情节轻微，为维护厂地和谐，检察机关依法对其作出不诉处理，并发出检察建议，促成双方就厂方漏油污染该村菜地补偿问题达成一致，事后郭所在村向检察机关送来“秉公执法、厂地和谐”的锦旗。

【依法履行查办和预防职务犯罪职责】 2010年，全市检察机关立案侦查贪污贿赂犯罪案件98件111人，渎职侵权犯罪案件35件43人。突出查办大案要案。始终将查处有影响、有震动的大案要案作为检察机关办案的重中之重，彰显反腐决心，查办贪污受贿5万元以上、挪用公款10万元以上大案67件，县处级以上领导干部职务犯罪要案10人。查处的典型案件有：岳阳经济技术开发区原副主任陈砚发（正处级）特大受贿、巨额财产来源不明案；平江县副县长彭德才（副处级）等13人系列受贿案；市国有资产监督管理委员会党委副书记、副主任李华国（副处级）特大受贿案等。讲求办案方式方法。围绕岳阳经济战略发展和民生建设要求，深入研究行业特点和发案规律，综合利用线索信息，运用侦查一体化办案机制和“抓系统、系统抓”的工作方法，扩大办案效果，立案查办的职务犯罪窝案串案占立案总数的60.9%，共查处行政执法人员职务犯罪案件39件39人，司法人员受贿、徇私枉法、滥用职权案件8件8人。着力保障民生，深入推进查办城建领域商业贿赂犯罪、危害能源资源和生态环境渎职犯罪案件、涉农职务犯罪专项行动，立案侦查49件55人。开展预防工作。以“保资金安全、保干部廉洁、保发展环境”为目标，加深对职务犯罪案件的深入分析，反复发生的问题从规律上找原因，普遍发生的问题从机制上找原因，综合运用预防调查、预防咨询、检察建议，帮助堵塞漏洞、整章建制。开展职务犯罪预防调查46件，完成职务犯罪案例分析72件，发出检察建议69份，开展警示宣传教育118场次，预防咨询268件次，行贿犯罪档案查询295件次。

【依法履行诉讼监督职责】 2010年，全市检察机关围绕人民群众反映强烈的执法不严、司法不公问题，全面加强对诉讼活动的法律监督，努力维护司法公正。刑事诉讼监督突出维护法制统一。加强刑事立案监督，对侦查机关应当立案而未立案的监督立案34件，对不应当立案而立案的监督撤案14件。加强侦查活动监督，对应当逮捕而未提请逮捕、应当起诉而未移送起诉的，追捕183人、追诉170人。开展逮捕执行情况专项检查，重点加强对捕后变更强制措施的监督，探索对适用搜查、扣押、冻结等侦查措施的监督，纠正侦查活动中的违法行为为187件次。加强刑事审判监督，向法院发出书面检察建议62份，法院采纳55份，对认为确有错误的刑事判决、裁定，提出抗诉14件，法院审结9件，采纳抗诉意见8件。民事审判和行政诉讼监督突出维护公正裁判。依法受理和审查当事人不服人民法院生效判决、裁定的申诉66件，立案审查33件;对认为确有错误的民事、行政判决和裁定，向市中级法院提出抗诉13件，提请省检察院抗诉8件，经法院再审审结20件，其中改变原判决9件、调解结案6件。向法院发出再审检察建议8份，全部采纳。坚持抗诉与息诉并重，共息诉23件，维护了审判权威。刑罚执行和监管活动监督突出维护司法权威。对全市8个看守所、2个劳教所和岳阳监狱全面开展监管执法专项检查，对监管活动中的违法行为、监管场所安全隐患等及时发现并提出纠正意见592人次。对1783件减刑、假释、暂予监外执行案件实施同步监督审查，其中参加听证542人次，提出纠正意见106人次，对不符合监外执行条件的7名罪犯，依法督促有关部门予以收监执行。

【检察队伍建设】 2010年，全市检察机关把强化高素质检察队伍建设作为检察工作科学发展的根本保障，创新载体，增强活力，不断提升履职能力。致力于职业道德教育。结合高检院部署的“恪守检察职业道德，促进公正廉洁执法”主题实践活动、“反特权思想、反霸道作风”专项教育活动和市委提出的“三更”、“两个维护”主题实践活动，进一步深化理想信念和职业道德教育，开展“阳光执法”共产党员模范岗评比，激励检察人员干事创业。举办青年干警演讲比赛，引领检察人员敬业奉献。举行检察官公开宣誓仪式，培育检察人员忠诚品格；开展“身边人、身边事”廉洁从检教育活动，定期向检察人员家属发送廉政短信，组织参观检察机关自身反腐败展览，着力打造一支政治坚定、积极向上、廉洁正派的检察队伍。致力于队伍专业化建设。严格职业准入，再次招录检察人员37名，全部充实到基层和办案一线；有针对性出台《关于加强年轻干部教育培养管理工作的实施方案》，逐步形成吸引、培养、留住人才的用人机制。加大教育培训力度，举办各类培训40期，培训检察人员753人次。开展“周末讲堂”、“假日读书班”等形式多样的学习读书活动，大力推行岗位练兵、业务竞赛、技能比武活动，不断提升检察人员法律素质和执法能力。致力于基层检察院建设。落实市检察院领导和部门联系基层制度，进行一对一指导帮扶。发挥检察文化在基层院建设中的引导、激励、规范、约束功能，推行“文化育检”。积极争取党委、政府支持，帮助改善基层院工作条件。围绕“五个好”、“五带头”的要求，在全市检察机关党的基层组织和党员中深入开展创先争优活动，促进基层工作和队伍素质不断提高，新增省级文明单位2个，岳阳楼区检察院被授予全国模范检察院荣誉称号。

【岳阳市荆剑地区人民检察院成立】 2010年12月28日，岳阳市荆剑地区人民检察院正式成立并举行授牌仪式。荆剑检察院作为岳阳市检察院的派出机构，履行全市监所(监狱、劳教、看守所)检察职能，对刑罚执行和监管活动进行法律监督。省检察院副检察长白贵泉，市领导陈奇达、韩建国、余炳锐、张振彬、朱必达等出席授牌仪式。陈奇达指出，荆剑检察院的成立，对维护岳阳市监管场所秩序稳定，维护被监管人合法权益，践行“强化法律监督、维护公平正义”的检察工作主题具有重要意义。要求荆剑检察院全体干警牢固树立法治理念，认真践行“两个维护”，从岳阳市法律监督实际出发，抓住干扰监管活动、影响刑罚执行公正的热点、难点问题，积极预防和查办监管场所职务犯罪案件，严厉打击被监管人员又犯罪活动，不断完善刑罚执行和监管活动的监督体制，切实防范和加强监外执行检察工作，增强监督实效，进一步提高岳阳市的公正司法和民主法制建设的水平，为监管场所稳定发展做出积极贡献。 （本栏撰稿 万佳妮）

公安工作

【概 况】 2010年，岳阳市公安系统始终围绕市委、市政府工作重心，服务服从“综合考评年”战略部署，紧扣“进六争三”工作目标，一步一个脚印推进公安工作，公安工作和队伍建设实现历史突破。全省实施文明交通行动计划、集中整治网络赌博违法犯罪活动、执法办案区域建设、警卫资产预算和管理等4个全省性经验交流现场会先后在岳阳召开，推广岳阳经验。11月8日，全省正规化建设现场会暨创新社会管理推进会上，岳阳公安《铁腕雷霆正警风》专题片在会上作视频推介。1月10～11日，全省公安局长会议上，市公安局以“以综合考评为抓手，推动公安工作和队伍建设后发赶超”为主题向大会作典型经验介绍。岳阳市综合治理考评、民调在全省排名第一和第二，公安综合考评在全省排名第三，被评为全省综合考评优秀单位、全省优秀公安局，被市委、市政府评为社会治安综合治理工作先进单位、全市反腐倡廉建设先进单位、建设民本岳阳先进单位、全市“五创”提质创建国家文明城市先进集体。

【社会治安整治】 2010年，市公安局持续开展命案侦破、夏季攻势、冬季行动、禁赌禁毒等专项斗争，有力地打击违法犯罪分子的嚣张气焰。以命案侦破为龙头，全力打击各类犯罪行为。全市公安机关紧紧咬住现行命案的侦破，严格落实领导责任制；牢牢盯住疑难未破命案，严格督办攻坚，及时破获一大批有影响的命案。全年全市发命案54起，破51起，破案率94.44%。重点整治黄赌毒。突出重点，坚决查处组织强迫妇女卖淫、站街招嫖、淫秽色情表演、聚众赌博、黑恶势力插手娱乐场所、

2010年12月8日，市政府副厅级干部、市公安局局长丁阳云、常务副局长唐文发检查执法勤务建设工作 （吴明治 摄）

娱乐场所内吸贩毒、网上色情表演等突出问题。先后开展治安检查40余次，相继查获一批重大“黄赌毒”案件。巡逻防控逐步形成制度化、规范化、常态化。市、县两级公安机关根据不同时段、重点时期治安管控需要，适时启动社会治安一、二级巡逻防控预案，将治安防控的警力、重点区域、重点时段、重点线路、武警巡逻等进行规范，建立长效机制。切实加大对多发性侵财犯罪的打击力度。坚持专项打击与日常打击相结合，积极依靠其他警种、部门打好整体战，充分发挥公安机关整体作战优势，做到巡、管、查、缉、控有机结合。“两抢”发案与罪案同比下降35%和47%，群众安全感提升。全力维护学校和幼儿园安全。5月，实行“一校一警”工作机制，实名制责任到人。开展学校及幼儿园周边治安环境集中整治行动，以社会严重不满、有个人极端倾向、精神病人等高危人员为重点，进行拉网式排查。通过强有力工作，全市校园未发生重特大刑事案件、群死群伤事件和恐怖事件，确保校园的正常秩序。开展治安、交警、消防安全隐患大排查。检查内部单位特别是党政首脑机关，“水电气”和金融部门等重点单位、部位的安全防范，督促指导内部单位落实保卫力量、保卫措施。抓道路交通安全整治，严查酒后驾车及假、套车牌。加强消防安全检查整治，特别是商场、市场、酒店等人员聚集场所，加油站等容易引发火灾场所的安全检查。对发现的隐患漏洞，下发整改通知书，责令限期整改。通过借助媒体，发放防盗、防恐怖手册，张贴宣传标语等形式，增强群众防范意识，提高群众的自防能力。在整治行动中，全市发放宣传资料16万余份，出动宣传车1536台，召开动员会500余次，深入村社、街道讲解宣传2.6万余次，开展法律咨询活动326次，报纸、电视、广播等报道整治工作相关新闻964余条，营造良好整治氛围。

【队伍建设】 2010年，市公安局始终坚持“从严治警”与“从优待警”相结合，通过一系列的整治行动全面推进队伍正规化建设，公安队伍精神面貌焕然一新。先后开展集中整治公安民警参与经营休闲娱乐场所专项行动、涉案人员非正常死亡专项行动、严禁公安民警打牌赌博专项整治行动。出台《关于严禁公安民警及其家属经营娱乐休闲场所的规定》、《关于严禁公安民警为黄赌毒活动提供保护的规定》、《查禁黄赌毒工作责任追究办法》等一系列规定，印发《致全市公安民警及亲属的一封公开信》1万余份，4661名民警签订承诺书，全市32名民警及亲属退出参与经营娱乐场所，查处4名涉娱违纪违法民警。深化“大走访”爱民实践活动。全市公安机关继续运用多种活动载体加强与民众互动。公安交警系统组织开展“警民恳谈”和“社区议事”活动，汨罗市公安局组织开展“体验警察生活，参与治安巡逻”志愿活动，岳阳楼区公安分局组织开展“警营开放日”活动，岳阳县公安局组织开展“民心恳谈”活动。市公安局完善《岳阳市公安机关爱民实践活动十项举措》，不断提高人口与出入境、交通、消防服务群众水平。各窗口单位实行“朝九晚五”工作制和“一站式”服务。岳阳市民调历史性进入全省第二，屈原管理区、君山区、岳阳县等县市区民调进入全省129个县市区前10。公安部警务督察局、省公安厅多次对岳阳市公安局督察体制改革、强力执行“五条禁令”工作予以推介。《人民公安报》、《湖南日报》等多家媒体对岳阳公安贯彻执行“五条禁令”做法及所取得的成果予以报道。公安部在长沙召开警示教育座谈会时，岳阳市公安局被作为唯一先进单位代表作典型经验介绍。全年有1个集体立一等功，16个集体立三等功，14个集体被授予省级荣誉称号；有9名民警立个人一等功、26名民警立个人二等功、164名民警立个人三等功，有20名民警被授予省级荣誉称号。

【指挥中心和情报平台建设】 岳阳市公安局指挥中心起源于1996年的110报警服务台，10多年来，岳阳“110人”把“热情服务”当灵魂，快速反应作生命，为快速打击违法犯罪，维护社会治安秩序，促进社会发展，发挥巨大作用。近年来，市公安局严格按照省公安厅领导关于“三基一化”工程建设及金盾工程建设、大情报平台建设、城市治安电子防控系统工程建设等指示精神，投资2000余万元用于指挥中心及情报平台建设。2010年11月，总面积278平方米的岳阳市公安局指挥中心大厅建设完成。大厅包含基础设施、“三台合一”接处警、城市治安视频监控、警用350兆无线指挥调度、GPS警用指挥调度、移动警务通、PGIS警用地理信息等七大系统。其中城市治安视频监控系统不仅能看、控、调、查城区636个视频监控图像资料，还可以调用下辖县市视频监控图像。城市治安视频监控系统大屏幕墙由36块47英寸拼接显示器、24块47英寸液晶监视器、LED三部分组成，能实现数字、模拟信号的显示功能。通过高清晰、全方位的监控系统，实现“足不出户”进行“现场”指挥调度。

（本栏撰稿　张子光）

司法行政

【概　况】　2010年，岳阳市司法行政工作发挥法制宣传、法律服务和法律保障等职能，围绕实现“两个维护”主题目标，落实“三更”总体要求，狠抓法律援助办实事工程，统筹推进“三项重点工作”，为促进全市社会经济实现科学跨越式发展，确保社会大局稳定作出积极贡献。市司法局机关被市委、市政府授予平安单位荣誉称号，2010度综治考核各项工作均位列全省前三名，在全省执法状况考评中位列第二名；鹿角镇人民调解委员会被司法部评为模范人民调解委员会；市法律援助中心被评为全省法律援助为民办实事工作先进集体；市公证处被市政府评为政务公开优秀窗口；市劳教所连续9年实现“四无”（无非正常死亡、无逃跑、无所内发案、无生产安全事故）目标。

【医疗纠纷调解】　2010年，市司法局把握全市医疗纠纷集中处置的有利契机，充分发挥人民调解在维护社会和谐稳定中的职能作用，积极拓展人民调解领域，在推行医疗纠纷人民调解工作中，打造独立办公的工作平台，构筑独立调解的运作模式，建立依法依规调解的制度规则，有效探索“第三方调解”机制。市医患纠纷调解中心成立一年来，接待调解咨询1050人次，受理岳阳市中心城区19家二级以上医院发生的各类医疗纠纷155起，成功调解149起，平均每月调解纠纷11起以上，调解成功率96%以上，全市医患纠纷比2009年下降53%。7月，湖南省处置医疗纠纷现场会议在岳阳市召开，10月下旬，中央电视台和新华社、人民日报社、法制日报社等9家媒体来岳阳市进行联合采访报道。有5省21个市州到岳阳市医患纠纷调处中心学习参观。

【法制宣传工作】　2010年，全市司法行政系统以“五五”普法验收为契机，以“法律六进”为主题，推动法制宣传工作有效开展。一是突出主题法制宣传教育活动，提升全民法律素质。开展“农村法制宣传教育月”、“青少年法制宣传教育周”和“12·4法制宣传教育日”三大主题活动。通过发表电视讲话、举办培训班、开设普法课堂、发送手机短信等宣传形式，多途径推动法制宣传教育各项活动，举办法律咨询960场次，组织法制文艺演出21场，开展“送法下乡”860场，发放法律资料120多万份，编写宣传窗栏1100多个，张贴宣传横幅、标语15万多条，出动宣传车辆800多台次。岳阳县组织相关部门联合彩排法律戏剧，送法下乡到村入组；云溪区以发放公开信、以案释法等多种形式开展“法律进社区”和实现“两个维护”送法下乡活动；岳阳楼区在两起因拆迁引发的群体性事件中，安排法制宣传员上门入户开展法律宣讲，收到很好的效果，受到市领导的充分肯定。二是突出三大行业创建工作，提升依法管理水平。继续开展“依法决策示范领导班子”、“民主法治示范村（社区）”和“依法办事示范窗口单位”的创建活动，对示范单位实行动态管理。全市申报第二批“依法决策示范领导班子”的县科级单位20家，市直处级单位12家；有46个村（社区）进入全省民主法治示范村（社区）的先进行列，有6个村（社区）进入全国先进行列；有4批、48家单位授予全省“依法办事示范窗口单位”。三是突出“五五”普法检查验收，全面展示普法成果。

【人民调解工作】　2010年，全市司法行政系统开展“实现‘两个维护’化解矛盾纠纷”的专项攻坚活动，人民调解网络、制度、机制相互促进，进一步健全。一是以关注群众诉求为切入点防范矛盾。市县两级开展61次矛盾纠纷排查活动，排查矛盾纠纷13888件，做到矛盾纠纷排查有台账，调处矛盾纠纷有记录，重大案情有回访。汨罗市开展“民情大走访”活动；华容县开展“警民恳谈”活动；湘阴县在村民小组建立“十户信息员”；岳阳县设立民情调查办公室，确保矛盾纠纷早发现，早控制，早解决。二

中央政法委综治办主任陈冀平（右二）在市医患调解中心调研　（胡　波　摄）

是以引导群众诉求为着力点疏导矛盾。市司法局集中开展接访约访和下访月活动，参与市委政法委每周二的“五长”涉法涉诉接访日活动，组织律师坚持参与市信访局每周组织的涉法涉诉信访案件的接访工作，为稳妥解决涉法涉诉案件提供法律意见或建议，参与市政府重大项目法律问题的协调处理。安排律师80余人次参加政府处理群体性纠纷的协调会，先后参与办理在信访部门登记挂号的6起重大矛盾纠纷。三是以实现群众诉求为落脚点化解矛盾。全市司法行政系统将综治维稳和矛盾纠纷排查调处工作有机结合，将综治维稳和矛盾纠纷调处室建立到村（社区）一级，确保第一时间排查化解矛盾纠纷。平江县坚持矛盾纠纷化解属地包干负责制，乡镇司法所做到矛盾纠纷就发案、就到场、就调处。全年全市各类调解组织共调处民间纠纷15980件，调处成功率达98%；防止民间纠纷激化5192件，调处群体性纠纷337件，排查六类突出矛盾纠纷697起，成功调处691起，调处成功率为99%，化解重大隐患59起，防止民转刑63起。

【法律保障工作】 2010年，市司法局着重在刑释解教人员的安置帮教上下功夫，接茬刑释解教人员856人，签订帮教协议856份，安置帮教刑释解教人员840人，帮教率达到100%，安置率达到98%。2009年11月至2010年10月，全市重新犯罪人员49人，重新犯罪率控制在0.87%以内，远低3%的全国标准。全市司法行政系统在建立社区矫正工作领导小组联系会议制度、信息互报制度、社区矫正工作常设机构、衔接协作长效机制等方面进行积极探索，对岳阳楼区洛王、郭镇两个社区矫正工作样板点的制度建设和监控管理模式进行规范。岳阳楼司法所在相关部门的支持下，为一名社区矫正对象解决廉租房和低保，有效稳定矫正对象改造情绪。全年全市接管社区矫正对象104人。市劳教所在加强安全督查措施的同时，加强对矫治对象中的危难、重点人员的防控、教转，认真落实所情动态分析制度，从法律教育、心理解压、生活照顾、争取家庭帮教等方面做好细致入微的工作，并以“执法大培训、岗位大练兵、技能大比武”活动为契机，推进劳教干警文明执法，有效提高教育改造质量，维护场所安全稳定，市劳教所连续9年实现“四无”。

【法律援助工作】 2010年，省政府将法律援助列入为民办实事项目，全市司法行政系统在深化“法律援助便民服务”主题活动和“一加一”牵手办理法律援助案件活动的基础上，积极推进便民惠民利民措施，乡镇街道100%建立法律援助工作站，村（社区）80%以上建立法律援助联络点，确保基层群众在1小时内就可到达就近援助站点申请法律援助，扩大法律援助覆盖面，为受援群众开辟法律援助绿色通道。在沃尔玛23名员工讨薪案中，市法律援助中心简化法律援助案件受理、审查程序，迅速为员工讨回工资5万余元，得到人民群众的一致好评。市法律援助中心按照“高起点、规范化、稳步推进”的工作目标，对法律援助为民办实事活动采取案件督办、总结讲评、案件回访、一票否决、责任追究等措施，确保办案质量和效率。全市法律援助机构共接待来访群众2357人次，办理法律援助案件1837件，完成全年任务的111.5%，为困难群众挽回经济损失达927万元，减免律师代理等费用207万元。

（本栏撰稿 胡 波）

岳阳监狱

【概 况】 2010年，湖南省岳阳监狱（以下简称岳阳监狱）面对监管安全压力增大、金融危机余波未平、人事调整较为频繁等复杂局面，围绕中央政法委提出的监管工作“首要标准”和“三项重点工作”，以及省司法厅、省监狱局“三不、四无、一降低、一促进”和“七个不发生”目标要求，着力推进监狱规范化建设，维护监狱持续安全稳定，监管工作连续10年7个月实现“四无”（无罪犯脱逃、无重特大案件发生、无罪犯非正常死亡、无成批流行性疾病），刑罚执行工作不断规范，教育改造质量稳步提高；着力完善监狱企业管理机制，充分发挥为罪犯提供劳动改造岗位、安置工人就业、弥补监狱经费不足、确保国有资产保值增值职能，保持监狱经济稳健发展，实现销售收入2.07亿元，利润1500万元；深入开展监狱警察“岗位大练兵、执法大培训、技能大比武”活动，坚持政治建警、科学育警、从严治警、从优待警相结合，加强警察队伍建设，规范工人管理，队伍荣誉感、凝聚力和战斗力进一步加强，被评为全省监狱系统政治工作先进单位。

【加强直接管理 促进执法规范】 2010年，岳阳监狱深入推进警察直接管理，促进执法规范化。一是做好“加减法”。其一加压力。明确直接管理八个要点，即整治“拐棍”现象、工具管理、跟班带押罪犯、走动管理、搜身清监、定额下达、教育谈话、日讲评等，将管理责任分解到分监区长、指导员及每名执勤警察身上，确保凡是有罪犯的地方就有警察，凡是有警察的地方就有责任。其二加硬件。按照6S管理要求配齐定置硬件设施，所有门窗电焊加固，所有工具登记、编号、固定。为每名罪犯配备储物箱、储物袋，规范监舍物品管理。逐步配齐执勤单警装备，要求警察穿戴整齐上岗。其三减负担。坚持机关服务基层，竭力帮助基层解决困难，减少不必要的检查评比，保障基层警力资源充足。二是要求执勤警察“七亲自”。要求执勤警察做到亲自搜身清监、亲自检查产品质量、亲自下达劳动定额、亲自登记台账簿卡、亲自领发原料工具、亲自教学授课、亲自带押罪犯。三是推行“固巡结合”定岗管理。将罪犯劳动现场执勤警察分为“固定岗”和“巡视岗”。“固定岗”警察负责安全警戒，包括罪犯人数清查、罪犯进出车间管理和工具原料发放；“巡查岗”警察重点负责车间巡视、纪律管理、检查质量、调配劳动力等。四是实施精细化管理。要求执勤警察做到“五精五勤”。“五精”即尽可能做到产品统计精确到个，原料发放精确到克，劳动定额精确到小时，人员组织精确到个人，产品检测精确到工位。“五勤”即“眼勤”，关键工段时刻关注，劳动进度时刻留意，质量状况时刻掌握；“腿勤”，劳动现场多巡视，重点岗位多巡查，关键工段多巡检；“嘴勤”，讲明质控要求，讲熟操作标准，讲透技术要领；“手勤”，操作示范要耐烦，试验论证不心烦，亲自动手不厌烦；“脑勤”，多思考劳动定额、人员组织和技术标准，及时化解困难。

【紧扣安全稳定创先争优】 2010年，岳阳监狱坚持制度不落实不放过，隐患不查清不放过、原因不剖析不放过、整改不到位不放过、警察不受教育不放过等“五不放过”，着力提高监管安全保障水平。一是突出首位意识，筑牢思想防线。牢固树立守土有责、“稳定压倒一切”、“监管安全无小事”理念。坚持每月召开监管工作例会，及时分析处置问题。制定《监管安全包片联系点制度》、《晚间进监巡查制度》，警察党员纷纷主动请缨承担晚间进监任务。邀请驻狱检察官进行案例宣讲，组织警察学习省监狱局《监狱管理安全知识工作手册》。持续开展警察直接管理月、个别谈话教育月、“清查事故隐患、促进安全监管”专项治理活动等，增强危机感，筑牢思想防线。二是全面排查隐患，堵塞监管漏洞。针对日趋复杂的舆情，开展隐患排查整治活动。其一改善硬件保障水平。积极争取上级支持，加强对用电线路、监舍门窗、照明设施、AB门、老病残犯救护车安防设施的添置和维护，进一步夯实硬件基础。其二加大技防投入力度。向科技要安全、要警力。在各监区安装电子监控设施，试点脉冲电子围栏技术，实现技防“零突破”。其三加强重点罪犯管理。加强涉黑、涉毒、职务犯、危险分子等重点罪犯的管教，加强勤杂犯、炊事犯、医务犯整训，严厉打击伙吃伙喝、牢头狱霸、敲诈勒索、私自处理生活物资等现象，整肃改造风气。其四健全管理制度。全面推行一线工作法，要求警察积极深入监管一线，做到调查研究在一线，发现分析问题在一线，采取措施解决问题在一线。先后制订《罪犯出监看病管理制度》、《罪犯零监舍管理制度》、《监狱AB门管理制度》，修改《警察进监指纹考核管理制度》、《罪犯劳动现场管理制度》，废除《罪犯值班员点名制度》，规范执法行为，提高工作效率。三是加强狱政管理，抓专项整治。开展“强管理、抓三防、保平安”专项活动，对2000年以来发生的事故进行整理，分析原因，总结经验，开展隐患排查“回头看”活动，成功遏制5起罪犯预谋自杀案件、2起预谋群体斗殴案件，实现零报警、零事故。创新开展监管安全专项演练活动。组织实施罪犯乔装脱逃防逃演练、查堵毒品混入监内演练、罪犯单个藏匿脱管演练，全面检验管理警察应急处置突发事件能力，确保监管秩序持续安全稳定。

【送文艺进高墙】 2010年8月，岳阳监狱与君山区文化馆联合举办、君山区骄阳艺术团演出的“放飞希望与爱同行”文艺晚会，先后在各监区巡回上演，为服刑罪犯送去一份精神大餐。艺术团表演劲歌、热舞、民乐、对唱等节目，监狱警察、驻狱武警纷纷登台献艺，罪犯们也上台表演节目。现场穿插的互动节目，赢得观众的阵阵欢笑。在鼓掌喝彩中，服刑罪犯纷纷打出“真情暖囚心”、“人文关怀”、“爱沐新生”的横幅，表达对监狱警察的感激之情。

【开展优质党课竞赛】 2010年，为深入推进“加强党性修养，弘扬优良作风”主题教育活动，推进学习型党组织建设，岳阳监狱在全狱各基层党支部中组织开展上优质廉政党课竞赛活动，促进执法廉洁。以各基层党支部为单位，授课人是各支部书记或副书记，活动分为优质教案评比和优质课堂教学比武两个阶段。各支部成立课题小组，讨论选定参赛课题，确定授课人员，明确分工，责任到人。经评委组同志认真评审，七监区党支部等6个党支部分获一、二、三等奖。监狱党委还推选出一名优秀授课能手为机关全体党员上一堂专题廉政党课。整个活动历时一个多月，全狱党员听课率和课堂教学测评满意率达到90%以上。

【全力做好防汛工作】 2010年6～7月，洞庭湖水位、长江水位、华洪运河水位均不同程度超警戒水位，岳阳监狱防汛形势日趋严峻。该监狱及时发布监狱长令，迅速启动防汛应急响应，全面进入防汛状态，确保安全度汛。一是加强组织保障。按照度汛方案，防汛指挥部下设四个指挥所，分别由一名监狱领导负责。将18.8公里堤段划分到各监区，由监区长带队，履行第一位责任。二是认真查险排险。加强对大堤及一线大堤穿堤涵闸、机埠进行排查，落实重点部位的值班和守护人员。对超过警戒水位的华洪运河堤，安排两个监区防汛人员上堤巡逻查险。对接近警戒水位的长江和洞庭湖大堤，要求各责任单位做好前期清基扫障工作，选定合理上堤路线，进行必要的道路整修，随时等候指挥部的上堤命令。三是加强防汛物资储备，按照堤段定点堆放到位。四是严肃纪律要求。五是狠抓监管安全。从严审批和管理好上堤罪犯，严格落实巡查、跟班、点名、互监组制度，对上堤罪犯进行一次普遍谈话教育，特殊时期提出特殊要求。六是坚持统筹兼顾。保持信息畅通，加强电力、通讯、车辆等方面的后勤保障，明确留守人员责任，加强监管区管理，从重从快打击罪犯违法违纪行为，确保不出现任何监管安全问题。

（本栏撰稿 刘青山 杨振兴 彭欢虎）

责任编校 王 艳

国防建设

NATIONAL DEFENSE

岳阳军分区

【思想政治建设】 2010年，岳阳军分区坚持把高举旗帜、听党指挥、履行使命作为根本任务，学习贯彻党的十七届五中全会精神，完成6个专题理论学习，师团干部参加两级军区理论培训，带动官兵学理论、用理论的自觉性。注重搞好学习实践活动总结，建立完善长效机制，对师团两级列入整改方案的185项问题，整改落实172项，党委机关承诺解决的问题基本兑现。利用岳阳地区红色资源和传统文化资源，开展培育当代革命军人核心价值观主题教育；先后开展“职能使命”、反腐倡廉教育活动和党员干部作风纪律教育整顿，组织政工干部集训，扎实推进“学习型效率型机关”建设，制定下发《推进军分区部队学习型党组织建设意见》；针对团以上干部调整较大的实际，积极创建“顾大局、讲团结、干事业、正风气”的党委班子，两级党委集体领导水平得到提高。注重办实事求实效，着力解决遗留债务、房地产租赁、营院搬迁等难点问题，效果比较明显。坚持把党组织建设和创先争优活动结合在一起抓，研究制定开展活动的《实施意见》，利用各种时机进行宣传发动，增强官兵的自觉性和责任感，经验做法被广州军区转发。湘阴县人武部被省军区评为全面建设先进团级单位，岳阳楼区人武部党委被省军区评为先进党委。岳阳楼区人武部部长付明中、湘阴县人武部政委贾建旺被评为省军区优秀旅团主官。

【战备训练】 2010年，岳阳军分区强化战备观念，落实战备制度，结合任务修订完善3类64种战备方案和应急预案。利用春节战备防护期，召开民兵武器弹药仓库军警民联防会议，组织9个县市区常驻民兵应急分队进行应急拉动演练；组织市民兵舟桥营进行综合演练。拟制上报军事斗争准备评估《标准》和《细则》，战备行动能力在训练和检查、评估中得到检验和提升。投入近500万元购买训练教器材10723件（套），配套建设作战室和电教室，实现“网上训、网上考”目标；完成机关营院监控系统升级改造和国防动员资源信息管理系统建设，启动“三级网”的改造升级。坚持按新大纲正规施训，完成4期首长机关在职训练。预备役部队和民兵超额完成训练任务，实训预备役兵员15期930人，民兵骨干和分队训练50期4097人。迎接省军区组织的军事训练“一考三评”工作，取得总分第一的优异成绩；4名人武部主官参加省军区教练员“四会”能力分级联考，2人被评为优秀“四会”教练员；参加省军区组织的教导队长和人武部副部长兼军事科长集训，获得总分第四名；组织民兵无线电台针对性综合演练被评为红旗单位；军分区被省军区评为军事训练先进单位、安全工作先进单位；司令部被广州军区评为先进司令部；军分区参谋长袁建华被评为广州军区优秀参谋长。

岳阳市民兵应急分队拉动演练 （异克斌 摄）

【应急动员工作】 2010年，岳阳军分区扎实做好国防动员各项准备，大力开展全民国防教育，结合创建省“双拥模范城”，联合下发《加强党政领导干部国防教育意见》，编印3期《国防教育简报》，向100万手机用户发送国防教育宣传短信，为12000名院校军训学生开设国防知识讲座，增强全民国防观念。岳阳市被评为省双拥模范城，华容县被评为双拥模范县；市人防办被评为全民国防教育标兵单位，巴陵石化有限公司被评为全民国防教育先进单位。军分区领导多次深入人防办进行调研，督促做好防空疏散地域建设前期准备工作，启动东茅岭步行街人防工程；完成南海舰队对岳阳市部分现役部队预编预备役士兵点验，广空雷达21团9名岳阳籍预编预备役士兵回营进行复训；完成全市国防动员资源信息数据采集与校对，对全市238名已预编和303名计划预编兵员进行全面精确核对，建立数据库；圆满完成院校直招士官和兵员征集任务。

【基层规范化建设】 2010年，岳阳军分区贯彻广州军区抓建基层三年规划和“常德会议”精神，进一步确立抓建基层的总体思路、目标要求和方法措施，制订下发《岳阳市民兵基层建设实施细则》，为抓好民兵基层建设提供基本依据。师团领导深入基层调查研究，每人确立一个研究课题，形成有质量的调研报告11篇。不断加大民兵基层组织建设力度，在华容县、君山区抓10个基层武装部、15个村级民兵营规范化建设先行试点，召开全市民兵基层建设现场观摩会；组织各人武部军事主官，采取交叉检查验收的方式，抽检38个基层武装部、31个村级民兵营，点验各单位工兵、防化、通信装备数质量情况和9个民兵常驻应急分队，一些制约基层建设发展的重难点问题得到效好解决。至年底，全区85%的基层单位已经达标。岳阳县鹿角镇武装部长刘波、湘阴县袁家铺镇武装部长李恒参加省军区集训被评为先进个人。

【安全维稳工作】 2010年，岳阳军分区贯彻落实“三个严禁”、“六个管住”和“十个严防”，部队安全发展形势良好。积极开展“安全宣传教育月”、“《安全条例》学习月”活动，及时传达学习省军区“学习贯彻新条令、防范重大安全问题集训暨两个经常性工作座谈会”精神，掀起学习贯彻新条令热潮。突出重点安全隐患排查整治和重要时节安全防范工作，开展计算机网络安全保密清查整治、严格管束外出军人军车、“严禁酒后驾车”和“军车运行秩序和军用号牌管理”专项治理活动。5次对车辆、涉密载体、对外有偿服务场所等进行安全隐患大排查，“5个方面20项安全隐患”得到有效整治。加强营院管理，营区正规化程度普遍提高，军分区设置营门岗哨台和警戒线，统一着装，配备执勤器材，指定一个班的兵力担负营门执勤，提高值勤处突能力。重视意识形态领域斗争、“四反”工作和重大任务安全风险评估。全年训练动用武器6000多支（次）、发射枪弹20余万发，投掷手榴弹120枚，行车127万公里，安全无事故。军分区被评为省军区安全工作先进单位。军分区、人武部参与处置35起群访事件，妥善处理80批共183人次复退军人来访，为维护社会稳定发挥作用。云溪区人民法院被评为全省涉军维权先进单位。

【部队综合保障】 2010年，岳阳军分区重视加强后勤业务培训，提升专业技术保障能力。加大后勤精细化、规范化管理，组织第二次军用土地调查工作。按照“人员一个不漏、信息一项不差”的要求，完成军人保障卡数据采集。组织对全区干部、职工116人进行血吸虫病排查体检。加强日常后勤制度落实，严格财务公开和“一支笔”审批制度，确保经费开支正常运行。开展资源节约工作，制定《军分区建设资源节约型军营实施意见》。坚持把基础设施建设作为军分区部队建设重点，机关营院绿化面积14000平方米，对路灯、管线等进行更新改造，完成营院环形路建设，启动常委宿舍楼建设；临湘市人武部新营院主体工程建成投入使用；岳阳楼区人武部办公楼整修工程顺利竣工；云溪区人武部园林式营院改造稳步推进。抓市民兵武器仓库综合整治，投入68万元完善各种设施设备，提高仓库的正规化管理水平。

（本栏撰稿 钟普查）

预备役部队

【思想政治建设】 2010年，湖南陆军预备役步兵师第三团（简称预备役三团）围绕“狠抓根本、突出重心、提升质量、确保安全”的工作思路，扎实抓好各项工作落实，圆满完成上级赋予的各项任务。完成6个专题理论学习，组织核心价值观组歌歌咏比赛、“湘预杯”系列文体比赛活动，团参加师核心价值观组歌歌咏比赛取得第一名。扎实推进学习型党组织建设，健全完善学习计划、推荐书目、学习讲评、学习保障等学习制度，激发官兵学习动力。通信连长何磊被广州军区评为学习成才先进个人。广泛开展创先争优活动，按照“五好”、“五个带头”的要求，每名党员作出公开承诺，张榜公布；开展“把党旗举起来，把革命歌曲唱起来，把典型树起来”活动，掀起创先争优活动热潮。认真研究新形势下预备役部队教育管理遇到的新情况新问题，扎实做好隐蔽斗争和“四反”工作，官兵政治信念坚定，没有发生任何政治性问题。新闻报道有新突破，在省以上新闻媒体发稿89篇（中央级媒体6篇）。支援梅溪乡胥家桥村、湖滨办事处八仙台社区建设，开展献爱心捐赠活动，全年捐赠8.5万元。预备役三团被预备役师评为全面建设先进单位，政治处宣保股被广州军区评为政法工作先进机关。

【战备训练】 2010年，预备役三团围绕七项使命任务要求，抓战备训练落实，修订完善团、营、连3大类28种130份战备方案计划和应急行动处置预案，并组织针对性演练；投入近50万元，按要求充实遂行非战争行动所需的专业物质器材，为部队实施快速动员和完成急难险重任务奠定基础。严格落实省军区“五个轮训一遍”的要求，精心组织团首长机关和各类骨干训练，完成各类训练15期，参训1102人

组织预任军官集训 （马克宏 摄）

（次）。参加师现役干部“四会”教学网上评比取得第二名；现役营连长集训考核取得第一名；勤务队参加师现役士兵队列会操取得第一名；3人参加广州军区、省军区优质课教学评比，成绩优异，被评为优秀“四会”教练员，一个教学课目被军区评为优质课；汽车连连长程杰参加省军区部队后勤专业岗位比武取得军交专业第三名；圆满完成“湘预-1010”演习。

【部队安全维稳工作】 2010年，预备役三团牢固树立安全发展理念，按照“三个严禁”、“六个管住”、“十个严防”、“两个经得起”的要求，抓部队教育管理，部队保持高度安全稳定。深入学习贯彻新条令，官兵条令法规意识得到强化。深入开展“安全宣传教育月”活动、机关和营院集中整治、涉密安全信息整治和9次安全隐患大排查，层层签订安全工作责任书，安全工作基础进一步夯实。参加抗洪抢险等急难险重任务，出动人员2000余人次，动用车辆110余台次，做到人不掉皮、车不掉漆。训练动用各类枪支×××余支次、火炮××门次、车辆×××余台次、各类物资器材150件（套），消耗子弹1.7万余发，做到全程安全无事故。

【基层正规化建设】 2010年，预备役三团按照“规范建设、分步实施、整体提高”的思路，科学筹划，狠抓落实，全面提升基层建设质量和正规化水平。按照“三个转移”的目标要求，深化推广跨乡镇抽编、跨县市区联编的模式，进一步优化编组布局和兵员结构。全团“四率”均达到上级规定要求。按照“十有八规范”、“四室一窗”的标准，投入经费近40万元，完善1个营部和6个连部的信息化建设，对营连战备物资器材进行补充；严格落实营连会议活动、登记统计、物资管理、检查评比等制度，营连各项工作逐步走上正规化轨道。11月，广州军区副政委刘良凯中将到团检查调研，对预备役三团抓建基层建设的工作给予充分肯定。

【后装综合保障能力提升】 2010年，预备役三团落实“永州会议精神”，广泛开展“八节一压”活动，部队资源节约工作得到有效落实。抓后勤精细化管理，努力降低行政消耗性开支，提高经费使用效益，可动用家底经费进一步厚实。加强营院基础设施建设，积极争取编组单位支持，完成训练基地绿化美化；投入30余万元为官兵更换床铺，规范勤务队设施，改造营院水电线路。严格落实武器装备管理制度，采取逐车、逐炮、逐枪、逐件的方法，对全团武器装备进行全面检查，对问题及时进行整改，装备管理“三化”水平进一步提高，较好地保障年度军事训练活动的开展。

【临湘黄盖湖抗洪抢险】 2010年7月上旬，临湘市普降大到暴雨，黄盖湖水位上涨到30.15米，达历史最高，沿湖13.8公里溃堤告急，湖区人民群众生命财产安全受到严重威胁。灾情就是命令。面对黄盖湖地区特大洪涝灾害，在预备役师党委和岳阳市防指的统一部署下，预备役三团迅速反应，及时组织力量投入抗洪抢险。在近一个月的时间内，出动现役官兵和预备役人员5批2000人、冲锋舟8艘，搬运砂袋10万多个，修筑加固子堤2万余米，抢救和转移人民群众400余人，处置管涌、漫堤等大小险情100余处。抗洪抢险行动中，广大官兵坚决执行上级命令指示，发扬不怕疲劳、连续作战的优良作风，群策群力、敢打敢拼，实现确保不垮堤、不亡人的目标，在危急时刻发挥关键作用，为保护黄盖湖地区20.5万人民群众的生命财产安全、夺取抗洪抢险的阶段性胜利作出贡献。预备役三团被授予全国防汛抗旱先进集体荣誉称号。 （本栏撰稿 马克宏）

武装警察

【概　况】 2010年，中国人民武装警察部队岳阳市支队（简称武警岳阳市支队）坚持“高起点打基础、高标准抓落实、高效益促发展”，较好地完成各项工作任务，部队建设呈现出稳步发展的好势头。年末，武警岳阳市支队被武警湖南省总队评为“三无”单位。

思想政治建设。坚持政治教育“四个贴近”，着重解决官兵现实思想问题，坚定官兵理想信念。落实政治教育“六个环节”，灵活开展教育，组织干部到驻地大型企业参观见学，增长见识，开拓视野，充分利用驻地红色文化资源，组织干部战士参观平江起义纪念馆、任弼时故居。在抓典型推动上，注重发挥“酵母效应”，树立支队参谋

武警岳阳市支队官兵在黄盖湖参加抗洪抢险 （朱三军 摄）

9月3日，武警总部工作组到岳阳市支队检查指导工作 （邱耀林 摄）

长戴国兵、船艇大队大队长王业虎、政治处新闻干事邱耀林、岳阳楼区中队战士姚东、平江县中队班长黄俊榕等典型代表，用他们勤奋学习、爱岗敬业、扎根基层、苦练精兵的先进事迹激发官兵奋发进取意识，确保思想纯洁稳定。

训练执勤处突。严格落实奖惩措施，设立5万元训练奖励基金。新训工作、机关科股长比武、建制中队比武均取得较好的成绩，进入全总队前列。全年支队派出兵力2000余人次，完成春运火车站、岳阳南湖和汨罗江龙舟赛执勤，“两会”安全保卫，城市武装巡逻以及中央首长到岳阳视察警卫，武装押解等临时勤务58起，受到上级和地方政府的好评。6月下旬至8月初，临湘市黄盖湖水域发生特大洪涝灾害，该支队累计出动兵力2600余人次，车辆150余台次，冲锋舟60余艘次，装填沙石、泥土1万余立方米，搬运沙袋2.2万个，封堵决口2处、管涌13处，垒筑子堤10余公里，清理淤泥30余吨，转移物资40余吨，疏散、转移群众1000余人，义务巡诊80余人次，慰问特困受灾群众25户，为灾区群众做好事200余件，出色完成抗洪抢险任务，被授予全国防汛抗旱先进集体。

部队正规化管理。深入贯彻落实武警湖南省总队党委二届九次全会精神和总队小散远直单位建设座谈会议精神，始终把安全稳定工作摆在突出位置，精心指导，狠抓落实。抓好“新条令”学习和安全常识教育，组织全体官兵进行新条令网上知识竞赛。先后2次对安全隐患进行拉网式排查，严格落实安全工作责任制，建立《安全工作奖惩实施细则》，支队与中队、中队与班排、班排与个人层层签订安全工作责任状。6月，开展士官作风纪律教育整顿活动。结合世博安保、广州亚运会、“6·4”、“7·5”敏感时期，加强对重点人员管控，对19名身体有疾病，3名家庭涉法，1名患有精神病的战士指定责任人，做到联系不断线、行为不失控。紧紧扭住小散远直单位这个重点，坚持归口管、重点帮、全面建、经常查，规范小散远单位的“四个秩序”，配齐配强干部骨干，健全各类组织，完善硬件设施，提高自我管理能力，确保安全稳定。直属大队党委、平江县中队党支部被总队评为先进基层党委（支部），支队两个大队党委“前沿指挥所”作用明显，17个基层党支部“三力”作用发挥明显。直属大队、三中队、四中队、华容县中队、湘阴县中队、平江县中队被总队评为基层建设先进单位，五中队立集体二等功，直属大队、华容县中队立集体三等功。

后勤综合保障。该支队党委坚持把“四配套”建设作为2010年后勤工作的重点和部队建设的大事，分别在湘阴县、平江县中队召开支队配套设施建设试点现场会，2次组织人员到衡阳市、湘潭市支队等兄弟单位参观学习，多次进行专题研究和部署。先后完成后勤“两室一库”、财务档案室、财务股办公室、司务长活动中心维修改造；实现机动中队新建搬迁；完成7个单位基础配套设施建设。在经费预算管控上，修订完善《机关经费管理规定》和《基层经费管理规定》，每季度进行检查通报，调动基层主官当家理财的积极性。为拓展支队战备物资库的综合保障功能，满足一次性出动200名兵力实现自我保障的要求，适度扩大支队本级储备规模，并建立警地一体化物资筹措保障体系，有选择性地与地方商场、超市、加油站等机构建立保障关系，畅通保障渠道，提高物资筹措保障效益。4月，在直属大队进行农副业生产试点，统一规范支队农副业生产的结构和标准。基层17个单位有可耕种菜地面积2.7公顷，各类养殖场地1.3万平方米。基层单位农副业生产收益30.2万元。

【协同抓捕“10·25”涉黑团伙案犯】 2010年1月16～17日，经请示省武警总队同意，市武警支队出动20名兵力协同市公安局成功抓捕省公安厅督办的“10·25”涉黑团伙案犯17名，收缴违法车辆4台、管制刀具6把，出色地完成抓捕任务。

【武警湖南省总队在岳阳举力船艇驾驶员集训】 为提高部队抢险救灾的能力，有效应对严峻的防汛形势，6月1日上午，武警湖南省总队2010年度船艇驾驶员集训班在岳阳市支队船艇大队开训。培训班为期15天，来自全总队16个单位的46名学员接受船艇保养维护、拆装运行、基本操作、水上救护、情况处置等5个内容的强化培训。

（本栏撰稿 邵 文）

武警消防

【概 况】 2010年，武警岳阳市消防支队（简称市消防支队）团结拼搏，开拓进取，务实苦干，业务工作和队伍建设呈现出全面协调发展、整体快速推进的良好态势，确保社会面火灾形势和部队内部“两个稳定”。全年全市发生火灾155起，死亡1人，受伤0人，直接财产损失274.95万元，与2009年相比，火灾起数、亡人数、伤人数、直接财产损失数分别下降46.6%、50%、100%、80.1%，火灾四项指标全面下降，火灾形势平稳，未发生一起较大以上火灾事故，在全省综治考评中名列第一。市消防支队被评为全市安全生产工作先进单位、依法行政工作先进单位，获评首届岳阳市优秀志愿服务团队；湘阴县大队荣获省十大杰出青年文明号；华容县大队被共青团省委命名为青年文明号；岳阳楼区和华容县大队被共青团市委评为青年文明号；战士符安乾被临湘市委、市政府授予爱民模范荣誉称号，有5人立一等功、3人立二等功、11人立三等功、54人受嘉奖。

【抓火灾隐患整治】 2010年，市消防支队部署开展冬季防火攻坚战，“四小场所”消防安全整治，“平安使命”火灾隐患排查等11个专项整治行动，积极开展联合执法和消防夜查，创新开展司、政、后三部门消防监督协管工作，整改消除一大批火灾隐患。将公安派出所消防工作纳入公安机关综合考评重要内容，全面铺开典型培育试点工作，推广巴陵石化和华润燃气有限公司易燃易爆单位标准化管理试点成功经验，选定40余家不同类型单位作为消防安全标准化管理试点，积极推动社会单位“保消合一”、“巡消合一”消防队伍建设，成效明显。社区和农村消防工作全面推行三级“网格化”管理，与平江县长明村共同创建消防安全示范村。全年出动消防监督检查组1849个，组织检查19864次，检查单位33249家次，发现火灾隐患68500余处，办理消防行政许可1055个，办理消防行政处罚案件331件，警告110人，拘留15人，责令停产、停业、停业使用125家，临时查封108家，政府挂牌督办的12家重大火灾隐患单位全部按期整改销案。在全省消防监督执法技能竞赛中取得全省第二名的好成绩。

【消防安全保卫】 2010年，市消防支队扎实开展打造消防铁军活动，强化攻坚组建设，完善灭火救援基础台账，广泛开展六熟悉和大演练活动，举办五类场所灭火救援现场会、大跨度大空间建筑灭火救援演练暨战术研讨会，全市消防部队打造消防铁军比武竞赛活动，营造浓厚的练兵氛围。举办全市消防装备建设成果展暨灭火救援技能表演，受到领导的高度评价。加大应急救援队伍建设力度，组建专家数据库，建立重大灾害应急救援联席会议制度，联合开展综合演练16次。选取平江县和平江县安定镇作为县级及以下应急救援试点单位，为部分建制镇配备微型消防车。推进信息化建设，投入近130万元进行消防信息化建设，为应急救援工作提供通讯保障。加大多种形式消防队伍执勤训练管理指导力度，征召112名合同制消防员和文职雇员，缓解公安现役消防警力不足的矛盾。全年接警出动1902起，出动车辆2713台次，出动警力1.9万余人次，抢救被困人员 400余人，疏散被困人员 2300余人，抢救财产价值1.07亿元。成功处置“2·15”3517军工厂居民房火灾、“6·19”、“7·9”抗洪抢险和“10·14”公交车坠河救援等灾害事故。圆满完成世博会、亚运会、省运会、2010中国野生荷花旅游节等重大消防安保任务，在全省消防部队打造三湘消防铁军比武竞赛中，取得较好成绩。

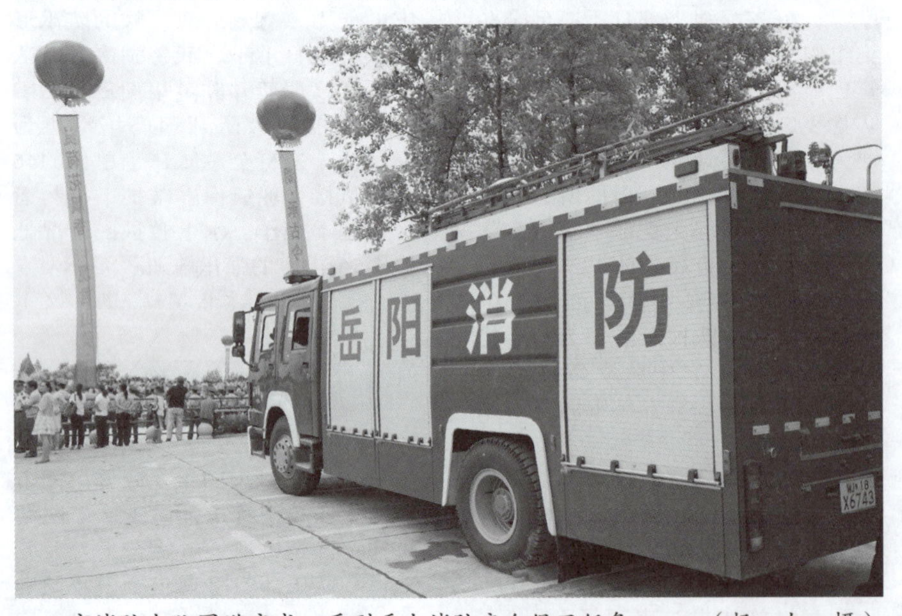

市消防支队圆满完成一系列重大消防安全保卫任务　（杨一九　摄）

【后勤保障】 2010年，全市消防部队业务经费总量达4347.3万元，增幅25%。其中支队本级消防业务经费总量为2358.22万元，增幅11%；基层大队消防业务经费总量为1989.08万元，增幅47%。投入1636万元，购置11台消防车、3392件（套）个人防护装备、160件（套）抢险救援装备、4台空气填充泵。圆满完成云溪消防站建设，金鹗、君山、临港新区消防站，战勤保障大队建设正在稳步推进。

【抗洪抢险】 2010年6～9月，特大暴雨多次袭击岳阳，岳阳城区及湘阴、汨罗、平江、临湘、岳阳县等县市不同程度地遭受洪水灾害，造成巨大经济损失。在每次暴雨预警发布后，市消防支队党委都高度重视，迅速部署动员，全市消防部队300多名官兵整装待命，尤其是遭受洪水灾害严重的市经济技术开发区、岳阳楼区、湘阴县、平江县以及岳阳县等辖区消防官兵全力以赴、奋不顾身、长时间超负荷奋战在抗洪一线。6～9月，全市消防部队参加抗洪抢险救援100余次，出动警力1200余人次，车辆200多台次，冲锋舟、橡皮舟等船只200多艘次，成功营救遇险群众120余人，安全转移疏散被困群众1800余人，排除重要险情40多处。

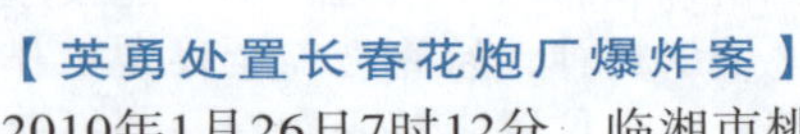
【英勇处置长春花炮厂爆炸案】 2010年1月26日7时12分，临湘市桃

林镇长春花炮厂发生爆炸，7时21分，临湘市消防中队接到报警后，副中队长肖忧带领15名官兵、2辆消防车迅速赶赴现场处置。到达现场后，肖忧立即组织现场侦察，得知花炮厂西侧组盆车间正在起火燃烧，周围多栋生产车间和存放原料、成品的仓库受到严重威胁，建筑物内可能还有群众，情况万分危急。肖忧果断下达作战命令，成立2个战斗小组：第一小组为灭火攻坚组，由代理副中队长彭艳波负责；第二小组为搜救攻坚组，肖忧带领战斗班副班长胡超和战士鲍赟、符安乾搜救和疏散群众。8时15分，当搜救攻坚组搜索至装药车间门口时，突然发生第二次爆炸，肖忧等4人当场被埋压。肖忧、鲍赟、胡超3人壮烈牺牲，为保护人民群众生命财产安全献出年轻宝贵的生命。战士符安乾受重伤，经医院抢救，脱离生命危险，在康复中。公安部批准肖忧、鲍赟、胡超3人为革命烈士；省公安厅为肖忧、鲍赟、胡超3人追记一等功，追授胡超为中国共产党党员；符安乾被临湘市委、市政府授予爱民模范荣誉称号。

（本栏撰稿　赵美军）

人民防空

【人防工程建设步伐加快】 2010年，根据岳阳市城市拓展和人口增加趋势，在充分调研的基础上，市人防办调整人防工程建设布局，修编《岳阳市城市人防工程规划（2011～2030）》，通过专家评审。依据该规划，组织编制详细的《岳阳市“十二五”人防发展规划》。全年维护已建人防工程面积4.1万平方米，更换南岳坡泵房水泵2个，超额完成年度计划任务，确保所有工程“灯明、路洁、水畅”和汛期安全。地下指挥所工程建设已投入数千万元，完成规划、设计、施工图审查等各项前期准备工作、基础设施建设、附属项目建设和部分设备设施采购。

【引进东茅岭步行街地下人防工程项目】 2010年，市人防办引进资金10个亿，建设东茅岭地下人防工程。年底前完成顶板预埋，转入地下施工，该工程建筑面积9万多平米。预计2011年底前可竣工投入使用。

【人防指挥通信不断完善】 2010年，市人防办将联通公司专用光缆接入人防应急指挥中心，完成视频会议系统升级改造。配置人防移动指挥车，安装地面卫星接收系统，相关设备正在与机动指挥通信系统同步调试。完成人防无线相关频点和频段测试工作，为超短波组网工作奠定基础。新增电声警报器3台，并组织专业技术人员对全市所有警报器进行一次维护、保养和测试。

【人防宣传教育稳步推进】 2010年，结合纪念新中国人防事业创立60年周年，市人防办开展“时刻准备着——2010青少年人防安全知识普及年”活动。组建100人的人防志愿者队伍，在市学生军校建设一个面积200平米的人防教育展厅，规划一个人防教育演练场，在市委党校和市学生军校开展人防防护技能培训，培训学员1800人次，全市中小学校教育面达100%；联合市摄影、书法、诗词等艺术协会和电视台开展系统纪念活动；联合团市委、市教育局分别开展优秀中学生、优秀班主任人防实践活动和人防志愿者年度活动；结合警报试鸣活动，组织全市65万中小学生同步进行疏散演练。（本栏撰稿　陈丽丽）

边防检查

【抓党建促班子带队伍】 2010年，岳阳边防检查站全面贯彻落实全国边防部队党建工作会议精神。一是积极向岳阳市委、市政府和湖南边防总队党委汇报部队管理、口岸发展形势，抓好党委班子建设，成立站机关与勤务中队2个党支部，配齐支部班子，健全共青团和武警委员会组织。二是按照“要用高质量的学习创建学习型班子”要求，先后进行16次站党委中心组集体学习，撰写学习体会、理论文章、调研报告40余篇，有效地破解部队发展一系列难题。加强领导班子作风建设，进一步增强党组织的凝聚力和战斗力。三是按照“建设高素质干部队伍”的要求，修订完善《干部量化考核办法》，深入开展岗位技能练兵活动，每周组织一次军事、业务技能测试，每月组织一次党务知识、计算机应用培训，每季度组织一次综合能力考试，每半年组织一次考核，并把各类考核成绩与干部岗位津贴、量化考核挂钩，有效激发干部练兵热情，稳步提升干部的综合素质。

【思想政治教育】 2010年，岳阳边防检查站扎实开展思想政治教育。一是以边防部队的3名海地维

配合警报试鸣活动，组织中小学生进行防空疏散演习　（马小敏　摄）

和烈士的英雄事迹为典型，全面部署开展“创先争优”活动，圆满完成“大力弘扬海地维和精神，培育当代军人核心价值观”主题教育活动。二是适时组织官兵进行心理测查，采取阅读《给心灵洗个澡》精品文章，观看《阳光心态》心理健康教育片，组织开展户外心理调节活动等多种形式，有效缓解官兵工作压力。三是研究制订《文化建设三年规划实施细则》及《文化育警工作方案》，举办建党89周年、建军83周年及建国61周年知识竞赛，广泛开展征文、书法、摄影、学唱革命歌曲、营区寻宝、足球射门等丰富多彩的警营文化活动，积极营造“团结、紧张、严肃、活泼”的警营氛围。四是积极加强与新闻媒体的联系和沟通，在《中国边防警察》、《边防警察报》、《岳阳晚报》等报纸杂志上发表各类稿件21篇，扩大部队社会影响。

【做好基础工作】 2010年，岳阳边检站结合实际情况，全面做好基础工作。一是以“查验卡片录入训练考核系统”和“边检基础题库学习考试系统”为依托，组织业务干部进行集中授课、训练和测试，切实提高执勤官兵的业务素质；以《海港服务定式养成示范片》为依据，组织官兵在口岸现场多次进行执法执勤模拟演练；组织检查员到广西总队海港边检站进行参观见学，学习借鉴先进单位经验，找准结合点，系统规划、整章建制，初步建立本站执勤、服务工作各项制度和流程。二是深入调查研究岳阳城陵矶新港口岸实际情况，推出新的便民利民措施和服务承诺，汇编《岳阳边防检查站出入境边防检查指南》，制作《船员登陆指南》，规范对各种船舶的检查、监护以及证件签发的方法和流程，积极加强勤务规范化建设。三是认真落实《公安边防部队执法规范化建设三年规划》，扎实推进执法主体、执法思想等执法“六项建设”工作，制订执法规范建设方案，通过开展“人人讲法”、执法理念专题教育、观看警示教育片、“排查整改执法突出问题”专项治理等活动，进一步筑牢官兵“理性、公正、文明、规范”的执法理念。四是全力推进岳阳口岸“大通关”目标的实现，积极争取各方支持，不断加强执勤现场设备装备投入和信息化建设工作，添购计算机、复印机、视频监视器等设备，执勤功能室全部安装视频监控设备和拾音器，与站机关指挥中心系统进行无缝对接，港区图像能够进行资源共享，实现远程监控，提高监控和管理水平。

【警民共建显本色】 2010年，岳阳边检站积极参与驻地和谐社会建设。先后走访慰问多家涉边企业和驻地30余名困难群众、党员，每月坚持到共建单位岳阳市社会福利院进行义务劳动，联合举办各类联谊活动；为岳城小学18个班1000余名学生进行安全知识授课，开展“送平安进校园”活动；邀请受资助的10名困难学生与福利院儿童走进警营，体验部队生活，积极开展“警营开放日”活动。此外，该站还开展学雷锋爱民实践活动，为地震灾区捐款捐物金额2万余元、义务献血7000毫升，谱写军民鱼水情新篇章。（本栏撰稿 欧诗衡）

责任编校 王 艳

经济监督与管理

ECONOMIC SUPERVISION AND ADMINISTRATION

宏观经济管理

【概 况】 2010年，岳阳市面对复杂的经济发展形势，决战“十一五”、谋划“十二五规划”。以科学发展观为指导，认真践行民本岳阳的执政和发展理念，紧紧围绕“提速、升级、增效、惠民”的总体思路，着力转变发展方式，调整经济结构，加快民生改善，全市经济社会保持健康快速发展的良好态势。

经济发展提速增效。实现地区生产总值1539.4亿元，比2009年增长14.8%，高于年初计划3.8个百分点。经济效益明显提升，完成财政总收入139.6亿元，增长25.9%，高于年初计划12.9个百分点。内部产生的发展动力逐步增强，完成固定资产投资782.2亿元，增长27.7%；完成社会消费品零售总额507.2亿元，增长19.2%，高于年初计划3.2个百分点。县域经济快速发展，六县一区（屈原管理区）GDP总量达903.21亿元，占全市GDP比重58.7%，比2009年提高0.4个百分点。

产业结构不断优化。新型工业化加速推进，工业在国民经济中的主导作用进一步增强，三次产业结构比例调整为14：54.2：31.8。全市规模工业实现增加值751.5亿元，增长23%；规模工业企业总数达到1332家，新增137家;实现高新技术产业产值640.2亿元，增加值181.9亿元，分别增长39.5%、24%;园区工业快速发展,岳阳经济技术开发区成功晋升国家级,湖南城陵矶临港产业新区和各县市区工业园建设加快,实现园区规模工业总产值1192亿元。农业生产平稳发展，粮食总产量315.8万吨，增长0.1%；出栏生猪743.9万头，增长2%；水产品产量37.9万吨，增长4.8%；实现农林牧渔业增加值215.5亿元，增长4.2%。第三产业发展加快，实现增加值489.6亿元，增长10.7%。旅游总收入达到102.9亿元，增长25.8%。所有制结构继续改善，非公有制经济实现增加值884.5亿元，增长18.6%，占全市GDP比重达到57.5%，比2009年提高2个百分点。

重点项目扎实推进。深入开展“招商引资项目建设年”活动，实施投资在5000万元以上的施工项目536个，其中新开工项目354个，完成投资377.76亿元，增长46.5%。市委、市政府确定的178个重大项目进展顺利。城建方面，环南湖截污管网工程、通港路、望岳路等项目顺利实施；岳阳经济技术开发区、岳阳县、云溪区和平江工业园4座污水处理厂投入运营。交通方面，17个重点项目全部开工建设，随（州）岳（阳）、岳（阳）常（德）、岳（阳）长（沙）、通（城）平（江）、石（首）华（容）5条高速公路和8条省干线公路进展顺利，硬化农村公路2076公里。水利方面，层山安全区围堤工程、移民迁建项目顺利实施；中型水库和国家规划重点小型水库除险加固、大型排涝泵站更新改造等项目加快建设。

节能减排成效明显。突出资源节约和环境保护，重点实施南湖水环境综合整治、湘江流域岳阳段专项治理、畜禽养殖污染整治、蓝天工程和工业节能减排等一批环境整治项目，重点企业整治、锅炉改造及工业污染源治理积极推进，汨罗市循环经济工业园纳入国家首批7个“城市矿产”示范基地。全年万元规模工业增加值能耗每万元1.55吨标煤，比2009年下降12.9%，其中列入全省“百家节能企业”的5家企业的综合能源消费量25.97万吨标煤，下降17.2%；全年二氧化硫排放总量6.57万吨，下降1.4%；化学需氧量排放总量8.95万吨，下降0.3%；全市森林覆盖率达到45.3%。

改革开放力度加大。重点领域改革取得突破。国有企业完成23家改制；医药卫生体制改革、交通体制改革、文化体制改革、政府机构改革、投融资体制改革、集体林权制度改革有序推进。市场融资步伐加快，中科电气首发上市融资5亿多元，湖南凯美特通过中国证监会发审会，湖南天欣科技股份有限公司、湖南金泰粮油股份有限公司等在天津股权交易所成功挂牌上市。招商引资成效明显，实际利用外资1.57亿美元，增长24%；引进内资项目547个，到位资金168.4亿元，增长21.6%。完成进出口总额10.2亿美元，增长10%。金融对地方经济发展的支持力度明显加大，年末全市金融机构各类贷款余额达437.2亿元，比年初新增74.5亿元。

社会民生有效改善。注重以改善民生带动社会事业发展，积极缓解人民群众就医、就学、就业等困难。省实事考核指标和市实事工程全面完成,全市新增城镇就业5.5万人，失业人员再就业3.4万人;养老、失业、医疗、工伤、生育保险新增参保24.5万人。全市新建、扩改建乡镇敬老院8所。改造新建2所县级综合医院，7所乡镇中心卫生院和6所社区卫生服务中心。新建（筹集）城镇廉租房44.2万平方米，建成经济适用房1934套，完成831户洞庭湖湖区捕捞渔民危房改造，帮助2028户农村困难群众重建、改造和维修住房。人民生活不断改善，城镇居民人均可支配收入达到17312元，农民人均纯收入达到5988元，分别增长10.4%和12.2%。“五创”提质活动全面深入开展，城市文明建设迈出新步伐。科技、教育、文化、卫生、体育、人口和计划生育等各项事业取得新的进步。

【发展和改革工作】 2010年，岳阳市发展改革委员会（简称市发改委），围绕服务全市经济社会发展大局，加强规划思路谋划、项目资金争取、形势分析研究和综合协调服务，各项工作取得成效。研究和起草岳阳市“十二五”规划纲要；紧抓国家扩大投资的政策机遇，围绕国家投资的重点领域和重要环节，争取国家和省预算内投资16.11亿元。全力推进前期项目建设和切实加强项目监管，促进了全市固定资产投资的较快增长。注重加强后危机时代经济形势和政策走势的分析研究，开展统筹城乡一体化发展、加快经济发展方式转变、推进“省直管县”改革、洞庭湖综合治理等重点课题调研。准确及时向市委、市人大、市政府和市政协提供经济社会发展动态情况，协助市政府起草项目投资、招投标管理等规范性文件6个。抓好产业转型升级、“两型社会”建设和重点领域改革等重点，牵头和参与全市一系列产业发展升级三年行动方案编制，包装上报国家、省相关产业发展规划项目60多个。牵头制订《岳阳市资源节约型和环境友好型社会建设综合配套改革试验实施方案》，为临港产业新区争取项目资金5800万元，协助汨罗市循环经济工业园成功申报为国家“城市矿产”示范基地，争取国家首批专项建设资金2.89亿元。全面推进医药卫生制度改革，有序开展基本医疗保障制度实施、基层医疗卫生服务体系建设、基本药物制度试点等工作。市发改委被评为2010年度建设民本岳阳先进单位、市政府绩效评估先进单位、人口和计划生育工作先进单位、社会治安综合治理先进单位、促进经济发展先进单位。

【编制“十二五”规划】 2010年，市发改委科学谋划“十二五”发展蓝图，将规划编制作为谋大、谋深、谋远的重要手段。组织和参与50个重大课题调研，协调市直相关部门编制42个重点专项规划，收集整理基础产业、基础设施、民生保障和生态环保等领域项目1852个，总投资9943.5亿元，建立“岳阳市十二五规划重大项目库”，并提出申请纳入“湖南省十二五重大项目库”项目79个。组织协调专项规划之间，纲要与专项规划、县市区规划和省规划之间的对接，并通过开设“建言十二五，共绘新蓝图”活动专栏、召开意见征求座谈会等多种形式，广泛征求专家、学者、企业、部门及社会各界的意见建议，对规划纲要草案进行反复修改和完善。纲要草案顺利通过市六届人大四次会议审查和批准。

【争取项目资金】 2010年，市发改委紧抓国家扩大投资的政策机遇，围绕国家投资的重点领域和重要环节，全力做好项目策划、申报、衔接等工作，切实加大项目申报力度，主动谋划、筹建、实施一批重大项目，全力争取投资份额。全年争取国家和省预算内投资16.11亿元，主要集中在农林水利、城镇建设、节能环保、社会民生等领域，资金的有力争取为全市经济社会发展注入了新的活力。

【加强中央投资项目监管】 2010年，市发改委为确保中央新增投资项目资金高效、安全运行，积极配合中央、省检查组和市纪委、市监察局等单位，对全市廉租房、农村初中校舍改造、农村安全饮水、层山移民安全区迁建、社区卫生服务中心、巩固退耕还林成果等项目的立项审批、招投标、资金运行和建设质量等进行重点监管，针对存在的问题及时提出整改意见，促进项目的规范运作。2008年底以来，中央先后四批下达岳阳市中央投资项目361个（含打捆项目），项目总投资38.7亿元，其中中央投资10.62亿元。

【规范权力运行】 2010年，市发改委对涉及机关各科室的工作职能进行认真梳理，制定《市发改委机关规范权力运行工作实施办法》，全面公开各科室服务指南和工作流程，大力推行政务公开。通过进一步规范窗口管理，完善项目行政许可服务机制。全年受理、核准、备案项目101个，办结率为100%，涉及总投资68.7亿；核准招投标方式38个。（本栏撰稿 刘 畅）

物价管理

【概 况】 2010年，受市场流动性充裕、国际大宗商品涨价、天气气候条件异常以及市场投机力量活跃等多种因素影响，价格形势复杂严峻。岳阳市物价局围绕“提速、升级、增效、惠民”总体目标，把稳定价格总水平作为工作的首要任务，科学把握价格调控的力度、调整的幅度和监管的强度，在推进价格改革的同时，不断化解价格矛盾、优化经济发展环境。岳阳市CPI累计上涨2.5%，低于全省0.6个百分点，低于全国0.8个百分点。

【稳定市场物价总水平】 2010年，市物价局加强市场物价监测、调控与管理，维护了市场物价总水平的基本稳定。一是调控措施有力。进一步强化预案调控，综合运用经济、行政、法律和舆论等多种方式调控市场价格，有效防范通胀预期转变为通货膨胀。在年初天然气供应紧张等特殊时期，及时启动应急预案，通过政府补贴、企业消化和部分行业实行临时价格等多项措施，有效保证了市场供应和群众生活不受影响。注重价格调控能力建设，连续5年提高粮食最低收购价，促进粮食种植面积增长13%，收储增加1.5亿公斤。出台油菜临时托市收购价格政策，稳定油菜种植面积。做大做强价格调节基金，市本级征收价格调节基金1310万元，增长40.7%；科学合理使用722万元，增长289%。从严控制价费政策，核减天然气、生猪定点屠宰等23项调价申请的不合理成本6100万元。二是监测准确及时。对480种主要商品实行每周、每月、每季定期分析报告制度，准确、及时上报价格数据7万多条，撰写调研报告21篇，提出分析建议16份。三是监管严格到位。始终保持对市场价格违法行为的高压态势，加大市场巡查力度，依法打击囤积居奇、串通涨价、哄抬价格等行为。节假日期间，对全市农贸、市场经营业主的价格行为进行提醒告诫，并组织全体价格执法人员深入农贸市场、超市检查粮油肉菜的价格和供应情况，维护市场价格秩序。

【优化经济发展环境】 2010年，市物价局加强以收费检查为重点的物价管理，着力优化经济发展环境。开展涉企收费清理工作。取消和降低一批收费项目，全市的涉企收费部门由2007年的25个降低为17个，涉企收费项目由57项降为42项，收费金额由3.6亿元降低到2.3亿元。组织涉企收费专项检查。检查了工商、公安、交警、质监、环保、药监等9个部门，查出部分单位无证收费、超标准收费、超范围收费、只收费不服务等违价金额6000万元，规范了企业收费行为。研发涉企价费网络监审系统。通过涉企价费网络监审系统审查部门涉企收费560项，纠正和查处涉企违价行为301起，查出违规金额2223.6万元，实现经济制裁814.6万元。新华通讯社、新华网对岳阳市探索网络监管新模式的经验进行了推介。构建工业园区价费“保护网”。在全市所有工业园区设立涉企收费监督站，设置涉企收费公示牌，发放“涉企收费明白卡”，推行“一票制”、“一费制”收费方式，杜绝执收部门对工业园区企业的干扰。

【保障和改善民生】 2010年，市物价局从关系到广大人民群众切身利益的事情着手，加强价格改革和规范，切实保障和改善民生。一是推进基本药物价格改革。推进307种基本药物零差率销售。岳阳县、岳阳楼区、云溪区、经开区和南湖风景区5个试点地区48个社区乡镇卫生院，普通门诊人均费用从81元降到48元，降幅40.7%；住院人均费用从956元降到635元，降幅33.5%，群众满意率达90%以上。二是严控保障性住房价格。取消房屋安全鉴定查丈费等10项收费项目，降低建筑安全施工服务费等 10 个收费标准。在住房成本不断上涨的情况下，岳阳市经济适用房价格多年保持在每平方米930元至1250元之间，廉租房租金从2007年以来一直维持在每平方米1.2元。三是规范教育收费。加大对学前教育，中小学、大中专学校的服务性收费和代收费的监管力度。全面推行教育收费公示制度，公示率达100%。会同纪检、教育等部门，采取专项检查和不定期巡查方式，整治并规范了群众反映强烈的中小学教辅资料过多过滥、伙食费过高等问题。四是加强价格举报快速反应机制建设。建立完善24小时值班制度，层层建立价格举报应急小分队。受理价格举报（咨询）6368件，查处举报案件221件。五是关注弱势群体生活。对低收入群体每月减免8千瓦小时电、4立方米天然气、5吨水的费用，优惠有线电视收视费7.5元，门诊挂号、诊查费减半和减免特困学生校服费。启动临时价格补贴机制，在完成省里规定动作的基础上，每月分别提高城市、农村低保户和五保供养对象补助10元、5元，并增加发放一个月，为市城区30366户城市低保对象、7047户农村低保对象，合计82910人，发放价格临时补贴1027万元。

【促进经济社会可持续发展】 2010年，市物价局以价格管理为杠杆，促进岳阳经济社会可持续发展。一是运用价费政策，支持和鼓励投资。出台鼓励投资和规范收费的岳政发〔2010〕4号文件，对41项行政事业性（基金）、服务性收费进行优惠减免。二是运用价费政策，扶持新兴产业，淘汰落后产能。对涉及新能源、节能环保、新材料、生物科技等新兴产业的行政事业性收费下浮10%，服务性收费按最低标准收取，对洞庭铸铁厂等13家“两高”企业实行差别电价，促进产业升级发展。三是运用价费政策，促进就业和创业。出台涉及就业、再就业职业技能培训等服务性收费减半收取，对参加就业前培训的人员减免10%的学杂费等5项收费政策，减免相关费用4500万元，促进全市城镇新增就业和下岗失业人员再就业。

【提升依法行政能力】 2010年，市物价局从规范权力运入手，提高依法行政能力。严格规范自由裁量权。制定了《规范价格行为行政处罚裁量权办法（试行）》和《规范价格行为行政处罚裁量权基准（试行）》两个具体实施办法，印发《规范权力运行流程图》，聘请10名物价行风监督员，切实规范权力运行。严格实行价格听证。坚持涉及公众利益的价格调整严格实行听证。上半年华润天然气公司申请调价，市物价局从各行各业报名人员中随机产生27名听证代表召开听证会，根据少数代表意见，在原提价方案基础上每立方米降低了0.05元/立方米。严格规范调定价行为。执行价费审批政务中心物价窗口统一受理，价费审批小组集体审议。请人大代表、政协委员、行风监督员和媒体参与，做到价费调定阳光操作，透明运行，确保调价定费公开、公正、民主、科学。

（本栏撰稿　周　民）

工商行政管理

【概　况】 2010年，岳阳市工商行政管理局（简称市工商局）严抓队伍教育整顿，落实各项服务举措，创建“五无监管区”（无无照经营、无传销、无假冒伪劣、无申投诉积案、无对工商干部举报），服务民本岳阳建设。新增各类市场主体27155户，其中个体工商户24942户、私营企业2180户，新增从业人员5万人，全市个体工商户总数达到14.3万户、私营企业达到1.26万户，居于全省前列；新发展农村合作经济组织134家，农村经纪人315人；新注册商标1174件，新申报认定驰名商标3件，申报认定省著名商标18件。到2010年底，岳阳市共有有效注册商标5552件、驰名商标13件、著名商标95件，分别在全省排名第五位、第二位、第三位。6月1日，岳阳市被国家工商总局认定为首批国家商标战略示范城市之一。受理消费者申诉举报7114个，为消

市工商局消协举行“消费与服务”年主题宣传活动　（康云华　摄）

国家工商总局党组书记、局长周伯华（右二）在平江县盘石洲新村超市调研
（黄长春 摄）

费者挽回直接经济损失700万元。全市查处各类涉及民生案件271起，收缴销毁假冒伪劣食品、药品、农资135吨。市工商局获民本岳阳建设先进单位等7项荣誉，获年度省工商局绩效考核评估先进单位、党风廉政建设先进单位、人口和计划生育工作先进单位。

【市场监管进一步加强】 2010年，市工商局不断创新监管机制，夯实监管基础，加大监管力度，全力维护市场秩序。一是抓责任落实，突出“三挂钩”。加大机关对基层的业务指导力度，将业务机构的工作考核与基层办案工作的质量和水平挂钩，与地方党委政府、群众的评价挂钩，与在全省系统的排位挂钩。二是抓制度规范，实行“三规范”。统一规范基层工商所的工作标准、操作规程和网格管理，积极推行网格监管、信用分类监管等精细化监管制度，全面启动二期子系统，推进信息技术和监管工作的深度融合，夯实监管基础。三是抓基层力量，落实“三保障”。按照精局强所的原则，充实基层力量，在人、财、物方面给予基层充分的保障。整合机关工作人员，充实工商所人员力量，并将基层工商所70%的力量充实到监管执法一线，将70%的经费落实到基层。四是抓专项整治，紧扣“三要点”。围绕党委政府关心、人民群众关切的重点难点和热点问题，部署开展好八大集中专项整治行动。全市查处无照经营户3107户，引导办理执照6488户；捣毁传销窝点1050个，教育遣返传销人员9856人次，解救人质211人，移送公安机关处理303人；查处广告违法案件70件，查办各类商标侵权案件140件，收缴货值1000余万元的假烟假酒和电线电缆；查办商业贿赂案件33件，涉案金额600余万元；烟草市场整治工作、打传工作、商标战略工作、食品安全工作、安全生产工作等分别得到了省政府专项工作领导小组、市委、市政府和省工商局的充分肯定，被人力资源和社会保障部、公安部、国家工商总局评为整治劳动用工先进单位。

【“五无”创建取得突破】 2010年，市工商局无无照经营、无假冒伪劣、无传销、无消费投诉积案、无对工商干部投诉举报的“五无”创建工作取得突破，促进了工商职能转型。在“五无”创建中，市工商局强化领导督促。调整创建领导机构，明确2名市局领导具体负责，5个牵头科室和10个配合科室在局办公室的综合协调下齐心协力抓落实。创新方法督查。采取明察暗访、监督抽查、交叉检查等方法对创建工作进行督查考核。上半年，市工商局领导带领相关科室负责人，10次下基层明察暗访；下半年，抽调12名干部，组成两个督查组，深入监管区进行督查和指导；11月份底，组织11个县级局结对子交叉验收。严格问责制度。把“五无”创建工作纳入基层绩效考核体系，一月一通报、一季一讲评、半年一考核，将创建工作成效直接与年终评先评优挂钩，与提拔任用和解决职级待遇挂钩。到年底，全市工商系统创建“五无”监管区326个，申报验收263个，创建覆盖率达80%；创建“五无”监管区示范所12个、示范街102条、食品安全示范街33条、无传销社区56个。

【服务发展有作为】 2010年，市工商局以“五创”提质工作为契机，以工商联络员活动为载体，充分履行职能，服务经济建设。一是“五创”提质惠民。完成市委、市政府下达的各阶段的迎检任务，起草制定全市66个集贸市场的提质改造方案，向市政府写出集贸市场提质改造报告。二是促进发展提速。通过开辟“绿色通道”，简化办事流程，实现准入提速、年检提速。全市增加各类市场主体27155户，帮助解决返乡农民工、下岗职工、大学毕业生就业2700多人。通过主动介入、主动对接，大力推进招商引资，成功引进山东汉威箱式半挂车12亿元投资项目落户湖南城陵矶临港产业新区。三是商标战略兴市。起草《岳阳市实施商标战略工作方案》，为市委、市政府在全市推进商标战略提供参谋服务。四是联手帮扶助企。积极参与联手帮扶行动，推行“挂号销号”制度，为企业提供法律咨询1400次，解决问题380个，帮助企业融资8.6亿元。五是消费维权解难。受理消费者咨询8771件，申投诉6644件，举报470件，办结率98%，为消费者挽回直接经济损失700万元。六是加强信息服务。定期编制市场主体分析报告，为党委政府决策、企业投资和群众消费提供参考。

【为个体私营企业融资】 2010年6月10日，岳阳市举行第二届个体私营企业银企融资洽谈签约暨贷款发放仪式，岳泰集团生产科技有限公司等40家私营企业与市工商银行系

市工商局个私协会联合市工商银行召开银企融资洽谈会　（康云华　摄）

统现场签下5.55亿元的融资贷款协议。市工商部门、个私协会按照市委、市政府“提速、升级、增效、惠民”的整体要求，发挥职能优势，深入了解该市个私企业发展现状，积极与金融机构联系，为中小企业融资牵针引线，多次组织召开银企见面会、座谈会，帮助银企沟通合作意见，推动银企关系在市场导向下更加融洽和谐，与金融机构共同破解中小企业融资难题，为广大企业推进项目建设、正常生产经营和调结构转方式提供强有力的支持。

（本栏撰稿　姜　滔）

审计管理

【概　况】 2010年，市审计局忠诚履职，成效显著，审计机关威慑力、影响力、公信力、战斗力进一步提升。对639个单位进行审计，查出违规金额7.6亿元，管理不规范金额17.8亿元；向纪检监察和司法机关移送经济案件线索35件，有20人受到党纪政纪处分，12人被追究刑事责任。通过审计，为各级财政增收节支2.3亿元，提交的审计综合报告、要情、信息被批示采用176篇次，促进被审计单位建立健全规章制度82项。省审计厅向全省推介了岳阳财政审计、内部审计工作经验；市审计局、平江县审计局被省人力资源和社会保障厅、省审计厅授予全省审计工作先进集体称号；市审计局还获得全省审计信息工作先进单位、全省退耕还林专项资金审计先进集体、全市党风廉政建设先进单位、行政执法先进单位等荣誉20多项。

【优化免疫功能提升审计威慑力】 2010年，市审计局主动审计跟进，有效发挥了审计免疫系统功能作用。一是跟进“热点”。进一步完善本级财政预算执行审计，首次开展部门决算审签，促进完善财政管理制度32个，为政府加强预算管理、人大加强预算监督发挥积极有效作用。加大县市区财政决算审计力度，关注财政政策的落实和财政体制的运行情况，突出财政支出结构的合理性和财政资金的安全性、效益性，发现和纠正违纪违规问题。对153名主职领导干部实施任期经济责任审计，查出违规金额1.3亿元，管理不规范金额2.1亿元，为规范领导干部施政行为起到了约束和警示作用。针对领导干部经济责任审计发现的问题，市审计局年初向市委、市政府上报审计要情，引起市领导的高度关注。市委办、市政府办下发《岳阳市规范领导干部任期经济责任审计工作“五项制度”的通知》。重点对市质量技术协会等5家年收入在100万元以上的协会进行审计，发现一些不容忽视的问题。二是跟进“民生”。开展社会保障资金、教育专项资金、水利专项资金、退耕还林资金、农业综合开发资金等专项资金的审计和审计调查，促进完善相关制度、落实惠民政策。岳阳县、湘阴县政府积极采纳审计建议，出台加强专项资金管理的意见。根据省厅的安排，对全市及耒阳市中小学校安工程建设资金进行审计；对常德市桃源县和鼎城区退耕还林专项资金进行审计，查处侵害退耕还林农户利益，套取国家补贴及私设“小金库”等违纪问题。汨罗市在对武广高速铁路补偿资金审计中，查出虚列、挪用补偿资金等违纪问题，并向检察机关移送案件线索8件，有6人被追究刑事责任。三是跟进“投资”。市审计局代市政府起草《关于加强政府投资项目管理的意见》，并以市政府文件颁布执行。全市对268个建设项目进行竣工决算审计，核减不合理工程款1.03亿元。市本级对12个行政事业单位投资项目和118个城市建设工程项目进行决算、结算审计，核减工程造价3122万元。与有关部门加强政府投资重大工程变更的管理，逐步完善政府投资工程的决算、结算制度。组织开展县乡公路改造工程行业审计，查处违规转包工程、置换项目建设资金等问题，向市政府提交审计综合报告。制定《政府投资项目跟踪审计操作规程》，对市体育中心、环南湖截污管网工程实行跟踪审计，进一步规范政府投资行为。汨罗、湘阴、平江、临湘、华容、岳阳、君山、云溪等县市区审计局在政府投资审计中严格把关，通过核减工程造价为当地财政节约大量建设资金。岳阳楼区、屈原管理区还就政府投资建设项目监管出台规范性文件。四是跟进“绩效”。岳阳市确定2010年为“绩效审计推进年”，力求将绩效审计理念贯穿审计工作全过程，向制度、向管理、向决策型审计延伸。通过绩效评价，使审计报告对经济社会发展以及干部监管的参考价值更高。五是跟进“整改”。市政府对审计查出问题的整改工作高度重视，主要领导多次听取审计汇报并作出批示，责成政府相关部门按审计意见认真整改。为确保审计决定执行到位，审计建议落到实处，全市审计机关加强对问题整改情况的跟踪督办。各县市和相关部门对审计查出的问题能及时制定整改方案，加强整改工作。平江县政府认真整改审计查出的问题，已安排100万元用于整治矿业开采秩序；追回两家公司欠交土地出让金1276.6万元，收回违规出借资金1399万元。

【优化执法环境提升审计影响力】2010年，市审计局完成党委、政府临时交办的审计事项139件，及时提交审计报告，为党政领导正确决策，化解矛盾，提供了可靠依据。市中心城区“五创”提质改造工程概算审计，审减概算投资1255万元。文庙景区项目审计，直接核减保利公司高估虚列拆迁成本5112万元，澄清10个与有关部门长期理不清的问题。岳阳商大购物中心审计，多次化解可能再次被激起的群体上访矛盾，顺利完成审计查证任务，得到市领导的充分肯定。同时，市审计局将寓服务于监督之中的思路渗透到每个审计项目，传递到每一个被审计单位，达到了纠问题、促管理、增效益的目的。全市审计机关一方面通过加大审计力度，查处违纪违规问题来树立审计权威；另一方面通过审计宣传，展示审计成果来扩大审计影响。累计在《岳阳晚报》等报刊上发表稿件82篇，对外公告审计项目52个，编发审计简报和要情23期。特别是3月18日开通岳阳市审计局网站后，为宣传审计、扩大影响提供了平台。

【优化质量管理提升审计公信力】2010年，市审计局规范权力运行，加强审计把关，改进审计手段，提升了审计能力。一是规范权力运行，靠严格执法提升公信力。审计机关做好审计法规的学习宣传贯彻工作，对法规进行详细解读，使审计人员做到心中有数，自觉执行；加强规范权力运行制度建设，出台《规范审计行政处罚自由裁量权实施办法》等3项制度；组织开展全市审计项目质量大检查，督促整改存在问题，达到了规避审计风险、提升审计质量的效果。二是加强审理把关，靠严谨细致提升公信力。把审计质量纳入目标管理考核的重要内容，以“审计质量检查、审计复核、审计项目评优”为载体，切实加强对审计项目质量的全过程控制，审计质量受到省审计厅的通报表彰。市审计局财政同级审项目被评为全省审计项目优秀奖、气象行业审计被评为一等奖。三是改进审计手段，靠科技强审提升公信力。为破解计算机辅助审计难题，8月16日在汨罗市召开全市计算机辅助审计现场经验交流会，现场观摩3个AO审计案例演示。12月23日组织开展全市计算机辅助审计案例演示竞赛，有11个AO审计实例参赛，提高了审计人员对AO软件的操作能力。华容县审计局两个AO应用实例在全省评比中获得一等奖、二等奖。四是注重内审指导，靠完善管理提升公信力。加强对内部审计的业务指导与监督，完善内部审计工作考核办法，编印内部审计手册，督促内审机构健全规章制度，依法履行审计职责，有效发挥了内审工作的作用。全市内审机构完成审计项目1679个，查出违规金额1.6亿元，促进增收节支6780万元。

（本栏撰稿　毛朝晖）

统计管理

【开展第六次全国人口普查】2010年，市统计局把第六次全国人口普查作为统计机构工作的重中之重。一是为普查提供各种保障。全市各级政府和统计部门落实普查经费750万元，选调和配备普查员及普查指导员2.12万人，发放各类表格399万张，各类宣传画2.04万张，相关书籍3.2万本，光盘500张。通过在岳阳楼区三眼桥街道办事处等地组织试点、培训，利用电子绘图新方法科学划分普查小区，为普查提供技术保障。制定《岳阳市第六次人口普查进度管理制度》等各项制度，为普查提供制度保障。二是开展形式多样的宣传活动。建立人普宣传专网，刊登国家、省、市人口普查各种文件通知44篇，发表普查要闻35篇、简报15期、县区工作动态信息67篇。广泛利用电视、报纸、户外广告、车载广告、短信、海报、横幅、气球、信件、课堂等媒体，全方位、多层次、广角度、立体式开展宣传。10月30日在步行街举行了盛大的“第六次人口普查入户登记启动仪式”。三是高质量开展入户登记。11月1日零点开始，全市2.2万名普查员正式开始进行入户登记工作。通过认真分析全市人口普查数据质量，逐户核对调查，组织拉网式全面调查，进一步落实国家和省有关政策与措施。在入户登记期间，市统计局党组成员先后6次带领各科科长深入县市区开展业务督查，针对出现的问题及时采取各种紧急措施补漏补登，采用现

岳阳市第六次人口普查入户登记启动仪式在步行街举行（市计生委　供稿）

场指导、驻点监督等方式加强业务指导。各县市区统计局都深入各乡镇、街道办事处进行督察指导。由于工作到位，岳阳市率先通过省市县三级人口普查登记阶段质量验收。

【开展部门统计工作】 2010年，岳阳市部门统计工作有新的突破。市政府出台《岳阳市部门统计工作管理规定》，对部门统计队伍建设、统计业务建设、政府统计与部门统计关系进行了明确和规范。召开高规格的部门统计工作会议，市委常委、常务副市长郭振斌要求通过依法健全和完善部门统计机构，建立科学的部门统计协调管理机制，努力提高部门统计规范化水平。成立了由发改委、财政、经信委、交通、房产、建设、地税等部门主要负责人为成员的国民经济核算领导小组，印发《岳阳市国民经济核算部门统计工作管理办法（试行）》，确定了国民经济核算例会制度。

【实现统计优质服务】 2010年，市统计局丰富统计产品，及时发布统计分析，完善考核考试，统计工作实现优质服务。一是统计产品更加丰富、更具社会影响。编辑《统计年鉴》、《岳阳经济动态》、《数据岳阳》等统计产品10项，各级政府、部门及社会公众对翔实而丰富的统计信息资料给予高度评价，特别是为服务人大、政协“两会”，编辑出版的统计产品《“辉煌十一五”成果展》，是统计服务两会的一次创新之作。撰写各类统计分析报告和信息408篇（条），市级领导批示13篇，新闻媒体采用近百篇条。各县市区统计部门都为当地党委、政府提供了丰富多样的统计产品。二是统计分析更加及时、更具参考价值。统计部门向各级党委、政府提供了大量高质量的统计调研分析报告。4月，撰写的《抓住国家房地产调控机遇打造岳阳生态宜居城市名片》调研报告，引起很大的反响，多家单位前来咨询情况，省市两级报刊杂志媒体刊登。7月，撰写的《从国家新的核算方法看部门数据对GDP增速的重要性》呈报市级主要领导，市委、市政府主要领导分别批示，召开全市历史上最高规格的部门统计工作会议。11月，《2011年国家统计制度改革对岳阳经济的影响及应对建议》经市长批示，作为市政府全体（扩大）会议增印材料印发给与会代表。市统计局将“五市一极”建设目标进行量化分解，提出《今明两年经济形势及十二五经济发展主要支撑指标分析》报告，为领导的科学决策提供支撑，在政府全会上将发展目标分解到各有关部门，放大了统计服务科学决策的影响力。三是考核考评更加完善，更具权威。市统计局承担了新型工业化考核、项目建设考核、政府绩效考核、为民办实事考核、节能减排考核等六大省级考核任务和民本岳阳考核、为民办实事考核、非公经济考核等三大地方党政领导业绩考核工作。为搞好各项考核工作，坚持每个季度定期召开部门考核统计工作例会，督促相关部门加强与上级主管部门的沟通衔接，及时收集、整理和汇总全市考核统计数据，对存在的问题及时分析和预警。推动和规范各项考核考评工作。四是民意调查更加突出，更具品牌优势。调查数量明显增多。除市政府行政绩效考核民意调查，中央、省驻岳行政事业单位绩效考核民意调查，县市区书记绩效考核民意调查、楼区综合治理民意调查等项目已系列化和品牌化外，还新增反腐倡廉民意调查，政风行风满意度民意调查以及十多个部门的专项调查等。调查质量明显提高。民意调查中心在调查方式上进行创新，调查现场首次对部分被考核单位和媒体开放，接受现场监督监听。调查作用明显加强。民意调查的结果越来越受到各级党委、政府和相关部门单位的重视，在各类考核评比中所占比重不断增加。

【统计预警预测产生综合效益】 2010年，市统计局高度关注国内外社会政治经济发展变化情况，不断深化对经济总量、结构、效益、速度的监测，及时提供监测预警报告，增强统计的监测性、预警性和前瞻性，为市委、市政府把握调控力度提供咨询建议。3月，提交的《一季度岳阳生产总值预警》报告，引起了党政领导重视，市委副书记盛荣华主持召开统计、财政、电力、交通等相关部门主要负责人会议，及时解决存在的问题。通过对平江县、岳阳县、华容县、君山区电力部门的实地调研，形成《关于对全市工业用电进行统计执法检查的情况报告》。副市长蒋峰看调研报告后主持召开全市电力统计工作协调会。根据会议精神，市统计局、岳阳电业局联合下发《关于认真做好全市电力统计工作的通知》，明确电力考核统计工作的任务，严格电力考核统计数据报送程序，解决了困扰岳阳市多年电力增速与工业发展不匹配的难题。

【保障统计数据质量】 2010年，全市统计部门加强统计执法，为依法统计提供法律保障；重视学习宣传，为依法统计营造社会氛围；夯实基层基础，为依法统计构建长效机制。对市直44家行政和企事业单位进行统计执法检查，其中行政事业单位20家，企业24家，并向省统计局通报一起统计违法案件。对执法检查中错报、漏报、瞒报、虚报统计数据的单位进行统计处罚。各县市区在统计法制建设方面做了大量卓有成效的工作，湘阴县统计局、监察局、人大财经工委、政府法制办联合发文，在全县范围内开展统计执法检查；岳阳县统计局对岳阳县第二中学提供不真实统计资料的违法行为依法对该单位进行罚款；临湘市对黄盖中学提供不真实统计资料案依法对该单位给予通报批评。维护了统计数据的严肃性，统计源头数据的准确性，统计的社会公信力。（本栏撰稿　谢　元）

国土资源管理

【概　况】 2010年，岳阳市国土资源局（简称市国土局）坚持强化基础、夯实国土资源工作平台，深化改革、完善国土资源体制机制，优化服务、提高国土资源保障水平，改进作风、全力打造队伍形象，圆满完成年初确定的各项目标任务。补充耕地比建设占用耕地多出209公顷，市政府连续第10年被评

岳阳市首宗国有建设用地使用权网上拍卖成功　　（市国土局　供稿）

为全省耕地保护工作先进单位，市国土资源局被省国土资源厅评为目标管理先进单位。

【耕地保护】　2010年，市国土资源局设立基本农田保护公示图、标志牌，健全乡级动态巡查制度和村级信息员制度，严格执行“先补后占”、“占一补一”政策，全市建设占用耕地335.7公顷，实际补充耕地544.7公顷。积极推进农村土地综合整治，全市实施开发项目71个，总投资8455万元。启动首期总投资22亿元的环洞庭湖基本农田建设重大工程，项目招投标采用“合理定价两轮不间断抽取法”，在全省推介。出台《岳阳市城乡建设用地增减挂钩拆旧区整理复垦项目管理实施意见》和《岳阳市城乡建设用地增减挂钩建新区指标交易暂行办法》，全面规范指标交易的实施、管理和监督工作。确保岳阳市32万公顷耕地保有量、28.28万公顷基本农田面积不减少、质量不降低。

【矿产资源管理】　2010年，市国土资源局积极推进矿产资源利用现状调查工作，完成核查矿区报告编制和数据库建设，矿产资源储量报告评审备案和矿业权价款确认备案工作进一步规范。市政府与省地质勘探局签订地质技术战略合作框架协议，建立双方在湘北地区找矿新机制。商业性探矿首次取得突破，平江万古矿区金矿项目新增资源储量金金属量10吨，潜在经济价值27.5亿元。平江万古金矿区和临湘官山—肖家坡铅锌矿区两个市级重点矿区整合完成。深入开展整治非法开采矿产资源专项行动，清理超深越界矿山21家，责令停产整顿3家，立案查处18家。

【夯实国土管理基础工作】　2010年，市国土资源局国土资源规划编制进展顺利。市、县、乡镇三级土地利用总体规划修编全面完成；市级矿产资源总体规划、地灾防治专项规划通过评审，临湘市、汨罗市、平江县、岳阳县矿产资源总体规划完成市级评审。第二次土地调查任务基本完成，岳阳市被评为全省先进单位，并被推荐为全国先进候选单位；农村集体土地确权和发证工作取得新进展；“地籍档案建设年”活动成效明显。“金土”工程（国土资源电子政务建设）加快推进，用地、矿管、地产、地籍等业务实行网上审批，公文实行网上传输，市、县国土资源局门户网站改版升级，分局门户网站全部开通，“数字岳阳”地理空间框架建设启动，岳阳跻身国家数字城市地理空间框架建设推广城市。测绘行业开展质量管理、档案管理考核和测绘产品评优工作，联合多部门开展地理信息市场专项整治，测绘“五五”普法工作被评为全国先进。认真落实市政府新出台的《岳阳市征地补偿费补充标准》、《岳阳市征地补偿费分配管理的指导意见》，征地拆迁工作管理进一步规范。创新信访预警和风险评估等制度，认真解决信访难题，农村土地征用信访工作受到“中联办”领导肯定。

【国土资源管理体制建设】　2010年，市国土资源局创新城区土地市场体制机制，市政府出台《岳阳市城区经营性用地出让程序规定》等6个规范性文件，土地矿权网上交易平台建成并投入使用，城区经营性土地“统一规划、统一收储、统一开发、统一管理、统一出让”机制进一步健全。建立建设项目开工验线、竣工验收等制度，批后监管平台不断完善。创新节约集约利用土地机制，汨罗市以“城市矿产”为主题的全国国土资源节约集约模范县市创建活动成效显著，云溪区的创建活动取得丰硕成果。简化审批手续，优化报批流程，改革预审办法，用地报批机制不断完善。城乡建设用地增减挂钩、耕地占补指标交易、土地储备与融资等制度进一步健全。

【国土执法监察】　2010年，市国土资源局严格依法行政净化外部环境。抓第十次土地卫片执法检查的查处整改工作，落实党纪政纪处分5人，62宗违法用地全部处理到位。开展闲置土地清理，严厉查处囤地、闲置、非法转让、擅自变更出让合同约定条件等突出问题，督促开工25宗、54公顷，收回7宗、69公顷。开展整治非法开采矿产资源专项行动，21家超深越界采矿企业全部处置到位。全面推进“两整治、一改革”专项行动和工程建设领域突出问题治理行动，重点在土地使用权出让、矿业权出让、资产处置、重大项目安排与实施等方面开展管理与监督。全系统开展廉政风险点排查和规范权力运行工作，针对风险点逐项完善管理制度，清理并规范了各项行政职权。充分发挥12336举报平台的作用，接受并处置群众举报100多起。“天上看、地上查、网上管”的执法监管服务体系初步形成。（本栏撰稿　段晓武）

质量技术监督

【概　况】　2010年，岳阳市质量技术监督局（简称市质监局）围绕发展质监事业、服务经济社会的主线，按照讲政治、顾大局、重创新、严规范、树作风的要求，开展“质量提升年”活动平稳推进各项工作，呈现出精神面貌好、工作业绩好、队伍建设好、内外反响好的良好局面，被省质量技术监督局评为先进集体。全市组织实施质量兴市和标准化战略，产品质量监督抽查平均合格率达95.7%，其中食品监督抽查合格率达93.56%；食品监督管理抽查经费得到较好落实，市政府安排食品专项抽查经费120万元，各县市区共安排食品监督抽查专项经费46万元，保证了食品等重要工业产品和特种设备质量安全。

【加强廉政和基础建设】 2010年，市质监局行政许可事项通过政务中心网站及局门户网进行公示，全部行政审批事项均通过市政府政务大厅办理。清理行政权力和经济社会事务管理权力159项，报市政府法制办审批65项，制订对外行政权力和社会事务管理权力制度48个、制作权力运行流程图45个，制订管理制度53项。聘请政风行风监督员24名，召开监督员座谈会2次，被市政协推荐为落实民主监督工作先进单位。基层基础建设有发展。投资300万元新建改造的汨罗市质监局办公楼投入使用，岳阳县质监局在省、市质监局的支持下，投资85万元对办公环境进行全面改造；湘阴县质监局顺利通过省质监局计量认证和实验室资质认定，取得了49类产品525个小项的授权检测资质，成为岳阳市县级检测能力最强的检验机构；市特检所投入76万元，添置锅炉能效测试实验室设备，启动车用气瓶检测线技术改造等项目；为推进车速里程表检定工作，经过多次与相关部门协调，市质监局统一为计量检定机构配置了检定设备，在市区全面铺开车速里程表检定工作。全市系统技术机构设备投入437.8万元。

【国家磁力设备质检中心批准筹建】 2010年5月28日，国家质检总局正式下文同意在岳阳市筹建国家磁力设备质量监督检验中心。市政府成立由分管副市长任组长的国检中心建设领导小组，中心选址、资金筹措、筹建方案有条不紊地进行。岳阳市具有40多年生产磁力设备的历史，现有磁力设备生产企业36家，年产值达30多亿元，占全国同类产品中80%以上的出口市场份额，是全国及亚洲最大的磁力设备产品生产基地。根据市委、市政府的工作部署，市质监局结合产业发展实际，于2008年下半年启动国家磁力设备质量监督检验中心和国家磁力设备标准化技术委员会两个项目的申报。申报工作得到国家标准化管理委员会、国家质检总局和省质监局的支持和肯定。2009年11月27日，国家标准化管理委员会就岳阳市筹建全国磁力设备标准化技术委员会正式在网上公示。

【实施“三兴战略”】 2010年5月26日，岳阳市质量兴市标准兴业名牌兴企工作会议在市质监局举行，推进产业振兴和民本岳阳和谐崛起。为有效实施“三兴战略”，市政府出台《关于实施质量兴市战略的意见》和《关于实施标准化战略的意见》，成立实施质量兴市和实施标准化战略两个工作领导小组。聘请湖南省标准化研究院盛立新博士等10人担任岳阳市标准化首席专家。根据“三兴战略”实施规划，到2020年，全市工业产品要100%按标准组织生产，重点产品抽查合格率稳定在95%以上；竣工工程质量全部达到国家标准或规范要求，一次验收合格率达100%；形成5个具有国际国内先进水平或具有自主知识产权的知名品牌；全面实施工业标准化、农业标准化、服务业标准化。优势产业产品标准80%以上达到国际先进水平，工业园区国际标准采标率达到90%以上，创国家级“标准化良好行为企业”5家以上，新建国家级农业标准示范区5个以上，创建农业标准化示范县市区3个以上，力争创建国家级旅游服务示范区和示范点。

【质量安全监管见实效】 2010年，全市质监系统以民为本，大力实施惠民工程，通过安全监管切实维护群众利益。在食品质量安全监管上，换发食品生产许可证344个，监督抽查食品3670批次，抽查合格率为93.56%，巡查食品生产企业5600家次。加强重点区域食品专项整治，巩固和提高面粉熟食质量，重点对平江面粉熟食企业和高危食品监督管理，有效防止了违规使用食品添加剂和非法使用非食品原料的行为，全市没有发生区域性食品质量安全事件。在特种设备安全监管上，检特种设备2.42万台件，压力管道722条2.6万米，特种设备定检率达98%以上；巡查特种设备制造和使用单位4000家；查处特种设备违法案件35件，排除安全隐患200起；帮助110家使用单位制定特种设备管理制度和应急救援预案，开展应急救援演练4次，实现特种设备安全监察职能划转后连续11年零事故，连续3年被市政府评为安全生产目标管理先进单位。在烟花爆竹质量安全监管上，落实湖南省《烟花爆竹安全管理办法》、《烟花爆竹产品安全质量合格证管理办法》和岳阳市《烟花爆竹安全质量合格证管理规定》，推进烟花爆竹产品出厂检验，严格执行烟花爆竹产品质量定期检验计划，确保了烟花爆竹产品的质量。

【标准化战略】 2010年，市质监局指导并帮助32家企业实施卓越绩效管理，采用先进管理理念和先进产品标准，4家企业通过采用国际标准和国外先进标准“双采”验收。市质监局成立30人组成的标准化专家库，并聘请10位标准化首席专家。全年申报国家农业标准化示范项目2个。在帮扶磁力产业发展中，积极申报国家磁力设备质量监督检验中心的同时，协同岳阳磁力设备行业商会申报国家磁力设备标委会秘书处，报批《起重电磁铁通用技术条件》、《电磁搅拌器通用技术条件》、《电磁除铁器通用技术条件》等一批地方标准。

【质监执法打假】 2010年，市质监局调整充实执法力量，加强执法调度和督查。围绕国计民生重点产品，先后组织开展食品添加剂、“百姓安康”、农资、建材、重点工程特种设备、生产许可证（3C）无证查处、“二甲醚”、纤维制品等10个专项整治和执法打假行动。立案查处违法案件340起，端掉无证食品、地条钢加工窝点6个，查获假冒伪劣食品135件（箱），“黑心棉”105床，扣押地条钢18吨，受理并处理各类投诉举报26起，查封不合格和违法使用的特种设备15台（套）。针对岳阳市液化气市场气站多、气瓶多、问题多的现象，组织开展计量、气瓶、质量方面专项检查，在气瓶充装单位开展安全绩效评价工作，对5家涉嫌在液化石油气中掺入二甲醚的单位进行查处，责令1家检验单位和1家充装单位下达停运整改。

【计量监管】　2010年，市质监局拓宽计量惠民领域，开展“准确计量进油站”、“公平计量进餐饮”等系列活动。对加油机、加气机、电表、燃气表、出租车计价器、衡器、医疗计量器具等强制检定项目加强检定质量监督，确保计量准确，公正公平。为5400个单位（用户）提供计量检定技术服务和计量咨询，检定计量器具3.9万台件,维修计量器具6000台件；全面开展计量标准和强检工作计量器具调查摸底建档工作，社公标和部门、企业、事业单位高标及加油机、计价器建档率100%；医用、验光配镜用计量器具、衡器、水电气“三表”建档率90%以上，其他强检计量器具建档率85%以上；5月20日世界计量日，在超市、农贸市场开展现场宣传咨询和计量执法检查活动，向市民宣传生活计量常识，接受群众对电表、水表、出租车计价器等民生计量问题的投诉和咨询，开展人体秤、血压计、眼镜等常用计量器具检定服务，免费向市民发放公平交易保护器5000个。

【服务产业发展】　2010年，全市质监系统转变工作作风，将过去“坐等服务、请我服务”变为“主动去、请进来”服务和“定期回访、主动约访”服务。4月2日，市质监局邀请市人大、市政协、市优化经济发展环境办公室的人员和30家规模以上企业负责人召开服务企业座谈会，面对面听取企业的意见和建议，现场挂号督办企业提出的问题和建议。市质监局负责人先后走访企业230家次，约访企业60家次，制定《联手帮扶产业发展升级十项措施》、《服务企业工作指南》等规定，将服务企业制度化、规范化和经常化。在服务产业发展上，技术服务支撑发展升级。围绕企业节能减排、产品检验、质量安全等方面开展送技术、送标准、送检测、送信息服务。帮助企业完成技术改造项目27个，为企业提供现场指导服务211次，提出意见和建议56个，解决技术难题30个，为3500多家企业提供组织机构代码证办理服务，对7000家代码单位实施了年审。

【服务节能减排】　2010年，全市质监系统统夯实能源计量及节能检测技术基础，从配备、记录、分析、使用四个环节入手，增强计量在节能减排工作中的有效性，积极开展能效达标活动，加强节能检测能力建设。帮助企业完成技术改造项目27个，11家国千家省百家年耗能万吨标煤以上企业完成计量器具配备，管理达到《用能单位能源计量器具配备和管理通则》要求并通过合格认可。加强高耗能特种设备节能监管，推进节能工程，强化节能产品和高耗能、高排放产品生产许可管理，加大对节能产品的监督抽查力度，加大对不合格企业的处理力度，加大对淘汰落后产品生产企业的查处力度，取缔地条钢生产企业2家，启动燃煤锅炉能效快速测试方法应用试点，推动节能减排、循环经济发展和“两型”社会建设。

（本栏撰稿　周志勇）

食品药品监督管理

【食品药品监管系统机构改革】　2010年6月17日，省食品药品监督管理局副局长饶健代表省食品药品监督管理局将岳阳市食品药品监督管理局干部人事工作整体移交市委、市政府管理。为了进一步强化食品药品安全监管，理顺食品药品监管体制，党中央、国务院决定食品药品监管体制由原来省以下垂直管理改由地方政府分级管理，并将食品卫生许可和餐饮业、食堂等消费环节食品安全监督管理以及保健食品、化妆品卫生监督管理职能划归食品药品监管部门。

【药品医疗器械生产质量监管】　2010年，市食品药品监督管理局加强体系构建、监督核查，促进了药品医疗器械生产质量。一是构建药品质量保障体系。督促药品生产企业建立健全内部质量管理、产品质量内控标准、药品安全风险评价、品种档案动态监管等四大药品生产安全体系，特别是加强国家基本药物品种生产的质量保障机制，确保药品生产企业质量管理高水平运行。二是强化药品质量监督检查。对中南科伦制药等16家药品生产企业进行认证现场检查、工艺核查42次，督促企业整改缺陷项目70多项，确保生产药品质量安全可控。同时，加大医院制剂生产监管力度，严把医院制剂质量关。三是落实药企质量安全责任。采取组织培训、举办讲座、媒体宣传等多种形式，普及药品安全生产法律法规，通报曝光药品安全生产存在问题，强化药企质量安全意识。对辖区内16家药品生产企业在继续做好驻厂药品质量监督员工作的同时，稳步推行药品质量受权人制度，确保药品质量安全责任落到实处。扎实开展医疗器械生产企业监管，推进质量体系考核，增强企业质量意识，突出对重点企业高风险产品的监管，以一次性使用无菌注射器、骨科医疗器材为重点监管品种，全面检查企业质量体系运行情况。对高风险器械生产企业实施检查12家次。还对5家定制式义齿的生产企业专项检查，对整个生产过程，从收模到送检统一标准，从源头上确保器械产品的质量。

【药品医疗器械专项整治】　2010年，市食品药品监督管理局进行药品和医疗器械专项整治。开展非药品冒充药品、无证挂靠经营、医疗器械、中药材及中药饮片、互联网销售及邮购药品等多个专项检查。派出日常监管人员7816次，监督检查涉药涉械单位4552家，乡镇以上涉药涉械单位监督检查覆盖率达到100%；药品快检车出车131天，行程1.01万公里，快检筛查和监督抽查检验药品5000批次，筛查可疑品种700余批，检出不合格药品170批次。深入开展了虚假违法药品、医疗器械、保健食品广告专项整治行动。制定下发工作制度和整治方案，明确专职广告监测员，完善监测工作程序，共对全市各类媒体实施监测达500余次，移送当地工商行政管理部门查处52起，清理、销毁乱贴、乱摆违法违规广告1800多条。

【药品市场监管】 2010年，市食品药品监督管理局全面规范药品零售企业经营行为，开展GSP认证及跟踪检查411家，对违反GSP管理规范的行为全部责令整改或给予行政处罚。进一步强化药师管理工作，较好地保证了药师在岗率。深入开展药品从业人员培训，全年培训各类药品生产经营和质量管理从业人员2266人次。

【特殊药品监管】 2010年，市食品药品监督管理局不断强化特殊药品的监管。完善特殊药品动态监控网络，监管中始终坚持每周不定时网上监控、24小时值班、异常情况报警、24小时零风险报告制度，达到特药“一针、一片”和易制毒化学品流向全过程监控的目标。落实特药监管责任制和巡查制，对麻精药品经营企业坚持每月一查，二类精神药品经营企业坚持每季度一查，确保麻精药品安全、有效。对含麻黄碱复方制剂和“两非”（非医学需要的胎儿性别鉴定、非医学需要的人工终止妊娠）药品开展专项检查2次，查办“两非”案件4起。

【餐饮食品安全监管】 2010年，市食品药品监督管理局强化餐饮食品安全监管。一是加强学校食堂食品安全的监管。对城区所有学校、幼儿园食堂进行重点抽查，对华容、君山、临湘、岳阳4县市区学校食堂的食品安全进行督查。二是开展食品安全专项整治，先后开展门店、添加剂、食用油、乳粉、工地食堂、环南湖餐饮单位和中秋国庆食品安全等多个专项整治工作，检查餐饮单位4447家，收缴不合格一次性筷子5万多双，未发现地沟油和问题奶粉流入岳阳餐饮行业。三是完成“两会”、“元旦春节”、“中考高考”期间的食品安全保障工作和餐饮环节食品抽验工作。对临湘市、岳阳县、云溪区、君山区、岳阳楼区等地餐饮食品进行抽检，完成样品抽验174批次，上报2010年食品药品突发事件应对评估和2011年趋势分析。

【优化医药经济发展环境】 2010年，市食品药品监督管理局在执法实践中推行“教育在先、规范在先、帮助在先、处罚在后”的和谐执法理念，在行政许可中兑现“一事无二趟、政策一口清”的服务承诺，完善“首问负责、服务承诺、AB岗位、审批公示、重大项目全程跟踪”等制度，推行“一张笑脸相迎、一把椅子让座、一杯清茶解渴、一片诚心办事”的服务模式，打造部门良好形象。行政效能快速提升，办理行政许可事项2572项，其中办理药品类许可515起、食品类许可1895起、医疗器械许可162起，所有许可均比法律限定的时间提前三分之一办结。

【帮扶医药产业升级发展】 2010年，市食品药品监督管理局牵头组织开展联手帮扶生物医药产业发展升级行动，下药品企业调研十多次，解决企业实际困难，召开产业帮扶现场座谈会，邀请省、市有关专家到企业现场办公，即时化解质量控制、产品注册、企业认证等难题，扎实做好同联药业和中南科伦制药的“退二进三”启动工作，加快了医药产业结构优化和产品升级步伐。岳阳市医药企业创新开发能力不断提高，科伦制药、健朗制药、乐邦制药、塞隆药业等一批医药企业发展来势很好。全市医药产业实现产值60亿元，比2009年增长22%，成为岳阳市支柱产业之一。

【药品零售企业信用构建】 2010年，市食品药品监督管理局重点推进药品零售企业信用构建工作。对《药品零售企业药品安全信用评价标准》在针对性、操作性、客观公正性等方面着手进行再修订。与药学会联合组成评定委员会,对城区药品零售企业安全信用等级进行评定，评出A级企业（守信）89家，B级企业（基本守信）223家，C级企业（轻微失信）26家，D级企业（严重失信）10家。

【城区药店文明窗口创建】 2010年，市食品药品监督管理局组织开展城区药店文明窗口创建和提质活动。制定《岳阳市城区药店五创提质工作方案》，完善城区药店文明窗口创建和提质“十条标准”，从店堂卫生环境、消防、无障碍设施、药品价格公开、工作人员着装、社区安全用药知识宣传、禁烟标示、药品安全协查制度、举报电话公示、投诉处理机制等十个方面对药店提出具体要求。采取驻店督办、巡回检查等形式，耐心细致开展创建工作。向城区药店免费发放禁烟标识3000余张、《饮食用药安全问答》宣传手册5000余册、非药品区温馨提示条幅5000条，创建工作取得成效。30家药店达到文明示范药店标准，95%的药店基本达到文明药店标准，店堂干净整洁、所有商品明码标价，药品经营证照上墙公开，文明服务公约、举报电话、监控设施提示和禁烟标识张贴醒目，全市药店面貌焕然一新。

【推进绩效评估】 2010年，市食品药品监督管理局深入推进绩效考核工作，将年度考核细化为季度评估。评估管理制度化。按照定目标任务、定工作内容、定完成时限、定质量标准、定责任主体的原则，以十项重点业务工作为主线，制订出台《市局机关科室绩效考核办法》、《县（市）局工作绩效评估办法》，以制度来规范指标设置、权重分布、层级管理和结果运用等内容。评估指标精细化。量化评估内容，将基层县（市）食品药品监督管理局的年度业务工作，分解为8个大类22个小类50余项评估内容。重点评估其完成各项任务的成效。细化工作要求。市食品药品监督管理局按照“定岗、定责、定员、定指标”原则，参照市政府绩效评估指标，自行制定符合本局实际的具体考核内容，并落实到科室和个人，增强对干部职工考核的准确性和灵活性。评估过程阳光化。做到评估指标、评分原因、评估分数、评估等次、申诉复议五公开，每一项评估指标的评分都在评估对象的监督下进行，做到双向监督，透明公开。同时引入监督机制，借鉴行风监督员等做法，在对基层干部职工绩效评估中设立“监督员”，全程参与评估。绩效评估在全系统的有效实施，增强了全局干部职工的凝聚力、执行力、创新力，基层干部责任意识和落实意识得到有效的提高，实现管理责任由“粗放化”到“精细化”的转变，工作思路由“避免出错型”到“绩效激励型”的转变，促进了工作任务的落实，服务水平的提升，执法水平的提高，队伍的和谐发展。

（本栏撰稿　陈志宇）

安全生产监督管理

【概　况】 2010年，岳阳市各级各部门各单位按照“安全生产年”工作要求，深入开展安全生产执法、治理和宣传教育“三项行动”，推进安全生产机制体制制度、保障能力和监管队伍“三项建设”，加强安全生产目标、源头和精细化“三项管理”，抓《国务院关于进一步加强企业安全生产工作的通知》和市委、市政府重大决策部署的贯彻落实，在经济迅速回升、高危行业生产经营全面启动、各类建设项目加快推进的情况下，实现安全生产形势的总体稳定和持续向好。岳阳市被省委、省政府评为2010年全省安全生产工作先进单位，市安全生产监督管理局（简称市安监局）被省安监局评为全省安全生产工作先进市州局。全市各类生产安全事故死亡156人，比2009年下降3.7%，低于省下达控制指标7.7个百分点。发生较大事故2起、死亡6人，分别下降50%和64.7%。亿元GDP事故死亡率为0.105，下降23.8%；10万工矿商贸职工事故死亡率为0.498，下降12.7%；道路交通万车事故死亡率为3.38，下降15.7%。各类生产安全事故死亡人数比“十五”期末的2005年减少160人，下降50.6%；全市没有发生重大、特别重大生产安全事故，各项事故控制指标均在省政府控制范围内。但是，岳阳市行业（产业）安全基础仍然薄弱。至年底，全市登记注册生产经营单位1.21万家，其中，有高危行业生产经营单位1559家，非煤矿山215座，危险化学品生产企业55家、批发经营单位895家，烟花爆竹生产企业77家、批发企业25家、零售经营单位8779家，建筑施工企业289家，民爆物品生产企业3家。有特种设备1.46万台，其中锅炉1041台，压力容器8997台，压力管道1600公里，电梯1676台，起重机械2281台。全市有消防安全管理重点单位1028家。这些情况表明，岳阳市高危行业、涉危企业多，资源赋存条件差，各项建设加速推进，安全隐患突出，正处于安全事故易发期，是全省安全监管任务繁重的市州之一。

【全市安全生产重大事项】 2010年，岳阳市对安全生产工作产生重大影响的事项有：出台《中共岳阳市委岳阳市人民政府关于进一步加强安全生产工作的决定》、《岳阳市较大生产安全事故责任追究暂行规定》和《岳阳市安全生产监督管理职责暂行规定》等文件，基本完成全市安全生产“顶层设计”；6月，市政府调整市安全生产管理委员会（简称安委会），全市基本形成由政府主要负责人担任安委会主任的安全生产领导格局；进一步完善安全生产工作考核细则，市委、市政府将安全生产工作直接考核到乡镇，考核结果在全市经济工作会议上通报；4月,市政府批准《2010年全市安全监管系统行政执法工作计划》，市安监部门推行有计划、全覆盖、规范化的安全生产行政执法；6月“安全生产月”活动期间，全市安监系统在高危行业企业组织开展讲一堂安全教育课、观看一场安全警示片和科教片电影、发放一套安全生产宣传挂图的“三个一”活动，产生良好社会反响，岳阳市被国务院安委会评为全国“安全生产月”活动先进单位；市政府统一部署，在全市开展安全生产“打非治违”和打击超深越界整治矿业秩序两个专项行动，对打击非法违法生产经营建设和整治重点矿区安全生产秩序产生重大影响；市编委批准成立岳阳市安全生产应急救援指挥中心，全市安全生产应急救援体系建设加速推进；对重大安全隐患实行分级挂牌督办，10项市级挂牌督办重大安全隐患全面治理完毕并验收摘牌；争取国家和省政府尾矿库治理专项资金7700余万元，基本完成临湘市渔潭铅锌矿尾矿库和平江县驷马桥尾矿库治理工作。

【强势推进安全生产工作】 2010

市安监局局长黄柏良检查云溪危化生产安全工作　（市安监局　供稿）

年，市委、市政府将安全生产列入“民本岳阳”九项工程，建立市级领导联县市区、联系统、联战线的分工负责制，明确各联系领导的职责、任务和要求，这项制度还延伸到县市区、乡镇；重新调整充实市安委会成员单位，在全市建立党委高度重视、政府依法监管、企业全面负责、社会监督参与的工作格局。市委、市政府多次召开市委常委会和政府常务会议，研究解决安全生产重大问题，将重大安全隐患治理列入市政府民生实事项目，增加安监局人员编制，增设职业健康监管科和市安全生产应急救援指挥中心，安全监管能力进一步增强。加强指标控制和预警，对超进度指标和工作滞后的单位下发15份警示（督办）函。市安委会派出督查组，对节后复产、“打非治违”、高温停产、尾矿库安全度汛、世博亚运、节假日等特殊时期和重要阶段安全生产工作进行督查，即时解决问题，推动落实，确保稳定。2010年开始，安全生产实行市直接考核到乡镇，对3个乡镇实行安全生产“黄牌警告”，市政府就安全生产工作专题约谈临湘市政府等单位。对已发生的生产安全事故进行严肃处理，全市有72人因安全生产工作而受到责任追究。

【行业基础全面改善】 2010年，岳阳市将“打非治违”（打击治理非法违法企业）专项行动与重点行业（领域）整治有机结合，市政府成立5个专项督查组，4次赴各地督查，抽查检查20%的乡镇，通过联合执法，集中治理，收到较好成效。开展非煤矿山治理，对全市62座尾矿库逐一排查和鉴定，分正常库、病库、险库、危库建立台账，分类监控监管，25家危库依法关闭，责令10家停产整改，12家完成闭库设计正在组织施工。开展集中执法行动，炸毁、封堵非法矿洞58个。取缔平江黄金洞矿区外围非法矿点11处，平江县大洞、南尧两个工区12个矿点和临湘市桃林镇4个小矿分别整合为一个规模企业。开展危险化学品生产整治，全市关闭非法违法企业34家，责令15家危险化学品生产经营企业补办安全生产“三同时”手续，关闭非法加油站点19家，关闭“五小”化工企业8家。对全市96家烟花爆竹生产批发企业进行重新设计整改，投入整改资金1.6亿元。严厉查处违法烟花爆竹生产企业16家；高温停产期间，安监等部门多次组织开展“零点行动”，对3家违规生产的企业予以重处重罚。采取综合措施，对市中心城区集贸市场烟花爆竹经营进行4次集中整治，整顿取缔两个烟花爆竹市场。交通安全方面，以城市“五创”提质为契机，开展“迎世博、创文明、保平安”、“涉牌涉证违法行为集中整治”等行动，打击超载、超速等行为，查处交通违章12.36万起，查扣各类违规车辆1.25万台，行政拘留248人，投入4000余万元完善交通安全设施。加大洞庭湖水上安全整治，发布《关于整治市中心城区沿湖砂石散货客运码头的通告》和《关于乘坐洞庭湖水上旅游快艇的公告》，共检查运砂船舶6850余艘，滞留卸载船舶830艘次，处罚56艘次，取缔沿湖砂石码头18个，完成36艘木质渡船改造。消防安全方面，开展“平安使命行动”、“冬季火灾隐患大排查大整改”的整治风暴，查处火灾隐患6360余处，责令125 家整改，临时查封156处、拘留6人，完成政府挂牌重大火灾隐患整改12处。建筑施工方面，所有在建桥梁、遂道、重点工程进行全面“体检”，分类建档造册，落实防范措施。组织执法行动68次，检查项目193个，责令停工整改项目33个，停工整顿企业12家。教育安全方面，推进校舍安全工程，基本杜绝D级危房。落实《中小学生公共安全教育指导纲要》，开展校园安全教育和应急救援演练。市旅游、商务、电力、经信、国资、国土资源、房地产、质监等部门结合实际，扎实开展安全隐患排查治理和“打非治违”专项行动，安全条件明显改善。

全市安全生产咨询日活动现场 （市安监局 供稿）

【全民安全意识显著增强】 2010年，岳阳市深入推进安全生产知识进企业、进学校、进农村、进社区、进家庭“五进”活动。一是大媒体开展持久宣传。在市级报刊、电视台、电台、网站等媒体上开设“阳光安监”、“安监之窗”、“质监之窗”、“消防视点”、“聚焦红绿灯”等安全宣传专栏，持续推进安全文化建设。二是大规模开展安全培训。培训生产经营单位负责人、安全管理人员、特种作业人员等2.6万人次。认真实施安全生产“三个第一课”（在党政领导干部党校培训、学校新生入校、企业新员工进厂时，特设安全生产第一课）和“全民千堂安全课，文明交通我先行”主题活动，80万人次受到教育。在建筑工地开设农民工夜校。安监部门上门培训、送教入厂，对1800家高危企业的5.6万名一线员工开展安全专题教育。三是开展专项教育。安全生产月活动中，群发安全短信210万条，聘请专家举办4次安全专题讲座，全市上安全课480次场，组织观看安全警示电影450场次，赠送安全宣传挂图1640套。四是大范围开展政策法规宣传教育。将《国务院关于进一步加强企业安全生产工作的通知》和《湖南省安全生产条例》等政策法规印制1万册，发放到市、县、乡政府及部门和重点企业，各级党委常委会和政府常务会分别组织学习贯彻，县市区组织对企业负责人进行集中轮训。

【事故防范能力提升】　2010年，岳阳市进一步夯实基层安全生产基础防范能力。一是严格行政许可和“三同时”审查。完成468家高危企业安全许可工作，建立各环节工作规程和审批人签字备查和责任追究制度，淘汰落后企业，确保行政许可质量。二是开展安全生产示范创建。成立示范创建领导小组，出台《关于开展安全生产示范乡镇创建活动的通知》、《示范乡镇建设验收细则》等6个文件指导示范创建工作，20个乡镇通过市级验收并授牌。三是落实安全生产经济政策。市政府预算安全隐患治理专项资金，以奖代投，推动公共安全隐患治理；争取上级专项资金7700万元，基本完成临湘市渔潭铅锌矿尾矿库和平江驷马桥尾矿库隐患治理，争取省安全生产专项资金420万元，启动平江8座无主尾矿库治理。督促企业加大安全投入，更新安全设备设施，落实安全费用提取、安全生产风险抵押金、工伤保险等安全生产经济政策，做到应提尽提，专款专用。四是加强涉危企业安全生产精细化监管和标准化建设。对所有涉危企业进行排查摸底、登记造册，根据计划执法和日常监管情况及时更新，完成1560家企业1.1万余条信息录入工作，奠定精细化、网络化监管基础。分行业拟定安全标准化《实施方案》和《验收细则》，举办3期企业安全生产标准化培训班，分行业试点，分年度推进，17家单位通过省市验收。

（本栏撰稿　吴伟标）

国有资产监督管理

【国企改制基本完成】　2010年是岳阳市市属国有企业改制攻坚扫尾年，民本岳阳工程年度安排的任务是启动和完成21家市属国有企业改制，实际启动26家。除湖南天润化工发展股份有限公司（简称天润发展）属于上市公司，市公交公司、市自来水司属于民生特殊行业，市政府明确要求在招商中慎重对待，还没有正式进入改制程序外，其余23家企业都已召开职代会，通过企业改制方案，基本完成改制。市属国有企业改制具有几个特点，一是社区移交进展迅速。原来的社区移交工作是由改制工作组与社区居委会对接，2010年改成由企业主管部门与岳阳楼区政府对接，资金直接拨付给岳阳楼区政府，工作关系理顺后，加快了社区移交工作的进度，年内完成市磷肥厂等29家企业的移交工作，涉及职工1.13万人。二是招商改制成效显著。多次牵头组织有关部门召开专题会议，研究协调相关事宜，拟定招商公告。已有市钢球厂、天润发展、市联运公司、市工程公司、市肉联厂等5家企业与投资商签订意向协议，其中市联运公司引进湖南龙骧集团以3291万元摘牌。天润发展、市联运公司、市钢球厂、市工程公司等通过招商改制，承接产业、安置职工，维护了社会稳定。三是遗留问题处理到位。强化民本改制理念，加大对遗留问题的处置力度。4年中共拨付职工安置经费8.99亿元，其中2010年拨付3.9亿元，帮助1.2万名职工进入再就业中心培训，为8000名困难职工办理低保，直接安排职工再就业6000人，全面解决在职职工的养老统筹问题。四是接访息访措施有力。改制中部分职工因利益问题频频上访，重复访、越级访、集体访问题尤为突出。上访主体由职工上访转变为关联户、租赁户、承包人上访。如市医药总公司房屋租赁人雇佣社会闲散人员到市国资委闹事，市工程公司400名原招用的合同制农民工等多次到市政府上访，都得到妥善处置，没有使信访问题升级。

【招商引资效果好】　2010年，岳阳市国有资产监督管理委员会（简称市国资委）加大招商引资力度，合同引资5.3亿元，到位资金3.6亿元。在招商引资中市国资委抓好央企对接。9月10日，与市经信委协作组织湖南岳阳（北京）对接央企投资推介会暨项目签约仪式，有40家中央企业、30余家北京及周边地区企业负责人与会。推介招商活动有110多个项目，其中签约项目16个，推介项目94个，签约总投资66亿元。市国资委以市自来水公司改制为平台，在会上成功签约央企中环水务，列入3公司亿元参与市自来水产业的战略重组。抓好产权招商。把引进战略投资者作为企业改革发展的首选方式,通过发挥企业国有资产、资源的聚集效应，有效吸收外来资本、资源、技术、品牌，通过以产权换资金、换技术、换市场，形成产权招商、共同发展的双赢局面。通过引进湖南龙骧、浙江精良、恒润华创等有实力的战略投资者，帮助市联运公司、天润发展、市工程公司等多家企业成功转为民营或股份公司。

【资本运作收益巨大】　2010年，市国资委加大股权运作、债务化解、债权清收力度，实现资本运作收益最大化。加大银行融资力度。过去改制资金主要依靠财政拨款。由于岳阳市财力有限，资金缺口较大，职工安置金往往难以及时到位，造成改制工作延长，职工上访增多。为突破资金瓶颈、降低改制成本、减轻财政压力，通过市国资公司下属企业湖南金叶肥料公司采取纯市场化的操作方式，从招商银行贷款8000万元，在华融湘江银行融资5000万元，在岳阳建行续贷5500万元，共融资到位1.34亿元。加大债权清收力度。市政府把债权清收任务交由市国资委负责后，已收回11家改制企业涉及本金6000万元的债权。原市电磁铁厂的1281.6万元债权已通过法律途径全部收回，岳阳中湘康神集团的6700万元债权正在清收中。加大债务化解力度。以市国资公司为平台，利用国家政策，通过以物抵债形式，用1650万元为市属国有企业承接银

全国处理国有企业改革有关问题座谈会在岳阳召开　（市国资委　供稿）

行债务3830万元，为企业减少债务1600万元，同时以上市公司部分限售股权进行债务置换，清偿市政府欠中国医药公司的7386万元债务，不仅为改制扫清障碍，同时也极大地降低了改制成本。加大股权运作力度。通过证券市场成功引进战略投资者广东恒润华创控股天润发展。天润发展是岳阳市唯一一家市属国有控股的上市企业，受全国化肥行业产能严重过剩及国际金融危机的影响，近两年业绩大幅下滑。为促使天润发展走出经营困境，经报批同意，通过在证券市场公开征集意向人，引进战略投资者广东恒润华创投资4.5亿元，帮助天润发展调整产业、产品、产权结构，优化资产配置，提高盈利能力，也确保在岗的1000名员工稳定就业。

【国资监管加强】　2010年，市国资委逐步加强国资监管，资产价值达到最大化。在改制企业资产处置上严格坚持进场交易制，做到公开、公正、公平，严格依法依规挂牌、进场交易，杜绝暗箱操作和场外交易。全年处置资产14宗，成交价5.4亿元。原恒辉电气厂资产通过公开网拍，总价款6390万元，比评估价高出3000万元 。100%的公开挂牌交易，有效地提高竞价率，确保改制企业国有资产不流失，最大限度地实现保值增值。2010年财政下达市国资委的国有资产处置收入是5000万元，已入库3亿元。在国资监管中，市国资委把国有企业经营业绩考核作为一个切入点来抓，市自来水、公交公司、国资公司的业绩考核工作已走上正常化轨道。市国资公司通过3年的运作，注册资金由成立时的1000万元增加至2.5亿元。总资产超过11亿元，年利润过千万元，下辖6家全资、参（控）股公司。2010年，改组为控股集团，各投融资平台全面启动，步入规范运行的轨道。湖南金叶肥料公司通过加强内部管理，在原料价格急剧上涨的情况下，年利税达到3000万元。通过加强业绩考核，提升管理人员责任心和积极性，市自来水公司、市公交公司资产和效益实现较大幅度增长。此外，市国资委严格按照《岳阳市市直行政事业单位经营性资产脱钩移交实施办法》，进一步推进脱钩移交工作。市供销社正式将九华宾馆脱钩移交，市编制办公室已将通海大楼部分资产移交处置，市委办公室下属实维公司股权已公开挂牌处置，纳入计划的经济实体都已完成脱钩移交。

【政府投融资平台建设高速发展】2010年，市政府投融资平台组建及运行工作进入规范、高速发展期。市政府《关于进一步加强和规范投融资平台建设和管理的意见》出台后，各部门高度重视，行动迅速，通过清理规范，全市有国有投融资公司及项目公司10个，其中市港建投、市国资公司、市旅游发展公司、市交建投、市教建投、市洞庭新城公司、市奥体中心、国泰阳光公司等是严格按《中华人民共和国公司法》组建的公司；市城建投、市土地储备中心为事业单位，正在进一步理顺法人治理结构。各公司采取措施，开展一系列投资融资工作。市国资公司面对国家对平台贷款从紧的政策，通过下属控股公司湖南金叶肥料公司为国企改制融资1.34亿元。市教建投与交通银行达成3亿元的融资协议；市交建投启动临湖公路及湖滨片区路网配套、岳阳汽车贸易城等3个项目。市教建投签订第十五中项目建设投资协议。市奥体中心完成1.66亿元的基础建设投资。市国资公司启动2大投资合作项目，和岳阳职院合作成立国泰阳光公司，启动老年服务中心的建设。围绕沿湖风光带三期建设，组建岳阳市洞庭新城投资建设开发有限公司，公司已与交通银行签订15亿元的授信协议。

（本栏撰稿　戴立群）

责任编校　黄玉祥

财政·税务

FINANCE AND TAXATION

岳阳市财政收入突破百亿元

财政改革管理科学优化

农业综合开发稳步推进

国税入库创历史新高

地税征管质量提升

财　政

【概　况】 2010年，市财政局围绕市委、市政府“提速、升级、增效、惠民”的工作思路，深入推进财政“三品”文化建设，开展“财政提速发展年”主题活动，科学谋划、狠抓落实，财政发展突飞猛进，实现历史跨越。

谋思路，财政工作体现更高要求。开展“财政提速发展年”活动，确定“更新更高、提速发展”的工作主线，提出“百亿大关、百年大计、百无一失”的奋斗目标，明确“五更五提”的工作措施，即在更高的视野上提振信心、在更高的起点上提速发展、在更高的层次上提级改革、在更高的水平上提升管理、在更高的标准上提高品位。这一思路的确立，促进了财政提速增效发展。

强征管，财政收入实现更大突破。2010年，全市完成财政总收入139.6亿元，比2009年增长25.9%，首次突破百亿元大关，跃居全省第二，仅次于长沙市。其中市本级完成82亿元，增长27.1%；县市区级57.6亿元，增长24.2%。2010年是岳阳市财政发展取得历史性突破、具有里程碑意义的一年。一是总量突破。首次突破百亿元大关，实现历史性跨越。财政收入从2004年的36.9亿元到2010年139.6亿元，增加100亿元，年均增长27%。连续高于全省平均增幅，是财政发展最快的时期。二是排名突破。2007年超过郴州市，排第三位；2010年超过株洲市，跃居全省第二。三是质量突破。税收收入占财政总收入的比重达到84.2%，创历史新高。

抓重点，发展基础更加夯实。一是支持“五创”提质工作。立足财政职能，认真调查分析，拿出全市3年筹资4亿元的方案。二是加强城建投融资管理。深化与国家开发银行的合作，开展政府融资平台规范清理，组织筹措各项城建资金19亿元，实施城建项目37个，保障资金支付和偿债。三是推进新型工业化建设。全年筹集挖潜改造资金、高新技术引导资金、中小企业发展资金等各类支持企业发展专项资金6859万元（含市本级和市辖区资金），同口径增长85%。积极支持中小企业信用担保体系建设，申报国家风险补偿资金120万元，市中小企业担保有限公司为企业担保额达4亿元，增长近一倍。四是积极争取上级财政支持。全年上级财政转移支付资金103亿元，增加10亿元；争取省财政专项调度资金3.2亿元，其中2亿元用于临港产业新区建设。

求规范，财政监管更严标准。一是深化财政改革。研究应对省以下财政体制调整和财政省直管县改革政策，争取地方利益。深化部门预算改革，试行编制社会保障预算和国有土地出让金收支专项预算。从征管范围、收入划分、基数确定、财力划转、激励机制、征管机构等方面，明确临港产业新区财政体制。顺利启动第五批单位国库集中支付改革，财政直接支付比重达到85.2%。在全省率先推行“管评分离”式协作评审，获全省财政评审系统先进单位。全市实现政府采购额13.69亿元，资金节约率达16.31%。出台《关于进一步加强行政事业单位资产管理规定的通知》，建立市直304家行政事业单位的国有资产数据库。规范行政权力运行，制定《岳阳市行政处罚裁量权基准》。二是强化财政监管。对2008年、2009年财政收入真实性情况开展自查自纠工作。对2007～2009年度中央、省、市、县四级强农惠农资金进行专项清理，涉及项目149个，金额57.14亿元。制定出台防治“小金库”长效机制，评为全省治理工作先进单位。在全市开展会计信息质量检查，配合市纪委开展扩大内需资金检查。对全市廉租房、农村初中校舍、人畜饮水工程、乡镇卫生院建设等项目进行两轮检查，对中央新增投资项目的立项审批、招投标、资金运行、建设质量，进行重点监管，发现并整改一些问题。实行票据精细化管理，年检用票单位400多家，追缴非税收入近2000万元。车辆控购管理得到市委书记易炼红的批示肯定。

惠民生，社会事业得到更好发展。全年完成一般预算支出189.8亿元，增长33.3%。其中民生支出达114.3亿元，占一般预算支出的70%，增长28%，广大群众共享了经济社会的发展成果。支持推进“三农”发展。争取土地治理项目财政投资比2009年增长21%，项目投资总规模位于全省前列。争取“一事一议”上级财政奖补资金4470万元，惠及全市50%的行政村。全面完成“普九”债务化解任务。在春耕前如期全面完成粮食直补资金、农资综合补贴资金发放工作。下乡产品销量、销售额、补贴发放金额、补贴兑付率在全省各市州中均居第一。支持推进“劳有所得”。投入就业再就业资金2.8亿元。支持推进“病有所医”。投入医疗卫生资金11.63亿元。382万多农民参加新型农村合作医疗制度，99.5万名居民参加城镇居民基本医疗保险制度，71万群众享受城乡医疗救助，6.9万名困难和关闭破产企业退休职工参加城镇职工基本医疗保险。支持推进“老有所养”。企业养老保险支出20.65亿元。支持推进“困有所济”。发放城市低保2.08亿元，惠及140万人次；发放农村低保9300万元，惠及186万人次；还将市本级优抚对象纳入基本医疗。支持推进“学有所教”。完成教育支出26.9亿元，其中市本级4.8亿元。支持推进文体事业。申报中央补助地方文化体育广电传媒专项资金项目11个，金额330万元。支持文化场馆免费开放、送文化下乡活动和88个乡镇综合文化站、556个农家书屋建设实事任务。支持推进计划生育工作。市本级安排计生经费1909万元，增长17%。 （曹　超）

【财政收入突破百亿元大关】 2010年，全市完成财政总收入139.6亿元，首次突破百亿元大关，并跃居全省第二，同时税收收入占财政总收入的比重达到84.2%，创历史新高。收入过百亿，这是岳阳财政发展史上的重要里程碑，主要因素有：一是经济拉动。近年来，全市以经济建设为中心，抓项目建设、园区建设，培植主体财源，形成石化、食品、造纸、能源、纺织、再生资源等10大产业集群，为财政经济发展打下坚实基础。面对金融危机，市委、市政府从容应对，果敢采取系列措施，联手帮扶企业，化“危”为“机”。危机过后，市委、市政府审时度势，吹响“提速、升级、增效、惠民”的号角，全市经济走向新的腾飞。2010年经济对财政的贡献进一步加大，一般预算收入中的税收收入增幅高于2009年9个百分点。二是体制助推。省委、省政府作出调整省以下财政体制的决定，进一步激发各地发展经济的积极性，同时也将长岭炼化、泰格林集团岳阳纸业股份有限公司（简称岳阳纸业公司）、华能湖南岳阳发电有限责任公司（简称华能岳阳发电公司）收入下放岳阳市，增加了收入规模。在应对体制调整过程中，市财政局一手抓争取，一手抓应对，踩到了改革的最佳时点。（曹　超）

【体制调整踩到改革最佳时点】 2010年，省委、省政府作出调整省以下财政体制的决定，在应对体制调整过程中，市财政局认真落实市委书记易炼红、市长黄兰香提出的“高度关注、积极应对”的要求，一手抓争取，一手抓应对，较好地解决了华能岳阳发电公司基数上划、经营性高速公路营业税分配以及屈原管理区、开发区转移支付资金的计算分配等问题，踩到改革的最佳时点，确保岳阳在省以下财政体制改革中的利益最大化。静态看，多争取财力近1亿元；长远看，“千万吨炼油、岳纸40万吨、华能三期”等新项目产生的税收将归岳阳，未来财政将有跨越增长。（曹　超）

【争取资金再创历史新高】 2010年，上级财政转移支付资金103亿元，增加10亿元；争取省财政专项调度资金 3.2亿元，其中2亿元用于临港产业新区建设。市财政局机关各科室、归口单位进一步做活特色文章，抓机遇、跑项目、要政策、争资金，取得明显成效。企业科为建长石化争取财政补助1400万元；为凯美特公司争取国家重大科技成果转化财政补助300万元。农业综合开发办公室争取土地治理项目财政投资9819万元，比2009年增加1707万元，增长21%。（曹　超）

“三品”财政文化　　（市财政局　供稿）

【财政改革管理科学优化】 2010年，市财政局细化部门预算，提高年初预算到位率，试行编制社会保障预算和国有土地出让金收支专项预算。优化支付程序，财政直接支付比重达到86.03%。制定临港产业新区财政体制。加大强农惠农资金检查和“小金库”治理工作力度，“小金库”治理工作走在全省前列。出台《关于进一步加强行政事业单位资产管理规定的通知》，建立市直304家行政事业单位的国有资产数据库。创新财政投资评审机制，获全省财政投资评审工作先进单位，财政部领导评价“岳阳管评分离式协作评审有特色，是财政评审工作的创举”。（曹　超）

【基础建设进一步加强】 2010年，市财政局进一步加强业务培训、干部管理、财政文化的建设。一是会计培训模式不断创新。注重多元化培训，与中央财经大学财经研究学院联合举办全市财政财务精细化管理班干部培训班，首次组织市直行政事业单位财务会计人员参加。二是干部队伍建设加强。抓创先争优。表彰一批优秀党员、优岗、先进个人，评选创先争优示范岗、青年忠诚示范岗，组织财政系统争先创优辩论赛，并在全省财政系统辩论赛中夺得季军，机关第九支部被评为全省财政系统先进集体、全市财税金融系统先进党组织。抓选人用人。竞争上岗任用15名科级干部，调整岗位34人，做到人岗相宜，形成鼓励优秀人才脱颖而出的用人机制。抓作风形象。认真落实“三更”要求，开展“治庸、治懒、治散”、读书年等主题活动。加强廉政建设，在市纪委五届九次全会暨全市反腐败工作会议上作典型发言。三是开展财政文化建设。推进以“做有品位的人、干有品质的事、打造品牌财政”为主题的“三品”财政文化建设。推进规范权力运行工作，制定流程图，成立行政效能投诉中心，制定并公布《岳阳市财政局行政处罚裁量权基准》。推进办公自动化、信息化建设，规划建设视频会议室。（曹　超）

【农业综合开发各项工作稳步推进】 2010年，全市农业综合开围绕夯实农业发展基础、推进农业现代化这一中心，加快中低产田改造，建设高标准农田，改善提高粮食综合生产能力，推进产业化经营。一是全市农业综合开发规模再创新高。争取土地治理项目财政投资9819万元，其中中低产田改造项目5566万元，高标准农田示范工程项目4253万元，土地治理项目投资比2009年增加1707万元，增长21%；争取岳坊水库中型灌区改造项目财政投资690万元；争取产业化经营项目补贴项目2个，财政投资345万元；争取产业化经营项目借款贴息项目9个，财政投资422万

全市财政总收入首次突破百亿元大关，跃居全省第二位 （市财政局 供稿）

元。项目投资总规模位于全省前列。二是汨罗市、平江县顺利入围国家农业综合开发第二批高标准农田示范县。市农业综合开发办公室指导平江县和汨罗市按照灌区和流域编制三五年规划，通过竞争激烈的演讲和答辩最后顺利入围第二批高标准农田示范县，每个县争取2010～2012年财政投资计划3600万元。岳阳市有临湘市、汨罗市、平江县3个高标准农田示范县，列全省第一。三是土地治理项目工程质量进一步提高。各项目县继续推行砼清水现浇渠道、卡式压边U型槽和浆砌石渠道，严格质量标准，努力创新施工工艺，工程质量稳步提升。四是积极应对政策变化，转变产业化经营项目扶持方式。2010年农业综合开发产业化经营项目扶持政策调整较大，市农业综合开发办公室积极应对政策变化，加大对农民专业合作社的扶持力度。通过全省竞争立项，共争取2011年农业综合开发产业化财政补贴龙头企业项目1个，合作社项目4个。 （吴小虎）

国家税务

【概 况】 2010年，岳阳市国家税务局（简称市国税局）加强责任与能力建设、提高管理和服务水平，大力组织税收收入，规范税收执法，优化纳税服务，加强队伍建设，提高行政效能，圆满完成各项税收任务，全市系统累计入库各税90.38亿元，比2009年增收14亿元，增长18.34%（不含车购税累计入库各税87.78亿元，增长17.64%）。其中：国内增值税累计入库41.91亿元，增收67.77亿元，增长19.29%，为年初计划的108.42%；国内消费税累计入库42.27亿元，增收5.63亿元，增长15.37%；企业所得税累计入库3.54亿元，增收9571万元，增长37.10%，为年初计划的126.78%；车辆购置税累计入库2.6亿元，增收8431万元，增长47.89%。另发生出口退税6450万元，其中免抵调增值税2000万元。

【国税入库再创历史新高】 2010年，市国税系统积极应对省直管县财政体制改革新形势，克服重点税源企业技术改造、结构性减税等因素影响，始终坚持依法征税、应收尽收、坚决不收过头税、坚决防止和制止越权减免税的组织收入原则，国税收入再创历史新高，全年累计入库税收90.38亿元，年内连跨80亿元、90亿元两个台阶，总量稳居全省第二。其中市级税收入库63.1亿元（国税部分，不含财政退库数），比2009年增收9.3亿元，增长17.3%，圆满、超额完成市委、市政府下达的税收任务。

【税收征管质量和效率大幅提升】 2010年，市国税系统坚持科学化、精细化管理，以信息管税为抓手，征管挖潜，堵塞漏洞，税收征管质量稳步提升，全年税款催报率、催缴率、滞纳金加收率等征管质量指标均为100%，税款入库率达99.91%，位居全省国税系统前列。加强个体税收征管，扎实推进个体税收“扩面调负”工作，全面清理大型专业市场、城市集贸市场、街道等部位的漏征漏管户，入库个体税收1.89亿元，征税户数达18168户，征税面扩大到60.63％。11个有个体税收的县市区，征税面超过50%的达到8个。大力推进综合治税和信息管税，加强与财政、地税、工商、银行、质监、海事、交通、人力资源、公安、运等部门的联系，建立信息交换共享机制，形成工作合力。加强各税种管理，强化重点工程、再生资源增值税管理，规范进项税额抵扣；扎实开展企业所得税汇算清缴及核定征收工作，入库企业所得税3.34亿元，比2009年增长18.83%；推进大企业税收管理改革试点，加强非居民企业所得税源泉控管入库561万元。深化税收互动协作。深入开展联析、联评、联查，针对税负低于行业税负、长亏不倒户、长期零负申报户开展纳税评估，评估纳税人2297户次，纳税评估入库1.29亿元。

【税收服务经济社会发展有成效】 2010年，市国税系统以服务民生、促进发展、共建和谐为己任，认真落实结构性减税等各项税收政策，不断优化纳税服务，切实抓好税收政策执行情况的调研，为地方党政献计献策，增强了岳阳经济发展后劲。全市落实结构性减税政策减税3.98亿元，办理出口退税4800万元，开展“联手帮扶企业”活动，为企业解决涉税难题47个。优化纳税服务，成立市、县两级纳税服务专门机构，对全社会公布国税系统纳税服务8条承诺，接受社会监督开展纳税咨询辅导，举办纳税人学校培训班76期，免费培训纳税人15240户次。加强办税服务厅管理，整合办税窗口，推行“一站式”服务，推广财税库银横向联网等多元化申报缴税方式，加强网上办税厅建设，提高了办税效率。

【税收环境不断优化】 2010年，市国税系统不断规范干部执法行为。抓好国务院《全面实施依法行政实施纲要》和《湖南省行政程序规定》的学习培训，深入推行税收执法责任制，重大税务案件实行集体审理，规范税收执法行为，严格过错责任追究，全市国税系统纳入省国税局监控的44万余次执法行为的正确率达99.98%，没有发生行政诉讼和行政复议案件。深入整顿和规范税收秩序，组织对房地产、药品经营、造船、汽车销售、校内商店等行业的税收专项检查，严厉打击各类涉税违法行为，稽查办案397起，查补入库0.98亿元，查处大要案件21个，其中100万元以上的13个。在发票打假专项整治活动中，联合公安、地税等部门查获非法制售发票违法犯罪案件14起，虚开增值税专用发票案件4起。

【推广应用网上评廉系统】 2010年，市国税系统加强领导班子建设，加强对基层班子的管理，深入开展责任主题教育，全面推行绩效考核，鼓励干部开展湖南教育网在线学习等形式，提高队伍素质，市国税局在全省“书香国税”读书演讲征文活动中获演讲一等奖、征文二等奖。加强执法监察和明查暗访，走访纳税人2600余户，开展税收管理员向纳税人述职述廉活动，推广应用网上评廉系统，78981人次纳税人参与网上测评，满意率达99.94%。 （本栏撰稿　向　宇）

地方税务

【概　况】 2010年，岳阳市地方税务局（简称市地税局）抓住组织收入、服务经济、从严治队、投身“五创”四个方面的重点，圆满完成各项工作任务。市地税局连续第6年被市委、市政府评为民本岳阳建设先进单位，全市党风廉政建设先进单位；市地税局党组被省委宣传部确定为创建学习型党组织建设示范点；被省地方税务局评为党风廉政建设优胜单位。市地税局面对岳阳经济加速发展的有利形势，主动自加压力，全面强化征管，确保了地税收入与岳阳经济的同步协调发展。全年累计入库各项收入33.88亿元，比2009年增收6.23亿元，增长22.7%；入库教育费附加、文化事业建设费、社会保险费、工会经费、防洪保安资金、残废人就业保障金等“四费两金”4.26亿元。收入结构和质量明显优化，各级次、各税种、各单位的收入任务均圆满完成。

【税收征管质量提升】 2010年，市地税系统突出登记率、申报率、征收面、欠税压减率等主要征管质量指标提升，被省地税局评为五比五看强征管活动先进单位。继续巩固行业税收征管品牌，突出房地产税收“一体化”管理、交通运输税收“一条龙”管理、综合治税“一张网”管理三个重点，完善专业征管机制，健全行业征管办法，房地产税、交通运输税、综合治理税三个项目共入库税收12.48亿元，占全市地税总量的37.47%。其中：房地产行业入库相关税收9.9亿元，比2009年增收2.2亿元，增长28%；交通运输行业入库税收1.5亿元，增收2700万元，增长22.3%；通过综合治税，促成地税增收1.09亿元。同时，市地税局探索推出政府牵头抓、专业机构管、部门联合控、阳光定税征的房屋出租征管模式，切实加强砂卵石开采和船舶运输行业的税收征管，促进了地税增收。抓税收政策执行，围绕营业税、企业所得税、个人所得税3个地方税收

市地税局局长方志平向省委宣传部的领导介绍该局八大阳光工程情况
（杨汉斌　摄）

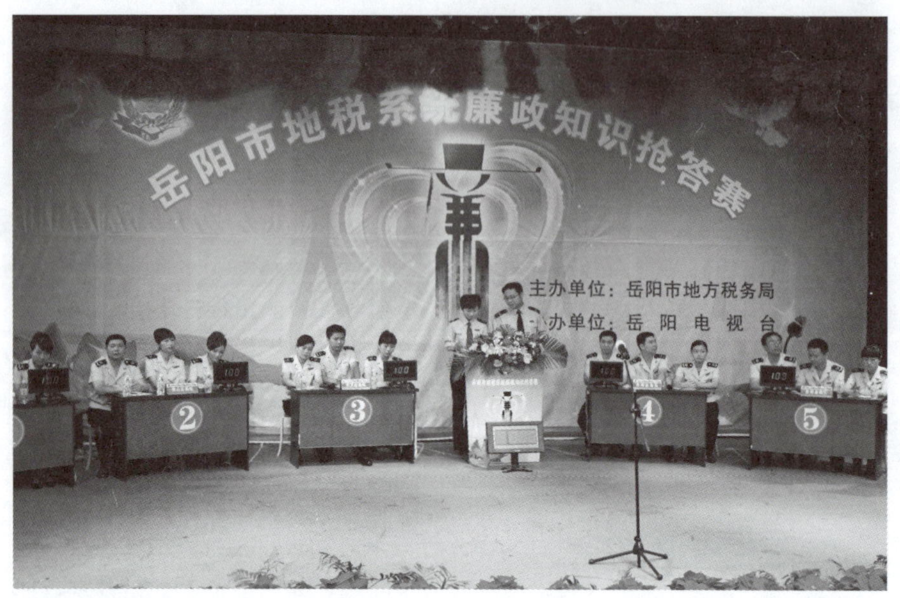

全市地税系统廉政知识抢答赛决赛　　（市地税局　供稿）

主体税种，严格政策执行，强化税政拓源。全年入库金融保险行业营业税9381万元，入库交通重点工程税收4892万元；加强汇算清缴和税源监控，自行查补和检查查补税款分别为8061万元、5822万元；突出抓好高收入个人自行申报和软件应用，督促3807名高收入个人，自行申报入库税款1552万元；安装扣缴软件566户，扣缴入库税款4427万元。抓好网上申报和刷卡缴税工作，开通网上申报4231户，通过网上申报划缴税款9.72亿元，占企事业单位纳税人缴税总额的85.4%；在各办税服务厅和政务中心窗口安装pos机90台，累计划缴税款1.87亿元，占现金缴税金额的77.4%。在稽查上，按照抓检查、办大案、优服务、促收入的思路，辅导155户纳税人自行查补入库税款2458万元，通过稽查查补入库税款1.04亿元。

【纳税服务提质】　2010年，市地税局重点从减轻纳税负担、提高办税效率、整治征管秩序等方面，全力优化经济发展环境。加大优惠政策的宣传力度，积极主动的辅导和帮助纳税人落实优惠政策，共减免税收7976万元；推出免除收费项目、规范税务检查、精简报表资料等一系列控制税外负担的配套措施，对各类培训费、代开发票工本费、税款装置维护费等10项费用全免；进一步精简纳税人需要报送的报表资料，取消国家地税总局和省地税局规定之外的报表，合并必须报送的报表资料3份。坚持以“电子地税”为载体，通过应用网上审批、网上申报、网上办公等科技手段，提高了办税效率；将大部分行政审批的法定时限大幅压缩，同时下放部分审批权限，将年减免房产税、土地使用税、资源税5万元以下和所有备案类减免税，以及建筑业、不动产自开票纳税人认定，全部下放到县市区地税局审批。加大发票的防假和打假的力度，自行开发岳阳地税发票查询系统，有效封堵假发票的流通渠道。在全市铺开违法违规使用地税发票的专项整治行动，查处假发票案件18起，收缴假发票1015份，补缴税款93.6万元，罚款22.5万元，将其中的4起案件移交公安部门。

【开展阳光征收行动】　2010年，市地税局突出个体税收这一重点，全面开展“阳光征收行动”。按照“典型调查、科学定税、民主评议、全面公开”的程序，主动把个体税收管理引向社会，对63364户个体户实行阳光征收，月定税额达2510万元，比2009年增长26.4%。邀请436位代表，召开评税会62场次，汇总采纳建议意见165条，调整税收定额16550户次。将中心城区近9000户的阳光征收情况，通过设置45块公示牌、在《岳阳晚报》刊登8期、在岳阳电视台滚动播报等形式全面公开，岳阳市委《领导参阅》、市政府《政府通报》、省地税局《湖南地税通讯》先后推介这一典型经验，阳光征收行动同时被省地税局评为征管创新项目。

（本栏撰稿　袁光辉　黎　牧）

责任编校　黄玉祥

金　融

FINANCE

岳阳市财政收入突破百亿元

财政改革管理科学优化

农业综合开发稳步推进

国税入库创历史新高

地税征管质量提升

综　述

【概　况】　2010年，岳阳市金融业保持平稳较快发展势头，存贷款均达到历史高位，保险业务增长强劲，证券期货运行平稳。8月，岳阳市证券行业协会成立，旨在搭建行业交流平台，加强行业自律，规范和发展证券行业。金融资产质量明显改善，金融生态环境进一步优化。截至12月底，全市金融机构各项贷款余额437.18亿元，比年初净增74.45亿元，增长20.5%；各项存款余额达到784.9亿元，比2009年增长14.9 %；不良贷款实现“双降”，不良贷款余额60.09亿元，比年初减少5.7亿元，不良贷款率14.6%，比年初下降3.8个百分点；金融机构赢利6.7亿元，比2009年增长13.44%。全市保险机构完成保费收入31.1亿元，比2009年增长18.7%，保险赔付5.94亿元，给付率达100%。全市A、B股交易额942.2亿元，基金交易额1.8亿元，债券交易4791万元，开户数累计达到19.8万户。全市金融业在取得较快发展的同时，也存在一些不容忽视的问题：主要是金融市场体系不够健全，金融业整体服务水平有待提升，金融核心作用没有充分发挥，中小企业融资难度仍然较大，融资渠道有待进一步拓展，“三农”工作和县域经济发展仍处于金融服务的薄弱环节等。

【开展“金融服务年”活动】　2010年，市政府金融工作办公室（简称市金融办）按照市政府要求，在全市开展“金融服务年”活动。着力创新银行信贷服务，银信部门推出“信贷+保险”、退税权质押、仓单质押等新的信贷服务，带动新增贷款6亿元；为破解林业企业和农民贷款难问题，下发《关于开展林权抵押贷款试点工作的指导意见》，为银林合作带来新的机遇。加大对企业的扶持力度，年内全市新增贷款首次突破100亿元大关，达到105.8亿元（含市外银行在岳阳市投放的贷款）。同时做好小额贷款公司试点工作，岳阳市国家级经济开发区和湘阴县新组建2家小额贷款公司。全市小额贷款公司达到4家，累计发放贷款3.26亿元。

【举办第九届银企信贷洽谈会】　2010年3月29日，市金融办、人民银行岳阳市分行和岳阳市银监分局三家牵头在南湖宾馆召开第九届银企信贷洽谈会。有428个项目与银信部门签订82.3亿元的信贷协议，签约项目和资金均创历届新高，资金到位率达93%。年内，市金融办牵头组织金融界支持重大项目建设、支持房地产企业发展、支持临港产业新区建设等5次大型融资洽谈会，有力地支持了地方经济建设。

【企业上市稳步推进】　2010年，岳阳市上市企业从资本市场直接融资38.6亿元。凯美特气、胜景山河2家企业，成功通过中国证监会发审会审核。全市上市后备资源库企业达到29家，8家企业进入省重点上市后备企业资源库。

【引进金融机构】　2010年12月30日，岳阳市金融界引进外部资金组建地方村镇银行，平江县汇丰村镇银行开业运营，填补了全省外资村镇银行的空白。国家开发银行在汨罗市设立的村镇银行，进入试营业阶段。广州农商行在华容县设立村镇银行，进入筹建开业阶段。积极引进股份制商业银行，兴业银行在岳阳市设立分支机构工作进入筹建选址阶段。

【与天津股权交易所建立战略合作关系】　2010年5月18日，市政府与天津股权交易所签订《关于促进中小企业挂牌交易工作合作框架备忘录》，为岳阳成为天交所在湖南地区唯一的区域市场奠定基础。9月29日，岳阳市“湖南天欣科技股份有限公司”、“湖南金泰粮油股份有限公司”在天津股权交易所挂牌交易，成为中南地区首批在天交所挂牌的企业，为岳阳发展多层次资本市场开辟新途径。12月27日，“黄龙水产”在天津股权交易所挂牌交易。

【汨罗市被评为省级金融安全区】　2010年，省政府金融工作办公室创安办公室推进全省金融创安工作，汨罗市被评为省级金融安全区，填补了岳阳无省级金融安全区的空白。信用企业、信用乡（镇）村评先活动全面铺开，有87家企业、23个乡镇、153个村被列入候选名单。

【打击非法集资工作】　2010年，市金融办、人民银行市分行和银监分局联合下发《关于有效推动处置非法集资工作的通知》，建立处置非法集资工作联席会议制度，开展非法集资的监测和排查，开展处置非法集资宣传。4月，开展防范打击非法集资宣传月活动，发放宣传资料5000余份，在岳阳城区主要街道、社区、农资市场悬挂宣传标语500余条，通过手机发送公益信息5万余条。

【开展保险“诚信服务促和谐”竞赛活动】　2010年，岳阳市金融界开展以竞赛活动为载体，加大保险行业自律公约执行力度，对全市16家财产保险公司开展执行自律公约检查，重点整治保险行业营销员流动、银代手续支付、单证管理、营销员展示中的误导、欺诈行为等问题。对问题较为突出、整改不及时的7家公司，送达自律违约金扣缴通知书，进行一定数量的处罚；进一步规范县级保险市场秩序，成立县级保险机构自律协调小组，督促保险行业协会在各县市区的94家保险机构成立14个自律协调小组。

【做好农业政策性保险工作】　2010年，市金融办、市保险行业协会加强对岳阳市2家承保公司的指导、监督，提高风险管控水平和服务质量，确保任务全面完成。年内，全市完成种植业面积64.27万公顷，承保能繁母猪7346头，农业保险理赔1亿多元，赔付率达100%。

（本栏撰稿　袁彦文）

银　行

中国人民银行
岳阳市中心支行

【概　况】　2010年，岳阳市银行

业金融机构落实稳健的货币政策，创新金融产品，优化金融服务，支持经济在逆境中强势增长。至12月末，全市银行业金融机构存款余额784.97亿元，年内新增102.13亿元；贷款余额437.18亿元，比年初增长74.45亿元。不良贷款剥离4.36亿元，核销0.91亿元，域外金融机构贷款新增24.4亿元，新设小额贷款公司新增1.66亿元，全辖区贷款实际净增105.78亿元，贷款净增首次超百亿，超额完成市政府确定的新增100亿元贷款目标；盈利7.14亿元；不良贷款率年内下降4.43个百分点。

2010年，中国人民银行岳阳市中心支行（简称人行岳阳市中心支行）积极传导稳健的货币政策，贯彻落实市政府的有关要求，把促增长、调结构、推动全市经济平稳较快发展作为首要任务，做好支持、服务、协调和引导工作。人行岳阳中心支行获总行保密工作先进集体和全国国库系统先进集体称号。在全市经济工作和金融工作会议上，被评为2010年度金融支持临港产业新区发展先进单位和金融支持地方经济发展先进单位。

【信贷支持重点突出】 2010年，人行岳阳中心支行敦请市政府出台“金融支持临港产业新区发展指导意见”，协调省级、市辖区银行向临港产业新区新增贷款7.1亿元，有力支持基础设施建设。设立临港产业新区国库。通过“创建信用园区”、试点“商业承兑再贴现”、“捆绑式发债”等措施，重点支持汨罗市循环经济园区的发展。

【金融组织体系完善】 2010年，人行岳阳中心支行推动岳阳市商业银行成功改组为华融湘江银行岳阳市分行。促成华容鸿基、汇通公司、汨罗村镇银行、湘阴福湘键铭、湖南平江汇丰村镇银行等新型金融机构顺利开业，丰富了金融组织，支持了“弱势金融”。

【金融发展合力增强】 2010年，人行岳阳中心支行配合市委、市政府先后召开临港产业新区建设座谈会、全市金融工作会、信贷洽谈会、金融机构负责人季度联席会，就“金融服务年”活动制订下发10项具体措施。在第九届银企洽谈会上，9家金融单位与近400家中小企业、428个项目签约82.3亿元，再创历史新高，12月末签约资金到位率达91%。岳阳县支行牵头举办首届个体私营经济融资洽谈会，推荐10家企业与天津股权交易所成功合作。联合市环保局对全市绿色信贷投放情况进行检查，抑制对“两高一剩”行业的信贷投放。

【巩固决策支持平台】 2010年，人行岳阳中心支行坚持调研服务的决策，巩固和发挥“大调研”专班作用，被国办（中办）、人行总行、省委、省政府采用的调研信息材料有28篇，调研信息工作位居分行辖内前列。特色研究、信息工作分别在长沙专业工作会议上发言推介。“转变经济发展方式”、“基层央行履职方式创新”二个省级重点课题均获一等奖。率先倡导并探索建立环洞庭湖粮食价格监测体系，实行季度监测，较好地把握了全省的粮价变动趋势，7月15日，长沙中心支行在岳阳举行启动仪式，标志着这一探索成果上升为全省的创新实践。探索建立保险证券业统计报表报备、再生资源行业监测和工业园区专项调查制度，重点加强政府融资平台、房地产信贷和物价的监测分析，民间借贷监测的做法在全省专业会议上发言推介。

【货币政策工具灵活运用】 2010年，人行岳阳中心支行争取4.187亿元支农再贷款和2000万元头寸再贷款限额，并适时调整限额分布，全年累放再贷款6000万元，壮大中小金融机构的资金实力。

【提高金融服务水平】 2010年，人行岳阳中心支行组织全市国库系统从业人员探索开展“十佳岗位能手”竞赛，渗透国库业务，强化国库监管。全面推广平江“惠民直通车”试点成果，全年办理家电汽摩下乡补贴4.4万户、5039万元。成功实现车购税通过TIPS直达国库。设立临港产业新区国家金库。成立国库研究会。配合“省直管县”改革，确保5月1日按新体制正式运行。中心支库和岳阳县支库被评为省级示范库。非税收入直缴国库改革被省分库命名为“临湘模式”向全省推广。国库中心支库成为省内唯一获得全国国库系统先进集体的市级中心支行。以改善农村支持环境为重点，推进全市“示范县”创建活动，作为总行试点项目，在湘阴县开办银行卡助农取款业务，解决部分金融机构空白乡镇农民取现难的问题，《金融时报》、湖南新闻联播对此进行报道；在临湘市探索开展金穗惠农卡与新农合医保卡合二为一的试点；在汨罗市选点建立农村支付结算常态化宣传站；“农户一卡通”试点成果在全省专业会议上推介，平江县获得“农村支付环境省级示范县”称号。联合公安等部门，探索整治银行卡违法犯罪的互动机制，共移交涉嫌银行卡犯罪线索258起，打击银行卡犯罪专项行动考评居全省第三。探索实施“挂销号”模式，既优质服务，又强化监管。配合进口付汇核销制度改革，全面催核付汇527万美元、收汇1999万美元，确保新系统顺利上线。运用服务贸易核查、非贸易付汇审核等措施，强化外汇管理。联合7部门完成全市94家外资企业的年检，年检率达74%。选择5家银行、7家保险机构、2家企业开展外汇业务和统计大检查，结案入库18万元。严格外汇业务市场准入，促成保险机构有1家进入、1家退出市场。搞好跨境资金监测，调查5家企业资金异常往来，查处1家企业通过深圳地下钱庄擅自借入1600万港币的违法行为。配合国家外汇局省分局编撰《企业外汇收支操作指南》，得到涉外企业一致好评。按照确保现金供应、改善券别机构、提高整洁度、让老百姓放心持币的总体要求，做好货币发行工作。探索建立残损币兑换首办责任制，客户兑换残损币投诉率较上年下降52%。通过人民币收付业务检查、反假宣传、现钞处理设备检测、质量考核、收缴奖励、联动打击等措施，进一步净化人民币流通环境，全年收缴假币59.87万元。参与撰写的《湖南货币运行规律研究》在总行专业评比中获一等奖。复点管理经验在全省专业会议上发言交流。

率先在全省联合司法部门出台“反洗钱工作协作办法”，组织召开反洗钱联席会议，增强合力，成功执结一起3.7亿元的非法套现特大经济案件，携手破获一起涉案120亿元的地下钱庄案。移送4笔可疑交易线索，公安部门立案侦办3起。全面启用“反洗钱监管交互平台系统”，加强非现场监管。对6家单位开展反洗钱检查，凝聚反洗钱合力的做法在长沙中支专业会议上推介。

【优化金融生态环境】 2010年，人行岳阳中心支行在品牌建设上，加强协调和指导，汨罗市成功创建“湖南省金融安全区”，汨罗循环经济工业园被确定为全省信用体系建设试验区。园区企业信息采集面达97%，有10家企业通过信用评级获得1.09亿元贷款。《搭建信用体系平台 支持中小企业发展》的材料被长沙中心支行行长批示并在全省推介。《汨罗样本的有益启示》被《金融时报》采用。在系统扩容上，扩大中小企业信用信息采集和信用报告使用范围，推动16家企业参加外部评级。指导、督促农信社信贷业务全面并入征信系统。联合有关部门将质量信用等级、未参加外汇年审等企业信息录入征信系统。探索开展地方性商业银行征信数据核查，纠正错误数据816条，补报数据230条。征信服务上，提供信用报告查询3180人次，处理信用信息异议3户，办理贷款卡年审1253户，发放贷款卡410户。全市有246户中小企业凭借征信信息获得融资32.9亿元。征信窗口服务的做法在长沙中心支行专业会议上推介。信用管理上，组织“征信知识宣传周”活动和金融生态环境考核评估。《金融稳定报告》再次获全省专项评比一等奖。

（本栏撰稿　周　帅）

市银监分局局长罗治光深入帮扶企业调研　（刘文静　摄）

中国银行业监督管理委员会岳阳监管分局

【概　况】 2010年，中国银行业监督管理委员会岳阳监管分局（简称岳阳银监分局）围绕市委、市政府“民本岳阳”和“提速、升级、增效、惠民”发展战略，以科学发展观为指导，贯彻落实省银监会和湖南银监局各项工作部署，加强和改进风险监管，推动改革创新，维护和促进辖区内银行业的稳定与发展，支持地方经济建设取得积极成效。督促指导银行业机构准确落实宏观调控政策，加强信贷结构调整，科学把握信贷投放的方向、力度和节奏，保证重点建设项目和中小企业贷款需求。年末，全市银行业机构资产总额856.6亿元，比2009年增长15.4%，各项存款余额784.97亿元，比年初增加102.13亿元，增长15.0%，各项贷款余额437.18亿元，比年初增长74.45亿元。督促增强以贷款新规管控风险能力；切实加强融资平台贷款、不良贷款和房地产贷款等重点风险监管，完成融资平台贷款清理和房地产贷款压力测试工作。督促各银行业机构严守风险管理底线；提高风险管控水平，质量效益逐步好转。年末，全市银行业机构不良贷款余额60.9亿元，比年初减少5.7亿元，不良贷款率14.58%，比年初下降3.79个百分点，实现“双降”目标；全市银行业机构实现利润5.8亿元，比2009年增长31.8%。农村信用社风险得到有效控制，实现“三降三升”，（既不良贷款余额比年初下降4.83亿元，不良贷款率下降12.4个百分点，贷款损失准备缺口下降5.93亿元，资本充足率上升9.07个百分点，拨备覆盖率和损失准备充足率分别上升7.52和12.91个百分点）。加强案件风险排查，召开案件形势通报会和经验交流会，督促落实各项案件治理措施；加强案件风险排查，召开案件形势通报会和经验交流会，全年仅发生1起小案件。建立重大突发事件应急处理机制，加强安全保卫工作检查，做好声誉风险监管和应急维稳工作，确保银行业运行稳定，全年银行业运行基本平安无事故。督促各银行业机构不断创新管理举措，加快改革发展，银行业服务体系和功能明显增强。不断强化现场和非现场监管措施，先后组织现场检查项目48个，查出违规机构85个，撰写监管分析报告36份，发出书面风险提示书28份、监管意见书21份、组织监管座谈36次、约见谈话11次，提出监管意见319条，督促各银行业机构切实规范经营行为，加强风险防控，促使银行业机构内控管理不断规范，业务竞争秩序不断优化。围绕监管工作中心，开展学习文化、责任文化、和谐文化、廉政文化和形象文化等五大文化建设，围绕争创湖南银监局先进单位、省级“文明标兵单位”和银监会文明单位的目标积极开展双文明创建，促使监管效能、服务水平和队伍素质实现较好提升。

【化解融资平台贷款风险】 2010年，岳阳银监分局督促指导各银行业机构按照“逐包打开、逐笔核对、重新评估、整改保全”原则，开展融资平台贷款清查、风险分类、三方会谈、现场检查和持续管理与处置工作，多次向地方党政及有关部门汇报沟通，促成进行专题研究，出台《关于加强地方性投融资平台管理的意见》，形成“政府+监管+银行+平台”四方联动工作机制，取得较好成效，全市政府融资平台贷款全部进行统一会谈，基本摸清风险底数，有效锁定风险缺口，初步落实管控措施，在清查期间收回贷款12笔，共计1.58亿元，有3户平台公司贷款全部收回，其工作经验与成效被银监会推介。

【推动农村信用社改制】 2010年，岳阳银监分局召开专题达标升级工作会议，明确目标任务和具体措施，组织推动市政府专题召开支持农村信用社改革发展大会，下发关于支持改革发展和帮助清收不良贷款的专题文件，通过组织监管谈话、下发监管意见书与风险提示单、列席理事会等渠道提出202条监管意见，督促各联社加快改革创新步伐，取得较好成效，风险等级指标改善明显，为2011年农村信用社改革发展打下良好基础。

【优化金融服务】 2010年，岳阳银监分局组织银行业协会开展创文明规范服务示范单位活动，与市纪委联合开播“巴陵行风聚焦”金融服务电视专题栏目，促使金融服务不断优化，有9家机构评为省级文明优质服务示范窗口。针对辖区内15个空白网点乡镇金融服务问题，逐个制订解决方案，落实归口管辖责任，加强督促引导，落实分片包干责任，争取地方党政支持，做好定点定时服务和服务设施安装工作，合力提升服务水平。辖区内15个空白乡镇有3个实现银行机构服务，另12个乡镇由周边21个农村信用社、邮政储蓄银行和农行网点延伸服务实行全覆盖。工作成效得到银监会巡视组肯定。

【提升现场检查质效】 2010年，岳阳银监分局改进和完善现场检查的方式、方法和手段，全面提高现场检查的科学性、针对性和有效性，对所有检查项目均按照《现场检查项目检查质量评议暂行办法》实行标准化管理。在现场检查实施过程中，牢固树立紧盯风险、查深查透、严格处罚等观念，保证现场检查质效，确保风险得到及时处置，及时发现纠正各类问题和风险点301个，真正起到“查错纠弊，防微杜渐”的作用；不断探索创新督促整改的新举措，探索使用突击检查督促整改的新方式和树立“边检查、边督导、边整改”的思路，充分发挥现场检查实时督导效应，帮助被监管机构规范经营行为，巩固现场检查成果。提升现场检查质量的工作经验被湖南省银监局推介交流。

【加强信息服务监管作用】 2010年，岳阳银监分局加强调研信息工作长效机制建设，建立完善《分局政务信息考核管理办法》、《分局舆情监测管理暂行办法》和《银行业机构信息报送管理考核办法》等多个制度，密切关注宏观经济和微观经济金融形势发展，加强形势的跟踪研判，先后就农产品价格问题、融资平台贷款风险防控、银行卡特约商户业务风险、代理保险业务风险等监管中的热点、难点、疑点问题开展调研，形成专报信息90篇，上报湖南省银监局和银监会，为上级决策参考提供信息，其中有72篇材料被上级采用，被省银监会评为先进信息直报点。发挥调研信息工作对监管工作的推动作用，针对银行卡犯罪向农村蔓延的情况，组织调研后提出相关建议，得到省银监会的高度重视并由省银监局党委书记王华庆进行专题批示。对银行收费问题负面舆情，及时进行跟贴，被银行会列为跟贴样本，对银行收费舆情进行分析判断，撰写的分析材料被银监会《参阅信息》采用。根据监管调研，先后就融资平台贷款风险、银行卡特约商户业务风险、银行卡犯罪风险等在银行业机构监管联席会进行风险提示，督促各银行业机构加强风险控制，确保金融业稳定。（本栏撰稿 刘文静）

中国农业发展银行岳阳分行

【概 况】 2010年，中国农业发展银行岳阳市分行（简称农发行岳阳市分行）围绕“夯实基础，从严治行；严控风险，稳健发展；外求形象，内保平安”的总体要求，切实履行政策性银行的支农职能，做好支持新农村建设的排头兵。全年累计发放各项贷款28.03亿元，累

农发行湖南省分行副行长胡世财（左三）在岳阳市分行行长甘克勤（左二）陪同下，在华容县团洲棉农合作社棉花收购现场视察。（庄曙光 摄）

收20.67亿元，年末贷款余额达71.4亿元，比2009年增加4.48亿元，增长6.7%。各项存款余额11.31亿元，比年初净增5亿元，存款日均余额7.58亿元，比2009年净增1.64亿元，增长27.53%。中间业务收入461万元，比2009年增加110万元，增长31.34%。实现利润6400万元，比2009年增加3100万元，增长93.94%；不良贷款余额25585万元，占贷款总额的3.58%，不良贷款总额比2009年减少1441万元，下降0.46个百分点。

【信贷支农力度加大】 2010年，农发行岳阳市分行充分发挥农业政策性银行的信贷支农职能，一是积极稳妥支持粮棉油收购。全年累计发放粮棉油储备、收购、调销贷款12.1亿元，支持企业累计购进粮食3.3亿公斤、油脂1.2亿公斤、皮棉8.8万担，确保支持粮棉油收储没有出现问题。二是重点支持农业农村基础设施建设和农业综合开发。对汨罗市江洪道治理、湘阴县白水江综合治理、华容县安全饮水工程、临湘市鸭栏码头建设、城陵矶临港新区路网建设和平江县S207线建设等6个项目发放中长期贷款7.3亿元，比2009年多投放4.65亿元，增长176%，充分发挥在农村金融中的骨干和支柱作用。三是择优支持农业产业化经营，累放农业产业化贷款5.3亿元，累放农资贷款0.6亿元，择优支持有规模、有品牌、成长性好和管理能力强的龙头企业进行技术改造、延伸产业链，促进农业产业规模化、集团化生产经营。

【结构调整迈出新步伐】 2010年，农发行岳阳市分行把调结构、转方式作为全年业务工作的重点，加大农业农村基础设施建设中长期贷款项目营销力度，全年新增农业基础设施中长期信贷客户3家。加大劣质客户的退出力度，全年退出低端劣质客户3家，收回风险贷款1.96亿元，信贷结构得到有效调整。牢固树立存款增效理念，坚持高调抓存款，重点加强对信贷企业账户和销货款归行管理。组织开展存款百日竞赛活动，重点抓同业存款营销、公众存款营销和政府融资平台贷款配套存款的营销，年末各项存款余额11.31亿元，其中对公存款余额10.3亿元，比2009年增加5亿元，增长近1倍，负债结构得到明显改善。

【加强基础管理】 2010年，农发行岳阳市分行坚持“打基础、强基础”的工作重心不动摇，在强化内部管理上下功夫。一是加强信贷基础管理和客户维护工作。开展客户经理尽职记录展评活动，落实“一企一策”客户维护方案，完善信贷资金支付管理办法，规范客户评级授信管理和信贷法律担保审查。二是电子化建设管理水平不断提高。CM2006信贷管理系统数据质量和人民银行征信系统接口报文质量不断提高，信贷信息真实性核查系统得以推广应用，会计综合系统等多个业务运行系统稳定运行，没有出现故障和差错。三是试行贷款风险分级承诺制取得一定的成功经验，在全省农发行系统范围内推广。四是加强财政补贴资金管理。监督拨付各类财政补贴资金53948万元，从财政拨付粮食风险基金2879.5万元中收息2506万元，拨付粮食风险基金收息比率达87.01%，比2009年提高36.39个百分点。五是审计检查纠错及时，整改到位，没有发现问题。

【经营绩效创历史新高】 2010年，农发行岳阳市分行经营效益创历史新高。实现账面赢利6400万元，比2009年实现翻番；贷款利息收回率80.18%，比2009年提高5.62个百分点；资产利润率0.95%，比2009年增加0.47个百分点；成本收入30.03%，比2009年下降18.27个百分点；人均创利31.1万元，比2009年增加14.1万元；万元资产的收益为95元。不良贷款保持“双降”。清收盘活不良贷款5906万元，其中现金清收5106万元，不良贷款下降1441万元，占比3.58%，下降0.46个百分点。中间业务收入稳步增长。完善中间业务台账，规范中间业务收费的项目与收费标准，进一步开拓中间业务收费渠道。实现中间业务收入461万元，比2009年增加111万元，增长31.71%，在全省农发行系统位居第4。（本栏撰稿　庄曙光）

中国工商银行有限公司岳阳分行

【概　况】 2010年，中国工商银行岳阳分行（简称工行岳阳市分行）积极创新与改进服务，继续扩大业务规模，较好地完成各项工作任务。截至12月末，实收利息44797万元，比2009年增加18796万元；实现中间业务收入10153万元，比2009年增加2522万元；提取拨备前账面利润22097万元，比2009年增加4247万元；提取拨备12232万元，比

岳阳市第九届银企信贷洽谈会签约现场　（市工商银行　供稿）

2009年增加6531万元。年末本外币各项存款余额为118亿元，比年初增加12.8亿元，其中对公存款余额39.7亿元，比年初增加3.1亿元；储蓄存款余额78.1亿元，比年初增加9.4亿元，两项存款新增同业占比第二；各项贷款余额106亿元，比年初增加30.5亿元，新增和余额同业占比第一。清收处置不良贷款9243万元，不良贷款余额35104万元，比年初增加 2042万元，不良贷款率3.3 %，比年初下降1.06个百分点。通过加大对各级负责人履职情况的监督检查，完善和落实各项规章制度，加快业务集中，积极防范操作性风险，全行的内控外防工作更加严密、规范，实现第8个安全年。获得市委、市政府颁发的支持地方经济发展突出贡献奖。

2010年11月28日组织开展银行业公众教育宣传活动（市工商银行 供稿）

【开展“存款年”活动】 2010年，工行岳阳市分行按照省分行“存款年”的统一部署，迅速落实推进旺季存款大会战竞赛活动的工作措施，完善抓存竞赛办法，调动机关员工的抓存积极性。在分行党委的积极引导下，全行把存款作为天天抓、月月抓的日常性工作。到年末，全行两项存款新增同业排名第二，存款余额由同业排名第三位上升到第二位，有效提升核心竞争力。抓基础工作，加快账户扩面提质。专门配备客户经理从源头上掌握开户资源，通过设立开户专柜，采取建立绿色通道、摆放宣传资料、建立贵宾服务区等措施，综合网点营销账户能力明显增强。特别是加大系统大户、重点客户、重点行业的营销力度。采取专业支行对口系统大户的服务模式，通过实施高层营销推动，利用网银集中代扣、银企互联平台，稳定大客户资源，扩大市场占比。在做大分母的同时，采取及时跟踪和有效引导客户，使结构和质量不断优化，提升结算账户贡献度。

【发展信贷业务】 2010年，工行岳阳市分行继续巩固信贷市场领先优势，加大信贷投入，跟进全市经济发展和项目建设带来的发展机遇，对符合条件的高速公路、国家电网、铁路、核电项目等，实施更加积极的竞争策略和更有效率的信贷服务模式，加快贷款投放进度，各项贷款余额103亿元，比年初增加27.6亿元，比2009年多增5.2亿元，保持同业第一。参加岳阳市第九届银企信贷银企洽谈会，会议当场签约贷款协议总金额14.5亿元，达成合作意向项目40多个；成立小企业金融业务中心，配备专职的负责人和客户经理，制订切实可行的小企业信贷业务发展规划和工作措施，实行专业化经营、系统化管理，特别是组织专门营销队伍，深入各县域园区企业实行上门金融服务。全年发放小企业贷款 50笔，贷款金额21420万元，比2009年增加 19970万元，户数增加47户，在全市各家金融机构增幅占比排名第一。年末个人贷款余额10.03亿元，较2009年净增4.9亿元，其中非住房类贷款较上年净增2亿元。贷款结构的调整带来中间业务的快速发展，个贷中间业务收入从零起步，达到648万元，完成省行任务202.5%，个人贷款新增额同业占比第一。

【提高银行综合收益率】 2010年，工行岳阳市分行以提高综合收益率为目标，加大各项转型产品的营销力度，通过仔细梳理短板和空白点，查漏补缺有针对性实施联动营销，加快盈利能力强、市场潜力大的支柱产品销售，迅速扭转中间业务停滞发展局面，至12月底中间业务收入10153万元，比2009年增加2522万元。成立信用卡直销团队，着眼全行整体客户资源，加快行内客户渗透率，在工行开户的财政零余额预算单位员工90%开办工行信用卡。通过举办“刷工行信用卡，节节有礼”的促销活动，利用《岳阳晚报》、交通电台、岳阳车展等多渠道、多形式宣传分期付款业务优势和卖点，拉动消费额上升，“睡眠卡”大幅减少。年末信用卡新增发卡22399张，完成省分行任务的85%，消费额155956万元，完成省分行任务的130%。在全辖区各网点开展劳动竞赛，量质并举，促进电子银行全面发展。不断加快推进电子银行新产品、新项目、新功能的推广与应用，成功投产住房公积金中心银企互联项目、网贷通循环贷款、网上商城信用卡分期付款和网上信用证业务等。特别是抢抓市场先机，利用“网贷通”提高中高端客户网银渗透率，推进公司业务和个金业务、网上与柜面产品的联动营销。

【实现第八个安全年】 2010年，工行岳阳市分行面对经济环境和案防内控新形势，围绕风险控制、经营效率和服务水平三者的综合平衡，强化内部管理，实现安全营运第8个安全年。一是进一步强化案件防范工作一把手负责制。强化各级负责人案防履职责任，进一步细化，全面推行行领导包支行、包部室、包网点的“三包”责任制和机关部室分管专业责任制，形成一级抓一级的案防防范工作机制。二是组织开展重要业务事项的风险排查与整改。严格按照总行、省分行的文件规定和工作要求，制订业务检查方案，对全行部分账户开户、电子银行、银行承兑汇票等重要业务的合规性进行专项检查，迅速进行认真整改，问题整改率达100%。三是案件防控与治理措施的落实。根据内控案防面临的新形势和新特点，全行着重抓好各类风险点的防控和排查，将排查的触角延伸到业务流程的各个操作环节，坚持定期召开案防分析会、员工思想行为动态分析会等，特别是深化“扫雷工程”，全年确定“雷区”11个，下基层督导雷区整改60人次，整改问题121个，问题整改率95%以上，各行处业务差错逐月下降，工作质量明显提高，员工执行制度意识和案件防范意识明显增强。发挥电子监控在案防工作中的作用，明确各级负责人调阅电视监控的职责和要求，加强对各级负责人案防履职检查，从细落实外防措施，做好安全保卫工作。　（本栏撰稿　文雨浪）

中国农业银行股份有限公司岳阳分行

【概　况】　2010年，中国农业银行股份有限公司岳阳分行（简称农行岳阳分行）为实现“区域内最好的银行”企业远景目标，在外部经济金融形势极为复杂的背景下，围绕“提质、加速、增效”三大目标，坚持以科学发展观为指导，以提升企业价值为核心，以机制创新为手段，强化基础管理，优化经营结构，提高发展质量，加强队伍建设，各项工作成效明显。年末，各项存款余额129亿元，较年初净增14.4亿元；各项贷款余额45.4亿元，较年初净增6.4亿元；实现中间业务收入9199万元，实现拨备前利润21524万元，比2009年增盈8916万元。

【服务地方经济建设】　2010年，农行岳阳分行贯彻落实市委、市政府提出的“提速、升级、增效、惠民”经济工作要求，坚持以服务岳阳地方经济发展为己任，开展“金融服务年”活动，提高信贷审批效率，加大信贷投放力度，通过实现差异化服务、提供系统化服务、追求效能化服务，满足不同层次、不同行业、不同类型客户金融服务需求，金融支持地方经济效果不断显现。一是支持重点产业发展。实施“大客户带动”战略，以联动营销和集中营销为依托，加强对华能岳阳发电三期项目、茂源林业造林项目、城陵矶新港项目、临湘市海螺水泥项目等全市重点建设项目的支持，继续对正虹科技、汨罗市金成实业、汨罗市红马燃气、岳阳丰利纸业等客户新增授信，促进产业链的发展。二是支持中小企业发展。成立小企业金融部，从信贷业务的受理、调查、审查和审批环节方面优化流程入手，实行限时办结制度，实行一次调查、一次审查、一次审批，成功构建中小企业“绿色信贷”通道。在组织对汨罗市再生资源市场、云溪区精细化工园、平江县伍市工业园、湘阴县洋沙湖工业园、屈原管理区饲料行业、华容县棉纺行业客户等进行重点摸底调查的基础上，确立行业、区域和客户三个信贷支持重点，全年择优向金城陶瓷、九岳饲料、岳阳天瑞、野园蜂业等50余家优质中小企业投放扶持贷款。

【业务经营提质增速】　2010年，农行岳阳分行积极应对市场变化，突出重点，狠抓营销，业务经营发展呈现健康有序、提质增速的良好局面。各项存款在2009年接连突破100亿元和110亿元大关基础上，净增14.4亿元，继续保持高位增长，各项存款、储蓄存款总量及增量份额均居同业第一。资产营销稳步推进，信贷投放做到平衡有序，全年新增贷款达到6.4亿元，其中法人实体贷款余额40.3亿元，比年初净增5.37亿元，增长15.38%，居四大行第一。中间业务快速发展，全年累计实现中间业务收入9199万元，比2009年增加2431万元，增幅达35.89%，同业市场份额占比31.03%，比2009年提高3.41个百分点。

【加大“三农”服务力度】　2010年，农行岳阳分行以特色经营为重点，抓县域“三农”服务。以“一行一策”为基础，实行分类考核管理；在分析县情行情的基础上，对县域七个支行实行一行一策特色经营模式，按照资产业务、负债业务将各行区分为不同类别，确定不同标准的发展要求。以“竞赛活动”为举措，抓县域负债业务营销，扎实开展综合性营销活动，以优化客户结构为着力点，有力促进存款业务的较快发展；年末，7个县域支行各项存款较年初净增8.4亿元，占全行净增额的58.13%。三是以“个十百千万”工程为主线，抓县域资产业务发展。建立完善“三农”县域信贷项目储备库，实现分层营销，开展小企业贷款和个贷“五进五入”等专题业务竞赛，年末，7个县域支行较年初净增7.4亿元，其中农户小额贷款净增1.1亿元。以“新农合”项目营销为重点，扩大惠农卡规模效益；年末，新增惠农卡发卡12万张。

【推进网点转型】　2010年，农行岳阳分行通过“五分”全方位推进网点分类转型工作，盯热点、抓重点、攻难点、塑亮点。年末14个网点按总行VI标准装修完毕并投入使用，县域以上各网点完成“网点文明标准服务”导入，城区各网点完成“营销技能提升培训”导入，电子渠道分流提高率居全省第一位。全行网点形象焕然一新，农行“硬实力”得到展示，“软实力”得到提升。　（本栏撰稿　韩爱民）

中国银行股份有限公司岳阳分行

【概　况】　2010年，中国银行股份有限公司岳阳分行（简称中行岳阳分行）贯彻落实科学发展观，落实“三年再造一个湖南省分行”的发展战略规划，推进“管理年”建设，各项工作得到健康有序发展。截至12月31日，中国银行岳阳分行实现中间业务收入4158万元，实现净收入24680万元，实现拨备前利润11717.5万元，实现净利润10520万元。本外币各项存款余额903119万元，较年初新增94700万元，增长12.3%；本外币授信余额433093万元，较年初净增56791万元，增长9.45%。不良贷款余额 4095万元，清收化解不良贷款7602万元，贷款综合不良率1%，较年初降低1.06%，降幅达到51%。

【支持重点项目建设】 2010年，中行岳阳分行抓住湖南“3+5”两型社会建设机遇，优先支持重点企业、重点项目建设。新增华能岳阳发电三期1亿元项目贷款、新增海螺水泥5000万元贷款、长康集团放款2000万元。积极参与政府开展的“项目建设与服务年”活动，跟踪政府投资的热点、重点，主动对接政府投融资平台的基础设施重点项目，岳汝高速放款4亿元，鹏鹞污水处理厂放款1.6亿元。

【支持中小企业发展】 2010年，中行岳阳分行响应市委、市政府联手帮扶企业的号召，开展联手帮扶企业的活动，业务部负责人深入帮扶企业调研，帮助企业在经营上出主意，管理上想对策，结算上大力支持，引导企业科学发展。加大服务力度，积极支持中小企业的发展，多渠道解决中小企业融资问题，重点支持第九届银企洽谈会签约项目，在市政府举办的第九届银企洽谈会上签约项目39个，签约项目较2009年多9个，签约金额63210万元；到位贷款资金57210万元，到位率90.5%。新增岳阳鹏鹞污水处理厂（1.6亿元）、湖南省高速公路建设开发总公司（4亿元）、临湘海螺水泥有限公司（5000万元）等3个签约客户。中小企业贷款余额35882万元，其中个人投资经营贷款余额为29882万元。

【拓宽企业融资渠道】 2010年，中行岳阳分行根据中小企业授信审批难的特点，推广保函、保理、信用证贸易融资新产品，叙作国际贸易结算量18812万美元，缓解重点客户及国有大型企业供应链的上下游客户的融资需求。积极叙做信贷证明、投标、履约、预付款保函支持岳阳市路桥公司、云溪区通燮公司等企业招投标。为华容县华诚纺织有限公司、岳化化工股份有限公司、岳阳市长科化工有限公司、岳阳市鼎盛石油化工有限公司、岳阳市佳华化工公司、湖北永福投资有限公司、泰格林纸恒泰房地产有限公司等企业叙做保理、保函、信用证、融易达等业务，通过创新结算产品，缓解了企业融资难题。

（本栏撰稿　刘传跃）

中国建设银行股份有限公司岳阳市分行

【概　况】 2010年，中国建设银行股份有限公司岳阳市分行（简称建行岳阳市分行）围绕“发展提速、员工增收、内控升级、全行稳定”的工作目标，以科学发展观为指引，以加快负债业务发展为支撑，以资产业务、中间业务、电子银行业务和不良压缩为工作重点，加强风险内控管理，加强员工队伍建设，着力提升全行执行力与凝聚力，较好地完成全年各项工作任务。至年末，全口径存款达121.34亿元，比年初新增7.27亿元；贷款总额达42.08亿元，比年初新增7.74亿元，增速达22.52%，在全省系统内名列第八；实现中间业务收入7478万元，比2009年新增1912万元，增幅达到34%，增速全省排名第一位；实现拨备前利润1.57亿元，比2009年新增2744万元，增幅达21.15%，全省排名第一；不良贷款额8951.53万元，比年初减少5669.67万元，不良贷款率为2.13%，比年初下降2.13个百分点；实现安全营运，业务健康快速发展。

【突破资产业务】 2010年，建行岳阳市分行以重点项目营销为着力点，不断加大资产业务营销力度，资产规模实现较大突破。通过成立营销团队，制订考核方案，重点项目营销工作取得较好成绩，长岭炼油厂1000万吨炼油项目落户建行，岳常高速、湖南核电等单位在建行开立基本户，成为华能岳阳发电三期主办行、随岳高速代理行。成立小企业经营中心，全年上报小企业准入项目38个，金额35850万元，审批通过22个，金额25600万元。小企业贷款余额47473万元， 比年初新增14119 万元，完成省行计划的120%，计划完成率全省排名第一。国内保理业务与企业年金业务成为岳阳市建行新亮点，共办理保理业务12笔，金额1.79亿元，实现保理业务收入354.89万元，保理业务收入全省排名第三，保理预付款余额全省排名第二。企业年金业务发展迅猛，在省行组织开展的“年金营销比比看”竞赛活动中，成功签约658户，完成省行计划的2990%，在全省竞赛活动中客户新增排名第一。

【拓展个金业务】 2010年，建行岳阳市分行突出做好客户、产品、服务三大文章，个金业务取得较好成绩。特色理财产品销售火爆，截至12月末，销售特色理财产品32514万元，完成率达133.78%，系统内排名第7。电子银行业务稳步发展，短信金管家完成78676户，计划完成率118%，全省排名第9位；手机银行高级客户新增59745户，计划完成率114.45%，全省排名第7位；电话银行高级客户新增81314户，计划完成率133.96%，全省排名第6位。电子银行渠道交易占比大幅提升，电子银行渠道交易量与柜面交易量之比达到114.74%，较年初提升73.12%，计划完成率160.66%，全省排名第9位。VIP客户有效增长，全年VIP客户新增8047个，其中私人银行客户新增8户，完成率114.29%；个人高端客户AUM新增12074万，完成率135.13%；个人高端客户产品覆盖度达547.06%，完成率121.57%，全省排名第3位。

【不良资产控制】 2010年，建行岳阳市分行在资产质量控制上坚持两手抓，一手抓风险管理，一手抓不良压缩，通过压缩存量不良，严控新冒不良，资产质量进一步好转。一是按照省行“调结构、促转变、防风险、提质量”的要求，紧扣“发展质量更优、内控管理更强”的目标，不断深化平行作业，强化信贷审批和风险监测预警。全年组织审批上会58次，审批项目136笔，审批金额62.18亿元，有效提高信贷审批工作质量。二是对不良贷款大户采取“一户一策”，重新确定责任人，制定激励机制，确定回收期限，与经办行一把手和责任经办人员签订不良贷款回收责任状，调动全行人员收贷积极性。三是用活政策，对符合减免利息条件的单位积极申报资料，边回收边减免，达到处置不良资产的目的。对符合呆账核销条件的项目，安排专人，严格按财政部新的核销管理办法组织材料，做到合法合规。

（本栏撰稿 李 钊）

交通银行股份有限公司岳阳分行

【概 况】 2010年，交通银行股份有限公司岳阳分行（简称交行岳阳分行）贯彻执行“两化一行”发展战略和“第三次创业”的总体要求，理清发展思路，转变发展理念，创新发展机制，克服发展困难，强化内部管理，各项存款余额达到408884万元，较年初增长55283万元，增幅为15.63 %，在同业的占比达到7.64%，比年初增长0.12%。各项贷款余额230886万元，比年初增长50529万元，增幅为21.88%，在同业的占比达到8.33%，比年初增长0.19%。实现经营利润6000万元，实现拔备后利润5786万元，均比2009年有较大增长。

【拓宽业务渠道】 2010年，交行岳阳分行加强与市发改委、市国资局、市金融办、市经信委、市商务局等政府部门的沟通，及时了解政府和企业投资计划，捕捉招商引资信息，为公司营销提供目标。采取分行牵头、支行分片负责的营销策略，岳阳经济技术开发区取得重大突破，成功与开发区、中小企业协会达成协作，将开发区中小企业的国开行贷款营销到岳阳交行，发放委托贷款17笔6500万元，开发区的科美达等7大企业以及云溪工业园的瑞源化工等5大优质企业纷纷落户岳阳交行，推动岳阳交行公司业务再上新台阶。在卫生行业成功突破市三医院，在教育行业突破市一中、教建投资金，利税百强成功突破健朗药业、金泰粮油、长源石化、乐邦制药，拟上市公司成功突破凯美特、吉祥石化、胜景山河，逐步提高了岳阳交行优质高端客户市场占比。全年新开有效户291户、新户存款达到43261万元，其中新开10万元以上新户110户、100万元以上新户48户、1000万元以上新户9户。加大创新产品推广力度，在电子票据、IPO上市服务、蕴通账户等创新产品上取得历史性突破。加大与政府合作力度，在土地储备、棚户区改造项目达成合作，为2011年进入财政资源领域创造机遇。2010年，公司存款余额230698万元，比2009年增加35379万元，增幅18.11 %；市场占比达11.76%，较年初提升0.36%；日均存款余额达208146万元，比2009年增加33487万元，增幅19.17%。

【发展个金业务】 2010年，在全国各大银行出现“储蓄荒”的不利形势下，通过一系列举措岳阳交行坚持“存款立行”，紧抓储蓄存款，最终保持储蓄市场份额不变的可贵成绩。每季度开展个金营销竞赛活动，抓代发、三方存管、基金定投、理财产品，坚持实行交叉销售等多方途径有效拉动岳阳交行储蓄存款。坚持以“客户为中心”“客户为源头”理念，开通和拓宽四个缴费渠道、克服重重困难加快公积金联名卡推行，全力争取抢占客户资源，壮大客户规模；通过扩大代理保险业务规模、加大代理期缴类和保障类保险产品的拓展力度、加强网点阵地营销力量、加大基金销售力度、大力推动内卡收单、卡消费等举措扩大中间业务规模。年内，交行岳阳分行储蓄存款新增1.99亿元，个人贷款新增2.9亿元，完成年度计划193%，增速达91%。个金中间业务收入690万元。个金客户类指标全部超额完成省分行考核任务。沃德客户和快捷理财客户新增量在省分行排名第一，交银客户新增排名第二。主托管基金、手机银行、个人网银等指标均超额完成省分行计划任务。

【保持国际业务良性发展】 2010年，交行岳阳分行完成申请远期结售汇业务的市场准入手续并成功开办业务，成为岳阳市第三家开办远期结售汇业务的商业银行。成功营销2个客户在总行开立离岸账户，实现岳阳分行离岸业务零的突破。继获得全市国际业务综合管理先进单位称号之后，年内执行国家外汇管理政策年度考评中被评为A类银行。全年完成国际结算量3375万美元，完成任务68%，结售汇总额3100万美元，超额完成省行下达的目标任务，外汇存款197万美元，实现国际业务中间业务收入64万元，在省分行个人外汇业务竞赛中争得全辖区第二名的好成绩。

【提高信贷资产质量】 2010年，交行岳阳分行严控信贷资产风险，加大不良贷款清收处置力度，防范和化解信贷风险。切实加强信贷基础管理，提高审查工作效率和质量，贷款客户结构逐步优化。在强化贷前、贷中和贷后管理基础上，利用资产风险管理系统（ARMS）加强贷款风险甄别，严格执行风险过滤流程。通过三层风险过滤共筛选授信客户128户次，监察名单7户次，拨备审查34户次。切实加强不良贷款清收、转化和处置，到12月末，通过有效手段清收不良资产现金1278万元，完成减持退出计划6600万元。全行不良贷款余额4070万元，绝对额比年初下降240万元，不良率占比也由年初的2.39%下降至1.87%，全行贷款质量总体形态呈持续向好的趋势。通过扎实催收、协商、诉讼等有效工作，为岳阳交行的不良贷款清收工作打好基础。

【授信业务稳健发展】 2010年，交行岳阳分行授信业务增长速度加快；全年对公贷款余额170272万元，较年初增长21539万元，增幅14.49%。小企业贷款从无到有，全年批准授信客户7户，提款5户，贷款余额1600万元。贷款总额在全市占比8.33%，较年初8.15%上升0.18个百分点，总体竞争力有一定提高。授信业务风险管理能力加强；公司贷款1～8级客户贷款占比达95%，较年初提高10个百分点；9～12级客户贷款占比1.4%，较年初下降8.6个百分点；13～15级客户贷款占比3.6%，较年初下降1.3个百分点。全年减持退出975万元，完成省分行下达任务162%，不良贷款本金清收786万元。贷款结构调整各项指标进一步优化；抵质押占比提升至44%，比年初上升30%。贷款审批效率提高；全年申报项目59个，审批完成新增和老客户新增授信项目31个（小企业7个），新增授信额度达63600万元。

【内控管理规范有序】 2010年，交行岳阳分行全面推进风险管理体系建设。制订10余份关于贷后管理、会计结算制度体系等有关业务操作风险方面的管理实施细则，搭建全面风险管理框架。加强风险排查力度。通过20余次各类风险排查活动，适时发布风险提示，密切督促整改落实，有效化解风险。加强内控建设，切实防范会计操作风险，建立“安全、高效、优质”的会计结算营运体系。开展“会计工作示范行”创建活动，提升网点整体会计工作水平。分行会计部被市人民银行评为支付结算工作优胜单位、人民币收付管理工作先进单位、钱捆质量工作先进单位，营业部被评为风险管理条线劳动竞赛先进单位，岳城支行、八字门支行被省分行评为分行级会计示范行。不断完善细化各项业务管理规定和操作流程；开展案件防控专项治理和员工异常行为排查。坚持从严治行、廉洁自律和职业道德教育，强化安全防范管理，加强安全运行管理。内控管理工作得到上级行和人行、银监部门等内外审计机构的认可。特别是在华中审计部审计检查中，交行岳阳分行预算财务条线评级由B-上升到B等，会计条线继续保持B等，授信、公司信贷、零售信贷、个人理财和信息技术等5个条线被继续评为B-等，全行成功实现10年安全无事故。

（本栏撰稿 刘文娟）

华融湘江银行岳阳分行

【概 况】 2010年，岳阳市商业银行完成湖南省“四行一社”改革重组工作，顺利加入新银行。这一年，是岳阳市商业银行经历大变革、实现大发展、经受大考验的一年。全行员工以科学发展观为指导，抢抓新机遇，迎接新挑战，攻克新难关，各项业务继续保持快速增长的态势。至年底，资产总额44.84亿元；各项存款余额42.06亿元，比年初增长39.05%，增幅位居岳阳市各金融机构之首，高出全市金融机构平均增幅24个百分点；各项贷款余额19.45亿元，比年初增长36.82%，无不良贷款；实现利润3112万元。被市委、市政府授予市级文明标兵单位和支持地方经济发展突出贡献奖。花板桥支行、五里牌支行、汨罗市支行分别获得省级文明规范服务示范单位、省级工人先锋号、省级巾帼文明岗荣誉称号，青年路支行、长城支行获市级巾帼文明岗荣誉称号，南湖支行获市级青年文明号称号。

【华融湘江银行岳阳分行正式挂牌】 2010年按照湖南省政府推动的“四行一社”改革重组工作是岳阳市商业银行工作的重中之重。在省“四行一社”改革重组办的指导、市委、市政府及相关部门的支持下，岳阳市商业银行在规定的时间内，按要求完成了改革重组的一系列工作，特别是通过参加土地公开竞拍，依法取得28公顷土地“国有建设用地使用权证”，按重组要求填实资产目标得以实现，原岳阳市商业银行达到加入新银行所必需的每股1元净资产的门槛要求。2010年10月12日，华融湘江银行在长沙正式挂牌成立，原岳阳市商业银行成为其分行，华融湘江银行岳阳分行于10月16日正式挂牌。在重组期间，市委、市政府为原岳阳市商业银行顺利加入新银行解决许多重大难题，协调市国土局、市规划局、经开区、市财政局等部门办理28公顷土地规划指标设置、征地拆迁事项、公开挂牌出让、退返土地出让金、契税和办证等一揽子政策性极强的程序，最终使该宗土地成为岳阳市商业银行资产。这些问题的及时有效解决，为岳阳市商业银行加入新银行创造有利条件。2010年7～9月，新银行处于筹建阶段，按照重组办的工作部署，岳阳市商业银行启动为期75天的新系统切换上线工作。分行在规定的时间内完成庞大、繁杂的数据清理、核对、补录及测试工作，保障新系统如期上线和正常运行。新银行将借助大股东雄厚实力和湖南省地方政府的大力支持，充分发挥资本、品牌、资源、人才、网络优势，在“小、精、专、新、特”上做文章，努力建设成具有较强核心竞争力和品牌价值的现代商业银行。

【存、贷款业务快速增长】 2010年，华融湘江银行岳阳分行抓住存、贷款业务这2个关键点，完善分行、支行两级经营模式，发挥客户经理团队专业营销积极性，盯住财政性资金、行业系统性存款、企业存款、工资代发、居民储蓄等存款资源，采取多种营销手段稳存增存；抓住对政府重点建设项目，临港新区、开发区工业园、云溪区工

2010年10月16日华融湘江银行岳阳分行举行揭牌剪彩仪式 （艾传刚 摄）

业园、汨罗市循环经济工业园等重点园区以及中小企业、城市居民贷款营销，深化与地方政府和行业的业务合作关系，在支持地方经济和社会事业发展的同时促进自身的发展与壮大。至年末，全行对公存款余额28.2亿元，比年初增加9.24亿元，增长48.73%，高出全市金融机构平均增幅31个百分点，四季度完成总行下达目标的161.5%，在各分行中排名第一。年末储蓄存款余额13.85亿元，比年初增加2.57亿元，增长22.78%，高出全市金融机构平均增幅8个百分点，四季度完成总行下达目标的112.2%。全年发放贷款1701笔，累放金额20.17亿元。在岳阳市第九届银企信贷洽谈会上，签订47个信贷支持项目，签约金额2.7亿元，年度实际发放贷款3.93亿元，履约率145%，位居全市金融机构前列。

【夯实内控工作基础】 2010年，华融湘江银行岳阳分行为加强内控管理，防范风险，成立安全保卫工作领导小组、资产处置工作领导小组，财务审查委员会，制订《信息系统应急预案》、《计算机系统安全运行实施细则》、《票据转贴现业务实施细则》《财务审查委员会实施细则》、《集中采购评审委员会实施细则》等一系列规章制度。在业务运行的磨合期，保证分行各项业务的平稳运行。分行连续四年未发生一起案件和安全责任事故，成为岳阳市唯一一家获"平安单位"的银行业金融机构。

（本栏撰稿 艾传刚）

湖南省农村信用社联合社岳阳办事处

【湖南省农村信用社联合社岳阳办事处正式挂牌】 2009年12月30日，岳阳市农村信用合作社联合社经银监会批准解散。经过紧张的筹建工作，湖南省农村信用社联合社岳阳办事处（简称农信联社岳阳办事处）于2010年6月7日正式挂牌。岳阳办事处在省联社授权下，承续原市联社履行对辖区内农村信用社的行业管理、指导、服务和协调职能。辖9个县级联社、131个信用社（营业部）和85个分社、43个储蓄所，有从业人员2618人，其中正式员工2379人。办事处内设综合科、业务指导科、内控保卫科，编制15人。设有县级联社会员制管理的网络中心、风险资产管理中心、监控预警中心和稽核大队。三个中心和一个大队的工作人员主要是从辖区内县级联社借调，除网络中心单设并由办事处领导兼任主任外，风险资产管理中心、监测预警中心与业务指导科合署办公，稽核大队与内控保卫科合署办公。农信联社岳阳办事处履行省联社赋予的各项职责，围绕"提速度、调结构、增效益、重质量、控风险、求创新"工作主线，全力推进县级联社经营等级和风险等级达标升级，实现各项工作持续向好发展态势。

【各项存款快速增长】 截至2010年末，农信联社岳阳办事处各项存款余额126.7亿元，比年初增加17.7亿元，增幅16.2%，完成全年任务的113%。君山区、汨罗市、临湘市、湘阴县等联社存款增幅较大，分别达到27.7%、19.9%、19.5%、19.3%。平江县联社存款规模突破20亿元，岳阳县、岳阳楼区、华容县、湘阴县等四家联社存款规模突破15亿元。

【服务"三农"成效显著】 截至2010年末，农信联社岳阳办事处各项贷款余额82.4亿元，比年初增加12.98亿元，增幅18.7%，贷存比例为65%，比2009年提高1.3个百分点。涉农贷款余额74.8亿元，增幅达22.4%，高于贷款平均增幅3.7个百分点；涉农贷款占比90.8%，高于2009年2.8个百分点；涉农贷款全年累放43.9亿元，占贷款累放总额的92%。在岳阳市第九届中小企业信贷洽谈会上共与123家企业签约，签约金额4.92亿元，履约率达到98.2%。被市委、市政府授予2010年度支持地方经济发展突出贡献奖，被市政府评为金融支持临港产业新区发展先进单位。

【不良贷款明显下降】 截至2010年末，农信联社岳阳办事处不良贷款余额24.17亿元，占比29.3%，较年初下降12.4个百分点，余额比年初净压缩4.8亿元，完成年度任务的480%。收回票据置换贷款4106万元，其中现金收回2004万元。对未按期偿还拖欠贷款的88名员工采取停职、停岗、停薪等强制清收措施，共收回员工自借及担保不良贷款155笔、271万元。在清收处置方式创新上进行探索，岳阳楼区联社迈出不良资产打包拍卖清收的第一步，对近700余户置换贷款进行组包拍卖。从8月开始，开展"百日清非攻坚"专项活动，形成"上下联动、点面结合、整体推进、人人参与"的氛围，共盘活不良贷款21860万元。在清收涉政类不良贷款上争取市县两级政府支持，岳阳市人民政府出台《关于开展清收农村信用社不良贷款工作的通知》，组织召开全市支持农村信用社改革发展工作会议，各县市区也相继召开专门会议，清非工作支持力度明显加大，至年末共收回涉政类不良贷款713笔、1166万元。

【经营效益逐步改善】 2010年，农信联社岳阳办事处实现财务总收入6.37亿元，比2009年增加1.05亿元，财务总支出6.26亿元，实现帐面盈余1045万元。实现经营利润15274万元，完成省联社下达任务的173.6%。全年末，贷款损失准备充足率比年初提高12.25个百分点；拨备覆盖率比年初提高7.52个百分点；资本充足率比年初提高9.07个百分点；收入成本比2009年下降13.4个百分点。

【业务创新步伐加快】 2010年，农信联社岳阳办事处福祥卡推广力度继续加大，全年发卡21万张，累计发卡达81.7万张，卡存款余额达21.5亿元。新农保业务代理有效推进，平江县联社共代理新农保29万户，吸收资金3259万元，为新农保业务代理积累经验。全市农村信用社与9家保险公司开展代理业务合作，向保监局申报代理保险兼业许可证178个，有134名员工通过培训、考试取得代理保险资格证书。年内实现中间业务收入2013万元，比2009年增加675万元，增幅达50.4%。

【经营等级全面提升】 2010年，农信联社岳阳办事处9家县级农村信用合作联社共提升经营等级达28级，其中华容县联社经营等级较年初提升5级，达到BBB，为全省进步度最大的联社；君山区、临湘市、平江县联社经营等级较年初提升4级，分别达到AAAA、AAAAA；汨罗市联社经营等级较年初提升3级，达到AAAAA；岳阳楼区、湘阴县、云溪区、岳阳县联社经营等级较年初提升2级，华容县、临湘市联社还被省联社评为进步奖。

【规范经营不断改善】 2010年，农信联社岳阳办事处积极推广实施贷款新规，组织开展专项培训班12期，参训人员达940人次。组织征信信息清理核对，清理核对已注册个人客户贷款30.55万笔，清理核对面达98%，清查出信息错误的贷款7855笔、10584万元，已修改处理4662笔4958万元，收回假冒名贷款219笔、724万元，重新落实债务369笔、246万元。加强对信贷资金运行情况的检查监督，2009年末全市到期应收回贷款35.68亿元，实际收回31.69亿元，收回率88.82%，对到期贷款收回率达不到规定比例的37个信用社152人进行追责。狠抓综合业务系统风险预警，出台《岳阳市农村信用社风险预警处罚办法》，通过预警处罚整改，有效规范业务操作程序。

【案件防控措施有力】 2010年，农信联社岳阳办事处围绕内控和案防制度执行年活动，组织对《廉政准则》和《国有企业领导人廉洁从业若干规定》的学习，每个党支部、党员就党风廉政建设进行公开承诺。加强《职业操守基金制度》考核管理，全市已有2391人缴纳操守基金，基金总额达到1737.88万元，提高员工违规成本。2010年对4人实行了行政警告处分，对1人实行赔款处理，扣除相应职业操守基金，对19人进行经济处罚。下半年组织开展百日安全竞赛活动，加大对营业网点和库房安保设施建设的投入，全市农村信用社营业网点安全设施达标率达90%。切实做好世博会、亚运会期间的维稳工作，实现全年“零案件”、“零事故”的控案目标。（本栏撰稿 杨林艺）

保 险

中国人寿保险岳阳分公司

【概 况】 2010年，中国人寿保险岳阳分公司（简称人保寿险岳阳分公司）实现总保费收入89594万元，其中新单期缴12089万元，比2009年增长26.13%；10年期及以上期缴4872万元，比2009年增长1.41%；短险保费3869万元，比2009年增长18.66%。

【强化风险管控】 2010年，人保寿险岳阳市分公司开展非法集资清理工作，有效预防公司从业人员组织、实施、参与非法集资等违法犯罪案件。开展单证、印章、用户密码权限等“四类风险”排查工作，对机关各部门和各单位进行现场检查，对检查中发现的问题，明确责任，及时整改，消除风险隐患。开展账户梳理工作，进一步理顺县支公司账户体系，账户总量由年初的49个减少到33个。实行市级集中收入账户管理，股份公司账户由原有的31个减少到16个。推进县支公司费用账户上收，撤销县支费用账户6个、其他账户2个。严格执行收支两条线，强化资金调拨计划，严格控制日均余额。

（本栏撰稿 沈耀冰 张子一）

中国人民财产保险股份有限公司岳阳市分公司

【人保财险保费创新高】 2010年，中国人民财产保险股份有限公司岳阳市分公司（简称人保财险岳阳市分公司）围绕年初制订的各项目标任务和工作重点，扎实推进“车险盈利、理赔管控、依法合规”三个“一把手工程”，取得明显成效，主要经营指标创历史最好水平，超额完成省分公司下达的预算目标。应对各种挑战，克服多种不利因素影响，狠抓销售能力建设，业务保持快速发展势头，超额完成省分公司下达的保费收入计划。全市系统实现保费收入23413万元，比2009年增长12.26%，完成年计划的103.6%；其中常规业务实现保费收入18175万元，比2009年增长20.84%，完成年计划的109.36%。实现实收保费23423万元，比2009年增长5.28%，完成年计划的103.64%；尤其是车险业务实现保费收入14319万元，比2009年增长31.23%，完成年计划的118.53%；实现实收保费14325万元，比2009年增长19.81%，完成年计划的118.58%。响应市委、市政府号召，开展“五创”提质、“诚信服务促和谐”等活动，被市政府评为保险业诚信服务促和谐竞赛活动先进单位。

【扭亏为盈】 2010年，人保财险岳阳市分公司强力推进承保出单、理赔、财务“三集中”运营管理，全流程强化管控措施，着力构建经营成本制约机制，经营效益显著提升，彻底扭转持续多年的亏损局面，超额完成省分公司下达的利润计划。全市系统实现报表利润1881万元，占年计划的171%；保费利润率为9.01%，比2009年增加53.01个百分点。未决赔款准备金和现金流入充裕，经营实力显著增强。未决赔款准备金毛额占毛保费比重为42.67%，比2009年增加3.48个百分点；累计实现经营活动现金净流入比2009年增加3940万元；百元保费现金净流量比2009年增加16.27元。

【细化经营管理促运营】 2010年，人保财险岳阳市分公司充分发挥产品线在业务发展过程中的主导作用，由只注重业务发展向业务发展与效益管控并重转变，细分市场，细分客户，深度参与财务资源差异化配置，着力提升优质业务获取能力。切实加强理赔服务，加大理赔管控力度，结案速度明显加快。全险种案件处理率比2009年上升7个百分点，高于全省系统平均水平4个百分点；全险种结案率比2009年上升3个百分点；当年结案所有报案案件和结案案件的理赔周期分别提速8.92天和10.64天。全市系统综合赔付率为63.2%，比2009年下降38.9个百分点。着力推行全面预算管理，费用管控逐步规范，全市系统综合费用率比2009年下降15.91个百分点。

（本栏撰稿 张国强）

中国太平洋财产保险股份有限公司岳阳中心支公司

【概 况】 2010年，中国太平洋财产保险股份有限公司岳阳中心支公司（简称太平洋产险岳阳中心支公司）内调结构、外树形象，率先引入理赔3G无线网络技术，客户服务时效再度提升。全年共实现保费收入7400万元，比2009年增长64%，保费规模居湖南省各市州太平洋产险第一。各项经营指标全面达标。

【强化合规管控风险】 2010年，太平洋产险岳阳中心支公司合规管理部门专司其职，以制度建设为基础，逐步完善内控制度，积极开展宣传推行合规考核，实行合规问责，为稳健经营健康发展提供保障。分条线，分层次的展开合规管理，构筑主动防控，及时整纠经营风险的防线。业务活动开展坚守合规底线，非车险（货运险例外）10万元以下业务“见费出单”全面实施。银行抵押物承保得到规范，对批单退费，保单注销等实施全面管控，渠道管理运用P09信息技术手段强化对中介机构规范。兼业代理业务重签协议，规范手续费标准和支付方式，理赔条线加强理赔质量管控，财务实行业务资金收付集中，费用预算和费用资金支付集中，会计核算集中，账户管理集中，有效地规避资金收付、会计处理，费用管理等方面的风险。使用《限时收回应收保费监控表》、《分期付款应收保费跟踪表》等管理工具，加强应收保费的管控，严格进行合规达标考核，实行合规一票否决制。

【“无线单兵”应用成效显著】 2010年，太平洋产险岳阳支公司在全市率先引入“车险理赔集中”机制，设立6个“车险远程定损中心”方便客户快速处理车险赔案取得良好反响。还率先引入3G网络技术，全面启动“无线单兵”车险移动定损设备，进一步提升理赔服务时效，赢得广大客户一致好评。坚持以客户需求为导向，以技术创新为手段，不断提升客户服务水平，“无线单兵”车险移动定损设备的投入使用，缩减客户等候时间，加快赔付速度。据统计，车险索赔案件中3000元以下无人伤案件量占比70%（既在索赔客户当中70%以上遇到的只是损失金额较小且不涉及人员伤亡的简易事故）。针对这一特点，公司根据总部的统一安排在全市率先引入“无线单兵”车险移动定损设备配发给所有现场查勘人员，形成具有岳阳太平洋特色的移动视频查勘系统。该系统以3G平板电脑为终端，实现无缝对接“承保、理赔、95500报立案、现场调度、监督指导、现场估损出单、快速确定损失”等多种功能。该套设备同时支持“3A办公” 即查勘（办公）人员可在任何时间（Anytime）、任何地点（Anywhere）处理与业务相关的任何事情（Anything）。拓展太平洋产险理赔服务空间。“无线单兵”试运行5个月来，共处理车险案件3518件，现场估损准确率、结案率和客户满意度均有显著提高。该公司在技术创新的同时，始终坚守承诺，不断加快理赔速度，坚持做到客户专线（95500）受理报案，接客户车辆事故报案后，公司查勘员将在5分钟内与客户电话联系，中心城区范围内查勘员30分钟内到达现场，县域范围内查勘员2小时内到达现场。特殊情况查勘员不能在规定时间内到达现场的，公司将向客户致歉并说明情况；坚决执行保险赔款限时支付，发生车辆保险事故，在客户提交索赔单证齐全后，赔款金额在3千元以内的赔案，1个工作日内赔付；3千元以上1万元以下的赔案，2个工作日内赔付；1万元以上3万元以下的赔案，3个工作日内赔付；3万元以上35万元以下的赔案，7个工作日内赔付；35万元以上的赔案，10个工作日内赔付。还制定赔案跟踪管理办法，个案“一对一”服务及集团客户上门催收赔案快处快赔办法，自觉接受社会和广大客户的监督，受到监管机构和广大客户赞赏。

（本栏撰稿 湛应根）

中国太平洋人寿保险股份有限公司岳阳中心支公司

【概 况】 2010年，中国太平洋人寿保险股份有限公司岳阳中心支公司（简称太平洋寿险岳阳支公司）按照“系统争位置、市场争份额、业务调结构、经营讲效益、行业树形象”工作思路，以提高公司核心业务销售能力为抓手，以调结构、重品质、壮队伍、提服务、抓管理、强内控、控成本为中心，各项工作获得较快发展，提前完成分公司下达的目标任务，实现扭亏为盈。市场地位进一步提高，在全市17家寿险行业中排名第4，市场份额为7.87%。2010年累计实现保费收入2.06亿元，预算达成 92.31%，比上年同期增长17.19%；实现标准保费1.94亿元，比2009年增长24.38%，其中个险实现标保1.44亿元。太平洋寿险岳阳支公司平江县营销服务部获得湖南保监局的批准顺利升格为支公司，平江县支公司获得全省系统十强县级支公司荣誉称号。

（本栏撰稿 聂 吉）

平安财产保险岳阳中心支公司

【概 况】 2010年，平安财产保险岳阳中心支公司（简称平安财险岳阳支公司）创建20年。围绕平安财险总公司“聪明经营，健康超越”经营主线，简单务实，迎难而上，各项工作取得突破性进展。一季度取得“开门红”竞赛活动的好成绩，二季度实现全面扭亏为盈，三季度提前40天完成全年挑战任务，四季度率先在全省外围三级机构中保费突破亿元大关。各项经营指标趋向良好，三大渠道并集发展，盈利能力及盈利水平不断增强。业务发展取得较好的成绩，截至12月31日，全年完成保费收入10316.4万元，完成分公司下达挑战计划的116.83%。其中车险完成8646.98万元；财产险完成1524.39

万元；意健险完成145.03万元。从各机构的业务情况看，机构整体完成4868.80万元，占中支整体业务47.19%，总体达成全年计划的118.75%。其中保费提前达全年计划的机构有汨罗市、平江县、临湘市、华容县和云溪区，分别达成年计划任务的130.91%、120.83%、121.39%、116.04和109.31%。

【加强管理促效益】 2010年，平安财险岳阳支公司面临公司业务结构不合理，整体综合成本率、赔付率及费用率偏高，保险市场疲软等困难，从强化忧患意识和更新经营观念上做文章，抓住机构改革的契机，转变观念，开拓创新；调整结构，加快发展；强化管理，提高效益，努力保持业务的持续健康发展。确定 全年业务发展的总目标：完成总保费7500万元，挑战目标8830万元。其中车险5770万元，财产险1345万元，意健险365万元。针对机构改革后各渠道以及个别机构业务发展低迷的现实情况，及时采取措施，对几个渠道进行竞聘上岗，对长炼营销服务部采取托管方式。经过调整充实及托管后的公司工作局面发生很大变化，新渠道业务分部、综合开拓业务分部等渠道业务发展取得突出成绩，全年新渠道业务分部完成保费3094.18万元，达成年初计划的171.90%，成为首个外围三级机构超3000万元的机构渠道。主动出击开拓市场；成功取得市政府采购招标业务，云溪区、平江县、临湘市、华容县等机构也分别取得当地政府采购招标业务；云溪区支公司取得环境污染责任保险突破性进展，其中单笔保费超过60万元；在支公司与长沙营业服务部支持下，直销业务处一举获得龙骧集团公司旗下316辆近700万元保费的承保资格。 （本栏撰稿 罗臻荣）

平安人寿保险岳阳中心支公司

【概 况】 2010年，平安人寿保险岳阳中心支公司（简称平安寿险岳阳支公司）积极开拓业务市场，大力甄选人才，稳定队伍建设，不断提升业绩平台，以规范化管理提高服务质量，以稳健经营树立企业品牌，以竞争优势打造行业形象。截至12月底，全年累计完成原保险保费收入15639.18万元，比2009年增长21.36%。其中寿险13457.01万元、意外伤害险100.85万元、健康险2081.32万元。赔付支出总计2270.09万元，其中赔款268.13万元、死亡医疗给付633.02万元、满期给付610.10万元、年金给付758.84万元。客户综合满意率95.08%。

【强化内部管理】 2010年，平安寿险岳阳支公司贯彻执行平安寿险总公司专业化经营之路的决策理念，在加快发展的同时增加风险防范意识，追求发展质量和效益。开展打造五星级服务理念活动，即P-STAR（P即Proactive（主动）：主动热情、贴心服务；S即Simple（简单）：手续简捷、规划明了；T即Timely（及时）：服务适时、保证时效；A即Accessible（方便）：容易获取、渠道完善；R即Reliable（可靠）：保证质量、诚信服务；收到很好的社会效果和经济效益。

（本栏撰稿 黎艳平）

新华人寿保险股份有限公司岳阳中心支公司

【业务稳健发展】 2010年，新华人寿保险股份有限公司岳阳中心支公司（简称新华寿险岳阳支公司）继续巩固业务增长的良好发展势头，进一步推进增长方式转型，坚持抓业务、抓管理、抓增长、抓风险管控；坚持按寿险本质规律办事，强化系统运作，加强队伍建设，以转型和提升带动公司新跨越。全年完成保费收入13650万元，计划达成率91%。其中个人业务渠道完成规模保费2184.2万元（折合标保1876万元），任务达成率104.2%，比2009年增幅11.2%，稳居岳阳寿险市场排名第4位；团体业务渠道完成短意险223.1万元，比2009年增长172.7%；银行代理渠道业务完成4075.8万元；续收累计完成保费7000.5万元，其中个险续收达成率为104.62%，13个月继续率为87.7%；银代续收达成率为97%，继续率为94.2%。

【优化业务品质】 2010年，新华寿险岳阳支公司业务结构持续优化，核心业务占比68%，比2009年提升7.2%，远高于市场平均水平；新契约期交占比45.7%，比2009年提升4%，高于市场平均水平。业务品质持续向好，全年个险续收二次达成率87.5%，比2009年增长4.7%；个险业务13个月继续率为87.7%，银代业务13个月继续率为94.2%，比2009年分别提升5.1%和0.2%。获新华寿险总公司“续收钻石团队”荣誉称号和湖南分公司“续收业务优秀团队”荣誉称号。

【寿险本质精细运作】 2010年，新华寿险岳阳支公司各渠道业务按照湖南分公司营销发展战略研讨会转型的要求，回归寿险营销本质，逐步强化专业注入，提升系统化运作的能力。个险渠道推出“四大强化工程”（强化理念、强化技能、强化经营、强化管理），高度重视系统运作，推行“零缺勤管理制度”，强化基础管理；银代渠道进一步明确“周经营”节奏运作的银代营销模式，通过特训营、工作交流会、高尔夫球赛等独具文化特色的渠道交流模式，深化合作和提升技能；续收渠道出台《续收人员行为管理规定》，以明确各层级人员标准化亲访推动职责，保证亲访的有效落实。

【改善基础管理机构】 2010年，新华寿险岳阳支公司加大对各级机构硬、软件建设的投入力度，岳阳市中支本部、华容县、汨罗市、平江县、湘阴县、临湘市6家机构的职场建设升级工程全面完成，按照总公司的VI规范和标识要求建立统一的“标准规范、视觉统一、特色鲜明、服务高效”客户服务柜面，客户服务柜面建设率达到100%，达标率100%。

【提升运营服务效率】 2010年，新华寿险岳阳支公司按照湖南分公司《运营标准手册》、《理赔星级服务建设方案》、《理赔服务反馈评议管理办法》和理赔时效管理系统监控要求和诸多举措，确保顾客理赔更易、更快、更放心。理赔案件各模块处理时效增居全系统前列，5日内结案率为95%，远远超过总公司的考核线，立案时效、简易案件处理时效及简易案件30分钟结案率（95%以上）均在系统前三名；投诉结案率达100%；新契约回访成功率从年初的90%提升到93%。新华寿险岳阳支公司和新华人寿临湘营销服务部在市政府金融办举办的2010年度岳阳市保险行业诚信服务促和谐竞赛活动中获先进单位称号。（本栏撰稿 杨 辉）

证 券

【湘财证券岳阳营业部业务增长】 2010年，湘财证券岳阳营业部跻身全省10强营业部。2008～2010年，连续三年被湖南省证券业协会授予湖南省优秀证券营业部光荣称号。以持续创新从简单到极致的服务理念，致力于为投资者提供热情、周到、细致、专业的客户服务。客户资产近50亿元，全年交易额7675329.03万元，A股基金市场份额0.0398%，比2009年增加0.005%，增长14.37%，客户资产29.83亿元，比2009年末增加1.49亿元增长5.26%。（黄惠玉）

【首创证券再创佳绩】 首创证券有限责任公司岳阳南湖大道证券营业部前身为“中旅信证券岳阳营业部”，是岳阳市最早成立的证券营业部，有一支经验丰富、业务素质较高的员工队伍。2010年实现交易总量83.63亿元，托管客户资产8.1亿元。（黄健民）

【方正证券股份有限公司岳阳东茅岭证券营业部合规经营】 2010年9月，经中国证监会核准，方正证券有限责任公司改制为方正证券股份有限公司，注册资本增至46亿元。拥有客户数近8万户，托管客户总资产22.15亿元，年内成交量28681亿元，占市场份额0.254%，公司研发的主要理财产品有“金潜友”1号、2号，是全市客户人数最多、交易量最大的证券营业部。方正证券岳阳东茅岭证券营业部在规范管理、合规经营和服务客户方面成绩显著，除现场交易外，还提供网上交易、95571电话委托、方正泉友通手机炒股更是方正证券一大特色，深受广大投资者的喜爱。（姜 英）

【华泰联合证券岳阳五里牌营业部理财服务获奖】 2010年，华泰联合证券岳阳五里牌营业部新增客户8000人，引进客户资产1.2亿元。营业部上下一心，内抓保障维稳，外促业务发展，加快理财转型，夯实基础业务，开展创新业务，严格风险控制，为营业部稳定持续发展打下坚实基础。始终坚持以“客户为中心，以服务为向导“的理念，加强对客户体验服务的推广，开展积分兑换产品有奖活动，开展多种多样的投资者教育活动。全年举行200多场次新股民培训，累计培训8000多人；投资者风险教育培训40多次，累计培训6000多人；举行创业板专场培训10次，融资融券专场8次，股指期货10次，累计培训人员9000多人。6月份，在《证券时报》举办的第三届“中国明星证券营业部”评选活动中脱颖而出，获得中国最佳投资者教育营业部奖项，受到监管部门和投资者的一致好评。（艾 琮）

期 货

【期货市场交投活跃】 2010年，方正期货有限公司岳阳营业部，交易额为343.1亿元。德盛期货有限公司岳阳营业部交易额为2000.93亿元，交易额排全省前三位。（袁彦文）

责任编校 龚英明

工　业

INDUSTRY

推进中心城区排污企业“退二进三”

国有工业企业改制基本完成

巴陵石化公司经济效益创历史新高

洞庭麻业公司生产经营步入良性循环

岳阳市加速“城市矿产”示范基地建设

综　述

【概　况】 2010年，岳阳市经济和信息化委员会（简称市经信委）以市委、市政府"提速、升级、增效、惠民"为总体要求，围绕实施"四化两型"和建设"五市一极"战略，开展"联手帮扶产业发展升级"行动，推进新型工业化，取得重大进展和明显成效。岳阳市获得全省加速推进新型工业化工作一等奖。

发展速度不断加快。全市新增规模工业企业137家，总数达到1332家，完成规模工业总产值2734亿元，比2009年增长38.8%，增幅提升25.3个百分点；完成工业增加值751亿元，增长23%，增幅提升4.1个百分点，工业经济总量居全省第二，对全市经济增长的贡献率达65.7%，拉动地区生产总值增长9.7个百分点。非公有制规模工业企业实现增加值483.01亿元，增长27.8%，超过规模工业增加值增速4.8个百分点，占全部规模工业增加值比重为64.3%。

经济效益显著提升。全市规模工业经济效益综合指数高达392.78点，比2009年提升53.73个百分点。实现主营业务收入2630.88亿元，增长36.8%；实现利税179.38亿元，增长31.1%，其中利润46.99亿元，长88.1%。县市区规模工业资产利税率达21.5%，提升1.5个百分点。全市工业企业实缴税金79.23亿元，增长31.2%，增幅居全省第一。

科技创新能力不断提高。全市新增高新技术企业21家，高新技术企业总数达到147家，组建工程技术研究中心、重点实验室、产学研战略联盟等创新平台42家，开发高新技术产品602种，其中具有自主知识产权的388种；获得国家、省科技进步奖9项，其中国家科技进步奖2项。全市实现高新技术产品增加值180.8亿元，增长31%，占规模工业增加值比重达24.1%；申请专利954件、授权专利560件，分别增长37.8%、51.8%，全社会研发经费支出11.8亿元，占生产总值的比重为0.73%。

发展方式加快转变。园区产业聚集程度不断提高。全市12个工业园区完成工业产值1191.9亿元,增长38.2%；完成工业增加值325.27亿元，增长24.7%，比全市规模工业增加值快1.7个百分点。重点产业加快发展。石化、食品、造纸、机械、建材、纺织、能源、生物医药、电子信息和再生资源等十大重点产业共实现规模工业总产值2492亿元，增长38.4%，占全市规模工业总产值91.1%；完成增加值680.8亿元，增长22.7%，占全市规模工业总产值90.6%。节能减排有效推进。全市万元规模工业增加值二氧化硫、化学需氧量排放强度分别为7.86千克、3.48千克，二氧化硫、化学需氧量排放总量削减5.7%、14.3%；全市单位GDP能耗下降3%，万元规模工业增加值能耗下降12.9%，累计完成"十一五"期间目标的100%、170%。

工业发展后劲继续增强。全市完成全社会固定资产投资782.16亿元，增长27.7%。其中：工业固定资产投资487.53亿元，增长45.6%；工业技术改造投资319.37亿元，增长46.1%。全市工业招商引资实际到位资金145.6亿元，增长24.9%，到位资金总量居全省第二。

岳阳市工业发展迅速，但仍存在一些问题：一是质量结构不够优。产业结构、企业结构、产品结构等没有得到根本性改善，非公经济占整个工业企业生产增加值比重低于全省平均水平近10个百分点。长岭炼化、巴陵公司实现税收60.3亿元，占工业税收的76.1%，地方工业相对薄弱。二是创新能力不够强。企业科技水平不高、自主创新能力不强，大部分企业还没有自主知识产权，只有不到4%的规模以上企业拥有真正意义上的研发中心。研发经费支出占生产总值的比重低于全省平均水平0.29个百分点；专利授权量增幅比全省平均水平低15.24个百分点，排全省第10位。三是产业优势未能充分发挥。石化产业是岳阳市的支柱产业，但发展空间没有拓宽，产业链条没有延长。以两大厂产品为原料生产的产品不到60个，仅占全市化工产品的30%，加工深度不足，大部分为初级产品和中间产品，高端产品和终端产品只占15%。食品产业发展具有丰富的资源优势，但资源优势没有转化为产品优势，产品附加值和科技含量不高。岳阳市是湖南唯一通江达海的口岸城市，但水运优势利用不充分，物流产业发展不快，临港产业有待加快发展。四是战略性新兴产业比重偏低。石化、食品、造纸、电力、机械、纺织等优势产业，大部分是传统产业，高新技术产业尤其是战略性新兴产业比重低。高新技术产品增加值占规模

市委副书记兼岳阳县委书记彭国甫在农民创业园核心区调研（唐荣平　摄）

工业增加值比重低于全省平均水平7.69个百分点。 （梁 伟）

【联手帮扶产业发展升级】 2010年，市委、市政府决定由市经信委牵头组织在全市开展“联手帮扶产业发展升级”行动，加快推进岳阳市产业发展和优化升级。全市39名市级领导、84个部门单位和160名县处级领导干部帮扶13大产业、1200多家企业。市经信委建立“一周一例会、一月一调度、一季一小结”的工作制度，创建“联手帮扶行动”网站，上传各类稿件500多条，编印工作简报10期、帮扶通讯录500本。组织相关部门编制石化、食品、造纸、机械、建材、纺织、能源、生物医药、电子信息和再生资源等10个重点工业产业发展升级3年行动方案。开展减轻企业负担专项治理行动，全市涉企收费部门由25个减少到17个，涉企收费项目由57个减少到42个，取消涉企经营服务性收费项目8项。组织开展“帮扶送温暖、服务促升级”主题帮扶活动，举办10场专题政策解读宣讲，1500多家企业负责人参加学习。坚持“挂号销号”制度，帮助企业解决困难985个，其中县市区解决632个，产业帮扶小组解决278个，通过“挂号销号”制度解决75个。10个重点工业产业完成产值2490亿元，增长38.4%，占全市规模工业总产值的90.6%。 （梁 伟）

【开展招商引资和项目建设】 2010年，岳阳市把招商引资和项目建设作为经济增长的第一推动力，开展“招商引资项目建设年”活动，完成工业引资到位资金145.6亿元，增长24.9%，到位资金总量居全省第二。先后组织参与“粤洽周”、“世博会”、“沪洽周”、“中博会”、第四届“湘商大会”等一系列节会招商活动，通过节会招商，引进项目173个，计划投资400亿元。围绕主导产业，突出产业链招商，主动对接一批中央省属企业、知名企业和关联企业，瞄准国内外500强企业集团，成功举办“2010年湖南岳阳（北京）对接中央企业招商活动”，签约项目16个，金额66亿元。通过招商引资和项目建设，引入泰国正大、北汽福田、南方水泥、北控水务、中国物流等5家国际、国内500强企业；涌现凯达科旺重卡驱动桥壳、水电设备制造、远大低碳可持续建筑、富士电梯、上海硅峰新能源电动车等一批科技含量高、发展前景好、产业带动力强的战略性新兴产业项目。炼化一体化、华能三期、催化剂新基地等一批重大产业项目顺利推进；桑乐太阳能、巴陵油脂、中科电气、中南科伦等行业龙头企业不断扩张规模、新上项目。 （梁 伟）

工业和信息化部副部长刘利华到岳阳调研 （梁 伟 摄）

【推进中心城区排污企业“退二进三”】 2010年，市经信委牵头开展中心城区排污企业“退二进三”（第二产业从市区退出，发展商业、服务业等第三产业），以实现产业调整、城市发展、环境再造，加速岳阳市新型工业化和新型城市化进程。制订出台《岳阳市中心城区重点排污企业退二进三工作方案》，成立5个工作小组，对湖南天润化工发展股份有限公司、际华三五一七橡胶制品有限公司、岳阳同联药业有限公司、湖南韶峰岳阳建材有限公司（原市水泥厂）、岳阳市新泰化工有限公司（原市氮肥厂）5家重点污染企业实施“退二进三”，计划到2012年前完成搬迁任务。至年底，首批纳入的5家重点排污企业均按计划进度扎实推进，其中天润化工、韶峰建材2家企业基本停产，由市经信委直接负责的市新泰化肥有限公司“退二进三”新上项目已批复入驻临港产业新区。由市经信委牵头，会同相关单位制定的中南科伦“退二进三”支持政策，得到企业的认同，总投资8亿元的新上项目在岳阳经济技术开发区落户开工。 （梁 伟）

【工业园区加快建设】 2010年，岳阳市经信委系统坚持把工业园区作为调结构、转方式的重要平台，引导园区加强基础设施建设，开展集群式的项目满园扩园行动，建成一批特色产业园区。岳阳经济技术开发区晋升为国家级开发区；临港产业新区等区域纳入长株潭“两型社会”建设滨湖示范区；汨罗市循环经济工业园批准为全国首批7个“城市矿产”示范基地之一；云溪区工业园成为第二批国家新型工业化产业示范基地，并进入全省重点打造的“千亿园区”之列；湘阴县轻工产业园、平江县福坤汽车科技园等一批新兴产业园区快速崛起。华容县纺织产业、岳阳县生物医药和陶瓷产业、临湘市化工农药产业等均形成有一定规模的产业链条和产业集群。全市12个工业园区入园企业达883个，完成规模工业总产值1191.9亿元，增长38.2%；完成工业增加值325.27亿元，增长24.7%，占全市规模工业增加值比重达到43.9%。 （梁 伟）

市经信委主任文春方到湖南桑乐太阳能有限公司调研 （梁 伟 摄）

【国有工业企业改制基本完成】 2010年，市经信委坚持实行“一个企业、一名组长、一套班子、一个方案、一抓到底”的改制工作机制，新启动的市南天工贸公司、市包装总厂、市包装公司、市工业石英砂厂、市纺织工业供销公司、湖南洞庭化工厂等6家改制企业已召开职代会，通过改制方案和职工安置方案，各项工作均按计划进度推进。市钢球厂破产资产由浙江新兴中昇集团成功摘牌，市机床厂破产资产由湖南金州文富石油化工有限公司成功摘牌。市经信委系统所属的40家国有工业企业实施改制。改制遗留问题加快处理，完成原市磷化工总厂、原市氮肥厂、市医药工业总公司等3家已改制企业移交社区工作。 （梁 伟）

【节能减排目标任务全面完成】 2010年，市经信委系统加大淘汰落后产能力度，发展循环经济，推进重点节能项目建设，全面超额完成“十一五”期间和2010年节能目标任务。开展能耗限额标准专项监督检查工作，重点对22项重点用能行业单位产品能耗限额强制性国家标准和11项湖南省地方能耗限标准的企业进行拉网式监督检查，抓好年耗能5000吨标准煤以上的重点企业的节能降耗工作。加快推进燃煤锅炉改造、热电联产、电机节能改造等十项重点节能工程。开展“节能攻坚、全民行动”为主题的节能宣传周活动，开展对县市区和重点用能企业节能降耗的督促检查。“十一五”期间，全市累计淘汰落后产能企业34家，关停“十五小”污染企业97家。全市单位GDP能耗下降3%，万元规模工业增加值能耗下降13.7%，二氧化硫、化学需氧量排放总量分别同比削减5.7%、14.3%，全面完成“十一五”期间节能减排任务。 （梁 伟）

【311大队“三元”地质勘探经济结构显雏形】 2010年，湖南省核工业地质局三一一大队（简称311大队）实施“突出主业、开好窗口、稳定工程、保持文明、富民强队”的工作方针，“三元”地质勘探经济结构已显雏形，实现产值6295.9万元、销售收入6267.7万元、增加值1301.9万元、利润457.9万元，职工工资增长率9.46%。通过调结构，大队地勘经济结构由过去单一的工程施工主业向地矿主业、地质延伸业工程施工和多种经营为辅的“三元”地勘经济结构转变。积极承揽商业性地质勘查和服务项目，累计产值400多万元。工程业由原单一的路桥施工转为主攻地质灾害治理施工等地质延伸业项目。完成衡阳市，益阳市南县，岳阳县公田镇、筻口镇、甘田镇等5个土地整理和四川省北川县地质灾害治理施工项目，合同金额2400多万元。服务业稳中有进，物资公司加油站已实行新一轮改制走向市场，效益稳定增长。窗口建设迈出坚实一步，争取到国家科技工业局下达的投资补助1000万元，窗口建设项目局已被批准选址长沙市星沙，项目前期工作开展。 （李奇志）

【311大队地质项目申报及找矿取得突破】 2010年，311大队地质项目建设及找矿成果取得突破。地矿主业及延伸业实现增加值845万元、占全部增加值的65%，利润314万元、占利润总额的78.6%。实施平江县瑶湾里–小坪地区铀矿整装勘查项目、平江县瑶湾里铀矿普查（续作）项目、平江县九岭金矿普查项目等项目。新增矿权3个，申报地质项目5个。其中平江县瑶湾里–小坪地区铀矿整装勘查项目由311大队独立实施整装勘查，项目勘查面积49万平方米。新发现铀矿异常点70个，异常带6条。瑶湾里铀矿普查（续作）项目实现新区找矿突破，新发现铀矿异常点17个，含铀构造带1条，长约200米，瑶湾里铀矿资源量达到中型规模。 （李奇志）

石化工业

【概 况】 岳阳是中部地区最大的石化产业基地，石化产业已纳入湖南省重点培育的千亿元产业集群，在岳阳经济社会发展中举足轻重。2010年，全市石化产业完成工业总产值758.4亿元，完成增加值213.7亿元，分别占全市规模工业总产值和增加值的27.7%和28.5%，总量在全省市州中排名第一。涵盖石油炼制、基本有机化工原料、三大合成材料、化肥、农药、精细化工、化工机械、化工工程安装及检维修服务等25个行业，形成化工研发、设计、生产、贸易及物流和职业教育的比较完整的产业体系。有石化及其配套的规模企业206家，总资产240亿元，从业人员5万余人。生产各类石化产品50多种、170多个品牌，销往20多个国家和地区。锂系聚合物、己内酰胺、环氧树脂、环已酮、双氧水、氯丙烯、催化剂等一批具有岳阳特色的拳头产品的产能、产量和市场竞争力都处于全国前列，占据国内主导地位。名优产品国内市场占有率为：锂系聚合物约35%、环已酮约16%、环氧树脂约10%、己内酰胺约20%、炼油催化剂27%；SEBS、邻甲酚醛特种环氧树脂和功能性粉末涂料用环氧树脂填补国内空白。岳阳石化工业拥有长岭炼化和巴陵石化2个产值超百亿元特大型企业。全年两大龙头企业加工原油580万吨，实现销售收入364.3亿元，上缴税金61亿元。

（梁 伟）

【巴陵石化公司经济效益创历史新高】 2010年，中国石化股份公司巴陵分公司（简称巴陵石化公司，包括股份公司巴陵分公司和资产公司巴陵石化分公司两个部分）把提升效益水平作为最紧迫、最核心的任务，强化增产增效、优化增效、降本增效各项措施，突出抓好企业上市部分减亏，同步推进非上市部分效益平衡发展，发挥出企业真实创效水平。生产主要炼化产品429万吨，比2009年增产59万吨，其中，SBS、己内酰胺、环氧树脂、商品环己酮等11种产品产量创历史新高。实现不含税销售收入218亿元，增加71亿元，增长48%；整体盈利4.12亿元，增利8.43亿元，其中，上市部分实际经营亏损9976万元，减亏7.31亿元，自2000年重组以来首次超额完成总部下达的效益指标，非上市部分盈利5.11亿元，增加1.12亿元；上缴各项税费32亿元，增加5.88亿元。企业整体效益、非上市部分利润、上市部分减亏、上缴税费均创历史最好水平。

（缪跃明）

【主要技术经济指标提升】 2010年，巴陵石化公司以“八创先八争优”为抓手，开展“比学赶帮超”活动，强化分析、考核与讲评，中国石化考核的利润、成本（费用）、经济增加值（EVA）3项基本指标全面完成。炼油专业、合成橡胶专业、合纤和合纤聚合物专业、化肥专业均实现中国石化集团公司级达标。能耗方面，中国石化考核的上市和非上市部分万元产值综合能耗、节能总量，己内酰胺联合装置能耗，两个电厂供电煤耗等7项指标全部稳定降低，企业考核的43项指标有35项创历史最好水平，实现节能降本2.08亿元，节约工业水326万吨，被评为中国石化节能先进单位。物耗方面，中国石化考核的12项指标全部稳定降低，其中3项领先国内同行，5项进入中国石化集团公司先进行列，企业考核的54项指标有35项创历史最好纪录，累计节约材料降低成本9965万元，其中，原油加工损失率降至0.5%，原油途耗0.655%，降低0.3个百分点，己内酰胺耗苯、耗液氨每吨分别比中国石化考核指标低13千克、18.8千克。产品质量稳定提高率100%，己内酰胺优级品率稳定在90%以上，溶剂油、SEBS等质量明显改善。费用、资金指标均控制在预算以内，节约财务费用8239万元。 （缪跃明）

【安全生产局面明显好转】 2010年，巴陵石化公司开展“我要安全”主题活动，深入查找安全工作“短板”，从火灾事故管理、环保管理等7个专题入手，逐项剖析问题、研究办法，提升本质安全水平。坚持“谁主管、谁负责”，层层落实HSE责任；扩大安全培训范围，加大培训力度，提升各层面人员的安全素养；实行准入控制、过程控制、结算控制“三步控制法”；推行集中用火制度，严防火灾事故；落实“一切非计划停工都是可以避免的”理念，强化非计划停工当量考核，非计划停工减少65%；按照轻重缓急原则，制订3年隐患治理规划；引入检维修和工程建设第三方HSE监理，强化直接作业环节安全监管，建立承包商、分包商惩处退出机制，清退外来承包商3家；推行安全事故当量管理，将典型事故上升一级进行分析，严格事故问责。扭转安全生产被动局面，杜绝上报集团公司安全事故，公司级安全事故减少92%，获得集团公司安全生产先进企业奖牌，被评为“我要安全”主题活动先进单位。

（缪跃明）

巴陵分公司己内酰胺生产线装置 （梁 伟 摄）

【发展建设项目有效推进】 2010年，巴陵石化公司“五改七建一配套”一期项目及配套子项目20项全部得到中国石化总部批复，累计批复投资35亿元；苯乙烯、特种环氧树脂、特种锂系聚合物建设和己内酰胺挖潜改造等重点项目全部开工建设，累计完成征地19.1公顷，热电锅炉烟气脱硫除尘隐患治理工程实现一次开车成功。己内酰胺苯加氢装置挖潜改造、丙烯直供改造等16个专项治理项目获得中国石化总部批复，其中，SEBS三釜凝聚改造、硫化氢尾气综合利用治理、合成氨变换系统节能降耗改造、原料煤混配系统改造、环氧树脂新循环水场等项目投入使用。（缪跃明）

【科技创新成果丰硕】 2010年，巴陵石化公司推进科学技术创新，反应挤出法合成透明高抗冲丁苯树脂中试研究顺利“出龙”，己内酯中试装置开车成功，SIS加氢技术开发中试产品质量取得新突破，双酚A酚醛环氧树脂工业试验装置建成；开发出SEBS、特种环氧固化剂等新产品新牌号12个，生产新产品15.5万吨；获得授权专利8项，获得国家、总部和省级科技进步成果奖5项。其中巴陵石化公司与中国石化石油化工科学研究院、湖南岳阳百利工程科技有限公司、湘潭大学、中国石化工程建设公司等单位联合完成的“环己酮氨肟化路线己内酰胺生产成套技术”项目，与华东理工大学、镇海炼化及中石油克拉玛

依石化分公司合作完成的“含硫含碱废液过程减排新技术及在化工行业中应用”项目获得国家科学技术进步二等奖。（缪跃明）

【一批环保生产装置投产】 2010年3月4日，巴陵石化公司新建的每年13万吨废碱焚烧处理环保装置在环己酮事业部投产。项目投资2500万元，包括锅炉和电除尘两大部分，年处理废碱13万吨，回收固碱碳酸钠2.3万吨，副产蒸汽31万吨，为国内目前产能最大的同类环保处理装置，具有独立知识产权。9月27日，合成橡胶事业部SEBS装置三釜凝聚改造投料开车成功，正式投入生产运行。这是继顺丁橡胶装置、20万吨SBS装置之后实施的又一三釜凝聚改造项目。新投用的凝聚首釜体积为40立方米，引用蒸汽循环利用技术，增加了环己烷凝聚时间，凝聚效果提升，蒸汽消耗、溶剂消耗大幅降低。11月19日，环己酮事业部每年400吨ε-己内酯中试装置投料开车成功。项目投资超过1000万元。这套装置由巴陵石化公司自主研发，具有独立知识产权。（缪跃明）

【一批生产装置开工建设】 2010年8月11日，巴陵石化公司年产12万吨苯乙烯项目在烯烃事业部动工建设。主装置区占地1.36万平方米，项目总投资4.96亿元，以乙苯为原料，采用国内开发的两级负压绝热乙苯脱氢、共沸热回收制苯乙烯技术，可满足下游化工装置对苯乙烯原料的需求。9月28日，年产 5万吨特种环氧树脂及其配套扩建工程在环氧树脂事业部开工建设。项目总投资6.44亿元，采用具有自主知识产权的特种环氧树脂生产技术，建成后为国内规模最大的特种环氧树脂建设项目。10月18日，年产20万吨己内酰胺装置挖潜改造项目在己内酰胺事业部开工建设。该项目为中石化岳阳地区炼化一体化项目的重要子项，总投资4.97亿元，采用具有自主知识产权的第二代己内酰胺绿色环保新技术，新建年产8万吨环己酮单元、7万吨环己酮肟单元、10万吨双氧水单元，并对整个流程进行填平补齐，项目建成投产后将加快生产技术的升级换代，成为国内最大的己内酰胺生产装置。12月8日，年产6万吨特种锂系聚合物装置在合成橡胶事业部开工。项目采用具有自主知识产权的特种锂系聚合物生产技术，新建一套国内单套产能最大的年产4万吨SIS装置和一套年产2万吨的SEBS装置及其配套工程，总投资4.93亿元。项目建设标志着巴陵石化锂系聚合物向特种化、高端化、专业化发展迈出了重要的一步。（缪跃明）

【稀土顺丁橡胶小试合成技术开发成功】 2010年11月，巴陵石化公司合成橡胶事业部橡塑中心经过近一年的努力，完成稀土顺丁橡胶小试条件实验，小试样品的各项性能指标均与国内外同类产品相当，产品收率高达98%。稀土顺丁橡胶是当代不同催化体系顺丁系列中最具有特色且性能最全面的品种，为高性能聚丁二烯橡胶，因其链结构规整，线性度好，相对分子质量高，分子量分布可调，凝胶少等特性，在耐磨、耐疲劳、低生热和抗湿滑等方面均优于镍系顺丁橡胶，是制备耐持久性的高性能轮胎的材料。（缪跃明）

【巴陵牌液体环氧树脂在欧盟正式注册】 2010年12月，巴陵石化公司生产的巴陵牌双酚A二缩水甘油醚（液体环氧树脂）在欧盟正式注册成功，成为国内首家获得欧盟REACH正式注册的企业。REACH是欧盟《化学品注册、评估、许可和限制制度》的简称，于2007年6月1日起生效，2008年6月1日起实施。生产者所生产的化学工业品所含物质未经REACH 法规注册，不得在欧盟制造或者投放市场。（缪跃明）

【民生工程稳步落实】 2010年，巴陵石化公司把改善民生放在与发展企业同等重要的位置，切实保障职工群众的利益。实施企业年金制度，完成非在职人员住房货币化补贴发放。适当提高在岗职工预支考核奖，出台提高中夜班津贴标准及倒班年功奖相关政策，提高一线职工收入。加大社区建设投入，对老区5条道路进行整修，完成金盆、青坡小区生活水网和天乐山庄、樱花宾馆大学生公寓改造，对老区电气隐患、洞庭宾馆消防隐患进行治理；改造完善6个职工食堂，新建3个职工食堂；加大投入，增加职工通勤车次；积极协调，做好医保移交地方、经济适用房建设前期工作。开展节日慰问、金秋助学、帮扶救助等活动，解决职工群众的实际困难，全年发放慰问、救助金610万元。（缪跃明）

【长岭炼化连续11年实现炼油专业达标】 长岭炼化是中国石油化工股份有限公司长岭分公司（简称股份长岭分公司）和中国石化集团资产经营管理有限公司长岭分公司（简称长岭资产分公司）的统称。2010年，面对繁重的工程建设、多变的生产调整、艰巨的效益任务，长岭炼化全力保安全、增效益、抢进度、保稳定，圆满完成全年各项工作任务。股份长岭分公司加工原料油405.75万吨，实现销售收入194.77亿元，账面利润亏损4.6亿元，还原总部年初考核效益2.4亿元，连续11年实现炼油专业达标。长岭资产分公司接卸原料油74.19万吨，生产、中转、仓储沥青13.36万吨，液化气充装接卸26.54万吨；实现销售收入4.01亿元，亏损1.53亿元，比限亏指标减亏343万元。建成投产炼油改扩建项目南区7套主体装置,连续7年被评为集团公司安全生产先进单位；各项主要技术经济指标有明显提升,企业大局保持和谐稳定。（王毅平　易启明）

【油品质量升级改扩建项目南区装置试运成功】 2010年，长岭分公司“一切为了大项目建设”，提升服务质量，强化后勤保障，围绕投资、进度、质量、安全、合同五大控制目标，加快推进油品质量升级改扩建项目建设，完成项目建设投资28.55亿元，7套主体装置于10月8日实现中交，11月26日开工试运一次成功，生产出合格产品。其中年产280万吨催化裂化、年产240万吨汽柴油加氢装置均创造国内单套装置建设时间最短的业绩。长岭分公司油品质量升级改扩建项目总投资57.04亿元，加工规模近期原油加工量为年产800万吨，远期原油加工量为年产1000万吨，包括新建8套装置、改造2套装置，以及系统配套设施建设等，计划2011年10月建成投产。装置建设全部利用长岭现有土地，分南北两个区域布置，南区面积14.68公顷，布置8套装置，北区面积3.88公顷，布置2套装置。

（王毅平）

【第二代催化裂化汽油选择性加氢脱硫及轻汽油脱硫醇新工艺技术“出龙”】 2010年12月，通过长达2年的长周期工业运转试验，长岭炼化第二代催化裂化汽油选择性加氢脱硫及轻汽油脱硫醇新工艺（简称RSDS—Ⅱ）项目在中石化总部组织的“十条龙”工作会议上正式“出龙”，为中石化汽油质量升级技术提供了多种选择路线，对降低中石化质量升级成本具有重要的意义。为满足生产国Ⅳ标准汽油的要求，2007年中石化总部“十条龙”攻关会议确定开发RSDS—Ⅱ技术作为攻关项目，由长岭分公司和石油化工科学研究院承担该项目的工业试验及攻关。通过在年产30万吨催化重汽油选择性加氢脱硫装置增加循环氢脱硫设施，并改造汽油脱硫醇单元，力争实现汽油硫含量小于50μg/g，RON损失小于1.0。项目总投资850万元，2008年先后完成主要设备订货和详细工程设计、设备安装、催化剂装填，装置一次开车成功。中国石化有15套装置正在建设并应用该项技术。 （王毅平）

【生产执行系统顺利上线】 根据油品质量升级改造工程需要，2010年，长岭分公司启动生产执行系统（简称SMES）建设，完成基础业务流程调研、物料基础数据收集、公用工程基础数据收集、罐容表收集整理、物料流程图绘制等工作，于11月22日顺利上线，与油品质量升级改造项目开工同步运行。SMES采用中石化SMES V3.0软件平台，通过规范生产指令和油品移动操作流程，建立公司全厂物料平衡模型，形成以班次物料平衡为基础的装置收率管理、油品库存管理、罐物料组分管理及加工损耗、储运损耗管理的运行平台和以企业核心数据库为主体的企业MES数据平台。 （王毅平）

【沥青产业发展势头良好】 2010年，长岭炼化抓住国家高速公路和高速铁路建设快速发展时机，抢占市场，承接京沪、哈大、京石等高速铁路建设现场服务，获得业主单位和中石化集团公司的好评。通过4年的努力，长岭炼化沥青产业从无到有，从小到大，生产的“东海牌”改性沥青、乳化沥青先后铺到了奥运“鸟巢”体育馆、武广高速铁路，邵永、长株、长吉、衡邵等10多条高速公路，成为中南地区最大的改性沥青生产基地。 （易启明）

【长岭炼化连续7年评为安全生产先进单位】 2010年，长岭炼化继续深入开展“我要安全”主题活动。注重直接作业环节的安全监管，在作业现场全面推行“安全五分钟”活动和“看板管理”；开展“两个识别”竞赛活动，识别出不安全因素和行为4040条，及时进行整改规范；注重安全和环保隐患治理，投入资金3448万元，对列入总部的16项安全隐患进行综合治理。长岭炼化连续9年无上报集团公司事故，连续7年被评为集团公司安全生产先进单位。 （易启明）

【四化建公司生产经营稳步推进】 2010年，中国化学工程第四建设公司（简称四化建公司）深入推进“项目管理年”活动，主要经济指标持续稳定增长，实力进一步提升。新签合同额30.06亿元，三项主要经济指标在2009年基础上实现翻番。在经营上抓好与大业主、设计院、发改委、化工园区的“四个对接”,适时推出大西部经营战略，经营布局由沿海发达地区开始向西部地区重点转移。该公司有20多家单位在西部地区参与经营，占经营份额的40%以上，其中新疆、内蒙两个地区的合同额为总合同额的26.89%。同时积极发展海外市场，成立海外事务部,在赞比亚办理公司注册，与中国有色中非矿业公司、美国MCC公司等机构建立合作。

（胥正旺）

【技术创新、信息化管理步伐加快】 2010年，四化建公司按照“新、特、精”战略思路，加快技术创新、信息化管理步伐，技术创新投入707万元。按照特级资质的申报要求，完成省级企业技术中心的申报，完成10项专利技术的申报工作，其中3项专利获得通过。通过A3压力容器制造和压力管道安装许可资质换证，取得防腐专项资质证，完成市政公用工程施工总承包和环保工程专业工程2项资质升级。加强企业技术标准建设，组织业内专家召开企业标准《化工高压管道、管件通用技术规范》上升为行业标准的立项论证，通过工业和信息化产业部的论证审批，组织各项创新创优成果申报19项，获得奖项18项。企业稳定和综合治理工作受到岳阳市政府表扬，该公司获得全国化工建设工程优秀企业、集团先进基层党组织等称号。 （胥正旺）

【通过压力管道安装换证和现场防腐取证评审】 2010年5月12～13日，石油天然气压力管道安装许可证评审中心专家到四化建公司进行压力管道换证、现场防腐取证评审工作。专家组对资源条件、质量保证体系运行及施工过程资料的严格评审后给予较高评价，该公司顺利通过压力管道安装换证和现场防腐取证评审。6月，该公司通过国家质量监督检验检疫总局“A3级压力容器制造许可证”换证审定，为争取更多施工生产任务奠定良好基础。

（胥正旺）

【5项工程获全国化学工业优质工程奖】 2010年，经全国化工工程建设质量奖审定委员会评定，四化建公司有5项工程获得优质工程奖。黄山项目部组织施工的“国家成品油储备库359处改扩建工程（Ⅱ标段）”和第十一工程处组织施工的“河北省东光化工有限责任公司年产18万吨合成氨、30万吨尿素工程”2项建设工程获得全国化学工业优质工程奖。中南分公司、建筑工程分公司、第二直属分公司分别组织施工的“新能凤凰能源有限公司年产36万吨甲醇空分装置安装工程”、“GGP园林产品（广州）有限公司新建厂房”、“普利司通（惠州）合成橡胶有限公司丁苯橡胶建筑工程”等3项建设工程获得全

国化学工业优秀施工项目奖。
（胥正旺）

【四化建公司改制上市工作启动】 2010年9月16日，四化建公司召开动员会，改制上市工作启动。中国化学工程集团公司上市以后，四化建公司在净资产、市场占有率、经济效益等方面取得显著成效，引起集团公司的高度重视，同意四化建公司做好改制上市的准备工作。
（胥正旺）

【3517公司步入快速发展轨道】 2010年，际华三五一七橡胶制品有限公司（简称3517公司）强化内部基础管理，增强市场适应能力，化解生产经营矛盾，推行精细化管理和诚信经营，步入快速发展轨道。实现营业额13.62亿元，增长4.83亿元，增幅55%；实现利税7500万元，增长17%，其中纳税4400万元，增长16%。在全市经济工作会上受到市委、市政府表彰，被授予2009年度税收上台阶奖和2009年度推进新型工业化先进企业。
(李性刚)

【3517公司被认定为知识产权优势培育企业】 2010年，3517公司加大科技研发投入，强化研发创新，加快成果转换，推进知识产权保护，申请专利31项，获得授权33项，其中发明专利一项，该公司技术软件硬件实力明显提升。5月，湖南省知识产权局、湖南省财政厅联合授予3517公司为湖南省知识产权优势培育企业。
（李性刚）

造纸工业

【概　况】 2010年，岳阳市造纸产业实现工业总产值137.3亿元，比2009年增长41%，总量在全省市州排名第一。全市有造纸工业规模企业55家，主要集中在岳阳县、汨罗市、湘阴县和君山区，年产能129.9万吨。主要产品有：以泰格林集团岳阳纸业股份有限公司（简称岳阳纸业公司）为代表生产的精品文化用纸，如精制轻量涂布纸（LWC）、颜料整饰胶版纸、彩印超级压光纸、轻型印刷纸等多个系列30多个品种；以岳阳丰利纸业有限公司（简称丰利纸业）、岳阳丰隆纸业有限公司（简称丰隆纸业）为代表的文化用纸系列，如高白双胶纸、彩色双胶纸、中性静电复印纸等；以汨罗再生资源集群（废纸）为依托的汨罗宏达教育造纸厂、汨罗环宇造纸有限公司、汨罗天宝造纸有限公司等为代表的包装和生活用纸，如瓦楞纸、箱板纸、牛皮纸、卫生纸等。55家企业中，大型企业有岳阳纸业公司1家，年产量43.77万吨、产值137.3亿元；中型企业有丰利纸业、丰隆纸业2家，年产量3万吨、产值2亿元；小型企业有50余家，年产量35.6万吨、产值32.5亿元。9月，中国诚通控股集团有限公司（中国纸业投资总公司）与湖南省国资委等7家股东重组泰格林纸集团，泰格林纸集团正式进入央企行列。
（梁　伟）

岳阳纸业公司污水处理装置　（杨一九　摄）

【岳阳纸业公司被认定为高新技术企业】 2010年初，湖南省科学技术厅、湖南省财政厅、湖南省国家税务局、湖南省地方税务局联合发文，认定岳阳纸业公司及全资子公司永州湘江纸业有限责任公司为高新技术企业，有效期3年。根据《中华人民共和国企业所得税法》的相关规定，在有效期内，高新技术企业享受企业所得税率15%的税收优惠政策。
（倪　浪）

【岳阳纸业公司通过中国环境标志产品认证】 2010年4月，岳阳纸业公司领到中国环境标志产品认证证书，“泰格风”牌环保复印纸获得环境标志产品认证，成为行业内为数不多获得认证的造纸企业。获得该项认证后，岳阳纸业公司首先将自动列入“环境标志产品政府采购”大名单之中。从2007年开始，财政部、环保部发出通知规定，政府机关应优先采购环境标志产品，即从“环境标志产品采购清单”中挑选供应商；其次将突破贸易壁垒，具有走向世界的通行证。
（倪　浪）

【岳阳纸业公司配股募集资金14亿元】 2010年12月27日，岳阳纸业公司配股发行获得圆满成功。经上海证券交易所统计，本次配股按照每10股配3股的比例配售股份，参配缴款股数为1.91亿股，参配率达97.6%，募集资金总额14.7亿元。
（倪　浪）

电力工业

【概　况】 2010年，岳阳市有电力工业规模企业8家，发电机装机总容量400万千瓦，发电总量91.8亿千瓦小时，完成规模工业总产值60.5亿元、增加值18.44亿元，是中部地区电力能源大市。岳阳市电力工业以火电和小水电为主，其中火力发电装机容量300万千瓦，年发电量120亿千瓦小时，分别占全市电力装机总容量和总发电量的91.5%、92.5%；小水电装机容量18.72万千瓦，年发电量5.92万千瓦小时，分别占全市电力装机总容量和总发电量的8.5%、7.5%。总投资43亿元的华能岳阳电厂第三期2×60万千瓦扩建工程顺利推进，至年底，完成投资32.7亿元，第一台机组建成投产。新能源加快发展，君山风电场项目计划总投资8.5亿元，总装机8.55万千瓦；云溪垃圾发电项目计划总投资2.79亿元，装机2×1.2万千瓦，日处理垃圾600吨～900吨，年发电1.2亿千瓦小时，供热80万吨；小墨山核电项目列入国家核电中长期调整规划，总装机6×100万千瓦，项目计划总投资700亿元。 （梁 伟）

【电力生产经营再创佳绩】 2010年，岳阳电业局以“无违章年”活动为主线，完善安全生产责任体系、保证体系、监督体系，突出有序生产安排，安全管控能力加强，基础不断夯实。推进生产管理创新，巴陵变整段母线全停检修及220千伏昆峡线成功保电2项经验得到省电力公司肯定。全局实现连续安全生产2876天和15个百日安全累进奖，连续6年被省电力公司评为安全生产先进单位。突出“抓增量、降线损、保回收、反违章”，优化提升各项经营指标，完成售电量57.03亿千瓦小时，比2009年增长 12.19%。电费回收实现双结零。 （熊 佳）

【电力建设与服务提速提质】 2010年，岳阳电业局完成岳阳地区电网建设资金3.76亿元。建成投产110千伏主网项目4个，35千伏农主网项目4个。全面完成提升城市居民生活品质的用电集抄系统建设。完成临湘电气化县及全市10个电气化乡、283个电气化村、3个国网公司典型供电模式示范村建设任务。启动新一轮农网改造升级工程，完成193个村的农配网工程和全市 94%的未网改村设计储备。推进“铸品牌、树形象”优质服务工程，提速业扩报装，高压报装平均接电时间下降56.4% 。推行“电费保函”、“居家安心卡”等业务，加强电费结算和缴费方式改革。开展“塑文化、强队伍、铸品牌”服务提升活动，做好特殊时期电力保障供应和抗洪救灾，得到各级党委政府和群众的肯定。在岳阳市年度综合考评中，获得支持地方经济社会发展特殊贡献奖和为民办实事先进集体。 （熊 佳）

【华能岳阳发电公司安全生产创佳绩】 2010年，华能湖南岳阳发电有限责任公司（简称华能岳阳发电公司）深入开展“安全生产年”、“外包工程安全管理年”和“创建本质安全型企业年”活动，通过完善安全管理制度、组织安全专项检查、定期召开安全会议、抓文明生产，取得安全生产最好成绩。全厂全年“无非停”，进入华能集团公司“无非停”电厂先进行列；无人身轻伤以上事故；三期工程无人身伤亡事故和重大设备损坏事故，连续2年被华能集团公司授予基建安全生产先进单位；无重大环境事件；无交通、火灾、食品卫生等方面的事故。全年发电58.46亿千瓦小时，比2009年增加11.19%，再次成为湖南省装机容量最大的火力发电企业，四项绩效目标综合考评位于华能公司第四名。获得华能集团公司文明单位和湖南省五一先锋集体。 （李福如）

华能电厂一角 （李福如 摄）

【节能减排取得成效】 2010年，华能岳阳发电公司利用机组检修和备用消缺，同步实施设备技术改造，提高设备健康水平，能耗水平达历史最优。综合厂用电率6.71%，下降0.02个百分点，比计划指标低0.08个百分点；综合供电煤耗每千瓦小时326.08克，下降3.58克/千瓦小时，比计划指标低3.42克。电厂污染物排放符合国家和地方有关环保标准规定。 （李福如）

【5号机组实现高水平投产】 2010年11月18日，华能岳阳发电公司三期工程5号机组整套启动，12月30日进入168小时连续满负荷试运行，实现高水平投产。三期工程建设2台国产60万千瓦级超超临界燃煤发电机组，同步建设脱硫、脱硝设施，是湖南首台60万千瓦超超临界机组。5号机组投产后运行安全稳定，各项指标优良，厂用电率比一、二期低1%以上，供电煤耗在每千瓦小时300克以下，比一、二期低25克，使全厂供电煤耗下降12克，能耗指标达湖南省最优。 （李福如）

饲料工业

【概 况】 2010年，岳阳市饲料工业克服上半年猪价持续走低，下半年饲料原料涨幅过快的不利影响，实现饲料工业稳步发展。年末全市有饲料生产持证企业168家，其中浓配料生产企业106家，添加剂预混料生产企业40家，添加剂生产企业5家，单一饲料生产企业17家。生产各类配合饲料和添加剂预混料340.87万吨，总产值123.38亿元，与2009年相比，产量增加15.15%，产值增加24.3%，产量、产值分别占全省饲料总产量、总产值的42%和43%，居全省第一位。岳阳市饲料行业协会被评为全国先进饲料工业协会。湖南正虹饲料股份有限公司（简称正虹饲料公司）、湖南岳阳岳泰集团科技饲料有限公司（简称岳泰饲料公司）、湖南九鼎科技（集团）有限公司（简称九鼎饲料公司）、岳阳新宏饲料有限公司（简称新宏饲料公司）、湖南湘天科技发展有限公司（简称湘天饲料公司）进入2010年全省二十强饲料企业。饲料工业继续占据岳阳市工业行业重大产业地位。饲料产品结构进一步优化。适用养殖业结构调整和养殖方式的转变，饲料产品结构调整成效明显，全价配合料、添加剂预混料的比重上升，浓缩料比重下降，其份额由12.6%降至9%左右。规模饲料生产企业稳步扩张。市场、资金、技术、人力资源四大要素进一步优化整合，规模企业竞争优势突显。九鼎饲料公司一年内新建江西宜春、河北廊坊、广东惠州3个分公司，集团产能达120万吨。小型浓缩料生产企业部分开始关停并转，两极分化成为市场机制运行的必然结果。产品质量逐步稳定和提升，全市完成农业部、省局组织的免税抽样、安全抽样、调研抽样593个饲料样品，不合格样品只有5个，合格率达到99%以上。用户因产品质量问题投诉明显减少，名牌产品评定用户调查的满意率逐步上升。

【开展饲料质量安全执法活动】 2010年，岳阳市各级饲料监管部门积极开展饲料质量安全执法行动。市农业局制定印发《2010年岳阳市饲料专项整治行动实施方案》，明确整治的目标、任务和重点。市县两级饲料管理部门与全市168家饲料生产企业、400多家饲料经营门店、2000多个规模养殖场自配料加工点签订饲料安全责任状和安全饲料生产经营承诺书，实行饲料安全法人负责制和行业主管部门监管责任制，建立饲料质量安全追溯制度。向23家存在问题的企业下达《责令限期整改通知书》，现场查封“三无”饲料原料31.2吨，不合格添加剂和预混料1.6吨，无中文标识或标签不规范的鱼粉、肉粉等18.5吨。处罚当事人22人次，罚款20.3万元，责令赔偿经济损失86万余元。

【专项整治非法使用违禁药物行动】 2010年，岳阳市各级饲料兽药管理部门参照《岳阳市对非法制售、使用“瘦肉精”等违禁药物的专项整治行动方案》，加大整治力度，做到责任有分工，工作有经费。10月28日，开展苯乙醇胺A清剿排查行动，平江县、岳阳县、临湘市、云溪区等地共收缴饲料企业的问题预混料148件4.96吨；抽检生猪尿样206份，送检饲料样、尿样26个，检查出可疑阳性样5个。在“苯乙醇胺A”国家标准和危害性实验报告尚未出台前，岳阳市依法查处，严厉打击，将危害消除在萌芽状态。

【联手帮扶饲料产业升级】 2010年，岳阳市饲料工业办公室把正虹饲料公司、岳阳康大饲料有限公司（简称康大饲料公司）作为帮扶产业发展的重点。帮助康大饲料公司落实贷款1000万元，在临港产业新区征地5.73公顷，投资9000多万元开发岳阳市期货产品交易物流园项目。正虹饲料公司、康大饲料公司等5家公司通过湖南名牌鱼饲料的复审，九鼎饲料公司获得中国驰名商标称号。　（本栏撰稿　周　裕）

食品工业

【概　况】 2010年，岳阳市有食品农产品加工企业2617家，其中规模工业企业375家，从业人员10.21万人；完成规模工业总产值587.4亿元、增加值159.3亿元，分别占全市规模总产值和增加值的21.5%和21.2%，居全省食品工业（不含烟草）第一位。打造出湘阴洋沙湖食品工业园、平江食品工业园、岳阳县食品工业园、君山食品工业园、华容县插旗蔬菜工业园五大食品加工园区。初步形成以油脂、粮食、蔬菜、水产品、茶叶、饮料等加工业为主，以调味品、休闲食品等其它加工业为辅，门类齐全的食品产业格局。其中油脂加工、调味品制造、制茶等行业在全省同行业中处于领先地位。油脂年加工产量120多万吨，占全省油脂产量的50%；酱油、芝麻油、鸡精等调味品产量居全省第一；拥有黄、绿、黑、红四大茶类，君山银针、临湘黑茶的产量和销售产值在全国县级市中排名第六。全市食品工业拥有古越楼台、道道全、君山银针等10个中国驰名商标，3个中国名牌产品，全市通过“三品”认证的农产品达到334个。拥有年销售收入过10亿元的企业4家，年销售收入过亿元的企

巴陵油脂公司生产线　（徐典波　摄）

业57家。25家企业被评为省级龙头企业，196家企业被评为市级龙头企业。

【巴陵油脂公司不断做强做大】 2010年，湖南巴陵油脂有限公司（简称巴陵油脂公司）完成销售收入15亿元，成为湖南省乃至中南地区最大的油脂加工企业之一。巴陵油脂公司是一家集食用植物油及相关副产品、加工、科研、贸易于一体的大型油脂加工企业，资产总额4亿元。被评为湖南省十佳农业产业化龙头企业、全国放心粮油进农村进社区示范工程示范加工企业，并由农业部授牌成立油菜子加工技术研发分中心。该公司近年来做大做强，实行集团化管理运作模式，下设六个中心、四个独立部室、两家分公司、一家全资子公司，拥有国际先进的年加工25万吨菜子、大豆、棉子预榨生产装置，年加工15万吨的油脂精炼深加工生产装置，年灌装10万吨的4条中小包装自动化生产流水线。公司主导产品“道道全”牌食用油，涵盖7大系列、22种规格产品，被评为湖南省名牌产品、湖南省著名商标和中国驰名商标。

【湖南国泰食品有限公司投产】 2010年3月，湖南国泰食品有限公司（简称国泰食品公司）竣工投产。国泰食品公司是君山区引进的一家大型农业龙头企业，由浙江国泰实业有限公司投资 8500万元兴建，占地面积6.7万平方米，配备全自动流水线机械设备100余台套。该公司以酱腌菜产业为核心，主导产品有榨菜、萝卜、雪菜、黄瓜、芥菜等，拥有国内最先进的生产线和理化检测设备，已与“康师傅”、“统一”、“今麦郎”等国内大型食品企业结成长期合作伙伴关系。

（本栏撰稿 梁 伟）

医药工业

【概 况】 2010年，岳阳市有医药生产企业52家，其中制药企业24家、药品包装材料（药包材）生产企业13家、医疗器械生产企业11家、保健食品生产企业4家；拥有

民康制药生产车间 （吴小平 摄）

医药商业企业1485家，其中药品批发企业24家、零售连锁公司5家、单体药店1380家、医疗器械经营企业82家。初步形成生物医药、化学合成原料药及制剂、生物发酵、中成药、中药饮片、药用胶囊、药用辅料、药包材、医疗器械等同步发展的医药工业体系。全市生物医药规模企业完成生产总值60亿元，占全省份额的18%，总量在全省市州中排名第2。岳阳市生物医药工业剂型品种多，有注射剂等20多种剂型，生化药品等168个品规；中药材丰富，有中草药品种1365个，其中植物药1244种、动物药111种、矿物药10种、自产中药材有80多种，中药材种植基地有29个；产业基础好，全市24家药品生产企业中80%以上通过GMP认证，各类药品生产线68条，药品生产企业数量和药品品种数量在全省排名第2。拥有中南地区最大的输液生产基地湖南科伦药业有限公司（简称科伦药业公司）、全省首家高科技生物制药企业湖南景达制药有限公司、湖南乐邦制药有限公司等16家产值过亿元的医药企业。

【尤特尔生化公司将“岳阳酶”推向世界】 2010年，湖南尤特尔生化有限公司（简称尤特尔生化公司）产值2亿元，生产规模2万多吨，尤特尔品牌被授予湖南省著名商标。尤特尔生化公司是一家致力于生化科研项目酶制剂的研发和应用，拥有世界顶尖水平的生物酶技术，总部设云溪工业园。企业2001年创办以来，以每年增长50%左右的速度发展，推出的酶产品品种达200多个，先后成立佛山尤特尔、苏州尤特尔、杭州尤特尔、南京尤特尔、福建尤特尔等销售分公司，设立数十个货物中转冷藏仓库，产品畅销全国各地，并远销欧洲和东南亚。该公司被认定为湖南省高新技术企业、全国酶制剂行业重点生产企业。

【科伦药业公司“退二进三”项目开工】 2010年，科伦药业公司为进一步拓展发展空间，响应市政府关于中心城区排污企业“退二进三”的工作部署，决定整体搬迁到岳阳经济技术开发区，新上项目已在岳阳经济技术开发区落户开工，项目净用地总面积22公顷，计划总投资8亿元，其中固定资产投资4.5亿元。科伦药业公司前身为岳阳市制药二厂，2004年3月，四川科伦实业集团有限公司出资5200万元，收购原岳阳市制药二厂并控股创建现代化管理体制的湖南中南科伦药业有限公司，拥有8大剂型、18条生产线，生产91个品种、168个品规的中西药产品。 （本栏撰稿 梁 伟）

建材工业

【概 况】 2010年，岳阳市有规模以上建材工业企业190家，实现总产值245亿元，比2009增长42%；实现工业增加值69亿元，增长27.9%，占全省建材工业总产值的34%，总

临湘海螺水泥厂 （方继纯 摄）

量在全省市州排名第二。建材工业资产总额41亿元，产值过亿元企业56户，全国名牌产品5个。水泥生产量220多万吨；新型墙材产量折合标准砖16亿块，占全市墙材总产量的51%；生产石材105万平方米，开采荒料55万立方米，装饰木业板材45万平方米，陶瓷砖100万平方米。同时，生产木材加工产品和人造板、长石粉、石英粉、白云石、石膏板、云母等非金属矿产品。岳阳县建材陶瓷工业园、湘阴县建材加工产业区和临湘市建材陶瓷基地进一步发展壮大，汨罗麻石加工基地、华容花岗岩加工基地逐步形成集聚效应；云溪华新水泥岳阳有限公司、临湘海螺水泥有限公司、岳阳南方水泥有限公司三大新型干法水泥项目建成投产。

（本栏撰稿 梁 伟）

机械·电子工业

【概 况】 2010年，岳阳市有规模以上机械制造企业124家，从业人员1.6万人;实现规模工业总产值186.3亿元，比2009年增长58.9%；实现工业增加值54.3亿元，增长41.9%。机械制造工业资产规模总量40多亿元，拥有通用机械设备制造、专用机械设备制造、交通运输机械设备制造，电气、电磁设备制造，办公设备制造等7个大类，其中通用机械设备、电气机械设备、专用机械设备3类成为产业支柱，产值均在30亿元以上。拥有机械制造产值过亿元企业39家，其中：湖南天一科技股份有限公司是中国泵业第一股，全省100强企业之一，生产的稠油泵、潜水电泵、气液混输泵、电力控制设备、高低压电力开关等被列为国家免检产品，占国产泵市场份额的40%；岳阳中科电气有限公司（简称中科电气公司）是一家创业板上市企业，自主研发的板坯联铸电磁搅拌成套装置和高压变频器属国内首创，具有国际领先水平；汨罗市中天科技有限公司自主研发的收割机、旋耕机等产品，具有很强的市场竞争力，龙舟牌收割机获中国驰名商标，联合收割机占省内市场份额的35%，行业排位第一。

岳阳市有电子信息规模工业企业48家，其中产值过亿元的企业18家。初步建立起以电子元器件、太阳能光伏产业、电子通信产品、电子信息机电产品和软件等行业为主骨架的产业体系。拥有省级岳阳田谷电子信息产业园和汨罗、华容、湘阴等县（市）的市级电子信息产业园。华容工业园太阳能光伏产业、汨罗工业园电子元器件产业、湘阴工业园光电一体化产业快速发展、初具规模。中科电气公司、湖南桑乐数字太阳能有限公司、华容县龙华科技有限公司、汨罗市音品电子有限公司等一批骨干企业快速成长；蓝星岳阳六九零六工厂、岳阳市拓邦电子厂、湖南华忆电子科技发展有限公司等重点企业不断扩大生产规模。全市电子信息与光伏产业完成规模工业总产值80亿元，增长74.7%；完成规模工业增加值21.5亿元，增长52.6%，增幅居全市十大产业之首。

【湖南凯美特气体股份有限公司挂牌上市】 2010年，湖南凯美特气体股份有限公司（简称凯美特气体公司）在深圳证券交易所挂牌上市，完成销售收入8707万元，实现税收1035万元。凯美特气体公司专业从事气体开发、应用、科研生产、经营，主要生产优质食品级二氧化碳和干冰、食品级液体二氧化碳，年产能31万吨，是可口可乐、百事可乐等国际知名企业在中国区域最大的高纯二氧化碳供应商，战略供应商。凯美特气体公司拥有独立的“二氧化碳动态减压提纯工艺”发明专利知识产权，先后被评定为国家重点新产品企业、湖南省科技厅和科技部高新技术企业、先进技术企业和《湖南省火炬计划》、《国家火炬计划》项目实施单位。

桑乐太阳能光伏产业公司一角 （杨一九 摄）

中科电器生产车间　（罗卫亚　摄）

【中科电气公司成为行业龙头】　2010年，中科电气公司实现销售收入1.8亿元，净利润4752万元，上缴各项税金总额2800多万元，成为国内电磁行业的龙头企业。该公司成立于2004年4月，2009年12月在深交所创业板上市，为岳阳市第一家创业板上市企业。至2010年年底，总资产7.6亿元，净资产6.96亿元。中科电气公司研发实力雄厚，拥有技术研发人员89名，占员工总数的34.5%，每年投入的技术研发资金占公司销售收入的5%以上，并与湖南大学、中科院力学所、中冶连铸等高校和专业研究机构合作，构建起强大的技术创新平台。取得10项专利，其中发明专利1项、实用新型专利9项。　（本栏撰稿　梁　伟）

纺织工业

【概　况】　2010年，岳阳市有纺织工业规模企业75家，约占全省纺织规模企业的14%；完成工业总产值147.7亿元，比2009年增长41%，总量在全省市州中排名第一。华容县、湘阴县、君山区、屈原管理区、岳阳县等5个棉纺织产业集群形成，其中华容县是湖南省“纺织基地县”，有规模以上纺织企业23家。主要从事棉花生产与初加工、棉及棉混纺纱线、坯布(机织布和针织布)、印染及家纺、服装生产与加工以及棉苎麻混纺产品生产与加工。湖南德科纺织印染有限公司、岳阳宝丽纺织有限公司、华容县华青纺织有限公司、湖南华升洞庭麻业有限公司（简称洞庭麻业公司）等38家纺织企业产值过亿元，其中以洞庭麻业公司为龙头，建立国家级企业技术中心和国家苎麻产品开发基地，承担完成的国家“十一五”期间科技支撑项目“高档超高支苎麻产品加工关键技术”通过国家验收，获得中国纺织工业科学技术一等奖。　（梁　伟）

【洞庭麻业公司生产经营步入良性循环】　2010年，洞庭麻业公司公司以“做精做强”为目标，抓住市场机遇，克服用工紧张、原材料涨价等不利因素，调整产品结构，实行订单生产，高附加值产品所占产值的比重达37%以上，通过ISO 14001环境管理体系认证。投入近1000万元，添置自动络筒机等先进设备，提高生产效率和产品质量。除传统的外销市场，通过开发家纺和产业用纺织品，打开内销市场，逐渐走出企业改制带来的阵痛，生产经营工作步入良性循环。　（蒋宏凯）

【洞庭麻业公司获得纺织科技一等奖】　2010年初，由洞庭麻业公司与东华大学共同研发的“舒适性超薄苎麻面料系列关键技术研发及其产业化”项目，获得2009年度中国纺织工业协会科技进步一等奖，成为全国麻纺行业唯一获得这项奖励的单位。该研究成果填补了国内空白，整体技术达到国际领先水平。洞庭麻业公司通过成果的应用和建立示范生产线，产品研发能力和核心竞争力提高。示范生产线生产高档超高支苎麻面料280.69万米，销售收入2.39亿元。　（蒋宏凯）

【洞庭麻业公司人才培养出成效】　2010年，洞庭麻业公司多方面创造条件，鼓励职工学技能，钻业务，岗位成才，多人被政府部门和机构授予荣誉称号。重点项目办主任袁力军在国家“十一五”期间支撑计划“高档超高支苎麻面料加工关键技术项目”实施中贡献突出，获得

纺织工业　（王绮平　摄）

香港桑麻基金会颁发的“纺织科技二等奖”。副总工程师、技术中心主任严桂香被评为全国优秀纺织面料设计师。织布挡车工罗为为、保全工黄小林被评为湖南省劳动模范和全国纺织行业劳动模范。生产技术部技术员赵军获得“湖南省首席技师”称号。（蒋宏凯）

再生资源工业

【概　况】 2010年，岳阳市有再生资源规模以上企业105家，从业人员4万余人；完成工业总产值80亿元，比2009年增长13.6%。全市年利用废钢材9万吨、废塑料61万吨、废纸6.2万吨、废旧有色金属1720吨、废橡胶1.3万吨、废旧电器1.7万吨，报废汽车及船舶8700辆（艘），车辆回收及拆解260辆计820吨。汨罗市循环经济工业园是国家首批循环经济试点和全国首批“城市矿产”示范基地，再生资源交易量100万吨，市场交易额近100亿元，再生资源经营业主发展到4000多户，在汨罗市内外建立废旧物资回收站点1900多个，聚集长江铜业、兴发铝业、平桂制塑等50多家再生资源加工企业，形成再生铜、铝、不锈钢、塑料、橡胶、废纸等加工板块，回收废旧物资量134万吨，再生资源加工量68.9万吨，实现再生资源回收加工总产值达110亿元，是中南五省最大的再生资源交易市场、全国三大再生资源市场之一。（梁　伟）

【深入调研开展帮扶活动】 2010年，岳阳市再生资源产业领导小组办公室深入开展调查研究，重新修订方案帮扶企业。3月初，对全市再生资源产业行情进行为期10天的调研和分析，摸清全市产业情况。岳阳市再生资源产业初具规模，资源集散地主要集中在汨罗市、屈原管理区、岳阳县，从事行业回收加工企业有198家，回收加工利用能力达到235万吨。通过加工，提供重要工业生产原料，产品主要销往广东、福建、浙江、上海、江苏等沿海地区，市场网络覆盖除西藏、台湾以外的全国29个省市。5月中旬，市再生资源产业领导小组办公室第二次进行调研，并邀请环保局总工程师程育芝参加，深入到凯美特公司、汇鑫油脂公司、汨罗工业园等12家企业，分析全市再生资源的发展现状，重新修订方案帮扶企业，为科学编制汨罗工业园“国家循环经济—城市矿产示范基地”建设实施方案，为岳阳市申报国家餐厨废弃物资源化利用和无害化处理试点城市提供了依据。（黄玉祥）

【加速“城市矿产”示范基地建设】 2010年，岳阳市再生资源产业领导小组办公室按照国家“城市矿产”示范基地建设标准的8个条件7个要求，督促汨罗市加快“城市矿产”示范基地建设，力争通过3年努力把岳阳市再生资源产业打造成产值超过200亿元的新型产业集群。重点培育湖南同力循环经济发展有限公司再生资源回收利用市场和加工示范基地、汨罗市振湘碳素集团碳素产业园、全市化工残液残渣和生活餐厨垃圾及固废物综合利用等企业群体。汨罗市“湖南循环经济—城市矿产”示范基地建设规划方案已完成编制任务，报国家发改委。（黄玉祥）

【加快研发融资平台建设】 2010年，岳阳市再生资源产业领导小组办公室充分利用国家资源税改革、国家发改委开展“城市矿产”示范基地建设和碳减排承诺、工信部科技成果转化项目扶持、科技部科技创新基金项目扶持等相关政策支持，打破研发融资制约再生资源产业发展瓶颈。重点帮扶企业争取国家、省发改、财政、工信、科技部门资金支持，全力支持汨罗市振湘碳素集团碳素研发中心、湖南凯美特气体股份有限公司碳减排研发中心、湖南平桂制塑科技实业有限公司新材料研发中心建设，协助做好特气体公司、汨罗市振湘碳素集团、湖南平桂制塑科技实业有限公司上市融资工作。帮助岳阳县汇鑫油脂有限公司、湖南同力循环经济发展有限公司等企业完成10个项目1000万元的招商任务。（黄玉祥）

责任编校　黄玉祥

信息产业

INFORMATION INDUSTRY

信息化水平提升

规范频率台站管理

企业管理不断提升

岳阳移动业务发展

充分展示“沃”3G魅力

综　述

【信息化水平提升】 2010年，市经信委系统坚持以信息化支撑和促进新型工业化，推动信息化与工业化融合，加快信息技术改造提升传统产业，实施制造业信息化示范工程。与中国电信湖南省公司建立推进“岳阳市十大信息化工程”战略合作关系，推进移动电子政务、农村信息化、城市信息化、企业信息化、平安岳阳、数字港口、电子商务，以及科教、医疗、旅游等社会公共事业领域的信息化建设，全面提高岳阳市国民经济和社会信息化应用服务水平。2010年，全市电话用户总数、互联网宽带接入用户数达367.82万户、36万户。全市电子信息设备制造业实现增加值21.5亿元，比2009年增长52.6%，科技型企业CAD普及率达80%，高新技术企业CAD应用率达100%。信息产业完成增加值38.5亿元，占生产总值比重达2.5%，比2009年提升0.27个百分点。

【电子信息与光伏产业】 2010年，岳阳市有各类电子信息规模工业企业48家，其中产值过亿元的企业18家，初步建立起以电子元器件、太阳能光伏产业、电子通信产品、电子信息机电产品和软件等行业为主骨架的产业体系。拥有省级岳阳田谷电子信息产业园和汨罗、华容、湘阴等县市的市级电子信息产业园。华容工业园太阳能光伏产业、汨罗工业园电子元器件产业、湘阴工业园光电一体化产业快速发展、初具规模。中科电气、桑乐数字太阳能、龙华科技、音品电子等一批骨干企业快速成长；蓝星岳阳6906工厂、拓邦电子、华忆电子等重点企业不断扩大生产规模，全年电子信息与光伏产业完成规模工业总产值80亿元，比2009年增长74.7%，完成规模工业增加值21.5亿元，比2009年增长52.6%，增幅居全市十大产业之首。（本栏撰稿　梁　伟）

无线电管理

【规范频率台站管理】 2010年，岳阳市无线电管理处充分发挥无线电管理职能，重点抓“管频率、管台站、管秩序”三大任务落实，加强无线电频率资源的集中统一管理，累计完成国家、省下达的无线电频谱监测任务约8350小时，对广播电视、船舶电台、铁路列调、人防、电力等单位无线电台站执照进行年审，办理台站执照477个，排查无线电干扰7起，参与各类考试无线电安全保障8次，较好地维护空中电波秩序。开展移动、联通、电信3家通信运营商在用基站的年审年检工作，年检基站设备（载频）73个，年审基站执照94个，对3家通信运营商申报基站建设规划的实施情况及新建基站详细技术资料938条进行初审。6～9月底，有步骤地对人防、铁路、电力调度、广播电视、石化企业、华能电厂、华润燃气和大型超市等重点单位所设无线电台（站）进行年审年检工作，抽样年审年检电台执照及设备91个。针对市面上对讲机使用混乱的情况，重点加强对辖区内的宾馆、茶楼、酒店和娱乐场所使用的对讲机设备进行清理检查，抽检对讲机设备86台，年审执照109份。9月，在岳阳海事局支持和配合下，依法对航行在城陵矶、长江三江口一带的船舶无线电台进行年审年检，年审年检船舶电台执照及设备34个。

市委书记易炼红到市经信委调研工作　（杨晓明　摄）

【频谱监测】 2010年，岳阳市无线电管理处对航空、人防、水上安全、铁路列调和移动通信等频段实施监测和保护，在全国及省重大节假日期间实施24小监测值班共计90余天，市人大、市政协会议累计进行无线电频谱常规监测任务约8350小时，对各种业务频段占用度进行统计和分析，积累大量的频谱数据。全面完成移动16A/TD4电磁环境测试，电信2010年CDMA一期电磁环境测试，联通2010年GSM/WCDMA第一、二批电磁环境测试，中石油忠武管道汨罗市输气站VAST站电磁环境测试，岳阳市用电信息采集系统专用频率电磁环境测试，岳阳人防系统新申请频率电磁环境测试。完成岳阳机场预选地址电磁环境测试4次。2月初，组织技术力量迅速排查民航某航线应急频率在临湘市上空受干扰事件，在临湘市坦渡乡查明该应急频率受楚天交通频道FM92.7MHz在湖北赤壁市发射台的干扰，消除民航安全飞行的重大隐患。参加各类考试无线电安全保障8次，发现疑似无线电作弊信号3起，阻断2起、立案1起，抓获涉案人员2人，没收涉案设备10套。

【无线电管理宣传】 2010年，按照《全国无线电管理宣传工作实施方案》的要求，开展“无线电管理宣传月”活动。分别在《岳阳晚

市无线电管理处在步行街开展大型宣传活动 （杨一九 摄）

报》、岳阳电视台新闻频道、公交候车亭和公交线路牌等大众媒体上设立无线电管理宣传窗口，组织开展步行街广场无线电管理现场宣传大型活动，成功举办无线电管理宣传摄影大赛。9月15日，联合岳阳海事局和长航公安局岳阳分局开展长江水上无线电管理现场宣传暨水上通信安全执法活动。在城陵矶码头设置宣传展板、悬挂宣传横幅、发放宣传资料。出动2条海事巡逻艇，前往洞庭湖南岳坡码头、城陵矶新港区、三江口，登上水面作业的船舶，检查船舶电台配备情况和《内河船舶无线电安全通信设备规范》执行情况，将相关宣传资料发放到每一船主手上。在重庆J405172号运沙船上发现大功率甚高频船用电台，宣传和执法队伍立即现场叫停使用，责令船主自行拆除电台。

（本栏撰稿 刘晓辉）

邮 政

【概 况】 2010年，岳阳市邮政继续深化改革、加快发展、强化管理、提升服务，各方面工作取得新成绩。全市邮政实现业务收入2.51亿元，比2009年增长0.2亿元。其中，邮政企业完成省公司预算的114.91%。一是业务发展速度和运行质量同步提高。邮政企业转变发展方式，调整业务结构，代理金融业务，实现跨越式发展，净增邮储余额10.2亿元，累计余额达64.07亿元，邮储余额过亿网点达到10个。函件专业通过狠抓数据库商函、账单、邮资封片卡等高效业务发展，实现收入1723万元。全年度报刊收订实现流转额4220万元，教育期刊流转额绝对值稳居全省前三位。集邮专业制作“和谐家庭”3393版，销售精彩世博25套，排名全省第一。代理保险业务规模迅猛攀升，实现新单保费3.83亿元，市场占有率达到32%，连续3年居全市同行首位。电子商务专业不断完善公共服务平台，做大做强“缴费一站通”，代收费业务量达6.5亿元。二是邮储银行和速递物流公司业务规模和利润实现跨越式增长。邮储银行实现向现代商业银行的重大转变，通过加快网点建设、加强能力建设，储蓄余额达到16.2亿元，发展公司存款6.4亿元，累计发放小额信贷5亿元，实现业务收入5005万元，年均增长16%。速递物流分公司深入推进“装备精良、服务优质、客户首选”的发展战略，成功开发驾驶证、会计资格准考证等考试类寄递及物流医药代收货款等项目，完成业务收入1634万元，实现跨越式发展。

【企业管理不断提升】 2010年，岳阳市邮政坚持以效益为中心，抓基础管理，实施“以体系建设推进企业管理向一体化和精细化转型”的思路，向管理要效益。一是财务管理工作成效明显。实现市县财务一体化管理，完善市县报账管理办法，加强成本监控，规范业务资金。二是安全管理工作得到强化。创新开展储汇稽查管理和集中轮休制度，成立金融稽查分局，制定风险经理管理办法和支局（行）长风险年金管理考核办法；邮政企业所有储蓄网点均顺利通过公安机关的达标验收，6个县市局成功推行押钞社会化，实现安全生产工作的常态。三是人力资源管理不断创新。规范企业内部分配关系；建立竞聘上岗长效机制，形成择优劣汰的用人机制；积极开展职业鉴定和教育培训工作，提高队伍整体素质。四是通信服务质量稳步提升。全年检查支局所及班组2274次、邮路528条，走访用户6816人次，填写报告书和履职表8568份，加大履职检查力度，严格规章制度的执行。五是营销体系建设进一步完善。通过实施“打造十万年薪的职业经理人队伍”战略，培养和锻炼一批勇于开拓、业绩斐然的优秀营销人员和营销团队。汨罗市邮政局客户经理刘敏营销业绩过100万元，营销业绩过10万元的客户经理达到40余人。

【便民服务得到新升级】 2010年，岳阳市邮政大规模实施邮政营业网点改、扩建工程。全年累计投资1200多万元，对全市39个营业网点实施标准化改造，改造面积达7456平方米，增加网点电视监控63个，网点防盗防抢联动门33个，网点标准提款箱204个，为老百姓营造安全、舒心的用邮环境。全面启动全市56个空白乡镇建点工作，在市委、市政府的统一部署下，将在2012年全面完成岳阳市空白乡镇邮政局所补建工作。在社区服务站开通报刊收订，代收移动、电信、联通话费，代收电费、福彩投注等业务的基础上，叠加特快收寄、代售机票等系列便民服务。在市政务服务中心设立的邮信报箱建设管理窗口，累计受理22个小区的建设申请。

【企业形象得到新提升】 2010年，岳阳市邮政积极开展服务“三农”工作，投入1000万余元，建立

云溪区路口镇邮政旗舰店开业　　（市邮政局　供稿）

市—县—支局（乡镇）—三农服务站四级邮政“三农”服务网络体系，建立“三农”服务站1030个，开办农资分销、日化产品配送、涉农资金代发、金融理财（小额贷款）等一系列便民、惠民服务。分销农资5000多万元，配送化肥2000多吨，配送下乡家电2000余台，代发涉农资金16亿余元，发放小额信贷3.2亿元。广泛开展“爱心邮路”创建活动，涌现出徐永辉、李庆、李扩林等爱心邮路投递员先进典型，社会反响良好。积极参与“五创”提质工作，以政风行风建设为契机，接受社会监督、评议，高标准完成政风行风建设达标任务，市邮政局和6个县市邮政局均100%达标，提升服务意识，使客户满意率达到95.3%。深入开展各项创先争优活动，以创建平安企业为载体，全面参与社会治安综合治理管理工作，被评为全市社会治安综合治理工作先进单位。

（本栏撰稿　李湘红）

通信业

电信通信

【电信生产经营】　2010年，中国电信股份有限公司岳阳分公司(简称市电信分公司)坚持求真务实，企业价值实现大提升。业务收入排全省第9位。坚持量质并重，四条主线实现大跨越。一是宽带跨越给力，宽带收入增长、净增用户数、市场份额提升全部居全省第一位。二是移动规模突破，3G终端销售排全省第5名；行业应用在政务信息化、医疗卫生、教育、烟草、公交、金融、公安等行业方面取得重大突破，带动移动业务发展；校园营销排全省第三位。三是转型有效拓展，ICT收入比2009年增长40%，“旅业报备系统”、湘阴县“计生E通”分获省公司行业应用“破冰奖”、“燎原奖”；号百“热销6600万”专项营销完成签约合同排全省第一。四是存量基本维稳。

【电信通信能力】　2010年，市电信分公司坚持夯实基础，运营能力实现大改观。新建移动室外基站76个，扩容EVDO23个，室内分布系统16个，宽带提速42个点，光进铜退235个点，1038个万纤工程点，新建光缆交接箱98个，建成光纤54395纤芯公里。城市8M以上宽带用户达92.1%，城市12M以上宽带用户达75.13%，乡镇所在地2M以上宽带用户达90.08%，乡镇所在地4M以上宽带用户达75.08%。

【电信服务质量】　2010年，市电信分公司坚持服务为本、客户感知实现大提升。一是优化客服体系。开通“总经理服务热线”18973010000，受理客户咨询与投诉，有效监督服务质量。二是服务竞赛练兵。分公司参加全省服务营销人员岗位练兵技能比武大赛获总成绩二等奖、VIP客户服务经理代表队团体二等奖、政企直销客户经理代表队团体二等奖、实体渠道及社会代办营业人员代表队团体三等奖，3人次获单项奖、2人次获个人奖。三是承接服务创新试点。积极承接省公司推进固话、宽带限时装维和营业限时等候三项服务创新试点工作。

【电信湖南公司与市政府签订“十大信息化工程”战略合作协议】　2010年4月28日，电信湖南公司与岳阳市政府在岳阳市南湖宾馆举行“岳阳市十大信息化工程”战略合作协议签字仪式，省公司总经理廖仁斌与岳阳市政府市长黄兰香代表双方共同签订“十大信息化工程”战略合作协议，标志着双方合作翻开全新一页。出席签字仪式的还有省电信公司副总经理张振波，市委常委、常务副市长郭振斌，市政府秘书长王小中等领导。合作协议的签订，将大力推进岳阳市移动电子政务、农村信息化、城市信息化、企业信息化、平安岳阳、数字港口、电子商务以及科教、医疗、旅游等社会公共事业领域的十大信息化工程建设，全面提高岳阳市经济和社会信息化应用服务水平。省公司将加大岳阳市信息网络投资建设力度，改善信息化基础设施水平。

（本栏撰稿　刘　文）

移动通信

【岳阳移动业务发展】　2010年，湖南移动通信有限责任公司岳阳分公司（简称岳阳移动分公司）根据各季度不同的用户消费特点和经营情况，充分抓住有利时机发展新增用户，稳定存量用户。一季度，切实抓好“两节”促销，实现全年业务发展的开门红。二季度开展“精彩世博、移动有礼”主题促销活动，通过预存话费送礼品、办理新

岳阳市十大信息化工程签约 （市电信分公司 供稿）

业务和集团业务送礼品以及二重抽奖活动，大规模地稳定存量客户，确保淡季不淡。三季度，在高校开学期间，推出以校园营销为主题的多个促销活动，做到“早计划、早安排、早落实”，校园市场营销取得决定性的胜利。四季度，以“金秋有惊喜，移动献真情”营销活动为主线，进行200多场现场营销，在全市各大乡镇及农村取得较大反响。全年累计净增网上通话用户31.6万户，期末通话用户数达到214.3万户。完成运营收入14.42亿元，较2009年增长1.43亿元，增幅为11%。

岳阳移动分公司以“攻、守、告、谈”四个方面相结合的策略，开展全员维稳活动，建立一套更加科学的全员守护专项考核体系；彰显个性化服务，做到中高端、集团客户通信保障和服务需求快速响应，提升重要客户自我认知度和满意度。拍照中高端客户保有率为78.71%，拍照中高端客户收入保持率为82.7%；集团关键人的保有率为98.99%，省定拍照集团单位的保有率为99.18%，市级行业单位成员保有率为93.83%。按照市场发展趋势和客户需求将营销重心下沉到乡镇，更好地开发农村市场。年内，购买13个农村乡镇网点，有25个乡镇营业部投入使用，完成5个手机维修中心的重新选址和装修，制订114台自助终端户外投放的规划，开展前期选址等相关工作。

【岳阳移动数据及信息化发展】2010年，岳阳移动分公司一是创新营销模式，提升数据业务营销和创收能力。实行新业务营销的资源合理化配置，深入开展分层分级营销，有效结合不同目标市场的特色开展数据及信息业务营销；进一步拓展和把控渠道，实现渠道发展数据及信息业务能力提升的新突破；持续探索新业务营销模式，创新营销手段，在宣传创新、数据分析能力提升、渠道能力提升、新业务发展健康度提升等方面取得显著效果，较好地保证数据业务量的快速、健康发展。全年实现数据及信息业务收入3.31亿元。手机支付/手机钱包月均活跃客户数为4.25万户，重点业务月均活跃客户数为16.8万户。二是深度运营，提升集团客户价值。不断丰富集团产品结构，以各类营销活动为基础，实现集团用户规模与收入的持续扩大，集团信息化能力不断提升。年内推出车务通、移动400等一系列信息化产品，适时开展无线商话、校讯通、农信通、MAS业务代理营销、社保通等专项营销活动。全业务能力不断增强，铁通合作营销初显成效，相继打造无线商话、商信通、IMS等全业务产品。开展“百万计划竞赛”，促进中小企业与聚类市场信息化应用的持续发展。通过“三保三破”、“全业务竞赛”、“专线攻坚”、“618信息化工程”等多方面措施和专项活动实现创收。全年完成信息化收入3172万元，增幅为14.06%；4577家重要单位覆盖率达到99.67%；重要目标市场清单的保有率为99.67%。

【岳阳移动网络优化、工程建设】2010年是2G/3G网融合的关键年。岳阳移动分公司以科学规划为前提，以提升效率、确保质量为目标，全面完成GSM16A工程、2010年TD工程、2010年村通工程、PTN一期工程、数据宽带网二期工程等建设任务。完成基站土建及交流引入220个，铁塔安装118个；新建传输光缆线路1682.82公里。在持续加大网络广度、深度覆盖面的同时，开展网络质量提升工作，圆满完成各项网络经营考核指标，保持网络的绝对领先优势。GSM网掉话率为0.7%，接通率为99.27%，数据网络质量FTP平均下载文件速率为102.68千位/秒，CQT测试的FTP平均下载文件速率为174.92千位/秒。TD网掉话率为0.27%，接通率为99.35%。全年未发生一、二干光缆阻断故障，一、二干光缆千公里阻断时长保持为零。推进全业务建设，WLAN建设初显成效，5所高校WLAN建设全部完工。接入专线集团单位500余家。深入开展网络安全隐患整治工作，确保全网安全、高效运行。圆满完成汨罗江国际龙舟节、华容高速公路开工仪式、岳阳县创建文明县城万人签名活动、君山荷花节、岳阳旅游文化节等重大活动的应急通信保障工作，树立中国移动的良好社会形象。 （本栏撰稿 朱艺璇）

联通通信

【概 况】 2010年，中国联合网络通信有限公司岳阳市分公司（简称岳阳联通公司）继续全力打造“绿色”优质网络，进一步夯实管理基础，并以3G服务领先为中心任务，提升服务竞争实力。客户服务部VIP大客户中心获得中央企业红旗班组标杆称号，运行维护部经理方皓辉获全国劳动模范荣誉称号。

岳阳联通创新服务模式，突破

岳阳联通以“荷”为媒，充分展示“沃”3G魅力（岳阳联通公司 供稿）

服务短板，升级服务标准，推动服务营销一体化进程，打造3G客户、VIP客户和重点客户专属服务模式。在已成立的车友、健康、丽人、亲子等特色俱乐部的基础上，打造VIP客户专属服务，落实特殊重点用户差异化管理与服务，实施“专人管理、专项活动、专属服务、专程追踪”的“四专”服务。提升服务能力。组织渠道开展“服务、销售效能双提升”竞赛、“我节能，我光荣”、“零容忍”等各类主题活动，通过培训、检查、考核，评比和整改，渠道的服务水平得到进一步提升。

实施网络优化与技改，稳步提升网络质量。投入9000余万元用于3G（WCDMA）、2G（GSM）、武广高铁专项工程网络建设的同时，进一步加大网络优化工作力度。通过网优平台监控，利用现有网络资源，集中整治一批包括校园、市区居民密集小区等重点难点热点网络优化问题。年底，完成自成立以来最大规模的一次网络升级改造，由华为设备对原网近千个基站摩托罗拉设备分批次完成替换与改造。完成网络升级改造后，GSM网络整体指标良好，网络运行稳定，客户感知较好。在2010年全省无线网络质量测试中，岳阳联通综合指标排名全省第二，其中话音质量指标居全省首位。通信网络成功经受夏季多轮特大暴雨、洪涝灾害的严峻考验，还为岳阳端午旅游文化节暨首届湘鄂名楼名湖龙舟争霸赛、中国（岳阳）野生荷花旅游节开幕式等重大赛事与活动等提供通信保障。

企业管理水平逐步提高。围绕市场营销中心工作，在计划管理、物资采购、财务管理、绩效管理、人力资源管理、流程管理、风险管理等方面，不断建立、健全制度，规范运作，内控制度得到逐步完善，企业管控能力进一步增强。完善绩效考核体系，严格兑现员工业绩考评奖惩，体现业绩激励导向。关注人力资源效能提升，创新培训方式，通过组织全员培训和岗位培养提升全员整体素质。组织各级各类培训班50多次，培训员工近1100人次，选送外培近100人次。全面落实安全生产责任体系，层层签订责任状，推行管理达标检查、评比活动。坚持“安全第一、严控成本”原则，全年重大安全事故的发生率为零。

【充分展示“沃”3G魅力】 2010年8月8日，中国（岳阳）野生荷花旅游节开幕式在岳阳市君山区团湖野生荷花世界举行。岳阳联通以“荷”为媒，充分展示“沃”3G品牌魅力，以优质的通信保障服务，助力“沃”3G业务品牌推广。开幕式当天，沿着2000多米装饰喜庆、直达开幕式现场的花径放眼远望，联通企业形象宣传彩球和业务品牌广告冲击视野、随处可见。步入开幕式现场，呈现在眼前的更是一片“沃”的海洋，场面气势恢宏。印有“精彩在沃”醒目标识的应急通讯保障车静候在开幕式现场高地一角。5000名由岳阳市直各单位、中央及省驻岳单位派出代表组成的方阵观众头戴“联通中国结”太阳帽、手持“荷花瓣型”联通业务广告扇，身着“沃·3G”文化衫。作为特别参与单位之一，岳阳联通还邀请到20多名集团客户单位领导出席开幕式，共享湖湘文化盛宴。VIP客户们在欣赏自然美景和人文演绎的同时，不断用iPhone进行拍摄，并向场外的朋友们高兴地传送着精彩镜头。有的客户们还直接用3G手机与场外朋友们进行视频通话。

【岳阳联通VIP大客户中心被评为中央企业红旗班组标杆】 2010年9月18日，岳阳联通客户服务部VIP大客户中心被国资委授予中央企业红旗班组标杆荣誉称号。这次评选，首先从国资委管理的160多家中央企业、62万个班组中，评选出1000个红旗班组（科室），从中再评出100个红旗班组（科室）标杆。通过基层推荐、层层选拔，该中心成为湖南通信行业唯一获此殊荣的班组。自2001年成立以来，该中心始终坚持全心全意为客户服务的宗旨，围绕全面、超值、个性化的服务理念，努力实现“超越用户期望、用心服务无止境；超越个人追求、全心学习无止境；超越服务内涵、开拓创新无止境”的工作目标。在工作中，该中心不懈追求客户满意度，为近7万名客户提供“量身定做”的差异化服务，实现月收入190多万元，为企业赢得良好的经济效益和社会效益。自2005年起，该中心一路高歌，获得湖南联通“奋进杯”客户维系挽留竞赛亚军、被评为湖南省芙蓉标兵岗，获得全国巾帼文明岗光荣称号。

（本栏撰稿 万盾宇）

责任编校：王 艳

农 业

AGRICULTURE

综 述

【概 况】 2010年，岳阳市贯彻落实中央1号文件和省、市系列重要决策和部署，积极应对暴雨洪涝灾害和农产品价格异常波动，大力发展现代农业，全面加快新农村建设步伐，全市农业农村经济社会保持平稳较好发展态势。

一、主宗农产品增产。在低温寒潮和暴雨洪灾的侵袭下，全市大力救灾补损，积极发展农业生产，主宗农产品实现全面增产。全市粮食播种面积达到54.16万公顷，总产315.8万吨，增长0.1%；棉花总产5.07万吨，增长6.4%；油料总产19.1万吨，增长7.22%；蔬菜245.5万吨，增长2.3%。全市出栏生猪743.87万头，增长2.0%；出栏牛14.14万头，增长20.96%；出栏羊40.9万只，增长0.4%；家禽产量7.91万吨，增长3.2%；实现水产品产量37.88万吨，增长4.8%。

二、农业综合效益增加。全市实现农林牧渔业总产值326.4亿元，比2009年增长4.2%，其中农业总产值150.1亿元，增长3.6%；林业总产值9.54亿元，增长4.6%；牧业总产值110亿元，增长4.2%；渔业总产值52.6亿元，增长5.0%。全市实现农业增加值215.5亿元，比2009年增长4.1%。

三、农民收入持续增长。全市农民人均纯收入继续保持持续增长态势，达到5988元，比2009年增加649元，增长12.2%。

四、农村社会大局稳定。认真落实各项强农惠农政策，切实加强农村民主政治建设和精神文明建设，全市没有出现一起涉农群体越级上访事件，没有出现一起涉农恶性案件，没有发生一起群死群伤安全事故，没有发生重大动物疫病的流行，没有发生农产品质量安全事故，农村大局和谐稳定。

农业农村经济在快速发展的同时，也面临着一些困难和挑战。一是农业农村基础设施还比较脆弱，抵御自然灾害的能力还不强，农业生产“靠天吃饭”的局面还没有得到根本改变。二是受国际国内农产品价格市场大幅波动等诸多因素的影响，全市农产品价格波动剧烈，务农效益低，农民稳定增收难度加大。三是农业生产经营的组织化、市场化程度还不高，农村社会化服务体系和保障体系还不健全，统筹城乡发展、发展现代农业、提高农民素质的任务还很艰巨。

【推进新农村建设】 2010年，全市新农村建设按照市委、市政府提出的“规范、提升”打造示范片的总体思路，以片带面，整体推进，新农村建设取得较好成效。一是产业快速发展。全市新增连片200公顷以上规模的优质种植板块13个，新增投资600万元以上的规模化养殖场7个，新增年产值500万元以上的农产品加工龙头企业11家，新建标准化示范基地12处，优质粮、网箱养鳝、无公害蔬菜、水果、有机茶叶、速生丰产林等高效种养项目，由点成面。岳阳县新墙镇高档葡萄示范基地新增种植面积28公顷，使整片基地扩大到200公顷。全市粮油棉麻、畜禽水产、蔬菜茶叶、林纸竹木等主导产业不断做大做强，通过全市370多个种、养、加、销等各类合作经济组织和专业协会的带动，初步形成生产加工、营销、服务多环节沟通、一体化经营的产业化格局。在大力发展种养加的同时，劳务产业不断做大做强。全年向外输出农村劳动力87.4万人，就地转移26万人，实现劳务总收入151亿元。在产业快速发展的带动下，全市农民人均纯收入持续快速增加，达到5988元，比2009年增长12.2%。特别是19个示范片，农民人均纯收入最高的村超过10000元，最低的村达到7600元，10个市级示范村农民人均纯收入超过8000元，比2009年增长17%。二是基础稳步加强。全市各级各部门全年累计整合新农村建设资金物资26.9亿元（其中，各类涉农建设项目资金13亿元，市县两级财政配套投入1.6亿元，向外招商引入资金9.3亿元，通过志愿者行动募集社会资金0.8亿元，发动农民投资、投劳（工日折合）2.2亿元，硬化乡村公路3300公里，硬化沟渠850公里，新增电网改造560个村，改造和新建村部58个。三是环境明显改善。继续以整治农村环境、开展清洁家园行动为切入点，因户制宜，实行“五改一建一整治”（改水、改厨、改厕、改圈、改路，建沼气，整治卫生环境），采取以奖代投引导农户进行农家环境整治，全市新建沼气池2.07万口，垃圾箱（池）1640个，并在全市60%以上的村、70%以上的组推广“清洁家园”工程，“三清”率达47.3%，五改农户6.8万户，五改率达到28%。平江县组织各乡镇试行农村垃圾“户集村收村埋”办法，坚持每村配备一套人马、一套工具、一个填埋场、一套长效机制。2010年，平江县新

农村清洁工程示范村

（市农业局 供稿）

建垃圾围68处，垃圾填埋场48处，全县农村的环境卫生状况得到较大改观。四是乡风不断文明。健全村级民主管理制度，指导修订《村规民约》和《村民守则》，规范政务公开和村务公开，新增大学生村官120人充实到基层班子中，农村基层组织建设切实加强，基层干部服务群众致富的能力明显提高。组织开展争当文明户、五好家庭等群众性精神文明活动，活跃农村氛围。结合“平安村社”创建活动，开展基层民警联防网络建设，各示范片（村）矛盾纠纷得到及时调处，村组治安环境明显改善，农村大局保持稳定。岳阳县、华容县被省委、省政府授予新农村建设先进县市区，临湘市长源村和岳阳县清水村被授予省级新农村建设示范村。

【发展现代农业】 2010年，全市突出以农为本、以粮为纲，努力促进农业增效、农民增收，现代农业建设稳步发展。一是现代种养加快发展。强化绿色健康、生态环保等种养理念，推进规模化、标准化种养，集中力量建设一批优势农产品基地县、乡镇和村，推动现代种养向大户集中、向园区集中、向小区集中。创建粮食万亩高产创建示范片16个（水稻15个、玉米1个），全年粮食播种面积达到54.16万公顷，比2009年增长0.4%，总产达到315.8万吨，实现连续7年丰收。发展畜禽养殖标准化示范场8家（国家级、省级各4家），年出栏5000头以上的养猪小区28个、家禽养殖大户3726户；国家级水产健康养殖小区发展到14个。二是农产品加工业加快发展。坚持以工业化理念发展农产品加工，大力推进优质稻米、饲料生猪、林纸竹木、水产养殖、油料棉花、草食动物、蔬菜茶叶、农机制造、种子种苗、休闲农业等“十大产业链”建设。农产品加工企业发展到2620家，其中规模农产品加工企业368家，年产值过亿元的29家。市级以上农业产业化龙头企业发展到204家，其中国家级2家、省级23家、市级龙头企业179家（其中享受省级龙头企业待遇的有19家）。三是农产品品牌不断增多。鼓励以品牌提升农产品知名度，推动农产品创品牌、扩市场。涉农国家驰名商标新增“胜景山河”、“九鼎”2个，达到10个；湖南省著名商标新增5个，达到81个。通过“三品”认证农产品334个，其中无公害农产品202个、绿色食品84个、有机食品48个，“华容芥菜”、“华容芦苇笋”、“湘阴藠头”等国家地理标志认证产品5个。市级以上食品加工龙头企业90%通过ISO 9000、ISO 14000、HACCP等质量体系认证。四是组织化程度不断提高。积极推行“公司+基地+农户”、“公司+专业合作社+农户”、“公司+基地+养殖小区+农户”等产业化模式，龙头企业与农户相联结的基地面积不断增多，全市国家级、省级龙头企业联结基地面积就达16.29万公顷，带动农户63.9万户，参与组建农民专业合作组织373个，社（会）员16.5万人，辐射受益农户30多万户。华容县铭泰米业围绕建设国家优质粮工程基地创办优质稻种植专业合作社，基地面积达400公顷，入社农户5000户。君山区国泰和李记食品实行基地订单生产后，仅芥菜收购价比2009年高出60%，为君山区蔬菜基地农民增收500多万元。

【落实强农惠农政策】 2010年，全市加大惠农减负明查暗访力度，对重点地区、重点领域、重点项目实施重点监控，挂牌整治；严格查处惠农减负违纪违规案件，确保各项强农惠农政策落实到位。强化以“一卡一信一栏”（农民负担监督卡、致农民朋友的一封信、村级惠农减负政策宣传栏）为主的公示公开，全面推行支农惠农资金“一卡通”发放，组织开展惠农减负工作全面检查4次、专项检查5次、暗访检查3次，发放“农民负担与补贴监督卡”120多万份，打卡发放补贴资金由2009年的9项扩大到18项，下发到农户手中的惠农补贴资金达到8.1亿元。

【加强农村公共事业建设】 2010年，全市公共财政进一步向农村倾斜，城乡一体化进程加快，农村医疗、卫生、教育、文化、社会保障等公共事业加速发展，农村公共服务水平不断提升。全市全年新建户用沼气池20713口，完成10处大型沼气工程建设；新解决农村饮水不安全人数30.52万人；新型农村合作医疗参保率提高到98.4%。新建和改扩建乡镇敬老院8所，农村低保标准提高420元，达到每年1320元。帮助4570户农村危房改造和因灾倒房户恢复重建。启动新型农村社会养老保险试点工作，21.3万农村老人开始领取养老金。

【全面完成省市实事目标任务】 2010年，市委农村工作部、市政府农村工作办公室（简称市农办）充分发挥综合协调职能，集中人力、物力、财力，努力办好省、市涉农实事。生态能源建设方面，省政府下达岳阳沼气实事任务1.3万口，全市新建户用沼气池20713口，完成省定任务的159%，同时完成10处大型沼气工程建设，新建农村沼气后续服务网点139个。扶贫开发方面，成功争取岳阳县和平江县纳入全省15个“两项制度”衔接试点县，争取中央和省财政扶贫资金3375万元，比2009年净增413万元。成功争取云溪区、岳阳楼区纳入全省扶贫范围，实现岳阳扶贫工作的全覆盖。农民专业合作社发展方面，全市农民专业合作社发展到382个，辐射带动农户21.6万户，新增省级农民专业合作示范社9个，全市省级示范合作社发展到17个。

（本栏撰稿　黄万坤）

农村经营管理

【概　况】 2010年，全市农村经营管理着力抓好以下四项工作：

一、继续完善耕地承包确权发证和流转管理。全市有89.3万农户签订耕地承包合同和换发耕地承包经营权证，占承包农户总数的95%。有95%的乡(镇)建立农户耕地承包档案室，46%的乡(镇)完成农户耕地承包资料信息化录入，占已确权发证总数的46.1%。3月，市农村经营管理局（简称市农经局）组织平江县农办、县农经局在伍市镇开展农村土地流转暨承包经营纠纷调解仲裁试点，形成指导全市开展该项工作的一系列规程。建立乡(镇)土地流转服务中心117个。全市耕地

蓬勃发展的农产品加工龙头企业 （市农经局 供稿）

流转面积5.24万公顷，占总耕地面积14.6%，其中转包、转让、互换的3.33万公顷，占耕地流转面积的63.6%，租赁的1.87万公顷，占耕地流转面积的35.6%，其他流转形式的400公顷，占耕地流转面积的0.8%。参与耕地流转的农户14.3万户，占总农户数15%。以乡、村为主的土地承包经营纠纷调解体系进一步健全，有4个县市建立农村土地承包经营纠纷仲裁机构。9月，有26名农经工作人员参加省仲裁员培训班，取得农村土地承包经营纠纷仲裁员资格证。全年农经部门接待农村土地问题信访1320起（次），通过仲裁的5起，其余经过各级各部门的调解都得到妥善处理。

二、强化规范集体财务村账乡管和审计监督。按照年初市政府印发《岳阳市村财民理乡监管办法》的规定，市农经局对村账乡代管进行全面整改和大力推动。一是抓队伍建设。以县为单位组织开展农村财务和审计人员的培训，根据村账乡代管业务设置对村级财务人员全部配齐到岗，对农村审计人员进行严格考核。二是抓专题审计。重点开展对惠农涉农资金、一事一议筹资筹劳、土地征用补偿资金、转移支付资金、村干部离任等专题审计，运用审计强化村账乡代管后对集体财务的监督管理。三是抓落实整改。依照“审而要究、审而要改、审而要用”的原则，对农村审计提出的整改意见和决定采取多项措施落实到位，维护审计监督的权威性和严肃性。全市实行村账乡代管达2651个村，比2009年新增306个村，其中，乡(镇)经管站代管的有1875个村，乡(镇)财政所代管的776个村。设立农村审计机构184个，其中，县级6个，乡(镇)178个。配备农村审计人员数660人，其中，县级50人，乡(镇)610人。有340人取得省主管部门颁发的农村审计资格证。6月，按照省推进农村集体产权制度改革的统一部署，对集体经济组织进行了调查摸底。

三、落实政策进一步减轻农民和集体组织负担。全市通过“一卡通”直接发放到农户的各项惠农补贴资金项目达到18项，发放粮食直补资金4590万元，农资综合补贴资金2.74亿元，良种补贴资金1.15亿元，其他补贴资金3.8亿元。中央、省财政下拨全市村级一事一议奖补资金4470万元，华容县被省推荐为全国一事一议财政奖补示范县。全市组织开展惠农减负检查3次，突出问题专项督查7次，暗访抽查11次。下发整改通知书25份，取消和纠正不合理收费项目8个，清退不合理收费800万元。各级纪检监察机关查处违反惠农补贴政策的责任人19人，诫勉谈话17人（次），清退违规资金600万元。

四、多方指导扶持农民专业合作社建设发展。年初，市农经局提出“注重质量，稳步发展”的工作思路，印发《关于加强对农民专业合作社规范建设指导的通知》，对合作社依法注册登记、依章程从事经营活动、建立健全内部机构、实行成员大会制度、设立规范财务台账、实行盈余返还机制等提出10项要求。先后开展农民专业合作社党建工作、大学生回乡创办专业合作社等调研，撰写工作调研报告4篇送农业部、省和市有关单位。9月，组织汨罗金银花生产合作社等3个合作社参加全国农民专业合作社产品推介会，组织县市区农经局长就建设发展农民专业合作社前往云南楚雄州进行考察学习。全市农民专业合作组织达到408个，其中农民专业合作社382个，在工商登记注册的313个，入社农民5.6万户，辐射带动农户21.6万户。具备合作组织性质的农民专业协会26个，成员1.9万人，带动协会成员1.5万户。争取上级扶持农民专业合作社项目31个、资金397万元，其中农业部扶持项目1个资金20万元，财政部扶持项目16个资金300万元，省财政扶持项目14个资金77万元。

【强化农村集体三资管理】 按照农业部《关于进一步加强农村集体资金、资产、资源管理的指导意见》的要求，2010年，市农经局从三个提升入手强化农村集体三资管理。一是宣传发动，提升认识。将农村集体三资管理列入基层党风廉政建设和农经工作的重要内容，在全市农经系统组织学习领会文件精神，把握政策要求。二是健全制度，提升水平。以规范制度建设为切入点，在坚持民主自愿原则的前提下，全面推行农村集体三资委托代理服务，督促各地建立健全三资管理14项制度，指导开展资产清查，摸清底数，造册登记，建立管理台账。三是落实措施，提升监管。加强调查研究，结合实际制订三资管理的措施，开展“两清理一规范”活动，对三资进行全面盘查，强化监管水平。2010年，全市有农村集体资产22.8亿元，实行“三资”委托代管的有2180个村，建立“三资”管理制度的有2710个村，设立“三资”管理台账的有2177个村。

【采取得力措施降减负信访】 2010年，全市落实惠农政策，强化减负责任，健全监督机制，切实保障农民和村集体经济组织负担进一步减轻，切实维护村民自治和农民的民主管理权利，农民群众的满意程度普遍提高。接待处理农民涉负来信来访67件（次），通过采取六个得力措施，惠农减负信访比2009年下降60%。一是领导组织得力。市委书记易炼红、市长黄兰香先后在市经济工作、市农村工作等会议上强调，坚决确保各项惠农减负政策不折不扣落实到位。市委、市政府将惠农减负工作纳入民本岳阳、行政绩效和党风廉政建设目标管理考核内容，实行“一票否决”。继续坚持一把手负总责，由县市区主管领导签订“落实惠农减负政策工作责任状”，形成一级抓一级，层层抓落实的局面。二是政策宣传得力。市农办、市减负办3次在岳阳电视台“巴陵行风聚焦”录播惠农减负节目，4次在岳阳广播电台“行风热线”接受群众政策咨询和反映问题。在“岳阳农网”公开惠农减负政策，在“岳阳红网”上回复涉农涉负问题150多篇（次）。印发宣传资料200万份，惠农减负“一信一卡”入户率达到95%。三是补贴监督得力。采取社会监督与部门监督相结合，对主管部门核发各项惠农资金的名称、来源、金额面向社会公示公开，各级纠风、审计、财政、减负等监管部门备案，确保惠农资金全额发放到农户。四是奖补措施得力。对一事一议财政奖补项目对象确定、奖补方案及项目管理、奖补资金拨付等建立规章制度。主管部门主动搞好项目信息公示，让群众充分了解一事一议奖补和自筹资金的用途与项目建设情况。五是重点整治得力。对重点地区、重点领域继续实施重点监控，由市、县两级减负办和纠风办实行挂牌整治，对存在的突出问题进行专项治理。重点治理农民建房、农村中小学就读乱集资摊派及农民专业合作社登记年检乱收费等加重农民负担的行为，大部分地方涉农收费比往年明显减少。六是监督检查得力。市、县两级成立由监察局、纠风办、农办、减负办、财政局等部门组成的农民负担和惠农资金检查组，从5月开始历时3个月，对近3年来各项惠农资金落实情况进行全面清理，开展暗访检查，发现问题，及时整改。

【高标准办实事示范项目】 2010年，岳阳市有华容县银华润农棉花合作社等9个农民专业合作社确定为省委、省政府为民办实事示范项目。为了高标准办好实事示范项目，成为全市农民专业合作社引路样板，副市长陈四海强调要加大对省级示范合作社建设的指导扶持力度，抓好体系建设，加强组织领导，通过示范推动把农民专业合作社做大做强。市农经局一是落实任务责任。5月，印发《岳阳市承办省委省政府2010年农民专业合作社示范实事工作方案》，明确合作社场地建设、运行机制、成员培训、提升功能和部门服务等五项实事内容和责任，各县市区政府向市政府承诺承办示范合作社的工作责任。二是制订考核指标。6月，印发《关于进一步加强省级示范农民专业规范建设，高标准完成省委、省政府实事任务的通知》，对县市区党委、政府重视支持程度、指导机构建设情况和示范合作社生产经营制订量化计分的考核指标，作为年终验收评定标准。三是示范促进带动。6月，在汨罗市召开县市区政府主管领导、农办主任、农经局长、市政府实事办等有关单位负责人和省级示范合作社理事长参加的建设省级示范合作社现场会，通过看、听、传、帮交流示范办实事经验，促进大面办社质量的提升。四是组织成员培训。6月，分别举办两期农民专业合作社培训班，参训的理事长、监事长等达320人，提高了合作社的民主管理意识，增强各合作社之间相互交往。五是临社具体指导。4～6月，分别到9个实事示范合作社，从办公室建设、财务建账建制和人员培训开展切合实际的工作指导。8月，配合省实事工作督查组针对示范项目实施工作中存在的问题提出整改意见。六是全盘评估验收。12月，按照省、市绩效评估标准和市局考核计分办法进行验收，结果表明，全市9个承办实事示范合作社全部达标，汨罗市、临湘市、岳阳县和君山区被省评为承办农民专业合作社示范实事先进单位。

（本栏撰稿 涂放鸣）

农村能源

【概 况】 2010年，岳阳市农村能源系统锐意进取，努力为民办实事，实现农村能源事业的持续、快速发展。新建户用沼气池20713口，完成省定实事任务的159%。完成11处大型沼气工程建设，新建农村沼气后续服务网点139个，完成农村沼气建设投资9504万元。

【创新农村能源服务方式】 2010年，全市农村能源系统一是创新发展模式。随着农村经济结构的深入调整，养殖结构发生变化，畜禽由散养向养殖大户、养殖小区集中。仅生猪一项，全市出栏500头以上的规模养殖户2100户，出栏1万头以上的24户，零星养殖户相对减少。针对这一情况，市能源生态局在抓好户用沼气池建设的同时，重点在养殖大户建设大中型沼气工程和联户沼气工程，实行联户兴建、集中供气。全市新建联户沼气池134个、养殖小区沼气池21个，较好地解决了部分养殖户的生产生活用能和环境污染问题。临湘市、汨罗市分户建设的联户沼气池气柜，实用，便于管理。华容县、君山区集中连片建池打造示范区，岳阳楼区为解决南湖水污染问题，在南湖风景区龙山旅游点一次性建池100多口。二是创新施工技术。举办技术员培训班4期，重点学习、推介已经试点成功的水压式沼气池施工技术、秸秆发酵技术、机械化作业技术和大中型沼气工程施工技术等四项实用新技术，平江县大力推广曲流布料水压技术，既节约建设成本、又能加快建设进度，深受农户欢迎。为适应大型沼气工程建设的需要，岳阳县承办农业部在岳阳市举办的全国利用覆膜技术建设培训班，使全市不少技术员掌握大型沼气工程施工技术。三是创新筹资方法。继续争取国家对农村能源建设的支持，全年争取中央投资5100万元，新建大中型沼气工程11处；市县两级财政安排210万元用于农村能源建设，岳阳经济技术开发区财政安排20万元用于大型沼气工程建设，君山区部分乡镇也安排部分资金用于农村能源服务体系建设；全市整合农业综合开发、移民后续扶持、扶贫和退耕还林资金990万元支持农村能源建设。四是创新服务手段。按照“政府引导、市场运作”原则新建139个沼气服务网点，探索出专业合作型、协会成员型、公司经营型、个人领办型和社会公益型等5种服务模式和包干负责、配件有偿、服务免费等服务手段，技术人员基本做到每年对责任范围内的沼气户进行2次回访，确保了农村沼气的可持续发展。汨罗市弼时镇实现沼气后续服务的信息化管理，岳阳县乡村服务网点建设受到农业部专家的好评。

【抓好农村能源建设】 2010年，全市农村能源建设综合效益明显，有效促进了社会主义新农村建设。一是增加农民收入。据测算，一口沼气池每年可为农户节省生活用能开支800元，沼渣沼液作为优质有机肥，为农户节省化肥农药费用300元。2010年新建的2.07万口沼气池，可为农民节支增收2200万元。二是促进农村环保。新建的2.07万口户用沼气池处理养殖业废弃物14万吨。新建的11处大型沼气工程较好地解决养殖场周边环境污染问题。三是促进社会主义新农村建设。广大沼气用户充分利用沼肥开展“猪—沼—菜”、“猪—沼—果”、“猪—沼—鱼”、“猪—沼—粮”等模式的综合利用，发展现代生态农业。还配套进行“五改”（改厨、改厕、改栏、改水、改浴），净化美化了农民家庭生活环境，改善了村容村貌。

（本栏撰稿 李建中）

扶贫开发

【概 况】 2010年，岳阳市扶贫开发工作以科学发展观统揽全局，坚持开发式扶贫方针，以整村推进为载体，突出产业开发和贫困地区劳动力转移培训两个重点，取得投入过亿元、脱贫人口超3万人、年人均增收400元的好成绩。

【积极争取扶贫项目资金】 2010年，市扶贫办为加大扶贫开发投入力度，加快脱贫工作进程，抢抓机遇，向省扶贫办申报项目八大类212个，争取中央、省财政扶贫资金3375万元，比2009年增加413万元。平江县德援项目按计划推进，已投入3700万元，完成水利项目中的23口山塘和交通项目中的6条公路的前期工作并动工修建。积极申报泰华银行无息贷款60万元，对口帮扶平江县冬塔乡白土村开展产业扶贫；申报中国进出口银行低息贷款2.5亿元，扶持平江钰林服饰、平江福寿山旅游开发两个龙头企业做大做强。同时，通过各方面的努力，岳阳楼区、云溪区列入全省扶贫开发范围，至此国家扶贫开发政策已覆盖全市每个县市区。

【整村推进扶贫工作】 2010年，全市扶贫工作在各级领导的高度重视和帮扶单位的大力支持下，整村推进工作取得一定成效。一是加强基础设施建设。新建村级组织活动中心4800平方米，新修维修小学4050平方米，兴修及维修水利工程239处，新增旱涝保收面积213.33公顷，解决人畜饮水困难1933户，维修、硬化村组公路148公里，架设高低压线路153千米，解决用电困难7500户，发展沼气299户。二是全面推进产业开发。充分利用优势资源，建立开发式扶贫长效机制，全市扶贫工作以产业发展为重点，将40%的扶贫资金投入到贫困村产业开发中，用于培育良种、农业技术培训、对贫困农民进行政策扶持、扶持龙头企业开展农产品加工，增加农产品附加值，吸收转移农村剩余劳动力。平江县在三墩、童市、虹桥、伍市、福寿山等乡镇发展“两茶一竹”。新增油茶种植面积333.33公顷，低改133.33公顷，新增楠竹100公顷、有机茶5.8公顷。扶持农户发展经济林果26.67公顷，发展经济作物240公顷，培养养殖大户865户，推广新技术项目20项，举办油茶培训班52期，制作油茶种植技术培训光盘，培训农民2800人次。投入资金500万元扶持山润油茶、九狮寨茶业等龙头企业做大做强，实现农产品增值3500万元，吸收劳动力4347人，有效拓宽了农民的增收渠道。

【扶贫试点工作稳步推进】 2010年，全市扶贫试点工作一是围绕“两项制度”试点工作，有序开展。“两项制度”是指最低生活保障制度和扶贫开发政策，总体目标实现应保尽保，应扶尽扶，从根本上稳定解决农村贫困人口的温饱问题。平江县、岳阳县列入省“两项制度”有效衔接试点县（全省共15

全市建设扶贫工作会议与会人员在君山区许市镇参观（市扶贫办 供稿）

个试点县）后，市扶贫办按照政策要求，结合两县实际，通过宣传发动、对象识别、申请推荐、评议公示和审查确认等系列工作，对33个乡镇15054户、51000名扶贫对象进行登记建档和电子档案录入工作。两县全面启动生产项目帮扶，90%的贫困农户落实种、养业增收项目。岳阳县按照开发扶贫与生活救助“两轮驱动”新要求，组织16个职能部门，整合27个涉农项目，落实帮扶措施，“两项制度”试点扶贫专项资金发放已接近尾声。平江县围绕重点帮扶产业，组织帮助231个村的4160户贫困户，种植油茶347.33公顷、楠竹21.33公顷，且生长良好。9月，省扶贫办在平江县召开现场经验交流会，参观试点现场，推介典型经验。二是贫困村村级互助资金试点初见成效。从2007年开始，市扶贫办先后在平江县龙门镇曲溪村、瓮江镇新棚村、伍市镇合利村、安定镇河坪村、嘉义镇团湾村等5个村进行试点。5个村的协会会员发展到1671户、6334人，互助资金总量达到136万元。其中，财政扶贫资金75万元，赠股140股，14万元；配股610股，61万元；筹集农户配股资金61万元。5个村累计发放贷款326.986万元。其中，养殖业贷款420户、107.559万元，种植中药材户170户、86.427万元；加工贩运业48万元，商业、运输业58万元，其他（含采矿业）27万元。带动农户养殖肉牛180头，养猪1980头，湘东黑山羊1750只，种植中药材17.33公顷；鱼苗和生猪贩运户45户，收益27万元。三是连片开发试点初具规模。平江县以“县为单位、整合资金、整村推进、连片开发”试点项目工作落实面积300公顷，完成勾图面积318.53公顷，完成炼山、整带、打凼面积181.33公顷，占总任务60%，完成公司+农户3家，引资38万元，整合部门支农资金45万元，和347户项目农户签订合同，其中贫困户243户。

【建设扶贫取得实效】 2010年，按照市委、市政府的统一部署，全市82个市直单位73名队员进驻8个县市区58个扶贫村，帮助当地群众发家致富。投入和协调项目资金1500万元，硬化、加宽、维修村组公路89.6公路，硬化、维修水渠24.15公里，维修小型水库8座，水塘17口，维修小型桥梁7座，建沼气池189个，新建村部4个，开挖水井3口，建垃圾箱10个，电网改造覆盖4600户。通过建设扶贫，贫困村的村支两委班子建设得到加强，农村生产生活条件得到改善，农民收入有所增加，贫困村农民真切感受到了党的关怀和温暖。

【“雨露计划”顺利实施】 2010年，市扶贫办按照省扶贫办要求，会同市财政局和平江县扶贫办、平江县财政局一起，通过考察重新确定3所学校（市级2所、平江1所）作为贫困地区劳动力转移培训基地，培训1880人，结业学员就业率达90%以上，大部分安排在沿海发达地区，月薪均在1500元以上，实现“培训一人，脱贫一户，带动一方”的目的。同时认真组织开展农民实用技术培训，累计培训1.85万人次，提高了农民科技素质和致富能力。（本栏撰稿 肖长久）

种植业

【概 况】 2010年，全市各级农业部门认真贯彻落实中央1号文件和省、市经济工作会议精神，围绕“提速、升级、增效、惠民”的总体要求，开拓创新，攻坚克难，全市农业和农村经济继续保持平稳较快发展的良好态势。全年实现农业总产值150.1亿元，比2009年增长3.6%。

【积极发展农业生产】 2010年，面对全年极端气候多发频发的不利局面，全市各级农业部门大力开展以“促生产、保供给”为主题的救灾补损活动，农业生产获得全面丰收，主要农产品供给得到有效保障。全年全市粮食播种面积达到54.16万公顷，在遭受严重自然灾害的情况下，总产达到315.8万吨，分别比2009年增长0.4%、0.1%。汨罗市获全国粮食生产先进县，汨罗市、岳阳县获省粮食生产标兵县，湘阴县、华容县获省粮食生产先进县。“菜篮子”供应充裕，全市蔬菜播种面积8.25万公顷，总产245.49万吨，分别增长3.2%和2.3%。高效作物增产增收。棉花种植面积3.37万公顷，总产5.07万吨，分别增长4.33%、6.41%，居全省第二位，棉花良种覆盖率达到98%以上。油料播种面积12.04万公顷，总产19.1万吨，分别增长3.1%、7.2%。全年实现农业总产值150.1亿元，增长3.6%。

【确保农产品质量安全】 2010年，全市农业部门坚持一手抓专项整治，一手抓农业标准化生产，逐步实行从田间到餐桌的全过程控制。抓生产源头治理，在对全市主要食用农产品进行产地认定的基础上，设立环洞庭湖面源污染监测点9个，点源污染监测点3个，种植绿肥8.47万公顷，推广秸秆还田38.67万公顷次，新增频振式杀虫灯2000盏，性诱剂应用面积4200公顷，黄板诱蚜应用面积1000公顷。抓农业标准化生产，加快标准的引进与制定，引用各类标准154项，制订农业地方标准2项，制订农业生产技术规范20个，银针茶、临湘黑茶和平江有机茶标准化示范基地面积发展到2200公顷，全市粮、棉、油、菜等主要农产品标准化生产示范基地增加1.73万公顷，总面积突破9.33万公顷。抓产地准出和市场准入，在君山、华容、湘阴等主要蔬菜生产区开展基地准出试点，加强例行监测和监督抽查，在全市范围内新设立农产品质量定点监测点30个，总数达150个，全年抽检蔬菜、水果样品6.03万个，农残超标率1.67%，低于全省7%的目标控制线，在“海南毒豇豆”和“染色豌豆”事件中，岳阳市均未受到大的冲击，全市主要农产品质量安全水平已处于整体安全、基本放心的阶段。

【纵深推进产业化经营】 2010年，全市农业部门落实市委、市政府“联手帮扶产业升级行动”部署，以龙头企业为突破口，促进农业产业联动，推动全市农业产业化经营水平稳步提高。龙头企业进一步壮大，全市农产品加工企业发展到2617家，其中市级以上龙头企业221家，重点培育湖南正虹科技发展股份有限公司等3家年销售收入过

30亿元，湖南巴陵油脂股份有限公司等7家过10亿元以及湖南胜景山河生物科技股份有限公司等20家过亿元的龙头企业，市级龙头企业湖南金泰粮油股份有限公司、湖南洞庭黄龙原生态水产股份有限公司在天津股权交易所正式挂牌。全年农产品加工业实现销售收入388亿元，完成增加值117.7亿元，比2009年分别增长17.2%和20.3%。品牌建设进一步推进，在发挥市场化、品牌化大农业的实践中，全市龙头企业已拥有10件中国驰名商标，3个中国名牌产品，76件省著名商标，45个省名牌产品，省级以上农产品品牌数量居全省首位。全市新增"三品"（无公害农产品、绿色食品、有机食品）认证96个，新增地理标志产品2个，通过"三品"认证的农产品达到449个，总数居全省第三位。产业布局进一步优化，积极引导龙头企业向加工园区集聚，重点打造湘阴、君山全国农产品加工示范基地和平江、华容全国农产品加工创业基地，初步形成饲料、油脂、棉麻、竹木、蔬菜等一批特色主导产业。

【提高科技支撑水平】 2010年，全市农业部门加强农业技术推广普及，大力培养新型农民，促进先进技术成果的转化和应用。乡镇农技站改革顺利推进，平江、湘阴、汨罗、华容继续列入全国"基层农技推广体系改革与建设示范县"项目。积极参加以"推进科技入户，促进增产增收"为主题的"五下乡"活动，普及推广农业新品种、新技术，落实省农业丰收计划项目4个，其中湘阴县绿色水稻高产栽培技术获得省丰收计划一等奖，测土配方施肥技术实现全市覆盖，实施面积46.85万公顷次，全市病虫害专业化防治组织发展到34个，完成防治面积8.17万公顷，"农信通"短信平台建设进程加快，与移动公司签订战略合作协议，选聘20名农业专家开展咨询服务，每周给11万农户发送60万条短信。创新农民实用技术培训形式，积极开办农民田间学校，全年培训农民18万人次，培养科技示范户4000户，完成阳光工程培训的全面转型，培训机防手、农村经纪人、农村创业人员等1.74万人。扎实推进省定实事"农村清洁工程"建设，建设的8个示范村中有4个示范村被列为全市新农村建设现场观摩点。

【加强农业行政执法】 2010年，全市农业部门采取专项整治与日常监管相结合、执法检查和部门联动相结合的办法，加大执法力度，规范执法行为，切实维护农民群众权益，确保农业生产安全。开展"种子执法年"活动，制订《2010年种子执法年活动方案》，加大对转基因生物安全的监督检查，下发《关于严查"三无"等非法水稻种子的紧急通知》。加大农业投入品监管力度，开展打击违法制售、使用甲胺磷等5种禁用农药的专项行动，逐步规范氧化乐果等限用农药的经营使用。全年查处各类违法案件134起，查处有问题的农资161吨，为农民挽回经济损失1180万元。全面开通"12316"三农咨询、投诉热线，组织市、县两级开展"送优质放心农资下乡"活动，赠送优质农资115吨，接受农民咨询1.3万人次。

【加强农业创建工作】 2010年，全市农业部门深入开展创先争优活动，努力提升服务意识和水平，推动农业创建工作向更高水平发展。积极创建国家级现代农业示范区，屈原行政管理区成为50个国家级现代农业示范区之一（湖南省仅有2个）。积极创建国家级高科技种业骨干企业，湖南洞庭高科种业股份有限公司成为全国50家种业骨干企业之一。积极开展高产创建活动，落实农业部粮、棉、油高产创建示范片22个，全省粮食高产创建现场观摩会在岳阳县筻口镇示范片召开。积极创建蔬菜标准园，在君山区广兴洲镇建立2333.33公顷外运菜基地，在西城办事处建立200公顷精细菜基地，在华容县建立2666.67公顷黄白菜苔基地。

（本栏撰稿 曾 波）

蔬菜生产

【概 况】 2010年，岳阳市完成蔬菜播种面积8.25万公顷，比2009年增长3.2%，蔬菜总产量245.49万吨，增长2.3%，蔬菜总产值34.89亿元，增长1.87%。有蔬菜加工企业86家，其中加工产值在500万元以上的加工企业12家，5000万元以上的加工企业5家，年加工鲜菜120万吨，实现蔬菜加工增值18亿元。蔬菜个体运销户3100多户，实现省外境内销售鲜菜80多万吨，境外出口销售鲜菜2万吨，实现蔬菜流通增值10亿元。注册登记各类蔬菜专业合作组织25个，入社社员5000人。有66.67公顷以上的连片蔬菜基地85个。333.33公顷以上的特色大板块蔬菜基地15个。有20家蔬菜加工企业与生产基地签约订单生产，订单面积1.33万公顷。

【食用菌业生产】 2010年，全市有涉菌农户1.1万户，播种面积220万平方米，比2009年增加20万平方米，总产量4.2万吨，增长0.84万吨，总产值1.53亿元，增长686万元。新注册食用菌专业合作社5个。有食用菌专业合作社9家、食用菌生产经营公司4个。形成岳阳市9大食用菌单品生产基地即君山区良心堡蘑菇生产基地、汨罗市红花乡茶树菇生产基地、岳阳县步仙乡云耳生产基地、临湘市龙窖山花菇生产基地、平江县泳生香菇生产基地、湘阴县杨林寨金针菇生产基地、岳阳楼区梅溪草菇生产基地、郭镇杏鲍菇生产基地、华容治河渡平菇生产基地。

【蔬菜质量安全】 2010年，全市蔬菜质量安全实现根本好转。市、县市区两级农产质量检测中心在全市各主要的蔬菜生产基地抽取蔬菜农残检测样65024个，检出农残超标1035个，超标率为1.60%，比2009年下降1.5个百分点。农残超标率低于部、省和市政府规定指标。实现连续4年没有发生一起由于食用蔬菜造成农药中毒的事故，连续3年岳阳市基地外销蔬菜没有发生一起由农残等超标问题被处理的事件。

【蔬菜科技推广】 2010年，全市有大中棚设施栽培面积1313.33公顷，小拱棚设施栽培面积0.54万公顷，遮阳网覆盖面积0.39万公顷；防虫网覆盖面积1006.67公顷；频振式杀虫灯防控面积2.33万公顷；性诱剂、黄板诱蚜防控面积0.36万公顷；引进推广蔬菜新品种23个，播种面积8.85万公顷；引进推广高效低毒低残留农药品种18个，防治面积15.2万公顷次。开展技术培训62期，培训3720人次。

（本栏撰稿　谭建军）

畜牧业

【概　况】　2010年，岳阳市畜牧业保持稳定增长的良好发展态势。全市出栏生猪743.87万头，比2009年增长2%；出栏牛14.14万头，增长20.96%；出栏羊40.9万只，增长0.44%；出笼家禽3008.96万羽，增长16.21%；生产水产品37.87万吨，增长4.8%；养殖业产值达到165.3亿元，占农业总产值的53%。

一、产业化进程明显加快，产业素质明显提升。畜牧生产方式由量的扩张向量质并举，尤其是注重质量安全方面转变；养殖方式由分散养殖向规模化集约化养殖转变；销售方式上由销售鲜活畜禽产品向销售加工产品转变。有规模养殖户2.4万户，占全市总农户1.6%。年出栏5000头以上的养猪小区28个，已建成或正在建设的规模养殖场400个。年出栏100头以上的养牛大户和年出栏500只以上的养羊大户分别有121户和39户。家禽养殖大户发展到3726户。年出栏1万头以上的养猪协会15个，比2009年增长15.4%。有省级畜牧业龙头企业15家。

二、大力推行生物发酵床养猪等实用技术，加强对畜禽养殖污染物的治理。全市推广发酵床养猪技术138户，推广栏舍面积24.5万平方米，出栏生猪185480头，年底存栏生猪113700头；用于发酵床养猪投入的资金达到10112万元，获养殖经济效益2308万元。加大对畜禽养殖污染物的治理力度，市政府出台《岳阳市畜禽养殖污染整治工作方案》、《环南湖、芭蕉湖养殖粪便污染整治》的实施方案，加快畜禽排泄物的治理设施建设，加快推进标准化养殖等措施，力争在3年内完成对常年存栏生猪50头以上养殖场的排泄物治理工作。同时，通过发展沼气建设进一步消减畜禽养殖对环境的污染。

三、畜禽良种繁育体系建设步伐加快，畜禽良种供应能力增强。重点抓现有15个原种猪扩繁场的完善和提高。新建平江县三源牧业公司种猪一级扩繁场，平江县嘉义镇种猪一级扩繁场和岳阳县胜奇畜牧公司原种猪场的改造和升级，岳阳正大农牧食品公司父母代种鸡场重新恢复生产。

四、全面建立三级草食动物品改网络，肉牛冷配量和母牛受胎率稳步提高。建成市级液氮冻精供送总站一个，县级中心品改站6个。175个乡镇建有168个牛羊冷配站，农村乡镇建站面达100%。市级财政为市县乡品改站点无偿配置各类品改设施。年底，全市有能繁母牛17.09万头，其中良种母牛（含杂交母牛）8.05万头，占存栏比重达47.12%；每年出栏良种育肥牛7万头，占全市出栏牛的53%。肉牛冷配头数达到9.89万头。有125个基层站年冷配500胎次以上，有21个站年冷配1000胎次以上。岳阳县筻口镇牛品改站徐志宏，临湘桃林镇品改站陈步兵连续4年冻精配种母牛1000头以上。（廖加生）

【畜禽养殖标准化示范场创建】2010年4月，农业部在全国启动畜禽养殖标准示范场创建活动以来，岳阳市畜牧生产管理部门按照创建的基本要求，不断督促创建单位严格执行“畜禽良种化、养殖设施化、生产规模化、防疫制度化和粪污无害化”的创建内容，并积极给予技术指导。省畜牧水产局于8月底组织省市联合专家组对岳阳市申报的畜禽养殖标准化示范场进行现场评分，全市有8家畜禽养殖标准化示范场通过考核验收，其中汨罗市桃林镇正大种猪一级扩繁场、岳阳县朱仑原种猪场、屈原管理区凤凰山种猪一级扩繁场、湘源禽业公司蛋鸡场4个养殖场获得农业部第一批畜禽标准化示范场称号；平江县园艺中心外贸猪场、湘阴县弘绿源生猪养殖场、华容县鹏程生猪养殖场、临湘市博特利种猪生产场4个养殖场获得省第一批生猪标准化示范场称号。（廖加生）

【动物疫病防控工作】　2010年，岳阳市动物疫病防控工作扎实有效、成效突出，未发生高致病性禽流感、口蹄疫等重大动物疫病，狂犬病、布鲁氏菌病等人畜共患病防控工作不断加强，为全市畜牧业健康发展和公共卫生安全作出了重要贡献。一是切实抓好基础免疫工作。落实“预防为主”的综合防治措施，开展春秋两季集中免疫和常年补免补注。免疫禽流感2698万羽，猪口蹄疫495.2万头，牛羊口蹄疫103.7万头，猪瘟495.2万头，猪蓝耳病495.2万头，狂犬病免疫29.5万头，高致病性禽流感、口蹄疫、猪蓝耳病、猪瘟等强制免疫的重大动物疫病免疫密度基本达到100%，抗体合格率都达到了国家规定的标准。二是做好疫情监测与流行病调查工作。为及时掌握动物疫病免疫状况，流行规律和疫情动态，增强重大动物疫情预警预报能力，根据部、省要求相应制定岳阳市动物疫病监测计划和流行病调查方案，并认真扎实开展工作。全年监测禽流感样品5000份，口蹄疫样品1000份，长炼奶牛场的存栏奶牛100%进行布鲁氏菌病、牛结核病监测。加大“瘦肉精”抽检工作力度，把“瘦肉精”抽检工作与产地检疫、屠宰检疫同步进行。三是强化动物卫生监督工作。以完善检疫制度为抓手，大力推进检疫工作；以规范规模饲养场监管为重点，全面开展动物防疫条件审查工作；以提升执法办案水平为目标，抓好动物卫生监督执法工作；以更换动物检疫合格证为契机，强化动物卫生监督证章标志管理。全市产地检疫猪365.3万头，牛6.1万头，羊20.5万头，家禽万只，屠宰检疫猪89.5万头，牛羊6.2万只，家禽85.3万羽，查处各类案件189起，立案查处35起。

（皮可军）

【执业兽医资格考试首次开考】2010年，全国执业兽医资格考试在岳阳市首次开考。全市范围内动物诊疗机构从事动物诊疗和动物保健的兽医人员，规模饲养场、养殖小区的兽医人员，生产和销售兽药、兽医生物制品的兽医人员，兽医行政主管部门、动物卫生监督机构、动物疫病防控机构和兽医教育科研单位兽医人员，兽医院校大专以上应届毕业生等312名符合条件的兽医报名参考，实际参考289人，参考率达93%。获执业兽医师资格的有24名，获助理兽医师资格的有20名，均高于全省平均水平。

（皮可军 廖加生）

【动物血吸虫病综合防治通过验收】 2010年，岳阳市动物血防工作普查牛3.26万头，羊452头，查出阳性牛615头，阳性羊91头，阳性率分别为1.9%和2.01%，化疗牛5.12万头，羊979头，动物血吸虫病得到有效控制。在开展普查普治的基础上，组织实施以水改旱、水旱轮作、养殖灭螺、发展水禽、种植牧草、家畜圈养、沟渠硬化、建沼气池、以机代牛等为内容的农业血防综合治理项目。10月，省畜牧水产局组织项目验收小组对岳阳市2006～2009年9个疫区县市区总投资2578万元的11个农业血防综合治理项目进行验收，项目全部通过验收，成效显著。至年底，全市10个疫区县市区全部通过农业部考核验收，达到血吸虫病疫情控制标准。

（皮可军）

【乡村兽医登记】 2010年5月1日至11月30日，岳阳市在积极摸底调查的基础上，严格审核，规范登记，全面开展乡村兽医登记工作。收到学历证明、职业技能鉴定证书、培训合格证、身份证明、经营场所证明等申请材料2786份。经审核、建立完善乡村兽医登记表及其他申请材料的纸质和电子档案，全市登记符合条件的乡村兽医1918名。（廖加生）

水产业

【概　况】 2010年，岳阳市水产业以渔业增效、渔民增收为核心，加强指导服务力度，抓好大宗水产品及名特优水产品生产、水产苗种质量安全、养殖方式转变等工作，推行水产健康养殖，突出发展大宗淡水渔业，打造特色水产板块，全市渔业经济取得持续、快速、健康发展。水产品产量达到37.87万吨，增长4.85%；渔业产值52.6亿元，增长5.0%；名特优水产放养面积4.93万公顷，名特优水产品总量16万吨，占全市水产品总量的43.2%。渔民人均收入达到8000元，高出全市农村人均纯收入2100元。

（蔡建军 李敏书）

【洞庭黄龙成功挂牌交易】 2010年12月27日，长期坚持走健康养殖之路的湖南洞庭黄龙原生态水产股份有限公司在天津股权交易所成功挂牌交易，成为全国第一家在“天交所”挂牌上市的水产企业。该公司是岳阳市农业产业化市级龙头企业，主要从事原生态水产养殖与销售、牧草种植及休闲旅游业务。培育的鲫鱼获农业部“无公害水产品认证”，青、草鱼通过农业部的绿色食品认证，注册的“洞庭黄龙”牌商标获“湖南省著名商标”称号。2010年公司主营收入5500万元，下设5个水产专业合作社，水产养殖总面积达1200公顷，带动周边600多户农民致富。

（蔡建军 李敏书）

【岳阳县中州渔场晋升省级水产良种场】 2010年12月，湖南省畜牧水产局组织专家对岳阳县中州渔场水产良种繁育场的基地设施、产品质量和各项管理工作进行现场验收。经专家严格考核评定，批准该良种场为省级水产良种场。批准有效期为5年，并实行年审制。该良种场主要任务是按照水产良种标准和良种生产技术操作规程，为社会提供优良亲本和苗种。

（蔡建军 李敏书）

【水产健康养殖示范场复查通过农业部验收】 按照水产健康养殖示范场创建活动总体安排，2010年12月，农业部委托湖南省畜牧水产局对华容县东湖渔场、临湘市源潭镇黄鳝养殖协会、云溪区白泥湖水产养殖公司3家国家级水产健康养殖示范场开展复查。通过现场检查、查看记录、走访养殖户等方式，认定上述3家单位“农业部水产健康养殖示范场”称号继续有效，有效期自2011年1月1日至2015年12月31日。同时，对岳阳市另5家水产养殖单位进行考核验收，授予“农业部水产健康养殖示范场”称号，有效期自2011年1月1日至2013年12月31日。5家单位为：岳阳市水产科学研究所、湖南洞庭黄龙种养业开发有限公司、湘阴县南湖州镇胭脂渔场、湘阴县月湖特种水产养殖专业合作社、华容县国营蔡田湖渔场。经过四年的创建工作，全市共有国家级水产健康养殖示范小区14个，总面积8133.33公顷，每年生产无公害水产品2.7万吨。（蔡建军 李敏书）

【东洞庭禁渔时间延长】 自2002年岳阳市组织实施洞庭湖和长江禁渔期制度以来，取得良好的生态、经济和社会效益，受到渔民和社会各界的普遍欢迎。2010年，湖南省根据洞庭湖专业捕捞生产特点和洞庭湖每年3月下旬定居型鱼类进入产卵高峰期的实际，对洞庭湖区禁渔期进行调整。岳阳境内东洞庭湖的禁渔时间为3月10日12时至6月30日12时；长江华容县塔市驿伍马口至临湘市白沙洲183公里江段水域禁渔时间为4月1日12时至6月30日12时。根据“划区分时、统一实施”的原则，实行不同禁渔期，统一组织、分段分期实施。禁渔水域在规定范围和时间内，禁止所有捕捞作业。因科研检测需要在禁渔水域捕捞时，必须持特许捕捞证在规定的范围、时间内进行捕捞。（廖加生）

【渔民解困工作任务全面完成】 2010年3月，岳阳市洞庭湖区捕捞渔民解困工作任务全面完成并通过湖南省渔民解困工作领导小组的检查验收。全市811户无房捕捞渔民的住房问题全部得到解决，实现上岸定居，831户渔民的危房改造全面完成。按要求取消渔业资源增殖保护费、渔业船舶登记费、渔业船舶牌照工本费、捕捞许可证工本费、渔业船舶登记证工本费、渔业船舶检验费等6项涉渔收费。307户982名无户籍渔民全部落实解决岳阳户口。16998名渔民参加城镇医疗保险和农村新型合作医疗，210名患有晚期血吸虫病的渔民得到免费救治。8947人纳入春季禁渔期补贴范畴，发放生活补助金260.65万元。5594名特困渔民纳入城镇或农村低保范围，发放低保金394.89万元。在小学和初中就读的1162名渔民子女全部享受“两免一补”政策。在7月30日湖南省委省政府召开的全省专业捕捞渔民解困工作会议上，岳阳县、君山区作为全省渔民解困先进集体受到表彰，2人记一等功，12人记二等功。（廖加生）

农业机械化

【概　况】 2010年，岳阳市农机部门以推进现代农业和社会主义新农村建设为目标，扎实开展工作，全面完成各项农机化任务，加快农业机械化进程，促进农业综合生产能力的提高。至年底，全市实施完成农机购置补贴资金8100万元，补贴各类农机具69706台（套）。在购机补贴政策的拉动下，农机化发展势头强劲，农机装备总量迅速增加。农机总动力达到58.6万台（套）、468.4万千瓦，比2009年分别增长11%和6.6%。其中：拖拉机保有量达到25403台，增长12.5%；联合收割机达到10201台，增长16.5%。畜牧养殖机械和渔业机械在2009年的基础上增加3100多台（套），农产品加工机械增加5200台（套）。农机装备结构的优化，全面提升全市农机化水平，机耕面积达到51.6万公顷，比2009年增加1.8万公顷；机收面积达到34.7万公顷，增加5.3万公顷；综合农机化水平达到54.4%，比2009年提升1.1%。农机科研推广工作成果丰硕，市农机研究所研制的茶叶微波杀青机和激光平地机顺利通过推广鉴定，被列入2011年湖南省农机购置补贴产品目录。农机社会化服务发展快速，农机销售、流通、作业、维修等行业总收入大幅提高，全市农机经营总收入达到16.39亿元，比2009年增加3.8%。农机监理工作成效显著，全年组织30名监理人员参加省农机监理培训，实现农机监理人员全部持证上岗；6月初，市监理所带领岳阳楼区、开发区监理所联合公安交警出动执法人员210人次，查处未年检车辆17台、擅自改装改型车辆25台、非法载人车辆10台，暂扣无牌无证车辆76台，消除事故隐患128起。新增拖拉机驾驶员2227人，收割机驾驶员522人，未发现违规办理业务现象。拖拉机年检6261台，年检率达87.6%，实现农机安全生产零死亡，农机安全生产形势持续向好。

【水稻机械化育插秧技术推广】 2010年，全市农机部门将水稻机械化育插秧技术作为农机化技术推广的重点。成立以市农机局局长任组长的机械育插秧示范推广工作领导小组，制定推广工作实施方案，出台推广奖励政策。针对机械育插秧推广工作的技术难点，请农业技术专家现场指导，做到农机与农业的有效融合。鼓励推动农机大户和农机服务组织从机耕、育秧、插秧到机收进行全程机械化作业服务。建设水稻机械化育插秧示范基地3个，机械化插秧面积达到0.93万公顷，推广各型插秧机72台，通过示范基地建设和对比实验，展示新机具、新技术的优势，扩大了机械化作业的辐射效应。

【“平安农机”建设】 2010年，岳阳市农机部门以“平安农机”创建为平台，加强农机安全工作管理。制订详细的工作方案，明确阶段性目标和任务。在活动创建过程中，坚持依法行政、执法为民的理念，扎实推进，务实求效，实现村村有宣传栏、有教育场所、有安全员、有农机台账、有农机安全制度、有宣教记录，机手上牌率、持证率、检审率、投保率明显上升，农机事故明显下降。其中，平江县的创建工作措施到位、成效突出，在27个乡镇发送平安农机倡议信3.5万份，放映120场次教育警示片，向130个村发送平安农机宣传挂图，建成伍市、三阳、向家、长寿、安定、三市、嘉义、南江、梅仙等10个平安农机示范乡镇，112个平安农机示范村和1015户平安农机示范户。至年底，全市有137个示范村入围湖南省第二批“平安农机”示范村候选名单；11个乡镇入围湖南省第二批“平安农机”示范乡（镇）候选名单；平江县被评为全国“平安农机”示范县。

【农机服务组织建设】 2010年，岳阳市农机系统把建设农机服务组织作为重点来抓。市农机部门利用购机补贴政策进行引导和扶持，对合作社给予政策倾斜，优先补贴，加强对各农机专业合作社农机手的培训工作，大力发展龙头型农机专业合作组织。组织全市各县市区对水稻跨区机收作业市场进行摸底调查，收集周边市县的田间作业需求信息，及时向农机服务组织提供，优先为农机跨区作业队发放“跨区作业证”。加强对农机维修站点的市场监管和售后服务管理，提升维修站点服务质量。岳阳县新墙农机修理市场被确立为农业部农机维修示范点，成为湖南省仅有的3个部级示范点之一。至年底，全市有农机服务组织4500个，农机服务队680个，各类农机作业协会55个。全年农机经营总收入达到16.4亿元，占全市年度经济总量的1.1%；农机田间作业收入达到4.7亿元，农机运输收入达到3.8亿元，有效促进了农民增收。（本栏撰稿　刘　林）

农业科技

【农业科研成果】 2010年，岳阳市农业科学研究所（简称市农科所）在应用研究上成果丰硕。选育通过国家、省级审定、鉴定、登记的新品种有12个。其中，通过省级审定、鉴定3个，获国家新品种保护登记4个，获省级成果登记6个，科技论文奖励14篇，省科技进步二等奖1项，市级科技进步奖2项。选育的优质水稻三系不育系“盛泰A”通过湖南省审定，一季稻组合“君香优317”通过湖北省审定，优质水稻三系不育系“0690A”通过湖南省鉴定；优质稻组合岳优9264、优良恢复系岳恢9264获国家植物新品种保护登记，岳优9264、岳优712、新香优9113、君香A、沁香A等获省科技成果登记6项；选育的无子西瓜“博达隆2号”通过国家西瓜品种鉴定；有籽西瓜“东方花冠”完成北京市两年西瓜区试。“博帅”申报国家植物新品种权保护，洞庭1号、洞庭3号、博达隆2号、东方娇子、东方冠龙、珍冠等6个品种使用国家绿色食品标志；选育的“海杂棉1号”通过农业部转基因农作物安全认证棉花品种，连续3年被列为湖南省棉花良种补贴品种，获市科技进步成果一等奖；油菜杂种优势育种采用化学杀雄剂WP2，在控制微粉方面取得成功，实用性好。

公益研究有一定成效。承担农业环境领域的试验项目4个，子课题16个。国家“十一五”期间科技支撑项目，“沿洞庭湖粮食主产区农业面源污染物消纳减排关键技术研究与示范”，取样808份，化学检测分析项目12项，该项目已成为科技部“十二五”期间环境治理的主要研究课题之一。施可丰缓释肥南方稻区施肥技术研究与推广、育苗箱全量施肥、侧条施肥技术研究与推广、作物种植制度和秸秆还田研究，以及测土配方施肥等农业环境与土壤肥料项目，均属国家、省级项目。此外，该所承担水稻、棉花、油菜、西瓜四大作物国家及省级区域试验，参试品种374份，集中展示全国、全省农作物新品种选育的最新、最好的成果。

【科技成果推广】 2010年，市农科研究所推广的“岳优9113”在全国同类品种中的推广面积位至全国第一。全年推广水稻、棉花等农作物26.67万公顷。“洞庭牌”商标获湖南省著名商标。无子西瓜推广开展“办会”、“办节”活动，举办2010中国岳阳首届“洞庭杯”西瓜文化节、陕西渭南西瓜现场观摩会、湖北松滋八宝镇西瓜擂台赛。开展科技下乡活动35场次，培训瓜农5000人，赠发科普资料5万份。推广无子西瓜等农作物2.67万公顷，推动西瓜产业的发展。

【科技项目与平台建设】 2010年，市农科所新上科技项目10项。其中国家级2项，财政部支持项目——优质水稻新组合“岳优712”繁育与推广示范、农业部产地环境面源污染及循环农业示范。省级项目5项，即省水稻产业技术体系湘北平湖区试验站建设、全省以奖代投项目、省优质稻专项、省高档优质稻协作攻关、省超级稻育种协作攻关。市级项目2项，即市农作物良种繁育农业专项、市补建蔬菜科研生产基地项目。合作项目1项，即与省土壤肥料研究所合作项目——岳阳县麻塘镇农业面源污染的防治。承担的科技部农转资金项目——优质、高产、广适杂交水稻“岳优360”中试与示范项目通过验收。成功建设湖南省水稻产业技术体系——湘北平湖区区域试验站，“十二五”期间国家现代农业水稻产业技术体系——岳阳综合试验站。此外，该所作为中日技术合作项目国内3个研究示范基地之一，承担“不同施肥量和技术对稻田、旱地玉米土壤中氮、磷流失的影响研究”等项目，开展区域内土壤监测、农业面源污染等研究，完善监测方法和土壤评价体系，并对如何减少洞庭湖区域内农业面源污染提出意见和建议。

（本栏撰稿　彭长城）

林　业

【概　况】 2010年，岳阳市森林覆盖率达45.3%，活立木总蓄积量1458.92万立方米，林业用地面积达到63.34万公顷、林地面积达到53.95万公顷，全市森林生态功能效益总价值达316.73亿元，林业总产值9.54亿元，比2009年增长4.6%。年底市林业局被市委、市政府授予民本岳阳建设先进单位、政府绩效考核先进单位、为民办实事先进集体、社会治安综合治理先进单位、信访工作先进单位等称号。

一、统筹城乡绿化，人居生态环境持续改善。全市完成造林1.82万公顷，完成实事任务的136.4%。绿化创模深入推进。投入资金6365万元，打造京珠连接线绿色长廊、洞庭大道、巴陵东路等一批绿化亮点工程。市林业局多方筹措资金100多万元，绿化岳阳火车东站周边山体面积2.4公顷。中心城区提质改造15万平方米绿地，新增绿地3.3万平方米。羊角山岳阳生态博览园成为城区生态亮点。造林实事超额完成。累计投入资金1.36亿元，完成林业血防工程、长江防护林、退耕还林等重点工程1.02万公顷。巩固退耕还林成果重点项目完成总投资6341万元，其中争取国家投资3800万元。把水边、路边、城边作为重点造林区域，投入3000多万元，完成“三边”及荒山迹地造林2733.33公顷。“省长工程”武广高铁沿线造林投入资金1495万元，新造林及提质改造1600公顷，占省下达任务的126.3%。吸引社会资金7500多万元，完成造林1.42万公顷。高标准完成测土配方数据核查工作，继续开展“科技进村入户”和“营造林质量管理年”活动，人工造林国家实绩核查顺利通过，各项质量指标均达98%以上。

二、强化资源管护，巩固生态建设成果。林政资源管理日益规范。牢固坚守森林蓄积量和覆盖率增加这条底线。严格执行森林采伐限额制度，全面推行木材生产计划进村到户和“票证相符”、“票卷相符”制度，严格征占用林地监管审批，加强森林资源信息化管理，

礼品西瓜　　（市农科所　供稿）

森林面积、蓄积实现双增长。森林“两防”严密有力。加强“两支队伍”建设，加大对火灾肇事者和相关责任人责任追究，“3·19”临湘重大森林火灾有关责任人受到严肃处理。全市发生森林火灾48起，过火面积520.3公顷，受害面积474.4公顷，受害率0.2‰，低于省定指标。加大对病虫害预测预报和防控力度，国家林业局森防总站充分肯定岳阳市松材线虫病除治工作成绩。林业有害生物成灾率、无公害防治率分别为2.94‰、81%。湿地保护得到加强。成功举办湖南省第29届“爱鸟周”宣传活动。争取资金1750万元，启动三峡湿地保护示范工程。“东洞庭湖国际重要湿地示范区”项目，被列入市“十二五”发展规划纲要重点项目。东洞庭湖自然保护区被世界自然基金会评为“长江湿地保护网络示范单位”。同时，报批汨罗江、湘阴洋沙河等2个国家湿地公园。

三、坚持改革创新，林业发展活力不断增强。举全市之力，大力推进集体林权制度改革，集体林权制度改革全面完成，岳阳市林改工作排名全省前列，平江县跻身全国林改典型100县。

四、做强林业产业，兴林富民步伐明显加快。林业综合经济总产值比2009年增长15%，达到88.4亿元，稳居全省第二。特色产业加速壮大。全市共新造杨树、松树等速丰林0.67万公顷，新造低改油茶、楠竹各0.33万公顷，全市松树、杨树、楠竹、油茶基地分别达到6.67万公顷、5.33万公顷、6万公顷、5.33万公顷。林产工业提速升级。进一步畅通“绿色通道”，规范纸材收购行为，促进以岳纸为龙头的林纸产业发展，开展林产品质量安全监测活动2次，抽查福湘木业、兴湘木业、湖湘木业、福星木业等10家企业产品，帮助企业申报国家、省驰名商标，推动林产品标准化生产、品牌化营销。生态旅游蓬勃发展。加快打造“洞庭观鸟”旅游品牌，汨罗市神鼎山森林公园晋级省级森林公园，2010年全市生态旅游总收入突破1个亿。林下种养业方兴未艾。华容县、君山区等平湖区积极推广林菜、林棉、林油、林药、林禽等立体种养模式，发展面积0.59万公顷，为农民增收8000万元。

【举办“爱鸟周”宣传活动】 2010年4月1日，湖南省第29届“爱鸟周”活动启动仪式在东洞庭湖湿地保护区隆重举行，这是继2009年中国（洞庭湖）国际观鸟节以来的又一次切实加强鸟类为主的生物多样性保护的大型宣传活动。这次活动通过湖南卫视、岳阳电视台、岳阳晚报、洞庭之声报、红网等10多家媒体进行报导，在社会上引起较大反响。

【“打击矮围”专项行动】 为进一步加强东洞庭湖湿地管理，保护湿地生态系统及其生物多样性，针对在东洞庭湖湿地围筑矮围、拦河筑坝、围网养殖等违法行为，2010年4月15日，“打矮”领导小组办公室组织召开专题会议研究部署“打击整治非法破坏和侵占湿地”专项行动，岳阳县拆除矮围4处，拆毁矮堤5600米，摧毁网片2800米，依法追究3人的刑事责任；华容县所辖湖区24个矮围中，自行拆除围网14处。

【打击非法猎捕野生鸟类专项行动】 2010年9月15日至11月底，市林业局在全市范围内开展打击破坏森林和野生动物资源违法犯罪专项行动。在行动过程中，采取全面清理与集中整治相结合的方式，出动警力（执法工作人员）1686人次（警力1186人次），出动车辆509台，清查酒楼42家，排查案件线索24条，查处行政案件220起，查处刑事案件3起，刑事拘留2人，逮捕1人，为国家集体挽回经济损失150万元。

【组织参加湖南省首届家具博览会】 2010年9月28日至10月1日，湖南省首届家具博览会在长沙市隆重举行。岳阳市精心筹备，组织6家企业参展，获得最佳组织奖。汨罗市基荣木业有限公司、汨罗市湖南省冠宇家具有限公司和汨罗市宏达木业有限公司等3家企业获得产品金奖。

【测土配方工作名列全省前茅】 2010年11月16～21日，省林业厅组织省林科院和省林勘院专家验收组对岳阳市的核查、补充成果进行质量抽查，获得省厅检查组的高度肯定，经检查验收，岳阳市林木测土配方基础数据核查工作排名全省第一。 （本栏撰稿 陈姿伶）

水 利

【概 况】 2010年，岳阳市水务系统以科学发展观为指导，紧紧围绕防汛抗灾、水利建设、水资源管理等中心工作，抢抓机遇，开拓创新，圆满完成年初确定的各项目标任务。市水务局先后被评为全省水

君山区从长江取水抗旱 （君山区水利局 供稿）

土保持、安全生产、河道管理、农村安全饮水等工作先进单位，被市委、市政府评为全市实事承办、项目建设服务、安全生产、综合治理、争取政策性资金等工作先进单位。

一、夺取防汛抗洪全面胜利。2010年，岳阳市先后遭遇13次特大暴雨袭击，造成近10年来范围最广、灾情最重的洪涝灾害。市委、市政府科学决策，靠前指挥，市、县水务部门精确参谋、精心调度，全市上下齐心协力，众志成城，夺取了“6·19”汨罗江防御战、“6·25”湘江防御战、“7·8”长江沿线内湖防御战、长江和洞庭湖超警戒洪水防御战“四大防御战”的全面胜利，实现“未垮一库一坝、未溃一堤一垸、未死一人”的工作目标。灾后，市、县水务部门积极争取水毁工程修复资金3850万元，并抢在第一时间派出精干技术人员指导抢修水毁水利工程，共修复水毁水利工程8700处。

二、水利建设快速推进。全市水务系统想方设法跑项目，千方百计争资金，严管勤督抓建设，完成水利建设投资9.8亿元，完成各项水利工程5.1万处、土石方5200万立方米。防洪工程建设方面：投资1.5亿元的钱粮湖垸第一期华容县部分围堤加固工程已全面竣工，投资2.07亿元的钱粮湖垸第二期围堤加固工程已全面铺开，投资1.01亿元的大通湖东华容县部分围堤加固工程正在建设之中。层山安全区试点工程累计完成土方693万立方米，完成移民迁建投资1.85亿元，搬迁移民7444户；山丘区完成4座中型水库、14座小（1）型水库、52座小（2）型水库的除险加固任务。另有38座水库正在进行除险加固；民生水利建设方面：整修各类排涝工程223处8.4万立方米，磊石、谷花洲等12处大型排涝泵站更新改造全部完工，湘阴县许家台泵站更新改造正在建设，岳阳县中洲灌排泵站和平江县青冲灌排泵站更新改造工程通过国家发改委的投资评估；团湾、大坳、赛美、黄金洞、岳纺等5座中型水库灌区续建配套工程已全面完工；投资1.42亿元，解决农村饮水不安全人数30.52万人，超省定目标2.51万人，超市定目标10.52万人，分别占省、市目标任务的109%和153%；全国小农水建设重点县汨罗市、岳阳县、君山区总投资5280万元。全市新建山塘325口，清淤山塘1万多口，维修抗旱设施2000多处，清淤沟渠3164公里，衬砌渠道543公里。生态水利建设方面：全市11条中小河流治理进入国家计划笼子，总投资1.67亿元。其中，王家河、游港河等6条河流治理工程已经开工，其余5条正在进行初步设计审查；总投资1155万元的汨罗江、东洞庭湖湖汊等水利灭螺工程正在建设；投资420万元，完成平江县和岳阳县的农发水土保持项目工程，治理水土流失面积21平方公里。

三、依法治水取得实效。坚持把依法行政、科学治水作为加快水务事业发展的重要抓手，取得较为明显的工作成效。一是水法宣传形式多样。利用第18届“世界水日”和第23届“中国水周”的契机，大力开展水法宣传，出动宣传车120台次，分发传单2万份、宣传手册1.5万份，张贴宣传画6240张、标语6000张。同时，邀请长沙理工大学到岳阳市举办了一场“保护湘江母亲河”的文艺专题汇演，观看市民多达上万人，社会反响良好。二是行政审批不断规范。将原来的26项行政许可项目和非行政许可项目进行重新调整和梳理，合并精简为20项。对15个行政许可项目的依据、流程、办理时限、服务表格等在网上进行公开，接受社会各界的监督。此外，将审批权充分赋予窗口，实行“一个窗口对外”。市水务局行政许可项目的办结率达100%，满意率达100%。三是水政执法全面加强。积极开展以湘江干流、东洞庭湖、汨罗江、新墙河为重点区域的河道采砂集中整治行动，先后查处临湘游港河、东洞庭湖等4起非法采砂行为，查处违规作业船只10条。大力开展水土保持执法行动，对平江县南江镇、梅仙镇等重点区域乱采滥挖行为进行严厉打击，有效遏止了当地水土流失局面。此外，经常性开展城乡供水安全检查，确保全市供水水质安全。

【农村饮水安全工作任务超额完成】 2010年，岳阳市农村饮水安全实施计划人数为35.43万人，总投资1.74亿元，其中省定实事任务人数28.01万人、市定20万人。全市兴建农村安全饮水工程190处，完成投资14839.19万元，解决饮水不安全人口30.52万人，超省定目标2.51万人，超市定目标10.52万人，分别占省、市政府目标任务的109%、153%。“十一五”期间，全市农村饮水安全实现由“量”到“质”的跨越式发展，五年兴建各类村镇安全饮水工程 759处，其中集中供水工程479处，解决饮水不安全人口

岳阳县抢修水毁水利工程 （何新君 摄）

93.06万人，超额完成14.95万人，不仅解决农民群众吃水难的问题，也解决危害人们身体健康的氟、砷、铁、锰超标的水质问题，杜绝因饮水不卫生而造成的各种疾病。

【钱粮湖垸层山安全区建设基本完工】 层山安全区是洞庭湖区钱粮湖、共双茶、大通湖东垸三垸蓄洪工程建设的试点项目，位于君山区钱粮湖垸，东临洞庭湖堤，西以钱粮湖镇和丰电排渠东200米为界，南至钱粮湖镇东北湖，北抵华容河南岸，规划面积14.24平方公里，计划安置7万人。该项目包括围堤建设和移民迁建两个部分，围堤长29.094公里，工程概算投资3.05亿元，其中国家投资1.83亿元，省、市、区三级配套1.22亿元，设计工期为两年;移民迁建计划将区外15154户、45752人迁入区内安置，规划建设7个安置点，占地333.33公顷，国家补助投资3.0914亿元，补助标准为每户2.04万元，其中1.8万元用于移民建房补助，0.24万元用于基础设施建设补助。该项目于2008年10月正式开工建设，围堤工程部分共招标11个标段，截至2010年年底，11个标段基本完工，处于扫尾验收阶段。移民迁建部分已完成7444户，约占计划数的50%。层山安全区建成后，一旦遭遇特大洪水，钱粮湖垸将可主动分蓄洪，发挥分蓄洪作用，从而使7万群众告别水患之苦，过上安居乐业的生活。

【《岳阳市城区水系保护管理办法》颁布实施】 为严格保护城区内湖水域，防治水体污染，改善水生态环境，促进宜居生态城市建设，根据《水法》、《防洪法》、《城乡规划法》和《城市蓝线管理办法》等法律法规，市政府于2010年7月27日正式颁布实施《岳阳市城区水系保护管理办法》（简称《办法》），该《办法》明确规定：在城区水系及外围保护地带内，禁止围湖造地、围堰养殖及其他侵占城区水系的行为，禁止破坏堤坝、桥闸、泵站、码头、航标、鱼标和水文、测量、环境监测等设施，禁止倾倒土、石、尾矿、垃圾、废渣等固体废弃物，禁止排放未达到排放标准或者超过规定控制总量的废水、污物、废油等；在城区水系及外围保护地带内，修建建筑物或者构筑物需填堵城市原有河道沟汊和贮水湖塘洼淀的、增设新的排污口的、在城区水系利用机械提水设施或者水工程取水的，必须报请市水务局批准；在城区水系及外围保护地带内的所有建设项目，立项前须报市水务局审查同意，并将建设项目环境影响评价报市环保部门依法按程序审批等。该《办法》的颁布实施，对于保护岳阳市城区水系，促进全市经济社会持续健康快速发展起到积极的推动作用。

（本栏撰稿 何新君）

防汛抗旱

【雨情、水情】 2010年汛期(4～9月)，岳阳市雨水情呈现出“降雨总量偏多、时空不均、局部暴雨超常”；“湖区水位全面超警，涨落平缓”；“山丘区蓄水前少、中增、后多”的特点。一是降雨总体偏多，时空分布不均，局部暴雨超常。1月1日至12月31日，全市各地平均降雨1765.3毫米，与历年同期相比偏多24%，其中汛期各地降雨1248.2毫米，与历年同期相比偏多30%。7月，各县市降雨量为67.9毫米～570.2毫米，时空分布极为不均匀，华容县、临湘市、岳阳县范围降雨量较常年同期偏多1～2倍，汨罗市降雨量同于常年水平，湘阴县降雨量偏少4成，月降雨最多的临湘站达570.2毫米，比历年同期偏多211%，为1949年后同期最大月份，而降雨最少的湘阴站仅67.9毫米，偏少46%，两地月雨量相差502.3毫米。汛期出现13次强降雨过程。其中 6月19～20日，平江县、湘阴县、汨罗市和岳阳县、临湘市部分地区普降暴雨，局部大暴雨，特大暴雨。降雨在100毫米以上的有44个站，200毫米以上的有7个站，其中汨罗农实站为272毫米；第二次7月8～13日，华容县、君山区、长江沿线、岳阳县和平江东部山区出现持续性暴雨天气，局部出现大暴雨、特大暴雨。据统计， 8～9日全市日降雨100毫米以上的有53个站，200毫米以上的有15个站。其中临湘市儒溪、沅潭和云溪区陆城降雨均为262毫米。根据岳阳市中小尺度网站数值记录，7月8日8时～21日8时，临湘市黄盖湖地区面上累计降雨超过500毫米，其中源潭站降雨达798毫米，儒溪达689毫米，超过30年一遇暴雨标准。二是水情超常。受汨罗江流域强降雨影响，汨罗江上游嘉义站6月20日4时出现96.42米的洪峰水位，为有实测资料以来第二大洪水；平江站6月20日18时洪峰水位74.14米，超过警戒水位4.64米，汨罗江下游河段堤垸水位接近警戒水位。受湘江上游来水影响，6月25日

7月16日，临湘市黄盖湖渍堤抢险现场。 （范向晖 摄）

市水务局局长骆岳梨现场指导临湘市青坑水库处险 （何新君 摄）

湘水尾闾的沙田、岭北、城西、义合金鸡垸四垸进入警戒水位，总堤长94.55公里。26日8时，沙田垸水位36.66米，超保证水位0.66米，岭北垸36.16米，超保证水位0.16米。从7月8日开始，黄盖湖流域普降暴雨，内湖水位迅速上升，7月16日8时涨至30.14米，与8日相比，水位上涨2.96米，超保证水位0.64米，超历史最高水位0.01米，黄盖湖地区成为防汛抗灾的主战场之一。7月14日，华容县民生垸大荆湖最高水位达33.61米，超高控水位2.11米；7月15日，华容河沿线的新华垸，新太垸人民大垸和钱粮湖垸华容河堤等4个堤垸进入警戒水位，总堤长117.6公里；洞庭湖主要控制站城陵矶站从7月18日进入警戒水位，至8月4日退出警戒水位，在警戒水位上维持了17天。7月30日14时出现洪峰水位33.32米，超过警戒水位0.82米，相应流量15800 秒立米。8～9月，湖区水位总体处于平缓下降的态势，城陵矶站水位一直处于29米以上，比历年同期偏高1米左右。

【洪旱灾情】 2010年，受多次强降雨影响，全市先后出现6次较大洪涝灾情，有12个县市区111个乡镇受灾，最大受灾人口123万人，紧急转移安置7.6万人；受灾农作物8.27万公顷、绝收2.25万公顷；倒塌房屋1.2万间，直接经济总损失达24.6亿元，为1999年以来最为严重的一次洪涝灾害。水利工程设施损毁严重，有13472处水利设施受到不同程度的损毁，直接经济损失2亿元。其中堤防受损1029处、35千米，水库受损86座，涵闸受损149座，渠道损毁6329处、259千米，其他水利工程损毁5879处。“6·19”暴雨洪灾中，汨罗市、平江县、湘阴县、岳阳县等地受灾严重，紧急转移安置1.88万人，农作物受灾6.73万公顷，成灾4.67万公顷，倒塌房屋4471间，损坏房屋9223间，损坏水利设施8000多处，直接经济总损失7.04亿元。7月8～14日，长江沿线的临湘、云溪等地受灾严重，临湘市20个乡镇农作物受灾1.82万公顷，绝收1.45万公顷;受灾人口15.8万人，紧急转移人口4.22万人，集中安置人口1.11万人，倒塌房屋2829间。7月下旬至8月中旬，全市出现持续晴热高温天气。受此影响，湖区仍在较高水位的情况下，南部山丘区出现轻度旱情。全市有8个县市区2.79万公顷农作物受旱，其中成灾面积1.72万公顷，绝收面积400公顷。因旱损失粮食1.45万吨、0.29亿元，经济作物损失0.3亿元，因旱饮水困难人数0.15万人，大牲畜0.43万头。

【“6·19”暴雨山洪灾害防御战】 2010年6月19日8时至20日8时，平江县、湘阴县、汨罗市和岳阳县、临湘市东北部普降大到暴雨、局部大暴雨、特大暴雨。汨罗江水位迅猛上涨，全线超警戒水位。全市有10个县市区111个乡镇受灾，受灾人口123.55万人，紧急转移安置2万人。6月16日下午，市长黄兰香主持召开全市防汛抗灾工作电视电话会议，提前对强降雨防御工作进行安排。17日，启动防汛Ⅲ级应急响应。19日提升为防汛Ⅱ级应急响应。19～20日，黄兰香连续主持召开防汛会商会，紧急部署防汛抗灾工作。联系平江县、汨罗市、湘阴县、岳阳县、屈原管理区防汛的市级领导和市直单位责任人迅速赶赴责任区，指导防汛抗灾工作。平江县水利部门派出12个组，第一时间奔赴各乡镇和重点防范区域，彻夜巡查、指挥抢险；各乡镇书记、乡（镇）长迅速到岗到位，组织和指挥各地防汛抢险救灾各项工作；县、乡、村三级防汛责任人立即下到各自所包水库山塘、尾矿库、地质灾害点、旅游景区等涉水工程，做好抢险救灾指挥、险情处理、巡查防守工作，全县紧急转移安置群众4190人。汨罗市组织10万名干部群众参加抗灾救灾，对白水等地村民1.5万人实现安全转移，成功营救28名受困群众，两天内全面完成56公里堤防清基扫障，确保堤垸巡查守护。湘阴县紧急疏散转移安置山洪地质灾害易发区群众和城区被积水围困群众2万人，未发生一起人员伤亡事故。及时抢排内涝渍水，开动外排机埠100处246台、4.2万千瓦全力抢排，超汛控水位水库全部开闸泄洪至汛控水位以下。

【“6·24”湘江第三次洪峰防御战】 2010年6月24～27日，受湘江第三次洪峰影响，湘阴县湘江尾闾堤垸出现新中国成立以来第二高洪水位，6个堤垸超警戒水位，25日8时，铁角嘴洪峰水位达36.66米。市防汛指挥部（简称市防指）于24日17时起在湘阴县范围内启动防汛Ⅰ级应急响应。省委副书记梅克保，省委常委、宣传部长路建平，副省长郭开朗、徐明华坐镇湘阴指挥抗击湘江第三轮洪水。市领导黄兰香、盛荣华、王维、李进国、陈四海、戴新果、杨太平现场督战。

省、市、县三级在岭北垸会商决定，成立河东防汛指挥部和河西指挥部，梅克保、黄兰香等驻守河西大堤现场督战，路建平、盛荣华、陈四海驻守河东大堤。湘阴县县、乡、村、组四级防汛责任人员全部到岗到位，还从水利系统抽调一批经验丰富的老技术人员，奔赴各垸区指导防汛。该县集中采购120台割草机、40台油锯机分发到到垸区、乡镇，清基扫障工作完成出色。全县一线防洪大堤按照每公里15人、二线防洪大堤按每公里12人的标准配足防守力量，实行24小时高密度拉网式巡查。一线大堤全线安装照明设备，每公里搭设一个防守棚蹲点防守，责任人挂牌上岗。对险工险段、河管涵闸等重点部位打桩定位，责任到人，搭棚架灯，全面监控。从59个县直部门单位紧急抽调1150名干部职工，由单位负责人带队，连夜奔赴各垸区参与巡查防守。防汛高峰期，全县各级抢险队近2000人全部集结待命，备足装备，集中食宿，做好随时抢险准备。县人武部组织200人的民兵预备役队伍，其中民兵舟桥分队107人在人武部集结，装备上车。公安、武警、消防也组织近300人的防汛抢险突击队，时刻待命投入抗洪抢险。在防汛Ⅰ级响应期间，该县严格按照防汛Ⅰ级响应要求，对湘阴湘江大桥上河段实行全面禁航，严禁除防汛船只以外的其他船只通行，挖沙船全线禁采；严禁载重车辆在防汛通道上通行；对车渡人渡加强管理，控制使用。指派海事、交警、安监现场驻守，确保管制到位。组织对砂卵石、编织袋、彩条布等防汛缺口物资进行紧急调运补充。同时，每个重点堤垸各安排2条以上千吨级自卸驳，运载砂卵石到重点部位。

【黄盖湖渍堤保卫战】 2010年7月8日始，临湘市黄盖湖流域普降暴雨，内湖水位涨至30.14米，超保证水位0.64米，超历史最高水位0.01米，黄盖湖地区抗洪形势严峻，洪灾发生后，市防指于7月9日12时起将临湘市防汛Ⅲ级应急响应升至Ⅱ级应急响应。针对临湘市黄盖湖渍堤险情，9～12日，市防指连续召开防汛会商会，紧急部署黄盖湖防汛抗灾工作。省委书记周强，代省长徐守盛，副省长徐明华要求采取一切措施，全力确保黄盖湖垸安全；省委常委、常务副省长于来山，省委常委、宣传部长路建平，省委常委、省军区政委杨忠民，省军区副司令员张中湘，省军区政治部主任刘新等先后赶赴临湘市黄盖湖地区指导抢险救灾。市委书记易炼红，市长黄兰香，市委常委、秘书长赖社光，副市长陈四海多次到现场指导抗洪抢险，市委常委、常务副市长郭振斌，岳阳军分区司令员陈吉辉、政委李进国，市人大副主任陈国荣，市政协副主席柴小平，岳阳军分区参谋长袁建华等坐镇临湘指挥防汛抗洪。联系临湘市防汛的市直单位责任人迅速赶赴责任区，指导、协助开展防汛抗灾工作。临湘市所有防汛行政责任人、技术责任人、防守责任人全部到岗到位，全力防汛抗灾。

临湘市防指分片成立黄盖湖内垸防汛抗灾指挥部、撇洪渠防汛抗灾指挥部和山塘水库及山洪地质灾害防汛抗灾指挥部等三个防汛抗灾分指挥部，靠前指挥抢险救灾。为确保防洪安全，市防指于7月11日向临湘市防指下发《关于切实加强黄盖湖地区防洪排涝工作的紧急指令》，要求临湘市停止所有内排机埠向黄盖湖排渍，24小时满负荷开启铁山咀电排抢排黄盖湖水进长江，累计抢排渍水2亿立方米。为减轻黄盖湖内垸防洪压力，报请省防指出面协调湖北省防指停止赤壁市沧湖泵站排渍，开启八角坳泵站（设计流量40秒立方米）向长江抢排渍水。

省市县三级领导多次在现场召开防汛紧急会商会议，要求黄盖湖地区的防汛工作必须确保黄盖湖垸13.8公里渍堤安全，必须确保铁山咀电排运行安全，必须确保人民群众生命安全。7月12日，会商决定紧急调集人力物力，将黄盖湖垸13.8公里渍堤全线加高至31米。15日晚，临湘市防指决定撤除黄盖湖内阻水设施，恢复黄盖湖调蓄能力，确保黄盖湖垸渍堤安全。叶家桥、同德、新长源、杨花咀、下马蹄湖、太阳湖等小巴垸蓄水4000万立方米，有效地缓解了黄盖湖垸的防洪压力。

省军区先后派出预备役师、舟桥部队官兵700多人、岳阳军分区调派预备役、武警、消防、民兵预备役等部队官兵400多人支援黄盖湖抢险。临湘市全市上下紧急动员，组织23个市直单位和6个乡镇的干部群众1.98万人，24小时开展巡逻查险，抢筑子堤。将13.8公里黄盖湖垸渍堤划分为五段，每段由一个市级领导带领两个市直部门和一个村进行24小时巡堤查险，严防死守，人在堤在。同时组建建设局、公安局、人武部600人的3个应急抢险队伍投入抗洪抢险。耗用防汛砂卵石4万吨，编织袋200多万条，彩条布15万米，块石9000立方米，调集挖机、装载机、推土机6000台班次。通过广大军民齐心协力，奋力抗洪，将黄盖湖整个垸内低于31米的垸堤全部加筑子堤至31米，并对黄盖湖垸13.8公里渍堤单薄堤段进行加高加宽加固，取得了黄盖湖渍堤保卫战的全面胜利。

【长江、洞庭湖超警戒洪水防御战】 2010年7月20日，受长江上游7万立方米/秒特大洪峰影响，7月下旬，华容县藕池河沿线、长江沿线城陵矶上河段堤垸、东洞庭湖部分堤垸发生超警戒水位洪水。市防指多次进行会商，印发《岳阳市防汛抗旱指挥部关于应对城陵矶超警戒水位防汛抗灾工作方案》，下发《关于迎战长江上游特大洪水的紧急通知》，于7月27日12时起对超警堤垸启动防汛Ⅳ级应急响应。华容县、君山区、岳阳楼区等地按照防汛预案要求做好超警戒洪水防御工作。组织2万人对长江干堤、洞庭湖区一线防洪大堤开展全面清基扫障，做好巡堤查险准备。对176公里超警堤防架设开通防汛照明设施。各地对重点险工险段、穿堤建筑物等重点部位实行专人24小时巡查防守，严格交接班制度，详细记录在册。华容县提高一档设防。防守长江、藕池河、洞庭湖片的县直部门单位的9名防汛工作组长提前下到各防汛责任区，指导督查防汛工作。县、乡两级各筹资100万元，紧急抢运防汛沙卵石8000立方米，并合理摆布到位。投入资金450万元，修整防汛通道200公里。（本栏撰稿 林 荡）

2010年黄盖湖地区抗洪纪实

2010年7月，临湘市遭遇到40年一遇的连续性特大暴雨袭击。8~14日，一周内降雨量达600毫米~700毫米，接近临湘市历史平均年降雨总量1400毫米的一半。山洪肆虐，江河猛涨，内垸告急……临湘市20个乡镇全部受灾，受灾人口18万人，临湘市直接损失7.3亿元。省市各级领导亲临抗洪抢险一线指挥、督战。中国人民解放军湖南省陆军预备役师等十几支部队1000多名官兵迅速赶赴临湘抗洪救灾。临湘市委、市政府筹集资金7310万元，用于灾后补损和灾后重建，先后组织近千名干部深入灾区指导抗灾和生产自救，抽调50个部门单位实行对口扶持，奋力拼搏24天，实现“不死人、不倒堤”的工作目标，取得历史性胜利。

（张诚高　孙森清　曾晓虎　摄）

黄盖湖地区抗洪抢险部队向灾区人民捐款

湖南省常务副省长于来山（前右一）在岳阳市委书记易炼红陪同下到黄盖湖镇广坪村视察防汛抗灾工作

欢送亲人解放军

抗洪救灾　保卫家园

铁山供水工程

【概　况】 2010年，市铁山供水工程管理局（简称铁山管理局）以项目建设和管理增效为抓手，创新发展思路，突出经济发展要务；以供水保安、和谐创建为重心，强化服务理念，全局各项事业持续向好发展。实现水利经济总产值2.19亿元，总收入1.45亿元。局自来水公司获湖南省供水行业企业文化建设先进单位，水质监测站被全国总工会评为全国模范职工小家。争资引项获岳阳市争取政策性资金奖。

【民生水利建设项目加速推进】 2010年，铁山管理局着力推进民生水利项目建设，切实服务岳阳城乡经济。一是外引水源工程有序推进。水源是事关城乡用水安全的基础性、全局性、战略性大事。铁山水库外引水源工程涉及跨流域引水，在项目规划审批及立项过程中，须争得当地政府各相关部门及下游用水户的同意，为攻破项目工作，该局党委一班人多次向市领导汇报，到平江县、汨罗市沟通协调关系，多渠道做工作说明项目的由来、工程概况及项目可行性，取得平江县、汨罗市有关部门的支持，使铁山水库外引水源工程项目前期工作顺利开展。完成外引水源工程与可研性报告相关的所有单项报告编制，进入市政府重大决策程序，相关评审工作正在进行中。二是抢抓城市发展建设机遇，加快城市管网建设步伐。为优化城市管网布局，铁山管理局全年完成4000万元的管线建设工程，敷设16条供水主管线，其中管线工程建设规模上百万元的有：奇西路白石岭南路—新华路、旭宁工业园、长江路、金凤桥南路、机械工业园和望岳路等DN500管线敷设管改工程。三是对所争取的铁山灌区农业水价综合改革试点项目中央财政投资。按照水利部农业水价综合改革的有关要求，精心组织实施，大力推进试点项目建设，确保项目建设进度和质量，改造灌区部分干、支渠和田间工程。四是针对铁山灌区续建配套与节水改造国家项目全部完成，该局积极运作，全力推进项目建设，争取新一轮续建配套与节水改造项目总投资5000万元的第4期可研性报告，已通过省发改委、省水利厅评审，进入2011年国家投资计划。

【应对汛情灾情确保安全度汛】 2010年入汛后的连续14次强降雨，使铁山灌区近百万亩农田灌溉渠道严重损坏，多处输水渠道、渠系建筑物等受损，其中损坏崩塌中断通水干渠15处、支渠153处、其他6处；损坏影响通水干渠67处、支渠207处、隧道1处、暗涵1处、其他12处，严重影响到城区输水和灌区农业生产用水安全。为尽快修复受损水利工程，保障城乡居民用水安全及农业灌溉用水，铁山管理局采取及时有效措施，科学应对，局党委一班人下到一线，轮流通宵值班，坐镇指挥防大水、抗大汛；200名干部职工实行挂牌上岗，亮明身份，公开职责，巡渠查险、处险；在资金紧张的情况下，拿出150万元用于防汛抗旱抢险，切实有效做好抗洪抢险救灾工作，把灾害损失降低到最低程度，确保生产生活用水安全。

长岭炼化公司　　　　（长岭炼化公司　供稿）

【科学调配水源确保城乡供水】 2010年，市铁山管理局一是巧战旱情，确保农业用水。面对洪涝后的夏秋干旱，该局坚持科学调度，实施合理配水，在作好防大汛的同时，强化抗旱措施，全力做好抗旱工作。在保证城市供水的同时进行农业灌溉，放水63天，农业灌溉供水4656万立方米，确保灌区近百万亩农田灌溉，农业丰收、增产和无水事纠纷。二是提高服务，确保城市供水。为让市民喝上放心满意的自来水，自来水公司把“保障供水、服务用户、提升效益”作为企业宗旨，在窗口单位实行岗位责任制、首问责任制、承诺服务制、限时办结制、跟踪服务制，将政策依据，收费标准，办事流程等服务内容进行上墙公示。为确保抢修时效，对抢修人员作出“没有维修、只有抢修”工作要求，抢修人员24小时备勤，接警即动，保证城区半小时，效区1小时到达现场。为减少抢修工作对市民用水的影响，把有计划的检修停水都安排到晚上10点以后，采取媒体通知、张贴通知单、电话通知、上门通知等方式提前告知用户。组织大小管网抢修3058次，其中半小时到抢修现场的3028次，1小时到抢修现场的30次，抢修及时率达99%，完成率达到100%。开通110多个邮政代收点的水费代收代缴业务，同时开通银行代收业务，让城市用水户充分享受便捷的用水服务。

【强化库区生态环境保护】 铁山水库库区生态保护是一项事关全局、长期、复杂而综合性的系统工程，随着库区和灌区社会经济的发展，库区水污染防治愈显重要，市领导高度重视，市人大、市政府等领导多次视察和做出重要指示，铁山管理局以库区青山常在绿水长流为己任做了大量工作。2010年，组成专门班子，抽调精干力量分成5个工作组，两次深入库区6个乡镇，走访5000多户，调研库区群众生产生活、收入来源及集镇生活垃圾和污水处理情况，提出铁山库区水资源综合治理方案，初步纳入市政府“十二五”规划。在财力紧张的情况下，不等不靠，多方筹资，在库区周边设立13个水政、渔政、环保管理站，加大环境治理力度，使水库水质一直稳定在国家生活饮用水地表水源Ⅱ类标准，确保了城市饮用水安全。

（本栏撰稿　李仙凤）

长江修防

【落实城区韩家湾项目国家投入资金】 岳阳市城区韩家湾堤加固工程于1997年立项，经过4年多努力，韩家湾项目的所有立项手续全部按程序办完。该项目施工长度2438米，总投资7953万元，其中国家投资3000万元。2010年以来，长江修防处领导先后多次陪同市长黄兰香、副市长陈四海专程到北京，拜会水利部、国家发改委相关领导及具体分管此项目的有关司、处，经多方努力，9月，国家发改委、水利部下达韩家湾堤加固工程国家投资3000万元，并于年底前全部落实到位。

【湖滨防洪大堤拓宽加固工程】 该工程规划施工长度3500米，大堤面宽由8米加宽至20米，重建接长涵闸两处，投资1000多万元。2010年，长江修防处组织施工人员加班加点，全力抢抓工程进度和质量，至年底完成月形湖大堤土方15万立方米，接长涵闸1处，施工长度1.4公里，正在实施关门湖大堤1.1公里加宽加固工程。

【整治长江张家墩河段崩岸险情】 2010年3月，君山区张家墩河段1100米已护工程发生崩塌险情12处，累计崩岸长度580米，最大崩宽9米，其中最严重的3处已崩至24.0米高程，威胁长江干堤安全。险情发生后，市长江修防处及时报告省水利厅、省防汛抗旱指挥部（简称省防）省防指派人现场查勘，并确定抢险方案：一是按设计标准修复580米崩塌段的水上护坡工程，二是对出现险情的1160米崩岸段实施水下抛石加固，三是对60米险段采用干砌石裹头处理。经过一个多月的紧张施工，该处于汛前完成水下抛石3.1万立方米，落实应急抢险经费180万元。由于处险措施得力，长江干堤安全度汛。

【做好城区防汛排渍工作】 2010年汛期，岳阳市城区外湖城陵矶最高水位33.3米，南湖最高水位29.86米，旅游走廊大部分淹水0.36米，低洼处淹水近1米，淹水时间10多天。面对外洪内涝，市领导高度重视，市修防处一是提前做好准备工作。从2月开始，该处就组织技术班子对东风湖、南湖、吉家湖三座电排进行为期2个月的全面检修，排除可能存在的隐患，确保汛期能够应急抢排，同时对堤防和穿堤建筑物及涵闸进行全面排查，明确责任领导、责任科室（站）、具体责任人，将防汛责任落到实处。二是科学调控内湖水位。考虑到南湖电排容量小、抢排能力不足，该处有针对性的提前开闸放水，以腾空南湖库容，尽可能使水位调控满足防汛、景观、水环境整治和龙舟节活动的要求。4～5月南湖水位控制在27.5米左右，进入6月暴雨期后，该处密切关注天气和水位，及时开机启排，始终将水位控制在28米左右。主汛期大暴雨降临前的7月8日，南湖水位只有28.2米，东风湖水位降至28.5米。三是把握防汛主动权。7月9日，市防指召开会商会，气象局预报近期岳阳有300～500毫米的降雨。该处及时向市委、市政府领导汇报南湖可能受淹的问题，引起市领导的高度重视。当晚该处制作南湖水位30.5米、31.5米三区受淹区域的安全转移预案表、南湖淹没范围地形图，南湖水情分析情况汇报，为市领导全面了解南湖水情、指挥防汛提供第一手资料。7月10日，市防指召开由市委副书记盛荣华主持，市委常委、组织部部长严华，副市长陈四海参加的城市防汛会商会，专门研究城区防汛和南湖渍水问题，并成立专门的指挥机构。鉴于南湖旅游走廊可能被淹，会议明确工作责任，布置做好安全转移和受影响群众的解释说明工作，尽量减少群众上访。晚上盛荣华、严华等市领导到岳阳楼区几个易涝点进行现场督查。12日南湖旅游走廊淹水后，市领导通过电视专访，作好舆论宣传，引导市民正确看待和理解走廊被淹，由于工作主动，整个汛期市区秩序井然，群众情绪平静。四是全力以赴搞好排渍。针对雨情水情，该处科学调度，及时开机，尽量减少城区受淹损失。南湖、东风湖、吉家湖三座电排分别开机4500、3700、200台时，排水6500立方米、2000立方米、300多万立方米，相当于降低三湖水位4.8米、11米、5米，最低限度地减少了城区内涝损失。

【调研环城水系】 2010年，市委、市政府就“十二五”规划安排41个调研课题，市长江修防处承担岳阳城区水系规划调研任务。该处抽调精兵强将，组织调研人员踏勘现场，察看沿湖地形地貌，查阅资料图册，咨询访问水利、规划、城建、环保等方面的专家，召开座谈会，提出城区水系“六湖六带”（六湖指月形湖、关门湖、南湖、东风湖、吉家湖、芭蕉湖；六带指洞庭湖沿湖、王家河、梅溪港、芭山港、木里港、黄梅港滨水风光带）的工程设想。12月9日，市长黄兰香等市政府领导听取调研情况汇报，肯定该处调研深入，切合实际，方案可行，并将规划的“六湖六带”项目构想提交到市委常委会议讨论。12月16日，处长湛锡光就城区水系规划向市委常委扩大会汇报，与会领导一致认为该处的方案简明扼要，思路新颖，让人易记易懂，同意将此方案写入“十二五”规划，市委书记易炼红要求“十二五”期间强力推动城区水系的规划、治理、开发和适度的景观建设工作。

（本栏撰稿　杨雄辉）

责任编校　刘兴汉

交 通

TRANSPORTATION

岳阳东站打造优质服务名片

荆岳长江大桥建成通车

岳阳开通城陵矶至武汉海轮航道

岳阳出台七项政策力推航运物流发展

洞庭湖水上救援指挥中心项目一期工程竣工

综 述

【概 况】 2010年，岳阳市交通运输系统攻坚克难，开拓创新，各项工作加速推进。投资规模再创新高。交通固定资产投资70.13亿元，“十一五”期间，全市累计完成交通固定资产投资178亿元，占规划目标的162%，为“十五”期间的2.6倍。其中，高速公路建设完成投资71亿元、干线公路完成投资41亿元、农村公路完成投资53亿元、港站码头建设完成投资13亿元，分别比2009年增长146%、156%、456%和221%。邮政基础设施建设完成投资12.6亿元，增长82%。重点工程快速推进。随岳、岳常、岳长、通平、岳宜、大岳等6条高速公路相继开工，建设里程350公里。城陵矶（松阳湖）新港一期工程、洞庭湖水上应急救援指挥中心一期工程、澧溪港码头一期工程、国道106平江段、省道202一期工程、省道308湘阴段和平江段、岳汨公路、进港公路、铁桃公路、临鸭公路、汨罗江大桥、柳林江大桥接线工程建成通车。省道202二期、省道306华容段、荣鹿公路、炼化公路、汨杨公路、芙蓉大道北拓工程、鲇鱼须大桥等项目进展顺利。湘江航道疏浚工程全面启动。省道207平江段、省道306岳阳至平江段、临湖公路、许墨核电专用公路、赶山片区路网、鹿角码头、汽车贸易城建设等项目在积极运作。农村交通成为亮点。5年新改建农村公路1.47万公里，其中县到乡镇公路1620公里，通畅工程9596公里，通达工程3505公里。新建农村客运站56个、招呼站92个。实施渡改桥工程28个，完成危桥改造230座。全市100%的乡镇、88.6%的建制村通水泥路；100%的乡镇、78%的建制村通客班车。农村交通成为农民群众最欢迎、最满意、最受惠的“民心工程”，成为社会主义新农村建设的标志性工程。改革改制步伐坚实。成品油税费改革全面完成，“政府主导、分级负责、事财统一、权责对等”的新型交通体制初步确立。全市撤销政府还贷二级公路收费站11个，锁定政府还贷二级公路债务12.6亿元、里程680公里。交通规费征稽人员顺利转岗，并在全省率先组建城市公交管理局、交通质量和安全监督管理局，1112名涉改人员得到妥善安置。市交通建设投资有限公司正式挂牌成立，融资和发展态势良好。岳阳神驰运输集团、市联运总公司改制全面完成，市水运总公司高票通过企业改制和职工安置方案。市交通建设总公司成功化解债务，开始实现减亏增效。运输保障提质明显。运输辅助设施不断完善，车船运力快速增长。至年底，全市道路客运班线893条，营运汽车2.9万辆，运输船舶48万总吨，分别比“十五”期末增长12%、61%、243%。公路客运量、客运周转量、货运量、货运周转量分别达9205万人、38.3亿人公里、8903万吨、124.2亿吨公里，分别比“十五”期末增长15%、13%、136%和201%。水路货运量、货运周转量分别达4469万吨、46亿吨公里，分别比“十五”期末增长476%、505%。港口货物吞吐量、集装箱吞吐量、地方铁路货运量分别达6500万吨、12.4万标箱、1047万吨，分别比“十五”期末增长293%、91%、23.2%。城市公共交通基本满足城乡居民出行需要。交通运输应急保障能力明显提升，春运、军运、抗冰救灾、重点物资、大宗物资运输任务圆满完成。行业管理全面加强。海事、运政、路政、公交、质安、地方铁路专用线管理等部门切实加强行业管理，整治市场秩序，严格市场准入，打击非法营运，维护路产路权，各项工作卓有成效。“平安工地”建设、“打非治违”活动深入开展，道路、水路安全监管不断加强，运输和建设领域的安全隐患治理成效明显，安全生产形势持续稳定。交通建设市场信用评价考核制度逐步实施，质量保证体系、管理体系进一步健全，质量巡检力度加大，质量通病治理有效。公路、航道管养进一步加强，超限超载治理收到实效，路况质量稳步上升，通航条件持续改善。

岳阳市交通运输发展正处在建设高峰期、体制转型期和矛盾凸显期，阶段性特征仍十分明显：路网结构不优、节点衔接不畅、水运优势发挥不够、信息化程度不高、城乡区域交通发展不平衡等问题客观存在；筹融资能力不强、市场监管任务重、综治维稳压力大等矛盾十分突出；综合交通运输体系建设尚处于起步阶段，建设低碳交通、人文交通、“两型”交通、智慧交通的目标任重道远。 （盛 源）

长江航务管理局局长唐冠军与岳阳市市长黄兰香在武汉市签署《加快岳阳长江水运发展的战略合作协议》

（市交通局 供稿）

铁路运输

【岳阳火车站安全工作】 2010年，岳阳火车站贯彻执行“三个安全管理办法”，全面实施《月度安全质量综合排名考核办法》和《个

武广高铁客运专线岳阳东站 （罗卫亚 摄）

人安全积分排名考核办法》，强化干部安全包保、现场检查和重点盯控，推进自控型班组和可控型班组创建，积极组织开展安全大检查活动，严格过程控制、量化考核和责任追究。至年底，实现无责任铁路交通事故1334天。 （于 雷）

【岳阳火车部运输生产增运增收】 2010年，岳阳火车站开展形势任务教育和增运增收、节支降耗活动，严格预算管理，加强成本控制，优化岗位配置，完善收入分配办法，职工工作积极性进一步提高。完成旅客发送352.6万人次，超年度计划32.5万人；完成货物发送453.5万吨，超年度计划123.5万吨；完成运输进款收入6.06亿元，超年度计划4198.8万元。 （于 雷）

【岳阳火车站服务工作上台阶】 2010年，岳阳火车站继续推进“树标塑形”活动，服务质量、设备设施、职工素质、保洁卫生、售票管理、站内秩序得到广大旅客和社会各界认可，旅客满意度不断提升。在春运、暑运、亚运会、亚残会等重要节假日和重大活动期间，精心组织，严密卡控，强化协调配合，全方位做好安保工作，保证了旅客出行平稳有序。岳阳车站被湖南省评为春运先进单位。 （于 雷）

【岳阳东站打造优质服务名片】 2010年，岳阳东站以创先争优活动为契机，立足“高标准、创一流”的目标定位，努力将岳阳东站打造成武广高铁的优质“服务名片”。以标准化设计“服务名片”，以特色化打造“服务名片”，以创先争优擦亮“服务名片”。在上海世博、广州亚运安保、春运、暑运等重大活动和节假期间，努力提升服务质量，在岳阳市“五创”提质中发挥窗口优势，展示了岳阳高铁的良好形象。岳阳东站的优质服务，受到广大旅客的好评，被广铁集团公司推荐代表铁道部出席中组部创先争优评比，同时广铁集团公司授予岳阳东站党支部先进基层党组织称号。岳阳东站全年发送旅客83.9万人，完成运输进款收入1.34亿元。 （龚飒虎）

公路运输

【概 况】 2010年，市公路局克服物价上涨，资金紧张的困难，在公路管理体制发生巨大变革的情况下，新建、改建二级以上公路302公里，完成建安投资14.35亿元。完成国省道大中修工程391公里，完成投资1.79亿元，投资额比“十五”期间多出1亿元。改造危桥148座，完成投资1.02亿元，改造数量是“十五”期间的4.8倍。完成安全保障工程32条、线路234.56公里，完成地质灾害防治工程77.1公里。市公路局获得全省国省干线建设和养护目标管理二等奖。市路桥总公司被评为全省文明建设先进集体。岳华公路收费站被评为全省通行费征收目标管理先进单位。 （黄 林）

【5个国省干线改造项目交工验收】 2010年，市公路局在建的6个国省道干线项目工程资金缺口一度高达2.97亿元，该局以加快公路事业发展为己任，围绕服务项目建设想办法，实行项目统一管理、变更统一报批、资金统一调度、矛盾统一协调，国道106平江段、省道201二期、省道308平江段、省道308湘阴段、省道202一期5个项目通过交工验收，特别是省道308平江段和湘阴段比原定工期提前半年交工。这些项目的提前和按期交工，减少利息支出1200万元，实现经济和社会效益双丰收。该局全年干线公路改造项目交工里程234公里，位居全省各市州前列。 （黄 林）

【通海公路提质改造一期工程完工】 通海公路提质改造工程按城市道路路面宽36米配套建设，总投资7800万元。工程分两期进行，一期为路面提质改造工程，二期为城市道路配套工程，市公路局于2010年9月23日开工建设，11月25日全面完成一期工程要求的沥青混凝土路面面层铺筑任务，完成投资3800万元，有力地支持了临港产业新区的建设和发展。 （黄 林）

【服务长炼千万吨炼油项目大件设备运输】 2010年3月13日，中国远洋物流有限公司向市公路局申请长炼1000万吨炼油项目大型设备通过107国道的超限运输。为服务长炼发展，市公路局会同该局路政支队和107管理处，现场勘定线路和桥涵技术数据，保护路桥安全，采取“桥中桥”的过桥方法，将设备分为5大件单独运输。其间，市公路局组织200多名干部职工，出动车辆60台次，全程疏导护送运输车，确保设备所经过的每段路、每座桥不出意外，圆满完成服务长炼千万吨炼油项目大件设备运输任务。 （黄 林）

【通衢公司获“2010中国建筑业优秀百强企业”奖】 2010年12月26日，由中国建筑业企业联合会、中国建筑技术与质量协会联合主办的“2010中国建筑优秀百强企业、2010中国建筑50位杰出贡献企业家”等奖项颁奖典礼暨第六届中国建筑业高峰论坛在海南博鳌亚洲论坛永久会址隆重举行。市公路局107国道管理处下属的通衢公司获得中国建筑业优秀百强企业奖，该公司总经理邓湘阳获得中国建筑50位杰出贡献企业家奖。（黄　林）

【杭瑞高速临岳段开工】 2010年12月24日，杭瑞高速湖南省临湘至岳阳段、南岳高速东延线开工动员大会在岳阳市通海路举行，副省长韩永文宣布临岳、南岳东延线高速公路正式开工建设。省政府副秘书长、省参事室党组书记石华清，市领导易炼红、黄兰香、赖社光、郭振斌、万岳斌、李为及省直相关厅局，岳阳、衡阳两市相关部门，沿线县市区高速公路建设协调成员单位和参建单位负责人出席会议。

临岳高速位于湖南省东北部，横向贯穿岳阳，是杭瑞高速湖南境内的最东段。路线起点为临湘大界，接湖北省在建的阳新（赣鄂界）至通城（鄂湘界）高速公路，止于岳阳监狱十大队，与杭瑞线在建的岳阳至常德段对接，全长72.433公里，项目估算总投资110.67亿元，计划2014年建成通车。

（盛　源）

【芙蓉大道北拓湘阴段工程奠基】 2010年1月14日，芙蓉大道北拓湘阴段工程开工奠基。省人大常委会副主任陈叔红宣布工程开工，省政协副主席阳宝华出席，市委书记易炼红致辞，市领导赖社光、郭振斌、陈国荣、戴新果、张振彬、万岳斌、杨太平，老同志李正南、胡德明、葛送培、司马德坤等参加庆典。

芙蓉大道北拓湘阴段，起于湘阴县界头铺镇，止于湘阴漕溪港深水码头，全长28.77公里，项目概算总投资13.8亿元。道路主线按照城市快速路标准建设，主车道采用双向六车道，设计速度为每小时80公里。工程计划2年内全面竣工。该项目是省委、省政府大力实施“一化三基”战略，强力推进长株潭两型社会综合配套改革实验区的重要标志，也是省委、省政府全力推动3+5城市群深度融合、整体发展的重大举措。（盛　源）

【省道308平江段主体工程竣工】 2010年7月19日，省道308平江段主体工程基本竣工，较设计工期提前5个月完工。平江城关镇至安定镇、龙门镇全线通车。

省道308平江段改造项目属湖南省“十一五”期间路网改造重点工程，全长 69.14公里，项目投资3.18亿元，横跨该县6个乡镇、辐射53个村，受惠人口40万人。全线按二级公路标准建设，设计时速60公里，路基宽度12米，改造中小桥梁18座。该工程于 2008年 12月 24日正式动工，设计施工工期为24个月。

（盛　源）

【荆岳长江大桥建成通车】 2010年12月9日，荆岳长江公路大桥正式通车。荆岳长江公路大桥是随岳高速公路的控制性工程，也是首座连接湘鄂两省的长江大桥，位于洞庭湖与长江交汇处的下游13公里处，起于湖北省监利县白螺镇，跨长江后止于湖南省岳阳市云溪区道仁矶镇。该项目建设总里程5.419公里，总投资约23亿元，其中长江大桥总长4512.5米、主桥长1444米，跨江主桥为主跨816米的双塔单侧混合梁斜拉桥，南塔高224.5米，北塔高265.5米。主桥为双塔钢箱梁与预应力混凝土箱梁相结合的混合梁斜拉桥，其主桥跨度为高低塔斜拉桥居世界前列。该工程于2007年2月6日正式开工，2010年10月30日完成主体工程及附属工程施工。荆岳长江公路大桥建成后，将有效改善长江中游的过江交通条件，优化长江过江通道布局，完善湘鄂两省公路交通网络。（盛　源）

【省道202一期工程完工】 2010年5月27日，省道202新沙洲至小寄山公路一期工程完成交工验收。该公路是江汉平原物质交流重要通道，路线长33.62公里（含塔市连接线0.804公里），全线按平原微丘区二级公路标准建设，设计时速每小时60公里，路基宽12米，路面宽9米，设计荷载为公路Ⅱ级，合同投资额8513.07万元。（盛　源）

【临湘至鸭栏公路通车】 2010年12月30日，临湘至鸭栏公路完工。临湘至鸭栏公路起于临湘市区三角坪，止于儒溪镇鸭栏，全长25.2公里。公路全线按二级公路标准建设，2007年8月8日开工建设，工程建设总投资1.6亿元。临湘至鸭栏公路是岳阳市境内重要的区域经济干线，是临湘通江达海的黄金通道，也是防汛抢险的生命通道。该项目的建设，对于完善湘北地区公路运输网络，改善沿线群众出行条件，促进临湘经济发展具有重要意义。

（盛　源）

【鸭栏码头开工】 2010年12月30日，岳阳港临湘港区长江鸭栏作业区一期工程正式开工。鸭栏码头系湖南省“十一五”期间港口建设规划项目，地处江南镇鸭栏村，规划4个泊位，年吞吐量500万吨。港区规划面积66.67公顷，是一座集管理、运输、仓储、搬运装卸于一体的多功能综合性港区，分二期建设。其中一期工程设计规模为3000吨级，2个实体斜坡泊位，工程总概算1.1亿元。（盛　源）

【岳阳启动世博会公路运输安保机制】 2010年3月下旬，岳阳正式启动上海世博会上海班线运输安全保障工作机制，岳阳汽车站上海班线车辆报班、车辆安检、车辆出站登记、危险品查堵、旅客实名登记等安保工作全部落实到人，整个保障平台正式投入运行，各类安保措施全面铺开。世博会期间，岳阳汽车站围绕安保工作要求，全面建立健全汽车客运站安保工作机制，落实岗位安全责任制和车辆安全例检、出站登记的工作程序。严格旅客行李物品检查制度，实施进站、上车两轮危险品检查制度，确保行包检查率达到100%，坚决禁止易燃易爆等危险品上车。认真做好入沪班线实名登记，防止超员、安检不合格、证照不齐以及“入沪旅客信息登记表”未经审核签章的车辆出站运营。（盛　源）

【岳阳交通运输行政执法顺利通过国检】 2010年8月11～12日，交通运输部行政执法监督检查组到岳阳检查。检查组抽查岳阳市道路运输管理局、汨罗市交通局行政执法监督工作，查看相关执法案卷，组织考试，并对岳阳交通运输行政执法给予充分肯定。汨罗市交通局获全国交通运输文明执法示范窗口称号。（盛 源）

【洞庭湖大桥实现首次大“美容”】 洞庭湖大桥与岳阳楼、君山岛、洞庭湖等风景名胜融为一体，交相辉映，成为世人了解岳阳的重要窗口。建桥10多年来风吹雨淋，日晒夜露，致使大桥栏杆锈迹斑斑，灯杆伤痕累累，路面暗淡无光，景饰灯残缺不全，防撞墙及主塔外表白脸变花脸。窗口形象受到严重影响。2010年10月，洞庭湖大桥管理局（简称大桥局）千方百计筹资近300万元，对全长5748米的两边栏杆、452根路灯杆以及观礼台、操作台进行除锈刷漆。对景饰灯、高杆灯进行更换和维修。对5748米两边防撞墙和三主塔外表进行去污涂层，安装反光模块。对桥面和接线处进行修补。对大桥东西两个亭棚进行美化。为使工程赶在8月8日“中国（岳阳）野生荷花旅游节”之前完成，大桥管理人员和施工队伍顶烈日、冒酷暑，昼夜加班，经过50天的艰苦奋战，终于保质、保量、按时地完成任务。荷花节这天，中外游客经过宏伟壮观、整洁亮丽、装饰一新的洞庭湖大桥时，无不驻足观望，争相留影。（颜昌辉）

【洞庭湖大桥管理局举行通车十周年庆典】 2010年10月26日是洞庭湖大桥通车十周年纪念日，大桥局举办热烈隆重的庆典活动。通过报刊、电视、户外大型广告、巨幅标语及举办全市“大桥杯”摄影大赛等形式对洞庭湖大桥进行全方位大力宣传，提高了洞庭湖大桥的知名度。（颜昌辉）

洞庭湖大桥美容施工 （喻 伟 摄）

【农村公路发展】 2010年，市农村公路系统努力增强政策执行力和发展活力，超额完成各项工作目标。实现重点工程年度投资1.22亿元，铁桃公路、望岳公路、进港道路城建配套工程交工验收。完成农村公路建设3274公里，其中县到乡镇公路208公里、通畅工程2278公里、通达工程786公里，分别占省、市“八件实事”考核目标的597%、168%和372%。至年底，全市建制村通畅数达到2870个，实现全市100%的乡镇和88.6%的建制村通水泥（沥青）路。农村公路县道养护好路率79%，乡道养护好路率71%，分别超过市考核目标7个百分点和9个百分点。完成路网结构改造工程投资8035万元，其中建设完成安全保障工程项目23个，处治隐患长度412公里，改造完成危（旧）桥梁40座1867延米。（王兴华 刘忠福）

【农村公路行业管理优化】 根据成品油税费改革和农村公路行业体制改革要求，市农村公路建设领导小组和市交通运输局经党组扩大会研究决定，按照“建设改造与养护并重”的原则，从2010年8月2日开始，由市地方公路管理处管理农村公路建设工作，实行“一门两牌，一套班子，合署办公”。这一举措，更有利于农村公路统筹发展，有利于市、县两级的工作协调和农村公路事业的长远发展。（王兴华 刘忠福）

【公路企业增效明显】 市交通建设总公司确立“3年摆脱困境、5年发展成为一级企业”的第二次创业目标。2010年再造竞争新优势，一级建设资质获省批准，首次承揽单个项目工程造价总量过亿元项目，新建续建项目4个，完成产值2.5亿元，成功化解债务危机，实现减亏增效。（王兴华 刘忠福）

【农村公路部门创先争优】 2010年，岳阳市农村公路系统把开展创先争优活动作为推动中心工作的有效抓手和强大动力，开展“三比三走在前”的主题实践活动，培育特色创亮点。一是比工作实绩，在提质增效上走在前。广泛开展以“创精品工程，创示范工程”为主题的“交通杯”劳动竞赛，望岳公路连续4个月的月度产值都在2000万元以上，市主要领导指定该实事项目为样板工程，定为全市经济工作及“四化两型”建设流动现场会的现场。二是比行业形象，在规范管理上走在前。严格执行项目法人责任制、招标投标制、工程监理制、合同管理制和质量责任终身制，新、续建公路项目的合格率达到100%、优良率62%。三是比学习成效，在提高素质上走在前。单位学习室新增市委推荐书目100余册、专业图书200册。举办公路工程竣（交）工文件编制、公路技术状况评定、公路路政执法等各类培训6次，培训人员661人，进一步增强职工队伍的工作系统性、预见性和创造性。

（王兴华　刘忠福）

水路运输

【岳阳开通城陵矶至武汉海轮航道】 2010年7月15日上午10点30分，长江干线武汉至城陵矶河段海轮航道正式开通，中国长江海轮航线又向内陆延伸228公里，海轮每年5～9月可自由进入城陵矶新港。交通运输部总工程师徐光、交通运输部水运局副局长谢曼莹、交通运输部海事局副局长曹德胜、长江航务局局长唐冠军、市长黄兰香、副市长宋爱华等出席开通仪式。长江干线武汉至城陵矶河段上起洞庭湖口，下至湖北武汉长江大桥，是长江黄金水道承东启西的重要河段。长江干线武汉至城陵矶河段海轮航道开通，有利于化解长期以来制约岳阳口岸直航和湖南东进出海的运输瓶颈，提升城陵矶港吞吐能力，降低外贸物流成本，优化货物运输方式结构，构建岳阳水陆并进的大口岸、大通关、大物流、大开放、大发展的格局，促进长株潭城市群、武汉城市圈“两型社会”建设，推动岳阳经济又好又快发展。

（盛　源）

【岳阳出台七项政策力推航运物流发展】 2010年，岳阳市出台7项优惠政策，全力推进航运物流经济发展，力争全市船舶总吨位突破36万总吨、港口货物吞吐量突破6800万吨目标，港口航运主要经济指标继续稳居全省领先位置。此7项政策一是实行规费优惠政策，全面推行“统一标准、公开优惠、阳光收费”的规费征收工作模式。二是对一般性和偶然性违章营运船舶，执行“只纠错、不罚款或少罚款”的政策，试点建设“无罚款港区”。三是联合有关部门着力打击非法船代货代公司扰乱水运市场行为，扶持合法水运服务企业做大做强。四是着力扶持港口项目建设和港口企业经营，助推临港产业新区发展。五是实行行政审批项目无技术性限制的，原则上在法定限期一半以内办妥，提高审批效率。六是加快洞庭湖应急救援指挥中心建设，开通水上政务中心，为船户港口企业提供全方位服务。七是畅通行风监督，聘请人大代表、政协委员和船户、港口企业代表为行风监督员。

【岳阳首个大型物流项目启动建设】 2010年8月30日，落户湖南城陵矶临港产业新区的首个大型物流项目恒阳石化正式启动建设。市长黄兰香宣布开工，市领导盛荣华、李湘岳、白尊贤、陈国荣、宋爱华、肖建华，新加坡恒阳石化物流有限公司董事长顾文龙等一起为建设奠基。

该项目由新加坡上市公司恒阳石化物流有限公司投资5亿元建设，占地面积23.8公顷，规划4个3000吨（兼顾5000吨级）的液体化工泊位，年吞吐能力300万吨，液体化工品储罐总容量30万立方米。建成后，将与已建成的江阴恒阳、江苏德桥和规划建设中的南京、武汉、重庆储运物流网形成长江流域战略性物流网络，预计3～5年后可成为达到国际一流水准的综合性化工物流企业，促进岳阳港综合品牌价值的提升。

（盛　源）

【岳阳市A级物流实现“零”突破】 2010年11月1日，岳阳市海纳物流、安迅货运、运来物流和运发物流等4家物流企业，顺利通过全国物流A级资格考核评估，进入国家A级物流企业行列，从而结束岳阳没有A级物流企业的历史。

（盛　源）

【长江航务管理局与岳阳市签署战略合作协议】 2010年1月7日，交通运输部长江航务管理局局长唐冠军与市长黄兰香在武汉签署《交通运输部长江航务管理局与湖南省岳阳市人民政府签署战略合作协议》。在签字仪式上，双方一致表示要大力推进“四个长江三步构建”战略，以进一步创新机制、加强合作，凝聚长江黄金水道发展合力，合力建设好长江黄金水道。为充分发挥长江黄金水道作用，交通运输部长江航务管理局与岳阳市政府友好商定，达成共识。将在建立工作协调机制、积极培育长江水路运输市场、实施长江湖南岳阳段航道通畅工程、保护长江干线岳阳段航运资源、推进长江干线船型标准化、实现长江航运综合信息平台互联互通、支持长航系统驻岳单位发展、提高航道维护水深开辟海轮推荐航道等8个方面相互支持和合作，谋求共同发展、共同繁荣，促进长江航运又好又快发展。

（盛　源）

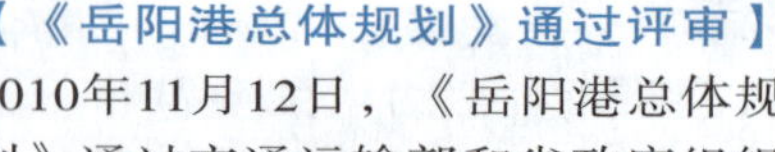

【《岳阳港总体规划》通过评审】 2010年11月12日，《岳阳港总体规划》通过交通运输部和省政府组织

水运货船　（范向晖　摄）

的专家评审团评审，第一次对全市长江、湘江、洞庭湖452公里可建港岸线进行全面规划。

岳阳港是全国内河主要港口和国家一类开放口岸，随着国家中部崛起战略、长株潭城市群“两型”社会建设综合配套改革试验总体方案和湖南“四化两型”战略的深入实施，岳阳港腹地经济社会快速发展，港口作用也进一步增强，吞吐量持续快速增长，2009年全港货物吞吐量达7631万吨，其中集装箱8.64万标箱。为更好地适应腹地经济社会发展和沿江产业布局的新形势、新要求，有效地保护和合理利用岳阳宝贵的港口岸线资源，促进港口可持续发展，2006年，市委、市政府决定编制涵盖境内所有长江岸线、湘江（洞庭湖）岸线及沿江港口规划，规划期限到2030年。

《岳阳港总体规划》的岳阳港将划分为岳阳楼、七里山、城陵矶、道仁矶4个重要港区和陆城、君山、湘阴、汨罗、岳阳县、华容、临湘7个一般港区。其中城陵矶港区是岳阳港的核心港区，是以集装箱、件杂货、大宗散货和粮食为主，兼有修造船的大型铁路公路水路联运的综合性港区；岳阳楼港区以旅游客运为主；七里山港区以油品、石化产品及矿建材料为主；道仁矶港区以液体化工品、危险品运输为主，兼顾矿建材料运输；陆城港区以原油及成品油运输、修造船为主；君山港区以煤炭、件杂货及矿建材料运输为主，兼顾旅游客运；湘阴港区以集装箱、件杂货、散货及矿建材料运输为主，兼顾修造船；汨罗、岳阳县、华容、临湘港区主要为当地经济发展服务，以件杂货、散货及矿建材料运输为主。 （盛 源）

【岳阳市启动船舶溢油应急设备库建设】 2010年10月，交通运输部批复同意在岳阳市建设湖南省首个船舶溢油应急设备库，并相应配置必要的溢油应急处理及启运设备。该项目建成后，总体溢油事故的应急处理能力为300吨。该项目是打造“清洁长江”的重点工程，在长江沿线具有重要的示范作用。它的实施将有效增强长江重点水域溢油应急处置能力，对于保护长江水域环境，实现长江航运平安绿色发展具有重要意义。 （盛 源）

【最大吨位船舶停靠城陵矶】 2010年11月22日，载重量9900吨巴西粉矿的万吨货轮——“柏顺698”，靠泊在城陵矶港13号散装码头，这是迄今为止城陵矶港靠泊吨位最大的船舶。“柏顺698”轮全长112米，宽19.2米，吃水6.4米，核定装载吨位为1.2万吨。在“柏顺698”轮之前，进入城陵矶港最大的货轮载重量为7455吨。

（盛 源）

【湘江岳阳至株洲段两千吨级航道动工】 2010年12月20日，湘江2000吨级航道建设一期工程（城陵矶—株洲段）正式开工。该项目总投资8.2亿元，预计4年后竣工。届时湘江城陵矶至株洲段常年通行2000吨级大型船舶，结束每年枯水季节千吨级船舶无法通航的历史，打造湖南省江海直达快速水运通道。

株洲至岳阳2000吨级航道建设工程，是湘江干流衡阳至岳阳2000吨级航道建设的一期工程，建设工期为48个月。它将结合湘江长沙综合枢纽，建设281公里2000吨级航道，航道范围从株洲航电枢纽到岳阳城陵矶。湘江每年枯水期，都有长达半个月的时间千吨级及以上船舶无法通航。城陵矶至株洲航道建成后，将与湘江长沙综合枢纽一道，使湘江的通航能力大大提高。

（盛 源）

海事管理

国家海事管理

【概 况】 2010年，岳阳海事局深入贯彻实践科学发展观，以安全监管为中心，以“五化”（队伍正规化、监管现代化、执法规范化、信息网络化、联合执法一体化）建设为主线，全面完成各项工作任务。实现辖区连续42个月无大事故、无人员死亡（失踪）的安全监管业绩。在上海世博会安保工作中，岳阳海事局承担湖南省全部和湖北省部分入沪船舶的特殊安检、特殊签证任务。办理特殊签证1251艘次，圆满完成世博安保任务。全面推行客渡船管理科学化，实现辖区干线渡船GPS全监控。积极服务荆岳大桥建设，取得荆岳长江大桥建设期“三零”（零险情、零封航、零污染）佳绩。深入开展出湖进江运砂船突出违法行为整治，有效遏制运砂船险情事故多发的不良势头，长效机制效果不断深化。持续保持政风良好，政风有理举报为“零”，廉政率100%。大力推进半军事化、专业化，队伍建设成效明显。岳阳海事局被评为全国海事系

水运船舶安全检查 （叶昌盛 摄）

统文明达标单位，湖南省文明单位和岳阳市文明标兵单位，被长江航务管理局授予长江航运行业文化建设示范单位称号。

【加强安全管理】 2010年，岳阳海事局深化科学巡航，加强现场巡航检查和GPS、CCTV监控；开展枯水期、水位交替期全航段巡航3次；局领导带队随运砂船、运矿船现场监管工作调研2次。加强枯水期对窑监、尺八口水道，洪水期对七弓岭、窑咀、三江口水域巡航和重点航段驻守，积极应对三峡水库泄洪和175米蓄水，取得255天浅区战枯水“零搁浅”。加大窑监航道整治工程和荆岳长江大桥建设工程施工维护，保持荆岳长江大桥建设期零险情、零事故、零封航。海巡艇累计出航4846次、巡航时间9337.65小时，巡航里程11.35万公里，查处违法行为579起。

【加强客渡船管理】 2010年，岳阳海事局深入开展“渡船航行规范巩固年”活动，完善机关科级干部、海事处领导和现场监督员的三重渡船监管网络。持续实施“三免一送”帮扶措施，实现辖区干线渡船GPS全监控。开展“渡口渡船安全隐患大排查”，现场巡查渡口6503处次、客渡船8448艘次，跟船检查502航次，1695项渡船缺陷得到整改。持续开展渡船“面对面”活动，执法人员每天到渡口与渡船船员进行面对面的沟通交流。开展渡船安全周活动，以流动课堂形式上门对客渡船船员进行知识更新、安全教育、实操评估，组织渡船船员到航行船舶进行参观、体验，与渡船船员和乘客开展面对面的安全宣传，组织渡船进行失控、失火等紧急情况下的应急演练，提高乘客的自我保护意识和渡船船员的组织能力、应急反应能力。制作和运行渡船管理系统，及时发布安全预警信息。组织签订非运输船“安全承诺书”。有效实施渡船禁航686艘次，安排人员现场驻守2132人次，组织培训109期，培训渡船船员603人次，安全渡运群众267万人次、车辆42.8万辆，持续实现渡船零事故、零死亡。

【加强危防管理】 2010年，岳阳海事局深化源头管理，积极开展船舶公司大走访。开展危险品运输安全隐患排查，检查危险品码头25座次，查出缺陷 79项，检查危险品船舶45艘，查出缺陷328项。6～8月，结合该局《关于加强高温季节危化品运输安全管理的通知》要求，加强高温季节危险品运输安全管理。春节前，开展为期10天的集装箱运输烟花爆竹专项整治活动，重点对船舶危险货物申报情况、集装箱箱体情况、集装箱的积载、船员实操能力、应急应变能力以及船舶安全制度及落实等情况进行检查。全面开展危险品动态跟踪软件使用工作。受理危险品申报3720艘次，进出港危险货物534万吨。进出港装载危险货物集装箱20359标箱。接收油污水517吨、船舶垃圾99吨。

【加强“四船”管理】 2010年，岳阳海事局全面落实政务公开制度，实施利民便民措施。审核船公司4家。推进新安检规则，安检船舶1047艘次、查出缺陷10363项，滞留船舶22艘。办理船舶签证3.3万艘次。办理船舶登记99艘次。核发相关证书证件文书3100本（份）。完成全国内河船舶船员职务适任理论统考2期，加强内河船员基本安全知识培训，举办干线客船和油船船员特殊培训4期。举办船员流动学校23期、培训830人次。全面实施船舶报港制，推广船舶诚信管理。树立服务意识，加强船舶登记日常管理，在办理船舶登记程序上严格落实三级审批制度，办理船舶登记99艘次。组织开展湖南片区D类注册验船师考试。 （本栏撰稿 陈 琴）

地方海事（港航）管理

【概 况】 2010年，全市地方海事（港航）系统干部职工按照市委、市政府“建设现代航运物流旺市”的部署要求，以服务航运物流经济发展为目标，以安全监管统领全局，进一步优化水路经济发展环境，积极发展水上运力，深入开展“五创”提质，推动各项工作跨越式发展。全市港口航运经济主要发展指标刷新历史纪录，全市港口货物吞吐量突破6500万吨，比2009年净增500万吨。水路集装箱完成吞吐量12.15万标箱，增长40.6%。水上运力发展到48万总吨，增长52%，占全省的40%。港口航运经济主要指标继续居全省第一、全国内河主要港口第七位。《岳阳港总体规划》通过部、省专家评审，洞庭湖水上救援指挥中心一期工程顺利竣工运营，服务松阳湖新港工程、省市重大水上活动等工作获得广泛好评。规费征收、财务管理、港口管理、船舶检验、队伍建设、党务工作、文明创建工作、法制和维稳工作、计划生育、联手帮扶企业和新农村建设等多项工作取得较好成绩，获市委、市政府争取政策性资金奖，新农村建设帮扶先进单位，省交通厅法制工作及行政执法先进集体等10项荣誉。

【洞庭湖水上救援指挥中心项目一期工程竣工】 2010年12月26日，洞庭湖水上救援指挥中心第一期工程竣工。2005年10月，市政府向省政府呈报《立项建设洞庭湖水上救援中心的请示》。2007年2月6日，市政府召开五十八次常务会议决定选址岳阳楼客运码头立项建设，无偿划拨0.8公顷土地，同时支持解决800万元拆迁和挡土墙建设资金。2007年8月，省发改委批准岳阳洞庭湖水上应急救援指挥中心立项建设，项目总投资8000万元，分三期建设。一期工程完成投资3600万元，包括指挥中心主楼、附楼工程，斜坡码头、高架桥加宽加固工程，挡土墙建设工程，以及65米趸船工程，房屋建筑面积7000平方米，挡土墙建筑面积3000多平方米，65米长钢质海事趸船可使用面积2000平方米。二期为水上监控网络工程，预算投资2000万元，三期为水上立体救援工程，投资2400万元，二、三期工程计划在2012年前基本完成。

【中心城区砂石散货客运码头整治】 2010年，市地方海事局按照市委、市政府创建全国文明城市“五创”提质总体部署和市长黄兰香现场办公会议指示精神，由4名局领导带队，两个执法基地和机关的

80多名干部职工，从5月9日起，开展中心城区沿湖砂石、散货、客运码头整治工作。城区22个砂石散货码头中除市政府同意暂时保留4个外，其余18个全部顺利关闭；城区21艘客运船舶成功实现到南岳坡码头集中停泊、规范管理，岳阳楼海事专用码头、南岳坡客运专用码头的社会形象焕然一新，解决了困扰两届政府、影响岳阳楼景区和沿湖风光带形象的大难题，黄兰香对此给予高度肯定，市政府在“五创”提质综合考评中为地方海事局嘉奖10分，授予“五创”提质工作先进单位称号。

【优化水路经济发展环境】 2010年，市地方海事局按照市委、市政府建设现代航运物流旺市的部署要求，全力优化水路经济发展环境。一是管好执法队伍着力建设“阳光海事”、“廉洁海事”，严厉惩治水上“三乱”行为，两级领导班子带头严格遵守海事工作人员“八条禁令”、领导干部“六项规定”，在行政审批、规费执收等环节实行收费依据、标准、优惠政策、程序、举报电话“五公开”，阳光执法、阳光执收。对敢于暗箱操作、收“人情费、关系费”和发生“三乱”的人和事，依法依规从严惩处。邀请港口企业、船户代表为行风监督员，每半年召开一次行风监督座谈会议，畅通监督渠道。二是对水上运输继续实行八条规费优惠政策，最高优惠幅度达60%，给予水运企业优惠规费达到1500万元以上，广大船户和港口企业反响良好。三是不断加强和提升服务，坚持微笑服务、限期办结，为船户排忧解难。海事干部积极为船户、企业提供市场、政策信息，帮助困难企业、困难船户走出困境，让船户把海事局当作“娘家”，营造共饮一江水、鱼水一家亲的和谐发展氛围。全市新引进船舶落户15万总吨，引进外省到岳参运船舶超过100万总吨，岳阳港呈现年均20万艘、日均700艘通航船舶的繁荣景象。

【水上安全监管保畅通】 2010年，市地方海事局开展渡口渡船、打非治违、战枯水保畅通等7个专项治理行动，全市140处农村渡口、160余艘客渡船舶、200余座港口码头、38座通航桥梁连续第八年未发生人员伤亡事故。农村渡船更新改造工作顺利推进。

（本栏撰稿 吴新权 胡祥华）

城市公共交通

【岳阳市交通运输局正式揭牌】 2010年6月22日，岳阳市交通运输局举行揭牌仪式。交通运输局的成立，对于优化岳阳市交通运输总体布局，发挥各种运输方式组合效率，建立现代综合交通运输体系，具有十分重要的意义。市交通运输局将以此为契机，本着“严谨、先行、廉洁、惠民”的岳阳交通运输文化理念，按照“12345”的发展思路，同心协力、忠诚履职、真抓实干，加快实现便捷、通畅、高效、安全的综合交通运输体系，努力开创全市交通运输工作新局面。

（盛 源）

【市城市公共交通局加强行业管理】 2010年，市城市公交管理局按照市委提出的“三更”要求，着力“五创”提质工作，加强出租行业管理，加大打非治违力度，较好地完成上级交办的各项任务。至年底，该局机关获市级文明单位称号，3个出租车公司获市级文明窗口单位，春运工作被评为全省先进单位，成品油价格补助工作被省交通运输厅评为先进单位，安全生产、纪检监察工作和绩效评估考核工作均被市交通运输局评为先进单位。为强化行业管理，该局一是以“五创”提质为契机，加大行业管理。强化客运行业规范经营管理、文明优质服务的理念，规范服务标准，强化行业监督，使行业服务质量、从业人员文明意识和社会满意程度有明显提高，切实做到安全、平稳、有序，全面提升行业文明形象。高考期间为考生免费送考3000人次。每月对各出租车企业进行考核考评，逐月讲评，逐步完善市场准入和退出机制，制订《岳阳市出租车企业考核办法》，为加强行业管理，进一步规范客运市场提供制度保障。加强安全管理，定期召开安全工作例会，加强对出租车安全基础工作的检查，督促企业规范化管理，加强对出租车的安全监管，发现、排查、整改安全隐患。9月，启动车载天然气瓶的检验，检验气瓶1200个，最大限度地消除安全隐患，行业安全管理水平有很大的提高，事故率下降40%。抓培训，提高司机素质。出台岳阳市出租车行业第一个规范性文件《岳阳市出租汽车从业人员管理办法》，并出台副班司机管理的相关措施，取得较好的效果。办理新准入从业人员岗前职业培训班11期，培训人员1933人，考核合格发证1743本，合格率90%。办理继续教育培训班28期，培训人员3137人，办理从业资格证4780本，核发注册服务监督卡3560张，补证52本。二是以规范市场为导向，加大打非治违力度。在《岳阳晚报》和岳阳电视台等新闻媒体多次联合刊登《严厉打击城区非法营运的紧急通知》，发送手机短信5000条。在宣传发动的基础上，多次组织“打非”专项行动，查扣非法营运摩托车3100台，非法营运“黑车”300台，查处违章出租车285台次，城区公共客运秩序得到一定好转。三是以优质服务为目的，加强客运站场管理。以火车站、东站和洞庭汽车站客运经营秩序为重点，突出治理出租车喊客、无序停放、拒载和不打表收费等违章行为。为加强火车东站客运秩序的管理，组成东站出租车整治工作组，岳阳东站从早上第一趟车（7：00）到晚上最后一趟车（23：00）均有执法人员值勤，乘客出口至出租车专用通道已经建好，东站出租车摆放有序，依次待客，客运秩序有明显好转。岳阳火车站由执法一大队三个中队轮流值班，专门负责客运秩序管理和执勤工作，客运秩序得到改善。执法三大队与公安、城管、残联等部门联合执法，对洞庭汽车站周边的两轮摩托车、残疾人摩托车进行整治，确保洞庭汽车站的客运秩序良好。四是以提升素质为抓手，加强职工队伍建设。该局提出“安全公交、文明公交、和谐公交、民本公交”的理念，把队伍建设放在重要的位置，力争建设一支政治过硬、业务精通、作风顽

湖南龙骧神驰运输集团挂牌成立（市交通局 供稿）

强、廉洁高效的城市公交管理队伍。举办培训班8期，培训人数1000人次，积极开展创先争优活动，开展“十佳执法标兵”评比活动，举行登山、拔河、象棋和篮球比赛，提高单位的凝聚力和战斗力。狠抓廉洁行政，开展党风廉政教育，举办城市公交管理廉政文化建设征文活动，干部职工踊跃参与，在全局形成以廉为荣、以贪为耻的廉政文化氛围。该局还从人大代表、政协委员和党政机关、企事业单位以及新闻部门聘请16名社会各界人士担任第一届特邀行风监督员，加强公交执法监督。（周拓辉）

【湖南龙骧神驰运输集团挂牌成立运行】 2010年6月17日，全省首家实行招商改制的地市级道路运输企业——湖南龙骧神驰运输集团有限责任公司正式挂牌运行，这对于连接省会长沙和湘北门户岳阳，全力打造一个半小时都市圈交通网，具有重要意义。原神驰集团是一家有60年历史的国字号老企业，但近年来随着市场竞争日趋激烈，经营环境变化，已到了非改制不可的地步。2009年9月，湖南龙骧交通发展集团以2.575亿元的竞拍总价一举摘牌，得以控股重组神驰集团。新公司正式挂牌运行，6月底，998名职工劳动用工合同正式签订，标志着该公司成功实现从国企至民营转型。

2010年，湖南龙骧神驰运输集团营运收入破亿元大关。申报省际班线8条、市际班线2条、县际班线1条，有兰州、永州、沅江共华、安乡等班线正式投入运营。岳阳汽车站、洞庭汽车站、东站旅客发送量比2009年下降0.1%，招揽收入比2009年上升16.8%。更新车辆22台，获更新效益费88万元。新增旅游车3台，新增储备运力4台，旅游包车收入121万元，增加52.3万元。（谢 俊）

【湖南龙骧联运物流挂牌运行】 2010年12月23日，湖南龙骧联运物流有限责任公司在岳阳市联运汽车站正式挂牌运行。湖南龙骧联运物流有限责任公司由岳阳市联运总公司招商改制组建。11月11日，该企业经市工商行政管理局批准成功注册，12月8日，召开公司首届股东（代表）大会。该企业改制进程快速，过程平稳，制订《企业改制方案》、《职工安置方案》，开创职代会无记名投票全票通过和改制过程零上访纪录。（盛 源）

【岳阳市冷水铺公交车辆停车场正式启用】 2010年8月30日，岳阳市冷水铺公交车辆停车场正式启用。停车难一直是困扰公交发展的大问题。岳阳市有公交车辆922台，但只有花板桥停车场、火车站西广场停车场及望岳村停车场等3个停车场，仅可停靠300台公交车辆。其余的600台公交车辆，只能散停在中心城区的各个街道。冷水铺公交车辆停车场共8000平方米，它的启用使游1、1、19、29、32、41、50等7条线路的120台公交车夜间不再占道停放。（盛 源）

【君山区开通公交车】 2010年12月28日，岳阳市51路公交车（君山柳林洲至岳阳火车站）正式运行，标志着君山区正式开通公交车辆。（盛 源）

【岳阳市“公交一卡通”项目正式运行】 2010年9月8日，岳阳市公共交通总公司与中国电信岳阳分公司，举行“天翼手机公交一卡通合作”签字仪式。这是湖南省信息化建设中“公交一卡通”项目在岳阳市的首次试用，标志着“手机钱包”、“刷手机坐公交车”等消费方式在岳阳市开始实施。（盛 源）

责任编校 刘兴汉

商务·口岸

PORT & COMMERCIAL COUNSELLOR

岳阳市城乡市场建设不断完善

岳阳市利用外资增长明显

粮食产业化经营规模壮大

创建烟草市场监管示范街

助推地方经济建设

综 述

【概 况】 2010年，岳阳市商务工作努力提升商贸流通水平，加快发展外向型经济，积极推进企业改制进程，各项工作有序开展，商务经济运行良好，服务水平明显提升，较好地完成各项目标任务。利用外资工作被评为全省先进，综合治理、安全生产、计生工作、争取政策性资金和建设扶贫工作分别被评为全市先进。全年批准利用外资项目30个，合同利用外资2.03亿美元，实际到位外资1.57亿美元，比2009年增长24.07%，高于全省平均增幅12个百分点。实现社会消费品零售总额513亿元，增长19%。完成进出口总值10.2亿美元，增长10%。完成自营进出口总值3.85亿美元，增长20.5%。其中自营进口2.28亿美元，增长11.6%；自营出口1.57亿美元，增长36.3%。完成对外工程承包营业额1.5亿美元，增长20%。对外输出劳务1920人，与2009年持平。

【城乡市场建设不断完善】 2010年，岳阳市加快完善城乡市场体系。认真实施《岳阳市城市商业网点规划》及其配套政策，落实对钢材市场、花鸟宠物市场、再生资源市场等市场的整合和规划工作。全面启动两大市场集群建设，红光市场集群内竹木市场已整体搬迁并投入营业，生猪机械化定点屠宰市场全面动工，二手车市场、报废汽车市场正按规划投入建设，太阳桥市场集群内除建成的中南市场、建材市场外，已着手规划搬迁工业品市场，花鸟宠物市场、汽车农机市场也已衔接用地问题。继续扶持泰和小商品批发和中南农产品物流两个区域性市场做大做强，着力引导八字门蔬菜、枫桥湖蛋禽、洞庭渔都等8大特色专业市场建设。加快城区农贸市场建设改造，完成北门、东井岭、龙源、枫桥湖等13个市场标准化改造。构建农村流通网络。布建“万村千乡”农家店600家，建设配送中心4个，全市农家店总数达到3811家， 配送中心达到18个，覆盖全市行政村90%以上，布建总量和争取资金数均居全省第一。

【商贸服务水平明显提升】 2010年，岳阳市扩大城乡消费。依托“家电下乡”和“汽摩下乡”等专项活动进一步拉动农村消费，销售各类家电下乡产品49万台（件），补贴金额1.4亿元，居全省第一；汽车摩托车下乡补贴9.1万台，补贴金额1.2亿元；7月新启动的家电以旧换新活动，实现以旧换新销售3万台，销售额1.08亿元，回收旧家电3.5万台，兑现以旧换新补贴1000万元，居全省第二。大力发展居民服务业。深入推进“社区双进工程”（便利消费进社区、便民服务进家庭），加快社区便民服务基础设施建设，放大家政服务网络中心作用，有效对接了家政企业和居民服务需求。开展节会促销活动，成功举办2010岳阳雪花啤酒节、第三届岳阳湖鲜美食文化节、2010湖南（岳阳）农博会，搭建起展示企业形象、沟通产销渠道、延伸产业链条的平台。努力规范商贸行业发展。对重点流通业、住宿和餐饮、休闲服务业、居民服务业进行深入调研，编制商贸流通和服务业“十二五”发展规划，推动美容美发、足浴、按摩等商贸服务业标准化和规范化建设，扶持地方休闲业品牌对内连锁和对外扩张，扶持福润多、和田、家乐佳等地方商贸流通企业发展壮大。

【市场调控监管力度加大】 2010年，市商务系统进一步完善市场运行六大监测系统。积极对生活必需品、重要生产资料等市场运行情况进行监测和发布信息，发布市场监测信息53期791篇。进一步加大市场调控力度。建立公共突发事件应急机制和节日供应保障机制，为应对物价过快上涨采取有力措施，确保蔬菜、肉类和蛋禽市场供应平稳，实现国家级和省级生猪活体储备基地各4家，分别落实国家级和省级储备规模2.85万头、1.25万头，落实边销茶储备规模190万公斤。进一步加大对特殊商品和特许行业的监管力度。组织开展地沟油整治、违法添加非食用物质和滥用食品添加剂整顿、瘦肉精监查等专项行动；加大商务综合行政执法力度，有力监管肉类、酒类等特殊商品经营和拍卖、典当等特许行业，查处家电下乡违规案件8起，酒类案件10起，煤炭案件6起，零售商促销案件3起，案值100万元。

“力力杯”第三届岳阳湖鲜美食旅游文化节 （袁志杰 摄）

【利用外资增长明显】 2010年，岳阳市利用外资继续呈现上扬态势，新批合同外资和实际利用外资均超额完成年度目标任务，其中完成实际到位外资1.57亿美元，比2009年增长24.07%，壳牌、丰利纸业等一批项目增资扩大利用外资规模，岳长高速、美墅置业等项目拓展利用外资基础设施建设和房地产业领域。在外企服务工作中，市商务局对全市重点外商投资项目实行全程代办和跟踪服务，主动衔接、快速办理9个转报文件和审批事项11次。进一步完善统计制度和数据归集流程，密切跟踪外资企业资金到位，保证计划任务的完成。全力优化发展环境，会同相关部门保证外资企业进汇、验汇、结汇、用汇的安全快捷，并妥善解决外资企业投诉7件。在外企年检中，实行集中办公，明确专人负责，开辟绿色通道，使113家外商投资企业快速、顺利地完成网上联合年检，参检率和合格率达到100%，居全省第一。被省商务厅评为联合年检先进单位。

【对外贸易升温】 2010年，在全球经济缓慢复苏的大环境下，市商务局把握外贸促进政策机遇，帮扶企业扩大对外贸易，全市外贸由恢复性向实质性较快增长转变。在工作服务中，市商务局采取会议、网络、培训、下企业等方式加强政策宣传，组织200余家外贸企业参加各类培训8次，精心包装、筛选40个项目得到部和省里的扶持；下大气力抓好出口队伍建设，帮助一批企业特别是民营企业获得对外贸易经营资格，完成外贸经营者备案登记企业45家，比2009年增加3家，其中新增加开口企业8家，规模过亿美元的企业实现零的突破。加强出口市场开拓，引导企业实行市场多元化，非洲、东盟、拉丁美洲及中东、俄东等新兴市场的贸易量提高1.8倍；发挥各项政策和促进措施的集合效应，有针对性地组织全市企业参加国内外的各种重要节会20多项，贸易成交超1亿美元。加工贸易呈良好发展态势，批准加工贸易合同19个，进出口额1.51亿美元，完成加工贸易进出口额实绩5263万美元，增长160%。

【对外经济合作逐步拓展】 2010年，全市对外经济合作继续保持良好发展势头。外派劳务市场秩序逐步规范。岳阳、平江两个基地县和湘北女校等外派劳务重点单位进一步规范操作程序，加强安全管理，外派劳务人员结构优化、待遇提高，技术性工种比例上升到总量的20%，劳务人员工资待遇增长8%。对外工程承包稳步推进。市商务局组织企业参加金融产品推介、泰国工业园区招商推介等活动，路桥公司与沙特、四化建公司与香港、岳阳县与中建五局均实现成功对接并签订合作意向。援助项目进展顺利。日本驻华大使馆代表对岳阳市备选单位援助项目实地考察后，计划援助资金60万元。

【主动作为服务大局】 2010年，市商务局主动作为，服务岳阳经济社会建设大局。一是全力服务项目建设。抢抓国家扩大投资、拉动内需的政策机遇，向国家、省申报市场体系建设、商贸服务、承接产业转移、外贸发展、对外经济合作等项目106个，争取扶持资金3800万元。抓好农贸市场、集贸市场、商场（超市）、商务企业等领域的文明创建工作，重点抓标准化农贸市场（菜店）建设改造，较好地解决了传统农贸市场的“脏、乱、差”问题，集中力量抓商贸行业公共文明指数测评迎检工作，开展文明优质服务“六比六赛”活动，在市级综合考评中，市商务局“五创”提质工作测评分数居全市前列。全力开展联手帮扶活动。牵头制订《岳阳市纺织产业发展升级三年行动方案》，并结合自身职能落实相关政策，帮助重点纺织企业融资8000万元，协调解决劳动用工近500人，协调减免关税200多万美元、检验检疫费12万元。调处商企矛盾纠纷。会同相关部门妥善地处理康星、崇尚、新一佳、家润多、金鹰女人街、金虹等商场（超市）遇到的矛盾纠纷。

【企业改制强力推进】 2010年，市商务局把企业改制作为工作的重中之重，举全局之力打好攻坚战。出台改制工作千分制量化目标管理考核办法，继续强化工作责任和周碰头、月通报、季讲评、半年小结、年终考评工作机制，商务企业改制取得突破性进展。截至年底，53家商务企业中，完成改制企业37家，分流安置职工6171人；改制扫尾企业5家，涉及职工961人；新启动改制企业11家，涉及职工5704人，其中年内完成改制5家、移交社区2家。在企业改制中，扎实做好企业职工、离退休人员、企业军转干部的稳定工作，认真处理来信来访，及时化解矛盾纠纷，接访1500多人次，回复来访信件45封，未发生大规模越级集体上访事件。

（本栏撰稿　杨锦江）

供销合作

【概　况】 2010年，市供销合作联社（简称市供销社）着力打造服务供销、发展供销、文明供销、和谐供销，完成商品销售总额22亿元，实现利润609万元，上缴税费847万元，超额完成全年目标任务。获得全省供销社系统综合业绩一等奖、全市档案工作先进单位、市属国有企业改制工作目标管理二等奖。

【企业改制取得突破】 2010年，市供销社企业改制进入攻坚阶段，改制工作取得重大突破。一是三九集团（九龙商厦、九方商厦、九州大厦）召开2次债权人会议，企业资产处置和债权分配方案得到认同，2.3亿元的银行债务被化解，抵押资产全部解押；九州大厦被上海旺铺房地产开发有限公司以3940万元（高于底价20万元）成功摘牌；九龙商厦300多名经营业主顺利撤场，九龙商厦、九方商厦正在做招拍挂准备工作；1500多名职工正常领取失业金，较为稳定。二是棉麻公司1月份成功处置城陵矶库区资产，处置收入1390万元全部入库；三角线库区以1020万元成交。资产处置收入的到位，为解决棉麻公司改制过程中的系列问题提供资金保障，进入置换职工身份阶段。三是九华宾馆6月底成功召开职代会，通过职工安置方案，8月4日以2180万（高于底价122万）拍卖，职工身份置换完毕。四是作为2010年民本岳阳考核的食杂果品公司改制，也取得重大突破，296万元前期改制资金由财政划拨到市供销社改制专项账户，与全体职工签订解除劳动关系合同。

【农资经营市场扩大】 2010年，全市供销系统销售以化肥为主的农业生产资料37.23万吨，比2009年增长12.88%，市场占有率连续5年达到70%以上。在农资配送过程中，供销系统做到“二送三不四统一”，即：农户一个电话，大宗农资送到户、送到田头；不误时、不抬价、不伪劣；统一采购、统一配送、统一标识、统一价格，通过“二送”为农民节省运费212万元。在进一步抓好晚稻和秋粮生产工作中，供销社被党委、政府明确为供货主渠道，临时新增供应网点450个，组织化肥、农药货源9000余吨，兑现8025.08吨，谷粒包50余万包，兑现率80%，农业部门经营者兑现20%，平抑了农资市场价格。

【立项争资卓有成效】 2010年，市供销社帮助指导市直单位及县级供销社准确把握各类扶持政策，做到有的放矢。年初，市供销社有针对性地建立起新农村现代流通服务网络工程和农业综合开发两个项目库，入库项目35个。项目申报时，安排专人为项目单位的论证报告和申报材料把关做指导，提高申报项目的通过率。同时，积极与项目审批单位协调好关系，为各项目的审批通过创造必要的条件。全年指导包装申报“新网工程”（新农村现代流通服务网络工程）、“万村千乡市场工程”、农业综合开发等中央级、省级各类项目31个，到位资金1250万元。有3个项目入围2011年中央级“新网工程”项目，2个农业综合开发项目已通过审批，数量在全省供销系统排第一。2010年全市供销社系统招商引资到位资金2.13亿元，有18项社有资产被升级改造，近10万平米经营场地软硬件设施得到改善。

【加强经营网络】 2010年，全市供销系统各类经营网点发展到5399个，新增887个，其中农资经营网点2082个，农副产品经营网点1433个，日用消费品经营网点1376个，再生资源经营网点206个，综合业务经营网点302个，全市统一标牌标识网点3350家，网络体系覆盖全市90%的行政村。现在全系统各级供销社享受国家资金、政策的扶持，在2010年物价上涨风波中，各经营网点服从全局，在农产品、棉花、食品工业、流通等各领域，做好平抑物价的相关工作，避免了助推物价的情况发生。汨罗市社投资100多万元对1165个经营网点、27个大中型超市制作规范统一的中国供销合作社标识。云溪区供销社新建农资农家店40家，日用消费品店30个，升级改造农副产品收购网点5个，规范再生资源网点7个，经营网络已覆盖全区76个行政村。

【“两社一会”建设】 2010年，市供销社继续加强专业合作社、综合服务社、农产品行业协会（简称“两社一会”）建设。全系统的专业合作社由2009年底的67个增加至82个，入社农户21930户，带动农户93486户；新建乡镇综合服务社108个；组建、领办行业协会24个。汨罗市供销社创办和联办专业合作社15个，入社农户3000户，入社金额520万元，年产值达1300多万元，帮助农户增收200多万元，切实帮助农民解决“卖难”问题。该社还建成15个综合服务社，综合服务覆盖面达到60%，其中黄柏综合服务社被省供销社以“新供销、新标杆”为题作专题报道。平江县供销社新增2个专业合作社，全县供销社各类专业合作社达到9个，其中梅源养殖专业合作社注册资金430万元，农富生态种养农民专业合作社注册资金100万元。临湘市供销社共创办专业合作社17个，专业社注册资金966万元，入社农户1220户，带动农户8202户。华容县供销社组建了胜蜂茶叶、护城南瓜、三峰葡萄等3个农民专业合作社。

【安全生产和维稳工作】 2010年，市供销社做好安全生产和维稳工作，营造良好的生产经营环境。一是加大安全隐患整改力度，定期或不定期开展防火安全大检查20次，查出一般性隐患16处并进行整改，投入整改和维修设施资金39万元，全系统没有发生一起安全责任事故。二是认真开展接访约访和下访月活动，实行主任接访日制度，全年接访16批200人次，解决问题15个，个人困难70个。对来信来访人员做到有访必应、有问必答、有错必纠、有惑必解。通过约访、下访，做耐心细致的疏道解释，下岗职工没有越级上访或群体上访。三是积极维护职工的合法权益，关心困难群众。为职工办理失业证1600多份，报送独生子女补偿费资料400余份。走访困难职工170人次，调研访问离退休干部175人，争取退休军转干部解困资金2万元。

【举办“君山银针”主题宣传日活动】 2010年10月21日，由市供销社主办、湖南省君山银针茶业有限公司承办的岳阳农博会君山银针主题日宣传活动在岳阳市东风广场举行。市政协主席白尊贤、市人大副主任包忠清、市政府副市长陈四海、省茶叶公司副总经理黎明星等和市民一道观看君山银针茶艺表演和文艺演出。湖南省君山银针茶业有限公司是岳阳市供销社在改革过程中，以全新的市场机制为引导，和湖南省茶叶总公司于2004年初联合创办一家集茶叶科研、种植、加工、销售、茶文化传播于一体的综合性企业。该公司致力于茶叶科研开发、生产、加工、茶文化研究与推广，建立1万公顷“君山”名优茶生产基地，带动10多万茶农增收致富，2009年“君山”品牌茶销售额突破1.5亿元，“君山”牌商标被国家工商总局认定为“中国驰名商标”。

【完成晚稻增施肥补助兑现供应】 2010年，市供销社做好岳阳市范围内晚稻增施肥补贴肥料的兑现工作，市县两级供销社均成立补贴工作领导小组，与财政、农业等相关部门协调，摸清当地耕地面积，以及需要补贴肥料的数量，并对各县市区农资供应部门的化肥、农药库存情况进行摸底，迅速组织调运所需的尿素、氯化钾、磷酸二氢钾等物资，做到保质保量，优价平抑农资市场，临时新增供应网点450个，组织化肥、农药货源9000余吨，兑现8025吨，谷粒包50余万包，兑现率80%，农业部门经营者兑现20%。

（本栏撰稿 吴 军）

粮油业

【概 况】 2010年，市粮食局推进粮食行业科学发展，各项工作保持平稳运行。全市国有粮食购销企业收购粮食31万吨，占市委、市政府下达目标任务的103%，实现经营

省粮食局局长夏文星（前排左二）在岳阳检查粮食工作　（胡广春　摄）

利润1260万元，比2009年增加60万元，粮食收购量和经营利润位居全省前列。全系统未发生一起安全生产责任事故，无一起非正常上访、越级上访。市粮食局被人力资源和社会保障部、国家粮食局联合评为全国粮食系统先进集体，社会治安综合治理工作连续3年被市委、市政府评为先进单位，信访、行政执法、党风廉政建设、招商引资、争取政策性资金、新农村建设、联手帮扶企业、老干服务等工作被评为全市先进。

【粮食宏观调控体系进一步完善】 2010年，全市粮食系统立足本职，突出重点，抓好粮食安全保障工作。一是抓调控粮源的掌握。全市粮食行政管理部门在市场价格走高、最低收购价预案没有启动的情况下，按照积极入市、理性收购、灵活经营、多方共赢的原则指导和督促国有粮食企业带头执行粮食收购政策，引导和规范多元市场主体有序收购。全市国有粮食购销企业收购粮食31万吨，收购价格高于全省平均水平，让种粮户实现增产增收。二是抓地方粮食储备任务的落实。省政府下达的5万吨市县级地方粮食储备计划已全面完成，基本做到储粮费用、粮食数量、粮食品种、贷款资金、承储地点“五落实”。三是抓粮食安全保供体系建设。制定全市粮食应急保供预案，落实应急保供载体，建立粮油应急加工企业4家、供应企业12家、应急粮源保证企业4家。出台粮食经营者最低最高库存制度，落实社会粮食流通统计工作职能，开展22次粮食市场和供求关系专项调查，提高粮油保供稳价和应急保障能力。

【粮食项目建设有序推进】 2010年，市粮食局大力开展招商引资活动，全市26个规划和在建项目有序推进。着重抓三大项目建设：抓岳阳市粮食物流交易中心项目建设。该项目总投资1.18亿元，国家发改委给予500万元项目建设资金补助，项目第一期开工；抓中粮集团（岳阳）大米加工项目建设。在市委、市政府的高度重视下，经努力争取，总投资3.5亿元、年处理稻谷30万吨的第一期工程项目已落户岳阳县，12月24日中粮国际（北京）有限公司与岳阳县政府签订合作意向书。该项目将填补岳阳无大型、精深粮食加工企业的空白；抓市粮食局机关大院旧城改造项目建设。经市政府批准，同意对市粮食局机关大院部分旧建筑进行旧城改造，总投资约1.5亿元，项目建设前期工作基本就绪。

【粮食产业化经营规模不断壮大】 2010年，市粮食局响应省委、省政府实施粮食千亿产业工程和市委、市政府千亿元食品产业工程的战略部署，全力推进粮食产业化建设。组建专门班子，深入调查摸清全市粮食行业家底，派出工作小组分赴北京、湖北、江西、成都、大连、哈尔滨等地学习，洽谈项目，提出以资源整合为基础、以产业链条延伸为中心、以重大项目建设为重点的发展思路，到“十二五”期末实现全市粮油加工业总产值突破300亿元、粮食物流业收入达到30亿元的目标。积极培育产业龙头，截至年底，全市粮食行业共有国家级农业产业化龙头企业1家、省级11家、准省级6家、市级42家。有中国名牌产品2个、中国驰名商标5个、湖南省著名商标12个、湖南省名牌产品10个。全市规模以上粮油加工业总产值127亿元，粮食物流收入18亿元。积极开展农户科学储粮专项建设，全市确定5个县区14095户农户实施科学储粮工程，落实总投资400万

岳阳市粮食物流交易中心开工庆典仪式　（胡广春　摄）

元。认真推广订单粮食，订单粮食生产面积稳定在13.3万公顷，订单粮食年收购量25万吨以上。

【粮食市场监管力度增强】　2010年，市粮食局进一步健全监督检查体系。县市区都建立起监督检查机构，全市有粮食监督检查和粮政执法机构14个，78人取得执法资格证。提高粮食市场监管执法水平，组织120余人次参加省、市法律法规培训。7月30日，在临湘市召开全市粮食行政执法现场督战会议，推介典型、表彰先进；严把市场准入关，对所有粮食收购企业资质进行重新审核认定，核销不具备条件或不履行义务的收购企业资质61个，核发“粮食收购许可证”428个。加大执法力度，重点对粮食无证经营、以次充好、掺杂使假、克扣农民等违法行为进行整治。全市查处涉粮案件98起，比2009年增加86起，其中立案72起，责令整改26起。执法检查粮食25.4万吨，查处违法经营粮食3361吨，罚款18万元。

【岳阳粮食物流交易中心开工】　2010年8月28日，岳阳市粮食物流交易中心在湖南城陵矶临港产业新区物流园区奠基，该项目是市政府确定的2010年重点推进的98个重点建设项目之一，总投资1.18亿元，一期新建3栋2.5万吨仓容的浅圆仓，1000平方米的电子商务中心、粮油检测中心、客户服务中心等，改扩建三栋共3.15万吨仓容的平房仓，以及其他配套设施。

（本栏撰稿　黎运筹）

石　油

【保障市场平稳供应】　2010年，中国石油化工股份有限公司湖南岳阳石油分公司（简称岳阳石油分公司）发挥岳阳市成品油供应主渠道作用，切实履行政治、经济和社会三大责任，围绕大发展、强管理的目标，全力保障市场平稳供应。特别是10月份以后，受国际国内诸因素影响，柴油资源持续紧张，岳阳石油分公司启动成品油应急供应预案，成立成品油资源保供领导小组，加强对市场资源管理。积极向省石油公司汇报，争取加大对岳阳的资源投入力度。对岳阳地区柴油供应进行统一调度，根据资源情况，在岳阳市场进行有计划有组织供应，每天供应柴油690吨。其中，市区140吨、高速公路360吨、六县市190吨。并在岳阳城区设立5个柴油专供点、1个特供点，确保供应秩序。全年销售成品油43万吨，年销售量首次突破40万吨大关，比2009年增长10.5%。该公司被评为中国石化集团保密工作先进单位、岳阳市安全生产先进单位、湖南石油职工职业技能和竞赛比武先进单位、岳阳市消费者信得过先进单位。

石油安全知识与防范活动现场　（刘演林　摄）

【石油网点建设】　2010年，岳阳石油分公司先后投入资金近亿元进行网点建设，新建竣工加油站5座，即中联加油站、羊楼司服务区加油站、岳阳县富荣路加油站、流动加油船2艘。在建4座，即金鹗西路加油站，汨罗桥东加油站，岳阳县、湘阴县水上加油趸船各1艘。改造竣工加油站2座，即平江县南江、伍市加油站。在建3座，即湘阴县长远加油站、岳阳县筻口加油站和荣兴加油站。完善的销售网络，为消费者提供了更加方便、优质的服务。

【组建水上经营片区】　2010年，岳阳石油分公司将所属岳阳县、湘阴县、汨罗市及岳阳市区水域的水上加油船有效整合，组建岳阳石油分公司水上经营片区，进行统一管理，统一经营价格，统一数质量标准，避免无序竞争。3月，对加油船只进行设备添置、更换、翻新，添置大功率加油机、加载POS机等，缩短了客户加油时间，提高了客户加油付款安全。

【加油IC卡进全面推广】　岳阳石油分公司在全市推广加油IC卡服务已7个年头，服务范围遍及岳阳市区、高速公路、国省道、乡村等市场。为进一步服务大众，岳阳石油分公司在2010年大力开展加油IC卡“进社区、进街道、进企业”。春节期间，4次组织IC卡进社区充值送礼促销活动，发卡2886张，充值3001万元。5月，在湘阴、汨罗等县市开展IC卡走进县片区活动，发卡288张，充值187万元。根据省财政厅与湖南石油分公司合作协议，加油IC卡成为各级政府定点采购范畴，岳阳石油公司积极主动上门服务，与819家政府公务用车单位签订定点供油协议，占政府公务用车单位的90%，保证了党政机关用油方便，为堵塞公务车管理漏洞提供良好途径。

【确保石油供应安全】　2010年，岳阳石油分公司按照中国石化集团公司和省石油公司HSE管理体系总体要求，以“我要安全”活动为主线，深入开展安全管理，层层签订HSE责任状，完善应急预案并进行演练，强化安全检查落实隐患治理。查处管理不到位和违规行为9起，处罚11人次，完成小型隐患治理25项，落实专项隐患资金384万元。9月主办湖南省油品储运调合操作工竞赛比武，10月组织各县市区和库站举行安全巡检比武，管理人员和库站员工进一步掌握了油库和加油站安全管理知识和技能。

（本栏撰稿 刘演林）

盐 业

【保证食盐供应和安全】 2010年，岳阳市盐务管理局（公司）根据抓改革、转方式、调结构、保稳定、促发展的总体方针，扎实开展盐务管理工作。全年购进各类盐2.81万吨，销售各类盐3.73万吨，实现利润264.6万元。岳阳盐业市场点多、面广、省级边界长（700多公里），市盐务管理局以食盐安全为己任，全年查处各类涉盐违法案件59起，没收非法盐产品34.2吨，没收违法所得5600元，罚款3.85万元，端掉制假窝点1个，扣押小包盐封口机、外编袋缝口机、电子秤各1台。4月，发现平江县、汨罗市交界处的伍市、长乐、三江等地有农户食用假冒小包盐的情况后，立即在全市范围展开排查，30余名盐政人员和7台执法车对重点乡镇走访调查，用合格小包盐予以兑换假冒盐，并传授识别假冒盐的技巧。在为期一个月的集中整治中，查获一批大案要案，平江伍市镇王国华私运私销假冒"雪天牌"小包盐13吨案成功告破。

【加强食盐配送服务】 2010年，市盐务管理局加强食盐销售服务，取信于民。年初，召开各网点联系会和生产用盐厂家业务联系会，广泛征求意见和建议，切实改进工作作风，提高服务质量。在各网点联系会上，岳阳市城乡220余家终端网点的负责人参加，按照区域、人口和生产情况分别签订购销合同。针对网点负责人提出的配送不及时、小包袋破口、服务质量欠佳等情况，市盐务管理局作出承诺：小包盐配送城区24小时到位，农村48小时到位，破口小包盐无条件兑换，在各片区实行销售人员与网点的点对点服务，制作"盐不仅可以吃还可以用"的温馨提示小卡片，列举盐在日常生活中10余种用途，鼓励消费者淡吃盐、吃好盐、使用盐。为使配送服务质量上台阶，所有配送人员的手机号码向网点公布，配送人员采取轮休制，保证对客户的及时服务。

【居安思危拓展食盐市场】 2010年，市盐务管理局扩大腌制盐的销售，拓展了食盐市场。岳阳是全省闻名的蔬菜腌制大市，腌制盐的销售是岳阳盐务公司的重中之重，公司充分利用农业产业升级的契机，扩大腌制盐销售。一方面对腌制厂家和分散于千家万户的腌制点上门走访，征求意见和建议，增强感情联络，稳定供需关系。另一方面，利用农业产业升级和研制厂家扩大生产的时机，发挥公司对所属六县情况熟悉的优势，联系适合蔬菜种植的乡镇，为他们牵线搭桥，密切了政府、盐业、厂家、农户四者的关系，扩大了腌制盐的销售。2010年通过努力，岳阳县中州乡、平江县东塔乡进行蔬菜种植转型，成为华容县开口爽食品公司的生产基地，两处基地使腌制盐销售增加近千吨。

（本栏撰稿 张 继）

烟草业

【概 况】 2010年，全市烟草专卖系统经济运行质量与效益稳步提升。销售卷烟21.54万箱，比2009年增长3.1%；完成销售收入31.65亿元，增长19.07%；实现税利8.45亿元，增幅24.6%，其中税收4.43亿元，增长38.44%。经济运行质量与效益创历史最好成绩，被省政府授予湖南省纳税50强企业。加强工商协同，品牌培育能力增强。推动与重点骨干企业的工商协同，共同创新和加强品牌培育，成功组织白沙（尚品蓝）的推广上市，与福建中烟联合召开红七匹狼推介座谈会，与湖南中烟、上海集团、红云红河等15家工业公司召开"十二五"规划工商协同座谈会；启动新商盟网上订货和手机订货系统，全市网上订货率为60%，电子结算率为90%。狠抓终端建设，基础进一步夯实。按照前台受理、后台办理、前台反馈的要求，加强烟草服务中心和基层服务站建设，搭建起面向社会、面向消费者、面向零售户、面向员工的公共服务平台。以示范店、加盟连锁店建设为重点，开展"百名客户经理同创样板街"活动，成功创建富有特色的样板街107条。深入开展基层创优工作，6个县级单位已有4个县级局和5个分公司实现行业创优达标。

【打假破网】 2010年，全市烟草专卖系统查获各类涉烟案件 1158起；查获各种违法违规卷烟2550件，挽回经济损失724.8万元；治安处罚及刑事追究85人，其中拘留43人、逮捕26人、判刑16人；破获制售假烟网络案11个，其中国标案5个、省标案1个，"打假破网"工作被省公安厅、省烟草专卖局授予卷烟打假特别贡献奖。进一步建立、

岳阳市烟草物流园奠基 （市烟草局 供稿）

健全和完善与公检法的合作打假机制，与工商联动的烟草市场综合治理机制，与协会联动实施的“专协联动”机制，由市政法委牵头的涉烟刑事案件查处协调机制，与主要新闻媒体联动的“卷烟打假在行动”立体宣传机制，联合开展5次各种专项行动。坚持示范引导、全面提升，在岳阳县试点推出示范街创建工作。11月23日，省烟草专卖局在岳阳召开全省烟草市场监管工作现场会。创新性的做法得到国家烟草专卖局的肯定。重新修订并发布《岳阳市烟草制品零售点合理布局管理办法》，首次将零售点规划情况对应到乡镇(街道办事处)向社会公布，做到依法、规范实施行政许可。

【管理创新】 2010年，市烟草专卖局（公司）以创新的精神，加强各项基础管理工作。一是推行全面预算管理。把全面预算管理作为加强财务管理的核心，把加强成本费用控制作为预算管理的突出重点，加强预算执行的检查考核，提高预算管理水平。二是扎实开展贯标对标工作。12月10日，质量管理体系通过省烟草专卖局行业审核。岳阳烟草专卖查案数、网络案件数、人均税利、人均条数、单箱物流费用等指标在全省处于领先。三是加强绩效考核。与第八轮人力资源改革相匹配，突出岗位管理和岗位绩效，加强绩效考核，有效发挥考核的激励和导向作用。四是加强科技创新。湘阴县烟草专卖局卷烟市场调查分析与策略体系研究、市烟草专卖公司客户评价体系及货源分配策略研究两个项目，被省烟草专卖局评为2010年度科技进步三等奖；省烟草专卖局在岳阳试点的人力资源管理系统、办事公开民主管理等工作成效明显；市烟草专卖局指导岳阳县烟草专卖局开展的示范街创建工作在全省推广。五是落实安全维稳。深入开展安全生产年、安全生产基层基础建设年、消防安全进家庭、安全教育改陋习、现场管理无隐患、“安防杯”演讲比赛等系列活动，着力构建安全管理“三防”（人防、物防、技防）互动机制；注重抓小、抓早、抓苗头，整体上确保了企业的和谐稳定。

【岳阳烟草物流园奠基】 2010年10月28日，岳阳烟草物流园举行奠基仪式，市委书记易炼红、市长黄兰香、市人大常委会主任李湘岳等出席仪式并培土奠基。烟草物流园由烟叶进出口基地、物流配送中心、经营业务用房、生活小区等部分组成，占地面积13.93公顷，建筑面积17.5万平方米，总投资超过6亿元。建成后，每年可储运烟叶3万吨，拥有6条自动分拣线的联合工房每年可分拣卷烟30万大箱，更好地满足全省烟草进出口和岳阳市卷烟经营需求，对优化全市卷烟配送网络格局，提升岳阳烟草整体竞争实力，打造岳阳烟草服务品牌起到推动作用。

【创建烟草市场监管示范街】 2010年，岳阳市烟草专卖局以标本兼治为出发点，创新市场监管模式，在全省烟草专卖系统率先推出无假冒卷烟、无走私卷烟、无非法渠道卷烟、无无证经营行为、无不规范不文明的专卖执法行为、无不规范不文明的专营服务行为为主要内容的“六无”示范街创建工作，并在岳阳县烟草专卖局成功试点。烟草市场监管“六无”示范街创建的主要经验与做法是：主动将烟草市场综合治理纳入城市文明创建体系，规范市场、规范服务、规范管理，形成政府牵头、烟草为主、部门协作、社区参与的市场监管模式。 （本栏撰稿　熊应驰）

口　岸

【概　况】 2010年，岳阳市政府口岸管理办公室（简称市口岸办）紧扣年度工作目标任务，致力于服务和发展地方经济，在困难中前行，在实践中提升，充分发挥口岸优势，拓展口岸功能，营造和谐氛围，加快了口岸大通关建设。全年口岸进出口货物总量1080万吨，集装箱吞吐量完成12.37万标箱，其中进口670万吨，出口410万吨；总量比2009年增长15.7%，集装箱增加3.87万标箱，增幅31%。

【城陵矶海轮航道开通】 2010年7月15日，长江海轮航道在岳阳城陵矶新港举行开通仪式，岳阳口岸建设取得突破。城陵矶口岸自1996年10月8日开放以来，一直受到长江航道的制约，成为岳阳市口岸经济发展和航运物流发展的瓶颈。为此，市委、市政府高度关切和重视航道整治和疏浚工作，市委书记易炼红多次到港口听取汇报、作出批示、强力推动，市长黄兰香3次赴武汉长江航务管理局衔接长江航道的整治和海轮航道的开通，主管副市长宋爱华带领口岸等相关部门10多次去武汉沟通对接合作事宜，终于促成长江海轮航道从武汉延伸至城陵矶，彻底改变以前外轮进港“一船一报、一船一测、一船一议”的被动局面，原来由其它方式运输的外贸货源将改走水运，直达出口。同时，海轮航道的开通将全面提高城陵矶至武汉段的维护水深，由现有的3.7米提升至4.5米，5000吨级的江（海）轮可以常年通航，船舶通航效率不断增加，船舶载重吨位不断提高，物流成本全面下降，城陵矶港区的货物吞吐能力将大大提升。据专家测算，海轮开通后可提高武汉至城陵矶段海轮通过能力1.16亿吨，带来直接经济效益15.66亿元。

【“五定”班轮航线获交通部批准】 2010年11月22日，交通运输部正式批准福建联发航运有限公司（冠海海运公司）开通城陵矶至宁波、城陵矶至上海两条“五定”（定时间、定船舶、定航线、定港口、定价格）始发班轮外贸运输航线，彻底改变城陵矶口岸没有自己航线的历史。福建联发航运有限公司是中国从事国际、国内沿海、港澳台航线运输的第六大海运企业，第一大民营海运企业。为协助福建联发航运有限运公司尽快取得交通部长江外贸集装箱内支线运输经营资格，副市长宋爱华带领相关人员攻坚克难，多次到交通部、省交通运输厅等部门进行对接沟通，促成交通部同意福建联发航运有限公司扩大经营范围，开通城陵矶至宁波、城陵矶至上海班轮运输，也改变了城陵矶一类水运口岸“有货无船、有货等船”，集装箱运输全靠过路船运输的被动局面，将引导更多外贸货物从城陵矶新港进出。

（本栏撰稿 周洪波）

海 关

武汉至城陵矶河段海轮航道开通仪式在城陵矶新港举行（岳阳海关 供稿）

【概 况】 2010年，岳阳海关在夯实基础、规范管理、提升素质、稳定队伍、防控风险等方面下功夫，不断优化海关监管与服务，圆满完成各项工作任务。累计受理报关单2520份；监管货运量30.7万吨，货值2.1亿美元；征收税款8361.6万元；减免税款236.5万元；办理加工贸易备案合同33份，备案金额2318.2万美元。据海关统计，岳阳市2010年自营外贸进出口大幅增长，对外贸易总额3.85亿美元，比2009年同期增长20.5%，其中进口2.28亿美元，增长12%；出口1.57亿美元，增长36.3%。自营外贸进出口具有以下特点：一般贸易占主要地位，加工贸易增长迅猛。岳阳市一般贸易货物总额为3.12亿美元，增长6.5%，占进出口总额的81%；加工贸易进出口货物总值为0.53亿美元，增长125%，占13.8%。集体企业、国有企业和私营企业进出口快速增长，外商投资企业进出口降幅较大。岳阳市国有企业继续位居外贸排头兵位置，进出口额为2.43亿美元，增长38.8%，占贸易总额的63.1%；私营企业进出口总额0.55亿美元，增长48.8%；集体企业进出口值为3200万美元，增长105%。外商投资企业进出口总值为0.56亿美元，下降38.9%。与主要贸易伙伴双边贸易全面增长。欧盟为岳阳市第一大贸易伙伴，双边贸易总值6800万美元，增长11.9%。美国为第二大贸易伙伴，双边贸易总值5300万美元，增长35.5%。日本为第三大贸易伙伴，双边贸易总值4800万美元，增33.3%。韩国为第四大贸易伙伴，双边贸易总值3200万美元，增长540%。出口商品以纸张、机电产品、高新技术产品和农产品为主。纸张出口3000万美元，增长46.4%；机电产品出口1900万美元，增长11.7%；高新技术产品出口1200万美元，增长98.6%；农产品以茶叶、蜂蜜为主，累计出口1200万美元，增长26.8%。进口商品以固体废物、纸浆、化工原料等原材料为主。由于岳阳造纸、化工、循环经济发展比较好，企业对相关原材料的需求进一步扩大。全年进口废纸15.9万吨，4800万美元，增长110.3%；进口纸浆5.8万吨，增长5.9%。进口废塑料2.8万吨，价值1800万美元，增长36.6%。化工原料1.9万吨，价值3100万美元，增长416.8%。

【综合治税工作】 2010年，岳阳海关加强规范申报和单证审核，审价补税11宗，补税4.5万元；征收滞报金44票，金额8万元；办理简单案件1起，罚款8000元；审单业务指标考核在长沙关区排名第二位。加强加工贸易前期审核和后续核查核销，下厂核查30次，发现违规线索并移交稽查1起，纠正企业备案单耗数据2家，下发“保税核查处理通知书”2份，办结简单案件1起，核销合同31份，核销率100%，审批内销征税13批次，征税216.7万元；通关监管和加工贸易管理指标考核在长沙关区排名第一位。自办税收征管知识和技能培训，不断提升科学征管能力，一般贸易价格水平、重点大宗商品价格水平和转关运输价格水平均在最优值以上，税收核注率和核销率100%，价格审核正确率99.2%，归类审核正确率100%，减免税审批正确率100%，税收征管质量考评在长沙关区第二名。做好企业备案登记和分类管理工作，办理新企业注册46家，企业注销2家；申报A类企业2家并全部获批，总数达到9家。加强稽查工作，稽查企业5家，发现问题2家，其中1家涉嫌违规移交缉私部门处理，稽查企管工作考评在长沙关区排第一位。保持打私高压态势，认真开展打私专项行动，行政立案5起，办结5起，协办案件7起，罚没入库201.8万元，打私绩效考评在长沙关区排第3位。加强统计数据质量控制与管理，统计数据及时、准确、安全；加强统计监测预警和执法评估，报送统计分析11篇、执法评估报告6篇，长沙海关采用6篇，海关总署采用2篇。

【服务地方外向型经济发展】 2010年，岳阳海关在支持城陵矶新港发展、优化通关环境、实现外贸恢复性增长等方面，充分发挥海关职能作用，助推岳阳进出口总额达到3.85亿美元，比2009年增长20.6%，创历史新高。积极向长沙海关申请协调解决城陵矶新港货物转运事宜，赴上海、武汉、重庆等海关进行沟通协调，疏通货物转运渠道，为城陵矶新港长远发展奠定基础。积极协助城陵矶新港引导全省其他地区乃至湖北荆州、宜昌、咸宁等地区的外贸货物从新港进出。通过海关推荐、介绍和引进从城陵矶新港进出口的货物仅烟花爆竹就有2万余标箱。坚持节假日预约通关、应急通关、上门验放等便捷通关服务，方便企业办理业务。全年应急预约加班100余人次，上门验放40余次，为企业节约运输成本和仓储费用50余万元。率先在全省启动出口分类通关改革，通关效率继续保持较高水平。进出口平均海关作业时间分别为0.36和0.08小时，分列长沙关区第三位和第一位。积极为企业排忧解难，深入企业调研30余次，帮助企业解决具体困难。加强政策宣传和引导，全面落实优惠政策，审批减免税15批次，减免税款236.5万元。认真落实关长接待日、首问责任制、预约通关、科长带班等制度，接受企业各类业务咨询80余人次，协调解决业务难题30余个。开展廉政共建活动，落实送收“红包”公布制度，主动接受企业和社会各界的监督，行风总体状况的满意率97.3%。（本栏撰稿 祖 逖）

出入境检验检疫

【概　况】 2010年，岳阳出入境检验检疫局（简称岳阳检验检疫局）以把好进出口质量关为前提，以促进地方经济发展为己任，借“质量提升”活动契机，夯实质量基础、创新监管方式、提高管理效能、加强能力建设，取得较好的成绩，被评为湖南检验检疫系统先进集体。全年管理出入境货物报检5095批，比2009年增加46.3%，货值2.59亿美元；产地证625 批，增加37.7%，签证金额4181.9万美元，货值增加55.8%。

【抓质量建设提升形象地位】 2010年，岳阳检验检疫局领会国家质检总局“大质量”精神内涵，依托检验检疫职能优势，努力构建“大质量”工作机制，加强横向联系，积极参与岳阳市地方经济建设，提升了检验检疫的形象和地位。4月，检验检疫局城陵矶办事处揭牌入驻港口，市政府配置高标准的办公场地设施，突显检验检疫在全市外向型经济发展的重要地位。该局还通过开展创先争优、党员示范岗、廉政教育月、政务公开、实验室开放等主题活动，推动“大质量”工作建设，不断加强检验检疫行风建设。行风测评在中央和省驻岳单位中名列第二。

【抓安全管理提升进出口质量水平】 2010年，岳阳检验检疫局围绕质量安全主题，构建长效监管机制，自身能力和监管成效提升，企业质量责任意识和守法诚信意识加强。一是主动作为、积极参与。在质监、畜牧部门牵头组织的“质量兴市”、名牌战略活动、百万头生猪重点项目中参与方案制订、图纸审核、措施落实等工作。二是加强质量宣传，强化企业主体责任意识，从源头促进质量提升。通过发放资料、上门宣传、专题讲座等多种形式开展对企业的主体责任宣传，提升企业诚信意识和质量意识。三是加强质量服务，推动外向型经济发展。开展优惠原产地证摸底调查及“量身定做”服务，提高出口产品竞争力；免费开展技术培训，帮助提升企业自检自控能力；精心帮助企业加强质量体系建设，巩固责任主体的质量基础。四是围绕质量提升主题，开展一系列活动，如食品添加剂整顿、食品整顿、检测整顿等工作。

【抓管理创新提升检验监管效能】 2010年，岳阳检验检疫局加强精细化管理，修订30个管理制度，增加2个财务制度，强化内部管理；制定、规范工作流程，统一记录及标准证稿格式，对76种检验监管记录、37类标准证稿进行整理，编号受控，明确检验监管的依据、项目及内容，规范质量记录工作；制定《新增商品管理办法》和《进口汽车检验管理办法》、《进境集装箱（货物）检验检疫工作流程》等5个工作流程。实行分类管理的检验监管模式，完成辖区内出口服装、包装、化工品、酶制剂等总计28家工业企业的分类管理工作，将工业品分类管理的理念引入到出口荞头、茶叶、锅巴等食品农产品的检验监管中，完成13种食品农产品风险评价、18家出口农产品食品企业分类评定工作。试行进出口集装箱代理企业分类管理、探索供港澳活动物注册饲养场、危险包装使用企业分类管理工作，确保检验监管工作重点更加突出，方法更加有效，放行更加便捷。

【抓基础建设提升把关能力】 2010年，岳阳检验检疫局在基础建设上下功夫，提升把关下功夫。一是城陵矶办事处入驻港口，实现口岸报检、查验、出证一站式服务，提升口岸把关能力。办事处检验检疫入境废物原料599批4554.6万美元，比2009年增加144批2235万美元，增幅分别达到31.6%和96.4%；集装箱1.96万 标箱，增长20.8%。二是加大实验室投入力度，筹建植物检疫实验室，具备线虫分离、昆虫初步鉴定能力，提升技术保障能力。三是注重人员能力培养，通过检测技能大比武、检测整顿、内部培训、业务交流等活动，提升基层人员把关服务能力。全年检出有害生物10种38批次，132标箱，其中灯蛾科成虫、鞘翅目昆虫幼虫在湖南进口废纸中系首次发现；检出不合格货物10批、22万美元，分别增加9倍和42倍。

【助推地方经济建设】 2010年，岳阳检验检疫局发挥职能优势，为助推地方经济建设做了大量工作，《湖南日报》对此进行报道。一是强化意识，主动帮扶企业。针对云溪精细化学工业园内企业不了解检验检疫法规的情况，在园内举办专题培训，促成7家企业开展进出口业务；恒忠实业公司因质量问题连年亏损，在重点帮扶下，产品质量明显提升，实现扭亏为盈；发挥农畜食品综合实验室技术优势，对出口企业20名检测人员进行免费培训；加大产地证政策的宣传，大幅提高出口产品的签证率，帮助企业减免关税达200多万美元。二是帮助企业解决实际困难。处理好茶叶、冻肉在国外通关受阻问题，为企业避免30多万美元损失。三是服务地方发展主线，助推经济建设。服务湖南城陵矶临港产业新区建设，提出4个方面共11条促进临港新区发展的具体措施；服务临湘海螺水泥、城区生猪定点屠宰场等重点项目；就城陵矶口岸业务、临港产业新区、循环经济产业发展等开展专题调研，献言献策。四是紧扣主导产业脉搏，对岳阳市经济发展、重点产业、重点项目建设等开展调研和质量分析，写出10余份报告和建议，为政府宏观经济决策提供依据。

（本栏撰稿 林建军 何 琼）

责任编校 黄玉祥

城市建设与管理

URBAN CONSTRUCTION AND MANAGEMENT

环南湖截污管网

规划展览馆落成开馆

城管展现新形象

城区市容卫生全面提质

落实房地产市场宏观调控

综　述

【城市建设提速】 2010年，按照市委、市政府“提速、升级、增效、惠民”和“更高标准、更严管理、更具公信力”的总体要求和“五创”提质的总体部署，岳阳市城市建设重点突出“两建两提”系统工程，即基础建设工程、环境建设工程、城市提质工程和素质提升工程，共组织实施市政建设项目31个，完成投资6.76亿元。其中：市投市建项目18个，完成投资4.37亿元；市投区建项目13个，完成投资2.39亿元。还启动旧城改造项目31个，完成投资7亿元。

【城市路网不断优化】 2010年，城陵矶海关路、桂花园路、洞庭北路挡土墙等项目全面建成。望岳路路面工程全面完成，人行道配套工程在建设中，完成投资1.4亿元。得胜北路109户被拆迁户中签订拆迁协议68户，完成拆迁补偿金3800万元；青年东路219户被拆迁户中签订拆迁协议90户，完成拆迁补偿金3500万元；巴陵中路过街设施完成人行天桥安装；芭蕉湖铁路涵洞建设进展顺利，岳阳楼区负责的冷水铺路一二期提质改造项目已完成“白”加“黑”工程，三期工程路面工程全面完成，进行人行道配套；岳阳经济技术开发区负责的巴陵东路通过竣工验收，金凤桥路南段路基基本完成，启动北段土路基工程；南湖风景区负责的园艺路组织实施路基土石方工程；君山区负责的洞庭大道君山段土路基工程施工。

【城镇污水处理设施建设完成】 按照全省城镇污水处理设施建设三年行动计划要求，岳阳市2008～2010年需投资10.2亿元，新建10个污水处理厂，新增污水日集中处理能力27.5万立方米。2010年，岳阳市国家开发银行湖南省分行争得贷款规模7.76亿元，中央预算外资金4600万元，以奖代拨资金6020万元，招商引资6.02亿元。其中，岳阳市环南湖截污管网工程争取到以奖代补资金985万元，国家开发银行湖南省分行贷款38045万元，在全省各地州市113个项目50亿元贷款额中，岳阳市争资比例最高。现场督查，交叉施工，强力推进。要求2009年建成的市南津港二期、华容县、平江县、汨罗市、湘阴县和君山区等6个项目实现整体进度提前1个月；要求建成投产的岳阳经济技术开发区、岳阳县、云溪区和平江工业园等4个项目比省定计划整体提前5个月。岳阳市三年行动计划工作受到省政府的表扬，市政府获得全省优秀组织单位，市“三年行动办”获得全省先进集体。

新建成开通的望岳路 （徐典波　摄）

【旧城改造全面推进】 2010年,岳阳市中心城区启动旧城改造项目31个，合同引资80亿元，完成投资7亿元，完成拆迁面积20万平方米，新建房屋建筑面积8万平方米。天力大厦、湘岳兰亭等5个项目进入施工加速阶段，原农校改造等5个项目进入设计报建阶段，欣登明珠等3个项目进入土地挂牌阶段，中建五局七公司等10个项目进入拆迁攻坚阶段。按照政府主导、市场运作、封闭运行、依法管理的模式，全面启动沿湖三期综合开发建设前期工作，交通银行岳阳分行计划为沿湖三期项目提供10亿元授信支持，岳阳楼区、市财政局等组织专门班子在抓紧运作。

【质量安全突出创新监管】 2010年,岳阳市建设系统强力推进建设工程安全质量标准化、监督规范化、监管信息化，坚持设计、施工方案“三级评审制”，设计、施工、监理“三项招标制”，工程量“三方会签制”，工程、设计、监理预决算“三审制”，工程质量安全“三位一体制”，有效规范了建设工程运行机制。全面实行工程立项、设计审查、项目招标、工程报建、开工报告、质量安全监督、概预算审查、竣工验收、产权发证等工作流程的连锁管理。加大对违法违规建设行为的依法查处力度，实行“执法依据、执法标准、执法文书、执法程序和执法文明用语”五统一执法模式，维护基本建设程序的严肃性。实现工程报建、招投标、工程交易、设计审查、抗震设防、档案归档6项指标100%。建筑工程质量合格率100%、优良率35%，工程质量安全管理水平有明显提升。特别是在全国建筑施工安全质量事故频发的大环境下，岳阳市建设工程质量安全工作始终保持着一方平安，建设工程质量安全始终处于受控状态，未发生一起重大质量安全事故。市建设局先后被评为全国建筑施工质量安全标准化工作先进集体、全国建筑施工质量安全标准化工作先进集体、全省城镇污水处理设施建设先进单位、全市建设民本岳阳考核先进单位、市政府绩效评估先进单位、全市为民办实事先进单位、全市建议提案办理工作先进

市城管局系统组织开展“迎新春清洁家园”活动　（市城管局　供稿）

单位。全市建设工程申报省优质工程15个、“芙蓉奖”工程6个，创湖南省安全文明工地16个，市安全文明工地21个。

【产业服务突出做优扶强】 2010年,市建设局以“破解难题促转变，服务民生促和谐”为主题，大力优化经济环境。大力开展建材企业帮扶。制订岳阳市建材发展升级行动实施方案，与规划、房产、人防、司法、银行等部门和单位携手联动，围绕实现建材企业“规模化、园区化、高新化、两型化”的新型工业化发展战略目标，对建材生产企业和项目实行重点帮扶，为其解决产业定位、生产环境、产品促销、引资融资等方面的困难，排忧解难，促其增长。通过全面调研，确定岳阳市天裕实业有限公司、湖南颐通管业有限公司、岳阳市宏祥混凝土有限公司等13家建材产业帮扶对象，通过重大项目代办制、公安挂牌保护制、项目预警报告制、三方联席会议制、解难挂号销号制等举措，破解难题和阻碍，促进企业发展。开展企业调查研究活动18次，收集企业发展难题21个，帮助解决具体问题16个。已组织编制市建材产业发展升级“十二五”规划，为建材产业发展升级进行科学谋划。全力优化产业发展环境。积极服务企业资质升级，对符合条件的建筑企业，以最快的速度受理、上报；严格实行“三统一”办法（统一时间、统一标准、统一人员），高效做好工程招标、质安监管、竣工验收、档案资料、造价咨询等备案和抗震设防、建筑节能、施工图审查等备案审批环节；主动上门“送政策进企业”，组织收集整理有关建材法律、法规并编印成《建材法律读本》小册子，发放给帮扶企业（项目）。

【窗口服务精简高效】 2010年,市建设局将所有职能科室的审批职能全部整合进入市政府政务中心。进一步简化行政审批程序，推行工程报建一次性告知、报建规费一次性执收、资料证照一次性收件、竣工验收一次性办理“四个一”办事程序。对行政许可事项一律实行首问负责制，对程序简便、申报材料齐全、符合政策规定并可当场办结的事项，实行即收即办；对程序、条件等相对复杂、不能当场办理的，凡属市局权限范围内的审批事项，全部审批手续做到在一周内无条件办结。新报建项目65个，办结率100%；在资质审批上，进行2次资质许可，审批通过42家企业资质和8家企业安全资质，推荐12家企业晋升二级以上施工企业资质；在备案审批上，工程招标、质安监管、竣工验收、档案资料、造价咨询等备案和抗震设防、建筑节能、施工图审查等工作全面落实“三统一”获得有关各方好评。为确保各类在建重点投资项目强力推进，积极推行联动协作、绿色服务。所有重点项目只要办理规划、国土许可手续，做到程序到位，手续从简，先开工，后补办相关手续，促进重点项目快速开工建设。总投资6.8亿元、年产值超30亿元的桑乐太阳能项目在岳阳市落户后，市建设局领导带队上门服务，现场办公，为桑乐太阳能颁发全市第一张临时施工许可证。桑乐山东总部对岳阳创造的“桑乐速度”特别赞赏，赞扬岳阳基地在桑乐太阳能全国在建4个基地中建设速度最快。

【环南湖截污管网】 岳阳市环南湖截污管网建设项目主要包括65公里环南湖截污管线、千亩湖等5个提升泵站、黄梅港污水处理厂建设及羊角山垃圾场等6处重点污染源整治，概算总投资3.84亿元。建设该项目有利于改善截污管网不配套、污水收集不到位、处理设施不完善、污染治理不系统的问题，保护和改善南湖水环境，促进城市可持续发展。2010年,完成投资1.46亿元，其中，求索路截污干管顶管工程完工，城东南路和桐子岭路提升泵站主体工程完成，其他子项工程全面启动。

【建筑立面提质改造】 2010年,岳阳市中心城区金鹗路、南湖大道、巴陵大道、洞庭大道、东茅岭路5条主干道的临街门店及墙体改造提质工程，总里程25公里，需改造提质建筑物429栋，计划总投资约 1.79亿元。其中金鹗路、南湖大道、巴陵大道立面改造项目市投市建，洞庭大道、东茅岭路立面改造项目市区共建。改造提质对解决中心城区临街建筑立面脏、乱、差，解决临街乱搭、乱建、乱占道经营现象，消除安全隐患具有重要意义，有利于进一步对临街所有建筑实行绿化、亮化、净化、美化，提高建筑节能水平，提升临街建筑特色化、品位化。　（本栏撰稿　柳佳钊）

城乡规划

【规划编制】 2010年，岳阳市城乡规划编制严把规划成果质量关。承办4次岳阳市城乡规划委员会全会，着重审查中心城区控制性详细规划，重点项目、重要地段的修建性详细规划和城市设计，以及城市规划的重大原则性问题，确保规划编制的前瞻性、科学性和决策的民主性。城乡规划的制定、许可、监察、执法不断规范和完善，城乡规划管理水平得到较大提升，市规划局被评为全市绩效评估先进集体、纪检监察先进单位、五创提质先进单位、招商引资优质服务单位。《岳阳市市域城镇体系规划》、《岳阳市城市总体规划（2008～2030）》完成省级报批，实现《城市总体规划》确定的155平方公里建设用地范围内的控制性详细规划全覆盖。完成市体育中心、沿湖风光带三期等详细规划，完成环南湖城市设计初步方案，完成圣安寺广场、洞庭湖大桥东端、临港产业新区3个城市主出入口及岳阳东站片区、洞庭大道—琵琶王路—学院路、青年东路三条城市重要轴线的城市设计。初步建立各县市区城镇规划资料库，各县市区总体规划修编全面展开，控制性详细规划进展迅速。

【行政许可严格高效】 2010年，市规划局政务大厅窗口实行建设工程项目一站式报建联合审批和验收，行政许可都通过定期召开业务例会集体审批。做到项目审批一个窗口进出、法定工作日内全部办结，审批质量上一栋重要建筑一个亮点，一个片区一个特色。重要地段一律实行模型实体审批、责任实名审批，向社会公示。审批发放“建设项目选址意见书”21个，面积64万平方米；发放“建设用地规划许可证”135个，面积296万平方米；发放“建设工程规划许可证”121个，面积180万平方米。

【控建拆违工作】 2010年，市规划局与市委宣传部联合开展“提升城乡规划，建设秀美岳阳”大型主题宣传活动，制作专题节目《城乡规划半月谈》专题片16集，4月20日在岳阳电视台首播。着重宣传市委、市政府有关控建拆违的政策和措施，并对违法建设户及黑开发商进行曝光，揭露违法建设的危害，为实施城乡规划营造良好舆论氛围。市规划局创造性地对岳阳市5区28个乡镇、（办事处）进行控违拆违工作考评。每季度组织一次动态交叉考评，每次考评结束都召开讲评会，下发考评通报，提出整改意见，年终综合评价，奖优罚劣，增强基层的工作责任心，使违法建设的发生率大幅下降。

【权力运行有序规范】 2010年，市规划局坚持把规范权力运行制度建设当作是法律法规的再学习、内部制度的再完善、行政效能的再提升、责任意识的再强化。先后召开5次专题会议研究部署，审查完善。清理行政职权36项、收集涉及规划业务的法律法规78部、健全配套规章制度19个、绘制权力运行流程图21张、制作格式化表格48份，查找权力风险点61个、制定防范措施63条，并将上述内容逐一录入专题研发的“岳阳市规划局规范权力运行数据库系统”，为2011年规划系统全面实行规范权力运行奠定基础。12月28日，市纪委召开规范权力运行现场会，对市规划局的规范权力运行制度建设给予高度评价。

【规划展览馆落成开馆】 2010年1月18日，岳阳市规划展览馆落成开馆，向广大市民开放。规划展览馆分为城市总体规划主模型区、多媒体区、项目公示区，通过多种展示形式，全面反映岳阳市规划建设的历史，充分展示改革开发30年特别是城市建设取得的辉煌成就，精心描绘未来20年岳阳城市发展的宏伟蓝图。

【无证开发商接受调查】 2010年4月6日，岳阳市集中整治违法建设指挥部办公室联合市规划局、市国土资源局等7家单位在《岳阳晚报》刊发《关于责令无证开发项目限期接受调查处理的通告》，公布45名无证开发商名单，责令其接受规划、国土等行政执法部门的调查处理。

（本栏撰稿　郭建慧）

控建拆违　建设秀美岳阳　　（周　玲　摄）

城市管理

【市容秩序实现新突破】 2010年，市城市管理局推行“两扫三保”制度，每日冲洗街道2次、每周清洗人行道1次。中心城区一、二级街道实行19小时清扫保洁服务，果皮桶由原来的“一清掏一清洗”改为“两清掏两清洗”。综合整治背街小巷等薄弱部位市容环境，卫生死角和裸露垃圾得到及时清理，环境卫生全面提质、干净整洁。占道行为整治效果明显，取缔、规范影响市容的废品门店5家、洗车修车门店85家、夜市175家，拆除占道违章棚亭660余处。划定停车位3650多个，设置隔离桩2000多个，纠章违规停放车辆万余台次，车辆乱停放现象得到根本好转。通过督促施工单位硬化进出通道、建立洗车平台、配备洗车设施，规定运输时间与路线，实行全程跟踪监督，密闭改装运输车辆，开展渣土密闭运输整治行动，清理各类渣土废弃物，渣土扬尘污染治理取得历史性突破。广告标牌整治富有成效，拆除各类地面违规设置的广告标牌3650余块、墙面和楼顶广告标牌1000余块4.5万平方米。金鹗路、南湖大道、东茅岭路、巴陵西路等一批主次干道临街门店招牌完成改造提质，街景品位进一步。城市"疮疤"逐步消除，千亩湖地段乱搭建房屋拆除、冷水铺路和南津港竹木市场搬迁等城市"疮疤"整治任务完成，城区部分地段"脏、乱、差"现象得到改观。

市中心城区实行标准化管理动员大会　　（市城管局　供稿）

【城管展现新形象】 2010年,市城管局坚持和完善"步行看城管，管城管"工作模式，先后被中国建设报、省住房和城乡建设厅、市委办推介。江苏淮安等10多个城市的同行先后到市城管局学习交流经验，步行巡查形成品牌。完善城管系统重大活动保障制度，突出抓好中央、省等各类重大视察活动和"五湖牵手五岳"、文明城市创建等重大活动的保障工作。通过答记者问、走进行风热线和聘请人大代表、政协委员、新闻媒体等社会各界人士担任行风监督员，强化城市"共建共享"的宣传。开通"12319"城管服务热线，实行24小时值班制，增强与市民群众的互动，受到各界好评。先后接听市民来电6373个，回复处置电话7048个，交办6373件，办结6118件，办结率96%。

【市中心城区渣土实行密闭运输】 2010年，市城管局着眼渣土运输长效化管理，以提升渣土管理整体质量为目标，出台《市中心城区渣土密闭运输管理实施方案》、《市中心城区渣土实行密闭运输管理的通告》等规范性文件。4月1日起，在市中心城区范围内（含岳阳楼区、岳阳经济开发区、南湖风景区）全面开展渣土密闭运输管理工作。联合相关职能部门制定运输车辆密闭化改装标准，密闭改装运输车辆200余台。对未按规定安装密闭机械装置的运输车辆自规定时期后继续进入市中心城区从事相关运输的，开展为期4个月的渣土运输"百日整治"行动。重点整治无牌无证、套牌、无密闭装置以及无准运证车辆运输渣土的违规行为，整治车辆运输渣土密闭不严，超载撒漏，污染道路的行为，整治各渣土运输工地无清洗平台、雇用无密闭装置和无合法手续的车辆参与渣土运输的行为，先后查扣违规车辆200余台次。

【市中心城区实行城市"标准化"管理】 2010年1月，市城管局出台《岳阳市城市标准化管理实施方案》。该方案按照高标准、精细化、操作性和长效化原则，"以精细化促进无缝隙管理"为目标，涉及环境卫生、城管执法、园林绿化、市政设施、路灯照明、土石方调拨、道路破占、户外广告、燃气管理等城市管理的所有行业和各个方面。清晰划分各个行业的管理职责和权限，细化量化各个行业、各个岗位、各个工种的质量标准、作业流程、行为规范和工作考评，以此推进精细化、无缝化、标准化管理，确保工作有条不紊、扎实有效推进。方案出台后，组织2000多名干部职工学习培训，使城管干部对管理标准和细则烂熟于胸，能严格按照标准执行管理工作流程，精心细致做好管理工作。出台《岳阳市城管局城市标准化管理考评办法》，全面实施标准化管理考评工作，按标准找"漏洞"，以考评促管理。

【市中心城区"五乱"行为纠章处罚】 2010年5月18日，市中心城区市容环卫监督员纠章处罚启动仪式在南湖广场举行。市政府市长助理邱国庆宣读《关于进一步加强城市市容和环境卫生管理的通告》（以下简称《通告》），市政府副厅级干部、市公安局局长丁阳云作动员讲话，市委常委、市政府副市长韩建国宣布市容环卫监督员实施纠章处罚工作正式启动。市"五创"提质有关责任单位负责人、市城管和公安执法保障人员、"五创"劝导员、市容环卫监督员等近千人参加启动仪式。启动仪式结束后，韩建国等市领导带领近500名市容环卫监督员和城管执法工作人员走上街头，对不文明行为进行纠章处罚。当天纠章4500余起，处罚220余起，罚款2.38元，其中市直某单位因乱堆放建筑垃圾被执法人员罚款2万元。

【集中整治"两车一废"门店】 2010年5月19日起，市城管局联合市工商、客管、交警等部门执法队员，对市中心城区求索路、琵琶王路、七中路、建湘路等重点路段的"两车一废"门店进行集中整治。"两车一废"门店是指无经营场地、出店经营、占道经营、乱排废水的洗车修车门店和废品收购店。经调查，市中心城区有"两车"门店326家，废品收购店52家，主要分布在青年路、求索路、琵琶王路、花板桥路、五里牌路、云梦路、德胜路、枫桥湖路等主要路段，存在证照不全、占道经营、乱排污水等问题。集中整治行动中，对有证照但不具备经营条件、不符合城市规划管理要求的，由运管、工商部门收回证照，对无证经营的坚决依法予以取缔。对占道经营的将从严处罚、强制暂扣、拖离占道物品，拆除用于车上人行道的铁架、水泥墩，科学设置隔离桩；对占用机动车道经营的，由交警部门强制暂扣、拖离占道车辆。在集中整治中暂扣洗车机、吸尘器、磅秤等违章物品120多件，拆除用于车上人行道的水泥墩65处、铁架32个，取缔严重影响市容的"两车一废"门店10余家。

【首块户外广告电子屏开播】 2010年5月20日晚，由市城管局组织、湖南亮家传媒有限公司投资300万元对岳阳火车站建筑外墙广告版面进行提质改造，建成的岳阳市首块高档次、高品位的广告电子屏正式开播。为落实市委、市政府"五创"提质 提出的"在9月30日前拆除中心城区主干道上有损美化的广告招牌"的要求，提升城市形象，市城管局对中心城区户外广告标牌开展提质改造，城区主次街道上有损美观的广告标牌进行拆除。为了让更多有水准、有档次、有品位的户外广告展现在市民的视眼中，在全市开展首届户外公益广告优秀作品征集活动，征集公益广告作品50多件、入围优秀作品10件。

【枫桥湖路社会停车场建成投入使用】 2010年7月底,岳阳市投资360万元，建成投入使用的枫桥湖路社会停车场，位于岳城地段（原火车站北广场），占地1.28万平方米。停车场分停车、洗车、修车三大功能区，共建活动板房简易门店55个、停车位100个，使枫桥湖路沿线乱停乱放车辆、占道修车洗车得到有效疏导。

【市场化运作治理城市"牛皮癣"】 2010年,针对城市"牛皮癣"治理"顽疾"问题，市城管局以改革创新的精神，走"牛皮癣"治理协同化、清理市场化的道路，加强与公安、工商等部门联合协作，重点打击。5月23日，采取招投标的市场运作方式，将中心城区25条主街道和172条次街道"牛皮癣"清理，以95万元的价格整体承包给岳阳市富泰物业洁城家政公司清理。同时安排专人考评督查，及时督促清洁公司清理"牛皮癣"，定期开展清"癣"讲评会。组织执法队员及时清除乱张贴广告，帮助清洁公司开展清"癣"工作，使这一顽疾基本得到"根治"。

（本栏撰稿　方吉良）

园林绿化

【园林绿化工作】 2010年，市风景园林局以创新为主题，求真务实，开拓创新。城区植树20万株的任务全面完成，城市公共绿地建设和绿化提质改造顺利开展，绿化提质工作走在全市"五创"提质工作的前列。绿化维护管理落实标准化、精细化管理的要求，维护管理水平上新台阶。风景名胜区监管步入良性运转轨道，通过住房和城乡建设部综合整治检查的初检，市风景园林局荣获湖南省风景名胜区保护管理先进集体称号。企业完成产值2600多万元，生产草花50多万盆。

【城区开展绿化提质改造工程】 2010年，市风景园林局就提高城市绿地质量，开展绿化提质改造工程，先后完成桥西游园、琵琶王立交桥、金鹗西路、城东南路、巴陵中路等处的绿化提质改造，栽植樟树、桂花、银杏等乔木、亚乔木近万株，完成绿化改造面积15万多平方米，新增城市公共绿地面积3万多平方米，完成投资1500多万元。通过改造，提升绿地景观质量，完善绿地功能。根据市政府关于对城区公共绿地缺株进行补植的要求，对全市所有公共绿地的缺株情况进行普查并完成补植方案设计，覆盖范围包括岳阳楼区、岳阳经济技术开发区和南湖风景区。经市政府同意，各区管辖范围内的补植工作由各区负责，中心城区的行道树补植工作由市风景园林局负责实施，补植行道树1000多株，总投资约400万元。对照测评要求，自筹资金5万多元，对金鹗公园、南湖公园因历史和条件限制未达标的公共厕所突击进行改造，对破损的游路、游廊进行修缮，对排查出的20多项可能影响测评结果的事项及时整改，在金鹗公园新增路灯30多盏。

【创建省级园林县城活动】 2010

市城管局局长陈阁辉带领相关单位负责人巡查街道卫生（市城管局　供稿）

年，岳阳市各县市创建省级园林县城活动蓬勃开展。平江、汨罗、华容等县市提出创建意向，其中平江县创建工作纳入工作规划并取得明显成绩，各项创建工作取得重大进展。为配合创建省级园林县城活动，掀起创建省、市级园林式单位（小区）活动的新高潮，有19家单位成功创建省级园林式单位（小区），有48家单位成功创建市级园林式单位（小区）。

【岳阳乐园搬迁重建启动】 2010年，市委、市政府决定配合南湖景区天灯咀地区的改造，将岳阳乐园进行搬迁重建。市风景园林局按市政府整体开发岳阳乐园的要求，对岳阳乐园正在履行的各类合同进行清理，对岳阳乐园租赁业主的投资情况进行评估，对乐园的经营情况及资产情况进行审计，完成天灯咀滨水公园的方案设计，配合市国土局完成乐园地块的土地丈量，确定该地块的开发强度，为整体开发岳阳乐园地块做好前期准备工作。

（本栏撰稿　任映宇）

环境卫生

【概　况】 2010年，岳阳市市容环境卫生管理局（简称市环卫局）以“美化市容环境，建设宜居岳阳”为目标，严格按照“时时干净、处处整洁”的市容卫生长效管理要求，引导全局干群转变观念，全力投入“五创”提质活动，攻坚克难，奋力作为，推动城市环卫事业实现崭新跨越。圆满完成迎接全省城市卫生暗访检查、洞庭湖发展论坛等重大卫生接待活动21次116天，市民的宜居幸福指数持续上升。新建1站1厕，新添置各类机械车辆11台，环卫设施设备服务功能进一步增强，先后获得湖南省城市市容和环境卫生工作先进单位、基层党建示范单位、社会治安综合治理先进单位等多项荣誉称号，局长方欲林荣获年度“五创”提质创建全国文明城市工作先进个人称号，被中国城市环境卫生协会授予“福龙马杯”年度环卫行业优秀人物奖。

市委书记易炼红深入街道一线亲切慰问环卫工人　（市城管局　供稿）

【环卫工作重心向一线下移】 2010年，市环卫局将管理力量、生产资金、机械设备等各种资源和生产要素，都紧紧围绕一线工作来安排，使全局工作效能大为提高。一是步行带班坚守一线。局、所领导改变过去“开车巡查”、“办公室调度”方式，每天都走出办公室，带领科（股）室负责人轮流值班带队，深入街头巷尾督查市容卫生，带头捡拾垃圾，发现问题现场整改到位。基层单位的队长、质检员等中层骨干主动帮助一线职工推板车、扫垃圾、洗厕所，以实际行动打动人、影响人、带动人，全局干群想事、干事、成事的热情空前高涨。二是人员安排优先一线。针对环卫工作劳动强度大、收入待遇低、人员招聘难的现状，市环卫局借机构改革的契机，将10多名实干精神强、管理水平高的骨干安排到路段担任队长，将50名有实践经验的管理人员调整充实到一线清扫、清运、督查等岗位，使市容卫生工作的力度不断加大，有效确保环卫生产的良性运转。全局干群既当城市环境的美容师，又做净化心灵的先行者。除一线工作人员外，该局每天至少有100名行管、收费、后勤工作人员走上街头，重点劝导乱丢乱倒垃圾的不文明行为，还调派30名环卫工人参加城区的市容环卫纠章处罚保障工作，优化环卫工人的作业环境，推进城市的文明进程。三是资金使用倾斜一线。节约非生产性开支，坚持将有限的资金用在“刀刃”上，用在一线生产上，用在市容卫生提质上，用在改善一线工人的作业条件和福利待遇上。该局下拨经费比年初计划增加400多万元，比2009年增长16%，确保环卫生产高效运转。

【城区市容卫生全面提质】 2010年，市环卫局紧紧抓住“五创”提质的契机，将环卫工作放到打造岳阳公共服务品牌上去定位，放到“五创”大局中去推进，全力以赴做强主业，推动市容卫生质量整体提升。一是清扫保洁更精细。进一步充实路段清扫保洁力量，改过去“一扫两保”为“两扫三保”，对市中心城区一、二级街道全部实行19小时清扫保洁服务，确保市容卫生白天晚上一个样。在每天2次对街道冲洗、降尘的基础上，每周对辖区人行道全面清洗2～3次，使市容卫生标准由无纸屑提升到无痰涕、无烟蒂、无油污，机动车道、非机动车道、人行道达到路见本色的效果。注重细节服务，切实加强地下通道、人行天桥、道路隔离桩护栏的清洁维护，果皮筒的日常管理也由原来的“一清掏、一清洗”改为“两清掏、两清洗”，消除市容卫生空档。二是垃圾收运更及时。对金鹗路、求索路、东茅岭路等主要街道的门店，发放不锈钢及塑料垃圾收集容器7254只，每天坚持定时上门收集4次以上，有效解决垃圾落地污染的问题。对各垃圾站（屋、箱）的垃圾，重新统筹清运路线，增加运输频次，做到日产日清。三是终端处理更规范。完善花果畈垃圾处理场设施设备，坚持实行垃圾计量入场，通过加大现场管理力度，确保垃圾卫生填埋和污水处理作业规范运作，各项指标基本达到国家规定要求，周边生态环境得到良好维护。四是综合整治更见效。针对基建场地、沙卵石运输等损害市容市貌的“顽症”，采取分片负责、轮流把守的办法实行跟踪监控，严格管理。城区60多个重点施工场地全部按照要求实行围挡作业，硬化进出通道，配备洗车设施，车辆带泥上路现象得到明显遏制。将沙卵石等散装货物集中在桂花园和月山两个码头规范装卸，有效控制“五漏”车辆沿街撒漏现象。

【环卫设施设备管理】 2010年，市环卫局投入400多万元在岳阳东站新建1座垃圾站、1座公厕，并对东风广场、铁小路等5座公厕及天灯、渔光、普香园等6座垃圾站进行重点提质改造，所有公厕全部安装或更新了残疾人扶手、无障碍设施及标牌标识，免费向社会开放，使市民上厕难、倒垃圾难的问题进一步得到缓解。投入80多万元，新做多功能桶20只，添置更换果皮筒内胆1000只，并对95座公厕、47座垃圾站、62台垃圾运输车、1400多只果皮筒、63个集装箱全部油漆见新。城陵矶停车场和办公场地建设完成前期准备工作，东风湖环卫停车场已完成规划、国土、立项等手续，进入设计阶段。继2009年添置4台大中型洗扫车后，2010年市环卫局以融资租赁方式从中联重科公司购置的11台现代化作业机械全部到位，另购置2台大型洒水车，环卫机械设备的配置不断优化，机械清扫率大幅提升，环卫工人的作业条件明显改善。

【环卫工人节】 2010年10月26日是湖南省第十五届环卫工人节。10月24日，岳阳市召开庆祝湖南省第十五届环卫工人节表彰会，总工会、城管局通报表彰环卫局城西保洁管理所等6个先进单位，方欲林等9人立二等功、李建新等16人立三等功、彭小兰等28人被评为优秀城市美容师。

（本栏撰稿　喻　阳）

勘测设计

【概　况】 2010年，市规划勘测设计院紧紧抓住“强实力、保稳定、促增长”的工作主线，积极开展“创先争优”活动，优化体制、创新理念、强化素质，全面提升规划勘测设计质量，确保各项规划勘测任务的圆满完成。全年顺利完成《岳阳市城市总体规划》及《岳阳市域城镇体系规划》的成果报批工作，完成《长株潭两型社会示范区城陵矶片区规划》，完成10个片区的控规和多项修规工作，完成市政设计项目90多个，建筑设计项目50多个，测量项目40多个，地质钻探项目48个，累计测绘面积40平方公里，累计钻探进尺1万多米。有1个项目获得部优三等奖、1个项目获部优表扬奖、20篇学术论文在国家级和省级刊物上发表。

【加强管理提高生产效益】 2010年，市勘测规划设计院的规划设计项目均实行质量与效益双挂钩，由技术负责人把关，针对每个项目，预留10%的产值作为质量保证金，实行自审、校对、审定“三环节”管理。勘察、测量等野外作业项目则执行“现场质量跟踪登记管理”制度，总工办对各个项目均进行跟踪登记、检查验收，对违反规定的项目扣减科室10%的产值，以此提高测量、勘察成果质量。人秘科严格执行《劳动考勤细则》，职工的考勤结果与基本工资、绩效工资、评优评先及干部任用挂钩。财务室完成2800多万元营业收入的账务处理工作，上缴税金200多万元。图文中心加大对成本的核算管理，完成微机出图1万多张，打字复印20万张，装订文本2000本，晒图5000多张，产值比2009年提高20%，成本比年初既定目标节约46%。

（本栏撰稿　李贵香）

房地产业

【产业发展加速增效】 2010年，市房地产管理局（简称市房产局）贯彻中央、省房地产调控政策，落实市委、市政府“提速、升级、增效、惠民”经济发展战略，房地产业呈现开发投资快速增长，市场交易持续活跃，房屋价格走势平稳的良好发展态势。全市有房地产企业695家，其中新注册110家。全年完成房地产开发投资70.4亿元，比2009年增长37.1%。新建商品房销售面积241.6万平方米，实现销售金额62.9亿元，增长35.5%和90.7%。全市涉房税收达10亿元，增长38%，其中直接协征契税7286万元、营业税1.2亿元，增长53.2%和26.3%。全局完成经济收入5400万元，增长18%。归集维修资金3400万元，总额达到1.6亿元。

【落实房地产市场宏观调控】 2010年,市政府出台《关于促进房地产业提质升级的实施意见》，就加强房地产市场宏观调控、提升项目建设水平、加强从业主体管理和培育、提高物业管理水平、优化市场服务监管体系等5个方面提出具体规定，从政策上引导房地产业提质升级。编制房地产业“十二五”发展规划，明确“十二五”期间房地产业发展的主要目标任务和保障措施，从宏观规划上引领房地产业又好又快发展。引进广东黄河集团、福建兄弟集团、晋江置业等全国知名房企投资兴建洞庭湖国际公馆、巴陵尚都、岳州帝苑等大型房地产开发项目。全市房地产开发在建项目达118个。实行项目责任人制度，跟踪协调解决新中置业枫桥湖项目、德士行卡布奇诺项目的阻工因素，促进复工建设。精选市场前景好、具有较高开发潜力的项目向商业银行推介，组织银企洽谈会，为房地产待建项目融资16.74亿元，保障项目早开工、早竣工。房地产开发逐步实现楼盘由小变大、楼层由低到高、环境由一般到优美、供应由单一向多元的转变，节能省地型普通商品房超过供应总量的70%。

美丽的住房风景线　（杨一九　摄）

建设凯旋城、香缇半岛、滨水·新境界等一批配套完善、环境怡人、品质优良的高档小区。南湖花园、锦绣河山、金桥花园、福泰花园、锦城嘉园等5个小区获得省级优秀物业小区，昱鸿、星辉2家物业企业获得省级优秀物业服务企业。源水装饰公司获得全国室内家装大赛银奖。环境优化。制定《无称号资质开发经营行为监管、查处实施办法》，开展严厉打击房地产无资质开发专项行动，查处“金爵公寓”、“君翔花园”等典型违规开发案件。下发《关于严格禁止房地产开发项目违规预售和违规购买的通告》和《关于规范新建商品房交易价格的通告》，查处青春驿站、富兴华城等违规销售项目。举办商品房交易展示会和家装博览会，为企业售房和市民购房、装修搭建交易展示平台，成交金额2.6亿元。邀请行业专家和企业参加房地产发展趋势论坛，改版、升级《岳阳房地产》杂志，定期发布房地产形势分析报告，为房地产企业提供市场引导，为广大市民提供信息平台。拓展房地产网站服务功能，岳阳房地产网被评为全市优秀政府网站。为市政府重点工程建设服务，完成望岳路、冷水铺路三期、园艺路、圣安广场等拆迁工作。加强服务窗口建设，增设公积金抵押登记窗口，开设国企改制、招商引资项目办证绿色通道，为老弱病残等特殊客户提供上门服务。

【实事项目统筹推进】　2010年，市房产局从满足全市不同收入人群、不同困难群众实际住房需求出发，统筹推进廉租住房、经济适用住房、棚户区改造、拆迁安置房、公共租赁住房等“五房”建设。争取中央、省级住房保障专项资金4.3个亿，争取资金总额是2009年的2.3倍。廉租住房建设，全市新建、改建、扩建廉租住房44.2万平方米、8909套。各分局加大住房保障工作力度，中心城区发放廉租住房租赁补贴资金1089万元，补贴户数10579户，较2009年新增2454户。经济适用住房保障，出台《经济适用住房货币补贴实施方案》及相关《实施细则》，争取到位财政专项资金500万元，在市中心城区实行经济适用住房货币化分配，92户群众获得补贴凭证。继续组织实施经济适用住房建设，竣工经济适用住房1809套、15.37万平方米。摸底查清全市棚户和危旧房情况，出台《岳阳市城市及国有工矿棚户区改造办法》，争取到位中央和省财政棚改资金2463万元，结合廉租房建设，直管公房危旧房及棚户区改造32万平方米。出台《市中心城区集体土地上房屋拆迁安置房集中统一建设管理办法》，在枫桥湖拆、岳阳经济技术开发区庙坡等地建设安置房734套。争取到位中央公租房建设专项资金940万元，在云溪、临港、岳阳经济技术开发区等3区建设筹集公共租赁住房998套。

【住房保障规范管理】　2010年，市房产局规范保障住房分配管理。加强对廉租住房、经济适用住房申报、调查、审核、公示、摇号、选房、年审等流程的管理，确保公开、透明、规范。严格保障对象资格审查。出台《关于开展住房保障对象资格复查和建立进退机制的通知》，在中心城区开展住房保障对象资格清理复查行动，严厉打击非法转租和转售保障性住房等行为，取消814户不符合住房保障条件家庭的廉租住房租金补贴，维护住房保障的公平与正义。

（本栏撰稿　朱晓昕）

住房公积金管理

【概　况】　2010年，岳阳市住房公积金管理中心始终坚持服务经济发展、服务民生改善、服务稳定大局的宗旨，抓发展，保质量，强内控，增效益，全面超额完成省住房公积金监管办下达的各项目标任务，充分发挥住房公积金促进城镇职工“住有所居”的作用。新增开户单位294家，新增缴存人数33995人，新增缴存人数增长率达到10.15%。归集住房公积金11.02亿元，归集增长率31.12%。发放住房贷款3940户、金额6.26亿元，个贷增长率34.21%。年末贷款风险准备金余额2576.69万元，风险准备金充足率2.03%。实现增值收益5487.57万元，增值收益率达到1.62%，上缴财政城市廉租住房建设补充资金2066万元。通过加大绩效考核力度，建立以质量和效益、效能为核心的管理模式，促进工作的规范化和管理的科学化；对住房公积金行政执法权和住房公积金提取审批、贷款审批以及编制住房公积金归集使用计划等社会经济事务权力重新编制权力运行流程图，规范了权力运行制度。完善和实施优质服务规范和限时服务制度、社会承诺制度、首问负责制度，实现服务的标准化和高效化。加大内部稽核和检查力度，实现内控管理的集约化和经常化；通过加强风险管理，有效防范资金运作风险，至年底全市住房公积金个贷逾期率降低至0.24%，较2009年年底减少51.02%以上。市住房公积金管理中心开展文明创建工作，获得全国三八红旗集体和省级文明单位称号，文明创建经验被建设部认可并下发专题简报予以推广。开展创优争先和政风行风民主评议工作，在市纠风办组织的民主测评和市统计局民意调查中心组织的政风行风满意度调查中得分均排名第一。

【提高住房公积金覆盖率】 2010年，市住房公积金管理中心制定缴存办法，确定缴存标准。为维护中低收入职工的合法权益，设定100元的职工住房公积金月最低缴存标准，并组织对全市3000多家单位进行缴存年审。制定扩面方案，确定扩面重点。将乡镇政府工作人员、教师、医务工作者和上市公司以及规模以上非公企业作为扩面工作重点，采取召开座谈会或逐户上门方法进行宣传发动。制定执法程序，确定执法对象。在摸底的基础上对能建不建、能缴不缴的单位发送催建催缴通知书等执法文书300多份，曝光一批恶意拒缴逃避建制的单位。经过努力，全市住房公积金缴存总额达到53.42亿元，缴存余额达到37.29亿元，居全省第2名。

【深入治理老大难问题】 2010年，市住房公积金管理中心大力度开展专项治理工作。4月，市政府组织召开全市住房公积金专项治理工作会议，市政府办公室印发《岳阳市继续加强住房公积金管理专项治理工作方案》等3个文件，随后各县市区政府迅速召开工作部署会，加大专项治理工作的力度。一是抓财政配套补贴。以前一直未将财政供养人员住房公积金纳入财政预算的平江县由该县县委、县政府联合发文，将住房公积金建制情况列入对各乡镇和县直单位年度目标管理考核内容，并将全县6000多名义务教育阶段教职工住房公积金补贴纳入财政预算。二是抓逾期贷款催收。继续将党政机关事业单位公职人员拖欠住房公积金贷款作为清收工作的重点，进一步推动逾期贷款清收工作。针对少数县市区整改工作未到位的情况，市住房公积金管理中心于12月上旬联合市监察局、市纠风办和市政府督查室对覆盖率、财政补贴等4个突出问题开展专项督查行动，并就督办情况向各县市区政府发出限期整改通知书，推动整改工作的深入开展。

【提高住房公积金使用效率】 2010年，市住房公积金管理中心适度提高贷款额度，延长贷款期限。根据房价的逐步上涨，将市本级及岳阳楼区住房公积金贷款最高额度提至35万元，将其他县市区贷款最高额度提至15万元；将市本级及岳阳楼区住房公积金贷款最长期限延长至25年，其他县市区贷款期限延长至20年。适度降低贷款和提取门槛。允许职工在购房2年内申请住房公积金贷款和办理住房公积金提取。继续实行期房按揭可用所购期房抵押，支持无现房抵押的中低收入家庭贷款购房。继续实行购买二手房可申请住房公积金贷款的规定。继续实行“对冲还贷”，允许符合条件的贷款职工用自己及其配偶账户中的住房公积金冲抵贷款。通过采取上述措施，实现住房公积金贷款和提取金额的稳步增长。适度实行差别化贷款政策。对第一次申请住房公积金贷款的，购房首付比例不得低于30%；对已办理过住房公积金贷款，再次申请住房公积金贷款的，购房首付比例不得低于50%。至年底，全市累计发放住房公积金贷款27254户、贷款总额20.52亿元，累计办理住房公积金政策性提取16.14亿元，提高了城镇职工购建自住住房的能力。

（本栏撰稿　黄都喜）

责任编校　王　艳

开发区·新区

DEVELOPMENT ZONE. NEW ZONE

招商引资提质

临港产业新区专家委员会成立

控建拆违突出城市亮点

云溪工业园走势强劲

湘阴县工业园强力推进新型工业化进程

岳阳经济技术开发区

【概 况】 2010年，岳阳经济技术开发区（以下简称经开区）按照国家级经济技术开发区“三为主、两致力、一促进”的发展方针，围绕“提速、升级、增效、惠民”的总体要求，真抓实干，超额完成全年目标任务，顺利实现“十一五”计划的完美收官。全年实现地方生产总值132.71亿元，比2009年增长16.8%，其中规模工业增加值105.19亿元，增长28.1%；实现规模工业总产值415亿元，增长37%，其中高新技术产业产值168.8亿元，增长41%；完成全社会固定资产投资48.21亿元，增长27.6%；实现财政收入9.06亿元，增长53.24%。至年底，建设民本岳阳、招商引资、推进新型工业化、财政工作、“五创”提质、促进企业上市、绩效评估、信访工作、社会治安综合治理、计划生育等10多项工作受到市委、市政府表彰。

全国家政协原副主席毛致用（前右一）与商务部副部长傅自应（前左一）为岳阳经济开发区晋升为国家级开发区揭牌 （罗卫亚 摄）

表9 2010年岳阳经济技术开发区乡镇、管理处简况

名 称	国土总面积（平方公里）	耕地面积（公顷）	年末总人口（人）	人均纯收入（元）	书 记	乡(镇)长主 任
康王乡	76.91	3133.33	32000	6000	万庆华	刘庆波
三荷乡	92.8	2266.67	25900	6190	潘晓波	孙 吉
西塘镇	48.2	1440	19100	5974	黎 为	易 龙
通海路管理处	9.8	无	67000	5900	周述胜	李东初
金凤桥管理处	24.0	2133.33	11000	5800	易金华	易朝晖

【招商引资提质】 2010年，经开区按照“不污染、占地少、效益高”的招商引资要求，新引进项目45个，实际到位内资25.59亿元、外资2583万美元；新开工各类项目50个，实际完成投资16.91亿元；新投产项目39个，实际完成投资19.23亿元。引进的中南科伦生物医药项目总投资8亿元，其中固定资产投资4.5亿元，项目竣工投产后预计年销售收入20亿元，年缴纳税收超过1亿元。投资4.51亿元的中科电气新基地项目、投资2.3亿元的吉祥燃烧器项目、投资2.8亿元的桑乐真空管等一批“大、好、高”项目纷纷签约落户，招商引资来势好，效益高。

【产业转型发力】 2010年，经开区新增规模以上工业企业15家；新增省级以上高新技术企业（重新认定）7家；完成专利申请46件，其中发明专利8件；获工矿企业专利授权38件。创业中心获批湖南省首批中小企业核心服务机构。岳阳筑盛阀门管道有限公司、湖南科美达电气有限公司、湖南吉祥石化科技股份有限公司、湖南巴陵油脂有限公司等企业进入省市重点扶持上市企业行列。

【财税实力增强】 2010年，经开区财政收入增幅排名全市第1，总量跃居全市第2。完成税收收入6.8亿元，占财政总收入比重75%，其中工业税收4.3亿元，占税收收入的63%。完成经营性用地成交额2.6亿元，亩均出让地价突破100万元。区属公司不断发展壮大，经开区建设投资有限公司总资产达21.22亿元，开发总公司主营收入同比增长30%。争项争资力度加大，全年争取上级各项政策性资金2亿元，并首次成功申请中央财政基础设施贷款贴息799万元；区融资平台争取各类金融机构贷款2.276亿元，为中小企业融资到位资金1.126亿元。

【平台建设拓展】 2010年，经开区成功晋升国家级经济技术开发区，并集国家级高新技术创业服务中心、国家级高新技术产业孵化器、湖南省承接产业转移示范园区、湖南田谷电子信息工业园等“金字招牌”于一身，投资、创业的平台越来越多，层次越来越高，园区品牌优势和政策叠加效应更加明显，综合竞争力显著提升。投入基础建设资金3亿多元，强力推进工业园区开发及其基础设施建设，园区项目承载能力全面提档升级。

【城乡面貌改观】 2010年，经开区中心城区分片区控详规划调整基本完成。随岳高速、岳长高速、省道301线、市体育中心等一批重点工程稳步推进，污水处理厂一期工程投入使用。御景华都、滨水新城、凯旋城、天邦珍珠湾等8个高档房地产开发项目相继开盘。“五创”提质初见成效，城市基础设施和公共服务设施日趋完善，市民素质明显提高，城市管理水平大幅提升。严格落实“铁腕控建、铁腕拆违、铁腕查处”的指示精神，全年拆除违法建筑788栋8.55万平方米。新增“三边”造林80公顷，新修通村公路20公里，新建沼气池406口，解决不安全饮水人口1600人，兰桥水库、刘家湾水库等一批病险水库、堤垸整治加固到位，行政村电网改造全面铺开，农村生产生活条件大为改观。集体林权改革任务全面完成，发证面积达1.11万公顷；特色农业和休闲农业发展迅猛，创建省级农业产业化龙头企业3家，五星级休闲农庄1家、四星级4家、三星级4家，农业现代化水平稳步提升。

市委副书记盛荣华陪同老领导考察临港产业新区（临港产业新区　供稿）

【社会事业发展】 2010年，经开区城镇新增就业2317人，完成全年任务的101%；新增农村劳动力转移就业3968人，完成198%，零就业家庭援助率始终保持为100%。五类社会保险累计新增扩面10668人、征缴基金4934.4万元，分别完成全年任务的356%和130%。庙坡还建小区470套还建房基本竣工，八字门还建小区和廖家安置房小区1578套还建安置房建设相继启动。义务教育入学率100%，小学、初中巩固率分别为100%和99.76%。通海路社区卫生服务中心投入使用，城区15分钟医疗卫生圈基本形成；新型农村合作医疗参合率达98.83%，受益度49.7%。城乡低保月人均保障标准分别达155元和55元，居全市前列。出生人口符合政策生育率88.9%，性别比109.6。“两个维护”得到全面贯彻落实，信访总量同比下降13.2%，重复上访、越级上访分别下降70.5%和37.5%，社会治安综合治理力度明显增强，安全生产责任事故基本杜绝，社会大局持续稳定。

（本栏撰稿　李太平）

湖南城陵矶临港产业新区

【概　况】 2010年，湖南城陵矶临港产业新区高起点谋划发展思路，高标准编制规划体系，高效率推进大建设、大招商、大融资、大宣传，各项工作超常推进，实现港口物流、项目建设、融资争资、征地拆迁、争取支持、机制运行等六个方面的突破。一是港口航运物流实现新突破。长江干线武汉至城陵矶河段海轮航道正式开通，长江海轮航线内陆延伸228公里，万吨海轮直达岳阳城陵矶，城陵矶已正式成为湖南唯一的“海港”。至年底，新港集装箱吞吐量达到12.37万标箱，进出口货物总量达到1080万吨，吞吐量提升4万标箱。二是项目建设取得新成绩。基础项目、产业项目、配套项目整体推进，恒阳化工、重卡车桥、科德纸业、康大期货、科恒激光、科梦机电、凯门科技、水利水电八局装备制造等8个项目全面开工建设。4条主干道路建设累计完成投资4.5亿元，其中长江大道一期工程4.4公里全面完成，二期2.4公里配套工程即将完工；云港路全线贯通，绿化亮化工程进入招投标阶段；全长2.89公里的永济大道、2.3公里的连城路全面开工建设。科技创业服务中心5万平方米的标准化厂房开工建设。凌泊湖安置小区新建廉租房500套、安置房1000套。先后与中国汽车零部件工业公司、山东汉威新型厢式半挂车项目、中国五矿二十三冶建设集团BT项目、上海硅峰新能源环保电动车、澳门名嘉城市综合性商业广场等36个重大项目成功签约，签约资金突破100亿元。三是投融资取得新成就。争取银行贷款12.3亿元。引进中建股份公司、二十三冶建设集团有限公司、中国太平洋集团天安基（上海）工程技术有限公司等企业采取BT模式参与港区基础设施建设，协议总投资金额70亿元。引入中国银河证券股份有限公司发行10亿元企业债券融资，进入到实质性操作阶段。设立启动临港产业新区创业投资基金，争取省财政调度资金2亿元。申报各类项目15个，申报资金7.2亿元，其中进入国家和省计划笼子的项目5个，到位资金9660万元。四是征地拆迁取得新进展。征地拆迁坚持办事程序公开、政策依据公开、补偿标准公开、资金发放公开，坚持全程阳光操作，研究出台解决危房户、无房户和分房户的暂行办法，启动实施失地少地农民养老保险试点，优先考虑群众合法权益。全年征用土地333.33公顷，平整土地233.33公顷；拆迁房屋286栋，拆除违章建筑24栋。五是争取政策形成新动力。湖南省下发《关于支持湖南城陵矶临港产业新区加快发展的意见》，授予临港产业新区市级经济综合管理权，在用地保障、项目布局、财政金融支持、行政审批权下放等方面给予特殊支持倾斜。岳阳市下发《关于进一步支持湖南城陵矶临港产业新区加快发展的意见》和《关于继续开展为湖南城陵矶临港产业新区建设办实事

繁忙的临港产业新区码头 （临港新区 供稿）

活动的通知》，成立湖南城陵矶临港产业新区专家委员会，形成强有力的政策支持和工作合力。六是机制运行形成新合力。认真贯彻落实市委一号文件精神，顺利促成市直职能部门行政审批权下放，并迅速启用2号公章。建立与云溪区、岳阳楼区协调推进的工作机制，完善市直部门为港区办实事机制。积极推进港建投股份制改造，采取成立临港置业有限公司、临港水务公司等开展公司融资。探索设立创业引导基金，打入资本市场。发行企业债券，拓宽融资渠道。设立临港产业新区国家金库，组建港区国、地税征收机构。

【临港产业新区专家委员会成立】 2010年8月25日，湖南城陵矶临港产业新区专家委员会成立大会在长沙蓉园宾馆隆重举行，省委常委、常务副省长于来山，省人大常委会副主任陈叔红，中国工程院院士、全国科协副主席、中南大学校长、博士生导师黄伯云，中国工程院院士、湖南大学校长、博士生导师钟志华，省科技厅厅长、博士生导师王珂敏等省内32名专家学者，欣然受聘，为临港产业新区发展建言献策。市领导易炼红、盛荣华、陈国荣、宋爱华、肖建华及市直有关部门负责人出席会议。市委副书记、临港产业新区工委书记盛荣华主持会议，副市长、临港产业新区管委会主任宋爱华致欢迎词。专家委员会的成立，有利于发挥专家学者的“智囊团”作用，为临港产业新区的发展提供高端智力支撑；专家学者的真知灼见，将有利于提升临港产业新区的开发眼光，为发展把好关、定好向，为开创临港产业新区科学发展新局面具有重要意义。

【省政府出台支持临港产业新区加快发展的文件】 2010年8月6日，省政府办公厅下发《关于支持湖南城陵矶临港产业新区加快发展的意见》，授予临港新区市级综合经济管理权，并从规划修订、建设用地保障、项目转移、高新技术、基础设施建设、综合交通运输网络、芭蕉湖的保护与利用、投融资、重大项目的开发利用、就业和社会保障等方面提出支持湖南城陵矶临港产业新区加快发展的23条意见，要求省直有关部门切实履行职责，加强指导和服务，确保各项政策措施落实到位。该文件的出台，标志着临港产业新区建设迈入超常发展的快车道。

【中央电视台报道临港新区产业建设】 2010年9月4日，中央电视台新闻联播报道湖南岳阳依托城陵矶新港建设实现通江达海，带动临港产业快速发展。该报道以8月30号新加坡一家公司投资5亿元建设石化码头及液体罐区工程开工典礼为由来，详细介绍岳阳发挥163公里长江岸线资源优势，投资15亿元建设城陵矶新港，一期工程开港运营，港口吞吐量由原来的不到3万标箱提升到30万标箱，开通岳阳至日本、韩国等国家和香港、台湾地区的航线，实现江海联运。并依托新港平台着力打造一棵“梧桐树”——临港产业新区。报道播出后，引起省内外各级媒体、考察团和投资商的高度关注，先后有10多家媒体到临港产业新区采访，全年接待各级党政考察团30批次600人次，前来洽谈投资客商不断，先后与上海硅峰新能源环保电动车、澳门名嘉现代商业城综合体等33家大型企业签约，投资达到117亿元。 （本栏撰稿 刘向葵）

岳阳南湖风景区

【概 况】 2010年，岳阳南湖风景区（简称南湖风景区）按照“提速、升级、增效、惠民”和“更高标准、更严要求、更具公信力”的总体要求，抢抓城市南延机遇，做大做强旅游休闲度假等三产业，争创国家级旅游度假区，推动风景区又好又快发展。全区实现地区生产总值17.29亿元，比2009年增长12%，其中三产业增加值12.6亿元，同比增长13.7%，占GDP总量的72.9%；实现全社会固定资产投资12.27亿元，同比增长13.4%；社会消费品零售总额9.07亿元，同比增长20.9%；实现财政收入1.18亿元，同比增长25.9%。全区计划完成项目投资5亿元，实际完成5.6亿元。洞庭湖国际公馆、南湖旅游走廊续建工程、岳州帝苑等一批重点项目进展顺利。

表10 2010年岳阳南湖风景区办事处简况

名 称	国土面积（公顷）	耕地面积（公顷）	年末总人口（人）	人均纯收入（元）	书 记	主 任
湖滨街道办事处	1200	67	11429	6310	万望明	张国礼
南湖街道办事处	750	244	18500（常住） 31500（辖区）	8900（农村） 19100（城镇）	周湖新	苏 冬
求索街道办事处	1076	无	38500	18600	赵建良	唐 虎

【控建拆违突出城市亮点】　2010年，南湖风景区根据市委、市政府统一部署，结合自身实际，重点突出控建拆违，确保南湖作为岳阳城市的亮点。一是大力开展街巷整治，改善城区市容市貌。重点“抓保护、抓规范、抓整治、抓美化”。全区投入600多万元，全面开展五创提质。组织户外广告整治、直排南湖三产门店集中整治、城市疮疤整治、城区环境卫生集中整治、城区绿化提质整治、街巷“牛皮癣”整治、南湖水环境综合整治、“五小”门店分类整治、集贸市场改造提质等十大专项整治行动，出动人员1320人次，拆除86处违规棚亭、80处违规广告、20处小型临时建筑。在南湖广场举行“树文明新风、做文明市民”万人签名活动，组织汇编《文明创建市民手册》和《治安信访宣传手册》，通过各种方式提升市民的五创意识。二是强化控建拆违，提升创建效果。依照“私房建设零审批、干部违法建设零发生、严控区内违法建设零形成、违法建设处理零遗漏、合法解决居民住房实际困难的综合目标和考核体系，进一步健全防控网络，加强对违章建筑的查处力度。全年组织控建拆违行动45次，拆除违章建筑117处、4409平方米。三是启动天灯整体改造，提升城市形象。9月，风景区正式启动天灯咀“城中村”改造工程。天灯社区1400余户、近4000居民于2011年6月30日前完成整体搬迁。

【南湖综合治理】　南湖是岳阳市民和外来游客休闲观光之地，南湖风景区将保南湖一方碧水蓝天和清新空气作为首要职责。2010年，该区投入1000多万元确保南湖水环境治理工作常态化。一是倾全区之力做好治藻工作。面对盛夏高温季节南湖出现蓝藻现象，区领导迅速启动治理蓝藻应急预案，带头取消周末休假和八小时工作制，实行领导值班制，保证每天有2名区级领导在一线值班。同时在一线增加10名工作人员，实施全天候24小时打捞和抽排工作，累计出动打捞船300余次、打捞人员800人次，打捞漂浮物20多吨(漂浮物已全部交环卫部门统一处理)。二是进一步加大南湖综合治理力度。在原有基础上，增加生物制剂投放量、区域、次数，累计投入治理资金521万元，投放108吨净水宝、595吨生物质底改素、各类水质改良菌147吨。通过几个月的综合治理，南湖水质明显好转，空气质量明显改善。

【节会活动】　2010年，南湖风景区坚持以文化节会活动为载体，不断打造旅游文化品牌，通过办好元宵焰火晚会、端午龙舟节、金秋美食节，拓展南湖特色旅游文化，促进区域经济繁荣。一是端午龙舟节精彩纷呈。6月12～14日，成功举办岳阳端午旅游文化节暨首届颐通管业杯湘鄂名楼名湖龙舟争霸赛。开展包括大型水上开幕式、民间龙舟展演赛、名楼名湖龙舟争霸赛、趣味生肖龙舟赛、端午粽文化演绎和旅游文化产品展销等系列活动，为广大市民在端午佳节提供丰富的精神文化大餐。特别是成功申报大世界吉尼斯的“最多粽子组成的造型——岳阳楼”景观，受到广大市民、游客的高度评价。二是金秋美食节形式多样。10月9～20日，第三届湖鲜美食旅游文化节在南湖美食街举办，全市12个县市区积极参会参赛参展并给予人力、物力上的大力支持。为丰富此次美食节内容，美食节组委会有序组织“巴陵十二鲜”评选、洞庭三王争霸赛、12个市县区主题日等一系列活动。通过举办岳阳特色美食及农产品展示活动，扩大了岳阳湖鲜美食的影响力。

2010年中国湖南端午龙舟展演赛在南湖举行　（杨晨牧　摄）

【民生实事工作全面落实】　2010年，南湖风景区按照以人为本、统筹协调的总体要求，本着为老百姓多办实事的原则，进一步加大惠民利民实事的投入力度。一是千方百计增加就业。强化创业和就业培训，帮助下岗职工、失地农民就业，重点开展“上门走访、送就业政策、送就业岗位、送职业指导、送培训信息、送困难补助”的“一走五送”再就业援助月活动，“民营企业招聘周”活动和春风送岗位进社区专场招聘会。全年新增城镇就业人员858人、下岗失业人员再就业552人、新增转移农村富余劳动力1615人，各项指标提前完成全年目标任务。二是加大教育卫生投入。围绕继续改善办学条件，南湖风景区计划投入2000万元，建设金鹗学校二期，修建科教楼、运动场以及其他配套设施，前期各项准备工作完成，即将启动建设，湖滨学校的校安工程建设前期准备工作完成。同时还进一步加强爱国卫生、疾控防疫、食品卫生方面的投入。三是积极抓好信访维稳工作。全年接待群众上访1060人次，区领导直接接待群众来访27批200多人次，为上访群众解决实际问题94件。排查发现各类重大矛盾纠纷75件，已调处72件，防止矛盾纠纷激化事件7件，切实加强社会治安综合治理，有效的维护社会稳定。　（本栏撰稿　熊泽波）

其他开发区（园）

【岳阳楼区（循环经济）工业园发展提速】　2010年，岳阳楼区（循环经济）工业园按照省委“四化二型”、市委“五市一极”建设的总要求，立足城北大厂工业聚集区的辐射拉动效应，升温园区建设，吸纳上下游企业、关联企业、服务企业入园落户，入园企业达18家，其中规模工业企业14家。至年底，总投资达7.84亿元，其中完成总投资4.6亿元，完成工业产值13.59亿元，完成增加值3.86亿元，实现税收1023万元。其中，中法英格瓷公司轻钙项目系符合循环经济产业类型的节能减排合资项目，于5月正式建成投产，总投资8000万元，年回收二氧化碳4万吨，年产值9万吨，二期重钙项目正积极筹划。鲁良新元二期项目年底完成主体建设与主要设备安装，三期建设正在积极筹划。2月，成立项目班子，积极协助湖南凯美特气体股份有限公司正式在深圳证券交易所中小板挂牌上市。同时着手对对园区内土地状况与存量资产进行调查，完成城陵矶、七里山、冷水铺片区的控详规划，配合城区“北扩、临港”融城发展步伐，积极打造梅溪片区、望岳片区的新型产业走廊，建设配套后勤基地。服务城市五创提质工作部署，重点抓好中心城区四大专业市场搬迁和凯美特公司物流转运中心等重点项目的前期与协调服务。园区管委会强化服务协调力度，优化园区经济发展环境，实行“专人领办、全程跟踪、一站式服务、封闭式管理”，协助园区内生产企业完成安全生产检查、工商年检、税源清理等方面工作，成效显著。

（罗　军）

【云溪工业园走势强劲】 2010年，云溪工业园按照“特色立园、项目强园、科技兴园”的工作思路，以“完善配套、务实招商和科学管理”为主抓手，强力推进开发建设，园区呈现出建设加快、招商趋旺、产业聚集、发展提速的强劲态势。全年完成工业总产值55.5亿元，税收1.7亿元。获全省十大最具投资价值的产业园区和国家推进新型工业化产业示范基地等荣誉，成为中南地区重要的精细化工产业基地。一是招商引资成效显著。全年引进招商项目21个，合同引资额24.83亿元，实际到位资金额5.23亿元，其中：新开工项目12个，实际到位资金额3.42亿元；新投产项目4个，实际到位资金额1.4亿元。提高招商门槛，严格执行项目评审机制，新引进企业严格实行“四不入”政策，有31个因投资规模不达标或环保安全隐患较大的项目被拒绝入园。建立招商引资新机制。实行专业招商、专家招商，依托已经形成的6条精细化工产业链，利用现有的上下游产业链和市场空间，把招大引强之网撒向“长三角”、“珠三角”，成功引进投资6亿元、年产1000吨的电子级多晶硅生产项目，投资2亿元、年产5000吨电子级高纯氨生产项目以及投资1亿元、年产8400万平方米铝电解电容器用负极箔生产项目，并带动沿海一批关联项目“扎堆”园区，形成集群发展态势。二是继续实施“基础设施建设年”，园区基础设施建设迈上新台阶。拉通瓦窑路跨湖段延伸、工业大道、达家坡路等园区主次干道5条，总长3500米，硬化道路2.05万平方米，配套完成道路绿化、亮化、美化等建设。引进广州华浩公司新建的云溪区污水处理厂竣工投入运行，园区清水、污水管网改造完毕，24家企业污水管网与污水处理厂主管网对接，启动企业污水收费工作。双回路电力工程建设接近尾声。积极与华能岳阳发电有限公司对接蒸汽入园项目，委托南京苏夏公司完成供热方案的设计。云溪消防大队正式入驻园区，进驻20名官兵，4台消防车，为企业的平安和谐提供强有力的消防安全保障。三是为项目服好务。园区管委会认真研究企业发展经营的脉络，逐步实现由承诺式向需求式、被动式向主动式服务转变，做好企业生产经营过程的配套服务。4月，市、区工商局部门在园区开展上门年检、业务咨询现场集中活动，为企业一次办理工商年检手续62个，受到企业的一致好评，并为湖南尤特尔生化有限公司颁发“尤特尔”湖南省著名商标证书。通过深入企业走访、召开厂长经理会议等形式，协调落实和解决企业生产经营问题50个。加强银企合作，通过中小企业发展融资平台和鸿信担保公司，为园区30余家企业争取贷款9.4亿元。园区企业融资难问题得到有效破解。优化平台服务，帮扶企业转型升级。12月，召开云溪工业园-巴陵石化产业对接座谈会，为接纳大项目、承载大产业、实现大发展搭建相互交流的平台。通过整合两大厂技术、人才优势，建立园区科技创业服务中心和专家组，搭建湖南岳阳精细化工技术开发与检测公共服务平台。

（宋　清）

岳阳市富强混凝土公司　　（岳阳楼区工业园　供稿）

【君山工业园招商引资呈现新亮点】 2010年，君山工业园围绕推进跨湖发展，加快“四区”建设主题，大力招商引资，搞好项目建设和为企服务，各方面工作取得一定成效。全年君山区共运作招商项目42个，其中，新签约项目6个，新开工项目19个。合同引进内资44.19亿元，实际到位内资8.77亿元。在谈项目43个。一是招商氛围明显增强，领导重视招商力度更大。年

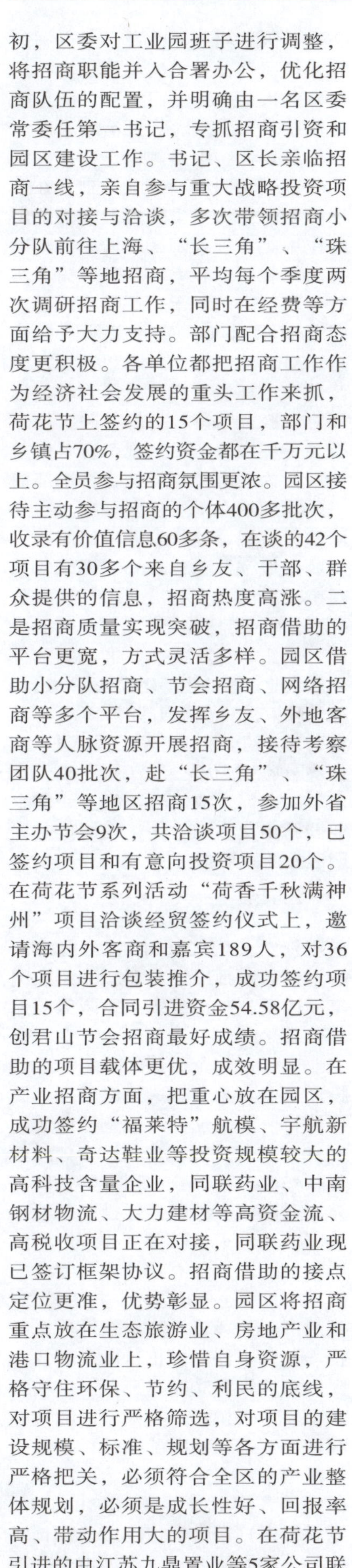

初，区委对工业园班子进行调整，将招商职能并入合署办公，优化招商队伍的配置，并明确由一名区委常委任第一书记，专抓招商引资和园区建设工作。书记、区长亲临招商一线，亲自参与重大战略投资项目的对接与洽谈，多次带领招商小分队前往上海、“长三角”、“珠三角”等地招商，平均每个季度两次调研招商工作，同时在经费等方面给予大力支持。部门配合招商态度更积极。各单位都把招商工作作为经济社会发展的重头工作来抓，荷花节上签约的15个项目，部门和乡镇占70%，签约资金都在千万元以上。全员参与招商氛围更浓。园区接待主动参与招商的个体400多批次，收录有价值信息60多条，在谈的42个项目有30多个来自乡友、干部、群众提供的信息，招商热度高涨。二是招商质量实现突破，招商借助的平台更宽，方式灵活多样。园区借助小分队招商、节会招商、网络招商等多个平台，发挥乡友、外地客商等人脉资源开展招商，接待考察团队40批次，赴“长三角”、“珠三角”等地区招商15次，参加外省主办节会9次，共洽谈项目50个，已签约项目和有意向投资项目20个。在荷花节系列活动“荷香千秋满神州”项目洽谈经贸签约仪式上，邀请海内外客商和嘉宾189人，对36个项目进行包装推介，成功签约项目15个，合同引进资金54.58亿元，创君山节会招商最好成绩。招商借助的项目载体更优，成效明显。在产业招商方面，把重心放在园区，成功签约“福莱特”航模、宇航新材料、奇达鞋业等投资规模较大的高科技含量企业，同联药业、中南钢材物流、大力建材等高资金流、高税收项目正在对接，同联药业现已签订框架协议。招商借助的接点定位更准，优势彰显。园区将招商重点放在生态旅游业、房地产业和港口物流业上，珍惜自身资源，严格守住环保、节约、利民的底线，对项目进行严格筛选，对项目的建设规模、标准、规划等各方面进行严格把关，必须符合全区的产业整体规划，必须是成长性好、回报率高、带动作用大的项目。在荷花节引进的由江苏九鼎置业等5家公司联合开发的濠河生态旅游综合开发项目进展顺利，相关条款基本达成一致，该项目占地153.33公顷，投资40亿元。

（刘米武）

岳阳市云溪区精细化工产业基地 （云溪工业园 供稿）

【君山工业园园区建设创造新成果】 2010年，君山工业园现有入园企业23家（包括永盛油脂和永奇生物），已投产8家，全年实现产值4亿元，创造税收500万元，解决劳动力就业1300人，各方面工作较之往年都有较大突破。一是软件支撑更为有力。继成功申报全国农产品加工业示范基地之后，上半年，该园区成功通过省环科院对医药产业的专家评审，9月正式获得批文。印刷产业小区在12月正式被确定为湖南省印刷产业示范基地。二是建设进度成效明显。园区管委会进一步加大工作力度，为企业建设全力扫障，配合西城办事处协调拆迁矛盾、工程纠纷等各种矛盾100多起，为企业办理各项手续30项，解决企业各种困难50件，为企业建设排除障碍20个。23家入园企业中，投产8家，9家正在建设，君山神冈起重电磁铁有限公司、岳阳中力新材料有限公司等2家于年底正式投产，家具城、岳阳巴陵彩色印刷有限公司、岳阳泰铭彩色印刷有限公司、岳阳神威电磁设备有限公司等4家年底完成主体工程。岳阳精诚印刷有限公司、岳阳巨人快印中心即将动工。三是基础设施逐步完善。新投入2000万元，完成景明路南延和康福路、大众路硬化2000米；投入200万完成园区排污管网和排水沟的铺设1000米；有线电视网络、水、电等设施均铺设至企业；国泰西边近2公顷的园区公共服务平台建设规划设计图已经完成，待评审通过后可动工建设；楼西小学的新建工作进展顺利。四是融资工作进展顺利。向省农发行申请贷款的工作取得突破，7000万元贷款的相关申报资料已报市农发行通过，并与省农发行对接成功。

（刘米武）

【汨罗工业园获国家“城市矿产”示范基地建设重点项目】 2010年8月，汨罗市被确定为国家首批“城市矿产”示范基地。在第一批所申报的项目中，汨罗工业园区有再生塑料制品制造、耐热不锈钢纤维系列产品、废铝预处理、再生资源集散市场、再生资源产业信息中心、物流园、再生资源工程技术研发中心、重金属污水处理厂、泡沫铝合金板材、饮料罐带坯、水箱铜铂等12个项目被列入国家“城市矿产”示范基地建设重点项目，获得中央财政2.89亿元的项目资金，总投资25.03亿元。2010年，汨罗工业园累计完成投资6.75亿元，占总投资的26.9%。其中：再生塑料制品制造项目，完成投资4556.92万元，占总投资的30.6%；耐热不锈钢纤维系列产品项目完成投资6887.6万元，占总投资的76.5%；再生资源产业信息中心完成投资3998.2万元，占总投资的79.9%；再生资源集散市场完成投资2.76亿元，占总投资的32.2%；废铝预处理项目完成投资8732.58万元，占总投资的58%；物流园项目完成投资6000万元，占总投资的22%；园区再生资源加工利用技术研发中心项目完成投资1246万元，占总投资10.9%；重金属污水处理中

心项目完成投资1000万元，占总投资的10.4%。 （陈敬林）

【汨罗工业园再生资源产业成为新的增长极】 2010年，汨罗工业园合同引进工业企业20家，竣工投产企业8家，在建企业12家，园区拥有各类企业200家，回收废旧物资150万吨，交易额110亿元，完成工业总产值100亿元，实现税收6.9亿元。

汨罗工业园自2003年建园以来，按照“高起点规划、高质量建设、高标准管理、高效益经营”的建园理念，根据生活科研区、绿色环保过渡区、产业加工示范区的功能区划，坚持“产业兴园、特色立园，科技强园”的发展方向，计划投资80亿元，规划建设污水分流、固废集中处理、垃圾无害化处理等环保设施的同时，建设市场回收和金属非金属加工基地，打造面积18平方公里的特色园区。已投入30亿元（其中公共财政投入10亿元，社会投入20亿元），建成核心区6平方公里，吸纳再生铜、铝、不锈钢、塑料及橡胶等各类加工企业250多家（其中规模企业70家，高新技术企业8家），年加工废铜、铝、不锈钢近50万吨；再生金属加工集群成为湖南省金属行业重点发展的八大集群之一，汨罗再生铜市场成为美国纽约期货交易中心铜材价格监测点。年实现工业产值100亿元、税收6.9亿元的核心区，不仅成为市域经济的核心增长极，而且为国家打造出一座不需开采的“城市矿山”。在核心区再生资源加工业的带动下，汨罗再生资源集散市场迅速扩张，发展回收企业206家、经营户3550家，5000个回收网点遍及全国30个省份，转移农村劳动力5万人，收购品种涵盖废铜、铝、不锈钢、塑料、橡胶、纸和电子废弃物在内的主要可再生资源，年回收量达150万吨（其中废铝30万吨、废铜20万吨、废不锈钢10万吨），成为面向全国、辐射全国、服务全国的国内重要再生资源聚散中心。 （陈敬林）

【临湘工业园稳步推进项目建设】 临湘工业园自2003年8月正式开园，累计投入2亿元完成土地平整，道路修筑，管网铺设等基础设施建设，园区水、电、路、通信、广播电视、宽带、排污系统等“七通一平”全面入园，绿化、亮化、美化基本到位，并形成一个以道路三纵三横为骨架的完整园区路网体系。园区引进项目45个，协议总投资44.84亿元，到位资金21亿元。基本形成以兆邦陶瓷、新美陶瓷为龙头的建材矿产业片区；以富邦制衣、罗圣纺织为龙头的轻纺织业片区；以康大药业、神力药业为龙头的医药产业片区；以现代物流信息中心为龙头的陶瓷配套产业片区；以丽达动力、远瑞机械为龙头的机械制造产业片区等五大板块。2010年，完成工业生产总值55亿元，实现国税、地税4000万元，安排6000人就业。一是稳步推进项目建设。兆邦陶瓷、新美陶瓷、发达陶瓷等3个企业进入二期建设阶段，投入资金8亿元。新投产的有凯美陶瓷、诚信矿业、顺华陶瓷、高新石英材料厂等4个企业，总投资达3.75亿元，到位资金2亿元。通过加大帮扶力度，使鲁湘酒精、罗圣纺织、山丰科技等企业在产品转型、加大环保投入后先后复产。二是妥善解决环保问题。在环保工作上加大监管力度。对于环保设施没有达到环评要求的企业，限期停产整改；已上设施的必须按照环保要求满负荷运转，组织专业人员定期上门检查，防止企业偷排现象发生。加大治理力度。督促各企业特别是陶瓷企业投入资金600万元用于环保设施改造，在水淋降尘和强力吸尘装置上起到一定的作用。对进入园区运输原料车辆提高集装箱运装率，普通运输车实行全覆盖率。对于企业的堆料场，园区要求露天堆放的必须限期改造，对于新建的全封闭。三是扎实改善企业环境。规范内部管理，提高对口服务水平。下发《关于加强机关干部廉政建设和规范行政机关办事行为的有关规定》，将干部职工的管理放在重要议事日程上。争取领导重视，处理发展遗留问题。发放土地款及工程款3600万元，兑现市政府向社会提出全年土地款分3次付清，工程款15%比例兑付的承诺，使工程老板满意，群众满意，确保企业正常的生产建设秩序。出台相关政策，融洽联通部门关系。临湘市召开专题会议，下发《关于进一步加快园区发展优化经济环境的若干规定》。确保企业的合法权益，使企业能腾出更多精力用于发展经营，园区安商效果明显。 （李子云）

【平江工业园最具发展潜力】 湖南平江工业园区2002年2月经湖南省人民政府批准设立，2006年经国家发改委核准为省级工业园区，下辖伍市工业区、寺前工业区、天岳工业区，入园企业达到64家，正式投产企业41家，形成机电轻工、民爆器材、食品加工三大主导产业，2010年实现工业总产值63.5亿元，税收4300万元，获中国最具发展潜力工业园区、中国最佳投资环境工业园区和湖南最受公众关注产业园区称号。2010年有13个项目签约入园，引进资金8.35亿元，其中投资1亿元以上的项目有湖南福坤汽车科技产业园、深圳方正达电子科技有限公司，投资5000万元以上的项目有宁乡市银桥化工有限公司。其中深圳方正达LED电子项目，主要生产应用于汽车车灯、显示屏、电子手表等各类电子器械的PCB和FPC电路板，日销售额达88万元。长江连心食品有限公司、深圳市鑫之森

平江工业园福坤油缸项目厂房 （平江工业园 供稿）

电子科技有限公司、平江县赛雅特鞋业有限公司、平江县三力竹胶板厂、平江县深农发展有限公司等项目落户园区。（李多金 彭和单）

【平江伍市工业区辐射效果好】 伍市工业区规划总面积10平方公里，完成首期3平方公里的开发后，2010年又规划1平方公里，建设汽车机械制造及零部件生产基地，引进由湖南坤宇重工集团投资建设的湖南福坤汽车科技产业园。LED电子、长荣电子、港成电子、鑫之森等电子企业聚集发展；钰林服饰、彩星鞋业、中南鞋胶与中国中部鞋城等服装行业形成产业链，产品远销欧美；今麦郎面业、玉峰食品、山润茶油、果之然等20家食品企业落户园区。园区周边建材、餐饮、住宿、物流等第三产业迅猛发展。豆制品、茶油等企业以公司加农户的形式带动了全县油茶产业和种植业的成片开发，据统计，园区周边农民平均纯收入从2001年的1950元，提高到2010年的9600元。

（李多金 彭和单）

【平江工业园加快项目建设】 2010年，平江工业园投入1.6亿元完善基础设施，优化硬件环境。投资3600万元建成日处理污水1万吨的污水处理厂。投入1100万元，新修长980米，宽38米的平伍公路复线——迎宾路，贯通汽车产业园。对平伍公路园区段进行升级改造和沥青铺洒，并同步进行亮化、绿化。平整企业用地120公顷，项目用地53.33公顷，土地储备66.67公顷。全年有15个招商项目开工建设，湖南福坤汽车产业园拟投资13.32亿元，第一期平整土地45.8公顷，挖除土石方265万立方米，建成3万平方米的油缸项目厂房；翔宇食品、港盛针织、恒基粉末、彩美油墨、旺辉二期、国富硒业、聚财食品等项目建成投产。（李多金 彭和单）

【岳阳县生态工业园实现新跨越】 2010年，岳阳县生态工业园以平台建设为基础，以项目引进为重点，以优质服务为支撑，实现园区发展新跨越。全年完成工业总产值22.3亿元，比2009年增长20.4%；完成工业增加值3.1亿元，增长8.4%；上缴税收1.02亿元，增长56.8%；新增合同投资8.9亿元，增长76%。一是发展平台更加完善。全年累计投入1500万元用于平台建设，项目承载力显著增强。长904米的金诚路全线竣工并美化、亮化，园区“两纵两横”路网格局形成。沿金诚路架设900米万伏双回电力专线，沿工业大道南段、金诚路铺设长1500米日供水1.2万立方米的专用自来水管道，新区供水供电等配套设施实现全覆盖。安置点主体工程以及配套工程全面竣工，所有拆迁村民入住新房。进一步推进园区绿化靓化工程，新增绿化面积2万平米，园区绿化率达46.9%，花园式生态园区初步呈现。二是招商引资量质提升。引进海立机械、金博机床、唐人神等8家企业，投资过亿项目4个。引进的项目在科技含量、节能环保、投资规模与效益等方面有质的飞跃，具有高成长性和强带动性等特点，特别是引进“龙头”和“核心”功能的海立工程机械公司，标志着机械制造业已成为园区的又一新兴产业。三是项目建设稳步推进。陆续有颐通管业、三源精密机械、富和科技、科伦药业二期、金海科技二期、新瑞化工、利尔康配套工程等项目顺利建成投产。湘北地区最大钢构生产项目固虹钢构主体工程竣工。金灏达于8月底开工建设，金博机床于11月动工。四是服务水平不断提高。继续推行全程代办、封闭管理、“挂号销号”等制度。全年为企业代办手续116项，规范相关职能部门入园检查、收费行为97起，企业挂号216个，销号解决率100%。推进科技兴园，积极申报高科技项目，利尔康国家级高新技术企业已获批。加强与银信部门联系，引导、协助企业贷款和融资，为颐通管业、三源机械等企业争取贷款1.5亿元，颐通管业和利尔康生物分别进入深圳中小板和创业板股票上市辅导期。依法打击阻碍园区发展违法行为16起，拘留6人，营造良好的发展环境。（彭 旭）

【岳阳县生态工业园注重科技创新】 2010年，岳阳县生态工业园坚持“选商选资”，优先考虑拥有自主知识产权、科技创新优势明显的规模型、效益型项目，海立重工、颐通管业、利尔康生物科技、金海科技、金灏达复合材料、汇鑫环保科技、富和科技等一批优质高科技项目相继入园。累计引进高新技术项目9个，直接引进授权专利5项、省级科技创新配套5个、副高以上科技人才28人。5月投产的岳阳富和科技有限公司，是一家获得国家“十一五”期间重点科技攻关支撑项目，拥有生产醋酸叔丁酯的新型高效催化剂和独创生产工艺的高新技术企业，已授权2项国家发明专利，产品合成率90%以上，达到国际先进水平，生产过程无污染物排放，属于绿色环保型化工企业。湖南科伦制药有限公司花重金建立研发中心，引进国际先进的质量检测设备，新开发的冻干粉针生产线达国际领先水平，受到日本同行高度称赞。有“全球市政工程管道专家”和“世界管道坐标企业”之称的湖南颐通管业有限公司斥巨资引进德国最先进技术设备，年产6万吨钢带增强HDPE螺旋波纹管生产线是中国HDPE管道生产领域科技含量最高的环保型生产线，获得3项授权国家发明专利。引进首期投资2亿元的海立重工，是一家代表国内最高技术水平，拥有自主知识产权和核心技术的现代装备制造企业，主要从事重型智能工程机械和石油装备的制造和装配，具有高成长性和产业带动性。（彭 旭）

【华容工业园园区经济持续增长】 2010年，华容工业园坚持“产业立园、创新兴园、科技强园”的发展方向，实现道路、供水、供电、排污、通讯、有线电视、宽带和土地平整等“七通一平”同步推进，着力打造一流的园区平台。凭借一流的平台，逐步形成“专业突出、产业集群、特色鲜明、集约经营”的园区经济，重点培育生态纺织、酒类食品、医药卫材、机械制造和光伏电子等五大支柱产业。至年底，园区规模企业达49家，完成工业总产值65亿元，比2009年增长26%，完成工业增加值21亿元，增长22%，实现税收8000万元，增长24%。

（易 鹏）

【华容工业园加强基础设施建设】 2010年，华容工业园按照“高起点规划、大力度投入、快速度建设”发展思路，重点抓好园区水、电、路、污水处理厂、行政服务中心和高新项目孵化中心等基础配套设施建设，切实解决好园区发展瓶颈制约问题，进一步增强园区对项目的承载能力。一是启动和完成从华一水库至三封工业小区专用供水主干管网（管径为400毫米）铺设工程，4月上旬专管专网正式向园区供水，日供水能力达1万吨。二是启动园区污水处理厂建设的前期基础性工作，向省、市“三年行动计划”办和省发改委出具立项报告，完成选址、规划、可行性研究报告和环境影响评价报告的编制等工作。三是加快园区行政服务中心建设进度，把园区行政服务中心打造成具有行政管理、综合服务和展示展览功能的平台，园区整体形象和综合承载能力得到进一步提升。四是启动和完成求索路和光明路西段路基土方工程。五是完成从三封变电站至三封工业小区10千伏供电专线架设的规划、施工设计、市级评审、省级立项和招投标等工作。六是启动高新项目孵化中心建设，拟建标准化厂房6栋，员工公寓4栋，总建筑面积2万平方米，2011年2月竣工并投入使用。七是积极做好土地储备工作，拆迁房屋65栋，完成27.33公顷工业项目建设用地范围内的征地、拆迁、补偿和场地平整等工作。

（易　鹏）

【华容工业园抓项目促发展】 2010年，华容工业园牢固树立“抓项目就是抓投资，抓项目就是抓发展”的理念。一是加大项目的引进力度。围绕园区产业定位、产业链条延长和产业配套，针对性地开展重点区域招商、商会招商、以商招商、网络招商和组织小分队招商等活动，加快促进项目的引进和落户，切实增强园区发展后劲。园区引进高科技、高效益、高税收新型工业项目8个，分别为奥力斯电梯、福尔康医用卫材二期、山拓机械、华昌纺织三期、福禄通油脂、辉阳橡胶管、正方鑫电子和力搏电源科技等项目，协议引进资金4.7亿元。二是加大项目服务力度。坚持“精简高效，廉洁规范，快捷方便，全程服务”的工作宗旨，对申办项目实行“集中办公，公开办公、限时办结”，真正做到“进一个门办事，缴规定费办成，在承诺期办结”。三是推进项目建设进度。按照“一个项目、一名领导、一套工作班子、一抓到底”的要求，落实领导联系项目责任制，对于未开工项目抓开工，对于续建和已开工项目抓进度，对竣工项目抓投产达效，确保奥力斯电梯、华昌纺织三期、福尔康医用卫材二期、山拓机械、辉阳橡胶管、福禄通油脂和力博电源科技等新签约项目顺利开工建设，华青纺织三期、海济药业和华忆电子等续建项目尽早建成投产，华润雪花啤酒等投产项目全面达产提速。

（易　鹏）

【湘阴县工业园强力推进新型工业化进程】 2010年，湘阴工业园完成工业总产值91.68亿元，完成工业增加值27.32亿元，主营业务收入89.18亿元，分别比2009年同比增长36.67%、34%、36.4%，实现利税9900万元，安排就业岗位8900个，各项指标与2009年同期比均有较大幅度的增长。一是千方百计引项目。园区管委会在招商难度大、竞争对手多的严峻形式下，创新招商引资方式、加大招商引资力度，在“突出重点区域、突出重点产业、突出园区特色”的招商原则下，着力引进规模大、成长性好、科技含量高、环境污染小、税收回报高、解决劳动力就业多的项目，实现招商引资新突破，呈现出意向签约项目多、签约引进项目多、动工建设项目多、竣工投产项目多的良好态势。全年引进招商入园项目13 个，协议引进资金5.2亿元，新开工项目9个，其中有6家企业在年底建成投产或试生产。中联重科、长丰猎豹、中铁轨道集团等大项目经多次到园区考察已达成意向入园协议。二是多途并举强基础。加强道路工程建设。上半年，完成长康大道与大金钢结构之间的路面硬化400米。下半年采取BT模式招商，对园区工业大道、健铭大道、新华路的建设进行市场化运作，吸纳民间资金3000万元，破解融资难题，加快工程建设进度。长1030米，宽35米的工业大道南向延伸线的路基工程及桥梁基础工程在年底前全面竣工。加强管网工程建设。完成工业大道配套下水管道建设500米、长康大道两侧下水管道建设1000米。加强再建基地建设。按照统一选址、统一规划、统一还建、统一建筑标准的“四统一”原则，高标准搞好再建基地建设，全年有28户拆迁户搬入新居。三是尽职尽责抓帮扶。牢牢把握加快项目建设这个关键环节，做到“一个项目、一名领导、一套班子、一套方案、一抓到底”，坚持一周一汇报、一月一调度，积极帮助协调理顺关系，及时解决项目的融资、用地、优化环境等难题，加强帮办服务工作，及时有效地处理新华村8组、15组、17组、下三组的土地权属争议问题，加快项目建设速度。通过强力推进项目建设，在建的湖南大金钢二期、湖湘木业二期、双金玻璃、英思特电子、金为彩钢等项目年底建成投产或试生产。四是打防并举优环境。园区狠抓优化经济发展环境工作，采取帮助招工、协调融资、跟踪服务、驻场帮办等措施，为在建项目和投产企业提供最优环境和最佳服务，帮助他们解决生产、生活和经营管理中遇到的实际困难，努力创建“引得进、留得住、能发展”的一流投资环境。同时深入开展打黑除恶专项工作，成立优化园区经济发展环境特别工作组，巧借“打黑除恶”强劲东风，重拳出击，大力整治园区周边环境，特别是对强揽工程、无理阻工、无理取闹阻碍工程建设的人和事坚持抓早抓小、露头就打，绝不纵容和姑息迁就，确保打击处理到位。全年刑事拘留逮捕起诉3人、抓获外省市逃犯3人、行政拘留8人、调解处理各类矛盾纠纷130余起。（彭拥军　陈姿娜）

责任编校　刘兴汉

环境保护

ENVIRONMENTAL PROTECTION

创建国家环保模范城市

湘江流域大治理

污染物总量减排工程

南湖水环境综合整治

农村环境保护工作

综 述

【概 况】 2010年，岳阳市环境保护局（简称市环保局）以创建国家环保模范城市为抓手，以确保环境安全和完成“十一五”期间减排任务为目标，齐心协力，扎实苦干，开拓创新，超额完成各项任务，全面实现“十一五”期间环保工作目标。市环保局争取环保专项资金有大突破，通过积极筹划项目，在全市建立市级、县级项目库，争取中央和省级环保专项资金5830万元。市环保局获得建设民本岳阳先进单位、政府绩效考核先进单位、机关作风建设先进单位、综治平安单位等18个方面的荣誉称号或奖励。

【城区环境整治】 2010年，市环保局在城区实施蓝天工程，对城区4吨以下锅炉进行清洁能源改造，完成60台锅炉改造任务；开展城区“三废两小”企业整治行动，对城区22家企业采取关闭、整改措施；开展环南湖无治污设施餐馆整治专项行动，整治餐馆43家，依法取缔关闭餐馆7家。与相关部门联合出台敏感地域餐饮行业的整治规定。空气优良率达90%以上。

【开展“环境安全年”活动】 2010年，市环保局在全省环境污染事故频发的高压态势下， 重点对210家涉重企业逐家进行回头检查，对问题突出的75家涉重企业进行严格整改，关停10家、停产整治21家、限期整改44家。全面开展畜禽养殖整治，整治规模畜禽养殖场368家。实行领导包案制度，9名局领导落实包案18件，有效解决公众反映强烈、长期未解决的环境问题。12369投诉热线实行24小时值班制，受理环境污染投诉1436起，结案率达100%。

【创建国家环保模范城市】 2010年，在创建国家环保模范城市活动中，市环保局一是加强组织领导。以创建国家环保模范城市（简称创模）为主线，总揽全局工作，提出“一切服从于创模、一切服务于创模”的要求，腾出10余间办公室，抽调1名副局长和4名业务骨干专项从事日常工作，保障创建所需人、财、物。认真细致做好组织工作，先后3次组织召开创模指挥部成员会议、联络员会议和13次专题会议，编印《岳阳市创建国家环境保护模范城市持续推进工作方案》、《岳阳市创建国家环保模范城市2010年工作计划》、《岳阳市创建国家环保模范城市宣传方案》和《岳阳市创建国家环保模范城市考核方案》。制订年度工作计划，按月安排工作任务表，年度68项创建任务、16个创建工程明确责任单位和负责人。积极协调，争取相关领导的大力支持。二是加大宣传力度。多渠道、全方位、高频率开展创模宣传，发动学校、宾馆和社区开展系列绿色创建活动，新创建中达大酒店1家绿色宾馆和双塘小学、湖畔弯小学、君山柳林小学等5所绿色学校。三是推进基础建设。督促县市区全面加快污水处理厂、垃圾处理场建设，建成10座污水处理厂、2个垃圾场，设计污水日处理能力达36万吨，实现县城污水处理全覆盖。协调相关单位加快方向固废处置中心搬迁和污泥处置中心建设，完成调研、选址、可研等前期工作。全面加强环保基础设施日常运行监管，针对城镇生活垃圾处理场建设进展不快和生活污水处理厂进水量少、进水浓度低、中控平台建设不完善等问题，在平江县组织召开全市城镇环保基础设施建设与运行工作现场会，有效地促进了城镇环保基础设施运行和农村清洁家园行动等工作。12月3日，顺利通过湖南省创建国家环保模范城市验收。

（本栏撰稿　房威武）

环境综合整治

【湘江流域大治理】 按照省委省政府要求，市环保局从2008年启动实施湘江流域水污染综合整治，重点采取“取缔关停一批违法企业，淘汰退出一批落后企业，停产治理一批污染严重企业，限期治理一批重点污染源，搬迁一批布局不合理企业”的“五个一批”综合整治措施，至2010年年底，完成57个整治项目。组织实施全市畜禽养殖污染整治，采取零排放、生态养殖、沼气治理等办法，完成368家规模以上畜禽养殖场污染整治，有效减轻了农村污染负荷。

【企业清洁生产审核】 2010年，市环保局坚持末端治理与过程监管、事前控制相结合，在加强企业排污治理的同时，着力推行清洁生产审核。对全市有色金属冶炼、含铅蓄电池业、化学原料及化学制品制造业等5个重金属行业，以及钢铁、水泥、煤化工等7个产能过剩行业进行摸底调查，分批对80家企业实施清洁生产审核，对企业生产过程进行一次“全身体检”，从环保角度对全市产业进行集中会诊，找出一套“节能、降耗、减污、增效”的清洁生产方案。

市环保局局长李国保督查“二园一区”企业治污情况（市环保局　供稿）

【污染物总量减排工程】 2010年，市环保局坚持把减排工作作为重中之重，坚持控制增量与削减存量相结合、集中处理与点源治理相结合，有力地推进全市污染减排工作。化学需氧量净削减为1436吨，二氧化硫净削减621吨，超额完成"十一五"期间目标任务。年初，在全市环保工作会议上重奖2009年减排先进集体，与县市区政府签订2010年度减排目标责任书。5月，结合国务院节能减排常务会议精神和对污水处理厂的督查，市政府召开减排工作专题会议，通报污水处理厂运行管理中存在的问题，市委常委、副市长韩建国发表重要讲话，要求各县市区必须按期整改到位。7月，市长黄兰香又给县市区书记、县市区长致信，强调减排的重要性和完成"十一五"期间减排任务的决心。10月，利用一周时间，联合市人大城乡建设与环境资源保护委员会、市住房和城乡建设局、岳阳电视台，对全市污水处理厂进行检查，对发现的问题进行通报和媒体曝光。11月，在平江县召开全市城市环境基础设施建设运营现场会议，极大地推进了城镇污水处理厂的运行管理工作。

【南湖水环境综合整治】 近几年来，市环保局始终将南湖水环境综合整治作为环保系统的一件大事、一项中心工作、一项重要年度任务来抓，在2008年有效遏制蓝藻暴发取得成功经验后，2010年5月，针对南湖水质恶化的现状，组织专家制定南湖应急治理措施，明确拦网隔藻，打捞、抽排、冲浪，应急杀藻，应急治污，追加投放滤食性鱼种，控制藻类暴发，监测监管，服务保障等8条具体措施，以更加严格、更高标准做好南湖水质的监测、监管、治理工作。南湖生物治理扩大至王家河、黄梅港等重点水域，全面加强南湖周边污水处理设施和排污口监管，督促相关单位完成王家河、求索路截污工程，启动洛王屠宰场搬迁工程，南湖总氮、总磷、富营养化指数大幅下降，整体水质为Ⅳ类。

【农村环境保护工作】 2010年，市环保局以贯彻全国、全省农村环保工作会议精神为重点，统筹城乡环境保护，多方位推进农村环保工作。一是加强畜禽养殖污染整治。按省环保厅统一安排，对全市290多家规模化畜禽养殖户进行摸底调查，组织各县市区环保部门相关人员赴外地进行考察，确定在岳阳重点推广畜禽养殖污染"零排放"模式，推行"猪—沼—鱼"、"猪—沼—果"生态"零排放"、生态达标排放模式的整治工作思路。印发《畜禽养殖污染控制指导性意见》，编印1000册《生物发酵舍污水零排放技术手册》。市政府第二十五次常务会议讨论通过《岳阳市畜禽养殖污染整治实施方案》，同意实行"以奖代补"方式对畜禽养殖污染整治工作予以支持。2009年，虽然受到金融风暴和甲流感影响，但全市畜禽养殖污染整治势头强劲，完成54家生物发酵舍污水零排放改造，112家"猪—沼—鱼"、"猪—沼—果（菜）"改造。对在畜禽养殖污染整治工作上起到示范带头作用的首批12家养殖户，发放"以奖代补"97万元。二是加强农村环境综合整治工作。结合农村环保工作调研活动，积极宣传、贯彻全国农村环保工作会议精神，指导各县市区抓好农村环境综合整治工作。明确农村饮用水源保护、畜禽养殖污染整治、农村生活垃圾和生活污水处理的整治工作重点，指导做好农村环境综合整治规划和整治项目实施方案。设立岳阳市农村环保专项资金，对2009年开展农村环境综合整治的10乡镇（村）发放"以奖代补"资金125万元。

（本栏撰稿 房威武）

环境监察工作

【涉重金属隐患排查】 2010年4月，市环保局在全市范围内组织开展涉重金属环境安全隐患大排查行动。排查发现全市有涉重金属企业112家，其中基本符合环保要求的企业49家，要求整改的企业44家，要求政府关停的企业19家。4月15日，与其中有环保手续的64家企业统一签订"环保责任书"，并对全市所有涉重金属企业建立档案，做到一企一档。通过排查，摸清了存在的涉重金属企业环境安全隐患，为确保全市环境安全起到很好的作用。

【饮用水源保护】 2010年，市环保局多次联合相关单位，对铁山水库、金凤桥水库、铁山南北输水渠沿线开展环境执法大检查，特别是对库区乡镇生活垃圾、卫生院医疗固废、危险化学物品的存储、企业排污、饮用水源保护标志设置等进行检查，分别对存在问题的12家单位进行查处，对相关县市环保局送达环境监察督办函。随着对库区环境监察力度的加大，乡镇生活污染比过去有明显的改善，环境违法行为大大减少，库区保护措施和设施逐步完善，新增工业项目得到严格控制，生态环境得到明显好转，全市饮用水源保护水平得到明显提升。

【环境信访】 2010年，市环保局为有效解决公众反映强烈、长期未解决的环境问题实行领导包案制。局领导班子落实包案18件，有效地解决突出信访问题。局长李国保负责包案处理中石化巴陵公司壳牌煤代油技改项目，该公司尾气燃烧火炬在生产不正常时，会排放少量异味气体，是部和省厅挂牌的信访案件。李国保多次深入企业调研、督促、协调，促成企业投资2000万元，新上一套废气回收装置。岳阳市韶峰建材公司（水泥厂）是省属老企业，设备陈旧，位置敏感，市民投诉不断，1月，市环保局成立专门班子，从严从快查处该企业的违法行为，向市政府上报《关于对岳阳市韶峰建材公司实施关停的请示》；8月，再次向市政府递交《关于炸毁岳阳市韶峰建材公司窑炉的请示》，市政府积极回应，该公司的污染投诉问题得到彻底解决。

【"绿色信贷"】 为促进节能减排，防范信贷风险，2009年市环保局与中国人民银行岳阳市中心支行联手建立《岳阳市"绿色信贷"项目库》。2010年，为进一步拓展项目库规模、提高项目库效用，支持节能减排，淘汰落后产能，市环保局对辖区内的270家企业进行筛选和核定，剔除不符合环保要求、涉重金属环评未达标企业24家，形成《2010年岳阳市“绿色信贷”项目库》（246家企业），为优化全市经济环境起到很好的作用。

【环境污染责任保险】 环境污染责任保险是以企业发生污染事故对第三者造成的损害依法应承担的赔偿责任为标的的保险。岳阳市积极推动环境污染责任保险试点工作，与平安保险公司一起，积极开展环境污染责任保险宣传工作，提高企业环境风险意识，增强企业参加环境污染责任保险的自觉性。至2010年10月底完成19家企业投保环境污染责任险。出险理赔一例，核定赔偿金额50万元。

（本栏撰稿 房威武）

环境监测科研

【环境监测】 2010年，市环境监测中心全面完成洞庭湖及岳阳市各项常规监测工作。取得各类监测数据32.28万个，其中环境质量监测数据19.35万个，污染源监督、环境影响评价、验收等监测数据12.13万个。机动车尾气监测共检车辆4.14万台，其中合格车辆4.06万台，合格率为98.02%。完成《2009年洞庭湖水质年报》、《2009环境质量状况报告》、《南湖水质分析报告》和《2009年重点污染源监测年报》、《2009年重点污染源在线比对监测专报》等编制。2009年度“十一五”期间城市定量考核报表（环境空气、饮用水、降水、水域功能）通过省环保厅审查。组织开展农村饮用水源地基础环境调查及评估工作，完成技术报告的编写，完成国家环保部饮用水源地信息调查金凤水库水源地调查任务及农村环境质量监测试点任务等。

【环境科研】 2010年，市环境监测中心摸索提升监测能力的新方法，一是研究出原子荧光As、Hg同时测定方法。二是研究出固体废物中Cr6+快速前处理方法。三是组织开展高氯、高氨有机废水COD分析方法研究。 （本栏撰稿 房威武）

东洞庭湖自然保护

【概　况】 湖南东洞庭湖国家级自然保护区，位于岳阳市境内，全区总面积19万公顷，其中核心区面积2.9万公顷，缓冲区面积3.64万公顷，实验区面积12.46万公顷。保护区成立于1982年，1992年加入“国际重要湿地公约”，是中国首批加入“国际重要湿地公约”的六块国际重要湿地之一，1994年经国务院批准升格为国家级自然保护区，2006年评为国家示范保护区。

东洞庭湖自然保护区具有独特的生态系统和丰富的自然资源，经科学考察，保护区内记录到鸟类331种，其中国家一级保护的有白鹤、白头鹤、白鹳、黑鹳、大鸨、中华秋沙鸭，白尾海雕7种，二级保护的有小天鹅、鸳鸯等45种；淡水鱼类117种，其中国家一级保护的2种，二级保护的2种；野生植物和归化植物1186种，其中水生植物400种、国家一级保护的3种、二级保护的31种；淡水哺乳动物有国家一级保护的白暨豚和二级保护的江豚；其他水生动物68种。东洞庭湖保护区丰富及独特的自然资源，被世界自然基金会确定为全球200个生物多样性热点地区之一，同时被誉为“世界巨大基因宝库”、“拯救世界频危物种的希望地”和“人与自然和谐共处的典范”。

2010年，东洞庭湖自然保护区根据“建设一大品牌、促进两大机制、抓好三大项目、突出四项重点、营造五种氛围”的工作思路，以扎实的作风、务实的态度，齐心协力，有力推动了东洞庭湖湿地保护和岳阳市生态文明建设的进程。争取到项目资金1800万元。被世界自然基金会评为“长江湿地保护网络示范单位”。

【获世界自然基金会（WWF）长江湿地网络示范单位】 2010年9月，在长江湿地网络年会上，东洞庭湖自然保护区被评为长江湿地网络示范单位，其大小西湖封闭管理还被编入网络内湿地保护十大经典案例。长江湿地网络是由世界自然基金会和国家林业局共同组建的湿地保护组织，有成员保护区100多个。

【争取项目建设资金】 2010年，东洞庭湖自然保护区一是争取到国家林业局湿地保护补助项目资金550万元，于年底基本完成包括湿地恢复、保护点建设等在内的项目建设。二是完成国务院三峡办《湿地保护试点示范工程项目》的申报和审批，争取到项目资金1200万元。

【中国环科院洞庭湖站落成】 中国环保科研院洞庭湖站由国务院三峡办出资，中国环科院牵头组建，由环保、林业、水务等多部门参与的洞庭湖重点监测站，于2010年12月27日正式在东洞庭湖保护区启动。该站每年将投资近100万元，用于东洞庭湖的生物多样性监测工作。

（本栏撰稿 张 鸿）

坐落在东洞庭湖保护区的洞庭湖重点监测站 （杨一九 摄）

责任编校 刘兴汉

旅　游

TOURISM

“热游岳阳”工程全面推进

岳阳楼——君山岛景区创建国家AAAAA级旅游景区

首届中国洞庭湖旅游高峰论坛

2010中国（岳阳）野生荷花旅游节

开展“旅游质量万里行”专项整治活动

国家旅游局局长邵琪伟听取岳阳旅游工作情况汇报　（市旅游局　供稿）

综　述

【概　况】　2010年，岳阳市旅游行业积极谋划大景区、整合大资源、实现大转型、打造大品牌，强力推进“热游岳阳”工程，加快建设现代旅游热市，全市旅游产业呈现蓬勃发展、快速增长的良好态势。全年接待国内旅游者1462.5万人次，比2009年增长21.5%；接待入境旅游者12.8万人次，创汇4052.3万美元，分别增长13.1%和20.1%；实现旅游总收入102.8亿元，增长25.8%。引进500万元以上旅游投资项目36个，投资总金额146亿元，到位资金32.7亿元，开工率达100%。至年底，全市有AAAA级景区3家、AAA级景区8家、省级工农业旅游示范点6家；旅游星级饭店41家，其中四星级饭店6家、三星级29家；旅行社41家，其中出境组团社1家，四星级旅行社2家、三星级3家；湖南省旅游景观名镇2个、湖南省工农业旅游示范点6处、湖南乡村旅游5星级旅游区（点）3处。

岳阳市旅游工作呈现出五大亮点：一是宣传营销推出新举措。将2010年定为“旅游宣传营销年”，投入营销经费2000多万元，在中央一台投放旅游专题宣传片，中央电视台“新闻联播”栏目先后2次、《中国旅游报》头版先后4次推介岳阳市旅游工作，全方位、大力度推介岳阳旅游。二是区域合作创造新模式。提出“五湖牵手五岳，碧水拥抱青山”区域旅游合作新概念，成功举办首届中国洞庭湖旅游高峰论坛、“五湖牵手五岳”牵手礼、“天下洞庭”音乐焰火文艺晚会等系列活动，创新区域旅游合作模式，得到旅游界及有关媒体的高度赞扬。三是资源整合实现新突破。推进岳阳楼、君山岛、洞庭湖旅游资源深度整合，通过完善基础设施、优化配套建设、提升服务质量，岳阳楼—君山岛景区冲刺国家AAAAA级旅游景区创建工作得到国家旅游局认可，并进入暗访程序。系列申报资料被国家旅游局评定为样板资料，并下发文件制成光盘在全国推广。四是旅游招商取得新成效。首次成功举办旅游招商签约仪式，现场签约项目29个、资金30多亿。引进500万元以上项目36个，投资总金额146亿元，到位资金32.7亿元。洞庭湖国际公馆、文化主题公园等系列重点项目建设进展顺利。五是县域旅游工作实现新跨越。加强对各县市区旅游工作的督促指导，岳阳县年薪30万元招聘旅游局局长；平江县成立旅游投资有限公司，年薪30万元招聘公司总经理；团湖野生荷花世界、6501景区等焕然一新。各县市区旅游项目建设有序推进、节会活动精彩纷呈、旅游经济持续火爆。

【邵琪伟听取岳阳旅游专题汇报】　2010年7月13日，国家旅游局局长邵琪伟听取岳阳旅游专题汇报，对岳阳市旅游产业发展成绩表示充分肯定，并对创建洞庭湖国家级旅游度假区、AAAAA级旅游景区和五星级饭店等工作提出指导性意见。湖南省副省长甘霖、岳阳市副市长蒋锋及市旅游局有关领导参与汇报。

【“热游岳阳”工程全面推进】　2010年4月21日，市委书记易炼红在调研岳阳市旅游产业发展工作时指出，岳阳市旅游产业发展成效显著，旅游业作为支柱产业的功效不断显现。要创新旅游发展的理念和思路，创新岳阳旅游发展的机制、方式和方法，创新队伍、优化结构、提升素质、实现旅游管理和服务水平的提升。要以岳阳旅游业的发展来推动全市经济社会的发展，兴旺岳阳人气，提升岳阳品位，扩大岳阳知名度、美誉度，要以大创新推动旅游业大提升、大发展，把岳阳打造成为一个更加适宜旅游、更加适宜人居的滨湖沿江城市。为配合市委、市政府“热游岳阳”工程，市委宣传部、市文化广播电视新闻局制作并播出6集专题宣传片《巴陵巨变》，创作歌曲《这里情最多》岳阳形象歌曲，组织创作《今上岳阳楼》大型历史剧并演出100多场。市发改委将岳阳楼洞庭湖风景名胜区核心景区配套建设工程等项目纳入中央、省预算，争取到旅游资金3858万元。南湖风景区、市体育局、市规划局、市国土资源局、市环保局将市体育中心选址在岳阳经济技术开发区并于6月18日举行奠基仪式；市游客信息咨询中心用地报批手续正在进行中；完成南湖旅游度假区控详规划、酒吧一条街修建性详规招投标，对德胜南路美食街进行全面整改；洞庭湖国际公馆到位资金1亿元，五星级园林式酒店施工设计正在进行中，基础工程完成。市招商局将芭蕉湖生态旅游度假村等8个项目纳入招商引资重点项目，并在“粤洽周”“沪洽周”“珠洽会”“湘商大会”上发布，引进中国青年旅行社、北京全知行房地产有限公司等6家企业，资金达18.3亿元开发青山岛、龙潭湖等6个旅游项目。市教育局投入20万元，督促30所职校建立旅游和酒店管理专业，全市旅游专业在校生4000人；主动承担导游、讲解员、酒店服务人员业务培训。市交通局投资7.66亿元完成旅游道路建设1456公里，106国道、308省道改造升级全线竣工，投资676万元健全完善景区公路配套设施建设，设立景区指示标牌212块，新增旅游运输车辆20台。市地方海事局成功整合城区2家水运公司、2处水运码头、21艘客运船舶，有效优化岳阳楼—君山岛景区水上旅游线路。市商务局建成岳阳土特产网，积极推广CIS标准化设计工作；推荐临湘市“十三村”申报“中华老字号”重点项目，并组织15家企业参加湖南省首届旅游商品设计博览会。岳阳经济技术开发区确定文化主题公园项目选址，规划用地190.4公顷，总投资35亿元，组织完成项目规划初步设计和专家咨询，拆除用地范围内违章房屋9栋。汨罗市编制《旅游发展规划》、《屈子文化园景区建设性详规》。平江县组建旅游投资开发公司，临湘市完成旅游发展有限公司核心主题构建工作。湘阴县《文物旅游发展规划》编制进展顺利，引进长沙九璋文化艺术有限公司整体托管湘阴文庙、柳庄、左文襄公祠。华容县出台《状元文化街道建设性详规》。君山区出台《关于加快推进生态旅游区建设的实施意见》。

（本栏撰稿 张耀华 李柏松）

旅游项目建设

【洞庭山庄升级改造工程开工】 2010年12月3日，市委常委、副市长韩建国、副市长蒋锋参加开工典礼。该项目严格按岳阳楼洞庭湖风景名胜区君山核心景区整体规划要求，本着原址、原规模、原高度的原则，在原有宾馆基础上进行改造。项目占地面积8700平方米，建筑面积7895.3平方米，建筑层数控制在3层以内，主体建筑3栋，住房60套，建筑风格为湖湘文化和湘北民居相结合，项目总投资为5000万元。

【君山团湖野生荷花世界一期工程完工】 2010年，君山区投资5000万元，于8月1日完成君山团湖野生荷花世界一期工程，该项目占地4800平方米，有广场、游客接待中心、观荷塔等。8月8日，中国（岳阳）野生荷花旅游节开幕式在君山团湖野生荷花世界成功举办。

【重点旅游项目建设顺利推进】 2010年，洞庭湖国际公馆投资1亿元完成基础工程及五星级园林式酒店施工设计。总投资35亿元、规划用地190.4公顷的文化主题公园完成选址、项目规划初步设计和专家咨询。汨罗市屈子祠文化园争取省财政配套资金1.6亿元，核心景区征地、拆迁任务全部完成。平江县盘石洲生态园投入1.5亿元完成“三通一平”工作，建成盘石山寨村民新居173栋、商业建筑69栋。湘阴县顺天·洋沙湖生态文化旅游度假村投资4000万元建成3020米顺天大道，完成周吉、紫花两处再建地拆迁群众集中安置。临湘市投资2000万元完成五尖山休闲旅游区露天观音台、6501风景区一期工程改造。岳阳县张谷英文化度假区完成古建筑群维修及五星级酒店规划，仿古商品一条街正在拆迁新建。

【岳阳楼—君山岛景区创建国家AAAAA级旅游景区】 2010年，市旅游局牵头组织开展岳阳楼—君山岛景区创建国家AAAAA级旅游景区工作。先后2次召开专题动员大会，投入230万元，对岳阳楼主楼、仙梅亭、三醉亭、怀甫亭进行保养性维护，更换主楼琉璃瓦，对碑廊进行油漆保养维护；按三星级旅游厕所标准改造全部厕所，更新景区所有导游图、说明牌、警示牌及垃圾箱；全新装修游客服务中心，增设语言导讲机、旅游查询触摸屏等，全面改造君山公园原有游路、游客中心、消防、环卫设施等；推动龙口旅游码头、岳阳游客信息咨询中心等系列配套建设，启动君山环岛游路改造和亮化、岳阳楼景区建筑轮廓灯及城墙灯维修、南大门改造工程；统一员工工作服、工作牌。按时按规定按要求完善景区基础设施、配套功能、综合整治、内部管理、营销宣传等，提升景区景观品质、游览便利程度、旅游质量、服务水平、品质品牌。12月29日，在北京组织召开的全国AAAAA级景区景观价值评审会上，岳阳楼—君山岛景区顺利通过AAAAA景区景观质量价值评审，并被国家旅游局推荐为全国5A景区申报资料样本。

【岳阳楼抢修工程竣工】 2010年6月11日至9月30日，岳阳市投入230多万元对岳阳楼进行抢救性维修。此次维修严格按照国保单位维修程序，由具有一级古建维修资质的湖南省弘古建筑有限公司承担，耗时112天，更换破损的琉璃瓦4万多片，对12条屋脊琉璃脊饰进行修复后全部按原样安装，整栋楼的木结构部分油漆按施工要求清理修补已开裂起壳的部分反复打磨后，用优质瓷漆刷4～5遍，对斗拱、顶棚等进行喷漆。郭沫若所题“岳阳楼”匾及12个脊下龙首全部重新做漆贴金，一楼地面全部更换为40×40厘米青砖。此次维修完全遵照古建筑维修“保持原状，修旧如旧”的原则进行，安排专人采用摄像、摄影、绘图和文字记录等形式详细记录每天的维修施工情况。

【岳阳市旅游商品在省旅博会获奖】 2010年9月19日，在首届中国湖南旅游商品博览会上，巴陵扇、君山银针获优秀商品银奖，长康油系列产品、十三村忠义诚礼酱菜获优秀商品铜奖，市妇联推荐的“莲荷飘香”勾花手工艺品获商品设计铜奖。岳阳市旅游局获优秀组织奖一等奖。

【岳阳旅游招商项目签约仪式】 2010年11月8日，岳阳旅游产品招商项目推介暨旅游招商项目签约仪式在岳阳市南湖宾馆举行。市旅游发展有限公司与战略投资商全联产业投资基金管理有限公司签订意向投资10亿元，与省茶叶公司达成合作协议，与全国各大旅行社签订合作项目10个；各县市区旅游局与投资商签订旅游项目16个，签约资金31亿元。

（本栏撰稿　张耀华　李柏松）

旅游市场开发

【旅游营销宣传年、旅游服务质量提升年启动仪式】 2010年2月5日，岳阳旅游“迎世博、展风采”旅游营销宣传年、旅游服务质量提升年启动仪式在岳阳楼景区门前举行。市人大副主任易丽珍、市政府副市长蒋锋、市政协副主席周传博出席。来自全市各县市区的居民、农民工代表1000多人免费参观游览岳阳楼景区。

【岳阳旅游推介新闻发布会在京举行】 2010年3月12日，首届中国环洞庭湖旅游高峰论坛暨“五湖牵手五岳”旅游同盟大会活动新闻发布会在北京举行。中国著名画家周令钊，国家旅游局办公厅副主任李建平，中国旅游报社总编辑李志庄，省旅游局纪检组长高扬先、办公室主任欧阳斌及“五湖”、“五岳”的代表等参加。中央电视台、旅游卫视、湖南卫视、《人民日报》、《中国旅游报》、人民网等媒体进行报道。发布会由副市长蒋锋主持，市长黄兰香对岳阳的整体情况进行新闻推介。高扬先指出，“五湖牵手五岳”活动是全省旅游区域合作的重大举措。欧阳斌对活动内容进行介绍，并就活动意义及影响等答记者问。

【中央台播出汨罗江畔端午习俗】 2010年 6月16日，中央电视台一频道、十频道先后播出在汨罗市拍摄的《我们的节日·端午——中华长歌行》专题节目。该节目于5月16～30日在汨罗市拍摄，时长约1小时，采用诗文诵读和歌舞为主体，穿插专题片、人物访谈等形式，彰显人类非物质文化遗产——“汨罗江畔端午习俗”和中华端午文化的独特魅力。

【“烟花三月下洞庭”自驾车游活动】 2010年3月27～28日，由湖南卫视、湖南日报、红网等媒体，中部自驾车联盟和车友会等组织的“烟花三月下洞庭”自驾车首发团一行80多辆车200多名游客先后前往岳阳楼、三江口、君山岛、张谷英村游览，促动广大游客到岳赏楼游湖、观花踏春。

（本栏撰稿　张耀华　李柏松）

旅游市场营销

【首届中国洞庭湖旅游高峰论坛】 2010年5月28日，省旅游局、岳阳市人民政府、中国旅游报社在南湖宾馆举办“首届中国洞庭湖旅游高峰论坛”。国家旅游局规划财务司副司长陈鸿亮，中国旅游报常务副总编辑寇奉新，省旅游局党组成员、纪检组长高扬先，岳阳市委常委、宣传部部长徐新启出席，岳阳市市长黄兰香致辞，副市长蒋锋主持。广东旅行出版社总策划、《黄山旅游》主编武旭峰作题为“广东人为什么要游岳阳”的演讲，吉林大学旅游学院教授、维景旅游规划院院长钟家雨就环洞庭湖生态旅游圈整合之路进行演讲，广东香江野生动物园副总经理、民俗与文化遗产博士李铭健在就洞庭湖旅游作“景点、游线与产业链”的专题演讲，全联产业投资基金管理有限公司总裁董明就如何进行旅游投融资作详细介绍，全国人大代表、中国著名旅游策划专家、北京天下凤凰传播公司董事长叶文智就岳阳旅游发展提出意见建议，中国旅游产业研究中心副主任、中南大学商学院企业文化中心主任、教授、MBA导师王林，全联产业投资基金管理有限公司高级经理徐文灏，湖南旺坤集团董事长周政坤，中国旅游实战专家、中国人民大学商学院EMBA、湖南汇景投资公司董事长谭署洸，巅峰智业机构副总裁文立玲，中国旅游营销专家、洪江古商城总经理周建良，湖南民族职业学院院长艾湘涛，岳阳职业技术学院院长段华，洞庭湖湿地旅游顾问、中国旅游品牌策划专家、湖南省纯溪生态旅游发展有限公司董事长袁朝平等专家教授就“高铁时代环洞庭湖旅游文化产业的兴起战略”这一主题进行专门研讨。高扬先作总结发言，对岳阳紧紧把握武广客运专线开通契机，创新发展方式方法，加大区域合作力度，探索旅游发展新模式给予充分肯定，对专家学者的宝贵意见、建议作出肯定评价，希望能研究落实，进一步推进“热游岳阳”建设，将岳阳打造成国际性旅游目的地和集散地。

【中国汨罗江国际龙舟节】 2010年6月15日，中国汨罗江国际龙舟节在汨罗江上举行。活动推出“我们的节日·端午——中华长歌行”、龙舟节开幕式、龙舟竞赛、祭屈大典、屈原文化高峰论坛、国际华人书画展、诗联大赛、国际美食嘉年华等八大主题活动。省人大常委会副主任陈叔红、省政协副主席袁

《天下洞庭》国际音乐焰火文艺晚会现场　（汤志坚　摄）

2010中国（岳阳）野生荷花旅游节开幕式 （范向晖 摄）

隆平、中华诗词学会驻会名誉顾问郑伯农、中华诗词学会秘书长王德虎、国际龙舟联合会荣誉主席张发强、国家体育总局社体中心党委书记栾开封等，以及易炼红、黄兰香、盛荣华、彭国甫、李湘岳、赖社光、徐新启、李劲夫等市领导出席。来自国内外的12支龙舟队参加传统龙舟竞赛活动。

【首届湘鄂名楼名湖龙舟争霸赛】 2010年6月13日，2010年岳阳端午旅游文化节暨首届“颐通管业”杯湘鄂名楼名湖龙舟争霸赛在岳阳市南湖举行。省政协原主席王克英，国际龙舟联合会名誉主席张发强，广州军区政治部原第一副主任邓正明，省政协副主席刘晓，省委原常委、原政法委书记李贻衡，国家社体中心党委书记栾开封，市领导易炼红、黄兰香、李湘岳、赖社光、陈奇达、康代四、郭振斌、韩建国、严华、徐新启、李劲夫、王维、樊进军和部分老领导、在家市级领导以及全国各地部分名楼名湖等地代表参加。活动包括大型水上开幕式、民间龙舟展演、名楼名湖龙舟争霸、趣味生肖龙舟、端午粽文化演绎和旅游文化产品展示等多项活动，吸引了来自湖北、广东26个团队800多名游客参与。旅游文化节推出的全粽制作岳阳楼景观，获得吉尼斯世界纪录。

【2010中国（岳阳）野生荷花旅游节】 2010年8月8日，由中国野生植物保护协会、省旅游局和岳阳市政府主办，岳阳市旅游局和君山区政府承办的2010中国（岳阳）野生荷花旅游节，在君山野生荷花世界开幕。荷花旅游节是2010首届中国国际文化旅游节的重要组成部分，是湖南省旅游节的分会场。活动主题为“水映君荷”，分为“水映君荷”大型山水荷花实景歌舞演出、“荷花仙子”评选颁奖、游湖赏荷采莲大型游艺、荷香千秋满神州经贸洽谈项目签约仪式和荷花旅游节新闻发布会等6大主体活动。省政协原主席王克英宣布开幕，省人大常委会副主任蔡力峰、省政协副主席阳宝华为君山区颁发“中国野生荷花之乡”牌匾，省旅游局党组成员、副局长刘绵松致辞，上海大世界吉尼斯总部认证官黄德美宣读芙蓉国里—君山团湖野生荷花世界为“面积最大的野生荷花成片聚生地”的批文。中国野生植物保护协会秘书长臧春林宣读授予君山区为“中国野生荷花之乡”称号的决定。岳阳市委书记易炼红、市长黄兰香等领导参加。7日下午举行君山经贸洽谈项目签约仪式，共签署旅游、物流、新材料、医药、教育等项目15个，签约资金总额达58.54亿元。

【“五湖牵手五岳”牵手礼暨山水画廊启动仪式】 2010年11月8日，“五湖牵手五岳”牵手礼暨山水画廊启动仪式在岳阳楼前举行。国家、省相关部门和市领导林山、李志庄、杨光荣、易炼红、黄兰香、盛荣华、李湘岳、白尊贤、赖社光、徐新启、易丽珍、丁阳云，“五湖”、“五岳”代表和特邀嘉宾出席。市长黄兰香主持，市委书记易炼红致辞，国家旅游局综合司司长林山，中国旅游报总编辑李志庄，省旅游局局长杨光荣讲话，著名湘籍画家周令钊的夫人、清华美术学院教授陈若菊介绍山水画廊创作构想。“五湖”、“五岳”代表联合发布中华山水蓝皮书《洞庭湖宣言》，副市长蒋锋宣读宣言并承诺：保护环境、传承文化、深化内涵、共同发展。约定共建合作机制，联手宣传促销，制定优惠政策，共享信息资源，共同关注山水旅游新的发展空间，加强“五湖”、“五岳”间的合作交流。

【“天下洞庭”音乐焰火文艺晚会】 2010年11月8日晚，“天下洞庭”音乐焰火文艺晚会在君山公园成功举办。晚会由央视原文艺部主任、连续十四届春晚总导演邹友开担任总导演，舞美、灯光、音响和音乐总监由央视“欢乐中国行”、“同一首歌”的工作人员担当，主题歌《洞庭之恋》由省政协副主席谭仲池作词、总政歌舞团作曲家刘青作曲、著名歌唱家张也演唱，焰火燃放由北京奥运会、国庆60周年大庆燃放队伍策划，美国、意大利、澳大利亚、中国优秀团队担当燃放者。晚会现场吸引游客1万多名，新华社、《人民日报》、中央电视台、凤凰卫视等130多家媒体进行全程报道。

（本栏撰稿 张耀华 李柏松）

旅游行业管理

【开展旅游安全检查】 2010年，由市旅游局牵头，联合公安、安监、交通、工商、质监、消防、卫生等职能部门先后4次深入100家星级饭店、旅行社、旅游船舶汽运公司、旅游商店、娱乐休闲场所、旅游餐馆及各规模景区景点进行旅游安全大检查，签订安全责任状200份，排查整改隐患23处，下达整改通知29份，增设警示标牌6个。

【开展“旅游质量万里行”专项整治活动】 2010年，市旅游局先后

4次组织开展“旅游质量万里行”专项整治活动，发放宣传资料5000份、调查问卷2000份，走访旅游企业50家，严查不文明经营行为，对一家超范围经营的旅游企业进行罚款，协调处理游客投诉事件2起。

【严把星级评审复核关】 2010年，市旅游局严把星级评审复核关。经评审，湘阴宾馆、新时空大酒店、左宗棠宾馆等被评定为三星级旅游饭店，评定上报三星级旅行社3家、旅游家庭旅馆5家，推荐2家旅行社申报四星级旅行社，并对全市35家旅游星级饭店进行年检复核。

【岳阳楼—君山岛景区加强队伍素质建设】 2010年4月，岳阳楼—君山岛景区择优聘用14名讲解员、2名营销员、1名文秘充实到一线服务岗位，并每月分岗位、分类别、分层次对讲解员、接待员、行政管理人员等定期进行职业道德、文史知识、形态礼仪、文明用语等服务技能培训，先后培训员工1700人次，人均参培2次以上，并形成长效机制长期坚持。

岳阳楼景区接待中外游客 （市旅游局 供稿）

表11 岳阳市重点旅游资源名录

联合国保护国际湿地	东洞庭湖湿地
世界非物质文化遗产名录	汨罗江畔端午习俗
国家级湿地公园	1. 湘阴县洋沙湖—东湖 2. 汨罗江
国家重点风景名胜区	1. 岳阳楼洞庭湖风景名胜区 2. 福寿山汨罗江风景名胜区
国家森林公园	1. 大云山国家森林公园 2. 幕阜山国家森林公园 3. 五尖山国家森林公园
国家重点文物保护单位	1. 岳阳楼 2. 任弼时故居 3. 平江起义旧址 4. 岳阳文庙 5. 屈子祠 6. 张谷英村古建筑群
国家级非物质文化遗产	1. 岳阳巴陵戏 2. 岳阳花鼓戏 3. 平江九龙舞 4. 临湘花鼓戏 5. 汨罗市抬阁故事会
国家AAAA级旅游景区	1. 岳阳楼旅游区 2. 君山岛旅游区 3. 任弼时旅游区
国家AAA级旅游景区	1. 平江起义纪念馆 2. 华容博物馆 3. 五尖山国家森林公园 4. 大云山国家森林公园 5. 6501景区 6. 圣安寺景区 7. 团湖野生荷花世界 8. 沱龙峡生态旅游景区
湖南省旅游景观名镇	1. 平江县嘉义镇 2. 汨罗市长乐镇
湖南省工农业旅游示范点	1. 湖南省十三村食品有限公司 2. 华容人家 3. 鸟语林休闲农庄 4. 湖南省虹宇生态园 5. 平江盘石洲生态园 6. 汨罗红花山植物园
湖南乡村旅游5星级旅游区（点）	1. 银杏渡假村 2. 相思山庄 3. 乡村之恋

【出台《岳阳市旅游发展有限公司运作方案》】 2010年9月20日，岳阳市人民政府下发《关于岳阳市旅游发展有限公司运行机制及工作方案的批复》，明确提出，岳阳市旅游发展有限公司由岳阳市国资委、岳阳楼景区管委会和君山公园共同出资组建，总注册资本5000万元，公司坚持政府主导、市场运作、财政扶持、自主经营的运行原则，实行独立核算、自主经营、自我发展，努力建设成具有可持续发展能力的旅游投融资平台，加快全市旅游资源的整合及其旅游配套设施建设，形成产业集群，促进岳阳旅游产业又好又快发展。批复还就公司经营范围、法人治理结构、内部机构设置、决策机制、考核与监督、资源配置与政策支持等具体问题进行明确。

（本栏撰稿 张耀华 李柏松）

责任编校 刘兴汉

科学技术

SCIENCE AND TECHNOLOGY

综 述

【概 况】 2010年，岳阳市科学技术局（简称市科技局）围绕市委、市政府部署的工作目标，紧扣产业发展升级主线，扎实推进科技创新和成果转化，全市产学研结合创新加速推进，科技成果转化水平明显提高，高新技术产业迅速发展，科技支撑经济社会发展能力得到进一步增强。市科技局被评为民本岳阳综合考核先进单位、政府绩效考核先进单位，财源建设、联手帮扶企业等多项工作进入省市先进行列。

【高新技术产业加快发展】 2010年，全市新增高新技术企业21家，新增国家火炬计划重点高新技术企业3家。高新技术产品达到487种，其中具有自主知识产权的351种。实现高新技术产业产值680亿元、增加值192亿元、利税67亿元，分别比2009年增长48.1%、30.8%、17%，增加值占规模工业增加值的比重达25.5%。

【自主创新能力不断增强】 2010年，岳阳市全社会研发经费支出11.8亿元，比2009年增长21.9%，占生产总值比例达到0.75%。全年申请专利954件，授权专利560件，比2009年分别增长37.8%、51.8%。湖南中科电气股份有限公司参与的“大型企业综合电气节能关键技术及应用”项目获国家科技进步二等奖，巴陵石化“高档粉末涂料用固体环氧树脂开发”等3个项目获省科技进步二等奖。同时，加快创新平台建设。组建冶金炉窑、植物用药等工程技术研究中心5家，成立精细化工、信息工程等重点实验室2家，组建生物医药、建筑陶瓷等产学研战略联盟2个，各类创新平台达到42家。4家工程技术研究中心和云溪精细化工产业基地创业服务中心进入省级行列。加大自主创新引导力度。2009年，岳阳市安排第四批自主创新引导基金300万元，对湖南巴陵油脂有限公司等10家科技创新试点企业给予扶持。安排产学研结合创新专项资金200万元，对电磁搅拌器DSP控制系统等5个产学研结合项目给予扶持。

【产学研合作步伐加快】 2010年，岳阳市100多家科技型企业与32所高等院校、科研院所建立产学研合作关系，先后引进高校科研成果116项，实施省级产学研专项3个，落实市级产学研结合创新项目22个，获得发明专利47个，金联星“快速变质高锶含量铝锶合金线材AISr20”等多项技术填补国内空白。

【知识产权战略稳步实施】 2010年，岳阳市启动规模企业专利扫零工程，150家规模企业实现专利“零突破”，317家园区企业设立知识产权机构。临湘、湘阴、平江、汨罗等县市专利申请量大幅增长。际华3517橡胶制品有限公司等企业被列为省级知识产权优势培育企业。

【科技人才队伍不断壮大】 2010年，岳阳市面向知名大学和科研院所引进一批科技创新优秀人才，全市高新技术企业新增科技人才1866人，其中科学家和工程师852人，分别比2009年增长38.7%、33.9%。

【科技帮扶】 2010年，市科技局组织实施“科技帮扶产业发展升级工程”，牵头抓好机械制造产业发展升级帮扶工作，重点对10家机械制造企业给予对口帮扶，帮助解决具体问题22个。帮助机械制造类企业争取国家、省级科技项目6个，组建市级工程技术研究中心3家，申报省级工程技术研究中心2家，申报认定高新技术企业9家，机械制造产业产值增幅达到58.9%。

【科技项目建设】 2010年，市科技局注重科技立项争资，累计向科技部和省科技厅申报科技项目150个，其中国家科技项目49个、省级科技项目101个，争取资金4492万元。注重市级科技项目建设，累计落实项目111个，其中专项审批4个、重点项目25个、一般项目82个，安排科技经费800万元。注重科技招商引资，先后引进科美达二期、东方雨虹二期、浙江中兴化工、深圳富邦瑞博、华强电子空调压缩机等项目7个，签约资金13.4亿元，到位资金1.65亿元。

【举行科技项目颁奖授牌签约仪式】 2010年9月26日，岳阳市举行推进产业发展升级科技项目颁奖授牌签约仪式，集中对12个科技进步一、二等奖项目进行颁奖，对9个科技创新平台和第四批科技创新试点企业进行授牌，对10个招商引资和产学研招标重点项目进行签约，省科技厅厅长王柯敏、市委书记易炼红、市长黄兰香、市委副书记盛荣华出席会议。

【科技项目管理】 2010年，岳阳市加强科技项目绩效监管，对前三批自主创新引导基金项目实施情况进行系统评估，投入引导比达到1：162，投入产出比达到1：83，《评估报告》受到市领导的高度评价，被《政府通报》和《湖南经济调研》广泛推介宣传。改革科技项目支持方式，先后就5个市级产学研

岳阳市推动产业发展升级科技项目签约授牌和颁奖仪式 （许光辉 摄）

岳阳楼区2011年科技活动周　（彭宏伟　摄）

结合专项面向全社会公开招投标，北京理工大学等10所高校和科研院所参与投标，湖南中创化工股份有限公司“乙酸叔丁酯小试研究”等5个项目成功招标。

【技术市场】 2010年，岳阳市技术市场交易日趋活跃，技术交易总量明显上升，全市签订技术合同126项，成交总额9858.1万元。其中技术开发合同42项，成交金额1838万元，占成交总额的19%；技术转让合同6项，成交金额7139万元，占成交总额的72%；技术咨询合同52项，成交金额298万元，占成交总额的3%；技术服务合同26项，成交金额583万元，占成交总额的6%。

【农村与社会发展科技项目建设】 2010年，岳阳市3个项目获国家农业科技成果转化资金支持，2个项目获星火计划重点项目支持，汨罗市和华容县列入国家科技富民强县计划，君山区绿色蔬菜标准化生产与加工、屈原管理区大米精深加工等项目被列为省级农村科技特色产业示范基地。其中，汨罗市“南方肉牛品种改良及产业化开发”科技富民强县项目、屈原管理区“饲用复合酶制剂产业化开发及应用”、湘阴县“猪骨生物加工技术中试与转化”、君山区“绿色蔬菜标准化生产与精深加工基地”等项目建设效果明显，有力地促进了全市现代农业建设。

【农业科技特派员工作】 2010年，岳阳市打造科技特派员创业链，临湘市楠竹技术协会申报的“楠竹综合开发项目”被省科技厅列为湖南省农业科技特派员创业链名单。成立科技特派员工作站，岳阳县新墙优质葡萄专业合作社成立的“优质葡萄产业科技特派员工作站”被省科技厅确认为省级工作站。建立科技特派员新模式，全年实施科技开发项目76个，与农户创建利益共同体38个、创办农业企业46家、建立专业合作经济组织或协会71家。

【“12396”科技信息服务工作】 2010年，岳阳市建立县市工作站和覆盖面广、运行有效的基层服务站点，充实一批市县服务专家队伍，制定一系列系统运行管理制度，“12396”科技信息服务系统各项服务指标稳步增长，全年累计接受求助信息2600个，组织上门服务380次，培训人员3800人次，组织宣传活动38场次。

【送科技下乡工作】 2010年，市科技局先后在汨罗市和湘阴县的大荆镇、桃林寺镇、三塘镇、杨林寨乡、新泉镇，配合省科技厅“五下乡”小分队开展5场科技下乡服务活动；在岳阳县鹿角镇渔民新村开展全市“五下乡”开幕式活动；在华容县万庾镇和君山区西城村举办2010年科技活动周活动。

【科技工作环境】 2010年，市科技局争取市委、市政府出台《关于促进产学研结合、增强自主创新能力的意见》，设立产学研结合科技专项，争取市政府修订《岳阳市科学技术奖励办法》，财政科技奖励预算增加至100万元。争取机关科室和局属机构扩编升格，局机关增设社会发展科，市地震办更名为岳阳市地震局，升格为副处级行政支持类事业单位。参与市委、市政府组织的《十二五规划》修订、《打造千亿级石油化工产业集群》专题调研、《科技创新平台建设》专题调研等一系列活动，科技部门参谋辅政能力不断增强。推出《科技创新在岳阳》、《科技行风热线》等宣传报道活动，社会各界对科技创新工作的知晓度、关注度、支持度明显提高。

【全市科技基础工作加强】 2010年，临湘市科技特派员工作被科技部誉为“临湘模式”，并在全省推广，抗震设防工作进入全国先进行列。汨罗市被评为“全国科技进步先进县市”，并被评为“湖南省知识产权示范县市”。湘阴县投入科技项目资金8000万元，开发推广绿色板材、新型农机、有机绿茶等新品种新技术100多项。平江县财政科技投入达到700万元，天一泵业水花牌系列产品获全国星火科技一等奖。岳阳县争取国家创新基金项目2个，大力神立环高梯度磁选机产业化项目被列为全省产学研结合重点专项。华容县国家可持续发展实验区项目建设扎实推进；岳阳楼区申报专利150项，申请量居县市区之首；云溪区全社会研发投入比2009年增长2倍，新增省级高新技术企业4家、国家火炬计划高新技术企业2家。君山区金联星高锶含量铝锶合金线材项目被列入国家重点新产品计划。屈原管理区正虹科技饲用复合酶制剂产业化开发及应用项目被确定为国家重点科研项目。岳阳经济技术开发区创业服务中心被列入国家级火炬创业服务中心，国家、省、市级工程技术研究中心达到15家。　（本栏撰稿　谢勇军）

专利与知识产权

【概 况】 2010年，市知识产权局继续推进知识产权战略，开展知识产权宣传培训、打击侵犯知识产权专项行动、工业规模企业专利扫零工程等活动，企业知识产权意识明显提升，知识产权创造运用水平明显提高。全市申请专利945件，其中发明专利216件、实用新型334件、外观设计395件；授权专利560件，其中发明专利44件、实用新型296件、外观设计220件，专利申请和授权量均创历史新高。市知识产权局被评为全省专利申请工作先进单位。

【开展知识产权保护专项行动】 2010年11月，市长黄兰香出席全国知识产权保护与执法工作电视电话会议，部署全市“打击侵犯知识产权和制售假冒伪劣商品专项行动”。12月，市政府成立专项行动领导小组，出台专项行动实施方案，由市知识产权局牵头在全市开展“打击侵犯知识产权和制售假冒伪劣商品专项行动”。12月9日，举行全市专项行动启动仪式，市知识产权局、市工商局、市文化广电新闻出版局、市食品药品监督局、市质量技术监督局、市公安局等10多个部门同时开展为期半年的专项执法行动。市知识产权局在全市开展“雷雨”、“天网”专项行动，成立“专利侵权举报投诉受理办公室”，累计派出执法人员100人次，重点对市内超市、药店进行专利行政执法检查，检查专利产品500余件，疑似侵权专利22件，对岳阳星光电磁科技有限公司涉嫌侵犯岳阳永金起重永磁铁有限公司专利权人黄伟良专利权一案进行现场执法检查，成功调处岳阳县刘楚平投诉上海通用汽车岳阳销售服务中心专利侵权案。

【推进规模企业扫零工程】 2010年3月，市知识产权局出台“规模企业扫零”工程实施方案，对各县市区企业专利拥有情况展开调查。全市拥有专利规模企业新增150家，拥有专利技术企业占到规模企业的27.1%，比2009年提高11.5个百分点。

打击侵犯知识产权专项行动启动仪式 （曾文湘 摄）

表12

2010年岳阳市获国家技术发明奖项目

项目名称	获奖单位	获奖人员	获奖等级
催化氧化新材料——空心钛硅分子筛	中石化总公司湖南建长公司	林　民　朱　斌　舒兴田 汪燮卿　沈　刚　李　斌	二等奖

表13

2010年岳阳市获国家科技进步奖项目

项目名称	获奖单位	获奖人员	获奖等级
大型企业综合电气节能关键技术及应用	湖南大学、株洲变流技术国家工程研究中心有限公司、广州白云电器设备股份有限公司、威胜集团有限公司、长沙华能自控集团有限公司、湖南中科电气股份有限公司、长沙博立电气有限公司	罗　安　章　兢　帅智康 王卫安　涂春鸣　罗庚南 赵　伟　金维宇　欧阳红林 徐先勇	二等奖

表14

2010年岳阳市获湖南省科技进步奖项目

项目名称	获奖单位	获奖人员	获奖等级
高档粉末涂料用固体环氧树脂的开发	中国石化资产公司巴陵石化分公司	邓海波 张 晖 尹华清 唐光斌 王新龙 李楚新 任六波 潘卫章 刘岳辉	二等奖
80m3SBS加氢釜技术开发	中国石化资产公司巴陵石化分公司	戴立平 高正明 雷翔光 易严德 吴成高 马 鑫 邱立勇 胡中玉 康 铮	二等奖
非木纤维制浆节能技术及其应用	岳阳纸业股份有限公司	杨傲林 郭勇为 周海东 陈金山 邵启超 胥端祥 李甘霖 涂陆军	二等奖

（本栏撰稿 易 春）

【推进知识产权试点示范】 2010年，湘阴县、平江县和汨罗市专利申请量突破100件，湘阴县、临湘市专利申请量比2009年增长一倍。平江县11月顺利通过试点县验收。巴陵石化公司、岳阳纸业股份有限公司被授予湖南省知识产权优势企业培育工程优秀企业；际华三五一七橡胶制品有限公司、汨罗中天科技有限公司、湖南岳磁高新科技有限公司和湖南大力神电磁机械有限公司四家企业进入省级知识产权培育企业和试点企业行列。

【开展中小学生知识产权文化普及活动】 2010年，市知识产权局全额资助30件中小学生完成专利申请，组织并推荐4个项目参加“宋庆龄少年儿童发明奖”评选。市教育局启动“中小学求索创新奖”。平江县开展第一届“青少年科技创新节”活动。

【落实专利资助奖励政策】 2010年，市知识产权局对223件授权专利进行资助，占到授权总量的60.4%。华容县制定《科技创新奖励暂行办法》，设立专利资助和创新奖励资金。平江县制定《专利奖励暂行办法》，设立“科技创新奖”。岳阳县对湖南科伦制药有限公司、湖南大力神电磁机械有限公司、湖南天欣陶瓷有限公司、湖南向红机械化工有限公司等多家科技型企业给予重奖。

防震减灾工作

【概 况】 2010年，岳阳市地震局在防震减灾工作中落实预防为主、防御与救助相结合的方针，加强地震监测预报、震灾预防和紧急救援三大工作体系建设，市民防震减灾意识进一步增强，城乡综合防震减灾能力进一步提高，被省地震局评为全省防震减灾工作先进单位和全省地震系统宣传工作先进单位。

【强化地震监测基础】 2010年，市地震局先后完成公田跨断层短水准测量，编写《岳阳市2010年地震趋势研究报告》和《2011年度地震趋势会商报告》。湘阴县、临湘市、汨罗市地震观测基础建设步伐加快，市属地震观测与前兆6台套仪器运行完好率达到100%，观测资料连续可靠。

【增强震害防御能力】 2010年3月，市政府召开全市民居试点工作会议，部署全市民居防震保安工作，选定岳阳楼区、君山区、岳阳县为试点地区。5月起，对君山区试点户进行现场技术指导，15户住宅通过竣工验收，基本达到当地抗震设防要求。严把审批关，为每个报建项目做好建设工程抗震设防要求管理和服务工作。对岳阳石化技术改造、市体育中心等9个重大建设工程进行地震评价，重大工程建设项目地震安评总数排名全省前列，安评实际完成率达到100%。

【规范地震行政执法】 2010年，市地震局根据新修订的《中华人民共和国防震减灾法》，修改《岳阳市地震局规范行政执法自由裁量权实施办法及标准、细则》，报市优化办备案。3月，按市政府统一要求，清理行政审批项目，建立规范权力运行制度，地震行政审批归口在市发改委立项阶段和市建设局初步设计审查两环节并联审批。

【强化应急响应与准备】 2010年2月16日，华容县发生ML2.5级地震，市地震局应急会商全市地震形势，迅速平息猫扑网上发布的地震谣传，应急工作得到市委、市政府肯定。6～9月，制订《岳阳市地震应急避难场所建设方案》，经市应急办审核，被列入全市应急工作“十二五”规划。

【加强防震减灾宣传】 2010年，市地震局在科技活动周等宣传活动中，设点宣传4场，展出展板40块，发放宣传资料2000份，现场接受咨询500人次。创建岳阳地震信息网，及时发布全市防震减灾工作最新信息，向广大市民宣传地震科普常识。将市七中建成全市首个防震减灾科普示范学校并授牌。

（本栏撰稿 黎闻桦）

岳阳市2010年科技活动周启动仪式 （许光辉 摄）

科技信息管理和咨询

【概 况】 2010年，岳阳市科技信息管理办（简称市科技信息办）围绕全市经济社会和科技事业发展需要，依托岳阳科技网、湖南省科技文献资源网等平台，重点抓好岳阳市电子科技政务服务、星火科技12396科技服务、企业竞争情报服务、国防科技信息动员工作，累计采集科技政务信息、科技情报等各类信息1300条、图片300张，发布信息800条，编制《岳阳市“十二五”科技信息化规划》。

【电子科技政务】 2010年，市科技信息办累计承担2批次300个市级科技项目的网上申报受理，辅导、解答各类问题咨询500人次。启动市“十二五”期间科技项目储备库建设工作。改版“岳阳科技网”，完成市级科技项目业务管理系统服务器迁移、管理和维护工作。

【星火科技12396科技服务】 2010年，市科技信息办依托科技特派员基地、农村党员远教站点建立星火科技12396基层服务站，依托县市区科技部门建立基层工作站，依托涉农专家组建专家服务团，积极组织开展科技服务，接受求助信息2600个，组织上门服务380人次，组织宣传活动38场次。 （本栏撰稿 罗小红）

生产力促进工作

【概 况】 2010年，市生产力促进中心组织、配合全市科技系统开展送科技下乡活动113次，科技进社区11次，进校7次。举办农业实用技术讲座25场，展出各类展板1500块，培训农民技术骨干800人次，赠送种植、养殖科技书籍4万册，发布实用科技信息200条，受惠农民群众1.5万。科技下乡活动受到社会各界广泛好评。该中心被科技部评为国家级示范生产力促进中心。

【科技项目申报评估】 2010年，市生产力促进中心利用自身信息、人才、专业优势，协助企业申请国家和省市科技项目、专利实施补助资金、创新创业奖励等，为湖南筑盛阀门管件有限公司、湖南平桂制塑有限公司、湖南振湘碳素有限公司等10多家中小企业提供优质服务。

【开展咨询和培训服务】 2010年，市生产力促进中心为企业免费提供专利申报、成果鉴定、ISO质量管理体系认证等咨询服务，免费举办技术、人才咨询培训等活动，先后在华容县、湘阴县、平江县、汨罗市、岳阳经济技术开发区举办项目申报培训会5场，培训企业300家。 （本栏撰稿 冯振家）

气 象

【概 况】 2010年，岳阳市气象局着力抓好党的建设、反腐倡廉建设和机关作风建设，在“五创”提质活动中，预报质量名列全省前5名，地面测报无错情。通过省级精神文明单位、省级卫生单位验收。

2010年汛期是10年来灾情最重的一年，降水总量相当于1998年，气象为科学指挥防汛起到不可替代的作用，实现未垮一库一坝、未溃一堤一垸、不死一人的目标，取得了防汛抗灾的全面胜利。市气象局被市委、市政府评为防汛工作先进单位。

岳阳市自然灾害预警信息发布工作有效推进，市政府下发专门文件，为提高灾害预防、应急预警和抗灾救灾能力提供保障。岳阳气象防灾减灾科技楼全面竣工，进行气象业务平台、气象信息平台、公共气象服务平台和防雷服务平台的建设，在省内达到一流水平。岳阳新一代天气雷达建成通过验收，进入试运行阶段。新增37个多要素区域自动气象站，总数达202个，气象信息服务用户达到35万户以上。

（周 静）

【汛期气象服务】 2010年，岳阳市遭受多次特大暴雨袭击。汛期出现12次暴雨天气过程，全市防汛打了4场硬仗。一是6月19日汨罗江出现新中国成立以来第三大洪峰；二是6月23日湘江湘阴段逼近历史最高水位；三是7月8日至月底以临湘市黄盖湖、华容县大荆湖地区为代表的内湖突破保障水位，达到或接近历史最高水位，特别是黄盖湖遭遇连续暴雨、大暴雨；四是7月17日至8月4日洞庭湖城陵矶和长江岳阳段超警戒水位。全市气象部门将人民的生命财产安全摆在首位，面对接踵而至的暴雨灾害袭击，市气象局和各级气象台站预报服务人员不分昼夜，严阵以待，全力做好气象服务工作。在几次大暴雨过程中，市气象局主要领导带领工作组到县局督查指导气象服务。

汛期的12次暴雨天气过程，市气象局一般都提前2～5天发布预报，6月19日的最大暴雨过程提前8天预报，暴雨的落区、强度、范围以及持续时间预报基本准确，在此基础上开展逐日滚动预报服务，为市委、市政府防灾减灾决策和市防汛抗旱指挥部防汛指挥调度当好气象参谋。入汛以来及时发布《重大气象信息专报》6期，《气象专题预报》50期，《灾情快讯》4期。充分利用手机短信等渠道做好公众气象服务，对各级政府和部门的相关领导、防汛责任人和公众免费发送手机短信预警服务。向25万短信用户发布暴雨、雷电预警短信127次，96121主动呼叫15次，DAB预警21次，为岳阳市的防灾减灾工作赢得了时间和主动权，减少了强降雨和灾害天气带来的损失。在紧张的防汛阶段，岳阳新一代多普勒天气雷达提前实现雷达数据上传。市气象局两次派出12个工作组分赴6县市，对区域站进行全面巡检和标校，确保雨量数据及时、准确、全面、可信。防汛期间区域自动气象站资料成为各级领导和防汛抗旱指挥部指挥的重要依据之一。

（周　静）

【岳阳新一代天气雷达站建成】 岳阳新一代天气雷达站于2003年申请项目，2005年获得中国气象局批准，2007年确定选址在岳阳市湖滨社区风雨山。2008年11月24日正式开工建设。2009年12月完成塔楼及雷达设备（CINRAD/SB）的安装，2010年3月完成雷达系统调试，进入考机阶段，参与2010年主汛期全省的防汛工作，及时地为临湘市黄盖湖安全度汛提供准确的实时资料。2010年9月顺利通过由中国气象局观测网络司组织的现场验收测试。岳阳新一代天气雷达建设能加强湘北地区气象灾害的监测，提高湖南全省对中小尺度灾害天气的预警和预报能力，减轻气象灾害的损失。（冯　慧）

【区域气象观测站】 2010年，全市新建区域气象观测站37个。自2006年起，全市建区域气象观测站202个。其中六要素站（压、温、湿、风向、风速、雨）2个，五要素站（其中5个为温、风向、风速、压、雨，辐射）6个，四要素站（温、风向、风速、雨）30个，二要素站（温、雨）114个，单雨量站50个。平江县有41个站，其中27个单雨量站、7个二要素站、6个四要素站、1个五要素站（辐射站）；湘阴县有25个区域站，其中20个二要素站、1个单雨量站、3个四要素站、1个五要素站，临湘市有25个区域气象站，其中6个单雨量站、14个二要素站、5个四要素站；华容县有24个区域站，其中19个二要素站、5个四要素站；汨罗市有28个区域站，其中12个单雨量站、11个二要素站、4个四要素站、1个五要素站；市局负责建设及维护维修站有59个（因岳阳县、六个区无气象台站），其中4个单雨量站、43个二要素站、7个四要素站、3个五要素站、2个六要素站。（冯　慧）

【岳阳机场临时气象站开展观测】 受岳阳机场建设筹备办公室委托，2010年3月，市气象局开始进行机场临时气象观测站选址工作，4月22日，民航中南地区管理局气象处根据现场踏勘情况在市气象局组织召开湖南岳阳三荷民用机场临时气象观测站选址评审会议，确定在岳阳经济技术开发区三荷乡的群贤山庄建设临时气象观测站。8月9日开始建站。自动观测项目为风向、风速、雨量、温度、湿度、气压，人工观测项目云、能见度、天气现象。实行24小时气象人员值守，全天记录灾害性天气现象。11月4日，湖南岳阳三荷民用机场临时气象观测站正式通过民航中南地区管理局验收，自11月5日起，该站观测记录作为正式记录。（冯　慧）

【洞庭湖气候中心成立】 2010年4月，在湖南省气象局和岳阳市政府的大力支持下，以岳阳市气象局为依托组建洞庭湖气候中心，成员单位为环洞庭湖的岳阳市气象局、益阳市气象局、常德市气象局、荆州市气象局。2010年洞庭湖气候中心围绕洞庭湖区应对气候变化这一中心工作，整合气象部门内部资源，与外部门外单位开展业务、科研、项目等方面的合作，开展学术交流和科普宣传活动。12月，湖南省气象局、中科院亚热带农业生态研究所、东洞庭湖湿地保护局等单位应

岳阳新一代天气雷达站（李泽磊　摄）

邀参加在岳阳市召开的第一届洞庭湖气候中心年度工作会议，各参会成员纷纷为树立“洞庭湖气候中心”品牌来谋划项目促发展这一主题献计献策。（冯 慧）

【气象法制和行政执法工作】2010年，市气象局完成年度规范性文件和年检项目清理上报，对已届满失效的《岳阳市防御雷电灾害管理办法》、《关于进一步加强人工影响天气工作的通知》进行重新修订和公布，市政府发布《岳阳市自然灾害预警信息发布办法》；加强对县（市）局和市局有关单位涉法事项的释疑和指导，进一步强化行政执法程序和文书审查；组织《湖南省规范行政裁量权办法》培训和年度普法考试，完成“五五”普法自查；完成并向市优化办报送经营服务性收费清理报告；组织开展气象法制和安全生产宣传活动。

受理并许可湘阴气象观测场周边建设工程避免危害气象探测环境行政许可申请，两次及时制止该许可项目违反许可条件超高建设行为；及时跟踪临湘气象观测场周边在建建设工程施工动态，确保按许可条件施工建设。进一步严格施放气球活动行政许可，依法处理一起违法施放气球行为，对岳阳农博会大型气球施放活动实施事前和过程监督管理。

市政务中心气象窗口全年受理防雷装置设计审核申请65个、许可58个，受理防雷装置竣工验收申请34个、许可31个，没有发生违法违规许可事件。

完成防雷装置检测、防雷工程施工和设计资质证年检初审与施放气球资质年检工作，完成一个防雷工程设计、施工资质申请材料初审。

坚持“文明执法，纠错为主”的理念，全年对99个新建建设工程和已投入使用的防雷装置所有（使用）单位进行执法督办，累计立案6起、举行听证一起、结案5起。

组织开展雷电灾害调查、统计上报。全年调查雷灾24起，雷灾鉴定4起。对平江县木金乡保联村鉴下组雷击致人死亡事件进行现场勘察，平江县气象局向县政府呈报《关于木金乡保联村预防雷电灾害事故有关事项的请示》。

（万运金）

【雷电灾害】2010年3～7月，岳阳市发生82起雷电灾害事故，主要集中在电力、交通、烟花鞭炮、学校、农村民居、办公楼等行业或场所，造成3人死亡，发生火灾或爆炸事故3起、损坏建（构）筑物7栋、生产办公设备设施受损299件、家用电器等设备设施受损258件。其典型事故如下：3月1日0～6时，临湘市烟草专卖局办公楼信息机房遭受雷击，致使1台交换机、3部电话机损坏，直接经济损失4.2万元。引起雷电灾害的主要原因：一、二、三级电源避雷器均未损坏，电源空气开关已跳闸，强大的雷电流通过电话线和信号线引入致灾。3月4日凌晨，平江县交警大队遭受雷击，致使车辆检测整套设备全部击坏，直接经济损失5.3万元、间接经济损失9.8万元。引起雷电灾害的主要原因：该区域为雷击多发区段，因强雷电流经线路引入场内电源线路内，感应雷致使全套设备被击坏。4月12日下午，平江县木金乡保联村鉴下组遭受雷击，村民方迟安在牵牛回家的路上被雷击死亡，多户村民家电器设备被损坏。引起雷电灾害的主要原因：雷击致死亡1人，主要是线状雷经过此地所致，电器设备损坏，主要是无防雷设施。4月21日凌晨至10时25分，华容县境内遭遇强对流天气，暴雨和雷暴持续，电力局所属变电站、供电所多处遭受雷击，致使5台变压器、80台台区漏电保护器、40台交流接触器被烧毁，直接经济损失20万元、间接经济损失70万元。引起雷电灾害的主要原因：防雷措施不到位。7月8日20时40分左右，临湘市新生花炮厂遭受雷击，致使仓库内成品烟花爆炸燃烧，直接经济损失46万元。引起雷电灾害的主要原因：仓库避雷针四年未检测。避雷针保护范围达不到规范要求。7月8日20时左右，岳阳城陵矶新港有限公司监控系统遭受雷击，致使6个高杆灯摄像头、10个普通摄像头、16个解码器、3台光端机被损坏，直接经济损失8.4万元。引起雷电灾害的主要原因：所损坏摄像头均安装于路灯杆或屋顶上，所安装位置均是易受直接雷击点，当雷电击中路灯杆或建筑物时，雷电流必然直接击穿或感应到摄像头的电源、视频、控制线路上，而摄像头的线路均未安装相应的浪涌保护器，导致击坏摄像头及与之相连的解码器、光端机。7月8日21时16分，岳阳楼区三眼桥办事处李家社区冯建华等20多户居民家遭受雷击，致使小区大范围停电和多户家用电器设备损坏，直接经济损失18.77万元、间接经济损失2.6万元。引起雷电灾害的主要原因：居民楼无任何防雷措施。引入室内的电源线、有线电视信号线、电话线、网线等均为架空引入，入户无任何防御过电压保护措施，电源和信号线感应到雷电过电压时，导致引入到室内击坏与之相连的家用电器设备。（万运金）

责任编校 刘兴汉

教　育

EDUCATION

岳阳市全面推行督学责任区制度

市教师奖励基金总数达6500万

岳阳市高校毕业生创业基地挂牌

湖南理工学院五项教学成果获省级教学成果奖

岳阳市阳光老年服务机构落户岳阳职院

综 述

【概 况】 2010年，岳阳教育事业围绕“提速升级、增效、惠民”的总目标，加快推进“五市一极”、教育强市，教育事业进一步发展。基础教育课程改革不断深化，许市中学经验在全省推广。职业教育和民办教育排名全省第一，做强做优职业教育的经验被《湖南日报》头版头条予以刊载。民办教育评为全国先进，高考排名全省第三，录取人数占总参考人数的80%以上，21人考上清华大学、北京大学。全国学校体育教学工作，全省师训工作、统计工作、基础教育工作现场会在岳阳市召开。市教育局获国家奖励11项、省级奖励43项、市级奖励33项，获国家、省通报表彰7次。12月29日，在全省教育工作会议上，市教育局“大力实施强市战略，努力推动岳阳教育又好又快发展”和岳阳楼区关于“立足内涵发展，提升教育品质”的经验作典型交流。岳阳楼区政府被评为教育强县市区先进集体，市教育局被评为全市民本岳阳先进单位。

市教育局新办公楼 （市教育局 供稿）

【教育项目建设】 2010年，岳阳市教育项目建设稳步推进。一是拆除重建或维修改造学校260所，建设面积221816平方米。市本级投入资金7597万元，基本新建项目2241万元，改造面积18093平方米。全年争取校安工程建设资金13630万元，超出预期1630万元。统筹初中工程、明德逸夫工程、新农村卫生新校园建设等各类经费近8000万元。改造项目学校178所，超计划完成28所。所有项目学校全部竣工。二是合格学校建设。承担合格学校建设实事任务86所，其中省实事任务30所。申报项目学校99所，其中省实事项目校30所，省备案项目校45所，其他项目校24所。11月，市教育局组织省市督学和教育督导评估专家开展合格学校评估验收，认定华容县梅田中学等91所学校达标，超额完

表15

2010年岳阳市各级各类学校基本情况

指标名称	学校(所)	教学点	毕业生数(人)			招生数(人)			在校学生数(人)			教职工数(人)		学校占地面积(平方米)	校舍建筑面积(平方米)	固定资产总值(万元)
			合计	高中	初中	合计	高中	初中	合计	高中	初中	合计	其中专任教师（人）			
总 计	2055	192	220711	31200	58657	257246	31987	56675	806175	89789	171400	54381	46768	23711162	7551604	489704.72
一、普通中学	322		89857	31200	58657	88662	31987	56675	261189	89789	171400	23576	21053	11825237	3823739	300378.24
高中	33		23032	23032		22083	22083		63543	63543		5151	4232	2931438	1158842	127465.22
初中	216		48072		48072	46210		46210	140348		140348	13379	12358	6201559	1770431	115677.55
完全中学	17		11166	8168	2998	12685	9904	2781	34471	26246	8225	2949	2525	1086603	481884	29968.42
九年一贯制	56		7587		7587	7684		7684	22827		22827	2097	1938	1605637	412582	27267.05
二、中等职业教育学校	60	5	22452			29094			72553			3475	2528	1743854	762924	63127.1
三、小学	949	187	54361			63472			356549			19755	19235	8892557	2353661	126199.38
四、特殊教育学校	6		183			236			1550			179	136	49255	23576	
五、幼儿园	718		53858			75782			114334			7396	3816	1200259	587704	

成省市计划任务5所。累计全市合格学校建设投入经费19715万元。三是素质教育研究中心建设。工程于2009年10月28日破土动工，工程规模为12层、地面建筑面积10996平方米。项目总投资预计3056万元。2010年4月28日主楼封顶。该工程被评为全省文明施工工地和岳阳市唯一的省优工程。四是职业教育基础能力建设。全年争取国家和省项目资金3000多万元，其中"职业教育二期基础能力建设项目"1000万元（岳阳县职业中专）；国家财政实训基地建设资金300万元（岳阳市第一职业中专和湘阴县第一职业中专）；首批国家级改革发展示范校1000万元（岳阳县职业中专和中南工业学校）；省职业教育重点项目建设资金1000万元。五是现代教育技术装备建设。市政府就分期建设市直中小学校现代教育技术装备建设工程和全市教学资源中心形成决议，市教育局制订建设规划和实施方案。至年底，更新市一中电脑400台，完成投资131万元。启动市直第一批建设学校的实验室和功能室的招标建设，投资100余万元。完成市直信息化建设中的基础网络、网络中心硬件、现代办公系统和资源中心项目的招投标，预算资金1600万元。

【市关工委连续3次评为全国先进单位】　2010年7月中旬，在中国关工委成立20周年暨表彰大会上，岳阳市关工委再度被评为全国先进，沈九保获全国关心下一代先进工作者称号。市关工委先后着重抓农村关心下一代工作、青少年思想道德教育、净化青少年成长环境工作等，分别在平江县等地召开农村关心下一代工作、家庭教育、创建学习型家庭、留守儿童管理教育等现场经验交流会。在全市青少年中开展"祖国在我心中"爱国主义汇演、"给总书记爷爷写封信"征文活动。依托岳阳楼、屈子祠、平江起义纪念馆等10多个青少年爱国主义教育基地，加强对青少年革命传统精神教育。开展"先忧后乐、团结求索"精神教育系列活动，开展诗词书画进校园、"家规家训进农家"、"学习陶星事迹，争做'四有'新人"等活动。市关工委一班人率先垂范，确立平江县三阳乡密岩村为联系村，筹集资金近50万元帮助村上修建"春泥希望小学"。建立基层关工委组织5600多个，发展会员6.6万余人，关心下一代网络实现全方位的覆盖。全市"五老"队伍中开展向全国关心下一代先进个人文启龙、身患绝症30年扑在关心下一代工作上的朱再保、全国优秀校外辅导员曹步植等先进典型学习活动。

【岳阳楼区被评为省教育强县市区创建工作先进集体】　2010年12月29日，在湖南省教育工作会议上，岳阳楼区被评为教育强县市区创建工作先进集体，区委书记李可波被评为全省先进个人，并在会上作典型发言。2008年，岳阳楼区被定为全省首批12个参加教育强县市区验收单位之一。该区提出"举全区之力建设教育强区"，建立健全党委政府定期议教、领导干部定点联校、工作督查定向问责等制度，出台《岳阳楼区建设教育强区工作规划及实施方案》等一系列文件，严格落实教育经费。全区3年投入8.7亿元，全面改造薄弱学校22所，重建学校2所，建设合格学校43所。实现义务教育学校零负债。在全市率先为教师发放绩效工资，并纳入财政预算。严格落实"两免一补"惠民政策，三年来免收杂费3500万元，免费提供教科书经费达1500万元，补助家庭困难寄宿生生活费22万元。让1.4万多名进城务工人员随迁子女、上岸渔民子女享受城区适龄少年儿童同等待遇。全区小学入学率、巩固率、升学率均保持100%；三类残疾儿童、少年入学率达100%；初中巩固率保持在99.8%以上。该区重视特色教育，各学校实现自主发展，全区形成以朝阳小学未成年人思想道德建设、东升小学科学教育等为代表的一大批特色办学，"一校一特色，一校一品牌"办学格局逐步形成。未成年人思想道德建设工作得到中共中央政治局常委李长春等领导的充分肯定和高度评价。

【全省课改样板校建设研讨会在岳阳召开】　2010年12月14日，省教育厅在岳阳市召开基础教育课程改革样板校建设研讨会。全省各市州教育局分管基础教育的局长、基础教育科长和年内申报的省级课程改革样板校校长以及特邀的长沙市一中、师大附中等5校校长和部分教育专家、学者到岳阳研究讨论课改样板校建设的实施方案。10多所课改样板校作经验介绍，岳阳市君山区许市中学、岳阳楼区东方红小学、平江县七中分别作典型经验介绍。与会代表现场观摩君山区许市中学，对君山区许市中学探索的开放式课堂教学模式、平江县七中推出

团市委、市希望工程基金管理中心组织青年志愿者，募集到总价值150万元食品，为农村少年儿童送去爱心大餐　（彭宏伟　摄）

的“立体导学大课堂”教学模式以及岳阳市深化教育改革，整体推进素质教育和在探索中积极推进新课程改革给予高度评价。

【岳阳市全面推行督学责任区制度】 2010年10月14日，岳阳市召开推进督学责任区工作会议，全面推行督学责任区制度，研究部署全市督学责任区工作。市教育部门制订《岳阳市督学责任区制度实施方案（试行）》，市级督学责任区按照“一县+一区+N所市直学校”的搭配原则，将全市划分为6个督学责任区，重点负责区域内高中阶段学校（含中等职业学校和民办学校）、市直学校的督导，对县市区督学责任区工作进行督查、指导。责任区督学主要实行随访督导，采取随堂听课、查阅资料、列席会议、座谈走访等明察暗访的方式开展工作，对学校推进教改，落实课程标准，教育经费投入与使用、教师队伍建设与管理等方面情况进行督查指导。

【市教师奖励基金总数达6500万元】 2010年12月24日，市教师奖励基金会召开第四届三次全体会议，回顾总结基金会成立以来特别是2010年的工作。基金会的注册资金由1000万元上升至1500万元，包括各县市区教师奖励基金总量达6500万元。市教师奖励基金会突出重点抓好教师奖励，奖金数额从2009年的28万元上升至40万元。教师节前夕，理事长梅楚波、副理事长程胜恩亲手将奖金、慰问金送到获奖者、名老和特困教师手中。基金会组织2669人参加“园丁之家”活动，走访慰问名老教师980人，慰问特困教师688人，被省民政厅评估为“AAAA”等级。

【岳阳首届“中小学求索创新奖”评选】 2010年11月11日，岳阳市首届“中小学求索创新奖”开启正式评审工作。该奖项由市政府设立，市教育局具体实施，面向全市各级各类学校的学生与教师以及科技活动组织单位设立科学创新奖项，每年评选一次。首届求索奖分为四个系列、三个学段、七个学科，有308个学生项目申报学生奖项，58个单位申报学校和教育机关奖项，109名教师申报优秀科技辅导教师奖项，206名教师申报教师专业发展奖项。12月上旬，根据市委、市政府颁发的《岳阳市中小学求索创新奖实施办法》，评审组对收到的681件材料与项目分四个系列进行评审，评出一等奖11个，二等奖17个，三等奖22个；教师专业发展奖项一等奖6个，二等奖8个，三等奖10个；学校和教育机构奖项学校6所，管理部门2所。

【全市首家“消防安全教育示范学校”授牌】 2010年10月12日，全市学校消防安全教育现场会在岳阳楼区东方红小学召开。会议围绕中小学校消防安全教育工作，对学校消防安全管理和教育提出具体要求，全面部署“消防安全教育示范学校”创建活动，并为东方红小学举行授牌仪式。全市计划用3年的时间创建一批消防安全教育示范学校，以点带面，全面提升全市中小学消防安全管理和教育能力。岳阳楼区各中小学校长或分管安全工作副校长等240多人参加现场会。与会人员现场观看东方红小学师生进行的消防疏散演习。2010年，东方红小学开展一系列安全教育活动，该校消防安全责任人、消防安全管理人、专兼职消防安全管理人员以及义务消防队全体队员都参加省、市级消防部门组织的专业培训，取得资格证。9月，被评为全市第一所“消防安全教育示范学校”。

【岳阳市教育建设投资有限公司成立】 2010年4月19日，市长专题办公会确定组建“岳阳市教育建设投资有限责任公司”，经省、市银监局率多家商业银行考察调研，确定“岳阳市教育投资有限公司”为一类融资机构。9月18日，市教育局召开党组会议，就成立岳阳市教育投资公司等有关问题进行专题研究。该公司办好工商注册登记所有手续、新租赁办公场地、完成公司管理层的组织机构、召开第一届第一、二次董事会，讨论并通过公司的人事任免和经营范围以及公司组织机构、财务管理制度、投资的方案和员工薪酬等问题，签订市十五中学等12个单位建设投资约1亿元的协议，完成各建设单位的设计图纸，图审完毕后进入报建程序、办结与市一中学的贷款担保与反担保相关法律文本、与交通银行、商业银行等金融机构达成融资协议。全年融资1亿元，全部用于教育。

【自编中小学《环保教育读本》出版发行】 2010年9月中旬，岳阳市自主编制的《环保教育读本》（简称《读本》）出版发行，免费发放到城区各中小学校，各县市区学校，城区学校环境教育纳入教学计划，每学年教学将不少于12课时。市教育局7月开始全面启动编写工作，《读本》参照建设“全国文明城市”的要求，以《中小学环境教育专题教育大纲》和实施指南为纲，突出岳阳的地域特色，强调学生的实践能力，紧密结合当今社会的环保理念。教材根据中小学生的不同认知能力，分小学低年级、小学高年级、初中段、高中段四个版本，小学生读本注重环保科学基础知识的教育，初中生读本以传播环保理念为重点，高中生则更多的倾注对岳阳市的环保现状的探讨。作为中小学全面实施素质教育的重要内容之一，《环保教育读本》发放后，教学任务将由各中学地理学科教师，小学自然学科教师承担；学校可根据学校实际安排授课；课时工作量按地理（自然）学科课时工作量同等对待。

【市八中更名为岳阳市外国语学校】 2010年8月24日，市教育局局长王志明带领市教育局部分科室负责人来到市八中召开现场办公会，他指出八中的发展要有新思路，走特色办学道路。市八中历来倡导外语特色教育，要以这次《纲要》中关于扩大教育开放，培养具有国际视野、通晓国际规则、能够参与国际事务和国际竞争的国际化人才等要求，进一步提升办学品位，做好“学校特色”向“特色学校”的转变，力争把八中创办成岳阳地区唯一一所公办外国语学校。9月，岳阳市外国语学校正式成立，下学期招收初一新生60人。

【岳阳教育国际交流】 2010年5月，第五中学英语教师王茂被选拔赴美任汉语教学志愿者，任期一年。3月，与英国大使馆文化教育处合作举办听力教学等6场英语教师系列讲座。6月，市第九中张小桐、赵泽琦、徐冰一，弘毅中学沈扶阳、李梦依5名学生通过选拔赴新加坡中华中学留学。8月，市十五中学英语教师黄迎辉、岳阳县一中英语教师余荣霞参加省教育厅与乔治福克斯大学联合主办的省部分示范性高中英语教师为期15天的美国访问交流活动。8月，受英国大使馆文化教育处的邀请，岳阳市国际教育交流服务中心主任万志勇参加上海世界博览会“中英政策对话——与中国开展英国教师教育领域富有成效的合作”会议。8月，市十四中学英语教师党群芳、宋衍霖、钟馨璇、张向猷、罗皓玮、许嗣岳等5人参加省教育厅组织全省部分示范性高中学生赴美15天的访问交流活动。9月，市十中语文教师张妍被国家汉办与新加坡教育共同选拔为“赴新加坡汉语教学志愿者”。

（本栏撰稿 陈仁和 李像谦 喻润池）

基础教育

【幼儿教育】 2010年，全市有幼儿园907所，其中审批幼儿园482所，试办幼儿园336所，中心幼儿园105所，省级示范幼儿园3所，市级示范幼儿园30所，公办幼儿园102所，民办幼儿园716所，城区幼儿园354所，农村幼儿园464所，在园幼儿114334人，3～5岁幼儿入园率达51%。在园幼师7396人。汨罗市出台《汨罗市幼儿园等级评估方案（试行）》，10月，组织对自主申报的35所幼儿园进行首批等级评估，评出二星级幼儿园3所，一星级幼儿园14所。湘阴县加大打击非法办园力度，取缔非法幼儿园9所，处置违规接送车辆16台。12月，岳阳楼区被省教育厅评为全省学前教育先进县区。

【市直机关三幼儿园出席全国幼教论坛会】 2010年12月26日，市直机关第三幼儿园园长周斌代表省幼儿教师参加第十七届“华夏园丁大联合——徽文化之旅”教育论坛，他在大会上题为《浅谈陶行知幼儿教育思想的时代价值》典型发言，入选《华夏原园丁论文集》。该园以《幼儿早期阅读与识字的策略研究》申报市级规划课题，被市教科院评为规划课题研究“先进单位”。该园重视提升师资队伍的素质和能力，采取“请进来、走出去”的形式，于7月～9月请专家对老师进行幼教知识技能方面的培训；选派16名教师分别到北京、珠海、深圳、武汉、长沙等地幼儿园参加业务培训，在园内开展教学竞赛和园本培训。先后被评为“字宝宝乐园”实验园、“爱国主义教育”基地、“花儿朵朵英语”省级示范园和“多元智能探索”实验园，为市级示范幼儿园。

【岳阳楼区学前教育获省学前教育先进县区称号】 2010年12月，岳阳楼区学前教育被评为省学前教育先进县区。该区一是办园条件明显改善。年内取缔6个学校的学前班，停办5家幼儿园。投入600余万元新建和改造幼儿园。新办益智幼儿园、聪明树幼儿园、快乐abc幼儿园、英杰幼儿园。益智幼儿园投入资金400余万元，基本实现办园条件的标准化、童趣化和现代化。重点改造和扩建梅溪中心幼儿园、实验幼儿园、清华园幼儿园、糖粒子幼儿园。二是园务管理逐步规范。相关职能部门坚持依法治教，强化监督检查等手段。区教育局建立岳阳楼区幼儿教育网络管理系统，初步实现信息化管理。新认定蓓蕾天伦园等7所幼儿园为岳阳楼区示范性幼儿园，推荐3家幼儿园参加市级示范性幼儿园的评估。4月，配合卫生防疫部门进行甲流防控专项督查。5月，岳阳楼区政府办组织开展幼儿园及周边治安环境综合治理行动，下达整改通知书132份，停办通知书32份。配合交警部门上路督查园车运营情况，统一更换幼儿园园车标识。三是队伍建设稳步推进。8次邀请幼教专家到该区开展资源包教学培训，培训幼师5000人次。选送23名园长和骨干教师外出学习培训。统一使用幼儿园教学用书和幼儿学习资料，加强对多元整合教育活动资源包的研究和推广。11月，组织各片区开展资源包的教学竞赛活动，选取20个教学活动进行展示。簕杜鹃金湖园、蓓蕾幼儿园被评为“湖南省民办特色实验幼儿园”。全区有幼儿园180所、幼儿17970人，年内评出103名学前教育先进工作者、20个学前教育先进单位。

【中小学教育】 2010年，全市有小学949所，教学点189个，在校学生35.66万人，教职员工19755人；有初中216所，普通高中33所，完全中学 17所，九年一贯制学校56所，

新路口小学开展千人诵诗活动 （彭宏伟 摄）

在校在初中生17.14万人，普通高中学生89789人，中学教职工54381人。岳阳市高考成绩在全省排名第3，21人上清华、北大，许市中学经验在全省推广，全省基础教育工作现场会在岳阳市召开。推进新课程课堂教学改革，组织开展形式多样的课改教研活动。组织“金鹗奖”教学竞赛，有21个学科334名教师参加决赛，16人获“金奖”。组织全市小学科学、中学化学、生物等学科的教师创新大赛，组织农村远程教育的“三模式教师教学竞赛”。中小学教师多媒体课件制作竞赛等多种教研活动。

【省第31届青少年科技创新大赛】 2010年4月16～19日，湖南省第31届青少年科技创新大赛在长沙市一中举行。岳阳市代表队9名学生代表参赛，获得8金、13银、21铜的好成绩，有7件作品进入湖南省代表队参加在广州举办的全国第25届青少年科技创新大赛。分别是汨罗市一中的《城市低洼立交坡道转位式导水辊横向引流装置》、汨罗市二中的《汨罗市三江镇麒麟瓜种植的调查与分析》、平江安定中学的《睿思家长助手》、岳阳县洞天观学校的《未来的树》、临湘二小的《相聚火星》、岳阳县洞天观学校的《未来的树》、临湘二小的《相聚火星》、华容县实验初中的《智能棉花收获机》。3月6～8日，岳阳市第31届青少年科技创新大赛在市教科院举行。参赛项目300项，其中：优秀项目107项、优秀科技实验活动39项、优秀少儿科学幻想绘画144幅、优秀电脑软件和科学DV共2件、教师优秀科技作品8件。经评审委员会认真评审和公示，评出优秀项目一等奖27项、二等奖11项、三等奖21项；优秀电脑软件一等奖1项、优秀科学DV1项；优秀科技教师作品一等奖2项、二等奖3项、三等奖3项。

【湖南省中学生独唱、独奏、独舞比赛在岳阳举行】 2010年10月27日至11月31日，湖南省“三独”比赛分别在市十四中、岳阳市华洋舞蹈学校举行。岳阳市获省一等奖8个、省二等奖5个，市教育局获优秀组织奖。8个一等奖分别是：市七中何瑞俐获高中组独唱一等奖，汨罗市一中蒋诚钰、岳阳市一中胡伊媛、华容县一中刘静璇获得省高中组独舞一等奖，岳阳市十四中白雪琳子、钟馨璇、岳阳中学肖杰予、华容县一中蔡益获省高中组独奏一等奖。

【岳阳第十一届青少年航空航天航海模型竞赛】 2010年5月22日在岳阳楼区花板桥学校举行，全市56个代表队457名运动员参加6010、6025陀螺仪直升机模型基地飞行，嘉年华豪华游轮模型航向赛，“天鹰一号”模型火箭，杭州号驱逐舰模型航向赛等19个项目的竞赛。汨罗市教育技术中心、汨罗市一中、岳阳市十四中等单位获优秀组织奖、28名科技辅导员被评为优秀科技辅导员，许天成、朱茗茗、罗章一等288名运动员，分别获一、二、三等奖。一等奖81名，其中汨罗市教育系统占50名。

第21个“全国助残日”，岳阳市爱心助残志愿者协会长江行动在巴陵广场隆重举行启动仪式　（彭宏伟　摄）

【“我是90后”读书征文活动评选揭晓】 2010年8月30日，全国青少年五好小公民主题教育“我是90后”读书征文活动评选揭晓。岳阳市教育局关工委、岳阳楼区教育局关工委获全国先进单位，岳阳市四中、岳阳楼区朝阳小学、临湘市三完小获全国示范校称号，市教育局关工委傅冠华获优秀工作者称号，岳阳市四中学生彭一力获全国征文特等奖，学生张驰等39人获全国征文一等奖。

【未成年人心理健康辅导站成立】 2010年8月12日，岳阳市未成年人心理健康辅导站挂牌成立。市领导徐新启、隋国庆、柴小平，市关工委主任方贵吾出席挂牌仪式。市委常委、宣传部部长徐新启作重要讲话。辅导站以市“生命线”心理咨询工作室为依托，由市文明办、市教育局、团市委联合主办，面向全市未成年人实施心理健康教育和开展心理咨询服务的纯公益性机构，免费为未成年人提供心理援助。辅导站开设心理热线室、心理咨询室和生命线心理咨询网。有扈立珊、郭玉良、张腊荣、万楚益、唐智辉、陈红、王芳、杨小曲等在职专业医师、教师以及若干志愿者为首批心理咨询师。辅导站接待家长、学生咨询达1100余人次。

【岳阳全国“十佳百优”小记者赴京受奖】 2011年1月21～25日，岳阳小记者团14名小记者代表进京参加全国“十佳百优”小记者评选颁奖活动暨第四届全国小记者代表大会。东升小学的陆静怡获得全国“十佳”小记者光荣称号，民院附小的蔡宇昂获得全国“百优”小记者称号，市九中的胡梦贤等16名小记者获全国优秀小记者称号，岳阳小记者团获全国小记者培训活动优秀组织奖。岳阳小记者团成立于2009年，有在册小记者1000余名，市直各中小学都有小记者站，2010年8月全市有43名小记者应中国小记者活动中心邀请参加全国“千名小记者观世博”活动。

（本栏撰稿 陈仁和 李像谦 喻润池）

特殊学校教育

【概 况】 2010年，全市有公办特殊教育学校6所，民办特殊教育学校1所，有残疾学生1550人（不含随班就读生），教职工179人。

4月，岳阳市特校承办“湖南省聋校校园文化建设研讨会”，并在会上作典型经验介绍。该校教学教研成绩突出，老帅刘芳的《影响聋生健康成长因素的研究》取得阶段性成果。5月28日，市政府在开展“平安生活无弱者”活动中，在市特殊学校挂牌成立岳阳市首个消防特殊教育基地，并聘请2名兼职教师。7月，中央财政拨款380万元，为岳阳市残疾学生兴建“康复楼”。平江特校省“十一五”期间立项课题《构建聋校生活教学课堂模式，提高学生的应用能力》于12月22日结题。教师的2篇论文在国家级刊物上发表，5人论文获省级奖，6人获市、县级奖。华容县特校老帅王雨明的论文《农村随班就读聋哑儿童语文教学指导》在全国新课程教学论文赛中获一等奖，郭燕的论文《试论聋哑青少年人格障碍的调试》、《浅谈聋生语言训练的几个问题》分获省特赛一、二等奖，校长严一平主持的《聋哑学生心理教育的研究》课题。岳阳县特校开展的省级课题《对农村聋生进行自强精神培养的研究》于12月通过省级课题验收。教师的15篇论文获省、市奖。在省特殊教育论文评比中，汨罗市特校教师甘小红、吴志贤、吴素峰、胡琳获省一等奖，傅胜华、袁志红、邹东阳获省二等奖。

【中央财政资助380万元建残疾学生康复楼】 2010年7月，中央资助残疾儿童康复楼建设项目资金380万元全部到位。市教育局2008年4月正式向中央申报康复楼项目，以市特殊教育学校作为项目学校，由岳阳市教育建设投资资产管理中心负责筹划这一项目的落实，并作好前期系列工作准备。一是完成项目的立项、可行性研究论证；二是完成环境影响评估报告、地质灾害影响评估报告；三是委托湖南长沙中荣设计工程有限公司进行项目设计，与核工业岳阳工程有限公司签订地质勘探合同，与湖南长沙雨花设计工程有限公司签订《岳阳市景区特殊教育学校康复楼建设评审方案》合同；四是10月15日由市园林局组织省市相关专家对岳阳市景区特殊教育学校康复楼建设方案进行评审，确定康复楼建设选址并对康复楼建设方案提出修改意见，规划和园林部门表态认可。11月5日完成项目建设方案和施工图审查手续。11月底完成项目的建设及投标手续。该项目正式动工。

（本栏撰稿 陈仁和 李像谦 喻润池）

中等职业技术和成人教育

【概 况】 2010年，全市职业学校招生28805人，其中全日制学生20355人、非全日制学生8450人，普通高中招生31278人。职成教育争取国家和省项目资金3000多万元。岳阳市先后代表湖南省参加教育部在重庆举行的职业教育城乡统筹协调会议和沈阳举行的终身教育工作会议，中南工业学校校长张文兵作为全省7名代表之一，参加在人民大会堂举行的全国教育工作会议，受到胡锦涛总书记和温家宝总理的亲切接见。岳阳职教利用专业建设评估，调整布局，优化结构的经验在全省推广。

（陈仁和 李像谦 喻润池）

【岳阳职教集团加大力度对接产业】 2010年12月30日，岳阳职业教育集团召开2010年年会暨服务地方经济建设研讨会。教育集团96个成员参加会议，副市长隋国庆出席会议并讲话。岳阳职业教育集团自2009年成立以来，建成中央财政支持的数控机床等实训基地3个，湖南省应用电子技术和石油化工生产技术等教师专业技术教学水平认证培训基地3个，以集团和各院校为依托，累计完成培训任务达158655人。其中面向企业、农村、社区开展高技能人才培训、农村劳动力转移培训、下岗职工再就业培训和创业人才培训13万人次，中石化、省农业厅培训28655人；面向中职教师培训260人次；面向社区和医药行业继续教育培训3000人次，面向学生开展技能考试培训14562人，累计培训收入超过8000万元。

（陈仁和 李像谦 喻润池）

【全市中等职业学校教师教学能力竞赛】 2010年10月24～25日，市教育局在湘阴县第一职业中专举行全市中等职业学校教师教学能力决

中南工业学校与深圳乐荣集团校企合作项目揭牌仪式 （丁耀华 摄）

中南工业学校技能节颁奖仪式 （丁耀华 摄）

赛。选手分别参加各县市区和各职业学校的预赛、复赛。全市100名选手参加决赛。经过评委认真、细致的评审，湘阴县第一职业中专刘胜令等6名教师获一等奖，岳阳市湘北女子职业学校姜芬芳等12名教师获二等奖，岳阳市网络工程职业学校朱立霞等34名教师获三等奖。

（陈仁和 李像谦 喻润池）

【岳阳市中等职业学校学生春、冬季职业技能竞赛】 2010年4月6～8日，岳阳市中等职业学校春季技能竞赛分别在中南工业学校、岳阳县职业中专、临湘市职业中专三个赛点举行。全市26所中职学校，225名选手参加5个专业大类19个项目的比赛。经角逐，评出团体奖9个，其中：一等奖2个，分别是岳阳县职业中专、中南工业学校；二等奖3个；三等奖4个；优秀组织奖6个。优秀指导教师奖102人。学生个人奖若干。10月22～24日，市教育局在湘阴县第一职业中专学校举行2010年岳阳市中等职业学校冬季技能竞赛。27个学校代表队的173位选手参加6个专业7个项目的角逐，经评审，评出团体9个，其中湘阴县第一职业中专、岳阳市湘北女子职业学校获一等奖；二等奖3个；三等奖4个；优秀组织奖10个；优秀指导教师奖91人；学生个人奖104人。

（陈仁和 李像谦 喻润池）

【湘阴县4年培养近万名技能型人才】 2010年12月统计，湘阴县职教中心成立4年来，培养技能型人才9600多人次，为建设教育强县、发展县域经济和推进社会主义新农村建设发挥极其重要的作用。该中心由政府主办，以县第一职业中专为龙头、逐步整合全县职教资源而建立起来的，是一所集劳动者职业技能素质提升、农村劳动力转移培训、扶贫开发和普及高中阶段教育的统筹协调和管理机构，转移培训农村劳动力1.2万多人次，职工继续教育培训4000多人次，再就业培训5000多人次，农村实用技术培训1.5万多人次。10月22～25日，“岳阳市中等职业学校冬季技能赛”、“岳阳市中等职业学校教师教学能力竞赛”均在湘阴县第一职业中专学校举行，湘阴县第一职业中专获学生冬季技能赛团体一等奖，教师教学能力竞赛中6名一等奖获得者中，湘阴县第一职业中专有刘胜令、肖光华获一等奖。

（陈仁和 李像谦 喻润池）

【市计算机学校对口高考蝉联全市“十连冠”】 2010年，岳阳市计算机学校对口高考108人参考，106人上线，进入全市职业对口高考第一的成绩，有3名考生的成绩进入全省前十名。岳阳计算机学校自1995年创办以来，坚持学生对口高考和就业的办学模式，10多年来为高校输送近2000名新生，学校对口升学考试上线率连续10年蝉联岳阳市同类学校之最。

（陈仁和 李像谦 喻润池）

【湖南省技工大赛在中南工业学校举行】 2010年9月10～15日，湖南省技工院校大赛在岳阳中南工业学校举行，全省有15个职业学校的49名选手参赛车工、焊工、装配钳工、无线电调式工和机电一体5个工种，经角逐，中南工业学院学生获5个一等奖，7个二等奖，3个三等奖，1个优秀奖和3个团体奖，该校获省团体总分第2名。11月4～9日，该校学生在省数控技能竞赛中，学生王时雨、朱玲波夺取第1名、第4名，并获省技师资格证。

（陈仁和 李像谦 喻润池）

【岳阳15021名中职学生领到资助卡】 2010年1月28日，岳阳市学生资助管理中心联合市财政局，在岳阳市工商银行为市直15021名中职学生统一办理“中职学生资助卡”，并到各校现场发放。2010年秋季学期750元的助学金通过国库集中支付打入“中职学生资助卡”。

（陈仁和 李像谦 喻润池）

【中南工业学校举行与深圳乐荣公司“校企合作项目”揭牌仪式】 2010年10月22日，中南工业学校与乐利精密工业（深圳）有限公司（以下简称深圳乐荣公司）举行“校企合作项目”揭牌仪式。深圳乐荣公司总经理李建铭和中南工业学校校长张文兵互换《捐赠书》和《接受书》文本，岳阳市副市长隋国庆和李建铭一起为“校企合作项目”揭牌。公司捐赠中南工业学校线缆加工与组成生产线项目，其生产的产品涵盖各类电子电器连接线缆、汽车配线等领域。通过该生产线的实践教学，使中南工业学校模具、机电和电子专业的学生，更好的认识现场生产中的注射机和押线机等机电设备的结构原理、使用与维护、生产安全操作规程，了解深圳乐荣公司相关的生产产品，提高学生的专业动手操作能力。 （龚娅娟）

【岳阳市基层管理人员通用管理能力培训班在中南工业学校举办】 2010年11月27日～30日，市总工会组织的岳阳市基层管理人员通用管理能力培训班在中南工业学校举办，全市10余家单位的班组长及基层管理人员参加培训。培训课程有：优秀管理者的管理能力、如何轻松当好管理者、如何打造高效团队等。此次通用管理能力认证具有国际权威的职业管理素质标准，通过系统培训，一大批懂技术、会管理的基层管理人才脱颖而出，对提升企业管理素质与水平、提升企业核心竞争力、促进企业创新发展，起到积极作用。（龚娅娟）

【中南工业学校与中联重科签署联合办学协议】 2010年12月22日，中南工业学校与全球工程机械制造领军企业——中联重工科技股份有限公司签署联合办学协议。自2003年起，中南工业学校向中联重工输送近500名高素质技能人才。中南工业学校和三一集团、中国石化集团、中国化学工程建设公司、中国水利水电八局、上海石化安装检修工程公司、富士康科技集团等50多家国内知名企业建立校企战略伙伴关系。（龚娅娟）

高等教育

【概 况】 2010年，全市有高校5所。普通高校1所：湖南理工学院，有教职工1683人，其中专任教师1072人，具有正高级技术职称110人，副高级技术职称 293人；具有博士、硕士学位543人；有省院士专家咨询委员会委员1人；博导、硕导60余人；另有外籍教师25人；在校学生20756人（含独立学院），有来华留学生51人。学院有18个院（部）41个专业。3所职业学校：岳阳职业技术学院，有教职员工1115人，其中教授、主任医师42人，副教授、高级工程师221人，双师型教师350人。学院有7系（院）、2部、5所、3实体，依托企业建有1个产学研联盟、1个工程技术中心。学院开设机电一体化专业28个，有在校学生13017人，继续教育学生4600余人，每年对外开展各类培训约4万余人。湖南民族职业学院，有教职工440人，其中专业290人。正副教授156人，在校学生5800人，其中有24个少数民族学生120多人，设19个专业。湖南石化学院，有教职工160人，其中副高级43人，在校学生3380人，有电器自动化技术专业等14个。成人高校1所：岳阳电大，有教职工146人，在籍学生14198人，其中开放教育学生1.07万人。岳阳电大突出开放教育特色，巩固发展“一村一大”办学成果，全年招收“一村一大”学生5099人，毕业992人，有开放教育学生6033人。在市“五创”提质活动中，该校成功开展社区教育，有130个社区建立社区教育基地，成立社区开放教育学校。培训了300名文明素质教育宣传员和276名社区书记、主任。由社区大学参与组织的“终身学习读书周”活动受到教育部的通报表彰。

（陈仁和 李像谦 喻润池）

【岳阳市高校毕业生创业基地挂牌】 2010年4月30日，岳阳市高校毕业生创业基地在汴河街正式挂牌。第一批经过层层选拔、经过培训的31名高校毕业生开始创业实训。市领导郭振斌、余炳锐、隋国庆和省人力资源和社会保障厅等相关部门领导出席揭牌仪式。大学毕业生在实训期间实行优惠政策，免费提供创业指导，免费办理工商登记注册和税务登记，免费提供经营场地，免费提供流动资金，享受社会保险补贴。在基地内部统一货源采集，一店一品牌，统一挂牌上岗，统一服务管理，并指派专门老师进行为期6个月的“一对一”跟踪服务指导。8月25～27日，市委组织部在市委党校举行大学生创业培训，有149名大学生村官接受3天的创业培训。岳阳市选聘高校毕业生任村官，通过创业培训村官见习、项目指导、资金扶持等多种途径，积极为大学生“村官”创业富民创造条件、搭建平台，取得了明显成效。全市举办各类创业培训23次、培训大学生“村官”584人次，为12个项目发放小额贷款50多万元。有香菇种植、黄牛养殖、柑橘加工等14个大学生“村官”创业项目，总投入340多万元，项目创收120多万元，带动近300名农村青年实现就业创业。（陈仁和 李像谦 喻润池）

【5名大学生村官受省委表彰】 2010年11月9日，在全省优秀大学生“村官”表彰大会上，岳阳市大学生“村官”方淼被评为全省创业富民之星，童勋海、张力、汤美、黎扬被评为全省优秀大学生村官。丁小红等5名大学生村官获得“燃烧青春·奉献基层”主题征文优秀奖。近3年来，全市选聘360名优秀高校毕业生到村任职。市委组织部、团市委牵头建立大学生“村官”工作联席会议制度、“3+1”领导帮带制度，成立大学生“村官”团组织和导师团，通过举办创业成才培训、学习考察、经验交流、素质拓展训练等形式助大学生“村官”立足农村快乐成长。全市大学生“村官”中有5人被推选为村党支部书记或村委会主任，65人担任村党支部副书记或支部委员会委员，86人被各级党政机关录用为公务员，36人创办

岳阳市优秀大学生“村官”表彰大会（谢湘波 摄）

致富项目。

（陈仁和　李像谦　喻润池）

【湖南理工学院4项成果获省2009年度科学技术奖】　2010年3月24日，省政府发布《关于2009年度湖南省科学技术奖励的决定》，湖南理工学院4项成果榜上有名：易健民教授与岳阳华远环保科技有限公司联合申报的“环已酮皂化废碱焚烧处理技术开发”获技术发明奖三等奖，唐课文教授的“手性溶剂萃取技术分离药物对映体研究”获自然科学三等奖，陈进教授与岳阳千盟电子有限公司联合申报的“QMTJXT炼焦过程自动化学管理控制系统”，隋国庆教授的“《名家名作中的为什么》（自然科学卷）”分别获科技进步奖三等奖。

（李志美　喻润池）

【湖南理工学院获批为新增立项建设硕士学位授予单位】　2010年4月21日，国务院学位委员会同意湖南理工学院实施2008～2015年新增硕士学位授予单位立项建设规划，新增立项建设硕士学位授权学科分别是化学工程与技术、信息与通信工程、中国语言文学，3个支撑学科分别是数学、机械工程、马克思主义理论，标志着湖南理工学院学位与研究生教育迈出里程碑意义的一步。

（李志美）

【湖南理工学院青年教师成功设计世博会戴尔馆】　2010年5月6日，由湖南理工美术学院青年教师周闻宇设计的戴尔体验馆迎来大批参观者。戴尔公司是2010上海世博会美国国家馆计算机赞助商。戴尔体验馆位于上海浦东新区太平洋数码广场三期，馆所面积为204平方米。周闻宇应邀出席该馆开馆仪式。起初有3家公司竞争这个设计项目，都是戴尔的长期合作伙伴。在强大的竞争对手面前，周闻宇创办的“虫二工作室”，以适切、新颖的设计理念，提交一套颇具特色、与众不同的方案。设计方案充分体现戴尔公司“世界是圆的——每个人都是世界的中心”的品牌口号，更能体现计算机联系人们一切生活的理念，同时兼具时代感和高科技特征，在多个设计方案中脱颖而出。

（李志美　喻润池）

【湖南理工学院在第四届“挑战杯”省大学生创业计划竞赛中获奖】　2010年4月24日，在湖南省第四届“挑战杯”大学生创业计划竞赛决赛中，湖南理工学院获团体总分第10名，并捧得本届赛事“优胜杯”。该校有10件作品参加本届“挑战杯”终审决赛，其中春色满墙壁画工作室获金奖，岳阳楼区翔艺培训中心、艾科尔（ikeer）网络信息采编服务有限公司获银奖，黑带文化传播发展有限公司、慧友RFID家校通服务有限公司、金点子创意股份有限公司、亲水俱乐部创业策划、湖南Re-charge有限责任公司、湖南安信电器责任有限公司获铜奖，乐帮大学生服务有限责任公司获优秀奖。

（李志美　喻润池）

【湖南理工学院5项教学成果获省级教学成果奖】　2010年10月20日，省教育厅公布2010年度湖南省高等教育省级教学成果奖评审结果，湖南理工学院5项成果获奖。分别是：彭时代主持的“地方本科院校家庭贫困学生就业能力提升的研究与实践”、唐课文主持的“地方院校依托学科建设，产学研结合，培养化工类高素质应用型人才”等2个项目获二等奖；邱绍雄主持的“广告学专业实践教学特色的研究与实践”、卢先明主持的“依托中国传统文化增强高校思想政治教育实效性的研究与实践”及钟华主持的“地方高校实践育人人才培养体系的探索与实践”等3个项目获三等奖。

（李志美　喻润池）

【湖南理工学院《云梦学刊》进入CSSCI“扩展核心期刊”】　2010年7月2日，根据《中国人文社会科学期刊学术影响力报告》（中国社会科学出版社2009年4月第1版，苏新宇主编）提供的报告：湖南理工学院的《云梦学刊》进入《中文社会科学引文索引》（CSSCI）社会科学综合类扩展核心期刊。进入CSSCI来源期刊的具体划分结果是：权威期刊30种，约占中国人文社会科学期刊总数的1%；核心期刊423种，约占15%；扩展核心期刊168种，约占6%。这三类期刊共621种，约占人文社会科学期刊总数的22%。

（李志美）

【湖南民院被教育部确定为西藏幼师培养基地】　2010年，根据中央关于3年为西藏培养2万名幼儿教师的指示精神，教育部经考察确定湖南民族职业学院为承担培训任务的全国5所学校之一。9月5日和10日，80名来自西藏7个地区的藏族学生分2批到湖南民族职业学院，在学前教育系接受为期3年的专业培训。

（王　平）

湖南民族学院第一届党代会召开　（湖南民族学院　供稿）

【湖南民院组队参加全省少数民族运动会】 2010年11月2～9日，湖南民族职业学院代表岳阳市组队参加全省第七届少数民族传统体育运动会，20名少数民族学生运动员参加高脚、板鞋、毽球、蹴球、射弩等5个比赛项目和1个表演项目的角逐，经过顽强拼搏，取得表演项目金奖1个，比赛项目获银牌2枚、铜牌2枚、2个第4名、1个第5名、团体总分获全省第8名。获得“体育道德风尚奖”，田莲、姚梦群、宁学沛被评为优秀运动员，李京平被评为优秀裁判员。 （王 平）

【湖南民院“模拟市场”提升学生创业创新能力】 2010年11月1日，湖南民族职业学院首届大学生创业“模拟市场”在校园举行。“模拟市场”极具民族特色，有西藏店，各种少数民族饰品、用品应有尽有，引来众多学生、教师购买。学校创办一个仿真的市场，让学生通过创办各类企业，经营各种商品，综合实践所学各门知识，真正做到学以致用。该课程目前正全力准备，提升实训质量，将冲刺省级精品课程。“企业经营模拟市场”最早是市场营销的实训活动，有更多的学生参加进来，成为一个全校性品牌活动。有摊位18个，其中作为市场营销专业实训的摊位11个，由经管系2009级35名学生参加；非实训摊位7个，由全院各年级学生不同专业的学生竞标夺得。这种综合实训让学生实践所学知识，提高综合运用能力；强化市场意识、法律意识和团队意识；为学生积累企业经营管理能力，提升就业能力。

（陈仁和 李像谦 喻润池）

【岳阳市医药产业产学研战略联盟年会在岳阳职院召开】 2010年12月15日，岳阳市医药产业产学研战略联盟2010年年会在岳阳职院召开，总结战略联盟成立半年多来的成绩，决定市科技局协助联盟在2011年组建一个重点实验室，一批工程技术研究中心和研究所，申报并认定一批高新技术企业，评审和建立一批科技成果，申报争取一批国家、省级项目。副市长隋国庆宣布岳阳职院为战略联盟牵头和组织单位。市生物医药产学研联盟成立于5月25日，湖南中南科伦药业有限公司、湖南赛隆药业有限公司、岳阳康尔医药有限公司、湖南健明药业有限公司、湖南科伦制药有限公司、湖南尤特尔生物有限公司、岳阳同联药业有限公司、湖南乐邦制药有限公司、湖南景达生物工程有限公司、湖南紫光古汉南岳制药岳阳基地等企业的老总，与数十名专家教授一起参加成立大会。产学研战略联盟的成立，对推动全市生物医药的进一步快速发展，将产生重大影响。

（陈仁和 李像谦 喻润池）

【岳阳市阳光老年服务机构落户岳阳职院】 2010年12月13日，市委常委、常务副市长郭振斌率国土、规划、卫生等部门负责人到岳阳职业技术学院就学院老年护理实训中心建设及组建阳光老年服务机构等工作进行调研。老年护理实训中心位于岳阳楼区北港乡奇家村，占地面积7.53公顷。项目建设规模3.646万平方米，总投资约9000万元。为保证老年护理实训中心基建工程顺利进行，减少老年实训护理中心的报建和营运费用，岳阳职业技术学院与市国资公司签订合作意向书，共同建设老年护理实训中心，拟组建岳阳市国泰阳光老年服务有限责任公司。郭振斌一行进工地、看图纸，仔细了解老年护理实训中心的建设和开展情况。郭振斌代表市委、市政府表示，同意由市国资委与岳阳职业技术学院共同组建岳阳市国泰阳光老年服务有限责任公司，同意土地变性专用于养老项目建设，各级各部门要积极配合和支持，项目的建设要严格依法办事，严格按程序，严格实行预算审核制度，严格实行公司化运作。

（陈仁和 李像谦 喻润池）

【湖南石化学院推荐学生就业】 2010年，湖南石化学院甄别筛选45家企业到校举办专场招聘会，推荐学生1100多人，其中国有全资或国有控股企业13家，录用学生317人，占推荐学生的30%，基本上录用在中石化、中石海、中海油和石化集团公司的下属企业，中石化新疆塔河石化公司首次来学院招收全民身份职工。全年建立长期招工关系的企业19家，录用学生占50%。武汉石化安检公司、中铁五局重工公司、浙江美福石化公司、重庆金维实业有限公司、湖南吉祥石化有限公司、浙江嘉兴港区国家级化工园与学院签订委培协议，有240名委培学生，总计签订委培订单610名。

（陈仁和 李像谦 喻润池）

【湖南石院培训中心迁新址】 2010年9月9日，湖南石化培训中心由长炼中学东门迁移到五山包幼儿园西侧新的培训基地。中心投资200万元，有固定教职工11人，基地设施齐全，中心可容纳400多人培训。新址刚刚投入使用，来自长炼催化剂长岭分公司、长隆公司等单位43

澳大利亚科克本市代表团访问岳阳职业技术学院 （严武森 摄）

高考期间家长在校门口等待考生 （彭宏伟 摄）

名学员参加计量员培训。湖南石化职院培训中心作为学院从事职工培训和职业技能鉴定的主管部门，具体负责面向企业职工和在校学生的职业培训和职业技能鉴定的组织管理、实施及服务。近年来，培训中心为长岭化工系统各单位培训职工近4000人次，组织职业技能鉴定1000多人次；协助分公司开展“炼塔杯技术比武”，组织学院教师参与企业科研和技措技改项目，为长炼人力资源的开发和储备提供有力保障。

（陈仁和 李像谦 喻润池）

【中央电大专题调研岳阳“一村一大学生计划”】 2010年10月19日，中央电大和省电大专家专题调研岳阳市“一村一大学生计划”实施情况。岳阳市于2005年1月开始实施“一村一大学生计划”试点。截至2010年9月，全市电大招“一村一名大学生”5099人，毕业992人。同时开展非学历教育，为岳阳市培养1万余名一技多能的高素质新型农民。专家调研组考察岳阳电大教师队伍，听取“一村一大计划”汇报，观看专题片，检查该校教学设施设备、查阅教学管理支撑材料，参观岳阳电大新校园。通过与师生座谈，参加实践教学和观摩专题讲座与网上教学活动，专家们对岳阳电大“一村一大”工作给予充分肯定，认为该校基础扎实、支撑材料丰富，实施“一村一名大学生计划”走在全省前列。

（陈仁和 李像谦 喻润池）

【岳阳电大开放教育招生列全省第一】 2010年10月26日，市长黄兰香到岳阳广播电视大学调研时要求，当好“构建终身教育体系”中的骨干力量，让这所“没有围墙的大学”为岳阳经济社会发展培养更多实用人才。岳阳电大创办30年来，大力发展社区教育、继续教育、农村教育、开放教育，先后开办专业50多个，紧贴地方经济社会发展需要，培养近10万名实用型人才。该校积极开展以“一村一名大学生计划”为重点的人才培养工程。2010年开放教育招生6027人，在全省电大中排名第一。在社区创办社区教育基地130个。该校网络学习中心实现与中央、省电大的连接，远程教育环境居于全市各类学校领先位置。

（陈仁和 李像谦 喻润池）

责任编校 王 艳

文化·新闻

CULTURE · NEWS

社会文化

【文化体制改革】 2010年，按照省、市统一部署，岳阳市积极稳妥地开展文化体制改革试点工作。在行政机构改革方面，市委、市政府撤销原市文化局、市广播电视局、市新闻出版局，将3局行政管理职责整合划入新组建的市文化广电新闻出版局，加挂市版权局的牌子（简称市文广新局）。平江县率先启动县级文化体制改革，组建平江县文化广电新闻出版局。在演艺团体改革方面，推进文艺演出团体改革，市文广新局按照“一院三团”的构想，着手整合市巴陵戏剧团、市花鼓戏剧团和市歌舞团资源，组建岳阳巴陵戏艺术剧院。在文化企业改制方面，近几年，成功对3家市直特困文化企业进行破产改制。年内又启动云梦剧院、文化艺术剧院的破产改制工作。

【群众文化】 2010年，岳阳市继续深入推进“文化惠民”工程。一是进一步完善公共文化设施。完成556个农家书屋、93个乡镇综合文化站和1072个广播电视村村通的建设任务。市博物馆健全设施设备，丰富展览内容，提升免费开放水平，顺利通过国家和省检查组的全面检查。岳阳楼区投入45万元，对东风广场进行提质改造，为群众开展文化活动提供一个更加完善的平台。湘阴县把市民文体广场建设列为县重点工程，成立建设指挥部，启动项目建设。二是积极开展送文化下乡活动。全市专业剧团利用流动舞台车深入基层，完成980场“演艺惠民”送戏下乡任务。下半年，市委组织部和市文广新局等联合举办18场创先争优送文艺下基层活动，推进全市创先争优活动的顺利开展。市文广新局还筹建“岳阳市文化志愿者”协会，举办市民文艺大课堂，扶持民间文艺团体，鼓励农民自办文化，受到群众欢迎。三是精心打造广场文化活动。组织南湖广场文化活动13场，观众达16万人次。特别是与市委宣传部联合组织6场“五创”提质广场文化系列活动，成为广场文化活动的一大亮点。各县市区广场文化活动也形成一定规模。湘阴县文艺爱好者和100个文艺团队以城乡广场、屋场、草坪为阵地，经常性地开展有声有色、形式多样、自娱自乐的广场文化活动。

【岳阳红歌唱响“中华红歌会”】 2010年10月，由文化部和重庆市委、市政府主办的首届“中华红歌会”在重庆市隆重举行。来自全国31个省、市、自治区以及香港特别行政区、台湾地区和新加坡的63支合唱队、3000余人参加比赛。岳阳市音乐家协会爱乐合唱团作为湖南省两支参赛代表队之一，市文广新局组织，由以离退休干部及知识分子为主组成，参赛曲目是反映岳阳人民幸福美好生活的四部混声合唱《八百里洞庭美如画》，获“黄河杯”大奖。该团还在闭幕式晚会上，与株洲市代表队合唱四部混声合唱《浏阳河》。精彩的演出，博得阵阵掌声。比赛结束后，中央政治局委员、重庆市委书记薄熙来亲切接见岳阳市代表队，还向岳阳市代表队等5支革命老区合唱团赠送毛泽东铜像。

市音乐家协会爱乐合唱团参加首届“中华红歌会”比赛 （张 奎 摄）

【岳阳再添国家级“非遗”项目】 2010年6月，文化部公示第三批国家级非物质文化遗产名录推荐名单，岳阳市申报的临湘花鼓戏、汨罗市抬阁故事会成功入选。临湘花鼓戏起源于龙窖山下的桃林河流域，分布于以临湘为中心的湘、鄂、赣毗邻地区，有曲调390多首，传统剧目近100个。主要演奏乐器是嗡琴，又称为嗡琴戏。汨罗市抬阁故事会源于隋唐，盛于明清，由元宵节闹花灯演变而来，是融惊、奇、险、巧于一体的传统民间杂技，集表演、彩绘、历史、天文、地理、文学、民情、时代精神为一体的独特、古老而又神秘的民间行为艺术。故事会分为地故事、地台故事、高彩故事、高跷故事4大类，分上、下市街故事会。

【岳阳市第二批市级“非遗”名录公布】 2010年5月，市政府公布第二批市级非物质文化遗产保护名录，涵盖民间舞蹈、民间戏曲、民间文学、民间手工技艺、游艺传统体育与竞技、岁时节令和传统医药7类11项。为使市级非遗广为传播，提高公众的了解和认识，确保非物质文化遗产得到有效保护、传承和发展，市文物部门将对这些非物质文化遗产进行真实、系统、全面地记录，建立完整的“非遗”档案和数据库，并通过代表开展传承人(团体)的传习活动。至此，全市拥有世界级非物质文化遗产保护项目1项、国家级4项、省级13项、市级26项。

【临湘天狮亮相上海世博会】 2010年7月23～29日，临湘市白羊田天狮代表湖南参加上海世博会“三民”（民间、民族、民俗）主题活动演出。活动期间，该节目在宝钢小舞台参加迎宾2次、演出9次，在世博园巡游3次，其浓郁的地方特色、精湛的艺术表演得到省有关部门领导的高度评价。此次参加上海世博会演出的天狮表演节目名称为《天狮观世博》，分巨狮天威、狮舞世博、天狮祈福、人狮和谐4节，表演人员30人。

（本栏撰稿　孟日清）

专业文化

【文艺精品创作】　2010年，是岳阳市专业文艺创作取得重大突破的一年。1月，花鼓小戏《今天有客来》和《春雨》应邀在人民大会堂参加“大地情深”——全国城乡基层群众小戏小品展演活动开幕式和展演。中央领导李长春、刘云山、刘延东等观看演出，对该戏给予高度评价。5月，这2个小戏参加全国第九届艺术节，双双获“群星奖”金奖。郑玲创作的多幕话剧《背后的箫声》获首届中国戏剧文化奖金奖。岳阳市选送的临湘天狮舞、巴陵之春舞蹈队《巴陵美》等节目参加上海世博会展演，充分展示文艺岳家军的独特魅力。岳阳市文艺精品在首届“中华红歌会”、湖南艺术节、全省县级剧团优秀剧（节）目展演、全省首届农民文艺会演、全省第二届湘人湘歌大赛等专业赛场都取得很好的成绩。汨罗市以举办第三届花鼓戏艺术节为契机，隆重推出以《贺村长招商》为代表的一批有内涵、有品位、有影响的剧目。岳阳楼区成立精品文艺创作中心，设立精品文艺创作奖励专项资金，积极推进精品生产。省文史研究馆研究创作基地在华容县挂牌，为岳阳市文史研究和艺术创作搭建起更为广阔的平台。

【“春满巴陵”岳阳春节文艺晚会】　2010年2月8日晚，由市委、市政府主办，市委宣传部、市文化局、市广播电视局承办的“春满巴陵”春节文艺晚会在市文化艺术会展中心举行。晚会分《贺春》、《暖春》、《颂春》3个篇章，参加演出的除岳阳市文艺工作者以外，还邀请岳阳籍在外著名歌唱家和武汉、长沙等地国家级精品剧目同台献艺。为体现市委、市政府以人为本、文化惠民理念，晚会组委会邀请上岸渔民、下岗职工、特困居民、环卫工人、劳动模范、解放军官兵、残疾人等特殊群体代表免费观看演出。整台晚会集歌舞、小品、小戏、器乐等多种艺术表现形式于一体，异彩纷呈，广受好评。

【岳阳戏剧省赛获大奖】　2010年9月8日，在全省县级剧团优秀剧（节）目展演评奖上，由岳阳市选送的平江花灯戏《金凤凰》和临湘花鼓戏《村官本是打工仔》分别获得剧目奖金奖和银奖，《金凤凰》还获得剧作奖、导演奖、音乐奖、舞台美术设计奖、表演奖等7个单项奖，《村官本是打工仔》获得舞台美术设计奖、表演奖等4个单项奖。

平江县花灯戏《金凤凰》剧照　　（杨一九　摄）

【岳阳父女剧作家获“首届全国戏剧文化奖”】　2010年10月，岳阳市青年剧作家郑玲创作的多场次话剧《背后的箫声》及其父亲郑极南创作的大型戏曲《善恶有报》，分别获“首届全国戏剧文化奖”金奖和铜奖，这是岳阳市乃至湖南省戏剧创作的一个新突破。全国戏剧文化奖的前身是中国戏剧文学奖，已举办6届，奖励和扶掖一大批舞台剧、电视剧、广播剧的优秀剧本和有独立见解的戏剧论文。该奖项是由中国戏剧文学学会主办，经中共中央、国务院同意而颁布的全国性大奖，是文化部“评比达标表彰”八大保留项目之一。它与“曹禺戏剧文学奖”、“中国戏剧梅花奖”并称三大戏剧大奖，在海内外享有极高声誉与学术地位。

（本栏撰稿　孟日清）

文化产业

【概　况】　2010年，市文广新局在推进汇泽公司破产改制、破解产业难题的基础上，着力做三个方面的工作：一是争取上级支持。争取省文化产业引导资金40万元，争取市财政设立文化产业发展引导资金100万元，为文化产业发展提供一定的资金保障。在文化产业普查的基础上，制定《岳阳市文化产业发展规划》，用规划指导全市文化产业的协调发展。二是提质现有产业。汇泽影城抓好市场营销，积极开拓多元市场，提前2个月完成全年目标任务。特别是自主进行设备更新改造，购置安装3D设备，填补岳阳市3D电影设备的空白，提升全市电影产业的整体水平。三是加强项目招商。主要有4个项目：第一是汇泽大厦。深圳中航集团除收购资金外，投入1.3亿元对汇泽主楼进行改造装修。还计划以汇泽大厦周边土地作为配套项目开发，进驻岳阳投资兴业，计划总投资超过10亿元。第二是动漫产业。市文广新局与湖南省空行动画制作有限公司达成初步协议，拟成立岳阳空行动画制作有

“春满巴陵”2010春节文艺晚会在市文化艺术会展中心举行（杨一九 摄）

限公司。项目协议引资1100万元，一期投资500万元，将填补岳阳市动漫业的空白。第三是湘北古玩艺术品市场。10月30日，庙前街湘北古玩艺术品市场经过一年时间的筹备正式开业，发展态势良好。第四是君山印刷工业科技园。市文广新局多次组织召开建设协调会，积极推进项目建设。君山印刷工业科技园被省新闻出版局授予湖南省印刷示范基地。各县市区充分利用自身资源，进行文化产业开发。汨罗市屈子文化园建设得到中央、省、市领导的高度重视，被省委、省政府列入湖南省标志性文化重大工程之一。平江县投资400余万元，全面启动平江起义旧址第二期保护工程。临湘市加大招商引资力度，再次引进2个大型企业进驻世纪商城，总投资达700万元。云溪区积极推进文化活动中心二期开发，成功引进丑小丫休闲城落户文化活动中心。

【会展中心成为岳阳文化形象的窗口】 2010年在岳阳文化艺术会展中心成功举办“春满巴陵”春节文艺晚会、纪念五四运动91周年交响音乐会、武汉音乐学院知名钢琴教授郑晓锋钢琴音乐会、国家京剧院专场演出、朝鲜平壤艺术团访岳演出等专业文艺演出和“市民大讲堂”、“岳阳市大型车展”等各类活动90场，成功接待上级领导和各地嘉宾200批次，观众达20万人次，使之成为宣传岳阳文化品牌、展示岳阳文化底蕴、塑造岳阳文化形象的窗口。该中心还与“中演院线”及“湖南剧场联盟”合作，整合资源、优势互补、共谋发展，引进国内优秀剧目，丰富市民文化生活，培育文化消费市场。

（本栏撰稿 孟日清）

文化市场

【市文化市场综合执法局挂牌办公】 2011年3月31日，省编办正式批准岳阳市组建正处级的文化市场综合执法局。市委、市政府发文组建岳阳市文化市场综合执法局，为正处级行政执法机构，暂时定编31人，由原新闻出版局划转17人，原文化局划转11人，原广电局划转3人组成。5月31日，局领导分工、科室划分、人员定岗全部到位。

【网吧集中专项整治】 2010年6月1日起，在市委常委、宣传部部长徐新启直接指挥下，市公安局、工商局、文广新局、消防支队、电信公司及楼区文化局、经济技术开发区文化局等部门整体联动，分片包干，对市区360家网吧进行为期1个月的拉网式排查整治。巡查网吧1300余家（次），出动车辆65台次、人员253人次，查处违规接纳未成年人网吧31家。对新天使、骑士精神等9家严重违规的网吧作出停业整顿的行政处罚，其中新天使网吧停业整顿1个月；对另外22家网吧作出通报批评和罚款的行政处罚。在《岳阳晚报》、《长江信息报》、《洞庭之声》报上刊登《关于未成年人“远离网吧、健康成长”的倡议书》。拟定《告学生家长书》，并与市教育局商订建立和启动制止未成年人上网“局、校联席会议制度”。6月，召开网吧经营者协会、直管娱乐场所和音像制品经营者会议。通报全市文化体制改革及职能划转情况，强调增加责任意识，依法依规经营，禁止超时营业，禁止未成年进入网吧，禁止未经授权传播影视作品，落实市民政部门部署的协会整治各项工作。

【开展“扫黄打非”行动】 2010年，市文化市场综合执法局在净化社会文化环境上下功夫，组织开展“扫黄打非”系列专项行动。2月上旬至5月底，在春节和全国“两会”前后组织开展以打击手机淫秽色情信息和净化文化市场为重点的“扫黄打非”专项行动；3月12～31日，在全市开展以清理盗版音像制品为主的专项行动；从4月6日开始，开展以封堵查处政治性非法出版物及网络有害信息和有效遏制各类侵权盗版行为为重点的迎世博“扫黄打非”专项行动。6月，组织对市区图书城、泰和商城等人员流动较大的公共场所，全市各印刷厂、书报刊销售点和学校周边等地域进行彻底清查，有力地净化高、中考期间城区出版物市场。9月，为确保中秋、国庆期间出版物市场规范有序，组织开展中心城区出版物市场集中检查。收缴淫秽书刊352本、盗版书15782本，盗版音像制品（光碟）22900余张，淫秽音像制品（光碟）1849张。

【查处非法出版物《旧事》案】 2010年，市文化市场综合执法局指导岳阳县稽查队员在对书报刊市场进行日常检查时，发现该县城关镇作家书店销售的《旧事》期刊涉嫌非法出版。经过调查取证，对涉案的岳阳图书城尚和书店、市邮政报刊零售公司、汨罗市邮政经营部、长沙市定王台书市青年读者服务部依法作出相应的行政处罚；对非法承印该期刊的成都华荣印务有限公司非法所得8万元予以收缴；对非法出版的犯罪嫌疑人、成都扬天文化传媒有限公司法定代表人杨晓丽进行刑事拘留，没收非法所得26万余元，并取缔其出版的经营场所。

【大案要案查处】 2010年，市文化市场综合执法局重点查办任望桂发行盗版音像制品案、岳阳图书城“三味书屋”发行盗版图书案、平江县伍市镇温州小商品批发市场部分经营户经营淫秽音像制品案等一系列大要案件。其中，任望桂发行盗版音像制品案是省督办案件、平江县伍市镇温州小商品批发市场部分经营户经营淫秽音像制品案、岳阳图书城“三味书屋”发行盗版图书案，是群众举报发现的性质、情节都较为恶劣的案件。针对这些大案要案，市文化市场综合执法局贯彻追根溯源、除恶务尽、一查到底的办案指导思想，成立专案组，制订具体行动方案，深入案发现场调查取证，从速从快破案。3起大案，共没收盗版音像制品19100张、淫秽音像制品《痴汉淫女》等749张、盗版图书135种8601册，其中有被国家版权局列为重点查缴图书《名侦探柯南》共536册，码洋共计19万余元，对3起大案要案的当事人均按照国家法律法规予相应的经济处罚，个别当事人移送公安机关处理。

【推进软件正版化进程】 2010年，市文化市场综合执法局积极开展软件正版化推进工作，多次调查走访涉嫌软件侵权企业，举行正版软件宣传推介会，并对屡教不改的企业进行媒体曝光和经济处罚。至年底，岳阳市有46个市直部门、2个县区（平江县、君山区）、126家企业完成软件正版化工作。市文化市场综合执法局被国家知识产权局、国家版权局等9部委表彰为世博会知识产权保护专项行动先进集体，被国家版权局评为打击侵权盗版有功单位。9月27日，副市长隋国庆、市文化市场综合执法局党组书记、局长徐远杰为中石化壳牌煤气化有限公司、岳阳鲁粮新元粮油工业有限公司授牌“全国软件正版化示范单位”。　（本栏撰稿　李向峰）

文博·图书

【推进第七批国保申报】 2010年，市文物管理处完成岳阳教会学校、岳州关、新四军平江通讯处等13处新增国保申报单位的资料申报工作。岳阳市19处（2009年完成慈氏塔等6处）申报单位全部被省文物局列为重点，排在第七批国保单位申报对象的A类和B类，有14处保护单位通过国家文物局组织的专家评审并上报国务院最后审批。同时还组织33个项目申报第九批省级文物保护单位。　（孟日清）

【完成文物普查实地普查验收】 2009年底，岳阳市第三次全国文物普查野外实地普查工作结束。2010年文物普查工作重点是实地普查验收，验收工作的形式是市普查办垂直验收与省普查办同步抽查相结合。4月26日以前完成全市实地文物普查的验收工作，验收合格率达100%。10月11日，国家文物局普查验收小组对湖南省普查资料整理工作进行验收，湖南省将岳阳市的汨罗市和临湘市定为验收县域。岳阳市文物普查工作得到国家文物局专家的充分肯定，岳阳市被国家文物局授予第三次全国文物普查实地文物调查阶段突出贡献先进集体荣誉称号。　（孟日清）

【强化文物安全管理】 2010年，市文物管理处一是健全文物安全保卫机制。层层签订目标管理责任书，强化值班、安全、消防等制度，组织市直文物单位工作人员在岳阳博物馆进行消防演习，争取资金完成岳阳文庙的安全监控设施工程建设和岳阳博物馆监控设备的升级改造，确保全年全市文博系统文物安全无事故。二是加大文物行政执法和保护力度。成立专案调查组，严肃处理临湘市县级文物保护单位“诰赠宜人方母李太君墓”被盗案件。三是加强“三建”工地管理。衔接工地20余处，涉及文物调查勘探面积100万平方米。配合省考古所对岳常高速许市段、通平高速平江段、随岳铁路华容至君山段进行考古调查和发掘。　（孟日清）

【提升博物馆免费开放水平】 2010年，岳阳市有9个博物馆（纪念馆），其中6个向全社会免费开放。岳阳博物馆结合“五创”提质工作，努力健全设施设备、丰富展览内容、强化日常管理、提升服务水平。岳阳博物馆《岳阳古代文明展览》、《岳阳民俗文化展》两个基本陈列的提质改造正式启动，进入

2010年6月27日，市图书馆首届英语口语大赛颁奖　（管莉萌　摄）

2010年11月市图书馆举办"好书共享"图书展销会 （管莉萌 摄）

陈列内容方案设计阶段；举办抗旱抗震救灾图书义卖、锦绣潇湘——刘昆山水画展。投入20万元对博物馆前坪进行大规模修整和绿化，更换下水道盖板，主体建筑新增亮化设施，统一制作工作服，健全公共服务设施，使岳阳博物馆品位更高、服务更优、形象更好。对全市博物馆（纪念馆）开放经费实施有效监管，保证博物馆免费开放经费有效利用，提升各级博物馆（纪念馆）免费开放水平，顺利通过国家和省检查组的考核验收。 （孟日清）

【编制"十二五规划"文物保护项目】 2010年是"十一五规划"的收官之年，也是"十二五规划"的编制之年。市文物管理处立足岳阳文物市情，强化项目意识，积极开展项目的跟踪、规划、编制和包装工作。一是将湘北文物市场和包括岳阳文庙、鲁肃墓、慈氏塔的洞庭路历史文化街区文物展示体系2个项目纳入岳阳中心城区文化产业发展规划。庙前街湘北古玩艺术品市场于10月30日正式挂牌开业。二是全面开展岳阳市"十二五规划"文物保护项目编制工作。全市有国保、拟申报第七批国保、大遗址、博物馆、纪念馆等5大类111个项目进入国家文物局"十二五规划"，经费9213056万元。三是积极申报国家文物局和省文物局的文物维修及考古调查项目。列入国家文物局的项目有张谷英村古建筑群三期维修、任弼时故居维修以及临湘市龙窖山考古调查项目等，省文物局重点项目有岳阳教会学校、鲁肃墓维修等，各项目经费陆续到位，相关工作全面启动。四是跟踪往年申报项目。于2007年立项并连续跟踪3年的岳阳市博物馆中心库房项目建设中央财政210万元补助经费于7月到位。岳阳博物馆中心库房项目进入设计、报建阶段；馆藏青铜器维修项目与省博物馆合作进入全面实施阶段。

（孟日清）

【文化遗产保护宣传】 2010年，市文物管理处一方面通过新闻媒体进行及时宣传。基建工地的重大考古发现、第三次全国文物普查的重要成果、博物馆的陈列展览都及时见诸媒体。另一方面抓好专题宣传。6月12日是第五个"中国文化遗产日"，岳阳市以"文化遗产、在我身边"、"非遗保护、人人参与"为主题，在市区巴陵广场、汴河街、岳阳博物馆、岳州文庙及各免费开放博物馆（纪念馆）同时举行声势浩大的宣传活动。6月12～13日，举办"湖南发现之旅·走进临湘"大型新闻采访活动，由省文物局组织，市文物管理处协调，临湘市委、市政府承办，11家中央及省级媒体参加。该活动在临湘市龙窖山、聂市古镇、云溪区大矶头举行，是省文物局"中国文化遗产日"的主要活动，也是对岳阳市近年来文化遗产保护工作成绩的一次重要检阅，受到上级部门和社会各界的好评。市文物管理处主任谭建武被评为全国文化遗产日个人组织奖。 （孟日清）

【图书服务不断提升】 2010年，市图书馆实行全免费开放服务，接待读者23万余人次，借阅书籍5万册，分编图书1335种2143册，收集地方文献1000余册，整理古籍、线装书1200册。市图书馆、临湘市图书馆、华容县图书馆、平江县图书馆连续2次被文化部评定为一级馆，受到省文化厅通报表彰。市图书馆被省文明委评为全省未成年人思想道德建设先进基地。市图书馆组织举办"城市，让生活更美好——走进2010年世博会"、"低碳经济，绿色生活——环保从身边做起"等一系列大型图片展览，以及"大学生就业培训指导"、"女性形象社交礼仪"、"畅谈阅读，感悟成长"等大型讲座和"好书共享，你读书、我买单"大型图书展览等系列"读书惠民"活动，受到广大市民的欢迎和喜爱。 （孟日清）

【洞庭湖区图书馆工作协作委员会年会在岳阳召开】 2010年4月26～27日，洞庭湖区图书馆工作协作委员会第八届年会在岳阳市图书馆召开。省文化厅、省图书馆、省少儿图书馆的领导和常德、益阳、岳阳3市文化局领导及图书馆界76人出席会议。会议围绕"图书馆服务与创新"的主题，进行深入的研讨和广泛交流。年会收到论文110篇，评选出优秀论文一等奖9篇、二等奖22篇、三等奖33篇。 （李 丹）

【岳阳市图书馆举办首届少儿英语口语大赛】 2010年6月26～27日，市图书馆少儿培训学校举办首届英语口语大赛，近200名学生参加比赛。大赛分2场举行，26日比赛内容为《剑桥英语》，27日比赛内容为《新概念英语》。比赛在轻松愉快的气氛中进行，选手们流利的英语口语、精彩的表演和自编自创的英语小品，赢得观众的阵阵掌声。家长感谢市图书馆为孩子们提供一个学习英语，展示才华的平台，希望图书馆多开展这样的活动，激发孩子学习英语兴趣，提高口语表达能力。（李 丹）

【岳阳市图书馆举办“好书共享”大型图书展】 2010年11月26日，岳阳晚报、市图书馆、岳阳网联合举办的“好书共享”大型图书展览活动正式启动，活动期间实行“低价售书，普惠读书人”的措施，中外古典名著、名人传记、百科知识、儿童读物、养生休闲的书籍低至2折起销售。“你读书，我买单”所有展销书，新读者办借书证，即可将自己喜欢的书免费借回家阅读，借期1个月。（李 丹）

【岳阳市图书馆开展送书活动】 2010年，市图书馆满足特殊群体读者娱乐和学习的需求，开展为“爱心图书室”送书、送光盘活动。5月27日，向正龙食品有限公司岳阳分公司“爱心图书室”赠送图书62种204册，电影、电视光碟9个。借出1套文化部全国文化信息资源共享“共享书香，快乐阅读”名家讲座光盘16本，供其组织职工观看。5月28日，向岳阳监狱十一监区“爱心图书室”赠送图书150种264册。根据监狱干警的建议和服刑人员特殊要求，赠送《道德的力量》、《双百人物专题图书精选》、《中国农业知识仓库》、《农村医药科普知识库》等光盘13种26本。在特困企业、残疾人工厂、监狱、贫困山区等建立“爱心图书室”24个。11月18日，配合以“倡导全民阅读，共建文明湖南”为主题的第二届“三湘读书月”活动，市图书馆与临湘市图书馆联合在临湘市江南镇盛塘村开展“全民阅读进村组”送书活动，为村民赠送农村实用技术图书、科学普及知识读物、文学书籍和少儿读物等3434册（其中市图书馆1434册、临湘市图书馆2000册），光盘53本，以及书架、桌椅，建立一个农村书屋，为满足村民学习文化科学技术知识需求，丰富留守儿童课余生活提供学习阅读的场所。（李 丹）

广播·电视·电影

【概 况】 2010年，岳阳市广播电视台着力创新，把好舆论导向，形成强大的舆论声势，在重点报道、民生宣传、对上发稿、新闻创优、大型活动等方面均有声有色。采写播发稿件近万条。电视中心“岳阳新闻”等栏目创新性地开展“五创”宣传报道，多次受到市委、市政府的肯定与表扬。新开办栏目“民意直通车”以及1档对农栏目“希望的田野”。睛彩岳阳频道与广播中心联手把广播中心品牌栏目“行风热线”移植到电视上播出，收听率和收视率直线上升。对上发稿及宣传创优均创历史新高，在湖南卫视发稿125条，在中央台发稿43条。其中在央视“新闻联播”上稿11条，头条2条。广播中心在中央人民广播电台上稿6篇，在湖南电台新闻频道上稿264篇。岳阳新闻网全年被人民网采用稿件228条，被新浪网、新华网、腾讯等国家级新闻网站采用56条，被红网等省级新闻网站采用23条。有80篇作品获奖，其中有：3篇作品获湖南新闻奖一等奖、15篇作品获湖南广电奖一等奖、3篇作品获播音主持论文一等奖、2篇作品获信息广告作品一等奖。广播中心的专题《总理请我提建议》和电视中心的消息《挂号销号帮扶企业》获省新闻奖和省广电奖一等奖。有论文近30篇在省级以上刊物发表，其中有2篇在国家级核心刊物《中国记者》及《新闻战线》上发表，4篇论文分别获得由中国电视艺术家协会评选的优秀论文一、二、三等奖，“希望的田野”栏目获优秀电视栏目三等奖。先后举办“荷花仙子暨岳阳形象大使评选”、“全市少儿才艺大赛”、“广场舞大赛”、“三人制电视篮球赛”、“五湖牵手五岳”旅游同盟大会及“天下洞庭”国际音乐焰火文艺晚会、“岳阳迎新晚会”、“民本岳阳在乡村”、“岳阳市首届十大精彩人物”评选等大型活动，在市民中产生强烈反响。全年实现广告创收5395万元，比2009年增长37%。有线电视宽带网络公司完成经营创收6405万元，增长6%。（廖 岚）

【数字电视业务稳步推进】 2010年，市广播电视台在“三网融合”的大背景下，化压力为动力，大力发展数字电视。岳阳有线电视宽带网络有限公司继续加大网络整合工作力度，先后与泰格林纸集团、岳阳麻纺厂签订网络整合协议，约7000户用户变成直管用户。特别是泰格林纸集团有线网络的整合，不仅扩大覆盖，还争取该网络每年20万元的自办节目传输费。网络公司以服务和宣传为先导，重点对尚未实行数字电视转换的区域攻关，适时出台针对性的优惠促销政策，为村组的数字电视转换扫清障碍。新转换的村组数字电视用户达1.5万户，进一步扩大数字电视覆盖面。（廖 岚）

市第二届“十三村杯”新闻摄影大赛颁奖仪式（岳阳晚报社 供稿）

【文化传媒公司拓展新产业】2010年4月8日，岳阳市文化传媒公司旗下的“晴彩岳阳”电视频道正式开播，该频道做到手机电视和有线电视、户外楼宇电视三重覆盖。开播后，“晴彩岳阳”频道创新包装、创新编排，创新性引进精彩节目，不到一年时间，就创造湘北地区电视节目的高收视率。同时，CMMB手机电视信号的覆盖和维护工作取得可喜的成绩，至年底手机电视用户突破1万户，建立2个发射基站和1个补点站。传媒公司与社会力量合作，成立岳阳市广播影视艺术学校及岳阳市广播影视艺术团。艺校和艺术团获得市委宣传部批准，承办全市首届少儿春节晚会。

（廖　岚）

【“走进楼岛湖”集中采访暨业务比武活动】2010年10月12～15日，由市广电学会牵头与岳阳楼君山景区管理委员会共同承办的“走进楼岛湖”——全省电视媒体赴岳阳集体采访暨业务比武活动隆重举行。来自湖南卫视、湖南经视、湖南都市、湖南教育台以及全省14个市州18个电视台的60多位记者齐聚岳阳，以“楼·岛·湖”为报道主题进行集中采访，宣传推介岳阳楼、君山岛、洞庭湖风景名胜区，交流业务技能，并将这次采访的稿片集中播出，进行业务评选。

（廖　岚）

【广播电视事业建设】2010年，市广播电视台一是进一步扩大广播电视无线覆盖。在做好五尖山、梧桐山等5个中央台无线覆盖发射台站维护工作的基础上，积极组织力量，完成汨罗市岳峰尖无线发射台站的中央台补点建设。全市10个无线发射台站全年累计安全发射电视节目51138小时，安全发射广播节目24490小时。二是不断加快有线数字电视整体转换。岳阳市中心城区基本完成数字电视的整体转换，90%的城市社区和片区已经关模，16.88万户城市居民收看数字电视节目；9个县市区的城市有线电视网络完成与市网络数字节目平台的联接，湘阴、华容两县的城网、农网均实现全面关模；全市“三网融合”的准备工作和电视网络双向升级改造正在紧锣密鼓地进行。三是超额完成广播电视村村通建设任务。完成1072个自然村的广播电视“村村通”建设，惠及2万农户、8万农民。

（孟日清）

【规范广播电视行政管理】2010年，按国家广电总局的要求，市广播电视台组织开展违规广告专项治理行动，对全市各级广播电视台进行认真清理和检查，下达整改通知11份，责令停、撤违规广告价值600余万元。在国家广电总局组织的“全国广播电视广告播出大检查”中，得到高度评价。对全市各级传输机构广播电视播出机构许可证、广播电视频道许可证、广播电视节目传送业务许可证、接收境外卫星电视节目许可证等进行重新审核、办理和变更，重点清理境外卫星电视节目接收单位，将原来12家持有接收境外卫星电视节目许可证的单位清理压缩为2家，保障电视节目源的安全接收。在每年一次的整治非法销售安装使用卫星电视接收设施的大行动中，开展检查行动22次，印发宣传公告2500份、制作电视宣传专栏和讲座13期，没收暂扣卫星电视接收设备617套，拆除非法安装使用的卫星电视接收机5122套，劝导农户“拆锅入网，抵扣年费”18430户。

（孟日清）

【安全播出保障任务】2010年，市广播电视台加大安全播出基础设施投入。全市34个播出单位，进行30项安全播出技改，总计投入资金965万元，进一步完善播出系统及配套设施，为广播电视播出无设备故障提供保证。组织各县市区广播电视局及播出单位进行培训、应急演练及安全播出检查，累计培训29次、演练20次、安全播出检查29次。市级4个播出单位、县市区30个播出单位，完成954万小时播出任务。在重大节庆日、重要播出时段等保障期间，确保广播电视播出零停播。加强多部门密切配合，市文化广电新闻出版局与市610办、市综治办、市国安局、市无线电管理处、市电业局等单位合作，建立安全播出协调联动工作机制，联合开展多次检查工作，净化安全播出环境。

（孟日清）

【电影发行放映工作】2010年，岳阳市电影发行放映公司加快农村电影公共服务体系建设，突出抓好农村电影放映工程，依靠科技进步，加快数字化发展，壮大电影产业实力，不断提升电影的现代化水平。推进四项改革创新：一是数字化技术创新，向国家争取116台数字化电影机、6台流动放映车，加快数字电影机的升级换代步伐；二是经营体制创新，推进院线制改革，把各县市服务站从电影公司拨离出来成立一个新的分支机构，整合市县两级公司的资源；三是信息化管理创新，对数字放映设备安装GPS、GPRS系统，对全市放映情况实施监控，对所有节目充分利用互联网，实行网上订购和管理，实现数字化覆盖；四是政府财政补贴机制创新，对有效场次的认定由监控平台数据、放映回执单、暗访抽查、举报监督组成。完成农村电影公益放映36718场、城市广场电影625场。国家广电总局、中影公司、省广电局先后4次到该公司调研。该公司被中共中央宣传部、文化部、国家广电总局、新闻出版总署评为湖南省电影系统唯一全国服务农民、服务基层文化建设先进集体；平江县服务站、湘阴县服务站、汨罗市服务站被评为全市农村电影工作先进集体；刘孝良被评为全国农村电影优秀放映员，周雪英等17人被评为全市农村电影工作先进个人。通过招商引资，引入大地院线和潇湘院线投资3000万元改造泰和和火车站，兴建2家影院12厅1100个座位，盘活电影业的发展。各县市也加大影院改造力度，二级电影市场开发取得实质进展。

（白石华）

出版管理

【内部资料性出版物管理】2010年10月，市文广新局对全市30种内部资料性出版物进行年度核验及换发“准印证”。通过加强内部资料性出版物的审读，规范内部资料性出版物的出版，提高内部资料性出版物的出版质量。着力规范出版发行行为，制定《内部资料性出版物审读审批制度》、《印刷业审核审批制度》、《首问责任制》等多项审核、审批、问责制度，积极开展审读工作。对所有内报内刊都做到“一读、二审、三批、四查、五抽样书”，使内部资料性出版物内容更加健康。

【强化版权管理】 2010年，市文广新局充分利用“3·15”消费者权益保护日、“4·26”世界知识产权日、“6·1”《中华人民共和国著作权法》颁布实施纪念日，组织举办“世界知识产权宣传周”、版权咨询等法律法规宣传活动，向群众发放宣传资料，借助新闻媒体进行跟踪报道，增强全民知识产权保护意识和识别侵权盗版的能力。加强政府机关使用正版软件专项检查工作，重点检查机关办公软件、杀毒软件使用情况，并会同有关部门对部分地区、单位进行重点抽查，切实落实好预装正版操作系统软件的规定。成立推进企业使用正版软件工作检查组，实地检查、督促企业完成正版软件的购置、安装工作，企业使用正版软件工作得到有效推进。成立打击侵犯知识产权和制售假冒伪劣商品专项行动工作领导小组，制定行动实施方案，召开印刷企业负责人座谈会，举办出版物发行单位负责人培训班，开展印刷企业、软件音响市场、图书报刊市场专项检查，收缴一批非法出版物，取缔3家非法印刷企业，专项行动开展取得实质性效果。

【推进农家书屋工程建设】 2010年，市文广新局农家书屋工程建设落到实处。该局党组成立以局长为组长的农家书屋工程项目协调领导小组，与市政府实事考核工作办公室联合下发《岳阳市农家书屋工程建设实施方案》。主动与市政府采购办衔接，确定采购招标方式，进行公开招标，全市556家图书阅览设备全部配送、安装到位。组织各县市区开展“我的书屋、我的家”农民阅读演讲比赛活动。岳阳楼区梅溪乡滨湖村赵益贞获全国十大优秀口才奖。

【促进印刷业发展】 2010年，市文广新局正确引导，促使印刷业发展迅速。8家印刷企业签约落户君山工业园，工业园规划占地66.66公顷，一期工程33.33公顷，总投资达4.3亿，产值可达5亿元。市文广新局多次与君山区委、区政府和君山工业园管理委员会等部门领导协商，召开专题会议6次，调研、督查8次，帮助入园企业解决实际困难，研究解决建设中的各种矛盾和问题。君山印刷科技工业园被省新闻出版局授予湖南省印刷产业科技示范基地。市文广新局抓住沿海产业向内陆梯度转移的机遇，与政府各职能部门协调、沟通，向上级部门寻求帮助，调整印刷产业结构。组织银企融资洽谈会，为企业、银行、投资公司提供面对面的洽谈平台。协调相关部门为企业的建设、用地、用电、用水、用工等方面，提供支持帮助，印刷企业利用高新技术，提升印刷质量水平，金寿公司、大地公司、泰铭公司、岳阳晚报出版中心、鑫容彩印、精诚彩印、巨人等7家企业购置5色和8色海德堡对开胶印机，3家企业购置北人8色轮转塔式印刷机、印后自动胶包生产线，数字化设备购置投资达1.8亿元。

市长黄兰香到印刷企业调研 （岳阳晚报 供稿）

【市第二届“全民读书月”活动启动】 2010年11月9日，岳阳市第二届“全民读书月”活动启动。全国人大常委委员、中国社会保障研究中心主任、中国人民大学教授郑功成作题为《民生问题和社会保障》的读书月首场报告。市领导彭国甫、白尊贤、赖社光、徐新启、樊进军、肖建华、刘晓英、吴钢良等出席。机关干部、大专院校师生和市民代表1000余人参加启动仪式。启动仪式上，市领导向读书活动先进代表赠送书籍。全民读书月活动围绕“倡导全民阅读，共建文明岳阳”活动主题，组织实施推荐一百本优秀图书、开展一系列读书活动、建立一批读书组织、推介一批先进典型的“四个一”工程，大力推动全民读书活动“进机关、进军营、进校园、进企业、进村组、进社区、进家庭”。活动持续开展到2011年10月。

（本栏撰稿 孟日清）

报 刊

【《岳阳晚报》报业做大做强】 2010年，《岳阳晚报》实现每周3天8版，开辟“连线2010”、“辉煌十一五”、“优化经济环境实现科学跨越”等新栏目，完成转变发展方式，调整经济结构，促进社会和谐及民本岳阳九项工程建设等重大宣传战役。在“五创”提质宣传中，充分发挥市委机关报在提升市民素质、引导舆论的作用，为此，报社2次获得红旗嘉奖，并获得先进单位荣誉。通过深化改革，报社体制机制创新取得实质性进展，报纸内容丰富了，表达方式变了，影响扩大了，形式变好了，品位提高了，《岳阳晚报》与《长江信息报》广告首度突破2000万大关，达2100万。岳阳晚报社抓产业发展，在做大做强文化产业：一是以报网互动机制，扶持岳阳网发展；二是决定投资创办岳阳数字印刷工业基地，向书刊印刷、包装印刷拓展；三是决定创办报栏工程，在学校、小区、街道推行党报电子阅报栏。

（陈　文）

岳阳晚报社社长张思扬研究点评晚报工作　（岳阳晚报　供稿）

【采编工作焕然一新】　2010年，长江信息报社采编部室依据都市报的功能定位，把坚持正确的舆论导向放在首位，按照“围绕中心、服务大局”的原则，以改版方案为抓手，不断强化报纸的新闻性和可读性，不断尝试、探索新的报道方式，做大做强主流新闻，做深做足民生报道，加强采编流程管理，圆满完成报纸采编任务。全年月月有策划，从3月起就策划并展开2010年楼市发展趋势论坛，“3·15”诚信家居百姓推介特刊，4月策划和举行儿童剧《睡美人》演出、5月起与旅游公司合作开辟旅游专线、策划并举行“天邦·珍珠湾”钢琴演奏会，6月策划并举行龙舟赛名优博览会、8月北服专场招生会，9月集全报社之力开展报庆十周年系列大型活动，10月与岳阳晚报社携手举办岳阳市大型房交会，11月举办大型车展等等，通过活动创收成效明显。与其他部门合作或参与配合出刊系列特刊，如1月的元旦特刊、2月的春节特刊、3月的楼市论坛特刊以及“3·15”特刊、4月的楼市宝典、5月的纸上家博会并启动十周年庆活动、6月的高考特刊、龙舟特刊、世界杯特刊，五创特刊，读书月特刊、“十一五”特刊等等。由于布局早、策划得力，大多取得不错的经济收益。

（樊　荣）

【发行工作再上台阶】　2010年，长江信息报社发行部以科学的市场方案和务实的苦干精神圆满完成年度征订任务，完成发行数2.8万份，比2009年净增4000份。跨年报征订在有效利用发行网络、减轻征订压力、提前占领读者市场等方面起到积极作用。一手抓跨年度报征订，一手抓本年度报征订和续订，合理调整跨年度报和本年度报的征订结构和比例。根据报社的发行经营策略、经营情况，调整发行策略。在发行量优势的情况下，除继续做好党、政、军企事业单位，以及汽车、家电、房产、商圈、商超等行业及重点区域的报纸征订工作外，有计划、分阶段、有重点的制订各站投递任务，加大重点区域的开发力度，缩短投递半径，提高服务质量。通过对发行区域的调整和整合，力争使发行结构更趋合理。制定实施线路投递工资方案，以每条线路4小时工作时间为标准计算考核人数，线路投递系数分区域设置，对降低发行费率、按劳取酬起到很大的作用。零售是报纸发行的一个重要渠道，发行部多方部署，利用现有发行队伍的人力资源优势开发零售市场，使《长江信息报》的零售量一直稳定在1500份以上。

（樊　荣）

【报网融合打造亮点】　2010年，《长江信息报》提出实现报网互动，创办全新的网络媒体，借助网络的传播优势，进行报网融合，增强长江信息报的影响力。7月22日，长江信息网正式上架运行，网站顺利运转，发挥出报网互动平台、时事新闻空间、市民网络社区、民生资讯总汇的作用，弥补平面媒体的局限性，打造全新的网络宣传平台，拓展报社的整体生存空间。长江信息网进行全面的改版升级，充实网站的采编、技术和创收力量。网站的新闻频道全新改版成功，新闻频道收集从1997年以来，《岳阳晚报》、《长江信息报》，以及其他新闻媒体的稿件11万篇，成为岳阳综合性网站中新闻信息量最大的门户网站，网站的团购频道在调试设计当中。

（樊　荣）

责任编校　王　艳

卫生 · 体育

HEALTH AND SPORTS

市中医院科技创新

突发公共卫生事件处置

新型农村合作医疗

探索公立医院改革

启动“省部联动”血防项目

卫 生

综 述

【概 况】 2010年，岳阳市卫生系统围绕“提速、升级、增效、惠民”的总体要求，加快深化医药卫生体制改革，完善医疗卫生服务体系建设，呈现出“卫生发展、医技进步、服务优良、公众健康、医患和谐”的发展态势。卫生部部长陈竺、副部长尹力先后来到岳阳市检查指导工作。市卫生局获全省妇幼卫生目标管理先进单位、社区卫生服务工作先进单位、中医药适宜技术推广先进单位、全市政府绩效考核先进单位、先进组工部门等多项荣誉。市一医院成功申报为国家临床药品实验基地和湖南省住院医师规范化培训基地；市二医院连续5年被评为全国百姓放心示范医院；市中医院被评为全国信息化建设示范单位和中医文化建设试点单位；市三医院彭再科被评为全国劳模，羊楼司卫生院院长卢拥文被评为全国优秀卫生院长，市一医院张成煊被评为省级劳模，潘港被评为十大精彩人物。

全市新农合参保农民382.7万人，参合率达98.4%，21家市级定点医疗机构在全省率先启动“即时结报”。新农合统筹地区内政策范围内住院医疗补偿率达62.9%。岳阳县、岳阳楼区、云溪区、岳阳经济技术开发区、南湖风景区、君山区、华容县、临湘市的100个基层医疗机构正式启动国家基本药物制度试点，307种基本药物和新增90个基本药物目录品种全部实行网上采购、零差率销售，纳入新农合报销范围。全市实施基本药物制度的县市区达66%。

争取中央投入6000万元，启动临湘市中医院、汨罗市人民医院、岳阳县中医院3所综合医院的项目建设。总投资2336万元，启动4所中心卫生院、64所村卫生室和6所社区卫生服务中心建设。争取220万元省建项目，为全市11个乡镇卫生院进行公有周转住房建设，为基层医务人员解决住房100余套。组织开办全市乡镇卫生院院长、业务骨干等各级各类人员培训10091人次。开展“万名医生支援农村”活动，安排16名市级科技特派员到各县市区基层医疗卫生单位。开展“上挂下派、交叉任职”的人才管理活动，从各县区卫生行政部门和医疗卫生单位选派11名中青年干部到市卫生局和市直医疗卫生单位挂职锻炼，从市卫生局机关和市直医疗卫生单位选派7名干部到县市区卫生局或乡镇卫生院挂职副局长或副院长（主任），逐步建立全方位扶持锻炼人才的工作机制。为医学专家提升品位，《岳阳市医学专家名录》历时5年，正式出版，该书收录全市1019名副高以上医学专家资料信息，逾100万字，图文并茂。

城区搭建28个社区卫生服务中心和39个社区卫生服务站， 52个全科医生服务团队和6个专家团队全方位、零距离服务社区居民，打造“15分钟社区卫生服务圈”。 4月12日，全省城市社区卫生工作现场经验交流会在岳阳市召开，向全省推介成功经验。9月10日，市长黄兰香以“以三零社区卫生服务推动健康城市建设活动”为题在全国健康城市论坛发表演讲，使岳阳市“三零”服务经传全国。

2010年岳阳市中医药文化建设座谈会 （市中医院 供稿）

全年建立居民健康档案171.66万人，免费为37.43万65岁以上的老年人定期健康检查，为糖尿病、高血压等慢性病开展上门健康服务25万人次。全市一类疫苗接种率达到98.3%以上，完成244918人次的麻疹疫苗强化免疫和78.1732万剂次的乙肝疫苗免费接种，完成乙脑疫苗接种近15万人次。有3.99万农村孕产妇享受国家平产分娩免费补助；平江县为3.93万适龄农村妇女开展宫颈癌检查，岳阳楼区为2000名适龄农村妇女开展乳腺癌检查；为结婚男女免费婚检17916对，免费婚检率44.7%，其中华容县达到100%；为全市4.24万名准备怀孕和孕早期妇女免费增补叶酸；启动艾滋病母婴阻断传播项目；为3735例白内障患者实行免费手术医治。

对城区二级以上主要综合医院重新排定序列（由3家扩展至6家），重新命名，不断探索，实行全行业管理和属地管理。成立18个临床质量控制中心，启动优质护理服务示范工程活动，确定9家医院为示范医院。市一、市二医院开展临床路径管理试点，市二医院、市中医院、市长炼医院启动以电子病历为重点的信息化建设。建立全市统一的120院前急救指挥平台，让农村和边远地区群众同等享受120公共资源，这项创新经省卫生厅批准作为医改项目在全省率先试点。医疗纠纷第三方调处机制日渐成熟，影响日益扩大。7月23日，省综治委在岳阳市召开全省预防与处置医疗纠纷工作经验交流会，《人民日报》等19家中央媒体对岳阳市的经验进行报道。10月26日，中央电视台1套新闻联播播出岳阳市调处医患纠纷的新闻，形成“医患纠纷如何调处？看岳阳的”的良好评价。

（潘 灿）

【中医药事业】 2010年，市卫生局组织专家组对全市9家适宜技术推广项目单位的工作实施情况进行验收考核，有172家乡镇卫生院、2847家村卫生室、28家社区卫生服务中心、51家社区卫生服务站的卫生技术人员参加中医药适宜技术培训，9家项目单位制订提高中医药服务补偿比例、鼓励应用中医药适宜技术的相关政策措施。岳阳市基层常见病多发病中医药适宜技术推广工作在全省专家小组的抽查验收中获得全省第2名；平江县获得全省基层常见病多发病中医药适宜技术推广项目工作考核先进县市称号。与岳阳晚报社、市中医院合作推出的《我和祖国传统中医药》征文评选活动，于8月17日揭晓，历时8个月，收到征文240篇，择优发表55篇，评出获奖作品20篇，社会反响较好。创办岳阳中医健康网，推介岳阳中医。下发《关于积极开展师承教育大力培养中医药人才的通知》文件，有13人获得省中医药管理局颁发的师承出师证书。组织召开中医药文化建设座谈会，来自全市文艺、卫生、社科学术团体的32名专家学者、新闻媒体代表和市、县两级中医院院长参加座谈。10月16日，召开全市名老中医重阳节座谈会，为加快中医药发展，提出许多宝贵的意见和建议。

加大中医进社区的力度，在岳阳楼区开展中医药特色进社区工作，制订《岳阳楼区关于促进中医药进社区工作实施方案》，完成7个示范服务中心和5个示范服务站的中医进社区建设。全市中医药工作在全省中医药工作综合考评中，岳阳市排名全省第三。（潘　灿）

市委书记易炼红到市中医院调研工作　（市中医院　供稿）

【市中医院科技创新】 2010年，岳阳市中医院有临床科室42个。其中国家级重点中医专科1个、国家级试点科室3个、省级重点专科1个、省级重点建设专科4个、市级重点专科4个。有干部职工782人，其中，正高职称26名，副高职称65名，博士3名，硕士48名，本科以上学历占专业技术人员总数的73.05%。全年完成业务收入1.05亿元。引进和开展新技术57项，在国家和省级期刊发表论文86篇，编写著作3本，向农村推广适宜医疗技术15项。设置12个临床教研室，承接湖南中医药大学针灸专业2个本科班70多名学生周期为2年的临床科研教学任务。相继举办卫生部“十年百项”冬病夏治技术推广培训班、省中医医院中医药文化建设高峰论坛、省烧伤学术年会暨全国烧伤疮疡重症治疗技术培训班、省肛肠病学术年会等会议。市中医院被省中医药管理局作为2家地市级中医院之一推荐，代表全省接受国家中医药管理局的医院管理年活动检查。全院共收到病人感谢信85封，锦旗60面，镜匾4块，报纸报道表扬5次，患者的平均满意度达96.27%。（胡　明）

【市红十字会工作】 2010年，岳阳市红十字志愿者发展到1300人。全年在企业、学校、社区等部门单位组织开展救护知识培训，普及人数达8000人次。为进一步加大无偿献血、献髓宣传工作力度，制定无偿献血活动计划，开展系列活动。全年各级红十字会组织近7000名志愿者参加无偿献血，累计献血量达245万毫升，完成造血干细胞志愿者2000人份入库，成功捐献造血干细胞2例，实现52例成功捐献，造血干细胞捐献工作仍位居全国同等城市第一。6～8月，市局部地区发生洪涝灾害，争取到大米、棉被、帐篷、药品等救灾物资近20万元，募集救灾药品近70万元，所有救灾物资及时发放到受灾群众手中。争取省红十字会对临湘市减灾项目近30万元。青海玉树发生地震后，部署全市抗震救灾募捐工作，募集善款951454.4元。春节期间，组织开展大病救助、关爱弱势群体、扶贫助困、红十字志愿服务等工作。向全市10个县市区发放价值19万元的款物。选定20名贫困生作为资助对象。在积极参与市委、市政府开展大病救助的同时，对其他弱势群体进行帮助，救助近40名贫困群众或大病患者，救助经费达5万元；为岳阳市14位白血病患者争取中国红十字基金会救助金42万元。红十字学校工作规范有序开展，健全学校红十字组织机构，按照《岳阳市红十字模范校实施细则》，将“人道、博爱、奉献”精神与德育教育相结合。组织开展社会救助和志愿服务活动，传播国际人道法和红十字运动基本知识，进行学校救护培训。（潘　灿）

【市医学会工作】 2010年，岳阳市医学会第四届暨岳阳市医师协会第一届三次常务理事会议召开。会议审议并通过年度市医学会工作报告；讨论确定市医学会及医师协会下年度工作计划；讨论通过医学会与医师协会分开设立的事项；选举产生市医学会第四届和市医师协会第一届理事会会长、副会长、秘书长、副秘书长、常务理事；听取新当选的市医学会会长和市医师协会会长表态发言等相关事宜。市医学会指导并协助9个专业委员会进行换届选举工作，向中华医学会、省医学会等专业委员会推荐委员候选人24名，有1人被选为中国医院协会急救分会委员，23人当选省医学会专业委员会委员。承办国家级学术会议1次、省级学术会议3次、市级学术会议25次，与会人数近5000人次。各专业委员会先后组织300人参加全国、全省性学术会议和参观、考察，同时在科研上有所突破。组织各种科普宣传、义诊、讲座等28场次，参加人数近1000人。发放各种资料5万份。受理医疗事故技术鉴定案件90余起，组织鉴定会76场，其中鉴定为医疗事故的28起。（潘 灿）

【妇幼卫生工作】 2010年，岳阳市孕产妇死亡率为23.29/10万，婴幼儿及5岁以下儿童死亡率分别为5.64‰和8.77‰，均达全省控制指标。住院分娩率为99.77%。创“县级产科急救中心”6个，“乡镇卫生院产科建设合格县”6个，创建率分别达100%。市妇女儿童医院挂牌成立。湘阴县妇幼保健院大楼建成，平江县、临湘市、汨罗市、华容县等县级妇保院的新建规划确定，将妇幼卫生工作纳入公共卫生服务经费拨付的考核。农村孕产妇住院分娩实行即时即补，补助农村孕产妇39682人，补助资金达1316.385万元。岳阳楼区累计完成4006人次乳腺癌筛查，平江县完成43024人次的宫颈癌筛查，两癌普查率达100%。婚前医学检查规范开展。孕产妇艾滋病筛查41260人次，筛查率69.01%。为全市育龄妇女免费发放叶酸片计 118914瓶。完成新生儿苯丙酮尿症和先天性甲状腺功能减低筛查48857人次，筛查率81.27%，听力筛查25713人次，听力筛查率42.77%；产前筛查6200人次，产前筛查率10.36%。（潘 灿）

疾病预防控制

【概 况】 2010年，岳阳市疾病预防控制工作抓好体系规范化建设，完善突发公共卫生事件应急机制，抓绩效考核工作，做好国家扩大免疫规划工作，全面落实重大疾病防控措施。全年报告乙类传染病18 种，计8557例，死亡47例，累计发病率、死亡率分别为168.7/10万、 0.93/10万；报告丙类传染病6种，计16462例，全市无甲类传染病及乙类按甲类管理传染病报告。在全市重点人群中开展甲流疫苗接种工作，累计接种甲型H1N1流感疫苗347240人，一类疫苗接种率达到98.3%以上，完成244918人次的麻疹疫苗强化免疫和78.1732万剂次的乙肝疫苗免费接种，完成乙脑疫苗接种近15万人次。全年报告麻疹病例11例，AFP病例12例，分别较2009年下降90.09%和42.86%。做好甲型H1N1流感、人禽流感、手足口病、霍乱、狂犬病的防控，加强疫情的监测和预警，进一步完善应急预案和有关技术方案，防止疫情扩散。重性精神病防治新增平江县、岳阳楼区为示范县（区），排查重性精神病患者10378例。加强企业职业卫生检测、放射卫生检测工作，开展工业探伤装置预评价，填补在工业探伤场所放射防护评价方面的空白。召开全市学校卫生工作会议，突出抓好学校传染病和重点常见病的防控。全年发生突发公共卫生事件10起，处置率100%。实验室检验检测水平有明显提高。疾病预防控制绩效考核全面铺开，制订《岳阳市疾病预防控制绩效考核工作实施方案》，10月接受省对市级疾病预防控制工作绩效考核现场评估。开展对所辖县市区绩效考核的技术指导，组织各县市区40名疾控骨干进行绩效考核的培训，完成3个县市区的疾病预防控制工作绩效考核现场评估。（潘 灿）

省卫生厅对市疾控中心进行绩效考核 （市卫生局 供稿）

【计划免疫】 2009年11月3日，市疾病预防控制中心在全市重点人群中开展甲流疫苗接种工作，累计接种甲型H1N1流感疫苗347240人，报告疑似预防接种异常反应（AEFI）15例，无严重异常接种反应发生；全市15岁以下人群乙肝疫苗查漏补种78.1732万剂次，达到省卫生厅接种率为90%以上的工作目标任务，其中发生预防接种一般反应25例。8月龄至4周岁儿童麻疹疫苗强化免疫活动中，实种儿童24.4918万人，达到省卫生厅规定的接种率在95%以上的工作要求；接种乙脑疫苗149586人。报告AFP病例16例，报告率为2.06/10万；报告麻疹11例，发病率为0.196/10万；报告15岁以下新发乙肝病例58例，报告率为1.036/10万；报告乙脑9例，发病率为0.16/10万。（蔡亚辉）

【艾滋病防控】 2010年，市疾病预防控制中心确诊全市HIV检测235182人份，确诊阳性 129例；高危行为干预84.5万人次，VCT咨询6632人次，抽取静脉血样本 6632人份，确诊阳性43人份；累计治疗238人，其中在治疗人数 173人，死亡15人，退出8人。累计报告确认HIV抗体阳性者719例，累计死亡141例。处理9起艾滋病病毒职业性原因暴露，2起非职业性原因暴露。（蔡亚辉）

【结核病防治工作】 2010年，市疾病预防控制中心确诊全市结核阳性病人2279例，活动性结核病人4297人，全部予以免费治疗。持续8年之久的卫十项目终期评估中，临湘市被评为国家级先进集体，4人被评为国家级先进个人；市疾控中心和平江县、汨罗市被评为省级先进集体，15人被评为省级先进个人；全国第五次结核病流调汨罗市长乐镇流调点获全省先进集体，5人被评为先进个人；9月，世卫组织在岳阳召开“结核病门诊治疗按病种付费试点项目”研讨会，世界卫生组织、国家结核病预防控制中心、上海社科院、省卫生厅、省结防所的领导和专家到会。（蔡亚辉）

【职业卫生】 2010年，市疾病预防控制中心对35家企业进行职业卫生检测，检测作业点1864个，42家医疗单位进行放射卫生检测，检测作业点1593个。签订建设项目评价合同13个，职业病危害控制效果评价项目10个；完成医疗场所放射防护控制效果评价2个，工业探伤装置预评价1个，填补在工业探伤场所放射防护评价方面的空白。

（蔡亚辉）

【卫生监测】 2010年，市疾病预防控制中心完成全市市管37所学校的饮用水和餐具消毒效果监测工作，完成全市生活饮用水监测样品273个、餐饮具公共用品1172件、空气样355个，完成全市医院消毒效果监测31家，医院污水监测26家，医院各候诊区环境监测28家及开发区7家医疗机构的各项监测工作，完成10家医疗单位的血液透析水监测。从业人员体检13600人，职业性体检4470人。（蔡亚辉）

【突发公共卫生事件处置】 2010年，岳阳市部分县市区遭遇洪灾，市疾病预防控制中心下拨1300件84消毒液、800件消毒晶片，同时储备500件84消毒液、300件消毒晶片及大量药物以备急需。全年发生突发公共卫生事件10起，均得到妥善处置。（蔡亚辉）

【地方病、慢性病防治】 2010年，市疾病预防控制中心完成本年度碘盐监测工作，采样2612份，检测2612份，合格2508份，不合格82份，非碘盐22份，碘盐覆盖率99.16%，碘盐合格率96.83%，合格碘盐食用率96.02%；制定《2010年岳阳市登革热媒介监测实施方案》，参与讨论制订《湖南省慢性病监测与综合干预试点工作方案》。（蔡亚辉）

卫生监督执法

【卫生监督执法工作】 2010年，全市核发公共卫生、饮用水卫生许可证1127个，发放经营门店基本卫生要求5800份，下达各类整改通知4200份，“五小”门店亮证挂牌2100块。对环南湖、青年中路等地段开展无排污设施餐馆整治工作。改造餐饮厨房1210个，指导企业厂房设计改造159家，关停各类不合格门店387家。开展打击非法行医、传染病防治监督专项检查。对市区范围的22家医院监督71户次，对医疗机构超范围执业、医疗执业证过期未校验等情况立案5起；查处无证行医案件3起，取缔无证诊所10家。检查各级各类医疗机构102家，对医疗机构的传染病疫情报告、消毒隔离、医疗废物处置等情况进行监督检查。对73家放射工作单位的放射防护情况进行综合监督执法检查，对59家存在违法事实的单位当场提出书面限期整改意见（共153条），对其中违法严重18家单位依法给予警告，限期改正及罚款等卫生行政处罚；对36家符合放射防护要求的放射诊疗单位进行放射诊疗许可或校验；为6家单位新发或换发新的“放射诊疗许可证”。对全市范围内存在有职业病危害因素的企事业单位的职业病防治工作基本情况进行全面调查核实，查出存在有职业病危害因素企业285家，职工总数42978人，其中接触职业病危害因素的劳动者18708名。对市直46家工业企业单位进行职业病防治现场监督检查，督促1000余名从业人员进行职业性健康检查，现场检测评价存在有职业病危害因素的生产作业场所。检出职业禁忌症3人。对4家单位200名从业人员进行上岗前的预防性健康体检。

【食品安全综合协调工作】 2010年，全市先后组织开展有毒乳粉清查及销毁行动、节庆假日食品安全专项整治行动、海南毒豇豆专项整治行动、地沟油专项整治行动、违法添加非食用物质及滥用食品添加剂专项整治行动、五小行业专项整治行动、平江面粉熟食及华容酱腌菜专项检查、农业投入品专项执法检查、酒类市场专项执法检查、生猪定点屠宰专项整治等活动，有力地保障人民群众的饮食安全和身体健康。在有毒乳粉及含乳制品清查工作中，出动执法人员6353人次、执法车辆321台次，检查乳品生产经营单位14378个，下达责令整改通知书77份，整个清查过程没有发现国家相关部门通报的问题乳粉。根据国家、省有关要求制订违法添加非食用物质和滥用食品添加剂专项整治方案，全市确定重点整治地区13个、重点整治产品27个。市卫生局对餐饮单位在火锅中违法使用罂粟壳、飘香剂及用甲醛处理火锅原料，违法使用地沟油烹制菜肴，违法在鲜榨果汁中滥用食品添加剂，在淀粉米面制品、调味品中违法添加非食用物质，违法使用甲醛、过氧化氢、火碱、工业染料、硼酸、硼砂、嫩肉粉、保水剂、保鲜剂等非食用物质处理食品等行为进行重点整治，下发打击非法添加非食用物质和滥用食品添加剂告知书2558份，与餐饮经营单位、学校食堂、建筑工地食堂签订承诺书2558份。

【医务行风建设】 2010年，市卫生局全面推行《医务人员医德医风考评办法》，改善就医环境、端正服务态度、规范执业行为。医务人员拒收红包现金55600元，价值9500元购物卡24张。进一步整治医药购销和医疗服务不正之风，实现药品招标采购总金额3.06亿元，通过招标让利给患者0.96亿元，让利率31.37%；医用耗材累计招标采购总金额0.79亿元，实现让利给患者0.33亿元，让利率41.77%。有效遏制医药购销领域的不正之风，切实减轻广大患者的负担。与2009年同期相比，门诊人均次费用从每人81元下降到48元，下降40.7%，住院人均次费用从956元下降到635元，下降

33.5%。规范权力运行制度建设，设置行政许可职权16项，行政处罚13类，社会经济事务管理权10项，行政强制9项，行政奖励2项，行政检查5项，查找风险点102个，绘制流程图29张，制定相应防范措施134条，牵涉到126部法律法规。成立管理民营医疗机构党组织的专门机构——岳阳市卫生系统民营医疗机构党建办公室。指导岳阳市长动医院、岳阳现代女子医院、岳阳爱尔眼科医院、岳阳五洲泌尿专科医院等4家民营医院成立党支部，相继组建民营医院党支部8个，使102名党员找到娘家。在全市卫生系统按照公开承诺、领导点评、群众评议、考评表彰的步骤，开展“创建先进基层党组织，争当优秀共产党员”的活动。（本栏撰稿　潘　灿）

医政管理

【医疗质量管理】　2010年，市卫生系统进一步加强医疗质量管理。一是严把医疗要素准入关。以医疗机构校验和医师资格考试为手段，严把医疗要素准入关。对35家医疗机构进行校验和换证，注销5个无资质的诊疗科目。关停在规定时间内未整改到位1家医院血透室。对1家医院未通过审批开展心血管介入二类技术进行督办。二是努力提升医疗及血液质量水平。以“医疗质量万里行”和“医疗核心制度落实年”活动为契机，以“血液专项检查”为手段，采取切实措施，狠抓医疗及血液质量与安全 。“医疗质量万里行”活动成效显著，开展医疗核心制度落实年活动，提高全市二级以上医疗机构的医疗质量，保障医疗安全，活动成效显著。血液质量安全再上台阶，全市临床用血100%来自无偿献血，全年无一例采浆交叉感染事件发生。三是抓好民生工程。根据国家有关部委实施“百万贫困白内障患者复明工程”有关精神，完成白内障手术3728例，超额完成全年手术任务（3300例）13%。所有手术病例都做到完全免费，未出现一例手术安全事件。四是以巩固“放心120、品牌120、文化120”急救品牌为基础，做好紧急救援工作。全年派救护车14442次，参加大型社会活动、突发性公共事件等医疗保障任务20多次。五是按照省卫生厅及政府要求和部署，完成10516例手足口病救治任务，完成6892人的征兵体检任务。

【医疗纠纷人民调解工作】　2010年，市卫生系统继续推进医疗机构人民调解工作，深入开展集中治理医疗纠纷专项行动。定期组织调解中心及相关医疗机构召开医疗纠纷调解情况通报分析会，对调解的典型案例和医疗纠纷中存在的普遍性问题进行分析。人民调解中心处理医疗纠纷的作用凸显，受理医疗纠纷136起，办结127起，调解成功率达93%。7月23日，全省预防和处置医疗纠纷工作经验交流会议在岳阳市召开，副省长郭开朗，省委政法委、公安、司法、卫生等省直厅局主要负责人，及各市州相关负责人出席会议。与会代表参观市医疗纠纷人民调解中心，充分肯定岳阳市积极构建医疗纠纷调解运行机制所取得的成效。

【打造精英护理队伍】　2010年，市卫生系统把开展“优质护理服务示范工程”活动当作医政工作的重点来抓。各医疗机构积极响应，全市有13家医院、31个病房、500名护士参与实施该活动。通过 “优质护理服务示范工程”的开展，各医院在人力资源配置、护理理念、护理质量方面得到明显改善和提升，基本实现分床到护、责任到人、责任组长管床的扁平式责任包干制护理模式，为患者提供全面、全程、连续的护理服务。优质护理服务示范工程活动开展7个月来，取得可喜的成绩和效果。城、乡护士岗位技能竞赛取得成功。进一步加强全市护士“三基”训练，提升业务素质、人文素养以及与病人的沟通能力，促进护理工作贴近病人、贴近临床、贴近社会。年初，号召全市卫生系统开展护士岗位练兵活动，各级医疗机构积极响应。 5月，成功举办全市城、乡护士岗位技能竞赛活动，有32支代表队、122名选手参加比赛，涉及各级医疗单位近50家。市一人民医院、省血吸虫病防治所附属湘岳医院获得团体一等奖，市二人民医院等5家单位获团体二等奖，岳化医院等8家单位获团体三等奖。（本栏撰稿　潘　灿）

爱国卫生工作

【农村改厕项目】　岳阳市处于洞庭湖疫区，是国家改厕的重点地区之一，2010年全市农村改厕任务31300座。市爱卫办在原有的基础上重新调整农村改厕领导小组和技术指导小组，并且将改厕项目纳入到市政府十件实事和绩效考核，各项目县市区政府向市政府签订改厕工作责任书。市爱卫办在人员少、任务紧的情况下，每月按时向省爱卫办报送工作进程，到各项目县市区进行督导检查，经常深入基层进行技术指导，及时解决项目实施过程中的困难和问题。举办农村改厕培训班2期，组织赴永州、衡阳学习2次。成功举办长沙市、岳阳市、衡阳市、永州市片区农村改厕现场交流会，省爱卫办领导、参会代表高度评价岳阳市改厕工作。年末，岳阳市农村改厕项目成功通过省爱卫办和市实事办的验收。

【健康教育】　2010年4月11日，市爱卫办在步行街组织市卫生局、市环保局、市城管局、市经信委、岳阳楼区等单位举行世界卫生日暨全国爱卫月启动仪式。5月31日，开展全市“世界无烟日”的宣传活动。8月，组织各县市区医疗机构、爱卫办健康教育工作人员赴邵阳市参加全省医疗机构控烟学习培训班。

【城市卫生管理】　2010年，市爱卫办落实市政府《关于进一步加强城区城市管理的意见》和《岳阳市城市卫生考核办法》，采取“日常考核、定期考核、暗访考核、交叉考核”相结合的方式，坚持对城区卫生每天一暗访、每周一检查、每日一考核，及时督查整改，对考评结果综合排名，奖罚兑现，在媒体上公布考评结果，促进城区环境卫生面貌进一步改善。8月，组织开展县城卫生检查评比工作，采取听汇报、看材料、现场随机抽查及民意调查等方法，进行县城卫生全面检查。检查结果名次排名为：平江县、岳阳县、湘阴县、华容县。

【城区除四害工作】 按照国家卫生城市标准，“四害”（蚊、蝇、鼠、蟑）密度要控制在一定标准范围内。岳阳市地处洞庭湖畔，气候湿润温和，“四害”滋生快，密度较大。2010年初，采用招标的形式引进湖南捷力洲生物防治有限公司，对全市公共场所进行除“四害”。年内，先后组织开展全市春、秋两季的灭鼠活动，指导和督促专业病媒生物防治队伍在城区的消杀服务工作。开展灭鼠达标活动，先后有湘阴县、岳阳县获得省级灭鼠先进县，平江县、临湘市保留省级灭鼠先进县（市）的称号。

（本栏撰稿 刘立军）

农村卫生

【新型农村合作医疗】 2010年，岳阳市新型农村合作医疗继续扩容、增效、便民、减负，参合农民达到3827146人，参合率98.37%，与2009年相比，参合人数增加363851人，参合率上升4.17个百分点，高于全省平均水平3个百分点。年内筹资标准人均140元，其中，农民个人自筹20元，中央及地方财政补助120元，按政策筹集基金总额5.36亿元，基金盘子进一步扩大，市本级财政将应配套的3489.95万元及时足额配套到位。

新农合基金以县市区为单位统筹管理，科学测算制订补偿方案，降低起付线、提高报销比例和封顶线（全市统一提高至6万元）。全市全年补助支出48010万元，平均基金使用率为94.5%，统筹基金结余为5570万。新农合统筹基金补助302.29万人次，平均受益面为80%。其中，住院补助31.83万人次，人平住院补助1203.77元，较2009年增长260.02元；平均住院实际补偿率为49.96%，较2009年上升9.72个百分点。门诊统筹、定额住院分娩补助、特殊慢病门诊、体检等补助134.5万人次，补助金额9693.1万元（其中门诊统筹补助97.04万人次，补助金额2113.3万元）；家庭门诊帐户补助135.9万人次，补助金额2442.8万元，得到农民群众的普遍认可。

5月1日起正式启动农村先心病患儿免费医疗救治试点，对14岁以下儿童部分先心病进行免费救治。全年完成先心病免费救治120例，超额完成省厅下达的救治任务，提高大病补助水平。

通过反复调研和对定点医疗机构费用测算，6月18日，市农合办组织市直21家新农合定点医疗机构和各县市区农合经办机构负责人举行新农合市级定点医疗机构“即时结报”集中签约仪式，全面启动岳阳市新农合“即时结报”异地结算工作，参合农民患者在市直21家定点医疗机构出院即可就地办理报销手续（费用由医疗机构先行垫付），“把工作留给医院、把方便留给农民”，这种集中签约在全省乃至全国均无先例。这一举措提高新农合的运转效率，把全市新农合管理工作推向新的阶段。

全年全市参合农民次均住院费用为2412.27元，低于全省平均住院费用272.85元。其中省市县乡四级定点医疗机构次均住院费用分别为8605.9元、4933.87元、2196.81元、865.63元，省级和市级较2009年分别下降12.17 %、6.4%，县级和乡级上涨3.2、1.05个百分点。着力引导农民朋友看病“小病不出乡、大病不出县”，医疗费用得到有效控制，农民得到真正实惠。

【农村卫生】 2010年，市卫生系统围绕建立覆盖城乡居民的基本医疗卫生制度，重点抓好乡村两级医疗卫生机构能力建设和规范管理，基本公共卫生服务均等化取得明显的成绩。加强乡村两级医疗机构硬件建设：完成7所中心卫生院、64所村级卫生室国债项目和4所省投乡镇卫生院公有周转住房项目建设，改（扩）建面积16435平方米，总投资1321万元；争取4所中心卫生院国债项目和11所省投乡镇卫生院公有周转住房项目，预计总投资750万元。为全市3311个村卫生室各配备5000元的设备包，为175家乡镇卫生院各配备10万元的设备包。加强乡村两级医疗机构软件建设：全年培训各类农村卫生技术人员5081人次。在全市范围内开展“双十双百优”评选表彰活动，表彰十佳乡镇卫生院长、十名优秀卫生院长、100名优秀基层卫生工作者和100名优秀乡村医生。开展全市卫生系统干部“上挂下派、交叉任职”活动，逐步实行“村医院管、院长上派、交叉任职、错位下沉”和“安居工程、饭碗工程、学历工程、资格工程”四大工程，进一步扶持农村卫生做大做强，引导专业技术人才向基层下沉。加强乡村两级管理，提升两级医疗卫生机构服务能力。全市175家乡镇卫生院发展势头良好，合格率达到100%，优秀率达到50%。岳阳市的经验在全省乡镇卫生院管理年活动阶段性检查情况通报暨经验交流大会上作交流。7月28日，在全省乡镇卫生院护理“三基”竞赛活动中，获团体一等奖、2个个人全能一等奖、1个个人全能二等奖。为全市4412名乡村医生进行每5年一次的执业再注册和补办证件，加强乡村医生的监督管理，维护基层的稳定。

【医卫科技特派员工作】 2010年，市卫生局从市直医疗单位，中央、省驻岳单位医院等选拔16名中级以上专业技术职称的卫生技术人员作为第4批医卫特派员下派到10家卫生院开展为期1年的服务。到年底，医卫特派员接诊病人5000余人次，支持大小手术150台次，指导开展新技术、新项目20余个，义诊5次，免费发放药品5万余元，发放健康知识宣传资料1.5万份，组织业务授课培训80场次，培训医务人员3000余人次，接收进修20人次，捐赠价值20余万元医疗设备及家用电器15台件，各受扶乡镇卫生院业务水平和经济收入均较2009年有明显增长，实现社会效益和经济效益双赢的目标。9月14日，省委组织部、省科技厅和省卫生厅到岳阳市检查指导科技特派员工作，给予充分肯定。市卫生局被评为医卫科技特派员工作先进单位。

（本栏撰稿 潘 灿）

社区卫生

【城市社区卫生服务稳步发展】 2010年，市委、市政府高度重视发展社区卫生服务工作，构建15分钟社区卫生服务圈，社区卫生服务覆盖率达到90%以上，人口覆盖率达到100%。规范化的社区卫生服务中心和社区卫生服务站分别达28个和56个。4月，全省社区卫生服务现场经验交流会在岳阳市召开。推行“九个统一”、“六个标准化”的机构建设标准。制定下发《岳阳市创建全省示范性社区卫生服务中心活动实施方案》。全面落实九大类基本公共卫生服务，建立居民健康档案64.22万人，电子档案32.8万人，建档率达47.14%。开展健康讲座243场次。管理慢性非传染性病患者2.31万人，高血压病、糖尿病人管理率达95%以上。为21332名老年人开展免费体检。完成1416例重性精神疾病患者的筛查工作，实现基本公共卫生服务全覆盖。对基本医疗服务实行“五减六免”，全年减免费用723万元。所有社区卫生服务机构全面启动社区卫生服务信息系统。年初，在岳阳楼区、云溪区、经济技术开发区、南湖风景区的社区卫生服务机构正式启动实施国家基本药物制度，实行307种基本药物零差率销售。

【卫生科教】 2010年，市卫生局根据《2007～2011年湖南省社区卫生人员培训规划》、《湖南省全科医师、社区护士岗位培训方案》以及《湖南省基层医疗卫生机构全科医生转岗培训实施方案》的要求，结合乡镇卫生院和社区卫生服务特点和实际，采用现代远程教学手段与多媒体幻灯同步教学体系，利用每周五、六、日上课，历时半年，培训农村和社区卫生人员。由省卫生厅颁发培训合格证的全科医师850人、护士330人。在市一人民医院利用一年时间转岗培训基层医疗卫生机构全科医生100名；通过国家农村订单定向免费培养医学本科生43名；农村社区定向免费培训专升本6名。组织市一人民医院、市二人民医院和市妇幼保健院妇产科、儿科、急诊科和肿瘤科专家通过巡回讲座的方式开展农村和社区卫生适宜技术推广培训，组织15场120课时授课，培训基层医疗卫生技术人员3000余人次。

【医药卫生体制改革】 2010年，市卫生局围绕五项重点工作，狠抓落实，扎实工作，全面完成医改年度各项工作任务。基本药物制度试点工作稳步推进。1月29日，岳阳县、岳阳楼区、云溪区、经济开发区、南湖风景区正式启动实施国家基本药物制度首批试点县区工作，47个基层医疗卫生机构实施国家基本药物制度。47个基层医疗卫生机构全部实行网上采购基本药物并零差率销售。从网上采购基本药物1037.33万元，与2009年比，全市门诊人均次费用从每人65.7元下降到42.85元，下降34.7%，住院人均次费用从1132元下降到764元，下降32.5%。在基本药物制度推行中，基本药物全部纳入新农合报销范围，各县市区均实行价格监管办法，实施人事制度、管理制度、分配制度、补偿机制和运行机制等的综合配套改革措施，建立“收支分离、集中核算、绩效考核、财政监督”的新型财务管理模式，其中岳阳楼区在全省率先开展基层医疗卫生机构综合配套改革试点工作，取得初步成效。5月开始，试点县区强力推行国家基本药物临床应用指南和处方集，培训医务人员1203人，确保临床首选和合理使用基本药物，满足群众的基本用药需求。8月，确定岳阳市增补基本药物目录90个品种，各试点县区完成询价采购工作。12月29日，君山区、华容县、临湘市第二批实施基本药物制度，53个基层医疗卫生机构实施基本药物制度，全市实施基本药物制度的县市区达66%。

（本栏撰稿 潘 灿）

岳阳市一人民医院

【卫生服务稳步发展】 2010年，市一人民医院有职工1513人，其中副高职称以上的医（护、药、技）师264人、医学博士3人、硕士106人、享受国务院特殊津贴1人、硕士研究生导师12人。编制病床1029张，年门诊量57万人次，年出院病人3.6万人次，年手术1万台，设置18个职能科室和43个临床医技科室，是中南大学湘雅医学院附属医院、中南大学湘雅二医院医疗协作医院、中南大学湘雅医学院临床医学硕士研究生培养基地，承担着另外12所院（校）的临床教学工作，是国家药物临床试验基地、国际紧急救援网络医院、外国专家定点医疗机构。

全年完成门急诊569721人次，比2009年增长8.6%，入院35704人次，增长11.9%，住院手术10141台次，增长8.0%，门急诊手术15969台次，放射科照片144472人次，透视12140人次，特检4016人次，超声科完成普通B超144204人次，彩超86511人次，心电图29748人次，动态心电图1412人次，脑电图1536人次，胃肠镜14127人次，肌电图1783人次，同位素检查13333人次，检验科完成各项检查909674人次，病理科完成各科病理切片35150人次，CT46819人次，磁共振10790人次，高压氧7273人次，理疗8314人次。全院业务收入比2009年增长18.14%。7月开通新农合即时结报。医院被评为市医疗保险工作先进集体、工伤保险协议医院先进单位，院长唐敏被省人力资源和社会保障厅评为全省医疗保险工作先进个人，获湖南省三等功。参加科技扶贫活动，选派中级以上人员下乡镇对口扶贫，每周安排专家到云溪区等社区卫生服务中心和乡镇卫生院坐诊。组织医务人员下基层医院和社区巡回医疗、疑难病会诊336次，进行医疗业务、健康知识讲座16次，接诊病人6369人次，义务体检3317人次，指导手术105台，捐赠药品10万余元。

【医疗工作】 2010年5月，市一医院启动电子病历信息化系统，7月启动临床路径和单病种质量控制管理工作，首批试点7个科室，试点病种6个。6月接受省卫生厅技术准入审核验收检查，运动医学科等15个二、三类技术项目均获得准入资格。制订并完善总住院管理、科室月质量分析管理等规定，督查落实15个医疗核心制度，完成重症医学科等5个省级重点学科的申报，新增5个市级临床质量控制中心获市卫生局审批通过并挂靠在医院。加强院前急救工作，组织全体医、护人员进行急危重病人抢救知识培训，着力打造湘北地区“急危重病救治中心”。8月，该医院选手代表岳阳地区参加湖南省第七届急救知识技能大赛，获团体总分第2名。

【科研教学工作】 2010年，市一医院申报科研项目29项，其中市科技局申报立项13项，省卫生厅申报立项2项，省科技厅申报立项1项。唐秀英主持完成的“膀胱白斑不同部位膀胱黏膜的形态学研究及临床意义”获省医学会医学科技三等奖、市科技进步一等奖，胡志雄主持完成的“胱氨酸和胱抑素C水平变化的研究”获市科技进步三等奖，胡志雄个人获得岳阳市青年科技奖。9月，医院申报全科医师转岗培训基地通过省卫生厅评审，成为岳阳市唯一一家取得全科医师培训资质的医院。11月，心内科等6个专科通过卫生部评审获得药物试验资质，医院晋级为国家药物临床试验基地。举办新进人员岗前培训学习班，邀请同济医科大学、河北医科大学教授来院进行“临床路径”及医疗风险防范培训讲座，选派医、护骨干赴北京、南京、扬州等地学习医院管理先进经验。

（本栏撰稿　刘志武）

岳阳市二人民医院

【概　况】 2010年，岳阳市二人民医院（以下简称市二医院）坚持以人为本、以病人为中心的服务宗旨，围绕年初确定的“挖潜力、强素质、提质量、优服务、创品牌、添硬件、拓空间”的总体工作思路，着力在“更高标准、更严管理、更具公信力”上下功夫，以改革创新精神，将更多的精力放在改善服务环境，提高服务质量上，医疗业务稳步增长，医患关系进一步和谐。全年接诊门急诊病人33.13万人次，比2009年增长5%；出院病人25856人次，较2009年增长 8.7%；医院总收入2.41亿元，比2009年增长2641万元，增幅为12.33%。医院建立中南六省首家骨质疏松诊疗与研究基地，连续第五年获得“全国百姓放心示范医院”荣誉称号，被评为全国医院感染监测先进单位、湖南省医疗机构疫情报告管理先进单位、湖南省临床用药监测先进单位。

【医疗质量稳步提升】 2010年，市二医院继续坚持“以病人为中心，以提高医疗服务质量为主题”的医院管理理念，把医疗质量放在各项工作的重中之重，开展“医疗质量提升年”、“医疗质量万里行”、“全国百姓放心示范医院”动态管理、创建三级甲等医院等活动；根据医疗服务的需求，瞄准医学科学前沿，加大对临床适用强、患者需求大的新技术、新项目的开发、引进和应用，继续加大十四项核心制度的执行力度，进一步加强对重点部门、重点区域、重点环节和重点人员的管理、检查力度，健全大质控制度以及院、科、组三级质控网络，建立以质量为核心、以预防为主的全程质量控制模式，杜绝医疗差错，防范医疗事故，提高医疗质量，促成神经外科、呼吸内科、急诊科、肿瘤科、骨科等岳阳市第二批临床质控中心在医院的成功挂靠。

【科研教学硕果累累】 2010年，市二医院落实全国人才工作大会精神，制订《科研成果及医学论文奖励规定》，主编《市二医院科教制度汇编》一书，成功召开首届科教大会，颁发奖金10余万元重奖科技兴院功臣，激发全体员工的科研热情，使科研工作走上规范化、制度化的轨道，医院也获得“湖南省优秀教学实习基地”的称号。医院申报省级科研课题2项，市级科研课题6项，荣获市级科研成果奖励2项；承办“全国妇科肿瘤临床诊治规范和微创技术应用研讨会”等7次国家、省、市级大型学术交流会，医院核心竞争力进一步增强。

【科教大楼顺利建设】 2010年，市二医院启动科教大楼建设，该工程列入政府工作报告，是市二医院整体搬迁的二期工程，集科研教学、医疗病房等功能为一体，建筑面积近4万平方米，楼高78米，地上20层，地下2层，设标准病室16个，高级病室2个，总床位548个，科研教学用房22间，总投资近亿元，计划2012年9月16日前竣工投用。

【医院公益性质突显】 2010年，市二医院在继续开展爱心进校园、医疗义诊、扶贫帮困等公益活动的基础上，在市文明办、市卫生局、市环卫局的大力支持下，自9月16日起，启动为期一月的“第五届爱在金秋健康节”活动，为全市3000余名环卫工人、中心城区出租车司机提供舒适、温馨的免费体检服务，塑造医院形象，取得良好的社会效益。

【探索公立医院改革】 2010年，市二医院认真领会和落实医改精神，结合区域卫生规划要求，在深入调查研究的基础上，对新形势下公立医院的改革，进行积极的探索与实践。通过对岳纸医院进行托管，与君山区一人民医院结成联合医院，对临湘市、汨罗市、湘阴县人民医院进行对口扶持，安排“科技特派员”下乡，对云溪区、君山区等7个社区卫生服务中心及临湘市五里卫生院、君山区广兴洲中心卫生院进行技术指导等方式，进一步完善医疗服务体系，促进城市优质医疗资源向厂矿、向农村的流动，推进医疗资源的合理配置，提高薄弱地区的医疗水平，市二医院及各帮扶医院的服务功能和社会形象得到明显提升，托管的岳纸医院也顺利晋升为二级综合性医院。

（本栏撰稿　章枝柳）

岳阳市三人民医院

【概　况】 2010年，岳阳市三人民医院（以下简称市三医院）与岳阳市医保处、岳阳楼区医保局、岳阳县医保中心、市农合办等医保农合部门签订医疗保险服务协议，制定年度医保住院病人管理办法和考核细则，完成医保病人医疗费用的结算和医保质控工作，以及新农合药品目录和诊疗目录的匹配工作。全院出院医保病人2349人次，比2009年增加538人次。新农合即付即补出院308人次（7月开始），总费用97.3万元，实际补偿31万元，补偿比例32%。7月，市三医院与市二医院开展技术合作，聘请市二医院2名专家担任市三医院相关科室的指导主任，参与科室管理，指导查房、教学、会诊，科室综合水平得到增强。

【医疗技术下乡】 2010年，市三医院加强技术下乡扶持工作，组织临床科室专家到岳磁社区、白羊田、君山区、张谷英卫生院等基层医疗卫生单位开展大型义诊活动，全年组织10次大型义诊，发放宣传资料3000余份，为近2000名基层群众进行免费检查、诊断和治疗。

（本栏撰稿 何大伟）

血吸虫病防治

【概 况】 2010年，岳阳市坚持“控制疫情、突破重点、创新亮点”工作思路，以落实传染源控制各项措施为突破口，切实巩固疫情控制达标成果，全力控制急性血吸虫病感染、压缩垸内钉螺面积、减少阳性螺点数，继续加大晚期病人救助力度，加强区域联防联控，血防工作稳步推进。

卫生血防项目。完成查螺面积30878.8万平方米；药物灭螺5457.6万平方米，灭净垸内钉螺面积18.64万平方米；人群查病 278315人次，化疗210595人次；治疗慢性血吸虫病人 23975 人次，救治晚期病人2040人次；兴建和刷新固定宣传标语4120条，培训中小学教师544人次。

部门血防综合治理项目。完成6000米的黄梅港整治工程，进一步巩固城区垸内无钉螺的成果；完成华容县团洲垸12000米大堤浆砌石硬化护坡工程；完成湘阴县青潭乡2个沉螺池工程；完成30.52万受益人口的安全饮水项目；完成农村改厕15250个；新建农村户用沼气池18863口；新增抑螺防病林5626.29万平方米；补贴“以机代牛”机具18623台；完成家畜查病32797头，化疗60259头。

至年底，全市尚有钉螺面积69013万平方米，其中垸内钉螺面积542.6万平方米；人群血吸虫病感染率为0.98%，家畜为1.88%。急性血吸虫病报告病例3例，为发生突发疫情；在册晚期血吸虫病人2241人，较2009年增加173人。君山区采桑湖镇、广兴洲渔场，华容县梅田湖镇、胜峰乡等4个乡镇通过考核达血吸虫病传播控制标准。湘阴县、华容县、岳阳县、汨罗市（含屈原管理区）、临湘市、岳阳楼区（含南湖风景区、岳阳经济开发区）、云溪区、君山区（含岳阳监狱）仍有血吸虫病流行。有疫区乡镇130个，其中21个乡镇达到传播控制标准，32个乡镇达到传播阻断标准；有疫区村1318个，其中三类村507个，比2009年减少46个，四类村511个，五类村300个。疫区人口228.6万人。

全市有血防机构45个，其中血防管理机构（市、县血防办公室）12个，血防专业机构33个，即3个县级血防站、23个基层血防站、7个血吸虫病专科医院（1个市级专科医院和6个县级专科医院）；血防在职从业人员1516人，其中管理人员135人、预防人员412人。

存在的主要问题：一是水上流动人群和敞放在外洲的家畜是血吸虫病的主要传染源，尚没有有效的措施予以彻底控制，是岳阳市巩固血吸虫病防治成果、实现《湖南省血吸虫病防治规划纲要（2011～2015年）》，到2014年达到血吸虫病传播控制目标的最大难题；二是血吸虫病综合治理项目在实施过程中，尚须进一步加强部门间的统筹和协调，以充分发挥财政投入效益的最大化。

卫生部副部长尹力在省、市领导陪同下调研血防工作（市卫生局 供稿）

【尹力副部长到岳阳调研血防工作】 2010年2月24日，卫生部副部长尹力在副省长郭开朗、市长黄兰香的陪同下，在君山区调研血防工作。尹力一行首先考察君山区广兴洲血防站，慰问基层血防人员，看望正在住院治疗的血吸虫病人并询问其家庭情况。随后视察广兴洲镇江南村外洲兴林抑螺拦网封洲、西闸深层取水、柳林洲镇长沟子安全牧场、西城办事处二洲子村兴芦抑螺、东闸引水涵闸沉螺池、东西干渠硬化等血防工程，在长江外洲与基层预防人员一道查螺。参观君山区青少年血防健康教育中心，并应邀题词“办好健康教育，功在当代、利泽千秋”，参观柳林洲镇濠河村渔船民安置点血防卫生室，参观省血防所，听取岳阳市、君山区关于血防工作的情况汇报。尹力充分肯定君山区在血防工作中取得的成绩，认为君山区在传染源管理和控制上做了大量的工作，同时指出，应该全面清醒地认识当前的血防工作形势，要求一要对血吸虫病的危害性高度重视，二要抓好资源整合，三要突出抓好传染源的控制；表示卫生部将继续支持湖区的血防工作，尽可能地将资源向重点疫区倾斜。郭开朗也充分肯定岳阳市、君山区的血防工作，并要求岳阳市要加大力度，整合资源，保持工作思路清晰并创新工作方法，努力促进经济建设和社会事业协调可持续发展。省卫生厅厅长张健、巡视员刘可、省血防办主任彭再之、市政府副市长隋国庆陪同参加调研。

【启动“省部联动”血防项目】 2010年6月4日，省政府与卫生部签订联合防治血吸虫病行动协议（简称“省部联动”血防项目），全省14个县市列为“省部联动”血防项目实施单位。岳阳市湘阴、岳阳、华容、汨罗、临湘、君山等6个县市区被列入，下半年正式启动该项目，获得卫生部下拨的年度项目专项经费388万元。卫生部将华容县、君山区定为“血防联系点”，中国CDC副主任杨维中和中国CDC寄生虫病预防控制所所长周晓农分别负责工作指导。

【临湘市遭遇洪涝没有暴发急性血吸虫病疫情】 2010年7月，临湘市遭遇特大暴雨引发洪涝灾害，18万人口受灾，近万人紧急转移安置，该市江南、源潭两个血防站的一楼被淹，部分公、私财物受损。血防系统紧急动员，全力抗灾防病，在灾区的江南、源潭、黄盖湖3个血防站的工作人员全部投入到抗灾防病工作。经过艰苦工作，临湘市全年仅散发1例急性血吸虫病例，没有暴发疫情，实现大灾无大疫目标。

（本栏撰稿 刘乾辉）

体 育

综 述

【概 况】 2010年，岳阳市体育局紧扣“三更”工作要求，抓好各项工作的落实，全市群众体育呈现新的亮点，竞技水平和体育产业实现新的跨越。

全民健身普及深入。一是举办赛事活动，提高全民健身意识。全市先后举办、承办全国女排联赛、万人健康长跑、机关篮球赛、俱乐部业余篮球精英赛、机关羽毛球团体赛等8项大型赛事活动。为宣传8月8日“全民健身日”营造浓厚的节日气氛，组织开展系列活动，全市参加“全民健身日”活动人数10万人次以上。由于活动组织安全且有地方特色，市体育局获全省“全民健身日”优秀组织奖，华容县文体局、岳阳楼区文体局、汨罗市教体局和湘阴县文体局被评为全省“全民健身日”先进单位，城陵矶街道办事处港口社区、洛王街道办事处洛王社区、五里牌街道办事处杨树塘社区被评为第六批湖南省城市体育先进社区。二是组织第三次国民体质监测。6月底，市政府组织召开全市国民体质监测工作协调会，下发《岳阳市国民体质监测工作方案》，明确领导班子、工作职责、要求及监测任务。监测队伍人员齐，数据收集完整，累计完成7714人样本量。三是建好农民体育健身工程。在华容县、平江县和汨罗市180个行政村铺农民体育健身工程。岳阳县农民体育健身工程代表湖南省接受国家体育总局的检查验收，被评为全国的先进单位。

岳阳市体育中心建设工程开工典礼 （胡义兵 摄）

竞技水平大幅提高。在湖南省第十一届运动会上，全市派出313名运动员，参加除足球、蹦床、舞龙之外的其他27个大项、318个小项的角逐。经过为期38天的比赛，岳阳市代表团荣获总分1241.5分，排名全省第7位（上一届第13位）；金牌32.5枚，排名全省第9位，另有3名运动员打破省青少年比赛纪录。通过人才培养和输送，岳阳籍运动员在国内外大赛中取得较好的成绩，湘阴县籍射击运动员杨唤在2010年飞碟射击世界杯墨西哥站比赛中获得冠军，岳阳县籍运动员胡明海在第十六届广州亚运会上获得皮划艇激流回旋双人划冠军。市体校输送到省举重队的运动员余涛，在11月的全国冠军赛中，以315公斤的总成绩夺得男子62公斤级的全国冠军，有望成为参加2012年奥运会的队员。

体育产业重大突破。一是岳阳市体育中心建设全面启动。6月18日，岳阳市体育中心正式动工。二是体育彩票销售形势喜人。在规范全市187个电彩网点的基础建设和管理的同时，狠抓业务培训工作和形象宣传工作，新增11家竞彩店，建立社会渠道销售团队，全年销售1.029亿元，任务完成率排名全省第一。三是体育市场培育逐步加强。在对体育单项协会进行清理整顿、重新注册登记的基础上，市本级新批准成立钓鱼、跆拳道等体育俱乐部8家，至年末，有体育俱乐部、培训中心38家。

【岳阳市体育中心建设工程奠基】 2010年6月18日，岳阳市体育中心建设工程开工典礼举行。副市长、市体育中心工程建设指挥部副指挥长隋国庆主持典礼，市委常委、副市长韩建国介绍工程建设概况，市长黄兰香和省体育局副局长李贵分别作讲话，市委书记易炼红宣布岳阳市体育中心开工并进行奠基仪式。项目完成投资1.664亿元，超额完成年度投资计划。项目立项、项目申请批复、林地报批、地震安全性评价、建设用地报批、水土保持、环境评审和一场两馆初步设计完成。

（本栏撰稿 胡义兵）

群众体育

【承办2009～2010全国女排联赛】 2010年2月21～23日，2009～2010年安踏全国排球联赛岳阳赛区赛事在市体育馆开赛。本次比赛有八一克

明面业、浙江开元、河南郑州高新区等3支队伍到岳比赛，比赛时间历经3天。（胡义兵）

【岳阳市第五届万人健康跑】2010年3月27日，由市体育局主办的“天邦·珍珠湾”岳阳市第五届万人健康跑在火车站广场开幕。本次健康跑起点在火车站广场，终点南湖广场，全程3公里，有6个方阵、40个单位、5000人参加。

（胡义兵）

【全省“北京金色摇篮”杯幼儿轮滑公开赛】2010年5月1日，由湖南省轮滑运动协会、岳阳市体育局主办，北京金色摇篮幼儿园承办的全省“北京金色摇篮”杯幼儿轮滑公开赛在岳阳市南湖广场举行。本次比赛分男女子甲乙丙3组进行，有100米、200米、300米、500米等4个竞赛项目。在两天的比赛中，来自全省的100名7岁以下儿童参加角逐，受到社会各界的广泛关注。

（胡义兵）

【市第七届机关篮球赛】2010年5月11日，由市体育局主办、市篮球运动协会承办的全市第七届机关篮球赛在市体育馆拉开序幕。比赛分3组进行，有市委机关代表队、市政府机关代表队等19个单位近300名运动员参加比赛。经过为期7天的比赛，市二人民医院代表队、市一人民医院代表队和市交通局代表队分别获得A、B、C组第1名。

（胡义兵）

【市第三届大众跆拳道锦标赛】2010年7月17日，由市体育馆主办，岳阳求索跆拳道俱乐部、潇湘晨报社恒欣文化承办的岳阳市“湘岳兰庭”第三届大众跆拳道锦标赛在市体育馆开幕。比赛有临湘鸿志跆拳道馆、岳阳县跆拳道训练基地、平江县体校山鹰跆拳道代表队、岳阳求索体育俱乐部、岳阳虎威跆拳道馆、湘北武术馆等8支队伍、166名运动员参赛。（胡义兵）

【市首届中老年人篮球赛】2011年8月8～14日，由市体育局主办，市篮球运动协会承办的全市首届中老年人篮球赛分别在市体育馆、市委机关篮球场、市财政局篮球场进行。有名车港俱乐部、云溪区云豹篮球队、五0篮球俱乐部、市国家税务局、神鹿中年篮球队、快乐篮球俱乐部、岳阳县金牛篮球队、长炼篮球队等8支队伍、107人参赛。通过为期7天的比赛，市国家税务局和云溪区云豹篮球队分别获得前两名。（胡义兵）

【岳阳市第十届业余篮球俱乐部联赛】2010年10月10日，全市第十届业余篮球俱乐部联赛在市区举行。比赛采用国家体育总局最新审定的《篮球竞赛规则》，分2组进行比赛，有巨浪·天之道俱乐部、星期三俱乐部、金牛俱乐部、黑牛俱乐部、市一中、桃林球迷俱乐部、伙伴俱乐部、鹰山篮协俱乐部等8支队伍、116名运动员参赛。比赛历经5天，黑牛俱乐部、伙伴俱乐部、市一中分别获得前三名。（胡义兵）

【岳阳市机关羽毛球团体赛】2010年10月28日，由市体育局主办，市羽毛球协会承办的“道道全”杯岳阳市机关羽毛球团体赛在市体育馆开幕。有市委机关、市公安局等17支队伍、164名运动员参赛。经过为期3天的激烈角逐，市政府办代表队、岳阳经济技术开发区管委会代表队、市金融系统代表队分别获得前三名。（胡义兵）

【湖南理工学院获全国群众体育先进单位称号】2010年，第十一届全国运动会期间，国家体育总局授予湖南理工学院全国群众体育先进单位称号，这是继2005年后，该校群众体育工作再次获此殊荣。湖南理工学院高度重视学校体育工作，突出抓好本科体育教育教学工作，全面贯彻落实《学校体育工作条例》，广泛开展群众性体育活动，始终坚持“健康第一”的指导思想，把全民健身运动放在十分重要地位。学校在制定“十一五”规划和学校中长期发展规划中，贯彻落实《中共中央国务院关于加强青少年体育增强青少年体质的意见》和《中共湖南省委湖南省人民政府关于加强青少年体育增强青少年体质的意见》等一系列体育工作文件精神，严格遵循学校体育工作条例，积极开展“亿万学生阳光体育”活动，建立学生体质健康监测体系，切实提高学校体育教学和健康教育质量，不断促进学校体育工作的全面开展，努力促使学校体育工作上台阶。（李志美）

竞技体育

【全市中小学生运动会】2010年9月17日～11月28日，岳阳市中小

2010年全国女子排球联赛岳阳赛区　（胡义兵　摄）

学生运动会田径、排球、篮球、羽毛球、乒乓球、健美操、武术比赛分别在汨罗市一中、岳阳市学生军校、岳阳市一中、岳阳市六中、岳阳楼区岳阳楼小学、华容县一中、岳阳市三中成功举行。有5所职业中学、6所小学、39所初中、95所高中共计1869名运动员参加不同项目的比赛，964名学生获得荣誉证书，162名体育教师被评为优秀教练员或优秀裁判员。（喻润池　胡义兵）

【国赛、省赛中岳阳市体育成绩显著】　2010年，市教育系统学生在国赛、省赛中成绩显著。5月30日，在全国女子游泳武汉分区赛上，岳阳市游泳学校夺2个第1名，3个第2名，3个第3名；7月20～26日，在全国中学生定向越野比赛中，岳阳市十四中代表队获2枚金牌，1枚银牌；8月14～17日，市三中在第十二届“飞向北京——飞向太空”全国青少年航空航天决赛中获一等奖1个，二等奖2个；9月14～17日在省十一届运动会上，由18名中小学生组成的游泳队获5枚金牌、8枚银牌、7枚铜牌；9月14日，湖南理工学院在第九届全省大学生健美操比赛中，获3枚金牌，4枚银牌，团体总分第1名；9月30日，在全省第八届残疾人运动会上，汨罗市特校聋生14岁学生易艳阳获中国橡棋女子组冠军；11月27日～12月3日，在湖南省中学生、中职生田径运动会上，获7枚金牌，4枚银牌、5枚铜牌，岳阳市获团体总分第5名和体育道德风尚奖。

（陈仁和　李像谦　喻润池）

【双胞胎3年蝉联象棋冠亚军】　2010年7月，在市体育局、岳阳市“棋协杯”2010年少儿象棋、围棋定级定段赛上，来自城陵矶的孪生兄弟金汐、金灿分别夺得象棋比赛的第1、2名。10岁的金汐、金灿孪生兄弟，跳组参加11岁以上组比赛，连续3年冠亚军。组委会负责人介绍，这对双胞胎兄弟曾多次在湖南省少儿象棋比赛中争金夺银，是岳阳市一对有名的“少年棋王”。

（陈仁和　李像谦　喻润池）

表16　**2010年岳阳市运动员参加省以上比赛前三名成绩**

姓　名	组　别	项　目	比赛名称	名次	时间	地点
熊　凯	甲一	自选拳	湖南省青少年儿童武术比赛	3	3月	怀化
		刀术		2	3月	怀化
周康桥	甲一	南棍	湖南省青少年儿童武术比赛	1	3月	怀化
侯　迪	甲一	南棍	湖南省青少年儿童武术比赛	2	3月	怀化
徐攀鹏 吴斯� 符　彬	甲一	对练	湖南省青少年儿童武术比赛	3	3月	怀化
黄　璜	甲二	太极拳	湖南省青少年儿童武术比赛	2	3月	怀化
田　冲	甲二	太极拳	湖南省青少年儿童武术比赛	3	3月	怀化
邵一夫 陈广华 汤艺彬	甲二	对练	湖南省青少年儿童武术比赛	1	3月	怀化
卢雷洪	甲一	刀术	湖南省青少年儿童武术比赛	1	3月	怀化
		棍术		1	3月	怀化
		南拳		1	3月	怀化
黎子莹	甲一	棍术	湖南省青少年儿童武术比赛	2	3月	怀化
邹卓文	甲一	南棍	湖南省青少年儿童武术比赛	4	3月	怀化
陈瑾瑜	甲一	太极剑	湖南省青少年儿童武术比赛	1	3月	怀化
黄嘉欣	甲一	太极剑	湖南省青少年儿童武术比赛	2	3月	怀化
湛杨灏	甲一	太极剑	湖南省青少年儿童武术比赛	3	3月	怀化

续表16-1

姓　名	组　别	项　目	比赛名称	名次	时间	地点
刘峰玉 刘倩倩 邵　静	甲二	对练	湖南省青少年儿童武术比赛	1	3月	怀化
王胜兰 缪依璠 王思佳	甲二	对练	湖南省青少年儿童武术比赛	2	3月	怀化
李　林	52公斤	散打	湖南省青少年儿童武术比赛	3	3月	怀化
蒋　畅	56公斤	散打	湖南省青少年儿童武术比赛	2	3月	怀化
王文剑	60公斤	散打	湖南省青少年儿童武术比赛	3	3月	怀化
李天光	65公斤	散打	湖南省青少年儿童武术比赛	1	3月	怀化
赵龙飞	70公斤以上	散打	湖南省青少年儿童武术比赛	3	3月	怀化
赵雅琪	女子乙组56公斤	举重	湖南省第十一届运动会	2	8月	
麻　俐	女子乙组69公斤	举重	湖南省第十一届运动会	2	8月	
黄忠文	男子乙组52公斤	举重	湖南省第十一届运动会	3	8月	
廖子健	男子甲组古典式54公斤	摔跤	湖南省第十一届运动会	2	8月	
张伟嶙	男子乙组自由式63公斤	摔跤	湖南省第十一届运动会	3	8月	
伍聪颖	男子乙组古典式46公斤	摔跤	湖南省第十一届运动会	3	8月	
彭孝林	男子乙组古典式50公斤	摔跤	湖南省第十一届运动会	3	8月	
葛云鹏	男子甲组55公斤	柔道	湖南省第十一届运动会	2	8月	湘潭
李凤伟	男子甲组66公斤	柔道	湖南省第十一届运动会	3	8月	湘潭
于志国	男子甲组73公斤	柔道	湖南省第十一届运动会	3	8月	湘潭
马俊夫	男子甲组73公斤	柔道	湖南省第十一届运动会	2	8月	湘潭
孟翔博	男子乙组55公斤	柔道	湖南省第十一届运动会	3	8月	湘潭
郑新江	男子乙组66公斤	柔道	湖南省第十一届运动会	2	8月	湘潭
王　袁	女子甲组44公斤	柔道	湖南省第十一届运动会	3	8月	湘潭
唐　薇	女子甲组48公斤	柔道	湖南省第十一届运动会	3	8月	湘潭
付　海	女子乙组48公斤	柔道	湖南省第十一届运动会	3	8月	湘潭
邹玲玲	女子乙组57公斤	柔道	湖南省第十一届运动会	3	8月	湘潭
胡泽辉	男子甲组68公斤	跆拳道	湖南省第十一届运动会	3	8月	湘潭
孙乃婧	女子乙组43公斤	跆拳道	湖南省第十一届运动会	3	8月	湘潭
曹芷豪	男子甲组单打	乒乓球	湖南省第十一届运动会	2	8月	湘钢
张　颖 曾鑫有	女子甲组双人自选	花样游泳	湖南省第十一届运动会	2	8月	湘潭

续表16-2

姓　名	组　别	项　目	比赛名称	名次	时间	地点
熊　楷	男子甲组自选器械	武术	湖南省第十一届运动会	3	8月	湘大
卢雷洪	女子甲组自选器械	武术	湖南省第十一届运动会	3	8月	湘大
李天光	散打62公斤	武术	湖南省第十一届运动会	3	8月	湘大
马天放	男子个人	围棋	湖南省第十一届运动会	2	8月	
卢天圣	男子个人	围棋	湖南省第十一届运动会	3	8月	
职华彦	男子个人	高尔夫	湖南省第十一届运动会	3	8月	
万岳斌	甲组男子单打	羽毛球	湖南省第十一届运动会	2	9月	湘潭
李　文 郑英楷	甲组男子双打	网球	湖南省第十一届运动会	3	9月	
呼　放	男子甲组5000米	田径	湖南省第十一届运动会	1	9月	湘潭
呼　放	男子甲组1500米	田径	湖南省第十一届运动会	2	9月	湘潭
胡新康	男子甲组110米栏	田径	湖南省第十一届运动会	1	9月	湘潭
李世辉	男子乙组标枪	田径	湖南省第十一届运动会	1	9月	湘潭
李世辉	男子乙组铅球	田径	湖南省第十一届运动会	2	9月	湘潭
贺春明	男子丙组1500米	田径	湖南省第十一届运动会	1	9月	湘潭
钟檑夫	男子丙组跳远	田径	湖南省第十一届运动会	1	9月	湘潭
何雨婷	女子甲组800米	田径	湖南省第十一届运动会	1	9月	湘潭
何雨婷	女子甲组1500米	田径	湖南省第十一届运动会	2	9月	湘潭
宋任凭	女子甲组3000米	田径	湖南省第十一届运动会	1	9月	湘潭
宋任凭	女子甲组1500米	田径	湖南省第十一届运动会	2	9月	湘潭
王　岚	女子甲组铁饼	田径	湖南省第十一届运动会	1	9月	湘潭
王　岚	女子甲组铅球	田径	湖南省第十一届运动会	2	9月	湘潭
张　燕	女子乙组跳高	田径	湖南省第十一届运动会	1	9月	湘潭
林诚珂	男子乙组100米自由泳、100米仰泳、200米仰泳	田径	湖南省第十一届运动会	1	9月	湘潭
林诚珂 何梦周 刘屹寻 陈　昕	男子乙组4×100米混接力	游泳	湖南省第十一届运动会	1	9月	湘潭

续表16-3

姓 名	组 别	项 目	比赛名称	名次	时间	地点
林诚珂 何梦周 刘屹寻 陈 昕	男子乙组4×100米自接力	游泳	湖南省第十一届运动会	2	9月	湘潭
李 蕊	女子丙组自由泳全能	游泳	湖南省第十一届运动会	1	9月	湘潭
李 蕊	女子丙组400米自由泳	游泳	湖南省第十一届运动会	2	9月	湘潭
杨巍屹	男子乙组6000米公开单人双桨	赛艇	湖南省第十一届运动会	1	8月	郴州
刘 洋 杨巍屹	男子乙组2000米公开双人双桨	赛艇	湖南省第十一届运动会	1	8月	郴州
陈 霜 李 敏	女子乙组2000米公开级双人双桨、2000米轻量级双人双桨	赛艇	湖南省第十一届运动会	1	8月	郴州
陈 霜	女子乙组6000轻量级单人双桨	赛艇	湖南省第十一届运动会	1	8月	郴州
李 敏	女子乙组2000轻量级单人双桨	赛艇	湖南省第十一届运动会	1	8月	郴州
余 欢 欧阳倩	女子甲组1000米双人皮划艇	皮划艇	湖南省第十一届运动会	1	8月	郴州
余 欢 欧阳倩	女子甲组2000米双人皮划艇	皮划艇	湖南省第十一届运动会	2	8月	郴州
章 璇	女子甲组气手枪40发个人	射击	湖南省第十一届运动会	1	9月	湘乡
刘汝璇	女子甲组运动步枪3×20发个人、气步枪40发个人	射击	湖南省第十一届运动会	1	9月	湘乡
于明强 林 亮 王占坚	射击飞碟双多向混合50靶队赛	射击	湖南省第十一届运动会	1	9月	湘乡
龙文君	女子甲组44公斤级	举重	湖南省第十一届运动会	1	9月	湘机
杨水玲	女子乙组53公斤挺举	举重	湖南省第十一届运动会	1	9月	湘机
黄小海	古典式58公斤	摔跤	湖南省第十一届运动会	1	9月	湖南科大
李 琦	女子乙组52公斤级	柔道	湖南省第十一届运动会	1	9月	湘潭
钟 杨	男子乙组63公斤级	跆拳道	湖南省第十一届运动会	1	9月	湘潭
陈雨墨	女子丁组单打	羽毛球	湖南省第十一届运动会	1	9月	湘潭
张一册 刘泉禹	女子乙组双人1米板	跳水	湖南省第十一届运动会	1	9月	湘潭

续表16-4

姓名	组别	项目	比赛名称	名次	时间	地点
张一册 刘泉禹	女子乙组双人5米台	跳水	湖南省第十一届运动会	3	9月	湘潭
黄仕靖	男子个人	象棋	湖南省第十一届运动会		9月	
李一品	男子甲组400米栏	田径	湖南省第十一届运动会	3	9月	湘潭
曾德龙	男子乙组5000米	田径	湖南省第十一届运动会	2	9月	湘潭
曾德龙	男子乙组1500米	田径	湖南省第十一届运动会	3	9月	湘潭
刘　攀	男子乙组三级跳远	田径	湖南省第十一届运动会	2	9月	湘潭
狄宇豪	男子丙组100米	田径	湖南省第十一届运动会	3	9月	湘潭
刘　芬	女子乙组400米栏	田径	湖南省第十一届运动会	2	9月	湘潭
陈思思	女子乙组铁饼	田径	湖南省第十一届运动会	3	9月	湘潭
赵　丹	女子丙组400米	田径	湖南省第十一届运动会	3	9月	湘潭
何　翠	女子丙组80米栏	田径	湖南省第十一届运动会	3	9月	湘潭
朱格林	男子甲组400米自由泳	游泳	湖南省第十一届运动会	2	9月	湘潭
朱格林	男子甲组200米自由泳、100米仰泳	游泳	湖南省第十一届运动会	3	9月	湘潭
陈　昕	男子乙组1500米自由泳	游泳	湖南省第十一届运动会	2	9月	湘潭
陈　昕	男子乙组200米仰泳	游泳	湖南省第十一届运动会	3	9月	湘潭
何梦周	男子乙组200米蛙泳	游泳	湖南省第十一届运动会	3	9月	湘潭
李亚龙	男子丙组蛙泳全能	游泳	湖南省第十一届运动会	2	9月	湘潭
张梦君	女子乙组800米自由泳	游泳	湖南省第十一届运动会	3	9月	湘潭
黄池雨	女子丙组仰泳全能	游泳	湖南省第十一届运动会	3	9月	湘潭
黄池雨 于心仪 张　焕 李　蕊	女子丙组4×100米混接力	游泳	湖南省第十一届运动会	2	9月	湘潭
黄池雨 于心仪 张　焕 李　蕊	女子丙组4×100米自接力	游泳	湖南省第十一届运动会	3	9月	湘潭
刘　洋	男子乙组2000米公开级单人双桨	赛艇	湖南省第十一届运动会	2	8月	郴州
乔　梅	女子乙组6000米轻量级单人	赛艇	湖南省第十一届运动会	2	8月	郴州
乔　梅	女子乙组2000米轻量级单人	赛艇	湖南省第十一届运动会	3	8月	郴州

续表16-5

姓名	组别	项目	比赛名称	名次	时间	地点
乔梅 罗岚	女子乙组2000米公开级双人双桨	赛艇	湖南省第十一届运动会	2	8月	郴州
胡文 彭秋红	女子乙组2000米公开级双人单桨	赛艇	湖南省第十一届运动会	3	8月	郴州
李焱	男子甲组2000米单人划艇、1000米单人划艇	赛艇	湖南省第十一届运动会	3	8月	郴州
童周 王安康	男子甲组2000米双人划艇	皮划艇	湖南省第十一届运动会	2	8月	郴州
余欢	女子甲组2000米单人皮艇	皮划艇	湖南省第十一届运动会	3	8月	郴州
欧阳倩	女子甲组1000米单人皮艇	皮划艇	湖南省第十一届运动会	2	8月	郴州
陈思遥	男子甲组10米气手枪60发个人	射击	湖南省第十一届运动会	3	9月	湘乡
邓棋夫 陈思遥 刘清泉	男子甲组10米气手枪60发队赛	射击	湖南省第十一届运动会	2	9月	湘乡
倪旺	女子甲组运动步枪3×20发个人	射击	湖南省第十一届运动会	3	9月	湘乡
刘汝璇 倪旺 盛芳	女子甲组气步枪40发队赛	射击	湖南省第十一届运动会	3	9月	湘乡
刘勉一 潘杰 于明强	飞碟组双向男子50靶队赛	射击	湖南省第十一届运动会	3	9月	湘乡
林亮 翁如平 王占坚	飞碟组多向男子50靶队赛	射击	湖南省第十一届运动会	3	9月	湘乡
于明强	飞碟组双向混合50靶个人	射击	湖南省第十一届运动会	3	9月	湘乡
杨水玲	女子乙组53公斤级	举重	湖南省第十一届运动会	2	9月	湘机
杨水玲	女子乙组53公斤级抓举	举重	湖南省第十一届运动会	3	9月	湘机

责任编校 王艳

社会生活

SOCIAL LIFE

人民生活

【2010年城镇住户调查样本轮换工作评为全国先进集体】 2010年，国家统计局岳阳调查队（简称岳阳国调队）严格执行国家统计局的统一样本轮换工作方案和各项实施细则，开展城镇住户基本情况调查工作，成功访问4500户，其中国家点岳阳楼区、云溪区和君山区1243户，成功访问1168户，回答率为94%，按时高质量完成调查任务，为岳阳市住户调查工作顺利开展奠定良好的基础，被国家统计局评为城镇住户调查样本轮换工作先进集体。

市委副书记兼岳阳县委书记彭国甫在乡镇调研新农保工作（唐荣平 摄）

【公共文明指数模拟测评】 2010年，岳阳市城调队对城区44个窗口单位及行政主管部门所属的485个考察点和500户家庭开展5次公共文明指数模拟测评工作，通过测评、讲评、奖罚、整改，市容市貌得到极大的改观，岳阳市公共文明指数在全国排名提升18位，得到市委、市政府的高度肯定，赢得老百姓的高度赞扬。岳阳市城调队被评为“五创”提质工作先进集体。

【城市居民可支配收入稳步提高】 2010年，岳阳城市居民人均可支配收入18787元，比2009年增长9.4%。主要构成：城市居民人均工资性收入13355元，增长6.9%，拉动可支配收入增长5个百分点。居民人均其他劳动收入为2360.36元，增长32.9%。随着生活水平提高，生活压力加大，居民从事第二职业、兼职及无业人员零星劳动等收入增长加快，成为拉动工资性收入增长的主要因素。工资性收入增速放缓的原因：一是岳阳市最低工资保障线维持上年的标准没变。二是工资性政策没有发生多大变化。城市居民人均经营性收入1306元，增长12.3%。经济回暖、从业人员的增加、国家拉动内需消费的政策刺激，使居民消费走出金融危机的影响是经营性收入增长的主要原因。城市居民人均财产性收入860元，增长15.4%。随着房地产市场迅速发展和居民收入水平不断提高，城市居民住房条件明显改善，拥有两套及以上住房的家庭越来越多，出租房屋成为众多城市居民家庭获得财产性收入的一大途径，人均出租房收入由2009年的231元增加到320元。城市居民人均转移性收入4864元，增长15.8%。一方面近年来国家对离退休职工逐年增加工资收入，另一方面赡养收入的增长成为转移性收入增长的最大动力。中国居民尊老爱幼传统一直得到延续，随着生活水平的提高，居民的赡养收入也越来越高，转移收入中的捐赠收入均达463元，增长352元，增长416%。

【城市居民消费质量明显改善】 2010年，岳阳市城市居民人均消费性支出13448元，比2009年增长6.2%，增幅提高1.2个百分点。岳阳市社会消费品零售总额507亿元，增加76亿元，增长15.9%。在八大类消费支出中，呈现五升三降的消费态势，居民消费水平有新的提高，消费结构更趋合理。一是居民食品支出增加，膳食结构趋向合理。岳

市区南湖广场文化（王 艳 摄）

阳市城市居民人均食品类消费支出4440元，增长4.8%，其中人均粮油类支出547元，下降0.5%；人均肉禽蛋水产品类支出1394元，增长16.2%，其中禽类消费支出270元，增长23.3%；人均蔬菜类支出526元，增长5.6%。居民饮食继续朝着健康、营养和提高质量等方面发展。二是衣着消费趋向个性化、形象化。人均衣着支出1589元，增长8%，居民衣着消费档次越来越高，衣着单件价格增长10.7%。三是汽车和通信工具带动交通和通信类消费持续趋旺。随着“3G”时代到来，通讯消费品的升级换代将带来下一轮的消费热潮，同时国家促进汽车消费政策逐步显现及汽车成本的一再降低，私家车进入越来越多的寻常百姓家。岳阳市城市居民每百户汽车拥有量由2009年的5辆增加到8辆，增长60%。人均交通和通讯消费2262.4元，增长40.2%。其中，人均交通消费1539元，人均通讯消费723元，分别增长50%和22.5%。四是文娱用品消费成为居民文娱消费热点。随着时代的不断发展和进步，追求高素质生活的观念被更多的人所接受，健身、休闲成为居民家庭中新兴的娱乐消费热点。岳阳市城市居民人均娱乐文教服务消费1448元，增长1%。其中人均文化娱乐服务消费364元，增长66.9%。其中家用电脑花费人均121.6元，增加77元，购买整机的数量由2009年的3台上升到8台。人均购买健身器材增加12.4元。五是居民参保意识明显增强，社会保障支出大幅增长。岳阳市城市居民人均社会保障支出1426元，增长10.1%。其中个人交纳的住房公积金805元，增长15.3%；个人交纳的医疗基金216元，增长16.8%；其他社会保障支出人平增加2元；个人交纳的失业基金个人和交纳的养老基金分别为14.9元、387元，与2009年基本持平。居民医疗保健人均消费843元，增长2.1%。主要的增长点在医疗费上，人均消费增加191元。六是居住环境不断改善，生活现代化程度提高。城市居民通过购买商品房、拆迁补偿置换、廉租房以及经济适用房等方式，自有房比重不断上升，居住环境越来越舒适，家庭配套设备越来越现代化、

市劳动与社会保障局举办的大型劳务交流会　　（谢湘波　摄）

方便化。岳阳市城市居民人均购房与建房支出增加754.9元，人均现住房建筑面积39.12平方米，增加0.3平方米。有97%的居民拥有自有房。按房屋产权分，原有私房占33%，房改私房占49%，商品房占12%，租赁公房占1%。按住宅建筑式样分，住家庭单栋住宅的占8%，住四居室的占12%，住三居室的占22%，住二居室的占28%，住普通楼房的占26%。100%的家庭独有自来水，74%的家庭拥有厕所浴室。67%的家庭使用罐装液化石油气，11%的家庭使用管道液化石油气，16%的家庭使用管道天然气72%的家庭进行过装修，比2009年提高3个百分点。

【2010年市场物价形势】 2010年，岳阳市居民消费价格上涨2.9%，构成CPI的八大类商品及服务价格指数呈“六涨两降”态势，其中食品类、烟酒及用品、医疗保健和个人用品、交通和通信、娱乐教育文化用品及服务、居住六大类价格分别上涨5.4%、3.1%、1.9%、0.7%、1.2%、7.7%，衣着、家庭设备用品及维修服务两大类价格分别下降2.1%、3.2%。全年商品零售价格上涨2.8%，其中食品上涨5.5%，饮料、烟酒上涨3.6%，服装、鞋帽下降2.2%，纺织品上涨0.2%，家用电器及音像器材下降2.7%，文化办公用品下降1%，体育娱乐用品下降1.6%，交通、通信用品上涨0.4%，家具上涨1.2%，化妆品上涨2.7%，金银珠宝上涨15.9%，中西药品及医疗报建用品上涨2.6%，书报杂志及电子出版物上涨0.6%，燃料上涨14.3%，建筑材料及五金电料上涨3.8%。

【2010年房地产价格形势】 按照房地产价格构成分类，2010年，岳阳市房屋销售价格指数为112.7，上涨12.7%；土地交易价格指数为116.9，上涨16.9%；房屋租赁价格指数为101.0，上涨1%；物业管理价格指数为100。按照房屋用途分类，住宅中，新建房价格上涨13.2%，价格稳步走高。普通多层住宅价格上涨19.3%，普通高层住宅价格上涨16.8%。经济适用房价格上涨0.1%。非住宅中商业用房价格上涨8.5%。非住宅中商业用房价格上涨8.5%，其他用房价格上涨0.4%。在二手房类别中，综合价格上涨11.1%。其中普通多层住宅价格上涨10.4%，普通高层住宅上涨13.4%。非住宅主要为商业用房，上涨7%。二手房市场销售较旺的主要为位于居民密集区及商业聚集区、交通便利的一、二、三级地段的存量房及城市建设重心转移后的未来城市中心，如岳阳大道、通海路等区域住宅。土地交易价格上涨16.9%。其中：商品住宅中普通住宅用地价格上涨16.1%，工业用地上涨9.8%，商业营业用地价格上涨20.6%，其他用

地价格上涨16.5%。土地交易特点：一季度土地交易活跃。交易的宗数较多。一季度是自2003年以来，土地交易最活跃的时段，完全有悖过去往往一季度土地交易严重趋冷的惯例。土地交易的内容多、范围广，在保留城市东扩方向土地是交易主要内容外，增加从城区中心至外围，从东到西，从南到北，有繁华或偏僻等许多内容。二季度住宅用地交易宗数大幅减少，且地址较偏、价格较高。三季度土地交易内容多为三、四级地段，主要为工业用地和普通住宅用地。交易用地主要集中在通海路八字门辐射周边。从二季度开始预计受4～10月陆续出台房地产新政影响，土地交易量开始走低，至四季度呈现前热后冷的趋势，但交易价格不断走高。土地交易项目多采取挂牌、转让交易形式。住宅用地价格上涨速度较快，是最新城区基准地价更新成果参考价的二倍以上，如普通住宅用地均价已接近每平方米1200元。房屋租赁价格总体上涨1%。其中普通住宅租赁价格上涨0.1%。非住宅租赁价格上涨2%，细化其中办公楼用房租赁价格下降0.1%。商业营业用房租赁价格上涨2.5%。其他用房租赁价格下降0.5%。

（本栏撰稿　杨光耀）

计划生育

【概　况】　据湖南省抽样调查评估认定，2010年，岳阳市符合政策生育率85.14%，村（居）民自治合格率69.86%，避孕措施落实率98.19%，社会抚养费征收到位率60.17%，统计准确率96.75%，出生人口性别比114.76，流入人口管理到位率91.54%，流出人口管理到位率78.16%。县市区参加省评估，华容县、汨罗市保持全国优质服务先进单位，岳阳楼区、云溪区、君山区、屈原管理区保持全省优质服务先进单位，岳阳县、湘阴县、临湘市保持全省一类单位，平江县被评为人口计生工作三类单位。单项工作，岳阳市和岳阳楼区、君山区、汨罗市、华容县、湘阴县、平江县被评为全省综合治理出生人口性别比偏高问题工作先进单位，君山区、华容县、湘阴县和汨罗市被评为全省全员人口信息化建设工作先进单位。岳阳市连续第12年被省委、省政府授予人口计生工作先进单位称号，综合排名全省第三，实现历史性突破。

【党政领导责任落实】　2010年，岳阳市党政领导对人口计生工作高度重视，将其纳入建设民本岳阳综合考评和政府绩效评估重要内容。市委书记易炼红、市长黄兰香等8位市级领导和市人口计生领导小组成员单位，下到计划生育联系点督查调研人口计生工作，筹集经费100多万元用于改善基层计划生育服务阵地。坚持“一票否决”制度，对泰格林纸集团、蓝星6906工厂和平江县冬塔乡、湘阴县东塘镇、汨罗市三江镇、临湘市白羊田镇实行“一票否决”。对市公安局、市工业经委、市交通局、市城市管理局等4个单位提出“黄牌警告”。落实评先评优计划生育审查把关制度，审查各类拟评先进单位942个和先进个人903人，因计划生育“一票否决”37个单位和11名个人。按照省人口计生委、省财政厅联合下发的《关于落实“十一五”期间人口和计划生育事业费投入的通知》要求，确保计划生育事业经费足额预算，按时拨付。

【破解工作难题】　2010年，岳阳市计划生育工作突出综合治理责任落实，3月，召开城区人口计生工作会议，表彰10名工作先进个人。8月，对市直主要综合治理部门、县市区党政领导亲自抓、负总责和县市区部门综合治理情况专项督查，下发督查通报和督办函，要求各地针对存在的问题进行整改。突出全员人口数据清理，下发《关于迅速做好全员人口信息工作的紧急通知》和《关于对全员人口、流动人口数据清理质量工作考核评估的补充规定》，实行“一周一调度、一周一汇报”定期工作上报制度，启动层级监督机制。全市全员人口数据录入入库5576096条，比评估总人口数多64594条。突出整治性别比偏高，出台《2010年度岳阳市关爱女孩综合治理出生人口性别比偏高问题专项行动方案》，认真抓重点地区、重点单位、重点对象和重点环节的“两非”整治。5月，召开讲评会议，对上年度综合治理出生人口性别比工作先进集体进行表彰。8月，市政府督查室牵头，市人口计生委、市卫生局、市药监局、市公安局、市监察局等单位参与，对县市区“两非”专项治理工作进行督查。全市侦破“两非”典型案件18例。突出社会抚养费征收。下发《关于全市统一使用规范的社会抚养费征收和终止妊娠保证金收取（退还）案卷的通知》，从7月1日起，全市统一使用由市印制的征收

计生安全宣传活动进社区　（谢湘波　摄）

案卷执法文书，统一编号、统一格式、统一管理，实行征收月报表制度。市纪委纠风办、市人口计生委、市财政局联合对全市社会抚养费征收、管理和使用情况进行全面检查。年内全市对违法生育人员立案6899人，征收社会抚养费7134.84万元，比2009年提高5个百分点。

【夯实基层基础】 2010年，岳阳市计划生育部门狠抓节育节育措施落实，年初下发《关于抓好当前人口和计划生育工作的通知》和《关于做好春节期间有关工作的通知》，要求各地认真抓好节育措施落实，确保人口计划。全市完成节育手术79360例，其中结扎17505例、上环45160例、流引产9192例。加强宣传教育，在《岳阳晚报》、岳阳电视台和岳阳电台开办“人口与健康”、“人口与优生”和“人口与经济”专栏，新开办“计划生育新人新事”专栏，全年新闻媒体刊发计划生育稿件245篇。在市委党校成立人口理论教学基地，在党校春秋季主体班中，开设人口理论课。开展纪念《公开信》发表30周年活动，市委学习中心组第三次集中学习重温《公开信》，在岳阳晚报刊登市委副书记盛荣华、副市长宋爱华联合署名文章《辉煌的历程》。推进村（居）民自治。组织村（居）民自治培训班358场，培训14241人次，进一步规范计划生育村（居）务公开，打造“阳光计生”工作，保障了群众知情权、参与权和监督权。加强队伍职业化建设，全市25个乡镇计生办主任岗位面向社会公开招考录用公务员。全市表彰10名计划生育模范共产党员、共青团员，100名人口计生工作先进个人。4月，举办乡镇分管领导、计生办主任、药具管理员、法规员和流管员等培训班。5月，开展技术人员科技大练兵活动，组织药具“三基”知识竞赛。全市技术人员673人，具有执业资格的技术人员比例比2009年增长10%。

【坚持创优创新】 2010年，岳阳市扩大计划生育手术并发症人员扶助制度试点。1月，召开计划生育手术并发症人员扶助制度扩大试点工作会议，下发《岳阳市计划生育手术并发症人员扶助制度扩大试点实施细则》，明确试点的内容、步骤和要求。通过严格把关，全市鉴定649人为计划生育手术并发症人员，占总人口数的1.17万。3月，国家人口计生委主任李斌到岳阳考察，给予充分肯定。5月，岳阳市举办全国计划生育手术并发症人员扶助制度试点工作会议，市长黄兰香在会上作经验介绍。推行产前检查和妊娠分娩信息“实时通”，对全市185家具有资质医疗机构全面推行产前检查和妊娠分娩实时通系统，覆盖省市县公立医院、民营医院、乡镇卫生院和社区卫生服务中心。投入140万元为医疗机构和计生部门装配“实时通”专用微机186台，配备专用手机230台。实时通系统发送政策外怀孕信息877条，成功落实流引产补救措施213例，提高全市符合政策生育率0.56个百分点，补充上报全员人口出生信息13064人。启动免费孕前优生健康检查试点。在汨罗市试点，免费检查7802人，覆盖率达62.5%，检查出近期内不宜怀孕人数301人，占3.86%。11月，岳阳市代表湖南省接受国家人口发展“十一五”规划终期评估，督评组充分肯定岳阳市免费孕前优生健康检测试点工作。

【落实优质服务】 2010年，岳阳市加大落实奖励扶助政策力度，对奖励扶助和特别扶助家庭的摸底、登记、建档、审批等过程，实行严格把关，全市享受农村奖励扶助10858人，特别扶助2054人。开展出生缺陷干预免费检测，为再生育育龄群众检测服务2016例，其中染色体检测1176例，发现异常反应18例。开展“生育关怀”行动，募集“生育关怀—幸福工程”资金490万元，对“五种关怀”对象家庭进行帮扶救助。加强服务站所建设，新增国债项目建设经费138万元，加强7个县级服务站和40个中心服务所国债项目的指导和监督。开展服务站所“四优一满意”创建活动，全市有4个服务站、15个乡镇服务所申报“四优一满意”创建。

【严格依法行政】 2010年，岳阳市下发《关于继续开展计划生育行政执法质量考评工作的通知》和《全市人口和计划生育系统行政执法质量考核评议工作实施方案》，成立基层文明执法专项行动领导小组，对12个乡镇、20个村的文明执法情况进行调查。对照现有法律法规，清理11个规范性文件。推行政务公开，开通12356阳光热线电话，接受群众监督。深入开展“两公人员”违法生育专项行动。新发现“两公人员”涉嫌违法生育145例，查实130例，落实经济处罚108人，落实党纪政纪处分41人，其中，副处级以上干部1人，副科级以上干部5人。 （本栏撰稿 杨新宇）

社会事务

【殡葬管理】 2010年，岳阳市殡葬管理和改革工作进一步深入。市民政局以构建和谐社会，打造绿色殡葬、文明殡葬为目标，开展各项工作。市殡葬管理处在中心城区巡查发现和接到举报的违规搭棚治丧行为近206起，到各区、各殡葬服务单位督查73次，开展殡葬执法行动150多次，送达相关函件72 份，下达整改通知20余份，撤除棚架3个。市殡仪馆火化遗体1301具。每年投入20万元，开展殡葬改革宣传月活动，将相关政策宣传到社区，导正殡葬旧俗，殡葬改革观念深入人心。与全市各级政府部门和单位签订“岳阳市殡葬改革目标管理责任书”，为殡葬改革打下坚实基础。平江县、华容县、湘阴县、汨罗市专门出台《殡葬管理实施细则》，城区火化率均达90%以上。召开专题会议、健全预警机制，做好清明节安全防范工作，清明节期间未发生火灾和踩踏等安全事故，实现连续3年“平安清明”和“文明祭拜、平安清明”的目标。

【婚姻家庭】 2010年，岳阳市婚姻登记工作进一步规范。全市县市区婚姻登记机构全部成为“全国婚姻登记规范化建设合格单位”，市本级被民政部评为“全国婚姻登记规范化建设合格单位”和“全国婚姻登记规范化建设贡献突出单位”。婚姻登记有序进行，办理国内结婚登记45557对，离婚登记9969对，涉港澳结婚登记46对，实现零投诉。进一步加强婚姻登记行风建设和纠风工作，通过完善管理制度，加强督促检查，坚决杜绝各地婚姻登记中搭车收费和乱收费现象。

【社会福利】 2010年，岳阳市社会福利工作进一步发展。全市“三无”老人、孤残儿童、社会精神病人得到有效收治和护养。养老服务床位达到1.5万张，居家养老服务不断深化，成立社区“养老服务中心”、街道“养老服务社”。全市社会福利及事务机构申报建设项目39个，预算投资9.1亿元，其中26个完成立项批复，39个完成可行性报告，全部进入国家发改委、民政部的“十二五”规划备选项目库和岳阳市“十二五”规划重大项目库。争取中央和省拨资金6625万元，占全省同类项目资金的10%。完成市儿童福利院建设。市流浪儿童救助保护中心、市康复医院精神病房等项目已启动规划设计、项目招标、报建等前期工作。孤残儿童康复、教育、医疗、收养登记工作按部就班；积极争取“明天计划”、“重生行动”等国家医疗手术项目。抓好福彩发行，传播福彩文化，全年发行福利彩票1.3亿元，增幅率居全省前列。

【慈善事业】 2010年，岳阳市慈善事业发展进一步深入。岳阳市大病医疗慈善救助基金作用得到有效发挥，募集1600多万元，慈善基金规模突破3300万元，累计救助特困大病患者196人次，发放救助金253万元，救助大病边缘对象215人次，发放救助金98万元，一批生活困难又需要高额医疗费用的家庭得到救治，得到广大群众好评。“天天慈善一元捐”活动继续开展，筹集慈善基金，帮扶穷苦百姓。开展慈善宣传活动，培育慈善家队伍，组织采写《为了生命之树长青》一文，全面展示大病患者的痛苦和大病基金会在救助上所作的努力。文章发表后，在市政府门户网上转载，并为《三湘都市报》等多家新闻单位引用，社会反响较好。登记注册一批慈善义工组织、学校义工组织，民间社团义工活动走向制度化、日常化。开展“金秋助学”和“金叶助医”慈善救助活动，帮助贫寒学子圆大学梦，帮助贫困对象解决医疗费用问题。

【老龄工作】 2010年，岳阳市老龄工作进一步加强。起草《岳阳市人民政府关于加快养老服务业发展的意见》，详细规划全市养老服务业的发展方向、具体目标、工作措施。落实老年优待政策，老年人优待证办理有条不紊。从10月1日起，市城区65岁以上老年人免费乘坐城市公共汽车，得到老人们的一致称赞。在县市区、乡镇（街道）、村（社区）三级建立11个老年维权法律援助中心和171个法律援助工作站点，组建义务法律顾问团，发放法律援助联系卡5000多份，承办老年维权法律案件近千件，并为涉老权益纠纷提供“温情裁决”，调解涉老纠纷1700多件，调解成功率达到96%。继续完善36个乡镇老年福利服务中心和18个村级老年文化活动服务站点养老设施。利用老人节开展高龄、贫困老人走访慰问，关爱老龄人生活。“金秋惠老”活动为老年人办实事，受到老人们的高度赞扬，丰富老年人的文体娱乐生活。

【老区建设】 2010年，岳阳市老区建设工作进一步开拓。争取国家转移支付资金1458万元，扶持项目28个。争取老区扶贫开发专项资金155万元，其中农村实用技术培训10万元，开发扶贫项目63个，为加快老区建设，提高老区人民生活提供保证。岳阳市老促会被评为全国先进老区建设促进会，并在中国老区建设促进会成立20周年总结表彰会上受到表彰。结合老区项目建设举办一期农村实用技术培训班和一次送科技下乡活动。根据老区特点，发展优质、高产、高效、生态、安全的小型种养业等老区特色经济，推动老区经济社会发展。

百岁老人吴细珍

【百岁老人】 吴细珍，1898年12月出生，湘阴县关公潭土地山村人。2010年，她112岁，是湖南省第三大、岳阳市第一大寿星，被湖南省老龄工作委员会等4家单位授予湖南省十大寿星。她育有2子3女，全家40多口人，已五世同堂。

（本栏撰稿　吴　伟）

责任编校　王　艳

县市区概况

SURVEY OF DISTRICT， COUNTY AND CITY

岳阳楼区

中共区委员会

书　记　李可波

副书记　秧　励　葛涛志
　　　　黄俊钧

常　委　黄岳山　贺景福
　　　　漆　胜　彭端生
　　　　朱平波　钟　辉
　　　　程岳华　王梦华
　　　　李　峰

区人大常委会

主　任　李少怡

副主任　胥驹龙　施　敏
　　　　余岳良　王岳华
　　　　王武中　周幺龙

区人民政府

区　长　秧　励

副区长　黄岳山　贺景福
　　　　陈建红　徐兰喜
　　　　李青松　殷　俊

区政协委员会

主　席　王文军

副主席　郭跃佳　姚正全
　　　　王德华　袁公平
　　　　邓群政（兼）
　　　　刘岸芳（兼）

区人民武装部

部　　长　付明中

政治委员　刘正光

中共区纪律检查委员会

书　记　朱平波

区人民法院

院　长　姜　彬

区人民检察院

检察长　彭新文

【概　况】 岳阳楼区是岳阳市的中心城区。2010年，全区辖2个乡、14个街道办事处。土地总面积117.74平方公里，耕地面积1380公顷。根据岳阳市第六次全国人口普查统计，常住人口814593人，人口出生率为6.74‰，人口自然增长率6.57‰。年内最高气温38.9℃，最低气温-3.7℃，年降水量1240.1毫米。

经济综合实力显著提高。完成地区生产总值128.78亿元，比2009年增长14.2%，其中第一产业完成增加值3.61亿元，增长5.6%，第二产业完成增加值35.03亿元，增长19%，第三产业完成增加值90.14亿元，增长12.3%。三次产业结构日趋合理。三次产业占GDP比重调整为2.8∶27.2∶70，与2009年相比，一产业比重下降0.1个百分点，二产业比重下降4.3个百分点，三产业比重上升4.4个百分点，以三产为主导的产业结构进一步凸显。

财政收入稳步增长。深入推进国库集中支付、政府采购、政府收支分类、非税收入管理、国有资产管理体制、燃油税等改革，健全权责明确、运行规范、监管互动的良性循环工作机制，完成财政总收入76119万元，比2009年增长15.5%，其中一般预算收入39933万元，增长8%。财政支出继续向民生倾斜，民生投入力度加大。科教卫生、环境保护、社会保障与就业投入占全部支出的70%。

为民办实事目标任务全面完成。10项惠民实事项目进展顺利，全部完成或超额完成年度目标任务。解决1.99万人的饮水安全，对89户洞庭湖湖区捕捞渔民进行危房改造，改建7所卫生服务中心，建农村沼气池400口，在就业促进、扶贫解困、教育助学、社会保障、医疗卫生等领域效果显著。

农业生产保持稳定。完成农林牧渔总产值5.54亿元，比2009年增长5.6%。其中：农业产值2.27亿元，增长7.4%；牧业产值1.61亿元，增长4.5%；渔业产值1.27亿元，增长4%；林业产值0.2亿元，增长1.6%；服务业产值0.19亿元，增长11.5%。农作物播种面积4520公顷，粮食播种面积1500公顷，油料播种面积370公顷，粮食产量7189吨，油料产量532吨。出栏生猪17.5万头，家禽58万羽，水产品1.11万吨。

工业经济平稳增长。完成工业总产值161亿元，比2009年增长34.1%，其中，49家规模以上工业企业完成总产值144.94亿元，增长28.2%；实现增加值37.88亿元，增长28.3%。形成鲁粮新元为代表的粮油加工业、岳泰为代表的饲料加工业、万力为代表的机械加工业、环能为代表的新型建材业、新磁为代表的电磁铁制造业格局。产值过亿元企业25家，年税收过100万元的达28家，拥有中国驰名商标2个，湖南省著名商标14个，20多家企业先后获得自营进出口权。建筑业增长平稳。有建筑企业 19家，完成建筑业总产值 63578万元，竣工产值64547万元，房屋施工面积 878806平方米，建筑业实现增加值11.92亿元，增长22.2%。

固定资产投资继续加快。全社会固定资产投资48.5亿元，比2009年增长23.7%。投资主要集中在基本建设领域，城建、水利、交通三大基础设施大为改善。城镇以上固定资产投资46.7亿元，增长22.1%。巴陵左岸、锦城家园、天伦城一期工程等项目完工投入使用。雅典新城二期、湘沪湘城、缤纷年华等12个项目完成主体工程，投资4.5亿的巴陵尚都开工建设。投资结构逐步优化。全区固定资产投资按产业划分，第一产业投资额为0.98亿元，第二产业投资额为22.2亿元，第三产业投资额为25.3亿元，其中工业投资占全社会固定资产投资比重的42.45%，更新改造投资占工业投资的79.99%。消费品市场活跃。有专业市场17个，农贸市场41个，全年实现社会消费品零售总额57.87亿元，增长20.3%。分行业统计，批发贸易业实现零售额20.85亿元，增长12.8%；零售贸易业实现零售额24.94亿元，增长24.1%；住宿业实现零售额2.25亿元，增长14.7%；餐饮业实现零售额9.83亿元，增长21.5%。

科技事业进一步发展。坚持科技兴区战略，大力引进推广新技术，加速科技成果向现实生产力的转化，自主创新能力不断增强。全区科技经费投入超过4.8亿元，增长33%。高新技术产业产值达22亿元，高新技术产品增加值达10亿元，分别增长35.4%和34.7%。文化事业欣欣向荣。新建农家书屋41家，组织开展各类文体活动1500多场次，“社区万家乐”、“市民大课堂”、“南湖文化广场”，成为全省影响较大的三大群众文化活动品牌。教育、卫生事业优先发展。新建东方红小学、洞庭湖小学。素质教育进一步加强卫生事业进一步发展。基层医疗卫生机构综合配套改革经验被国家卫生部予以推介。公共卫生监督和妇幼卫生工作取得良好成效。

城乡社会保障体系不断完善。

全区新增就业人数8315人，2346名就业困难人员实现就业，4316名失业人员实现再就业，农村富余劳动力转移就业率达到85%以上。城镇居民基本医疗住院医疗费补助率达到52%，新型农村合作医疗住院医疗费补偿率达到69.5%。人民生活水平逐步提高。全区城镇居民可支配收入达到19076元，比2009年增长14.5%，增加2599元，农民人均纯收入达到6733元，比2009年增加381元，增长6％。

存在的主要问题和困难：主导产业与率先发展的要求仍有差距，老城区、老住宅区、“城中村”和“插花地”等薄弱环节的改造和管理任务仍然繁重，建设现代化城区的任务还很艰巨，公共服务的供给能力和水平与居民对公共产品的多元需求还有差距，社会管理和维护稳定的任务还很艰巨。

【产业结构不断优化】 2010年，岳阳楼区推进全民创业，突出三产主体作用，重点推进商贸物流、文化休闲等十大行业，打造东茅岭商业街、五里牌、汴河街、竹荫副食街、泰和等五大商贸圈，建成新胜、锦虹等各类市场18家；完成技术改造投入23亿元，申报省级以上技术改造项目108个，农产品加工企业发展到40家，其中市级龙头企业12家。全区有民营企业1548家，个体工商户1.9万户，比2005年分别增加660家、1.1万户；规模工业企业达到46家，产值过亿元企业25家，年税收过100万元的达28家，拥有中国驰名商标2个，湖南省著名商标14个，20多家企业先后获得自营进出口权。

【城市管理全面加强】 2010年，岳阳楼区全面接管城管环卫工作，推行城市管理街道化和环卫清扫社区化，环卫清扫保洁面积从接管时的327万平方米扩大到604万平方米，实现城市管理由突击性向长效性转变。深入开展“五创”提质工作，全区26个市级重点项目、20个区级重点项目和16大类集中整治项目全面推进。重点开展洞庭湖沿线、夜市、“五小门店”、马路市场等专项整治，完成竹木市场搬迁和洞庭大道、东茅岭路等城市主干道提质改造，加快梅溪桥、九华山等6家农贸市场提质改造，推进市海事局旁等3处“城市疮疤”整治，高标准创

表17

2010年岳阳楼区乡、街道办事处简况

名　称	国土面积（平方公里）	耕地面积（公顷）	年末总人口（人）	人均纯收入（元）	党委书记	乡长、主任
梅溪乡	27.1	430	44554	6733	李和平	辜太平
郭镇乡	34.62	540	16452	6733	李大汉	沈为庆
枫桥湖街道办事处	3.565	3	25862	19076	徐铭喜	刘达鸿
奇家岭街道办事处	13.245	170	30212	19076	杨大明	彭宪会
洛王街道办事处	4.1	1	18668	19076	邱　岗	刘　漠
洞庭街道办事处	6.84		7907	19076	徐　平	葛静湖
城陵矶街道办事处	6.09	10	27170	19076	邓建华	冯　锦
望岳路街道办事处	2.35		17102	19076	周上青	邓旭旺
五里牌街道办事处	3.17		57716	19076	李亚东	陈　曦
东茅岭街道办事处	1.71		55169	19076	严石龙	郭韶山
吕仙亭街道办事处	3.168		48300	19076	刘玉平	方文归
三眼桥街道办事处	2.22		33140	19076	李志刚	易桥勇
岳阳楼街道办事处	3.03		30997	19076	张雪梅	罗立兵
金鹗山街道办事处	2.988		43013	19076	杨志华	宋　辉
站前路街道办事处	1.188		25388	19076	赵柏生	易小球
王家河街道办事处	2.358	1	20142	19076	吴　珂	袁潜龙

建学院路、城陵矶街、李家冲路、桂花园路、通海路等示范街道，开展文明劝导等活动，市民文明素质明显提高，深入推进爱国卫生运动，巩固扩大国家卫生城市创建成果。落实"三铁"要求，始终保持控违拆违高压态势，持续开展"中心城区集中整治违法建设"行动。

【基础建设明显加快】 2010年，岳阳楼区服务市政重点工程建设，动迁居民8000多户，腾地666.67公顷，确保枫桥湖路、武广高速铁路、金鹗西路、青年中路、建湘路、联港大道等80多项重点工程顺利推进。投融资3.5亿元，完成五里牌东路、站西路、冷水铺路三期建设和一二期提质改造。筹集资金5200万元，修建、提质改造李家冲路、兰竹路、工农路等小街巷325条，总里程270公里。投入5500万元，硬化冷城路、前果路等农村道路113条，总里程227公里。投入1.2亿元，改造荣发小区、蛇皮套、九华山、金东门等城市低洼渍水地段，疏通、改造下水道800多处，安装便民路灯2000多盏。投入950万元，兴修水库、山塘等各类农田水利工程40多处，完成黄梅港血防综合治理一二期工程。投入4000多万元，新建、改建梅溪桥等社区办公用房79处，社区工作经费从年均3万元提高到年均11万元。新建东风广场健身走廊和社区文体休闲小广场10处，绿化庭院6万多平方米。

【生态环境持续改善】 2010年，岳阳楼区开展国家环保模范城市创建，落实污染总量减排，开展蓝天碧水行动，综合治理南湖、吉家湖、王家河等内湖，改造锅炉56台套，年均减少耗煤量7000多吨。"十一五"期间，该区查处违法企业100多家，关停"三重"企业和"三废两小"企业14家，完成化学需氧量减排项目26个，化学需氧量净削减3194吨，完成二氧化硫减排项目28个，二氧化硫净削减663.4吨，超额完成省定减排任务。开展城乡清洁家园行动，新建沼气池2500多个，完成农村改水、改厨、改厕3700多户；开展"森林进城"、"身边增绿"行动，完成规模造林1466.67公顷，绿化覆盖率达到28.6%，城区空气质量优良率达83%。（本栏撰稿 叶 贞）

云 溪 区

中共区委员会

书　记　陈志莲
副书记　田文静
常　委　肖云生　聂金华
　　　　陈　辉　苏正明
　　　　黄建文　许　雄
　　　　陶伟军　张善保
　　　　蒋雄波　余　炯
　　　　朱爱军

区人大常委会

主　任　李从明
副主任　李岳霞　张云飞
　　　　龚金香　陈辉华
　　　　颜跃飞

区人民政府

区　长　陈志莲
副区长　聂金华　黄建文
　　　　李中汉　葛曙光
　　　　袁正宏　肖钰鑫

区政协委员会

主　席　余和平
副主席　廖小谷　王树槐
　　　　蔡汇源（兼）
　　　　周家冀（兼）
　　　　唐梓阳（兼）

区人民武装部

部　　长　苏正明
政治委员　陈卫成

中共区纪律检查委员会

书　记　陈　辉

区人民法院

院　长　姚劲峰

区人民检察院

检察长　李建军

【概 况】 2010年，云溪区辖2个乡、5个镇和1个办事处。土地总面积396.2平方公里，其中耕地面积8.67千公顷。年内最高气温39℃，最低气温-3℃，年降水量1677毫米。根据岳阳市第六次全国人口普查统计，常住人口176872人，人口出生率为11.08‰，死亡率为2.84‰，人口自然增长率为6.57‰。

完成地区生产总值67.4亿元（不含驻区大厂），比2009年增长15.8%。完成财政收入4.5亿元，增长15%，其中一般预算收入1.8亿元，增长17.4%。一、二、三产业分别增长6.1%、20.4%和10.9%，分别达 57916万元、408739万元和207582万元。一、二、三产业比重分别为8.59：60.62：30.79。完成城镇固定资产投资54.8亿元，增长31.4%。社会消费品零售总额8.3亿元，增长21%。城镇居民可支配收入为16692元，增长5.9%，农民人均纯收入6956元，增长9.8%。规模以上工业总产值110.9亿元，增长

京剧社在庙前街社区蘑菇亭开展活动　　（谢湘波　摄）

50.25%。实现利润3.9亿元，增长48.62%。规模工业现有110家，规模工业增加值31亿元，增长29.3%。农业生产总值5.7亿元，增长6.1%。

以工业为主导，经济较快增长。云溪工业园区加速扩张提质，新开发项目用地66.66公顷，拉通主次道路7条，硬化道路5.5公里。综合信息服务大楼、消防站和污水处理厂竣工投用。完善的基础配套设施，使园区6条精细化工产业链项目招商前景看好。全年入园企业达112家，其中规模企业达52家，投资过亿元企业20家。完成工业总产值55.5亿元，增长22.5%，完成税收1.7亿元，增长8.9%。园区获评湖南省十大最具投资价值产业园区和国家新型工业化产业示范基地。长炼工业园完成投资6000多万元，还建区配套建设基本到位，完成一期工程19.66公顷项目用地开发，有尾气回收、中创扩能、顺酐联产丁二酸等3个项目签约入园，总投资达8亿元。积极服务港区开发建设。加强与港区衔接，区委、区政府出台《关于支持临港产业新区建设发展的意见》，组建港区云溪工作部，积极履行征地拆迁、控建拆违、综治维稳和社会事务管理等职责。组建港区控建队伍，加强日常巡查和现场处置，港区控详规划范围内没有出现一起新的违法建设。协调完善港区规划，启动凌泊湖、东风2个安置区1000套安置房建设。服务大厂扩张发展。突出服务炼化一体化项目建设，对项目大型设备运输、征地拆迁、炼化路建设和“厂中村”搬迁等工程分别成立专门工作班子，全程跟踪服务，确保项目大型设备顺利到厂和炼化路全线开工建设。切实搞好巴陵石化化工改造项目服务，成立协调服务指挥部常驻工地现场办公，完成13个项目27.73公顷土地的征借，相关管道建设和“厂中村”搬迁工程有序推进。妥善解决华能岳阳电厂50万伏线路建设塔基交地和岳纸苇场蚊虫污染等问题。

全力服务重点工程建设。认真做好项目建设征地拆迁、控建拆违工作，共征收土地347.93公顷，有效控制违法建设92起，依法拆除违法建设68起，拆除大棚213.33公顷。大力整治重点工程建设环境，妥善处理好武广客运专线建设遗留问题和道仁矶汽渡所“渡改桥”后的人员安置问题，果断处置“7·29”随岳高速公路治安纠纷等群体性矛盾纠纷，各项重点工程建设顺利实施。铁桃路、临鸭路、22万伏输变线路和华能50万伏线路等工程全面竣工，云港路全线贯通，荆岳长江大桥实现试通车，随岳高速公路、炼化路等工程加快建设。开展城镇“五创”提质活动。完成步行街、云溪大桥、四通市场和云溪广场、火车站广场提质改造任务，新建云溪路污水收集管网和社会停车场，启动107国道云溪段拓宽及云港路互通工程，开展城南新区开发前期工作。实施云中大道临街建筑立面和人行道改造工程，添置一批环卫、亮化和交通设施，城市功能日趋完善，品位进一步提升。着力整治市容市貌和交通秩序，坚持环卫保洁、综合执法和文明劝导“三管齐下”，“脏、乱、差”得到有效遏制。扎实推进新农村建设。全区65个行政村实现村村通水泥路，完成6座水库除险和5座撇洪渠危桥整治工程。深入开展以垃圾污染治理为主要内容的“清洁家园”行动，新建封闭式垃圾池350多个，新建沼气池651口，完成改水改厨改厕800户，“三边”植树造林356.67公顷。延伸城区自来水管网，完成陆城镇、路口镇集中供水设施建设，解决8516名群众的安全饮水问题。延伸农村有线电视网络主干线路20多公里，新增农村有线电视用户2000多户。

坚持教育优先发展，完成城区教育资源整合，建成云溪中学、云溪小学、快乐起跑线幼儿园3所规模学校，城区基础教育面貌焕然一新。加强社会保障体系建设，“五险”新增参保5426人，占全年目标任务的126%。新增城镇就业2600人次、农村转移就业2230人次，援助“4050”人员和“零就业”家庭就业432人。启动港区失地农民养老保险试点工作，新型农村合作医疗参合率达100%。在全省率先实施基本药物制度，对307种基本药物实行零差率销售，并全部纳入基本医疗保障制度药品报销目录，群众看病难、看病贵问题得到有效缓解。完成区人民医院、中医院和4所乡镇卫生院、社区卫生服务中心改扩建工程，新建云溪福利院和残疾人综合服务楼，敬老院实现乡镇全覆盖，五保集中供养率达52%，居全省第一。大矶头、铜鼓山成为国家文物保护单位，新建乡镇综合文化站4个、农家书屋38个，送文化、电影、图书“三下乡”831场次。

环境保护得到切实加强。积极探索源头控污长效机制，严格项目

建设中的长炼一体化工程　（熊式湘　摄）

准入审查，否决31个环评不达标的项目落户。实施环境整治三年行动计划，关停小化工污染企业10家。加快环保设施建设，污水处理厂正式运营，无公害垃圾场完成选址等前期工作，年度节能减排任务顺利完成。加强土地、森林和饮用水源保护，实施双花水库生态移民工程，搬迁居民55户。

社会大局和谐稳定。坚持维稳第一责任，按照建设和谐云溪目标，部署全区党政领导定期接访活动，全区190多名区乡领导参与接访约访和下访活动，其中区级领导共接访约访群众89批550多人次。加强矛盾纠纷排查化解工作，选派420多名干部下村组、进社区，开展“下基层、惠民生、促和谐”活动，对排查出的48个热点难点问题实行区级领导包案、限期办结，确保案结事了、群众满意。加强重点场所、重点行业的安全监管，认真落实校园安保措施，深入开展“打黑除恶”、“两抢一盗”等专项治安行动，破各类刑事案件57起，查处治安案件86起。全区人民群众的幸福指数和安全指数明显提高，全省综治民调排名比2009年上升11位。路口镇新合村被评为全国普法依法治理先进单位和“安全文明单位”。云溪镇南街居委会先后被评为省级“文明单位”和“安全文明小区”。

存在的问题和困难：财政总收入占GDP的比重偏低，经济发展质量有待进一步提高；农业基础相对薄弱，农民持续增收乏力；就业、环保、安全生产等压力加大，维护稳定的任务还很艰巨。

【千亿产业大格局初具规模】2010年，总投资200多亿元的中石化炼化一体化项目落户云溪区两大厂，奠定千亿石化产业集群的坚实基础。长岭炼化“七建二改十利旧”和巴陵石化“五改七建一配套”一揽子项目正在加紧实施，再造一个长岭炼化和巴陵石化的梦想将成现实。港区建设上升到省级战略层面，69平方公里的总体规划和23.6平方公里的控详规划描绘发展的宏伟蓝图；年吞吐能力30万标箱的松阳湖集装箱新港建成运营，全年创下货物吞吐1080万吨、集装箱13万标箱的开港营运纪录；“三纵三横”路网骨架全线拉开，战略性投资项目纷至沓来，港口、物流、保税、工业“四位一体”发展态势已经形成。云溪工业园依托大厂，准确定位，精细化工产业蓬勃发展，园区规模突破3平方公里，基础设施和公共服务体系配套完善，入园企业突破50家，年工业产值达到55亿元，税收1.7亿元，成为国家推进新型工业化产业示范基地和全省十大最具投资价值产业园区之一。园区由小变大、由弱变强，成为千亿石化产业集群的重要组成部分。“厂、港、园”大融合，形成千亿产业大格局。

【构建综合运输体系】2010年，云溪区发挥区水陆、港铁、江海等多式运输优势，加快码头站场、仓储罐区、原料管道等物流设施建设，构建大进大出、衔接紧密、便捷高效的现代综合运输体系。抢抓港区发展和沿江港口群建设机遇，编制沿江岸线保护和道仁矶、陆城等港口建设规划，争取启动道仁矶散货码头建设，拉开沿江物流带建设的序幕。依托荆岳大桥、随岳高速、临湖公路等大交通，进一步改善、提升区域路网结构，不断放大湘鄂两省通道接点效应。加强液体码头、储罐和管道配套能力建设，完善石油、化工专用运输网络体系，打造长江中游最大的化工产品集散中心。

以市场为导向，以厂、港、园为基地，加强行业和部门配合，高效整合区域物流资源，推动现代物流业大发展。区委、区政府成立现代物流业发展协调领导机构，强化行业政策引导和企业服务，研究制定物流产业发展规划和政策措施，统一规划布局区域物流网络，建立

表18

2010年云溪区乡、镇、街道办事处简况

名　称	国土面积（平方公里）	耕地面积（公顷）	年末总人口（人）	人均纯收入（元）	党（工）委书记	乡（镇）长主任
云溪乡	135	1500	28000	5400	刘庆雄	廖新华
云溪镇	15.1	53.2	18000	7300	曹显良	丁平安
路口镇	43	708	20300	6328	杨志刚	郑　匡
文桥镇	63.8	1692.3	18147	6800	李学军	隋　强
陆城镇	54	691.6	10868	5591	李　勇	刘云飞
道仁矶镇	57.12	1100	9610	5200	李岳东	卢进军
永济乡	13.5	467	9382	6912	李际红	张品飞
长岭街道办事处	8.24		27000		杜　伟	段益平

厂、港、园共享物流信息平台。加强危险化学品车辆整治，引导有序承接大厂货运物流，逐步规范大厂物流市场。整合大厂和工业园的化工资源，积极筹建云溪化工产品交易中心，打造化工物流特色基地。

（本栏撰稿　吴拥军）

君山区

中共区委员会

书　记　赵岳平
副书记　杨　昆　王家树
常　委　卢宗仁　易兴吾
余　为　魏淑萍
陈忠炎　罗　遥
朱燕翼　刘绍斌
李爱玲　胡荣满
付汉家　吴晓球

区人大常委会

主　任　杨培菊
副主任　龚道平　罗满珍
蒋德军　官学荣
李卫兵

区人民政府

代区长　杨　昆
副区长　余　为　罗　遥
吴晓球　方争奇
马志光　陈华生
彭　明

区政协委员会

主　席　李志文
副主席　杨才学　陈可娟
练小舟
姜国平（兼）
党朝松（兼）

区人民武装部

部　长　余伏良
政治委员　胡荣满

中共区纪律检查委员会

书　记　易兴吾

区人民法院

院　长　付小勇

区人民检察院

检察长　许乐平

【概　况】　2010年，君山区辖6个镇、1个街道办事处和2个场，土地总面积667平方公里，耕地面积26768公顷。根据岳阳市第六次全国人口普查统计，常住人口240668人，人口出生率9.59‰，自然增长率5.43‰。年内气温最高38.8℃，最低-3.1℃，年降水量1516.8毫米。

完成地区生产总值63.1亿元，比2009年增长16%。其中第一产业实现增加值15.8亿元、第二产业实现增加值27.1亿元、第三产业实现增加值20.1亿元，分别增长3.8%、27.1%和12.3%。三次产业结构比为27∶42∶31。完成财政总收入1.2亿元，增长32%。

农业农村稳步发展。全区农业总产值25.5亿元，比2009年增长3.9%。主要农产品产量稳中有升。粮食、蔬菜、棉花总产量为16.9万吨、22.1万吨和1.14万吨，分别增长0.45%、9.74%和8.03%。养殖业发展迅速，养殖大户达到1350户，全年出栏生猪40.15万头，存栏牛2.4万头，羊1.6万头，出笼家禽267.6万羽，实现水产品总量2.77万吨。农村条件持续改善，新建沼汽池3107口，完成通乡通村公路19.1公里，解决农村安全饮水4600人；完成水利工程1000多处。品牌建设得到加强，“乐宝”泡菜、“国泰”航空食品、“君山”食用油、“赵大爷”放心菜、“八百里洞庭湖湘妃泡菜”的市场影响力逐渐扩大。农村改革稳步推进，农村集体土地流转深入开展，土地确权发证率达99.3%；集体林权制度改革进展顺利，退耕还林项目通过省级验收。农民专业合作组织不断壮大，全年新增农民专业合作社10家。农民人均纯收入7284元，增长15.2%。

工业经济加速发展。规模工业实现产值85.3亿元，增长57%；完成规模工业增加值23.3亿元，增长29%；万元规模工业增加值能耗降低率为18%，新型工业化考核排名首次进入全市前三。园区工业集群扩大，食品医药、印刷包装、电子机械、家具物流4个产业小区初具规模；22家入园企业投产7家、新开工9家。主要工业产品产量大幅增加。食用植物油总产量5.76万吨，增长27.2%；棉纱总产量9.51万吨，增长31.2%；饲料总产量10.55万吨，增长37.2%。产销衔接良好，规模以上工业产品销售率达100%，实现利税3700万元。工业结构调整和企业技术改造加快，新材料、生物医药等新兴产业来势看好，工业企业完成技改投资9.3亿元，增长45.9%。

城镇面貌加快改观。加强规划编制指导城镇建设，完成君山区城乡一体化规划、中心城区分区规划、挂口片商住区控详规划、工业园和九公里综合项目控详规划。完善基础设施增强城镇功能，污水处理中心、长江引水工程正式投入使用，城市管道燃气开通用户500多户，新建和改造城市主干道近10条，君山洞庭大道改造提质全面启动。房地产业快速健康发展，续建和新建较大楼盘5个。开展“五创”提质，加强生态环境保护，市容市貌进一步改观。

消费市场加快升温。实现社会消费品零售总额8.2亿元，增长20.8%。全区进出口总额1331.8万美元，其中，进口270万美元、增长32%，出口1061.8万美元、增长35%。特色旅游持续升温。天井山成功申报省级森林公园，“鸟语林”农庄被评为湖南省工农业旅游示范点，“虹宇生态园”、“乡村之恋”和“幸福农庄”被评为五星级生态休闲农庄；君山野生荷花世界一期工程全面完成，中国（岳阳）野生荷花旅游节成功举办；实现旅游综合收入8.32亿元，增长37%；接待游客28.5万人次。

发展后劲不断增强。完成社会固定资产投资31.3亿元，增长27.7%。合同引进内资44.19亿元，实际到位资金8.77亿元。开发项目134个，调度项目253个，落实建设资金12.12亿元；在建项目102个，完成投资10.7亿元。层山安全区围堤工程基本完成，累计完成投资3.92亿元；移民迁建累计完成投资3.7亿元，妥善安置移民4494户。荆岳铁路、岳常高速、省道202拓改全面推进，荆江门港口前期工作开展顺利。小型农田水利建设国家重点县、洞庭湖综合治理、环洞庭湖基本农田重大工程、国土整理、城乡电网改造、农村沼气、部省联点血防项目、省血防综合试点工程等项目建设进展顺利。

民生社会事业全面发展。科技创新步伐加快，申报科技专利27件，居全市第一。教育强区扎实推进，全省课改现场会在君山区召开，许市中学获批为全市20个教师

表19

2010年君山区镇、场、街道办事处简况

名　称	国土面积（平方公里）	耕地面积（公顷）	年末总人口（人）	人均纯收入（元）	党委书记	乡长，主任
广兴洲镇	88.4	4140	39600	7389	王大兴	吴国良
许 市 镇	94	3986.67	38236	6750	叶凯文	易俊良
柳林洲镇	175.93	3071.45	51332	6410	朱志鹏	李　伟
西城街道办事处	29.42	2031.69	28886	7800	刘小平	吴朝军
钱粮湖镇	103	6366	53636	6773	彭海泉	王　威
良心堡镇	68	3600	34597	7800	蔡时岩	郭三涛
采桑湖镇	64.35	2666.67	20043	7230	廖钶珉	朱运行
君山芦苇总场	33.35		3103	7000	林劲松	林劲松
水产养殖场	7.36	866.7	2552	7500	颜爱军	刘赞勋

培训基地之一；中小学办学条件明显改善，新建设合格学校9所；教学质量稳步提高，中考综合排名全市第三。计生工作继续加强，人口自然增长率控制在5.4‰以内，符合政策生育率达90.42%。卫生服务网络进一步健全，结核病、血吸虫病等重大传染病得到有效防治；区人民医院、西城社区卫生服务中心和广兴洲镇卫生院投入使用。文体、广电事业健康发展，钱粮湖镇中心文化站启动建设，“扫黄打非”和网吧整治专项行动收到实效，送戏下乡68场；“村村通”工程开通有线电视65个自然村，免费放映公益电影1600场，新闻省台、市台发稿量均排全市第一。社会保障进一步健全，各类社会保险金及时足额发放，新增各类社会保险参保人数6.78万人。新增城镇就业2415人，失业人员再就业1429人，农村劳动力转移就业3004人，“零就业”家庭动态就业援助100%。低保制度覆盖城乡特困居民，农村低保对象达到8993人。城乡医疗救助全面铺开，发放医疗救助金200万元。优抚政策全面落实，帮扶优抚对象80人。新改扩建柳林洲敬老院，五保集中供养率进一步提高。廉租房建设顺利启动，补贴住房租赁1800户，发放补贴160万元。安全生产进一步加强，完成安全隐患整治8处，事故发生率比2009年下降20%。妥善处理群众来信来访，信访工作量化考核在全市六区中排名第二。深入开展法制宣传活动，加强社会治安整合治理，始终保持对犯罪分子的高压态势，社会大局保持和谐稳定，民调工作在全省排名第五。

存在的主要问题和困难：农业抵抗自然风险的能力还不强，工业经济尤其是高新技术产业对经济的带动、支撑作用明显乏力；城市基础设施薄弱，配套功能不够完善；经济发展的环境还有待进一步优化，少数重大项目建设推进阻力较大。

【君山区“十一五”期间圆满收官】 “十一五”期间，君山区围绕“加快发展、富民强区”奋斗目标，实施“推进跨湖发展、加快‘四区’建设”发展战略，抢抓机遇，克难奋进，超额完成“十一五”期间发展目标。经济实力大幅提升。主要经济指标全部实现成倍增长。2005～2010年，生产总值由20.2亿元增加到63.1亿元，财

君山区田园化建设　（杨一九　摄）

政总收入由4268万元增加到1.197亿元，全社会固定资产投资总额由4.7亿元增加到31.3亿元，社会消费品零售总额由3.3亿元增加到8.2亿元。公共财政保障增强。财政累计投入城镇、水利、交通等基础建设资金5.92亿元，化解乡镇债务5950万元，“三农”支出3.09亿元，教育支出3.11亿元，卫生支出1.92亿元，社保支出10.78亿元。城乡面貌显著改观。城区绿地覆盖率达到37.3%，城镇化率达48.2%；城镇管理明显加强，市容市貌焕然一新，顺利通过国家和省卫生城市检查。人民生活不断改善。完成区人民医院、城区污水处理厂、长江引水工程等重大实事项目；社会保险扩面4.8万人，城镇“零就业”家庭实现动态清零；新农合参合率达99.44%；五保供养、计划生育、实事办理、捕捞渔民解困等工作进入全国或全省先进。社会大局稳定和谐。办理省市区实事140件，解决一批事关民生的突出问题。更加重视安全生产和信访工作，维护群众合法权益和社会稳定；加强社会治安综合治理，严厉打击违法犯罪，连续3年被评为全省社会治安综合治理工作先进单位，连续2年被授予全省“平安县市区”称号，综治民调排全省第5位，人民群众的安全感不断增强。

【2010年中国（岳阳）野生荷花旅游节成功举办】 2009年，君山区被国家林业局授予“中国野生荷花之乡”。团湖景区现有荷花面积333.33公顷，是亚洲地区已知面积最大的野生荷花集群地。2010年，入园大道、内外广场、门楼、观荷塔、游客服务中心等景区一期工程顺利竣工，完成投资5000多万元。8月8日，中国（岳阳）野生荷花旅游节举行。节会由中国野生植物保护协会、省旅游局和岳阳市政府主办，市旅游局和君山区承办。省政协原主席王克英、省人大常委会副主任蔡力峰、省政协副主席阳宝华和岳阳市主要领导出席旅游节开幕式。莅临节会的各级领导、特邀嘉宾、客商代表有1000多人，现场参与观众3万多人。节会举办取得明显成效，特色旅游品牌建设取得新成果，君山野生荷花世界被上海大世界基尼斯总部授予“面积最大的野生荷花成片聚生地”。节会招商成绩喜人，君山经贸洽谈项目签约仪式成功签约项目15个，签约资金总额达58.54亿元，项目涉及旅游、物流、新材料、医药和教育等多个领域，为君山提速发展、持续发展注入新的活力。

【君山洞庭大道开工建设】 君山洞庭大道建设是岳阳市委、市政府实施西连君山跨湖发展的重点工程项目，是君山区2010年确定的十二大惠民工程之一。是集过境交通、城市交通、生态景观、休闲旅游于一体的城市综合性主干道，是岳阳中心城区洞庭大道向君山区境内的延伸，是君山新兴产业展示走廊、湖乡美景观光画卷、城市跨湖发展之路，洞庭大道的建设将湖东湖西城区连为一体。项目建设以306省道君山城区段为轴心，两边建设城市辅道、人行道、绿化长廊。项目建设规模为双向六车道，城市主干道宽23.6米，两侧绿化隔离带各5米、城市辅道各7.5米、人行道各5.7米、绿化景观长廊各15.5米，路幅总宽度80米，与已经建成的世纪大道保持一致，工程总投资2亿元。2010年11月8日，工程正式启动建设。

（本栏撰稿 于 丹）

平 江 县

中共县委员会

书　记　彭先政
副书记　王洪斌　毛绍武
常　委　黎耀辉　戴领梅
　　　　洪志凡　张向东
　　　　刘豪杰　曾平原
　　　　徐教凡　叶湘林
　　　　童驾辉　邱爱国

县人大常委会

主　任　罗志远
副主任　陈献平　万均农
　　　　陈意均　余彭寿
　　　　潘如意

县人民政府

县　长　王洪斌
副县长　黎耀辉　徐教凡
　　　　李岳玲　朱慕斌
　　　　李镇江

县政协委员会

主　席　唐锡康
副主席　陈付芳　童缅思
　　　　邱唤群（兼）
　　　　刘佑泉（兼）
　　　　朱山东（兼）

县人民武装部

部　长　邱爱国
政治委员　杨　烈

中共县纪律检查委员会

书　记　张向东

县人民法院

院　长　周　湘

县人民法院

检察长　廖良忠

【概　况】 2010年，平江县辖16镇、11个乡。土地总面积4125平方公里。根据岳阳市第六次全国人口普查统计，常住人口947774人，人口出生率12.81‰，人口自然增长率7.66‰。年内最高气温39.6℃，最低气温-4.1℃，年降水量1844.7毫米。

完成地方生产总值116.9亿元，比2009年增长14%；完成社会固定资产投资70亿元，增长25%；完成社会消费品零售总额24亿元，增长23.2%；完成财政总收入4.3亿元，增长26.9%，城镇居民可支配收入达10221元，农民人均纯收入2749元。农林牧渔业总产值42.07亿元，增长2.7%。高标准编制《平江县现代农业发展规划》，明确“稳定发展粮、畜、茶、药四个传统产业，重点发展油茶和楠竹两个特色产业，加快发展休闲农业和农产品加工两个新兴产业”的农业发展思路，该规划作为县级现代农业发展模本在全省推介。建立高产油茶示范基地13个，新造和低改油茶3266.67公顷；新栽和改造南竹1666.67公顷；克服涝灾、病害等负面影响，粮食生产实现总产50.28万吨；出栏生猪119.5万头；茶叶种植面积4366.67公顷；中药材种植面积2733.33公顷。引进湖南月坤农业公司投资1亿元建立万亩现代高效绿色无公害蔬菜基地，年内建成180.8公顷，是广州亚运会指定蔬菜供应商。加快农村土地流转，流转耕地5733.33公顷、山林2266.67公顷。

规模工业增加值28.5亿元，比2009年增长35%，重点扶持食品加工、机电轻工、矿产建材等优势产业做大做强，推动产业集群集约发展。规模工业总产值129亿元，增长20.2%，完成规模工业增加值28.5亿元，增长35%，新增规模企业11家，总数141家，其中年产值过亿元的企业有19家，食品加工、机电轻工、矿产建材、生态旅游四大产业总产值114亿元。进一步完善平江工业园的基础设施，新修贯通汽车产业园的迎宾路，升级改造平伍公路园区段，新建寺前工业路和颜家铺路延伸线，平整土地120公顷，完成土地储备66.67公顷，工业园的承载能力和综合服务能力明显提升，被评为中国最具发展潜力工业园区、中国最佳投资环境工业园区和湖南省最受公众关注产业园区。入园企业总数66家，全年创税4000万元。

新农村建设扎实推进。按照“重点打造1个景区、2大示范片、

表20

2010年平江县乡、镇简况

名　称	国土面积（平方公里）	耕地面积（公顷）	年末总人口（人）	人均纯收入（元）	党委书记	乡（镇）长
城关镇	75	746.67	86320	4010	夏　海	张新年
三阳乡	214	2894.33	61109	2610	李秋贵	毛高贤
安定镇	163	3467.27	69615	3101	熊江新	李剑卫
福寿山镇	138	1096.53	20934	2791	艾志军	张生才
三市镇	144	2749.4	54744	3129	潘典宏	彭喜丰
嘉义镇	360	2998.67	47573	3690	方定安	李祝荣
咏生乡	54	165.2	3492	2348	吴龚良	余朕军
长寿镇	220	3222.4	58339	3009	吴竞湘	尹有祥
黄金洞乡	196	170.47	4287	1843	丁自力	姚志红
南桥乡	85	194.6	3578	1465	黄兴旺	向小燕
龙门镇	205	1877.6	37167	1918	王火丁	朱　军
木金乡	122	1367.93	24393	2155	何昌美	彭拥芹
虹桥镇	183	1955.33	38093	2046	张伟成	张廉波
大坪乡	108	1190.53	20815	2327	凌晓东	曹建春
南江镇	194	2652.67	68302	2223	吴向前	李炎平
冬塔乡	60	931.53	22436	2533	宋炼钢	黎秋桂
板江乡	72	398.07	15076	2219	谢朝晖	周阳波
梅仙镇	205.3	2275.73	65332	2101	周虎光	李拥军
大洲乡	103	614.8	20908	2025	陈梦月	曾要军
童市镇	159.6	1181.73	30325	2666	陈　森	易林辉
三墩乡	115	1235.87	31182	1866	吴改良	段曙光
余坪乡	181	1627	38632	2222	吴尚勇	李　弘
岑川镇	91	1030.33	19562	2597	郑湘平	赖露芳
瓮江镇	248	2487.67	53583	1970	黄思佑	吴康乐
浯口镇	198	1627.53	36497	2747	戴迎春	周稳根
伍市镇	217	3714.87	65875	3600	巢桃平	
向家镇	41	1433.33	15000	3655	田　浩	潘闪闪

3个集镇和4个示范村，整体推进110个重点村”的目标，深入开展“清洁家园”专项行动，在28个村开展农村垃圾“户集、村收、村埋”试点，40%的村建立“清洁家园”理事会；全县新建沼气池1850口，总数2.1万口，新建农家书屋70个、村级农民体育活动场所有26个。

固定资产投资70亿元，比2009年增长25%。实施交通通畅工程，总投资5亿元、总里程85公里的106国道和总投资4亿元、总里程70公里的308省道平江段全线通车；总投资54亿元的通平高速12个标段全面推进，完成投资23.2亿元；通乡公路全部硬化，通村通组公路硬化124公里，新修和拓宽道路路基214公里，通村公路硬化总里程达2100公里；简青大桥完成工程总量的98%，杏树滩大桥、瓮江潭大桥、杨树桥、白湖口等渡改桥工程快速推进，一个通畅便捷、支撑有力的交通网络基本形成。实施水利整治工程，如期完成国家规划内5座中型、5座小Ⅰ型病险水库除险加固，启动8座小Ⅰ型病险水库除险加固工程，黄金洞节水配套改造工程完成投资1800多万元，新建和改造水渠6786米，使周边67个行政村4666公顷农田的灌溉得到保障。投入1200多万元，修复水毁工程。实施电力提升工程，总投资6.5亿元的幕阜山风力发电项目纳入省风力发电开发项目规划，总投资100亿元的抽水蓄能项目进入省“十二五”规划；投资近2亿元的城关220千伏输变电站投入营运；63个村开展电网改造，全县同网同价村407个，限价村301个。

民生持续改善，城镇增加就业人数5164人，下岗失业人员再就业3175人，增加转移农村富余劳动力14221人。新型农村合作医疗参合率99.9%，参合农民账户基金提高到140元。城乡低保实施动态管理，全县核实取消不符合低保标准对象5602人，将符合条件的6664名特困对象纳入低保，补助标准分别提高15元和5元，农村低保面4.2%，高于全省平均水平1.3个百分点。高度重视困难群体住房保障，改造农村危房2433户，被评为全省农村危房改造先进县。城关饮水工程正式通水，水质各项标准超国家Ⅰ类水源标准和生活饮用水卫生标准，解决城关及沿线20万人安全饮水问题。县城污水处理厂和天然气工程均投入运营，无害化垃圾处理场建设前期基础工程开工。加强森林资源培育和保护，全县森林资源实现5%的增幅。切实加大污染源治理，关停、整合小金矿（点）21个，捣毁小造纸作坊27家，否决重污染项目6个。汨罗江放鱼禁渔护鱼行动效果显著，长石采矿秩序整治取得阶段性胜利。大型花灯戏《金凤凰》在全省专业剧团调演中获得金奖，农村广场舞悄然兴起，群众精神文化生活进一步丰富。

存在的困难和问题：经济总量不大，实力不足，财政运转仍然艰难，农民收入增长缓慢，扶贫开发任务艰巨；转方式、调结构步伐不快，主导产业缺少龙头企业带动；基础设施建设任务艰巨，农村基础设施薄弱，农村公共事业亟待加强；民生改善与老百姓期望有较大差距，弱势群体保障水平不高。

【平江县文明卫生县城创建扎实推进】 2010年，平江县启动省级园林城市、国家文明县城和卫生县城创建工作。新建、续建重点城建项目45个，曲池路、平江大道、杨梓山路、沿江风光带、绿化小游园等项目提前竣工；首家坪路完成前期工作，天然气利用项目完成市政管道施工和CNG（油气两用车）加气站建设，西街旧改安置楼主体建筑动工建设，南街旧改、书院西路进入征拆阶段。拆除城乡违章建筑24处2800平方米，城乡建设秩序逐步规范。组织干部和学生上街开展文明劝导，推行文明创建常态化管理，环卫保洁、秩序整治机制不断健全，在全省25个国家级和省级文明县城公共文明指数测评中，平江排名第三，拿到申报全国文明县城的入场券。卫生创建进入专家评估监测及申报对接阶段，园林城市创建进入验收阶段，伍市、长寿、南江等城镇找准定位，加快发展，全县城镇化率39.2%。

【旅游发展】 2010年,平江县启动汨罗江——福寿山景区发展详规编制，旅游发展规划进一步完善。盘石洲新景区基本形成，生态园基本完成三通一平，移植近1亿元的名贵树木，被确定为省市民主党派、无党派人士社会服务基地。扩建沱龙峡景区停车场，福寿山、幕阜山景区公路全部硬化，启动石牛寨第二期开发项目6个。平江起义旧址、沱龙峡等申报4A景区，杜甫墓、中共平江县委旧址等正在谋划申报国家级文物保护单位。成功举办武汉——平江汽车旅游集结赛、幕阜山滑翔飞行节等旅游宣传活动。全年接待游客106万人次，旅游综合收入4.5亿元。注重旅游业与现代物流、金融、房产、信息、中介、社区服务等新型服务业的融合发展，第三产业完成生产总值35.5亿元。

平江县进入全国红色旅游精品线路。图为平江县石牛寨风光（彭宏伟　摄）

【平江不肖生国际学术研讨会】 2010年10月30日，平江不肖生国际学术研讨会在平江县召开。来自全国各地和韩国、日本、美国50多位研究平江不肖生（向恺然）的知名专家、学者和有关部门人士，对全国公认的武术理论家和武侠小说家向恺然的学术思想及其对中国武文化发展所作出的历史性贡献开展探讨。专家们畅所欲言，各抒己见，对平江不肖生文学作品和思想艺术进行多方位、深层次的探讨，递交40余篇有价值的学术论文。研讨会科学、系统地阐释、确认向恺然中国近代武侠小说鼻祖，留学生文学奠基者的地位。研讨会由湖南省文联、北京大学中文系、中国社会科学研究院比较文学研究中心、复旦大学中文系、苏州大学文学院、中国通俗文学研究会等单位举办，平江县委、县政府承办，知名武侠小说作家、中国作家协会名誉副主席金庸担任研讨会组委会名誉主任。参加开幕式的领导有湖南省政协副主席、省文联主席谭仲池，省文联副主席彭见明，岳阳市委常委、宣传部长徐新启，市人大常委会副主任易丽珍，市政协副主席柴小平及省委宣传部文艺处和平江县负责人。

【平江十大民生重点工程全面竣工】 2010年11月17日，平江县举行十项民生工程集中竣工庆典礼，整个县城处处鼓乐声声，彩旗飘扬，上万群众汇集在一起，庆祝全县十大基础设施民生工程全面竣工。集中竣工庆典的十项民生重点工程总投资达10多亿元，有改善区域交通条件的106国道、308省道、曲池路、平江大道、杨梓山路改造建设项目，有改善生活、生态环境的城关饮水、污水处理建设项目，有提升城市品位、完善城市功能的沿江风光带和绿化游园建设项目。围绕基础建设、县城创建、民生改善、产业开发，确定12大类63个重点项目，实行一个项目一名县级领导、一个责任单位、一个工作方案，将目标任务细化到人到项，采取日程倒逼和日报进度机制，加班加点作战，年内，10个项目全面竣工，9个项目超预期进度，34个项目按计划进度推进。（本栏撰稿 李双龙）

岳阳县

中共县委员会

书　记　彭国甫
副书记　黎四清　汤森林
常　委　汤小娥　王文华
　　　　张中于　李　勇
　　　　喻飞跃　刘湘龙
　　　　袁陆保　王保林
　　　　黄伟雄　向风行
　　　　李胜昔　谢明亮
　　　　刘小良　熊少先

县人大常委会

主　任　彭友池
副主任　李中明　杨和平
　　　　许欧蛟　龙生光
　　　　袁　文

县人民政府

县　长　黎四清
副县长　张中于　黄伟雄
　　　　李胜昔　谢明亮
　　　　吴　桐　易新岳
　　　　王卫兵　白锁铭
　　　　周　里

县政协委员会

主　席　彭西罗
副主席　李载荣　赵煜恒
　　　　彭浪英　甘柏望
　　　　彭荣欣

县人民武装部

部　　长　熊少先
政治委员　张太晃

中共县纪律检查委员会

书　记　向风行

县人民法院

院　长　王京广

县人民检察院

检察长　段德平

【概　况】 2010年,岳阳县辖12个镇、8个乡，土地总面积2713.55平方公里，耕地面积419.25平方公里。根据岳阳市第六次全国人口普查统计，常住人口717032人，人口出生率10.98‰，人口自然增长率为5.98‰。年内最高气温36.5℃，最低气温-2.8℃。

完成地区生产总值1356338万元，比2009年增长16.5%，一、二、三产业分别增长4.9%、25.4%、13.2%，产业结构比为24.1：45.8：30.1；完成财政总收入42061万元，增长25.9%。农、林、牧、渔业总产值483253万元，增长4.9 %。主要产品产量：粮食473813吨、棉花2055吨、油菜籽18271吨、花生4868吨、水果86183吨、茶叶1025吨、水产品37346吨、生猪出栏138.04万头。通过实施优质品牌战略，一批优质稻、优质油、优质果、优质菜得到迅速发展，形成生猪养殖、土鸡养殖、水产养殖等养殖基地；做大水果、马铃薯、无公害瓜果等种植板块；重点扶持芭蕉扇业、湘渝色素、洞庭米业等一批农副产品加工企业，农产品加工规模企业达到43家，其中省级龙头企业3家、市级龙头企业17家。

规模工业企业达到131家，完成规模工业增加值51.74亿元，比2009年增长28.9 %。生物医药、建材、机械制造、农产品加工、轻纺化工五大产业初具雏形。全市推进新型工业化工作综合考评排名第一，并获湖南省推进新型工业化先进单位、湖南省发展非公有制先进单位称号。

完成社会消费品零售总额42.48亿元，比2009年增长21.7%。张谷英、大云山、相思园等旅游景点

岳阳县厚德广场　（吴小平　摄）

全年接待游客56万人次，综合收入2.35亿元。城乡消费持续旺盛，销售家电、汽摩下乡产品6.2万台（件），销售总额1.65亿元，农民获得补贴资金2377万元。

完成固定资产投资86.03 亿元，比2009年增长25.6%。坚持优势优先的原则，加大投入力度，启动和完成一批打基础、管长远的基础设施项目。按照“五创”提质要求推进县城扩容提质。总投资1.5亿元的荣鹿一级公路是加快县城西移进程，加速航运物流经济发展的黄金通道，项目完成资金投入5300万元，城区段2.3公里竣工通车。投入500万元启动县城总体规划和重点地段控详规化修编工作。岳长高速连接线即将启动实施。县城污水处理厂、城区天然气工程等城建项目进展顺利。创建省级文明县城和创建省级卫生县城工作顺利通过省专家组验收。按照新农村建设要求加快农村基础设施建设。完成44座病险水库处险加固，解决11.6万农村人口安全饮水问题。完成4个危桥改造项目，水泥硬化村级公路172公里。城乡基础设施的进一步完善，提升县域经济的综合承载能力。坚持产业链的招商与新兴产业的招商协同推进，对央企的招商与对民企的招商协同推进，安排项目建设经费8000万元，支持重点项目建设；安排招商项目经费500万元，支持各部门积极开展招商引资工作。拥有“中国驰名商标”的唐人神饲料加工项目落户，总投资4.68亿元的颐通管业项目、总投资2.48亿元的湖南科伦液——固双腔软袋生产线项目、首次引进央企中国建材集团投资2亿元的南方水泥项目投产；投资4.5亿元的县城五星级酒店及高档商住配套开发项目顺利推进。一批大项目、好项目的成功落户和加快推进，进一步增强县域经济发展后劲。

生态建设成效明显，东洞庭湖湿地保护和渔业资源养护得到加强，启动湘江流域水污染综合治理工程，实施丰利碱回收、热电厂等一批环保节能项目。

全年落实民生政策配套资金6000万元以上，人民群众的幸福感

表21　　2010年岳阳县乡、镇简况

名　称	国土面积（平方公里）	耕地面积（公顷）	年末总人口（人）	人均纯收入（元）	党委书记	乡（镇）长
城关镇	48.60	828	113076	8164	方卫兵	李德军
麻塘镇	73.47	1531	24383	7365	任玮平	续广宁
鹿角镇	95.20	2700	36919	7354	李　航	杨　盛
黄沙街镇	131.47	3838	52217	7615	刘映球	周代建
新墙镇	76.87	2237	31846	8002	王　靖	刘满荣
柏祥镇	102.53	2754	31595	8187	童　铮	陈拥军
筻口镇	138.33	4428	59529	7989	刘卫兵	梁亿仲
公田镇	89.47	1617	27246	7435	姚正大	张文毅
毛田镇	80.47	841	22325	6909	黎晓军	付文勇
月田镇	175.40	2026	46160	6315	李凌峰	彭　华
张谷英镇	129.67	906	28168	7135	陈亚兵	李春强
新开镇	131.00	3110	38373	7609	吴承棉	吴旺兴
中洲乡	76.47	3492	30610	7313	许吉程	费时铭
长湖乡	120.73	3037	37738	7944	任新庆	刘四兵
步仙乡	102.80	2090	33552	7256	毛一民	余望新
甘田乡	57.13	1338	17287	6911	程立斌	高兴球
杨林乡	85.60	2362	31974	7574	付鸾声	陈庆军
云山乡	39.87	574	12458	6450	孙　肽	彭碧芳
相思乡	66.13	1105	21245	6225	陈君辉	邹飞跃
饶村乡	46.87	865	16181	7044	姜宏毅	龙新献

和满意度不断提升。着力解决毛田镇八斗村危房和特力商城拆危还建等重大民生问题。毛田镇八斗村有92户危房户搬进新居，第二期拆危重建正在进行。特力商城拆危还建工作全面启动。继续做好东洞庭湖渔民综合解困工作，被评为全省渔民解困工作先进县。铁山库区伤残民工问题得到有效解决。不断健全社会保障体系。着力构建覆盖城乡的社会保障体系。获批全省第二批新型农村社会养老保险试点县，参保率达到95%；推行基本公共卫生服务均等化，为群众免费体检14.24万人，投入240万元设立健康体检专项资金。15.2万人次参加社会养老、失业、医疗、生育、工伤保险，城乡最低生活保障实现应保尽保。城镇居民基本医疗保险达到11.8万人，新型农村合作医疗参合率达到95.6%。实施农村低保与扶贫两项制度有效对接，大力推进救灾救济和社会救助。加快发展社会事业。着力推进义务教育均衡发展，大力发展职业教育，县职业中专入围首批国家中等职业教育改革和发展示范学校建设项目。推进卫生体制改革，乡镇卫生院全面实施国家基本药物制度和基本药物零差率销售；率先建立大病医疗救助体系，推进基本公共卫生服务均等化。人口和计划生育工作连续6年位居全省一类县行列。城区有线电视数字化平移改造全面完成。第六次人口普查工作顺利完成。

存在的困难和问题：经济结构调整步伐不快，发展方式有待进一步转变；农民持续增收的基础还不稳固，部分群众生产生活还存在一定困难；财政供需矛盾突出，难以满足公共服务支出的需求；社会管理和公共服务相对薄弱，发展环境有待进一步优化。

【创建省级文明县城和省级卫生县城】 2010年，岳阳县着力建设“一核两圈”城镇体系，深入开展创建省级文明县城、省级卫生县城、省级园林绿化模范县城、省级交通管理模范县城、省级社会治安综合治理模范县城等“五创”提质活动，打造“天蓝、地绿、水清、街美、人文明”的新“荣城”。总投资2.03亿元，完成20项市政基础设施建设，是建县以来投入力度最大、成效最明显的一年。确定的基础建设、道路改造、县城西拓等29个重点城建项目进展顺利，部分竣工投运。城南河治理设计方案确定，通过专家评审后可开工建设；投入9000多万元的县城污水处理厂一期工程竣工运营；总投资8000万元、年供气3亿立方米的城区天然气工程向市民供气。环境卫生、门店管理、市场管理、交通秩序、建筑施工管理齐头并进，规范市民文明行为，县城管理不断加强，市民素质逐步提升。10月，创建省级文明县城工作顺利通过省专家组验收；12月，创建省级卫生县城工作通过省专家组暗访，通过省专家组验收。

【推进新型工业化】 2010年，岳阳县加快台湾农民创业园、生物医药工业园、建材工业园和临港产业新区、电磁铁和食品工业功能区“三园三区”基础设施建设，形成各具特色的主题园区。园区吸纳规模企业83家,占全县规模企业总数63%。建设大项目。拥有“中国驰名商标”的唐人神饲料加工项目落户。总投资2.48亿元的科伦制药液——固双腔软袋生产线是世界上第二条同类型生产线，年产6000万瓶国内最新型的液-固双腔软袋注射液，全年完成税收4600万元。丰利纸业新上5个技改项目，总投资3.4亿元，项目全部投产后，企业将达到10万吨制浆、12万吨造纸的年生产能力。向红机械投入4500万元新上人机隔离自动生产线和硝酸肼镍起泡生产线，全年完成税收2000万元。天欣科技9月底在天津股交所挂牌上市，成为岳阳县第一家上市的民营企业。发展大产业。生物医药、建材、机械制造、农产品加工、轻纺化工五大产业初具雏形。生物医药产业在湖南科伦的带动下，同安药业、民康医药、昱华玻璃等配套企业迅速发展，全年完成税收6000多万元。

【维护社会和谐稳定】 2010年，岳阳县坚决彻底打击涉黑涉恶势力，大力打击地下钱庄当铺、聚众赌博和吸毒贩毒，维护社会稳定，提升人民群众的安全感和满意度。坚持大接访活动，建立领导接访、干部下访、包案处访制度，开展信访问题集中排查活动，推行群众诉求挂销号制度，一批疑难案件案结事了、息诉息访，一批群众反映突出的问题得到有效解决。深入开展“三问三帮”民心恳谈活动，帮助解决基层实际问题1862个。10月，在全省社会治安状况及干部队伍形象公众测评中，岳阳县由2009年的117位上升到第7位。

（本栏撰稿　陈飞鹏）

华容县

中共县委员会

书　记　向伟雄
副书记　汪　涛　吴葆春　朱岳文
常　委　蒋南桂　胡秋香　付岳君　陈　炜　余泽世　蔡勋华　严银辉　呙　飞　徐康荣　姚正国

县人大常委会

主　任　胡光前
副主任　朱建平　杨长发　戴子荣　沈爱民　万松斌

县人民政府

县　长　汪　涛
副县长　蔡勋华　徐康荣　向　阳　毕金林　谢志辉　黎朝晖　张大宏　黄新宇

县政协委员会

主　席　张祖荣
副主席　蔡宜生　黎安常　李凤鸣　罗绍洪（兼）　张兴中（兼）

县人民武装部

政治委员　姚正国
部　　长　左　强

中共县纪律检查委员会

书　记　余泽世

县人民法院

院　长　陈晓光

县人民检察院

检察长　付仲秋

【概　况】 2010年，华容县辖12个镇、8个乡，土地面积1606.73平方公里，耕地面积6.82万公顷。根据岳阳市第六次全国人口普查统计，常住人口709098人，人口出生率10.2‰，人口自然增长率5.28‰。年内最高气温39.3℃，最低气温-2.9℃，年降水量1114.2毫米。

完成地区生产总值165.28亿元，比2009年增长16.1%。其中：第一产业增加值40.37亿元，增长4.2%；第二产业增加值79.43亿元，增长26.4%；第三产业增加值45.47亿元，增长11.2%。实现财政总收入4.20亿元，比2009年增长20%。

农林牧渔业总产值63.18亿元，增长4.3%。其中：农业产值31.75亿元，增长3.2%；畜牧业产值14.30亿元，增长4.8%；渔业产值15.73亿元，增长5.3%，林业产值6407万元，增长5.6%。主要农产品产量：粮食53.16万吨，油料6.70万吨，棉花3.07万吨，蔬菜47.56万吨，出栏生猪124.7万头，家禽出笼530万羽，水产品产量10.70万吨。农田水利建设步伐加快。水利建设项目完成规模投资4.7亿元。钱粮湖、大通湖围堤加固工程顺利实施，完成投资1.01亿元。总投资1.25亿元的石山矶、花兰窖、南岳庙三大排区改造工程全面完工。农民生活质量明显提升。投资2339.65万元，实施农村安全饮水项目18处，解决46793人的安全饮水问题。新建农村户用沼气池1698口，并配套进行改厨、改厕、改栏。农业机械化程度大幅提高。全县农机总动力达72.85万千瓦、11.88万台，比2009年增长7%、14.2%，农业机耕率达99.24%、水稻机收率达85%，全县农机化综合水平达到61%。华昌纺织被批准享受省级农业产业化龙头企业待遇，银华润华棉业、何强面业、宏玉生物科技、开口爽菜业批准为市级农业产业化龙头企业。全县有市级以上农业产业化龙头企业32家，其中省级正式龙头企业1家（插旗菜业）、享受省级待遇3家（龙腾纺织、铭泰米业、华昌纺织）、市级龙头企业28家（含享受市级待遇4家）。有省级五星级休闲农庄1家（华容人家）。开口爽菜业的“开口爽”商标，华昌纺织的“华昌”商标，福香米业的“陈福香”商标被评为湖南省著名商标，铭泰米业的“湘鱼”牌大米、福香米业的“福湘生态香米”获得中国中部（湖南）国际农博会金奖。

实现工业总产值278.24亿元，比2009年增长38.7%，规模工业企业总数达147家。完成规模工业产值262.60亿元，增长40.4%。工业增加值72亿元。坚持发展社集群，实现相关项目的有效集聚和向工业园区集聚的转变。传统产业纺织、食品、建材等产业通过升级改造，发展水平不断提升。三大产业规模企业个数达94家，比2009年新增7家，新型产业医药卫材、光伏光电等产业通过引进、培育，不断壮大。规模以上工业企业主要产品产量：大米43.70万吨，精制食用植物油27.25万吨，啤酒171964千升，饲料14.16万吨，包装饮用水2209吨，棉纱12.84万吨，毛巾75982万条，人造板6.55万立方米，本册27398万本，塑料制品1659吨，商品混凝土2.21万立方米，白酒785千升，合成氨2.67万吨，氮肥7.13万吨，天然花岗石建筑板材108.89万平方米，天然大理石建材板10.26万平方米，泵5905台，风机6898台，自来水生产量1670万立方米。

完成社会消费零售总额47.38亿元，增长20.1%。城镇零售额实现40.73亿元，增长20.3%；县城城区零售额22.10亿元，增长27.3%；城镇以下零售额实现6.65亿元，增长18.8%。年度“万村千乡”市场工程建设进一步推进，年内建设改造80家日用品农家店，其中乡级店2家，村级店78家。全县通过备案审核的销售网点130家，销售下乡产品金额28947.1万元，发放补贴资金3015.8万元。

全社会固定资产投资总额96.25亿元，增长30.7%。城镇以上完成投资85.54亿元，增长29.9%；农村固定投资完成10.70亿元，增长30.8%。城市建设启动实施项目47个，完成投资1.64亿元，完成下水道8543米疏洗改造；完成港东、港西路4540米人行道绿化亮化和护城港14座桥梁的升级改造；完成城区小街小巷硬化面积45154平方米。重点民生工程方面，完成投资1.22亿元，完成人民南路延伸工程征拆补偿、二水厂扩建、城区供水网改造、污水处理厂后续工程、鼎山无害化垃圾处理厂无害化处理等5个项目。完成通乡公路改造12公里，硬化通村公路166公里。完成邮电业务总量22414万元，增长20.2%。其中邮政业务总量2558万元，增长4.1%，电信业务总量19420万元，增长20%。

全年申请获得国家专利68件。组织实施县级以上科技计划项目20个，其中国家级项目6个、省级3个、市级1个、县级10个。获得省级科技进步奖一项。全县学校137所。其中普通中学37所、高级中学5所、普通小学94所、职业中学2所、特（幼）教学校2所。在校学生69911

机械收割　（王绮平　摄）

人，下降9.1%。年内高考录取4703人，录取率76.67%，其中本科录取2100人，专科录取2603人。投资6.5万元建立华容县非物质文化遗产项目展演基地，成为全省首家县级传习基地。挖掘整理一批非物质文化遗产项目，确定省、市级非物质文化遗产保护项目传承人4名。组织编写《湖南省华容县首批非物质文化遗产保护项目》一书。开展“演艺惠民，送戏下乡”演出95场。年末全县电视人口覆盖率99%，广播人口覆盖率99%，有线电视入户数3万户。全县有医院、卫生机构597个，病床位1549张。卫生技术人员1786人，其中执业医师793人，注册护师、护士556人，药师108人，技师135人。全县有55.51万人参加合作医疗。城镇居民可支配收入17316元，增长16.5%；农村居民人均纯收入7463元，增长15.1%。城镇居民人均生活消费支出10287元，增长13.4%，农村居民生活消费支出6114元，增长0.7%。全县年末基本养老保险参保59819人，发放机关事业单位养老金6715万元，发放企业离退休人员养老金14207万元。城镇低保对象10610人，发放最低生活保障金2331.2万元，农村低保对象24580人，发放低保金144.9万元。农村五保对象7375人，发放五保供养金545.6万元。

【华容县被确定为全省县委权力公开透明运行工作首批试点县】 2010年2月，华容县被确定为全省县委权力公开透明运行工作首批试点县之一。华容县委以此为契机，切实把推进县委权力公开透明运行试点工作作为推动党内民主、加强党风廉政建设、从源头治理腐败的重要举措，县委以先行地区经验为借鉴，边实践边探索，通过厘定职权、规范程序、公开运行、强化监督等重点步骤，在制度和实践层面巩固和形成一些初步成果，探索形成“四三二一”工作机制，健全重大决策的议题征集机制、沟通咨询机制、列席旁听机制、实录实播机

表22

2010年华容县乡、镇简况

名　称	国土面积（平方公里）	耕地面积（公顷）	年末总人口（人）	人均纯收入（元）	党委书记	乡（镇）长
三封寺镇	75.8	2816	25708	6723	刘绍文	白茂叶
治河渡镇	43.9	2910	25640	5428	付强军	蔡　智
北景港镇	75.5	3753	34129	6125	陈　明	韩　君
鲇鱼须镇	66.9	3401	32311	5826	李向阳	胡　军
宋家嘴镇	40.4	2293	22916	5600	陈卫东	徐忠乐
万庾镇	98.5	4420	43866	6663	蔡　智	沈发金
东山镇	274.8	7649	71413	6656	黄建明	姚书茂
操军镇	104	4813	46452	6288	李劲松	付春林
梅田湖镇	42	2246	19216	6035	钟勇军	丁　乙
插旗镇	52.3	3069	30490	7500	王忠富	易　斌
注滋口镇	61.12	3191	38338	6305	韩诗佳	王文勇
城关镇	9.6	89	97094	8475	周　杰	刘松柏
胜峰乡	68.7	2467	21950	5620	王家洪	徐建平
新河乡	67.4	3983	39248	7520	白　洋	严若松
护城乡	47.22	2832	32555	6810	范文科	包金跃
新建乡	43.62	2266	21441	4328	龚成明	夏　季
南山乡	87.61	2976	26095	5453	王文清	胡　奇
终南乡	54	2288	22563	4795	谢光辉	王新明
幸福乡	63.84	3856	29137	4885	徐远鹏	虢汉平
团洲乡	50.15	3356	28154	6248	朱智华	殷纪平

制等四项机制。狠抓选人用人，任前空缺职位公告、提名酝酿、任用过程“四必通报”三个环节，重点落实新闻发言人制度，网络发言人制度两项制度，从保障权力运行可控性着手，实施流程管理。试点工作有效开展，使县委班子成员权力公开，责任明确，猜疑减少，公信力提高，进一步规范用人行为、决策行为，提高工作效能，促进社会和谐。

【开展财政奖补试点】 2010年，华容县严格按照一事一议财政奖补试点工作的要求，探索形成以差额竞办定事项、四级联动筹资金、专兼结合监质量、三审“一公”严结算的工作方法，取得试点工作的成功，获得年度全国一事一议筹资筹劳财政奖补示范县称号。一是差额竞办事项。广泛宣传动员申报，宣传中央和省、市有关精神，讲明奖补原则、奖补范围、标准、奖补程序、奖补资金的拨付与管理、工程项目实施与管理等政策性规定，动员有意愿的村（场）积极申报。初审筛选入围对象。优先支持群众受益面广的项目，优先支持村民积极性高的项目、优先支持领导班子强的村（场）。复审确定试点对象。二是四级联动筹资金。村民小组具体负责筹资筹劳方案在本组的实施，即资金收取和劳力组织工作。村（场）负责收集各村民小组所筹资金，将资金存入县指定的“新农村建设一事一议奖补资金专户”。乡镇负责争取乡友支持和社会捐助。县级重点抓好农民筹资情况核实，督促资金存入指定账号，抓好上下衔接，确保上级奖补资金到位，对项目资金严格实行专款专用、专户专储、专账管理，保证封闭运行。三是专兼结合监质量。加强技术指导，专门理事会现场督查，开展群众跟踪监督，组织项目受益群众对项目进行日常监督，严防掺杂使假，偷工减料，确保项目质量。四是三审“一公”严结算。一审奖补资金使用情况，看是否专款专用。二审项目质量抽查情况，看工程质量是否达标，三审项目信息录入情况，看奖补信息录入是否齐全。在相应的范围进行信息公示。让群众充分了解奖补和自筹资金的用途与建设情况，切实保障群众的知情权、参与权和监督权。

（本栏撰稿　陈朝辉）

湘阴县

中共县委员会

书　记　田自力
副书记　黎作凤　尹家辉
常　委　刘长泉　闵秀明
周义军　周伏军
刘正仁　彭岳武
吴学兵　马　娜
熊检华　彭方建
贾建旺　曾文德

县人大常委会

主　任　周友庚
副主任　孙　红　许卫球
胡春田　张亚玲
张跃进

县人民政府

县　长　黎作凤
副县长　闵秀明　刘正仁
马　娜　周利人
李爱佳　甘文伟
刘建民　张浩果
毛华初

县政协委员会

主　席　周山连
副主席　肖德意　张胜先
丰湘培　甘灵杰
王跃进

县人民武装部

部　长　李玉林
政治委员　贾建旺

中共县纪律检查委员会

书　记　彭方建

县人民法院

院　长　夏常凯

县人民检察院

检察长　汤尧光

【概　况】 2010年，湘阴县辖19个乡镇，土地总面积1581.5平方公里，耕地面积42.04千公顷。根据岳阳市第六次全国人口普查统计，常住人口681075人，人口出生率10.3‰，自然增长率4.73‰。年内最高气温39.9℃，最低气温-2.5℃，年降水量1634.4毫米。

全年完成地区生产总值158.73亿元，比2009年增长16.1%，其中第一产业产值33.7亿元、第二产业产值81亿元、第三产业产值43.9亿元，分别增长4.7%、23.9%、11.3%，一、二、三产业结构比为20：52：28。全县财政总收入4.3亿元，增长25.6%，税收占财政收入比重为77%。

农林牧渔业总产值51.1亿元，增长10.7%；粮食种植面积9.68万公顷，增加1390公顷；油料种植面积1.05万公顷，增加320公顷；棉花种植面积670公顷，与2009年持平；蔬菜播种面积1.36万公顷，增加960公顷；粮食总产量54.76万吨，增长0.37%；出栏生猪96万头，增长6.7%；出笼家禽327万羽，增长0.9%；水产品产量10.29万吨，增长4.9%,水产总量连续15年居全省第一，粮食生产获得全省先进，畜牧工作获得全省生猪调出大县奖励。洞庭黄龙公司在天津股交所挂牌，实现县内企业挂牌零的突破。凯佳生态科技园、九洲生态城、左公水乡等现代农庄建设扎实推进，鹤龙湖农庄等17家现代农庄评为全省星级乡村旅游点。

工业总产值288亿元，增长44.7%，其中规模以上工业总产值268亿元，增长48.7%；规模工业企业达129家，实现规模工业增加值76.7亿元，增长28.6%。建华管桩、福湘木业、洞庭生物、长康实业、义丰祥实业等企业效益提升。全年引进项目81个，远大低碳科技园、康达新材料、富士电梯、工业地产等22个项目投资5000万元以上。新开工工业项目15个，尚达木门、菲菲毛巾、驿通电子、大金钢结构二期、新源变压器、波士家具等一批项目竣工投产，英思特电子、金为彩钢、双金玻璃等10多个项目主体竣工。招商引资和项目建设成效显著，再次被评为全省内联引资先进单位。

社会消费品零售总额30.85亿元，增长22.7%。房地产开发完成投资7亿多元，水岸东湖、东湖商业中心二期、精密现代城二期等楼盘竣工，远浦星城、安邦华城、嘉雅豪园等精品楼盘加快推进，佳境东湖、滨湖豪庭、湘江明珠等楼盘开工建设。休闲旅游度假业发展提速，顺天洋沙湖项目五星级酒店、

义丰祥实业有限公司芝麻油生产线 （汪 鹏 摄）

生态公园建设正式启动，龙凤缘项目动工建设，青龙湖项目夏家山会所主体工程竣工，北京全知行公司完成青山岛开发概念性规划。港口物流业积极推进，漕溪港码头一期交付使用，物流园建设完成征地32公顷。商贸流通业持续活跃，家电、汽摩下乡销售额和家电以旧换新总量，以及外贸进出口总额均居全市第一，被评为湖南省外贸出口基地县。

全社会固定资产投资完成93.36亿元，增长31%。县城建设方面，左宗棠广场投入使用，太傅路、旭东路北延线完成硬化，行政办公小区启动建设。投入2000多万元加强城市配套设施建设，完成冬茅路、江东路、建新路路灯和桥东、建新市场改造，新建茶亭市场和高岭市场，结合地下人防工程建成地下停车场2万平米，城市道路交通标识标牌、垃圾站、公厕等配套设施进一步完善，创建省级卫生县城一举成功。交通建设方面，芙蓉大道北拓湘阴段工程动工，柳林江大桥及接线竣工通车，省道308线湘阴段完成拓改，顺天大道建成通车，毛角口移堤改造暨资江河道疏浚工程全面完成。园区建设方面，长康大道全线硬化，采取BT模式启动工业大道南延线和新华路建设。新农村建设方面，城西渠疏浚护砌和燎原水库补水工程基本完成，金鸡山、三塘小Ⅰ型水库除险加固和城西垸普安、中渡口、三汊港涵闸拆除重建工程启动，完成塘坝清淤300口，疏浚衬砌渠道73公里，建设供水工程12处。完成33个村电力网改、200公里乡村道路硬化、333.33公顷国土整理，新建沼气池8000多个，植树造林近百万株，完成楠竹山村民居“穿衣戴帽”工程。界头铺镇、石塘乡入选全市十大魅力乡镇。迎战1998年以来湘水最大洪水取得全面胜利。

民生保障得到改善。城乡居民收入稳步增长，城镇居民人均可支配收入、农民人均纯收入分别达13832元、6341元，分别增长16.6%、10.7%。劳动就业超额完成省市目标任务，实现城镇新增就业4600人，失业人员再就业3085人，农村劳动力转移14.18万人，零就业家庭就业援助率达100%。养老、医疗、失业、工伤、生育五大社会保险，分别新增参保4348人、5668人、1885人、4195人、5141人。新农合和城镇居民医疗保险参合参保率分别达98%、95%，五保供养标准从每人每年800元提高到1000元，发放低保和各类救助资金5368万元，保障性住房建设居全市第一，残疾人工作获批全国残疾人社区康复示范县。申报国家、省市科技项目18个，专利清零工程扎实推进。启动“教育三年行动”，调减中小学校14所，完成校安工程13个；高考本二以上上线人数突破1500人，录取北大、清华3人。农村文化设施建设加强，数字电视向农村发展，群众性文体活动扎实开展，杨焕夺得飞碟射击世界杯冠军，省运会获得8金5铜。中医院三期、南湖中心卫生院改造竣工，血吸虫病防治和卫生防疫工作加强，无偿献血、产科达标、医疗纠纷调解和灭鼠工作评为全省先进。计划生育工作保持一类，获评全省人口信息化管理和综合治理人口性别比工作先进单位。社会治安综合治理、信访维稳和安全生产工作加强，公安工作进入全市先进，全省民调排名比2009年前移18位，社会大局和谐稳定。

【远大可持续建筑低碳科技园落户湘阴】 2010年，湘阴县坚持选优、招大、引强，突出战略性新兴产业招商，引进远大可持续建筑低碳科技园。该项目总投资20亿元，征地133.33公顷，将建筑进行工厂化流水线生产，现场模块化安装，建设年产斜支撑钢结构民用建筑1000万平方米的生产基地。产品已通过建设部住宅产业化促进中心专家评审和应用证明，9度抗震、6倍节材、5倍节能、20倍净化及1%建筑垃圾、98%工厂制造，具有节能、环保、低碳等优势，是一个带动作用很强的“两型”项目。项目规划总建筑面积94万平方米，建设主板生产线10条，内墙生产线2条，立柱斜支撑生产线、外墙生产线、门窗生产线各1条，以及配套的研发中心、生活区和相关设施。项目全面达产后，年产值可达300亿元，年创税收9亿元以上，提供就业岗位2000个。

【芙蓉大道北拓湘阴段开工建设】 芙蓉大道北拓湘阴段是湘阴县强力推进滨湖示范区建设的一项战略工程，是湘阴基础设施建设“一号工程”，是湘阴对接长沙、加快融城步伐、实现富民强县的发展之路、希望之路。该工程起于原茶亭收费站，止于湘阴漕溪港深水码头，全长28.777公里，其中主线长22.117公里，按城市主干道标准建设，主车道采用双向六车道，设计速度为每小时80公里；支线长6.66公里，按国家二级公里标准建设。项目概算总投资12.56亿元，分两期进行，一期工程概算总投资8.26亿元，二期工程概算投资4.3亿元。工程于2009年8月获得省发改委正式批复立项，2010年10月18日正式开工建设。

【湘阴创建省级卫生县城】 2010年，湘阴县贯彻落实市委、市政府“五创”提质工作部署，以创建省级卫生县城为重点，加强城市基础设施建设，整治城区环境卫生，狠抓社会治安综合治理，推进“森林进城、身边增绿”，铁腕整治城市交通秩序，推动城市管理提质。城区环境卫生和公共秩序明显好转，城市人居环境明显改善，省级卫生县城创建顺利通过省检验收。

【湖南洞庭黄龙原生态水产股份有限公司挂牌】 湘阴县高度重视资本市场在经济发展中的战略性作用，积极支持县内企业对接资本市场，推动经济与金融共赢发展。在省市有关部门和天津股权交易所的支持下，2010年12月27日该县水产养殖业龙头企业——湖南洞庭黄龙原生态水产股份有限公司在天津股权交易所成功挂牌。该公司的成功挂牌，是湘阴县推动现代企业与资本市场对接的成功实践，实现该县企业挂牌零的突破。

【迎战湘水最大洪峰取得全面胜利】 2010年，湘阴县先后遭遇11次强降水，雨情水情比较复杂，尤其是“6·19”特大暴雨，12小时城关地区降水达178毫米，是该县有气象资料记录以来的单日最大降雨量，湘水先后出现3次洪峰。面对严峻的防汛抗灾形势，湘阴全县上下团结一心，全力以赴防汛抗洪，实现没有垮一堤一垸、一库一坝，没有死伤一人的防汛抗灾既定目标，得到省委副书记梅克保的充分肯定。洪峰过后，该县进一步健全防汛抗洪体制机制，财政拿出100万元设立防汛抗洪基金，为基层水管单位配备潜水服、割草机等防汛器材。灾后，精心组织救灾补损，狠抓晚稻和秋冬农业生产，把灾害损失降低到最低程度。

（本栏撰稿　姜　彬　王志应）

表23

2010年湘阴县乡、镇简况

名　称	国土面积（平方公里）	耕地面积（公顷）	年末总人口（人）	人均纯收入（元）	党委书记	乡（镇）长
文星镇	28.1	322.04	104462	9780	秦少兵	张　淼
樟树镇	54.7	1504.57	26811	6549	刘　勇	欧　戈
界头铺镇	44.6	1173.57	18143	6601	甘　政	赵美前
袁家铺镇	38.6	954.48	23777	6363	刘志伟	刘界雄
东塘镇	46.3	2216.74	31272	6312	陈　锋	陈　锋
城西镇	109.4	4799.88	73366	6536	杨革新	冯　为
新泉镇	134.4	7039.62	83741	6440	周　勇	王　锐
岭北镇	98.4	4267.52	82310	6560	戴佑文	易宇峰
湘滨镇	97	4632.17	62527	6526	廖小虎	聂晏斌
静河乡	54.4	998.09	30790	6191	李　峰	宋　华
玉华乡	46.5	1331.45	22314	6152	周学斌	徐昌文
长康镇	45.6	1430.47	26902	6300	邓　平	杨　海
石塘乡	45	1766.89	24187	6500	杨　峰	杨　敏
三塘镇	37.8	1609.63	23379	6100	周　鹏	李　山
六塘乡	35.1	1225.61	16227	6199	郑杏辉	熊　巍
白泥湖乡	36.4	300.29	16657	6629	柳艳秋	焦洪桥
青潭乡	5.8	81.19	1712	5900	吴建化	杨建伟
杨林寨乡	29	1813.92	25986	2800	刘伟良	王献平
南湖洲镇	92.2	4570.47	62350	6591	沈　军	秦献鹏

临湘市

中共市委员会

书　记　胡知荣
副书记　毛知兵　李美仁
　　　　喻　文
常　委　魏新咏　孙志诚
　　　　李伍华　肖太明
　　　　刘其良　杨林彬
　　　　许　永　羊卫东
　　　　廖祯祥　洪真健

市人大常委会

主　任　王关明
副主任　彭官田　彭丙申
　　　　贺望成　方国林
　　　　李璞珊

市人民政府

市　长　毛知兵
副市长　魏新咏　许　永
　　　　洪真健　李冬赐
　　　　马　榕　王友华
　　　　刘岳旭　姜宗福

市政协委员会

主　席　李静美
副主席　陈长英　冯文训
　　　　陈步龙　李垂利
　　　　盛美华

市人民武装部

部　长　罗春来
政　委　许泽波

中共市纪律检查委员会

书　记　孙志诚

市人民法院

院　长　胡朗月

市人民检察院

检察长　杨　晖

【概　况】　2010年，临湘市辖13个镇、5个乡、2个办事处，土地面积1754平方公里，耕地面积3.37万公顷，根据岳阳市第六次全国人口普查统计，常住人口498519人，人口出生率8.57‰,性别比为110.52，人口自然增长率6‰。年内最高气温39.4℃，最低气温-3.5℃，年降水量2145.7毫米。

表24

2010年临湘市乡、镇、街道办事处简况

名　称	国土面积（平方公里）	耕地面积（公顷）	年末总人口（人）	人均纯收入（元）	党委书记	乡（镇）长主任
长安街道办事处	27	178.2	95745	8437	谢康华	尹建新
忠防镇	116	1501.6	31868	7227	朱琼波	夏逢响
白云镇	39	902.7	15042	9196	吴天星	刘　宝
聂市镇	117	2349.3	25190	5965	张　韧	陆　晖
源潭镇	94	1957.8	15939	5958	陈彦彬	戴季田
江南镇	83	4035.7	28204	7038	彭海云	何华光
羊楼司镇	276	2834.5	48184	6025	唐瑾琦	李伟峰
桃林镇	77	1943.3	36798	6459	夏志操	陈西湖
长塘镇	58	1940.4	27222	5316	杨岳良	刘庆明
白羊田镇	84	1555.7	24231	5345	柳德皇	沈国齐
詹桥镇	136	1911.3	39544	6136	谢继川	周　伏
儒溪镇	36	1545.5	11115	6037	胥春华	袁　胤
定湖镇	74	2696.3	16285	6989	李四海	方腊初
黄盖镇	34	2811.6	10616	7133	皮述禾	李开龙
五里乡	116	1931.7	23897	5920	李其报	张国辉
乘风乡	48	1538.5	10583	5495	陈小良	何卫华
坦渡乡	79	2302.2	17207	7532	黄　晓	郑新宇
城南乡	53	2558.6	13810	7795	李四雄	李　瑜
横铺乡	81	991.5	18735	4264	赵声波	吴　斌
桃矿街道办事处	6.92		8714		郑昌林	王雪明

完成地区生产总值115.6亿元，比2009年增长14.2%，实现第三产业增加值33.9亿元，增长8.5%，其中第一、二、三产业增加值分别增长4.2%、24.5%、10.8%。三次产业结构比调整为18.6：52.4：33.7。农民人均纯收入6972元，增长10.6%；城镇居民人均可支配收入16294元，增长14.2%，社会消费品零售总额33.6亿元，增长22.2%。

农业总产值29.19亿元，比2009年增长5.4%。主要产品产量：粮食360749吨，棉花2876吨，油料19439吨，出栏生猪75.45万头，牛4.46万头，羊2.26万只，出笼家禽214.7万羽，禽蛋产量0.62万吨，肉类达6.14万吨，完成放养水面0.93万公顷，网箱养鳝12.8万口，水产品3.63万吨，实现养殖业总产值15亿元，占农业总产值53.7%。

全市中小企业496家，其中规模以上企业124家，产值过亿元的企业24家，规模以上企业完成工业总产值213亿元，增长48%，工业增加值59.6亿元，增长33%，工业缴税1.05亿，增长38%，工业总产值196.5亿元，增长21.8%，实现利润3.2亿。

财政总收入3.6亿元，增长16.5%。完成国税13583万元，增长33.2%；完成地税12501万元，增长23.4%。其中，交通运输、仓储和邮政业增加值6.78亿元，增长58.6%。公路总里程为2538公里，民用汽车拥有量6853辆，境内铁路营业里程80公里。邮政业务总量1359万元，完成电信业务总量3529万元。年末固定电话用户6.9万户，移动电话用户29.46万户。

旅游业快速发展，入境旅游人数52.64万人次，旅游综合性收入800万元，增长12.5%。社会固定资产投资完成74.4亿元，增长29.4%。引进项目62个，协议引资59.32亿元，到位资金15.5亿元。临鸭公路、铁桃公路省道201等工程相继完工，京珠高速羊楼司连接线路基建设已完成。先后获得全国经济普查先进单位、全国污染源普查先进单位、全国文化先进县（市）、全国群众体育工作先进单位、全国农村商务信息服务工作试点先进单位、全国优质稻米优势区域县（市）和新增千亿斤粮食产能县（市）、全国科技进步县（市）、全国防震减灾先进县（市）、全省科技特派员工作试点先进单位、全省县域经济科学发展先进县（市）等称号。

存在的困难和问题：工业产业升级难度难度大、科技含量作支撑的企业缺少，如电子、高端信息等。经济结构不优，除临湘海螺水泥有限公司、湖南兆邦陶瓷有限公司等项目外，大项目、好项目不多，一些高危污染企业的引进，影响产业结构的优化。财政收支不平衡，难以满足社会发展和民生的需要。

【全面推进项目建设】 2010年，临湘市引进项目62个，协议引资59.32亿元，到位资金15.51亿元，其中，过亿元项目13个，又引进一个全国500强企业——北控水务集团，投资5亿元建设儒溪化工园基础设施。加大“一园两区”建设速度，三湾工业园新引进项目3个，园区已落户项目40个，其中在建16个，建成投产20个。建成湖南兆邦陶瓷有限公司、湖南省发达陶瓷有限公司、佛山新美陶瓷有限公司、湖南凯美陶瓷有限公司4家陶瓷企业，完成投资16亿元，建成生产线17条，园区陶瓷项目形成集群发展态势，年完成国地两税达8000万元。儒溪化工农药产业基地有长兴化工、博翰化工等4个项目落户，并与湖南株化集团达成合作意向，将硫酸化工项目整体搬迁入园，总投资过20亿元。申报各类项目112个，争取国家政策性资金6.09亿元。京珠高速羊楼司连接线路基建设全部完成；临鸭公路、铁桃公路省道201段工程建设全线竣工；鸭栏码头正在进行资金筹集和工程报建。总投资8229万元的团湾供水工程实现向城区供水；总投资7379万元的桃矿尾砂坝闭库治理项目，完成部分工程量。电网建设投入2100万元。投资5000万元重点实施南太路及107国道转盘改造、向阳路拓宽改造、福桥路及火车站广场改造等城市建设“六大工程”，提升城市的品位和形象。

【推进产业转型】 2010年，临湘市做大工业主导产业。临湘海螺水泥项目自4月投产以来，日销售水泥8000吨以上，实现销售收入3.85亿元，上缴税收27%。做强农业特色产业。围绕楠竹、茶叶、西瓜等特色产业作文章，全市楠竹面积发展到3.33万公顷，低改茶园0.21万公顷，网箱养鳝发展到13万口。引进山东寿光情蔬菜开发公司在江南镇投资1500万元，建精品蔬菜基地133.33公顷。浮漂企业达260余家，同类浮漂产量占全国70%的市场份额，年产值近亿元。做旺旅游商贸。投入2000多万元重点打造“6501”景区。全市景区接待游客

湖南十三村食品有限公司生产线 （李国武 摄）

52.64万人次，增长12%。全市实现第三产业增加值33.9亿元，比2009年增长8.5%，社会消费品零售总额达33.6亿元，增长22.2%。

【推进改革创新】 2010年，临湘市深入推进创先争优等主题活动，涌现出桃矿街道办事处、十三村食品有限公司、桃矿街道办事处金鑫社区等一批优秀基层组织。农村无职党员综治维稳责任区建设全面铺开，其工作经验得到中央综治委推介。公务用车管理工作得到中央、省市媒体重点宣传。推进财政体制改革，加快国库集中支付改革力度；进一步规范津补贴和绩效工资发放。坚持按程序和标准选人用人，提高选人用人的公信度。深入推进部门单位人事制度改革，严格编制管理，有效防止“无序进人、近亲繁殖”。坚持开展季度讲评、明查暗访、行风评议活动，倡导干部下基层、访民情。参与走访的干部达1.3万人次，收集群众意见建议1033条，排查出较大的不稳定隐患200余起，化解矛盾纠纷360多起，全年信访总量下降53.7%，国家信访局对临湘市信访特别是接访工作进行专项调研，并将临湘经验进行推介。临湘市连续三年被评为全省平安县市。

【推进和谐社会建设】 2010年，临湘市加大新农村建设力度，人居环境大为改善，30%以上的村庄实行垃圾清运，80%以上的示范村（片）建立垃圾站，涌现出清洁屋场319个，清洁农户7671户。打造计生工作品牌，计生手术并发症患者扶助制度试点成功，国家人口计生委主任李斌等领导到临湘市考察后给予充分肯定。《村官本是打工仔》戏剧进京演出成功，获得国家戏剧家协会特别奖。大地飞鹰公司成为全国出租车行业规范管理先进单位。7月，黄盖湖地区遭受有文字记载以来的最高位洪水袭击，近万名干部群众和1200多名解放军、武警、预备役官兵奋力拼搏24天，实现“不倒堤、不死人”目标，夺取抗洪救灾的历史性胜利。洪灾过后，筹集救灾资金7310万元，恢复应急和重点水毁工程320处，支助750户因灾倒房户重建新房，力保灾区群众大灾之后无大难。人民日报、中央电视台等主流媒体先后多次对临湘市灾民安置工作作专题报道。（本栏撰稿 魏新敏）

汨罗市

中共市委员会

书　记　白维国
副书记　周金龙　李明主
常　委　王昔罗　倪运清
　　　　尤庆学　彭千红
　　　　朱　苇　郑晓之
　　　　陈岭华　周群开
　　　　李冯波　刘要明

市人大党委会

主　任　张作霖
副主任　杨　勇　刘建光
　　　　吴树言　何彩兰
　　　　何中良

市人民政府

市　长　周金龙
副市长　倪运清　彭千红
　　　　陈培宏　王敏求
　　　　周育林　黄春根
　　　　陈志华　叶星成

政协市委员会

主　席　霍东华
副主席　余仲春　徐德元
　　　　于铁龙　付放德
　　　　霍桂平

市人民武装部

部　长　刘要明
政治委员　龙　斌

中共市纪律检查委员会

书　记　尤庆学

市人民法院

院　长　聂晴晓

市人民检察院

检察长　徐迪辉

【概　况】 2010年，汨罗市辖12个乡、17个镇、2个农林渔茶场、1个办事处。土地总面积1562平方公里，其中耕地面积40952.5公顷。根据岳阳市第六次全国人口普查统计，常住人口692280人，人口出生率10.77‰，人口自然增长率4.92‰。年内最高气温39.8℃，最低气温-3.1℃，年降水量1707.6毫米。

完成地区生产总值164.9亿元，比2009年增长14.8%。其中：第一产业增加值25.5亿元，增长4.7%；第二产业增加值94.6亿元，增长20.8%；第三产业增加值44.8亿元，增长9.1%。三次产业结构比为15.5∶57.3∶27.2。按常住人口计算，人均生产总值26689元，增长20.5%。财政总收入11亿元，增长15.8%。农民人均纯收入6867元，增长15%；城镇居民人均可支配收入18568元，增长17.2%。

农林牧渔业总产值37.7亿元，增长4.8%。其中：农业产值17亿元，增长4.5%；林业产值0.9亿元，增长5.6%；牧业产值15.5亿元，增长4.3%；渔业产值3.8亿元，增长7%；农林牧渔服务业产值0.5亿元，增长11.5%。优质稻、红薯、油菜、蔬菜、金银花等种植板块逐步形成，生猪、肉牛等特色养殖渐成气候，全年粮食总产量41.7万吨，增长4.1%，出栏生猪116万头、牛1.6万头、羊1.1万只，出笼家禽313万羽，被评为全国粮食生产先进县、全省粮食生产标兵县，获得全国无公害农产品（生猪）生产基地认证。农产品加工企业发展到268家，其中市级以上龙头企业22家，省级龙头企业2家。

工业总产值336.1亿元，增长42.7%，其中，规模以上工业总产值303.4亿元，增长37.3%；工业增加值86.6亿元，增长27 %，其中，规模工业增加值82.7亿元，增长27.3%。规模工业企业净增37家，发展到238家，规模工业全部资产利税率18.3%，万元规模工业增加值能耗降低11.1%，高新技术产品增加值占工业增加值比重20.5%，工业固定资产投资总额90亿元，增长50.8%，工业技术改造投资增长93%。工业园成功获得国家首批“城市矿产”示范基地，循环经济国家试点成功向国家示范迈进；完成工业总产值111亿元，增长10%；完成税收6.9亿元，增长12%；新入园项目14个，投产8个。

社会消费品零售总额39.5亿元，增长22%。按行业分：批发业10亿元，零售业24.9亿元，住宿业0.6亿元，餐饮业4亿元。房地产施工23.8万平方米，竣工1.9万平方米，商品房销售12.8万平方米。完成邮电业务总量 7361万元，增长

表25

2010年汨罗市乡、镇、场简况

名 称	国土面积（平方公里）	耕地面积（公顷）	年末总人口（人）	人均纯收入（元）	党委书记	乡、镇、场长
城关镇	2.13	2.61	59092	9320	毛炼红	黄雁鹄
城郊乡	24.49	890.37	31256	8330	韩建中	湛 益
汨罗镇	34.45	1882.22	25566	5868	欧阳再新	杨 帅
新市镇	64.66	1326.2	27208	7488	刘艳平	倪 勇
红花乡	58.45	2149.88	26122	6715	黎中元	陈学礼
黄市乡	53.25	1683.5	16259	6550	邹迪根	郑立辉
古培镇	83.63	2275.92	34306	6470	黎保国	李亚江
白水镇	65.42	1864.81	37017	5960	吴朝霞	欧明目
川山坪镇	58.63	1582.22	28168	7026	何发扬	朱岳山
高家坊镇	70.73	1602.64	28309	6100	廖秋葆	彭四龙
玉池乡	43.59	425.27	8629	4418	杨 景	程 阳
弼时镇	63.7	1859.63	30264	7415	符 文	许 波
李家塅镇	48.82	1402.38	22371	7541	彭庆雄	黄栋梁
黄柏镇	69.43	1910.13	31495	7310	冯勇刚	黄建敏
沙溪镇	49.31	1442.36	19203	7250	周雄伟	周爱煌
长乐镇	58.29	1973.82	31625	6622	吴 侃	李正海
天井乡	44.26	1275.45	16176	5388	黄永红	钟永红
大荆镇	45.92	1373.4	13040	7090	李德君	陶文轩
智峰乡	34.47	666.53	10192	5995	熊世芬	李鲜艳
八景乡	53.17	138.24	3958	5718	易贵明	郑叶新
三江镇	41.48	1209.3	16424	5807	彭建芳	李尚兵
古仑乡	35.12	1259.69	13849	5500	王 哲	胡定徽
桃林寺镇	57.02	1879.85	28382	6112	李锦平	凌红权
新塘乡	37.49	1252.61	17963	5660	彭词新	何超良
白塘乡	46.29	1809.05	21099	5382	周灿文	徐 晖
屈子祠镇	44.22	1664.56	22489	6010	易兴建	朱建辉
范家园镇	48.37	1382.44	20431	5840	吴纪卫	郑益桂
火天乡	56.06	1705.12	20304	6010	秦为保	湛爱新
磊石乡	27.04	668.27	6315	6242	黎 昱	黄 平
原种场	4.91	490.5		4000	黄吉芳	翁庆军
范家园茶场	7.44	743.69		4615	周应春	黄 欣

9.6%。实现保费收入2.1亿元，增长5.2 %。在岳阳市率先成功创建省级金融安全区，年末金融机构各项存款余额63.6亿元，增长15.2%，其中城乡居民储蓄存款47.2亿元，增长14.8%；年末各项贷款余额35.1亿元，增长19.4%，存贷比为55.2 %，比2009年提高1.9个百分点。

全社会固定资产投资102.9亿元，增长28.6%。其中：城镇投资完成额91.4亿元，增长28.8%；农村固定资产投资10.6亿元，增长20.5%。改造提质城西路、大众中路，完成西湖公园一期工程。汨罗江大桥竣工通车，黄谷市、龙家滩、狮形山、槐树桥等渡改桥工程投入使用。新硬化通乡通村公路212.4公里，衬砌向家洞、兰家洞、汨罗水库干渠48公里，整治病险水库21座，解决4.8万人饮水安全问题。天然气入市工程实现向部分城区供气，新建沼气池2615口。

改造农村中小学校12所，高考上线率82.2%，高中教育质量评价连续20年居岳阳各县市区之首。申请国家专利84件，其中：发明专利4件，实用新型专利50件，外观设计30件。组织屈原文化国际学术高峰论坛、纪念屈原诞辰2350周年全国名家书画作品展和诗联大赛、国际龙舟邀请赛等八大主题活动，与央视联合拍摄《我们的节日·端午节——中华长歌行》，屈子文化园建设被定为“十二五”期间全省重大文化项目、全省标志性文化工程。建设312个文化信息资源共享工程村级服务点、54家农家书屋、6个乡镇综合文化站。改建1所乡镇中心卫生院和1所县级综合医院，新型农村合作医疗参合率98.9%。

城镇新增就业人员4808人，安排下岗失业人员再就业3338人，实现就业困难对象再就业1180人，“零就业”家庭实现动态清零，新增转移农村富余劳动力12125人。“五大保险”新增参保人数21262人，救助各类对象10余万人（次），981户住房困难家庭享受到住房保障政策。

存在的主要问题：产业升级压力大，工业经济科技含量偏低，抗风险能力不强；服务业层次不高，比重偏低；现代农业建设任重道远。财政保障压力大，收入结构不够合理，增支因素不断增加。优化环境压力大，行政效率不够高，生态环保任务重。

【循环经济工业园成为国家首批“城市矿产”示范基地】 2010年5月，国家发改委、财政部将汨罗市循环经济工业园列为全国首批七个“城市矿产”示范基地之一。根据《湖南汨罗工业园“国家循环经济——城市矿产示范基地”建设实施方案》，2010～2015年，分两期投资69亿元，将汨罗市循环经济工业园打造成18平方公里、总产值300亿元，以再生铜、铝、不锈钢、塑料四大产业为龙头，以再生橡胶、铅、锌、纸等产业为补充，以广泛的专业回收网络为依托，精深加工主导、高新技术支撑的“城市矿产”示范基地。

【屈子文化园建设定为全省标志性文化工程】 2010年8月20日，省委常委、宣传部长路建平主持召开省委常委专题办公会议，研究部署屈子文化园建设，明确将屈子文化园定为“十二五”全省重大文化项目、全省标志性文化工程，分3年由省财政给予1.73亿元的资金支持。根据总体规划，屈子文化园总面积16平方公里，总投资过15亿元，其中，屈子祠核心景区4平方公里，分遗产保护区、利用展示区、自然生态保护区、文化产业区及配套服务区，包括重建屈子书院、新建屈原纪念馆、景区配套及环境整治等多个子项目。

【全国国土资源节约集约模范县（市）创建活动试点】 2009～2010年，汨罗市实施国家、省、市和本级土地开发整理复垦项目47个，开发整理土地2919.2公顷，新增耕地971.4公顷。2010年，国土资源部批准汨罗市为全国国土资源节约集约模范县（市）创建活动试点单位，是湖南省2个试点县之一。

【湖南省知识产权工作示范县市】 2010年1月7日，湖南省知识产权局《关于批准韶山等6个县市为湖南省知识产权工作示范县市的决定》批准汨罗市为湖南省第二批知识产权工作示范县市，示范期3年(2010～2012年)。

（本栏撰稿　吴　勇）

屈原管理区

中共屈原管理区

书　记　孔福建
副书记　许平亚　谢瑞其　田明清
常　委　曾兰芝　吴奋发　吴光文　金辉良　傅大斌　田　荣

区管理委员会

主　任　许平亚
副主任　吴奋发　金辉良　周陆军　刘柏云　谢辉煌

区人大政协工委

主　任　谢忠厚
副主任　周三国　曹建赓

中共区纪律检查委员会

书　记　吴光文

区人民法院

院　长　易鹏飞

区人民检察院

检察长　徐立泉

【概　况】 2010年，屈原管理区辖3个乡、2个镇、1个办事处，面积218平方公里，耕地面积9000公顷，年末总人口12万人，其中非农业人口6万人，人口出生率9.87‰，自然增长率4.5‰，全年最高气温42℃，最低气温－2℃，年降水量1360毫米。

完成生产总值46.13亿元，比2009年增长16%；完成财政总收入1.74亿元，增长31%；实现社会消费品零售总额3.52亿元，增长20.8%；完成全社会固定资产投资13.5亿元,增长29%；实现规模工业增加值27.91亿元，增长24.4%；城镇居民人均可支配收入18469元，增长12%，农民人均纯收入9002元，增长15.1%，居全省前列；主要污染物排放总量下降2.3%，万元GDP能耗下降2.25%。主要经济指标增幅都高于全市平均水平。

新型工业化步伐坚实有力。传统产业稳步发展，正虹科技积极应对生猪价格下跌和饲料原材料价格上涨的压力，全面深化管理，提质提量，降耗增利，培养企业的核心竞争力，饲料销量创历史新高，实现困境中盈利。全区43家饲料企业生机勃勃、来势喜人，作为“饲料之乡”的基础进一步夯实。招商引资更加科学务实，全年引进项目13个，到位资金6.4亿元，超额完成市定任务，福建大拇指医药、海丰物流、雨润低温熟食品深加工、普利珍珠加工、城枫电子、斯迈特电子等企业相继建成投产，为新型工业化增添新的生机和活力。经济环境不断优化，联手帮扶产业发展升级活动扎实推进，为企业提供一流的发展环境；全民创业氛围不断浓厚，全年新增注册企业58家，新增个体工商户478户。

圆满完成国有农用地管理的各项任务,稳定粮食生产，推广超级稻666.67公顷，基本实现超级稻每亩增产100斤、增收100元的“双百”目标。西瓜、葡萄等高效农作物种植有效帮助农民增收。年出栏生猪500头以上的规模养殖户达181户，增加24户，生猪养殖呈现规模化、标准化、健康化、品牌化、信息化发展的良好态势，养殖水平居全国领先地位。农田水利基础设施和农业机械化进一步得到加强。惠农补贴资金全部“一卡通”打卡发放到户。通过申报项目争取资金1.31亿元，比2009年增长93.4%。一批打基础、利长远的重点项目已落地并开始实施，38公里防洪大堤加宽加固项目和6700公顷基本农田综合治理项目正式启动，国家对这两个项目总投入分别达3.02亿元和2.7亿元。区内一批骨干企业争取到国家政策资金近千万元；“十二五”规划编制，该区进入全市的重大项目53个，累计资金达65亿元，其中水利、交通、农林、畜牧进入较多的项目编制，为全区进一步争取中央和省里的规划项目打下基础。

教育工作在建设合格教师队伍、提升教育教学质量、抓好校安工程上稳步推进。全区就业和再就业人员达3196人，城镇医疗保险和新型农村合作医疗参保人数分别达到49919人和16236人，全年累计发放医保资金970万元，疾病防控、医疗服务不断发展。社会保障体系基本全面覆盖，企业和农垦职工退休人员月平均工资分别达1600元和820元，区域内养老保险的覆盖面和保障水平居全省前列、远远超过全国平均水平。住房条件不断改善；城乡低保、五保户供养、扶残助残、慈善事业、便民服务等工作扎实开展。突出抓好“两个维护”大讨论活动，社会治安综合治理民调工作在全省128个县市区中排名第二，社会治安综合治理获得全省先进单位，信访工作获得全市先进单位，人口和计划生育工作连续第7年获得湖南省优质服务单位。财政工作强化预决算管理、收支平衡管理和税收管理，同时主动应对市管区财政体制改革，争取到市政府免除区的财政体制上解，争取到“十二五”期间，市本级每年不少于500万元支持该区国家现代农业示范区建设，争取到与县一样同等享受省财政一般性转移支付资金分配的待遇，争取到区统计数据、资金拨付、项目申报完全与汨罗市脱钩，在省财政设立单独的户头，彻底解决屈原财政体制中的“老大难”问题。防汛抗旱工作科学、务实、有序推进，确保安全度汛和农业丰产丰收；“五创”提质、秀美屈原文明创建活动取得明显成效。环境治理、城乡基础设施建设得到全面加强。区域文化和公民社会建设不断进步，成功举办“爱在金秋”第二届广场文化艺术节，开展一系列群众文化体育活动。审计工作严格依法开展；编制实名制工作基本完成，编制管理向纵深发展；生态文明建设明显增强。

【深化国有农用土地管理】 2010年，按照“退休人员一年一退出、家庭经营田一年一合同、集体经营田一年一拍租、集体经营田拍租收入一年一公开、集体经营田使用一年一集中”的国有农用地年度动态管理模式，屈原管理区率先、大胆、创新性开展国有农用土地经营管理工作，95%以上的村完成国有土地管理工作，13884户农户签订农村国有土地管理合同，基本上实现经营田合同管理，同时调出村集体面积1222.47公顷，占经营田面积的20%，实现经营田管理四个目标，即：实现土劳基本平衡、化解村级债务、加强经营田合同管理和维护农村稳定发展。

【扎实推进现代农业发展】 2010年，屈原管理区按照规模化、标准化、机械化、产业化、信息化的目标要求，围绕生猪、粮食两大主导产业，着力实现现代农业综合效益的较大幅度提升。推进规模化生产，形成集群效应。生猪生产，规模化比重居全省第一，单项指标和

生猪肉食加工 （刘红旗　摄）

表26　2010年屈原管理区乡、镇、街道办事处简况

名　称	国土面积（平方公里）	耕地面积（公顷）	年末总人口（人）	人均纯收入（元）	党委书记	乡（镇）长
营田镇	77.9	2800	53000	9015	曹正平	徐荣新
河市镇	25.9	1300	15000	9010	吴　伟	吴　亮
黄金乡	46.6	1507	21000	8895	李羽翔	刘文恕
凤凰乡	34.6	1980	18000	8960	徐扩勇	湛　江
琴棋乡	35.6	2360	18000	8985	彭　伟	刘建云
天问街道办事处	5.4		12000		姚建平	张南芳

商品率居全省第一，部分指标居全国首位。出栏50头以上的生猪养殖规模户3927户，年出栏500头以上的规模标准化猪场181个。优质稻种植面积9200公顷，产量12.7万吨，标准化园区创建面积8266.67公顷，占全区的92%。推进标准化生产，形成品牌效应。制定涵盖生猪养殖、管理、技术的47个标准，形成从猪场选址，猪舍设计、种猪选育、肥猪养殖、饲料配制、免疫防疫、投入品管理，产品销售、人员定岗定位、技术培训等一整套切实可行的无公害养殖标准体系。无公害养殖标准首先在全区5个乡镇147个规模养殖场（户）推广，覆盖面达全区饲养量的70%以上，随着协会的带动出现健康良好的发展势头。推进机械化生产，形成产能效应。全区有各类农机总功力1.8万台套，农机总产值达1.5亿元，农机化综合水平达到95%以上，机耕、机收、机运程度均达到100%，年耕种收机械化水平达95%，主要农作物机械化水平达98%，居全国前列。推进产业化生产，形成带动效应。坚持走“市场育龙头、龙头带基地、基地连农户”的路子，全区11个年产值50万元以上的农产品加工企业共连接基地7333.33公顷、养殖户3270户，带动临近县市农户3.7万户，生猪“公司+农户”77万头，占全区出栏生猪的94%，主要农产品中合作社农户生产量占示范区比重的95%以上。推进信息化生产，形成网络效应。全区实现农村电视覆盖率100%，农村居民电话通话达98%，农村百户农户电脑拥有8.6台，广播基本上实现全覆盖，100%乡镇通宽带，100%行政村具备上网条件，全区6个乡镇农技站、动物防疫站都拥有电脑、传真等设备。部分规模猪场装上电视监控系统，一些大型饲料加工企业实现全程生产电视监控、电脑全自动配方，具有完整的软件管理系统。8月4日，屈原管理区被农业部认定为第一批国家现代农业示范区，全国50家，湖南省仅2家。　（本栏撰稿　吴　平）

责任编校　王　艳

人　物

FIGURES

市级领导干部

陈吉辉

湖南省湘阴县人，1958年10月出生，1976年12月入伍，1979年4月加入中国共产党，大学学历，大校军衔。历任战士、排长、副连长、连长、参谋、副营长、营长、师教导队队长、师司令部侦察科长、团长、师参谋长、副师长、二炮合同战术训练基地副司令员、吉首军分区司令员。2010年6月任中共岳阳市委常委、岳阳军分区司令员。

常建国

江苏省泰兴县人，1958年8月出生，1976年2月入伍，1979年8月加入中国共产党，研究生学历，大校军衔。历任战士、班长、秘书、学员队教导员、总后组织部干事、军区政治部直属工作处处长、师政治部主任、副政委等职。2005年4月任中共张家界市市委常委兼张家界军分区政治委员。2010年9月任岳阳军分区政治委员。

殷石爱

湖南省岳阳县人，1952年12月出生，1976年8月参加工作，1974年1月加入中国共产党，大专学历。历任岳阳县文教局干部，湖南省党校理论干部培训班学员、岳阳地委党校理论教员，岳阳地委组织部组织科、干教科干事，岳阳地委组织部办公室副主任、主任，岳阳市委组织部办公室主任、企干科科长，市委组织部副处级组织员、干部科科长，市委组织部副部长（正处级组织员）、常务副部长，岳阳市第五届市委委员，岳阳市第五届、第六届市人大常委会委员。2010年1月任岳阳市副厅级干部。

朱葆芝

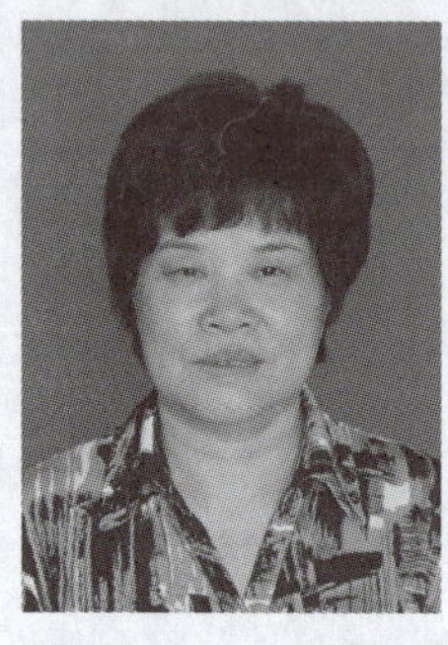

湖南省华容县人，1953年8月出生，1976年8月参加工作，1971年9月加入中国共产党，大普学历。历任华容县农林业局植保站干部，华容县南山公社党委委员、妇女主任，南山公社党委副书记、革委会副主任，南山公社党委副书记，共青团华容县委副书记，华容县纪委常委、纪委副书记、监察局局长，县委组织部副部长、县纪委书记，华容县委常委、纪委书记，县委常委、组织部部长，华容县委副书记，岳阳市委组织部副部长，市委组织部副部长兼市委老干部局局长、党组书记，市委组织部副部长、市人事局局长、党组书记，市委组织部副部长、市人力资源和社会保障局党组书记。2010年6月任岳阳市委党校校长。

先进人物

【劳动模范和先进工作者】

一、全国“五一”劳动奖章获得者

湖南省劳动模范

许年兴　平江县总工会党组书记、副主席

田培建　岳阳市市政建设总公司维护二所党支部书记、所长

童建湘　中石化壳牌煤气化有限公司助理工程师

二、先进工作者

全国方志系统先进工作者

张凭栏　华容县委史志办主任

全国见义勇为司机

张福良　岳阳市鸿乐出租汽车有限公司司机

【湖南省先进工作者】

湖南省优秀建设者

李国武　湖南省十三村食品有限公司总经理

巴陵风流

许年兴

湖南省平江县人，1957年1月出生，大学学历，中共党员。1976年参加工作，先后在平江县瓮江公社、瓮江区、县农业局等单位工作。1996年调入平江县总工会工作，现任平江县总工会党组书记、副主席。他多次被评为优秀共产党员、先进工作者，并多次立功授奖。2006年被评为平江县十佳勤廉干部，2009年被评为岳阳市劳动模范，2011年4月被授予全国“五一”劳动奖章，湖南省劳动模范等称号。

他从事工会工作15年，认真执行党的方针政策，模范遵守国家法律法规。深入基层和企业100多家，协助劳动部门筹集解困资金3000多万元，支持特困企业和特困职工，组织工会系统扶贫帮困捐款500多万元。与劳动部门共同举办现场招聘会，促成8000人次走上就业岗位。培训农民工3600多人次，其中安置下岗失业人员2500名。县总工会成立困难职工帮扶中心，每年开展“双联”帮扶，近2年来筹集资金500多万元，为困难职工、企业送温暖。他竭尽全力维护稳定，每年接待下岗困难职工1200多人次，连父亲病危，妻子手术他都在企业维稳一线摸爬滚打，帮助14个国有企业成功改制，争取政府补偿资金到位。会同劳动部门兑现拖欠的农民工工资310多万元。为维护职工合法权益，促进社会和谐稳定，促进全县经济发展作出了突出贡献。

他认真贯彻执行县委和省、市总工会的指示精神，积极组织开展“五大一提高”和工会系统“创先争优”活动，深入企业、村组调查

研究，带头走访农户，把党和工会组织的温暖送到工矿企业和田边地头，使工会真正成为联系职工群众的桥梁纽带，得到了广大职工和农民群众的好评。2010年，他被推荐为岳阳市“十佳劳模”，并在全市进行先进事迹巡回演讲。

田培建

湖南省湘阴县人，1972年11月出生，大学学历，中共党员。1992年参加工作，先后在城陵矶粮库、市北港医院工作。1995年3月调入岳阳市市政建设总公司维护公司工作。先后任材料员、施工员、项目经理、总公司经营部副部长，2009年至今任维护二所党支部书记、所长。在他的带领下，维护二所经济运行良好，班子建设不断加强，职工福利有效落实，他本人荣获岳阳市“青年岗位能手”、市“首届十大精彩人物”提名奖，并多次获得市城管局、市政建设总公司先进工作者、优秀党务工作者等称号。2011年4月被授予全国“五一”劳动奖章、湖南省劳动模范称号。

维护二所的主要职能是负责岳阳城区9桥1洞，7座城市排污泵和长达157千米城市排污主涵的检查、检修和养护。他作为所长主管全所工作，他经常在一线参与维修内涝、抢险等工作。由于排污涵洞内环境恶劣，下水道井盖小，维修起来十分困难，工作环境脏、乱、差、险。他不顾个人安危，克服下水道臭、缺氧，冒着有毒气体中毒的生命危险，下井清淤290余次，其中6次因井下高温中暑和中毒被送往医院抢救。因臭水污染，他身患皮肤病，至今未痊愈。

他每年春节都在泵房度过，先后放弃休息日210多天，他和他的团队累计完成城市下水道抢修、疏通58930米，桥面抢修2770平方米、排污泵抢修26次，清理桥面伸缩缝21600米，排除桥梁险情8次、下水清挖淤泥5840立方米。

每次城区发生内涝、冰雪灾害等险情时，他总是第一个赶到现场参加抢险。2010年7月12日，岳阳楼区下王组居民区一带因下暴雨 积水深达1.5米。他跳下齐腰身的污水中，连续参与抢险救人28小时，先后背出被困老人和小孩9人。2011年6月9日晚，城区突降特大暴雨，深夜巡查了13处积水地点的他又带队赶到内涝严重的康岳社区。他趟过齐胸深的污水，救出被困人员7人，抢救居民财物150余件，该次抢险连续作战26小时。3年多来，他先后参加抗灾抢险150余次，其中单独下水抢险84次，施救内涝被困人员271人，累计安全转移受灾群众财产670多万元，并先后自掏腰包9000多元，为无住所的老人、小孩安排食宿。在工作中，他注重业务创新，刻苦钻研，撰写的市政维护管养技术规范被市城管局编入《岳阳市标准化管理实施方案》。探索出的城市大型主涵抢修托管架空临时排水技术被同行业广泛推广。

童建湘

湖南省岳阳县人，1965年3月出生，大专学历，1985年8月参加工作，先后担任洞氮尿素车间总控主操、工艺班班长，洞氮生产部生产调度员和生产调度值班长。工作期间，曾多次获得洞庭氮肥厂先进生产工作者、生产标兵、巴陵公司青工状元、巴陵公司操作能手等称号。2009年被授予湖南省五一先锋称号。2011年4月被授予全国“五一”劳动奖章、湖南省劳动模范等称号。

2004年7月他进入英荷合资中石化壳牌煤气化有限公司，靠着满腔热血和一股拼劲，从一名煤气化生产门外汉，成长为一名煤气化生产的骨干，先后担任副班长、班长。在担任班长的4年间，他利用在实践中总结出的“看”、“听”、“查”、“改”四字工作法，带领班组多次避免了重大停车事故，为公司节约资金300多万元，得到了公司的特等A级奖励。2008年8月，在首次只有2个煤烧嘴低负荷运行的情况下，他果断指挥，避免了装置停车且确保了下游装置的正常运行，为公司装置长周期运行做出了突出的贡献。

2009年9月由于业务技术过硬，他出任运行助理工程师，主管生产部维修协调。在新的岗位上，他不断探索，通过调查和分析公司投产3年来的维修数据，强化和优化维修以及开停车过程控制，大大缩短了维修周期和开停车时间，为公司创造了显著的经济效益。2011年1月，输煤单元的一个开关阀出现泄漏，以往更换该阀门需要16小时，他通过全面分析各项作业，优化作业方案，只用了12小时就完成了该项作业，提前4小时完成任务。在他的指挥和积极参与下，通过优化开车计划，缩短空分装置空运行时间，一年就为公司节约开车费用500万元。

李国武

湖南省临湘市人，1969年12月出生，大专文化，中国民主促进会会员，中国摄影家协会会员，全国道德模范候选人，湖南省十三村食品有限公司经理。

1993年，他创办以安置下岗职工为主的食品小店，通过10多年来的艰苦创业，发展成为从事农产品深加工的湖南省十三村食品有限公司，安置下岗职工和农民工600多人，取得了一定的经济效益和社会效益。

他是一位摄影爱好者，18年前，他第一次端起照相机时，就突发奇想，要帮助一万名需要帮助的人，拍一万张幸福的笑脸！

为了老人们幸福的笑脸，他带着爱心走进光荣院。临湘市光荣院有50多位孤寡老人。他有个笔记本，密密麻麻记载着受助老人的生日、生活喜好等等。17年来每当老人们的生日，只要不出远差，他都会买来生日蛋糕和鲜花为老人祝寿。老人病了，他都会到医院去看望。他关心的不仅是老人们的物质充裕，更注重的是他们的精神快乐。2008年9月，他组织岳阳博客网80多位博友到临湘市光荣院开展助老活动，为老人们募集资金用于改善居住条件，并请来10多位小学生唱歌跳舞，让老人感受天伦之乐。

为了孩子们幸福的笑脸，他带着爱心走进学校、孤儿院。1995年，他偶尔听说北正街有一个叫东妈的拾废品的孤寡老人收养了一名弃婴娟娟，生活非常艰难。他知道后立即前往看望，为祖孙俩添置了彩电，购置了生活用品，并当场承诺：将永远帮助她们这一老一小。老人去逝后，他开始对娟娟长达17年的照顾。为了让孩子健康快乐成长，他先后将她送往岳阳、长沙等地学习，并以父亲的名义经常去学校探望。2010年，娟娟以优秀的成绩考入长沙一所大学。临湘市儒溪镇的罗敏、江南镇的刘兵、益阳农村的叶芳、藏族学生洛桑曲奇等30多名同学，因家庭贫困辍学在家，他听说后都在第一时间给他们送去助学金，让他们开开心心走向学校大门。2005年，印度洋海啸，他通过湖南省赈灾办向远在异国的4名孤儿寄去了4000元。2008年汶川大地震，他带领员工为灾区捐款捐物20万元，并亲自到灾区慰问，与有关部门联系，帮助13名灾区孤儿完成学业，直到他们大学毕业。10多年来，他资助过的贫困学生达200多人。至今仍有联系的不少于100人。

2009年，他在洞庭湖边的一个渔村采风，拍摄到了一对老渔民夫妇坐在已被大火焚为灰烬的窝棚边痛不欲生的照片。第二天一大早，他又独自一人深入渔村，将2万元现金送到老渔民手中，并用相机将茅草棚渔村的艰难生活场景拍摄下来，在临湘市人民政府办公楼前举办了一个《渔村生活场景摄影展》，这次大展不仅为渔民上岸定居筹集资金近10万元，而且引起了中共临湘市委、市政府的高度重视，市政府将“渔民上岸定居工程”纳入2010年为民办好10件实事之一。如今，临湘市“渔民上岸定居工程”已全部落实，渔民们都住进了亮敞漂亮的楼房，他们幸福地笑了。

10多年来，他开展了30多次这样的爱心救助活动，先后帮助过近500位老人、200多名贫困学生、400多名少年儿童、300多名身陷困境的人士，捐助4000多人次，受助者遍布全国10多个省市，资金超过350万元。可他自已的生活却非常简单，没有小轿车，不曾穿过名牌，住单位宿舍楼里。有人说他太傻，不懂得生活和享乐，他却说：“每个人对自己的追求和要求不同，我在乎的是让自己每天活得更有意义、更有价值，帮助他人就是我最大的快乐！帮助一万名需要帮助的人，拍摄一万张幸福笑脸将是我最大的心愿”。

他的义举获得了社会的充分肯定。他先后获得全国“五一”劳动奖章、全国孝亲敬老之星、中国公益事业卓越贡献奖、全国社会服务工作先进个人、湖南省优秀社会主义建设者、湖南省道德模范等100多项荣誉。

曲安江

辽宁省丹东市人，1958年10月出生，大学学历，中共党员。2003年4月，任岳阳市人防办主任、党组书记至今。岳阳人防办先后被国家、广州军区、湖南省等各级国防动员委员会和人防办评为先进单位，2010年获得“湖南省国防教育标兵单位”称号。他本人先后荣立两次一等功，一次二等功，2007年获得广州军区“国防之星”称号。

上任伊始，他把提升人防工作地位作为主抓手，按照新时期、新形势下的国防动员工作要求，把加强人民防空宣传教育作为突破口，将宣传教育对象，由单一面向中小学生和党校学员，扩大到大专院校和全体市民；宣传内容由单纯的人防教育，转向防空防灾相结合的公共安全教育；宣传模式，由课堂式教学，转向理性与感性认识相结合的体验式教学，充分利用各种媒体和流动展板、宣传手册、知识竞赛、专题演讲等形式，进机关、进企业、进学校、进社区、进家庭、进网络；联合市委组织部、市教育局等9家单位联合下发《关于加强人民防空教育工作的通知》。通过强势宣传，干部群众国防观念和人防意识逐渐增强，各级、各部门对人防工作的重要性、必要性认识进一步提高，人防工作在各级领导心目中由“盲点”变成“亮点”，人防工作的开展也逐步变被动为主动。

为了全面夯实人防工作基础，2005年，投资5000多万元，修建人防应急指挥中心建设项目，包括地面基本指挥所（平时为办公楼）、战备物资储备库和人防战备车库以及4栋地面伪装房、道路等相关配套工程。把好“结建”审批关，确保在城市建设中同步落实人防要求。修建防空地下室13万多平方米，为以前人防工程面积总和的1.3倍。全面落实人民防空战术技术要求和规定。对因地质条件等原因不能修建防空地下室的，按有关政策严格收取易地建设费，人防规费的征收由上任前每年200万元左右，上升到每年2000多万元。完善配套设施，打造信息平台。修订防空袭预案、人防应急动员方案、人防应急作战方案等应急方案。重视信息化建设。结合地面指挥所建设，完善配套设备设施，实现互联互通。建设固定式、移动式警报控制中心和电视报警分中心各1个，新增电声警报器65台套，统控率100%。在防空警报试鸣活动中，所有警报都能按要求同时鸣响，实现“双百”动态达标。

科学谋划人防事业发展，人防队伍与机关建设呈现新面貌。机关院内实现绿化、硬化、美化、亮化，办公楼安装中央空调、配置新办公桌椅和电脑，接入宽带网，建成岳阳人防网站，硬件设施得到根本改善。他把学习型党组和学习型机关建设作为己任，正确引导干部职工“竭尽忠诚谋发展、满怀激情干事业”，大办提倡“勇于担当，敢于碰硬，勤政敬业”精神，把时间和精力更多地用于理论和业务学习，倡导多读书、读好书的文明风尚，提升人防品位。实施硬措施，建设“准军化”机关。办党组坚持从实际出发，着眼长远，总揽全局，加强制度建设和党风廉政建设，机关管理更加规范。

2010年，审计部门对他进行了任期经济责任审计。7年来，岳阳市人防办的固定资产由上任时的2688万元增加到9001万元，资产净增6000多万元，人防事业得到巨大发展。

邓湘阳

1964年出生，湖南省岳阳市人，大学学历，中共党员，路桥高级工程师。1982年参加工作，长期从事公路桥梁施工管理工作，先后10多次荣获上级授予的“先进个人”、“十佳”荣誉称号。2008年6月任岳阳市通衢兴路公司总经理。该公司是国家公路工程施工总承包一级施工企业，注册资金7200万元，具有公路路面工程专业承包一级资质、路基工程专业承包一级资质和公路养护一级资质，有职工700多人。三年来，他克服重重困难，一步一个脚印，一年一个台阶，把一个在激烈市场竞争中举步维艰的路桥施工企业，整合发展成为一个具备一定规模的企业，2009年公司新增业务量达9亿元，实现施工产值5.8亿元。2010年，他获得“鸟巢杯·2010中国建筑业50位杰出贡献企业家”荣誉称号。

面对激烈的路桥施工市场竞争，他坚持“做强企业、造福社会、实惠员工”的发展理念，以制度创新、工艺创新、管理创新为手段，提高公司自身竞争能力。通过规范资质审批程序，合理规划经营工作，以力争省内重点工程为突破口，不仅拓展了公司业务，也确保了市场份额。

在筹划甘肃天定7标的工程时，由于该公司初入西北市场，对当地情况不熟悉，资金又不到位，起步阶段困难重重。他果断决策，亲自四处筹资，组织精干力量轻装上阵。几经波折，资金及时到位，项目得以顺利开工。当年甘肃项目实际产值达1.08亿元，令业主刮目相看。

市场之路越闯越宽，经营之道越走越畅，他积极探索公司发展的新路子。提出“经营部实行承包责任制”的经营思路，走专业化之路，单独核算，实行风险抵押机制，强化责任，兑现奖罚。在经营部内部实行明确分工和计件薪酬制度，打破以往吃“大锅饭”局面，努力实现个人酬劳与绩效挂钩，形成了一套“内有动力、外有压力、富有活力”的激励机制，把全员纳入部门责权利的管理中，使经营部焕发出新的生机和活力，2010年，取得了湖南张花高速公路29标、怀通高速公路31标、通平12标中标权，业务量近9亿元。

他确定的公司管理工作目标为“六个一”工程，即构建一个框架，建立一套制度，实现一个转变，打造一支队伍，凝结一种文化，增强一项意识。他视工程质量为企业生命，把“工程项目管理是施工企业发展壮大的根本”理念灌输到每个职工的头脑。严抓在建项目的技术管理、质量监控、施工组织、内业资料等环节，精干机构、精练人员、精心组织，使得各工程项目的综合实力大大增强，出现了一批广受好评、质量过硬的项目。

四川的达陕项目注重工程质量的建设，梁板预制质量深受业主的好评。怀通项目、通平项目在业主的年终综合评比中，均被评为A类施工单位。张花项目精细化管理获得业主的一致好评。平江106改建项目，通过扎实有效的工作，实现了工程质量、安全生产双丰收。河南焦桐、郑州西绕城等合作项目坚持以创优质工程为切入点，加大项目监管力度，树立了公司诚信和谐的外部形象。各项目负责人积极更新思维，打破“界”的理念，融入公司一盘棋，集中智慧，凝心聚力，通过加强内外业兼顾和财务工作的统筹管理，切实抓好工程变更、计量和开源节流工作，在不断提高创利能力的同时，努力提高了创现能力和盈利质量。

“制度管人管其身，文化管人管灵魂”。他坚持科学发展观，在继承以往经验的基础上不断创新，提出了企业“优质、高效、诚信、和谐”的核心文化理念和具有新时代特色的先进企业文化。利用网络、板报、画册等宣传手段推介公司文化理念，开设公司网站设立职工互动平台，参与民主决策，科学管理，加强职工培训，提高队伍整体素质。积极推行公司质量、环保、职业健康和安全ISO三位一体国际认证体系，打造全新的公司形象；在实际工作中着力用先进的公司文化推动公司的改革发展，为公司发展提供精神动力，用先进的公司文化凝聚人心，一心一意谋发展。

公司在他带领下，效益年年攀升，资产大幅度增值，公司信誉不断增强，职工收入逐年增加。

逝世人物

刘秉谦 1917年8月28日出生于山西省榆社县，1938年10月参加革命工作，同时加入中国共产党。1938年10月至1949年3月，任村农会秘书、党支部书记，民事主任，财经主任，村长，榆社县四区区委委员、三区区委委员，五区财粮助理，县政府财政科科员、副科长，太行二专署财政科科员，寿阳县财政科副科长、科长。1949年3月参加南下工作队到湘阴县。1949年8月至1954年12月，任湘阴县人民政府财政科科长，县政府秘书、副县长，县委委员；1955年1月至1964年7月，任湘潭专署财政科科长，专署煤炭局局长，专署财政局局长；1964年8月至1983年，任岳阳地委委员，秘书主任，地委工交政治部主任，地区革委会常委，汨罗江农场革委会主任，地区革委会生产指挥组副组长，城陵矶仓库主任，地区邮电局局长，地区计委副主任，地区科委主任、党组书记、顾问。1983年12月离休，享受副厅级待遇。2010年2月7日在岳阳市逝世，享年93岁。

王光荣 1925年6月28日出生于山西省阳泉市五里庄。1942年10月参加革命工作，1946年11月加入中国共产党。任山西平定县三区张山峪小区青救会主任。1948～1949年先后任山西平定县三区农会主任、盂县四区区委组织委员，1949年3月参加南下晋中工作团，同年8月到达岳阳。1949年8月至1953年10月，先后任岳阳县第四、八、九、十五区宣传委员、区长、区委副书记、书记。1953年11月至1961年12月，先后任岳阳县百货公司经理、财政科科长、财贸部副部长、粮食局长、城关镇党委书记、财税局长、畜牧水产局长。1962年1月至1968年3月，先后任岳阳县计委主任、县委统战部长、工交部长。1968年3月至1970年12月，先后任岳阳县革委财贸组副组长、五七干校革委主任。1971年1月至1976年10月，先后任岳阳县总工会副主任、计委副主任。1976年11月至1983年11月，先后任岳阳市计委副主任、市纪委副书记、市委统战部部长、市政协副主席。1983年12月，到岳阳市政协工作。1986年1月，经组织批准离职休养，享受副厅级待遇。2010年2月21日在岳阳市逝世，享年85岁。

陈茂艺 1919年1月出生于山西省襄垣县虒亭镇北社村，1938年3月加入中国共产党，并在山西襄垣县参加革命工作。1949年4月南下，1953年6月，任湖南省常宁县县委书记、第一书记。1953年7月至1954年3月，任湖南省湘南区党委直属机关党委会党委书记，1954年4月至1954年7月，任湖南省交通厅搬运管理局局长，1954年8月至1957年7月，任湖南省林业厅副厅长，1957年8月至1959年11月，任湖南省湘阴县县委书记，1959年12月至1962年1月，任湖南省湘潭专署专员，1962年2月至1968年8月，任湖南省林业厅副厅长、厅长，1972年5月至1974年7月，任湖南省岳阳纸厂革委会主任、党委书记，1978年1月至1981年7月，任湖南省岳阳地革委、行署副主任、副专员、地委常委，1981年8月至1983年7月，任岳阳地委副书记，1983年8月至1985年5月，任岳阳地委顾问，1985年6月，任湖南省顾问委员会委员。2010年2月24日在岳阳市逝世，享年93岁。

胡焕球 1924年农历11月21日出生于湖南省湘潭县中路铺镇拗柴村。1945年秋考入国立湖南大学文学院史学系就读。1949年1月，秘密加入新民主主义青年团，同年4月作为地下党员由地下党省工委分配工作。1949年4月至1950年1月，他先后在长沙县地下党省工委、省委益阳秋征工作组、湖南省委第一次党代会秘书处工作；1950年2月至1969年11月，先后在湘潭专署办公室、南洞庭湖整修工程湘潭专区分指挥部、湘潭专署农林水利局、湘潭专署林业局、岳阳专署水利局工作。1969年12月至1973年5月，在湘潭县荷塘公社劳动。1973年6月至1979年5月先后在湘阴县工业局、乡镇企业局、水电局和省烂泥湖区水闸管理所等单位工作。1979年6月至1981年8月，在岳阳地区水电局工作。1981年9月至1983年11月，任岳阳地区防汛指挥部办公室副主任。1983年11月任岳阳市政协副主席。1985年6月，经组织批准离职休养。2010年10月2日在岳阳市逝世，享年86岁。

责任编校　刘兴汉

榜上有名

QUALIFIES

巴陵石化公司获评全国先进基层党组织

岳阳市食品药品监督局

岳阳市气象局

岳阳晚报社

岳阳市质量技术监督局

巴陵石化公司获评全国先进基层党组织

巴陵石化公司隶属于中国石化，是国家大型炼化企业。有在岗职工10567人，2010年生产总量400万吨、不含税销售收入255亿元、上缴税金36亿元。巴陵石化公司党委现有24个直属党委（总支）、380个党支部、10721名党员。巴陵石化公司党委在中石化党组和湖南省委、岳阳市委的正确领导下，深入贯彻落实科学发展观，牢牢把握政治方向，贴近实际抓党建，着眼长远谋发展，立足职工促和谐，致力创新国有企业党建工作，促进企业有效发展。中共中央政治局常委、中纪委书记贺国强、中组部部长李源潮、国务院副总理张德江等先后到巴陵石化视察，对公司工作给予充分肯定。巴陵石化公司被评为全国先进基层党组织。

一、重决策，把握企业正确方向。巴陵石化公司党委把党建与坚定党的政治路线紧密结合起来，积极参与企业重大决策。一是围绕党的路线、方针、政策抓好决策。把握企业正确的经营方向，保证党和国家各项方针政策在企业落到实处。正确处理好国家、集体与个人之间的分配关系；正确处理好发展、效益、改革和稳定的关系；正确处理好企业产业升级、结构调整和节能减排的关系，承担起国有大型企业的政治责任、经济责任和社会责任，把发展企业、造福职工、振兴地方有机结合。该公司新上环保项目近30个，投资超2亿元；2010年投入3000万元对社区进行综合治理，发放扶贫帮困救助资金近1000万元；新建职工食堂17个。二是完善决策机制。健全和规范各项制度，建立用制度管权、按制度办事、靠制度管人的管理体系；规范决策程序、规则和方式，确保决策能听取意见、集中智慧、符合实际；坚持集体讨论、民主决策，保证企业领导人员正确履职、规范用权，保证决策科学、透明。三是围绕“三重一大”参与决策。在重大决策决定之前，先行调查研究，相互沟通，把握决策的科学性和民主性；严格遵循会议组织程序进行讨论研究，突出党组织的“四个必须”（即涉及企业生产经营、利益分配、人事管理、体制改革的重大决策必须参与）做到不越权、不缺位；在重大决策形成决议后，党组织还制定保证措施，确保付诸实施。四是加强决策的民主监督。把企业的政策准确、及时地传递下去，充分听取职工意见，赢得理解和支持，保证职工的知情权；加强与职工群众的沟通，年内2次向公司职工代表大会报告行政工作，总经理、机关部室主要负责人定期接受职工代表质询，建立企业内部监督体系，保证职工的监督权；畅通职工参与的渠道，推行两级厂务公开，明确公开的内容和项目，扩大公开的范围和层次，保证职工的参与权。通过积极参与重大决策，正确把握企业经营方向，为公司快速发展提供有效保证。2010年，实现整体赢利4.12亿元，创造历史最好水平。

二、抓中心，深化创先争优活动。巴陵石化公司党委按照中央、国资委和集团公司党组的部署，强化政治责任意识，坚持规定动作不走样，自选动作有特色，扎实推进创先争优活动。一是坚持主题先行。紧密结合实际，确定“努力把巴陵石化打造成为国内最强的非乙烯精细化工生产基地”的活动主题，提出科学发展、经济效益、安全环保、专业管理、服务群众、廉政建设“六个上水平”，紧盯“推动科学发展、促进企业和谐、服务职工群众、加强基层组织”目标。二是强化组

巴陵石化SEBS生产装置　　（巴陵公司　供稿）

织领导。成立党政一把手任组长的领导小组，设立活动领导小组办公室和指导检查组，制订活动实施方案细则，建立领导班子成员联系点，定期编发《简报》，加强分类指导，及时进行阶段总结，保证组织领导到位。活动开展做到“无空白”、“无盲区”、“全覆盖”，积极探索活动的新形式、新途径、新方法。三是做好结合文章。将活动与完成企业中心工作有机结合、与解决重点难点工作相结合、与抓好基层支部建设相结合、与构建民生和谐有机结合，促进企业安全、效益、发展、和谐等各项工作。四是抓好规定动作。抓好党员公开承诺，与广大党员签订承诺书，向职工群众作出公开承诺，接受监督；坚持上级党组织对下级组织定期点评制度；组织党员、职工群众逐个评议，听群众意见，看实际效果。五是抓好典型引路。总结和挖掘活动中的典型经验，采取征文和电视展播、巡回报告会、经验交流会等多种形式，推介党内先进典型，以身边的事、身边的人，激励和鞭策基层党组织，教育和感召广大党员。活动有声势、有特色、有效果、有影响，收效明显，得到中石化党组的肯定。

三、夯基础，加强企业党建工作。巴陵石化党委着眼长远，探索新形势下党建工作的新方法，强化企业党建工作。一是抓基层，夯基础。制订新的《党支部工作标准》，重新编印《党支部工作实用手册》，定期开展制度落实、工作程序、机构设置等“五查”活动，规范党建基础工作；制订党委工作目标考核细则，对直属党组织党群工作每月进行考核，与月度经济责任制、年终双文明建设竞赛挂钩；建立学习实践科学发展观、创先争优活动长效机制，开展党员责任区、“党员奉献日”活动，提升党员队伍的战斗力。公司党委针对企业地处内陆、原料产品两头在外，成本压力大的实际，推进成本文化建设，发挥党员的带头作用，推进全员成本目标管理，引导职工创新增效。2009年2月，中央政治局委员、国务院副总理张德江在新华社《国内动态清样》第670期刊登的《巴陵石化建设“成本文化”应对危机效果好》清样上作出批示，对巴陵石化成本管理经验给予充分肯定。二是抓示范，树标杆。将ISO9000、“6S”等先进管理理念引入党建工作中，推动党建工作科学化、制度化、规范化；开展示范党支部、党员示范岗创建活动，分类选树标杆。2010年，全公司建树示范党支部16个、党员示范岗40个。针对公司安全管理存在的薄弱环节，公司党委主动协助行政抓教育、抓责任、抓重点、抓创新，以“双示范”为突破口，开展“安全明星”评选，树立安全先进典型，发挥先进示范作用。各直属单位党委开展党员责任区“我要安全”活动，推出“行为安全五分钟”、“个人安全账户”、“安全爬坡奖”、安全短信互动”等不同形式的特色活动，收到较好的效果。2010年，公司获得中石化安全生产先进单位称号。三是抓覆盖，促规范。加强对改制企业党建工作的指导、检查和监督，帮助改制企业建立健全党群工作制度；对改制企业经营方向、管理方法提出意见和建议，对经营管理不善的改制企业以党委名义派驻工作组；对改制企业逐步实行党委书记委派制，研究和探索委派党委书记参与改制企业的经营和管理的方式与途径；利用政策和资源市场等优势，规范支持改制企业公司，47家改制企业生产经营及队伍保持平稳。

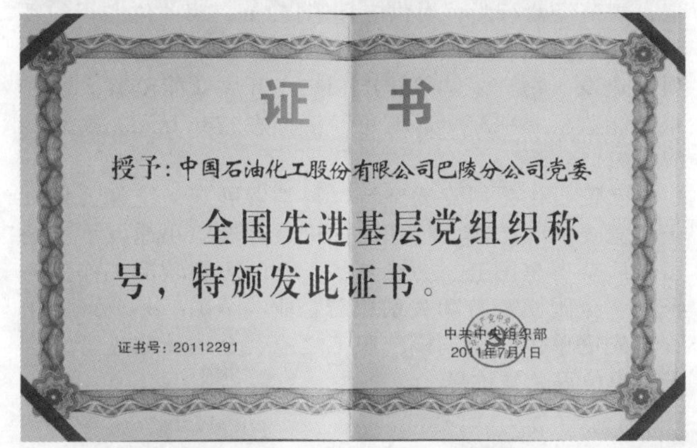

巴陵石化公司证书　　（巴陵公司　供稿）

四、多方位，强化党员队伍建设。巴陵石化公司党委把党员队伍建设作为一项重要的基础性工程，坚持“三个不放松”，提升党员队伍作风、素养和能力。一是坚持思想教育不放松。以学习实践科学发展观为主题，强化政治学习，开展理想信念、职业道德和思想品德教育，落实民主评议党员等制度，解决党员队伍存在的突出问题，培养党员队伍的良好作风。完善思想政治工作运行机制，建立党支部“进班组，访职工”机制，掌握思想动态，做好“一人一事”思想政治工作。二是坚持素质提升不放松。按照“实际、实用、实效”的原则，创新形式，建立长效机制，不断提高党员队伍的整体素质。从2009年开始，用3年时间对公司全体在职党员进行培训，举办58期党员轮训班，培训党员近3000人。三是坚持制度管人不放松。制订一系列党员管理相关制度，有效规范对党员的管理。不断完善党员的绩效评价机制，将工作目标完成情况与工资收入、选拔任用、评先评优挂钩，形成创先争优比贡献的良好局面。

五、强责任，狠抓党风廉政建设。认真贯彻中纪委全会精神和《国有企业领导人员廉洁从业若干规定》，坚持“一岗双责”，加强党风廉政建设。一是抓学习教育。针对党员干部在思想作风、工作作风、领导作风和生活作风等方面存在的问题，加大党性党风党纪教育力度。采取政治理论学习、上党课、形势报告、知识竞赛，创作廉政格言，发放廉政教育读本，开展廉洁文化“六进工程”等形式，抓好党纪条规学习和警示教育，引导党员干部树立正确的世界观、人生观、价值观，筑牢拒腐防变的思想道德防线。二是抓制度落实。从精细化管理的要求和爱护干部入手，强化制度建设，建立起逐级抓、逐级负责的工作机制。落实党风廉政建设责任制，层层签订《党风廉政建设承诺书》，设立廉政账户，建立廉政档案；对重点领域、重要岗位干部定期交流，推行干部回避制度；加强对党员干部“生活圈”、“社交圈”、“娱乐圈”的监督，发现苗头性、倾向性问题，及时进行诫勉谈话，对有问题的人员严格责任追究；取消各类“小金库”，严厉禁止收受“红包”、相互吃请。三是抓监督制约。强化源头治理，坚持抓“关键点”、“薄弱点”和“关注点”，加强工作监管、监督，规范经营行为；对供应和销售2个直属单位实行纪委单设，加大监管力度。开展网上业务公开和巡视，围绕项目建设、物资采购等重点和热点开展效能监察。2010年效能监察立项35个，避免经济损失2786万元，挽回经济损失156万元。

巴陵石化公司党委坚持以科学发展观为统领，发挥企业党委的政治核心作用，促进企业健康快速发展。公司先后获得全国五一劳动奖状、全国思想政治工作优秀企业、全国模范劳动关系和谐企业、全国厂务公开民主管理先进单位、全国模范职工之家、全国计划生育协会先进单位等荣誉称号。

岳阳晚报社

岳阳晚报社是由中共岳阳市委主管、市委宣传部主办的新闻媒体。有5个下属单位：长江信息报社、洞庭之声报社、岳阳网、印刷中心、长城传媒。有在岗人员286人，具有大专或本科以上学历占96%。报社拥有一批经验丰富的管理队伍，其中高层管理人员中，副高以上职称占85%，采编一线有十年以上媒体从业经验人员占70%，近3年来，报社有120多件作品在省级以上新闻评选中获奖。创刊20多年来，报社始终坚持党性原则，始终把握正确的舆论导向，秉承正确办报理念，充分发挥党报的主流媒体作用，大力宣传党的路线方针政策和重大决策部署，真实记录社会生活，全面反映时代精神，以权威性、指导性、公信力、影响力和鲜明的风格特色，服务人民群众，服务改革发展的生动实践。按照新闻规律和市场规律相结合的特征调整完善办报的管理体制和机制，坚持改革创新，积极探索文化体制改革，突出主业、多元经营，报社事业得到快速发展，办报水平、报业规模、经营总额上位居全省市州报前列。　在“十二五”发展规划中，岳阳晚报社将进一步探索出一条跨媒体资源整合，传媒和文化产业优势互补的新路子，不断壮大现有子报、子刊、网络的影响力和竞争力，努力形成湘北第一舆论引导集团。《岳阳晚报》提高舆论引导能力的龙头地位更加巩固，成为湘北第一政经大报。《长江信息报》成为洞庭湖区域和长江中游都市类报纸，成为湘北品牌影响力最强的社会综合类报纸。《洞庭之声报》成为洞庭湖区域都市家庭消费及娱乐性报纸。“岳阳网”成为湘北信息传播最快、影响力最大的新闻网站，成为岳阳“第五媒体”的领军品牌。

通过体制和机制创新，引进现代企业管理制度，广泛涉足文化产业深度开发，通过引进、联合、合作等多种渠道、多种投资形式，做强产业。力争在3年内，综合经营收入过亿元台阶。

岳阳市食品药品监管局

岳阳市食品药品监督管理局是岳阳市政府主管药品监管并具体监管食品餐饮消费环节和保健食品、化妆品的工作部门，负责对药品（包括中药材、中药饮片、中成药、化学原料药及其制剂、抗生素、生化药品、生物制品、诊断药品、放射性药品、麻醉药品、毒性药品、精神药品、医疗器械、卫生材料、医药包装材料等）的研究、生产、流通、使用进行行政监督和技术监督；负责对食品餐饮消费环节和保健食品、化妆品进行具体监管。局机关内设11个职能科室，市药品检验所为该局直属二级机构。

市食品药品监督局坚持以科学发展观统领全局，实践科学监管理念，坚持以保障人民群众饮食用药安全为着眼点，以规范涉药单位生产经营行为、规范监管人员行政执法行为为着力点，不断解放思想，大胆开拓创新，创造了一系列不平凡的业绩，在实践中探索出一些经验和做法在全省乃至全国都产生了一定影响，破获德臻假药大案、药品医疗器械生产流通领域信用构建、药品快速检验等经验先后被《中国医药报》、《中国食品药品监管》杂志、《湖南日报》、岳阳电视台等新闻媒体报道，药品生产企业信用构建与分类监管、药品快速检验两项工作得到了省食品药品监管局领导高度评价，两度在岳阳市召开现场会，经验在全省推广。

市食品药品监督局以突出保障和改善民生为主题，紧紧围绕确保公众饮食用药安全这一中心任务，全面提升执法为民、依法行政、科学监管、服务发展能力和水平，恪尽职守，甘于奉献，全市多年没有发生任何重大食品药品安全事故，为保障人民群众饮食用药安全，维护全市和谐稳定大好局面，为岳阳食品医药产业健康持续发展作出了积极贡献。

晚报社精心办报　（岳阳晚报社　供稿）

风景如画的岳阳气象观测站实景　（杨一九　摄）

岳阳市气象局

“十一五”期间，岳阳市气象局现代化建设取得显著成绩。全市建立451人的气象信息员队伍，建设区域自动气象站202个，DAB 警报器75个，建成新一代天气雷达，完成网络升级改造。增加酸雨、闪电定位仪、风能加密观测。2007年获得湖南省政府“防汛抗旱先进集体”称号，2008年因冰雪灾害服务到位，被省气象局评为湖南省气象局低温雨雪冰冻灾害气象服务先进集体称号；获得岳阳市政府颁发的岳阳市奥运圣火传递活动暨维稳工作先进集体 。2010年防汛决策气象服务工作突出，被市政府评为防汛抗洪先进集体。为林业、海事、交通、国土、水利、石化、旅游等部门气象服务工作提供有效服务，气象服务公众满意率明显提升。

坚持培养人才、凝聚力量，促进气象事业发展。岳阳气象系统“十一五”期间选拔2名科技业务骨干，4名青年新秀，其中黄菊梅被省局聘为科技业务骨干。陈姣荣在全国测报竞赛、全省测报竞赛获得名次，截至2010年末全局具有大专以上学历86人，其中本科以上学历45人，大专以上文化程度约占81%，有高工10人、工程师32人。争取到4个课题，发表多篇论文。

气象社会管理职能进一步得到加强。“十一五”期间，进行气象法调研2次。全市执法队伍和执法能力建设取得良好成效。2005年立案的岳阳移动公司防雷行政处罚案，经过一审、二审和再审程序，历时两年，取得胜诉，实现依法履行防雷社会管理职能的目的，在全国产生重大影响和积极效果，开启岳阳气象部门行政执法工作的新局面。在岳阳市长城职业技术学校防雷行政处罚案中，执法人员严守法律法规和廉政纪律要求，依法廉洁办案，没有发生任何不廉洁行为，经受了严峻考验。防雷技术服务得到社会认可和支持，在重点单位进行地毯式检测，服务领域越来越宽，服务技术手段得到提高。手机气象短信订制数从2004年末的几万用户增加到30万用户，96121声讯电话拨打数量大幅度提高，气象影视制作上了节目主持人，实行全市统一制作，全市地方气象事业预算及气象科技服务收入较“十五”期间翻番。

依靠国家气象局、省气象局及岳阳市委、市政府的大力支持，岳阳市气象局在“十一五”期间完成整体搬迁，办公楼、雷达站、观测站、住宅楼全部重新建设完成，土地面积增加2.7倍（2005年底土地面积2.27公顷，2010年末土地面积6.1公顷）。各县市区气象局基本完成台站改造，全市气象部门人均收入大幅度提高、全部建成市级文明单位，岳阳市局、平江县局建成省级文明单位。

岳阳市质量技术监督局

岳阳市质量技术监督局于2000年实行省以下垂直管理，有干部职工637人。市局机关内设10个科室，直属质检、计量、纤检、信息、特种设备5个技术所、1个稽查支队和开发区、屈原区2个分局，下辖湘阴县、华容县、岳阳县、平江县、汨罗市、临湘市6个县市局。“十一五”时期，全市质监系统坚持以科学发展观统领质监事业，围绕经济社会发展大局，开拓进取，团结拼搏，在质量提升、安全监管、名牌建设、服务民生和产业发展等多方面取得显著成绩，系统面貌日新月异、质监事业持续发展，质监工作真正做到了政府需要、企业欢迎、社会赞誉。

深化打假治劣，市场秩序不断规范。以整顿和规范市场经济秩序、维护社会公平正义为目标，深入打假治劣，先后组织开展“百姓安康”、食品、农资、建材等多项执法打假和专项整治，查处各类质量技术违法案件12000多件，端掉制假售假窝点220个，为消费者和企业挽回经济损失5亿多元。制假售假行为得到有效遏制，市场经济秩序不断规范。

建立长效机制，质量安全持续确保。以打造平安岳阳为目标，通过抓网络监管、市场准入、专项整治、日常监管、巡查回访、应急演练和抓长效机制建设等措施的实施，确保食品、烟花爆竹和特种设备三大安全，特别是2000年特种设备安全监察职能划转到质监部门后，保持连续10年无特种设备事故纪录。

强化技术服务，区域质量明显提升。通过名牌质量管理、计量认证认可、标准化等手段，服务企业和产业发展，提升区域质量竞争力。全市有中国名牌产品3个，湖南名牌产品64个，岳阳名牌产品51个；4家企业获得湖南省质量管理奖，年均帮助企业制、修订企业标准220项

为提升全市总体质量水平，实施质量兴市、标准兴业、名牌兴企战略　（周志勇　摄）

以上，指导帮助1120家企业通过质量管理等体系认证，全市产品质量总体水平和市场竞争力明显提升。

夯实基层基础，发展后劲显著增强。按“发展质监事业，服务地方经济”的指导思想加强基层基础建设。投资8000万元，新建办公检测大楼2栋，5个县（市）局新建了办公大楼。大力实施“科技兴检”战略，全市系统先后投入3000多万元，建立19个检验检测机构，其中省级质检机构3个，市级质检机构4个，具备200多种产品指标和项目检验，43项社公标102种计量器具的检定、校准、测试，棉花、苎麻等7个科目42个项目纤维及多项特种设备检验能力。加强硬件建设的同时，注重机关作风、文化和人才队伍建设，班子队伍综合素质不断提升，发展后劲明显增强。

通过几届班子和系统干部职工的共同努力，市质量技术监督局先后被国家质检总局授予全国执法工作先进单位、全国纤检工作先进单位、全国质量技术监督执法打假工作先进集体、全国组织机构代码工作先进集体、全国消灭无标生产工作先进单位，并被人事部、国家质检总局评为全国先进集体，多次被省局评为全省一流党组班子、先进集体，被市政府评为建设民本岳阳先进单位。

岳阳市长江修防处

市长江修防处所辖163公里长江大堤，上起湖北石首市与华容县交界处的五马口，下抵与湖北赤壁接壤的黄盖湖镇铁山咀。沿长江筑有一线防洪大堤142公里，有崩岸长度101公里，占62%。据统计，1937～1998年64年间，崩失面积0.8万公顷，拆迁房屋22万平方米，移堤65次长77公里。

“万里长征，险在荆江”。全市境内长江下荆江的七弓岭、新沙洲、天字一号、洪水港、荆江门以及城陵矶以下的北尾、界牌河段崩岸严重，被列为长江中下游重点守护河段。自1962年起，开始对长江险工险段进行守护，争取长江护岸工程投资9.3亿元，守护崩岸线84公里，完成土方1113万立方米，石方1097万立方米，砼石21万立方米。通过整治，有效控制江岸大幅度崩退，确保沿江人民生命财产安全。

集城市防洪、血防灭螺、旅游交通于一体的沿湖风光带 （杨一九 摄）

岳阳市城区位于洞庭湖与长江交汇处，现有湖滨、南津港、韩家湾、东风湖、吉家湖等5条一线防洪大堤，全长15.7公里，保护面积239平方公里，辖区人口70万。建有南津港、东风湖、吉家湖三处电排站，装机13台2890千瓦。现堤顶高程37米～38米，面宽8米～60米。1993年被列入全国31个重点防洪城市之一，东风湖、吉家湖7公里堤段已于2004年列入长江干堤补充项目，建成集城市防洪、血防灭螺、旅游交通于一体的沿湖风光带，打造岳阳城市建设的新亮点，南津港大堤正式建成通车。17年来，城市防洪累计投入资金近4亿元，完成土石方780万立方米，砼石3万立方米。

2011年，中央1号文件《关于加快水利改革发展的决定》正式公布，“十二五”期间，该处将争取长江荆江河控应急工程湖南段剩余项目和三峡后续工程尽快报批立项，力争长江护岸投资3亿元，整治岸线45公里；规划城市堤防和排涝工程建设1.6亿元，堤防达标整治15.7公里，新增电排装机8972千瓦，使岳阳城区排涝、防洪标准达50～100年设计能力。

岳阳市一人民医院

岳阳市一人民医院创建于1964年。已走过近半个多世纪的风雨历程，然而不管时事如何变迁，“以病人为中心”的服务理念，“敬业、仁爱、诚信、创新”的医院精神，“为病人解难，为政府担责，为员工谋利，为社会造福”的办院方针，一直是一医院人不断前进的精神源动力。一医院各专科硕士研究生以上学历占医生的30%以上，本科以上学历护理人员占50%以上，硕士生导师12名。拥有省级重点科室3个、市级重点科室12个，每个专科都有一个市级领先、省内知名的优秀专家，临床、辅诊主要科室都成为全市领军、省内有影响的专科，成为全市医疗、教学、科研、保健的康复中心。医院病床数从建院之初的202张增至1500张，年门急诊量超过60万人次，住院病人3.5万余人次。医疗业务再创新高，2010年门急诊达564994人次，比2009年增长7.7%；住院人数35382人次，增长10.5%；住院手术达9929台次，增长18.6%。该院采用对外引进、对内培养的人才管理模式、真心实意关心人才、诚心诚意留住人才，“三心人才工程”有口皆碑。医生、护士人尽其才，价有所值。对于特殊人才，加强引进力度，博士生、有三甲医院工作经历的主任医师，给予引进费28万元，对于非医疗专业的硕士生，给予引进费8万元。医院新引进博士生3名、硕士生53个、本科护士50人，为医院的发展注入了新鲜的血液。该院已形成院有重点、科有特色、人有专长、分科精细的现代化新格局。能开展心、脑、胸、腹、泌尿、生殖系统、脊柱、四肢、颌面、口腔、耳鼻喉、眼等人体各部位高难度手术和诊治各种疑难杂症。功能先进的医疗器戒品种齐全，如磁共振成像仪、数字减影血管成像系统、彩色多普勒超声诊断仪、全自动生化分析仪、日本原装准分子激光治疗仪、德国西门子电子直线加速器、高剂量率遥控后装治疗机、斯托开

岳阳市一人民医院东院　　　　　（市一医院　供稿）

脑室镜、红外线乳腺病治疗仪、多人高压氧舱等设备，拥有这些高、精、尖诊疗设备，医院如虎添翼，能准确发现、诊断疾病。就诊人数以每年超过15%的速度递增，就诊人数和收入翻两番。被评为全国卫生系统先进单位、全国重质量守信誉公众满意单位、湖南省文明单位、湖南省诚信医院、省高等院校优秀教学实习基地等30多项荣誉。在2006年的全省三甲医院“医院管理年活动”检查评比中，该院获得第一。2009年在在卫生部关于“医疗安全百日专项检查”活动中被评为优胜单位，在省卫生厅第二同期医院等级评审中首批被直接确认为三级甲等医院。

正是这种原动力，激发了一代代一医院人前赴后继，把自己的一生和热情都倾注在巴陵大地这片热土上，用自己的生命诠释着什么叫“大医精诚”。这其中有全国劳模李筑光、全国卫生系统先进工作者皮小蓉，卫生部优质护理服务先进个人程艳华，湖南省劳动模范张成煊，岳阳市十大精彩人物潘港、陈鹏等。

“危难时刻显身手，救死扶伤见真情。”一医院人在人民群众的健康受到严重威胁的时候，总是挺身而出，不畏艰险，不辞辛苦，充当人民健康的守护神。2008年“汶川大地震”发生后，一医院第一时间派出医生、护士赴川救灾，组织职工捐款16万元，捐赠价值36万元的药品和19万元的救护车支援灾区卫生事业重建。2009年，手足口病来势汹汹，仅6个月的时间，一医院就接诊手足口病幼儿4560人次。每年用于“三无”病人、欠费病人、贫困危重病人等的救助经费达数百万元。2010年市一医院开展青年志愿者行动、对口扶贫、基层医院技术援助、技术指导医院授牌、老乡还乡送健康、社区健康教育等活动，组织医务人员到基层医院、社区巡回医疗、义诊、健康咨询、疑难病会诊125次，接诊病人5369余人次，义务体检2317余人次，指导手术69台，捐赠药品6000余元，发放健康资料8240余份，进行医疗业务知识、健康讲座7次，坚持每周派专家到部分重要的社区卫生服务中心和乡镇卫生院坐诊。

随着全市人口快速增长，自身医疗水平的不断提高，前来一医院求医者越来越多；面积仅0.87公顷的医院无法正常满足广大患者的求医需求。开辟新的医疗空间势在必行。为了打开制约医院发展的瓶颈，该院党委采取果断措施迅速筹建了东院。东院将承接分流过来的12个专业、10个病区与位于东茅岭的西院实行“人、财、物”统一领导和管理。伴随东院开业，该院将进入又一个快速发展期，不仅大大缓解东茅岭院本部床位数的不足，突破瓶颈制约，而且更有力地促进医院合理布局，加快学科建设、新技术推广，使新项目、临床、科研等工作相得益彰。二级分科将会进一步完善，学科水平将会进一步提升，从而满足患者大病重病不出岳阳就能治病的就医愿望。站在“十二五”期间发展的新起点，该院党政领导班子感到肩上的担子更加的沉重。将争取培育1个国家级重点学科、10个省级重点专科，打造20个市级重点专科。建成2个基地，（国家临床药物试验基地、省级住院医生规范化培训基地）建设医学规范化培训大楼；开展东茅岭老院门诊、住院综合楼工程，使门诊面积增加10000平方米，扩充病床1000张，修建一个500车位的地下停车场。

扬鞭跃马勇向前，再执巨椽铸辉煌。成绩和荣誉只能属于过去，展望未来光辉前景，在进入新一轮发展阶段，岳阳市一人民医院带着强烈的责任感和使命感，继往开来，开拓创新，勇敢地应对挑战，在改革中求得生存，在创新中求发展。一医院人时刻牢记责任，不负重托，以更加饱满的热情，更加奋发的精神，去描绘新的蓝图，谱写新的篇章。让一医院精神放射出璀璨耀眼的光芒。

岳阳广播电视大学

岳阳广播电视大学（简称岳阳电大）创建于1979年2月，是一所由岳阳市政府直接领导、中央电大、湖南省电大业务指导的成人高等学校。2009年，挂牌成立岳阳社区大学、岳阳市中小学教师远程教育培训中心。2010年，有在岗教师268人，各类在籍学生14000余人，校园面积10.2公顷，建筑面积61000余平方米。建校31年来，特别是1999年参与开放式教育试点以来，该校秉承适应市场需求、服务地方经济、跟踪社会发展的办学宗旨和以开放教育为主体、以继续教育和中等职业技术教育为两翼的办学思路，开放办学获得快速发展，先后培养大中专毕业生10万余人，开展各类非学历教育培训20余万人次。1999年，在湖南省地市级电大办学水平评估中，该校以总分第一的成绩被省教育厅评为优秀学校。2002～2006年在开放教育试点中期评估、总结性评估中被省教育厅分别评为优良学校和优秀学校。2009年被省电大评为招生工作和目标管理先进分校。

2010年是岳阳电大稳步发展、机遇与挑战并存和取得光辉业绩的一年。学校以服务地方经济社会发展为己任，以创建全省、全国示范性地市级电大为动力，以扩大招生规模为抓手，以聚焦内涵建设、提升教学质量为核心，通过全校教职员工共同努力，年招生规模再创历史新高，突破6000名学生大关，排名全省第一。2010年4月，在全省地市级电大分校办学水平综合考评中以99.1分的好成绩被评为优秀分校，并被推荐参评国家级基层电大。经省教育厅组织的示范性电大分校评选实地考评后，该校被评为首批“湖南省示范性电大分校”，并被推荐参评全国示范性基层电大。按照市委、市政府主要领导的指示，社区教育全面启动并逐步推进，在岳阳市

2010年6月29日，中央电大党委书记阮志勇检查岳阳电大开放教育工作　　（岳阳广播电视大学　供稿）

中心城区130多个社区挂牌成立社区学校。经过30年的改革、建设和发展，学校已成为一所办学条件优越、办学规模适度、办学水平优良的现代远程开放大学、岳阳市成人学历教育中心、现代远程教育和全民终身教育中心和中小学教师继续教育培训中心。

2010年，中央电大党委书记阮智勇、党委副书记张少刚、副校长严冰，省电大党委书记陈建明、校长杜纯梓、党委副书记刘演林、副校长周宇、彭四毛、黎定军，岳阳市委副书记、市长黄兰香，市委常委、副市长韩建国，市委常委、组织部部长严华，市委常委、宣传部部长徐新启，副市长隋国庆等20余位上级领导和18个职能部门的主要负责人先后来学校调研、检查和指导工作，对该校的建设改革发展高度关注、充分肯定、热情支持。该校创新办学模式，紧贴地方设专业，面向农村育人才，有序、有效实施“一村一名大学生”计划。截至2011年9月，全市电大招“一村一名大学生”5099人，毕业992人，开展非学历教育短期培训，为岳阳市培养1万余名一技多能的高素质新型农民，受到当地政府与社会的一致赞誉。中央电大副校长严冰率“一村一大”专家考察团赴该校调研，专家们对该校“一村一大”工作给予充分肯定，认为该校基础扎实、支撑材料丰富，实施“一村一名大学生计划”走在全省前列。该校开展继续教育项目26个，开设89个培训班，参训人数5504人，3类社会化考试6654人次。积极开展中小学教师培训，市政府正式授予该校为岳阳市中小学教师远程培训中心，全年培训教师达8429人次，产生了良好的社会效益和经济效益。

该校整合校内外优质教师资源，锻造一流教师队伍。选派13名中青年教师参加硕士、博士研究生学习，提升了专职教师的学历层次；采用发放教学活动经费、签订聘用合同、定期邀请讲座等方式聘请12名教授和其它系列正高职称专家、学者担任主干专业导师和客座教授；2010年8月，面向全国公开招聘高层次人才，有14名高素质人才加入学校教师队伍，其中全日制硕士研究生7名，“211工程”重点院校本科生7名，提升了教师队伍素质。网络平台是电大系统办学的优势与特色，该校紧紧抓住特色建设不放松，力求将特色发挥出最大效益，不断优化网络教学环境，为师生营造优质的网上学习环境。通过多种方式筹集资金，先后投入200万元对网络设备设施进行全面改造。将网络宽带出口增宽至100M，新建多功能电教室20个，新增服务器3台，升级改造双向视频教学系统，新增100座网络机房2个，新增办公电脑190台，防火墙、宽屏电子屏等设备设施一应俱全。网络教育平台的优化，保证了教学的有效实施。全年整合更新网上教学资源246门，网上实时BBS交流133次，参加省电大网上教研活动14次，参加中央电大、省电大教学活动达175次之多。师生参与课程论坛36724人次，发贴41457余条，网上教学资源浏览总数达214008人次。为学校内涵建设水平和教育教学水平的提高提供了有力的经验和理论支持。岳阳晚报分别以《服务文明城市创建，夯实社区教育平台》和《紧贴地方经济，服务新农村建设，科学实施“一村一名大学生计划”》为题两次用整版的篇幅报道该校开放办学的艰辛探索、发展创新和喜人形势。

岳阳市湘北女子职业学校

岳阳市湘北女子职业学校创办于1996年，办学已有15年。近年来，该校以内涵建设促进教育教学质量提高，以改革创新助推学校发展，在民办教育、职业教育和女性素质教育等方面闯出了一条模式创新、特色办学的新路子。

2006年，该校被教育部认定为国家级重点中等职业学校。2008年，被省教育厅批准入围在建的省级示范性中等职业学校。2009年，被商务部列为国家级外派劳务培训基地。2010年，学校被省教育厅列为湖南省民办教育特色实验学校，被省旅游局列为湖南省旅游教育培训示范基地。2011年，被国家关工委教育发展中心授予全国青少年道德培养实践基地；被市教育局分别授予岳阳市职业教育教学评估与咨询专家委员会英语学科委员会主持学校和旅游服务专业委员会副主持学校。获得全国民办非企业自律与诚信建设先进单位、全国民办教育先进集体、全国民办教育百强学校、全国三八红旗集体、湖南省十佳民办学校、湖南省民办教育先进单位、湖南省职业教育先进单位、全省旅游教育培训工作先进单位和岳阳市示范学校等称号，校长黄凤姣被授予全国职业教育杰出校长、全国“三八”红旗手、全国优秀民办教育家、湖南省职业教育先进工作者、湖南省民办教育优秀校长及岳阳市十佳校长等荣誉称号。从2007年起，该校根据省、市职教“十一五”期间重点建设项目的要求，组织开展省级示范校等项目建设的申报和创建工作。已有旅游服务与管理等4个专业批准入围省、市级精品专业，《服装CAD》等5门课程批准入围省、市级精品课程，龙美华等13名教师批准入围省、市级专业带头人。项目在建过程中，该校董事会积极改善办学条件，多方筹措资金1800多万元新修实训大楼，装修教学楼、综合楼，各教室安装多媒体和直饮水，添置和完善教学、文体、实习实训设备设施。学校狠抓专业建设改革，完善各专业教学内容、教学目标和人才培养规划，

校长黄凤姣　（湘北女子学校　供稿）

加强实训实习指导和学生动手能力的培养，实行与就业岗位零距离对接。在课程体系改革过程中，突出学生的职业能力培养，注重与行业特点、职业资格相衔接，形成由“文化素质模块、专业基本能力模块、专业拓展能力模块和专业综合实践能力模块”四部分组成的专业课程体系。教学模式创新和双证书教育全面提升学生的专业技能。学生在参加国家、省、市级各项专业技能竞赛中，获奖254人次。在2010年社会化考试中，累计获证2247人次。制订并实施“双师型”教师培训方案、教师学历提升方案、专业带头人和课程带头人培养方案。在师资培训方面，选派骨干教师参加国家级骨干教师培训班；组织省、市、校级专业带头人参加国家和省、市级教学研讨和业务培训；组织专业教师到对口企业跟班学习。2010年，国家、省、市级科研项目立项7项，教学论文在省、市级获奖190余篇。龙美华、王湘红等2名教师被评为省级优秀教师。

为了做好毕（结）业生的实习和就业安置工作，该校积极开辟就业渠道，与100多家企业签订人才输送协议，开展订单培养，提高学生对口就业率。负责学生就业安置的老师做到就业指导到位，现场招聘到人，离校护送到岗。驻北京、深圳办事处的实习安置老师还对实习生实行跟踪服务与实习指导相结合的工作方式，为实习生提供力所能及的服务。办学15年来，推荐输送毕（结）业生12000多名。该校注重对外劳务输出和农村贫困劳动力转移培训工作。根据学生境外就业的需要，开办了日语培训和英语培训班6个，每年培训学生300多人。近3年来，有400名学生被新加坡、阿联酋和日本等国在华企业招聘录用。近5年来，该校在只招初中女生的特定条件下，每年均招收新生1200人以上，招生人数居岳阳市民办学校之首。

在“十二五”教学规划中，该校将进一步加大办学投入，改革培养、教学和评价模式，创新教学内容，完善内部管理，加强队伍建设等，计划投资2000多万元，兴建学生人文素质拓展中心、文字信息录入中心、动漫制作设计中心和学生专业综合实训基地等4大实体。在改革人才培养模式方面将着力开展校企合作，完善订单式人才培养模式。到2013年，订单培养比例达到80%以上。

潮平两岸阔，风正一帆悬。湘北女校又将踏上新的航程，有理由相信，勇于创新，不懈进取的女校人一定会创造出新的辉煌！

岳阳市水利水电勘测设计院

岳阳市水利水电勘测设计院成立于1983年，是集水利水电规划、设计、咨询、岩土工程勘察、工程总承包于一体的技术服务型企业。持有水利行业（河道整治、灌溉排涝）甲级工程设计资质，水利全行业设计、工程勘察、工程咨询、水土保持、建设项目水资源评价等乙级资质，为湖南省地市一级水利行业的甲级设计院。该获得中水源禹质量体系认证中心颁发的ISO 9001质量体系认证证书，建立了自己的质量管理体系，是中国水利水电勘测设计协会理事单位。该院现在职工总数87人，专业技术人员73人。其中享受国务院特殊津贴专家1人、教授级高级工程师2人、高级工程师29人、工程师32人、助理工程师11人。该院成立20多年来，完成大小水利水电工程项目400余项，以优良的质量和服务出色地完成了一系列重点工程的勘测设计。完成的大中型项目主要有：重点大型工程岳阳市长江干堤综合治理工程、岳阳市洞庭湖二期治理重点垸工程，湖南省重点工程岳阳市城市水源工程、岳阳县城洪水工程、黄盖湖铁山嘴电排站工程、临湘市团湾水库枢纽工程、岳阳县中洲电排站工程、岳阳市城市防洪工程、平江县城市防洪工程、平江

新墙水库下游坝坡、排水棱体　（市水利水电勘测设计院　供稿）

县黄棠电站工程等。这些项目的完成赢得了业主和有关主管部门的高度赞扬。

该院在河道治理、灌溉排涝、中小型水电站设计等方面积累了丰富的经验，创造了良好的业绩。获得多项省级以上奖励，主要有：省优秀工程咨询二等奖一项、三等奖一项，省优秀工程设计二等奖一项、三等奖二项，省水利水电科技进步三等奖一项。

在优质服务于本省市场的同时，还积极开拓外部市场，在西藏、重庆等地完成多项工程的勘察设计，取得了良好的社会效益和经济效益。

岳阳市通衢兴路公司

岳阳市通衢兴路公司是国家公路工程施工一级施工企业，注册资金7200万元，具有公路路面工程专业承包一级资质、路基工程专业承包一级资质和公路养护一级资质。公司现有职工700多人，其中中高级工程技术人员127人，所有员工实践经验丰富。拥有LB3000型沥青混凝土拌和机、TITAN423型沥青混凝土摊铺机、HTH5000型水泥混凝土摊铺机、DD110L型沥青混凝土压实设备、PY190型平地机、SK220型挖掘机、TY320型推土机、YZ20B型振动压路机、KP3500型钻机、DF40—100型自行式架桥机、SPY100型水泥混凝土泵车、1×B353E型隧道凿岩车等机械设备180余台套和现代化中心实验室。

从1992年进入高等级公路建设市场以来，公司先后参与和承建湖南省长潭、长益、临长、常吉、衡枣、益沅，云南永武，甘肃罗定、甘肃平定、河南焦桐等高等级公路和湘阴湘江大桥等工程建设。在建的主要工程有四川达陕高速公路第13合同段、湖南张花高速公路第29合同段、湖南怀通高速公路第31合同段、湖南通平高速公路第12合同段、河南郑州西绕城高速等高等级公路建设。1998年被评为湖南省百强施工企业；1999年被省政府授予重点建设施工先进单位；自1998年以来连续七年荣获湖南省重合同守信用企业称号，2003年被市政府评为信贷诚信企业，2009年被湖南银行业协会评为信贷诚信企业，2010年被中国建筑业企业联合会评为中国建筑业优秀百强企业，公司总经理邓湘阳被评为中国建筑业50位杰出贡献企业家。

公司按照立足省内，面向省外，走向全国的经营宗旨，坚持以发展为主线，以改革为动力，不断创新工作思路，以精品工程开拓路桥市场。转变工作思路，在走内强外联发展道路的同时，充分利用养护一级资质资源，大力开拓高速公路养护市场，取得临长高速公路岳阳段、衡枣高速公路、莲易高速公路等养护业务，拓宽公司业务范围，朝一元为主、两翼并举的发展道路上迈出了坚实一步。公司坚持强化管理强企的理念，全面推行质量、环保、职业健康和安全ISO三位一体管理体系认证工作，提升公司各项管理水平，逐步建立现代企业管理体系。一系列战略合作的实施和企业文化的导入，公司正以一流的管理水平、一流的工程质量、一流的施工技术为国家公路事业做出新的贡献。

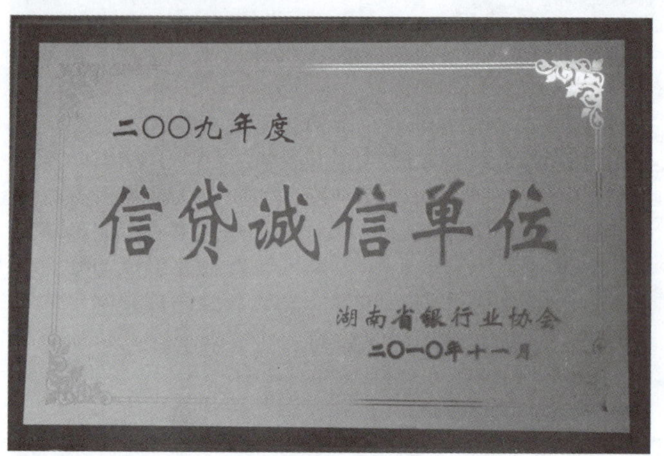

通衢兴路公司承建的长潭高速公路（通衢兴路公司　供稿）

责任编校　龚英明

统计资料

STATISTICAL DATA

表27

2010年岳阳市行政区及基层组织

单位：个

	街道办事处	乡	镇	居委会	村委会
全市合计	22	60	96	391	3076
岳阳楼区	14	4	1	97	13
云 溪 区	1	2	5	21	66
君 山 区	1	0	6	15	88
岳 阳 县		8	12	42	557
华 容 县		8	12	38	395
湘 阴 县		7	12	49	405
平 江 县		11	16	34	773
汨 罗 市	1	15	19	29	378
临 湘 市	2	5	13	36	280
屈原管理区				9	51
经济技术开发区				10	70
南湖风景区	3			11	

（市民政局　供稿）

表28

2010年岳阳市土地利用现状一级分类面积

单位：公顷

	耕地	园地	林地	草地	城镇村及工矿用地	交通运输用地	水域及水利设施用地	其他土地	总计	未利用地	其他农用地
地类代码	01	02	03	04	20	10	11	12			
岳阳市合计	351357.59	65178.65	587711.93	10228.35	98735.64	26179.26	319265.99	27121.32	1485778.73	232920.7	119303.81
岳阳楼区	8859.41	2785.40	11905.33	505.56	9170.15	1281.04	5043.43	1210.23	40760.55	3131.98	3227.92
云溪区	8947.94	1502.11	13489.42	298.12	3564.14	904.39	8092.79	993.21	37792.12	5802.47	3409.38
君山区	26876.84	1099.89	4943.87	158.20	5217.13	1972.88	22070.47	370.34	62709.62	14196.16	8349.5
岳阳县	49040.17	4069.68	88987.29	3173.68	13101.91	3637.99	113086.55	5886.09	280983.36	98107.45	19992.3
华容县	71495.41	9030.31	19200.57	318.03	12690.96	3126.09	42190.76	1045.69	159097.82	22826.9	20585.88
湘阴县	42039.90	13266.11	18119.49	1012.45	10406.66	3184.44	64871.96	1245.43	154146.44	48043.82	19100.15
平江县	56265.14	16018.06	283762.49	3381.91	20493.18	4869.76	16658.60	9993.85	411442.99	14417.19	17029.16
汨罗市	49747.61	7824.85	60816.00	422.03	15424.53	4837.22	25087.94	2824.87	166985.05	12512.21	16204.66
临湘市	38085.17	9582.24	86487.47	958.37	8666.98	2365.45	22163.49	3551.61	171860.78	13882.52	11404.86

表29

2009～2010年全市总产出

单位：万元

	按当年价格计算		按可比价格计算		2009年发展速度（%）	2010年发展速度（%）
	2009年	2010年	2009年	2010年		
总产出	27905316	34826287	25616064	29904960	114.0	116.7
第一产业	2990017	3264190	2838648	3115010	112.9	109.7
农业	1282977	1501145	1266182	1329359	112.2	105.0
林业	86844	95441	80499	90879	111.1	112.9
蓄牧业	1112337	1099891	1074522	1158880	113.6	107.9
渔业	470471	526027	387457	494206	112.9	127.6
农林牧渔服务业	37388	41686	29988	41686	118.6	139.0
第二产业	17602549	22623215	16353247	19449493	114.3	118.9
工业	15656187	20301204	14607223	17366485	113.9	118.9
采掘业	419368	543789	365910	412746	111.6	112.8
制造业	14531950	18843420	13719722	16353909	114.1	119.2
电力、煤气及水的生产和供应业	704869	913995	521591	599830	109.8	115.0
建筑业	1946362	2322011	1746024	2083008	118.2	119.3
第三产业	7312750	8938882	6424169	7340457	113.7	114.3
交通运输、仓储和邮政业	922618	1135816	843807	964070	113.6	114.3
交通运输和仓储业	907400	1117379	828903	945633	113.7	114.1
邮政业	15218	18437	14904	18437	107.5	123.7
信息传输、计算机服务和软件业	506986	561791	492793	546064	108.6	110.8
信息传输	283285	313907	268355	297363	105.8	110.8
计算机服务和软件业	223701	247884	224438	248701	112.1	110.8
批发和零售业	1339953	2165355	1147419	1430843	125.4	124.7
住宿和餐饮业	732906	870371	531226	654320	118.8	123.2
金融业	413553	444569	340681	364859	108.1	107.1
银行业	286479	305591	258659	276915	108.8	107.1
证券业	40611	49153	21784	24866	103.5	114.1
保险业	83263	86485	58521	60786	104.8	103.9
其他金融活动	3200	3340	1717	2292	108.5	133.5
房地产业	461190	526661	412108	448003	111.1	108.7
房地产开发经营	110767	129865	109545	121432	112.4	110.9
其他房地产活动	59213	76348	31763	36955	107.2	116.3
城镇居民自有住房	153176	167915	142397	150941	111.0	106.0
农村居民自有住房	138034	152533	128403	138675	111.1	108.0
租赁和商务服务业	643973	730078	589179	662237	111.2	112.4
科学研究、技术服务和地质勘查业	200035	206483	136169	138892	114.8	102.0
水利、环境和公共设施管理业	99804	103022	92206	95894	105.0	104.0
居民服务和其他服务业	532185	603345	491671	557414	108.7	113.4
教育	380677	392949	351697	379833	110.9	108.0
卫生、社会保障和社会福利业	289256	298580	267235	279261	126.6	104.5
文化、体育和娱乐业	158374	179550	144792	160350	104.5	110.7
文化、体育	47598	53961	38526	39874	104.1	103.5
娱乐业	110776	125589	106266	120476	104.6	113.4
公共管理和社会组织	631240	720312	583186	658417	106.2	112.9

表30

2010年岳阳市分县、市、区地区生产总值

（按支出法、当年价格计算）

单位：万元

	全市	市区	岳阳楼区	经济技术开发区	南湖风景区	云溪区	君山区
生产总值	15393575	6361478	1287817		172916	674237	630508
最终消费	8825355	3635761	765480		83289	168559	311649
居民消费	6514682	2291381	634934		65869	134847	226504
农村居民	2214227	544480	138734			74915	59581
城镇居民	4300455	1746901	496200		65869	59932	166923
政府消费	2310673	1344380	130546		17420	33712	85145
资本形成总额	6531123	2546231	529726		89627	337119	317279
固定资本形成总额	5592208	1626585	317835		88749	224746	312683
存货增加	938915	919646	211891		878	112373	4596
货物和服务净出口	37097	179486	-7389			168559	1580

续表30

	岳阳县	华容县	湘阴县	平江县	汨罗市	临湘市	屈原管理区
生产总值	1356338	1652830	1587368	1169663	1649361	1155185	461353
最终消费	879128	666346	805320	935730	1119376	716214	164601
居民消费	757473	576450	596199	804728	868745	670589	127206
农村居民	406412	262589	301947	506979	343362	353928	34205
城镇居民	351061	313861	294252	297749	525383	316661	93001
政府消费	121655	89896	209121	131002	250631	45625	37395
资本形成总额	474260	953183	761936	526348	519444	438971	183483
固定资本形成总额	373714	855440	573215	463186	358240	207875	151395
存货增加	100546	97743	188721	63162	161204	231096	32088
货物和服务净出口	2950	33301	20112	-292415	10541		113269

表31

2010年岳阳市分县、市、区最终消费

（按当年价格计算）

单位：万元

	全市	市区	岳阳楼区	经济技术开发区	南湖风景区	云溪区	君山区
最终消费支出	8825355	3635761	765480		83289	168559	243364
一、居民消费支出	6514682	2291381	634934		65869	134847	156754
（一）农村居民	2214227	544480	138734			74915	41026
1. 食品类支出	531798	141738	41660			10360	19090
2. 衣着类支出	138188	31627	9296			6984	4005
3. 居住类支出	292068	155763	45782			6960	5212
4. 家庭设备. 用品及服务类支出	167919	24679	4940			8809	2545
5. 医疗保健类支出	123177	29496	8283			3275	1595
6. 公共医疗消费支出	184418	35872	10543			798	
7. 交通和通信类支出	219943	53149	15622			1545	3677
8. 文化教育娱乐及服务类支出	124534	5455				3056	4264
9. 对金融媒介服务支出	36048	7441	1416			3567	
10. 自有住房服务虚拟支出	170575	6419				3134	
11. 其他商品和服务支出	225559	52841	1192			26427	638
（二）城镇居民	4300455	1746901	496200		65869	59932	115728
1. 食品类支出	1143188	428671	134546		17260	13408	40649
2. 衣着类支出	388206	171237	24622		7998	7980	20158
3. 居住类支出	322573	491345	167422		10279	8263	9823
4. 家庭设备. 用品及服务类支出	255363	85960	14287		5415	7821	13350
5. 医疗保健类支出	510959	68538	37573		4978	643	8415
6. 公共医疗消费支出	344444	135641	59120		6302	435	
7. 交通和通信类支出	448173	154573	12708		456	821	10977
8. 文化教育娱乐及服务类支出	495303	70553	2993		571	328	11681
9. 对金融媒介服务支出	14664	16618	36036		7810	316	
10. 自有住房服务虚拟支出	181063	31881	3674		321	4062	
11. 实物收入消费支出	52742	20905			2083	3782	
12. 其他商品和服务支出	143777	70979	3219		2396	12073	675
二、政府消费支出	2310673	1344380	130546		17420	33712	86610

续表31

	岳阳县	华容县	湘阴县	平江县	汨罗市	临湘市	屈原管理区
最终消费支出	879128	666346	805320	935730	1119376	716214	164601
一、居民消费支出	757473	576450	596199	804728	868745	670589	127206
（一）农村居民	406412	262589	301947	506979	343362	353928	34205
食品类支出	126430	81589	148896	248419	166576	168874	16594
衣着类支出	74534	11231	16813	30418	19109	16947	1904
居住类支出	98613	61870	30126	30418	33131	46101	3300
家庭设备、用品及服务类支出	45429	24585	13625	25348	15452	19496	1539
医疗保健类支出	2127	13282	20152	25348	21760	13888	2168
公共医疗消费支出	13499	18499	31776	40558	31257	21260	3114
交通和通信类支出	11497	34059	35168	65907	39980	64664	3983
文化教育娱乐及服务类支出	667	173	374		2488		248
对金融媒介服务支出	264	260	220		926		92
自有住房服务虚拟支出	23758	10807	1881		2122		211
其他商品和服务支出	9594	6234	2916	40563	10561	2698	1052
（二）城镇居民	351061	313861	294252	297749	525383	316661	93001
食品类支出	108235	125107	122477	119099	192792	102336	34127
衣着类支出	64797	30575	36655	32752	75246	32690	13320
居住类支出	80268	23280	25352	32752	38033	39630	6732
家庭设备、用品及服务类支出	46148	16001	14830	23819	27515	19620	4871
医疗保健类支出	4665	14644	12667	17864	15731	27405	2785
公共医疗消费支出	13501	40678	26671	32752	42170	57597	7465
交通和通信类支出	2144	142	166		14182		2510
文化教育娱乐及服务类支出	532	479	478	8932	3987		706
对金融媒介服务支出	18353	32036	29661	23819	26723	27255	4730
自有住房服务虚拟支出	4627	17864	9471		22902		4054
实物收入消费支出	2094	3589	9819		25351		4487
其他商品和服务支出	5697	9466	6005	5960	40751	10128	7214
二、政府消费支出	121655	89896	209121	131002	250631	45625	37395

表32

2010年全市地方财政收入

单位：万元

科　　目	2009	2010	增幅%
一、税收收入	267833	298824	11.6
增值税	67580	59261	-12.3
营业税	91923	88271	-4.0
企业所得税	10963	14044	28.1
企业所得税退税			
个人所得税	10492	11918	13.6
资源税	756	2628	247.6
固定资产投资方向调节税			
城市维护建设税	29004	32180	11.0
房产税	9704	12484	28.6
印花税	4359	5253	20.5
城镇土地使用税	4801	13386	178.8
土地增值税	1320	6913	423.7
车船税	2521	3286	30.3
耕地占用税	16628	23247	39.8
契税	17782	25953	46.0
烟叶税			
其他税收收入			
二、非税收入	168834	220166	30.4
专项收入	26948	27840	3.3
行政事业性收费收入	53759	68562	27.5
罚没收入	34097	35006	2.7
国有资本经营收入	3822	8371	119.0
国有资源（资产）有偿使用收入	28764	45610	58.6
其他收入	21444	34777	62.2
一般预算收入	436667	518990	18.9

表33

2010年全市地方财政支出

单位：万元

科目	2009	2010	增幅%
一、一般公共服务	181970	205746	13.1
二、外交			
三、国防	2387	3142	31.6
四、公共安全	71646	104324	45.6
五、教育	244301	277402	13.5
六、科学技术	15692	18844	20.1
七、文化体育与传媒	16000	20603	28.8
八、社会保障和就业	235585	302445	28.4
九、医疗卫生	101079	143501	42.0
十、环境保护	33306	53916	61.9
十一、城乡社区事务	75077	116447	55.1
十二、农林水事务	162713	198697	22.1
十三、交通运输	49674	68907	38.7
十四、采掘电力信息等事务	30865	47470	53.8
十五、粮油物资储备管理等事务	27922	5709	-79.6
十六、金融监管支出	180	1277	609.4
十七、工业商业金融等事务		40906	
十八、地震灾后恢复重建支出			
十九、预备费			
二十、国债还本付息支出	12287	10459	-14.9
二十一、其他支出	58439	99208	69.8
本年支出合计	1319123	1719003	30.3

表34

2010年全市社会消费品零售总额

单位：万元

指标名称	2009	2010	增幅%
社会消费零售总额	4311585	5072328	17.6
一、按销售单位所在地分			
市	2876523	2681132	–6.8
县	672476	1863992	177.2
县以下	762587	527203	–30.9
二、按行业分组			
批发业	649233	717598	10.5
零售业	3191300	3467366	8.7
住宿及餐饮业	418901	887364	111.8
其他	52152	—	—

表35 2010年分县市区规模以上工业增加值及销售产值

单位：个、万元

	单位个数		规模工业增加值			规模工业销售产值	
	2010年	2009年	2010年	2009年	±%	2010年	2009年
总计	1389	1309	7854582	5534836	23.0	27245460	19817101
市直	23	24	1816894	1397016	14.7	6105027	5065677
岳阳楼区	50	49	479730	308255	17.3	1745615	1095728
云溪区	111	110	326182	210448	29.3	1050319	735214
君山区	60	59	251828	157554	29.0	852823	568572
岳阳县	144	128	500227	366498	28.9	1925907	1324003
华容县	150	143	713402	517184	27.5	2640429	1865459
湘阴县	149	128	818365	521344	28.6	2626565	1751305
平江县	151	134	395445	234219	27.1	1266283	841073
汨罗市	236	233	802663	611839	27.3	3026648	2205196
临湘市	131	123	617626	396637	27.0	2026764	1433213
经济技术开发区	128	126	798466	545703	24.2	2684916	1966240
南湖度假区	20	19	50540	40241	2.4	155416	142983
屈原管理区	36	33	283215	227897	24.4	1138747	822437

（本栏供稿　易　万）

责任编校　龚英明

文献法规

DOCUMENTS, LAWS AND REGULATIONS

岳阳市中心城区经济适用住房货币补贴实施方案

岳阳市流动人口服务和管理暂行办法

岳阳市中心城区经济适用住房货币补贴实施方案

（岳政办发〔2010〕3号，2010年1月23日）

为切实解决我市城区低收入家庭的住房困难，加快推进经济适用住房市场化运作进程，根据国务院《关于解决城市低收入家庭住房困难的若干意见》（国发〔2007〕24号）、建设部国家发展改革委监察部财政部国土资源部人民银行税务总局《关于印发<经济适用住房管理办法>的通知》（建住房〔2007〕258号）、省委办公厅省政府办公厅《关于促进房地产市场稳定健康发展的若干意见》（湘办发〔2008〕18号）有关规定，结合我市实际，制定本方案。

一、总体要求、基本原则和目标任务

（一）总体要求。

改革经济适用住房保障方式，由实物分配改为货币分配，由暗补改为明补，实行住房建设市场化，购房自主化，补贴货币化，通过发放经济适用住房货币补贴，支持保障对象以自主购房的方式解决住房问题。通过改革，更好地维护社会公平，防止国有资产流失，促进房地产市场健康发展，提升城市品位。

（二）基本原则。

坚持公开、公平、公正，以货币补贴为主，先购后补、不购不补，分期分批解决，租住公房和廉租住房的先退后补，已享受其它住房货币补贴的不再补贴，购买无资质开发经营的房屋不予补贴的原则。

（三）目标任务。

通过发放经济适用住房货币补贴的方式，力争五年内全面解决经济适用住房历史积压保障对象的住房问题；新增经济适用住房保障对象逐年运用货币补贴的方式予以保障，有效改善居民居住条件。

二、补贴范围和对象

经济适用住房货币补贴的范围为：市直行政、企事业单位和岳阳楼区、岳阳经济开发区、南湖风景区范围内区属行政、企事业单位、街道办事处具有城市非农业户口的低收入家庭的无房户和住房困难户。

补贴对象分为家庭申请人和单身申请人。家庭申请人指符合法定结婚年龄已办理结婚登记的夫妇组成的家庭、离异或丧偶带子女的单亲家庭；单身申请人指年满30周岁（含）以上的未婚人员、离异两年以上或丧偶不带子女的人员。

申请人必须同时符合下列条件：

（一）具有市中心城区非农业常住户口5年以上。符合本市安置条件的军队转业退役人员不受年份限制。

城市一角　　（杨一九　摄）

（二）无房户或住房困难户。无房户指未享受过福利分房、未购买经济适用住房和商品房、未参加过集资建房、无私房的家庭；住房困难户指家庭人均住房建筑面积低于16平方米或家庭住房建筑面积低于50平方米。

（三）低收入家庭。指家庭人均可支配收入低于我市上年度中心城区居民家庭人均可支配收入的70%。

经济适用住房货币补贴对象的收入标准和住房困难标准，由市人民政府根据实际情况确定，实行动态管理。

以前享受过福利分房、购买了经济适用住房和商品房、参加了集资建房、有私房的家庭以及享受过住房货币补贴（包括军队转业干部在转业时享受了住房货币补贴的）的对象，不再给予经济适用住房货币补贴。

三、补贴标准

结合我市商品房与经济适用住房差价以及国家规定的经济适用住房保障面积确定，2010年补贴标准为：低收入无房家庭每户补贴4万元；低收入住房困难家庭和棚户区改造及政府重点工程拆迁中的无房户每户补贴3万元。今后的补贴标准，由市政府根据实际情况适时调整，并向社会公布。

四、补贴资金来源

经济适用住房货币补贴资金，由市财政列入年度预算。岳阳楼区、岳阳经济开发区、南湖风景区区属行政事业单位的补贴资金，由各区财政自行解决。

五、实施程序

（一）公布方案。市房地产部门根据市政府确定的经济适用住房货币补贴年度计划安排，拟定经济适用住房货币补贴年度方案并向社会公布，方案内容包括补贴对象的条件、户数、时间安排等。

（二）申请登记。凡符合条件的经济适用住房保障对象，可在经济适用住房货币补贴年度方案规定的时间内向户籍所在地的街道办事处申请登记，填写《岳阳市中心城区经济适用住房货币补贴审批表》，并提交以下材料的原件及复印件：

1、户籍证明、家庭成员身份证明。

2、住房情况证明。

3、婚姻状况证明。

4、由所在单位或街道办事处出具的收入情况证明。家庭收入按上年度家庭人均可支配收入核定，包括工薪收入、经营净收入、退休金收入和其它收入，并扣除缴纳所得税和社会保障支出。

5、审核部门认为需要提供的其它材料。

（三）审查发证。

1、对申请材料齐全的，街道办事处接受申请后，应通过入户调查、邻里访问、查阅相关部门资料及信函索证等方式进行调查核实，对符合条件的申请家庭报所在区房地产管理部门初审。

市税务、劳动保障、工商、民政、住房公积金、公安等部门应配合做好收入核定的相关工作，申请人和有关单位及个人应配合调查，如实反映情况。

2、区房地产管理部门应当在10个工作日内完成初审，对符合条件的，在户籍地及居住地社区予以公示（有工作单位的还应在工作单位公示），公示内容包括申请者姓名、家庭人口、家庭收入及住房情况，公示期限为15天；公示无异议的报市房改办复审，对不符合条件的，应当及时通知申请人。

3、市房改办复审合格，并经市房地产局批准后，发给货币补贴凭证，并建立申领货币补贴家庭（个人）档案。申请货币补贴的户数多于当年补贴计划户数时，以公开摇号方式确定补贴对象。

棚户区改造和政府重点工程拆迁户中符合经济适用住房保障对象的，按程序凭拆迁协议和经审查批准的《岳阳市中心城区经济适用住房货币补贴审批表》到市房改办领取货币补贴凭证。

（四）自主购房。领取经济适用住房货币补贴凭证的保障对象，应在发证之日起一年内在市中心城区范围内自主选择购买成套商品房或二手房一套，户型建筑面积最小不得低于60平方米，最大不得超过144平方米。一年内未购买住房的，货币补贴凭证作废。需要继续享受经济适用住房货币补贴的，应当重新申请。

（五）发放补贴。购买预售商品房的，凭身份证、补贴凭证、首付款收据及商品房备案合同或预告登记到市房改办办理补贴发放手续；购买商品房现房、二手房的，在产权过户后，凭“房屋所有权证”、“土地使用证”及产权交易的契税发票等有效凭证到市房改办办理补贴发放手续。

岳阳楼区、岳阳经济开发区、南湖风景区的区属行政事业单位的经济适用住房货币补贴，由区政府（管委会）按市房改办的补贴发放通知办理，并将办理情况报市房改办备案。

（六）房源保障。规划部门要规划设计一定比例的中小户型普通商品房，以满足低收入家庭购房需求。房地产管理部门在“岳阳房地产网”公布房源信息，供购房者选购。

六、产权处置

利用货币补贴购买的房屋，其产权性质为经济适用住房，购房人拥有房屋有限产权。新购住房的“房屋所有权证”加注“已发放经济适用住房货币补贴”字样。产权人全额退还经济适用住房货币补贴款项的，拥有房屋完全产权。

通过货币补贴购买的住房上市交易时，其享受经济适用住房货币补贴的产权人须全额退还补贴款项；领取经济适用住房货币补贴购买住房后再购买其它住房的（含继承、受赠住房产权的），须全额退还补贴款项。退回的补贴款项由市房地产局在交易环节代扣代缴到市财政。

七、资金管理

市房改办按月将审核批准的“岳阳市中心城区经济适用住房货币补贴审批表”及“岳阳市中心城区经济适用住房货币补贴发放明细表”报市财政局，由市财政局实行国库集中支付。

八、其它

（一）本方案施行前已申请并取得购买经济适用住房资格的购房申请人，可继续购买已经市人民政府批准建设的经济适用住房，不再享受经济适用住房货币补贴政策；选择申请享受经济适用住房货币补贴的，应当按照本方案规定重新申报。本方案实施后申请经济适用住房保障的，原则上只能享受经济适用住房货币补贴政策。

（二）建立举报查处制度。设立举报电话（市房改办：0730-8880438），对冒领补贴者和提供虚假证明的单位由监察和房地产等部门严肃查处。

（三）严格落实责任追究制度。工作人员在审查和监督管理中玩忽职守、滥用职权、徇私舞弊的，严格追究责任；构成犯罪的，依法追究刑事责任。

（四）市房地产部门负责全市经济适用住房货币补贴工作的统一监督管理，并可根据本方案拟订实施细则，报市政府批准后实施。

（五）本实施方案自公布之日起施行。中央和省属驻岳行政、企事业单位及云溪区、君山区可参照执行。

岳阳市流动人口服务和管理暂行办法

（岳政发〔2010〕13号，2010年7月27日）

第一章 总 则

第一条 为维护社会秩序，规范流动人口服务和管理，保障公民合法权益，构建和谐社会，促进经济协调发展，根据《湖南省流动人口服务和管理规定》（省人民政府令第238号），制定本办法。

第二条 本办法所指流动人口是指离开常住户口所在地县级行政区域到本市其他县、市、区居住的人员。但离开市辖区到本市其他市辖区居住的人员除外。

第三条 本市流动人口服务和管理坚持以构建社会主义和谐社会为目的，以社会效益和工作效益为导向，做到公平对待、搞好服务、合理引导、完善管理。

第四条 县级以上人民政府领导本行政区域内的流动人口服务和管理工作，组织公安、房地产、人口和计划生育、人力资源和社会保障、教育、卫生、税务等相关部门，建立流动人口服务管理工作机制，依照职责分工负责流动人口服务管理的相关工作。

乡镇人民政府、街道办事处受县级人民政府及其工作部门委托，具体组织实施流动人口综合服务管理工作，村（居）民委员会予以协助。

第二章 机构与职责

第五条 县级以上人民政府成立流动人口服务管理工作领导小组，领导小组办公室设公安部门人口与出入境管理机构，并履行以下职责：

（一）贯彻实施流动人口服务管理的相关法律、法规，结合实际研究制定加强对流动人口服务管理工作的措施，并组织实施；

（二）协调指导、督促检查流动人口服务管理工作，并组织考核、奖惩；

（三）涉及流动人口管理服务的其他工作。

第六条 街道和县（市）城关镇、重要商贸集镇设立流动人口服务管理中心(以下简称服务管理中心)，社区设立流动人口服务管理工作站。服务管理中心(站)受政府有关职能部门委托和指导，负责本辖区流动人口的日常服务管理工作，具体履行下列职责：

（一）受理流动人员暂住登记、“居住证”申请和代发工作，受房地产、人口与计划生育部门委托受理流动人口租赁房屋登记备案申请和计划生育证查验工作；

（二）采集、登记和录入流动人口及其租赁房屋信息，并建立本辖区流动人口及其租赁房屋的档案、台帐；

（三）对辖区内流动人口及其租赁房屋进行日常管理、检查和服务；

（四）开展对辖区流动人口的计划生育管理服务；

（五）调处或协助有关部门调处涉及流动人口的治安、民事纠纷，化解矛盾，维护流动人员合法权益；

（六）其他服务管理工作。

第七条 公安部门负责出租房屋的治安管理工作。负责督促房屋出租人签订治安责任状，了解掌握房屋承租人变动情况，登记出租房屋中的暂住人口，开展经常性的出租房屋治安检查，清除治安隐患；指导村(居)民委员会、社会治安辅助力量协助开展出租房屋和暂住人口治安管理工作；根据工作需要，委托乡镇人民政府、街道办事处与出租房主签订房屋出租治安责任状，办理暂住登记和居住证受理和发放等工作。

第八条 房地产部门负责房屋租赁登记备案工作。加强和完善房屋租赁登记备案和日常管理工作，加强对房屋租赁中介机构的管理，规范房屋租赁中介机构行为，保护租赁当事人的合法权益。

第九条 人口和计划生育部门负责加强对出租房屋中的流动人口计划生育情况的检查、指导，委托乡镇人民政府、街道办事处和村（居）民委员会与房主签订计划生育责任状，每月与当地公安部门互通流动人口情况。

第十条 地税部门负责出租房屋税收征管工作，对私人住房出租月租金收入达到营业税法定起征点的，其营业税、城建税、教育费附加、地方教育费附加、房产税、个人所得税，岳阳市城区、汨罗市、临湘市城区暂按6.6725%合并征收，平江县、岳阳县、华容县、湘阴县、屈原管理区城区暂按6.6425%合并征收，乡镇暂按6.5825%合并征收；土地使用税和印花税单独征收。对企事业单位和组织出租房屋、门店及私人出租非住房，依照现行税收法律、法规规定的税种、税目、税率征收管理。

第三章　流动人口服务

第十一条　县级以上人民政府应当加强流动人口信息系统建设，建立流动人口信息资源共享机制，方便流动人口办理务工、购房、租房、社会保障等事务。

第十二条　禁止针对流动人口就业设置歧视性限制，禁止干涉用人单位合法招用流动人口，禁止针对流动人口就业或者用人单位招用流动人口设置收费项目。

第十三条　各级人民政府人口和计划生育行政部门应当向育龄流动人口宣传人口和计划生育政策法规和避孕节育、生殖保健、优生优育知识，提供与常住人口同等待遇的计划生育服务。

已婚流动人口拟在居住地生育第一个子女并符合国家有关条件的，可以向居住地乡镇人民政府、街道办事处申请生育证。

第十四条　县级以上人民政府应当科学确定流动人口落户条件，公安机关应当及时为申请落户并符合落户条件的流动人口办理户口迁移手续，并按月向人口和计划生育部门通报相关信息。

流动人口可以在居住地申领机动车驾驶证、办理机动车登记。

公安机关应当及时受理、调处涉及流动人口的治安纠纷。

第十五条　县级以上人民政府有关部门对流动人口的投诉，应当及时处理，不得拖延、推诿；对不属于本部门职责范围内的投诉，应当及时向流动人口告知有权处理的部门。

第十六条　流动人口在社会主义建设事业中做出突出贡献的，由当地人民政府或有关部门给予表彰、奖励。

第十七条　县级以上人民政府设立的公共就业服务机构应当对有就业愿望的流动人口免费提供就业政策法律咨询和职业信息、职业指导、就业登记等服务；人力资源和社会保障行政部门应当监督用人单位维护流动人口的合法权益。

流动人口可以在居住地参加专业技术任职资格考试、职业（执业）资格考试或者鉴定，按照相关规定享受职业培训和职业鉴定补贴。鼓励考试、鉴定机构对经济困难的流动人口减免考试、鉴定费用。

第十八条　县级以上人民政府教育行政部门应当将流动人口义务教育纳入当地教育事业发展规划，指导和督促中小学校做好流动人口义务教育工作，保障流动人口享有与常住人口平等接受义务教育的权利。

第十九条　县级以上人民政府卫生行政部门应当在流动人口中开展妇女儿童健康教育和艾滋病、结核病等重大传染病防治工作，向流动人口提供与常住人口同等待遇的预防接种和传染病防治服务，并对流动人口集中的公共场所定期开展卫生监督检查。

第二十条　用人单位应当遵守劳动法律、法规，与招用的流动人口签订劳动合同，为流动人口提供安全卫生的劳动环境、办理工伤保险和其他依法参加的社会保险、及时支付劳动报酬，保障流动人口的合法权益。

第二十一条　用人单位为流动人口提供的饮食、居住场所应当符合国家规定的卫生、安全条件。

鼓励当地人民政府兴建供流动人口集中居住的廉租住房。

第二十二条　用人单位应当依法保障流动人口参加和组织工会的权利。在工会活动中，流动人口享有与常住人口同等的权利。

第二十三条　县级以上人民政府司法行政部门应当组织开展流动人口法制宣传教育和纠纷调解工作，引导流动人口依法维护合法权益。

法律援助机构应当及时为经济困难的流动人口提供法律援助；对务工的流动人口申请支付劳动报酬和工伤赔偿的案件，不再审查其经济条件。

第四章　流动人口管理

第二十四条　实行流动人口暂住登记制度。

流动人口应当按照下列规定进行暂住登记，并由登记责任人或者单位在登记后3日内，向当地公安机关和街道、乡镇及社区的服务管理中心（站）申报：

（一）流动人口租住房屋的，由房屋出租人在流动人口入住时进行登记；

（二）流动人口就业并由用人单位提供住所的，由用人单位在流动人口受聘时进行登记；

（三）流动人口就学并在学校住宿的，由学校在流动人口入学时进行登记；

（四）流动人口在救助机构住宿的，由救助机构在流动人口入住时进行登记；

（五）其他1 6周岁以上的流动人口，由提供住宿的单位、个人在流动人口入住时进行登记。

流动人口在宾馆、酒店、旅店、招待所等旅馆住宿的，按照国家有关规定进行住宿登记，并将登记信息报送当地公安机关和服务管理中心（站）。

第二十五条　申报流动人口暂住登记，应当提供流动人口身份证件复印件、住所证明。流动人口是育龄妇女的，还需提供户口所在地人口和计划生育部门签发的流动人口婚育证明。

第二十六条　实行流动人口居住证制度。

对拟居住30日以上年满1 6周岁的流动人口，在申报暂住登记后7日内，由辖区服务管理中心（站）按要求采集、录入流动人口相关信息，并由公安机关或由公安机关通过乡镇人民政府、街道办事处发给“居住证”。流动人口凭“居住证”在居住地享受相关服务，办理相关手续。

第二十七条　“居住证”有效期分为1年、3年、5年。有效期满后需要继续居住的，应在有效期届满前办理延期手续。居住地址发生变更的，应在7日内办理变更登记。办理暂住登记和发放“居住证”不收取费用，所需费用由财政列支。

第二十八条　实行房屋租赁登记备案制度。

房屋出租人向流动人口出租房屋，应当签订房屋租赁合同，并在签订房屋租赁合同之日起3日内，持下列材料到当地房地产部门或通过服务管理中心（站）向房地产部门办理登记备案手续：

（一）房屋租赁登记备案申请书；

（二）房屋所有权或者使用权证明以及临时建筑报建审批材料；

（三）房屋租赁合同；

（四）房屋出租人身份证明；

（五）房屋承租人以及与承租人共同居住者的身份证件复印件；

（六）出租委托代管房屋的，还需提交委托人授权出租的证明；

（七）出租共有房屋的，还需提交其他共有人同意出租的证明；

（八）承租人为境外人员的，还需提交公安机关签发的居留证件；

（九）其他需要提交的文件、资料。

第二十九条　流动人口承租房屋，应当如实说明租住人数，出示身份证件，填写承租人员信息登记表；共同居住人员发生变更的，及时告知房屋出租人。

第三十条　对符合房屋租赁登记备案条件的，房地产部门自受理登记备案申请之日起10日内予以登记，并颁发“房屋租赁证”。

第三十一条　房地产部门或服务管理中心应当定期或者不定期对房屋租赁情况进行检查。

房地产部门和服务管理中心（站）工作人员对房屋租赁情况进行监督检查时，应出示相关证件。房屋租赁当事人及物业管理单位应予以配合，如实提供有关资料，不得隐瞒或者弄虚作假。

第五章　工作保障

第三十二条　各级财政部门应当按照本地工作实际，通过财政预算安排一定经费用于服务管理中心(站)开展流动人口服务管理工作，保障基层工作需要。

服务管理中心(站)在为流动人口房屋和出租户提供服务过程中，按规定收取的费用全部作为服务管理中心(站)的经费。

第三十三条　流动人口服务管理工作纳入县（市、区）、乡镇(街道)社会治安综合治理、人口和计划生育工作目标管理责任制年度考评。

市社会治安综合治理委员会和市流动人口服务管理工作领导小组结合年度社会治安综合治理考评，对各县、市、区及其辖区内相关乡镇、街道的流动人口服务管理工作进行考核。

第三十四条　鼓励有条件的街道和社区依法依规开展房屋出租中介信息服务。

第六章　法律责任

第三十五条　各级政府及其工作部门的工作人员在流动人口服务管理工作中有下列行为之一的，依法给予行政处分；构成犯罪的，依法追究刑事责任：

（一）不按照本办法为流动人口提供服务；

（二）违反规定向流动人口收取费用；

（三）其他玩忽职守、滥用职权、徇私舞弊的行为。

第三十六条　违反第二十四条规定，不及时申报流动人口暂住登记的，由县级人民政府公安机关责令限期改正；逾期不改正的，处以200元以上500元以下罚款。

第三十七条　违反第二十八条规定，不及时办理房屋租赁登记备案手续的，按照国家有关规定予以处罚。

第三十八条　对违反本规定的其他行为，依法应当给予处罚的，由有关部门依法处罚。

第三十九条　本办法自2010年9月1日起施行。

（市政府办　供稿）

责任编校　龚英明

（徐建文　摄）

索 引

说 明

一、本索引采用分析索引方法，按索引条目第一字汉语拼音（同音字按声调）顺序排列。第一字相同，按第二字音排列，依次类推。

二、部类用蓝体字标明。标引词后的阿拉伯数字表示内容所在页码，数字后的拉丁字母（a、b、c）分别表示从左至右第一、二、三栏。

三、本年鉴的“榜上有名”、“统计资料”、“文献法规”等未作索引。

数 字 首

A

B

K

L

M

T

Z

岳阳经济技术开发区

工委书记、管委会主任　胡知荣

岳阳经济技术开发区于1991年1月成立，1992年4月开发建设，2010年3月晋升为国家级经济技术开发区。辖3个乡镇、2个管理处，总面积252.51平方公里，常住人口16万人。2010年，实现GDP132.71亿元，其中规模工业增加值105.19亿元，实现工业总产值414.96亿元，其中高新技术产业产值164.55亿元；完成税收收入9.34亿元。

建区以来，全区累计投入38亿元，加强水、电、路、气、通讯等基础设施建设，建成3个工业园（白石岭综合工业园、康王高科技工业园、机械材料工业园共8.53平方公里）、2个物流园（太阳桥物流园、中南物流园）、1个5.3平方公里的综合配套服务中心。岳阳经济技术开发区正强势推进高新技术产业孵化基地、木里港先进制造基地、机械材料工业园、金凤桥现代金融商贸区四大园区建设。截至2010年，全区累计实际利用内资230多亿元、外资6.6亿美元，创办规模以上工业企业150家，其中省级以上高新技术企业46家，初步形成先进制造、电子光伏、生物医药、健康食品、现代物流等五大主导产业。

中南科伦新厂落户木里港工业园

岳阳中科电气有限公司生产车间

摄影：罗卫亚

康王工业园一角

湖南岳阳国际集装箱港码头鸟瞰

湖南城陵矶临港产业新区

市委书记易炼红、市长黄兰香等市领导陪同省委书记周强在城陵矶临港产业新区考察

市委书记易炼红、市长黄兰香、副市长宋爱华陪同省长徐守盛在城陵矶临港产业新区考察

市委书记易炼红、副书记盛荣华陪同省委副书记梅克保在城陵矶临港产业新区考察

项目签约仪式现场

岳阳恒阳石化码头及液体罐区工程奠基仪式现场

繁忙的岳阳国际集装箱码头

岳阳南湖风景区

岳阳南湖风景区是1992年10月经省政府批准建立的全省首家省级旅游度假区。位于岳阳市城区南部，西傍浩瀚洞庭，东依京珠高速，北连中心城区，南面青山逶迤，总体规划面积35平方公里。区工委和管委会作为中共岳阳市委市政府派出机构，对全区实施统一有效的“准政府”管理体制，单独设置一级财政，参照行政县市区进行管理。市国土、规划、房产、环保、税务、公安、工商等职能部门在风景区均设置分局和派出机构。

南湖风景区坚持以科学发展观统领经济社会发展全局，深入贯彻党的十七大精神和中央、省委、市委的决策部署，认真落实民本岳阳执政与发展理念，按照建设“风景名胜之区、产业兴旺之区、安居乐业之区、旅游度假之区”的发展目标，以城市南延为契机，扩大开放，改善民生，经济建设和社会事业和谐稳定发展，呈现出跨越式发展的好势头。

经过多年的发展与建设，南湖风景区已拥有非常过硬的基础设施，洞庭湖国际公馆五星级园林式度假宾馆和大型城市生态体育休闲公园已经启动建设，南湖走廊即将和岳阳楼沿湖风光带形成一体，一批旅游硬件设施正在不断完善，南湖风景区连续10多年举办有世界影响的国际龙舟赛事、元宵烟花节、端午龙舟节、湖鲜美食节等活动，形成了具有岳阳特色的旅游文化。南湖风景区正在加快科学转型、全面发展，奋力创建国家级旅游度假区。

市委书记易炼红调研南湖水环境综合治理情况和项目建设进程

举办第三届金秋美食节，美食产业日益兴旺

南湖风景区经济工作会议

南湖风景区志愿者为社区老年人服务

庆祝建党90周年“颂歌献给党”大合唱

摄影：杨晨牧

平江县

平江县城全景

2010年6月28日，省委书记周强到平江考察“6·19”洪灾重建工作

市委书记易炼红到平江政务中心调研

村民领取新型农村养老保险金存折

享有湖南第一漂美誉的连云山漂流

平江工业园伍市工业区鸟瞰图

220千伏汉昌变电站

平江工业园伍市工业区污水处理厂一角

改造升级后的308省道平江段

拥有500名员工、占地180公顷、产品主要出口新加坡等地的湖南月坤农业有限公司蔬菜基地

以山雄、崖险、林奇、谷幽、水秀著称于世的幕阜山国家森林公园

华容县

市委书记易炼红等领导在副厅级干部、县委书记向伟雄，县长汪涛的陪同下到华容县考察

争创全国文明卫生县城动员大会现场

创建文明卫生县城

华容二桥

招商引资项目——海济制药

华昌纺织生产车间一角

湖南华忆科技发展有限公司

建设中的岳宜高速公路华容段

蓬勃发展的水产业

湘阴县

省委书记周强到湘阴考察全省社会主义新农村建设示范村楠竹村

省长徐守盛到湘阴考察人口与计划生育工作

生态宜居的湘阴县城

长沙城市主干道芙蓉大道北拓湘阴段开工奠基庆典

洞庭洋沙湖生态旅游度假区奠基典礼

远大可持续建筑项目签约仪式

中国（湖南）轻工产业园落户湘阴签约仪式

漕溪港千吨级码头

湘阴工业园一角

省级社会主义新农村示范村、省委书记周强联系点楠竹村

中共中央政治局委员、国务院副总理张德江在省委书记周强、岳阳市委书记易炼红的陪同下，在临湘市原桃林铅锌矿尾矿库治理调研

省长徐守盛在岳阳市委书记易炼红、市长黄兰香的陪同下，在临湘市詹桥镇指导救灾工作

临湘市

全体常委、人大主任、政协主席合影（毛知兵、龚卫国、魏新咏、喻文、王关明、李静美、孙志诚、李伍华、许永、杨林彬、羊卫东、廖祯祥、胥春华、罗春来）

2011年6月25日，中国共产党临湘市第十一届党代会隆重召开

市委书记毛知兵检查指导基层组织工作

代市长龚卫国在南华社区开展访民情工作

“十一五”时期，临湘市委、市政府团结带领全市人民，深入贯彻落实科学发展观，弘扬开拓进取，争创一流的拼搏精神，攻克特大冰灾、金融危机、洪涝灾害等一道道难关，经济社会发展取得了辉煌的成就。

市域经济全面腾飞，“十一五”期间，地区生产总值增长3倍，地方财政收入增长2倍，累计完成固定资产投资229亿元，年均增长42.9%。全市形成了“一园三区”的工业布局，并培育出陶瓷、建材、化工、农药等主导工业产业，先后引进兆邦陶瓷、海螺水泥、北控水务等一批投资过亿的重大项目，新型工业化进程不断加快。基础设施日益完善，完成大小水利工程5063处，全市100%的乡镇和99%的行政村实现了公路硬化，新农村建设成绩斐然，城乡面貌日新月异。群众实惠不断增多，各项惠农补贴政策落到实处，实事工程扎实推进，城乡低保、五保供养、优待抚恤、慈善救助等社会福利事业进一步发展壮大。社会事业统筹推进，共输送大中专院校学生1.3万余人，其中35 名学生被北大清华录取；《天狮舞世博》代表湖南参演世博会，计生手术并发症患者扶助制度临湘模式在全国推广。“十一五”期间，临湘市先后获得全国污染源普查先进单位、全国文化先进县（市）、全国农村商务信息服务工作试点先进单位、全国优质稻米优势区域县（市）和新增千亿斤粮食产能县（市）、全国防震减灾先进县（市）等多项荣誉称号。

白云湖美景

源潭镇长源村新貌

举办建党90周年红歌演唱文艺晚会

汨罗市

中共中央政治局常委李长春，中共中央政治局委员、中央书记处书记、中宣部部长刘云山视察屈子祠。屈子文化园建设得到中央、省、岳阳市领导高度重视，被定为“十二五”全省重大文化项目、全省标志性文化工程

全国粮食生产先进县

中华人民共和国农业部

二〇一〇年十二月

湖南汨罗循环经济工业园

国家“城市矿产”示范基地

国家发展和改革委员会

财政部

二〇一〇年八月

授予：湖南省汨罗市

全国政务公开工作先进单位

全国政务公开领导小组

二〇〇七年九月

2010年，汨罗循环经济工业园成功跻身全国首批七个“城市矿产”示范基地行列。2011年3月，国家发改委副主任解振华视察汨罗循环经济工业园

连续举办中国汨罗江国际龙舟节，被评为中国龙舟名城

国家级非物质文化遗产——长乐故事会

循环经济工业园

“零就业”家庭就业援助专项行动启动仪式

武广客运汨罗东站

新市镇敬老院一角

汨罗国开村镇银行

加华牛业

金成实业

汨罗江国家湿地公园

岳阳楼区

中共中央组织部部长李源潮到梅溪乡调研

区委书记李可波春节期间慰问环卫工人

区长秩励考察冷水铺路三期工程

城区新貌

岳阳市实事工程——东方红小学新校园掠影

“明灯计划”招聘培训照亮所有下岗失业人员的心

气势恢宏的首届社区文化艺术节开幕，数万市民倾情参与

爱心超市为社区低保居民带来幸福的笑容

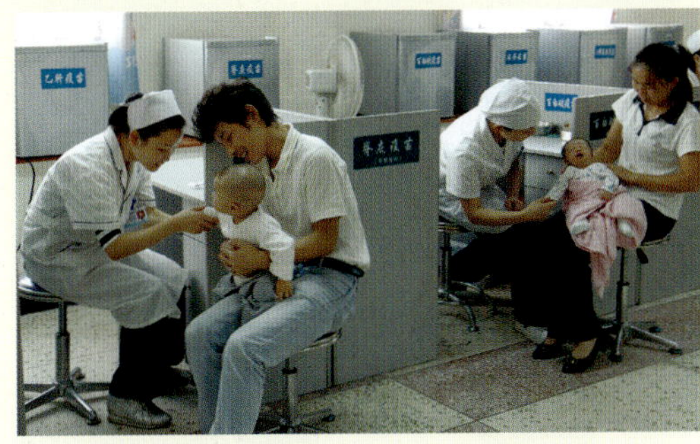
社区卫生服务逐步完善

开展深入学习科学发展观演讲比赛

社区文化一派兴旺

中国共产党岳阳市君山区第四次代表大会

新一届区委常委合影。左起：付汉家、朱燕翼、陈忠炎、卢宗仁、杨昆、赵岳平、王家树、余为、罗遥、李爱玲、余伏良

君山区

举办君山区首届湖藕文化节

2011中国（岳阳）荷花旅游节开幕式现场

摄影：龙志亮

君山经贸洽谈项目签约仪式现场

举办第五届中国湘菜美食文化节

金联星—高新科技园

金秋稻熟

国泰生产车间

湖南李记生产车间一角

云溪区

市委书记易炼红、市长黄兰香到云溪工业园中石化催化剂分公司考察

市长黄兰香、市委副书记盛荣华为长炼工业园凯美特尾气回收项目工程奠基

新一届区委常委合影。左起：陈卫成、余炯、张善保、陶伟军、陈志莲、田文静、黄建文、蒋雄波、杜宇

中国共产党岳阳市云溪区第四次代表大会隆重召开

2010年是云溪“十一五”时期发展较快、变化较大的一年。区委、区政府坚持以科学发展观统揽全局，立足提速、升级、增效、惠民，扎实开展基础设施建设年、产业优化升级年和民生改善年活动，加快推进新型工业化、新型城镇化和新农村建设，实现地区生产总值61亿元，增长16%；完成固定资产投资58.5亿元，增长40%；完成规模工业增加值26.3亿元，增长36%；完成财政总收入6.12亿元，增长29.8%；城镇居民人均可支配收入达到1.7万元，农民人均纯收入达7000元，分别增长10%和9%。特别是随着中石化炼化一体化项目及随岳高速、荆岳大桥、炼化路等一批国家、省、市重点工程加快建设，云溪工业园被评为湖南省十大最具投资价值产业园区 并跻身国家高新技术产业基地，云溪进入了“全面提速、加快发展”的新阶段。

云溪工业园全景

举办"告别陋习做文明市民"万人签名活动

荆岳长江大桥

云溪工业园科技创业中心

设施齐备的区中心敬老院

城区风貌

屈原管理区

省委书记周强在市长黄兰香、区委书记孔福建的陪同下到屈原管理区考察

省农业厅厅长田家贵到屈原管理区考察

市委书记易炼红在屈原管理区考察普利珍珠加工厂

市长黄兰香、市人大常委会主任李湘岳到屈原管理区调研

城镇建设日新月异

总投资1亿元的湖南灏东船舶有限公司建造2000～10000吨运输、工程船舶20艘，年产值达到2亿元

湖南大拇指生物药业有限公司

2010年全国水稻耕种收综合机械化水平58%屈原管理区耕种收综合机械化水平达到95%主要农作物机械化水平达到98%

正虹海原是正虹集团投资2亿元兴建的集生猪养殖、屠宰分割及高、低温肉制品加工销售于一体的现代化企业,年生产能力为屠宰生猪100万头，生产冷鲜肉3万吨、肉制品1万吨。雨润集团通过租赁正虹海原资产的方式巩固拓展湖南市场，并启动深加工项目，项目启动实现了“饲料生产—生猪养殖—肉食品加工”产业链新链接，有效整合了该区的生猪养殖优势、正虹的饲料生产优势和雨润的肉食品加工优势

集规模化、信息化、标准化、生态化、安全化于一体的现代化生猪养殖场，年出栏生猪10万头

巴陵石化公司

巴陵石化公司包括中国石化股份公司巴陵分公司（上市部分）和中国石化资产公司巴陵石化分公司（非上市部分）两个部分，是集油、化、纤、肥于一体的大型石化联合企业和国内最大的锂系聚合物、环氧树脂、己内酰胺和商品环己酮生产企业。下辖烯烃事业部、环己酮事业部、合成橡胶事业部、环氧树脂事业部、己内酰胺事业部、化肥事业部等17个直属单位。有固定资产原值113.4亿元，在岗职工10567人。主要生产装置有年产200万吨炼油、6万吨MTBE、10万吨环己酮、20万吨SBS、2万吨SEBS、4万吨顺丁橡胶、7万吨聚丙烯、10万吨烧碱、3.2万吨环氧氯丙烷、5万吨氯丙烯、4.5万吨环氧树脂、20万吨己内酰胺、60万吨尿素、15万吨硫酸、12万吨双氧水、日耗煤2000吨煤气化装置等。主要产品有汽、柴油、MTBE、溶剂油、稀释剂、环己酮、SBS、SIS、SEBS、聚丙烯、顺丁橡胶、环氧树脂、氯丙烯、环氧氯丙烷、己内酰胺、尿素、双氧水等50多种170多个牌号，分别注册“巴陵牌”、“鹰王牌”、“芙蓉牌”和“白蓉牌”商标。产品远销20多个国家和地区，企业通过了ISO 9000质量体系、HSE体系认证。2010年，公司累计生产主要炼化产品430万吨，比2009年增产59万吨，增长16%；实现不含税销售收入218亿元，增加71亿元，增长48%；整体盈利4.12亿元，增利8.5亿元；上缴税费32亿元，增加5.88亿元，增长20%，上缴税费连续4年位居湖南省第三位。

2010年7月22日，巴陵石化公司总经理朱建民，党委书记李大为陪同中国工程院院士王基铭（右），袁晴棠（左）到巴陵石化调研

2010年4月29日，省委书记周强（左一）到巴陵石化视察

2010年8月3日，省长徐守盛（左三）到巴陵石化视察

2010年9月28日，巴陵石化年产5万吨特种环氧树脂及配套扩建工程开工仪式现场

2010年12月8日，巴陵石化年产6万吨特种锂系聚合物项目奠基仪式现场

2010年10月18日，开工建设年产20万吨己内酰胺扩建工程

2010年，巴陵石化产销两旺，整体效益4亿多元，创历史新高

巴陵石化炼油装置一角

中国石油化工股份有限公司长岭分公司
中国石化集团资产经营管理有限公司长岭分公司

省委书记周强到长岭炼化考察

省长徐守盛到长岭炼化考察

丰富多彩的职工业余文化生活

长岭油品质量升级改扩建项目中心控制室

长岭油品质量升级改扩建项目主体装置全景

岳阳移动通信分公司

党委书记、总经理　陈越南

总经理陈越南慰问困难群众

岳阳移动通信分公司成立于1999年7月17日，辖10个县市区分公司，8个机关管理部室，12个生产中心，现有员工1204人。历经12年的发展，创造了骄人的业绩，拥有移动客户230多万户，2010年业务收入14亿多元。全市通信基站达2000多个，交换机容量近400万门，网络覆盖率在城镇达100%，在农村实现移动通信“村村通”，网络覆盖率99%以上。精心打造的全球通、动感地带、神州行三大客户品牌满足不同消费群体的通信需求。在提供语音通信服务的基础上，推出短信、彩信、彩铃、手机邮箱、手机支付、手机上网等多项移动新业务，满足客户的各种需求，丰富客户的手机文化。推出集团V网、集团短号、集团彩铃、集团专线、无线商话等多种信息化产品，迎合许多行业的信息化需求，为推进社会信息化进程、打造“数字岳阳”做出积极贡献。岳阳移动始终秉承“沟通从心开始”的服务理念，实施“客户服务满意工程”，开展“诚信服务”、“金牌服务”、“便捷服务”等“满意100”系列服务活动。公司先后被评为省优秀企业、省文明标兵单位、湖南移动通信先进企业、湖南移动通信先进政工企业，连续多年被省市消费者委员会评为消费者信得过单位，还获得全国精神文明建设先进单位、全国质量万里行先进单位、全国诚信维权先进单位、全国模范职工之家等荣誉称号。

开展“情温寒门学子”活动，为寒门学子献爱心

冰天雪地抢修通信设施

岳阳移动通信指挥中心大楼

中国电信股份有限公司

总经理唐述福与政企单位签署信息化发展战略合作协议

中国电信股份有限岳阳分公司是岳阳最大的基础网络运营和综合信息服务提供商,拥有完整固定网、移动网、基础网、数字网和数据网的通信运营企业。辖6个县级分公司，3个县级分局，设89个农村支局，184个农村信息化服务站，有员工2233人。在全市信息化建设进程中，肩负着主导运营商责任。在中国电信集团和省公司领导下，岳阳分公司始终致力服务于岳阳经济发展、服务于岳阳信息化建设、服务于岳阳人民生活水平提高，在服务中拓展市场，在服务中提高效益，在服务中优化网络。对外坚持以客户为中心，对内坚持以人为本，在激烈的市场竞争中，通过机制创新，科学管理，诚实服务，扎实经营，一步一个脚印，企业逐步走入良性发展轨道，得到市委市政府和全市人民的高度评价。公司先后获得省职业道德十佳单位、全国工人先锋号单位、省文明标兵单位等多项荣誉称号。

充满朝气的企业中层管理干部队伍

岳阳分公司

做事认真负责、富有创新精神的农村电信支局长在学习新业务知识

天翼乡情网受到农民朋友的喜爱

用心服务农村电信发展的业务人员

中国电信湖南公司总经理廖仁斌（中）到企业检查工作

基层电信网点服务人员与客户交流

深入市场、精细管理、认真考核、讲究实效是企业经营的执行标准

团结务实的领导班子。左起：兰碧如、贺学群、任辉、谢汉阳、朱振球、袁曙光、李利华

中国人民银行岳阳市中心支行

全面履行反洗钱法定职责，取得明显成效。图为谢汉阳行长就反洗钱工作接受岳阳电视台专题采访

积极主导辖内金融服务创新工作，取得明显成效。图为联合湘阴县政府在湘阴县启动湖南省银行卡助农取款服务试点仪式

率先倡导探索建立“环洞庭湖粮食价格监测体系”。2010年7月15日，省人行在岳阳举行启动仪式进行现场推介

充分发挥窗口指导职能，引导信贷投入。图为2010年3月29日，联合市政府金融办、市银监分局举办第九届银企洽谈会，9家金融单位与近400家中小企业、428个项目签约82.3亿元，再创历史新高

2010年10月21日，市社会科学联合会组织全市社科学会（协会、研究会）共34家在人行岳阳市中支召开现场交流会。市金融学会常务副会长袁曙光以《健全长效机制　经营学会事业》为题作经验发言

华融湘江银行岳阳分行

2011年9月23日，华融湘江银行华容县支行开业仪式现场

召开庆祝中国共产党成立90周年大会

平江县政府与华融湘江银行岳阳分行长期战略合作协议签字仪式现场

华融湘江银行是经中国银行业监督管理委员会批准，国家工商行政管理总局核准，由中国华融资产管理公司控股，在重组原湘潭市商业银行、株洲市商业银行、衡阳市商业银行、岳阳市商业银行和邵阳市城市信用社的基础上，以新设合并的方式于2010年10月12日依法设立。华融湘江银行是一家总行设在湖南的股份制商业银行，拥有1个营业部、8个分行，140个网点，3000余名员工。截至2011年9月末，资产总额达938.02亿元，各项存款余额为564.42亿元，各项贷款余额为269.07亿元。其中，岳阳分行各项存款余额为49.69亿元，各项贷款余额为23.02亿元。华融湘江银行将构建“小、精、专、新、特”的服务体系;按照“差异化、市场化、多元化、区域化、资本化、国际化”的发展战略，逐步建设成为一家立足湖南，辐射全国，走向世界，具有特色品牌的现代商业银行，并择机上市。

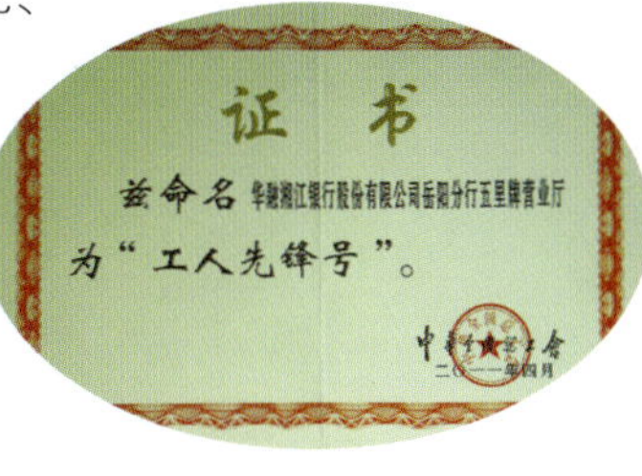

华融湘江银行岳阳分行党委书记、行长殷六荣到企业调研

开展金融知识宣传活动

中国邮政储蓄银行岳阳市分行

2008年3月26日，中国邮政储蓄银行岳阳市分行正式挂牌成立，下辖6个县支行，143个营业网点遍布全市城乡，拥有ATM机75台。邮政储蓄银行岳阳市分行开办的业务有公司、信贷、理财、储蓄、结算、银行卡、电话银行、网上银行等，能够满足工商企业、机关团体、事业单位、个人等各种类型客户的金融服务需求。截至2010年底，个人储蓄存款余额超过80亿元，全行服务的客户超过300万户，发放绿卡100多万张，每年异地交易和汇兑业务分别达22亿元和26亿元，成为全市城乡居民提供金融服务和个人结算的主渠道之一。

3年来设立信贷受理网点100多个、农村信贷咨询服务点20个、城市商贸市场信贷服务点40个，累计向地方投放资金近12亿元，较好地解决了1万余个最基础企业、个体商户和农户“贷款难”的问题，支持了岳阳地方经济社会建设。充分发挥点多面广，网络质量优良的优势，为部分网络型企业做好资金结算、资金归集服务，开办了代发三农直补金、低保金、养老金、代收各类通讯费、电费、有线电视费等基础金融服务，每年代收付各类资金近8亿元、为100多万农户代发国家补贴性资金近8亿元，将便捷、安全、实惠的金融服务送到市民百姓的家中。

团结奋进的领导班子。左起：副行长刘清干、总审计师谈磁、行长肖子政、副行长郑精兵、党组书记胡奇志

行长肖子政在“希望工程爱心音乐教室”捐赠仪式上代表该行捐赠2万元

营业员热情为客户服务

开展送金融服务上门活动

信贷员深入田间地头为农户进行小额贷款服务

岳阳市工伤保险基金管理服务处

省人力资源和社会保障厅领导到岳调研工伤保险工作

岳阳市工伤保险基金管理服务处加快工伤保险制度建设，建立工伤预防、补偿、康复“三位一体”的工伤保险体系。全市有4602家企事业单位和社会团体参加工伤保险，参保人达46万人，累计征缴保险基金2.44亿元。工伤保险为21745名工伤职工支付待遇1.83亿元。市工伤保险工作取得的业绩受到各级领导的充分肯定和社会各界的广泛好评。先后被评为全市青年文明号、全省青年文明号、全国青年文明号、全国劳动保障系统优质服务窗口，全市基层党建示范单位、湖南省诚信单位、全市精神文明建设标兵单位等荣誉称号。中央电视台“新闻联播”、《人民日报》、《新华网》、《中国新闻》、《中国青年报》、《中国青年网》、《中国劳动保障报》、《中国劳动保障网》、《湖南日报》等媒体，多次对岳阳市工伤保险处的工作宣传报道。

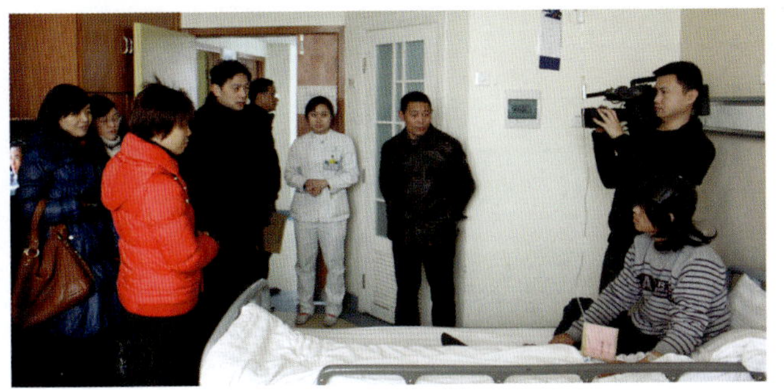

处长李胜军到医院看望工伤职工

开展工伤保险业务知识竞赛活动

市工伤保险处获全市创建基层党建示范单位

开展工伤保险政策宣传活动

工伤预防先进单位颁奖仪式

岳阳市公共交通总公司

高效务实的领导班子在会商公司发展大计

公交青年志愿者搀扶盲人过马路

邀请专家召开专题座谈会，论证新线路开通的可行性

排队上车，文明乘车

9路车省级青年文明号线路开展文明劝导活动

20路车为城市“五创”提质打造环保车厢

岳阳市公路桥梁基建总公司

总经理陈鹏（右一）、党委书记毛响宝（左一）、市公路局局长罗黑皮（左二）陪同市委书记易炼红（右二）考察公司承建的京港澳高速岳阳连接线提质改造工程

岳阳市公路桥梁基建总公司组建于1964年8月，重组于1992年10月，是湖南省最大、最早的公路桥梁施工企业之一。经过44年风雨拼搏，已发展成为国家公路工程施工总承包和路基、路面、桥梁、交通工程专业承包一级企业，中国对外承包工程商会会员单位，国际质量、环境、职业健康安全管理体系认证企业，交通部优秀施工企业，全国用户满意企业，建设银行、工商银行AAA信用企业，中国银行特级信誉企业，省质量管理先进企业，省文明单位，省园林式单位和岳阳市双文明标兵单位等，具有对外经济合作与劳务输出、自理报关资质。现有员工1368人，拥有国际先进机械设备，注册资金3亿元，固定资产4亿元，近5年来，年施工产值均超过10亿元。

该公司坚持“干一项工程，树一块牌子，创一方信誉，拓一片市场”的经营理念，在国内参与了湖南、天津、重庆、广东等12个省、市、区100多项国家重点工程建设。其中，京珠国道湘耒高速公路项目获第四届詹天佑土木工程奖，岳阳洞庭湖大桥和湖南临湘至长沙高速公路两个项目获第五届詹天佑土木工程奖，湖南常吉高速公路项目获湖南省建设工程芙蓉奖，浙江沪杭拓宽改造项目获浙江省建设工程钱江杯优质工程奖。公司参与了卢旺达、斯里兰卡、孟加拉、巴基斯坦、马达加斯加等亚非国家的公路桥梁援建。

承建的四川雅泸高速C23合同段中的菩萨岗超长螺旋隧道

承建的随岳高速C合同段杨家冲特大桥2号桥

承建的重庆绕城高速路面LM2合同段施工场景

承建的岳阳市沿湖风光带

岳阳市城市绿化管理中心

园林局副局长兼绿化中心主任熊炳清在园林知识抢答赛上讲话

岳阳市城市绿化管理中心紧抓绿化维护管理，不断创新内部管理模式，完善基础设施建设，开展主题教育活动，城市绿化管理各项工作得到强劲发展，为创建全国文明城市和建设生态宜居城市作出了积极贡献。

一、创新内部管理模式，提高绿化管理水平。一是精简管理机构，强化管理。由原7个股级管理所合并成4个副科级管理所，增设绿化110应急处理大队，强化绿化监察、绿地广告的管理；二是盘活绿化企业经营，将城市园林工程有限公司和绿茵花木有限公司合并成岳阳市绿茵花木有限公司，提升公司竞争力；三是建立完善各项管理制度，出台《城市绿化生产管理养护办法》，健全《生产管理办法》、《财务管理制度》、《机关考勤制度》、《庭院物业管理制度》等相关制度。绿化维护管理步入科学化、规范化、精细化的发展轨道。

二、完善基础设施建设，提升绿化管理形象。一是投入120万元，建设珍珠山所、南湖所、琵琶王所和岳阳楼所的办公用房，解决一线生产管理多年来无固定场所办公的困难；二是租借闲置土地修建停车场，解决洒水车和生产工具车一直无固定场所停车的局面；三是新建绿化投诉受理中心服务大厅，加强城市绿化社会监察管理和完善城市绿化服务功能；四是先后对办公楼和职工家宿楼进行全面翻新维修，提升单位整体形象。

三、开展主题教育活动，提高职工综合素质。2009～2011年，先后开展了职工思想道德培训月、技能比武、“三提升”、“三落实，三注重”等主题教育活动，以提升整体素质，提升工作状态，提升工作质量为目的，全面提升绿化管理水平；在全体职工中营造落实制度注重严，落实责任注重实，落实管理注重精的工作氛围，通过上好一堂党课，创建一条样板路，建好一个专栏，写好一篇心得，办好一场演讲比赛等“五个一”活动，进一步提高职工综合素质，促进各项工作全面发展。

绿化投诉授理中心服务大厅为市民提供诚信、依法、快捷的绿化投诉服务

绿化工人抢抓季节修剪苗木

整装待发的绿化洒水车

办公大楼

岳陽市中醫醫院

湖南中医药大学附属岳阳医院

国家中医药管理局副局长吴刚视察市中医院

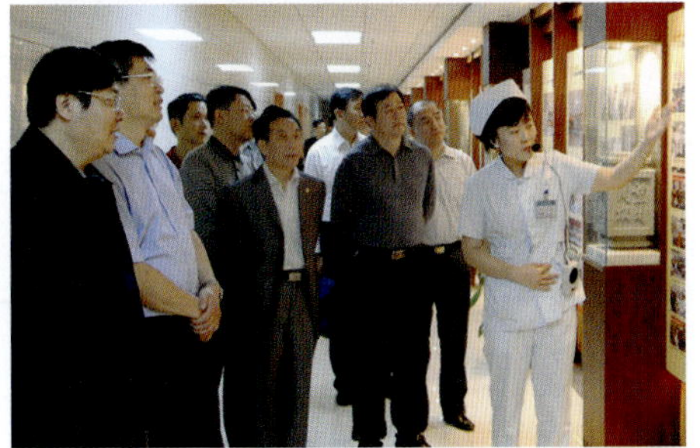
国家中医药管理局副局长于文明视察市中医院

中国中医药协会会长房书亭视察市中医院

省卫生厅厅长张健视察市中医院

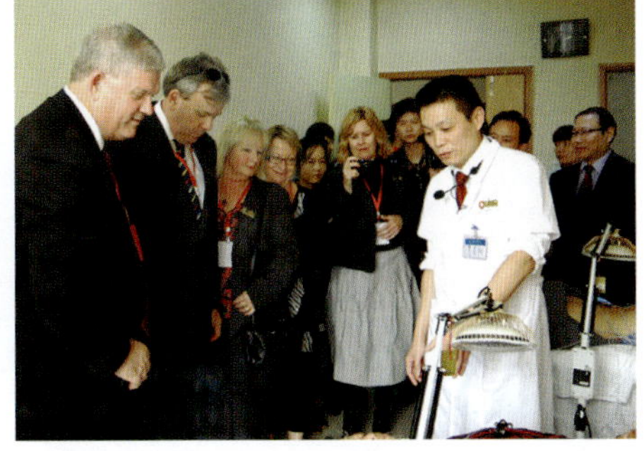
澳大利亚科克本市代表团访问市中医院

岳阳市中医院是岳阳市唯一一所地市级中医院，全国重点中医院，湖南中医药大学附属岳阳医院，治未病工作全国试点单位，三级甲等中医院。

该院现有干部职工782人，其中主任医师(教授)25名，副主任医师(副教授)65名，博士3名，硕士研究生48名。其中本科以上学历占专业技术人员总数的73.1%；中级以上职称占专业技术人员总数的55.1%，其中主任医师(教授)、副主任医师(副教授)占医师总数的46%。

该院位于枫桥湖路269号(火车站北广场)，中西医功能齐全，设施先进，共设病床900张，临床科室42个，功能科室12个。年门诊服务30万余人次，年出院病人1万余人次。建筑面积4.6万平方米，分为仁和楼和仁信楼两栋。新院设计理念先进，布局合理，流程规范，基础设施完善，配备了中央空调、电梯、中心供氧、智能传呼、现代化层流手术室、多功能会议厅、数字化和信息化管理系统等设施。

该院专科专病特色突出。推拿科为全市唯一的国家级重点专科，治未病中心为全国治未病试点单位和省级重点专科，颈肩腰腿痛科、肿瘤科为省级重点专科，心脑血管科、肛肠科为市级重点专科。颈肩腰腿痛科的门诊人次、住院人次、病床使用率多年来居全省之首。在此基础上，2009年新成立了椎间盘微创外科，开设了岳阳市唯一一家可以进行针灸推拿、微创、开放手术一条龙服务治疗椎间盘病的椎间盘超市，进一步提升了颈肩腰腿痛的专科治疗水平。肿瘤科化疗、放疗、介入、中医传统治疗等15大技术综合治疗中晚期恶性肿瘤，病人来自河南、湖北、江西、广东、新疆、内蒙古、黑龙江、深圳等39个地区和城市，还为日本、美国、瑞典等国肿瘤患者提供远程会诊和咨询服务，业务总量和业务水平居全市第一。肛肠科具有全市标准配置的专业肛肠病房，首创并成功实施肛肠无痛手术逾万例，20年的专科团队和技术积累，享誉湘北。内科中西医结合治疗糖尿病、心脑血管疾病、胃肠病、慢性肾病、风湿病、肝病、疑难杂症等疾病等有独到之处。烧伤科与中国烧伤创疡科技中心合作，推广使用国际一流的烧伤湿润医疗技术，具有痛苦少、无疤痕、致残率低等特点。该院传统张氏正骨术源远流长，其正骨手法独特，内服外敷疗效显著。50多年来，经过5代传人的发展和提高，张氏正骨术已名响洞庭湖畔。

该院综合服务功能强。骨伤科相继成功开展了重度骨盆环多发粉碎性骨折开放复位内固定术、全膝人工关节置换术、髋臼粉碎骨折开放复位内固定术、股骨头粉碎骨折开放复位内固定术、同一肢体多发多段骨关节骨折脱位开放复位内固定术、全髋人工关节置换术等大型高难度手术，术后再配之以中医传统治疗以缩短康复时间，疗效显著。普外科、泌尿外科配备了腹腔镜、前列腺电切镜、输尿管镜、经皮肾镜等先进设备，相继开展了腹腔镜微创镜手术、前列腺电切术、输尿管镜下碎石治疗术以及左半结肠根治术等等。工伤康复科是经省劳动和社会保障厅评审，在岳阳市设立的首家工伤保险康复治疗中心。耳鼻喉科、口腔科、皮肤科、泌尿科、乙肝科、美容科、检验科、病理科、放射影像科等科室设施齐全。拥有先进的核磁共振仪、大型C臂机、直线加速器、CT、DR、CR、1000ma数字化X光机、美国彩超、全自动生化分析仪、多功能热疗机等先进医疗设备。急诊科成为岳阳市首批120院前网络急救站。医院还开设了治未病中心，服务优良，服务于健康和亚健康人群。

该院还是全市最早对外开放、接诊外国友人最多的医疗单位。早在1989年即接待99名日本国视网膜色素变性患者，近年又有12名医务工作者前往美国、英国、加拿大、日本等国进行学术交流，服务外国友人，并开设岳阳市中医院英国伦敦门诊部。

该院坚持“兼容中西医精华，创造健康快乐”的核心价值观，推行“以市场为中心”的服务理念和医院文化，落实“以人为本、关爱健康、中西并重、阳光医疗”的院风要求，倡导“兼容、竞争、规范、创新”的医院精神，积极创建学习型医院，率先推出一站式的、主动的、人性化的优质服务，营造和谐医患关系，重视品牌和形象的提升，力创三湘名院。

医院外景

岳阳市二人民医院

岳阳市二人民医院始建于1902年，原名“普济医院”，是集医疗、急救、科研、教学、预防保健为一体的大型三级综合性医院和全市唯一的全国百姓放心示范医院，岳阳市肿瘤医院、岳阳市120急救中心、湖南师范大学附属岳阳医院、中南地区首家骨质疏松诊疗与研究基地等依托医院成立。

医院环境优美，绿树成荫，是全省规模最大的园林式市级医院，拥有全省第一家静脉药物配置中心。医院现有职工1100多人，病床816张，高级技术职称200多人，有博士、硕士研究生100余人，年出院病人3万余人次，年手术1万余台次。

- 岳阳市唯一的首批省级重点学科：骨科
- 首批市级重点学科：神经外科、呼吸内科、肿瘤科、妇科、儿科、五官科等
- 部分大型设备：永磁型核磁共振、螺旋CT、DR、数字化胃肠造影系统、数字血管造影系统、超声刀等。

优美的医院环境

硕士研究生带教复试

承办全国性学术研讨会

正在建设的科教大楼效果图

定期举行的医疗护理技能操作竞赛

一年一度的健康节惠民活动

市委书记易炼红到医院调研指导工作

市长黄兰香、市委副书记盛荣华在院长葛华阶的陪同下到医院考察

岳阳市三人民医院

岳阳市三人民医院是一所集医疗、教学、预防、科研于一体的现代化综合性医院，也是“岳阳市血吸虫病专科医院”和“岳阳市突发公共卫生事件救治中心”。有干部职工523人，其中高级技术职称71人，中级技术职称127人。医院综合学科齐全，有心内科、血吸虫病科、感染科、骨外科、五官科、妇产科等近20个临床科室。医疗设施先进，拥有四排东芝螺旋CT机、飞利浦数字X光机（DR）、大型岛津C臂机、四维彩超等医疗设备以及全部采用空气洁净技术的一流手术室。近几年来，医院坚持“以病人为中心”的服务理念，坚持“诚信立院、质量建院、依法治院、勤俭办院、人才兴院”的管理方针，加强学科建设，继承发扬专科特色，在全面发展的基础上，2011年新设血吸虫病（肝病）专科、感染科、骨科三个临床科室。血吸虫病专科是市级重点专科，科室技术力量雄厚。感染科是医院重点建设科室，在岳阳市手足口病和甲型H1N1流感的救治工作中发挥出突出作用。五官科是传统重点科室，其中白内障复明中心是省残联白内障复明定点医院，该科室的准分子激光治疗近视，有较好的社会影响。

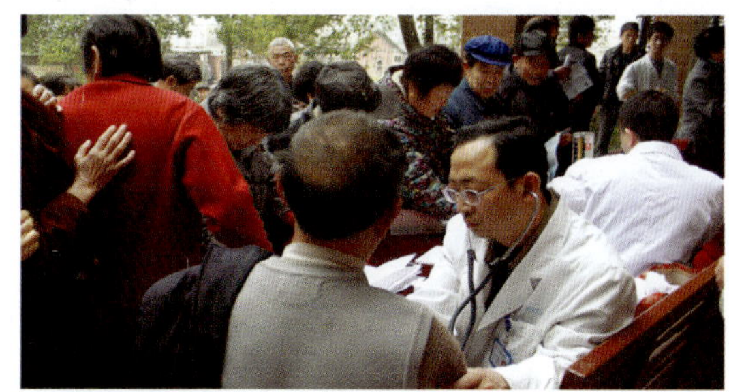

全国劳模、心血管内科主任医师彭再科带领专家队伍到社区义诊

团结奋进的领导班子

开展创建岳阳市优质福利示范医院活动，图为医院优质护理示范病房

2010年度评选的十佳医生、十佳护士、十佳行管医务工作者合影

南湖宾馆

南湖宾馆是岳阳市委、市政府的政务接待宾馆，为湖南省政务接待系统首家四星级挂牌酒店，处岳阳城市之南，立秀美南湖之滨，三面环水，空气清新，鸟语花香，景色迷人，是一座原生态的园林宾馆。四栋风格迥异的别墅式楼宇交相辉映，似一颗颗璀璨的明珠镶嵌在南湖岸边；住房设计敞亮，可坐览湖光山色。成功接待过胡锦涛、温家宝、贾庆林、贺国强、张德江、李源潮、朱镕基、尉健行等多位党和国家领导人。宾馆注重品牌建设，不断提升服务水平，先后获得过全国企业职工培训先进单位、湖南省最佳星级饭店等众多荣誉称号。宾馆距国家重点风景名胜区岳阳楼——洞庭湖风景名胜区仅15分钟路程，距火车站10分钟车程，出则繁华，入则宁静，是休闲、度假最佳居住之地。

市委市政府接待处副处长、南湖宾馆总经理　钱丹青
南湖宾馆党总支书记、副总经理　邓贤丰
地　　址：岳阳市南湖邕园路36号
总　　机：（0730）8841801
餐饮预订：（0730）8841822
客房预订：（0730）8841808
传　　真：（0730）8841825
邮　　编：414000

市委市政府接待处副处长、南湖宾馆总经理　钱丹青

庆祝中国共产党成立90周年在平江纪念馆举行新党员入党宣誓仪式

湖景客房

临湖餐厅

多功能大会议厅

山水相拥的南湖半岛

风景秀丽的临风楼

晓朝宾馆

豪华气派的宾馆主楼

庆祝建党90周年“颂歌献给党”大合唱

服务技能比武动员大会

总经理黎新祥（后排左四）、书记何迪晔（后排左五）及部分员工到韶山参观学习

舒适的标准间客房

华丽的宴会大厅

多功能会议室

汨罗市公安局

① 2010年6月14日，全省加强和改进监管工作会议在汨罗市召开。会议期间，与会领导参观汨罗市看守所，对该所规范化的管理模式予以高度肯定。

② 结合“大走访”开门评警活动，深入走访群众，听取群众对公安工作的意见和建议，增进群众对公安工作的理解，赢得群众的支持。图为局长付学文与群众亲切交谈。

③ 2010年8月26日，召开返还赃物执行兑现大会，对公安机关在侦破工作中收缴的赃款赃物进行返还。

④ 为更好地服务群众，加大硬件建设力度，进一步完善窗口单位的服务设施。图为汨罗市部分人大代表、政协委员考察该局交警车管所正规化建设。

临湘市公安局

局长　韩新根

局长韩新根、政委陈文化夜查娱乐场所

临湘市公安局在临湘市委市政府和岳阳市公安局的坚强领导下，在临湘市人大和政协的监督支持下，以科学发展观为指导，以社会管理创新为主题，以综合考评为主线，围绕“确保达标、争创先进”工作目标，不断深化“两个坚持、三项推进”，巩固提升“三基一化”建设成果，健全完善社会矛盾化解机制，着力提高打防管控能力和执法公信力，把维护社会稳定作为首要职责，始终保持“严打”高压态势，开展“访民情、促和谐”爱民实践活动，使群众安全感、满意度明显增强与提升，公安工作和队伍建设有了新的发展与进步，维护了全市社会政治稳定和治安大局平稳。

局长韩新根在詹桥镇泥石流灾民安置点开展灾区治安维稳和灾民安置工作

全体民警在临湘市政法工作会上庄严宣誓表决心

公安民警在练兵竞赛场上英姿飒爽

公开销毁赌博游戏机

开展街面巡逻防控工作

云溪工业园

区委常委、纪委书记、云溪工业园管委会主任　余炯

中石化集团董事长、党组书记傅成玉到中石化催化剂分公司云溪基地考察

云溪工业园是2003年7月经省政府批准成立的省级经济技术开发区，规划面积13平方公里，已开发3平方公里。工业园依托长岭炼化和巴陵石化的资源优势，按照“特色立园，科技兴园”的思路，以“对接石化基地，承接沿海产业，打造工业洼地”为办园宗旨，以精细化工为产业定位，坚持高起点规划，高标准建设，园区发展突飞猛进。建园七年来，始终坚持资源共享、循环配套、节能降耗的循环低碳理念，延长拉伸石化产业链条，主攻精细化工产业，强力推进云溪工业园和长炼工业园建设，云溪工业园累计投入资金4亿多元，开发面积3平方公里，配套完善了道路、供水、供电、天然气、消防站等基础设施，长炼工业园启动了首批33.67公顷开发用地三通一平工程，与大厂达成水、电、汽、排污等公共设施共享协议。一个专业化的循环经济示范产业园区已初具雏形。2010年入园企业达107家，年产值达到55.5亿元，创税1.7亿元。园区先后被确定为湖南省首批循环经济试点园区、湖南精细化工产业基地、湖南最具投资价值的十大工业园区、国家高新技术产业基地以及国家推进新型工业化示范产业基地等。

管委会（含招商局）班子成员合影

管委会机关全体工作人员合影

客商参观工业园投资近200万元集声、光、电控制于一体的现代化展示厅

云溪区财政局

云溪区财政局内设股室11个，下设二级机构10个，辖财政所7个，有干部职工105人。该局坚持发展为先理念，科学谋划生财、聚财之道，财政收入总量突破6亿大关，保持了快速增长态势，连续五年增长速度达18%，2010年完成财政收入6.12亿元，比1984年建区当年增长了108倍，比2005年增加3.4倍。在抓收入做大财政总量的同时，认真按照“服务发展、关注民生、构建和谐”原则，突出以人为本，围绕满足群众“三最”愿望，着力调优财政支出结构，重点保障教育、卫生、医疗、文化等公共领域发展需要，使全区民生支出占财政总支出的70%。围绕“三品”工程建设，组织开展“五型”机关创建活动，财政队伍形象、服务水平和干部的业务素质得到全面提升，财政管理精细化水平不断提高，乡镇财政管理和信息化建设等被省财政厅确定为精细化管理示范单位，先后多次被区委、区政府评为民本岳阳建设先进单位，连续3年被市财政局评为“三品”工程建设优胜单位。

市财政局局长刘美树在云溪调研工业经济发展情况

局党组成员在基层财政所调研“三品”文化和标准化财政所建设情况

财政系统干部参加“卓越团队、不断超越”拓展训练活动

湖南省十三村食品有限公司

13 villages in hunan food co.,ltd

古香古色十三村

十三村花果飘香

湖南省十三村食品有限公司是一家专门从事农副产品深加工的股份制企业。独具三国文化风格,古色古香的公司厂区到处绿树成荫、花红果香，形成了天然的生态型果园式工厂。该公司历史悠久，设备先进，技术力量雄厚，拥有一流的全自动灌装灭菌生产线，由湖南农业大学食品科技学院提供技术指导，生产的产品获农业部农产品质量安全中心无公害农产品认证，2006年获QS认证，同期企业通过ISO9001：2000国际质量管理体系认证。拥有厂房面积3万平方米，大型蔬菜基地8个，资产2650万元，员工600多人，其中专业技术人员30人，传统高级制酱师8人。

该公司生产的“十三村”牌系列酱菜有古窖乡里豆瓣、古香榨菜、精制剁辣椒、古窖沉香腐乳、八味豆豉、八味豆豉鱼、古窖兰花萝卜等20多个品种，选用江南无污染的优质蔬菜，采用百年窖藏腌制及独特传统工艺配方秘制，并与现代科学技术相结合精制而成，该公司的系列酱菜，野腊制品，皮蛋、盐蛋制品先后获中国湖南（国际）农博会金奖，中国中西部特色农产品展销会畅销产品金奖，其制作技艺被湖南省列入省级非物质文化遗产保护。在全国“五一”劳动奖章获得者、省十一届人大代表李国武的带动下，坚守“凭良心办厂、以诚心待人、用爱心回报”的宗旨，取得了良好的经济效益和社会效益。该公司先后荣获全国青年文明号，全国消费者信得过单位，全国光彩之星企业，湖南著名商标、湖南省名牌，被团中央授予全国青年创业实践基地等100多项殊荣。该公司产品色、香、味俱全，营养丰富，是居家、旅行、馈赠亲友的上等天然绿色食品。

厂址：湖南省临湘市羊楼司镇尖山村
邮编：414300
网址：www.13cunfood.cn
电话：（0730）3731313　3801313
传真：（0730）3806908

千军易得·一酱难求

生产厂区一角

"十三村"品牌传说

相传，三国时东吴大将黄盖，曾屯兵下隽县地（今湖南省临湘市沿长江一带）操练水兵。

黄盖兵营以"村"为建制，共分为十三个村（三国时"村"即"屯"屯兵之所）。兵士战时行军打仗，闲时开荒种地，种植大量优质蔬菜。黄盖军用当地土著人所传秘法，将蔬菜进行腌制，用土坛装好密封，藏入窖中，经七七四十九天后取出，视之色泽鲜亮，闻之香气四溢，品之口舌生津，味道醇美，别有一番风味。后来火烧赤壁，黄盖向周瑜献苦肉计，因受棍伤食欲不振，军士奉以酱菜，则胃口大开，每日饭一斗，终使身强体健，在赤壁之战中大败曹军。

有日，蜀国军师诸葛亮携鲁肃一同慰劳黄盖将军，黄盖取出所属兵营十三村腌制的酱菜待客，亮尝后，赞道："真是千军易得，一'酱'难求啊"。

后孙权为奖励黄盖的赫赫战功，将下隽县地赐为黄盖封地，并命名为十三村周围的湖泊为"黄盖湖"。为此，"十三村"酱菜成为皇家御用贡品，而今的"十三村"食品已成为旅行、宴请、馈赠的上等天然绿色食品。

清新的厂区

民俗农具景观

民俗农具景观

岳阳市第十三中学

国家助学金发放仪式

丰富多彩的校园生活

奥赛选手，载誉而归——参赛选手合影

岳阳市第十三中学，是一所市直普通高级中学，地处南湖之滨，毗邻湖南理工学院，优雅的自然环境和深厚的文化积淀为学校增添了夺目的光彩和迷人的魅力。

学校坚持“为了学生一生的发展和幸福”的办学理念，围绕“向管理要质量，向质量要品牌”的办学思路，朝着“实施一流管理，营造一流环境，争创一流质量”的目标奋进，充满活力，富有效率的教育机制，“精细、精巧、精品”的教育管理模式，使学校教育教学质量和办学品位得到了极大的提升。

学校成立5年以来，获得“市直目标管理先进单位”、“高考先进单位”、“校务公开先进单位”、“党风廉政建设先进单位”等多项殊荣，从这里走出了4000余名优秀学子，为二本以上院校输送人才500余人。桃李香飘四海，春风播惠九州，岳阳市第十三中学正以稳健的步伐向湘北名校迈进！

学习消防知识

校门

举办魅力汉字现场书法大赛

岳阳市中心血站

中国红十字会党组书记、常务副会长王伟亲切会见岳阳市中心血站站长方奎明

岳阳市中心血站获湖南省2005～2010年造血干细胞捐献工作特别贡献奖

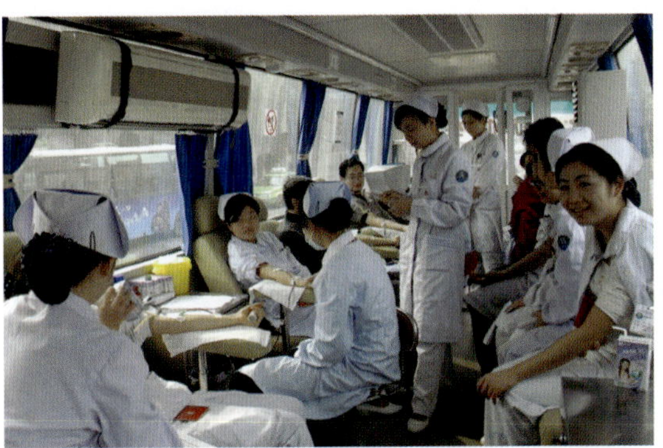

市直卫生医疗系统无偿献血活动启动，医务工作者踊跃献血

共青团岳阳市中心血站第三届团员代表大会现场

“6·14”世界献血者日宣传暨“爱心捐血、乐游全球”全员招募活动隆重启幕

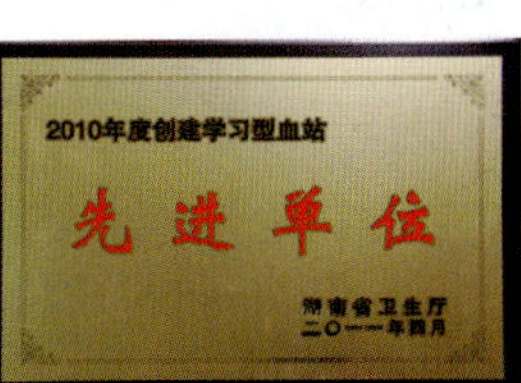

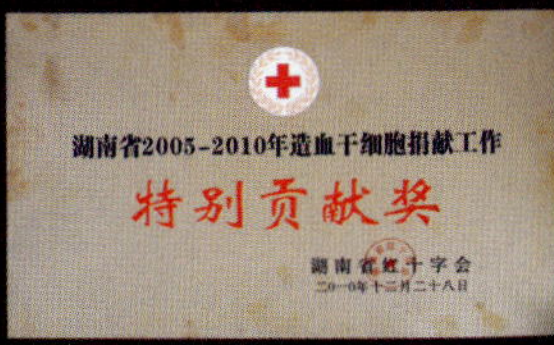

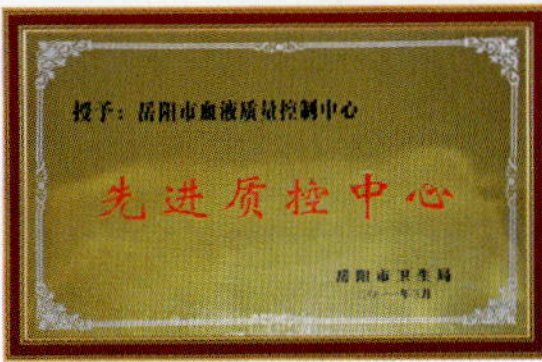

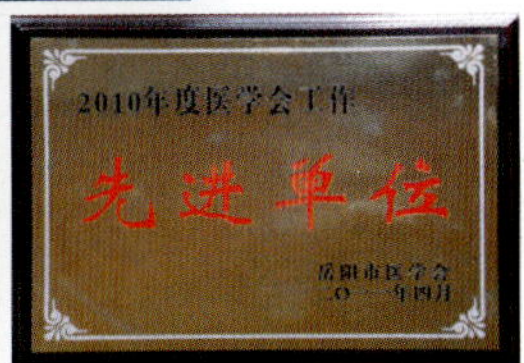

圣安寺

岳阳市圣安寺始建于唐代（公元760年），天台宗第十代传人，天台九祖湛然大师之弟子无姓（法剑）法师创建。

无姓大师佛法高深，对佛教天台思想颇为精通，深受当时朝廷显贵，天下名士所敬重。特别是两税法颁布者宰相杨炎及各州刺史常往来于圣安寺，使这座唐代古刹增添了许多的神秘感。元和四年，京兆尹杨凭，为无姓大师置地百亩，广扩道场，巍巍殿宇，雄伟壮观，使圣安寺名震当时。无姓大师圆寂后，达人贤能，僧侣善信，来寺悼念者甚众。现尚存唐代著名文学家柳宗元为其刻写的《岳州圣安寺无姓和尚碑》。

然而，成住坏空乃自然规律，聚散离合为因果法则。圣安寺自唐无姓大师大弘天台法脉后，一直默默无闻，以至销声匿迹，无人所知。1997年，南岳南台寺方丈宝昙长老在圣安寺原址征地6.67公顷，由弟子即圣安寺现任方丈怀梵法师筹资5000余万元，重建岳阳古道场。圣安寺现占地40公顷，殿宇10余座，僧舍数百间，成为湖湘规模最大的寺院。

圣安寺殿宇依次耸立，蔚然壮观，整座寺院依山傍水，俯视南湖，远眺洞庭，岳阳城胜景尽收眼底，亦成为岳阳旅游观光的胜地。

古刹春景

市长黄兰香到圣安寺考察

地藏殿佛像开光现场

古刹雪景

古刹全景